노동자 교양경제학

경제학 원론에서 신자유주의 비판까지

노동대학총서 001

노동자 교양경제학 : 경제학 원론에서 신자유주의 비판까지(제7판)

지은이 : 채만수
펴낸이 : 채만수
펴낸곳 : 노사과연
주　소 : 서울시 영등포구 양평동3가 1-2, 2층 (우 07255)
　　　　(도로명: 서울시 영등포구 양산로 77, 2층)
전　화 : (02) 790-1917 / 팩스 : (02) 790-1918
E-메일 : wissk@lodong.org
홈페이지 : http://www.lodong.org
신고번호 : 제2021-000036호 (2005. 04. 20.)

제1판 1쇄 : 2002년 2월 25일
제7판 1쇄 : 2025년 6월 10일
제7판 2쇄 : 2025년 7월 18일

ISBN : 978-89-93852-48-6　　03320

책값은 뒤표지에 있습니다.
인지는 저자와의 협의에 의해 생략합니다.
잘못된 책은 바꿔드립니다.

노동자 교양경제학

— 경제학 원론에서 신자유주의 비판까지 —

제1분책

채 만 수

노사과연
노동사회과학연구소 부설

* 일러두기
　이 책의 표기는 한글 맞춤법(특히 '두음법칙'과 관련하여) 및 외래어 표기법(특히 경음 [硬音]과 관련하여)을 반드시 따르지는 않았습니다.

목 차

제7판을 내면서 ix
제6판을 내면서 xii
제5판을 내면서 xiii
전면개정판을 내면서 xvi
제3판을 내면서 xviii
제2판을 내면서 xx
추천사 xxii
책을 내면서(제1판 서문) xxiv

제1강 자본주의란 무엇인가 3
  1. 왜 노동자 경제학을 학습해야 하는가 3
  2. 자본주의란 무엇인가 13
  3. 자본주의적 생산의 발생 23
  4. 자본주의 사회의 제 계급과 그 소득 43

[제1강에 대한 보강] 한국에서 자본주의적 사회구성의 성립,
                        그리고 그 시기를 둘러싼 논쟁 49
  1. 개설 49
  2. 한국에서 자본주의적 사회구성의 성립 시기를 둘러싼 제 쟁점 52
  3. 한국에서 자본주의적 사회구성의 성립 시기 76

제2강 상품과 그 가치 89
  1. 사적 소유와 상품생산 89
  2. 상품의 두 요소: 사용가치와 가치 95
  3. 상품 가치의 크기 105
  4. 모든 유용노동이 가치를 생산하는 것은 아니다 120
  5. 애덤 스미쓰의 역설? 123

제3강 화폐　127
  1. 상품으로서의 화폐　127
  2. 화폐의 성립 ― 상품의 가치형태 혹은 교환가치의 발전　132
  3. 화폐의 기능　144

제4강 가격　175
  1. 상품의 가치와 가격 ― 가격이란 가치의 화폐적 현상형태이다　175
  2. 상품가격의 변동　181
  3. 생산가격과 시장가격　186
  4. 인플레이션　190
  5. 무가치물의 가격 : 토지가격 등　220
  6. 이삭줍기 ― 독점가격 및 '정보상품'의 가격에 대하여　236

제5강 자본과 잉여가치, 이윤　238
  1. 자본　238
  2. 잉여가치의 생산　250
  3. 이윤　273
  4. 자본의 축적　287

제6강 임금　299
  1. 노동력 재생산비로서의 임금　299
  2. 임금의 여러 형태와 체계　315
  3. 은폐된 임금형태들　324
  [제6강 보론 1] 월급쟁이에서 주인으로?
  　　　　　　― 신판 노예제로서의 우리사주제에 대해서　341
  [제6강 보론 2] 노동시간, 임금, 이윤, 그리고 초과노동 할증률　352

제7강 임금을 둘러싼 기타 쟁점　368
  1. 고임금론　368
  2. 지불능력론　375
  3. 임금상승이 물가상승·경제위기의 원인이라는 주장　383
  4. 이른바 '생산성임금제'　404

제2분책 목 차

제8강 공황 (1)   417
  1. 익숙하면서도 낯설었던 단어, 공황   417
  2. 공황의 원인에 관한 견해들 (1) — 천박한 공황 원인론들   427
  3. 공황의 원인에 관한 견해들 (2) — 여러 공황 필연성 이론들   460

제9강 공황 (2)   485
  4. 공황에 관한 맑스·엥엘스의 견해와 그 방법   485
  5. 공황의 주기   507
  6. 공황의 경제적·사회적 귀결   522
  [제8강·제9강 보론 1] 신용카드와 채무노예, 그리고 공황   541
  [제8강·제9강 보론 2] 한국자본주의와 공황   545

제10강 독점자본주의   563
  1. 자본주의의 단계적 발전   563
  2. 자본과 생산의 집적·집중   579
  3. 금융자본과 금융과두제   593
  4. 자본 수출   601
  5. 독점자본 및 열강에 의한 세계의 분할   610
  6. 제국주의의 부후, 기생성과 노동운동의 분열   616

제11강 국가독점자본주의   624
  1. 자본주의의 전반적 위기와 국가독점자본주의   624
  2. 독점자본주의와 사회적·경제적 위기의 심화   628
  3. 태환정지 하의 국제통화제도의 전개   639
  4. 국가독점자본주의의 모순과 그 파산   654
  5. 국가독점자본주의의 노동자 관리
      — 이른바 사회보장제도 및 '사회적 합의주의'를 중심으로   662

제12강 신자유주의 (1)   666
  1. 신자유주의란 무엇인가   666
  2. 전반적 위기의 재격화와 신자유주의의 등장   676
  3. 신자유주의적 국가독점자본주의의 일반적 특징   683
  4. 신자유주의는 왜 '국가 배제'를 표방하는가   698

제13강 신자유주의 (2)   709
  5. 국·공유기업의 사유화   709
  6. 이른바 노동(시장)의 유연화   741

제14강 과학기술혁명과 계급사회의 종언   754
  1. 과학기술혁명의 배경과 특징   754
  2. 경쟁력 이데올로기   770
  3. 과학기술혁명의 사회적 귀결   777

찾아보기   793

제7판을 내면서

　제6판을 낸 지 거의 12년 만에야 제7판을 냅니다. 기존 판의 부족한 점도 보완하고, 시간의 흐름에 따른 변화도 반영해야 한다고 줄곧 생각은 하면서도 오로지 저자의 게으름 때문에 이제야 새 판을 냅니다.
　주로 지지난해, 그러니까 2023년에 제6판을 죽 훑어보면서, 특히 과학기술혁명의 급격한 전개에 초점을 맞추어 다소 보완을 하긴 했습니다. 하지만, 주지하는 것처럼, 과학기술혁명이 갈수록 그 내용에서도, 그 발전의 속도에서도 말 그대로 참으로 혁명적으로 발전하고 있어서 오늘날에는 인공지능(AI; Artificial Intelligence)이, 그것도 특수 분야에 한정된 인공지능(ANI; Artificial Narrow Intelligence)뿐 아니라 인간 일반 수준의 인공지능(AGI; Artificial General Intelligence)이 속속 현실화하고 있으며, 그 인간 일반의 지능을 훨씬 뛰어넘는 초인공지능(ASI; Artificial Super Intelligence)조차 순전히 상상만은 아닌 단계에 이르러 있고, 그에 따라 당연히 독점자본들 간의 경쟁, 그리고 그들의 이해를 정치적·외교적·군사적으로 대변하는 국가들 간의 관계, 그 갈등·대립도 급격히 격화되고 있어, 그 변화·발전을 충분히는 반영하지 못했다고 생각합니다.
　특히 D. 트럼프가 재차 미제의 대통령으로 등장하고, 더욱이 그와 함께 세계 제1의 부자라는 일론 머스크(Elon Musk)가 '선출되지 않은 대통령'으로 등장하여, 미제 독점자본들의 이익을 위해서 전 세계를 나와바리(繩張)로 삼아 가히 무뢰배스러운 완력을 휘두름으로써 자본주의 세계의 경제적, 정치적, 외교적, 나아가 군사적 정세·관계가 급격히 변화하고 있습니다만, 유감스럽게도 그 변화를 반영할 시간적 여유가 없군요. 기존 판의 재고가 소진되어, 신학기를 맞아 들어오는 주문에 응하지 못하고 있는 상황이기 때문입니다.
　최근의 변화를 이렇게 충분히 반영하지 못한 것은 분명 유감스러운 일입니다. 다만, 과학기술이 현재 아무리 급속히 발전하고 있더라도, 기존의, 그리고 특히 이 판에 담긴 내용들을 음미하면, 그 급격한 과학기술혁명 전개의 의미도, 예상되는 그 제반 파장들도 어렵지 않게 충분히 이해하고 예상할 수 있을 것으로 생각되는바, 그걸로 미진함에 대한 위로, 그리고 저의 무책임에 대한 변명을 삼고 싶습니다.

아무튼 이 미진한 부분들은, 주요한 변화가 있을 때마다 그때그때 연구소의 정기간행물들을 통해서 반영하도록 최대한 노력하겠습니다.

다만 한 가지. 미제로 하여금 저토록 무뢰배스럽게 움직이게끔 하는 배경이랄 수 있는 작금의 자본주의 세계의 경제적·정치적·외교적 구조의 변화인 소위 '다극화'에 대해서 한마디만 하자면, 그것은, 일부 '좌파 지식인들'이나 옛날 시골 장날의 만병통치약 장수 같은 장광설로, 예컨대, 카우츠키주의적 제국주의론을 레닌주의의 그것이라고 팔아먹는, 천하 희대의 자칭 '마르크스-레닌주의자(mlkorea)' 등이 말하는 것과 같은, "침략·살육·약탈·강권과 전횡의 질서"로부터 "자주·평등·호혜·친선에 기초한 다자주의와 다극화 세계"로의 전환이 결코 아닙니다. 그것은 "제국주의의 다극화", 혹은 "다극의 제국주의로의 전환"이고, 자본가단체들·열강 사이에서의 세계의 재분할 과정, 혹은 그 재분할을 위한 투쟁과정입니다. 인류의 존립은 그만큼 더욱 위험해지고 있습니다.

이 문제에 대해서는 "제국주의의 다극화, 혹은 다극의 제국주의에 대하여 (...) ― 단순히 '세계질서의 다극화', 혹은 '다극의 세계질서'인가, 제국주의의 다극화, 혹은 다극의 제국주의인가?"라는 제목 하에, 연구소의 기관지 ≪정세와 노동≫ 제203호(2024. 07-08.) 및 제204호(2024. 09.), 제205호(2024. 10-11.)에 3회에 걸쳐서, 그리고 몇몇 다른 글들에서도 이미 대략 논한 바 있습니다.

판 바꿈이 늦어지는 바람에 무척 늦어졌습니다만, 가슴 아프게도 59세를 일기(一期)로 2018년 11월 24일에 세상을 떠나신, 전북대학교 신문방송학과 김승수 교수님께서 이 부족한 ≪노동자 교양경제학≫에 베풀어주신 관심과 후의에 이 기회를 빌려 심심(甚深)한 감사를 표합니다. "1998년 언론개혁시민연대(언론연대) 출범 때부터 미디어교육위원장을 맡"으셨고, "2000년 8월 7일 '조선일보 기고와 인터뷰를 거부하는 지식인' 1차 선언(안티조선)에도 참석"[1]하신 것에서도 알 수 있듯이, 비판적·실천적 언론학자이자 경제학자이셨던 교수님은, 강단에 계신 경제학자로서는 극히 드물게 그리고 선도적으로 이 부족한 ≪노동자 교양경제학≫을 여러 사람에게 소개·권유하셨고, 또 제가 감히 강단의 여러 교수·강사들 앞에서 강연할 기회까지도 마련해주셨습니다. 정말 감사하지 않을 수 없습니다.

판을 거듭하면서 책이 너무 두껍고 무거워지는 바람에, 여러 사람과 함께 읽고 토론하기 위해서 소지(所持)하여 다니기에 무척 불편하다는 의견들이 많아, 이번 판부터는 2분책 1질(帙)로 제본하기로 하였습니다. 2분책으로 제본해도 그 각각이 400쪽이 넘지만, 더 이상의 분책은 제작비, 따라서 책값의 문제도 있기 때문에, 그 정도의 두께와 무게는 학습의 열의로 기꺼이 감내하시리라 믿고 싶습니다.

일일이 거명하진 않습니다만, 이 개정판 역시 연구소의 여러 동무들이 그 교정·교열에 수고를 아끼지 않았습니다. 역시 이 기회를 빌려 심심한 감사를 표합니다.

2025년 3월 29일
채 만 수

---

1) 이정호 기자, "[부고] 언론산업연구·언론개혁 매진한 김승수 교수", ≪미디어오늘(mediatoday.co.kr)≫, 2018. 11. 24. 참조.

제6판을 내면서

　제1강에서 '노예제'와 관련, 흑인을 열등시하는 인종주의 때문에 근대의 흑인노예제가 발생한 게 아니고, 근대 노예제가 인종주의에 선행했고, 흑인을 멸시하는 인종주의는 사실 근대 노예제의 산물이며, 근대 노예제는 이교도를 노예화하라는 로마 교황의 칙령으로 애초에는 백인노예제로부터 시작했다고 서술한 부분은 오랫동안 내내 마음의 부담이었습니다. 예전에 읽을 때에 저자명이나 책 제목조차 메모해두지 않았던 데다가, 당연하게도(?) 변변한 서재 하나 없이 뒤죽박죽 어지럽게 책을 쌓아놓고 살다보니까 좀처럼 전거(典據)를 찾아 제시할 수 없었기 때문입니다.

　그런데 금년 봄 어느 날 그야말로 불현듯 저자명과 책 제목이 머리에 떠올라 부랴부랴 책을 찾아 그 전거를 보완하느라 다시 손을 대는 바람에 '제6판'이 되었습니다. 내친김에 한국에서의 자본주의적 사회구성의 시기에 관한 논의([제1강에 대한 보강])를 다소 보완했고, 눈에 띄는 대로 기타 몇 군데도 소소하게 표현을 개선하거나 논거를 보완했습니다. 하지만 사실상 내용상의 변화는 없습니다.

　최근 정세와 관련해 말하자면, 제5판을 내면서도 얘기했던 것처럼, 아직도 "대공황은 결코 끝나지 않았습니다." 그리고 부르주아 언론과 이데올로그들의 일희일비와 상관없이 쉽사리 끝날 기미도 보이지 않고 있습니다.

　그 때문에 극우와 제국주의자들은 동북아 정세를 긴장으로 몰아가는 등 위험하고 무책임한 불장난으로 국가주의·배외주의 선동 책동을 강화하고 있는데, 이에 대한 노동자계급의 대응은 모름지기 노동자 국제주의의 강화, "만국의 노동자의 단결 투쟁"이어야 할 것입니다.

2013년 8월 9일
채 만 수

제5판을 내면서

2007년 하반기 이후에 새롭게 전개되고 있는 대공황을 반영하여 약간의 자료를 추가했고, 부분적으로 서술을 개선했습니다만, 지난해 10월에 이 제5판을 탈고한 이후에도 상황은 심상치 않은 양상을 띠면서 전개되고 있습니다. 그와 관련하여 여기에서는 다음과 같은 사실만을 지적해두고 싶습니다.

지난 수개월 동안 부르주아 언론과 각종 통계 관련 기구들은 각국의 'GDP(국내총생산)가 성장하고 있다'며 짐짓 호들갑을 떨고 있습니다. 그런데, 국민적 규모의, 그리고 세계적 규모의 통계를 작성하고 관리하는 권한과 능력은 현재 그것을 부르주아지가 장악하고 있어 그것을 직접적으로 반증할 만한 통계를 구할 수 없기 때문에 주요 국가의 'GDP가 성장하고 있다'는 저들의 선전을 그대로 믿는다고 하더라도, 다음과 같은 사실은 명백합니다. 즉, 저들이 자랑하는 그 '성장'이란 다름 아니라, 시쳇말로 '고용 없는 성장'이라는 것입니다.

그리하여 예컨대 다음과 같은 평가가 따릅니다.

> "2010년 4/4분기에 자본주의 경제는 3.2% 성장했다. ... 국내총생산, 즉 생산된 모든 재화와 써비스의 총액이 13조 3,800만 달러에 이르러, 지난번 호황의 최고점을 넘어 새로운 기록을 달성했다. 그러나 일자리는 결코 되돌아오지 않았다."(Fred Goldstein, "As capitalists recover, jobless crisis deepens", *Workers World*, 2011. 2. 19.)

실제로 미국의 경우, 경제정책연구소(Economic Policy Institute)의 연구원 쉬어홀츠(Heidi Shierholz)가 정부의 통계에 따라 계산한 바에 의하면,

> "2007년 12월에서 2010년 2월까지 870만 개의 일자리가 사라졌다. 그 후 11개월 동안 100만 개의 일자리가 창출되어, 결국 770만 개의 일자리가 사라졌다. 그러나 그 사이에 노동력 인구는 370만 명이 증가했다. 다른 말로 하자면, 단지 공황이 발발하기 전의 5%대의 실업률로 되돌아가기 위해서만도 1,140만 개의 일자리가 필요"(같은 기사)

한 상황입니다. 그러나 이미 격화될 대로 격화되어 있는, 그러면서도 한층 더 격화되고 있는 자본 간의 경쟁전은 상황의 호전을 허용하지 않습니다. 그리하여, "28억 달러의 재산으로 ≪포브스≫(*Forbes*)지의 400대 거부 명단의 147번째에 오른 억만장자 부동산개발업자이자 출판업자, 우익 잡지 *U.S. News & World Report*의 편집자인 주커만(Mortimer Zuckerman)"조차, 이 "지배계급의 인물"조차 "거대한 일자리 불황"("The Great Jobs Recession", www.usnews.com, 2011. 2. 11.)이라는 글에서 이렇게 말하고 있습니다.

"장기적인 경향은 미국 노동자의 상태를 악화시키는 방식으로 가속화되어 왔다. 해외발주와 자동화, 임시직 및 계약직으로의 정규직의 전화(轉化)가 더욱 증대하고 있고, 임금은 정체되어[사실은 하락하고: 재인용자] 있다. 정보기술은, 2년마다 [그 효율을] 2배로 증대시키면서, 극적으로 발전하고 있고, 갈수록 모든 형태의 일자리를 없애기 위해 충용되고 있다. … [이러한 사태 발전은] 사회 전체를 문자 그대로 불안정화 할 수 있다."(위, Fred Goldstein의 기사에서 재인용)

그렇습니다. 엄밀히 말하면, '고용 없는 성장', 즉 보다 적은 노동의 투입에 의한 보다 많은 사용가치의 생산을 통계화 한다는 것, 더구나 0.몇 퍼센트까지 통계화 한다는 것 자체가 사실은 비과학(非科學)으로서의 현대 부르주아 경제학에 기초한 일종의 통계조작에 불과하지만,1) 이를 차치하더라도 아무튼 이러한 '고용 없는 성장'은 발전한 자본주의적 생산체제의 모순을, 그 위기를 완화하는 그것이 아니라 거꾸로 그 모순을, 생산과 소비 간의 모순을 격화시키는 '성장', "사회 전체를 문자 그대로 불안정화 할 수 있는" 성장입니다.

이 '불안정화'는 물론 전세계적인 연관 속에서 일어나는 것이고, 오늘날 그것이 가장 먼저, 가장 예리하게 작동하고 있는 곳이 아마 재정위기에 시달리고 있는 남부 유럽국가들과, 이른바 '자스민 혁명' 혹은 '민주화 혁명'이라는 정치적 대격변을 겪고 있는 북부 아프리카, 중동 국가들일 것입니다. 그리고 세계 경제의 여러 복잡한 요소들이 작용한 나머지 그간 대공황의 타격을 상대적으로 덜 받아온 한국에서 최근 '뱅크런'이 빈발하고 있는 것도 바로 이러한 모순의 격화와 결코 무관하지 않습니다.

대공황은 결코 끝나지 않았습니다.

* * *

이번 제5판은, 강성윤 박사에 의한 '찾아보기'의 추가, 김재훈 회원의 전문적인 편집과 이규환 회원의 표지 디자인으로 이전의 판들과는 사뭇 다른 책이 되었습니다. 세 분에게 심심한 감사를 표합니다.

물론 다소의 오·탈자가 있을 수 있는데, 이는 모두 제가 원고를 너무나 늦게 넘긴 탓으로서, 독자 여러분의 양해를 부탁드립니다.

2011년 2월 28일
채 만 수

---

1) 맑스가 《자본론》, 제1권, 제1편에서 강조하고 있는 것처럼, 어떤 것들이 량적으로 비교되기 위해서는 먼저 그것들이 같은 단위로, 즉 질적으로 동일한 것으로 환산되지 않으면 안 됩니다. 그런데, 상품 즉 사용가치는 그 종류마다 서로 다른 질이기 때문에, 예컨대 자동차나 컴퓨터, 구두, 양복 등등의 각 사용가치는 서로 다른 질이기 때문에, 그 자체로서는 상호 간에도, 또 서로 다른 기간에 생산된 그 총량으로도 그 많고 적음을, 직관적으로 표상할 수 있을지는 몰라도, 경제적으로 의미 있게 비교할 수는 없습니다. 물론 그 총중량이나 총부피 등의 많고 적음을 비교할 수 있지만, 그것이 경제적으로 의미를 갖는 것은 오직 운송이나 보관과 관련해서일 뿐일 것입니다. 그 많고 적음을 의미 있게 비교할 수 있는 것은 오로지 그것을 가치로 환산할 때뿐입니다. 그런데 1930년대 이후 그 전면적인 위기 때문에 금태환제를 전면적으로 폐기하고 있는 현대 국가독점자본주의의 화폐·통화제도 하에서는 상품의 가격 일반이 기본적으로 그 가치의 변화에 대응하고 있지 않기 때문에 국민적 규모의 혹은 세계적 규모의 상품생산의 크기의 증감을 가치로 환산하여 비교하는 것을 불가능하게 하고 있습니다. 부르주아 경제학의 소위 '고정가격'에 기초한, 혹은 이른바 '디플레이터(deflator)'를 적용한 국민총생산 통계란 그리하여, 엄밀히 말하자면, 비과학적인 것, 즉 통계조작이고, 기껏해야 편의적인 것에 불과합니다.

전면개정판을 내면서

이 책은 2002년도에 첫 판이 출간된 이래 두 차례의 부분적 보완과 수정을 거쳐 왔던 구판(舊版)을 계승한 것이지만, 그 내용과 서술체계를 대폭 보강하고 수정한 전면개정판입니다. 처음부터 끝까지 사실상 새롭게 썼고, 구판에 포함되어 있던 몇 가지 오류도 바로잡았습니다. 여전히 부족하고 보완해야 할 점이 많지만, 이제야 겨우 최소한의 면욕(免辱)은 했다고 생각합니다.

성격상 이 책에는 자연히 맑스와 엥엘스로부터의 인용이 다수 포함되어 있는데, 이와 관련하여 독자의 양해를 구해야 할 사항이 있습니다. 그들의 저작 중 우리말 번역이 있는 것에 대해서는 그것을 전거(典據)로서 제시해야 마땅할 것이나 그렇게 하지 못하고, 예컨대, "≪자본론≫, 제1권, *MEW*, Bd. 23, S. 123-24"라는 식으로 표시했습니다. 많은 분들이 아시겠지만, 베를린의 디츠출판사(Dietz Verlag Berlin)에서 간행한, 독일사회주의통일당[구 동독 공산당] 중앙위원회 부설 맑스-레닌주의연구소 편, ≪맑스-엥엘스 저작집≫(*Karl Marx·Friedrich Engels Werke*) 제23권(≪자본론≫, 제1권)의 123 및 124쪽이라는 뜻입니다.

이렇게 표시한 이유는, 첫째로는, 그 우리말 번역본들을 제가 미처 다 가지고 있지 못한데, 그렇다고 도서관에 찾아다니면서 일일이 확인하기에는 시간이 허락하지 않아서이고, 둘째로는, 그 번역본이 제 수중에 있는 것이더라도 저의 인용이 반드시 그 번역본의 번역문과 일치하는 것은 아니기 때문이며, 셋째로는, 무엇보다도, 디츠출판사의 이 저작집은 세계적으로 맑스·엥엘스 저작의 일종의 표준 텍스트처럼 간주되고 있는데다가, 국내에도 꽤 보급되어 있어서 관심이 있는 분은 그것을 통해서 어느 번역본이라도 조회할 수 있을 것이기 때문입니다. 전거 표시가 다소 생경하더라도 이해해 주시기 바랍니다.

이 책의 제3판 제2쇄까지는 제가 10년 가까이 몸담았던 한국노동이론정책연구소에서 출간하였으나, 제3판 제3쇄(2005년 3월)는 도서출판 아침이슬의 명의를 빌려 출간했습니다. 2004년의 이른바 '탄핵정국'에서, 당시 "탄핵무효!"를 외쳐대던 소부르주아 대중의 정치적 광기를 자칫 "신자유주의 개혁 퐈씨즘"의 징후일 수 있다고 경계하면서 이 사회 신자유주의의 최고집행자 대통령 노무현의 탄핵을 노동자·민중의 입장에서 당연시한 것을 가리켜, "맑스는 이러한 것을 반동적 사회주의라고 했다"는 식으로까지 사기를 치면서 노무현을 옹호하던, 한노정연 소속 남구현·이해영·최형익 교수를 비판한 것에 대한 한노정연 내의 '좌파 지식인들'·'좌파 활동가들'의 강한 반발과 적대, 진한 패거리주의 때문에, 이 사회의 언필칭 '좌파 지식인들'·'좌파 활동가들'의 진면목을 새삼 재발견하면서, 저나, 뜻을 같이하던 여러 동지들이 지난해 2월 하순에 어쩔 수 없이 한노정연을 떠나지 않을 수 없었기 때문이었습니다.

'좌파' 연구소로서의 10년에 가까운 역사 속에서 얽힌 활동상의 여러 관계들 때문에, 그리고 특히 앞으로 강단에서 활동해야 하는 젊은 학자들에게는 그와 얽혀 있는 일종의 좌파 강단권력 때문에, 한노정연을 떠나기로 결단하는 것이 결코 쉬운 일이 아니었을 터인데도, 많은 동지들이 정직한 활동가, 정직한 지식인으로서의 면모를 보여주면서 결단을 했고, 정말 더없이 헌신적인 노력으로 2개월 여만인 5월에는 노동사회과학연구소로 결집하여 모두가 새롭고 힘차게 활동을 재개할 수 있었습니다.

이제 제4판에 해당하는 이 전면개정판은 노동사회과학연구소에서 출간합니다. 정말 이들 동지들의 지지와 격려, 도움이 없었다면, 이 전면개정판은 불가능했을 것입니다. 이들 동지들에게 정말 가슴 아픈 감사를 표합니다.

마지막으로 개인적이고 조금은 쑥스러운 얘기를 하고자 합니다. 저의 처 얘긴데, 운수 사납게도 그녀는 사고나 칠 줄 알지 가정경제에는 도무지 도움이 안 되는 무능한 사내를 남편으로 만나 30년 가까이 묵묵히 살림을 꾸려왔는데, 이번에는 이 책의 교정까지 봐주었습니다. 이 자리를 빌어 아내 최선영에게 고마운 마음을 표합니다.

2006년 2월 22일 상도동에서
채 만 수

제3판을 내면서

　예상보다 빨리 제3판의 인쇄가 필요해졌기 때문에 내용에 대한 충분한 검토 없이 인쇄에 부칩니다. 다만, 제2판을 인쇄에 부친 직후인 금년 3월 하순부터 연구소의 "경제학 비판"(≪자본론≫) 쎄미나에 참가하게 되었기 때문에 그 성과를 반영하여 여기저기를 부분적으로 보완하였습니다.
　특히 언급하고 싶은 것은 이른바 '생산성 임금제'의 기초가 된다고 할 수 있는 노동생산성의 일반적인 통계와 관련한 부분입니다. 본문에서도 얘기했지만, 노동생산성이란 일정 양의 노동에 의한 사용가치의 생산량의 문제이기 때문에 개개 품목의 생산성의 증대는 정확하게 계량화할 수 있겠지만, 다수의 품목을 아우르는 국민경제의 생산성을 소수점 이하의 퍼센티지까지 통계화한다는 것은 넌쎈스일 수밖에 없습니다. 가치·가격을 제외하고는 다수의 품목을 아울러 그 양의 증감을 비교할 수 있는 '동일한 단위'가 없는데, 노동생산성의 문제는 결코 가치·가격의 문제가 아니기 때문입니다. 사실 근대 부르주아 경제학에서처럼 '화폐생산성'이니 '부가가치생산성'이니 하고 대드는 순간 사실은 과학으로서의 경제학은 그 기초를 상실하는 것입니다.
　최근에 얘기되는 이른바 '임금피크제'에 관한 논의도 보충하는 것이 좋겠다는 의견도 연구소의 일부에서 제기되었지만, 이 부분은 그냥 생략하기로 했습니다. 사실 '임금피크제'란 최근 갈수록 악화되는 고용 사정을 배경으로 위협과 주먹다짐으로 고령 노동자의 임금을 삭감하는 것일 뿐이어서 이론적으로 논의해야 할 조금의 근거도 없기 때문입니다.
　자본주의 세계경제의 위기가 전반적으로 심화되면서 전쟁의 어두운 그림자가 짙게 드리우고, 노동자·민중의 생활이 극도로 피폐해져 생활고를 비관한 일가족 집단자살이 새삼스러운 뉴스가 아니게 된 한 해, 그러한 노동자·민중생활의 파탄에 많은 노동자와 농민·빈민이 죽음으로 항거한 한 해, 여기저기에서 치열한 투쟁이 벌어졌으나 정치적으로는 크게 진전하지 못한 한 해였습니다. 그리고 언필칭 '진보적인 부르주아 정권'조차 얼마나 친미적이고 얼마나 반노동자적·반민중적인가 하는 것을, 그리고 재벌 등 대자본의 범죄적인 정치자금으로 어떻게 대중의 지지표를 매수했는가를 노무현 정권이 입증해주기도 한 한 해였습니다.

　새해에는 총선이 있고, 그리하여 '노동자계급의 정치세력화'라는 미명 하에 노동자들의 정치적 투쟁을 '선거'·'의회민주주의'라는 부르주아 민주주의의 협소한 틀 속에 가두어 그 변혁성을 거세시키려는 책동이 더욱 기승을 부릴 한 해가 될 것입니다. 프롤레타리아트의 과학으로 무장하여 그러한 책동을 경계하면서 독자적 변혁적 정치투쟁·정치조직을 발전시켜 가는 한 해로 만듭시다.

　마지막으로, 새롭게 교정·교열을 해준 강성윤, 그리고 빠른 발간을 위해 애써 준 이은영에게 감사를 드립니다.

2003년 12월 18일
채 만 수

제2판을 내면서

이 변변치 못한 책이 나가자 많은 독자와 주위에서 정말 기대 밖으로 과분한 호응과 후원을 보내주어 근 반년 전에 책이 품절되었습니다. 첫 판을 내면서 새로 인쇄할 때는 수정·보완하겠다고 공언했기 때문에 곧바로 인쇄에 들어가지 못하고 연구소의 사무처·교육기획실·편집기획실이 모두 나서 제2판 준비를 재촉했는데, 이런 일 저런 일에 치이다 보니 이제야 인쇄에 부치게 되었습니다.

수정·보완이라고는 하지만, 대체로 논지를 약간 보충하고, 가능하면 서술을 보다 명확히 하며, 오·탈자와 아주 어색한 표현을 수정하는 수준을 크게 벗어나지 못했습니다. 그리고 몇 군데 장·절의 분류를 수정하여 새롭게 했을 뿐입니다. 다만, 제6강 '독점자본주의와 국가독점자본주의'의 경우, 독점자본의 축적 및 공황의 특수성과 그 귀결로서의 국가독점자본주의의 필연성, 그리고 그 모순에 관한 내용을 보완했습니다. 그리고, 최근 '주5일 노동'을 위한 입법과 관련, 연장노동에 대한 할증임금의 문제가 주요한 이슈로 등장해 있으나, 본래의 강의에서는 이에 대한 내용을 다루고 있지 못하기 때문에 그와 관련한 글 한 편을 '제3강·제4강에 대한 보론'으로서 제4강 바로 뒤에 싣기로 하였습니다.

또한, 제6강을 다시 검토하면서 잘못된 서술도 있음을 발견했습니다. 연합국통화금융회의가 IMF와 IBRD를 설립하기로 1944년 7월 22일에 최종의결서를 맺었다고 해놓고서도 바로 두어 페이지 뒤에서는 그 업무 개시 시기와 혼동하여 IMF 설립을 1947년에야 합의했다고 서술하는 식입니다. 착각에 의한 이런 식의 오류는 주의 깊게 재검토하지 못한 다른 강의에도 혹시 있을 수 있다고 생각하나 다음 기회에나 보다 엄밀히 검토·수정할 수 있을 듯합니다. 독자들의 양해를 바랍니다.

이 제2판을 준비하는 데에는 연구소의 연구원이자 서울대 대학원 박사과정에서 경제학을 전공하고 있는 강성윤 군이 꼼꼼히 교정을 봐주는 등 많은 고생을 했습니다. 여기에 특별히 감사를 표하고 싶습니다.

하지만, 오·탈자를 포함, 이 책이 혹시 안고 있을지 모르는 모든 오류에 대한 책임은 물론 저자인 저에게 있습니다.

* * *

  이 책의 본문에는 담지 않았습니다만, 지난해 초 이북을 '악의 축'으로 규정한 데 이어 미국의 부시 행정부는 최근 이른바 '핵 활동'을 핑계삼아 노골적으로 북에 대한 "선제 공격"이니, "핵 공격의 가능성을 배제하지 않는다"느니, 하면서 호전적인 제국주의의 야욕을 숨기지 않고 있습니다.

  그런데 유감스럽게도 지금 우리의 노동운동은 이렇게 긴박한 정세에 적절히 대응하지 못하고 있습니다. 무엇보다도 80년대를 거치면서 노동자·민중운동이 소위 NL과 PD로 분열, 이른바 '계급모순'과 '민족모순'을 통일적으로 파악하지 못한 채 대립하고 있는 데 커다란 원인이 있을 것입니다.

  하지만, 일제 하에서부터의 우리 사회 각 계급의 동향·대립·투쟁을 역사적으로 파악한다면, 제국주의와 민족 분단, 계급적 억압과 투쟁이 결코 분리될 수 없는 하나의 문제라는 것, 민족의 분단과 남북 대립은 다름 아니라 계급적 분열과 대립이 역사적·지리적으로 외화된 형태라는 것, 그리하여 오로지 남에 위치해 있느냐 북에 위치해 있느냐에 따라서, 그리고 변화하는 정세의 성격에 따라서만, 당장 대적해야 할 '주요모순'이 달랐고 또 달라져왔음을 알 수 있을 것입니다.

  한국의 일부 노동자계급 운동은 '민족문제'를 자기문제로 인식·대응하지 못하는 관념성과 종파주의를 극복하고 시급히 반전·반제국주의 투쟁에 결연히 나서야 할 것입니다. 지금 정세는 이를 절실히 요구하고 있습니다. 만일 이 땅에서 다시 전쟁이 일어난다면, 노동자들의 생존권 또한 없는 것 아닙니까?

2003년 3월 14일
120년 전에 서거한 K. 맑스를 생각하며
채 만 수 적음

추천사

한국노동이론정책연구소는 노동자를 위한 기획교양강좌로서 "교양경제학" 및 "정치학" 강좌를 개설해 왔다. 올 해로서 세 번째를 맞이하는 이 강좌에서 교양경제학의 강의를 맡고 있는 이는 채만수 부소장인데, 이 책은 그가 그 강좌에서 행한 강의내용을 정리하고 수정·보완한 것이다.

이 책을 소개하기에 앞서 채만수 씨에 대해 간략하게나마 소개할 필요를 느낀다. 그는 대학시절 학생운동에 참여했고, 이후 서울대 법대 출신이지만 줄곧 법조인의 길과는 거리가 먼 재야지식인의 길을 걸어왔다. 오늘날 같은 자본주의 사회에서 물적 뒷받침이 취약한 사람이 재야지식인으로서 활동한다는 것은 참으로 어려운 일일 것이다. 그러나 현실과의 타협을 거부하고 현실의 변혁에 기여하는 삶을 살아가려는 그의 신념이 그로 하여금 그런 길을 걷게 만들었을 것이다.

그는 항상 노동자계급의 관점에 서서 사회현실을 진단하고 그 현실을 변혁하는 길을 찾기 위해 고군분투해 왔다. 이 과정에서 그는 아울러 그가 노동자계급의 사회적 해방에 방해가 된다고 판단한 진보진영 내부의 제반 이데올로기적-이론적 조류들과도 줄기차게 싸워왔다. 이로 인해 그는 주위로부터 많은 오해를 사기도 했지만, 그의 비판은 어디까지나 상대방의 이데올로기적-이론적 입장에 대한 비판이었지 인신공격 등과는 거리가 먼 것이었다. 어쨌든 그는 지금도 계급적 원칙과 대의에 충실한 진보진영 내부의 가장 준열한 논객으로서 활동하고 있다. 아울러 그는 누구보다도 열심히 정치경제학 연구에 매진해 왔는데, 이 책에는 그간의 그의 연구의 결실이 고스란히 담겨 있다.

*　　*　　*

이 책의 가장 중요한 특징은 누구나 쉽게 이해할 수 있도록 내용을 평이하게 서술하고 있지만 그 서술을 깊이 있는 이론적 분석에 의해 뒷받침하고 있다는 점이다. 그러므로 이 책의 안내를 받는다면 누구나 별다른 어려움을 겨지 않고 적대에 기초해 있는 자본주의 사회의 깊숙한 비밀과 발전경향성 등에 대한 지식을 자신의 것으로 만들 수 있을 것이다.

이 책이 다루는 주제는 크게 보아 다음의 두 부분으로 나누어진다. 첫째 부분은 자본주의적 질서의 기본성격과 기본구조 및 일반적인 발전경향에 관한 것이다. 제1강 "자본주의란 무엇인가", 제2강 "상품·가치·화폐·가격", 제3강 "임금과 잉여가치", 제4강 "인플레이션과 이른바 '생산성임금제'", 제5강 "자본주의적 생산의 발전과 공황"이 그것이다. 두번째 부분은 현대 자본주의의 기본구조와 발전경향 등에 관한 것이다. 제6강 "독점자본주의와 국가독점자본주의", 제7강 "신자유주의"가 그것이다.

그런데 이 책이 지닌 또 다른 중요한 특징은 자본주의 일반과 현대 자본주의의 주요문제들을 다루어 나가면서 사태의 본질을 왜곡하거나 은폐하는 제반 사이비 맑스주의적 견해나 부르주아적 견해들에 대한 비판을 아울러 행하고 있다는 점이다.

그러므로 이 책을 읽는 사람들은 자본주의 질서가 지닌 제반 문제들을 높은 추상수준에서는 물론 현실의 계급투쟁 과정과 직접적으로 관련되는 구체적인 수준에 이르기까지 폭넓게 이해할 수 있을 것이다.

이 책이 출판됨으로써 우리는 누구에게 내놓아도 자랑할 만한 제대로 된, 노동자 대중을 위한 정치경제학 입문서를 가지게 되었다. 이 책이 많은 독자들을 발견하기를, 그리고 무엇보다도 사회변혁을 위해 투쟁하는 모든 사람들의 필독서가 되기를 바라는 마음 간절하다.

2002년 2월 18일
김 세 균

책을 내면서 (제1판 서문)

이 책은 2000년 초 한국노동이론정책연구소에서 노동운동의 선진활동가들과 노동운동에 관심이 있는 일부 학생들을 대상으로 "노동자 교양경제학"이라는 제목으로 7주간에 걸쳐서 했던 강의를 기초로 작성되었습니다. 애초 ≪현장에서 미래를≫에 2000년 3월호부터 연재되었는데 순전히 필자의 게으름 탓에 2001년 2월호로 제6강의 말미 부분에서 중단되었다가, 이번에 새롭게 제2기 강좌를 준비하면서 마무리하였습니다.

교육기획실의 홍정이 교육기획실장을 비롯한 젊은 동지들이 녹취록을 작성해 주지 않았더라면 이 강의는 아예 기록으로 남지조차 못했을 것입니다. 그리고 허은영, 선지현, 이은영, 변정필 등 교육기획실 동지들의 성화와 같은 채근과 격려가 없었다면 끝내 마무리하지 못했을 것입니다. 이 기회를 빌어 감사를 드립니다. 나아가 교육기획실의 동지들과 함께 밤을 도와 편집을 해준 편집기획실의 한진용, 김락건 동지들에게도 감사를 드립니다. 물론 편집은 엄격히 제작 기술상의 문제에만 한정되었기 때문에 내용과 관련한 모든 책임은 저에게 있습니다.

* * *

이 책의 내용은 경제학상의 어떤 이론적 진전도 담고 있지 않으며, 엄밀한 체계에 의해서 정리된 것도 아닙니다. 또한 책이 만들어지기까지의 과정의 특수성 때문에 서술상의 불균형과 중복도 허다합니다. 그런 의미에서 이 책은 저에게는 무척 부끄러운 책입니다.

하지만 그럼에도 불구하고 감히 이 책을 세상에 내놓는 것은, 적어도 한국에서는, 이 책이 나름의 존재 이유가 있다고 생각하기 때문입니다. "임금이 10% 오르면 물가는 0.8%밖에 오르지 않는다"거나 "더 이상 더 많은 노동력을 동원하지 않고 더 큰 가치를 생산하는 새로운 생산방식"이라거나, "경제위기를 극복하는 유일한 길은 생산력을 증대시키는 것"이라는 등의 부르주아 경제·경영학적 허위 관념과 경쟁력 이데올로기가, 그리고 '재벌 개혁'이니

'종업원지주제'니 '노동자 경영참가'니 하는 사민주의적 프로젝트가 노동자계급 내에 횡행하면서 노동운동을 왜곡·오도·압박하는 상황 속에서는 비록 거칠지라도 '과학적 관점'을, 따라서 노동자계급의 변혁적 관점을 확인하는 것이 중요하기 때문입니다.

당장 이 책이 그러한 소임을 다할 수 있도록 꾸며졌다고는 결코 생각하지 않습니다. 다만 그러한 소임에 최대한 충실할 수 있도록 앞으로 기회 있을 때마다 보정(補正)해 갈 계획입니다. 뜻있는 동지들의 질정이 있기를 기대합니다.

2002년 2월 15일
꼭두새벽에 상도동 우거에서
채 만 수 적음

노동자 교양경제학

― 경제학 원론에서 신자유주의 비판까지 ―

제1강 자본주의란 무엇인가

1. 왜 노동자 경제학을 학습해야 하는가

1) 필연 속에 자유 있다

첫 강의입니다. 따라서, 왜, 무엇을 학습하는가부터 간단히 얘기합시다.

"필연 속에 자유 있다"는 말이 있습니다. 이는 본래 '자유'와 '필연성'의 관계에 관한 헤겔(Georg W. F. Hegel, 1770-1831)의 명제를, 말하자면, 좀 통속적으로 표현한 것인데, 엥엘스는 헤겔을 인용하면서 다음과 같이 말하고 있습니다.

> 헤겔은 자유와 필연성의 관계를 올바르게 서술한 최초의 사람이었다. 그에게 있어서 자유란 필연성에 대한 통찰이다. "필연성은, <u>그것이 이해되지 않은 한에서만</u> 맹목적이다."[1] 자유란, 몽상 속에서 자연법칙으로부터 독립하는 데 있는 것이 아니라, 이들 법칙을 인식하는 데에 있고, 그럼으로써 주어지는, 일정한 목적들을 위해서 이들 법칙을 계획적으로 작용시킬 가능성에 있다. 이는 외적 자연의 법칙들에도, 또 인간 자신의 육체적 및 정신적 존재를 규제하는 어느 법칙에도 해당된다.[2]

좀 더 쉽게, 예를 들어서 설명하자면 이런 것입니다.

저 유명한 《삼국지》에 보면 제갈량이 '축지법'을 써서 조조의 군대를 물리쳤다느니 어쩌니 하는 얘기가 나오지만, 여러분 중의 누구도 그것을 사실

---

1) Hegel, *Encyklopädie der philosophischen Wissenschaften* ..., §147, Zusatz. 106.
2) F. 엥엘스, 《반뒤링론》, *MEW*, Bd. 20, S. 106.

이라고 믿지 않을 것입니다. 실제로, 제갈량이 호풍환우(呼風喚雨)하는 재주를 가졌다는 말이 문학적 거짓말인 것처럼, 그가 선비 차림에 사인교(四人轎)를 타고 유유히 나아갔지만 사실은 축지법을 했기 때문에 조조의 군대가 그를 추격할 수 없었다는 얘기 역시 그러한 문학적 거짓말에 불과하고, 자연의 법칙에 어긋나는 '축지법'이란 있을 수 없다는 것은 여러분 모두가 알고 있기 때문입니다.

현실화된 축지법

그러나 이렇게 생각해 봅시다.

제갈량이 살아 활동하던 시절에, 아니 지금부터 불과 백 수십여 년 전에도, 예컨대, 여기 서울에서 부산까지 가려면 얼마나 많은 시간이 걸렸겠습니까? 모르면 몰라도 아마 몇 날 며칠이 걸렸을 것이고, 말을 타고 달려도 아마 2-3일은 족히 걸렸을 것입니다.

그런데 요즘은 어떻습니까? 불과 두세 시간이면 갑니다. 서울에서 부산뿐 아니라, 옛날 같았으면 몇 달이 걸려야 갈 수 있을까 말까 하던, 태평양 건너 미국의 어느 도시, 유라시아 대륙을 건너 유럽의 어느 도시까지도 불과 열 몇 시간이면 오가지 않습니까? 오늘날 우리는 그렇게 공간적 제약을 벗어나 자유롭게 왕래하고 있습니다.

그런데, 현대의 '축지법'이라고나 해야 할 공간적 제약으로부터의 이러한 자유, 그것은 어떻게 가능합니까? 비행기를 예로 들면, 우리 모두가 아는 것처럼, 인류가 양력(揚力)의 법칙을 인식하고, 또 비행기를 구성하고 있고 또 그 비행기가 활주·비행하기 위해서 소모되어야 하는 여러 물질의 구조와 성질, 운동법칙을 인식하여, 그것들을 합목적적으로 지배함으로써 가능해진 것 아닙니까? 다시 말하자면, "몽상 속에서 자연법칙으로부터 독립"하여 인간의 비행이 가능해진 것이 아니라, "이들 법칙을 인식"하고, "그럼으로써 ... 일정한 목적을 위해서 이들 법칙을 계획적으로 작용"시킴으로써 비로소 비행이 가능한 것 아닙니까?

예. 바로 그렇게 필연적 법칙을 인식하고, 그것을 합목적적으로 응용·지배함으로써 거대한 공간적 제약을 극복하고, 그로부터 자유로워질 수 있는 것입니다.

인간의 사회와 역사도 마찬가지입니다. 우리가 그 구조와 성격, 운동법칙을 인식하여 그것을 합목적적으로 지배한다면, 우리는 당연히 일체의 사회적 속박과 제약으로부터 자유로워질 수 있습니다. 그러나 그렇지 못하는 한, 그것은 우리를 지배하는 외적이고 맹목적적인 자연법칙으로서 우리와 대립합니다. 그리고 무지, 즉 우리가 그 속에서 살고 있는 사회 및 그 제반 사항의 구조와 성격, 운동법칙에 대한 잘못된 인식에 기초한 '실천'은, 우리를 그 사회와 그 속박으로부터 해방시키는 것이 아니라, 때로는, 그 의도와 무관하게, 오히려 그 지배, 그 속박을 더욱 강화하는 데에 기여하기도 합니다. 이런 경우를 일컬어, "지옥으로 가는 길은 선의로 포장되어 있다."고 하지요.

무지가 유발하는 노동운동상의 과오들

무지에 기초한 이러한, 말하자면, 제 발등 찍기는 노동자계급운동에서 결코 드문 일이 아닙니다. 앞으로의 강의를 통해 자세히 설명하겠지만, 노동운동의 일부 활동가, 일부 단체들이 주장하는 소위 '노동자 경영참가'나 '우리사주운동', '사회적 합의주의', '생산성 경쟁' 등등이 모두 노동자들의 그러한 제 발등 찍기, "지옥으로 가는 길"입니다.

혹시 "'생산성 경쟁'을 주장하는 노동운동의 활동가나 단체는 없지 않느냐" 하고 생각할지도 모릅니다.

예, 대놓고 생산성 경쟁을 주장하는 활동가나 단체는 없겠지요. 그랬다가는 금세 '사꾸라'·'왕사꾸라'라는 오명과 함께 매장될 테니까요. 그러나 실제로도 생산성 경쟁을 주장하는 활동가나 단체가 없는가?

아닙니다. 많습니다. 예전에는 정말 많았고 지금도 적지 않습니다.

예를 들어, 민주노총의 역사에서 최대의 투쟁이었던 지난 1996년 말-97년 초의 총파업 때의 상황을 상기해봅시다. 그러면 이런 소리가 들릴 것입니다. ―"재벌들은 재테크·부동산투기나 일삼으면서 노동법을 개악하여 초과착취를 하려 들지 말고, 기술개발·기술혁신에 투자하라!"

다름 아니라, 바로 당시 '선진적 노동운동 활동가들과 단체들'의 주요 선전·선동 내용 중 하나였지 않습니까? 또한 요즘도 '경제민주화'니 뭐니 하면서 시끄럽고 집요하게 들려오는 소리 중의 하나가 재벌을 '개혁'하고, '해체'해서 "경쟁력 있는 대기업" 체제로 가야 한다는 주장이고, 그러한 주장이 아직도 수많은 노동자들의 영혼을 사로잡고 있지 않습니까?

이 강의를 진행하면서 뒤에서 그 이유를 자세히 설명하겠지만, 사실은 이 모두가 바로 '생산성 경쟁'의 선전·선동입니다.

오늘날, 우리 사회에서뿐 아니라 세계적으로 벌어지고 있는 현상이지만, 노동운동에서의 이러한 제 발등 찍기는, 물론 의식적인 배신이나 계획적인 매도(賣渡)를 별도로 한다면, 대체로 자본주의 사회의 구조와 그 운동법칙, 그 사회 속에서 노동자로서의 자신들의 존재조건들에 대한 무지, 잘못된 이해에서 비롯되는 것입니다.

따라서 노동자계급운동이 이러한 자해행위를 떨치고 "근대 프롤레타리아트의 역사적 사명"인 "세계해방 사업을 수행"하기 위해서는, "이 사업의 역사적 조건들과 동시에 그것의 본성 자체를 규명하고, 그리하여 행동해야 할 사명을 띤 오늘날의 피억압계급으로 하여금 그들 자신의 행동의 조건들과 본성을 자각하게 하는 것, 이것이 프롤레타리아 운동의 이론적 표현인 과학적 사회주의의 임무"3)입니다.

2) 경제학을 공부해야 하는 이유

그리고 세계해방, 구체적으로는 노동자계급의 해방 사업을 수행하기 위해서 행동해야 할 사명을 띤 오늘날의 피억압계급, 즉 노동자계급이 자신들의 행동의 조건들과 본성을 의식하기 위해서는 모름지기 경제학, 보다 정확히 얘기하면, 과학적 경제학으로서의 노동자계급 자신의 경제학을 공부하지 않으면 안 됩니다. 왜냐하면, 노동자계급의 경제학이야말로 우리가 살고 있는 이 자본주의 사회의 역사적 성격과 그 구조·운동법칙을 밝히는 가장 기본적이고 필수적인 과학이기 때문입니다.

그러면 왜 경제학이 사회의 역사적 성격과 그 구조·운동법칙을 밝히는 가장 기본적이고 필수적인 과학인가?

다름 아니라, 물질적 생활수단의 생산과 그 생산관계가 인간의 생활과 사회적 관계 일반을 규정하기 때문입니다. 맑스의 말을 빌려서 표현하자면,

---

3) F. 엥엘스, 같은 책, S. 265.

"자신들의 생활을 사회적으로 생산하면서 인간은 필연적이고 자신들의 의지로부터 독립적인 일정한 관계 속에, 즉 자신들의 물질적 생산력들의 일정한 발전단계에 조응하는 생산관계들 속에 들어가며", "이들 생산관계의 총체가 사회의 경제적 구조, 즉 그 위에 어떤 법률적·정치적 상부구조가 우뚝 솟고, 그것에 일정한 사회적 의식형태들이 조응하는 바의 실제적인 토대를 형성"하기 때문이고, 그리하여 "물질적 생활의 생산양식이 사회적, 정치적 그리고 정신적 생활과정 일반을 제약"하기 때문입니다.[4]

우리가 경제학을 연구하지 않으면 안 되는 이유를 맑스는, 같은 글에서, 다음과 같이 직접적으로 표현하기도 합니다.

> 법률적 관계들과 국가 형태들은, 그것 자체로부터도, 그리고 이른바 인간정신의 일반적인 발전으로부터도 이해될 수 없고, 오히려 물질적인 생활관계들에 뿌리박고 있는 것이며, 이 물질적 생활관계들의 총체를 헤겔은 18세기의 영국인 및 프랑스인들의 선례에 따라서 '시민사회'라는 이름으로 총괄하고 있는데, 그러나 이 시민사회의 해부학은 경제학에서 찾지 않으면 안 된다.[5]

경제학이란 바로 이렇게 물질적 생활관계들을 해부하여 밝히는 것, 물질적 생활수단을 생산하는 사회적 구조와 그 운동법칙을 밝히는 것이고, 보다 구체적으로는 자본주의적 생산의 구조와 운동법칙을 밝히는 것입니다. 그리고 이를 통해서 우리는 세계해방을 위한 행동의 조건들과 본성을 통찰하게 되는 것입니다.

참고로 말하자면, 이승만 정권 이래 1980년대 중반까지의 한국 사회의 역사는 사상·학문의 자유에 대한 악랄한 퐈쑈적 탄압으로 노동자계급의 경제학은 물론 사회과학다운 사회과학 일체의 암흑기였습니다. 그러다가 1960년의 4월 혁명과 1970년대 이래 그리고 특히 1980년대에 크게 성장한 '민주화운동'·노동운동에 힘입어 1980년대 중반 이후 사회과학의 르네쌍스, 즉 부활을 맞게 됩니다. 그리고 이때에는 '진보적 지식인들'이나 활동가들

---

[4] ≪경제학 비판≫ "서문", *MEW*, Bd. 13, S. 8-9.
[5] 같은 책, S. 8.

대부분이 "이 부르주아 사회의 해부학은 경제학에서 찾지 않으면 안 된다"는 데에 사실상 어떤 의문도 제기하지 않았습니다.

신좌파의 다원적 모순론, 혹은 소부르주아적 혼란

사실, 사상·학문의 자유에 대한 탄압도, 그 자유를 쟁취하기 위한 투쟁도 그 본질에서는 이데올로기를 둘러싼, 지배계급으로서의 (독점)자본가계급과 여타의 피지배계급, 특히 노동자계급 간의 계급투쟁입니다. 그리고 이 이데올로기를 둘러싼 계급투쟁은 각 사회가 처한 구체적인 역사적·정치적·사회적 상황 속에서 여러 형태로 전개되기 마련입니다. 그리하여 퐈쑈 지배의 한국 사회에서는 그 이데올로기 지배와 그에 대한 투쟁도 퐈쑈 대(對) 반퐈쑈의 정치적 투쟁이라는 형태를 취했음에 비해서 서유럽 등에서는 이데올로기 시장에서의 경쟁이라는 형태를 취했습니다. 그런데 역설적이게도 한국의 극악한 퐈쑈적 탄압이 투쟁의 긴장감을 고조시킴으로써 사회과학·사회사상의 전통적 과학성을 지향하게끔 한 반면에, 그러한 긴장감이 약했던 서유럽 등지에서는 오히려 비과학적인 갖가지 소부르주아지의 사상과 이론들이 유행하는 결과를 낳았습니다. 갖가지 소부르주아지의 사상과 이론들의 유행 그것이 20세기 후반 자본주의 사회 일반의 이데올로기적 상황이었음에 비해서, 1980년대 중·후반에 걸쳐 한국 사회에서 사회과학이 부활할 때에 "이 부르주아 사회의 해부학은 경제학에서 찾지 않으면 안 된다"는 합의가 있었던 것도 그러한 상황을 반영한 것이었습니다.

그러나 1980년대 말 이후 한국 사회의 상황은 급격히 변했습니다. 한편에서는 1980년대의 투쟁, 특히 1987년의 투쟁 이후 '민주화'가 진전되어 과거와 같은 긴장감이 존재하지 않게 된 데다가, 다른 한편에서는 쏘련을 중심으로 한 20세기 사회주의 세계체제가 해체·붕괴되는 바람에 대반동기가 찾아왔고, 그에 따라 이데올로기 또한 극심한 혼란 상태에 빠졌기 때문입니다.

그때부터는 "이 부르주아 사회의 해부학은 경제학에서 찾지 않으면 안 된다"는 가르침에 대해서 '신좌파'로 불리고 또 그렇게 자임하는 많은 지식인들로부터 금세 비판이 날아듭니다. '구좌파적인' '경제적 결정론'이니 '계급환원론'이니 하는 비판 말입니다. 그러면서, 이른바 신좌파 지식인들 사이에서 유행하는 말로 하자면, '소수자 운동'이니, '무지개 연합'이니 하는 것들을 들이댑니다.

그러나 '경제적 결정론'이니 '계급환원론'이니 하는 규정 자체가 사실은 저들 지식인 자신의 그야말로 환원론적 사고(思考)의 소산으로서, 저들 라만차의 기사들이 비판의 창을 움켜쥐고 돌진하고 있는 풍차일 뿐입니다. 우리가 물질적 생산과 그 생산관계, 계급관계를 중시하는 것은, 사회의 토대와 상부구조에 관한 앞의 설명에서도 명백한 것처럼, 결코 저들이 말하는 것과 같은 '경제적 결정론'도, '계급환원론'도 아니기 때문입니다.

신좌파적 사상의 여러 조류는, 그 근원지랄 수 있는 서유럽의 경우 특히 1968년의 이른바 '5월 혁명' 이후 지식인들 사이에서 유행하고 있는데, 저들 신좌파 지식인들은 그 소부르주아적 혼란 때문에 물질적 생활의 생산양식이나 계급문제에 대한 인식의 중요성을 이해하지 못하고 있습니다. 그러면서 말합니다. "인간사회에는 숱한 모순이 있는데 구좌파들은 왜 계급문제만 가지고 난리치느냐" 하고 말입니다.

맞습니다. 인간사회에는 숱한 모순이 있습니다. 그렇지만 신좌파의 그런 주장은 맞지 않습니다.

좀 엉뚱하게 들릴지 모르겠지만 기독교 성경 속의 어떤 '기적'에 대해서 좀 얘기해 봅시다.

≪신약≫의 "마태복음"이나 "마가복음"에 보면 이른바 '5병2어(五餠二魚)의 기적'이라는 것이 있지 않습니까? '떡(빵) 다섯 개하고 물고기 두 마리를 가지고 5천 명을 배불리 먹이고도 12광주리가 남았다'고 하는 이야기지요. 경전의 저자는 예수의 무한한 능력과 이적(異蹟)을 증거하기 위해 그 이야기를 썼을 것입니다. 그렇지만 저 같은 무신론자가 보면, 그것은 하나님과 일체라는 예수의 면전에서 '은혜'를 받더라도 무언가를 먹지 않으면 안 된다는 것을 웅변하고 있는 것입니다.

말하자면, 정신적으로 아주 고고한 사람이든, 우리처럼 평범한 인간이든, 인간이면 누구나 다 먹어야 되고, 입어야 되고, 또 하늘을 가릴 거처가 있어야 한다는 것입니다. 그러고 나서야 고고한 정신 활동도 있는 것이니까 말입니다. 동양에서는 그것을 "유항산(有恒産)이어야 유항심(有恒心)"이라고 했습니다. 쉽게 말하면, 먹어야 제정신을 차릴 수 있다는 뜻입니다.

그런데 그러한 먹을 것들, 혹은, 보다 일반적으로 말하자면, 인간의 생존을 위한 그러한 물질적 생활수단들은 어디서 어떻게 해서 얻어집니까? 다름 아니라, 인간이 토지와 같은 자연에 어떤 작용을 가해서, 즉 노동을 함으로써 그것들을 획득하지 않습니까? 그렇게 해서 물질적 생활수단을 획득하는 것, 그것이 바로 생산입니다. 그리고 노동을 통한 물질적 생활수단의 이러한 생산이야말로 인간 생존의 가장 기본적이고 절대적인 조건이 되는 것입니다. 사실, 인간의 생존이란 자연으로부터 물질적 생활수단을 획득하여 이를 소비하고, 다시 이것을 배설물이나 폐기물 등의 형태로 자연에 되돌려주는 과정, 즉 자연과 그 자신 자연의 일부인 인간 사이의 물질의 교환과정이기 때문입니다. 즉, 인간이 생존한다는 것은 자연과 인간 간의 '물질대사'(物質代謝)의 과정인 것입니다.

그런데 인간은 각 개개인이 혼자서 고립적으로 자연과 대면하면서 거기에서 물질적 생활수단을 얻어내는 것, 즉 생산하는 것이 아닙니다. 인류는 처음부터 집단적으로 어떤 형태인가의 사회를 이루면서 살아왔으며, 그러한 사회관계 속에서 생산 활동을 해오고, 따라서 그러한 사회관계 속에서 자연과의 물질대사 과정을 수행해 왔습니다. 인간은 처음부터 사회적 동물이었던 것입니다.

그리하여, 위에서 확인한 것처럼, 노동을 통한 물질적 생활수단의 생산이 인간생존의 가장 기본적이고 절대적인 조건이라면, 그리고 그 생산이 언제나 어떤 일정한 사회적 형태 속에서 이루어지는 것이라면, 물질적 생활수단 생산의 이 사회적 형태, 사회적 생산관계, 계급관계야말로 인간사회의 모든 관계의 기초이자 그것들을 기본적으로 규정하는 관계가 아닐 수 없을 것입니다.

바로 이렇게 물질적 생활수단을 생산하고 획득하는 문제, 그러한 생산과정— 보다 정확히 말하면 그러한 재생산과정 —에서의 사회적 관계야말로 모든 기타의 사회적 관계에 우선하고, 또 기타 모든 사회적 관계의 기초에 위치하면서 그것들의 성격을 규정해 가는 것이기 때문에, 우리는 그것을 중심에 놓고 문제를 풀어가는 것입니다. 그리고 바로 그 때문에, 그것을 중심에 놓지 않고 마치 다른 관계들과 대등한 중요성밖에 갖지 않는 것처럼 대하는 이른바 신좌파의 방법은 당연히 크게 잘못을 범하는 것입니다.

수도 없이 존재하는 여러 사회적 모순들을 생산관계 즉 계급관계에 있어서의 모순과 같은 차원의 것으로 인식하고 대응하는 것, 그것은 세계의 통일성을 보지 못하는 다원론(多元論)이고 다원적 모순론입니다. 신좌파의 이러한 다원적 모순론은 결국 세계를 인식하는 데에 있어서 그들 지식인의 소부르주아적 혼란을 표현하고 있는 것일 뿐입니다.

자본주의, 혹은 자본주의적 생산관계는 바로 오늘날의 규정적 관계이고, 경제학은 그 해부학인 것입니다.

3) 왜 노동자계급의 경제학인가

그런데 여기에는 또 다른 문제가 있습니다.

다름 아니라, 경제학이라고 불리고, 경제학이라고 가르친다고 해서 그것들 모두가 다 자본주의 사회의 해부학이 아니며, 자본주의 사회의 생산·분배의 구조나 성격, 그 운동법칙을 밝히는 과학으로서의 경제학이 아니라는 문제입니다. 달리 말하면, 현재 자본주의 국가들의 강단(講壇)을 지배하면서 스스로를 '주류경제학'이라고 부르는 부르주아 경제학은, 부르주아 사회의 구조나 운동법칙들을 밝히기보다는, 오히려 그것들을 은폐하고 왜곡하고 있다고 하는 문제입니다.

앞에서 이승만 정권 이래 1980년대 중반까지는 사상·학문의 자유에 대한 악랄한 탄압으로 이 사회는 사회과학의 암흑 속에 있었다고 말했지만, 그때라고 해서 사회과학이라고 불리는 '학문'이 없었겠습니까?

그때나 저 때나 그러한 '학문'은 넘치고 넘쳤지만, 사실은 사회과학다운 사회과학은 금지되어 극심한 탄압을 받고 있었고, 사회의 구조와 성격, 그 운동법칙을 왜곡·은폐하는 부르주아 비과학들만이 활개를 쳤던 것입니다. 그리고 그러한 탄압의 핵심적 대상이 바로 노동자계급의 관점, 과학적 관점에서 부르주아 사회를 해부하는 노동자계급의 경제학이었고, 과학으로서의 그 경제학을 대신하여 활개를 쳐온 것이 바로 부르주아 경제학입니다.

사상·학문의 자유를 악랄하게 탄압하는 것도, 그러한 탄압이나 기타 공작을 통해서 부르주아 경제학이 활개를 치는 것도 모두 과학으로서의 사회과학, 과학으로서의 경제학, 노동자계급의 경제학에 의해서 자본주의적 생산과 자본주의 사회의 성격과 구조, 운동법칙이 밝혀지는 것을 저지하기 위해서입니다. 그것들이 사실대로 밝혀지면, 자본주의적 생산, 자본주의 사회 그것에 위험하기 때문입니다. 사회과학, 특히 경제학은 당파성, 즉 계급성이 무척 강한 학문인 것이지요.

부르주아 경제학의 이 계급성, 그 반동성에 대하여 맑스는 이미 1873년에 이렇게 얘기하고 있습니다.

> 경제학이 부르주아적인 한, 즉 자본주의적 질서를 사회적 생산의 역사적으로 일시적인 발전단계로서 파악하는 대신에, 거꾸로 사회적 생산의 절대적이고 최종적인 모습으로 파악하는 한, 경제학이 과학일 수 있는 것은 다만, 계급투쟁이 아직 잠재적이든가, 혹은 단지 개별적인 현상으로서만 나타나는 동안뿐이다.[6]

그리하여 산업혁명을 계기로 계급투쟁이 격화되고 일상화되자 부르주아 경제학은 이제 더 이상 과학이 아니게 되었던 것입니다. 그리고 오늘날의 그것은 단적으로 이렇게 되었습니다. 즉,

> 부르주아 ... 경제학의 사명은 다음 두 가지 기능을 수행하는 것이다. 거시(macro)경제적 규모에서 생산을 자본주의적으로 합리화하는 방법을 개선하는 데에 도움이 됨과 함께, 자본의 확대재생산을 위한 정치적 조건들을 보장하는 것, 즉 피착취자의 의식을 지배계급의 사상적 포로로 억눌러 두기 위해서 노동자의 계급투쟁을 탄압하고, 그들을 정신적으로 노예화하는 것이다.[7]

바로 이 두 인용문이, 저들이 왜 그토록 폭압적으로 사상·학문의 자유를 탄압해야 했고, 또한 탄압·공작하고 있는가, 그리고 왜 우리는 저들의 그러한 탄압 및 공작에 맞서 우리의, 즉 노동자계급 자신의 경제학을 공부하지 않으면 안 되는가 하는 것을 웅변적으로 말해주고 있지 않습니까?

---

6) ≪자본론≫, 제1권, *MEW*, Bd. 23, S. 19-20. (채만수 역, ≪자본론≫, 제1권, 제1분책, p. 23.)
7) 아. 밀례이꼬프스끼, "이론적 계급투쟁과 부르주아 경제학의 위기"(1980), 예브게니 바르가 외 8인 저, 채만수 편역, ≪현대 부르주아 경제학 비판≫, 노사과연, 2012, p. 5.

2. 자본주의란 무엇인가

1) 자본주의의 위력

이제 자본주의 자체에 대해서 얘기할 차례입니다.

그런데 혹시 있을지 모를 오해, 즉 자본주의를 '정당한 평가 없이 사갈시(蛇蝎視)한다'는 오해를 불식하기 위해서, 자본주의, 혹은 자본주의적 생산양식의 위력과 그 역사적 임무에 대해서 잠깐 얘기하고 넘어갑시다.[8]

무엇보다도 우선, 자본주의적 생산은, 일단 그것이 사회의 지배적인 생산양식으로 확립되게 되면, 그 엄청난 속도의 생산력 발전으로 끊임없이 물질적 생산의 방법을 혁신해갈 뿐 아니라 그 사회 구성원들의 가족관계를 포함한 일체의 생활방식과 생존조건, 그리고 자연을 바꾸어 버리고, 따라서 사고방식까지를 바꾸어 버립니다.

구태여 실증적인 자료를 들지 않더라도, 지난 백여 년 동안, 아니 지난 수십 년 동안의 우리 사회의 구조와 가족관계, 생활방식의 변화가, 그리고 산천경개의 변화가 그 이전 수천 년 동안의 변화보다도 더 거대했고, 더 극적이었다는 것을 누구도 부정할 수 없을 것입니다.

지난 수십 년 사이에, 도로, 철도, 항만, 간척, 댐 건설 등등 수많은 거대한 토목공사들을 통해서 전국의 지도 자체가 크게 변해 버렸습니다. 또한, 산업구조도 농업 위주에서 공업과 상업, 그리고 이른바 써비스 산업 위주로 크게 바뀌어 버렸습니다. 당연히 이런 것들은 모두 자본주의 하에서 비약적으로 발전한 생산력에 의해서 가능해졌을 뿐 아니라, 자본주의 자체의 요구의 결과입니다.

우리의 생활방식과 사고방식은 어떻습니까?

그러니까 불과 40-50년 전의 초등학교 사회 교과서에는, 예를 들면, 한국의 가족제도는 '전통적인 대가족제도'로서, 소가족제도인 '서양의 그것'과 크게 다르다고 쓰여 있었습니다. 말할 나위 없이, 당시는 대가족제도인 것이

---

[8] 이에 대해서는, ≪공산당 선언≫(Manifest der Kommunistischen Partei), *MEW*, Bd. 4, S. 459-493 중 특히 S. 464-474 (채만수 역, ≪공산당 선언≫, 노사과연, 2022, pp. 52-68) 참조.

극히 당연할 뿐 아니라 '미덕'으로 간주되었고, 그렇게 가르치고 그렇게 배웠습니다. 그러나 지금은 어떻습니까? 불과 수십 년 사이지만, 우리 사회에서 대가족제도는 사실상 그 흔적도 찾기 어려울 만큼 사라져 버렸습니다. 반쯤은 농담입니다만, 지금 다시 대가족을 이루어 살아야 한다고 한다면, 그것은 진정 '진저리나는 대재앙'이라고 생각할 사람이 태반일 것입니다.

또한, 물론 그때도 한참 뒤떨어진 윤리의식의 표현이었지만, 30-40년 전까지만 해도 '삼강오륜'(三綱五倫)을 설교하는 '어른들'이 적지 않았습니다. 그러나 지금은 '사실상' 누구도 그것을 설교하지 않습니다. 생각해 보십시오. 부위자강(父爲子綱, '아버지를 섬기는 것은 아들의 도리')까지는 혹시 몰라도, 그게 누구일지라도 지금 누군가가 군위신강(君爲臣綱, '임금을 섬기는 것은 신하의 도리')이니, 부위부강(夫爲婦綱, '남편을 섬기는 것은 아내의 도리')이니 하며 설교하려 든다면, 이 사회는 그를 온전한 정신의 소유자로 보겠습니까, 아니면 '돌아도 한참 돈 사람'으로 보겠습니까?

그만큼 사회의 윤리의식, 사고방식까지를 포함한 모든 것이 지난 수십 년 전에는 사실상 상상도 할 수 없었을 정도로 바뀌어 버렸습니다. 그리고 지금도 하루하루 아니 순간순간마다 그렇게 변해가고 있습니다.

이 모든 것은 당연히 자본주의적 생산양식 속에서 물질적 노동생산력의 급격하고 거대한 변화에 의해서 초래된 변화들입니다.

잠시 뒤에 다시 얘기하겠지만, 인류사회는 원시공산사회로부터 노예제·봉건제 사회로, 그리고 봉건제가 다시 자본제 사회로 변화·발전해 왔습니다. 그리고 인류사회가 그렇게 변화할 수밖에 없었던 근본 바탕에는, 다름 아니라, 그 이전 사회의 생산관계·사회관계와는 더 이상 조응할 수 없게 된 노동생산력의 발전, 즉 생산력과 생산관계의 모순·충돌이 있었습니다.

그렇다면, 자본주의 하에서의 이토록 급격하고 거대한 생산력의 발전이 자본주의적 생산관계와 충돌하면서 결국은 자본주의 그 자체를 다른 무엇으로 대체할 수밖에 없을 것이라는 것은 논리적으로 당연한 귀결일 것입니다. 그리고 실제로도 자본주의 속에서 발전한 생산력이 참으로 더 이상 자본주의적 생산관계와 조응할 수 없다는 것을 보여주는 사회적 현상·증표들이 주기적으로 거듭되는 공황을 위시하여 수도 없이 드러나고 있습니다만, 이에 대해서는 다음 기회에 얘기하기로 합시다.

그런데, 자본주의의 위력, 그것이 일으키는 변화가 이렇게 큽니다만, 일상생활 속에서 사람들은 그것들을 자본주의가 일으키는 변화로 인식하기보다는 다른 것으로 잘못 인식하는 경우가 왕왕 있습니다.

좀 짓궂은 예를 들면, 이렇습니다.

"처갓집과 뒷간은 멀수록 좋다", 혹은 "사돈집과 뒷간은 멀수록 좋다" — 뭐, 그런 우스갯소리가 있지 않습니까? 사실 옛날의 뒷간은 풍덩거리고 냄새가 고약해서 살림채로부터 가능한 한 멀리 설치했습니다. 그런데 지금은 어떻습니까? 극심한 빈부 격차 때문에 특히 농촌에서는 아직도 다는 아니지만, 어지간한 집이면 '뒷간'이 살림채 안으로 들어와 있을 뿐 아니라, 정말 많은 경우는, 다른 곳도 아닌 부엌·식당과 잇닿아 있지 않습니까? 그리고 이렇게 '뒷간'이 집안에 자리 잡을 수 있게 된 것은 물론 수세식 화장실 씨스템이 도입되었기 때문입니다.

그런데 사람들은 그 수세식 변기를 대개 '양(洋)변기', 즉 '서양식 변기'라고 부릅니다. 그리고 이렇게 되면, 수세식 화장실은 당연히 '서양식' 화장실이 됩니다.

수세식 변기나 수세식 화장실은 정말 '서양식'입니까?

결코 아닙니다. 저 화려한 베르사이유 궁전에 화장실이 없었다는 것은 널리 알려진 얘기거니와, 예컨대 불과 200-300여 년 전에 빠리 시민들이 자신들의 분뇨를 어떻게 처리했던가를 알면, 그것을 결코 '서양식'이라고는 하지 않을 것입니다. 당시 빠리 사람들은 아침이면 밤새 받아놓은 자신들의 분뇨를 창밖으로 대로에 쏟아 붓는 일도 결코 드물지 않았으니까 말입니다. 프랑스 혁명 직전인 1780년대에 출판된 ≪빠리의 풍경≫(*Le Tableau de Paris*)이라는 책에 보면, 빠리의 각 가정의 변소를 "지옥의 입구"라며, 이렇게 쓰여 있습니다. — "변소의 4분의 3은 불결하고, 지독하게 가슴이 메스꺼린다. 빠리인들은 이 점에서 시각도, 취각도 불결함에는 길들여져 있다."[9]

'뒷간'의 화장실로의 변신, 집 안으로의 당당한 입성. 그것은 가히 '뒷간'의 혁명인데, 이는 바로 자본주의에 의한 생활양식의 혁명이지 '서양식'이 아닌데도 사람들은 그것을 '서양식'이라고 생각합니다. 결국, 사람들이 '양

---

[9] Louis-Sébastien Mercier, 原宏 편역, ≪十八世紀パリ生活誌≫ 上, 岩波書店, 1989, pp. 136-137.

식'(洋式), 즉 '서양식'이라고 생각하는 것의 대부분은 사실은 '서양식'이 아니라 자본주의, 그 생산력 발전에 의한 변화인 것입니다.

2) 자본주의란 '시장경제'와 동의어인가

자, 그러면 이렇게 엄청난 위력을 자랑하는 자본주의란 과연 무엇일까?

많은 사람들, 그러니까 비전문가들은 물론이려니와 일부 이른바 전문가라는 사람들까지도 자본주의란 '시장경제'라고 정의합니다. 고대 그리스나 로마에서 상업이 발달했던 것을 가리켜 일부 경제사학자들이 '고대 자본주의' 운운하는 것은 말할 필요도 없거니와, 1980년대 말에서 90년대 초에 걸쳐 쏘련과 동유럽에서 20세기의 사회주의 체제가 해체·붕괴될 당시 주먹만한 활자로 신문의 머리기사를 장식하곤 했던, 동유럽과 쏘련의 "재(再)시장경제화" 운운하던 기사나 주장들도 바로 그러한 예들입니다. 즉, 저들이 동유럽이나 쏘련이 "재시장경제화된다"고 했을 때, 그것은 바로 그곳이 "다시 자본주의화된다"는 뜻이었습니다.

부르주아 이데올로그들이 '자본주의'라는 규정보다는 '자유경제체제'니 '시장경제'니 하는 표현을 애용하는 것처럼, 그 '재자본주의화'를 그렇게 '재시장경제화'로 표현했던 것입니다.

그러나 이러한 것들은 '자본주의적 상품생산·상품유통'과 '상품생산·상품유통 일반'의 차이를 무시하고 사상(捨象)해 버리는, 잘못된 주장들입니다. 자본주의는 시장경제이긴 하지만, 그렇다고 해서 자본주의를 시장경제라고만 규정하는 것은 옳지 않기 때문입니다.

시장경제는 자본주의가 아닌 중세 봉건사회에도 존재했습니다. 조선시대를 보면, 한양 즉 서울에는 관의 허가를 받은 육의전(六矣廛)이 있었고, 또 무허가 상인인 난전(亂廛)들이 있어서 상권을 둘러싸고 때로는 서로 폭력 충돌도 벌어졌습니다. 뿐만 아니라 전국엔 고을마다 5일장(場)이 섰고, 또 머리에 이고 등에 지고 물건을 팔러 다니던 보부상(褓負商)도 있었습니다. 말하자면, 가장 시장이 발달하지 않았다는, 그래서 '자연경제'라고도 불리는 중세 봉건사회에조차 시장경제는 존재했던 것입니다. 고대 그리스나 로마에서는 특히 그 말엽에 시장경제가 무척 번성했습니다. 바로 그 때문에, 아까 말씀드린 것처럼, 일부 '경제사학자들'은 그것을 '고대 자본주의'라고까지 부르고 있습니다. 물론 잘못된 규정이지만 말입니다.

실제로 시장 혹은 상품교환은 인류가 계급사회로 분해되기 이전인 원시공산제 사회 말기에 이미 나타나기 시작합니다. 생산력의 발달로 여러 가지 잉여생산물이 발생하면서 그것들이 공동체의 경계에서 서로 교환되게 된 것입니다. 즉 공동체의 경계에서 시장이, 시장경제가 발생한 것입니다.

이렇게 보면, 자본주의는 물론 시장경제지만, 시장경제는 범주적으로 자본주의 경제를 포괄하면서 그것을 넘는 넓은 개념입니다. 그리고 바로 그 때문에 자본주의 경제를 시장경제라고만 한다면, 그것은 분명 논리적 오류를 범하는 것입니다.

사실, 자본주의적 경제를 이렇게 시장경제 일반과 동일시하는 태도를 맑스는 "자본주의적 생산과정의 생산담당자들(Produktionsagenten)의 관계들을 상품유통으로부터 유래하는 단순한 관계들로 해소함으로써 자본주의적 생산과정의 모순들을 부정하려고 하는 시도"라고 준엄하게 규정하면서, "상품유통과 직접적 생산물 교환의 차이들을 단순히 사상(捨象)함으로써 그 양자를 동일시하는 점"과 더불어 이를 "경제학적 변호론의 방법에 있어서 특징적"인 "두 가지 점"이라고 규정하고 있습니다. 그리고 이어서 그는, "그러나 상품생산과 상품유통은, 그 범위와 영향력은 다르더라도, 다양한 생산양식에 속하는 현상들"이며, "따라서 단지 그것들에 공통적인, 상품유통의 추상적 범주들만을 안다면, 이들 생산양식의 종차(種差, differentia specifica)에 관해서는 아직 아무것도 모르는 것이고, 그리하여 또 그것들을 판단할 수 없는 것이다"[10)라고 말하고 있습니다.

그렇다면 자본주의는 어떤 시장경제인가?

그것은 가장 발달한 시장경제입니다. 그리하여 자본주의에서는 인간의 노동생산물뿐만 아니라 인간의 노동력까지도 상품이 되어 사고 팔립니다. 즉, <u>'인간의 노동력까지가 상품으로 되는 시장경제'</u>가 자본주의인 것입니다. 그 노동력을 파는 것은 물론 노동자이고, 그것을 사는 것은 자본(가)입니다. 그리하여 사회적 생산이 지배적으로 '자본+임금노동'에 의해서 이루어지는 사

---

10) 이상, ≪자본론≫, 제1권, *MEW*, Bd. 23, S. 128, 주 73. (채만수 역, 제1권, 제1분책, pp. 192-193, 주 73.)

회체제·경제체제가 곧 자본주의입니다.

3) 노동력의 상품화와 '자본+임금노동'에 의한 생산

여기서 중요한 문제는, '그러면 왜 노동력이 상품으로 되느냐' 하는 것입니다. 이 문제를 고찰하기 위해서 우리는 인간 생존의 절대적인 조건인 노동과 생산의 문제로 다시 돌아가야 합니다.

노동과 생산수단

인간은 노동함으로써 그 물질적 생활수단들을 생산합니다. 그런데 그렇게 노동하여 물질적 생활수단들을 생산하기 위해서는 반드시 어떤 노동대상과 노동수단들, 한 마디로 생산수단이 필요합니다.

노동은 우선 자연에 무언가 작용을 가해서 인간의 생존에 직접적 혹은 간접적으로 필요한 무언가를 거기에서 얻어내는 인간활동입니다. 그리고 그 자연 중에서 무엇보다도 토지는 가장 대표적인 노동대상이고, 또 절대적으로 없어서는 안 되는 생산요소입니다. 즉 토지야말로 인간이 노동을 하여 무언가의 생활수단을 생산하기 위해 가장 근본적으로 필요한 조건, 혹은 수단이고, 그 때문에 그것은 '본원적 생산수단'입니다.

물론 토지만 있다고 해서 무언가를 생산할 수 있는 것은 아닙니다. 인간이 필시 다른 동물들과 별반 다르지 않았을 인류사의 시작시기, 미개시대 초기에는 어쩌면 토지만으로 생산이 가능했을지도 모릅니다. 당시의 생산이란 주로 채집이었을 것이기 때문입니다. 그러나 프랭클린(Benjamin Franklin, 1706-1790)이 일찍이 '인간은 도구를 만드는 동물'이라고 말했듯이, 인간은 도구를 만들고, 또 그것을 보다 정교하고 복잡한 것으로 만들면서 노동의 생산력을 고도로 높여 왔고, 나아가 사실은 신체구조를 포함해서 자기 자신을 개조시키면서 오늘에 이르렀습니다. 그리하여, 인간의 노동은 다른 동물들의 본능적 노동과는 다른, 고도로 발달한 합목적적 활동으로서 인간이 노동할 때 인간과 그 노동대상인 자연 사이에는 다양한 노동수단들—하다못해 호미나 낫 같은 간단한 도구로부터 거대하고 정교한 기계장치에 이르기까지—이 매개되어 있습니다. 그뿐만 아니라 인간의 노동이 발전하면 할수록 인간 자신의 수많은 노동생산물이 원료로서 노동대상이 됩니다.

특히 본원적 생산수단으로서의 토지를 포함한 이들 노동대상들과 도구나 기계 같은 노동수단들이 바로 생산수단들인데, 인간은 이 생산수단들이 있어야만 노동할 수 있고, 생산할 수 있는 것입니다.

생산수단의 무(無)소유와 노동력의 상품화

그런데 자본주의 사회, 예컨대, 우리 사회에서의 상황은 어떻습니까?

노동자 여러분, 여러분은, 여러분이 노동해서 여러분의 생활수단들을 생산할 절대적인 조건인 토지와 기타 생산수단들을 소유하고 있습니까?

결코 그렇지 못합니다. 여러분이 만일 그러한 생산수단들을 소유하고 있다면, 여러분은 분명 남에게 고용되어 그의 지시와 통제를 받으면서 일하는 임금노동자가 되지는 않았을 것입니다. 자본가들이나, 예컨대, 청계천 뒷골목이나 영등포 문래동에서 선반(旋盤)이나 밀링을 돌리고 있는 '사장님들', 즉 마찌꼬바를 하는 사람들, 그리고 대부분의 농민들이 임금노동자가 아닌 것처럼 말입니다.

그런데, 뭔가 좀 석연치 않다는 생각이 들지도 모릅니다. 자본가들이 노동자가 아니라는 것이야 당연한데, 자기 몸으로 일하는 마찌꼬바의 사장들이나 농민들이 노동자가 아니라니 말입니다.

그렇다면, 제가 "노동자가 아니다"라는 표현 대신에 "임금노동자가 아니다"라는 표현을 쓴 데에 유념해주시기 바랍니다. 사실, '노동자'라고 표현해도 좋은 곳이지만, 여러분이 혹시 이를 단순히 '일하는 사람'이란 뜻으로 오해할까 봐, 일부러 '임금노동자'라는 표현을 썼으니까 말입니다.

자본주의적 생산이 이루어지고 있는 사회, 그러한 생산이 이루어지는 관계에서는 '노동자'란, 단순히 '일하는 사람'이란 뜻이 아닙니다. 자본주의 사회에서 노동자란, 생산수단들을 소유하고 있지 못했기 때문에 그것들을 소유한 사람에게 고용되어 임금을 받으면서 일하는 노동자, 즉 '임금노동자'를 가리킵니다.

바로 그 때문에 자기 땅을 가지고 농사를 짓거나 남의 땅을 빌려서 농사를 짓는 농민도, 그리고 자신의 선반(旋盤)이나 밀링 등을 가지고 마찌꼬바를 하는 사람들도 모두 '일하는 사람들'이긴 하지만, 그들을 가리켜서 노동자라고 부르지 않는 것입니다. 노동자를 포함해서 이렇게 일을 하는 사람들 일반을 가리킬 때는, 물론 절대적으로 그런 것은 아니지만, 일반적으로 노동자란 말 대신에 '근로자' 혹은 '근로인민'(working people)이란 말을 씁니다.

애기가 샛길로 샜는데, 아무튼 자본주의 사회에서는 절대다수의 사람들(가족들)이 생산수단을 가지고 있지 못하고, 자본주의가 발전하면 발전할수록 더 많은 사람들이 그렇게 생산수단을 갖지 못하게 됩니다. 주요한 생산수단은 대부분 자본가로 불리는 사람들이 그것들을 사유(私有), 즉 배타적으로 소유하고 있고, 또 그렇게 소유하게 되기 때문입니다.

물질적 생활수단을 획득해 먹고살기 위해서는 노동해야 하고, 노동하려면 생산수단이 있어야 하는데, 자본주의 사회에서는 많은 사람이 생산수단을 가지고 있지 못하기 때문에, 그들은 생산수단을 배타적으로 소유하고 있는 자본가들과 무언가의 관계를 맺어야만 생산수단과 결합하여 노동할 수 있습니다. 그것이 곧 자본가의 입장에서 보면 고용이고, 노동자 입장에서 보면 취직 혹은 취업입니다.

그런데 이를 고용이라고 부르든, 취직 혹은 취업이라고 부르든, 그것은 자본가와 노동자 사이의 어떤 거래이고, 매매입니다. 즉, 노동자는 자본가의 공장이나 기타 사업장에 가서 노동하고, 자본가는 노동자에게 돈을 주는데, 그것은 이때 노동자가 자본가에게 무언가를 팔기 때문입니다. 자본가가 노동자에게 주는 돈을 월급이라고 부르든, 임금이라고 부르든, 그 돈은 노동자가 자본가에게 판매한 무언가에 대한 대금(代金)이고, 그 가격입니다.

그러면, 노동자는 자본가에게 무엇을 팝니까? 즉, 그가 판매하는 상품은 무엇입니까?

노동자가 팔 수 있는 상품은 그가 가지고 있는 노동하는 능력, 즉 노동력밖에는 아무것도 없습니다. 그리하여 그는 생산수단을 배타적·독점적으로 소유하고 있는 자본가에게 자신의 노동력을 팔고, 그 대금으로 임금을 받아 그것으로 생활수단들을 구매하여 먹고 살아가는 것입니다.

자본주의에서 노동력이 상품화되는 것은, 다름 아니라, 이렇게 그 노동력의 소유자인 노동자들이 그 노동의 실현조건인 생산수단을 소유하고 있지 못하기 때문입니다. 즉, 그들이 생산수단으로부터 분리되어 있기 때문인 것입니다.

그런데, '노동자가 자본가의 공장이나 기타 그의 사업장에 가서 일을 하니까, 즉 노동하니까 자본가가 돈을 준다'. ― 이렇게 보면, 자칫 노동자가 자본가에게 '노동'을 파는 것처럼 생각되기 쉽습니다. 그리고 자본가들이나 그들의 이론적 대변가인 부르주아 경제학자들은 실제로 그렇게 주장합니다.

그러나 노동자들은 결코 노동을 판매하는 것이 아닙니다. 노동은 생산수단과 결합되어야만 가능한 것이고, 따라서 노동자들은 노동을 판매할 수 있는 상품으로서 가지고 있지 않기 때문입니다. 그리하여 노동자들이 자본가에게 파는 것은 그들이 소유하고 있는 유일한 상품인 '노동하는 능력', 즉 '노동력'입니다.

이 문제는 인간에 의한 인간의 착취체제로서의 자본주의 체제의 비밀 아닌 비밀과 본질적으로 관련된 문제로서, 차후의 논의 과정에서 과학적으로 밝혀지게 됩니다만, 아무튼 노동자가 판매하는 것은 그렇게 노동이 아니라 노동력이기 때문에, 그것을 구매한 자본가는 같은 임금을 주고도 노동자들을 다른 시간 동안 일을 시킬 수 있는 것입니다. 노동자들의 저항·투쟁과 그 때문에 법적으로 규정된 일정한 노동시간, 즉 표준노동일만 없다면, 자본가들은 같은 돈을 지불하고도 하루에 12시간, 15시간, 혹은 그 이상도 노동시키고, 실제로 19세기까지만 해도 대부분의 자본주의 국가에서 그렇게 노동시켰습니다. 우리 사회의 경우, 특히 노동조합이 없는 많은 공장·사업장에서는 오늘날에도 그렇게 노동시키고 있지 않습니까? 그리고 많은 공장·사업장에서 동일한 노동에 정규직이냐 비정규직이냐에 따라, 또 남성이냐 여성이냐 등등에 따라 임금이 각양각색일 뿐 아니라, 때로는 같은 임금을 주고도 컨베이어를 빨리 돌리거나 템포가 빠른 음악을 틀어 보다 많은 노동을 하도록 강제하고 있지 않습니까?

바로 이 점, 즉 노동자들은 노동을 파는 것이 아니라 노동력을 판다는 것을 아는 것이 중요합니다.

그런데 자본주의 사회에서는 생산수단을 갖지 못한 사람[11]이라고 해서 모두가 다 노동력을 팔 수 있는 게 결코 아닙니다. 어떤 사람들은 상당한 기간 전혀 그 노동력을 팔 수 없고, 어떤 사람들은 불충분하게밖에 팔 수 없습

---

[11] 물론 노동 능력이 있는 사람들을 가리킵니다.

니다. 바로 실업이나 반실업, 즉 불완전 고용의 문제입니다.

그런데 노동력이 상품으로 되는 것도, 그 노동력을 판매하지 못하거나 불완전하게밖에 판매하지 못하는 고용문제가 발생하는 것도, 모두가 노동자가 생산수단을 가지고 있지 못하기 때문입니다. 다시 말해서, 노동자가 생산수단으로부터 분리되어 있기 때문에 노동력이 상품으로 되는 것이고, 고용문제가 발생하는 것입니다.

그런데, 자본주의 사회에서 이렇게 생산수단을 가지고 있지 못한 사람들, 즉 임금노동자들을 다른 말로 또 뭐라고 부르는지 다 아시지요? 무산자(無産者)라는 말 말입니다.

무산자

"자본주의 사회에서 노동자들이 왜 무산자냐"며, 문제를 제기하는 사람들이 있습니다. 대개는 천박한 부르주아 이데올로그들이 그렇게 항변하는데, 예컨대, 이런 경우도 있습니다.

1960년대 말에 당시 중앙정보부장이었던 김형욱이 쓴 것으로 되어 있는 ≪공산주의 비판≫인가 하는 책을 읽은 적이 있습니다. 정확한 책 이름은 생각나지 않지만, 아무튼 아주 두껍고 호화롭게 장정된 책이었습니다. 실제로 김형욱 자신이 쓴 것인지, 아니면 중앙정보부의 부하들이나 권력에 기웃거리는 교수들을 시켜 쓰고 자기 이름만 붙인 것인지는 모르겠지만, 아무튼 그 책에서도 "노동자들이 왜 무산자냐"며 언성을 높입니다. 어떤 노동자들이건 하다못해 숟가락 한 벌, 양은 냄비 하나라도 재산을 가지고 있지 않으냐? 그런데 왜 그들이 무산자냐는 것입니다.

네, 맞습니다. 숟가락 한 벌, 양은 냄비 하나라도 그 누구에게보다도 노동자에게는 소중한 재산이고, 그런 의미에서라면 모든 노동자는 재산을 가지고 있습니다. 길거리의 노숙자라도 하다못해 몸에 걸친 옷가지라는 '재산'을 가지고 있지 않습니까? 또 이렇게 비꼬지 않더라도, 많은 노동자가 집도 가지고 있고, 자가용 자동차를 가진 노동자들도 많지 않습니까? 그리하여 그들의 항변은, 말하자면, "그런데 그렇게 크고 작은 재산을 가진 노동자들을 가리켜 왜! 무산자라고 선동하느냐?!" 하는 것입니다.

그러나 그렇게 말하는 것은, '무산자'라는 말을 사회적으로 확립된 의미로 해석하지 않고 글자에만 기대어 억지로 왜곡하는 것입니다. 그것은 마치 "인간이란 '사람(人) 사이(間)'란 말이지 사람이란 말이 아니다"라고 왜장치는 것과 하등 다를 바가 없습니다.

'무산자'라는 말의 뜻은, 결코 저런 의미의 '재산이 없는 사람'이 아닙니다. 그것은 '생산수단이 없는 사람'이란 뜻입니다. 그리고 '무산자'라는 말이 그러한 뜻으로 쓰이는 것은, 다름 아니라, 생산수단이야말로 노동을 하기 위한, 그리하여 결국 먹고 살기 위한 절대적 조건이기 때문입니다.

결론적으로, 자본주의 혹은 자본주의 사회를 다시 정의하자면, 그것은 "노동력까지가 상품화되어, 지배적인 사회적 생산이 생산수단을 배타적으로 독점하고 있는 자본가와 무산자인 임금노동자가 결합해서 이루어지는 시장경제", 혹은 그러한 시장경제 사회입니다. 이것이 자본주의 혹은 자본주의 사회에 대한 가장 정확한 정의입니다.

3. 자본주의적 생산의 발생

1) 역사적·경과적인 사회구성체로서의 자본주의

우리는 자본주의, 혹은 자본주의 사회 속에서 하루하루를 살고 있기 때문에, 그 속에서의 삶이 물속에서의 물고기의 삶처럼 자연스러운 것이고, 따라서 당연한 것이라고 생각하기 쉽습니다. 실제로, 경제학사 상의 '고전파'나 '신고전파', 최근의 신자유주의자들 등등 부르주아 이데올로그들은 그렇게 주장합니다.

그러나 그것은 무엇보다도 극히 몰역사적인, 당치도 않은 얘기들입니다.

우리는 모두 자본주의 이전에 장기간의 봉건사회가 있었다는 것을 알고 있습니다. 그리고 우리는 누구도 그 봉건사회 속에서의 인간의 삶을 물속에서의 물고기의 삶처럼 자연스러운 것이었고, 따라서 당연한 것이었다고는 결코 생각하지 않습니다.

하지만 그때 그 사회, 그 시대를 살던 대부분의 사람들, 특히 그 지배계급의 사고방식은 어떠했겠습니까?

오늘날 많은 사람들이 자본주의 사회 속에서의 자신들의 삶을 자연스러운 것이고, 당연한 것으로 생각하는 것처럼, 그때 그 사람들도 봉건사회 속에서의 자신들의 삶을 그렇게 생각했으리라는 것은 쉽게 짐작할 수 있지 않습니까? 다름 아니라, 어느 시대에나 지배계급의 이데올로기, 그들의 사상이 그 사회의 지배적인 이데올로기・사상이기 때문입니다.12)

자본주의는 초역사적인, 자연적인 사회・경제체제가 결코 아닙니다. 그것은 역사적이고, 경과적(經過的)인 경제적 생산양식이고, 그러한 사회구성체일 뿐입니다. 그것은 전(前)자본주의적 사회, 즉 봉건사회가 해체됨으로써 형성된 역사적인 사회구성체이고, 그 자체 또한 붕괴・해체되어 더 높은 새로운 사회로 이행할 수밖에 없는 생산양식, 사회구성체인 것입니다.

2) 역사적 제 생산양식과 자본주의
   — 원시공산제, 노예제, 봉건제, 소생산 등

인류사회는 대개 원시공산제, 고대 노예제, 봉건제를 차례로 거쳐서 자본주의 사회로 와 있다고 말합니다. 맑스는, ≪경제학 비판을 위하여≫(1859)의 "서문"에서, 이에 대해서, "개략적으로는 아시아적, 고대적, 봉건적, 그리고 근대 부르주아적 생산양식들이 경제적 사회구성의 순차적인 시기들로 지칭될 수 있다"13)고 쓰고 있습니다. 여기서 '고대적'(antik) 생산양식이라고 부르는

---

12) "지배 계급의 사상이 어느 시대에나 지배적인 사상이다. 즉, 사회의 지배적인 물질적 권력인 바의 계급이 동시에 그 사회의 지배적인 정신적 권력이다. 물질적 생산을 위한 수단들을 마음대로 할 수 있는 계급은 그로써 동시에 정신적 생산을 위한 수단들을 마음대로 할 수 있으며, 그 때문에 또한 정신적 생산을 위한 수단을 갖지 못한 사람들의 사상은 대개 지배계급의 사상에 종속되어 있다. 지배적 사상이란 지배적인 물질적 관계의 관념적 표현, 즉 사상의 형태로 표현된 지배적인 물질적 관계 이외의 그 어떤 것도 아니며, 따라서 그것은 실로 하나의 계급을 지배계급이게 하는 관계의 관념적 표현, 따라서 이 계급의 지배의 사상 이외의 그 어떤 것도 아니다."(K. 맑스・F. 엥엘스, ≪독일 이데올로기≫, MEW, Bd. 3, S. 46). "어느 시대에나 지배적인 사상은 언제나 지배계급의 사상이었을 뿐이다."(K. 맑스・F. 엥엘스, ≪공산당 선언≫, MEW, Bd. 4, S. 480.; 채만수 역, ≪공산당 선언≫, 노사과연, pp. 80-81).
13) "자신들의 생활을 사회적으로 생산하면서 인간은 자신들의 의지로부터 독립적인, 일정한, 필연적인 관계들에, 즉 자신들의 물질적 생산력들의 일정한 발전단계에 조응하는 생산관계들에 들어간다. 이들 생산관계의 총체가 사회의 경제적 구조, 즉 그 위에

것은 노예제를 가리키는 것이며, 이에 대해서는, 제가 아는 한, 이의가 없습니다. '아시아적'(asiatisch) 생산양식이란 원시공산제를 의미합니다.14)

아무튼 그렇게 인류는 여러 상이한 생산양식, 순차적으로 경과하는 상이한 사회구성체들을 거쳐 오늘의 자본주의 사회에 들어와 있습니다.15) 그런

어떤 법률적 · 정치적 상부구조가 우뚝 솟고, 그것에 일정한 사회적 의식형태들이 조응하는 바의 실제적 토대를 형성한다. 물질적 생활의 생산양식이 사회적, 정치적 그리고 정신적 생활과정 일반을 제약한다. 인간의 의식이 그들의 존재를 규정하는 것이 아니라, 거꾸로 그들의 사회적 존재가 그들의 의식을 규정하는 것이다. 사회의 물질적 생산력들은, 그 발전의 일정한 단계에서, 그것들이 그때까지 그 내부에서 운동해온 기존의 생산관계들과, 즉 단지 그 생산관계들의 법률적 표현일 뿐인 소유관계들과 모순에 빠진다. 이들 관계들은 생산력들의 발전형태들로부터 그것들의 질곡으로 급변한다. 그때에 사회혁명의 시대에 들어간다. 경제적 기초의 변화와 함께 거대한 상부구조 전체가 혹은 보다 서서히 혹은 보다 급격히 변혁되는 것이다. 이러한 변혁들을 고찰하면서는, 경제적 생산조건들 속의 자연과학적으로 정확하게 파악해야 할, 물질적인 변혁과, 그 속에서 인간이 이 충돌을 의식하게 되어 그것을 끝까지 싸워 해결하는 바의, 법률적 · 정치적 · 종교적 · 예술적 혹은 철학적 형태들, 간단히 말해서, 이데올로기적 형태들을 언제나 구별하지 않으면 안 된다. 어떤 개인이 무엇인가를, 그가 그 자신을 무엇이라고 생각하는가에 따라서 판단하지 않는 것과 마찬가지로, 그러한 변혁의 시기를 그 시기의 의식으로부터 판단할 수 없는 것이며, 오히려 이 의식을 물질적 생활의 모순들로부터, 즉 사회적 생산력들과 생산관계들 사이에 현존하는 충돌로부터 설명하지 않으면 안 된다. 사회구성은, 모든 생산력들이 그것에 충분할 만큼 발전해 있기 전에는 결코 몰락하지 않으며, 한층 더 고도한 새로운 생산관계들은, 그것들의 물질적 존재조건들이 낡은 사회 자체의 태내에서 부화(孵化)되어 있기 전에는 결코 낡은 사회를 대체하지 않는다. 그리하여 인류는 언제나 자신이 해결할 수 있는 과제들만을 제기하는바, 왜냐하면, 보다 더 상세히 고찰해보면, 과제 그 자체가 그 해결의 물질적 조건들이 이미 존재하고 있거나 혹은 적어도 그것들이 생성 과정 중에 있는 경우에만 발생하기 때문이다. 개략적으로는 아시아적, 고대적, 봉건적 그리고 근대 부르주아적 생산양식들이 경제적 사회구성의 순차적인 시기들로 지칭될 수 있다. 부르주아적 생산관계들은 사회적 생산과정의 최후의 적대적 형태인데, 개인적 적대라는 의미에서가 아니라, 개인들의 사회적 생활조건들로부터 발생하는 적대라는 의미에서 적대적이며, 그러나 부르주아 사회 그 자체의 태내에서 발전하는 생산력들은 이 적대의 해결을 위한 물질적 조건들을 동시에 창출한다. 그리하여 이 사회구성으로써 인간사회의 전사(前史, Vorgeschichte)는 끝난다."(K. 맑스, ≪경제학 비판을 위하여≫, MEW, Bd. 13, S. 8-9.)

14) 이에 대해서는 일부 논란이 있지만, 이 짧은 강의에서 그 논쟁을 소개하는 것은 적절치 않을 것입니다. 다만, 일부 '맑스주의' 경제사가들 중에, '관개'(灌漑) 혹은 '치수'(治水)의 특수성 운운하면서, 이 '아시아적 생산양식'을 지역적으로 아시아 지역에 고유한, 따라서 비역사경과적인 생산양식이라고 논하는 이들이 있지만, 이는 맑스가 '아시아적 생산양식'과 더불어 여러 생산양식을 열거하면서 이를 "경제적 사회구성의 순차적인 시기들"이라고 말하고 있는 것과 상충하는 해석입니다.

데 지금 우리가 살고 있는 자본주의는 세계적으로도 오래 되어봤자 겨우 300-400년 전에 시작된 것입니다. 짧게 잡아도 분명히 수만 년에 이를 인류의 유구한 역사에 비하면 자본주의의 역사란, 그 시간적 길이만으로 보자면, 정말 보잘 것 없는 시간에 불과합니다.

사실은 자본주의 역사뿐만 아니라 계급사회 전체의 역사도 시간상의 길이로는, 인류사 전체에 비하면, 보잘것없이 짧습니다. 인류사 수만 년 중에 계급사회는 길어 봤자 불과 5,000-6,000년이니까 말입니다. 결국 인류사의 대부분은 원시공산제 사회였던 것입니다.

앞에서, 원시공산사회로부터 노예제나 봉건제 사회로, 그리고 봉건제가 다시 자본제 사회로 변화할 수밖에 없었던 근본 바탕에는 그 이전 사회의 생산관계·사회관계와는 더 이상 조응할 수 없게 된 노동생산력의 발전, 즉 생산력과 생산관계의 모순·충돌이 있었다고 얘기했지만, 우리는 이들 사회구성이 왜, 어떻게 해서 발생하고 소멸했는가, 그리고 이들 사회구성의 특징은 무엇인가를 조금은 보다 더 구체적으로 고찰해 보아야 합니다.

그러나 그 전에, 다시 인류사회의 발전단계, 그 경로에 대해서 얘기해 봅시다. 이를 둘러싸고 일부에서, 누구라고 인물을 적시하지는 않겠습니다만, "쓰딸린의 '역사발전 5단계설'"이 옳으니 그르니 하는, 돈키호테적 '반쓰딸린주의' 선동이 있기 때문입니다.

일반적으로 인류는 '원시공산제→노예제→봉건제→자본제'의 순서를 밟아 왔다고 말하고 있고, 또 대략적으로 그렇다는 것은 위에서 얘기한 대로입니다. 하지만, 이는 어디까지나 '대략' 그렇다는 뜻입니다. 그 중에서도 특히, 모든 지역이 다 노예제를 거쳐서 봉건제로 이행했다고 생각한다면, 그것은 오해입니다. 혹은 특히 쓰딸린이 그렇게 '주장했다'고 생각한다면, 그것은 커다란 오해, 아니면 무지, 혹은 악의를 드러내는 것일 뿐입니다.

사실은 모든 지역과 사회가 순차적으로 원시공산제에서 노예제로, 거기서 봉건제로, 그리고 다시 거기서 자본제로 이행해 간 것이 아닙니다. 원시공산

---

15) 그리고, 다음 기회에 보다 절실히 얘기하겠지만, 사실 인류의 커다란 부분은, 지난 1980년대 말과 90년대 초에 걸친 쏘련 및 동유럽 사회주의 체제의 붕괴로 다시 크게 후퇴하긴 했지만, 이미 20세기에 자본주의를 넘어서 전진한 바 있고, 아직도 여러 역경 속에서이지만 그 성과를 견지해가고 있는 부분도 있습니다.

제에서 어떤 지역·사회는 노예제로 이행하고, 어떤 지역·사회는 봉건제로 이행했습니다. 예컨대, 그리스와 로마 지역은 원시공산제에서 노예제로 발전했고, 게르만의 중앙 유럽은 봉건제로 발전했던 것처럼 말입니다.

그런데 여러분이 알고 있는 것처럼, 노예제는 모두 다시 봉건제로 이행합니다. 그래서 인류는 '원시공산제 → 노예제 → 봉건제 → 자본제'의 순서를 밟아 왔다고 얘기되는 것이고, 그리하여 이는, 반드시 모든 지역이 노예제를 거쳐 봉건제로 이행하는 순서를 밟아 발전했다는 것을 의미하는 것이 아니라, 말하자면 논리적인 순차(順次)인 셈입니다.

그리하여 논리적 순차와 실제의 발전경로를 그림으로 그리면 이렇게 됩니다.

논리적 순차 :	원시공산제	노예제	봉건제	자본제	사회주의

실제의 이행 :	원시공산제	노예제	봉건제	자본제	사회주의

원시공산제

원시공산제 사회는 말 그대로 원시적인 공산사회입니다. 인간은 씨족 또는 부족 공동체를 형성하고 있었고, 토지를 포함한 생산수단은 그 공동체 성원의 공동소유였습니다. 따라서 당연히 공동으로 노동해서 균등하게 분배하는, 그런 사회였습니다.

그런데 그 생산양식이 이렇게 공산제였던 것은 당시의 극히 낮은 노동생산력 때문이었습니다. 생산력이 너무나 낮았기 때문에, 공동으로 소유하고, 공동으로 노동하고, 공동으로 분배하지 않으면 모두의 생존이 불가능했던 것입니다.

이렇게 생각해 볼 수 있을 것입니다.

예컨대, 보다 비옥한 토지를 차지하기 위해서, 혹은 기타 어떤 이유로, 부족 공동체 간에 전쟁이 벌어지고, 그 결과 어느 쪽인가 한쪽이 이겼다고 합시다. 그러면 그 이긴 쪽은 진 쪽의 사람들을 어떻게 했을 것 같습니까?

포로로 붙잡아서 노예로 삼는다?

언뜻 그렇게 생각하기 쉽습니다. 그러나 사실은 전혀 그렇지 않았습니다. 아니, 그럴 수 없었습니다.

왜 그런가? 그들을 포로로 붙잡아서 노예로 삼으려면 그들이 노동하여 생산하는 생산물이 그들의 노동력을 재생산하고, 그러니까 포로로서 노동하는 그들이 노동 능력을 유지하기 위해 먹고살고, 그러고 나서 무언가 남는 것이 있어야 합니다. 즉, 잉여생산물이 있어야 합니다. 그러나 당시의 생산력은 거기에 미치지 못했기 때문에 그들을 노예로 삼을 수 없었던 것입니다. 즉, 전쟁에 이겨서 상대방을 노예로 삼아 봤자 생산력이 낮아서 아무런 잉여노동도 착취할 수 없었기 때문에, 그들을 노예로 부릴 이유도, 부릴 수도 없었던 것입니다.

그리하여 당시는 전쟁에서 이기게 되면 아마 다음 세 길 중에 하나를 택했을 것입니다. 아예 다 죽여 버리든지, 아니면 함께 공동체를 이루든지, 아니면 다른 지역으로 쫓아내 버리든지, 그 중의 어느 하나 말입니다.

계급사회로의 분열, 그리고 그 지양의 조건

앞에서 얘기한 것처럼, 인류사의 대부분은 원시공산사회였다고 해도 전혀 과장이 아닐 만큼, 원시공산제는 실로 장구한 세월 동안 지속됩니다. 주지하는 것처럼, 계급사회, 그러니까 노예제나 봉건제가 등장하는 것은, 흔히 문명의 발상지라고 불리는 메소포타미아 지역이나 나일강 유역 등처럼 가장 빠른 지역에서도 기껏 5,000-6,000년 전의 일입니다. 그뿐만이 아니라, 극히 예외적이긴 하지만, 자본주의라는 외부로부터의 간섭을 별도로 한다면, 사실은 아직도 그러한 원시공산제적 단계에 있거나 혹은 그 잔영(殘影)를 간직하고 있는 지역이나 사회도 있지 않습니까?

그러나 아무튼 대부분의 지역에서 대략 수천 년 전에 원시공산제적 사회는 노예제나 봉건제 같은 계급사회로 분열됩니다. 혹은, 그러한 계급사회로 이행합니다.

그러면, 원시공산사회와 계급사회를 가르게 되는 것, 그 이행의 조건은 무엇인가?

그것은 다름 아니라 노동생산력의 발전·증대였습니다.

방금 말씀드린 것처럼, 노동생산력이 너무나 낮아서, 예컨대, 포로를 노예로 삼아 본들 그가 일하는 성과가 자기 목숨을 겨우 부지할 정도였을 때에는 그 포로를 노예로 부릴 이유가 없습니다.

그런데 원시사회에서도 생산력은, 물론 극히 더딘 속도였지만, 그리고 때로는 여러 사정으로 후퇴도 거듭했겠지만, 기본적으로는 당연히 꾸준히 발전하지 않았겠습니까? 그리하여 그 노동생산력의 발전이 어느 수준에 이르자, 인간이 노동했을 때 노동하는 그 인간의 목숨을 부지하고도 남는 것이 생기게 되었고, 그때부터 노예제 혹은 봉건제가 발생하게 됩니다. 이제 누군가를 노예로 부리면, 혹은 농노·예속농민으로 부리면, 그의 잉여생산물을 착취할 수 있게 되었기 때문입니다. 다시 말하면, 잉여생산물이 발생할 만큼의 노동생산력의 발전이 원시공동체로부터 노예제나 봉건제와 같은 계급사회로의 이행의 조건이었던 것입니다.

한편, 인류의 대부분은 지금 자본주의라는 계급사회 속에서 살고 있습니다. 그것을 극복·지양하려는 의식적 투쟁이 이미 백 수십 년 전부터 전개되어 왔지만, 수십억의 노동자·근로인민이 아직도 계급적 착취와 억압 속에서 고통받으며 살고 있습니다.

왜 그럴까?

당연히 여러 이유가 있습니다. 그리고 그중에서도, 물론 여러 요인에 의한 것이지만, 노동자계급의 계급의식, 정치의식 등 자주적 이데올로기의 미발전이나 그로 인한 정치적 단결의 부족, 그리고 특히 1917년 사회주의 대혁명과 그 이후의 영웅적 투쟁을 통해서 성취했던 20세기 사회주의의 — 제국주의의 공세와 그에 대한 대응에서의 정치적 지도부의 수정주의 등의 오류에 의한 — 붕괴 등등은 주요하게 지적되어야 할 것입니다.

하지만, 좀 도식적이긴 하지만, 인류가 아직 계급사회를 지양하고 있지 못한 근본적인 이유를 얘기하자면, 그것은 자본주의의 생산력이 '세계적인 규모에서 그것을 지양할 만큼' 충분히 발전하지 못했기 때문이라고 할 수 있을 것입니다.

그럼에도 불구하고 분명한 것은, 주기적으로 발생하고 있는 공황과 자본주의를 폐지하려는 노동자계급의 투쟁들이 말해주는 것처럼, 자본주의가 발전한 국가와 지역에서는 이미 오래전부터 그 생산력은 자본주의적 생산관계와 조응할 수 없는 정도로 발전해 있습니다. 더구나 최근 가히 비약적으로 전개되고 있는 과학기술혁명은 재생산과정 전반을 사실상 자동화·무인화함으로써 그러한 모순·충돌을 더 이상 어쩔 수 없는 지경으로까지 밀어붙이고 있습니다.

노예제와 봉건제

인류사회가 계급사회로 분열하여 노예제 사회가 되면, 이제 노예는 말하는 소나 말(馬)과 같은 존재가 됩니다. 노예는 인간이 아니라 생산수단 자체이고, 따라서 인격은 존재하지 않습니다.

봉건제가 발생하는 경제적 조건도 노예제가 발생하는 그것과 동일합니다. 즉, 노동생산력의 증대에 따른 잉여노동의 발생이 그 조건입니다. 다만, 봉건제는 노예제에 비해서 직접생산자인 농노, 나중에는 그보다는 좀 덜 예속적인 농민들(예속농[隸屬農])이, 신분적으로 부자유스럽고 토지에 결박되어 있기는 하지만, 반쯤은 인간으로 되어 있는 사회입니다.

노예의 경우는 생산수단 그 자체였기 때문에 매매의 대상이었을 뿐 아니라 그 주인은 노예에 대한 생사여탈권도 가지고 있었습니다. 그에 비해 봉건농민의 경우에는 그 예속의 정도가 가장 강했던 농노제 시대, 즉 노동지대의 시대에조차 자신들이 경작하는 토지 및 기타의 생산수단에 대해, 제한적이긴 하지만 일정한 권리, 점유권을 가지고 있었습니다. 토지에 대한 농민의 이 점유권을 봉건영주의 보다 우월한 소유권, 즉 '상급 소유권'과 비교해 '하급 소유권'이라고도 하는데, 아무튼 이 권리는 원칙적으로 봉건영주조차도 임의로 탈취할 수 없었습니다.

참고로, 봉건제와 관련하여, "봉건제란 주(周)나라와 같은 고대 중국이나, 중세의 유럽, 그리고 막번(幕藩) 시대의 일본에나 있었지, 한국(조선)에는 없었다"고 얘기하는 사람도 있습니다. 즉, 군주(황제)가 그 신하들에게 충성의 대가로 그들을 제후로 봉하여 봉토(封土)를 하사, 다스리게 했던 분권적 정치체제가 우리 역사에는 없었다는 것입니다.

네, 맞습니다. 우리의 정치사는 중앙집권적이었기 때문에 그러한 의미의 봉건제는 존재하지 않았습니다. 그러나 우리가 지금 원시공산제나, 노예제, 자본제와 구별되는 것으로서의 봉건제를 말할 때, 그것은 결코 그러한 '분권적 정치체제'를 말하는 것이 아닙니다. 우리가 말하는 것은, 농노제를 포함한 예속농민제로서의 생산양식, 그러한 사회구성을 가리키는 것으로서, 노예제가 일부의 지역에서만 지배적이었음에 비해서, 이러한 봉건제는 문명이 발달한 모든 지역에 공통적으로 존재했습니다.

다시 말하지만, 정치체제로서의 봉건제와 생산양식으로서의 봉건제를 혼동해서는 안 됩니다.

'노예제' 얘기가 나온 김에 '근대 노예제'와 흑인에 대한 인종적 차별, 즉 인종주의에 대해서도 간단히 얘기하고 싶군요.

일반적으로, 흑인들은 인종적으로 열등하고, 혹은 열등하다고 생각되었고, 즉 흑인을 열등시하는 인종주의가 먼저 존재하고 있었고, 그 때문에 근대의 흑인노예제가 발생했다고 하는 생각들이 널리 퍼져 있습니다. 그러나 이는 결코 역사적 사실이 아닙니다.

근대 노예제가 인종주의에 선행하고, 흑인을 멸시하는 인종주의는 사실 근대 노예제의 산물입니다. 근대 노예제는 애초에 '흑인노예제'로 시작된 것이 결코 아닙니다. 애초에는 '백인노예제'로 시작되었습니다.

그 경위는 이렇습니다.

스페인과 더불어 포르투갈은 상당 기간 이슬람 제국인 사라센의 지배를 받은 지역이고, 이 때문에 거기에는 기독교인들이 '이교도'라고 부르는 이슬람교도들이 다수 거주하고 있었습니다. 그런데 1455년에 로마 교황이 포르투갈의 이교도들을 노예화하라는 지령을 내리고, 1493년엔 스페인에도 같은 지령을 내립니다. 이것이 자본주의와 나란히 성립한, 그리고 자본주의에 의해서 자양분을 받은 근대 노예제의 발단입니다.16) 그리고 이들 노예들이

---

16) "노예무역은 1455년의 로마 교황의 교서(敎書)와 함께 시작되었다고 할 수 있는데. 이 교서는 포르투갈 왕국에 모든 이교도를 노예로 삼을 권리를 주었던 것이다. 그 후 1493년의 교서는 이 기독교도의 책무를 스페인에도 나누어주었다. 활기가 넘치는 해군을 가진 경쟁자 영국은 노예무역의 중요성을 인식했다. 그리고 최초의 영국인에 의한 노예선이 1562년에 존 호킨즈의 지휘 하에 대서양을 건넜고, 1660년 이후 영국의 활동은 급속히 증대했다. 유럽 국가들의 부와 발전에서 노예무역이 중요했던 것은 이후 100년간이 노예무역을 그 근본적 원인으로 한 격렬한 투쟁의, 때로는 전쟁의 시대

16세기에 '신대륙'에 식민지의 농업 및 광산 노동력으로서 수출됩니다. 그러나 종교적 이유로 노예가 된 이 백인노예들은 체력의 한계 때문에 곧 고갈되게 됩니다. 그리고 그 뒤를 잇는 것은 역시 백인인 채무노예들입니다만, 이들만으로는 식민지 농업·광산에서의 노동력 수요를 충족시킬 수 없었을 뿐 아니라 역시 곧 고갈되어 버렸기 때문에 보다 체력이 강인한 새로운 노동력을 찾아 아프리카에서 흑인사냥을 벌이게 됩니다.

이렇게 되자 이제 흑인노예제가 광범위하게 확산되고 장기간 정착됨으로써 흑인을 '열등한 인종'으로, 물론 극히 부당하게, 멸시하는 인종주의가 발생하고 확산·정착되어 간 것입니다. 말하자면, 근대 노예제가 인종주의의 산물인 것이 아니라, 인종주의야말로 근대 노예제의 산물인데, 그 근대 노예제는 대량의 값싼 원료, 특히 목화를 요구하는 자본주의와의 밀접한 관련 속에서 성장한 것이기 때문에 인종주의 역시 자본주의와의 밀접한 연관 속에서 발생·성장했다고 해야 할 것입니다. 그뿐만 아니라 자본주의는 지금도

였던 것으로부터 명료하게 알 수 있다. 1713년 영국은 육·해군의 승리에 의해서 자신이 바라고 있던 것—스페인령 아메리카 식민지에의 노예운반의 독점권—을 유트레히트 조약(Treaty of Utrecht)에 의해서 획득했다. 이것은 어쩌면, 영국이 경쟁자들보다 뛰어나게 우수하게 되는 데에서 결정적이었다.

윌리엄씨는 최초의 노예의 다수는 전혀 흑인이 아니었음을 지적하고 있다. 즉, 노예가 된 것은 유죄판결을 받은 범죄자들이고, 아일랜드나 스코틀랜드의 포로이며, 그리고 어떤 자는 시민전쟁에서의 왕당파 사람들이기까지 했다. 대량의 이민, 즉 반강제적이고 반자발적인 계약노예들도 있었다. 그들은 자신들의 생활자료와 교환하여 7년, 때로는 7년 이상 일정기간 동안 노예가 되기로 계약한 사람들이었다. 그들은 단순한 일시적 노예였는데, 영구 노예인 흑인보다도 흔히 열악한 취급을 받았다. 그들은, 엔클로저에 의해서 구축(驅逐)되었지만 도시에서도 농촌에서도 고용되지 않은 농민이었다. 또 어떤 사람은 종교적 박해를 피해 망명한 사람들이었다.

그리하여 윌리엄 씨는 말한다. —노예제는 인종차별의 산물이 아니다, 인종차별이 노예제의 산물이라고.

백인노예는 그 노예상태 속에서 급속히 소멸해갔다. 그리고 곧 서인도제도(West Indies) 및 북아메리카의 잠재적 부—무엇보다도 우선 사탕, 다음에 담배, 마지막으로 면화—를 개발하는 데 심각한 노동력 부족이 발생했다. 영국은 자기 나라의 인간을 수출함으로써 자기 나라가 약체화돼가고 있다고 느꼈다. 한편, 조지아의 농장주들(Planters)은 노예제가 확립되기까지 '필요불가결한 것', 즉 노예제를 요구하며 정기적으로 잔치를 벌였다. 유럽만으로 이 수요에 응하는 것은 불가능했다. 이렇게 해서 아프리카인들의 근육과 피와 비참이 서인도제도, 아메리카, 영국, 유럽뿐 아니라 전 세계 경제발전의 초석이 되었다."(J. ダンマン 저, 大島 清 監譯, ≪經濟發展と農業≫ [Jack Dunman, Agirculture: Capitalist and Socialist (1975)], 御茶の水書房, 1978, pp. 32-33.)

그 존속을 위해, 즉 노동자·인민대중을 분열시켜 자본주의에 대한 저항을 무력화시키기 위해서 인종주의를 이용하고 있습니다.

노예제 및 봉건제와 자본제의 차이

잠깐 샛길로 샜습니다만, 그러면 노예제나 봉건제와 자본제의 기본적인 차이는 무엇일까요?

전(前)자본주의 사회에서는 직접생산자들이, 노예제의 경우처럼 생산수단 그 자체이거나, 봉건제에서처럼 본원적인 생산수단인 토지에 묶인 예속민이었음에 비해서, 자본제 사회의 노동자들은 자유민이라는 점이 가장 큰 차이입니다. 자본주의 사회에서의 노동자는 더 이상 노예나 신분적인 예속민이 아니고 '자유로운 노동자'인 것입니다.

그런데 자본주의 사회에서 직접생산자가 '자유로운' 노동자라고 말할 때, 이 '자유롭다'는 말은 사실은 이중의 의미를 가지고 있습니다. 첫 번째는 물론 '신분적 예속으로부터 자유롭다'는 뜻이지만, 두 번째는 '생산수단으로부터도 자유롭다'는 뜻, 즉 생산수단이 없다(free)는 뜻입니다. 다시 말하면, 자본제 사회에서는, 생산수단을 자본가들이 배타적·독점적으로, 즉 사적으로 소유하고 있기 때문에, 직접생산자인 노동자들은 그 생산수단의 소유로부터 자유로운 '무산자'라는 뜻입니다.

그리고 사실은 신분적인 자유 자체도 이 생산수단으로부터의 자유에 연원을 가지고 있습니다. 자본이 노동력을 자유롭게 구매하기 위해서는 그 노동력을 상품으로 자유롭게 판매하는 사람이 있어야 하는데, 무산자인 노동자가 신분적으로 자유로워야만 그의 노동력이 그의 것, 그의 상품이 될 수 있기 때문입니다.

우리는 초등학교 때부터 미국의 16대 대통령 에이브라함 링컨의 위대성에 대해서 배웁니다. 노예 해방자로서의 위대성 말입니다. 결과적으로 그는 물론 노예의 해방자입니다. 그리고 그는 그만큼 위대합니다.

그러나 그가 진정으로 인도주의적 동기에서 노예의 해방자로 나섰다고 생각한다면, 그것은 착각입니다. 당시 한창 자본주의적 생산이 확대되고 있던 북부의 노동력 부족이 남북전쟁의 원인이었다는 것은 공공연한 사실 아닙니까? 즉, 노예를 해방해야만 북부의 자본가들은 그들을 임금노동자로 고용할 수 있었고, 그리하여 그들의 잉여노동을 착출(搾出)하여 자본을 축적해 갈 수 있었던 것입니다.

소생산

원시공산제나 노예제, 봉건제, 그리고 자본제 등, 지금까지 우리가 고찰한 것과는 다른 생산양식 중에 '소생산'(小生産)이란 것이 있습니다. 소생산을 영위하는 사람들을 소생산자 혹은 소경영자, 같은 말이지만, 쁘띠 부르주아, 혹은 소부르주아라고 부르는데, 가장 대표적으로는 '분할지 농민', 즉 자작농 혹은 소농이 있습니다. 그리고 앞에서 언급했던 '마찌꼬바'도 대체로 그러한 소생산자들이며, 상대적으로 고소득자들인 개인 의원(醫院)이나 약국 등을 포함, 우리가 보통 '자영업자'라고 부르는 사람들이 모두 대략 이 범주에 속합니다.

소생산의 특징은 생산의 직접적 담당자 자신이, 세상이 자영업자라고 부르는 사람들이 그러한 것처럼, 그 생산에 필요한 생산수단의 소유자라는 점입니다. 소생산에서는 생산자 자신의 노동이 그 경영과 생산수단 소유의 기초를 이룹니다. 다른 말로 하자면, 소생산자들의 경우 그들이 생산수단을 소유하는 것은 그들이 노동하기 때문이고, 따라서 생산수단에 대한 그들의 사적소유는 "자신의 노동에 기초한 사적소유"입니다. 이는 노예제나 봉건제, 그리고 자본제에서 생산수단의 사적소유가 "타인의 노동에 기초한 사적소유"인 것, 즉 타인의 잉여노동 착취가 그 사적소유의 기초인 것과 본질적으로 다른 점입니다.

소생산자들의 소유는 이렇게 그 자신의 노동에 기초한 사적소유이기 때문에, 역사발전의 일정한 단계에 프롤레타리아트가 혁명을 통해서 생산수단에 대한 사적소유를 폐지할 때에도 그들 소생산자의 사적소유는 기본적으로 폐지·수탈의 대상으로 되지 않습니다. 다만, 생산의 효율을 위해서 '설득과 지원을 통한 협업화'의 대상이 될 뿐입니다. 소생산자들에 대한 프롤레타리아 권력의 정책은, "프롤레타리아트 혁명은 사적소유 일반을 폐지한다"는 부르주아 이데올로그들의 흑색선전과는 전혀 다른 것이지요.

한편, 소생산은 원시공산사회가 분열·붕괴되기 시작한 이래 모든 역사 시대, 모든 사회적 생산양식 속에 존재하는 생산양식입니다. 예컨대, 전형적인 노예제 사회에 광범하게 존재하는 자유(농)민이나, 중세 봉건사회에 점점이 존재하는 자유농민들이 그들입니다. 그런데 근대에 전형적으로 그리고 대규모로 등장하는 소생산은 봉건적 생산양식, 즉 봉건적 대토지소유를 폐지하는 '토지개혁'과 농민해방을 통한 소경영, 즉 농민적 분할지 소유입니다. 일반적으로 소농,17) 혹은 자영농으로 불리는 존재들이 바로 그것입니다. 다들 아시는 것처럼, 한국에서도 아래로부터, 즉 농민층으로부터의 압력에 밀려 지난 1940년대 말에서 1950년대에 걸쳐 실시된 '농지개혁'을 통해서 봉건적인 지주-소작제18)를 청산하고, 농지를 농민들에게 분배하지 않았습니까? 바로 자유로운 분할지 농민, 혹은 소농을 광범하게 창출한 것이지요.

그런데 이 소농적 토지소유는 자본주의가 발전함에 따라 필연적으로 몰락하게 됩니다. 경제학이나 경제사에서 '자본의 본원적 축적' 혹은 '농민층 분해'라고 부르는 현상인데, 자본주의는 소농의 이러한 광범한 몰락으로부터 값싼 노동력, 즉 저임(금) 노동력을 대량으로 공급받으면서 더욱 급속히 발전하게 됩니다. 한국에서는 1950년대에는 총인구 2,500여만 명 중에서 1,700-1,800만 명 가량이 (소)농민이었으나 그로부터 약 50년 후인 2000년대가 되면 농민이 불과 350여만 명밖에는 되지 않습니다. 자본주의의 발전에 따라서 그만큼 급속히, 그리고 대량으로 소농이 몰락해 간 것입니다. 그리고 한국 자본주의는, 그것이 발달함에 따라 소농이 몰락했지만, 동시에 그러한 소농의 대대적인 몰락으로부터 값싼 노동력을 공급받음으로써 그만큼 급속히 발전해갔습니다.

일부 낭만주의적인 소부르주아 경제학자들은 전후(戰後) 농민층 몰락, 즉 소농의 대대적인 몰락의 원인을 지난 1980년대에 과도기적으로 문제가 되었던 이른바 '재생 소작제'나 농지개혁의 '기만성'이나 '불철저성', 그리고 미

---

17) "여기에서 소농이란, 일반적으로 자신의 가족과 함께 경작할 수 없을 정도로 넓지 않고, 가족을 부양할 수 없을 정도로 좁지 않은 땅뙈기의 소유자 혹은 임차자—특히 전자—를 의미한다. 이 소농은 따라서 소(小)수공업자와 마찬가지로 자신의 노동수단을 아직 가지고 있다는 점에서 근대의 프롤레타리아트와 구별되는 근로자이고, 따라서 과거의 어떤 생산양식의 잔재(Überbleibsel)이다."(F. 엥엘스, "프랑스와 독일의 농민문제", *MEW*, Bd. 22, S. 488.)

18) '지주소작제'의 성격과 그것을 둘러싼 논쟁에 대해서는 이 책의 "[제1강에 대한 보강] 한국에서 자본주의적 사회구성의 성립, 그리고 그 시기를 둘러싼 논쟁"을 참조하십시오.

국 잉여농산물의 수입에 의한 '저곡가 정책'에서 찾습니다. 그러나 그러한 논의는 사실에 대한 객관적이고 정확한 파악이 아닙니다. 그들이 농지개혁의 '기만성'으로 거론하는 농지의 '유상분배'나 '저곡가 정책' 등은, 농민층, 즉 소농의 몰락 속도를 촉진한 주요한 원인들이긴 하지만, 몰락 그 자체의 근본적 원인은 아니기 때문입니다.

소농 보호를 당 강령에 규정하려는 개량주의에 반대하여, 엥엘스는 자본주의의 발전에 따른 소농 몰락의 필연성을 다음과 같이 단호히 얘기하고 있습니다.

> 자본주의의 발전은 소농적 토지소유를 구제불능으로 말살하고 있습니다. 우리 당은 이에 대해서 완전히 이해하고 있지만, 우리가 개입하여 이 과정을 더욱 촉진시킬 어떤 이유는 전혀 없습니다. 피할 수 없는 몰락을 소농들에게 보다 덜 고통스럽게 만들려는, 올바로 선택된 조치들에 대해서는 따라서 원칙적으로 아무런 반대도 할 수 없습니다. [하지만 - 인용자] 그 이상으로 나아간다면, 즉 소농을 영구히 보존하려 한다면, 내 생각으로는, 경제적으로 불가능한 것에 노력하는 것이고, 원칙을 희생하여 반동적으로 됩니다.
>
> ... 우리의 프랑스 벗들은, 소농적 토지소유자만이 아니라, 타인의 노동을 착취하는 소차지농민[=영세 농업자본가 - 인용자]도 항구화하려는 시도로 사회주의 세계에서 고립되게 될 것입니다.[19]

소농 몰락의 필연성에 대한 엥엘스의 이러한 단언은 물론, 한국에서뿐 아니라 자본주의가 발전한 모든 국가에서 농업인구의 가히 극적인 감소 그것에 의해서 절대적으로, 결코 부정할 수 없도록 증명되었습니다. 그럼에도 불구하고 오늘날 우리 사회에는 '소농 몰락'을 얘기한 엥엘스를 비판하면서, 그가 비판했던 독일 사회민주당의 기회주의적이고 개량주의적인 지도자 폴마르(Georg Heinrich von Vollmar, 1850-1922)와 그의 '소농 보호론'을 옹호하는 '맑스주의 경제학자'도 있다는 것도 참고로 얘기해 둡시다. 이 '맑스주의 경제학자님'께서는, 한편에서는 스스로, "선진자본주의 나라들의 농업인구가 1870년대에는 평균 49.9%였는 데 비해 1930년대에는 35.9%, 1981년에는 6%였다"[20]고 확인하면서도, 다른 한편에서는, '소농 몰락의 필연성'을 역설

---

19) F. 엥엘스, "≪포르붸르츠≫(*Vorwärts*) 편집부에의 편지", *MEW*, Bd. 22. S. 480.

하는 엥엘스는 "논리적으로도 역사적으로도 타당성이 없다고 할 수 있"는 "역사적 오류", "중대한 오류를 범하고 있"는 것이라고 주장하고 있습니다.21)

사실 맑스는, 소농뿐 아니라 소생산 일반의 몰락의 필연성에 대해서 이렇게 쓰고 있습니다.

> 자신의 생산수단들에 대한 노동자의 사적소유는 소경영의 토대이며, 소경영은 사회적 생산의, 그리고 노동자 자신의 자유로운 개성의 발전을 위한 하나의 필수적 조건이다. 물론 이 생산양식은 노예제나 농노제, 그리고 다른 예속관계들 내부에도 존재한다. 그러나 그것이 번창하고, 자신의 모든 기력을 발휘하고, 적합한 전형적 형태를 획득하는 것은 오직 노동자가 그 자신이 다루는 노동조건들의 자유로운 사적소유자인 경우, 즉 농민은 그가 경작하는 경작지의, 수공업자는 거장(巨匠)으로서 다루는 도구의 자유로운 사적소유자인 경우뿐이다.
>
> 이 생산양식은 토지의, 그리고 기타 생산수단들의 분산을 전제한다. 그것은, 생산수단들의 집적을 배제하는 것과 마찬가지로, 협업, 동일한 생산과정 내부에서의 분업, 자연에 대한 사회적 지배와 규제, 사회적 생산력의 자유로운 발전도 배제한다. 그것은 오직 생산의, 그리고 사회의 자연발생적인 협소한 한계들과만 양립할 수 있을 뿐이다. 이 생산양식을 영구화하려고 하는 것은, 뻬꾀르(C. Pecqueur)가 정당하게 말하고 있듯이, "전적으로 시시한 것을 선포하는" 것일 것이다. 어떤 일정한 고도에 도달하면, 그것은 그 자신을 폐기하는 물질적 수단들을 낳는다. 이 순간부터 사회의 태내에서는, 이 생산양식에 의해서 속박되어 있다고 느끼는 힘들과 열정들이 활기를 띤다. 그것은 폐기되지 않으면 안 되고, 그것은 폐기된다. 그 폐기, 즉 개인적이고 분산된 생산수단들의 사회적으로 집적된 생산수단으로의 전화, 따라서 다수자의 왜소한 소유의 소수자의 대량의 소유로의 전화, 따라서 광범한 인민대중으로부터의 토지와 생활수단들과 노동도구들의 수탈, 이 가공할 그리고 고통스러운 인민대중 수탈이 자본의 전사(前史)를 이루고 있다.22)

---

20) 김호균, "맑스주의 발전을 위한 시론", ≪창작과 비평≫ 1992년 여름호, p. 261. 선진자본주의 국가들의 농업인구는 상대적으로는 물론 절대적으로도 극적으로 감소했습니다.
21) 같은 글, pp. 264-265. 김호균 교수의 주장에 대한 상세한 비판은 구광숙·채만수, "현대자본주의하 농업문제의 몇 가지 쟁점에 대하여", 경제사회연구회 편, ≪경제사회연구≫, 제2권 제1호, 1995, pp. 75-97을 참조하십시오.
22) ≪자본론≫, 제1권, *MEW*, Bd. 23, S. 789-790. (채만수 역, ≪자본론≫, 제1권, 제4분책, pp. 1262-1263.)

국가

이제 국가에 대해서도 얘기를 좀 해야겠습니다.

국가는 오늘날 세상의 그 무엇보다도 신성불가침한 존재로 되어 있습니다. 실제로 중세에는 세계 도처에서 그토록 위세를 떨치던 여러 신(神)들조차 오늘날 한없이 인신공양을 요구하는 국가 앞에서는 무색해져 있지 않습니까?

그러면, 국가란 과연 그렇게 신성불가침한 존재일까? 혹은, 그렇게 신성불가침한 존재로 모셔도 좋은 존재일까?

국가의 본질과 기능, 역할이 무엇인지를 알기 위해서는 그것이 언제, 왜, 무엇을 위해서 발생했는지를 고찰해야 합니다.

우선, 국가는 인류의 계급사회의 역사와 그 역사를 같이합니다. 결국 국가의 발생은 인류사회가 계급사회로 분열된 것과 때를 같이하는 것입니다.

앞에서, 원시공산사회에서 계급사회로의 인류사회의 분열은 노동생산력의 발전으로 타인의 잉여노동을 착취할 수 있게 되었기 때문이라고 하였습니다. 그런데 이러한 잉여노동의 착취가 개별적이고 우연적인 현상이었을 때에는 그 착취는 무당[shaman]과 같은 종교 지도자의 위계(僞計)에 의한 것이었든지, 아니면 개별적인 폭력에 의한 것이었을 것입니다. 그러나 착취가 광범위하고 일반적인 현상이 되면, 그러한 위계나 개별적인 폭력에 의해서는 그것을 유지할 수 없게 됩니다. 피착취자들의 저항 역시 광범하고 일반적인 것이 되기 때문입니다. 그 때문에 착취자들은 피착취자들의 저항을 억압하여 착취-피착취 관계를 유지하고 공고히 하기 위해서 사회적으로 폭력을 조직합니다. 그리하여 착취-피착취 관계는 지배-피지배 관계가 됩니다.

국가란, 이렇게 타인의 잉여노동을 강제·착취하고, 그 착취-피착취 관계를 동시에 지배-피지배 관계로서 유지·강화하기 위해서 사회적으로 조직된 폭력, 바로 그것입니다. 국가란 바로 피착취계급·피지배계급에 대한 지배계급의 억압기구요 특수한 억압폭력인 것입니다.[23]

---

23) "계급대립 속에서 운동하는 지금까지의 사회는 국가, 즉 그때그때의 착취계급이 자신의 외적 생산조건들을 유지하기 위한, 따라서 특히 현존하는 생산양식에 의해서 주어진 억압의 조건들(노예제, 농노제 또는 예농제, 임금노동) 속에 피착취계급을 억눌러

따라서, 노예제 사회의 국가는 바로 노예소유자들의 국가이고, 봉건제 사회의 국가는 국왕, 귀족, 승려를 비롯한 봉건적 토지소유자들의 국가입니다. 마찬가지로, 자본주의 사회의 국가는 자본가계급의 국가이고, 요즘과 같은 독점자본주의 시대의 국가는 독점자본의 국가입니다.

많은 사람이 '국익'을 얘기하고, '국익'이라는 소리에 열광하거나 오금을 못 펴지만, 국가란 지배계급의 국가이기 때문에 그 '국익' 역시 지배계급의 이익임은 사실 두말할 나위도 없습니다. 생각해 보십시오. 오늘날 '국익'이란 이름으로 행해지고 있고, 여러분들이 절실히 경험하고 있는 제반 국가정책들이 얼마나 반노동자적이고, 반농민적, 반민중적이며, 얼마나 독점자본을 위한 것인지를 말입니다.

3) 자본의 본원적 축적
— 직접생산자의 생산수단의 수탈과 자본-임노동 관계로의 편제

그러면, 자본주의적 생산, 혹은 자본주의 사회는 언제, 어떻게 해서 발생했는가?

자본주의 사회는 무엇보다도 노동생산력이 일정하게 발전한 데에 기초해서 발생합니다. 일반적으로 중세 봉건제 사회는 생산력 발전이 없었던 정체

두기 위한 조직이 필요했다. 국가란 전체 사회의 공식적 대표자, 즉 하나의 가시적인 단체로 사회 전체가 총괄된 것이었는데, 그러나 국가가 그러한 것이었던 것은 그것이 각각의 시대에 사회 전체를 스스로 대표했던 계급의 국가— 고대에는 노예를 부리는 국민들(sklavenhaltende Staatsbürger)의 국가, 중세에는 봉건귀족들의 국가, 우리 시대에는 부르주아지의 국가 —인 한에서였다. 국가는 마침내 실제로 전체 사회의 대표자가 됨으로써 그 자신을 불필요하게 만든다. 억압해두어야 할 어떤 사회계급도 더 이상 존재하지 않게 되자마자, 계급지배 및 지금까지의 생산의 무정부성에 기초한 개별적 생존을 위한 투쟁과 더불어 그로부터 발생하는 충돌과 난폭이 제거되자마자, 특수한 억압폭력, 즉 국가를 필요하게 했던 억압할 아무것도 더 이상 존재하지 않게 된다. 국가가 진실로 전체 사회의 대표자로서 행하는 최초의 행위— 사회의 이름으로 생산수단을 장악하는 것 —는 동시에 국가로서의 최후의 자립적 행위이다. 사회관계에 대한 국가권력의 개입은 한 분야에서 다른 분야로 차례로 불필요하게 되고, 그러고 나서 저절로 잠들게 된다. 사람에 대한 지배 대신 사물에 대한 관리와 생산과정의 지휘가 나타난다. 국가는 '폐지'되는 것이 아니라, <u>그것은 사멸한다</u>."(F. 엥엘스, ≪공상에서 과학으로 사회주의의 발전≫, *MEW*, Bd. 19, S. 223-224.)

된 시기였다고들 하지만, 그것은 사실이 아닙니다. 물론 자본주의에서처럼 생산력이 급속하게 발전하진 않습니다. 전쟁이나 천재지변 같은 것들 때문에 그 발전이 자주 방해받고, 심지어 크게 후퇴하기도 합니다. 하지만 봉건제 사회 속에서도, 장기적으로 보면, 노동생산력은 당연히 꾸준히 발달했습니다. 그리고 그렇게 발전한 생산력이 어느 높이에 도달하게 되면, 이제 봉건적 생산관계는 보다 고도의 생산력 발전을 제약하는 질곡으로 되고, 그에 따라서 기존의 생산관계에 균열이 생기면서 마침내는 그것이 극복되게 됩니다.

누차 얘기한 것처럼, 자본주의적 생산의 전제는 우선 생산수단의 소유가 소수의 수중으로 집중되는 것이고, 무엇보다도 신분적으로도, 생산수단의 소유로부터도 자유로운 노동자들이 존재하는 것입니다. 그런데 이 두 가지, 즉 소수의 수중으로의 생산수단의 집중과 자유로운 노동자들의 발생은 사실 하나의 역사적 사실의 앞뒷면입니다.

봉건사회의 농민은, 비록 신분상으로는 자유롭지 못한 예속민이었지만, 호미나 쟁기, 기타 종자 등등 자신들의 생산수단들을 가지고 있었을 뿐 아니라 본원적 생산수단인 토지에 대해서조차 일정한 권리를 가지고 있었습니다. 경제사학에서는 그것을 토지에 대한 '점유권'이라고도 하고, 영주의 '상급 소유권'에 비해서 '하급 소유권'이라고도 한다는 것은 앞에서 말씀드린 대로입니다.

사실 봉건시대에 피착취자들인 농민이 토지에 대해서 일정한 소유권 혹은 점유권을 가졌던 것은 당시의 노동생산력이 낮았던 데에 기인합니다. 즉, 당시 노동생산력이 낮아서 농업생산에 다수의 농업노동력이 절대적으로 필요했기 때문에 봉건 지배자들은 그들을 토지에 묶어두었던 것이고, 그 대신 그들을 임의로 추방할 수도 없었던 것, 즉 농민들의 토지 점유권을 부정할 수도 없었던 것입니다. 그것을 경제학에서는 농민이 토지에 "긴박(緊縛)되어 있다"거나 "결박되어 있다"고, 즉, "단단히 묶여 있다"고 말합니다.

동양에서도 과연 그렇게 농민이 토지에 긴박되어 있었느냐고 묻는 사람들도 있습니다. 이에 대해서는, 춘추전국 시대의 진(秦)나라에서부터 중국과 조선, 그리고 일본에서 널리 시행되어온 것이지만, 예컨대, 조선조 때 농민들의 이산(離散)을 방지하기 위한 '5가작통법'(五家作統法) 같은 것이 바로 그들을 그렇게 단단히 묶어두는 장치였지 않습니까? 그리고 대대로 경작해오던 토지를 떠나서는 어디에서도 호구지책을 찾을 수 없다는 당시의 경제적·사회적 조건이야말로 무엇보다도 강한 '토지에의 긴박'이었습니다.

그런데, 자본주의적 생산이 이루어지기 위해서는 이들 농민으로부터 본원적 생산수단인 토지를 수탈하여 그것을 자본으로 전화시키는 한편, 과거 토지에 긴박되어 있던 농민들을 이제 신분적 억압으로부터 해방된 자유로운 임금노동자로 전화시키지 않으면 안 됩니다. 거듭되는 얘기지만, 그래야만 그들이 자신의 노동력을 팔아 호구지책을 세우게 되기 때문입니다.

이렇게 농민들로부터 토지를 비롯한 생산수단을 수탈하고, 이렇게 해서 생산수단으로부터 분리된 직접생산자들을 자본-임금노동 관계로 편제하는 것을 경제학과 경제사학은 '자본의 본원적 축적', 혹은 '자본의 원시적 축적', 혹은 '자본의 시초 축적'이라고 부릅니다.

자본의 본원적 축적은 이렇게 직접생산자의 수탈에 의한 자본주의적 생산의 창출입니다. 그리고 이는 물론 노동의 사회적 생산력이 높아져, 종래의 생산관계와 더 이상 조응하지 않게 된 상황에서 이루어집니다.

자본의 이 본원적 축적은 각 국가, 각 지역마다 그것이 처해 있는 조건에 따라서 구체적으로는 다양한 형태와 경로를 취합니다. 그러나 그것은 어떤 경우에도 직접생산자로부터 생산수단을 수탈하는 과정이고, 그들 직접생산자가 무산(無産)의 임금노동자로 전락하는 과정이기 때문에 당연히 농민들의 저항을 불러일으키고, 그에 따라서 그들 농민에 대한 국가의 위계·억압도 극도로 강화됩니다. 나라에 따라서는 수많은 농민반란이 일어나고 그에 대한 유혈진압이 행해지는 아주 처절하고 잔인한 과정이었습니다.

그 때문에 맑스는, "오지에(Augier)가 말하는 것처럼, 화폐가 '한쪽 볼에 태어날 때의 핏자국을 띠고 이 세상에 나온다'고 한다면, 자본은 머리에서 발가락까지 모든 털구멍에서 피와 오물을 뚝뚝 흘리면서 이 세상에 나오는 것이다."[24]라는 말로 그 잔혹성을 표현하고 있습니다.

---

24) ≪자본론≫, 제1권, *MEW*, Bd. 23, S. 788. (채만수 역, ≪자본론≫, 제1권, 제4분책, pp. 1260-1261.); [제7판에의 주] 대통령 윤석열과 그 정부의, 일제 전범기업 강제동원 배상책임 면제 조치 및 그에 이은 친일제 행각을 계기로 이른바 '식민지 근대화'론을 비판하면서 강수돌 교수는 이렇게 쓰고 있다. ─ "자본의 역사는 폭력의 역사요, 피·땀·눈물의 역사다! 제국·식민지 불문, 남녀 노동자, 농민, 공동체와 자연이 자본의 폭력에 노출됐다. 가치증식 욕망은 무한하되, 인간·자연의 회복탄력성은 유한하다. 세계자본은 무한축적을 원하나, (마름을 제외한) 민중은 불행하다. 또 세계의 바다나

옛 사회주의 지역들에서의 자본의 본원적 축적

본원적 축적의 가장 전형적인 형태는 영국의 저 유명한 엔클로저 운동, 즉 영주를 비롯한 봉건적 토지소유자가 목초지와 같은 개방지·공유지나 농민보유지에 일방적으로 울타리를 치는 것이었지만, 이외에도 토지혁명(농지개혁)을 통해 창출된 자립적 분할지 소유 농민, 즉 소농의 몰락을 촉진시키는 등의 여러 방법과 형태가 있습니다. 그중에서도 사회주의 체제가 붕괴된 이후 구(舊) 쏘련 지역과 동유럽 국가들에서 벌어진 자본의 본원적 축적 방식은 아주 흥미(?)롭습니다.

모두 다 아는 것처럼, 1989년에서 1991년에 걸쳐 동유럽과 쏘련에서 사회주의 체제가 붕괴했습니다. 그리고 부르주아 언론은 온통 이들 나라들이 '시장경제화'된다고, 정확히 말하면, 자본주의화된다고 떠들었습니다.

그러나 그러한 '재자본주의화'는 당연히 자본의 본원적 축적 과정, 즉 노동자·농민으로부터 과거에 사회주의 인민으로서 가지고 있던 생산수단에 대한 소유권을 수탈하는 과정이기 때문에, 인민의 광범한 저항 없이 순탄하게 이루어질 수 있는 것이 아니었습니다. 사회주의 체제가 붕괴된 이후 지난 90년대에 이들 지역과 국가에 만연했던 정치적·경제적·사회적 위기나 국민총생산의 급격한 감소는 실제로 그러한 저항을 반영한 것이었습니다. 그리고 어떤 국가들에서는 아직도 그러한 저항과, 따라서 정치적·경제적·사회적 위기가 완전히는 극복되지 않은 것으로 보입니다.

물론, 노동자들이 자본의 본원적 축적, 즉 자신들로부터 생산수단을 수탈하는 것, 공장이나 광산 등에 대한 통제권을 박탈하는 것을 그저 좌시하지

땅은 방사능 오염수, 미세플라스틱, 산업폐기물, 농약, 미세먼지에 오염된다. 이른바 '근대화' 또는 '국익' 논리는 자본에 의한 폭력과 파괴를 감추는 투구요, 관계의 문제를 통계로 치환하는 물신주의일 뿐!"(강조는 인용자.)(강수돌, "[강수돌 칼럼] 식민지 근대화(?), 그 폭력의 역사", ≪한겨레≫, 2023. 04. 07. <https://www.hani.co.kr/arti/opinion/column/1086859.html>). 그리고 그는 같은 글에서 대통령 윤석열과 그 정부의 일련의 행각을 정당하게도 이렇게 규정한다. — "**이 모두 미국-일본-한국의 자본을 위한 노력들!** 여기엔 사람을 위한 노력, 특히 성노예 문제를 피해자 입장에서 풀려는 의지나 자본의 돈벌이용 전쟁을 막으려는 생각은 전혀 없다. 즉, 한·미·일 정부는 (참된 '보편가치'인) 반전평화를 통해 민초의 행복을 돌볼 책무를 적극 외면한다."(강조는 인용자.) 한·일 양국의 노동자·인민대중이 무엇을 할 것인가와 관련하여, "**제국·식민지 불문**, … (마름을 제외한) 민중은 불행하다."는 지적을 주목해야 할 것이다.

않기 때문입니다.

그런데, 그런 저항의 와중에서도 저들 자본주의화를 추진한 세력은, 물론 옐친 정권이 의회 의사당에 탱크 사격을 가한 것과 같은 노골적인 폭력 외에, '봐우처(vouchers) 방식'이라는 아주 교활하고 기만적인 방식을 동원했습니다. 나중에 보다 더 상세히 설명하겠지만, 이는 노동자들이 사회주의 인민으로서 가지고 있던 생산수단에 대한 소유권을 '주식'과 맞바꾸게 한 후 시장을 통해 그 주식을 소수의 수중에 집중시킴으로써 그들 인민을 무산자로 만들어 자본-임노동 관계를 창설하는 방식이었습니다.

하지만, 집단농장을 비롯하여 상당한 부문은 아직도 '비자본주의적'인 경제제도를 유지하고 있는 것으로 알려져 있습니다.

4. 자본주의 사회의 제 계급과 그 소득

1) **자본주의 사회의 제 계급과 그 소득: 임금, 이윤, 지대, 이자 등**

자본주의 사회에는 자본가, 지주, 노동자, 농민, 도시 자영업자, 금융자본가, 혹은 고리대금업자 즉 사채업자 등등 여러 계급이 존재하는데, 그들 각각의 소득은 바로 그들의 계급적 지위에 의해서, 다른 말로 하면, 생산수단에 대한 그들 각각의 관계에 의해서 결정됩니다.

대표적으로 자본주의 사회의 3대 계급인 자본가와 지주, 그리고 노동자의 소득은 정확히 그 계급적 지위, 즉 생산수단과의 관계에 의해 결정됩니다.

우선, 노동자들의 소득인 '임금'은, 다름 아니라, 노동자가 그 노동력을 팔아서 받는 노동력의 가격이고, 노동자 자신과 그 가족이 생계를 유지하면서 그 노동력을 재생산하는 비용입니다. 이런저런 요인들에 의해서 임금이 다소 많고 적음에 따라서 노동자 자신과 그 가족의 생활이 심히 고달픈가, 아니면 조금은 편안한가 하는 차이는 있지만, 어떤 경우에도 그의 소득은 임금, 즉 노동력의 판매 대금이고, 노동력의 재생산비라는 성격과 사실에는 변함이 없습니다.

이에 비해서 자본가들의 소득인 '이윤'은, 생산수단의 자본주의적 사유,

즉 그 독점적·배타적 소유에 기초하여 착취한 노동자들의 잉여노동이 그 원천입니다. 시장지배력을 가진 독점자본의 독점이윤을 별도로 한다면, 자본의 이윤률은 경쟁에 의해서 평균화되기 때문에, 개별자본(가)의 이윤의 크기는 원칙적으로 그 자본의 크기에 비례하여 결정됩니다.

자본가 중에는 상인 즉 상업자본가나 금융자본가도 있는데, 그들의 소득은 상업이윤이나 이자입니다. 상업이윤의 경우는 자본의 재생산과정에서 상품자본을 화폐자본으로 실현, 혹은 전화시킨다고 하는, 그 상인자본이 수행하는 역할 때문에, 그리고 이자의 경우는 그 자본을 산업자본가나 상업자본가가 사용하도록 한 대가로서, 산업자본가가 노동자로부터 착취한 잉여노동의 일부를 분배받는 것입니다. 상업이윤의 크기는 이 역시 자본의 평균이윤률에 의거하여 그 자본의 크기에 따라서 결정되고, 이자는 평균이자율에 따라서 역시 그 크기에 비례하여 결정됩니다. 어느 경우든 그들의 소득은 물론 그들이 생산수단의 소유자, 즉 자본가라는 지위 때문에 획득됩니다.

지주의 소득은 토지소유의 실현으로서의 지대, 즉 토지의 임대료입니다. 토지소유는 토지에 대한 자본의 투하를 제한하고, 그 때문에 다른 산업부문들과의 경쟁이 제한되면서 토지를 임차한 자본에는 자본의 평균이윤률을 넘는 초과이윤이 발생하는데, 바로 이 평균이윤률을 넘는 초과이윤이 지대로 전화되어 지주 즉 토지소유자의 소득으로 되는 것입니다.

그런데, 현실적으로는 지대의 크기는 토지소유자와 그 토지를 임차하는 자본가 간의 토지 임대차계약에 의해서 결정됩니다. 따라서 평균이윤률을 넘는 초과이윤이라고 하더라도, 토지의 임대차계약 기간 중에 약정된 지대 크기를 넘어 새롭게 발생하는 것은 당연히 지주의 소득이 아니라 해당 자본가의 소득이 되는 것이고, 따라서 그 부분은 결코 지대가 아닙니다. 지대란 토지소유자의 소득을 가리키는 개념 범주이기 때문에, 토지소유에 의한 자본 간 경쟁의 제한에 의한 초과이윤이더라도, 오직 그것이 지주 즉 토지소유자의 소득으로 전화되는 것만이 지대인 것입니다.

그럼에도 불구하고, 년전에 소위 '정보재'로서의 쏘프트웨어의 가치와 그 가격을 '지대'로서 규정하려는 일부 경제학자들의 흥미로운 주장들이 있었는데,25) 이는 제 계급의 소득범주들, 특히 지대에 대한 기본적인 이해가 잘못된 황당한 주장일 뿐입니다.

2) 생산관계로부터 자립한 '분배' 논의
— 소부르주아적 혼란의 반영, 혹은 범죄행위

자본가, 지주, 노동자 등 3대 계급의 소득을 보았지만, 이렇게 제 계급의 소득은 생산관계 즉 생산수단의 소유관계 그것에 의해서 규정되는 것이지, 생산관계와 분리되어 존재하는 것이 아닙니다. 따라서 분배관계를 바꾸려면 당연히 생산관계 그 자체를 변혁해야 하는 것이지, 그것을 그대로 놔둔 채 분배관계만을 규율하는 어떤 법률적 조치, 혹은, 같은 말이지만, 어떤 제도적 조치를 통해서 그것을 의미 있게 바꿀 수는 없습니다.

국가독점자본주의, 즉 현대 자본주의에서는 국가가 세금이나 기타 이런저런 소위 '사회보장제도'를 통해서 소득의 분배에 일정한 변화를 가하긴 하지만, 사실 그 변화란 것은 극히 사소한, 정말 극히 사소한 량의 변화에 불과합니다. 게다가 그것은, 사실 본질적으로는, 소득분배의 근본적인 변혁, 따라서 생산관계의 근본적 변혁을 예방하기 위한 기만적 조치들에 불과합니다.

그럼에도 불구하고 우리 사회— 물론 우리 사회에서만은 아니겠지만—의 수많은 이른바 '시민단체들'과 그 지도자들, 한마디로 소위 '진보적 지식인들'은 마치 자신들이 사회정의의 사도(使徒)라도 되는 듯이 '분배 정의'니, '분배 민주화'니, 혹은 '경제 민주화'니 하는 말들을 입에 붙이고 살고 있습니다. '경실련'(경제정의실천시민연합)이나 '참여연대'(참여민주사회와 인권을 위한 시민연대)가 그중에서도 대표격이었는데, 최근에는 '내가 만드는 복지국가'라는 단체도 혹여 질세라 그 정의감과 뛰어난 제세방략(濟世方略)들을 자랑하고 있더군요.

"경제 정의를 실천해야 한다!", "분배 정의를 실천해야 한다!", "경제를, 분배를 민주화해야 한다!"—정말 달콤한 말들입니다. 그래서 '분배 정의'니, '경제 정의'니, '분배 민주화'니, '경제 민주화'니 하는 등등의 얘기를 들으면 굉장히 그럴듯하다고 생각하기 쉽습니다.

하지만 사실은 그것들은 모두 의미 없는 헛소리일 뿐입니다. 그리고 사실

---

25) 이에 대해서는 특히, 채만수, "지대의 관점에서 본 정보재의 가치·가격에 대한 비판", 강남훈 외, ≪정보재 가치논쟁≫, 한신대학교 출판부, 2007을 참조.

그러한 논의·주장은, 잘 봐줘야 관념적이고 형이상학적인 사고에 젖은 소부르주아들의 혼란을 반영하는 것이고, 엄격하게 말하면, 분배를 둘러싼 비밀, 즉 착취-피착취 관계의 비밀을 노동자들을 위시한 피착취 인민이 쉽게 알 수 없도록 연막을 치는, 말하자면, 일종의 범죄행위입니다.

왜 그런가?

앞에서 본 것처럼, 분배, 곧 제 계급의 소득은, 그 자체로 독립적으로 존재해서 그것을 어떻게든 민주화하면 되는 것이 아니라, 분배 이전의 생산에 의해서, 더 정확히 말하면, 계급관계, 즉 생산관계, 생산수단의 소유관계에 의해서 규정되는 것이기 때문입니다.

참고로 말하자면, 저들 소부르주아들이 외치는 '분배 정의'란, 자본주의적 생산관계를 전제한 그것이기 때문에, 사실은 부르주아적 관념에서의 '공정한 분배', 즉 자본주의적 생산관계에 따른 분배를 의미합니다. 다름 아니라, 바로 노동자계급에게 빈곤과 고통, 타락을 강요하는 분배 말입니다.

그렇게 위선적으로 '분배 정의'를 떠드는 자들에게 아주 힘주어 진지하게 이렇게 얘기해 보십시오. ― "정말로 분배 정의를 실현하고자 한다면, 자본주의를 폐지해야 한다!"라고 말입니다.

그러면 어떻게 되겠습니까?

방금까지 자못 박애주의자의 표정으로 '분배 정의'를 떠들던 자들이 금세 자본주의를 수호하는 사천왕이 되어 살기를 띠고 달려들 것입니다. "빨갱이다! 빨갱이다!"라고 왜장치면서 말입니다.

사실, 이렇게 생산관계의 변혁을 도외시한 법률적 혹은 제도적 조치를 통해서 분배관계를 해결할 수 있다는 듯이 떠드는 사람들에 대한 맑스의 일침(一針)이 있습니다. 즉, 맑스는 이렇게 묻고 있습니다.

> 부르주아는 오늘날의 분배가 "공정하다"고 주장하고 있지 않은가? 그리고 그것이 실제로 오늘날의 생산양식의 토대 위에서는 유일한 "공정한" 분배이지 않은가? 경제적 관계들이 법률적 개념들에 의해서 규제되는가, 아니면 거꾸로 법적 관계들이 경제적 관계들로부터 발생하는 것은 아닌가?[26]

---

26) "고타 강령 비판", *MEW*, Bd. 19, S. 18. ("고타 강령 비판", 채만수 역, 《공산당 선언》, 2022, 노사과연, p. 142.)

3) 사회보장제도 등에 의한 소득의 재분배
— 노동자계급의 도전에 대한 총자본의 대응

한편, 많은 사람들, 특히 재정학자들이나 '시민운동가들'은 세금을 소득 재분배의 수단이라고 말합니다. 물론 세금이 소득 재분배 수단으로서의 기능을 가질 수 있다는 것을 부인할 수는 없습니다. 그러나 세금은 기본적으로는 소득을 재분배하는 수단이라기보다는 자본주의 국가기구를 유지하는 비용입니다. 그 가운데 일부가 극히 부분적인 소득의 재분배 역할을 하는 것일 뿐입니다. 말하자면, 생계를 유지할 능력이 없는 사람들을 위한 사회보장제도 같은 것이 그것입니다.

문제는 그 의의와 기능인데, 그것은 자본주의의 첨예한 계급모순의 폭발, 즉 노동자들에 의한 체제 전복을 예방하고 그들의 분노를 다소 무마하기 위해서 자본의 수호자로서의 자본주의 국가가 마련한 장치입니다. 자본주의의 역사에서 소득의 이러한 부분적인 재분배를 위한 장치, 사회보장제가 시작되고 그것이 활발했던 시기는, 다름 아니라, 바로 자본주의 체제에 대한 노동자들의 계급투쟁이 활발했던 때였다는 것은 결코 우연이 아닙니다.

먼저 독일의 저 유명한 '철혈재상(鐵血宰相)' 비스마르크 정권 때를 예로 들 수 있습니다. 고조되어 가는 노동자계급의 혁명투쟁으로부터 부르주아지를 구제하기 위해서, 한편으로는 '사회주의 탄압법'으로 피의 억압을 가하면서, 다른 한편으로는 유화책으로 사회보장제도를 도입하지 않았습니까? 미국의 경우도, 1930년대 대공황기에 노동자계급이 전투적·혁명적으로 되어 가자 이를 무마하고 체제 내로 포섭하기 위해서 루즈벨트 정권 하에서 소위 '뉴딜'의 일환으로 사회보장제도가 도입·강화되면서 오늘날 미국의 저 알량한 사회보장제도의 윤곽이 잡힙니다. 영국이나 기타 서유럽의 경우 역시 1930년대 대공황과 제2차 세계대전을 거치면서 대략 1940년대 말까지 사회보장제도가 강화되는데, 이 시기는 바로 대공황과 좌씨즘, 그리고 특히 제2차 세계대전을 경험하면서 노동자들이 불온해지고, 그리하여 자본주의 체제 자체가 위협받던 바로 그 시기였습니다.

이렇게 보면, 사회보장제도는 이중의 의의, 즉 한편에서는 노동자계급의 투쟁의 성과물이자, 다른 한편에서는 '자본-임금노동'이라는 착취관계를 안정화·영속화시키려는 자본의 대응적 정책이라는 이중의 모순된 의의를 가지고 있습니다. 그 때문에 노동자들은, 사회보장제도의 유지·확대·강화를 위해 투쟁할 때에도, 언제나 그 의의와 한계를 명확히 인식하면서, 그것을 총전략노선상의 제한적 전술로 배치하지 않으면 안 되는 것입니다. 아니, 노동자들이, 사회보장제도의 유지·확대·강화를 위해서가 아니라, 사회혁명을 위해서 투쟁할 때에야 저 사회보장제도도 유지·확대·강화된다는 것을 잊어서는 안 됩니다. 발달한 자본주의 국가들에서 최근 수십 년 동안 사회보장제도가 기본적으로 약화·해체되어 온 것도 사실은 노동자계급이, 획득한 사회보장제도에 안주(安住)한 채, 바로 그 혁명적 지향을 망각하고 있었기 때문입니다.

한편, 세금 등을 통한 사회보장, 즉 국가에 의한 소득의 일정한 재분배 자체에 대해서 다시 말하자면, 그 재원은 어디까지나 한 나라의 노동자들이 생산한 연간 총가치생산물, 즉 부르주아적 용어로는 총부가가치의 일부입니다. 더구나 사회보장에 필요한 기금의 대부분은 상위노동자 계층의 소득 일부를 국가가 세금 등으로 흡수해서 최하위 계층의 노동자들에게 재분배하는 것입니다. 설령 직접적으로는 '회사'나 자본가들이 부담하여 외견상 자본가계급이 부담하는 것처럼 보이는 경우에도, 그것은 성질상 노동력 재생산을 위한 사회적 비용이어서 본질적으로는 임금의 은폐된 형태에 불과합니다. 따라서 그 분배관계도 기본적으로 생산관계를 벗어나는 것이 아닙니다.

[제1강에 대한 보강]
한국에서 자본주의적 사회구성의 성립, 그리고 그 시기를 둘러싼 논쟁

1. 개설

현 한국사회는 자본주의적 생산양식이 지배하는 사회이며, 나아가 자본주의가 고도로 성숙한 사회라고 하는 데에 대해서 아무도 이론(異論)이 없을 것입니다. 그리고 자본주의 사회로서의 한국사회는 구(舊) 조선의 봉건사회로부터 이행한 것이라는 데에 대해서도 사실상 이론이 있을 수 없습니다.

물론 '봉건제로부터의 이행'이라고 하는 문제와 관련해서는, 조선경제사에서의 봉건제의 존재 유무를 둘러싼 작은 논쟁이 있는 것은 사실입니다. 하지만, 앞서 말했듯, 이는 봉건제의 의미를 특정한 경제제도로서가 아니라 지방분권적 정치제도로서 오해하는 데서 생기는 무의미한 논쟁에 불과합니다. 다시 말하면, 봉건제를 농노제 혹은 예속농적 생산양식에 기초한 경제제도, 그러한 생산양식으로 이해하는 대신에, 분권적 정치제도로, 즉 황제나 왕과 그로부터 영지(領地)를 하사받은 제후(諸侯) 간의 충성서약에 기초한 분권적 정치형태로 이해하는 데서 연유하는 논쟁으로서, 사회경제사의 이해에 관한 한 유의미한 논쟁이라고 할 수 없는 것입니다.

그리하여 이렇게, 현재의 우리 사회가 자본주의 사회라고 하는 데 대해서는, 그리고 그것이 전(前) 자본주의적인 봉건사회로부터 이행해온 것이라는 데 대해서는 사실상 이론이 없습니다만, 그렇다면 한국사회, 혹은 구(舊) 조선사회는 과연 언제부터 자본주의 사회였는가, 혹은 언제 봉건제적 사회로부터 자본제적 사회로 이행했는가 하는 문제와 관련해서는 그렇게 간단하지가 않습니다.

크게 보면, 두 가지의 문제가 제기됩니다.

하나는, 구 조선사회 내부에 자본제적 생산방식, 혹은 자본제적 경제제도

(우클라드, uklad)가 발생 혹은 등장한 것은 언제인가 하는 것입니다.

그리고 다른 하나는, 그러한 자본제적 경제제도가 한국사회, 혹은 구 조선 사회의 지배적인 생산관계, 혹은 지배적인 경제제도로 된 것은 언제인가 하는 것입니다.

우선 첫 번째 문제와 관련해서는, 대체로 이미 18세기, 혹은 늦어도 19세기 중엽까지는 조선사회에, 광공업부문뿐 아니라 농업부문 내부에도, 자본주의적 우클라드가 발생·등장했다고 하는 데에 주요 경제사가들의 의견이 모아지고 있는 것으로 보입니다.1)

물론 여러 논쟁은 존재합니다. 특히 그 시기 농업부문에서의 자본주의적 경영, 즉 자본-임노동 관계에 기초한 경영과 관련해서는, 예컨대, 김용섭(金容燮) 교수 등이 양안(量案: 토지대장)의 분석을 통해서 그 존재를 강력히 제기했던 "경영형 부농"2)의 실재(實在) 여부를 둘러싸고 상당한 논쟁이 벌

---

1) "17세기 중엽 이전 시기는 광업에서 부역노동에 의거하고 있는 관영광업이 지배하던 시기였다면, 17세기 중엽 이후는 그것이 개인경영으로 전환하던 시기였고, 18세기 이후는 광업에서 자본주의적 관계가 발생·발전하던 시기였다."(전석담·허종호·홍희유 저, 과학백과사전 출판사 편, 《조선에서 자본주의적 관계의 발생》, 이성과 현실, 1989, p. 165.)
　"18세기 중엽에 광업에서 발생하기 시작한 자본주의의 단서적 형태는 그 후 발전과정에서 자본주의적 공장제수공업으로 자라났다."(같은 책, p. 170.)
　"17세기 말엽 이후 상품화폐관계가 발전함에 따라 제철 및 철가공업서도 상품생산이 촉진되었으며, 이와 관계해서 관영제철 장인철강이 해체되고 수공업의 보다 높은 발전을 보여주는 영업자들의 비교적 큰 작업장이 발생하기 시작하였다. 일부 지역들에서는 매점인[買占人: 인용자]들이 나타나 제철 및 철가공업에 진출하여 그것들을 점차 자기에게 종속시키고 생산에 침투함으로써 자신을 기업가로 전화시켜 가는 과정이 진행되었다."(같은 책, p. 187.)
　"18세기 말-19세기 전반기에 큰 철광산 등을 중심으로 형성되어 있던 쇠부리, 가마부리 수공업은 비단 개천지방에서뿐만 아니라 기타 일부 지방에서도 공장제수공업 형태로 경영되었으며, 여기에서는 생산수단을 소유하고 있는 몇 명의 물주(산업자본가)와 임금노동으로 살아가고 있는 많은 수공업자(노동자)들이 계급적으로 대립되어 있었다. 우리는 여기서 이들 수공업자들의 적지 않은 부분이 이미 농업에서 이탈된 사람들이었으며, 그들은 봉건적 예속관계나 장주[匠主: 인용자]와 장공[匠工: 인용자] 간의 가부장적 관계를 현저하게 벗어난 자유노동자로서 산업자본가인 경영주에게 자본주의적으로 착취당하였다는 것을 볼 수 있다."(김광진·정영술·손전후 저, 사회과학출판사 경제편집부 역, 《조선에서 자본주의적 관계의 발전》, 열사람, 1988, p. 50.)
2) 김용섭 교수는 1971년 초에 출판된 《조선후기농업사연구》(일조각)에서 조선 후기의 '양안'(量案)을 분석하면서 '경영형 부농'이란 범주를 지적합니다. 이 '경영형 부농'

어지고 있습니다. 하지만 여기에서는 그러한 복잡한 논쟁을 다룰 여유가 없습니다.

그런데, 한국사회 혹은 구 조선사회의 자본주의적 사회로의 이행, 혹은 거기에서의 자본제적 사회구성의 성립이라고 하는 문제에서는 두 번째 문제가 단연 절대적인 중요성을 띠고 있습니다. 그리고 이를 둘러싸고는 아직 정설이라고 할 만한 것이 성립되어 있다기보다는 여러 의견이 서로 각축하고 있는 상황입니다. 그런데도 지난 세기 말에 쏘련을 위시한 20세기 사회주의 세계체제가 해체된 이후 이 문제의 해결을 위한 논쟁이 활발하게 벌어지고 있지 않은 것은 크게 유감스러운 일이 아닐 수 없습니다.

한국 혹은 구 조선에서의 자본주의적 사회구성의 성립 시기에 대해서는, 기존에 크게 두 개의 견해가 가장 유력하게 경합하고 있었다고 할 수 있습니다.

하나는 '1910년대 이행설'이라고 할 수 있는 것으로서, 이 시기에 수행된 토지조사사업(1910-1918)이 자본주의 사회로 이행하는 주요 계기가 되었다고 파악하는 견해입니다.

다른 하나는 '1930년대 이행설'이라고 할 수 있는 것으로서, 일제 지배 하에서 자본주의적 공업생산의 증대로 1930년대를 경과하면서 자본주의적 경제제도가 지배적인 것으로 되었다고 파악하는 견해입니다.

하지만, 저는 한국에서 자본주의적 사회구성이 확립된 것은 1940년대 말

은 "농지를 대여하여 지대를 수취함으로써 부를 축적함을 기본특징"으로 하는 "지주형 부농 즉 지주층"(p. 135)과 대비되는 개념으로서, 김 교수는 "농지소유자로서의 경영형 부농"과 "차경지보유자로서의 경영형 부농"(p. 137)이라는 두 유형을 지적합니다. 그리고 이 두 유형은 "요컨대 그들이 상업적인 농업을 한다는 점에서는 공통되고 있었으며, 그러한 상업적인 농업경영이 가족노동뿐만 아니라 [농민층의 분해와 신분제의 해체에 의해서 발생한: 인용자] 임노동에 의해서 행해진다는 점에서도 공통되고 있었다"(p. 137)고 지적합니다. 김 교수가 말하는 "농지소유자로서의 경영형 부농"은, 맑스가 말하는, "토지소유자가 자신의 계산으로 경작하며, 모든 생산도구를 소유하고, 현물급여나 화폐로 지불받는 — 자유롭든, 부자유롭든 — 일꾼들(Knechte)의 노동을 착취하는" 경영형태인 "지주경영(Gutswirtschaft)"(《자본론》, 제3권, MEW, Bd. 25, S. 812.)과 동일한 범주이고, "차경지보유자로서의 경영형 부농"은 '자본가적 차지농'과 같은 범주입니다. 김 교수가 분석해낸 '경영형 부농'이 실제로 존재했던 것인지, 그리고 존재했다면 과연 사회적으로 의미 있는 비중으로 존재했던 것인지에 대한 논쟁이 있지만, 저로서는 거기에 대해서 이렇다 저렇다 말할 수 있는 입장이 아닙니다. 하지만, 김용섭 교수의 '경영형 부농'이라는 범주는 조선에서 자본주의적 생산의 발생을 연구하는 데에 귀중한 문제의식이라고 생각합니다.

에서 1950년대에 걸친 '농지개혁', 즉 (봉건적) 지주-소작관계의 해체를 통해서였다고 생각합니다.

2. 한국에서 자본주의적 사회구성의 성립 시기를 둘러싼 제 쟁점

자본제적 생산방식·경제제도의 발생 혹은 등장을 둘러싼 쟁점이 주로 그 실재 여부에 관한 실증의 문제라면, 자본주의적 사회구성의 성립 시기를 둘러싼 논쟁은, 주어져 있는 사실을 어떻게 해석할 것인가 하는 것으로서, 주로 이론적인 것입니다.

가장 커다란 쟁점은, 농지개혁을 통해서 해체될 때까지 우리 사회 노동력의 압도적인 부분을 포섭하고 있었던 지주-소작관계, 혹은 기생지주제(寄生地主制)의 성격 문제입니다. 거기에 포섭되어 있던 노동력의 수량상의 압도적 우세 때문에 그 생산관계가 과연 자본제인 것인가, 아니면 봉건적인 것인가 하는 것이 절대적인 중요성을 갖지 않을 수 없는 것입니다.

또 다른 쟁점은, '지배적 생산관계', 혹은 '지배적 경제제도'에 관한 이해입니다. 원시공산사회가 분해되면서부터는 어느 시기, 어느 시대에나 다양한 색조의 여러 생산관계·경제제도가 병존해 왔는데, 이렇게 여러 생산관계가 병존하는 조건 속에서 각 시기의 '지배적 생산관계'에 따라서 그 시대의 성격이 규정되어 왔기 때문입니다.

1) 지주-소작제의 성격 논쟁 : 이른바 '반봉건' 문제

'자본파' 대 '봉건파': 혁명의 성격과 주체·전략 논쟁

1980년대는 한국에서 사회과학의 르네쌍스 시대라고도 할 수 있는데, 사회과학의 그러한 부활은 바로 '사회구성체 논쟁', 혹은 '사회성격 논쟁'이라고 불린 일련의 논쟁을 통해서였습니다. 당시 한국 사회의 성격에 대한, 그리고 그 성격을 이해하기 위해 필요한 제반 이론에 대한 논쟁이 활발하게 벌어졌는데, 그 속에서 중요한 비중을 차지하고 있던 것 중의 하나가 '반봉건 논쟁', 즉 '지주-소작제'의 성격에 관한 논쟁이었습니다.

지주-소작제라는 문제는 요즘에는 사회적 논쟁의 표면에 떠오르고 있지 않은데, 이는 그간의 사정의 변화를 반영하고 있습니다. 즉, 이러한 논쟁의 부재는 우선, 앞서 말한 것처럼, 쏘련 해체 이후 사회과학 논쟁 일반이 사실상 소멸된 탓이 큽니다. 그리고 나아가서는 이제는 한국 사회의 농촌 인구 자체가 전체 인구에 비해서 아주 소수로 되었을 뿐 아니라, 그 재촌(在村) 노동력조차 대부분 노령화되고 새로운 노동력이 내부에서 재생산될 전망이 별로 보이지 않는데다가, 생산양식 면에서도 전통적인 지주-소작관계가 대부분 해체되고 새로운 양식의 상업적 농업이 발전하고 있다는 조건을 자연스럽게(?) 반영하고 있는 것입니다. 1980년대에 지주-소작제라는 문제가 주목을 받았던 것은, 무엇보다도 당시에는 이른바 '재생소작제'가 상당히 광범하게 퍼져 있어서 현실적인 사회적 문제로 되어 있었기 때문입니다.

그런데, 이 지주-소작제의 성격이 과연 무엇인가 하는 논쟁은, 1980년대에 한국에서 갑작스레 시작된 것이 아니라, 사실은 1920년대 말엽 이래 조선과 중국, 일본에서 좌익의 꾸준한 논쟁거리였습니다.

사회혁명을 위해 투쟁하는 사람들에게 있어서 그 사회의 성격, 즉 절대다수 직접생산자의 계급적 성격은 무척 중요합니다. 그 성격의 여하에 따라, 혁명의 주력군의 성격과 배치가 결정될 뿐 아니라, 당면한 혁명의 성격, 즉 그것이 부르주아 혁명인가, 사회주의 혁명인가 하는 것이 결정되기 때문입니다.

그런데 당시, 그러니까 지주-소작관계의 성격에 관한 논쟁이 발발하던 1920년대 말이나 그 이후, 즉 제2차 세계대전 후 민중적 역량의 혁명적 증대로 농지개혁을 통해서 그것이 해체될 때까지, 조선과 중국에서는 총인구 중 농민 특히 소작농의 비율이 압도적인 비율을 차지하고 있었습니다. 예컨대, 당시 조선에서는 전 인구의 80% 정도가 농민이었고, 그중 80% 정도가 순소작농(純小作農)으로서든 혹은 자소작농(自小作農)으로서든,3) 소작농

---

3) 자작과 소작을 겸하는 농가로서, 그 자작농지와 소작농지의 상대적 비율에 따라서 자소작농 혹은 소자작농(小自作農)이라고 불렸습니다.

이었습니다.4) 중국에서도 상황이 역시 크게 다르지 않았습니다.

그리하여 이렇게 소작농이 직접생산자의 절대다수를 점하고 있던 조선이나 중국 사회 같은 곳에서는 당연히 그들 지주-소작관계의 성격 자체가 그 사회의 성격도 규정하면서, 또 거기에 포섭되어 있는 소작농이 혁명의 주력군이 될 수밖에 없는 조건이 아니었겠습니까? 만일 그들 소작농이 자본주의적 노동자라면, 그 사회는 자본주의 사회로서 노동자로서의 소작농은 당연히 그 혁명의 주력군이 될 터이고, 당면한 혁명의 성격은 사회주의 혁명이 되는 것입니다. 그에 비해서, 만일 그들이 반(半)봉건적 농민이라면, 그 사회는 아직 (반)봉건사회여서 당면한 혁명의 성격은 부르주아 민주주의 혁명이 될 터이고, 소작농민은 혁명의 주력군을 형성하되 선진적인 노동자계급에 의해 선도되는 위치에 있게 되는 것입니다.

일본의 경우에는 한눈에도 자본제적인 생산이 지배적이었기 때문에 지주-소작관계는 부차적인 의의를 가졌지만, 그 성격 파악은 역시 중요했습니다. 자본주의가 고도로 발달하여 농업인구의 비율 자체는 당시 조선이나 중국보다는 많이 낮았지만, 농업 내부에서는 소작농의 비율이 압도적으로 높았을 뿐만 아니라5) 당시 일본의 지배체제 · 지배계급 자체가 지주-소작관계에 주요한 물적 · 정치적 기반을 두고 있었기6) 때문입니다. 이러한 조건 속에서

---

4) "조선농민의 계층적인 구성을 보면, 1913-1917년(평균)간에 자작 55만5천 호(21퍼센트), 자·소작 99만1천 호(38.8퍼센트), 소작농 1백만8천 호(39.4퍼센트)로, 이는 1918-1922년(평균)간의 각각 52만9천 호(20.4퍼센트), 1백1만5천 호(39.0퍼센트), 1백9만8천 호(40.6퍼센트)로 기울었으니 이러한 현상은 총독부 말기로 다가서면서 자작 53만9천 호(19.0퍼센트), 자.·소작 71만9천 호(25.3퍼센트)로, 자작의 점진적인 감소에 비해 자.·소작의 격감을 보이고 있으며, 소작이 1백58만3천 호(55.0퍼센트)로 격증하고 있다."(홍이섭, "일제 식민지시대의 역사적 성격", 윤병석·신용하·안병직 편, ≪한국근대사론 I≫, 지식산업사, 1978, p. 10.)

5) 전후 농지개혁 직전인 1945년 11월 현재 총경작지 5,155,700정보 가운데 소작지는 2,368,200정보로 45.9%였고, 1941년 현재 자소작과 소자작을 포함한 소작농의 비율은 68.5%(1946년 4월 현재로는 66.4%)였습니다.(자료: 井野隆一, ≪農業問題硏究≫, 靑木書店, 1970, p. 213 및 p. 216.)

6) 예컨대, 패전 후인 1945년 12월 현재 일본 의회의 구성과 관련해서도, "(아래로부터는 농민들, 그리고 위로부터는 점령군 총사령부의 압력에 쫓겨 일본 정부가 독자적으로 작성·제출한 제1차 농지개혁안에 대하여) 제국의회의 일대 세력을 이루는 지주는 강력히 반대했지만..."(井村喜代子, ≪現代日本經濟論≫[新版], 有斐閣, 2000, pp. 37-38)

그들 소작농의 성격을 둘러싸고 치열한 논쟁이 벌어졌던 것인데, 만일 그 소작농민이 자본주의적 노동자일 경우 그들은 당연히 당면한 사회주의 혁명의 주력군의 일부를 이룰 것이고, 반봉건적 농민이라면 노동자계급과 더불어 인민전선을 형성하는 혁명의 보조역량으로 배치될 터이기 때문이었습니다.

우리 사회에서 농지개혁 후에 '재생소작제'라는 형태로 다시 등장한 지주소작제가, 지난 1980년대에 "현실적인 사회적 문제로 되어" 논쟁의 대상으로 되었을 때, 그 논쟁 역시 바로 위와 같은 문제의식을, 즉 혁명과정에서 소작농을 어떻게 배치해야 하느냐 하는 문제의식을 안고 있었다고 할 수 있습니다.

지주-소작관계의 성격 자체에 대해서 말하자면, 논쟁은 그것을 자본제적 생산관계로 보는 견해와 봉건적 생산관계로 보는 견해가 대립해 왔습니다. 일본에서는 전자의 견해를 '노농파', 후자의 견해를 '강좌파'라고 부르고, 한국에서는 각각 '자본파'와 '봉건파'라고 부릅니다.[7]

이외에 그것을 이른바 '소농형 차지농'으로 규정하는 견해가 주로 1970년대 이래 한국과 일본의 학계에 나타났습니다. 이는 대토지소유가 해체된 조건 위에서 나타난 재생소작제의 특징을 반영하는 것이지만, 그러한 특성이 지대의 형태로 자신의 잉여노동을 착취당하는 '소작농'의 계급적·생산관계적 성격을 바꿀 수 있는 것은 아닐 것입니다. 따라서 이에 대해서는 따로 언급하지 않겠습니다.

노농파나 자본파의 주장은, 소작농은 그 실태가 사실상 임금노동자와 다를 바 없기 때문에 '사실상의 임금노동자'이고, 따라서 지주-소작관계는 자본제적 관계라는 것입니다. 이에 속하는 국내의 가장 대표적인 논자는 아마

운운할 정도로 지배계급 내의 지주층의 비중이 컸습니다.

7) 여담입니다만, 1980년대의 한국사회는 혁명적인 기운이 감돌던 때였고, 많은 청년 인텔리들이 '노동현장'에 '투신'하던 때였습니다. 이러한 분위기 속에서 일부 인텔리들은 혹시 그 호칭을 보고 일본의 '강좌파'가 파리한 지식인들의 모임이고 '노농파'는 혁명적 노동자·농민의 모임이라고 생각하여 '노농파'에, 따라서 한국의 '자본파'에 보다 매력을 느꼈을지도 모르겠습니다. 그래서인지 모르지만, 아무튼 80년대에 이른바 'PD파' 지식인들은 대체로 '자본파'적 견해를 취합니다. 그러나 '강좌파' 대 '노농파'의 대립을 '인텔리' 대 '노동자·농민 지식인'의 대립이라고 추측했다면, 이는 착각입니다. '강좌파'가 《일본자본주의 발달사 강좌》 시리즈를 간행한 공산당 소속, 혹은 그 계열의 지식인 그룹이었다면, '노농파'는 공산당으로부터 이탈하여 《노농》이라는 잡지를 내고 있던 지식인 그룹이었기 때문입니다.

김준보 교수일 것입니다. 김 교수는 1967년에 출간한 ≪농업경제학서설: 한국자본주의와 농업문제≫라는, 당시 한국에서 출간된 사회과학서로서는 정말 보기 드물게 진지한 책 속에서 노농파 및 자본파의 논의를 "(전통적) 공식주의"라며 비판하면서도,8) 막상 자신의 견해를 전개하면서는 소작농을 기타 형태의 영세농과 같은 범주로 취급, "역사적 빈곤의 주인공이며, 침체된 기술적 생산력을 대변하는 과도적 농업노동자"9)라거나 "미래의 프롤레타리아라기보다 오히려 현실적 프롤레타리아의 잠재적 형태"10)라고 주장합니다. 그는 말합니다.

> 영세농은 완전 몰락하지 않을진대 스스로 농업노동자의 실질이 될 수밖에 없었다. ... 11)

> 실로 금융자본주의하 소작료의 고율에 대한 원인을 묻는다 할 때 그는 마치 오늘날 어찌하여 노임이 저렴한가를 묻는 것과 다름없는 요령이다.12)

> 영세농 특히 영세적 소작농이 본질적으로 자본가적 기업농이 될 수 없고, 또한 봉건적 예농이 될 수 없다면 그는 곧 현존형태를 소극적으로 유지하면서 농업노동자화의 길을 닦을 수밖에 없다. ... 그러므로 서구사회의 영세적 소작농을 들어서 일찍이 농업노동자로서 규정한 학자도 없지 않거니와 적어도 우리의 영세적 소작농에 있어서 그러한 사회적 위치는 더욱 뚜렷하다.13)

김 교수는 물론 "영세적 소작농의 노동자화 과정"에 "기생지주의 자본가화 과정"을 대응시키고 있습니다.14) 그러나 지주가 자본가화하거나 소작농

---

8) 김준보, ≪농업경제학서설 : 한국자본주의와 농업문제≫, 고려대학교출판부, 1967, pp. 292 이하 참조.
9) 같은 책, p. 292. 그러나, 뒤에서 논의하겠지만, 소작농뿐 아니라 기타 형태의 영세농, 즉 영세한 자작농 역시 프롤레타리아로서의 농업노동자가 아닙니다.
10) 같은 책, p. 311.
11) 같은 책, p. 311.
12) 같은 책, p. 308.
13) 같은 책, p. 312.

이 프롤레타리아화하는 문제와 그들이 자본가이거나 프롤레타리아인 것은 전적으로 별개의 문제입니다. 예컨대, 김 교수 스스로도 "개별적 지주가 구체적인 경우에 있어서 완전 기업농화하거나 또는 완전 몰락하여 소작농화하거나 그것은 여기에 문제가 아니다"15)라고 쓰고 있거니와, 즉 그가 차후에 무엇이 되든 현재의 존재형태는 지주 그 자체인 것처럼, 소작농 역시 차후 그들이 설령 노동자화된다고 하더라도 당장의 존재형태는 소작농 그것이고, 그 생산관계상의 성격은 그 자체로서 파악되지 않으면 안 되는 것입니다.

실제로, 소작농을 "프롤레타리아의 잠재적 존재형태"라고 규정하거나 '사실상 임금노동자와 다를 바 없다'고 했을 때, "잠재형태", 혹은 '사실상'이라는 말이 의미하는 것은 무엇입니까? 그것은 실제로는 임금노동자가 아니라는 것입니다. "잠재형태"라거나 '사실상'이라는 말은, 그렇게 발전할 가능성이 크다거나, 많은 공통점 때문에 그렇게 보이지만, 엄밀하게는 그렇지 않다는 의미를 담고 있는 것입니다. 예를 들어, 임금노동의 가혹함 때문에 많은 사람들이 자본제를 가리켜 "사실상 노예제와 같다"고도 하고, "임금노예제"라고도 하지만, 그것이 '자본제=노예제'라는 뜻은 아닌 것과 같습니다.

강좌파나 봉건파는 지주-소작관계를 '반(半)봉건적'인 것으로 규정합니다. 이때 반봉건제란, 생산관계의 본질은 봉건적인 것이지만, 그것이 자본주의적 시장에 포위되어 있음으로 해서 지대의 고율화, 즉 고율소작료 등 고유한 변용이 발생하는 경우입니다.

지주-소작관계의 성격과 관련하여, 저는 강좌파, 따라서 봉건파의 견해를 지지하는데, 이에 대해서는 조금 후에 보다 자세하게 말씀드리겠습니다.

'반자본제'(?)

한편, 지주-소작관계를 자본제로 보는 사람들 가운데 1980년대에는 그것을 '반(半)자본제'라고 주장하는 사람들도 나타났습니다. 저 유명한 ≪사회구성체론과 사회과학방법론≫(아침, 1987; 그린비, 2008)의 이진경(박태호)이나 ≪한국자본주의와 농업문제≫(아침, 1987)의 필자들이 대표적일

---

14) 같은 책, pp. 308 이하.
15) 같은 책, p. 310.

것입니다. 필자마다 그 주장에 물론 약간씩의 차이가 있지만, 그러한 차이를 무시하고 대략적으로 말하자면, 우선 그 발상부터가 대단히 '천재적'입니다.

예컨대, 레닌의 ≪러시아에서 자본주의의 발전에 관한 연구≫나, 맑스의 ≪자본론≫, 제1권에서 '본원적 축적'에 관한 논의를 보면, 거기에 반(半)프롤레타리아트라는 개념이 있습니다. 필시 이 개념이 그들의 천재적 머리 속에서 "소작인들은 반프롤레타리아트이고, 그 생산관계는 반자본제"라는 식으로 변형된 것일 터입니다. "반봉건제라는 생산관계도 있는데, 반자본제라는 생산관계라고 해서 없을 이유 없지 않느냐" 하는 생각도 깔려 있을 것입니다.

그러나 반프롤레타리아트란 어떤 사람들인가?

반프롤레타리아트란, 자기 땅에서 자작을 하든, 토지가 없거나 부족해 소작을 하든, 자기가 경작하는 땅이 너무 좁아 거기서의 노동만으로는 생계를 충당할 수 없기 때문에, 일주일에 며칠은 공장이나 가까운 대농장에서 품팔이를 하는 사람들, 혹은 1년 중 농번기에는 자신이 경작하는 땅에서 농사를 짓고, 농한기에는 대도시의 공장으로 가 임금노동을 하는 계절노동자들을 가리키는 용어입니다.

그렇기 때문에 이러한 반프롤레타리아트가 형성하는 생산관계는, 자신이 경작하는 땅과 관련해서는 소작농이나 소생산으로서의 자작농이고, 농장이나 공장에 나갈 때는 자본-임노동관계가 되는 것입니다. 따라서 반프롤레타리아트가 형성하는 생산관계는, 한편에서는 소생산이나 지주-소작관계, 그리고 다른 한편에서는 자본-임노동관계라는 양자로 분열되는 것이지, 결코 반자본제가 아닙니다. 따라서 반프롤레타리아트라는 개념에서 반사적으로 반자본제라는 개념을 끌어내는 것은 천재적인 발상이긴 하지만, 사변적(思辨的)일뿐 결코 과학적 사고일 수는 없습니다.

물론 우리의 '진정한 경제학자'(이진경)가 이러한 발상만을 자산으로 자신의 주장을 전개할 리는 없습니다.

그는, 지주-소작제는 '반자본제'이며 '본질적으로는 자본제'라는 자신의 주장을 뒷받침하기 위해서 역시 ≪자본론≫을 인용합니다. 그에 의하면, 맑스는 ≪자본론≫, 제3권 제37장에서 아일랜드의 소작농에 대해서 언급하면서 그 지주-소작관계를 자본제적인 것으로 규정하고 있다는 것입니다.[16]

과연 그럴까? 이진경이 '인용'하고 있는 부분을 온전히 인용하자면, 맑스는 이렇게 쓰고 있습니다.

> 우리는 여기에서, 자본주의적 생산양식 자체가 존재하지 않는데, 즉 차지인(Pächter) 자신이 산업자본가이거나 그 경영 방식이 자본주의적 양식이 아닌데, 지대 즉 자본주의적 생산양식에 대응하는 토지소유 양식이 형식적으로(formell) 존재하는 관계들에 대해서 말하려는 게 아니다. 이것은 예컨대 아일랜드에서의 경우이다. 여기에서는 차지인은 대개 소농민(kleiner Bauer)이다. 그가 토지소유자에게 차지료로 지불하는 것은 자주 그의 이윤의 일부분, 즉 그가 그 자신의 노동도구의 소유자로서 취득할 권리를 가지고 있는 그 자신의 잉여노동의 일부분을 흡수할 뿐만 아니라 다른 관계들 아래에서는 그가 똑같은 노동량에 대해서 수취할 정상적인 노임의 일부분도 흡수한다.17)

어떻습니까? 이진경의 허위 주장과는 반대로, 맑스는 당시 아일랜드의 농업에는 자본주의적 생산관계 자체가 존재하지 않았고 다만 자본주의적 생산양식에 대응하는 토지소유 양식이 단지 형식적으로(formell)만 존재하고 있다고18) 명확히 말하고 있지 않습니까? 그리고 이 경우의 차지농업인, 즉 소

---

16) 이진경, ≪사회구성체론과 사회과학방법론≫, 아침, 1987, p. 233(그린비, 2008, p. 282).

17) ≪자본론≫, 제3권, MEW, Bd. 25, S. 638-639.

18) 일제하에서 1910-18년의 '조선토지조사사업'을 통해서 확립된 토지소유제도・봉건제도는 바로 그 전형적인 "자본주의적 생산양식 자체가 존재하지 않는데, 즉 차지인(Pächter) 자신이 산업자본가이거나 그 경영 방식이 자본주의적 양식이 아닌데, 지대 즉 자본주의적 생산양식에 대응하는 토지소유 양식이 형식적으로(formell) 존재하는 관계들"이었습니다. 대표적인 원로 조선경제사학자의 한 분인 신용하 교수는, 조금 뒤에서 지적하여 논하는 것처럼 '반봉건적 지주제도'의 개념 등에 대한 이론적 오류를 범하고는 있지만, 이렇게 얘기하고 있습니다. ―"... 이미 조선왕조 후기에는 신분제도의 붕괴와 화폐・상품경제의 성장의 진전과 더불어 봉건적 토지소유제도가 해체되는 도중에 있었다. ... 그리하여 조선왕조 말기에 이르러 신분제도는 실질적으로 붕괴되고 토지제도에 있어서도 '반봉건적 지주제도'가 전개되기에 이르렀다. / 일제는 1910-1918년에 걸쳐 소위 '토지조사사업'을 실시하여 조선왕조의 반봉건적 지주제도를 조금도 개혁하지 않고 그대로 일제치하로 이행시키었다. 오히려 일제의 토지조사사업은, 이미 조선왕조 시대에 확립된 토지사유권을 재법인(再法認)하여 등기제도를 도입하는 과정에서 소작지에 부착되어 형성된 소작농의 각종의 권리를 모두 소멸시키고, 지주의 소유권만을 신성불가침한 배타적 사유권으로 재법인해줌으로써 반봉건적 지주제도를 엄호하였다."(신용하, "일본 식민지 통치기의 시대구분문제", 윤병석・신용하・안병직

작농을 그는 자본가나 노동자로 규정하는 대신에 스스로의 노동도구를 가지고 노동하는 '소농민'으로 규정하고 있습니다.

그런데도 "≪자본론≫으로 돌아가야 한다"고 촉구하는 이진경은, 위 인용문의 뒷부분, 그러니까 "이것은 예컨대 아일랜드의 경우이다..." 이하만을 인용하면서, '이윤'이니 '노임'이니 하는 단어에 현혹되어, 아일랜드의 차지인으로서의 소농민은 (반)자본제적 존재이며, 따라서 지주-소작관계는 (반)자본제적 관계라고 주장합니다. 그렇게 사기치고 있습니다!

그러나 여기에서 '이윤'이라고 불리는 부분은 다시 "그가 그 자신의 노동도구의 소유자로서 취득할 권리를 가지고 있는 그 자신의 잉여노동"으로 설명되고 있고, 더구나 '노임'은 "다른 관계들 아래에서는 그가 똑같은 노동량에 대해서 수취할 정상적인 노임"으로 표현되고 있습니다. 동일한 소농민의 '자신의 잉여노동'과 '그 자신의 노임'을 말하고 있는 것으로서, 여기에서 '이윤'이나 '노임'이라는 용어는 소작농에 대한 '끝없는 강탈'(fortwährende Beraubung)을 설명하기 위해서 단지 자본제적 관계에서 차용하고 있을 뿐입니다.

따라서 이진경이, 앞뒤의 맥락도 모른 채 인용문을 어디에선가 주워오는 대신에 자신의 책에서 그토록 강조했던 것처럼 ≪자본론≫으로 돌아갔더라

편, 앞의 책, p. 25.)

한편, 참고로 말하자면, 앞에서 지적한 '자본파'의 대표적 인물로서의 김준보 교수는 토지조사사업의 결과 확립된 토지소유의 성격을 "근대적 토지소유제"로 단정하면서 맑스의 견해와는 정반대로 이렇게 말하고 있습니다. ―"... 흔히 토지조사사업이 토지소유제의 근대화를 가져온 반면, 봉건적 소농생산양식을 존속시킴으로써 모순된 체제(반봉건적 생산관계)를 고착시켰다고 주장함은 피상적인 형식론에 불과하다. 이론적으로 근대적 소유권과 근대적 생산양식은 서로 대응적일 뿐 아니라, 내실적으로 그러하였음은 사태를 면밀히 고찰할 때 스스로 실증되는 결론이다. 특별히 토지조사사업의 결과, 일본인계 대농장에서의 생산관계는 바로 지대의 이윤화로 특징화하였거니와, 제국주의의 발전적 지배하에 있어서 토착소작관계 역시 지대 이외에 이윤적 타산성을 객관적으로 부각시킨 것이 분명하다."(김준보, ≪한국자본주의사연구(II) ― 봉건지대의 근대화 기구분석 ― ≫, 일조각, 1974, pp. 104-105.) 여기에서 김 교수가 "내실적으로" 운운하며 내세우는 "지대의 이윤화"나 "지대 이외의 이윤적 타산성"이란 지주의 "주체적 타산"이나 "지대 이외에 이윤을 추구하는 활동"(같은 책, p. 93), 혹은 "소작료의 이윤적 평가와 지대와 이윤의 타산적 분리성"(p. 94)으로서 사실은 지주의 주관적 타산에 불과합니다. 그리고 김 교수의 주장의 기초를 이루고 있는 것은 "이론적으로 근대적 소유권과 근대적 생산양식은 서로 대응적"이라는 법률결정론적 환상인데, 이야말로 참으로 "피상적인 형식론에 불과하다"!

면, 맑스가 아일랜드의 지주-소작제를 자본제적인 생산관계로 규정했다는 식의 주장은 불가능했을 것입니다.

지주-소작관계에서는 직접생산자인 소작농민에게 생산수단으로서의 토지가 대여됩니다. 그리고 맑스가 아일랜드의 소농민을 예로 들면서 설명하고 있는 것은, 그것이 "차지인 자신이 산업자본가이거나 그 경영 방식이 자본주의적 양식이 아닌" '비자본주의적' 생산관계, '비자본주의적' 생산방법이라는 것입니다. 이를 보다 일반화하자면, 생산수단이 자본가가 아니라 직접생산자에게 대여되는 관계는 '비자본주의적 관계'라는 것입니다.

물론, "맑스가 이러저러하게 얘기했다"고 해서 바로 '그렇다'고 믿을 여러분이 아닐 것이고, 또 그렇게 해서도 안 됩니다. 당연히 '왜?'라는 문제를 추구해야 할 것입니다.

아무튼 이밖에도 이들 반자본제론자들은 지주-소작관계가 본질적으로 자본제적 관계임을 '증명'하기 위해서 지대 문제 및 '경제외적 강제'의 문제 등을 거론하는데, 이에 대해서는 차츰 이야기하도록 합시다.

2) 자본제적 지대와 봉건제적 지대, 그리고 건물 임대료

사실 지주-소작관계가 자본제냐 봉건제냐를 가름하기 위해서는, 지주-소작관계에서 착출되는 잉여노동인 소작료, 즉 지대의 성격을 고찰하지 않으면 안 됩니다.

소작료는, 토지 소유자의 입장에서 보면 토지소유의 실현으로서, 경제학적으로 지대입니다. 그런데 토지소유의 실현으로서의 지대는 봉건제 사회에도 자본주의 사회에도 존재합니다. 따라서 문제는 자본제적 지대와 봉건제적 지대는 어떻게 다른가 하는 것으로 귀착하게 됩니다.

지대와 건물의 임대료

1980년대 사회구성체 논쟁의 와중에서 이 문제를 가장 요란하게 제기했고, 또 그 때문에 가장 화려한 각광을 받은 것이 이진경의 ≪사회구성체론과 사회과학방법론≫이니, 거기에서부터 얘기해 봅시다.

거기에서 이진경은, 지주-소작관계를 반봉건적이라고 규정하는 사람들이 봉건적 지대와 자본제적 지대의 차이를 대비시키는 것은 그 차이를 '지대율'의 차이에서 찾고 있는 것이라고 자의적으로 규정합니다. 그리고는, 만일 지대 형태에서 봉건제와 자본제의 차이를 찾는다면, 그것은 "지대가 생산관계의 본질을 규정한다는 것이다! 1986년 서울의 건물주들도 명백히 봉건지주다!"19)라는 반어(反語)로, 그것이 오류임을 강조합니다.

그러나 너무나 자신만만한 나머지 한없이 오만하기까지 한 그의 이러한 외침은 그가 지대는 물론 건물 임대료의 경제적 본질·성격조차 전혀 이해하지 못하고 있다는 것을 스스로 폭로하고 있을 뿐입니다. "1986년 서울의 건물주는 봉건지주다!"라는 반어에는 '건물의 임대료=지대'라는 강한 주장이 포함되어 있으나, 그 양자는 결코 같은 것이 아니니까 말입니다.

건물은 당연히 토지 위에 지어지니까 건물의 임대료에는 그 건물이 서 있는 토지에 대한 지대도 포함되어 있습니다. 하지만, 그렇더라도 '건물'의 임대료라고 하면, 그것은 개념적으로 건물 자체의 임대료를 표상합니다. 그리고 그때, 말하자면, 순수한 의미의 건물 임대료는, 결코 지대가 아니라, 그 건물의 건축에 투자된 고정자본에 대한 이자와 그 건물의 감가상각비입니다.

더구나 그가 "1986년 서울의 건물주는…" 운운할 때, 이는 명백히 그 건물이 서 있는 토지의 소유자가 아니라 (임차한 토지 위에 건물만을 소유하고 있을 수도 있는) 건물 자체의 소유주를 가리키는 것이고, 따라서 그 '건물주'는 '건물주'라는 자격으로서는, 그것이 봉건적 지주든 근대 자본제적 지주든, 결코 지주가 아닌 것입니다.

이렇게, 개념적으로뿐만 아니라 현실적으로도 건물 임대료와 지대는 명백히 다른 것입니다.

사실, '건물의 임대료=지대'라는 주장은, "진정한 경제학자"가 아니더라도, 경제학의 기본적 소양, 기본적 지식만 가진 사람이라면 입에 담을 수 없는 말입니다. '건물 임대료=지대'라는 주장은 이른바 '부동산 임대료' 일반을 지대로 보는 가장 천박한 사고를 표현하고 있는 것이니까 말입니다.

봉건제적 지대와 자본제적 지대의 차이

---

19) 이진경, 앞의 책, p. 209.

그러면, 봉건제적 지대, 통칭 봉건지대와 자본제적 지대는 어떻게 다른가?

봉건지대와 자본제적 지대는 잉여노동의 본원적인 형태, 즉 착취된 잉여노동의 제1차적 형태가 무엇인가에 따라 달라집니다.

봉건적 관계에서는 봉건영주 혹은 지주가 농노 혹은 예속농민, 소작농으로부터 잉여노동을 지대로서 착출합니다. 즉, 여기에서는 지대가 잉여노동의 본원적 형태, 제1차적 형태인 것입니다. 그리고 봉건사회에 존재하는 상업이윤이나 고리대이자 등등은 이 지대의 파생형태, 혹은 그 분지형태(分肢形態)입니다. 다시 말하자면, 봉건적 생산관계에서는 잉여노동이 본원적으로, 제1차적으로 지대의 형태를 취해서 나타납니다.

이에 비해서, 자본제적 관계에서는 잉여노동의 제1차적 형태는 이윤으로서 나타나고, 지대는 이윤의 파생형태, 혹은 그 분지형태로서 나타납니다. 실제로 차지농업자본가에 의해서 농업이 자본제적으로 경영되는 경우, 그 자본가는 농업노동자의 잉여노동을 먼저 이윤으로서 착취하고, 그 가운데 평균이윤율을 넘는 부분이 지대로서 지주에게 지불됩니다. 다시 말하자면, 자본주의적 지대는 잉여노동의 제1차적, 본원적 형태가 아니며, 잉여노동의 제1차적, 본원적 형태인 이윤의 파생형태 혹은 그 분지형태인 것입니다.

이것이 바로 봉건제적 지대와 자본제적 지대의 핵심적이고 본질적인 차이입니다.

소작료는 봉건제적 지대, 지주-소작관계는 봉건제적 생산관계

그런데 지주-소작관계에서 소작료, 즉 지대는 잉여가치의 제1차적, 본원적 형태입니까? 아니면 자본가에 의해서 이윤으로 착취된 후에 그 일부가 파생된 형태입니까?

소작료는 분명히 자본가의 매개 없이 지주에 의해서 소작농민으로부터 직접적, 무매개적으로 착출됩니다. 따라서 그것은 분명 '잉여노동의 제1차적, 본원적 형태'입니다.

그리고 이는 곧 지주-소작관계의 성격이 봉건제임을 말하는 것입니다.

지주-소작관계에서 지대가 갖는 이러한 성격, 형태는 자본제적 차지농이 지불하는 지대와 본질적으로 구별됩니다. 왜냐하면, 자본제적 차지농에서는 직접생산자인 농업노동자들의 잉여노동은 먼저 차지농업자본가의 이윤으로서 착출되고, 이 이윤 가운데 평균이윤률을 넘는 부분이 지대로 전화되기 때문입니다. 즉, 자본제적 차지농에서는 잉여노동의 제1차적, 본원적 형태는 차지농업자본가의 이윤이고, 지대는 그 이윤의 파생형태입니다.

3) 고율 소작료의 문제

그런데 어떤 사람들은 봉건제적 지대와 자본제적 지대의 차이를 지대율의 차이에서 찾으려고 합니다. 봉건지대는 고율(高率)이고 자본제적 지대는 저율(低率)이라는 식의 논의가 그것입니다. 그러면서 지주-소작관계의 본질·성격이 봉건제라는 논거를 '고율 소작료'에서 찾으려 하는 것입니다.

그러나 이는 봉건제적 지대에 대한 오해, 그리고 소작료가 고율화되는 원인에 대한 이해의 부족에서 연유하는 잘못된 주장입니다.

'봉건지대=고율'론과 봉건지대의 경향적 저하법칙

근대사에서 우리가 경험한 '봉건제적' 지대로서의 소작료가 극히 고율이었던 것은 사실입니다. 하지만, 그렇다고 해서 "봉건지대는 고율이고, 자본제적 지대는 저율"이라고 한다면, 그것은 논리적으로도 역사적으로도 오류입니다.

농민에게 봉건적으로, 그러니까 소작지로 임대되던 토지가 농업자본가에게 임대되는 전환시점을 생각해 봅시다.

자본제적 농업경영은 소농적 농업경영에 비해 노동생산력을 비약적으로 증대시킵니다. 그러나 노동생산력의 이러한 비약은 자본제적 생산이 이루어지고 나서의 일이고, 소작농민에게 임대되던 토지가 차지농업자본가에게 임대되는 전환시점에서는 그 토지에서의 생산력, 또는 그에 따른 소출은, 소작인이 경작을 하든 농업자본가 경작을 하든, 당시의 농업기술 수준에 규정되어 동일하다고 전제되어야 할 것입니다. 그런데 그때 두 사람이 서로 토지를 빌려줄 것을 청한다고 합시다. 소농민과 자본가가 말입니다. 그때 지주는 어떤 기준에서 임차인을 선택하겠습니까? 물론 지대를 보다 더 많이 지불하겠다는 사람에게 빌려줄 것입니다.

바로 이 점입니다. 다름 아니라, 역사는 봉건적 토지 임대에서 자본제적인 그것으로 이행해왔는데, 이는 자본제적으로 토지를 이용하는 자본가 쪽이 같은 시점에서 더 많은 지대를 지불하기 때문에 그 쪽으로 이행한 것 아니겠습니까?

방금 앞에서, 자본제적 농업경영은 소작농적 농업경영에 비해서 노동생산력을 비약적으로 증대시킬 것이라고 말했습니다. 그러나 이는 어디까지나 발전된 자본주의에서의 일이고, 공업에서 최초의 자본제적 생산이 여전히 수공업에 의존하는 매뉴팩춰, 즉 수공업적 공장제였고, 따라서, 비록 그 노동생산력이 높았지만, 최초에는 크게 높지 못했던 것처럼, 최초의 자본주의적 농업에서도 그 생산력이 소농민의 그것보다 크게 높지는 못했을 것이라고 말할 수 있습니다.

이런 것들을 두루 고려할 때, 봉건적 지대는 자본제적 지대에 비해서 고율이라고 주장하는 것, 혹은 근대 지주-소작관계는 그 소작료가 고율이었기 때문에 그것이 봉건제였다는 주장은 틀린 것입니다.

봉건적 지대의 률(率)에 대해서 말하자면, 그것은 오히려 경향적으로 저하되고, 그리하여 봉건제 후기에는, 물론 그것을 고율화시키는 비봉건제적 요소가 개입하지 않는다면, 소출에 비해서 아주 저율로 된다고 해야 할 것입니다. 봉건사회에서는 많은 것이 관습화되는 경향이 있고, 따라서 지대 크기도 관습화되는 경향이 있기 때문입니다.

지대 크기가 관습화된다는 것은, 예컨대 서기 1300년에 쌀 50가마이던 어떤 토지의 지대는 대개 1700년에도 50가마인 채라는 것입니다. 시간이 지나면서 노동생산력은 높아지는데 지대 크기는 여전히 50가마일 때, 그 지대율에는 어떤 변화가 생기겠습니까? 당연히 그 생산력이 증대되는 비율만큼 지대율은 낮아질 것입니다.

일본의 다카하시 고하치로(高橋幸八郎, 1912-?) 교수는 봉건적 지대에는 그렇게 그 "지대율의 저하경향, 또는 그 점차적 저하 ... 라고 하는 법칙성"이 있다면서, "어쨌든 노동생산성의 발전이 지대율의 일반적인 저하로 나타났고, 따라서 봉건사회에서의 생산력 발전은 항상 직접생산자·토지보유농민의 이익으로만 결과지어진다"고 말하고 있습니다.[20] 바로 그 때문에 농민경제

---

20) 高橋幸八郎, 편집부 역, ≪자본주의 발달사 — 시민혁명의 구조 —≫, 광민사, 1980, p. 54.

내부에 잉여생산물의 축적이 가능해지고, 거기에서 자본제적 생산이 발생한다는 것입니다. "봉건지대는 고율"이라는 일부의 억지를 반박하기에 충분한 연구라고 할 수 있을 것입니다.

반봉건제와 고율 소작료

그런데 그럼에도 불구하고 일제하에서도, 1970-1980년대의 재생소작제에서도, 소작료는 아주 가혹한 '고율 소작료'였습니다.

그 이유는 무엇일까?

여기서 바로 반(半)봉건제의 문제가 있습니다. 반봉건제란 자본주의적 시장에 의해서 포위된 봉건적 생산관계를 의미합니다. 이렇게 자본주의적 시장에 의해 포위된 봉건제, 즉 반봉건제 속에서는 착취가 고도로 강화되고, 따라서 그러한 반봉건제적 관계인 지주-소작관계에서는 고율 소작료가 일반적인 현상으로 됩니다.

왜 그런가?

상품은 두 가지 요소 즉, 교환가치(가치)와 사용가치의 통일입니다. 그런데 어떤 조건의 사회에서는 사회성원의 주요 관심이 사용가치에 모아지고, 어떤 사회에서는 교환가치에 모아지게 됩니다.

예컨대, 일반적으로 자연경제 사회라고도 불리는 봉건적 중세사회처럼 시장이 존재하긴 하지만 그다지 발달하지 않은 사회에서는 사람들의 주요한 관심, 따라서 착취자들의 주요한 관심은 사용가치에 있습니다. 그리고 그렇게 되면 착취자의 착취는 크건 작건 어떤 범위에 제한되게 되고, 잉여노동에 대한 무제한한 욕망은 생기지 않습니다. 말하자면, 본래의 봉건제 사회에서는 착취가 일정한 범위 내로 제한되는 것입니다. 사회적 조건에 의해 그 욕망이 좁게 제한되기 때문입니다.

이렇게 가정해봅시다.

봉건영주들이 욕심이 지나친 나머지 자신과 자신의 가족·가신들이 소비할 수 있는 최대한도를 훨씬 넘어서 농민으로부터, 그것이 쌀이든, 밀이든, 아무튼 엄청난 양의 곡물을 착취한다고 합시다. 그런데 만일 도시와 농촌의 분리로 도시가 발달하고, 그리하여 곡물의 시장이 발달되어 있지 않다면, 그들 영주는 그 곡물을 모두 창고에 쌓아 놓아야 합니다.

그런데 그것이 과연 가능하겠습니까? 더구나 오늘날처럼 냉동이나 건조 기술이 발달하지도 않은 조건에서 말입니다.

명백히 불가능합니다. 만일, 어떤 이유에서든, 영주들이 그러한 과도한 착취와 그를 통한 축적을 시도한다면, 그들의 집은 곧 폐가가 되어버릴 것입니다. 온통 곡물 썩는 냄새와 침출물이 온 집안을 휘감을 것이기 때문입니다.

사정이 이렇기 때문에, 봉건시대의 영주들은 자본가적 축적이 아니라 배불리 먹고 흥청망청 잔치를 벌이고 할 정도만 착취를 하게 됩니다. 기껏해야 보다 커다랗고, 보다 호화로운 성곽이 착취의 상한(上限)이 될 것입니다. 그리하여 착취의 양이 제한적으로 고정된 규모로 되고, 따라서 지대율은 낮아져 가는 경향을 갖는 것입니다.

그러나 자본주의 사회에서는, 그리고 예외적이긴 하지만 고대 노예제 후기에도, 시장이 발달합니다. 시장경제 사회라고 합니다. 그런데 이렇게 시장경제가 발달하게 되면, 모든 사람들의 주요 관심은 이제 교환가치에 가게 됩니다. 그런데 이 교환가치에는 질적 차이는 없고 량적 차이만 존재합니다. 이렇게 되면, 사람들은 한없이 커다란 양의 교환가치를 추구하게 됩니다. 많으면 많을수록 좋은 것입니다. 그리하여 시장이 발달한 사회에서는 인간의 욕망·욕심이 한없이 커지고, 따라서 착취도 한없이 강화됩니다. 이제 곡물을 창고에 쌓아 놓는 것이 아니라 시장에 내다 팔게 되는 것입니다.

그런데, 봉건적 생산관계도 자본주의적 시장에 포위되면, 당연히 착취자들의 주요 관심이 교환가치에 가게 되고, 따라서 착취가 강화됩니다. 즉, 소작료가 극히 고율로 되는 것입니다.

그리하여, 근대의 지주-소작관계에서 소작료가 아주 가혹한 고율이었던 것은, 그 지주-소작관계가 봉건제였기 때문이 아니라, 그것이 자본주의적 시장에 포위된 봉건제, 즉 반봉건제였기 때문입니다.

지주-소작관계를 직접 논하고 있는 것은 아니지만, 시장이 발달하는 데에 따른 착취 강화에 대한 보다 훌륭한 설명으로는 모름지기 《자본론》, 제1권, 제8장, 제2절 '잉여가치에 대한 갈망, 공장주와 보야르'를 참조해야 할 것입니다. 거기에는 이렇게 쓰여 있습니다.

사회의 일부가 생산수단들을 독점하고 있는 곳에서는 어디에서나 노동자는, 자유로운 노동자든 자유롭지 않은 노동자든, 자신의 자기유지를 위해서 필요한 노동시간에, 생산수단의 소유자를 위한 생활수단들을 생산하기 위한 여분의 노동시간을 추가하지 않으면 안 되는바, 이 소유자가 아테네의 귀족이든, 에트루리아의 신정자(神政者)든, 로마의 시민이든, 노르만의 남작이든, 미국의 노예소유주든, 왈라카이의 보야르든, 근대적 지주나 자본가든 마찬가지이다. 하지만, 어떤 경제적 사회구성체 내에서 생산물의 교환가치가 아니라 그 사용가치가 우위를 점하고 있는 경우에는 잉여노동은 보다 좁거나 보다 넓은 범위의 욕구들에 의해서 제한되어 있으며, 잉여노동에 대한 무제한적인 욕구가 결코 생산 그 자체의 성격으로부터 생기는 것은 아니라는 것은 명백하다. 따라서 고대에는 교환가치를 그 자립적인 화폐형태로 획득하는 것이 긴요한 경우, 즉 금과 은의 생산에서 과도노동이 경악스럽게 나타난다. 여기에서는 죽도록 노동을 강제하는 것이 과도노동의 공인된 형태이다. ... 하지만 이것은 고대 세계에서는 예외적인 것들이다. 그러나 그 생산이 아직 노예노동·부역노동 등과 같은 낮은 형태들로 이루어지고 있는 민족들이, 자본주의적 생산양식에 의해서 지배되는 세계시장, 즉 그들의 생산물들을 외국에 판매하는 것을 주요한 관심사로 발전시키는 세계시장에 끌려 들어오면, 노예제·농노제 등의 야만적인 잔혹(殘酷)에 과도노동이라는 문명화된 잔혹이 접목(椄木)된다. ...21)

'고율 소작료'로서 지주-소작관계의 (반)봉건성을 (잘못) 설명하는 한 예

조금 전에 이 '보강'의 각주 18)에서 우리는 신용하 교수께서 일제하의 토지제도를, 즉 '지주-소작관계'를 '반봉건적 지주제도'로 규정하고 있음을 보았는데, 그는 이렇게 계속합니다.

> 여기에서 '반봉건적 지주제도'라 함은 봉건지주제도의 봉건적 요소 중에서 그 일부가 해체되고 나머지 봉건적 요소는 그대로 엄존하여 응고된 형태의 지주제도를 의미하고 있다. 어떠한 요소가 해체되고 어떠한 요소가 엄존하였는가.
> 우리가 '봉건적 지주제도'라고 말할 때에는, '① 토지에 대하여 지배권을 가진 귀족 또는 지주가 신분적으로 농노적 상태의 농민으로부터 직접적으로, ② 잉여생산물의 전부를, ③ 노동지대 또는 생산물지대 또는 화폐지대

---

21) ≪자본론≫, 제1권, *MEW*, Bd. 23, S. 249-250. (채만수 역, 제1권, 제2분책, pp. 389-390.)

의 형태로서, ④ 신분적·경제외적 강제에 의하여 징수하는 제도'를 의미하고 있다.22)

일제하의 지주제도에서 해체되지 않고 엄존하여 응고된 봉건적 요소로서는 농민의 잉여생산물의 '전부'와 '직접적' 징수와 전근대적 '현물소작료'23) 등을 들 수 있다.

조선왕조 말기에 있어서의 반봉건적 지주제도의 소작료율은 도작법(賭作法)의 경우에 33퍼센트였고, 병작법(並作法)의 경우에 50퍼센트였다. 이때의 소작료율은 33-50퍼센트에 분포되어 있었다. 그러나 일제하의 지주제도에 있어서는 소작료율은 정조법(定租法)·타조법(打租法)·집조법(執租法)을 막론하고 평균 55-60퍼센트에 달하였으며, 그 분포는 극도로 분산되어 소작료율이 최고 90퍼센트에 달하는 경우도 있었다. 말하자면 일제하의 지주제도에서 소작료율은 감소되지 않고 현저하게 상승하는 기이한 현상이 나타난 것이다. 이러한 소작료의 상승 원인에 대해서는 신중한 실증적·이론적 분석이 요청된다. 그러나 이러한 고율 소작료가 농민의 잉여생산물의 '전부'에 해당할 뿐만 아니라 필요생산물까지도 침식하는 '전근대적' 고율성을 가진 것이라는 사실은 재론할 여지조차 없다. 일제하의 지주제도에서 조선왕조 말기의 지주제도보다 소작료율이 상승하였다는 사실은 일제하에서 지주제도의 봉건적 요소의 일부가 얼마나 강인하게 계승·엄호되었는가를 단적으로 설명해주고 있다.24)

보다시피, 신 교수로부터의 이 인용문은, 그가 무엇보다도 고율소작료, 즉 소작료의 "고율성"으로써 일제하 지주-소작관계의 "전근대성", 즉 그 (반)봉건성을 설명하고 있다는 사실을 "재론의 여지조차 없이" "단적으로 설명해주고 있"습니다. 그런데, 그러한 설명이 오류라는 것은 우리가 위에서 밝힌 대로이지만, 신 교수께서는 그것이 오류라는 것을 논의의 혼란으로써 스스

---

22) 신용하, 앞의 글, pp. 25-26.
23) 보다시피 여기에서는 '현물소작료'를 "해체되지 않고 엄존하여 응고된 봉건적 요소"로 지적하고 있고, 또 조금 뒤에서는 "일제하의 지주제도에서 화폐소작료가 미미하고 현물소작료가 대부분이라는 사실은 이 시대의 지주제도가 '전근대적'[즉, '봉건적': 인용자] 범주의 것임을 보강하여 증명하여 주고 있다"(같은 글, p. 27)고 말하고 있습니다. 이는 분명 위에서 "노동지대 또는 생산물지대"와 더불어 "화폐지대" 역시 봉건적 지대형태의 하나로 열거한 것과 일종의 자가당착이지만, 가볍게 지적하는 것으로 넘어갑시다.
24) 신용하, 같은 글, pp. 26-27.

로 입증하고 있습니다.

우선, "일제하의 지주제도에서 조선왕조 말기의 지주제도보다 소작료율이 상승하였다는 사실은 일제하에서 지주제도의 봉건적 요소의 일부가 얼마나 강인하게 계승·엄호되었는가를 단적으로 설명해주고 있다"는 정언적(定言的) 서술을 취해봅시다. "일제하의 지주제도에서 조선왕조 말기의 지주제도보다 소작료율이 상승하였다"면, 이러한 사실은, 그의 논리에 엄밀히 따르자면, "일제하에서 지주제도의 봉건적 요소의 일부가 얼마나 강인하게 계승...되었는가를 단적으로 설명해주고" 있는 것이 아니라, 다른 둘 중의 하나를 "단적으로 설명해주고" 있는 것일 것입니다. 즉, 그것은, '일제하의 지주제도가 조선말기의 그것과 얼마나 다른가'를, 따라서 일제하의 그것이 '전근대적'=(반)봉건적이라면, 소작료율이 "현저하게 상승"하기 이전인 조선왕조 말기의 그것은 '전근대적'=(반)봉건적이 아니라는 것을 "단적으로 설명해주고" 있던가, 아니면, 일제하에서는 지주제도의 봉건적 요소의 일부가 강인하게 계승·엄호되었을 뿐만 아니라 '현저하게' 강화되었음을 "단적으로 설명해주고" 있는 것일 것입니다. 그러나 신 교수의 설명은 보다시피 다릅니다. 혼란을 범하고 있습니다.

다음에, 그는 보다시피 "일제하의 지주제도에서 소작료율은 감소되지 않고 현저하게 상승하는 기이한 현상이 나타"났다며, "이러한 소작료의 상승 원인에 대해서는 신중한 실증적·이론적 분석이 요청된다"고 쓰고 있습니다. 이 역시 혼란입니다. 왜냐하면, 그의 입장은 고율소작료 혹은 소작료의 '고율성'으로써 지주-소작관계의 '전근대성'=(반)봉건성을 입증하려는 것이고, 그렇다면 일제하에서 소작료율이 "감소하지 않고 현저하게 상승"한 것은 결코 "기이한 현상"도 아니고, 그 '상승 원인에 대해서 신중한 실증적·이론적 분석이 요청'되는 현상도 아니기 때문입니다. 즉, 그의 입장에서는 그저 그 '전근대성'=(반)봉건성이 강화된 것으로 판단·설명해버리면 그만인 현상이기 때문입니다.

그러면 이런 혼란은 과연 어디에서 연유하는 것이겠습니까?

그것은, 다름 아니라, 신 교수께서 우리가 위에서 설명했던 것들, 즉, 봉건지대와 자본제적 지대의 차이에 대해서도, 그리고 반봉건적 지주-소작관계에서의 지대율 상승의 원인에 대해서도 이해하고 있지 못한 데에서 연유하는 것입니다.

참고로 말씀드리자면, 제가 여기에서 이 점을 길게 지적하는 것은 신 교수를 비하하거나 폄하하려는 의도가 있어서가 결코 아닙니다. 신 교수께서 문제의 글을 발표하던 1970년대까지의 한국 사회의 사상・학문적 여건은 그야말로 극악한 탄압 하, 즉 퐈씨즘 바로 그것이었고, 신 교수님은 그 희생자의 한 사람이었을 뿐이기 때문입니다. 거꾸로 저는 신 교수님의 성실한 학문적 태도와 업적을 존경하는 편입니다. 생각해보십시오. 이 사회에서는 얼마나 많은 지식인・교수라는 자들이 그 같잖고 알량한 지식을 자산 삼아 권력과 재벌에 꼬리치며 봉사하고, 또 출세에 눈이 벌게 날뛰는가를 말입니다. 그런데 신 교수님은 전혀 그런 분, 그런 속물이 아니지 않습니까?!

여기에서의 긴 논의는 단지 한국 사회와 그 노동자계급의 이론적・정치적 발전을 위해서일 뿐입니다.

4) 경제외적 강제

1980년대의 사회구성체 논쟁 가운데 지주-소작관계의 성격 혹은 본질과 관련한 주요한 쟁점 중 또 하나는 '경제외적 강제'의 유무 문제, 즉 당시의 지주-소작관계에 과연 '경제외적 강제'가 존재하는가 아닌가 하는 문제였습니다.

'자본파' 쪽에서 주로 문제를 제기했는데, "봉건적 생산관계에는 경제외적 강제가 필수적으로 수반하는데, 현재의 지주-소작관계에는 그것이 없지 않느냐? 그러니까 그것은 본질적으로 자본제적인 생산관계가 아니냐?" 하는 것이 그들의 주요 주장이었습니다. 게다가 이진경 같은 사람은, 예의 그의 출세작에서 이 경제외적 강제를 "소위 '신분적 예속'"[25]이라고 극히 협소하게 해석하면서, 그렇게 주장합니다.

하지만, '자본파' 쪽에서만 이 문제를 제기한 것은 물론 아닙니다. 예를 들면, 지주-소작관계를 본질적으로 봉건적인 관계라고 주장하는 대표적인 논자 중 한 분이었던 고(故) 박현채 교수께서도 이 문제를 제기했는데, 박 교수께서는 "지주-소작관계는 본질적으로 봉건제적 생산관계지만, 다만 현대

---

25) 이진경, 앞의 책, p. 209.

의 재생소작제에는 예외적으로 경제외적 강제가 없다"는 논지를 피력했습니다. 또한, 방금 인용하고 언급했던 신용하 교수께서도 마찬가지로 경제외적 강제를 신분적 강제로 이해하면서 그것이 특히 "1894년의 신분제도의 폐지에 의해서 제도적으로 이미 해체된 것"으로 주장합니다. 그 논의를 좀 더 자세히 인용하자면 이렇습니다.

> 우리가 '봉건적 지주제도'라고 말할 때에는, '… ④ 신분적·경제외적 강제에 의하여 징수하는 제도'를 의미하고 있다.
> 일제하 지주제도로서 일부 해체된 봉건적 요소로는 신분적·경제외적 강제가 사실상 그 이전의 시대보다도 더 해체되고, 오직 그 '유제(遺制)'만이 잔존하여 소작계약을 통한 경제적 강제와 결합한다는 사실을 지적할 수 있다. 물론 신분적·경제외적 강제의 해체는 일제치하에서 새삼스럽게 나타난 것은 아니었다. 그것은 이미 조선왕조 후기에 뚜렷이 나타나기 시작하여 1894년의 신분제도 폐지에 의해서 제도적으로는 이미 해체된 것이었다. 그러나 사회관습으로서의 그 '유제'가 남아 있다가 일제치하에 오면서 그것이 더욱 해체되기에 이른 것이다. 실제로 일제하의 지주제도에 있어서의 지주와 소작인의 관계는 신분적 주종관계가 아니라 경제적 계약관계가 지배적이었다. 그러나 사회관습으로서 신분적 주종관계의 '유제'가 강인하게 잔존하였다는 사실도 주목하지 않으면 안 될 점일 것이다.26)

그러나, 감히 말씀드리자면, 이것은 오류입니다. 1970년대 이후 한국에서 사회과학의 개척자라고도 할 수 있는 박현채 교수나 신용하 교수조차 여러 가지 이유로 이 문제에 대한 이해가 부족했다는 얘기입니다. 앞에서도 언급했지만, 극심한 좌쏘적 사상·학문의 탄압, 그리고 그 때문에 ≪자본론≫을 곁에 두고, 깊이 연구하고, 참조할 수 없었던 시대적·정치적 사정이 주요 이유일 것이라고 생각합니다.

현재의 지주-소작관계에도 '경제외적 강제'는 당연히 존재합니다.

여기서 잠시 자본제, 노예제, 봉건제의 노동과정상의 특징에 대해서 살펴

---

26) 신용하, 앞의 글, p. 26. 참고로, "사회관습으로서 신분적 주종관계의 '유제'가 강인하게 잔존하였다는 사실도 주목하지 않으면 안 될 점일 것"이라는 얘기는 물론, '농지개혁' 후의 재생소작제에 대해서가 아니라, 그 이전의 소작제, 주로 일제하의 그것에 한정한 얘기일 것입니다.

봅시다.

　사람들은 보통 자본주의의 노동자를 '임금노예'라고 말하지, '임금농노'라고는 말하지 않습니다. 왜 그럴까? 현대 자본주의의 노동자들은 주로 공장노동자들임에 비해서 농노라는 말에는 무언가 농업에서 일하는 사람이라는 의미가 있어서일까요?

　그러나 경제학 혹은 경제사학은 본래 영국에서 발달했고, 따라서 농노라는 말도 영어 'serf'의 번역어인데, 이 'serf'는 전혀 농업과 관련한 이미지에 묶여 있지 않습니다. 그런데도 서양에서도 임금노동자를 가리켜 'wage slave', 즉 임금노예라고 말하지, 'wage serf', 즉 임금농노라고는 말하지 않습니다.

　사실, 노동자를 '임금노예'라고 부를 때, 그것은 자본제와 노예제 간의 어떤 공통점에 주목하는 것이고, 따라서 동시에 자본제와 봉건제 간의 어떤 차이점에 주목하는 것입니다.

　그러면, 그것은 무엇일까요?

　노예나 노동자의 노동과정은 언제나 그 주인과 자본가, 혹은 그들의 대리인에 의해서 통제됩니다. 즉, 재생산과정 자체가 그들 노예주나 자본가, 혹은 그들의 대리인에 의해서 지휘·통제되고, 그리하여 그 노동생산물은 그들 노예주나 자본가의 창고에 들어가게 됩니다. 이렇게 직접적 생산과정 곧 노동과정이 노예주나 자본가, 혹은 그 대리인에 의해서 통제되는 점이 노예제적 생산과 자본제적 생산에 공통된 특징입니다.

　그에 비해서, 봉건제에서는 전혀 다릅니다. 봉건적 예속농민이나 소작농의 생산에서는, 초기 노동지대 시대 지주 영주 직영지에서의 그것을 제외하면, 영주 혹은 지주가 간여해서 그 노동과정을 지휘·통제하지 않습니다. 즉, 그들 봉건적 생산자들은 자신이 경작하는 토지의 경영과 그 위에서의 노동과정상에 자율성을 가지고 있습니다. 그 때문에 당연히 그 노동생산물도 농민들의 창고로 들어가게 됩니다. 그리하여, 노동지대를 지불하게끔 하기 위해서, 즉 영주 직영지에서 노동하게끔 하기 위해서는 물론, 이렇게 경영의 자율성 때문에 농민의 창고에 들어가는 노동생산물을 수탈하기 위해서 가해지는 것이 바로 '경제외적 강제'입니다. '경제외적 강제'란 바로 생산과정 외부에서의 강제를 말하는 것입니다.

근대의 지주-소작관계에서도 소작인은 경영의 자율성을 가지고 있습니다. 그 때문에, 즉 그 생산과정이 지주에 의해서 지휘·통제되지 않기 때문에, 그 생산물은 소작인의 창고로 들어가게 됩니다. 따라서 지주가 그것을 수탈하기 위해서는 무언가 '경제외적 강제'가 필요하게 됩니다. 그리고 근대의 지주-소작관계에서 그 '경제외적 강제'는 바로 소작계약이고, 그 이행을 강제하는 근대 국가의 법률과 법원·검찰·경찰·집달리 등의 집행기구입니다.

'경제외적 강제'와 관련하여 맑스는 "자본주의적 지대의 발생사"를 논한 ≪자본론≫, 제3권, 제47장에서 이렇게 쓰고 있습니다.

> 직접생산자가 아직 여전히 그 자신의 생활수단들의 생산에 필요한 생산수단들이나 노동조건들의 '점유자'인 모든 형태에서는 소유관계 또한 직접적인 지배·예속관계로서 나타나지 않을 수 없다고 하는 것, 따라서 직접생산자는 부자유인(不自由人)으로서 나타나지 않을 수 없다고 하는 것은 아주 명백하다. 그 부자유는 부역을 수반하는 농노제로부터 단순한 공납의무에 이르기까지 점점 약화되는 것일 수 있다. 이 경우에는 직접생산자는, 전제에 의하면, 그 자신의 생산수단들을, 즉 자신의 노동을 실현하기 위해서 그리고 자신의 생활수단들을 생산하기 위해서 필요한 객체적인 노동조건들을 점유하고 있다. 그는 자신의 농사도, 그와 결합된 농촌가내공업도 독립적으로 경영한다. 이 독립성은, 가령 인도에서처럼, 이들 소농민이 상호간에 어떤 많든 적든 자연발생적인 생산공동체를 형성하고 있다는 것에 의해서는 폐지되지 않는바, 왜냐하면, 여기에서는 단지 명목상의 영주에 대한 독립성만이 문제이기 때문이다. 이러한 조건 하에서는 명목상의 토지소유자를 위한 잉여노동은 단지 경제외적 강제에 의해서만 강탈될 수 있고, 이 강제가 어떠한 형태를 취하든 그러한 것이다.27)

여기에서 알 수 있는 것처럼, '경제외적 강제'는, "부역을 수반하는 농노제로부터 단순한 공납의무에 이르기까지 점점 약화되는 것일 수 있"고, "어떠한 형태"든 취할 수 있는 것입니다. 따라서 그것은 봉건제 초기의 원시적 채찍일 수도 있는 것이고, 화폐지대에서의 "계약적인, 실정법상 명확한 규정에 따라 확정된 순수한 화폐관계"28)일 수도 있는 것입니다.

---

27) ≪자본론≫, 제3권, *MEW*, Bd. 25, S. 798-799.
28) ≪자본론≫, 제3권, *MEW*, Bd. 25, S. 806.

그리하여 오늘날의 지주-소작관계에서는 소작계약 자체, 그리고 그 계약의 이행을 강제하는 국가의 민법 등이 바로 지주-소작관계에서의 '경제외적 강제'인 것입니다.

따라서 1894년의 개혁에 의해서 신분제도가 제도적으로 폐지된 이후의 지주-소작관계에는, 특히 1980년대 논쟁 당시의 그것에는 경제외적 강제가 수반되어 있지 않다는 주장은 명백히 오류이며, 하물며 이진경 등처럼 그들 지주-소작관계에는 경제외적 강제가 없기 때문에 그것들은 반자본제적 관계라고 주장하는 것은 언어도단입니다.

5) 지배적 생산관계

지금 우리 사회는 고도로 발달한 자본주의 사회이지만, 그 안을 들여다보면 거기에는 자본주의적 생산관계만 존재하는 것이 아닙니다.

물론 자본제적 생산관계, 즉 자본-임노동 관계가 압도적인 비중을 차지하고 있지만, 각종의 자영업, 그러니까 자작농, 마찌꼬바, 구멍가게, 기타의 자립적 소경영 등등의 소생산도 존재하고 있고, 부분적으로는 지주-소작관계, 즉 (반)봉건제적 관계도 존재합니다. 그리고 사실은, 극소수 은밀하게이지만, 일부 성매매업에서와 같이 인신매매가 이루어지고 있는 범죄의 세계에는 아직 '노예제', 혹은 그와 유사한 형태의 생산관계마저도 존재하고 있다고 할 수 있습니다.

문제는, 이렇게 여러 가지 경제제도가 뒤섞여 존재할 때, 무엇을 기준으로 그 사회의 성격을 규정할 것인가 하는 것입니다. 말하자면, 우리 사회는 어떤 기준에 의해서 자본주의 사회로 규정되는가 하는 문제입니다.

일반적으로 어떤 사회의 성격은 그 사회에서 지배적인 경제제도, 혹은 같은 말이지만, 지배적인 생산관계에 의해서 규정됩니다.

그러니까, 우리 사회가 현재 자본주의 사회로 규정되는 것은 우리 사회에 함께 존재하는 여러 생산관계·경제제도 중에서 자본제적 경제제도, 즉 자본-임노동 관계가 가장 지배적이기 때문입니다. 실제로 현재 우리 사회에는 자본제적 경제제도와 그 영향력이 모든 면에서 워낙 압도적이기 때문에 도대체 어떤 경우, 혹은 어떤 상황을 '지배적'이라고 하느냐 하는 것 자체가 문제로조차 되지 않습니다.

하지만, 항상 그렇게 단순한 문제일 수는 없고, 때로는 복잡한 문제가 제기됩니다. 도대체 어떠한 생산관계를 가리켜 "지배적 생산관계"라고 하는가 하는 문제 때문입니다.

어떤 사람은 이 '지배적 생산관계'를 '다른 생산관계를 구축해버리는 선진적 생산관계'라고 말합니다. 즉, 자본주의적 생산관계야말로 봉건적 관계를 구축하고 우세를 점하는 생산관계이기 때문에 그러한 의미에서 '지배적 생산관계'라는 것입니다.

그러나 결코 그렇지 않습니다.

예컨대, 앞에서도 말씀드렸듯이, 한국에서는 늦어도 18세기 후반이 되면 자본주의적 생산관계가 발생합니다. 그런데 지배적 생산관계의 의미가 위와 같은 것이라면, 한국은 그때부터, 그러니까 늦어도 18세기 후반부터는 자본주의 사회로 규정될 수밖에 없을 터인데, 실제로는 누구도 그렇게 규정하고 있지 않습니다.

노예제적 경제제도는 원시공산사회의 내부에서, 봉건제적 경제제도 역시 원시공산사회나 노예제 사회에서, 그리고 자본제적 경제제도는 봉건제적 사회에서 발생하고, 이윽고 자신이 발생한 사회를 바꾸어 버립니다. 그러나 어느 경우든 '선진적' 경제제도가 새롭게 발생했다고 해서 바로 그 사회의 성격이 바뀌는 것은 아닙니다. 그 '선진적' 생산관계가 지배적으로 되었을 때에야 비로소 그 사회구성의 성격이 바뀌는 것이기 때문입니다.

그러면 어떤 생산관계가 '지배적'이라는 것은 무엇을 의미하는 것일까요? '지배적 생산관계'란 어떤 생산관계가 '량적(量的)으로 우세한 생산관계'라는 의미이고, 또 그랬을 때 '지배적으로' 된다는 뜻입니다. 즉 여러 생산관계들이 나란히 존재할 때, 그 가운데 량적으로 우세한 생산관계에 따라서 그 사회의 성격을 규정하는 것입니다.

3. 한국에서 자본주의적 사회구성의 성립 시기

그러면, 한국에서는 언제부터 자본주의적 생산관계가 지배적이 되었는가,

즉 언제부터 한국은 자본주의 사회였는가를 알아보기로 합시다.

1876년의 강화도 조약, 즉 개항이나 근대적 정치제도를 도입한 1894년의 갑오경장 혹은 갑오농민전쟁을 그 시점(始點)으로 보는 이른바 '일반사적 관점'은 논의의 대상으로 삼지 않겠습니다.

먼저 대표적인 두 설을 비판적으로 검토하고 나서, 저 자신의 의견을 말씀드리겠습니다.

1) 1910년대 이행설

우선 대표적인 것은, 1910년대설, 즉 1910년에서 1918년까지 벌어졌던, 일제에 의한 토지조사사업을 계기로 한국사회가 자본주의 사회로 이행했다는 설입니다. 이 설은 상당한 지지자를 가지고 있어서, 예컨대, 박현채 교수께서도 기본적으로 그러한 입장에 서 있습니다.

'토지조사사업=자본의 본원적 축적'(?)

이 입장에서의 주장의 핵심은, 토지조사사업의 결과 한국에는 근대적 토지소유관계, 즉 근대법적인 사적 토지소유가 확립되었고, 그 때문에 그를 계기로 자본주의적 관계가 지배적인 관계로 되었다는 것입니다.

사적소유라는 것은 배타적이고 독점적인 소유라는 뜻입니다.

이렇게 보면, 토지조사사업은, 토지에 대한 경작농민의 소유권을 부정하고, 즉 그들 직접생산자들을 (물론 일견이지만) 무산자로 만들고, 토지에 대한 지주의 근대법적인, 즉 배타적이고 독점적 소유권을 설정했기 때문에, 농업부문에서의 자본의 본원적 축적인 셈입니다.

법률적·외견상으로는 그렇게 보입니다.

그러나 이러한 주장에 대해서는 '소유란 과연 무엇인가' 하는, 보다 근본적인 문제가 제기됩니다.

주지하는 것처럼, ≪경제학 비판≫(1859)의 "서문"에서 맑스는 소유관계를 가리켜서 "생산관계의 법률적 표현"에 불과하다고 규정하고 있습니다.[29]

---

29) *MEW*, Bd. 13, S. 9.

그리고 ≪뉴욕 데일리 트리뷴≫(*New York Daily Tribune*)지에 기고한 일련의 논설에서는, 19세기 중엽에 인도 벵골 지방에서 '토지개혁'의 결과로 확립된 토지소유제도들을 "영국의 지주제도(landlordism)의 희화(戱畵)", 혹은 "프랑스의 농민적 토지소유(peasant-proprietorship)의 희화"30) 등으로 규정하고 있습니다. 형식적으로는 아무리 근대법적인 토지소유를 설정했더라도, 거기에는 영국적인 자본가적 차지농 경영도, 프랑스적인 독립 자영농도 존재하지 않았기 때문에, 그것들은 결국 근대법적 외피를 쓴 봉건적인 토지소유였던 것입니다.31) 또한 이미 앞에서 본 것처럼, 맑스는 당시 아일랜드의 토지소유제도에 대해서, "자본주의적 생산양식 자체가 존재하지 않는데, 즉 차지인(Pächter) 자신이 산업자본가이거나 그 경영 방식이 자본주의적 양식이 아닌데, 지대 즉 자본주의적 생산양식에 대응하는 토지소유 양식이 형식적으로(formell) 존재하는 관계들"32)이라고도 말하고 있습니다.

맑스의 이러한 규정은 토지조사사업으로 확립된 조선에서의 토지소유에도 그대로 적용된다고 할 수 있습니다. 특히 조선에서의 그것은 맑스가 "영국의 지주제도의 희화"라고 표현했던, 자민다리(Samindari) 제도와 유사한 것이었다고 할 수 있을 것입니다. 왜냐하면, 토지조사사업으로 조선의 지주는, 토지개혁 후 인도의 자민다리처럼33) 근대법적인 대토지소유자가 되었으나, 조선 농업에 확립된 생산관계는, 역시 인도의 자민다리 제도에서처럼 지주-소작관계 바로 그것이었기 때문입니다. 지주-소작관계가 봉건제라는

---

30) "전쟁문제 - 의회의 행위들 - 인도"(1853), *MECW*, Vol. 12, p. 214.; *MEW*, Bd. 9, S. 217.

31) 19세기 중엽의 인도의 토지소유문제에 대해서는 특히, "캐닝(Canning)의 포고와 인도의 토지소유문제"(*MEW*, Bd. 12, S. 483-486) 참조 ; "확실히 자본주의는 자기에게 조응하지 않는 토지소유형태를 개조해간다. 자민다리제나 라이야트와리제나 모두 이러한 자본주의에 의한 토지제도 개조의 일환이라 할 수 있다. 그러나 이 양 제도에 의한 토지제도의 개조는 바로 봉건적 토지소유관계를 국가적 규모로 재편성하여, 자본의 원시적 축적을 위해 최대한의 지조수탈을 가능하게 할 목적 이외의 것은 없다."(小谷汪之, "인도 근대에 있어서 농민층 분해와 지주적 토지소유", 藤瀨浩司 외 지음, 장시원 편역, ≪식민지반봉건사회론≫, 한울, 1985, p. 304.)

32) ≪자본론≫, 제3권, *MEW*, Bd. 25, S. 638.

33) 참고로, 토지개혁 전, 즉 애초의 자민다리는 토지의 소유자가 아니라 국왕의 조세 징수관이었습니다.

사실은 앞에서 말한 대로입니다.

다시 말하면, 토지조사사업으로 형식적으로는 근대 민법적 토지소유가 확립되었지만, 그것은 사실 외피에 불과했고, "자본주의적 생산양식에 대응하는 토지소유 양식이 형식적으로(formell) 존재하는 관계들"에 불과했던 것입니다.

바로 그 때문에 토지조사사업을 통해서 자본제적 생산관계가 지배적으로 되었다는 주장은 근거가 없습니다. 토지조사사업 이후에도 봉건적 지주-소작관계가 절대 다수를 점했기 때문에 당시 조선 사회는 여전히 봉건사회였다고 논증하는 것이 옳습니다.

상부구조가 '자본주의적 권력'이면 자본주의 사회(?)

한편, 박현채 교수는 토지조사사업을 자본의 본원적 축적으로 간주하면서도 그러한 주장에 약간의 무리를 느꼈던 듯합니다. 그리하여 다른, 말하자면, 보충적인 논거도 제시하는데, 다름 아니라 1910년대 이후는 조선사회의 상부구조가 일제의 총독부, 즉 자본주의적 권력이었다는 것이며, 그러니까 조선은 자본주의 사회였다는 것입니다.

그런데 만일 정치적 상부구조가 자본주의적 권력이기 때문에 자본주의 사회로 규정해야 한다면, 자본주의적 동인도회사 및 영국의 총독부가 지배했던 18-19세기의 인도 역시 자본주의 사회라고 규정해야 할 것입니다.

그러나 아무도 그렇게 규정하지 않습니다. 결코 그렇게 규정할 수 없기 때문입니다.

따라서 정치적 상부구조의 성격을 들어 그 사회의 성격을 규정하는 것은 반드시 타당한 것은 아닙니다.

2) 1930년대 이행설

두 번째로 유력한 설은 1930년대 이행설입니다.

권영욱 씨라는 재일교포 역사가의 "구식민지 경제연구노트"라는 논문에 의하면, 그는 우선 '토지조사사업'(1910-1918)과 '임야조사사업'(1917-1924)은 "동일한 '본원적 축적과정'의 두 측면이라고 이해되어야" 한다고,

"따라서 기본적으로 1910-1924년의 시기는 소위 봉건사회에서 자본주의 사회로의 이행기(동시에 식민지경제의 확립기)로 간주되어야 한다"고 주장합니다.34) 그리고 나서는, 1930년대 중반 이후 조선의 "농·공산액비율" 통계를 제시하면서 "1938년부터 공산액이 농산액을 능가하기 시작한다"고 주장합니다.35) 그리고 그러한 통계를 그는 1930년대를 경과하면서부터는 봉건적인 생산관계보다 자본제적 생산관계가 우세해졌다는 것을 의미하는 것으로 해석하여, "적어도 1930년대부터" 식민지 조선사회는 자본주의 사회라고 주장합니다.36)

그리고 많은 사람들이 이를 원용합니다. 박현채 교수도 어떤 글에서는 이 설을 원용하여 1930년대 중반에 조선사회는 자본주의로 되었다고 주장하기도 합니다.

그런데 이러한 논증은 우선, 농업생산은 모두 봉건적 생산관계로 보고, 반대로 공업생산은 모두 자본제적인 것으로 보는 논리적 오류를 범하고 있습니다. 농업에도 자본주의적인 경영이 있을 수 있고, 공업에도 가내수공업이나 '마찌꼬바'처럼 비자본주의적인 경영이 존재하기 때문입니다. 하지만, 1930년대 당시 조선의 농업생산은 압도적으로 지주-소작관계에서 이루어졌고, 공업생산의 통계 가운데 비자본주의적 생산의 비중에 대한 통계는 지금 가지고 있지 않으므로 이 문제점은 일단 무시하기로 합시다.

사실 이 주장의 가장 큰 문제점은 다른 데 있습니다.

권영욱 씨가 자신의 논문에서 인용하고 있는 농업생산 및 공업생산의 통계는 당연히 '가격' 통계입니다. 가격 말고는 수많은 생산물의 량을 경제적으로 의미 있게 비교할 수 있는 공통의 척도가 없기 때문입니다.

가격이란 원래 추상적으로는, 그리고 전체적, 따라서 평균적으로는 가치를

---

34) 권영욱, "구식민지 경제연구노트 — 일본제국주의하의 한국을 중심으로 —", 藤瀨浩司 외 지음, 장시원 편역, 앞의 책, p. 420.

35) 같은 글, p. 421. 권영욱 씨가 ≪조선경제연보≫(1941·2년판, pp. 137-138)를 인용하여 제시하고 있는 "농·공산액비율(%)" 통계에 의하면, 농산액(농산물, 축산물)과 공산액(임산물, 수산물, 광산물, 공산물)의 비율은 1936년과 37년엔 52%대 48%, 1938년엔 48%대 52%, 1939년엔 42%대 58%, 1940년엔 41%대 59%입니다.

36) 같은 글, pp. 420-421.

화폐로 표현한 것입니다. 그리고 가치는 그 상품의 생산을 위해서 사회적으로 필요한 노동시간입니다. 그것이 노동가치론이 말하는 바입니다.

그러나 이것은 어디까지나 추상적·전체적·평균적인, 가치와 가격의 관계입니다. 그리고 노동가치론은 다음과 같은 사실도 명확히 하고 있다는 것을 잊어서는 안 됩니다. 즉,

> 상품의 가치크기의 지표로서의 가격은 그 상품의 화폐와의 교환비율의 지표이지만, 그렇다고 해서 역(逆)으로 그 상품의 화폐와의 교환비율의 지표가 반드시 그 상품의 가치크기의 지표인 것은 아니다. 사회적으로 필요한 동일한 량의 노동이 1쿼터의 밀과 2파운드 스털링(대략 1/2온스의 금)으로 표현된다고 하자. 2파운드 스털링은 1쿼터의 밀의 가치크기의 화폐표현, 즉 그 가격이다. 이제 여러 사정이 그 가격을 3파운드 스털링으로 할 수 있도록 허락하거나 1파운드 스털링으로 하지 않을 수 없도록 강제한다면, 1파운드 스털링과 3파운드 스털링은 밀의 가치크기의 표현으로서는 너무나 작거나 너무나 크지만, 그럼에도 불구하고 그것들은 그 밀의 가격인데, 왜냐하면 첫째로는 그것들은 그 밀의 가치형태, 즉 화폐이기 때문이고, 둘째로는 밀의 화폐와의 교환비율의 지표들이기 때문이다. … 상품의 가치크기는 사회적 노동시간에 대한 하나의 필연적인, 그 상품의 형성과정에 내재적인 관계를 표현한다. 가치크기의 가격으로의 전화와 더불어 이 필연적 관계는 한 상품의, 그 상품의 외부에 존재하는 화폐상품과의 교환비율로서 나타난다. 그러나 이 비율에는, 그 상품의 가치크기가 표현될 수 있는 것과 마찬가지로, 어떤 주어진 사정들 하에서 그 상품이 양도될 수 있는, 보다 큰 가치크기나 보다 작은 가치크기도 표현될 수 있다. 가격과 가치크기 간의 량적 불일치의 가능성, 즉 가치크기로부터의 가격의 괴리의 가능성은 따라서 가격형태 그 자체 속에 있다. 이것은 결코 이 형태의 결함이 아니며, 오히려 역으로 이 형태를, 규칙이 단지 맹목적으로 작용하는 무규칙성의 평균법칙으로서만 자기를 관철할 수 있는 생산양식에 적합한 형태로 만든다.37)

다름 아니라, 가격엔 상품의 가치크기가 표현될 수 있는 것과 마찬가지로, 어떤 일정한 사정 하에서는 그 상품의 가치보다 큰 가치크기나 작은 가치크기도 표현될 수 있으며, **가격과 가치크기 간의 이러한 량적 불일치의 가능성,**

---

37) ≪자본론≫, 제1권, *MEW*, Bd. 23, S. 116-117. (채만수 역, 제1권, 제1분책, pp. 173-174.)

즉 가치크기로부터의 가격의 괴리의 가능성은 가격형태 그 자체 속에 있다는 것입니다.

이제 여기에서 권영욱 씨의 주장을 비판적으로 검토해 봅시다.

그는 1938년을 경계로 공업생산물의 가격 총액이 농업생산물의 가격 총액을 초과했고, 그렇기 때문에 1930년대를 경과하면서 자본제적 생산관계가 지배적으로 되었다고 말하고 있습니다. 가치와 가격이 일치한다고 가정하면, 공업생산물의 가격 총액이 농업생산물의 그것보다 커졌다는 것은 1938년 이후 공업생산에 투하된 노동시간이 농업생산에 투하된 노동시간보다 더 많아졌다는 것을 뜻할 것입니다.

그런데 당시 조선의 직접생산자들 중 압도적 다수는 소작농민으로서 농업부문—권영욱 씨는 여기에 본래의 농업과 축산업을 포함시키고 있습니다—에 존재하고 있었습니다. 공업부문—권영욱 씨는 여기에 임산업, 수산업, 광산업과 본래의 공업을 포함시키고 있습니다—에 종사하는 임금노동자는 농민에 비하면 비교도 되지 않을 만큼 소수에 불과했습니다. 다음과 같은 통계에서도 그들 산업 간의 인구비율을 대략 추량할 수 있을 것입니다.

1930년-1940년 조선인 산업별 인구의 추이 및 비율

	1940년	(%)	1930년	(%)	증감	(%)
총수	23,547,465	(100.0)	20,438,108	(100.0)	3,109,357	
유업자 총수	8,913,841	(37.8)	9,463,666	(46.3)	−549,825	(−8.5)
농업	6,670,360	(74.8)	7,632,195	(80.6)	−961,835	(−5.8)
수산업	129,408	(1.5)	114,495	(1.2)	14,913	(0.3)
광업	165,825	(1.9)	30,574	(0.3)	135,231	(1.6)
공업	425,397	(4.8)	525,605	(5.6)	−106,208	(−0.8)
상업	536,602	(6.0)	478,506	(5.1)	58,096	(0.9)
교통업	109,141	(1.2)	81,276	(0.9)	27,865	(0.3)
공무 자영업	170,665	(1.9)	109,223	(1.2)	61,442	(0.7)
가사업	168,620	(1.9)	116,751	(1.2)	51,869	(0.7)
기타 산업	537,823	(6.0)	375,021	(4.0)	162,802	(2.0)
무업자	14,633,624	(62.2)	10,974,442	(54.7)	3,659,582	(7.5)

[비고] 1. 자료: 조선총독부, 《국세조사보고》에 의함.
2. 산업별 인구 비율은 유업자 총수를 100으로 함.

3. 공업 인구의 감소는 조사표준의 변경으로 인함.

자, 산업별 인구 비율이 그렇다면, 권영욱 씨의 주장이 의미하는 바는 무엇이겠습니까? '아주 극소수의 노동자가 투하한 노동의 량이 압도적 다수의 농민이 투하한 노동의 량보다 크다'! — 그러나 농업노동에서의 농한기(農閑期)를 고려하더라도, 당시 노동자 수와는 비교할 수 없을 정도로 많았던 농민 수의 압도적 비율로 볼 때 이는 분명 불가능할 것입니다.

이렇게 보면, 권영욱 씨가 자신의 주장을 뒷받침하기 위해 인용하고 있는 통계는 당시 조선 사회의 사회구성과 그에 기초한 산업별 생산에서의 투하 노동량을 반영하고 있지 못한 것이고, 따라서 자신의 주장의 타당성을 입증할 수 없는 자료입니다. 단적으로 말해서, 권영욱 씨가 인용하고 있는 통계는 당시의 사회구성을 반영하고 있지 못한 것입니다.

그렇다면, 권영욱 씨가 인용하고 있는 통계는 도대체 무엇을 말해줄까요?

그 통계는, 1930년대 중반을 계기로 당시의 조선사회가 자본주의화 되었다는 논거로 이용되어야 하는 것이 아니라, 사실은 식민지 조선에서 농업생산물과 공업생산물 간에 극심한 식민지적 부등가교환이 벌어지고 있었다는 증거로 이용되어야 하는 자료입니다. 왜냐하면, 비교도 되지 않을 정도로 소수의 공업노동자가 압도적 다수의 농민보다 결코 더 많은 노동을 투하할 수는 없는데도 불구하고, 그 통계에서는 가격으로 표시된 공산액이 농산액보다 크기 때문입니다.

결국 권영욱 씨 등의 주장은 식민지적 부등가교환을 무시한 것이며, 1930년대 중반 이후에도 조선 사회에는 여전히 봉건적 지주-소작관계가 지배적이었고, 조선 사회는 여전히 반봉건적 사회였다고 하지 않을 수 없습니다.

참고로 말하자면, 한편에서 본국 일본의 식량문제를 해결하기 위한 식민지 조선 농민의 약탈은 일제 식민지 정책의 근간의 하나였으며,[38] 조선에서

---

[38] "... 산미증식책(産米增殖策)은 강제 미곡 대량증산책이었다. 일제는 식량문제 해결을 위하여 1918년 식민지 조선에서 미곡증산을 강행하여 일본으로 약거(掠去)할 계획을 세우고 ... 1920년부터 강행, 이 정책을 실제에 맞추기 위하여 1926년 계획을 변경한다. 여기에서 생산된 쌀은 1920년대 끝의 농업공황에도 불구하고 총독부와 일본인 지주에 의하여 조선농민에게서 약탈, 일본시장으로 반출되었다."(홍이섭, 앞의 글, 윤병석·신용하·안병직 편, ≪한국근대사론 I≫, p. 11.)

의 공업은 일본인 자본이 압도적으로 지배하고 있었습니다.39)

3) 봉건적 생산관계의 해체와 자본주의적 사회구성의 성립

그러면 한국은 언제부터 자본주의 사회가 되었을까요?

한국이 자본주의적 사회구성으로 이행한 것은 빨라야 대한민국 정부가 들어서고 나서, 더 정확하게는 '농지개혁'이 이루어지고 나서의 일입니다. 그 이전에는 자본주의적 생산이 없었다거나, 무시해도 좋을 만큼 미미했다는 뜻이 절대 아닙니다. 이미 본 바와 같이, 1910년대 혹은 1930년대를 경과하면서 조선은 자본주의 사회로 이행했다는 주장까지 등장할 만큼 늦어도 이미 18세기 후반부터는 자연발생적으로 자본주의적 생산관계가 등장하여 성장해왔고, 일제의 침략에 의해 그 자생적 자본주의적 생산이 크게 타격을 받긴 했지만, 일본 자본에 의한 조선에서의 자본주의적 생산은 그 타격을 보상하고도 남을 만큼 자본주의적 광·공업을 발전시켰습니다. 그럼에도 불구하고 '농지개혁'을 계기로 그 이후에야 한국은 자본주의적 사회구성으로 이행했다고 말하는 것은, 다만 그 이전에는 자본주의적 생산관계보다는 봉건적인 지주-소작관계가 량적으로 압도적·지배적이었으며,40) 따라서 (반)봉건

---

39) 1920년대 말이나 1930년대 초의 것으로 추정되는 한 통계에 의하면, 당시 조선에서의 공업 및 광업 회사 납입자본 가운데 일본인 자본의 비율은 각각 최소 89.5% 및 85.5%(鈴木小兵衛, ≪最近の植民地政策·民族運動(日本資本主義發達史講座 [第3部 帝國主義日本の現狀])≫, 岩波書店, 1933, p. 21)였고, 홍이섭 교수는 당시의 상황과 관련 다음과 같은 자료를 제시하고 있습니다.

	공장수	자본금	노동자	생산액
조선인	2,751 51.49%	25,000,000엔 4.55%	29,000명 29.57%	91,000,000엔 22.96%
일본인	2,425 45.59%	499,000,000엔 90.80%	43,000명 43.87%	244,000,000엔 62.24%

[출처] 홍이섭, 같은 글, p. 14.

40) 다음 표를 참조하십시오.

8·15 전후의 자소작별 농가호수(단위: 호, %)

구 분	1944	1945	1946	1947	1948
지주 겸 자작	276,733 (14.8)	284,509 (14.2)	337,271 (16.3)	401,248 (18.6)	925,218 (37.0)
자작 겸 소작	691,949	716,080	810,181	833,944	1,022,420

적 사회였다는 뜻입니다.

그러던 것이 농지개혁을 통해서야 비로소 당시까지 지배적이었던 반봉건적 지주-소작관계가 해체되고, 그에 따라 자본제적 생산관계가 지배적으로 되어 한국은 자본주의 사회가 됩니다.

그런데, 농지개혁을 통해 지주-소작관계가 해체되면서 자본제적 관계가 지배적으로, 즉 량적으로 다수가 되었다는 주장에는 다소 의문이 들지도 모르겠습니다. 농지개혁이 지주-소작관계를 해체하여 직접적으로 창출한 것은, 자본주의적 생산관계가 아니라 비자본주의적 소생산으로서의 농민적 분할지 소유, 즉 자영농이었기 때문입니다.

그러나 계급사회의 성격을 논하여 그 시대를 구분할 때에는 소생산은 논외로 치게 됩니다. 왜냐하면, 소생산의 내부에는 계급적 착취-피착취 관계, 지배-피지배 관계가 존재하지 않기 때문입니다.

고대 그리스나 로마를 봅시다. 누구나 그 사회는 노예제 사회로 규정합니다. 하지만 거기에서도 단순히 다수를 점했던 것은 자유민, 즉 소생산자들이었습니다. 그리고 그들 자유민이 몰락하여 노예가 압도적 다수를 점하게 되자 노예제적 생산의 모순의 격화로 그 노예제 사회들은 붕괴되어 갑니다.

농지개혁은 직접적으로는 소생산자로서의 자영농을 창출했습니다만, 그것은 동시에 반봉건적인 지주-소작관계를 사실상 일소시켰습니다. 그리고 바로 이를 통해서, 이미 18세기부터 등장하여 서서히 성장해왔고, 특히 일제 하에서 상당히 급속히 발전한 자본주의적 생산관계로 하여금 '지배적 생산관계'가 되도록 하였을 뿐 아니라, 종래의 봉건적 지주들로 하여금 자본가적 길을 추구하지 않을 수 없도록 강제했습니다. 한국에서 자본주의적 사회구성은 이렇게 농지개혁을 통해 성립되었습니다.

자본의 본원적 축적과 농민층 분해

	(37.2)	(35.6)	(39.1)	(38.8)	(42.0)
소작	890,752	1,009,604	923,686	914,369	526,195
	(48.0)	(50.2)	(44.6)	(42.5)	(21.0)
계	1,859,434	2,010,193	2,071,138	2,149,561	2,473,833
	(100.0)	(100.0)	(100.0)	(100.0)	(100.0)

[출처] 김병태, 《토지경제론》, 동방문화인쇄소, 1994, p. 79.

그러면 한국 자본주의 역사에서 자본의 본원적 축적이 대규모로 일어난 시기는 언제일까요?

1910년대의 토지조사사업은, 앞에서 말씀드린 것처럼, 그 자체로서는 결코 자본의 본원적 축적이 아닙니다. 하지만, 지주적 토지소유에 입혀진 근대 법적 외피, 그것이 아무런 기능도 하지 않을 수는 없습니다. 즉, 토지조사사업을 통해서 확립된 토지에 대한 지주의 배타적·독점적 소유권은, 토지에 대한 농민의 법률적 소유권 상실만을 초래한 것이 아니라, 당연히 그들 농민을 토지로부터 실질적으로 분리해갔습니다.41) 이 분리에는 물론 이 시기에 전개된 농업생산에서의 노동생산력의 증대가 그 물질적·경제적 조건과 원인을 형성했습니다.

그러나 가장 대규모로 직접생산자로부터 생산수단이 수탈되던 시기는 바로 1960년대 후반기에서 1970년대입니다. 그 시기에 엄청난 이농·탈농이 벌어졌던 것은 우리 모두가 아는 대로입니다. 이 거대한 규모의 이농과 탈농은 바로 생산수단을 수탈당한 농민들의 행렬인데, 그 수탈은 자본을 위한 저임금 노동력의 공급을 위한 국가의 정책과 자본주의적 시장경제 기구를 통해서 이루어졌습니다. 바로 한국형 자본의 본원적 축적과 농민층 분해로서, 이 시기의 이러한 대규모 농민층 분해에는 여러 원인이 작용했습니다.

우선, 그 원인으로 가장 많이 거론되는 것은 미국으로부터 수입된 '잉여농산물'에 의한 농산물의 저가격과 기만적인 농지개혁, 즉 유상분배로 농민을 빚쟁이로 내몬 농지개혁입니다.42) 이 외에도 장기간의 악성 인플레이션을

---

41) "이조 말기의 봉건적 토지소유관계에 있어서는 농민이 토지를 현실적으로 점유하고 있었고, 수조권자(收租權者)(왕조에서 수조권의 수여를 받은 자)는 다만 농민에서 일정한 공납(貢納)(금일의 소작료의 전신)을 받을 권리를 가졌음에 지나지 않았다. 그러므로 이것을 근대 자본주의적 사유관념으로 보면 누구가 토지의 '소유'자인지 분명치 않았던 것이다."(전석담·이기수·김한주 저, ≪일제하의 조선사회경제사≫, 조선금융조합연합회, 1947, p. 73. — 이 인용문은 이기수 집필의 "제2부 경제사"의 "제1장 제1절 '토지조사사업'의 수행과 반봉건적 농업생산관계의 확립" 중에서.)

"토지조사사업을 통해서 '현실적으로' 토지의 사유권을 획득하고 봉건적 제한·속박으로부터 해방된 자는 토지소유자로서의 지주와 부농의 일부에 지나지 아니하고, 일반 농민[은]… 그들의 대다수가 토지소유 그 자체로부터 해방되고 분리되는 것을 의미하였을 뿐이다."(같은 책, p. 23. — 이 인용문은 전석담 집필의 "제1부 일반사"의 "제2장 일본제국주의의 침입과정"에서 발췌·변형한 것인데, "박문규, '토지조사사업에 관하야' 서문1"로부터의 인용이라는 표시가 붙어 있다.)

통한 농민의 수탈, 즉 공산품 가격과 농산물 가격 간의 일종의 협상가격차(鋏狀價格差)의 확대와, 전쟁 비용의 태반을 농민에게 전가한 가혹한 현물세로서의 토지수득세(土地收得稅) 등이 지적되어야 합니다. 농가경제를 파탄으로 내몬 그러한 요인들이 누적적으로 작용한 결과 1960년대 후반 이후 대대적인 이·탈농이 벌어졌던 것입니다.

그렇습니다.

그러나 이러한 요인들을 지적하기 전에 우리는, 이미 제1강에서 얘기했지만, 근대의 농지개혁, 혹은 토지개혁을 통한 농민적 분할지 소유 그 자체가 농민층 분해를 필연적인 것으로 만든다는 사실을 잊어서는 안 됩니다. 기만적인 농지개혁이나 저곡가 정책, 인플레이션과 그에 따른 협상가격차의 확대, 토지수득세 등은 사실은 이 필연적인 농민층 분해, 즉 농민의 토지상실을 가속화시킨 원인들일 뿐인 것입니다.

저곡가와 기만적 농지개혁 등을 주요 원인으로 보는 설명에는 중요한 사실 하나가 빠져 있습니다. 다름 아니라, 사회변화에서 가장 근본적이고 중요한 역할을 하는 것, 혹은 경제적 사회구성 변화의 근본적 추동력인 바로 그것, 즉 생산력의 발전이라는 문제가 빠져 있습니다.

실제로, 1960년대 후반기부터 1970년대에 걸쳐 대대적으로 발생한 이·탈농의 직접적인 원인은, 위에서 말한 대로 저곡가 정책과 기만적인 농지개혁 등이지만, 다른 한편에서 그것을 뒷받침한 것은 농업생산력, 즉 농업 노동의 생산력의 증대입니다. 농업생산력이 증대했기 때문에 농업 내부에 과잉 노동력이 발생했고, 그리하여 농촌의 과잉인구가 도시로, 도시로 일자리를 찾아 떠나게 되었던 것입니다. 만일 농업 내부에서의 노동생산력 발전이 뒷받침되지 않았다면, 필시 그러한 대규모의 과잉인구는 발생하지 않았을 것이며, 따라서 그러한 대규모의 농민층 분해, 이·탈농도 일어나지 않았을

---

42) 한편, 농지개혁은 지주층의 전반적인 몰락도 초래했습니다. 농지개혁은 농지의 '유상매입, 유상분배'라는 방식으로 이루어졌지만, 구 지주들에게 지가(地價)로서 실제로 지급된 것은 현금이나 현물이 아니라 연부상환의 '지가증권'이었습니다. 그 결과, 국가권력과 긴밀히 밀착했고 시대의 흐름을 읽을 줄 알았던 소수의 대지주는 그 지가증권을 담보로 과거 일본인 소유의 공장 등을 불하받는 등 재빨리 대자본가로 변신해갔지만, 그렇지 못한 대다수 지주들은 그 후, 특히 전쟁을 계기로 전개된 살인적 인플레이션 속에서 그 지가증권이 사실상 무가치한 휴지가 되면서 몰락했던 것입니다.

것입니다. 그럼에도 불구하고 만일 무언가의 이유·원인 때문에 대규모의 이·탈농이 발생했다면, 즉 그토록 대규모로 노동력이 떠났다면, 필경 농지의 상당 부분이 황무지가 되지 않을 수 없었을 것입니다.

이 문제, 즉 노동생산력의 증대와 사회변화의 관계에 관한 문제는, 새로운 사회로의 이행의 문제를 논하는 마지막 강의에서 보다 더 상세히 고찰하기로 합시다.

제2강 상품과 그 가치

1. 사적 소유와 상품생산

1) 경제학의 방법: 추상에서 구체로

"자본주의적 생산이 지배하는 사회의 부(富)는 '상품의 거대한 집적'으로 나타나고, 개개의 상품은 그 부의 요소형태(要素形態)로서 나타난다. 따라서 우리의 연구는 상품의 분석으로부터 시작된다."[1] — 맑스는 자신의 필생의 저작인 ≪자본론≫의 본문을 이렇게 시작합니다.

우리 학습도 당연히 '상품의 분석'으로부터 시작합니다. 또 그렇게 시작하지 않으면 안 됩니다.

이는, 누군가 혹시 오해할지도 몰라서 하는 얘기지만, 단지 맑스가 그렇게 했기 때문에 그렇게 하는 것이 아닙니다. 자본주의적 생산, 자본주의 사회를 과학적으로 이해하기 위한 방법론상의 필요 때문에 그렇게 하는 것입니다. 즉, 맑스가 말하고 있는 것처럼, 자본주의 사회의 부는 '상품의 거대한 집적'으로서 나타나고 개개의 상품은 그 요소형태이기 때문에, 이 요소형태, 즉 추상적인 것을 분석하는 것으로부터 시작해서 점차 그 분석을 구체적인 것으로 확대해가야 자본주의적 생산과 그 사회에 대한 올바른 이해에 도달할 수 있기 때문입니다.

방금 저는, 자본주의적 생산과 그 사회에 대한 올바른 이해에 도달할 수 있기 위해서는 '추상적인 것을 분석하는 것으로부터 시작해서 점차 그 분석을 구체적인 것으로 확대해가야 한다'고 말했습니다. 그 유명한 "추상에서

---

[1] ≪자본론≫, 제1권, *MEW*, Bd. 23, S. 49. (채만수 역, 제1권, 제1분책, p. 63.)

구체로"라는 방법론입니다.

그런데 우리 사회의 잘못된 교육 때문에 많은 사람이 '추상'이라는 말의 의미를 잘 모르거나 잘못 알고 있기 때문에 우선 약간의 설명이 필요할 것 같습니다.

'추상'이란 무엇인가?

아마 선뜻 대답하기 어려울 것입니다. 그런데 '추상적'이라고 하면, 대개의 사람들은 '관념적'이라는 말과 대략적인 동의어로 받아들이는 것 같습니다. 또 미술관에라도 가보면, 혹시 제가 미술에 전혀 무지해서 하는 소리일지는 모르겠지만, 무언가 그 그림이 표현하고자 하는 사물의 형상을 그린 그림은 '구상화'(具象畵)로 분류하고 있고, 도무지 무엇을 그렸는지 모를 그림은 '추상화'(抽象畵)라고 분류해두고 있습니다. 이렇게 되면 '추상'은 이제 정말 뭐가 뭔지 모를 게 됩니다.

그러나 추상(抽象)이란 그런 것들과는 전혀 다릅니다. 추상이란, 전체로서 주어진 대상을 분석적으로 인식하기 위해서, 그 대상으로부터 특정한 성질이나 요소를 분리해내는 정신적 작업을 가리키고, 때로는 그렇게 해서 분리된 성질이나 요소를 가리킵니다.

예를 들어, 맑스가, 그리고 그를 따라서 우리가, 자본주의적 생산의 구조와 운동법칙을 이해하기 위해서 '상품의 분석'으로부터 시작한다고 할 때, 우리는 자본주의 혹은 자본주의적 생산이라는 대상으로부터 '상품'이라는 특정한 요소를 추상해낸 것입니다.[2]

그런데, 어떤 대상이 주어졌을 때, 과연 무엇을 추상할 것인가 하는 문제가 당연히 주어집니다. 아무 성질이나 요소를 추상해서 분석한다고 해서, 그것이 그 대상을 올바로 이해하는 첫걸음일 수는 없을 것이기 때문입니다. 여기에서 '올바른 추상'이라는 문제가 주어지는데, 그것은 다름 아니라 주어진 대상의 본질적 특성, 혹은 그 본질적 특성을 내포하고 있는 요소를 분리해내는 것을 가리킵니다.

비본질적인 특성, 요소를 분리해내서는 결코 주어진 대상에 대한 올바른

---

[2] 우리는 '추상'이라는 말과 함께 '사상'(捨象)이라는 말도 자주 씁니다. 이는 추상에 필연적으로 수반하는 그 반대 작업으로서, 추상, 즉 분리해내는 것 이외의 것을 버리는 정신적 작업을 의미합니다.

이해에 도달할 수 없고, 그러한 잘못된 추상을 '죽은 추상'이라고 합니다.

한편, 자본주의적 생산의 구조와 운동법칙에 대한 연구・분석을 상품에 대한 연구・분석으로부터 시작하는, 이러한 '추상에서 구체로'라는 연구방법은 단지 정당한 논리적인 연구방법임에 그치지 않고, 역사적인 연구방법이기도 합니다. 실제로도 자본주의적 생산이 등장하여 성숙하기 훨씬 이전에 상품생산이 등장하여 발달해 왔고, 그것이 일정한 발전단계에 도달하여 비로소 자본주의적 생산이 등장・발전하였기 때문입니다.

자본주의적 상품경제에 앞선 전(前)자본주의적 상품경제를 경제학 및 경제사학에서는 '단순상품경제'라고 부릅니다.

2) 노동생산물이 왜 '상품'으로서 나타나는가

다시 우리의 주제로 돌아가면, 아무튼 우리가 자본주의적 생산과 자본주의 사회의 구조 및 운동법칙을 올바로 이해하기 위해서는 이렇게 추상으로서의 상품에 대한 분석으로부터 출발하지 않으면 안 되는데, 다만 강의라는 특성상 우리에게는 약간의 예비작업이 필요합니다.

맑스가 자신의 저작을 읽는 독자들이 역사적 생산양식으로서의 자본주의적 생산양식의 특징에 대한 개략적인 지식을 가지고 있다고 전제했음에 비해서, 혹은 그 개략적 특징을 《경제학 비판을 위하여》(통칭, 《경제학 비판》, 1859)의 "서문"에서 서술했음에 비해서, 우리는 강의로 진행한다는 특성 때문에 제1강에서 그것에 대해 얘기했습니다.

마찬가지로, '상품의 분석'을 시작하기 전에 우리는, "자본주의적 생산에서는 노동의 생산물이 도대체 왜 '상품'으로서 나타난단 말인가" 하고 생각하실 분을 위해서, 그것에 대해서 먼저 얘기를 하고자 합니다.

상품이란

맑스는, "상품은 우선 하나의 외부의 대상, 즉 그 속성들을 통해서 무언가 인간의 욕망들을 충족시키는 어떤 물건"[3]이라고 규정합니다. 그렇습니다.

---

3) 《자본론》 제1권, *MEW*, Bd. 23, S. 49. (채만수 역, 제1권, 제1분책, p. 63.)

상품이란 무엇보다도 무언가 인간의 욕망, 필요를 충족시키는 물건, 그러한 외적 대상입니다.

그러나 다른 한편에서는, 인간의 욕망을 충족시키는 물건, 그러한 외적 대상이라고 해서 모두가 상품인 것은 아닙니다. 예컨대, 동일한 물건이라도, 서점의 서가에 꽂혀 있는 책들은 상품이지만, 지금 여러분이 읽고 있는 책은 상품이 아닙니다.

그럼 상품이란 무엇일까?

상품이란 타인의 노동생산물과 교환하기 위해서, 즉 판매하기 위해서 생산된 물건이고, 타인을 위한 사용가치입니다.

따라서 자신이나 자신의 가족을 위해서 생산한 물품은 상품이 아닙니다. 뿐만 아니라, 타인을 위한 사용가치로서의 상품도 누군가가 소비를 위해서 일단 구매하고 나면, 그것은 이제 더 이상 '타인을 위한 사용가치'가 아니게 되고, 따라서 더 이상 상품이 아닙니다.

또한 '타인을 위한 사용가치'라도 모두가 다 상품인 것은 아닙니다. 예컨대, 중세의 예속농민이나 근세의 소작농민이 영주나 지주, 교회의 승려들에게 공물(지대)로서 바치기 위해서 생산한 곡물 등의 물건이나, 예컨대, 여러분이 친구나 애인에게 선물하기 위해 정성을 담아 만드는 물건 등은 상품이 아닙니다. 타인의 노동생산물과 교환하기 위해서, 즉 판매하기 위해서 생산되는 물건이 아니기 때문입니다.

그러면 왜, 어떤 조건에서 노동생산물은 상품으로서 나타나는가?

공동체 사회 내부에는 '상품'이 없다

우선, 생산수단을 공유하는 공동체 사회 내부에는 상품이 없습니다. 어느 누구도 자신의 가족에게 판매하기 위해서 무언가를 생산하지 않는 것처럼, 공동체 사회, 즉 공산사회에서는 판매를 위해 물품을 생산하지 않기 때문입니다. 공동체의 구성원들은 공동으로 노동하여 공동으로 생산하고, 그것을 공동으로 분배하여 생활합니다. 공동체 내부에서 분업이 이루어지는 경우에도, 분업자 간, 혹은 분업집단 간의 생산물의 분배는 매매, 즉 상품 교환을 통해서 이루어지는 것이 아니라 그저 필요에 따라서 이루어집니다.

이는 원시공산사회에서뿐 아니라 20세기 사회주의, 혹은 20세기 이후 현존하고 있는 사회주의에서도 마찬가지입니다.

20세기 사회주의와 관련해서는, 예컨대, 쏘련의 '루블'이 과연 화폐인지 아닌지를 둘러싼 치열한 논쟁이 있었습니다. 이 논쟁은, 다른 말로 하면, 과연 쏘련은 '상품경제 사회'인가 아닌가 하는 논쟁입니다. 이 논쟁은, 논쟁자들 간의 쏘련에 대한 판이한 태도·이해의 차이는 물론, 루블 그것이 가지고 있던 복잡한 성격 때문에, 어떠한 합의 없이 흐지부지 실종된 것으로 알고 있습니다만, 저로서는 다음과 같이 대답하고 싶습니다.

즉, 루블 그것은 화폐로서의 성격과 화폐가 아닌 것으로서의 성격을 모두 가지고 있었고, 어느 쪽이 주요한 성격이었는가는 역사적 상황에 따라서 달랐다고 해야 할 것입니다.

예컨대, '전시공산주의'에 대한 농민 등 소생산자들의 저항을 무마하고 그들을 자극하여 생산력을 증대시키기 위한 방편으로 도입된 '네프'(NEP, 1921-1928), 즉 '신경제정책' 시기의 루블은 화폐로서의 성격이 강했을 것입니다.

그러나 네프 시기를 지나 '계획경제'가 본격화된 이후의 루블은, 비록 '화폐'라는 이름으로 불렸지만, 상품의 유통수단인 화폐로서의 성격을 거의 탈각한 그 무엇, 즉 노동생산물의 계획적 유통·분배를 위한 계산단위였다고 해야 할 것입니다. 생산자로서의 각 기업소 간, 그리고 기업소와 소비자 간 노동생산물의 유통은, 외형적으로는 시장의 상품유통처럼 보였지만, 실제로는 단지 사회주의적 분업에 의한 생산물을 경제계획 당국이 정하는 기준과 원칙·절차에 따라 분배하는 기술적 과정에 불과해서. 그 노동생산물은 본래적인 의미의 상품이 아니었고, 그러한 한에서는 그 유통을 매개한 루블 역시 화폐가 아니었던 것입니다.

물론 쏘련의 루블이 전적으로 화폐가 아니었던 적은 없었다고 해야 할 것입니다. 농민들에게뿐 아니라 도시의 노동자들에게도 분여된, 개인의 주거에 부속되었던 채마밭 등, 극도로 제한된 사유지에서 농민과 노동자는 곡물·야채·가금·가축 등을 자가용으로 생산했을 뿐 아니라 판매를 위해서도 생산했고, 루블을 유통수단으로 삼아 그것들을 판매·교환했기 때문입니다. 또한 농민들의 생산 의욕을 자극하기 위해 협동조합적 집단농장인 콜호즈에 대해서도 대개의 경우 일정 생산량 이상의 생산물에 대해서는 그 임의처분,

즉 상품화를 허용했고, 그 역시 루블을 유통수단 삼아 판매·교환되었기 때문입니다.

그러나 쏘련 등 20세기 사회주의, 혹은 현존 사회주의 사회에서의 부분적인 '상품경제'는 그 사회가 아직 완전히 성숙한 사회주의 사회, 완전한 공동체 사회에 다다르지 못한 것을 보여주는 현상일 뿐, 그것이 '공동체 사회 내부에는 상품이 없다'는 것을 부인하는 것은 아닙니다. 만일 생산력이 정말 고도화되어, '능력에 따라서 일하고, 필요에 따라서 분배하는', 혹은 "각자는 그의 능력에 따라서, 각자에게는 그의 필요에 따라서"4)라는 원칙이 실현되는 사회가 되면, 형태상 시장을 닮은 유통기구는 존재할지 모르지만, 생산물이 '상품'으로서 나타나진 않을 것입니다.

생산수단의 사적 소유가 노동생산물을 상품으로 만든다

애초 상품과 상품교환은 원시공동체의 경계에서부터 발생했습니다. 노동의 경험이 축적되고, 도구가 개량됨에 따라서 공동체 내부에 무언가 '잉여'가 생산되고, 또한 구성원들의 욕망이 다양화되자, 공동체와 공동체가 서로 각각의 잉여생산물들을 교환하기 시작한 것입니다.

각 공동체는 그 내부 구성원 간에는 생산수단을 공유하였고, 따라서 그 생산물을 공유하였지만, 그 생산수단과 그 노동생산물이 공동체 외부에 대해서는 독점적·배타적으로 소유되어 있었기 때문에 '교환'을 통해서만 그 '잉여', 즉 노동생산물이 상호간에 이전될 수 있었던 것입니다.

노동생산물이 상품으로 나타나는 것은 바로 이렇게 생산수단이 독점적·배타적으로, 즉, 사적으로 소유되어 있기 때문입니다.

생산수단이 사적으로 소유되어 있는 사회에서는 노동생산물들은 생산수단의 소유자의 것으로 되고, 따라서 그것들은 교환을 통해서만 사회적으로 유통할 수 있습니다. 즉 생산물들은 상품이 되어 유통되는 것입니다. 다른 말로 하면, 생산수단이 사적으로 소유되어 있는 경우에는 노동 역시 사적으로, 즉 독립적·배타적으로 이루어지기 때문에 그 노동은 상품교환을 통해

---

4) "고타 강령 비판", *MEW*, Bd. 19, S. 21. ("고타 강령 비판", 채만수 역, 《공산당 선언》의 부록, 2022, 노사과연, p. 148.)

서 비로소 사회적 노동으로 되는 것입니다.

그리고 '상품경제' 사회에서는 이렇게 그 노동이 독립적·배타적으로 이루어지기 때문에 사회적 생산은 무정부성을 그 주요 특징의 하나로 합니다. 그리고 자본주의적 생산은 고도로 발전한 상품생산이기 때문에 그 무정부성 역시 고도로 발전하여, 자본주의적 생산의 운동에서 각별한 작용을 합니다. 이에 대해서는 차후에, 특히 경제위기, 공황의 장에서 다시 언급될 것입니다.

자, 이제 '상품의 분석'으로 넘어갑시다.

2. 상품의 두 요소: 사용가치와 가치

1) 사용가치로서의 상품체

상품이란 사용가치와 가치의 통일물입니다. 즉, 사용가치와 가치는 상품의 두 요소입니다.

앞에서, "상품은 우선 하나의 외부의 대상, 즉 그 속성들을 통해서 무언가 인간의 욕망들을 충족시키는 물건"이라고 했습니다. 무언가 인간의 욕망들을 충족시키는 물건의 이러한 속성, 그것은 바로 그 물건의 유용성입니다.

그리고 어떤 물건의 유용성은 그 물건을 사용가치로 만듭니다. 그런데, 이러한 유용성은 허공에 떠 있는 것이 아니라 상품체(Warenkörper)의 속성들에 의해 제약되어 있는 것이고, 상품체 없이는 존재할 수 없는 것이기 때문에, 상품체 그것이 바로 사용가치입니다.

'상품체'라는 말이 많이 낯설 것입니다. 상품체란 다름 아니라 상품을 이루는 물체 그 자체입니다. 그리고 인간의 욕망을 만족시키는 물체 그 자체, 즉 사용가치로서의 물건은 부(富)의 사회적 형태가 무엇이든 상관없이, 즉 그것이 상품으로 나타나든 아니든 상관없이, 그 부의 소재적(素材的) 내용을 이루는 것입니다. 말하자면, 인간의 노동생산물이 상품으로서 나타나지 않는 사회에서도 인간의 욕망·필요를 충족시켜주는 물건, 즉 사용가치의 많고 적음은 그 사회의 빈부의 정도를 나타내는 것입니다.

한편, 인간의 욕망은 주관적인 것입니다. 따라서 사회적·도덕적, 혹은 법률적으로는 몰라도 적어도 경제적으로는 그것이 어떤 것이든 문제가 되지 않고, 그것을 만족시키는 물건은 사용가치입니다. 설령 그것이 환각에 빠지고 싶은 욕망을 만족시키는 마약이든, 인간을 대량으로 살상하는 어떤 무기든, 적어도 경제적으로는 사용가치인 것입니다. 실제로 자본주의 사회에서 마약산업은 음성적으로, 그리고 군수산업은 아주 합법적으로 경제적으로 번성하고 있지 않습니까?

그런데, 어떤 물건이든 하나의 속성만을 가지고 있는 것이 아니라 여러 속성을 가지고 있고, 그 각각의 속성은 인간의 각기 다른 욕망을 만족시킬 수 있습니다. 예컨대, 농담 삼아 드는 예지만, 두툼한 책은 여러분의 지적 욕구만을 만족시키는 것이 아니라, 때로는 서가의 장식품으로서 기능하고, 때로는 여러분이 낮잠을 잘 때 베개로서도 안성맞춤으로 이용됩니다.

게다가 그 속성과 용도는, 고정되어 있는 것이 아니라, 어떤 경우에는 경험을 통해서, 어떤 경우에는 과학적인 연구를 통해서 끊임없이 발견·개발됩니다. 수없이 많은 예를 들 수 있지만, 금을 예로 들어 봅시다. 예전에 금은 장식품으로서, 혹은 화폐로서 부의 상징이었지만, 그리하여 그렇게 부를 축적하고 과시하는 것이 그 속성이요 사용방법이었지만, 과학과 기술의 발달로 요즈음엔 각종 첨단기기, 예컨대 정밀의료기기나 휴대폰 등의 부품재료로 쓰이고 있습니다. 도자기는 어떤가요? 애초에는 주로 그릇이었고, 장식품이었는데, 근대에 와서는 전신주 위에 꽂혀 있는 애자(礙子) 곧 부도체이고, 우주왕복선의 절연체입니다.

이렇게 어떤 물품, 따라서 사용가치의 속성이나 그 다양한 사용방법을 발견하는 것은 역사적인 행위입니다.

2) 상품의 교환가치와 가치

컴퓨터 1대가 양복 5벌과 교환된다고 합시다. 그러면 이때 '양복 5벌'을 '컴퓨터 1대의 교환가치'라고 합니다.

이렇게 교환가치는 우선, 어떤 한 종류의 사용가치가 다른 종류의 사용가치와 교환되는 량적인 관계로서 나타납니다.

그런데 어떤 한 사용가치는 다양한 교환가치를 가지고 있습니다. '컴퓨터

1대' = '양복 5벌' = 'MP3 플레이어 12개' = '쌀 8가마' = '금 4온스' = ... 하는 식입니다.

그리고 만약 이들 교환가치가 타당한 것이라면, 그것들은 한 상품의 교환가치이기 때문에 서로 같은 크기의 교환가치입니다.

자, 그런데, 컴퓨터와 양복과 MP3 플레이어와 쌀, 금 등은 서로 질적으로 다른 것들입니다. 그런데 그 각각의 일정 분량이 서로 '같은 것'으로 등치되고 있습니다.

여기에서 우리가 알 수 있는 것은 무엇입니까?

그것은 어떤 상품의 다양한 교환가치는 무언가 하나의 '같은 것'을 표현하고 있다는 것입니다. 예컨대, 1대의 컴퓨터가 5벌의 양복과 교환된다고 하면, "1대의 컴퓨터 = 5벌의 양복"이라는 등식이 성립합니다. 사용가치로서는 컴퓨터와 양복은 전적으로 다른 물건이고, 따라서 서로 '=' 하고 등치될 수 없습니다. 그런데도 컴퓨터 1대와 양복 5벌이, 혹은 때로는 '1대의 컴퓨터 = 3벌의 양복'이라는 식으로 컴퓨터의 일정량과 양복의 일정량이 서로 등치된다는 것은 그 양자에게는 사용가치 외에 공통된 무언가가 존재하고 있다는 것을 의미하고, 그 공통된 무언가가 량적으로 같다는 것을 의미합니다.

왜 그런가?

어떤 것이 량적으로 비교되기 위해서는 그것이 우선 무언가 공통적인 것으로, 공통의 단위로 환원되어야 하고, 따라서 질적으로 다른 물품들 사이에 어떤 량적 관계가 있다는 것은 그 물품들에는 그렇게 환원된 무언가 공통물이 존재한다는 것을 뜻하기 때문입니다. 다시 말하면, 어떤 것들이 서로 량적으로 비교되기 위해서는, 량적 비교 이전에 질적(質的)으로 동일하지 않으면 안 됩니다.

예컨대, 이런 질문을 한다고 칩시다. 즉, "어떤 토지의 넓이는 400평이고, A 지점에서 B 지점까지의 거리는 500km일 때, 어느 쪽이 더 큰가?" 혹은 "90kg과 1시간 30분은 어느 쪽이 더 무거운가?" 등등.

이런 질문을 받으면, 여러분은 필시 머리 위에 손가락을 빙글빙글 돌리면서 "저 사람 좀 돈 거 아냐" 하고 생각할 것입니다. 한 경우에는 넓이와 길이를, 또 한 경우에는 무게와 시간을, 등등으로 질적으로 서로 달라서 도무지 량적으로 비교될 수 없는 것을 비교하려고 하고 있으니까 말입니다.

그런데 상품유통에서는 전적으로 질이 다른, 예컨대, 컴퓨터와 양복이 량적으로 비교되어, "1대의 컴퓨터 = 5벌의 양복"이라는 등식이 성립되어 표시됩니다. 이것은, 반복되는 애기지만, 질적으로 전혀 다른 컴퓨터와 양복 속에 무언가 동질의 것이 있어서 그것들이 서로 량적으로 비교되고 있다는 것을 나타내는 것입니다. 즉, 무릇 상품의 교환가치란 교환가치로서의 상품체 그것과는 구별되는 어떤 실체, 즉 모든 상품에 존재하는 무언가 공통물의 표현양식, 그것의 '현상형태'일 뿐이라는 것으로 됩니다.

그 공통물이 바로 가치입니다.

그리고, 참고로 미리 애기하자면, '가격'이란 상품의 교환가치의 하나로서, 그 상품의 가치를 일정 량의 금으로 표현한 것입니다. 뒤에서 설명하겠지만, 금은 곧 화폐이기 때문에 "가격은 가치의 화폐적 현상형태", 즉 "상품의 가격은 그 상품의 가치를 일정량의 화폐, 즉 일정량의 금으로 표현한 것"입니다.

여기에서 '중요한 여담'을 하나 하겠습니다.

어떤 것들이 서로 량적으로 비교되기 위해서는, 량적 비교 이전에 질적으로 동일하지 않으면 안 된다고 애기했습니다. 그런데, 눈여겨보시면, 여러분들은 가끔 아주 '흥미 있는' 경제기사 혹은 경제논설들을 보고 듣게 됩니다.

다름 아니라, 매년 년말이나 매 4/4분기가 지나면 정부의 여러 경제부처가 년간 혹은 분기별 경제통계를 발표합니다. 그리고 신문이나 방송은 그것을 받아서, 예컨대, "지난해 수출은 가격 기준으로는 △△%가 증대했지만, 물량 기준으로는 ▽▽%가 줄었다"는 식으로 기사를 쓰고, 또 열심히 논설을 폅니다. 경제 관료들이나, 경제부 기자들, 논설위원들뿐이 아닙니다. 누구라고 지적은 안 하겠습니다만, 지금은 대구에 있는 모 대학의 경제학 교수로 계신 어떤 이의 명색이 경제학 박사학위 논문에서도 그러한 수치가 인용되고, 그러한 논지가 전개된 것을 본 적도 있습니다.

이 나라에서는 정말 수도 없이 많은 종류의 상품, 질적으로 전혀 다른 수없이 많은 종류의 상품이 수출되고 있는데, 그 수많은 종류의 상품들을 가격(가치) 말고 그 어떤 의미 있는 '물량' 단위로 환산하여 "물량 기준으로는 몇 퍼센트가 줄었느니, 늘었느니" 할 수 있단 말입니까? 기껏해야 무게나 부피 단위로 환산할 수 있는 게 고작일 텐데, 그렇게 환산된 물량의 증감이 "가격

기준으로는 △△%가 증대했지만, 물량 기준으로는 ▽▽%가 줄었다"는 식으로, 정색을 하고 보도하고, 논할 만한 경제적 의미를 갖는 것일까요?

참으로 황당한 일이 아닐 수 없습니다. 그럼에도 불구하고, 경제 관료들과 경제부 기자들, 논설위원들, 경제학 교수님들은 그런 얘기를 예사롭게 지껄입니다. 그것도 주기적으로 말입니다. 가히 (소)부르주아적 백치 증세의 표현, 그것 아니겠습니까?

3) 노동의 이중성과 가치의 실체

지금까지 상품의 두 요소로서의 사용가치와 가치, 혹은 가치의 현상형태로서의 교환가치에 대해서 고찰했습니다. 그런데 상품은, 사용가치로서도, 가치 혹은 교환가치로서도 모두 노동의 생산물입니다.

그러면 이제 노동이란 무엇이며, 그 노동의 어떤 성격이 상품을 사용가치이게끔 하고 또 어떤 성격이 상품을 가치 혹은 교환가치이게끔 하는가를, 그리고 다양한 교환가치의 공통물로서의 가치의 실체는 무엇인가를 봅시다.

자연과 인간 사이의 물질대사를 매개하는 행위로서의 노동

우리는, 매일같이 노동을 하면서 살고 있으면서도, 노동이란 무엇인가에 대해서는, 특히 그 본질적 의의와 기능에 대해서는 사실상 거의 관심을 가지지 않습니다. 그저 '일하지 않으면 먹고 살 수 없지!' 정도로 생각하며 살고 있습니다.

'일하지 않으면 먹고 살 수 없지!' — 예, 진실입니다. 그런데 이 자본주의 사회에서는 이 진실마저도, 진실 그대로의 의미로 통용되는 게 아니라, '일자리를 찾지 못하면 ...', 혹은 '취직하지 못하면 ...', 혹은 '고용되지 못하면 ...'의 의미로 통용됩니다. 노동하지 않으면 (먹고) 살 수 없는데, 그 노동의 절대적 조건인 사회의 주요 생산수단들을 자본가들이 사적(私的)으로, 즉 배타적·독점적으로 소유하고 있어서, '일자리를 찾지 못하면', 즉 '취직하지 못하면', 즉 자본에 의해서 '고용되지 못하면' 노동할 수 없는 현실, 따라서 살아갈 수 없는 현실을 반영하고 있는 것이지요.

자본에 의한 사회의 주요 생산수단들의 사적 소유, 따라서 자본에 의해서 고용되지 못하면 노동할 수 없고, 살아갈 수 없는 현실은 물론 반드시 극복·폐지하지 않으면 안 되는 이 시대 인류의 과제요, 그 과제를 수행하는 핵심 주체는 자본에 의해서 직접적으로 착취·억압당하고 있는 노동자계급일 수밖에 없습니다.

다만, 노동자계급이 그 역사적 임무를 어떻게 수행할 것인지의 문제는 그것대로 남겨둔 채, 여기에서는 '일하지 않으면 먹고 살 수 없지!'의 진실한 의미, 본질적 의미에 대해서 얘기해 봅시다.

맑스는 ≪자본론≫에서 이렇게 얘기합니다.

> 노동은 우선 자연과 인간 사이의 과정, 즉 인간이 자기 자신의 행위에 의해서 자신과 자연 사이의 물질대사(物質代謝)를 매개하고, 규제하며, 통제하는 과정이다. 인간은 자연소재 자체에 대해서 하나의 자연력(自然力)으로서 상대한다. 인간은 자연소재를 자신의 삶을 위해서 사용할 수 있는 어떤 형태로 획득하기 위해서 자신의 육체에 속하는 자연력들인 팔과 다리, 머리와 손을 운동시킨다. 인간은 이 운동에 의해서 자신의 외부의 자연에 작용을 가하여 그것을 변화시키면서, 동시에 그는 자기 자신의 자연(Natur)을 변화시킨다. 그는 그 자신의 자연 속에 잠자고 있는 능력들을 발전시키고, 그들 힘의 운동을 통제한다.[5]

인간의 삶이란 자신의 생존에 필요한 생활수단들을 자연으로부터 획득해서 소비하고 그 폐기물을 자연에 환원시키는 과정인데, 이 과정을 매개하는 인간의 행위, 무엇보다도 우선 인간이 "자신의 육체에 속하는 자연력들인 팔과 다리, 머리와 손을 운동시"켜 "자연소재를 자신의 삶을 위해서 사용할 수 있는 어떤 형태로 획득하"는 행위, 그 과정이 바로 노동이라는뜻입니다.

어떻습니까? 일하지 않으면 먹고 살 수 없지!' — 바로 그대로지요?

그런데 위 인용문의 뒷부분에서 맑스는, "인간은 이 운동", 즉 노동"에 의해서 자신의 외부의 자연에 작용을 가하여 그것을 변화시키면서, 동시에 그는 자기 자신의 자연(Natur)을 변화시킨다. 그는 그 자신의 자연 속에 잠자고 있는 능력들을 발전시키고, 그들 힘의 운동을 통제한다."고 말하고 있지요? 무슨 의미일까요?

---

[5] *MEW* 23, S. 192. (채만수 역, 제1권 제2분책, p. 298.)

다름 아니라, 인간은 노동을 통해서 자연을 변화시키고, 그로부터 생활수단들을 획득할 뿐 아니라, 바로 그 노동을 통해서 자신을 변화·발전시킨다는 뜻입니다. 이에 대해서 엥엘스는, 첫마디에 다음과 같이 말하면서, 원숭이를 닮은 한 부류의 유인원이 원숭이와는 질적으로 다른 인간이 되는 데에서의 노동의 역할을 아주 흥미 있게 논하고 있습니다.

> 노동은 모든 부의 원천이라고 경제학자들은 말한다. 노동은 부의 원천이다 ― 노동이 부로 전화하는 재료를 노동에게 제공하는 자연과 더불어. 그러나 노동은 무한히 그 이상이다. 노동은 모든 인간 생활의 제1의 근본조건이며, 더욱이 어떤 의미에서는 다음과 같이 말하지 않으면 안 될 정도로 그렇다: 노동이 인간 그 자체를 창조해왔다.[6]

한편, 지금 우리의 주제와 직접적인 관련은 없는 문제입니다만, 소위 생태주의자들 중에는 적지 않은 수의 사람들이, '맑스주의는 생산력주의라서 반(反)생태적이다'라는 식의 당구풍월(堂狗風月)을 읊어댑니다. 그러나, 보다시피 앞의 인용문에서 맑스는, "노동은 우선 자연과 인간 사이의 과정, 즉 인간이 자기 자신의 행위에 의해서 자신과 자연 사이의 물질대사(物質代謝)를 매개하고, 규제하며, 통제하는 과정이다."(!)라고 말하고 있습니다. 즉, 인간의 삶을 인간 자신과 자연 사이의 물질대사(物質代謝)의 과정으로 파악하고 있습니다. 그런데 자연이 오염되고 파괴되면 될수록 인간과 자연 간의 물질대사는 그만큼 훌륭하게 이루어지겠지요? 그러니 맑스주의가 얼마나 반생태주의적입니까?

맑스(와 엥엘스)의 수많은 반생태주의적 발언 중에서 여기에 하나만 더 인용해둡시다.

> 자본주의적 생산양식이 대중심지들에 집적시키는 도시인구가 끊임없이 과중(過重)해짐에 따라서, 자본주의적 생산은, 한편에서는 사회의 역사적 동력을 축적하고, 다른 한편에서는 인간과 토지 사이의 물질대사를, 즉 먹

---

[6] F. 엥엘스, "원숭이의 인간화에서의 노동의 공헌", ≪자연의 변증법≫, *MEW*, Bd. 20, S. 444. (박기순 역, "원숭이의 인간화에서 노동이 한 역할", ≪칼 맑스·프리드리히 엥겔스 저작 선집≫, 제5권, 박종철출판사, 1994, p. 379.)

고 입는 수단으로서 인간에 의해 소비된 토지성분들의 토지에의 복귀를, 따라서 지속적인 토지 비옥도의 영원한 자연조건을 교란한다. 그와 더불어 그것은 동시에 도시 노동자들의 육체적 건강과 농촌 노동자들의 정신적 생활을 파괴한다. 그러나 그것은, 단순히 자연발생적으로 생겨난 저 물질대사의 상태들을 파괴함으로써, 동시에 그 물질대사를, 사회적 생산을 규제하는 법칙으로서 그리고 인간의 완전한 발전에 적합한 형태로 체계적으로 재건하도록 강제한다. … 자본주의적 생산은, 오로지 모든 부의 원천인 토지와 노동자를 동시에 파괴함으로써만, 사회적 생산과정의 기술과 결합을 발전시킨다.7)

자본주의적 생산이 토지, 즉 자연을 파괴함을 지적하면서, 그러나 자본주의적 생산 "그것은, 단순히 자연발생적으로 생겨난 저 물질대사의 상태들을 파괴함으로써, 동시에 그 물질대사를, 사회적 생산을 규제하는 법칙으로서 그리고 인간의 완전한 발전에 적합한 형태로 체계적으로 재건하도록 강제한다."고까지 말하고 있으니, 즉 사실상 오늘날의 '환경운동', 혹은 생태복원 운동까지를 내다보고 있으니, 이 얼마나 반생태주의적입니까? 150년도 훨씬 더 전에 한 얘기입니다.

우리의 주제로 다시 돌아갑시다.

사용가치의 형성자로서의 유용노동 혹은 구체적 노동

사용가치로서의 상품은 여러 가지로 다른 질을 가지고 있습니다. 예컨대, 컴퓨터와 양복, 혹은 책상은 서로 다른 질의 사용가치들입니다.

그리고 이들 서로 다른 질의 사용가치들을 만들기 위해서는 노동 역시 서로 다른 형태와 방식으로 지출되지 않으면 안 됩니다. 예컨대, 컴퓨터를 만들기 위한 노동은 그 목적에 맞는 형태와 방식으로 노동이 지출되지 않으면 안 되고, 책상을 만들기 위해서는 이 또한 그를 위한 형태와 방식으로 노동이 지출되어야 하며, 따라서 그 노동은 그 형태와 방식에서 컴퓨터를 만드는 노동과 확연히 다릅니다. 어떤 사용가치의 경우에나 모두 마찬가지로 그것을 생산하기 위해서는 당연히 그 목적에 맞는 형태와 방식의 노동이 지출되

---

7) ≪자본론≫, 제1권, MEW, Bd. 23, S. 528-530. (채만수 역, 제1권, 제3분책, pp. 829-830.)

지 않으면 안 됩니다.

이렇게 특정한 사용가치를 만들기 위해서 합목적적인 형태와 방식으로 지출되는 노동을 유용노동(有用勞動), 혹은 구체적 노동이라고 부릅니다. 즉, 유용노동 또는 구체적 노동은 사용가치를 생산하는 노동인 것입니다.

그리고 사용가치를 생산하는 이 유용노동 혹은 구체적 노동이야말로 '본래적 의미의 생산적 노동'입니다. 앞에서 말씀드린 것처럼, 사용가치로서의 물건은 부(富)의 사회적 형태가 무엇이든 상관없이, 즉 그것이 상품으로 나타나든 아니든 상관없이, 그 부의 소재적(素材的) 내용을 이루는 것이기 때문입니다. 뿐만 아니라, 이 유용노동, 즉 사용가치의 형성자로서의 노동은 사회형태가 어떻든 상관없이 그로부터 독립적인 인간의 존재조건이고, 인간과 자연과의 물질대사, 따라서 인간의 생활을 매개하기 위한 영원한 자연필연성입니다.[8] 사회형태가 어떻든지 상관없이, 사용가치를 형성하는 노동 없이는 인간은 자연으로부터 그 물질적 생활자료를 획득할 수 없고, 따라서 생활을 유지할 수 없는 것입니다.

생산적 노동과 비생산적 노동

참고로, 유용노동 혹은 구체적 노동을 방금 '본래적 의미의 생산적 노동'이라고 불렀습니다. 눈치 빠른 분들은, '본래적 의미의'라고 말한 데에 착안하여, "아하, 그렇다면, '생산적 노동'이란 규정은 다른 의미로도 사용되는 모양이구나" 하고 짐작하실 것입니다.

그렇습니다. '자본주의적 혹은 자본가적 의미의 생산적 노동'은 본래적인 의미의 생산적 노동과 전혀 다릅니다. 자본주의적 혹은 자본가적 의미에서는, 그것이 사용가치를 창조하든 아니든 자본에게 이윤을 창출, 또는 실현시키는 노동이면 모두 생산적 노동입니다. 그에 반해서, 아무리 사용가치를 창출하더라도 자본가에게 이윤을 가져다주지 않는 노동은, 자본주의적 혹은 자본가적 의미에서는, 비생산적인 노동입니다. 자본가에게는 "오직 자본가

---

[8] "사용가치의 형성자로서는, 즉 유용노동으로서는, 노동은 모든 사회형태들로부터 독립적인 인간의 존재조건, 즉 인간과 자연 사이의 물질대사(Stoffwechsel)를, 따라서 인간의 생활을 매개하기 위한 영원한 자연필연성이다."(≪자본론≫, 제1권, *MEW*, Bd. 23, S. 57. 채만수 역, 제1권, 제1분책, p. 77.)

를 위하여 잉여가치를 생산하는 노동자, 즉 자본의 자기증식에 봉사하는 노동자만이 생산적"9)인 것입니다.

예를 들면, 현대자동차 공장에서 자동차라는 사용가치를 만드는 노동자들의 노동은, 현대자본의 입장에서는, 그 노동이 사용가치를 만들 뿐 아니라 현대자본에게 이윤을 가져다주는 한에서 생산적인 노동입니다. 그러나 동일한 노동일지라도, 시장조건의 변화에 의해서든 다른 어떤 이유에서든 그것이 자본에게 이윤을 가져다주지 않는다면, 자본(가)의 입장에서는 그것은 비생산적 노동입니다.

그런데, 현대자동차의 판매대리점에서 자동차를 판매하는 상업노동의 경우는 어떻습니까? 그것은 어떤 사용가치도, 가치도 창출하지 않는 노동입니다. 그것은 단지 이미 생산되어 있는 사용가치로서의 자동차에 내재되어 있는 가치를 화폐로서 실현시키는 노동에 불과합니다. 그러나 그 노동이 자동차의 가치를 정상적으로 실현시킨다면, 그것은 필경 판매대리점을 운영하는 자본(가)에게 이윤(상업이윤)을 가져다줄 것입니다. 그리고 그러한 한에서 그 노동은, 자본주의적 혹은 자본가적 의미에서, 생산적인 노동입니다. 아무런 사용가치를 생산하지 않는데도 말입니다.

가치의 형성자로서의 추상적 인간노동

아무튼 이렇게 사용가치로서의 상품은 컴퓨터나 책상 등등과 같은 특정한 형태와 속성의 물품이고, 그것들을 생산하기 위해서는 그 목적에 합당한 형태와 방식으로 노동이 지출되지 않으면 안 됩니다. 사용가치로서의 상품은 특정한 합목적적인 형태와 방식으로 지출되는 유용노동, 혹은 구체적 노동의 생산물인 것입니다.

자, 그런데 그러한 노동생산물이자 사용가치와 가치의 통일물인 상품에서 그 사용가치를 사상(捨象)하면, 어떻게 되겠습니까?

---

9) "자본주의적 생산은 단지 상품의 생산인 것만은 아니며, 그것은 본질적으로 잉여가치의 생산이다. 노동자는, 자신을 위해서 생산하는 것이 아니라, 자본을 위해서 생산한다. 따라서 무릇 그가 생산한다고 하는 것만으로는 더 이상 충분치 않다. 그는 잉여가치를 생산하지 않으면 안 된다. 오직 자본가를 위하여 잉여가치를 생산하는 노동자, 즉 자본의 자기증식에 이바지 하는 노동자만이 생산적이다."(《자본론》, 제1권, *MEW*, Bd. 23, S. 532. 채만수 역, 제1권, 제3분책, pp. 833-834.)

당연히 그것들은 더 이상 컴퓨터나 책상 등등과 같은 특정한 형태의 노동생산물, 즉 유용적·구체적 노동의 생산물이라는 성격을 잃고, 단지 인간노동, 즉 무차별한 인간노동의 산물이라는 성격만 갖게 됩니다. 혹은 그렇게 무차별한 인간노동의 생산물이라는 것으로 환원되게 됩니다. 컴퓨터도, 책상도, 더 이상 컴퓨터 혹은 책상이라는 사용가치로서의 성격은 사라지고, 단지 인간노동의 생산물이라는 성격만 남는 것입니다.

왜 그런가?

컴퓨터를 만드는 전자공업 노동자의 노동이나 책상을 만드는 목수의 노동은 그 형태와 지출 방식은 다르지만, 그것이 모두 인간 노동력의 발휘라고 하는 측면에서는 동일성을 갖는 노동이기 때문입니다.

이렇게 그 구체적 형태와 더불어 그 유용적 성격이 사상된 무차별한 인간노동, 그것이 바로 추상적 인간노동입니다.

이러한 측면에서 보면, 상품은 이제 노동의 지출형태와는 전혀 관계가 없는 무차별한 인간노동, 즉 추상적 인간노동의 응고물입니다. 그리고 모든 상품에 공통적인 이 사회적 실체, 즉 노동의 결정(結晶)이 곧 가치입니다. 추상적 인간노동이야말로 가치의 실체인 것입니다.

따라서 어떤 상품, 즉 어떤 사용가치 혹은 재화가 가치를 가지고 있는 것은 단지 추상적인 인간노동이 그것에 대상화, 같은 말이지만, 물질화되어 있기 때문입니다. 그리하여 가치 혹은 그 현상형태인 교환가치로서의 모든 상품은 동질(同質)의 서로 다른 량(量)일 뿐이며, 거기에는 한 톨의 사용가치도 포함되어 있지 않습니다.

3. 상품 가치의 크기

1) 상품 생산의 사회적 필요 노동시간

그러면, 상품 가치의 크기는 어떻게 결정되고 측정될까요?

상품의 가치 크기는 당연히 그것에 포함되어 있는 '가치를 형성하는 실체', 즉 노동의 량에 의해서 결정되고 측정됩니다. 물론 여기서 '노동' 혹은

'노동의 량'이라고 할 때, 그것은 개념적으로는, 구체적 유용노동이나 그 량을 가리키는 것이 아니라, 질적으로 무차별한 '추상적 인간노동', '추상적 인간노동의 량'을 가리킵니다.10) 그러한 추상적 인간노동이야말로 가치를 형성하는 실체이기 때문입니다.

그리고 "노동의 량 그것은 그 지속시간으로 측정되고, 노동시간은 다시 시간, 날[日] 등등과 같은 일정한 시간부분들을 그 도량표준(Maßstab)으로서 삼고 있"11)습니다.

여기서 '도량표준'(度量標準)이라는, 아마도 많은 분에게 낯선 용어에 대해서 설명할 필요가 있겠군요. 'Maßstab'이라고 일부러 원어를 표시했는데, 쉽게 번역하면, '측정단위' 혹은 '척도'(尺度)라는 뜻입니다. 무릇 경제학이란 자본주의적 생산의 발전과 함께 생성・발전한 학문이고, 따라서 애초에는 자본주의가 가장 먼저 생성・발전한 영국 등 서유럽에서 생성・발전한 학문입니다. 동아시아에서는 그것을, 자본주의를 가장 먼저 발전시킨 일본이 수입・발전시켰고, 그 과정에서 일본의 선구적 경제학자들이 이 'Maßstab'을 '도량표준'이라는 어휘로 번역, 정착시켰기 때문에, 즉 이제 그것이 경제학상의 관용적 술어로 되었기 때문에 저도 '도량표준'이라는 용어를 쓰고 있습니다.

혹시 여러분 중에 "'측정단위' 혹은 '척도'라는 누구에게나 쉽게 이해되는 용어를 놔두고 무슨 우라질 '도량표준'이냐"고 생각하는 사람이 있다면, 예, 좋습니다. '도량표준' 대신에 '측정단위'나 '척도'라고 표현해도 전혀 문제가 없습니다.

아무튼 이렇게 상품 가치의 크기는 그것에 포함되어 있는 '가치를 형성하는 실체', 즉 노동의 량에 의해서 결정・측정되고, 노동 자체의 량은 노동의 지속시간에 의해서, 한 시간의 노동, 혹은 하루의 노동 등으로 측정됩니다.

유명 지식인들의 코믹 헛소리 세 마당

상품 가치의 실체는 그 구체적 형태와 더불어 그 유용적 성격이 사상된, 추상적 인간노동이라고 하는 것, 그리하여 상품의 가치 크기는 그에 포함되

---

10) '구체적 유용노동'과 '추상적 인간노동'은 동일한 노동의 이중성을 가리키는 것이기 때문에 사실은 여기에서 양자는 같은 량입니다.

11) ≪자본론≫, 제1권, *MEW*, Bd. 23, S. 53. (채만수 역, 제1권, 제1분책, p. 70.)

어 있는, 따라서 그것을 생산하는 데에 사회적으로 필요한 추상적 인간노동의 량에 의해서 결정되고, 그 노동의 량 자체는 한 시간, 하루 등의 일정한 시간 부분을 그 도량표준으로 삼고 있는 노동의 지속시간에 의해서 측정된다고 하는 것은, 노동가치론을 공부하는 사람이면, 나아가 경제학을 공부하는 사람이면, 누구나 아는, 혹은 누구나 알아야 하는 기초 중의 기초입니다.

그런데, 이 기초 중의 기초가, 맑스주의니, 맑스의 가치론이니 하는 것들을 입에 달고 사는 일부 철학자나, 사회학자, 경제학자 등 유명 지식인들에게는 전혀 다른 어떤 것인 모양입니다.

(1) 일찍부터 이진경('이것이 진정한 경제학'?)이라는 필명으로 유명한, 그리고 철학과 경제학, '사회학'을 자유자재로 넘나드는 희대의 천재 박태호 서울산업대 교수님께서는, "자동화란 노동을 노동자로부터 분리하려는 경향이 정신노동으로까지 확대된 것"이며, "이처럼 노동의 기계적 포섭을 통해 자본이 새로이 착취하게 된 잉여가치를 '기계적 잉여가치'라고 명명할 수 있지 않을까" 운운하면서, 기계도, 따라서 자본도 잉여가치를, 따라서 가치를 생산한다고 말합니다. 그것도, "맑스의 전례를 따라" 운운하면서 말입니다.12)

그리고 이렇게 "노동만이 가치를 생산하는 게 아니라 기계도 가치를 생산한다"고 선언하고 나면, 한 발 더 나아가는 일은 어려운 게 아닙니다. 그리하여 이진경과 필시 아류인 손애리 상명대 강사님(사회학)은 아주 자신에 차서 선언합니다. "자연도 가치를 생산한다"고! "맑스 또한 '고타 강령 비판'에서 '자연도 노동과 마찬가지로 사용가치의 원천이다(그리고 물질적 부는 바로 이 사용가치로 이루어진다!)'라고 말한 부분을 적극적으로 해석하여, 자연 또한 가치의 원천이라고 말한다"면서 말입니다.13)

어떻습니까? 이렇게 되면, 상품 가치의 실체는 더 이상 인간노동이 아닌

---

12) 이진경, "노동의 기계적 포섭과 기계적 잉여가치 개념에 관하여", 맑스코뮤날레 조직위원회 편, ≪지구화시대 맑스의 현재성≫, 문화과학사, 2003, pp. 474-475.
13) 손애리, "≪자본≫의 외부, 자본의 외부"(이진경, ≪자본을 넘어선 자본≫, 그린비, 2004의 서평), ≪진보평론≫ 제21호, 2004년 겨울, p. 326. 박태호 교수님이나 손애리 교수님에게는 필시 '사용가치=가치'이거나, '물질적 부=가치'인 모양입니다. 아니면, "적극적인 해석"이란 것이 그렇게 등치시킬 수 있도록 만드는 도깨비 방망이이든지 말입니다.

게 되는 것 아닙니까?

어떻게 해서 이들은 기계도, 자본도, 자연도 (잉여)가치를 생산한다는 결론에 도달할 수 있었을까요?

다름 아니라, 노동이란 것은, 기계의 움직임 같은 무언가의 단순한 역학적 운동이 아니라, "자연과 인간 사이의 과정, 즉 인간이 자신의 행위에 의해서 자연과 자신 사이의 물질대사를 매개하고, 규제하며, 통제하는 과정"[14]이자 "인간의 뇌, 신경, 근육, 감각기관 등의 지출"[15]로서의 인간의 주체적 행위라는 것, 그리고 교환가치라는 것은 생산수단이 사적으로 소유되어 노동이 사적으로 수행되기 때문에 그 사적 노동의 생산물들이 일정한 비율로 사회적으로 분배되는 형태이며, 가치란 그러한 교환가치의 실체를 이루는 추상적 인간노동이란 사실에 대한 저들의 철저한 무지가[16] 저들로 하여금 저토록 화려하게 '맑스의 노동가치론을 발전'시키게끔 하고 있는 것입니다.

(2) 추상적 인간노동에 관한 한, '방법론의 대가' 박성수 한국해양대 교수님(철학)의 해석도 빼놓을 수 없는 가관입니다. 예컨대, 마이크로소프트사의 윈도우XP나 오피스 프로그램 같은 정보재의 가치·가격은 '지대'라는, "정보재 가치론"에 대한 뛰어난 "방법론적 시각"을 가지고 계신 박 교수님께서는 이렇게 말씀하십니다.

---

14) ≪자본론≫, 제1권, *MEW*, Bd. 23, S. 192. (채만수 역, 제1권, 제2분책, p. 298.)

15) ≪자본론≫, 제1권, *MEW*, Bd. 23, S. 85. (채만수 역, 제1권, 제1분책, p. 124.)

16) "가치개념을 실증해야 할 필요성에 관한 요설은 문제가 되는 사안에 관한, 그리고 과학의 방법에 관한 가장 완전한 무지에서 기인한다. 어느 국민이나 일 년이 아니라 두서너 주일 동안만 노동을 중지해도 죽게 된다는 것은 어떤 어린애도 알고 있다. 마찬가지로 다양한 욕망에 상응하는 상품의 양은 다양하고 량적으로 특정한 사회적 총노동의 양을 필요로 한다는 것도 누구나 알고 있다. 사회적 노동을 일정한 비율로 분배해야 할 이러한 필요성은 절대로 사회적 생산의 특정한 형태를 통해서 지양되지 않고 단지 그 현상방식만을 바꾼다는 것은 자명하다. 자연법칙은 절대로 지양될 수 없다. 역사적으로 다양한 상태 속에서 바뀔 수 있는 것은 단지, 각각의 법칙이 관철되는 형태뿐이다. 그리고 사회적 노동의 연관(Zusammenhang)이 개인적 노동생산물의 사적교환(Privataus-tausch)으로서 나타나는 사회상태 속에서 노동의 이러한 비례적 분배가 관철되는 형태가 바로 이들 생산물의 교환가치이다."(K. 맑스, "루트뷔히 쿠겔만(Ludwig Kugelmann)에게 보내는 편지", 1868. 7. 11, *MEW*, Bd. 32, S. 552-553.)

투하된 노동이 가치를 결정한다. 그러나 그 가치는 사용가치를 매개로 해서 사회적 승인을 얻을 때에만 실현된다. 그렇기 때문에 자본주의 경제의 기본적인 무정부적 성격이 있는 것이다. 만일 투하노동이 미리, 즉 사전에 가치를 확정지을 수 있다면, 그것은 결코 자본주의가 아니다. 사후적으로 확정되기 때문에 사회적 필요노동의 추상적 성격이 존재한다.17)

상품의 가치가 "사후적으로 확정되기 때문에 사회적 필요노동의 추상적 성격이 존재"한답니다. 한편에서는, "투하된 노동이 가치를 결정한다"면서도, 아니 무어라고 했든 상관없이, 상품의 가치가 "사후적으로 확정된다"고 하는 것도 참으로 기괴한 방법론적 시각이거니와, "사회적 필요노동의 추상적 성격"은 그 가치가 "사후적으로 확정되기 때문"이랍니다. 이것이 '방법론' 운운하는 맑스주의 철학 교수님의 '…노동의 추상적 성격'과 관련한 주장입니다.

그러나 '추상적 인간노동', 혹은 박성수 교수님 식으로 말하자면, "…노동의 추상적 성격"에 대해서 맑스는 이렇게 쓰고 있습니다.

> 우리가 노동생산물의 사용가치를 사상한다면, 우리는 그것을 사용가치이게끔 하는 물체적 성분들과 형태들 역시 사상하는 것이다. 그것은 더 이상 탁자나 집이나 실이나 그밖에 어떤 유용물(有用物)이 아니다. 그것의 모든 감각적 속성들은 없어졌다. 그것은 또한 더 이상 목공노동이나 건축노동이나 방적노동이나 그밖에 어떤 특정한 생산적 노동의 생산물도 아니다. 노동생산물의 유용성과 함께 그것들 속에 표현된 노동들의 유용성이 사라지고, 따라서 또 이들 노동의 다양하고 구체적인 형태들 또한 사라지며, 그것들은 더 이상 서로 구별되지 않게 되고, 모두 다 동일한 인간노동, 즉 추상적인 인간노동으로 환원된다.18)

즉, '추상적 인간노동' 혹은 박성수 교수님 식으로 말하자면, "…노동의 추상적 성격"이란, 노동생산물의 사용가치를 사상함으로써 노동생산물의 유용성과 함께 그것들 속에 표현된 노동들의 유용성이 사라지고, 따라서 또 이들

---

17) 박성수, "정보재 가치론 논쟁에 대한 방법론적 시각", ≪진보평론≫, 제23호, 2005년 봄, pp. 280-281.
18) ≪자본론≫, 제1권, *MEW*, Bd. 23, S. 52. (채만수 역, 제1권, 제1분책, pp. 68-69.)

노동의 여러 구체적인 형태도 사라져, 이들 노동은 더 이상 서로 구별되지 않게 된 노동, 혹은 인간노동의 그러한 성격입니다.

박성수 교수님께서 철학 교수의 권위로 "방법론" 운운하면서 얼마나 황당한 말씀을 지껄이고 계신가를 알 수 있을 것입니다.

(3) 류동민 충남대 교수님(경제학)의 경우도 역시 가관입니다. 상품의 가치, 구체적으로는 정보재의 가치를 논하면서, "이질적 시간의 단위간의 접합"이니, "동질적이고 완전가분성을 갖는 '빈 시간'으로서의 '추상적 시간'"이니, "가치의 측정단위가 되는 추상적 시간"이니, "생산성 수준에 기초하는 즉각적 시간"이니, "초기에 투하된 노동시간이 일정한 질량을 갖고 그 이후의 생산과정으로까지 계승된다는 일종의 질량보존의 관념"이니[19] 하는 따위의 가히 기가 막힐 헛소리들을 지껄여대고 계시기 때문입니다.

실로 광인(狂人)의 언어라서 맨 정신으로는 도무지 그 의미를 알 길이 없습니다.

다만, 어떻게 해서 "가치의 측정단위가 되는 추상적 시간" 따위의 얘기가 나오는지 아십니까? 추측컨대, 필시 이런 것일 것입니다. "추상적 인간노동"과 "노동시간"이 합쳐진 "추상적 (인간)노동 시간"이란 얘기는 어디선가 주워 들으셨겠다 — 거기에서 "(인간)노동"을 쏙 빼내 버리고, "추상적 시간"이란 개념을 발명하신 것일 것입니다. 정말 천재적이지 않습니까?!

사회적 필요 노동시간

다시 우리의 본래 주제로 돌아옵시다.

앞에서 우리는, 상품 가치의 크기는 그것에 포함되어 있는 '가치를 형성하는 실체', 즉 노동의 량에 의해서 결정·측정되고, 노동 자체의 량은 노동의 지속시간에 의해서, 한 시간의 노동, 혹은 하루의 노동 등으로 측정된다고 말했습니다.

그런데 동일한 상품을 만드는 데에도, 만드는 사람들의 숙련도나 협업이나 분업 등 노동방식, 기타 여러 노동조건의 차이로 사람마다 걸리는 시간이

---

[19] 류동민, "디지털 네트워크 경제의 특성에 대한 정치경제학적 분석", 강철규 외, ≪21세기 한국 사회경제의 발전전략≫, 여강출판사, 2000, pp. 262-266.

다를 수 있고, 어쩌면 사람마다 다른 것이 일반적일 것입니다. 그러면, 동일한 상품이라도 만드는 사람에 따라서 그 가치가 달라지는 것일까요?

그렇지 않습니다. 어떤 사회에서 일정한 시점에서는 동일한 상품은 동일한 크기의 가치를 갖습니다. 그리고 그 크기는, 사회적으로 현존하는 정상적인 생산조건들과, 사회적 평균 정도의 노동의 숙련도 및 강도로써, 그 사용가치를 생산하기 위해서 평균적으로 필요한 노동시간입니다. 이를 그 상품의 생산에 사회적으로 필요한 노동시간, 간단히, 사회적 필요 노동시간이라고 부릅니다.

그러면, 사람마다 다른 노동시간과 그 동일한 크기의 가치는 어떤 관계에 있을까요?

생산자가 처해 있는 노동조건들, 생산수단들이 다르고, 노동의 숙련도나 강도가 다르면, 개별적으로는 같은 상품을 다른 노동시간에 만듭니다. 그러나 상품, 따라서 가치는 결코 개별적인 것이 아니고, 사회적인 것입니다. 따라서 이렇게 생산수단이나 노동의 숙련도 등의 차이 때문에 개별적으로는 동일한 상품을 다른 노동시간에 만들지만, 따라서 굳이 그것을 가치라고 한다면, 개별적으로는 다른 크기의 가치를 가진 상품을 만들지만, 그 상품의 사회적으로 유효한 가치는, 그 개별적인 노동시간에 의해서 결정되는 것이 아니라, 그 상품의 생산에 사회적으로 필요한 노동시간에 의해서 결정되는 것입니다.

이렇게 어떤 사용가치, 즉 상품의 가치량, 가치 크기를 결정하는 것은 바로 이 사회적 필요 노동시간, 즉 그 상품의 생산에 사회적으로 평균적으로 필요한 노동시간이고, 따라서 한 상품의 가치와 다른 상품의 가치의 비율은 당연히 그 각각의 상품을 생산하는 데 사회적으로 필요한 노동량의 비율과 같습니다.

한편, 어떤 이유에서든, 상품의 생산에 사회적으로 필요한 노동시간은 시간이 지남에 따라서 일반적으로 짧아집니다. 그리하여, 어떤 상품을 생산하는 데 필요한 노동시간이, 예컨대, 작년에 비해서 금년에 짧아져 있다면, 그 상품의 가치는 어떻게 될까요?

그렇게 되면, 그 상품의 가치 역시 작년에 비해서 금년에는 작아져 있습니다. 즉, 어떤 상품의 '생산에 사회적으로 필요한 노동시간'이란 보다 정확하게 말하면, 그 상품의 '재생산에 사회적으로 필요한 노동시간'인 것입니다.

'정보재'로 불리는 범용 쏘프트웨어의 가치

그렇다면, "최초의 한 단위를 만드는 데는 엄청난 비용이 들지만," 즉 엄청난 노동시간이 들지만, "그 다음 단위부터는 만드는 데 거의 비용이 들지 않는다"는,20) 즉 거의 노동시간이 들지 않는다는, 마이크로소프트사의 윈도우 XP 같은 "많은 정보상품"의 가치는 당연히 "거의 비용이 들지 않는" 만큼, 즉 '거의 노동시간이 들지 않는' 만큼, 그만큼 무가치하고, 사실상 0에 수렴하고 있다고 해야 할 것입니다.

그것이 바로 사용가치, 즉 상품의 가치를 그 재생산에 사회적으로 필요한 노동시간에 의해서 설명하는 '노동가치론'의 요구입니다.

그런데도 '정보재' 혹은 '정보상품'의 가치를 '노동가치론'으로써 해명하겠다고 나선 여러 '학자들'·'교수들'이 '카피당' 수십만 원, 혹은 수백만 원, 아니 어떤 경우에는 수천만 원씩에 판매되는 그것들의 높은 가격에 압도되어, 앞서 언급한 류동민 교수처럼 "추상적 시간"이니, "이질적 시간의 디지털적 합성"이니 하는 광인스러운 소리를 내지르거나, "정보상품의 가격에는 특별잉여가치가 포함되어 있다"21)느니, "정보재의 가치·가격은 지대이며, 따라서 지대론에 의해서 설명되어야 한다"22)느니 하는, 참으로 기상천외한 괴변(怪辯)들을 토해내고 있는 실정입니다.

우리가 '정보재'라고 규정한 쏘프트웨어의 가치·가격에 대한 그릇된 논의·주장은 물론 국내에서뿐만이 아닙니다.

예컨대, 오랜 관록의 노동가치론 전문가인 일본의 마츠이시 가즈히코(松石勝彦) 교수 같은 이도, "쏘프트웨어는 어엿한 상품(れっきとした商品)"으로서 "사용가치와 가치를 가지고 있고, 양자의 통일"이라며, "현실적으로, 예컨대 피씨(PC)나 워드프로쎄서로서 사용하는 쏘프트웨어가 10만 엔이라는 가격으로 판매되고 있고, 또 오락기의 각종 게임 쏘프트웨어가 시장에서

---

20) 강남훈, ≪정보혁명의 정치경제학≫, 문화과학사, 2002, pp. 47, 96~97.
21) 이러한 주장의 부당성에 대해서는 잉여가치를 논하는 강의에서 얘기할 것입니다.
22) 제1강에서 말씀드린 것처럼, '지대'란 '토지소유의 실현'으로서, 지주, 즉 토지소유자의 소득을 가리키는 범주입니다.

5000엔이라는 식의 가격으로 판매되고" 있는 것을 마치 그것들이 그 가치대로 판매되고 있는 듯이 말합니다. 그러면서, "이들 쏘프트웨어가 상품이 아니라 무엇일까?" "쏘프트웨어를 공짜로 복제하는 것은 명백히 저작권법 위반이고, 도둑질과 같다" 등등으로 말합니다.23)

그러나 그는 그러한 쏘프트웨어가 "어엿한 상품"으로서 아주 고가의 가격에 판매되고 있다는 사실만 보고 있을 뿐, 그것이 그렇게 '상품'일 수 있는 것, 그렇게 고가의 가격으로 판매될 수 있는 것은 오직 지적재산권법이라는 국가의 직접적인 폭력이 그러한 상품화, 그러한 독점을 보장하고 있기 때문이라는 사실은 못 보고 있거나, 그에 눈을 감고 있습니다.

<u>정보재 혹은 범용 쏘프트웨어의 높은 가격은 결코 그 가치를 반영하고 있는 것이 아닙니다. 그것은 단지 지적재산권법이라는 국가의 폭력이 보장하는 극히 작위적인 독점에 기초한 독점가격일 뿐입니다.</u>24)

이들 범용 쏘프트웨어를 재생산하는 데는 사실상 노동시간이 거의 걸리지 않아서, 그 가치는 결코 그 가격만큼 엄청나게 큰 것이 아니라 오히려 0으로 수렴하고 있기 때문입니다.

2) 노동생산성과 상품의 가치

다시 상품 일반의 가치에 대해서 얘기하자면, 거듭되는 얘기지만, 모든 상품은 가치로서는 단지 일정한 크기의 응고된 노동시간일 뿐입니다. 따라서 어떤 상품의 생산에 필요한 노동시간에 변함이 없다면, 그 상품의 가치 크기도 당연히 변함이 없습니다. 상품의 가격에 대해서 말하는 다음 강의에서 그 이유를 설명하겠지만, 이 경우에도 물론 그 상품의 가격은 변할 수 있습니니

---

23) 松石勝彦, "現代資本主義と商品論", 八尾信光 外, ≪現代資本主義と≪資本論≫≫, 新日本出版社, 1991, p. 48.

24) '정보재'의 가치·가격을 둘러싼 논쟁 및 그에 관한 보다 자세한 논의는, 채만수, "과학기술혁명과 상품의 가치·가격 — 이른바 '정보재' 가격 문제를 중심으로", ≪진보평론≫ 제20호, 2004년 여름; "정보재 가치와 관련한 몇 가지 쟁점에 대하여", ≪현장에서 미래를≫ 제104호, 2004년 12월; "정보혁명과 지대에 관한 소고 — 정보재 가치 논쟁과 관련한 방법론적 시각", ≪정세와 노동≫ 제5호, 2005년 9월; "지대의 관점에서 본 정보재의 가치·가격에 대한 비판", 강남훈 외, ≪정보재 가치논쟁≫, 한신대학교 출판부, 2007을 참조하십시오.

다. 그러나 그 가치 크기에는 변함이 없습니다.

그런데 어떤 상품의 생산에 필요한 노동시간은 노동의 생산력이 변함에 따라 변하게 됩니다.

노동생산력·노동생산성

여기에서는, 우리 사회에서의 오랜 자유민주주의적 억압으로 발생한, 사회과학의 척박한 풍토 때문에 노동생산력과 관련된, 혹은 그와 혼동되는 개념·용어에 대해서 먼저 설명해야겠군요.

우선, 노동생산력과 노동생산성이란 개념에 관해서인데, 많은 사람들은, 그리고 특히 맑스경제학의 입장에서 여러 경제적인 문제들을 해명하겠다고 하는 일부 경제학자들·사회과학자들까지도 '노동생산성'과 '노동생산력'은 다른 개념이라고 생각하고, 주장합니다. 예를 들면, '정보재' 혹은 '정보상품'이라는 규정 하에 마이크로소프트사의 윈도우XP와 같은 범용 쏘프트웨어의 가격을 "정치경제학적"으로, 다른 말로 하면, '맑스경제학적'으로 해명하겠다고 하는 강남훈 교수도 이렇게 쓰고 있습니다.

> 여기서 노동생산성과 노동생산력이라는 개념을 의식적으로 구분했다. 노동의 생산력은 노동의 사용가치를 생산할 수 있는 능력을 말하고, 노동생산성은 여러 가지 생산력이 작용한 결과로 나타난 노동과 산출 사이의 관계를 말한다. 자본을 많이 사용하면 노동생산성이 증가하는데, 이것은 자본의 생산력 때문이다. 차액지대의 경우에는 자연의 생산력으로 인해 노동생산성이 증가한다.[25]

그러나 이러한 주장은 완전히 자의적인 것이고, 같은 사물에 대해서는 언제나 같은 용어로 지칭하는 우리 사회에서의 글쓰기의 습성을 세계 보편적인 것이라고 생각하여 지어낸 얘기입니다. 그리하여 저는 노동생산력과 노동생산성이 다르다는 강남훈 교수의 주장은 "'오역'에 근거해서 허깨비 노릇을 하고 있는 것"이라고 비판했습니다.[26] 왜냐하면, 문제의 글에서 강 교수

---

[25] 강남훈, "정보혁명과 지대에 대한 소고", 경상대학교 사회과학원 편, ≪마르크스주의 연구≫ 제2권 제1호, 한울, 2005, p. 215, 주 4.
[26] 채만수, "정보혁명과 지대에 관한 소고—정보재 가치 논쟁과 관련한 방법론적 시

는 자신이 김수행 교수 역 ≪자본론≫, 제3권(비봉출판사, 2004) '제38장 차액지대 일반'에 주로 기초해서 자신의 논지를 전개하고 있다고 주장하고 있는데, 거기에는 맑스가 원래 "Produktivkraft der Arbeit"27), 즉 "노동생산력"이라고 쓰고 있는 것이 "노동생산성"이라고 번역되어 있기 때문입니다.

강 교수의 주장대로라면, 이는 명백히 오역이고, 강 교수는 그러한 '오역'에 근거해서 자신의 주장을 펼치고 있는 것입니다. 참고로 말하자면, 이 '오역'(!)은 김수행 교수의 것이 아니라 김 교수가 번역의 저본(底本)으로 삼았던 영문판 번역자들의 것입니다. "Produktivkraft"를 Penguin판의 번역자는 "productivity"로, Progress판 번역자는 "productiveness"로 '오역'(!)하고 있기 때문입니다.

한편, 강 교수는 "자본의 생산력"이니 "자연의 생산력"이니 하기도 하는데, 이와 관련해서는, "'자본의 생산성'이란 프루동(Proudhon)이 잘 생각해보지도 않고 부르주아 경제학자들로부터 넘겨받은 잠꼬대(Unding)이다"28)라는 엥엘스(F. Engels)의 비판을 참고하면 좋을 것입니다.

노동생산력과 노동생산성은 같은 의미입니다. 우리가 때로는 '사람'이라고 하고, 때로는 '인간'이라고 하는 것처럼 말입니다.

그러면 노동생산력 혹은 노동생산성이란 무엇일까?

그것은 유용한 구체적인 노동이 사용가치를 생산하는 능력입니다. 따라서 그것은 일정한 시간 동안 지출되는 노동이 얼마만큼의 사용가치, 즉 상품체를 생산하는가 하는 것으로 나타납니다.

예를 들어, 어떤 벽돌공장에서 지난해에는 노동자 한 사람당 하루 8시간 노동에 8톤의 벽돌을 생산했는데, 금년에는 생산에 필요한 설비와 도구를 바꾸고 노동 방법을 바꾸어 16톤을 생산한다고 합시다. 이렇게 되면 금년에는 작년에 비해서 노동생산력 혹은 노동생산성이 100% 증대하여 2배가 된 것입니다.

노동생산력이 높으면 높을수록 이렇게 같은 시간의 노동이 더 많은 물질

각」, ≪정세와 노동≫ 제5호, 2005년 9월, pp. 64-65, 주 24. 물론, 제가 '오역'이라고 작은 따옴표를 붙여서 지적할 때에는 정말 오역을 얘기하는 것이 아닙니다.

27) ≪자본론≫ 제3권, *MEW*, Bd. 25, S. 656, 658.
28) F. Engels, "주택문제", *MEW*, Bd. 18, S. 227.

적 부를 생산합니다. 그러나 결코 그것이 더 많은 가치를 생산하는 것은 아닙니다. 소재적 부의 증대에도 불구하고, 같은 시간에 생산된 상품의 가치의 량은 동일하기 때문입니다. 노동생산력이란 구체적 노동, 유용노동의 생산력이기 때문에 가치로 표현되는 추상적 노동에는 어떤 영향도 미치지 않는 것이고, 그 때문에 생산력이 아무리 변하더라도 동일한 량의 노동은. 즉 동일한 시간에는 언제나 동일한 가치량을 생산하는 것입니다.29)

사용가치로서의 상품체 하나하나의 가치 크기와 관련해서 보면, 다음과 같이 됩니다.

위의 예에서, 지난해의 8톤의 벽돌의 가치와 금년의 16톤의 벽돌의 가치는 동일합니다. 따라서 벽돌 1톤은 지난해에는 1시간의 가치를 가지고 있었지만, 금년에는 30분의 가치밖에 가지고 있지 않고, 따라서 그 하나하나의 가치 크기는 지난해의 2분의 1입니다. 일반적으로 말하자면, 노동의 생산력이 높으면 높을수록, 어떤 사용가치 한 단위를 생산하는 데 필요한 노동시간은 그만큼 작아지고, 따라서 그 상품에 응고되어 있는 노동의 량, 가치도 그만큼 작습니다. 당연히 그 반대는 반대입니다.

노동생산력 혹은 노동생산성은 다종다양한 사정들, 조건들에 의해서 규정됩니다. 그리고 그중에서도 특히 노동자의 평균적 기능 수준, 과학과 그 기술적 응용 가능성의 발전단계, 생산과정의 사회적 결합, 생산수단의 규모와 작용능력에 의해서, 그리고 나아가서는 자연적 사정들에 의해서 규정됩니다.

---

29) 따라서 "진정한 마르크스주의 전통의 수호자"를 자처하시는 정성진 교수님께서 "노동생산성(=부가가치/종업원수)"(정성진, ≪마르크스와 한국경제≫, 책갈피, 2005, p. 130)라고 규정하실 때, 그가 얼마나 경제학의 기본 개념인 노동생산력에 대해서조차 무지한, 혹은 그가 얼마나 현대 부르주아 경제학이라는 비과학에 찌든 "진정한 마르크스주의 전통의 수호자"이신가를 알 수 있을 것입니다. 그런데 사실, 부르주아 경제학도, 그것이 아직 과학적이었던 고전파로 거슬러 올라가면, 예컨대, 애덤 스미쓰는 1776년에 이미 이렇게 말하고 있습니다. ― "... 분업이 야기하는 노동생산력(productive powers)의 ... 모든 개선과 더불어 ... 모든 물건들은 점차로 값싸졌을 것이다. 그것들은 보다 적은 량의 노동으로 생산되었을 것이다."(Adam Smith, *An Inquiry into the Nature and Causes of the Wealth of Nations* (국부론), Clarendon Press, Oxford, 1976, p. 82.) 다름 아니라, 노동생산력이 증대하면, 같은 량의 노동으로, 더 많은 가치를 생산하는 것이 아니라, 더 많은 사용가치를 생산하고, 그리하여 그 물건 하나하나는 그만큼 적은 량의 노동으로 생산되어 그만큼 값싸진다는 뜻입니다. 자, 이렇게 되면, 정성진 교수님께서 얼마나 "진정한 마르크스주의 전통의 수호자"이실 뿐만 아니라, 얼마나 '전정하고 탁월한 경제학자'이신가를 누구나 알 수 있을 것입니다.

자연적 사정들에 대해서 부연하자면, 같은 량의 노동이라도, 예컨대, 일기 조건이 좋아 풍년일 때에는 8가마의 쌀로 표현되고, 그것이 나빠 흉년일 때에는 4가마의 쌀로밖에 표현되지 않습니다. 혹은, 같은 량의 노동이라도 매장량이 풍부하고 광물 함유량이 높은 광산에서는 낮은 광산에서보다 많은 량의 금속을 생산합니다.

노동강도

노동생산력 혹은 노동생산성과 많이 혼동되는 개념 중에 노동강도가 있습니다. 이 노동의 강도(强度), 혹은 작업강도라는 개념은, 부르주아 언론이나 경제·경영학자들에 의해서 사실상 의도적으로 그 혼란이 유도되고 있지만, 노동생산력이나 노동생산성과는 전혀 다른 개념입니다.

노동강도도 노동생산성도, 그것이 높아지면, 동일한 시간의 노동이 그 강도나 생산성이 높아진 만큼에 비례하여 그만큼 많은 사용가치, 즉 상품체를 생산한다는 점에서는 양자가 동일합니다. 그리고 바로 이 동일성을 근거로 부르주아 언론이나 경제·경영학자들은 양자를 사실상 동일한 것처럼 취급하는 것입니다.

그러나 그러한 동일성에도 불구하고, 양자는 그 각각이 사용가치 즉 상품체의 생산량을 증대시키는 원인이 전적으로 다르고, 그 때문에 그 증대 생산된 상품체 전체 혹은 그 하나하나의 가치도 전적으로 다릅니다.

위 벽돌공장에서의 작업을 예로 그 차이를 설명해봅시다.

이 벽돌공장에서의 노동자들의 작업이, 벽돌틀에 황토가 채워지면 그것을 압착하도록 성형프레스 기계의 전기 스위치를 누르거나 무언가 레버를 당기는 것이라고 가정합시다. 작년에 비해서 금년에 벽돌의 생산량이 2배로 증대한 원인이 만일 한 번의 스위치 조작이나 레버 조작으로 10장의 벽돌이 압착되던 구형 기계를 20장의 벽돌이 압착되는 새로운 기계로 교체했기 때문이라면, 이는 노동생산력 혹은, 같은 말이지만, 노동생산성의 증대에 의한 사용가치의 증대입니다. 따라서 동일한 시간에 2배의 량의 벽돌을 생산했지만, 그 전체의 가치는 작년과 마찬가지이고, 따라서 벽돌 하나하나의 금년의 가치는 작년의 그것의 절반에 불과합니다.

그런데, 벽돌의 생산량이 2배로 증대한 원인이 동일한 기계의 운전속도를

2배로 높였거나, 혹은 2대의 기계를 조작하게 하여, 같은 시간에 노동자가 2배나 많이 스위치나 레버를 조작해야 했기 때문이라면, 이는 외관적으로는 같은 노동시간이더라도 그 시간에 지출된 노동의 량은 2배로 증대되었기 때문에 생긴 생산량의 증대입니다. 이렇게 같은 시간에 노동의 지출량을 증대시키는 것, 이것이 바로 노동강도의 강화, 혹은 작업강도의 강화입니다. 그리고 이 경우에는 외관상으로는 동일한 시간 동안 노동했지만, 실제로는 같은 시간에 2배의 노동이 지출되었고, 그 생산물은 그렇게 증대된 량의 노동의 응고물이기 때문에, 같은 시간에 생산된 것이더라도 그 생산물의 가치 크기는 전에 비해서 2배이고, 각 단위 사용가치, 즉 벽돌 하나하나의 가치는 이전의 그것과 동일합니다. (생산수단들의 가치 중에서 생산과정에서 마모되거나 생산적으로 소비되어 새로운 생산물에 이전되는 부분은 물론 무시하고 하는 얘기입니다.)

노동생산성과 노동강도는 이렇게 다른 것인데도, 부르주아 언론이나 경제·경영학자들은 마치 그 양자가 같은 것인 것처럼 취급할 뿐만 아니라, 부르주아 국가의 통계도 마찬가지로 노동강도의 증대에 의한 생산량의 증대를 노동생산성의 증대에 의한 그것으로 처리합니다. 그리고 자본가들은 물론 그 생산량의 증대가 노동생산성의 증대에 의한 것인 것처럼, 보다 낮은 가격에 팔아서 경쟁력을 높이거나 시장점유율을 높입니다.

자본가들이 이렇게 노동강도가 증대한 결과를 노동생산성이 증대한 결과와 동일하게 취급할 수 있는 것은, 그들이 사실상 무상으로, 그리고 성과급 임금을 통한 노동강도 강화처럼, 보상을 하는 경우에도 극히 일부만을 보상하면서, 강도가 높아진 노동자들의 노동력 지출을 이용하기 때문입니다.

자본이 노동강도를 강화하는 방법에는, 대략, 기계의 운전속도를 높이는 방법, 노동자 1인당 담당 기계의 수나 담당 범위를 늘리는 방법, 성과급 임금을 도입함으로써 노동자의 적극성을 유도하는 방법 등이 있습니다. 기계, 특히 콘베이어 벨트의 속도를 높이는 경우, 많은 경우에 공장에 확성기를 설치하고 빠르고 경쾌한 음악을 빠르게 들려주는 방법을 이용하는데, 이는, 말할 것도 없이, 노동자들이 속도의 증대를, 즉 노동강도의 강화를 의식하지 못하고, 저항하지 못하게 하기 위해서지만, 우리 노동운동사에서는 이미 1970년대부터 그에 대한 투쟁이 전개되어 왔습니다.

노동강도의 강화는 실로 노동자의 체력을 누진적·가속도적으로 소모시켜서 그의 수명을 단축할 뿐 아니라, 여러 질병과 사고 등 산업재해의 주요한 원인의 하나입니다.

숙련노동·복잡노동

한편, 일정한 노동시간에 창출하는 가치의 량과 관련해서는 숙련노동이나 복잡노동의 문제도 있습니다. 동일한 노동시간이라도 평범한 기능·숙련을 가진 사람이 생산하는 가치와 장인(匠人)이 생산하는 가치는 다릅니다.

예, 그렇습니다. 숙련노동이나 복잡노동은 단순노동이 자승(自乘), 혹은 같은 말이지만, 제곱된 것입니다. 숙련노동이나 복잡노동이 가능하기 위해서는 오랜 동안의 훈련과 학습이 필요하고, 바로 그러한 오랜 동안의 훈련과 학습이 그 노동을 단순노동을 제곱한 노동, 단순노동으로서는 수행할 수 없는 노동으로 만듭니다. 따라서 그러한 숙련노동과 복잡노동은 동일한 시간의 노동이라도 단순노동에 비해서 그것이 자승된 만큼 커다란 가치를 생산하는 것입니다.30)

---

30) 앞에서 본 것처럼, 복사가 곧 그 재생산이어서 그 재생산에 거의 노동시간을 필요로 하지 않는 쏘프트웨어의 가치·가격을 논하면서 류동민 교수는 그들 쏘프트웨어의 터무니없이 높은 가격을 "이질적 시간의 단위간의 접합"이니, "...추상적 시간"이니 하는 광인의 언어로 문제를 천재적으로 해결한 바 있습니다. 그런데 그는, 그후의 다른 논문에서는, "시계바늘로 측정한 노동시간이 그대로 추상적 노동의 양으로 간주될 수 없다는 것은 적어도 마르크스 자신이 굳게 견지하고 있던 노동가치론의 원칙"이라며 "정보상품의 카피상품에 필요한 투하노동량이 가령 0.0001시간으로까지 줄어든다 하더라도, 사회 전체적으로 볼 때 그것은 강화된 노동으로 작용하는 것으로 간주하여야 한다"("정보상품의 가치와 지대", ≪진보평론≫ 제26호, 2005년 겨울, p. 262)면서, 역시 천재답게 문제를 해결하고 있습니다. 다만, "강화된 노동" 대신에 "마우스 버튼을 누르는 강화된 손가락의 노동"이라고 했더라면 더욱 더 그 천재성이 빛나지 않았을까 생각합니다. 아무튼 이제는 PC를 이용해서 사실상 누구나 손쉽게 할 수 있는 프로그램의 단순한 복제 작업을 가리켜 "강화된 노동(으로 작용하는 것)", 곧 숙련노동이나 복잡노동이라니, 도대체 이 세상에 '강화되지 않은 노동'은 어떤 것이 있는지 궁금할 따름입니다. 독점자본의 충직한 종복으로 일하는 소부르주아 이데올로그들이 지적재산권이라는 국가 권력의 비호에 의한 터무니없는 독점가격, 독점이윤을 어떻게든 옹호하려고 애쓰는 참으로 가상하기 그지없는 모습이라고 할 수 있을 것입니다.

4. 모든 유용노동이 가치를 생산하는 것은 아니다

가치란 그 실체가 상품체 속에 응고된 인간노동이라는 명제로부터, 모든 노동생산물은, 그것이 무용(無用)한 것, 즉 쓸데없는 것이 아닌 한, 가치를 갖는다거나, 가치를 가져야 한다고 주장하는 사람들이 있습니다. 예컨대, 주부의 가사노동도 가치를 갖고 있다고 주장하는 것 등이 그것입니다.

그런데 이러한 주장은 이중의 오류를 범하고 있습니다.

첫 번째 오류는, 어떤 노동이 가치를 갖는다고 하는 주장 그 자체입니다. 어이없고 불합리하게 들릴지 모르겠지만, 노동 그 자체는 그것이 어떤 노동이든 가치를 가지고 있지 않습니다. 경제학이 노동의 가치라고 부르는 것은 실제로는 노동력의 가치이고, 이는 노동자의 몸속에 존재하는 것으로서, 그 기능인 노동과는 다른 것입니다. 노동 자체는 가치를 형성할 뿐입니다.31)

맑스는, 예컨대, 다음과 같이 간명하게 말합니다.

> 유동상태(流動狀態)에 있는 인간의 노동력, 즉 인간 노동은, 가치를 형성하지만, 그러나 가치는 아니다. 그것은 응결된 상태에서, 즉 대상적인 형태에서 가치가 된다.32)

둘째로는, 앞에서도 얘기한 것처럼, 노동생산물이 상품으로서 등장하는 것은 생산수단들을 사적으로 소유하고, 따라서 그 노동이 독립적·배타적으로 이루어지면서 그 생산물들이 사적으로, 즉 독점적·배타적으로 취득·전유(專有)되기 때문입니다. 그렇게 사적으로 전유되는 생산물들이 사회적으로 분배되는 형태가 상품 교환이며, 등가(等價)로, 즉 그 사용가치들을 생산하는 데 사회적으로 필요한 동일한 량의 노동시간끼리 교환되는 것입니다.

다른 말로 하면, 가치란 생산수단들의 사적소유에 기초한 상품생산이라고 하는 사회관계의 표현이며, 그러한 사회관계에 의해서 규정되는 것이기 때문에, 그러한 소유관계에 기초하여 상품으로 생산되는 노동생산물들만이 가

---

31) ≪자본론≫, 제1권, *MEW*, Bd. 23, S. 65, 560-561(채만수 역, 제1권, 제1분책, pp. 90-91, 제4분책, pp. 879-883) 및 ≪자본론≫, 제2권, *MEW*, Bd. 24, S. 35 (채만수 역, 제2권, 제1분책, p. 56) 참조.
32) ≪자본론≫, 제1권, *MEW*, Bd. 23, S. 65. (채만수 역, 제1권, 제1분책, pp. 90-91.)

치를 갖습니다.

따라서, 예컨대, 자신이나 자신의 가족이 사용하기 위해서 만든 물건들이나 공동체 내부에서 소비하기 위해서 생산한 물건 등은 가치를 갖지 않습니다.

이러한 이유로 상품은, 한편에서는, '타인을 위한 사용가치'로 규정됩니다. 그런데 타인을 위한 사용가치로서 생산되었다고 해서 그 노동생산물이 모두 가치를 갖는 것은 또 아닙니다. 앞에서도 말했지만, 대표적으로 중세의 농민은 왕이나 고관대작, 교회나 절의 승려 등과 같은 지배계급에게 바치는 공물(貢物), 즉 자신이나 자신의 가족을 위한 사용가치가 아니라 타인을 위한 사용가치를 생산하지만, 그것들은 상품이 아닙니다. 따라서 그것들은 가치를 갖지 않습니다. 타인을 위한 사용가치이지만, 그것들은 교환되지 않기 때문입니다. 누군가가 사랑하는 사람을 위해서 정성스럽게 만드는 선물에 대해서도 물론 마찬가지로 말할 수 있을 것입니다.

그런데, "주부의 가사노동은 가치를 생산하지 않는다"는 말에 일부의 여성주의자들이 화를 낼지 모릅니다. 구제불능의 완고한 남성주의적·가부장적 사고의 소산이라면서 말입니다.

그러나 경제학을 사회정책학이나 법률정책학 등과 혼동해서는 안 됩니다. "주부의 가사노동은 가치를 생산하지 않는다"고 해서, 그것이, 예컨대, 부부 간에 재산다툼이 벌어졌을 때에 법원이 가사노동을 '일정한 가치로 계산하여' 그 부부 간의 재산분할 판결을 하는 것 등에 대해서 반대하는 것도, 그런 판결을 해서는 안 된다는 어떤 이론적 근거를 제공하는 것도 결코 아닙니다. 그러한 것은 전적으로 사회정책 혹은 법률정책의 문제입니다.

마찬가지로, "주부의 가사노동"을 얘기한다고 해서, 가사노동은, 전적으로는 아닐지라도 그 대부분을 여성인 주부가 담당해야 한다고 주장하는 것도 물론 결코 아닙니다. 가사노동의 대부분이 여성의 부담으로 되고 있는 우리 사회와 가정의 현실, 관행은 당연히 혁파되어야 할 뿐 아니라, 종국적으로는 여성이든 남성이든 그 노동으로부터 해방되어야 하는 것이기 때문입니다. 그러나 이 역시 노동을 생략 혹은 절약하게 하는 기기의 개발·개선 등 기술학의 임무이지, 당연히 경제학의 영역도, 임무도 아닙니다.

가사노동과 관련하여 경제학이 할 수 있는 것이라곤, 그 생산물들은, 그것이 남성 노동의 생산물들이든 여성 노동의 생산물들이든, 왜 상품으로 나타나지 않고 가족 구성원들 간에 공동으로, 그러니까 무상으로 분배되는가 하는 것을 밝히는 일뿐입니다.

반쯤 농담입니다만, 아무리 강경하고 철저한 여성주의자라도 자신이 지은 밥이라고 해서 돈을 받아야만 자신의 부모나 자녀에게 식사를 제공한다거나, 돈을 안 낸다고 해서 '무전취식'이라고, 그러니까 정당한 가치를 치루지 않고 자신의 상품을 횡취(橫取)한다고 고소·고발했다는 얘기를 저는 아직 듣지 못했습니다. "주부의 가사노동은 가치를 생산하지 않는다"고 말한대서 화를 내는 사람이 있다면, 그는 자신의 그러한 불철저성에 대해 먼저 화를 내야 할 것입니다.

유통과정으로 연장된 생산과정의 문제

아무튼, 상품의 가치란 그 상품의 생산에 사회적으로 필요한 노동, 혹은 그것이 응고된 것이고, 그 크기는 그 노동의 지속시간에 의해서 결정됩니다. 그리하여 이때 명확한 것은 가치란 생산과정 속에서 창출된다는 것입니다. 실제로 그렇습니다. 그 때문에 단순히 상품의 유통에 필요한 노동, 예컨대, 백화점이나 거대 할인매장 등에서 상품을 판매하는 판매원의 노동이나 상품의 판매 현황이나 재고 현황, 그에 따른 돈의 들고 남 등을 기록하는 부기(簿記) 노동자 등의 노동, 한 마디로 상업노동자들의 노동은 가치를 생산하지 않습니다.

물론 상품생산이 지속적으로 이루어지기 위해서는, 생산과정에 이어서뿐 아니라 사실은 생산과정 이전에도, 생산과정에 필요한 생산의 물질적인 요소들을 구매하기 위해서라도 유통과정이 원활하게 진행되지 않으면 안 됩니다. 그리고 이 유통과정이 원활하게 진행되기 위해서는 상품 판매원 등의 상업노동자들의 노동이 필요합니다. 그리고 이는 자본주의적 재생산에서는 더욱 그렇습니다.

하지만 그럼에도 불구하고, 이들 상업노동자의 노동은 가치를 생산하지 않습니다. 그들의 노동은 자본가에게 잉여가치, 즉 이윤을 실현시켜 주기 때문에 자본가적 입장에서 '생산적인 노동'이긴 하지만, 그렇다고 해서 그것이 가치를 생산하지는 않는 것입니다.

왜 그런가?

그러한 노동은 판매를 통해서 상품의 가치를 실현할 뿐이지, 사용가치를 생산하거나 그것을 유지·보존하는 유용노동이 아니기 때문입니다. 가치란 추상적 인간노동의 응결물이지만, 그 노동은 동시에 사용가치를 생산·유지·보존하는 유용노동이지 않으면 안 되는 것입니다.

그런데, 마찬가지로 상품의 유통과정에서 수행되지만, 운송노동이나 보관노동은 다릅니다. 그러한 노동은 상품의 사용가치를 증대시키거나 그것을 유지·보존하는 노동이기 때문에 상품의 가치를 창조·증대시킵니다.

보관노동이 상품의 사용가치를 보존하는 노동이라는 것은 누구에게나 명확할 것입니다. 특히, 상하기 쉬운 식품의 보관을 생각해보면, 누구나 금방 알 수 있습니다.

운송노동에 대해서는 알기 쉽게 이런 예를 들어 봅시다.

여러분이 높은 산을 오를 때, 피로와 갈증에 시달리다가 음료수 상인을 만나면 무척 반갑지만, 그가 파는 음료수에 대해서는 도심의 평지에서보다 훨씬 높은 가격을 지불해야 합니다. 그 가격에는 물론 필시, 무슨 이유에서든 다른 상인들이 없다는 데에서 생기는, 독점이윤이 포함되어 있을 것입니다. 그러나 그것이 비싼 것은 독점이윤 때문만은 아닙니다. 그 상인이 그 음료수 등을 거기까지 운반해오지 않았다면, 그것은 등산객에게 사용가치일 수 없을 것이고, 그만큼 그 운반 노동에 의해서 그 음료수 등의 가치 자체가 증대되어 있는 것입니다.

이렇게 상품의 유통과정에서 수행되지만 그 상품의 가치를 증대시키는 상품의 운송·보관과정을 '유통과정으로 연장된 생산과정'이라고 부릅니다.

5. 애덤 스미쓰의 역설?

오늘의 강의는 부르주아 경제학자들의 고전적인 농담(?)을 소개하는 것으로 끝내기로 합시다.

지금까지 설명한 것처럼, 상품 가치의 실체는 추상적 인간노동이며, 그 노동량의 크기에 따라서, 즉 그 생산에 사회적으로 필요한 노동시간에 따라서 상품의 가치 크기가 결정된다고 하는 것이 노동가치론입니다.

그런데 부르주아 경제학자들은 '경제원론' 등에서 노동가치론을 소개·설명할 때면, 행여 학생들이 노동가치론을 유효한 가치론으로 받아들이는 오류(?)를 범할까 봐 그런지, 으레 '애덤 스미쓰의 역설'이니, '가치의 역설'이니, '자유재(自由財)의 역설'이니 하는 것을 덧붙입니다. 그것도 아주 진지한 어조로!

다름 아니라 이런 식입니다. ― 즉, "다이아몬드는 별반 효용이 없는 데도 고가이고, 물은 그 효용이 엄청나게 큰 데도 무료이다. 이는 노동가치론으로는 설명이 되지 않는 애덤 스미쓰의 역설이다."

어떻습니까?

저들이 '애덤 스미쓰의 역설'이라고 하는 것은 정말 노동가치론으로서는 설명할 수 없는, 그야말로 노동가치론의 '역설'입니까? 아니면, 노동가치론에 의해서만 설명할 수 있는 사항입니까?

사실은, 역설 운운하는 저들 부르주아 경제학자들의 헛소리와는 정반대로, 물과 다이아몬드의 가치·가격은 오직 노동가치론에 의해서만 정당하게 설명할 수 있습니다.

생각해 보십시오.

다이아몬드는 지표면에는 거의 존재하지 않을 뿐만 아니라 존재 그 자체가 극히 적기 때문에 그것을 발견·발굴하는 데는 무척 많은 노동시간이 필요합니다. 게다가 다이아몬드는 엄청나게 단단한 광물이어서 그것을 가공하는 데에도 또한 무척 많은 노동시간을 필요로 합니다. 따라서 그것이 높은 가치·가격을 갖는 것은 노동가치론에 의하면, 너무나 당연합니다.

그에 비해서 물은 어떻습니까?

요즘에는 찾기 어렵지만 샘물이나 계곡의 마실 수 있는 맑은 물, 그런 물들, 그런 물들은 '인간노동'의 산물이 아닙니다.

아, 샘물은 많은 경우 그 샘을 파는 데 노동이 필요하군요. ― 그런데, 지금 우리가 문제로 삼고 있는 샘은 그 물을 판매하기 위해서 판 게 아니고, 그 물을 이용하는 가족이나 '동네 사람들', 즉 공동체가 그저 그 물을 함께 마시기 위해서 판 것입니다. 게다가, 그 샘을 파는 데 드는 노동의 량이란 거기에서 솟아 나와서 이용하는 물의 량에 비하면 참으로 보잘 것 없이 적습니다.

아무튼 이렇게 물의 경우에는 전혀 노동이 필요 없이 획득되거나 공동체적으로 획득되는 것이기 때문에, 노동가치론에 의하면, 그것이 무료로 얻어지는 것은 너무나 당연한 것입니다.

그런데도 부르주아 경제학자들은 그것을 '애덤 스미쓰의 역설'이니 뭐니 하는 코메디를 합니다.33)

왜 그럴까요?

그것은 그들이 '노동가치론'을 소개하고 '설명'하지만, 사실은 노동가치론에 관해서 전혀 아무것도 이해하지 못하고 있기 때문이고, 따라서 애덤 스미쓰에 관해서도 별반 아는 것이 없기 때문입니다. 그리하여, 사실은 자신들이 무슨 말을 하고 있고, 무엇을 주장하는지도 모르기 때문입니다.

'그 쟁쟁한 세계적 석학들이?', '설마?' 하고 생각하실 것입니다.

그러나 이 이른바 '애덤 스미쓰의 역설'이라는 것을 애초에 누가 제기했는지 아십니까?

다름 아니라, 일찍이 극히 격렬하게 맑스의 노동가치론을 부정·적대했던, 칼 멩거(Carl Menger. 1840-1921)를 위시한 이른바 '한계혁명론자들', 즉 '한계효용학파'와 '오스트리아 학파'입니다. 칼 멩거를 위시해, 왈라스(Leon Walras. 1834-1910)니, 제본스(William S. Jevons. 1835-1882)니, 뵘바붸르크(Eugen von Böhm-Bawerk. 1851-1914)니 하는, 부르주아 경제학이 자랑스럽게 내세우는 저 기라성 같은 학자님들이십니다.

저들은 노동가치론에 반대하여 상품의 가격을 '효용'의 크기, 특히 '한계효용' 즉 '마지막 단위의 효용'의 크기로 설명하려 했습니다. 바로 이른바 '한

---

33) 이 당 저 당 부르주아 양대 정당을 넘나들면서 부총리 겸 경제기획원 장관, 한국은행 총재, 자칭 경제시장으로서의 서울특별시장, 한나라당 총재 등을 역임하신 저 유명한 경제학 '석학', 조순 교수님과, 컬럼비아 대학 조교수, 서울대 총장, 국무총리, 한국야구위원회(KBO) 총재, 대·중기업 동반성장위원회 위원장 등을 역임하신 역시 경제학 '석학' 정운찬 교수님께서도 그들의 공저 ≪경제학원론≫, 법문사, 1993의 pp. 85-86에서, "아주 유용하고 인간생활에 필수불가결인 물은 아주 싼 값으로 팔리는 데 반하여, 없어도 살아갈 수 있는 다이아몬드는 비싼 값으로 팔리는 이유가 도대체 무엇인가" 하고 묻습니다. 그리고 나선, 애덤 스미쓰는 "모든 재화의 가치는 사용가치와 교환가치로 구분되는 데 양자는 서로 다르다는 사실만을 지적"하면서, "물은 그 사용가치는 크지만 그 교환가치는 작은 반면에, 다이아몬드는 그 사용가치가 작음에도 불구하고 교환가치는 크다고 결론"지었을 뿐, "이 문제를 완전히 해결하지 못"했다고 말합니다. 그러면서 "1870년대에 등장한 한계효용학파는 … 이 역설을 쉽게 해결했다"고 쓰고 있습니다. 참으로 더없이 대단한 석학(石學)님들이시지 않습니까?

계효용설'입니다.

그러나 '효용'이란 기실 어떤 사용가치를 소비함으로써 얻는 만족도를 가리키는바, 이는 본질적으로 주관적입니다. 예를 들어, 저들은 "다이아몬드는 효용은 크지 않은데 …" 운운하고 있지만, 그 '효용' 혹은 만족도라는 것이, 그것이 고가이고 따라서 자본주의적 상품생산의 사회에서는 언제고 고가로 상품화할 수 있어 만족스럽다는 것을 빼고는, 실제로 어떤 사람에게는 그냥 의미 없는 반짝거리는 돌에 불과한가 하면, 어떤 사람의 경우에는 파혼을 하고, 이혼을 하고, 심지어는 그게 문제가 되어 자살까지도 하는 엄청난 '효용'을 가진 것이기도 합니다.

그런데, 다른 한편에서 보면, 다이아몬드 그것의 효용을 반짝이는 돌에 불과한 것으로 가볍게 여기든, 자살까지 할 만큼 엄청나게 중대하게 여기든, 그것을 수량으로서 계량화할 수 있습니까? 그러한 주관적인 만족도, 효용을 수량화, 계량화한다는 게 얼마나 황당한 일입니까? 그런데도 오늘날 부르주아 경제학은 그러한 것들이 계량화된다고 버젓이 주장하고 있습니다. 참으로 위대한 학문이고, 위대한 학자님들·교수님들이시지 않습니까?

더구나 저들이, "다이아몬드는 별반 효용이 없는데도 고가이고, 물은 그 효용이 엄청나게 큰 데도 무료"라면서, 지나가는 말씀으로라도, "그래서 이는 '효용'이라는 것으로 가치를 설명하려는 우리의 학설로는 설명할 수 없는 역설이다"라고 하는 대신에, "이는 노동가치론으로는 설명이 되지 않는 애덤 스미쓰의 역설이다"라고 말할 때, 얼마나 가소로운 일입니까?

물론 저들은 소위 '한계', 즉 '마지막 한 단위'에서 위로를 찾으려 하시겠지만 말입니다.

사실, 경제학사상의 '한계효용학파', 그리고 '오스트리아 학파'는 가장 반동적이고, 가장 몰과학적인 학파입니다. 이는 물론 자본주의적 생산의 성숙과 그에 따른 계급투쟁의 격화를 반영하여 탄생한 부르주아 경제학입니다. 미제스(L. E. von Mises. 1881-1973)나 하이예크(F. A. von Hayek. 1899-1992) 같은 신자유주의 경제학의 선구자들이 그들의 이론적 후예라는 것도 결코 우연이 아닌 것입니다.

제3강 화폐

1. 상품으로서의 화폐

우리는 이미 맑스가 자신의 필생의 저작인 ≪자본론≫을, "자본주의적 생산양식이 지배하는 사회의 부(富)는 '상품의 거대한 집적'으로 나타난다"고 기술하면서 시작한다는 것을 보았습니다. 그러면서 우리는, '그러면 자본주의적 생산양식이 지배하는 사회에서는 노동생산물이 왜 상품으로서 나타나는가'에 대해서 생각해 보았습니다.

그런데 '화폐'에 생각이 미치자마자 혹시 이런 의문이 떠오를지도 모르겠습니다. — 맑스는 왜 "자본주의적 생산양식이 지배하는 사회의 부는 '**화폐**의 거대한 집적'으로 나타난다"고 말하는 대신에, "'**상품**의 거대한 집적'으로 나타난다"고 말하는 것일까, 하는 의문 말입니다.

결코 실없는 질문이 아닙니다. '돈이면 귀신도 부린다'는 게 바로 자본주의 사회이니까요.

그런데 그 의문에 답하기 전에, 맑스주의 경제학과 현대 부르주아 경제학이 경제학의 대상으로서의 화폐를 취급하는 태도의 근본적인 차이에 관해서 먼저 잠깐 얘기하고자 합니다.

화폐에 대한 맑스주의 경제학과 현대 부르주아 경제학의 태도의 차이

우리 학계에서 '근대 경제학' 혹은 '주류 경제학'이라고 부르는 현대 부르주아 경제학은 화폐의 본질이나 그 기원(起源) 같은 것에 대해서는 사실상 거의 관심이 없습니다. 화폐의 본질이나 기원과 관련하여, 저들의 경제학 교육은 여러 '화폐학설들'을 그저 주마간산 격으로 소개하는 데 그칩니다. 물론 각 학설의 옳고 그름을 진지하게 비판적으로 고찰하지 않고, 그 옳고 그름에 상관없이 그렇게 소개합니다. 그리하여 맑스주의 경제학의 화폐론은, 저들 부르주아 경제학의 황당한 '화폐국정설'(貨幣國定說)과 나란히, 그저 '상품화폐설'이라는 이름으로 간단히 언급됩니다. 그러고는 저들의 주요 관심은 화폐의 기능에만 가 있습니다. 화폐의 기능에 대한 저들 부르주아 경제학의 고찰이래야 사실은 극히 피상적이고, 편의주의적인 그것일 뿐이지만 말입니다.

그에 비해서 맑스주의 경제학은, 화폐의 기능을 고찰하기 전에 정당하게도 화폐의 기원과 본질, 즉 도대체 화폐란 무엇이며, 왜, 어떻게 해서 발생했는가를 논리적·역사적으로 추적합니다. 화폐론이, 나아가 경제학이 과학이기 위해서는, 즉 상품경제와 자본주의적 생산의 구조와 운동법칙을 과학적으로 파악하기 위해서는 화폐 그것의 본질을 파악하지 않으면 안 되고, 그 본질을 파악하기 위해서는 그것을 논리적·역사적으로 분석하고 추적하지 않으면 안 되기 때문입니다.

부르주아 경제학이 오늘날 화폐의 기원과 본질에 대해서 별반 관심이 없는 것은, 그들이 상품과 그 가치에 대한 분석을 포기하고 기피하는 이유와 동일한 이유에서입니다. 즉, 화폐의 본질에 관한 연구·분석은 바로 상품과 그 가치 및 사용가치에 대한 연구·분석의 연장선상에서만 가능한데, 그것은 바로, 앞으로의 강의에서 다룰 주제지만, 지불하지 않고 착취한 노동으로서의 잉여가치, 즉 자본의 이윤의 정체를 폭로하는 것으로 되기 때문입니다.

저들 부르주아 경제학자들은 참으로 오랫동안, 그러니까 이미 1830년대 및 40년대에 영국과 프랑스, 독일 등에서 자본에 대한 노동자계급의 투쟁이 본격화되기 시작한 이래로, 노동가치론에 기초한 상품과 화폐, 그 운동의 연구·분석을 기피해 왔을 뿐 아니라, 그 성과를 부정하려는 헛된 노력을 계속해왔습니다. 그러다 보니, 저들 경제학자 자신들도 이제는 상품이나 화폐의 본질을 이해할 수 있는 조그마한 가능성조차도 상실해버린 상태입니다. 그것이 오늘날의 부르주아 경제학이고, 그 화폐론입니다. 우리는 곧 상품의 가격에 대해서 공부하면서, 오늘날 "가치론이 왜 필요하냐", "가격론이면 충분하다"고 외치는 저들 부르주아 경제학이 얼마나 천박하고 황폐한 '가격론'을 가지고 있는지를 보게 될 것입니다.

화폐는 왜 상품인가

맑스가 자본주의적 생산양식이 지배하는 사회의 부가, '화폐의 집적'으로 나타난다고 얘기하는 대신에, '상품의 집적'으로 나타난다고 얘기하는 이유는, 상품이 곧 화폐는 아니지만, 화폐는 곧 상품이기 때문입니다.

예컨대, '갑'이 소유한 컴퓨터 1대와 '을'이 소유한 양복 5벌이 서로 교환된다고 합시다.

여기서 우선 '갑'과 '을'이 컴퓨터와 양복을 서로 교환하는 이유 혹은 동기는 무엇이겠습니까?

우선 그 동기는 컴퓨터의 소유자 '갑'에게는 컴퓨터가 자신을 위한 사용가치가 아니고 '을'이 소유하고 있는 양복이 자신을 위한 사용가치이기 때문이고, '을'의 경우는 그 반대, 즉 자신이 소유하고 있는 양복은 그에게 자신을 위한 사용가치가 아니고 '갑'이 소유하고 있는 컴퓨터가 자신을 위한 사용가치이기 때문입니다.

이 거래는 "컴퓨터 1대＝양복 5벌"이라는 등식으로 표현할 수 있습니다. 이때 양복 5벌은 컴퓨터 1대의 교환가치이고, 그 가치형태라고 합니다.

그런데 이 가치형태가 보여주는 바는, 무엇보다도, 컴퓨터라고 하는 상품이 그 가치를 양복이라고 하는 다른 상품, 다른 사용가치의 일정한 양으로 표현하고 있다는 사실, 결국 어떤 상품이든지 자신의 가치를 자신과 다른 사용가치, 즉 다른 상품체의 일정량으로 상대적으로 표현한다는 사실입니다.

이는 당연합니다. 왜냐하면, 가치가 표현되어야 할 컴퓨터는 인간의 노동생산물이고, 바로 그 때문에 가치를 갖는 것인데, 그 가치의 크기는 역시 가치에 의해서만, 즉 인간의 노동생산물에 의해서만 측정되고 표현될 수 있기 때문입니다.

'가치의 크기는 가치에 의해서만 측정되고 표현될 수 있다'는 말이 쉽게 이해되지 않는 사람이 있을지 모르는데, 우리가, 예컨대, 길이를 잴 때를 생각해 봅시다. 길이를 잴 때에는 누구나 그 자체가 일정한 길이인 자[尺]로써 그것을 잽니다. 최근엔 과학기술의 발달로 초음파나 레이저의 빛 등을 쏘아 거리, 즉 길이를 재는 기구들이 상당히 널리 쓰이기도 합니다만, 이 역시 일정 시간, 예컨대, 1초에 초음파나 레이저의 빛 등이 얼마의 길이를 전진하는가를 알고 있기 때문에 그 발사된 빛이 목표물에 반사되어 되돌아 올 때까지의 시간으로 그 거리를 환산하는 것이어서, 길이로써만 길이를 측정하고 표현할 수 있다는 사실에는 어떤 변함도 없습니다. 다른 예를 들자면, 중량을 측정하는 것도 마찬가지입니다. 무게로써 무게를 재는 것을 한 눈에 알 수 있는 전통적인 천칭이나 막대저울은 물론이고, 최근에 유행하는 디지털 저울 등도, 그 장치의 기술적 복잡함에 따라 어떤 환산과정을 거치든, 결국은 모두 무게로써 무게를 측정하는 것입니다.

이렇게 인간노동의 응결물로서의 상품의 가치도 역시 인간노동의 응결물인 가치, 곧 상품으로서 측정될 수밖에 없는데, 그렇다고 해서 "컴퓨터 1대=컴퓨터 1대"로 표현한다면, 이는 전적으로 무의미한 동어반복에 불과할 것입니다. 그리하여, 이 경우 컴퓨터는 자신의 가치를 자신과 다른 노동생산물인 양복이라고 하는 상품체로 표현하고 있는 것입니다.[1]

나아가, 위의 등식은 컴퓨터 1대가 양복 1벌과는 교환되지 않고, 양복 5벌과 교환된다고 하는 것을 표현하고 있습니다. 그것은, 서로 간에 그러한 량이어야만 서로 그 가치의 량이 동일해지기 때문입니다.

결국, 상품이 아닌 것으로서는 어떤 상품의 가치를 표현할 수도 없고, 그 상품과 교환될 수도 없다는 것을 알 수 있습니다.

그런데 화폐란, 다름 아니라, 어떤 상품의 가치를 표현하고, 그 상품과 직접적으로 교환될 수 있는 그 무엇입니다. 그리고 그러한 역할을 할 수 있는 것은 노동생산물로서의 상품이 아니면 안 된다는 것은 방금 확인한 대로입니다. 즉, 여기에서 화폐는 그 역시 노동생산물로서의 상품이 아니면 안 된다는 결론이 도출되는 것입니다.

지폐 등은 화폐의 대리자·대용물이다

그런데, "컴퓨터 1대=100만 원"이라는 가치형태를 살펴봅시다.

이것이 의미하는 바는 당연히, 우선 컴퓨터 1대와 화폐인 100만 원의 가치가 같고, 즉 그 양자를 생산하는 데 사회적으로 필요한 노동시간이 같고,

---

[1] "상품들은 오직 그것들이 인간 노동이라는 동일한 사회적 단위의 표현인 한에서만 가치대상성(價値對象性)을 갖는다는 것, 따라서 그것들의 가치대상성은 순전히 사회적이라는 것을 상기하면, 그 가치대상성이 상품과 상품의 사회적 관계 속에서만 나타날 수 있다는 것도 저절로 명백해진다."(《자본론》, 제1권, *MEW*, Bd. 23, S. 62. 채만수 역, 제1권, 제1분책, pp. 84-85.)

다음으로는 화폐 100만 원이 컴퓨터 1대와 직접적으로 교환 가능하다는 것입니다.

하지만, 컴퓨터 1대의 가치, 그것을 생산하는 데 사회적으로 필요한 노동시간과, 한국은행권 100만 원— 10,000원 권 100장이든, 5,000원 권 200장이든, 혹은 1,000원 권 1,000장이든 —을 생산하는 데 필요한 노동시간, 따라서 그 가치가 서로 같다는 것은 누구의 눈에나 타당하지 않은 주장일 것입니다. 혹시 한국은행이 발행하고 있는 주화(속칭, 동전) 100만 원—500원짜리 2,000개든, 100원짜리 1만 개든, 혹은 50원짜리 2만 개나 10원짜리 10만 개든 —의 가치, 즉 그러한 량의 주화를 생산하는 데 필요한 노동시간이라면 모를까 말입니다(사실은 이러한 양의 주화를 만드는 데 필요한 노동시간은 필시 컴퓨터 1대를 만드는 데 필요한 노동시간보다 길 것이지만).

그런데도 불구하고, 즉 이렇게 한국은행권 100만 원과 컴퓨터 1대는 그것들을 생산하는 데에 서로 다른 노동시간이 필요할 터인데도, 일상의 거래에서는 그 가치가 서로 같기라도 한 것처럼 천연덕스럽게 교환됩니다. 더 어이없게는(?) 시중은행이 발행하는 100만 원 권 1장이나 10만 원 권 10장의 '자기앞수표'도 마찬가집니다.

도대체 어떻게 된 영문일까?

그 대답은, 반쯤 농담입니다만, 한국은행권이나 은행의 자기앞수표를 주고받으면서도, 영수증을 쓸 때라든가, 아무튼 좀 격식을 갖춰서 돈의 액수를 표시할 때에는, '금(金) 얼마얼마' 하고 표시하는 데에서 힌트를 얻을 수 있을 것입니다. 아니, 사실은 제가 지금 '돈의 액수'라는 표현을 쓰고 있지만, 실제로 사람들이 주로 쓰는 표현은 '금액'(金額)입니다. 그리고 바로 거기에서도 힌트를 얻을 수 있을 것입니다. 다름 아니라, 우리가 주고받는 한국은행권이나 은행의 자기앞수표는, 그 자체가 화폐가 아니라, 화폐인 금(金)의 대리자, 혹은 대용물이 아닐까 하는 힌트 말입니다.

그렇습니다. 실제로 그것들은 화폐인 금의 대리자 혹은, 같은 말이지만, 대용물입니다. 그리하여, 컴퓨터 1대의 가치가 100만 원으로 표현되고, 그 100만 원이, 예컨대, 2온스의 금을 대리하고 있다면, 컴퓨터 1대의 가치를 나타내는 실질적인 등식은 "컴퓨터 1대=2온스의 금"이 됩니다. 그리고 이렇게 되면, 이 등식의 양극은 같은 량의 가치, 같은 길이의 노동시간을 표현하고 있어서, 조금도 이상할 것이 없습니다.

그러면 어떻게 해서 지폐나 은행권, 자기앞수표 등이 화폐인 금을 대리하는가 하는 것은, 금이 어떻게 화폐인가 하는 것과 함께, 이번 강의 내용의 일부입니다.

2. 화폐의 성립 — 상품의 가치형태 즉 교환가치의 발전

상품은 컴퓨터라든가, 양복이라든가, 쌀이라든가 하는 사용가치 혹은 상품체의 형태로 우리 앞에 존재합니다. 이는 상품의 현물형태인데, 다름 아니라, 구체적 유용노동의 산물로서의 사용가치입니다. 한편, 상품은 무차별한 추상적 인간노동의 산물로서의 가치이고, 그 가치는 자신을 "컴퓨터 1대=양복 5벌"과 같은 형태로 자신을 표현합니다. 그리고 상품의 이러한 가치표현은 곧 상품의 가치형태, 즉 그 교환가치입니다.

그리고 인간의 노동생산물은 이렇게 사용가치로서 현물형태를 취하고, 동시에 가치로서 가치형태를 취함으로써만 상품이 되는 것입니다.

지금부터는 이 가치형태가 어떻게 발전하여 화폐형태가 되는지를, ≪자본론≫, 제1권. 제1편, 제1장, 제3절의 서술에 준하여, 보기로 하겠습니다.

1) 단순한, 개별적인, 우연적인 가치형태

상품은 자신의 가치를 우선 'x량의 상품 A=y량의 상품 B'라는 식으로, 즉 '컴퓨터 1대=양복 5벌'이라는 등식(等式)으로 표현합니다. 이렇게 하나의 상품이 자신의 가치를 하나의 다른 상품으로 표현하는 것을 "단순한, 개별적인, 또는 우연적 가치형태"라고 합니다. 단순한 가치형태라든가, 개별적인 가치형태라고 하는 이유는, 상품 A가 자신의 가치를 상품 B로써 간단히, 그리고 개별적으로 표현하기 때문인데, 한편 상품 A가 상품 B나 상품 C, 혹은 기타 어떤 상품으로 자신의 가치를 간단히 표현하는가는 우연적이기 때문에 동시에 우연적인 가치형태라고도 하는 것입니다.

그런데 모든 가치형태의 비밀은 바로 이 단순한 가치형태 속에 숨어 있고,

따라서 이 가치형태의 분석에는 어려움이 있습니다.

우선, 가치형태에서는 두 개의 서로 다른 종류의 상품이 각각 다른 역할을 수행하고 있습니다.

'컴퓨터 1대=양복 5벌'이라는 등식에서 컴퓨터는 양복으로써 자신의 가치를 표현하고 있고, 양복은 컴퓨터의 가치를 표현하는 재료로서만 기능하고 있습니다. 일반적으로 표현하면, 'x량의 상품 A=y량의 상품 B'라는 가치등식 혹은 가치형태에서 상품 A라는 사용가치는 자신의 가치를 적극적으로, 그러나 상품 B라는 다른 사용가치를 통해서 상대적으로 표현하고 있고, 상품 B는 상품 A의 등가물의 역할, 사용가치로서 역할이 아니라 상품 A의 가치량을 표현하는 가치물로서의 역할만을 하고 있는 것입니다. 그 때문에 이 가치표현의 한 극(極), 즉 상품 A 혹은 컴퓨터는 상품 B 혹은 양복으로써 자신의 가치를 상대적으로 표현하는 **상대적 가치형태**에 있고, 다른 한 극, 즉 상품 B 혹은 양복은, 상품 A 혹은 컴퓨터의 **'등가형태'**에 있습니다.

상대적 가치형태

그런데 '컴퓨터 1대=양복 5벌'이라는 가치형태, 혹은 등식은 질(質)과 양(量)의 양 측면에서 고찰되어야 하고, 무엇보다도 우선 질적 측면에서 고찰되지 않으면 안 됩니다.

누군가가 '500km=500kg'이라고 말한다면, 앞에서도 말했지만, 사람들은 필시 그 사람을 실성한 사람으로 취급할 것입니다. km 곧 길이의 단위와 kg 곧 무게의 단위는 질적으로 서로 다른 것이어서 서로 그 량의 크고 작음을 비교할 수 없는 것인데, 그것을 비교하려고 하고 있으니까 말입니다. 결국, 다시 강조하지만, **어떤 것들이 량적으로 서로 비교되기 위해서는 그것들이 질적으로 서로 같은 것이어야 하고, 따라서 같은 이름의 단위로 환산되어야 하는 것입니다.**

우리의 문제인 가치형태, 즉 교환가치도 물론 마찬가지입니다. '컴퓨터 1대=양복 5벌', 혹은 '컴퓨터 1대=양복 6벌' 등의 등식이 성립하기 위해서는 컴퓨터 1대와 양복 5벌이 같은가, 6벌이 같은가 하는 량적 측면 이전에 컴퓨터와 양복이 질적으로 먼저 같은 것이어야 하고, 같은 단위로 환산될 수 있어야 합니다.

그런데 컴퓨터와 양복은 그것들을 아무리 들여다보고, 아무리 만져보아도 그 자연적 속성에서는 질적으로 결코 같지 않습니다. 양자는 "**초자연적인 속성**", "**무언가 순수하게 사회적인 것**"2)에서만, 즉 그것들이 모두 **추상적 인간노동의 응결물**이라는 속성에서만 질적으로 같습니다. 그렇게 응결된 인간노동이 곧 가치이고, 바로 이 점에서 컴퓨터와 양복은 서로 질적으로 동일한 단위로 환산되는 것이며, 따라서 컴퓨터와 양복은 서로 량적으로 그 크기가 비교될 수 있는 것입니다.

그런데 상품 A, 즉 컴퓨터가 다른 상품에 의해서만, 즉 상대적으로만 자신의 가치를 표현할 수 있다는 것은 그 자체로서 명백합니다. 예컨대, "컴퓨터 1대=컴퓨터 1대"라고 표현한다면, "산은 산이요, 물은 물"이라던, 어느 스님이 남긴, 세상을 떠들썩하게 했던 '절대진리(?)의 법어(法語)'처럼, 컴퓨터 1대가 일정량의 사용대상으로서의 컴퓨터 1대인 것은 명백하지만, 가치표현으로서는 전적으로 무의미하기 때문입니다. 양복이 자기 자신으로써 자신의 가치를 표현할 수 없는 것도 마찬가지입니다.

이는 다음과 같이도 얘기할 수 있습니다.

가치형태의 양극은 서로 의존하고 있습니다. 즉, "x량의 상품 A=y량의 상품 B"라는 가치형태에서 상품 B가 등가형태인 것은, 즉 B라고 하는 사용가치가 그 반대물인 가치로서 기능할 수 있는 것은, 다른 상품 A가 상품 B에 대해서 취하는 가치관계 속에서이고, 단지 그러한 한에서입니다. 어떤 임의의 다른 상품이 자신과 가치관계를 취하지 않는다면, 어떤 상품도 등가형태에 설 수 없는 것입니다. 그런데 가치형태의 양극은 이렇게 서로 의존하고 있지만, 그것들은 동시에 서로를 배제합니다. 어떤 상품도 자기 자신의 상대적 가치형태이면서 동시에 등가형태일 수는 없는 것입니다. 결국 모든 상품은 자신과는 다른 종류의 상품으로 자신의 가치를 표현할 수밖에 없는 것입니다.

등가형태

'컴퓨터 1대=양복 5벌'이라는 등식에서 양복 5벌은 컴퓨터 1대의 등가물 혹은, 같은 말이지만, 등가형태입니다.

여기에서 양복 5벌은 양복이라는 사용가치로서의 역할을 하는 것이 아니

---

2) 《자본론》, 제1권, *MEW*, Bd. 23, S. 71. (채만수 역, 제1권, 제1분책, p. 101.)

라 그 일정량으로 컴퓨터의 가치량을 표현하는 가치로서의 역할만을 하고 있습니다. 그런데 양복 5벌은 사실 그 자체로서는 일정량의 사용가치입니다. "등가형태를 고찰할 때에 눈에 띄는 **첫 번째 특징은**" 이렇게 사용가치가 그 반대물인 가치를 표현한다고 하는 점, 혹은 **"사용가치가 그 반대물인 가치의 현상형태가 된다"**는 것에 있습니다. 즉, "상품의 현물형태가 가치형태로 되는" 것입니다.3)

그런데 가치란 추상적 인간노동의 응결물입니다. 그러나 여기에서 등가물로서의 역할을 수행하는 양복은 재봉노동이라는 구체적 노동의 생산물입니다. "따라서 **구체적 노동이 그 반대물인 추상적 인간노동의 현상형태가 된다고 하는 것이 등가형태의 두 번째 특징**"입니다.4)

그런데 재봉노동이라고 하는 구체적인 노동이 무차별한 추상적 인간노동의 표현으로 된다고 하는 것은, 그것이 다른 모든 노동과 마찬가지로 사적(私的)인 노동임에도 불구하고, 그 사적 노동이 직접적으로 사회적인 형태에 있는 노동이 된다는 것을 의미합니다. 그리하여 "**사적 노동이 그 대립물의 형태로, 즉 직접적으로 사회적인 형태의 노동으로 되는 것이 등가형태의 세 번째 특징**"입니다.5)

간단한 가치형태의 전체

사실 '컴퓨터 1대=양복 5벌'이라는 가치형태는, 가치와 사용가치의 통일물이라는 상품 자체의 속성이 외화(外化)된 것, 즉 밖으로 표현된 것입니다.

우선, 이 가치형태에서 일정량의 컴퓨터가 일정량의 양복과 등치된다고 하는 것은, 그 양적 비례관계 이전에 먼저, 컴퓨터를 만드는 노동과 양복을 만드는 노동은 그 종류와 형태가 다름에도 불구하고 양자가 모두 무차별한 추상적 인간노동의 지출이며, 그렇기 때문에 컴퓨터와 양복은 동질의 가치물이라는 사실에 기초해 있습니다. 결국 이 가치표현, 가치형태에서는 종류가 다른 여러 상품 속에 응고되어 있는, 종류가 다른 구체적 노동이 그것들에 공통적인 것으로, 즉 인간노동 일반으로 환원되는 것입니다. 그리고 이

---

3) ≪자본론≫, 제1권, *MEW*, Bd. 23, S. 70-71. (채만수 역, 제1권, 제1분책, p. 99.)
4) ≪자본론≫, 제1권, *MEW*, Bd. 23, S. 73. (채만수 역, 제1권, 제1분책, p. 103.)
5) ≪자본론≫, 제1권, *MEW*, Bd. 23, S. 73. (채만수 역, 제1권, 제1분책, p. 104.)

추상적 인간노동이 응결되어 있는 물건이 곧 상품이고, 그러한 한에서 그것들은 가치인데, 이 가치의 현물형태는 바로 상품체, 곧 사용가치입니다.

그리고 이렇게 가치이면서 사용가치인 상품이, 'x량의 상품 A=y량의 상품 B'라는 가치형태에서는, 상품 A의 현물형태는 현물형태 그 자체, 즉 사용가치로서, 그리고 상품 B의 현물형태는 단지 등가형태 즉 가치로서만 인정되는 것입니다. 즉, 우리의 예인 '컴퓨터 1대=양복 5벌'이라는 가치형태에서 컴퓨터는 사용가치로서의 컴퓨터 그것으로서 인정되고 있고, 양복은 사용가치로서의 양복으로서가 아니라 컴퓨터의 가치를 표현하는 재료, 즉 그 등가형태, 그 가치로서 인정되고 있는 것입니다.

그리고 상품은 이렇게 가치와 사용가치의 통일물이라는 자신의 내적 속성을 '상대적 가치형태'와 '등가형태'로서 외적으로 표현함으로써 비로소 운동, 즉 유통의 가능성을 획득하게 됩니다.

'x량의 상품 A=y량의 상품 B'일 때, 즉 상품 A의 가치가 상품 B에 의해서 표현될 때, 이는, 량적으로는 상품 B의 일정량과 상품 A의 주어진 양이 교환 가능하다는 것을 표현하지만, 질적으로는 상품 B, 즉 등가물의 상품 A와의 직접적인 교환 가능성을 표현하기 때문입니다.

여기에서 혹시, '왜 등가형태에 있는 상품 B가 상품 A와 **직접적인 교환 가능성을 갖는다고 하는가**' 하는 의문을 갖는 분들이 있을 것입니다. 이는 다름 아니라 **상품 B가 등가형태에 있다고 하는 사실 그 자체, 즉 상품 B가 상품 B라는 사용가치로서가 아니라 가치로서, 다른 말로 하면, 무차별한 인간노동의 산물로서 나타나기 때문**입니다.

이 직접적인 교환 가능성은 현실적인 거래에서는 이런 말이 됩니다. 즉, '컴퓨터 1대=양복 5벌'이라면, 컴퓨터 1대의 '가격'이 양복으로 5벌이므로, 양복 5벌로 컴퓨터 1대를 살 수 있다. — 이런 뜻입니다.

좀더 쉽고 좀더 비근하게 얘기해볼까요?

'컴퓨터 1대=양복 5벌' 대신에 '컴퓨터 1대=100만 원'이라고 표시해보세요. 즉, 컴퓨터 1대의 가격이 100만 원이라면, 100만 원으로 컴퓨터 1대를 살 수 있는 것 아니예요? 직접적 교환 가능성이란 바로 그런 뜻입니다.

한편, 'x량의 상품 A=y량의 상품 B'라는, 간단한, 개별적인, 우연적인 가치형태는 노동생산물의 단순한 상품형태로서, 이는 상품교환의 역사적인 **최**

초의 발생 형태와 일치합니다.

앞에서도 말했지만, 노동은 인간과 자연과의 물질대사를 매개하는 인간생존에 필수적인 활동이고, 따라서 어떤 사회상태, 어떠한 사회구성 속에서나 노동생산물은 인간의 사용대상입니다. 그에 반해서, 노동생산물이 상품으로 되는 것은 노동의 생산력이 역사적으로 일정한 발전단계에 다다른 이후의 일, 즉 노동생산력의 발전으로 원시 공산사회 내부에서 어떤 잉여가 발생하고, 그것들이 공동체와 공동체 사이에서 교환되기 시작한 이후의 일입니다. 그리고 이때, 즉 역사적으로 생산물과 생산물의 교환이 처음 시작되기 시작했을 때, 혹은, 다른 말로 표현해서, 노동생산물이 최초에 상품화되기 시작했을 때, 그 상품화가 우연적이고 개별적이며 간단했을 것임은 능히 짐작할 수 있을 것입니다.

그리하여 간단한, 개별적인, 우연적인 가치형태는 상품교환의 역사적인 최초의 발생 형태와 일치하는 것이고, 애초에는 그렇게 단순하고, 개별적이며, 우연적인 현상으로 시작된 노동생산물의 상품화 그것이 점차 복잡하고, 전면적인 현상으로 발전해온 것입니다.

2) 전체적인 또는 전개된 가치형태

단순한, 개별적인 가치형태는 한 상품, 즉 상품 A의 가치를 그 자신의 사용가치로부터 구별하게 하고, 그것이 일정한 량적 비율로 다른 어떤 상품 종류와 교환될 수 있다는 것을 보여줍니다.

그러나 이 단순한 가치형태는 상품 A가 상품 B와 가치로서 동질적이며 일정한 비례관계에 있다는 것을 보여줄 뿐이고, 상품 A와 다른 모든 상품들과의 동질성이나 량적 비례관계를 보여주는 것은 아닙니다. 이는, 다른 말로 하자면, 이 가치형태에서는 상품 B 이외의 다른 상품들의 상품 A와의 가치로서의 동질성이나 교환 가능성이 표현되어 있지 않다는 것을 의미합니다. 그리고 이는 이 단순한 가치형태의 결점입니다.

여기에서 가치형태는 저절로 다음과 같이 확대됩니다.

즉, "컴퓨터 1대=양복 5벌", 또는 "컴퓨터 1대=카메라 3대", 또는 "컴퓨터 1대=쌀 6가마", 또는 "컴퓨터 1대=구두 10켤레", 등등으로 말입니다.

그리고 이를 하나의 식으로 정리하면 이렇게 됩니다.

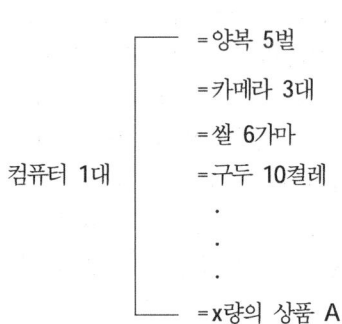

이를 "전체적인, 또는 전개된 가치형태"라고 부르는데, 여기에서 컴퓨터가 자신의 가치를 이렇게 여러 상품으로 표현할 수 있는 것은, 어느 상품 종류가 등가물로서 나타나든 그 상품 역시 인간노동의 생산물이므로 일정한 량적 비례관계만 있으면 되기 때문입니다.

이 가치형태에서는 하나의 상품, 예컨대, 컴퓨터가 무수한 종류의 다른 상품으로 자신의 가치를 표현합니다. 즉, 컴퓨터는 이제 **전체적인 상대적 가치형태**, 혹은 **전개된 상대적 가치형태**에 있습니다. 이에 비해서 등가형태에 있는 각각의 상품, 즉 사용가치는 그 한 종류 한 종류가 각각 그 일정한 량으로 컴퓨터의 가치를 표현하는 **특수한 등가형태**에 있습니다.

이 전개된, 혹은 전체적인 가치형태에서는 컴퓨터라는 하나의 상품이 무수한 종류의 상품들, 즉 사용가치들로써 자신의 가치를 표현함으로써, 가치란 인간의 노동이 지출되는 형태나 방식과는 관계가 없는 무차별적인 인간노동의 응결물이란 것이 더욱 명확해지고, 상품의 가치표현은 그것이 표현되는 사용가치의 특수한 형태와는 무관하다는 것을 보여줍니다.

그러나 이 가치형태 역시 결함을 가지고 있습니다.

첫째로, 이 가치형태에서는 상품의 상대적 가치표현이 미완성인 채입니다. 예컨대, 컴퓨터의 가치는 무수히 다른 종류의 상품의 일정량으로 표현될 뿐만 아니라, 그 가치를 새롭게 표현하는 재료인 새로운 상품 종류가 나타날 때마다 그 식은 끝없이 늘어나기 때문에 결코 그 식이 완결될 수 없는 것입니다.

둘째로, 이 가치형태는 '컴퓨터 1대=양복 5벌', 또는 '컴퓨터 1대=카메라 3대', 또는 '컴퓨터 1대=쌀 6가마' 등등의 다양한 가치표현을 잡다하게 묶어놓은 형태를 취하고 있습니다. 즉, 여기에서는 상품의 가치표현이 여러 가치표현의 잡다한 모자이크로 되어 있습니다.

셋째로, 이 형태에서는 모든 상품 종류가 각 상품 종류마다 무한열의 전체적인, 혹은 전개된 가치형태를 가질 수밖에 없습니다. 즉, 컴퓨터만이 무수한 종류의 상품 각각의 일정량으로 자신의 가치를 표현하는 것이 아니라, 양복도, 카메라도, 쌀도, 구두도, 그리고 기타 무수한 상품도 각각 전체적인, 또는 전개된 가치형태로써 각각의 가치를 표현할 수밖에 없는 것입니다. 즉, 미완성이고 복잡한 가치표현이 무수한 상품 종류로 확대됩니다. 그리고 이 가치형태에서는 모든 상품 종류의 공통의 가치표현은 당연히 배제됩니다.

3) 일반적 가치형태

그런데 이 전체적인, 혹은 전개된 가치형태가 가진 결함들은 그 가치형태를 단순히 뒤집음으로써, 즉 상대적 가치형태에 있는 컴퓨터를 등가형태의 위치에 두고, 특수한 등가형태에 있는 무수한 사용가치들을 상대적 가치형태의 위치에 둠으로써 치유되게 됩니다.

전체적인, 혹은 전개된 가치형태를 이렇게 뒤집을 수 있는 것은, 예컨대, '컴퓨터 1대=양복 5벌'이나 '컴퓨터 1대=쌀 6가마'라고 하는 가치형태, 가치표현은 동시에 '양복 5벌=컴퓨터 1대' 혹은 '쌀 6가마=컴퓨터 1대'라고 하는 가치형태, 가치표현을 사실상 내포하고 있기 때문입니다. 실제로도, 컴퓨터의 소지자(所持者)가 자신의 상품인 컴퓨터의 가치를 양복들로 표현한다면, 양복의 소지자도 자신의 상품인 양복들의 가치를 컴퓨터로 표현할 수 있는 것 아니겠습니까? 카메라나 쌀, 구두 등등의 소지자들도 물론 자신들의 상품의 가치를 컴퓨터의 가치로 표현할 수 있는 것이고요.

그리하여 그렇게 뒤집으면, 이렇게 됩니다.

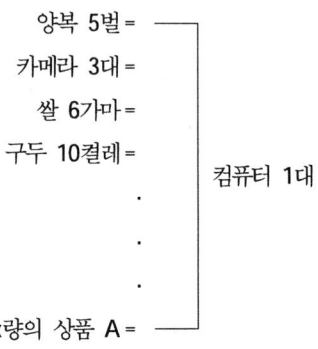

자, 이렇게 되면 모든 상품의 가치표현이 간단하고 통일적으로, 즉 일반적으로 되었습니다. 양복이나 카메라, 쌀, 구두 등등이 이제 모두 자신의 가치를 컴퓨터라는 하나의 상품으로 표현하고 있기 때문에, 그 표현이 간단하고, 통일적으로, 따라서 일반적으로 된 것입니다. 이제 모든 상품이 공통의 가치표현을 얻은 것입니다. 즉, 모든 상품이 이제 '일반적 가치형태'를 갖게 된 것입니다.

일반적 가치형태로부터 화폐형태로의 이행

여기까지 오면, 이제 '화폐의 발생'에 아주 가까이 다가온 것입니다.

왜냐하면, 이전까지는 각각의 상품이 자신의 사적·개인적인 작업으로서 그 등가물을 발견했음에 비해서, 일반적 가치형태에서는 이제 상품 세계가 공동의 작업으로 하나의 상품을 상대적 가치형태로부터 배제함으로써 이 배제된 상품이 다른 모든 상품에 대한 등가형태로 되기 때문입니다.

이제 모든 상품이 하나의 동일한 상품으로 자신의 가치를 표현하고, 새롭게 등장하는 상품들 역시 그렇게 합니다. 무수한 종류의 상품들로 이루어지는 상품 세계의 일반적인 상대적 가치형태는 그로부터 배제된 등가물 상품에 대해서 '일반적 등가형태' 혹은 '일반적 등가물'이라고 하는 성격을 각인(刻印)하고, 그리하여 이제 그 등가물은 하나의 확고한 '사회적 존재'가 된 것입니다. 노동의 일반적·인간적인 성격이 여기에서는 노동의 독자적인 사회적 성격으로 되는 것입니다.

그렇게 되면, 이제 컴퓨터는 '일반적 등가형태'로서, 어떤 특정한 상품, 특정한 사용가치로서가 아니라, 그러한 특수성을 잃고 가치 그 자체의 화신(化身)으로서, 따라서 무차별적인 인간노동 자체가 응결(凝結)된 것으로서 나타나게 됩니다. 그리고 다른 모든 상품은 이제 가치 자체의 화신으로서의 일반적 등가물, 즉, 여기 우리의 예에서는, 컴퓨터의 일정량으로써 자신의 가치를 표현하게 됩니다.

각 상품이 이렇게 일반적 등가물인 컴퓨터라는 공통의 상품의 일정량으로써 자신의 가치를 표현함으로써 그들 각각의 상품은 동시에 그들 서로 간의 가치의 비례관계를 표현할 수 있게 됩니다. 예를 들어, '상품 A=컴퓨터 1대'이고, '상품 B=컴퓨터 3대'이며, '상품 C=컴퓨터 7대' 등등이라면, 상품 A와 상품 B, 상품 C의 가치는 상호 간에 '1 : 3 : 7'이라는 비례관계가 있음을 알 수 있지 않습니까?

한편, 앞에서 본 것처럼, 등가형태 즉 등가물은 그것이 그 가치를 표현해주는 상대적 가치형태와 직접적 교환 가능성을 가지고 있기 때문에, 일반적 등가물은 이제 가치 일반의 현상형태로서 모든 상품과 직접적으로 교환될 수 있습니다.

그런데 어떤 특정 상품이 일반적 등가물이 되는 것은 다른 모든 상품이 그것을 일반적인 상대적 가치형태에서 배제하기 때문이고, 또 그렇게 배제되는 한에서만 그것은 일반적 등가물, 일반적 등가형태입니다. 그리고 이러한 배제가 사회적 관습에 의해서 역사적·최종적으로 어떤 특정한 상품 종류에 고착된 순간부터 이 일반적 등가형태는 객관적인 고정성과 사회적 타당성을 획득했습니다.

일반적인 상대적 가치형태로부터 최종적으로 배제되어 그렇게 고착된 상품 종류, 혹은 일반적 등가형태를 최종적으로 획득한 상품 종류, 그것이 바로 화폐입니다. 역사적으로 그것은 바로 금(金) 또는 은(銀)이라는 귀금속이었고, 최종적으로는 금에 고착되었습니다.

4) 화폐형태

이제 일반적 가치형태 속의 컴퓨터를 화폐가 된 금으로 바꾸면, 다음과 같은 형태가 됩니다.

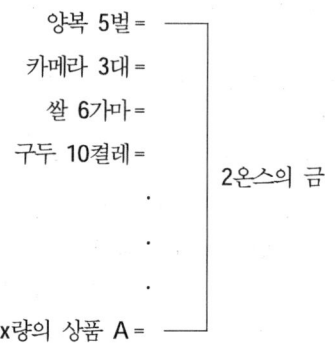

여기에서 금은, 위의 일반적 가치형태에서 컴퓨터가 일반적 등가형태, 혹은 일반적 등가물이었던 것처럼, 금 자신을 제외한 모든 상품 종류에 대한 일반적 등가물입니다. 차이 혹은 진전은, 직접적인 일반적 교환 가능성 혹은 일반적 등가형태가 이제는 사회적 관습에 의하여 최종적으로 **상품 금의 독자적인 현물형태**와 결합되어 있다는 점뿐입니다.

이제 모든 상품은 각각 그 가치를 일정량의 금으로 표현합니다. 그리고 **화폐상품 금에 의한 어떤 상품의 가치표현이 그 상품의 가격형태**입니다. 예컨대 컴퓨터 1대의 가격형태는, '컴퓨터 1대=2온스의 금'이고, 2온스의 금의 화폐명(貨幣名)이 100만 원이라면, 그것은 '컴퓨터 1대=(금) 100만 원'이 됩니다.

사람들이 상품의 가격을 '금 xxx원'이라고 표시한다든가, 돈의 액수를 '금액'이라고 하는 것은 결코 우연도, 임의적인 것도 아닙니다. 그것은 바로 금이 화폐임을 표시하는 것입니다. 그리하여, 앞으로 '화폐'라고 하면 그것은 '금'을 의미합니다.

참고로, 수없이 많은 상품 종류 중에서 금이 화폐로 된 이유는 귀금속으로서의 금의 물질적 속성 때문입니다.

앞에서 설명의 편의상, 예컨대, 컴퓨터를 일반적 등가물로 들어서, '양복 5벌=컴퓨터 1대', '카메라 3대=컴퓨터 1대' 식으로 그 가치를 표현했지만, 이 경우 양복 1벌 혹은 카메라 1대 등의 가치는 '양복 1벌=1/5대의 컴퓨터' 혹은 '카메라 1대=1/3대의 컴퓨터' 식으로 표현되어야 할 것입니다. 그러나 실제로는 양복 1벌 혹은 카메라 1대의 가치를 표현하기 위해서 컴퓨터를 5분의 1, 혹은 3분의 1로 나누는 순간 그 컴퓨터는 더 이상 컴퓨터가 아니게 되고, 즉 컴퓨터로서의 사용가치를 잃게 되고, 따라서 그 가치도 잃게 됩니다. 이는 컴퓨터 등의 상품은 그것이 일반적 등가물로서의 역할을 하기에는 그 물질적 속성이 적합하지 않다는 것을 의미합니다.

그런데 금이나 은 같은 귀금속의 경우에는 다릅니다. 금이나 은은, 그 자체 질이 균질할 뿐 아니라, 시간이 지나도 산화·부패되거나 변하지 않습니다. 따라서 가치의 보전이 어떤 노동생산물보다도 완벽합니다. 또한 금이나 은은 그것을 아무리 잘게 나누거나 크게 합해도 오직 그 량(量)에서만 차이가 나는 금 그 자체, 은 그 자체입니다. 정확히 그 크기에 비례하여 그 가치의 량만 변할 뿐입니다. 이는 보통의 상품, 예컨대, 컴퓨터나 양복이, 그것들을 쪼개면 더 이상 컴퓨터나 양복이 아니고, 따라서 그 가치를 잃는 것과 근본적으로 다릅니다. 금이나 은의 이러한 성질은 바로 그것을 매개로 크고 작은 거래를 가능하게 합니다. 그리고 금이나 은의 이러한 속성들이 바로 금으로 하여금 사회적 관습에 의해 화폐상품이 되게끔 한 것입니다.

지폐 및 은행권

그런데, 금이 화폐라고 하지만, 오늘날 현실적으로는 '금'이 아니라 '한국은행권'이나 기타 각국의 중앙은행이 발행한 은행권들이, 사실은 종이쪽지에 불과한 그러한 은행권들이 '화폐'로서 유통하고 있습니다.

이렇게 은행권, 혹은 지폐(paper money)가 유통하는 이유는, 사실은, 앞에서도 말한 것처럼, 그것들이 금을 대리하는, 말하자면 '대리화폐', 혹은 화폐의 대리자, 대용물이기 때문입니다.

다만, 이러한 종이쪽지 돈에도 '**태환은행권**'이라는 것이 있고, (국가)지폐나 '**불환은행권**'이라는 것이 있습니다. 전자, 즉 **태환은행권**이란 그것을 발행한 은행이 그것과, 그것에 표시된 일정한 금량(金量)과의 교환을 보증하는 은행권으로서, 본래의 은행권입니다.

그에 비해서 후자, 즉 **국가지폐나 국가지폐화되어 있는 은행권으로서의** 현대 자본주의 국가의 **불환은행권**은 국가가 자신의 '신용'을 담보로, 그리고 국가권력에 의한 강제통용력을 부과하여 발행하는 것으로서, 그 발행기관은 그것을 확정된 금량과 교환해주지 않습니다. 그 때문에 그들 은행권이 얼마만큼의 금량을 대표하는가는 오직 자유금시장에서만 검증됩니다.

이들 지폐나 불환은행권 등의 문제에 대해서는 뒤에서, 특히 인플레이션 문제를 다룰 때에 보다 자세히 얘기하기로 합시다.

3. 화폐의 기능

1) 가치척도

화폐의 첫 번째 기능은 '가치척도'로서의 기능입니다.

척도(尺度)란 우리가 30cm자니, 줄자니, 할 때의 '자'라는 뜻입니다. 그러니까, 화폐의 첫 번째 기능은 상품의 가치를 표현하고 측정하는 기능인 것입니다. 금이 일반적 등가물의 지위를 독점하여 화폐가 되었다고 하는 것은, 다름 아니라, 금 이외의 모든 상품이 그 가치를 금의 일정량으로 표현한다는 것을 의미합니다.

이미 여러 차례 반복된 얘기지만, 서로 다른 이름의 단위, 예컨대, 무게의 단위로 길이를 잴 수 없고, 길이의 단위로 무게를 잴 수 없으며, 무게는 무게의 단위로써만, 그리고 길이는 길이의 단위로써만 측정할 수 있는 것처럼, 가치의 크기는 가치로써만 측정할 수 있습니다.

그리하여, 화폐가 가치척도가 될 수 있는 것도, 다름 아니라 화폐인 금 자체가 가치, 즉 추상적 인간노동의 응결물이기 때문입니다.

그런데, 길이의 단위로서의 '미터'라든가, 무게의 단위로서의 '킬로그램' 같은 단위, 혹은 척도는 엄격하게 고정된 불변치(不變値), 즉 변하지 않는 값입니다. 그에 비해서 가치의 척도인 화폐, 즉 금의 가치는 항상 변하고 있습니다. 여기에서, 그렇게 가치가 변동하는 화폐가 과연 가치의 척도로서 기능할 수 있는 것인가 하는 의문이 생길 수 있습니다.

화폐는 일반적 등가물의 역할을 독점적으로 수행하도록 상품 세계 일반에서 배제된 상품입니다. 그리하여 모든 상품은 이 화폐상품 금의 가치에 자신의 가치를 비추어 보고, 그 일정량으로써 자신의 가치를 표현합니다. 여기에서, 화폐상품 금의 가치가 변화하면, 개개의 상품의 가치가 변화할 때와 마찬가지로, 개개의 상품은 그 가치를 변화된 량의 금, 즉 변화된 량의 화폐로 표현합니다.

그런데, 개개의 상품의 가치가 변화할 때와 화폐상품 금의 가치가 변화할 때의 차이는, 개개의 상품 가치가 변화할 때에는 그 해당 상품의 가치만이 변화된 화폐의 량으로 표현됨에 비해서, 화폐상품 금의 가치가 변화할 때는 모든 상품의 가치표현이 그 화폐상품의 가치가 변화만큼 비례적으로 변화한다는 점입니다. 바로 이러한 이유 때문에 화폐상품 금의 가치변화는 다른 상품들 상호 간의 가치관계, 혹은 그 상대적 가치크기에는 어떤 변화도 가져오지 않습니다.

상품 A, B, C를 예로 들어봅시다. 어느 시점에서 각각의 가치 크기가 '상품 A=금 10g', '상품 B=금 20g', '상품 C=금 30g'이었는데, 다른 시점에서는, 상품 A, B, C의 가치에는 변화가 없는데, 금의 가치가 10% 작아졌다고 하면, 이제는 이들 상품의 가치는 각각 '상품 A=금 11g', '상품 B=금 22g', '상품 C=금 33g'으로 표현됩니다. 하지만, 상품 A, B, C 간의 가치관계, 혹은 그 상대적 가치크기는 화폐상품 금의 가치변화에 상관없이 여전히 '1 : 2 : 3'입니다.

바로 이렇게 화폐상품 금의 가치변화는 다른 상품들 상호 간의 가치관계, 혹은 그 상대적 가치크기에는 어떤 변화도 초래하지 않기 때문에, 화폐상품 금은 그 가치가 변화함에도 불구하고 가치척도로서 기능하는 것입니다.

가격의 도량표준

일반적 등가물의 기능이 일단 금이라고 하는 상품에 고착되면, 금은 이제 화폐가 되고, 모든 상품은 각각 그 가치를 일정량의 금으로 표현하게 됩니다. 그리고 화폐상품 금에 의한 어떤 상품의 가치표현을 그 상품의 가격형태, 간단히 가격이라고 부릅니다. 상품의 가격이란 이렇게 그 상품의 가치를 화폐인 금의 일정한 분량으로 표시한 형태이고, 다른 말로 하면, 가치의 화폐적 현상형태입니다.

그런데, 현실적으로 금화(金貨)가 유통하던 시절에도, 예를 들면, '자동차 1대=금 10kg'이라는 식으로는 가격이 매겨져 있지 않았습니다. 가격은 '자동차 1대=10,000달러'라는 식으로 되어 있습니다.

도대체 어떻게 된 것일까요?

이는 국가가 금의 일정 분량에 이름을 붙였고, 이제 상품의 가격을 표현하는 금의 분량들은 그 이름으로, 즉 국가가 부여한 '화폐명(貨幣名)'으로 불리기 때문입니다.

이해를 돕기 위해서, 순전히 가상적인 예지만, 국가가 법률에 의해서 '1g의 금'에 '1달러'라는 화폐명을 붙였다고 합시다. 그러면, '금 1g=1달러'이기 때문에, 10kg의 금의 가치를 갖는 자동차의 가격은, '자동차 1대=금 10kg'으로 표현되는 대신에, '자동차 1대=10,000달러'로 표시되게 됩니다. 즉, "자동차 1대의 값은 10kg의 금이다"라고 하지 않고, "자동차 1대는 10,000달러다"라고 말하게 되는 것입니다.

만일 국가가 '1g의 금' 대신에 '0.5g의 금'에 '1달러'라는 화폐명을 부여한다면, 똑같이 10kg의 금의 가치를 갖는 자동차의 가격이 이제, 10,000달러 대신에, 20,000달러로 표시됩니다. 그 실질적인 가치의 크기에는 어떤 변화도 없는데도, 명목상으로 가격이 그렇게 바뀌는 것입니다.

이렇게 특정한 중량의 금, 즉 특정한 중량의 화폐에 국가가 '달러'라든가, '파운드'라든가, '엔' 혹은 '원'과 같은 화폐명을 부여하게 되면, 이제 상품의 가격은 '몇 달러', '몇 파운드', '몇 엔', 혹은 '몇 원' 하는 식으로 그 화폐명으로 불리게 됩니다.

이는 마치 지구 자오선의 4만분의 1의 길이에 '킬로미터'(km)라는 이름을 부여하고, 다시 그 천분의 1의 길이에 '미터'(m)라는 이름을 부여하면, 어떤 지점에서 다른 어떤 지점까지의 거리(길이)는 이제 '몇 km', 혹은 '몇 m'라는 식으로 불리는 것과 마찬가지입니다. 그리하여 가령 지구 자오선의 4만분의 1 대신에 8만분의 1의 길이에 킬로미터라는 명칭을 부여한다면, 서울-부산 간 고속도로의 길이는 417km 대신에 834km가 될 것입니다. 물론 실제의 거리에는 아무런 변화가 없는데도 명목상의 거리만 그렇게 바뀌는 것이지만 말입니다.

이렇게 특정한 중량의 금, 즉 화폐에 부여된 화폐명은 '**가격의 도량표준**' (度量標準), 즉 가격을 헤아리는 표준입니다. 즉, 그것을 단위로 상품의 가격을 헤아리는 것입니다. 그리고 국가가 특정한 분량의 금에 이렇게 **화폐명을 부여하는 것**을 가리켜 "가격의 도량표준을 확정한다"고 합니다.

화폐국정설

우리는 앞에서 화폐란 '금'이며, 그 본질적 성격상 '금'일 수밖에 없다는 것을 보았습니다. 또한, 화폐는 상품교환이라고 하는 사회적 경제행위의 필연적·역사적 산물이라는 것도 보았습니다. 즉, 화폐는 국가가 임의로 그것을 만들 수 있는 성질의 것이 아닌 것입니다.

화폐와 관련하여 국가가 하는 일이란, 방금 본 것처럼, 특정한 중량의 금, 즉 화폐에 법률에 의해서 그 '화폐명'을 부여하는 것, 즉 "가격의 도량표준을 확정"하는 것, 그리고 화폐 즉 금의 특정한 량을 그 화폐명을 가진 주화(鑄貨)로 주조하는 일일 뿐입니다.

그럼에도 불구하고, 화폐의 본질이나 그 성립의 경제적 논리, 그리고 국가가 가격의 도량표준을 확정하는 것의 성격 등을 이해할 능력이 없는 부르주아 경제학은, 이렇게 국가가 가격의 도량표준을 확정하는 것을 두고, "화폐는 국가가 법률에 의해서 만든다"라고 합니다. 참으로 어이없는, 그러나 경제비과학(經濟非科學)으로서의 현대 부르주아 경제학에 의해서 널리 유포되어 있고 유포되고 있는 이른바 '화폐국정설'(貨幣國定說)인데, 예컨대, 소위 ≪고용·이자 및 화폐의 일반이론≫(1936) 등의 저자로서, '경제학의 혁명가'라는 저 유명한 케인즈(John M. Keynes, 1883-1946)도 바로 그러한 미몽에 사로잡혀 있었던 위인입니다.[6]

---

[6] 케인즈는, 예컨대, 그의 ≪화폐개혁론(*A Tract on Monetary Reform*)≫(1923)에서, 제1차 세계대전 후 대전으로 인한 은행권의 전면적인 금태환 정지를 마무리하고 '금본위제'로 복귀하려는 미국이나 영국 등 자본주의 주요 국가들의 동향에 화폐국정설적 입장에서 강력히 반대하면서 금과 화폐에 대한 자신의 천재적 이해를 토로합니다. 몇 마디만 예로 들자면, ― 1) "전쟁이 거대한 변화를 일으켜(the war has effected a great change.)" "금 자체가 '관리' 통화가 되었다.(Gold itself has becomme a "managed" currency.)"!(위책, Macmillan and Co., Limited, 1924년판, p. 167.); 2)

그리하여 그는, 예컨대, 자신의 저서 ≪화폐론(*A Treatise on Money*)≫ (1930)에서 이렇게 얘기합니다.

> ... 때가 오면, ... [무엇이 화폐인가를 - 인용자] 선언하는 것은 국가(State)이다. / ... 인도를 강제할 뿐 아니라, 계산화폐로 체결된 계약의 합법적 혹은 관습적 이행으로서 인도되지 않으면 안 되는 것이 무엇인지까지를 결정하는 것이 국가 즉 지역사회(State or community)라고 하는 것은 화폐 계약 특유의 성격이다. 국가는, 그리하여, 무엇보다도 우선, 계약상의 명칭 혹은 기술에 합치하는 사물의 지급을 강제하는 법의 권위로서 나타난다. 그러나 국가는, 게다가, 그것이 어떤 사물의 그 명칭에 합치하는가를 결정하고 선언할 권리와, 때때로 그 선언을 변경할 권리를 주장할 때, ... 이중으로 나타난다. 이 권리는 모든 근대 국가에 의해서 주장되고 있고, 적어도 약 4천 년 동안 그렇게 주장되어 왔다. 크나프(Knapp)의 표권주의(表劵主義, chartalism) — 화폐는 특유하게 국가의 창조물이라는 학설 —가 완전히 실현되는 것은 화폐의 발전이 이 단계에 도달했을 때이다. / ... 그리고 현행 계산화폐에 어

"미국은 금이 그 '자연적' 가치까지 저락하도록 내버려둘 수 없었다(The Unites States has not been able to let gold fall to its "natural" value,) ... 그리하여, 금은 지금 '인위적' 가치를 가지고 있고, 그 가치의 장래의 추이(推移)는 거의 전적으로 미국의 련방준비제도이사회[미국의 중앙은행]의 정책에 달려 있다.(Consequently, gold now stands at an "artificial" value, the future course of which almost entirely depends on the policy of the Federal Reserve Board of the United States.)"!(같은 곳.); 3) "[그럴 것 같진 않지만, 만일 전전(戰前)과 같은 금본위제가 복원된다면,] 카쎌 교수께서 예언하신 대로, 금의 심각한 부족 때문에 그 가치가 누진적으로 등귀할 것이다.(there might be, as Professor Cassel has predicted, a serious shortage of gold leading to a progressive appreciation in its value.)"(같은 책, p. 168.) 바로 전형적인 화폐수량설(!)이다.; 4) "무엇보다도 가장 중요한데 — 지권(紙劵) 통화와 은행 신용의 현대 세계에서는, 그것을 원하든 원하지 않든, "관리" 통화를 벗어날 길이 없다. — 금과의 태환성도 금 자체의 가치는 중앙은행들의 정책에 달려 있다는 사실을 바꾸지 못할 것이다.(— most important of all — in the modern world of paper currency and bank credit there is no escape from a "managed" currency, whether we wish it or not; — convertibility into gold will not alter the fact that the value of gold itself depends on the policy of the Central Banks.)"!(같은 책, p. 170.); 5) 그리고 마침내 선언한다. — "사실, 금본위제는 이미 야만의 유물이다.(In truth, the gold standard is already a barbarous relic.)"!(같은 책, p. 172.) ──── 자, 이 얼마나 위대한 '경제학의 혁명가'입니까? 그리하여 저 마지막 구절, 즉 "금본위제는 이미 야만의 유물이다."는 오늘날 금은 더 이상 화폐가 아니라고 주장하는 부르주아 경제학자들의 사실상 금과옥조(金科玉條)로 되어 있습니다.

떤 사물이 화폐로서 합치해야 하는가를 선언할 권리를 국가가 주장했을 때 … 표권주의적 화폐, 즉 국가화폐의 시대가 도래했다. 오늘날 문명화된 모든 화폐는, 반론의 여지없이, 표권주의적이다.[7] (굵은 글자의 강조는 케인즈, 밑줄은 인용자.)

"오늘날 문명화된 모든 화폐는, 반론의 여지없이, 표권주의적이다."! 즉, 오늘날의 모든 "화폐는 특유하게 국가의 창조물"이다! ― 이것이 바로 저 '경제학의 혁명가' 케인즈의 화폐론입니다!

복본위제와 그 불가능성

한편, 역시 귀금속인 은(銀)은 금에 버금가는 귀금속으로서 금과 동일한 물질적 속성을 가지고 있습니다. 다만, 그 일정 중량을 생산하는 데 필요한 노동시간이 금에 비해서 많이 적기 때문에 그 가치가 많이 낮을 뿐입니다.

은은 그렇게 금과 동일한 물질적 속성을 가지고 있기 때문에, 은 또한 역사적으로 많은 국가와 지역에서 화폐로서의 역할을 수행해 왔습니다.

그리고 이렇게 금과 은이 모두 화폐상품일 수 있다고 하는 데에서, 법률을 통해서, 예컨대, 1그램의 금과, 예컨대, 15그램의 은에 동일한 화폐명을 부여하여 양자를 함께 본위화폐로서 기능하게 하려는 국가들이 있었습니다. 대략 1870년대 초까지, 미국과 영국, 프랑스 등을 포함하여 자본주의가 발달한 대부분의 국가들이 그러하였습니다.

법률에 의해서 이렇게 금과 은 모두를 본위화폐로 삼는 제도를 '복본위제'(複本位制)라고 하는데, 그러나 이는, 결론부터 말하자면, 실제로는 작동하지 않는 제도입니다.

복본위제는 도대체 왜 현실성이 없을까?

길이를 재는 척도를 예로 들자면, 영국이나 미국 등에서 쓰는 인치법과, 우리를 비롯하여 많은 국가들이 사용하는 미터법은, 환산의 번거로움을 별도로 한다면, 길이를 재는 척도로서 얼마든지 동시에 사용될 수 있습니다. 그 이유는, 모두가 아는 것처럼, 인치법과 미터법 사이에는 '1인치=2.54센티미터'라고 하는 비율이 고정되어 있기 때문입니다.

---

[7] J. M. Keynes, *A Treatise on Money*, Cambridge University Press, 1930, p. 4.

그런데 금과 은의 가치 비율은 다릅니다.

동일한 중량의 금의 가치와 은의 가치의 비율을 '금은비가'(金銀比價)라고 합니다. 만일 이 금은비가가 인치법과 미터법의 관계처럼 고정되어 있다면, 그리하여 동일 중량의 금과 은의 가치 비율이 언제나, 예컨대, '15 : 1'로 고정되어 있다면, 복본위제는 물론 훌륭하게 기능할 것입니다. 암요! 더구나 그 양자에는 그 고정적 가치 비율에 따라 서로 무게는 다르지만, 동일한 크기의 가치에는 동일한 액(額)의 화폐명이 부여되어 있으니, 훌륭하게 기능하고 말고요!

그러나 금과 은의 비가는 결코 고정될 수 없고, 끊임없이 변동합니다. 금과 은의 가치는 국가의 법률에 의해서 규정되는 것도 아니고, 저 위대하기 짝이 없는 '경제학의 혁명가' 케인즈께서 말씀하시는 바와는 달리, 미국의 련방준비제도이사회와 같은 중앙은행들의 정책에 달려 있는 것도 아니기 때문입니다.8) 금과 은의 가치는, 주지하는 바와 같이, 그것들을 생산하는 데에 사회적으로 필요한 노동시간에 의해서 결정되는데, 금 생산과 은 생산에서의 노동생산력이 끊임없이 변할 뿐 아니라, 서로 다른 비율로 끊임없이 변화하고 있어서, 그 가치 또한 서로 다른 비율로 변화하고 있기 때문입니다.

이 때문에 금과 은의 비가가 전과 달라지더라도, 금의 가치로써 평가되는 상품들의 상호 가치관계에는 물론 변함이 없고, 은의 가치로써 평가되는 상품들의 상호 가치관계에도 물론 변함이 없습니다. 하지만, 어떤 상품의 가격이 동일한 가액의 화폐명으로, 예컨대, 1달러라는 화폐명으로 표현되어 그 가격이 금화 1달러로 지불될 때와 은화 1달러로 지불될 때의 실제의 가치 크기는 결코 동일하지 않게 됩니다.

이해를 위한 허구의 숫자이지만, 앞에서 예를 든 것처럼, 국가가 '화폐법'을 제정 혹은 개정할 당시의 금과 은의 비가, 예컨대, '15 : 1'를 반영하여 금 1그램과 은 15그램에 똑같이 1달러라는 화폐명을 부여했다고 합시다. 혹은, 같은 말이지만, 그렇게 가격의 도량표준을 확정했다고 합시다.

금은의 비가가 '15 : 1'로 유지되는 한, 금화폐와 은화폐는 상품의 유통수단으로서든, 채무의 지불수단으로서든, 함께 유통할 것입니다.

그런데, 어떤 원인에 의해서든, 금과 은의 생산에서의 노동생산력의 불균

---

8) 앞의 주 6) 참조.

등한 변화로 그 비가가, 예컨대, '20 : 1'로 되면, 어떻게 되겠습니까? 그렇게 되어도, 유통수단으로서든, 지불수단으로서든, 금화폐와 은화폐가 함께 유통하겠습니까? 즉, 복본위제도가 현실적으로 작동하겠습니까?

결코 그럴 수 없습니다. 왜냐하면, '15 : 1'이라는 법률상의 비가는 이제는 전혀 현실성을 상실한 허구의 것으로 되어 버렸기 때문입니다.

실제로 현실적인 상품의 유통, 화폐의 유통에서는 바보가 아니라면 누구나, 상대적으로 가치가 높아진, 따라서 법률상 상대적으로 과소평가된 금화폐는 고이 간수·축장하거나 녹여서 수출하고, 상대적으로 가치가 낮아진, 따라서 상대적으로 과대평가된 은화폐만을 유통수단 혹은 지불수단으로 유통시키게 됩니다. 그리하여 이제 금(金)은 화폐로서 유통하지 않게 되어 상품유통을 매개하는 수단, 즉 유통수단으로서의 기능이나 지불수단으로서의 기능을 현실적으로 수행하지 않게 됩니다.9) 복본위제도는 법률상에만 남아

---

9) "금과 은이 법률상 화폐로서, 즉 가치척도로서 병존하는 경우에는 그것들을 하나의 동일한 물질로서 취급하려는 헛된 시도가 끊임없이 있었다. 만일 동일한 노동시간이 변함없이 동일한 비율의 금과 은에 대상화되지 않으면 안 된다고 가정한다면, 이는 사실상, 금과 은은 동일한 물질이며, 가치가 적은 금속인 은의 일정량이 일정한 금량의 불변의 부분을 이루고 있다는 것을 가정하는 것이다. 에드워드 3세 치세[1327-1377]로부터 조지 2세 시대[1727-1760]에 이르기까지 영국의 화폐제도의 역사는 금과 은의 가치비율의 법률상의 확정과 그것들의 현실적인 가치변동 간의 충돌에서 기인하는 일련의 연속적인 혼란으로 시종했다. 어떤 때는 금이, 어떤 때는 은이 과대평가되었다. 과소평가된 금속은 유통에서 끌려나와 다시 용해되고, 수출되었다. 그렇게 되면 두 금속의 가치비율이 법률적으로 다시 변경되었는데, 그러나 새로운 명목가치는, 과거의 그것처럼, 곧 현실적인 가치비율과 똑같이 충돌하게 되었다. ― 우리 자신의 시대에는 인도와 중국의 은수요로 인한, 은에 대한 금 가치의 아주 미미하고 일시적인 하락이 프랑스에서 동일한 현상, 즉 은의 수출과 금에 의한 은의 유통으로부터의 구축(驅逐)을 거대한 규모로 발생시켰다. 1855년, 1856년, 1857년 사이에 프랑스의 금 수출에 대한 금 수입의 초과액은 £41, 580,000에 달했고, 그에 비해서 은 수입에 대한 은 수출의 초과액은 £34,704, 000*1에 달했다. 두 금속이 법률상 가치척도이고, 따라서 둘 중 어느 것으로 지불하든 그것을 수령하지 않으면 안 되지만, 누구나 금으로든 은으로든 임의로 지불할 수 있는 나라들에서는, 가치가 올라가는 금속은 할증금이 붙어 다른 상품들과 마찬가지로 과대평가된 금속으로 그 가격을 계산하고, 반면에 오로지 과대평가된 금속만이 가치척도로서 이용된다. 이 분야에서의 모든 역사적 경험은 간단히 다음과 같은 것으로 귀착된다. 즉, 법률적으로 두 개의 상품에 가치척도의 기능을 부여하는 경우에는 사실상 언제나 그 가운데 하나만이 가치척도의 지위를 유지한다." (칼 맑스, ≪경제학 비판을 위하여≫(1859). MEW, Bd. 13, S. 58-59. 이 내용은 ≪자본론≫, 제1권 (제2판)의 S. 111-112(채만수 역, 제1권, 제1분책, p. 165)에 각주로도 그대로 전재

있게 되는 것이지요.

상품의 생산에 사회적으로 필요한 노동시간에 의한 가치 규정, 즉 노동가치론을 거부하는 현대 부르주아 경제학자들이 자신들의 그러한 가치론·화폐론과 정면으로 충돌하는지도 모른 채 즐겨 떠들어대는 현상, 그리하여 여러분도 필시 듣고 또 듣고 또 들었을 현상, 즉 '악화(惡貨)가 양화(良貨)를 구축(驅逐)한다'는 현상이, 다름 아니라, 바로 그것입니다.

가치척도로서의 화폐의 기능이 갖는 특수성

그런데, 상품의 생산자나 상인들은 자신들의 상품에 가격표를 붙일 때, 현물로서의 금을 옆에 두고 상품과 서로 견주어 보면서 그 가격을 정하지 않습니다. 물론 그 가격에 해당하는 금을 가격표로서 매달아 두지도 않습니다.

가치척도로서의 금의 역할은 이렇게 금 자체가 현물로서 나타날 필요가 없습니다. 그것은 그냥 관념적으로만 존재하면 됩니다. 이러한 관념성, 그것이 가치척도로서의 화폐의 기능이 갖는 특징입니다.

2) 유통수단

상품의 변태·유통과 그 매개

화폐의 두 번째 기능은 '유통수단'으로서의 기능입니다.

인간의 노동생산물이 상품으로서 생산되는 사회에서는 상품은 그 생산자에게는 사용가치가 아닙니다. 따라서 이 상품은 그것이 사용가치인 사람에게 옮겨가야 하고, 또 그 상품의 생산자는 자신에게 사용가치인 다른 상품을 입수하지 않으면 안 됩니다. 이런 이유로 해서 상품은 그 생산자의 손에서 그 소비자의 손으로 옮겨가게 되는데, 이를 상품의 유통이라고 하고, 이 유통을 매개하는 것은 화폐의 한 기능입니다.

상품을 W라고 표시하고 화폐를 G라고 표시하면, 상품생산자의 행동은 다음과 같이 될 것입니다.

먼저 그는 자신의 상품을 팔고, 그 상품 대신에 화폐를 취득합니다. W—

되어 있다.)

G, 즉 판매가 이루어져, 상품은 이제 그 모습을 바꾸어, 즉 변태(變態)하여 화폐로 됩니다. 자신이 생산한 상품 대신에 이제 화폐를 가진 원래의 상품생산자는 자신이 가지고 있는 화폐로 자신에게 필요한 물건을 삽니다. G—W′, 즉 구매로서, 이번에는 화폐가 새로운 상품으로 그 모습을 바꾼 것, 즉 변태한 것입니다. 이렇게 상품의 생산자는 상품의 판매와 구매를 통해서 자신에게 사용가치가 아닌 것을 양도하고, 자신에게 사용가치인 것을 획득하게 되는데, 바로 이 과정을 화폐가 매개하는 것입니다.

상품의 총변태과정을 표시한 W—G—W′라는 식에서 매개수단으로서의 화폐의 이 기능은 명백해져 있습니다. 왜냐하면, 이 과정의 실질적인 내용은 W—W′, 즉 자신에게 사용가치가 아닌 상품을 양도하고 자신에게 사용가치인 다른 상품을 획득하는 것이며, 화폐는 단지 그 과정을 매개하는 수단일 뿐이기 때문입니다.

그런데, 상품은 그 생산자의 수중에서는 판매되어야 하는 상품입니다. 그러나 그것이 일단 소비자의 수중으로 들어가면, 그것은 이제 상품으로서의 생명을 다해서 유통을 멈추고, 더 이상 상품이 아니라 단지 소비의 대상으로 될 뿐입니다.

이에 비해서 이들 상품의 유통을 매개하는 화폐는 다릅니다. 그것은 소비자(구매자)의 손에서 생산자(판매자)의 손으로 그 주인을 바꾸면서, 즉 상품의 유통과는 반대방향으로 그 출발점으로부터 멀어지면서, 끊임없이 유통을 계속합니다. 그래서 사람들이 이런 농담도 하지 않습니까? "돌고 도니까 돈이라고 하는 모양"이라고 말입니다.

유통필요화폐량

물물교환이 아닌 발달한 상품경제에서는 상품은 이렇게 화폐를 매개로 유통됩니다. 따라서 유통수단으로서의 화폐의 기능과 관련해서는, 일정한 기간, 예컨대, 하루에 도대체 얼마만큼의 화폐가 있어야 한 사회, 한 국가 내의 상품이 원활하게 유통될 수 있는가 하는 문제, 혹은, 다른 말로 하면, 한 국가의 유통은 얼마만큼의 화폐를 흡수할 수 있는가 하는 문제가 발생합니다. 이른바 '유통필요화폐량' 혹은, 같은 말이지만, '유통필요금량'이라고 하는 문제입니다.

단순하게 말하면, 그 국가 내에서 일정 기간에, 예컨대, 하루에 유통되어야 할, 즉 판매되어야 할 상품의 총가격만큼 화폐가 있다면, 그 상품들은 원활하게 유통될 수 있습니다. 그런데, 일정한 기간, 예컨대, 하루를 취해보면, 어떤 화폐조각, 그러니까 10,000원이라는 명칭을 가진 화폐조각은 한 번이 아니라 여러 번, 이를테면 5번 상품의 유통을 매개할 수 있습니다. 그렇게 되면, 그 10,000원은 하루에 10,000원어치의 상품만이 아니라 50,000원어치의 상품의 유통을 매개하게 됩니다.

이렇게 동일한 화폐조각이 일정 기간 내에 유통을 매개하는 횟수를 그 화폐의 유통속도라고 하는데, 사실 하루 동안에 유통에 필요한 화폐의 량은 유통되어야 할 상품의 총가격을 그 하루의 화폐의 평균적인 유통속도로서 나눈 금액이면 충분합니다. 왜냐하면, 방금 본 것처럼, 예컨대, 10,000원짜리 화폐가 하루에 5번 유통하게 되면, 그 10,000원짜리 화폐는 하루에 50,000원어치의 상품을 유통시키기 때문입니다. 즉, 이렇게 됩니다.

$$\frac{상품의\ 가격\ 총액}{화폐의\ 유통속도} = 유통필요화폐량$$

여기에서 상품의 가격 총액을 P, 화폐의 평균유통속도를 v, 유통필요화폐량을 M이라고 하면, 이 식은 P/v=M이 됩니다.

화폐수량설에 대해서

그런데 천박한 부르주아 경제학자들은 이 P/v=M이라는 식으로부터 아주 천재적인 주장을 이끌어냅니다. 다름 아니라, 화폐의 유통속도 v가 일정하다면, 유통하는 화폐량 M이 많으면, 그 사회의 상품의 가격 총액 P가 증대하고, 즉 상품들의 가격, 물가가 올라가고, 거꾸로 M이 적으면 P가 수축한다, 즉 상품들의 가격이 내려간다고 주장합니다.

저 유명한 '화폐수량설'인데, P/v= M은 vM=P로 변환될 수 있기 때문에 수학적으로도, 즉 과학적으로도 증명되는 것처럼 보입니다.

수학은 많은 경우 경제학의 유용한 도구, 혹은 유용한 방법입니다. 그러나 그렇다고 하여, 경제학은, 오늘날 대부분의 부르주아 경제학자들이 그렇게 하고 있는 것처럼, 수학적 방법을 무매개적, 무개념적으로 도입하여 전개하고, 그 결과를 바로 경제학의 결과로 승인·수용할 수 있는 것은 결코 아닙니다. 그리하여 이 경우, P/v=M이라는 식에서 유통필요금량은 이끌어낼 수 있지만, 그렇다고 해서 그 식을 무매개적·무개념적으로 vM=P로 수학적으로 변환하고, 거기에서 "유통화폐량이 증감함에 따라서 물가가 오르내린다"는 결론을 이끌어낼 수는 결코 없는 것입니다.

왜 그런가?

상품들은 그 자체를 생산하기 위해서 사회적으로 필요한 노동시간과 화폐로서의 금의 일정량을 생산하기 위해서 사회적으로 필요한 노동시간 간의 관계에서, 유통에 들어오기 전에 이미 그 가격을 갖게 되는 것이고, 그 가격을 가지고 유통에 들어오기 때문입니다. 그리하여, 화폐의 유통속도가 일정할 때, 상품들의 가격 총액이 변함에 따라서 유통에 필요한 화폐, 즉 금의 량이 변하는 것이지만, 유통하는 화폐의 량의 증감에 따라서 상품들의 가격이 변하는 것은 아닌 것입니다.

따라서 유통화폐량이 많아졌기 때문에 상품들의 가격, 즉 물가가 올라간 것처럼 보일지 모르지만, 사실은 거꾸로 무언가의 원인에 의해서 물가, 즉 상품들의 가격이 올라갔기 때문에 유통에 필요한 화폐량이 많아진 것입니다. 이는 마치, 태양이 지구의 주위를 도는 것처럼 보이지만, 사실은 지구가 자전하기 때문에 그렇게 보이는 것과 마찬가지입니다.

따라서, 앞에서 본 것처럼 저 '경제학의 혁명가' 케인즈를 포함하여, 오늘날 수많은 부르주아 경제학자들이 화폐수량설을 주장·지지하고 있지만, 이는, 비유컨대, 경제학의 천동설을 주장·지지하는 얼빠진 짓입니다.

물론 오늘날 위기에 처한 자본주의에서는 그 위기에 대한 대책으로 국가가 통화(通貨), 즉 유통수단을 증발(增發) 혹은 남발함으로써 물가가 오릅니다. 주지하는 것처럼, 인플레이션이라고 하는 현상인데, 이는 사실은 화폐가 많아졌기 때문에 물가가 오르는 것이 아니라 화폐의 대리물로서의 국가지폐, 혹은 지폐화된 은행권에 불과한 불환은행권이 많아졌기 때문에 그 지폐의 감가(減價)에 비례하여 물가가 오르는 현상, 즉 물가의 명목적 상승으로서의 인플레이션일 뿐입니다. 그런데도 화폐 자체의 본질도, 그 화폐와 그

대리물로서의 지폐 혹은 불환은행권과의 관계도 이해하지 못하는 부르주아 경제학의 천박성이 그러한 인플레이션을 화폐수량설로써 설명하고 있을 뿐입니다. 이 문제는 뒤에서 다시 다룰 것입니다.

주화, 가치표장

화폐의 유통수단의 기능으로부터 주화(鑄貨)가, 즉 우리 사회에서의 속칭 '동전'이 발생합니다. 상품의 유통에서는 그 상품의 가격에 해당하는 중량의 금이 등장하지 않으면 안 됩니다. 즉, 컴퓨터 1대의 가치가 금 2온스의 가치와 같고, 5분의 1온스의 금에 10만 원이라는 화폐명이 주어져 있다면, 컴퓨터 1대의 가격은 100만 원이고, 이 컴퓨터의 매매에는 100만 원, 즉 금 2온스가 주화로서 등장하지 않으면 안 됩니다. 만일 5분의 1온스의 금이 10만 원이라는 화폐명으로 주화로 주조되어 있다면, 10만 원짜리 금화 10개가 등장할 것입니다.

물론, 5분의 1온스의 금에 10만 원이라는 화폐명을 주는 것, 즉 그렇게 가격의 도량표준을 확정하는 것이나, 그것을 주화로 주조하는 것은, 앞에서 본 것처럼, 국가의 일입니다.

그런데, 10만 원이라는 화폐명을 가진 5분의 1온스의 금화는 유통 중에 마모되게 됩니다. 5분의 1온스의 금에 10만 원이라는 화폐명이 주어져 있고, 또 그 5분의 1온스의 금으로 10만 원짜리 주화를 만들었지만, 이 금화는 유통에 들어가자마자 곧 마모되기 시작하면서 많건 적건 5분의 1온스의 금이 아니게 되는 것입니다.

하지만 그 금화는 그 마모가 일정한 한도를 넘기 전까지는 여전히 10만 원으로, 즉 5분의 1온스의 금의 자격으로 유통합니다. 실질적인 금량과 명목상의 금량 사이에 괴리가 생겼지만, 명목상의 금량으로 유통하는 것입니다.

주화유통의 이러한 특징, 즉 실질 금량과 명목상의 금량의 괴리에도 불구하고 그것이 그 명목상의 금량으로 통한다는 사실은 금화가 그 주화기능에서는 다른 상징물에 의해서 대체될 수 있는 가능성이 있음을 의미합니다. 유통수단 혹은 주화로서는 화폐가 이렇게 다른 상징물로 대체될 수 있는 것은 유통수단으로서의 화폐는 상품의 등가물로서 등장했다가는 곧 사라져버리기 때문입니다.

실제로 소액의 거래가 끊임없이 이루어지는 소매영역에서는, 소량의 금을 주화로 만들기 어려운 기술상의 이유와, 상품교환의 초기에는 금이 아닌 다른 금속, 예컨대, 구리나 은 등도 화폐로서 기능했다는 역사적인 사실, 그리고 이 영역에서는 거래가 빈번하여 주화의 마모가 심하다는 이유 때문에, 금화가 아닌 은화나 동전(銅錢) 등이 금화를 대신하여 유통합니다. 그리고 이 은화나 동전 등의 중량은 법률에 의해서 결정되지만, 그것은 그 화폐명으로 규정된 가치에 의해서 결정되는 것이 아니라 임의로 결정됩니다.

이렇게 되면 이들 주화는 이제 그것이 표상하는 가치실체로부터는 완전히 분리되어, 단순히 그 가치를 상징하는 증표가 됩니다. 경제학에서는 그것을 '가치표장'(價值標章), 혹은 '가치장표'(價值章標)라고 부릅니다.

그리고 가장 전형적인 가치표장은, 사실상 무가치한 종이쪽지에 불과한, 즉 그것이 표상하는 가치실체로부터 완전히 분리된 지폐(紙幣)입니다.

물론 그 가치장표는 사회적인 타당성을 가져야 하기 때문에 국가가 강제통용력을 부과하여 발행하게 됩니다. 그것이 곧 국가지폐입니다.

그리고 이 지폐는 당연히 금의 대리자, 혹은 금의 상징입니다.

가치장표의 가치, 혹은 지폐유통의 특유의 법칙

화폐인 금은 인간노동의 응결물로서 어떤 분량의 화폐는 그 자체가 그 생산에 사회적으로 필요한 노동시간만큼의 가치 크기를 가지고 있습니다. 그러나 지폐 혹은 지폐화된 은행권인 불환은행권은 사실상 무가치물입니다. 그것은 단지 금의 상징으로서 그 금을 대리할 뿐입니다. 따라서 <u>지폐 혹은 불환은행권은 그것이 대리하는 금량의 가치만큼의 가치만을 갖습니다.</u>

화폐법이, 예컨대, 금 1그램에 1원이라는 화폐명을 부여하고, 1원의 국가지폐로서 이 금 1그램을 대리하도록 했다고 합시다. 그리고 어느 하루 유통필요화폐량이 금 10만 그램, 즉 10만 원이고, 1원이라는 화폐명이 인쇄된 지폐 혹은 불환은행권 8만 장, 즉 8만 원의 지폐 혹은 불환은행권이 유통에 투입되었다고 합시다. 그러면 이 8만 원의 지폐 혹은 불환은행권은 8만 그램의 금 곧 화폐를 대리하고 1원 권(券) 하나하나는 1그램의 금을 대리하게 됩니다. (유통필요화폐량 중 나머지 2만 원은 물론 금화나 태환은행권, 즉 금과의 교환이 보증된 은행권이 유통하게 됩니다.) 지폐는 이렇게 "그것들이 현실적으로 같은 이름의 금액(Goldsumme)을 대신하여 유통하는 한, 그 운동에는 화폐회류 자체의 법칙들만이 반영"됩니다.10)

그런데 지폐 또는 불환은행권이 유통에 필요한 화폐량을 넘어 유통에 투입되게 되면, 상황은 전혀 달라집니다. 위의 예에서 유통필요화폐량은 금 10만 그램, 즉 10만 원입니다. 그런데 1원이라는 화폐명이 인쇄된 지폐 혹은 불환은행권 20만 장, 곧 20만 원의 지폐가 국가에 의해서 유통에 투입되었다고 합시다. 그렇게 되면, 이 20만 원의 지폐는 유통에 필요한 화폐량인 10만 그램의 화폐, 즉 10만 그램의 금의 가치만을 대리할 수 있을 뿐이기 때문에 이제 1원 권 한 장 한 장은 1그램의 금 대신에 0.5그램의 금만을 대리하게 되고, 그만큼 지폐 한 장 한 장의 가치는 저하하게 됩니다. 그리고 따라서 그 지폐 혹은 불환은행권의 가치가 저하한 만큼 물가는 명목적으로 상승하게 되고, 그것이 바로 **인플레이션**입니다.

여기에서, 즉 금에 대한 지폐의 대리관계에서 지폐유통의 특유의 법칙이 발생하게 됩니다. 그리고 "**이 법칙이란 요컨대 지폐의 발행은 지폐에 의해서 상징적으로 표현되는 금(또는 은)이 현실적으로 유통하지 않으면 안 되는 양(量)으로 제한되어야 한다는 것**"입니다.11) 위의 예에서는 10만 원 이내로 제한되어야 한다는 것이고, 그렇지 않을 경우 그 지폐 혹은 불환은행권은 위에서 본 것처럼 감가(減價)하게 되고, 따라서 물가가 명목적으로 상승하게 되는 것입니다.12)

3) 화폐

가치척도로서 기능하고, 따라서 또한 몸소 혹은 대리물을 통해서 유통수단으로 기능하는 상품이 화폐입니다. 그리하여 금(또는 은)은 화폐입니다.

금이 화폐로서 기능하는 것은, 한편에서는, 그것이 그 금의 현물로, 그리

---

10) 《자본론》, 제1권, *MEW*, Bd. 23, S. 141. (채만수 역, 제1권, 제1분책, p. 213.)
11) 같은 곳.
12) 인플레이션은 만성적·전반적 위기에 처한 현대 국가독점자본주의에 항상적인 물가현상으로서 특히 노동자들의 실질임금을 저하시켜 그들을 빈곤과 투쟁으로 내모는 주요한 원인입니다. 보다 자세한 것은, '제4장 가격, 4. 인플레이션'에서 논의될 것입니다.

하여 화폐상품으로서 나타나지 않으면 안 되며, 따라서 가치척도에서처럼 단순히 관념적으로도 아니고, 유통수단에서처럼 대리 가능하지도 않은 경우이고, 다른 한편에서는, 그 기능이 금 자신에 의해서 수행되든, 대리물에 의해서 수행되든, 그 기능이 금 그것을, 단순한 사용가치로서의 다른 모든 상품에 대하여, 유일한 가치자태로서, 즉 교환가치의 유일하게 적합한 존재로서 고정하는 경우입니다.13)

이러한 '화폐로서의 화폐'의 기능에는 다음 세 가지가 있습니다.

(1) 화폐축장

W—G—W′, 즉 판매와 구매가 끊임없이 연속적으로 이루어지는 경우에는 그 매매를 매개하는 화폐는, 앞에서 본 것처럼, 주화, 즉 유통수단으로서 유통 속에서 끊임없이 운동합니다. 그러나 상품의 첫 번째 변태인 W—G, 즉 판매가 두 번째 변태인 G—W′, 즉 구매에 의해서 보완되지 않으면, 화폐는 그 운동을 멈추고, 유통수단으로부터 화폐로 전화됩니다. 그리고 이 화폐는 교환가치의 유일하게 적합한 존재, 혹은 인간노동의 사회적인 화신 그 자체입니다.

그런데 상품유통, 혹은 상품경제는 이 화폐에 대한 욕망과 열정을 발전시킵니다. 그리하여 많은 경우 상품은, 다른 상품을 구매하기 위해서 판매되는 것이 아니라, 그 상품의 제1의 변태인 G, 즉 화폐를 획득하여 쌓아두고 보관하기 위해서 판매됩니다. 화폐축장(貨幣蓄藏)14)이란 이렇게 화폐를 쌓아두고 보관하는 것을 가리킵니다. 이렇게 되면, 화폐는 이제 축장화폐(Schatz)가 되고, 상품의 판매자는 화폐축장자가 됩니다.

찰스 디킨스의 ≪크리스마스 캐롤≫에 나오는 수전노 스크루지를 상기해보십시오. 그야말로 전형적인 화폐축장자인데, 화폐에 대한 그의 욕망, 욕심은 한이 없습니다. 실제로 화폐축장에 대한 욕망, 충동은 본성상 무제한합니다. 이는 화폐가, 물질적 부(富)의 일반적인 대표자로서, 질적으로 무차별하

---

13) 이상, ≪자본론≫, 제1권, *MEW*, Bd. 23, S.143-44. (채만수 역, 제1권, 제1분책, pp. 217-218.)

14) 독일어 'Schatzbildung'의 번역어로, 역자에 따라서는 '화폐퇴장'이라고도 번역하고 있습니다.

며 언제 어떤 상품으로도 전화될 수 있음에 비해서, 량적으로는 언제나 제한되어 있기 때문입니다. 화폐의 이러한 질적 무차별과 량적인 제한이라는 모순이 화폐축장자를 끊임없는 축적이라는 시지포스적인 노동으로 몰아가는 것입니다.

가치를 일반적인 부(富)로서 저장하는 이러한 화폐축장의 가장 원시적인 형태는, 예컨대, 금을 항아리에 담아서 땅속에 묻어둔다든가, 혹은 벽장 깊이 간직하는 것 등이지만, 신용이 발달하면 주로 은행 등 금융기관이 그 축장의 기구가 됩니다.

그런데, 화폐축장은 상품유통에서 여러 기능을 수행합니다. 그중에서 제1의 기능은 **유통화폐량을 조절하는 저수지로서의 기능**입니다. 앞에서 유통필요화폐량에 대해서 간단히 얘기했습니다만, 상품가격의 총액이 증대하거나 감소하는 것에 의해서든, 화폐 가치 자체가 변함에 따라서든, 아니면 화폐의 유통속도가 변함에 따라서든, 유통에 필요한 화폐량은 끊임없이 변하게 됩니다. 따라서 그것이 증대할 경우에는 어디에선가 화폐가 유통이라는 수로(水路)로 들어와야 하고, 그것이 축소될 경우에는 어딘가로 빠져나갈 수 있어야 합니다. 즉, 무언가 화폐의 저수지가 있어야 하는데, 화폐의 축장화폐 기능이 바로 이 저수지의 역할을 합니다. 유통필요화폐량이 증대하면 축장된 화폐 중에서 그에 필요한 만큼이 유통의 수로로 들어가고, 그 반대의 경우에는 거기에서 빠져나와 축장되는 것입니다.

(2) 지불수단

지금까지 우리는 상품유통을 고찰하면서 상품 그것이 곧바로 화폐와 교환된다고 가정했습니다. 그리고 이러한, 말하자면, 현찰매매에서는 화폐는 상품의 유통수단 혹은 구매수단으로서 기능합니다. 그런데 현실의 상품거래에서는, 여러 이유로 많은 '신용거래', 즉 외상거래가 이루어집니다. 이 경우에는 판매자로부터 구매자에게로의 상품의 양도, 따라서 일정한 크기의 가치의 양도가 먼저 일방적으로 이루어지고, 나중에 약정기일이 되면 구매자 측으로부터 판매자에게 상품대금의 지불이 이루어지게 됩니다. 이렇게 외상거래에서는 상품의 양도와 그 가격의 실현이 시간적으로 분리되게 되는데, 지불수단으로서의 화폐의 기능은 이렇게 상품 가격의 실현이 그 양도로부터 시간적으로 분리됨으로써 발생합니다.

'유통수단' 즉 '구매수단'으로서 기능할 때에는 화폐가 그것과 같은 가치 크기의 상품을 받는 대가로 양도되기 때문에, 그 거래에 의해서 거래 당사자 양쪽이 소지하는 가치의 크기에는 아무런 증감(增減)도 일어나지 않습니다.

그에 비해서 화폐가 '지불수단'으로서 기능할 때에는 지불하는 사람 쪽에서 지불받는 사람 쪽으로 화폐 가치가 일방적으로 이전되게 됩니다.

다시, 유통필요화폐량에 대하여

앞에서 유통수단으로서의 화폐의 기능을 고찰하면서는 모든 상품이 곧바로 화폐와 맞교환된다고 가정하고, 그 경우 유통에 필요한 화폐량을 알아보았습니다. 그러나 지불수단으로 기능하는 화폐까지를 고려하면, 이제 상품의 유통에 필요한 화폐와 나란히 지불에 필요한 화폐가 필요하게 되고, 그 때문에 일정한 기간에 유통하는 화폐의 총액은 달라질 수밖에 없습니다.

유통수단으로서의 화폐는, 상품의 매매가 동시에 나란히 일어날수록 그 필요량이 증대합니다. 매매가 동시에 일어나게 되면, 각 매매마다 그것을 매개할 화폐가 동시에 필요하기 때문입니다. 그러나 **지불수단으로서의 화폐는 지불이 동시에 같은 장소에 집중되면 될수록 절약되게 됩니다.** 지불이 집중되면, 다름 아니라, 거래 당사자들 사이에 얽혀 있는 지불이 서로 상쇄되기 때문입니다.

예를 들어, A는 B에게, B는 C에게, 다시 C는 A에게 채무가 있다면, 그런데 그것이 같은 기일에 지불해야 할 만기가 도래하고 그들 지불이 같은 장소에서 이루어진다면, 서로의 채권·채무를 상쇄시키고 채무의 잔액만 지불하면 되지 않겠습니까? 이렇게 해서 지불이 집중되면 집중될수록, 필요한 지불수단의 량은 적어집니다.15)

그리하여, 주어진 어떤 기간에 유통하는 화폐의 총액은, 유통수단 및 지불수단의 유통속도가 주어져 있다면, 실현되어야 할 상품가격의 총액에 만기가 된 지불의 총액을 더하고, 거기에서 상쇄되는 지불을 뺀 후에 마지막으로 동일한 화폐조각이 유통수단의 기능과 지불수단의 기능을 차례로 수행하는

---

15) 어음거래소는 지불을 집중시켜 지불수단을 절약하기 위한 대표적인 기구입니다.

수만큼의 유통액을 뺀 것과 같습니다.16)

신용화폐

한편, 여러분이 현실의 거래를 들여다보면, 지불은 '현금', 즉 화폐로서만 이루어지는 것이 아니라 어음이라든가 수표 등등으로도 이루어지는 것을 보게 될 것입니다. 이러한 어음이나 수표 등등을 '신용화폐'라고 부르는데, 실제로 상인 간, 혹은 상품의 생산자와 상인 간의 대규모 거래에서는 이 신용화폐가 현금보다도 비교가 안 될 정도로 훨씬 더 대규모로 이용됩니다.

이 신용화폐는 지불수단으로서의 화폐의 기능으로부터 직접적으로 발생하는 것으로서, 판매된 상품에 대한 채무증서 자체가 다시 채권(債權)의 이전을 위해서 유통하는 데서 발생하는 것입니다. 말하자면, **채무증서가 지불수단으로서 유통될 때, 그것이 바로 신용화폐**인 것입니다.17)

위에서 신용화폐로서 예를 든 어음이나 수표가 그 발행인의 채무를 표시하는 채무증서인 것은 설명할 필요도 없이 그 자체로 자명합니다. 그런데, **본래의 은행권** 역시 채무증서이며 신용화폐라고 한다면, 놀랄 사람이 꽤 많을 것입니다.

네, 놀란다고 해서 이상할 게 없습니다.

현재 유통되고 있는 은행권은 어느 나라에서나 불환은행권, 그러니까 그 발행은행, 현실적으로는 국가의 중앙은행이 그 은행권에 대해서 일정량의 금과 교환해주어야 할 의무를 지지 않는 불환은행권이며, 따라서 결코 채무증서도 신용화폐도 아니기 때문입니다. 그것들은 '은행권'이라는 이름이 붙어 있고, 또 (국가의 중앙)은행에 의해서 발행되지만, 단지 국가지폐화된 은행권일 뿐입니다.

그러나 본래의 은행권은 그렇지 않습니다.

오늘날 은행이 발행하는 '자기앞수표'가 중앙은행권과의 교환의무를 지는 은행의 채무증서이고, 그 때문에 신용화폐인 것처럼, 은행권은 본래 그것을 발행하는 은행이 거기에 명시한 특정한 량의 화폐, 즉 금과의 교환의무를 지는 은행의 일람불(一覽拂) 채무증서였고, 따라서 전형적인 신용화폐의 하나

---

16) ≪자본론≫, 제1권, *MEW*, Bd. 23, S. 153. (채만수 역, 제1권, 제1분책, p. 233.)

17) ≪자본론≫, 제1권, *MEW*, Bd. 23, S. 154. (채만수 역, 제1권, 제1분책, p. 234.)

였습니다. 발권은행이 이렇게 그 발행 은행권과 금을 교환해주는 것을 '태환'(兌換)이라고 하고, 그러한 은행권을 '**태환은행권**'이라고 합니다(태환이란, 쉽게 말하면, [금과의] 교환이란 뜻입니다).

사실, 은행권의 효시(嚆矢)는 '골드스미쓰 노트'(goldsmith notes)라고 하는 것입니다. 스미쓰(smith)가 대장장이라는 뜻이니까, 골드스미쓰란 금세공사(金細工士), 즉 시쳇말로 하면 금은방 주인을 가리키고, '골드스미쓰 노트'란 그러한 금은방의 주인이 발행한 금보관증(金保管證)입니다. 매번 거래할 때마다 실제의 금을 사용하기에는 그 순도의 측정이라든가, 적확한 중량으로 분할하는 문제 등 여러 기술적 어려움과, 도난이나 강도를 당할 위험이 크기 때문에, 그것을 신용이 좋은 금은방, 즉 골드스미쓰에게 보관시키고, 그 보관증으로서 매매와 지불을 했던 것입니다. 그러므로 이 '골드스미쓰 노트'는 전형적으로 그 발행인인 골드스미쓰의 채무증서, 즉 보관한 금을 내주어야 하는 증서로서의 신용화폐였고, 근대의 은행권은 바로 이 '골드스미쓰 노트'를 본뜬 것입니다.

어떤 은행이 발행한 자기앞수표의 가치는, 그 발행은행이 도산하지 않고 그 자기앞수표에 적힌 금액의 한국은행권이 지불되는 한, 한국은행권의 가치와 동일합니다. 마찬가지로 태환은행권의 가치도 그 발권은행이 도산하지 않고 태환되는 한, 당연히 그 액면상의 금량의 가치와 동일합니다.

화폐공황

지불수단으로서의 화폐의 기능은, 그런데, 직접적인 모순을 포함하고 있습니다. 지불이 상쇄되는 경우, 화폐는 단지 관념적으로 계산화폐로서, 혹은 가치척도로서 기능할 뿐입니다. 그러나 지불이 현실적으로 이루어지지 않으면 안 되는 경우, 화폐는 사회적 노동의 화신, 즉 교환가치의 독립적인 존재, 즉 절대적인 상품으로서 등장합니다. 그리고 이러한 모순은 경제공황 중의 화폐공황이라고 불리는 순간에 폭발합니다.

화폐공황이 일어나는 것은, 자본주의적 신용제도가 발달하여 여러 지불의 연쇄와 그 지불을 위한 인공적인 조직이 충분히 발달한 경우뿐인데, 이 지불의 연쇄나 조직의 어딘가에 교란이 발생하면, 지불이 상쇄되지 못하고 지불수단으로서의 화폐에 대한 수요가 폭증하게 되고, 여기에서 화폐공황이라고

하는 사태가 발생하는 것입니다.[18]

시쳇말로 'IMF 사태'라고 부르는 1997년 말에서 99년에 이르는 기간의 금융·외환위기나 2007년 봄부터 대략 2010년 경까지 전개된 미국의 이른바 써브프라임 모기지(subprime mortgage) 위기, 즉 비우량 주택금융 위기 등을 상기하면 충분할 것입니다.

지불수단 기능의 발전과 화폐축장

한편, 신용의 발전, 따라서 지불수단으로서의 화폐의 발전은 만기가 된 채무의 지불을 위한 화폐의 축장을 필요로 합니다. 독립적인 치부형태로서의 화폐축장은 자본주의적 생산이 발전하고 부르주아 사회가 발전함에 따라서 사라져가지만, 지불수단 준비금, 즉 지불 준비금으로서의 화폐축장은 자본주의가 발전함에 따라서 증대합니다.

(3) 세계화폐

화폐로서의 화폐의 또 다른 기능은 '세계화폐'의 기능입니다.

자본주의 경제에서 상품이나 신용의 유통은 세계적이고, 이를 매개하고 지불할 수단 역시 반드시 필요합니다. 당연히 화폐로서의 금이 그 역할을 하고, 이때의 역할을 '세계화폐'로서의 기능이라고 합니다.

그런데 경제학에는 흥미로운 말이 있습니다.

"세계화폐로서는 화폐는 국민적 제복(制服)을 벗고 나온다"라는 말이 그 것입니다. 각 국민국가에서 화폐는 그 국가 주권의 작용으로, 예컨대 '원'이라든가, '엔'이라든가, '달러'라든가, '파운드', '유로' 등등, 각각의 국민적 칭호, 즉 국가의 법률이 정한 화폐명과 그에 따른 '가격의 도량표준', 즉 '금내용'을 가지고 있습니다. 이러한 것들을 은유적으로 '국민적 제복'이라고 하는데, 화폐가 세계화폐로서 기능할 때에는 그러한 국민적 제복은 아무런 의미가 없고, 그 금 내용, 즉 그것이 얼마만큼의 중량의 금인가만이 문제로 되는 것입니다.

---

18) 이상, ≪자본론≫, 제1권, *MEW*, Bd. 23, S. 151-152. (채만수 역, 제1권, 제1분책, pp. 231-232.)

맑스는 이렇게 얘기합니다.

> 가격의 도량표준의 확정과 마찬가지로, 주화제조 업무는 국가에 귀속된다. 주화로서의 금과 은이 입었다가, 세계시장에서는 그러나 다시 벗어버리는 다양한 국민적 제복 속에 상품유통의 국내적 즉 국민적 영역과 그것의 일반적 세계시장 영역 사이의 구별이 생겨난다.19)

> 화폐는, 국내의 유통영역을 넘어섬과 동시에, 가격의 도량표준, 주화, 보조주화, 그리고 가치표장이라고 하는, 그 국내 유통영역에서 취하고 있던 지역적 형태들을 다시 벗어버리고, 귀금속 본래의 지금형태(地金形態)로 되돌아간다.20)

실제로 금화가 세계화폐로 기능할 때에는, 그것에 영국 국왕의 초상이 각인되어 있든, 일본 천왕의 초상이 각인되어 있든, 혹은 기타 어떤 나라 누구의 초상이 각인되어 있든, 그것은 아무래도 좋은 것입니다. 중요한 것은 오로지 그것이 어느 만큼의 '금'인가 하는 것뿐입니다.

불환의 국제통화제도와 금

그런데 최근의 국제거래, 그러니까 국제무역이나 국제금융의 움직임을 보면, 실제로 유통하는 것은 '금'이 아니라 달러나 파운드, 엔, 유로, 혹은 최근에는 위안이나 루블 등등과 같은 국민통화, 그것도 불환통화입니다.

도대체 어떻게 된 것일까요?

그것은 '신용'의 기능에 의한 것입니다. 국제적으로 신용이 상대적으로 안정적일 때에는 몇몇 '신용이 좋은' 국가의 불환통화가 금을 대리하여 국제통화로서 유통합니다. 그러나 그 신용에 중대한 파열이 생기면, 그때는 바로 화폐, 즉 금이 자기를 주장합니다. 그리하여 국민적 통화는 자취를 감추고, 금만이 화폐로서 유통하게 되는 것입니다.

실제로 1930년대 대공황 때나, 특히 제2차 세계대전 전후의 상황은 전형적으로 그러하였습니다. 당시까지 지배적인 국제통화였던 영국의 파운드화조차 국제시장에서는 괄시를 받아 유통될 수 없었고, 그리하여 실제로 '금'

---

19) 《자본론》, 제1권, *MEW*, Bd. 23, S. 139. (채만수 역, 제1권, 제1분책, p. 209.)
20) 《자본론》, 제1권, *MEW*, Bd. 23, S. 156. (채만수 역, 제1권, 제1분책, p. 238.)

이 대량으로 당시 최대의 무역 흑자국 미국으로 유입되었습니다. 그리고 그 결과 미국의 달러가 압도적인 국제적 신뢰도를 획득하며, 새로운 지배적인 국제통화로서 등장했던 것입니다.

나중에 다시 좀 더 자세히 보겠지만, 1960년대에도 세계시장에서 그와 유사한 소동들이 벌어집니다.

미국의 국제수지가 누적적으로 적자를 기록하자, 미국 달러화의 가치에 불안을 느낀 국제투기꾼들이 런던이나 취리히의 자유금시장에서 달러화를 투매하고 '금'을 투기적으로 사들이는 이른바 '골드러시'(gold-rush)가 연거푸 발생했던 것입니다. 미국 정부는 처음에는 단독으로, 그리고 1963년부터는 그 정치·경제·군사적 영향력을 행사하여 서유럽 국가들과 금풀(gold pool)을 구성하여 공동으로, 중앙은행이 보유한 금을 대량으로 풀어 그 소동을 진정시키곤 했습니다.

하지만, 대량의 금 유출에 내심 불만을 품고 있던 드골(Charles A. M. J. De Gaulle, 1890-1970)의 프랑스가 1968년 미국의 베트남 전쟁 확대에 항의한다는 명분을 내세워 그에서 탈퇴하자 금풀은 붕괴되고 금의 '시장가격' 등귀를 용인하는 이른바 '금의 이중가격제'21) 시대를 맞았습니다. '금 1온스 =$35'라는 '금의 공정가격'과 그보다 높은 '금의 시장가격'이라는 이중가격제는 당연히 미국으로부터의 금 유출을 더욱 강요했고, 결국에는 1971년 8월 미국 정부가 금과 달러의 교환 중지를 선언해버리는 사태로 발전했습니다. 진정한 화폐인 금을 더 이상 상실하지 않기 위해서 말입니다.

금폐화론에 대하여

이렇게, 거듭되는 '골드러시'와 그에 따른 대량의 금 유출로 1971년 8월 15일에 미국의 닉슨(Richard Nixon) 정부에 의해서 금과 달러의 교환이 정지되자, 그 이후 적어도 표면상으로는 금은, 어느 나라에서나, 그리고 국제적으로도, 더 이상 화폐가 아닌 것처럼 보입니다.

---

21) 여기에서 금의 '시장가격'이니, '공정가격'이니, '이중가격'이니 운운하는 것은, 말할 것도 없이, 이 경우 미국의 달러가 대표·대리하는 금량의 전도(顚倒)된 표현임을 잊어서는 안 됩니다. 즉 금 1온스의 '가격'이 $35.-라고 하는 것은 $1가 화폐상품 금 $1/35$ 온스를 대표 혹은 대리한다는 사실의 전도된 표현입니다.

그러자 언제나 현상에 매몰되어 본질을 보지 못하는 부르주아 경제학자들은 물론이려니와, '마르크스 경제학자'임을 자임하는, 강단의 상당수 학자들조차도 금폐화론(金廢貨論)을 주장하고 나섭니다.

다름 아니라, "금은 더 이상 화폐가 아니다"라는 저 천박하기 그지없는 주장 말입니다.

한국에서는, ≪자본론≫의 '번역자'이시고 '마르크스 경제학의 대부'로 대접받는 고(故) 김수행 교수나 ≪마르크스 정치경제학의 새 발견≫(2008. 전남대 출판부)이라는 천하의 명저를 내고 있는 이채언 교수가 대표적입니다.

김수행 교수는, 예컨대, 다음과 같이 말씀하십니다.

> [현재의] 중앙은행권은 금화와 마찬가지로 화폐의 모든 기능을 수행하고 있다. 유통수단·지불수단·가치저장수단·세계화폐의 기능을 수행하고 있으며, 비록 <u>내재적 가치를 가지지 않지만 객관적인 사회적 가치를 가지면서 가치척도의 기능도 수행하고 있다.</u>[22] (강조는 인용자. 이하 동일.)

> ... <u>현재에는 금은 세계화폐가 아니다.</u> 국제간의 무역거래와 자본거래를 주도하는 나라들의 중앙은행권이 세계에 널리 유통되고, 또한 각국 정부들이 국제적으로 상호 협력함에 따라 <u>경제대국의 중앙은행권이 세계화폐로서</u> 인정받고 있다. 예컨대 미국의 달러, 영국의 파운드 스털링, 프랑스의 프랑, 독일의 마르크, 일본의 엔 등등은 <u>세계화폐로서 기능하고 있다.</u>[23]

어떻습니까? 과연 '마르크스 경제학의 대부', 대가답지 않습니까?

그렇지 않고서야 어떻게 "[현대] 중앙은행권"은 "<u>내재적 가치를 가지지 않지만</u>", 즉 노동생산물은 아니지만, "<u>객관적인 사회적 가치를 가지면서 가치척도의 기능도 수행하고 있다</u>"며, 사실상 가치 개념 자체를 난폭하게 수정할 수 있으며, "<u>현재에는 금은 세계화폐가 아니</u>"며, "<u>경제대국의 중앙은행권이 세계화폐로서 ... 기능하고 있다.</u>"고 선언할 수 있겠습니까?

김 교수는 또한 이렇게도 얘기합니다

---

[22] 김수행, "『자본』의 금화와 현재의 중앙은행권", ≪이론≫, 1996년 겨울/1997년 봄 통권 16호, pp. 43-44.

[23] 김수행, 같은 글, p. 40.

마르크스는 불환지폐가 유통수단으로서만 기능한다고 가정하면서 불환지폐의 유통량 증감에 따라 상품의 가격 또는 물가가 상승하거나 하락한다고 보았다(...). 그러나 이 주장은 지금의 불환지폐가 유통수단일 뿐만 아니라 지불수단이며 가치저장수단으로 퇴장될 수 있기 때문에 현실적 타당성을 가지지 않는다. 더욱이 이 주장은 화폐가 자본으로 기능함으로써 생산의 확대나 생산성의 향상에 기여한다는 점을 고려에 넣지 않고 있기 때문에 <u>현실성을 가지지 않는다</u>.[24]

맑스는 "<u>불환지폐가 유통수단으로서만 기능한다고 가정</u>"했다? 이 역시 참으로 '마르크스 경제학의 대부'다운 말씀 아닙니까? 그렇지 않고서야 어떻게, 화폐 즉 금을 대신하여 국가지폐가 화폐의 여러 기능을 수행하는 것을 뻔히 보고 있었을 것임이 분명한 맑스를 가리켜, 맑스는 "<u>불환지폐가 유통수단으로서만 기능한다고 가정</u>"했다며, 비현실적인 몽상가 혹은 청맹과니 취급을 할 수 있겠습니까?

필시 김 교수는, 맑스가 "유통수단으로서의 화폐의 기능으로부터는 화폐의 주화형태가 발생한다."고 말하고 나서, 그 소절(小節) 즉, "주화. 가치표장" 속에서 지폐의 본질과 그 유통의 특유의 법칙을 설명하고 있는 것을 제멋대로 이해하고 있는 것일 것입니다. 그러나 지폐가 그 한 특수형태인, "화폐의 주화형태"가 "유통수단으로서의 화폐의 기능으로부터" 발생한다고 해서 그것들이 유통수단으로서만 유통한다는 것은 전혀 아닙니다.

제가 방금 "지폐가 그 한 특수형태인, '화폐의 주화형태'"라고 말한 데에 대해서 혹시 의문을 품을지 몰라, ≪자본론≫의 해당 부분에서 다음 구절을 인용해 둡시다.

> 은제 또는 동제의 표장들의 금속함량은 법률에 의해 임의로 규정된다. 회류하는 중에 그것들은 금화보다도 훨씬 더 빨리 마모된다. 따라서 그것들의 주화기능은 그것들의 무게와는, 즉 모든 가치와는 사실상 철저히 무관한 것으로 된다. 금의 주화존재가 그 가치실체로부터 완전히 분리되는 것이다. 상대적으로 무가치한 물건인 지권(紙券)들이 그리하여 금 대신에 주화로서 기능할 수 있다. 금속제의 화폐표장들에서는 이 순전히 상징적인

---

[24] 김수행, 같은 글, pp. 42-43.

성격은 아직 어느 정도 숨겨져 있다. 지폐에서는 그것이 확연히 드러난다. 알다시피, 고통스러운 것은 첫걸음뿐이다(ce n'est que le premier pas qui coûte).

여기에서는 강제통용력을 가진 국가지폐만을 논한다. 그것은 직접적으로 금속 유통으로부터 발생한다.25)

아무튼, 저는 김 교수님의 이렇게 놀라운 맑스경제학 혁명에 감명하여, 부족하지만, "'금폐화론'과 현대 불환은행권 ― 김수행 교수의「『자본』의 금화와 현재의 중앙은행권」비판을 중심으로"26)를 발표한 바 있습니다.

이채언 교수 역시 대가답게 당당히 '마르크스 경제학을 새롭게 발견'하고 계신 분입니다. 수도 없이 많은 천재적 발견들 중에서 지금 우리의 문제를 직접적으로 다루고 계신 발견들 한두 개만을 간단히 예로 들자면, 이렇게 말씀하십니다.

> 마르크스는 화폐가치의 크기가 화폐의 생산에 필요한 노동의 량에 의해 결정된다고 설명하였다. 이 이론은 금이 국내통화 기능을 상실한 뒤에도 계속 유효한 것으로 이해되어왔다. 적어도 금과의 태환이 보장된다면 국내통화인 은행권의 가치는 금 생산에 필요한 노동량에 의해 결정되어야 한다고 해석된 것이다. 그러나 1971년 미국의 금-달러 태환정지로 이 이론은 큰 타격을 받았다. 화폐가치의 결정에는[원문대로: 인용자] 금을 생산하는 노동과 아무런 관련이 없는 것으로 밝혀진 것이다.27)

요컨대, 우선, 맑스는 화폐의 가치는 화폐의 생산에 필요한 노동의 량에 의해 결정된다고 설명하였고, 금이 국내통화 기능을 상실한 뒤에도 계속 그 설명이 유효한 것으로 이해·해석되어왔으나, 맑스의 그러한 설명은 "금본위제도 하에서도 금화제도에서와는 달리"28) 진실이 아니었으며, 이러한 사

---

25) ≪자본론≫, 제1권, *MEW*, Bd. 23, S. 140-141. (채만 수 역, 제1권, 제1분책, pp. 211-212.)
26) ≪진보평론≫, 창간호, 1999년 가을, pp. 272-302.
27) 이채언, ≪마르크스 정치경제학의 새 발견≫, 2008, 전남대학교 출판부, p. 273.
28) 이채언, 같은 책, p. 287. 이 교수께서는 '마르크스 정치경제학'의 대가답게 금화제도를 금본위제도의 한 형태로 보지 않고, 대등한 지위를 갖는 것으로 구분하고 계십니다.

실, 즉 화폐의 가치는, 혹은 이 교수의 표현에 의하면, '화폐가치의 결정에는' "금을 생산하는 노동과 아무런 관련이 없"다는 사실은 1971년 미국의 금-달러 교환 정지에 의해서 최종적으로 밝혀졌다는 것입니다.

화폐의 가치는 "금을 생산하는 노동", 즉 금의 가치와는 "아무런 관련이 없"다!? 참으로 놀라운 "마르크스 정치경제학의 새 발견"! 그것 아닙니까?

1971년에 미국이 '금-달러 교환'을 정지한 것의 의의나 그 경위 및 배경에 대해서는 좀 더 뒤에서 얘기하기로 하고, 우선 이 교수님의 말씀을 좀 더 들어봅시다.

> 불환지폐를 정의하는데[원문대로: 인용자] 있어서 두 가지 잘못된 견해가 지금까지 지배하여 왔다. 하나는 오늘날의 불환지폐가 흔히 과거 18·19세기의 국가지폐와 같은 종류라고 오해하는 것이다. 마르크스의 지폐가치에 관한 설명이나 힐퍼딩의 지폐가치의 결정에 관한 설명, Knapp의 국가지폐에 관한 설명이 그러한데 이들은 모두 18, 19세기식의 국가지폐만을 연구대상으로 삼았으며 오늘날의 관리통화제도 하에서의 불환지폐와는 거리가 먼 것들이다. 그들은 모두 오늘날의 관리통화제도가 생겨나기 이전[원문대로: 인용자]에 살았기 때문에 국가지폐와 오늘날의 불환지폐를 구별할 필요도 없었겠지만, 우리는 오늘날의 관리통화제도 하에 살고 있기 때문에 오늘날의 불환지폐와 과거의 국가지폐를 여기서 구별해야 한다.29)

한 마디로, '불환지폐'를 정의하는 데에 있어서 맑스의 설명이 오류인 것은 그가 "오늘날의 관리통화제도가 생겨나기 이전[원문대로: 인용자]에 살았기 때문"이라는 것입니다.

맑스가 '오늘날의 관리통화제도라는 이름이 생겨나기 전에 살았던' 것은 맞습니다. 그런데, 자본주의적 상품경제 사회에서 불환의 국가지폐가 유통할 때, 즉 국가가 불환의 지폐를 유통시킬 때, 국가의 지폐 발행 기구를 '경제학자'이 '관리통화제도'라고 부를 때의 지폐와, 그렇지 않을 때의 지폐는 과연 본질적으로 다른 지폐입니까? 비근하게 초인플레이션으로 악명높은 제1차 대전 후 독일의, 예컨대, 파피어마르크(Papiermark)나 그것을 교체한 렌텐마르크(Rentenmark)는 케인즈가 '관리통화제도' 운운하기 전의 지폐들

---

29) 이채언, 같은 책, p. 277.

인데, 이들 지폐는 오늘날의 달러나 유로 등등의 소위 '관리통화제도' 하의 지폐들과 지폐로서의, 이 교수 표현대로라면, 불환지폐로서의 그 본질이 다른가요?

위 인용문에서 보는 것처럼, "<u>우리는 오늘날의 관리통화제도 하에 살고 있기 때문에 오늘날의 불환지폐와 과거의 국가지폐를 여기서 구별해야 한다.</u>"며, 이 교수께서는, 금화제도를 금본위제도의 한 형태로 보지 않고 대등한 지위를 갖는 것으로 구분하시는 명민함으로, 그것들은 다른 것이라고 확언하고 계십니다.

그런데, 그 초인플레이션을 수습(收拾)하기 위해서 1924년부터 발행된 독일의 롸이히스마르크(Reichsmark)는 1948년 6월까지 유통했습니다. 즉, 그 발행과 유통이 '관리통화제도' 운운하기 전과 후에 두루 걸쳐 있습니다. 그렇다면, 이 교수 식의 사고라면, '관리통화제도' 운운하기 전과 후의 '불환지폐'로서의 그 본질이 다르겠지요? 이러한 사실을 지적 받고도 이 교수님께서 과연 그렇게 확언하실지 자못 궁금하지 않으십니까?

강제통용력을 가진 국가지폐는, 따라서 '국가지폐화된' 현대 중앙은행권도, 그것들이 '관리통화제도'라는 명칭 하에 발행·유통되든, 그러한 명칭 없이 발행·유통되든, 그것들은 모두 어떤 식으로든 국가에 의해서 관리되는 것입니다.

그리하여 ≪자본론≫ (제2권과) 제3권의 편집자인 F. 엥엘스, 즉 '<u>오늘날의 관리통화제도라는 이름이 생겨나기 전에 살았</u>'다는 시대적 한계에 갇힌 엥엘스는 이렇게 말하고 있습니다.

> 불환은행권이 일반적 유통수단이 될 수 있는 것은,[30] 예컨대, 현재 러시아에서처럼, 그것이 실제로 국가신용에 의해서 지지되어 있는 경우뿐이다. 그 때문에 불환은행권은 이미 전개된 불환국가지폐의 제법칙(제1권, 제3장, 제2절, c 주화. 가치표장) 하에 복속된다.[31]

---

[30] 이 구절을 보고, "봐라, 유통수단에 관한 얘기 아니냐" 하고, 혹시 김수행 교수처럼 외칠 사람이 있을지 몰라 하는 얘기지만, 앞에서 본 것처럼, 화폐는 "가치척도로서 기능하고, 따라서 또한 몸소 혹은 대리물을 통해서 유통수단으로 기능하는 상품"이고, '불환은행권'은 그 가치표장입니다.

[31] ≪자본론≫, 제3권, *MEW*, Bd. 25, S. 539-540.

실제로, '관리통화제도'라는 명칭이 붙었든 안 붙었든, 맑스는 불환의 국가지폐의 전면적인 유통에 대해서 누구보다도 잘 알고 있었고, 따라서 당시 '인플레이션'이라는 용어 역시 없었지만 인플레이션 그것에 대해서, 즉, 유통필요금량 = 유통필요화폐량을 넘는 지폐의 유통에의 투입으로 인한 지폐가치의 감가에 의한 물가의 명목적 상승에 대해서 완벽히 과학적인 설명을 제시했습니다. 다름 아니라, 앞에서 잠깐 언급한 '지폐유통의 특유의 법칙'이 그것입니다.32)

뿐만 아니라, 맑스는 이렇게도 얘기합니다.

> [나폴레옹 전쟁 등 때문에 1797년부터 1817년까지] 잉글랜드 은행의 태환(Barzahlung)이 정지되어 있던 시기에는 전황보고(戰況報告)보다도 더 많은 화폐이론이 생겨났을 정도였다. 은행권의 감가(減價)와 금의 시장가격의 주조가격(鑄造價格, Münzpreis) 이상으로의 등귀는 … 또 다시 관념적 화폐척도설(Doktrin von dem idealen Geldmaß)을 불러일으켰다.33)

이른바 '관리통화제' 하에서 수많은 천재적 화폐론들이 '발견'되고 등장하는 바로 오늘날의 상황을 얘기하는 것 같지 않습니까?

자, 이렇게 보면, '불환지폐'에 대한 맑스의 견해는 그 시대적 한계 때문에 오류라는 이 교수님의 주장은 무엇을 의미합니까? 화폐의 본질, 화폐 그 자체에 대한 '마르크스 정치경제학'의 대가다운 천재적인 철저한 무지 이외의 무엇을 의미할 수 있겠습니까?

1971년 8월 15일에 단행된 미국의 '금-달러 교환 정지' 조치에 대해서 얘기하자면, 그것은, 저들 금폐화론자들이 주장하는 것과는 달리, 금은 더 이상 화폐가 아니며, 현대의 불환 중앙은행권들이 화폐임을 입증하는 사건이 결코 아닙니다. 그것은, 근본적으로는 자본주의적 생산체제가 현재 세계

---

32) 실로 지폐유통의 특유의 법칙에 의하지 않고는 인플레이션의 원인과 본질을 설명할 수 없습니다. 부르주아 경제학이, 물가의 명목적인 등귀로서의 인플레이션과 그 실질적인 등귀를 분간하지 못하고, 그 양자 모두를 인플레이션으로 규정하는 것도 바로 그 지폐유통의 특유의 법칙을 모르기 때문입니다. 그리고 금폐화론을 견지하는 한, 그들에게는 그 법칙을 이해할 길이 없습니다.

33) 맑스, 《경제학 비판을 위하여》(1859), *MEW*, Bd. 13, S. 64.

적으로 얼마나 그 말기적 증상을 드러내고 있는가를 보여주는 사건이었고, 최강의 군사대국 미제의 횡포였으며, 저들 금폐화론자들의 주장과는 정반대로 오늘날에도 금만이 진정한 화폐임을 확인한 사건이었습니다.

그것이 미제의 횡포였던 이유는, 그것은, 제2차 대전 후 국제통화제도로서의, 그리고 한 나라의 불환통화인 미국의 달러를 그야말로 '세계화폐'시(視)까지 하게끔 한 통칭 브레튼우즈 체제 혹은 'IMF 체제' 출범의 사실상 전제였던, 각국의 통화당국의 요구에 대한 미국의 '금-달러 교환 보증'을 미국이 일방적으로 철회한 사건이었기 때문입니다. '금-달러 교환 보증'이라는 조건 하에 불환통화 달러를 맘껏 발행해놓고서는 '내 배 쩰 테면 째 봐!' 하고 나자빠진 사건이었던 것입니다. 그야말로 세계 최강의 군사강국 미제의 엄청난 횡포였습니다.34)

아무튼, 1960년대의 '골드러시'와, 그 귀결로서의 미국의 금-달러 교환정지야말로 사실은 '금'만이 진정한 (세계)화폐임을 역설적으로 다시 한번 증명하는 사태였습니다. 왜냐하면, 저들 금폐화론자들의 주장처럼 금이 만일 더 이상 화폐가 아니라면, 미국이 그토록 국제적인 갈등을 유발하고, 1970년대의 두 번에 걸친 석유파동 등 자본주의 세계경제의 대타격을 유발하면서까지 대량의 금 보유를 고수하려고 할 이유가 없었을 것이기 때문입니다.

---

34) "자본주의 경제의 불균등 발전이라는 법칙의 관철은, 제2차 대전 종전 이후 세계 시장에서의 이른바 '달러 부족'이라는 사태를 이미 1950년대 말 이후에는 '달러 과잉'이라는 사태로 역전시켜 버렸다. 미국은 '달러 방어'에, 즉 런던과 쮜리히 등의 국제 자유 금시장에서의 '금 가격'을 그 공정'가격'인 '금 1온스 = $35.-'의 수준에 유지하기 위한 시장 개입, 즉 금의 방출에 나서지 않을 수 없었고, 몇몇 나라는 미국의 눈치를 보면서도 금으로의 달러의 교환을 요구하고 나섰다. 미국이 언제, 전문 용어로 말하자면, 만세 부를지 모르니까! 그리하여 1949년에 244억 달러로 정점에 달했던 미국의 금보유고가 1971년에는 102억 달러로 급감했고, 미제는 드디어 1971년 8월 15일에 "금-달러 교환 정지"를 선언하기에 이른다. 미제는, "'1달러 = 35분의 1온스의 금'의 비율로, 외국의 정부와 그 통화당국에 대해서 달러와 금을 교환"해주겠다며 달러라는 어음을 엄청나게 발행해놓고는 부도를 낸 것, 역시 전문 용어로 말하자면, '배 쩰 테면 배 째라' 하고 만세를 부른 것이고, 그리하여 본래의 IMF 체제가 붕괴한 것이다. 이 '금-달러 교환 정지'라는 선언이 얼마나 엄청난 사태였던가를 고(故) 정운영 교수는 어느 신문 칼럼에서, '그러한 선언을 엄청난 핵무기로 무장한 세계 최고의 군사 강국 미국이 벌였으니 망정이지, 다른 나라가 벌였더라면 당장 함포 사격이 벌어지는 등의 사태가 벌어졌을 것이다'라는 취지로 말한 바 있다." (채만수, "이른바 팍스 아메리카나 체제와 그 극복", ≪정세와 노동≫, 제177호, 2022년 1월, pp. 16-17.)

금만이 세계화폐이고, 경제위기시에는 금 자신이 그것을 입증한다고 하는 것은, 우리 사회에서도 사실은 절실히 경험한 바 있습니다. 다름 아니라, 사람들이 보통 'IMF 사태'라고 부르는 지난 1997년 말의 격렬했던 외환위기 때에 어떤 소동이 벌어졌습니까? 국민들의 순진한 애국심을 자극하고 이용하면서 '금 모으기' 운동이 벌어졌지 않습니까? 위기를 반영하여 신용만으로는 결코 조달되지 않는, 국제적 부채의 지불금을 마련하기 위해서 말입니다.

아무튼 지금은 자본주의적 신용제도가 고도로 발달하고, 정치적·경제적 국제정세도 불안한 가운데에서지만 그래도 상대적으로 안정되어 있어서 미국의 달러화라든가, 영국의 파운드화, 유럽연합의 유로화, 일본의 엔화 같은 주요 국가의 불환국민통화가 불안하고, 불안정하게나마 '국제통화'로서 기능하고 있는 중입니다. 하지만 그것은 어디까지나 정치적·경제적 국제정세가 상대적으로라도 안정적인 한에서 그러한 것입니다.

그리하여 만일 앞으로 1930년대의 대공황 같은 사태가 발생·심화되거나 대규모 전쟁 등이 발발할 경우, 현재의 국제통화제도는 화폐론적으로도 그 귀추가 흥미롭다고 아니 할 수 없습니다. 사실은 극히 불안정하게 급변하고 있는 각국의 외환시세, 즉 환율이, 그리고 금준비를 증대시키려는 각국 중앙은행들의 유형무형의 경쟁과 갈등이 불환국제통화제도로서의 현 제도의 불안정성, 불구성을 이미 여실히 웅변하고 있기도 합니다.

제4강 가격

1. 상품의 가치와 가격
— 가격이란 가치의 화폐적 현상형태이다

 제2강에서 이미 공부한 것처럼, 생산수단이 사적으로, 즉 배타적·독점적으로 소유되어 있는 곳에서는 각 개인의 노동 역시 독립적·배타적으로 수행되기 때문에 그 노동과 노동생산물은 교환을 통해서만 유통되고, 사회적인 노동이나 노동생산물로 될 수 있습니다. 따라서 생산수단이 사적으로 소유되어 있는 곳에서는 인간의 노동생산물은 상품으로서 생산되고, 상품은 그 가치의 크기에 따라서 상호 교환되게 됩니다.

상품의 가치와 그 크기

 다시 상기하자면, 먼저 가치란 인간노동의 결정(結晶) 혹은 그 응결물이고, 상품에 대상화되어 있는 인간노동입니다. 그리고 노동이란 자연에 존재하는 물질적 소재를 인간의 욕망을 충족시키기에 적합한 형태와 형질로 바꾸기 위한 인간의 육체와 뇌수의 합목적적인 활동입니다.

 노동이란 이렇게 합목적적인 활동이기 때문에 그것은, 그 노동의 결과물로써 충족시키고자 하는 욕망이 다르고 노동의 대상이 다름에 따라, 서로 다른 형태와 방식으로 지출됩니다. 예컨대, 쌀을 생산하는 노동과 책상을 만드는 노동, 양복을 짓는 노동, 컴퓨터를 만드는 노동, 자동차를 만드는 노동이 같을 수 없고, 그들 노동은 각각 그 목적과 노동대상에 따라 다른 형태와 다른 방식으로 지출됩니다. 이렇게 노동은 언제나 구체적이고 유용한 형태와 방식으로 지출되는 것이고, 상품의 사용가치는 노동의 이 구체적 형태·유용적 성격에 의해 결정됩니다.

그러나 인간의 노동은, 그것이 구체적으로 어떠한 형태와 방식으로 지출되든, 모두 인간노동력의 발휘라는 공통성을 가지고 있습니다. 그리하여 상품으로부터 그것이 특정한 형태의 노동의 생산물이라는 성격, 즉 그 사용가치를 사상(捨象)하면, 이제 거기에는 그 상품은 무차별한 인간노동의 산물이라는 성격만 남게 됩니다. 가치란 바로, 그 상품에 응결된 그러한 추상적인 인간노동인 것입니다.

그리고 상품의 유통이란, 생산수단의 사적소유 때문에 독립적·배타적으로 수행된 노동, 그러한 인간노동의 사회적인 교환이기 때문에, 상품의 가치 크기는 그것을 생산하는 데 사회적으로, 즉 어떤 주어진 사회에서 평균적으로 필요한 노동시간에 의해서 결정됩니다. 말하자면, A라는 상품 종류를 생산하는 데는 사회적으로 1시간의 노동이 필요하고, B라는 상품 종류를 생산하는 데에는 2시간의 노동이 필요하다면, 상품 A의 가치는 상품 B의 가치의 절반의 크기이고, 따라서 상품 A와 상품 B가 서로 교환될 때에는 2개의 상품 A와 1개의 상품 B가 교환되게 됩니다. 그래야 양쪽의 가치 크기가 동일해지기 때문입니다.

가치의 화폐적 현상형태로서의 가격

상품은 자신의 가치를, '2개의 상품 A=1개의 상품 B'처럼, 다른 상품으로써 상대적으로 표현하고, 이를 상품의 가치형태라고 한다는 것, 이 가치형태는 단순한, 개별적인 우연한 가치형태로부터 전체적인, 전개된 가치형태로, 그리고 다시 일반적인 형태로 발전한다는 것, 그리고 상품세계에서 배제되어 자신 이외의 모든 상품의 가치를 표현하는 재료가 되는 일반적 등가물이 특정한 상품, 즉 금에 고착되게 되면, 금은 이제 화폐이며, 가치형태는 화폐형태, 혹은 가격형태가 된다고 하는 것도 이미 본 바와 같습니다.

결국, 상품의 가격이란 그 가치를 화폐, 즉 금의 일정량으로 표현한 것입니다. 달리 표현하자면, **상품의 가격이란 그 가치의 화폐적 현상형태**(現象形態)인 것입니다. 다만, 국가가 일정 중량의 금에 화폐명(貨幣名)을 부여하게 되면, 즉 국가가 가격의 도량표준, 곧 가격의 척도를 확정하게 되면, 상품의 가격은 화폐인 금의 중량명(重量名), 예컨대, 몇 온스의 금이라든가, 몇 그램의 금 등등으로 불리는 대신에, 국가가 정한 화폐명에 따라서 몇 달러라든가, 몇 파운드, 몇 엔, 몇 원 등등으로 불리게 됩니다. 물론, 많은 화폐명이 애초에는 귀금속의 중량명, 혹은 무게 단위에서 유래했지만 말입니다.

부르주아 경제학의 무내용한 가격론

맑스 경제학의 노동가치론이 파악하는 상품의 가격은 이렇게 그 가치의 화폐적 현상형태입니다. 그러나 우리 사회에서 주류경제학이라고 부르고, 대학의 경제학 교육의 거의 100%를 차지하는 부르주아 경제학은, 이를 시대에 뒤떨어진 낡은 이론, 혹은 '19세기의 유물'이라고 규정·배제하면서, 나름의 가격론들을 내세웁니다.

부르주아 경제학은 상품의 가격을 특히 주로 수요-공급관계를 중심으로 설명하고 있습니다. 하지만 수요-공급관계만으로 혹은 그것을 중심으로 상품의 가격을 설명하려 한다면, 이는 참으로 공허하고 무내용한 이론으로서, 상품의 가격을 결코 정당하게 설명할 수 없습니다. 수요-공급관계를 통해서는, 예컨대, 엊그제 한 포기에 2,000원이던 배추가 왜 오늘은 2,500원인가는 설명할 수 있지만, 다음과 같은 사실, 즉 배추의 가격은 2,000-3,000원 어름에서 오르내리는 데 비해서 소형 승용차의 가격은 왜 2,000만 원 어름에서 오르내리는지는 도무지 설명할 길이 전혀 없기 때문입니다.

그것, 즉 수요-공급관계의 변화에 따른 변동의 중심이 되는 가격들은 결코 '수요-공급관계의 변화' 그것에 의해서는 규정되지 않고, 따라서 그것에 의해서는 설명될 수 없는 것입니다. 그 변동의 중심에 있는 가격들은 바로 배추 1포기와 소형 승용차 1대를 만드는 데에 필요한 우리 사회에서의 평균적 노동시간에 의해서 결정되는 것이고, 따라서 노동가치론에 의해서만 설명이 가능한 것입니다. 다름 아니라, 수요-공급관계는 상품의 가격과 관련하여 가장 필수적, 가장 핵심적으로 설명해야 할 부분을 전혀 설명할 수가 없는 것입니다.

일부 부르주아 경제학자들은 이른바 '한계비용', 혹은 '한계생산비'라는 것으로 위와 같은 이론상의 공백을 메우려고 시도하고, 또 메우고 있다고 믿는 것 같습니다. 거칠게 얘기하자면, 배추의 경우에는 마지막 한 단위를 생산하는 데 드는 비용이 2,000-3,000원 어름이고, 소형 승용차의 그것은 2

천만 원 어름이기 때문에 각각 그러한 가격을 중심으로 수요-공급관계에 따라서 가격이 변동한다는 것입니다. 그러나 이 역시 드러나 있는 현상을 기술(記述)하고 있을 뿐, 각각의 이른바 한계비용, 한계생산비가 왜 그렇게 형성되는가는 전혀 설명하지 않고 있고, 설명할 수 없는 것은 마찬가지입니다.

사실, 저들의 '한계비용', 혹은 '한계생산비'란 애초 그 발상의 연원부터 바람직스럽지 않은 것이라고 할 수 있습니다. 다름 아니라, 필시 이제는 누구의 눈에나 파탄이 난 이른바 한계효용설이 그 발상의 실마리가 되었을 것이기 때문입니다. 전에도 얘기했지만, 한계효용설은, 착취된 노동으로서의 이윤의 정체를 은폐하기 위해서 노동가치론을 부정하고 그에 도전하기 위한 궤변으로서 등장한, 부르주아 경제학의 주관적·몰과학적 가치이론입니다.

한계효용설은 상품의 가격은 그것이 인간의 욕망을 만족시킬 수 있는 욕망의 크기, 혹은 그것을 소비함으로써 그 소비자가 느끼는 욕망의 크기에 달려 있고, 그것도 마지막 단위가 주는 욕망의 크기에 달려 있다고 주장합니다. 그런데 만족이란 주관적이어서, 그것이 무엇에 의한 것이든, 상품의 '첫 단위'에 의한 것이든, '마지막 단위'에 의한 것이든, 그 크기를, 예컨대, '대단히' 만족스러웠다든가, '별로'였다든가 하는 식으로 표상할 수는 있어도, 어림으로라도 수치로서 계량할 수는 결코 없습니다. 그런데 어떤 상품이 주는 만족의 크기, 혹은 어떤 상품을 소비함으로써 느끼는 만족·효용의 크기 그것을 객관적으로 타당성 있게 측정할 수 있겠습니까?

그럼에도 불구하고 저들 부르주아 경제학자들은 가히 귀신같은 기술·능력으로 그것을 측정하는가 봅니다. 그러니 오늘날 "노동가치론은 19세기의 유물"이라고 폄하하면서, "한계효용"이니 "한계비용"이니 운운하는 저 따위 가격론을 내세우는 것 아니겠습니까?[1]

---

[1] 이러한 부르주아적 백치증은 오늘날 부르주아 강단에 만연한 증세입니다. 그리하여, 예컨대, 정보재의 가치·가격을 '정치경제학'의 노동가치론에 기초하여 분석하겠다고 (조원희·조복현, "디지털 네트워크 경제의 가격형성과 축적동학", 한국사회경제학회 편, ≪정치경제학의 새로운 방법론 모색≫[≪사회경제평론≫ 제18호], 풀빛, 2002, 참조) 나선, 국민대학교의 '진보적인' 경제학자 조원희 교수께서도 (자신이 맑스 경제학에, 즉 경제과학에 무지한 것이 결코 아니라) "정치경제학['맑스 경제학'을 가리킨다: 인용자]이 시장가격의 동학에 관한 연구에 있어 ... 부르주아 경제학에 비해 턱없이 이론적으로 빈곤한 것은 사실이다"라며, "독점가격의 결정에는 분명히 한계비용이 작용하며 신고전파에게 이 점을 배울 것이 있"다느니(조원희, "사소한 문제, 큰 소동 — ≪정보재 가

다시 강조하지만, 저들 부르주아 경제학자들이 맑스 경제학이나 그 노동가치론을 시대에 뒤떨어진 낡은 이론이라고 주장하는 이유는 물론, 그것이 정말 시대에 뒤떨어진 낡은 이론이기 때문이 아닙니다. 그것은 바로 노동가치론이 자본의 이윤의 정체, 즉 이윤이란, 다름 아니라, 착취된 노동, 지불되지 않은 노동에 불과하다는 것을 폭로하고 있기 때문일 뿐입니다. 노동가치론이 그렇게 이윤의 정체를 폭로하고 있기 때문에, 노동과 자본 간의 계급투쟁이 발전·격화되고 있는 조건에서 자본의 이익에 봉사해야 하는 부르주아 경제학은 그것을 포기하지 않을 수 없고, 부정하지 않을 수 없는 것입니다. 실제로, 계급투쟁이 발전하고 경제과학이 발전하여 착취된 잉여노동으로서의 이윤의 정체가 대중적으로 폭로되는 것과, 부르주아 경제학이 노동가치론으로부터 이탈하고, 그것을 부인하면서 비(非)과학으로 타락해 가는 것은 나란히 그 궤(軌)를 같이했습니다. 그리고 그것을 포기한 지가 너무도 오래된 나머지 이제는 더 이상 가치·가격의 본질을 이해할 능력이나 그 이해 가능성조차 상실한 상태입니다.

상품생산자들의 가격 경쟁

그러나 대학의 강단에서 경제학 교수들이 그렇게 헛소리를 하고 있을 때, 영등포 문래동이나 청계천의 뒷골목 등에 즐비한 마찌꼬바(町工場)들, 즉 선반이나 밀링 한두 대를 가지고 일하는 '사장님들'한테 가 보세요. 이 '사장님들'은 대부분, 자신의 고유 제품을 만들어 파는 것이 아니고, 여러 가지 기계부품들을 외부로부터 주문받아 가공해 납품하는 사람들인데, 이를 위해 당연히 수주(受注) 경쟁을 하고, 따라서 이들 간에 가격 경쟁도 치열합니다.

그런데 이 사람들은 어떤 계산으로 견적을 내는지 아십니까?

먼저 제품 한 개당 들어가는 원자재의 가격을 계산하고, 그 다음에는 하루에 몇 개 가공할 수 있는가를 계산합니다. 뒤집어 보자면, 한 개를 가공하는

치논쟁≫에 대한 논평을 겸하여", ≪진보평론≫ 제35호, 2008년 봄, p. 255), "이론은 현실을 해석하고 인과관계에 근거한 메커니즘을 설명하는 것으로 구성되어 있다"며, "예를 들어 부르주아 경제학은 효용이론으로 현실을 해석(파레토 효율 기준)하고 가격결정 메커니즘을 설명하는 수요-공급 이론으로 구성되어 있다"느니(같은 글, p. 255 주 8) 운운하고 있습니다.(밑줄에 의한 강조는 인용자.)

데 얼마나 많은 시간이 걸리느냐를 계산하는 것입니다.

그런데, 동일한 재료에 동일한 규격의 물건이어서 재료 가격은 같더라도, 그리고 동일한 이윤률을 산입하더라도 '공장'에 따라 상이한 가격이 산출됩니다.

왜 그럴까요? 다름 아니라 '공장'마다 그 제품을 하루에 몇 개나 가공·제작할 수 있느냐가 다르기 때문입니다. 선반 작업을 통해 가공하는 부품을 예로 들면, 범용선반을 가진 사람은 제품을, 그다지 정밀하게 가공하지도 못하지만, 다량 깎지도 못하기 때문에 견적이 비싸질 수밖에 없습니다. 그에 비해서 최신의 CNC(컴퓨터수치제어) 선반을 가진 사람은, 설계도면대로 선반에 수치만 입력해 주고 가공재료만 물려주면 되기 때문에, 제품이 보다 정밀하면서도 범용선반에 비해 같은 시간에 훨씬 다량 가공할 수 있습니다. 제품 하나하나를 가공하는 데 상대적으로 짧은 시간밖에 걸리지 않는 것입니다. 바로 그 때문에 그는 보다 정밀한 제품을 더 값싸게 견적을 냅니다.

다시 말하면, 견적을 싸게 내는 것과 비싸게 내는 것은 제품 하나를 가공하는 데에 얼마만큼의 시간이 걸리느냐에 달려 있는 것입니다. 사실은 공장 일반에서 노동생산성을 증대시키는 데에 혈안이 되어 있는 것도 물론 같은 이유 때문입니다. 이렇게 노동가치론만이 가치의 크기, 가격의 크기를 설명할 수 있습니다.

오늘의 주제와 직접 관계는 없지만, 참고로, 그러면 견적이 비쌀 수밖에 없는 범용선반을 가진 '마찌꼬바 사장님들'은 어떻게 그 경영을 유지할 수 있을까요? 그들은, 주문량이 너무 적어서 성능이 좋은 기계를 가진 업자들이 거들떠보지 않는, 그런 소량 주문에 기대어 먹고살고 있습니다.

그런데 공황, 즉 경제위기나 불황이 닥쳐오면 어떻습니까?

그렇게 되면, 주문이 전반적으로 감소합니다. 그래서 공황이나 불황과 같이 전반적으로 주문이 줄어드는 시기에는 성능 좋은 고가의 기계를 가진 업자들도 호경기 때에는 돌아보지도 않던 소량의 주문까지 사냥합니다. 그리고 바로 그 때문에 범용선반을 가진 마찌꼬바들이 제일 먼저, 그것도 대량으로 파산하게 됩니다.

2. 상품가격의 변동

누구나 다 경험을 통해서 아는 사실이지만, 상품의 가격은 결코 고정되어 있지 않고, 끊임없이 변동합니다.

전쟁이라든가 비상한 위기 상황을 맞을 경우 국가가 종종 물가동결 조치, 즉 물가의 변동, 특히 그 상승을 금지하는 조치를 취하지만, 그러한 조치는, 엄밀히 말하면, 결코 그 효력을 발휘하지 못합니다. 일시적 혹은 표면적으로 효력을 발휘하는 것처럼 보이는 경우에도, 많은 경우 암시장(暗市場) 가격이 형성되어 그 가격으로 유통하게 되고, 특히 그러한 조치가 해제되자마자 그 동안에 누적된 가격변동의 요인들이 폭발적으로 작용하기 때문입니다.

그러면, 상품가격의 변동을 초래하는 요인은 무엇인가?

첫째로는 수요-공급관계의 변화, 둘째로는 노동생산성의 변화, 그리고 셋째로는 인플레이션을 들 수 있습니다.

1) 수요-공급관계의 변화와 가격

누구나 아는 사실이지만, 수요-공급관계가 변화하면 물가, 즉 상품의 가격이 변동합니다.

상품의 공급량에 변화가 없거나 그것이 감소되고 있는데 그에 대한 수요가 증대한다면, 혹은 공급이 증대하더라도 수요의 증대속도가 그보다 더 빠르다면, 상품의 가격은 상승합니다. 혹은, 수요에 변함이 없더라도 공급이 감소되거나, 수요가 감소되더라도 공급의 감소속도가 그보다 더 빠르다면, 가격은 역시 상승합니다. 거꾸로 수요가 변함이 없거나 감소하는데 공급이 증대한다면, 혹은 수요가 증대하더라도 공급의 증대속도가 그보다 빠르다면, 가격은 하락합니다. 혹은, 공급에 변화가 없더라도 수요가 감소하거나, 공급이 감소되더라도 수요의 감소속도가 그보다 더 빠른 경우에도 가격은 하락합니다.

그러나, 수요-공급관계에 의한 시장가격의 이러한 변동은, 그것이 부문별로 발생하는 경우는 물론, 설령 그것이 호황기의 전반적인 물가등귀일지라도, 따라서 또 공황기의 전반적인 물가하락일지라도, 상품가격 그 자체의 변동은 아닙니다. 왜냐하면, 우선, 부문별로 수요-공급관계에 변화가 일어나고, 따라서 상품의 가격에 변동이 일어나는 경우에는 한 부문의 변화가 다른 부문의 반대 방향으로의 변화에 의해서 상쇄되기 때문입니다. 다음으로, 호황기의 전반적인 물가등귀는 그에 이은 공황기의 전반적인 물가하락에 의해서 상쇄되고, 그 반대 역시 마찬가지이기 때문입니다. 계절적인 물가변화도 역시 이와 마찬가지입니다.

상품의 수요-공급과 사회적 필요노동시간

그런데, 우리가 만일 상품의 수요-공급관계와 그 가격 변동의 관계를 이렇게만 설명하고 만다면, 그것은 천박한 부르주아 경제학의 현상기술(現象記述)에서 한 걸음도 더 나아가지 않은 것으로 될 것입니다. 과학적인 설명이 되기 위해서는 이 수요-공급의 변화에 따른 가격의 변동이 가치, 즉 그 생산에 사회적으로 필요한 노동시간과 어떤 관계가 있는가를 밝히지 않으면 안 됩니다.

그리하여, 수요와 공급의 변화에 따른 상품가격의 변동과 관련해서는 다음과 같은 사실을 이해할 필요가 있습니다.

어떤 상품, 예를 들면, 개개의 양복 1벌에는 '사회적으로 필요한 노동시간'만이 포함되어 있음에도 불구하고, 이 양복의 총량이 포함하고 있는 사회적 노동시간은 사회적으로 필요한 노동시간보다 훨씬 많은 노동시간을 포함하고 있는 경우가 있을 수 있다는 점입니다. 바로 자본주의적 생산의 무정부성 때문에 사회적 총노동시간의 너무나 많은 부분이 양복의 생산에 소비된 경우인데, 이는 현실적으로는, 다름 아니라, 시장에서 양복에 대한 수요보다 공급이 과잉되어 개개의 양복 1벌이 그 정상가격보다 낮은 가격으로밖에는 팔릴 수 없다는 사실에 의해서 증명됩니다.

이러한 경우를 맑스는 '함께 붙잡혀 함께 교수(絞首)되는' 격이라고 표현하고 있는데, 이는 시장에서 거래되고 있는 모든 양복이 단지 하나의 품목으로 작용하고, 개개의 양복 1벌은 그 약수부분(約數部分, aliquoter Teil), 즉 그 하나하나의 일부분으로서만 작용하기 때문입니다.[2]

---

[2] ≪자본론≫, 제1권, *MEW*, Bd. 23, S. 121-122(채만수 역, 제1권, 제1분책, p. 182)참조.

무슨 말인가 하면,

양복 1벌을 생산하는 데 사회적으로 필요한 노동시간이 10시간이라고 가정하고, 또 양복 1벌, 1벌은 모두 이 사회적으로 필요한 노동시간인 10시간씩의 노동을 포함하고 있으며, 그 10시간의 노동시간은 10만 원의 가격으로 표현된다고 가정합시다. 그리고 어떤 기간에 그 사회의 양복에 대한 수요는 1만 벌이라고 가정합시다. 그러면, 그 기간에 양복 총량의 생산에 사회적으로 필요한 노동시간은 10만 시간입니다.

그런데 자본주의적 생산의 무정부성 때문에 그 기간에 1만 벌 대신에 1만 2천 벌의 양복이 생산되었다고 하면, 양복의 생산에 소비된 시간은 10만 시간 대신에 12만 시간이 되지만, 이 12만 시간은 사회적으로 필요한 10만 시간으로 계산되고, 따라서 양복 1벌의 가격은 10만원 대신에 '100,000원 × $^{10}/_{12}$'의 가격으로, 즉 약 83,300원에 판매된다는 뜻입니다. 이것이 바로 수요에 비해서 공급이 많을 때 상품의 가격이 하락하는 이유입니다.

공급에 비해서 수요가 많을 때에는 물론 그 상품의 생산에 실제로 소비된 노동시간이 그보다 더 많은, 사회적으로 필요한 노동시간으로 계산되기 때문에 개개 상품의 가격도, 그 상품의 가격 총액도, 그것을 실제로 생산하는 데 사회적으로 필요한 노동시간, 즉 그 가치를 화폐로 표현한 가격보다 높은 가격에 판매되게 됩니다.

2) 노동생산성의 변화와 가격

이제 상품 가격의 근본적이고 실질적인 변화에 대해서 고찰해봅시다.

우리는 상품의 가격이란 그 가치, 따라서 그 생산에 사회적으로 필요한 노동시간을 화폐인 금의 일정량으로 표현한 것이라고 했습니다. 그런데, 예컨대, 자동차 1대를 생산하는 데에 사회적으로 필요한 노동시간과 금 10Kg를 생산하는 데에 사회적으로 필요한 노동시간이 같다면, 이렇게, 즉 '자동차 1대=금 10kg'으로 표현할 수 있습니다. 그리고, 금 1g의 화폐명이 1달러라면, 자동차의 가격은 '자동차 1대=10,000달러'로 표시될 것입니다.

이제 노동생산력이 변화함에 따라 가격이 어떻게 변동하는가를 봅시다.

먼저, 금, 즉 화폐를 생산하는 데에서의 노동생산성은 변함이 없는데, 자동차 산업에서의 생산력이 증대되어 자동차 1대를 생산하는 데에 과거에 비해서 10분의 1만큼 노동시간이 줄었다고 가정해 봅시다.

누차 말하는 바이지만, 노동생산성, 혹은 노동생산력이란 유용한 구체적인 노동이 사용가치를 생산하는 능력이고, 일정한 시간에 지출되는 노동이 얼마만큼의 사용가치, 즉 상품체를 생산하는가 하는 것으로 나타납니다. 예컨대, 작년에는 어느 공장에서 노동자들이 하루 8시간을 노동해서 1인당 어떤 상품을 8개 생산했는데, 금년에는 시설의 개선이나 노동방식의 변경 등을 통해서 같은 시간에 1인당 16개를 생산한다면, 노동생산성은 100%, 즉 2배로 증대한 것입니다. 이렇게 노동생산성이 2배로 증대하면, 이제 상품 하나하나에 투여된 노동시간은 2분의 1로 줄고, 따라서 화폐(=금)를 생산하는 데서 노동생산력의 변화가 없다면, 그 가격은 이전의 그것의 절반으로 줄게 됩니다. 그래야 한 극에 그 생산물, 다른 한 극에 화폐 즉 금이라는 가치형태의 양극이 동일한 금량을 가질 것이기 때문입니다.

그리하여 우리의 예, 즉 자동차 산업에서는 노동생산성이 10%만큼 증대했는데, 금(=화폐)을 생산하는 데에는 노동생산력의 변화가 없기 때문에 자동차의 가치는 금 10kg 대신에 금 9kg과 같고, 따라서 그 가격은 이제 '자동차 1대=9,000달러'로 표시되어, 그 가격이 10% 내리게 됩니다.

반대로 자동차 산업에서의 노동생산력에는 변화가 없는데, 금 생산업에서 노동생산성이 10% 증대했다면, 이제 일정한 중량의 금을 생산하는 데에 사회적으로 필요한 노동시간은 과거의 90%밖에 안 될 것입니다. 그리하여 자동차의 생산에 필요한 노동시간과 같은 노동시간은 이제 과거의 10kg의 금 대신에 11kg의 금으로 표현될 것입니다. 그리고 그 가격은 그만큼, 즉 10%만큼 올라가서, '자동차 1대=11,000달러'로 되지 않으면 안 됩니다.

이렇게, 예컨대, 자동차 가격의 변화는 이 양자, 즉 자동차 산업에서의 노동생산성 변화와 화폐인 금 생산업에서의 노동생산성 변화 간의 상호 비례관계에 의해서 변하게 되는 것입니다. 이를 일반화해서 말하자면, "상품의 가격은 그 상품을 생산하는 산업에서의 노동생산력 변화와 화폐인 금 산업에서의 노동생산력 변화 간의 상호 비례관계에 의해서 변동한다"고 할 수 있습니다. 그리고 이것이 근본적이고, 실질적인 가격의 변동입니다.

노동강도의 변화와 가격

그런데, 노동생산성의 변화에 따른 가격의 변동과 관련해서 주의해야 할 것 중에 '노동강도'(勞動強度)의 문제, 혹은 같은 말이지만, '노동의 밀도'(密度)의 문제가 있습니다. 이미 제2강에서 잠깐 언급한 것처럼, 특히 부르주아 이데올로그들은 노동생산성과 이 노동강도 혹은 노동의 밀도를 의도적으로 구분하지 않고 무차별적으로 노동생산성이라고 우기기 때문에 더욱 주의가 요구됩니다.

아까 예를 든 것처럼, 어떤 공장에서 노동자들이 작년에는 하루 8시간 노동해서 어떤 물건을 8개 만들다가 금년에는 8시간 노동으로 16개를 만드는데, 사실은 노동자들이 작년보다 2배나 더 고되게, 2배나 더 빠른 속도로 노동해서 그러한 결과가 나왔다고 합시다. 그 결과는 외관상으로는 노동의 생산력이 2배로 증대한 것처럼 보이고, 또 자본가들이나 그들의 이론적 대변자인 부르주아 경제학자들, 그리고 부르주아 통계는 그렇게 처리하고 있습니다. 그러나, 실제로는 같은 노동시간이라도 2배의 노동이 투여되었기 때문에 그 상품 하나하나의 생산에 실제로 투여된 노동량은 작년의 그것과 변함이 없습니다. 즉, 상품 하나하나의 생산에 필요한 노동시간이 외견상으로는 지난해의 반(半)으로 단축되어 있더라도, 그 상품 하나하나에 포함되어 있는 노동량이 같기 때문에 그것을 평균적인 강도의 노동으로 환산한다면 그 생산에 필요한 노동시간은 역시 작년과 변함이 없는 것이고, 따라서 그 가격도 당연히 변함이 없는 것입니다.

노동생산력과 노동강도의 이러한 차이, 구별은 노동자들에게 있어서는, 특히 그 건강에 있어서는 대단히 중요합니다.

3) 인플레이션

(인플레이션 역시 상품 가격 변동의 주요 원인의 하나이지만, 위에서 논한 것들과는 근본적으로 다른 성질의 것이기 때문에 절을 바꾸어 제4절에서 다루겠습니다.)

3. 생산가격과 시장가격

지금까지 우리는 상품의 가격이란 그 가치의 화폐적 현상형태이기 때문에 결국 그 상품을 생산하는 데에 사회적으로 필요한 노동시간을 화폐로 표현한 것이라고 말해왔습니다. 그런데, 자본제 하에서의 현실적인 시장가격은 그것과는, 즉 그 상품의 생산에 사회적으로 필요한 노동시간과는 다소 차이가 있습니다.

우선, 앞에서 본 것처럼, 수요와 공급의 관계가 변함에 따라서 상품의 시장가격은, 그 상품을 생산하는 데에 필요한 노동시간이 변하지 않더라도, 변동하게 됩니다.

나아가, 다음과 같은 경우를 생각해 봅시다.

A, B, C, 세 개의 산업 부문이 있는데, 생산이 이루어지기 위해서 A 부문에서는 자본이 불변자본, 즉 생산수단의 구매에 80, 가변자본, 즉 노동력의 구매(곧 임금)에 20의 비율로 투자되고, B와 C 부문에서는 각각 50대 50, 20대 80의 비율로 투자된다고 합시다. 그리고 **잉여가치율**, 다시 말하면 **가변자본, 즉 임금에 대한 부불노동 혹은 잉여노동의 비율**은 모두 100%라고 가정하고, 이 잉여가치율이 부문별 이윤율을 규정한다고 가정합시다.

그리고 불변자본을 기호 c, 가변자본을 v, 잉여가치를 m으로 표시하고, 각 부문에 100의 자본이 투하된다면, A, B, C 세 부문이 생산하는 생산물 가치와 부문별 이윤율은 다음과 같을 것입니다.

생산물 가치	부문별 이윤율[$m/(c+v)$]
A : $80c+20v+20m=120$	20%
B : $50c+50v+50m=150$	50%
C : $20c+80v+80m=180$	80%

이 경우, 총자본은 $150c+150v=300$, 총잉여가치는 $20m+50m+80m=150m$, 총생산물 가치는 $120+150+180=450$이고, 세 부분의 평균이윤율은 $150m \div 300 = 50\%$이지만, 부문별 이윤율은 각각 달라서 A 부문은 20%,

B 부문은 50%, C 부문은 80%입니다.

가변자본에 대한 불변자본의 비율, 즉 $^c/_v$를 **자본의 구성도(構成度)**라고 합니다.3) 그런데 잉여가치율이 일정한데 부문별로 이윤률이 평균화되지 않는 경우, 각 부문별 이윤률은 자본의 구성도가 높을수록(우리의 예에서는 A 부문) 낮고, 거꾸로 자본의 구성도가 낮을수록(C 부문) 높다는 것을 위의 표에서 알 수 있습니다.4)

자, 그런데 자본의 목적은 무엇입니까? 두말할 나위도 없이, 자본의 목적은 이윤, 그것도 최대의 이윤을 획득하는 것입니다.

그런데 만일 A, B, C라는 세 부문의 자본들이 생산한 결과가 위와 같아서 부문 간 이윤률에 저러한 차이가 난다면, 어떤 상황이 연출되겠습니까?

당연히 자본은 이윤률이 높은 쪽으로, 즉 자본의 구성도가 높은 부문에서 낮은 부문으로 이동하고, 그 결과 A 부문에서는 공급의 감소가, C 부문에서는 공급의 증대가 발생하면서, 다른 사정들에 변함이 없다면, A 부문의 상품 가격은 상승하고 C 부문의 상품 가격은 하락할 것입니다.

그렇게 되면 당연히 A 부문에서는 이윤률이 상승하고, C 부문에서는 이윤률이 하락하게 됩니다. 그리하여 그 이윤률이 역전되게 되면, 자본은 다시 높은 이윤률을 찾아서 부문 간을 넘나드는 운동이 끊임없이 반복될 것입니다.

이렇게 자본은 더 높은 이윤률을 위해서 이동하고 경쟁하게 되는데, 모두가 서로 더 높은 이윤률을 올리려고 경쟁하기 때문에, 그 결과 이윤률은 결국 평균화되게 됩니다. 그리하여 위 식들은 이제 아래와 같이 됩니다. 기호 p

---

3) "**자본의 구성**은 이중의 의미에서 이해해야 한다. 가치의 측면에서 보면, 그것은 자본이 **불변자본 즉 생산수단들의 가치와, 가변자본 즉 노동력의 가치, 곧 임금총액으로 분할되는 비율**에 의해서 규정된다. 생산과정에서 기능하는 소재의 측면에서 보면, 어느 자본이나 생산수단과 살아 있는 노동력으로 분할되는바, 이 구성은, 한편에서는 **사용되는 생산수단들의 량과**, 다른 한편에서는 그것들을 사용하기 위해서 필요한 노동량 사이의 비율에 의해서 규정된다. 나는 전자를 **자본의 가치구성**이라고 부르고, 후자를 자본의 기술적 구성이라고 부른다. 이 양자 사이에는 긴밀한 상호관계가 있다. 이 상호관계를 표현하기 위해서 나는 **자본의 가치구성을, 그것이 자본의 기술적 구성에 의해서 규정되고 이 기술적 구성의 변화들을 반영하는 한, 자본의 유기적 구성이라고 부른다**"(≪자본론≫, 제1권, *MEW*, Bd. 23, S. 640.; 채만수 역, 제1권, 제4분책, pp. 1009-1010.)

4) "이윤률은 다른 사정이 변하지 않는 한, 가변자본이 상대적으로 증대함에 따라서 올라가고, 그것이 상대적으로 감소함에 따라서 내려갈 것이다"(≪자본론≫, 제3권, *MEW*, Bd. 25, S. 150.)

는 이윤을 나타냅니다.

생산물 가격	이윤률[p/(c+v)]
A: 80c+20v+50p=150	50%
B: 50c+50v+50p=150	50%
C: 20c+80v+50p=150	50%

위 식에서는 총자본도 여전히 150c+150v=300, 생산물의 총가격도 450이고, 총이윤률도 150p÷300=50%인데, 경쟁의 결과 각 부문의 이윤률이 50%로 평균화되어 있습니다. 그리고 그 결과 A 부문의 가격은 그 가치 120보다 30이 큰 150으로 되었고, C 부문의 가격은 그 가치 180보다 30이 작은 150으로 되었습니다.

이렇게, 보다 높은 이윤률을 위한 경쟁은, 부문 간 **이윤률**을 **평균화**하고, 이윤률이 평균화된 가격들을 만들어 냅니다. 그리고 이 가격, 즉 '비용가격'(=불변자본+가변자본)에 평균이윤을 더한 가격을 경제학은 '생산가격'이라고 부릅니다.

물론 시장가격, 즉 시장에서 상품이 실제로 매매되는 가격은 대개의 경우 이 생산가격과 다르고, 그 시장가격이 이 생산가격과 일치하는 것은 예외적인 경우일 것입니다. 그러나 중요한 것은, 이 생산가격으로부터 괴리된 시장가격은 마찬가지로 더 높은 이윤률을 위한 경쟁 때문에 이 생산가격의 상하로 진동하면서도, 동시에 끊임없이 그에 수렴하려는 운동을 계속할 것입니다. 즉, 시장에서의 상품 가격은 자본주의적 생산의 무정부성과 경쟁 때문에 끊임없이 이 가격으로부터 상하로 괴리되면서도, 또한 동시에 바로 그 경쟁 때문에 끊임없이 이 가격들로 수렴하려고 하게 됩니다.

이른바 전형(轉形) 문제, 혹은 전형 논쟁

그런데 여기에서 우리는, 우리가 상품의 가격은 그 가치의 화폐적 현상형태, 즉 그 가치를 화폐의 일정량으로 표현한 것이라고 규정했다는 사실을 상기할 필요가 있습니다. 그런데, 방금 우리가 확인한 것은 그와는 다른 것, 즉 경쟁을 통해서 형성되는 상품의 시장가격도, 시장가격이 그 상하를 진동하는 생산가격도 모두 — 위 예의 B 부문처럼 자본의 구성도가 사회의 총자본의 평균구성도와 일치하는 경우를 제외하고는5) — 상품의 가치 그것으로부터 유리되어 있다는 사실이었습니다.

그렇다면, 상품의 가격은 그 가치의 화폐적 현상형태, 즉 그 가치를 화폐의 일정량으로 표현한 것이라는 우리의 규정은 틀린 것이 아닐까요?

실제로, 틀렸다고 주장하는 학자들이, 특히 부르주아 경제학자들 중에, 많고, 이를 둘러싼 논쟁, 즉 상품의 시장가치6)의 생산가격으로의 전화를 둘러싸고 벌어져온 논쟁을 '전형 문제' 혹은 '전형 논쟁'이라고 부릅니다.

그러나 틀렸다고 생각한다면, 다음 사실을 다시 상기해야 할 것입니다.

> 상품의 가치크기는 사회적 노동시간에 대한 하나의 필연적인, 그 상품의 형성과정에 내재적인 관계를 표현한다. 가치크기의 가격으로의 전화와 더불어 이 필연적 관계는 한 상품의, 그 상품의 외부에 존재하는 화폐상품과의 교환비율로서 나타난다. 그러나 이 비율에는, 그 상품의 가치크기가 표현될 수 있는 것과 마찬가지로, 어떤 주어진 사정들 하에서 그 상품이 양도될 수 있는, 보다 큰 가치크기나 보다 작은 가치크기도 표현될 수 있다. 가격과 가치크기 간의 량적 불일치의 가능성, 즉 가치크기로부터의 가격의 괴리의 가능성은 따라서 가격형태 그 자체 속에 있다. 이것은 결코 이 형태의 결함이 아니며, 오히려 역으로 이 형태를, 규칙이 단지 맹목적으로 작용하는 무규칙성의 평균법칙으로서만 자기를 관철할 수 있는 생산양식에 적합한 형태로 만든다.7)

실제로 상품의 가치와 그 시장가치, 가격 간의 관계를, 방금 위에서 본 것처럼, 개별적으로 혹은 부문별로 보면, 그 양자 간에는 불일치가 있습니다. 그러나 자본 간의 경쟁을 통한 이윤율의 평균화와 시장에서의 수요-공급관계의 변화로 상품의 가격은 그 시장가치로부터 괴리되지만, 상품의 총가치

---

5) 이 경우에도 그 생산가격은 그 가치와 일치하지만, 무정부적인 경쟁과 그에 따른 자본의 부단한 이동 때문에 그 시장가격은 이 생산가격을 중심으로 상하로 진동합니다.

6) 생산의 조건이 각기 다른 개별생산자들이 동일한 상품을 생산할 때 각각 요하는 노동시간에 의한 가치, 즉 상품의 생산자별 개별가치에 비해서, 그 상품을 생산하는 데에 사회적으로 필요한 노동시간에 의한 가치로서, 지금까지는 우리가 단순히 '(상품의) 가치'라고 불렀던 것입니다. 여기서 이를 '시장가치'라고 부르는 이유는 그 가치가 사실은 시장에서의 부문 내 경쟁을 통해서 결정되기 때문입니다.

7) ≪자본론≫, 제1권, *MEW*, Bd. 23, S. 117. (채만수 역, 제1권, 제1분책, pp. 173-174.)

와 총가격을 보면, 그 양자는 일치합니다. 한 부문에 자본이 유입되어 공급이 증대한 결과 그 부문의 상품 가격이 하락하면, 자본이 유출된 부문에서는 그만큼 공급이 감소되어 그 상품 가격이 상승하기 때문입니다.

그리고 바로 이 때문에, 전체적으로 혹은 평균적으로 보면, 여전히 상품의 가격은 그 가치를 화폐로 표현한 것으로서, 그 상품의 생산에 사회적으로 필요한 노동시간에 의해서 규정되는 것입니다.

따라서 우리가 지금 '생산가격'이나 '시장가격'에 대해서 논의하기 이전에 전개한 논의, 즉 "상품의 가격은 결국 그 상품의 생산에 사회적으로 필요한 노동시간에 의해서 결정된다"는 논의는 여전히 타당하고 중요합니다.

참고로, 이 시장가치의 생산가격으로의 전화, 이윤율의 평균화는 맑스에 의해서 최초로, 과학적으로 해명된 것이며, 이 문제를 해명할 능력이 없었다는 사실이야말로 고전파 경제학의 정상(頂上), 리카도(D. Ricardo) 경제학이 파산하게 된 주요 원인의 하나였다는 사실도 부언해둡시다.

4. 인플레이션

인플레이션 역시, 특히 현대 자본주의에서는, 상품 가격 변동의 주요 원인의 하나입니다. 하지만, 그것은 수요-공급 관계의 변화에 의한 가격 변동이나 노동생산력의 변화에 의한 가격 변동과는 본질적으로 다른 성격의 것입니다. 오늘날 천박한 부르주아 경제학은 물가, 즉 상품 가격 일반의 등귀를 사실상 모두 인플레이션이라고 부르지만, 위에서 고찰한 요인들에 의한 물가[8]의 등귀와 인플레이션은 본질적으로 다릅니다.

1) 가격의 실질적 변동과 명목적 상승
— 그리고, 금가격과 '금 가격'

---

[8] '물가'란, 우리 말과 일본어에 특유한 표현으로서, 주지하는 것처럼, 시장의 상품 가격 일반, 혹은 상품 가격의 평균적 수준을 가리킵니다. 우리에게 널리 알려진 외국어인 영어를 예로 들자면, 그것은 가격(price)의 복수형인 prices로 표현됩니다.

위에서 고찰한 요인들에 의한 상품 가격의 변동, 즉 노동의 생산력 변화에 의한 가격의 변동이나 수요-공급 관계의 변화에 의한 가격의 변동은 그에 따른 금량의 증감을 수반합니다. 따라서 이것들은 물가, 혹은 가격의 '실질적인 변동'입니다. 그에 비해서 인플레이션의 경우에는 상품의 가격은 상승하지만, 금량의 증대는 수반하지 않습니다. 그리하여 인플레이션은 가격이 명목적으로만 상승하는 것, 즉 가격의 '명목적 상승'일 뿐입니다.

우리의 예에서 가격의 도량표준은 '금 1g=1달러'입니다. 따라서, 노동생산성의 변화에 의해서든, 수요-공급 관계의 변화에 의해서든, 개당 100달러였던 상품의 가격이 110달러가 되었다면, 그 상품의 금가격, 즉 **금 자체의 량으로 표현한 그 상품의 가격**은 '금 100g'에서 '금 110g'으로 되었다는 것, 따라서 그만큼, 즉 10g의 금만큼 금량이 증대했음을 의미합니다. 개당 100달러이던 가격이 만일 90달러로 되었다면, 물론 이는 당연히 그 금가격이 '금 100g'에서 '금 90g'으로 되었다는 것을 의미하고, 그만큼 금량이 감소되었다는 것을 의미합니다.

여기에서 제가 사용하고 있는 **금가격**이라는 용어에 대해서 잠깐 얘기를 해야겠군요.

결론부터 말하자면, 이는, 금의 일정량에 부여된 화폐명 혹은 가격의 도량표준에 의해서가 아니라, 방금 앞에서처럼, '**금 자체의 량(=중량)으로 표시한 상품의 가격**'이라는 뜻입니다.

최근 지속적으로 급등하여 2023년 5월 현재 온스(Oz)당 2,000달러를 넘나들고 있는,[9] 우리가 일상적으로 사용하고 있는 '금 가격', 혹은 '금 시세'란 말은 사실은 사리에 맞지 않는 말입니다. 왜냐하면, 금은 그 자체가 화폐여서, '금 1g=1달러'와 같은 가격의 도량표준에 따른 화폐명을 가질 뿐, 가

---

[9] 전판(前版)에는, "최근 지속적으로 급등하여 2008년 5월 현재 온스(Oz)당 900달러를 훨씬 넘었고, 6월 현재에도 900달러에 육박해 있는"으로 되어 있군요. 결국, 현재는 2023년 5월이니까 불과 약 15년 남짓 사이에 달러의 '가치', 즉 그것이 대표하는 금량이 절반 이하로 감소했음을 알 수 있습니다. 1971년 8월 15일에 미국이 '금-달러 교환 정지' 조치를 취하기 전에 미국이 각국의 통화당국에 교환을 보장하던 금의 '공정가격'은, 1933년 4월의 '금 준비법'이 규정한 '금 1온스 = $35.-'였음도 상기하면, '금폐화론자들'의 주장, 즉 현대 불환 중앙은행권은 그 자체가 '(사회적) 가치'를 가지고 있다는 주장이 천하의 절대 진실, 절대 진리임을 알 수 있을 것입니다!

격을 가질 수 없는 것이기 때문입니다. 특정한 량에 붙여지는 이 화폐명은 당연히, 국가가 법률에 의해서 가격의 도량표준을 변경하지 않는 한, 법률적으로는 당연히 언제나 일정해서, 예컨대, 1g의 금의 화폐명은 1달러이고, 1kg의 금의 화폐명은 1,000달러입니다.

그런데, 금가격에 대해서 이렇게 설명해도 쉽게 이해도, 쉽게 수긍도 가지 않을 것입니다. 매일매일, 아니 하루에도 끊임없이 변동하고 있는 '금 가격', 혹은 '금 시세'에 익숙해 있는 것이 오늘날의 상황이기 때문입니다.

그러나 당장은 이해하기도, 수긍하기도 어렵더라도, 과히 걱정할 필요는 없습니다. 애기가 더 진척되면, 곧 이해할 수 있을 터이니까 말입니다.

여기에서는 우선 몇 가지만을 확인하고, 다음으로 넘어가기로 합시다.

첫째로, 이 강의에서는, 금의 일정 분량으로 표현된 가격, 즉 본래의 의미의 금가격이란 용어는 아무런 구두점 없이, 그리고 금과 가격이란 두 단어를 금가격으로 붙여서 하나의 의미로 사용하고 있는 데에 비해서, 통속적으로 널리 사용되고 있는 '금 가격'이나 '금 시세'의 경우는, 금과 가격, 혹은 금과 시세를 띄어서 쓰고 있을 뿐 아니라, 그것에 작은 따옴표를 붙여서, "소위 금의 가격", 혹은 "소위 금의 시세"라는 의미로 사용하고 있다는 점입니다.

우리는, 태양이 뜨고 지는 것이 아니라 지구의 자전 때문에 그렇게 보일 뿐임을 알고 있지만, 익숙한 현상(現象)에 따라서 "해가 뜨고, 해가 진다"고 말하곤 합니다. "소위 금의 가격", 혹은 "소위 금의 시세"를 의미하는 '금 가격' 혹은 '금 시세'라는 표현 역시 전면적이고 사실상 항구적인 태환정지 하에서 그렇게 익숙한 현상을 일컫는 말일 뿐입니다. (물론, 현상에 매몰되어 그 자체를 진실로 믿는 현대 속류 경제학으로서의 부르주아 경제학, 이 시대의 자칭 '주류경제학'에는 이러한 인식은 말할 나위도 없거니와, 이에 대한 문제의식조차 없지만 말입니다!) 아무튼 이 '금 가격' 혹은 '금 시세'는, 사실은, 금의 가격이나 시세일 수 없고, 그 역수(逆數)를 통하여 거꾸로 불환은행권의 가치, 즉 특정 액면의 불환은행권이 현실적으로 대표하는 금량의 변화를 보여주는 주요한 지표로 이용될 수 있을 것입니다.[10]

---

10) 물론, 오늘날 전면적인 태환정지 하에서는 금 자체가 주요한 투기의 대상으로 되어 있어 '금 가격' 혹은 '금 시세'가 투기적으로 변동하고 있기 때문에, '금 가격' 혹은 '금 시세' 그것의 역수가 곧바로 불환은행권의 가치, 즉 그것이 현실적으로 대표하는 금량의 변화를 보여주는 지표가 될 수는 없습니다. 다만, 일정 기간의 평균적인 '금 가격'이

둘째로는, 제가 금가격이라는 용어까지를 동원하면서 설명하고 있는 상품의 가격과 그 변동, 혹은 위에서 인플레이션과 구별하고 있는, 수요-공급 관계의 변화나 노동생산력의 변화에 의한 상품 가격의 변동은, 그리하여 통칭 '금본위제' 하에서의 그것이고, 보다 정확하게 말하자면, 금태환제 하에서의 그것이라는 점입니다.

2) 금태환제 — 그 형태와 태환정지

금태환제와 그 형태

그러면 통칭 '금본위제'라고 부르는 금태환제란 무엇인가?

본래의 은행권은 그것을 발행하는 은행, 즉 발권은행(發券銀行)이 거기에 명시한 특정한 량의 화폐, 즉 금과의 교환의무를 지는, **은행의 일람불 채무증서**이며, 발권은행이 그렇게 자신이 발행한 은행권과 금을 교환해주는 것을 태환이라고 한다고 했던 것을 기억할 것입니다. (태환은행권이 신용화폐로 규정되는 이유도, 다름 아니라, 그것이 이렇게 **은행의 일람불 채무증서**이기 때문입니다.)

금태환제란 바로 그러한 화폐·통화제도를 가리킵니다. 그리고 그러한 금태환제 하에서는, 앞에서도 말했지만, 오늘날, 예컨대, 한국은행권과의 교환이 보증되어 있는 은행의 자기앞수표의 '가치'가 한국은행권의 '가치'와 동일한 것처럼, 은행권, 즉 그 태환은행권의 가치는 당연히 화폐로서의 금의 가치와 동일합니다.

금태환제는 역사적으로 3개의 형태가 있습니다.

첫째는, **금화본위제**(金貨本位制)로서, 일반적으로 말하는 가장 전형적인 금본위제입니다. 금화본위제는 금화의 주조(鑄造)는 물론, 그 용해(溶解), 수출입이 모두 자유롭게 이루어지는 제도입니다. 금을 소유한 자는 누구나 국가가 운영하는 주조소(鑄造所, mint)에 의뢰하여 자신의 금을 금화로 주조할 수 있고, 또 언제나 그 금화를 다시 금덩어리로 용해할 수 있으며, 금을 자유롭게 수입·수출할 수 있는 것입니다.

나 그 변화의 추세가 그 금량의 변화를 경향적으로 보여줄 수 있을 뿐입니다.

발권은행은 당연히 자신이 발행한 은행권을, 그것을 제시하는 사람의 요구에 따라서, 그 액면만큼의 금화 또는 금덩어리로 바꾸어줄 의무가 있습니다. 애초에 은행권은, 오늘날 우리 사회에서 자기앞수표의 발행이 그러한 것처럼, 국가의 은행으로서의 중앙은행만이 아니라, 일정한 자격조건을 갖추어 그 발행허가를 받은 은행(chartered bank)이면 어느 은행이나 발행할 수 있었지만, 태환의무가 있기 때문에 일정 비율의 화폐준비, 즉 금준비는 필수적이었습니다. 그런데, 전형적인 금화본위제 국가였던 영국을 예로 들면, 은행권을 발행할 권한은 19세기 초의 나폴레옹 전쟁 때에 전쟁비용을 조달하기 위해 발행한 국채(國債)를 인수하는 대가로 잉글랜드은행에 의해서 독점되게 되었습니다.

둘째는, **금지금본위제**(金地金本位制)입니다. 금지금이란, 쉬운 말로 하자면, 금덩어리, 금괴(金塊)를 의미하고, 따라서 금덩어리본위제, 혹은 금괴본위제인데, 금지금본위제란 용어가 경제학상으로 확립되어 있기 때문에 통상 그렇게 부릅니다. 이는 제1차 세계대전 때문에 금태환제를 정지할 수밖에 없었던 영국의 중앙은행인 잉글랜드은행이, 전후(戰後) 1925년에 금본위제를 재건하면서 취한 제도입니다.

당시 영국은 제1차 대전의 막대한 전쟁비용 때문에 금이 (주로 미국으로) 대량 유출된 상태에 있었기 때문에 더 이상 금화본위제도로 복귀할 수 있는 조건에 있지 못했습니다. 그 때문에, 더 이상 금화를 주조하지 않고, 금준비는 금지금, 즉 금덩어리로 하고, 태환의 요구에 대해서도 금지금으로 응하는 것으로 하였습니다. 이것이 곧 금지금본위제입니다. 금지금, 곧 금괴로서 태환에 응한다고 하는 것은 그만큼 소액의 태환은 사실상 불가능해졌다는 것을 의미하고, 따라서 그만큼 금이 절약되는 것을 의미합니다.

셋째는, **금환본위제**(金換本位制)입니다. 제1차 세계대전을 계기로 자본주의 세계경제의 패권은 사실상 미국으로 넘어가지만, 1920년대에는 아직도 금융상의 최대 강국은 영국이었고, 세계 금융의 중심은 런던, 그중에서도 저 유명한 씨티(City)였습니다. 그런데, 그러한 영국, 그러한 잉글랜드은행이 화폐, 즉 금의 준비가 충분치 못하여 금지금본위제로서밖에는 금태환제를 재건할 수 없었을 때, 다른 많은 국가들의 상황은 어떠했겠습니까? 많은 자본주의 국가가, 태환 요구에 직접 금화나 금지금으로 응할 수 있을 만큼 그 금준비가 충분할 수 없었습니다.

  그 때문에 이들 국가들은 금 대신에 금으로의 태환이 보증되어 있는 영국, 즉 잉글랜드은행의 파운드화(貨)를 태환준비금으로 삼아 간접적으로 금태환제로 복귀하였습니다. 이 경우 금과의 태환이 보증되어 있는 잉글랜드은행의 파운드화가 다름 아닌 금환(金換)이고, 이러한 방식의 금태환제가 바로 금환본위제입니다. 그 태환준비금은 현실적으로는 런던 소재의 은행들에 각국의 중앙은행이 개설한 구좌의 예금잔고입니다.

금태환제 하에서의 외환시세

  '외환시세'라고 하면, 좀 낯설 것입니다. 우리 사회에서는 '환률'이라는 말이 지배적으로 사용되고 있기 때문입니다.

  외환시세라고 부르든, 환률이라고 부르든, 아무튼 여러분은 지난 1997년 말의 심각한 외환·금융위기 때에 그것이 가히 극적으로 변동하는 것을 경험했습니다. 달러당 8백 몇 십 원 하던 환률이 사실상 하루아침에 2천 원을 넘어섰으니까 말입니다.

  환률, 혹은 외환시세란 사실은 해당 외국환의 가격입니다. 다시 말하면, 예컨대, 한국의 은행에서 달러화의 환률이란 한국은행권인 원화로 표시한 달러화의 가격입니다. 그러면, 외국환의 가격으로서의 환률, 혹은 외환시세는 어떻게 결정될까요?

  지폐유통의 특유의 법칙에 의해 규정되는 바의, 각국의 지폐 가치, 즉 그것이 대표하는 금량의 변화에 따른 환률 즉 외환시세의 추세적 변동을 별도로 하면, 시장에서의 그때그때의 환률은 순전히 해당 외환에 대한 수요와 공급 관계에 의해서 결정됩니다. 지난 외환위기 때에 환률이 사실상 하루 아침에 그토록 폭등했던 것도, 다름 아니라, 엄청난 규모의 대외 단기(短期) 채무, 소위 단기외채를 지불하기 위해서 달러를 위시한 외국환에 대한 수요가 폭증했는데, 외환준비금은 바닥나 그 공급이 거의 불가능했기 때문이었던 것입니다. 그리고 그 후 환률이 차츰 내려가서 2000년대 후반에 달러당 1,000원을 하회하게까지 된 것도 역시 같은 원리, 즉 무역수지의 흑자가 누적되면서, 그리고 금융시장의 개방으로 외국의 투기자본이 다량 밀려들면서 외환의 공급이 수요를 능가해왔기 때문입니다.11)

그런데, 아직 태환정지(兌換停止)에 대해서 설명하지는 않았지만, 당시 외환위기를 겪으면서의 **환율의 저 급격한, 차라리 극적인 등락**은 아무튼 **태환정지 하에서의 상황**, 즉, 예컨대, **외환으로서의 달러화도, 그에 대응하는 한국은행의 원화도 모두 금과의 태환이 정지되어 있는 조건 하에서의 일**이었고, **태환정지 하에서만 벌어질 수 있는 변동**이었습니다.

금태환제 하에서의 환율은 그렇게 극적으로 급등락할 수 없다는 뜻입니다.

그러면 우선, 금태환제 하에서도 외환의 시세는 그렇게 해당 외국환에 대한 수요-공급 관계에 의해서 결정되는 것일까?

그렇습니다. 금태환제 하에서도 외환시세, 속칭 환율은 외국환에 대한 수요-공급 관계에 의해서 결정됩니다. 그러나, 다만 태환정지 하에서처럼 그렇게 사실상 한계를 모르고 등락하는 것이 아니라, 금태환제 하에서는 일정한 한계, 그것도 극히 좁은 한계 속에서만 등락합니다.

문제를 이렇게 제기하는 이유는 이렇습니다.

이론적 이해만을 위한 것이기 때문에 전적으로 가상의 숫자를 들어 설명하자면, 영국의 가격의 도량표준은 '금 2g=1파운드'[12]이고, 미국의 그것은 '금 1g=1달러'라고 하고, 양국이 모두 금태환제를 시행하고 있다고 합시다.

그러면 이 두 통화간의 법정(法定) 금내용, 혹은 법정 금량은 '1파운드=2달러'(=금 2g), 혹은 '100파운드=200달러'(=금 200g)가 됩니다.

게다가, 양국에서 모두 금태환이 이루어지고 있고, 금태환제 하에서는, 금

---

11) 2020년대 전반인 현재 달러당 환율은 대략 1,300원 이상에서 오르내리고 있는데, 이는 달러화와 원화가 각각 대표하는 금량의 변화를 반영한 위에서의 달러화에 대한 수요-공급 관계에 의한 것입니다.

12) 영국 파운드화의 정식 명칭은 파운드 스털링(pound sterling)이고, £라는 기호로 표현하지만, 우리 사회에서의 통칭을 따라 그냥 파운드로 부르기로 하겠습니다. 그런데, 여담이지만, 영국의 파운드화를 L자를 도안·변형한 £라는 기호로 표현하는 역사적 배경도 흥미롭습니다. 금이나 은과 같은 귀금속이 화폐이기 때문에 많은 화폐명이 그러한 귀금속의 무게 단위로부터 유래했다는 것은 앞에서도 언급한 대로입니다. 화폐명으로서의 영국의 파운드도 물론 무게 단위에서 왔고, 또 지금도 파운드는 무게의 단위(보통의 무게 단위로서는 16온스 곧 약 453.6g, 귀금속의 무게 단위로서는 12 트로이 온스 곧 약 373g)로 사용되고 있습니다. 그런데 이 파운드는, 지난 2001년 유로(Euro)로 유럽연합의 통화 단일화가 이루어지기 이전에 이탈리아의 화폐 단위였던 리라(lira)와 같이, libra라는 무게 단위에서 연유한 것입니다. 그리하여 지금도 파운드는, 무게 단위로서는 lb라고 표시하고, 화폐 단위로서는 £로 표시합니다.

화본위제에서는 물론이고, 금지금본위제나 금환본위제에서도, 금화의 주조나 용해는 이루어지지 않거나 자유롭지 않지만, 금의 수출입은 역시 자유입니다. 말하자면, '100파운드＝200달러'(＝금 200g)라는, 두 통화 간의 비례관계는 실제로 금에 의해서 보증됩니다.

그렇다면, 두 통화의 외환시세는 당연히, 예컨대, 뉴욕에서는 '100파운드＝200달러'(＝금 200g)이고, 런던에서는 '100달러＝50파운드'이지 않은가 하고 생각할 수 있습니다.

그러나 그렇지 않습니다. 그러한 시세 형성을 배제할 수는 없지만, 그것은 어디까지나 우연일 뿐입니다. 금태환제 하에서도 외환시세, 즉 환율은, 가격의 도량표준이 규정하고 있는 금내용, 그 법정 금량의 비율대로 그대로 결정되는 것이 아니라, 역시 해당 외국환에 대한 수요-공급 관계에 의해서 결정됩니다. 그리하여, 뉴욕의 외환시장에서 파운드화의 시세는, 파운드화에 대한 수요-공급이 변동함에 따라서, 예컨대, '100파운드＝201달러'나 202달러 등이 될 수도 있고, '100파운드＝98달러' 등이 될 수도 있습니다.

그러나, 다른 한편에서는, 금태환제가 유지되는 한, 외환시세는 지난번에 우리가 겪었던 것처럼, 즉 태환정지 하에서처럼, 사실상 아무런 한계도 없이 변동하는 것은 아닙니다. 앞에서 말한 것처럼, 그것은 일정한 한계, 그것도 아주 좁은 한계 속에서만 변동합니다.

금 200g을 뉴욕에서 런던으로 보내는 데 드는 비용이 3달러라고 가정합시다. 그러면, 뉴욕의 외환시장에서 파운드화의 시세는 '100파운드＝(200±3)달러'의 범위 내에서만 변동하게 됩니다.

왜 그런가?

만일 파운드화의 공급이 부족하여 100파운드의 시세가 203달러를 넘으려 한다면, 파운드화가 필요한 뉴욕의 달러 소지자는 100파운드를 203달러를 넘는 가격에 구매하는 대신에, 200달러를 금 200g으로 태환한 후 3달러의 비용으로 런던에 보내면, 100파운드를 획득할 수 있기 때문입니다. 거꾸로, 파운드화의 공급이 넘쳐서 100파운드의 시세가 197달러를 밑돌 지경이면, 파운드화의 소지자는 100파운드를 197달러보다 낮은 가격에 파는 대신에, 당연히 그 파운드화를 런던에서 금으로 태환한 후 3달러의 비용을 들여 그 금을 뉴욕으로 반입, 그것으로서 200달러를 획득할 것입니다. 그리고, 영국의 런던에서도 마찬가지의 조작이 이루어질 것임은 당연합니다.

금태환제 하에서의 외환시세는 이렇게 해당 두 지점 간의 **금의 운송비를 한계로 하여, 그 범위 내에서 변동합니다.** 그리고 이 금의 운송비에 의한 시세의 상·하 한계점을 **금의 현송점**(現送點)이라고 부릅니다. 현물로서의 금을 보내는 점이라는 뜻입니다.

태환정지

이상에서는 금태환제에 대해서 설명했지만, 이러한 금태환제는 1930년대의 대공황을 계기로 최종적으로 사라지게 됩니다. 공황의 압력으로 1933년이 되면 이미, 프랑스·벨기에 등 소위 금블록(gold bloc)이라고 불리던 소수의 국가를 제외하고는 모두 금태환을 정지하게 되고, 1936년에는 저들 금블록 국가들도 마침내 모두 금태환을 정지하게 됩니다. 그리고 자본주의는 어느 국가에서도 다시는 금태환제를 재건하지 못합니다. 그 이유는 자본주의적 생산이 전반적·전면적 위기에 처했기 때문인데, 이에 대해서는 뒤에서 고찰하기로 합시다.

태환의 정지와 함께 자본주의 국가의 화폐·통화제도는, 자신들이 '관리통화제'라고 부르는 바의 전면적인 불환은행권제가 됩니다. 그리고 이 태환정지와 그에 따른 불환은행권제는, 우리의 주제인 인플레이션을 필연적으로 발생시키게 되고, 그것을 자본주의에 체제내화(體制內化, built-in)시키게 됩니다.

왜냐하면, 금태환을 정지하게 되면, 중앙은행의 은행권은 이제 국가지폐로 되는데, 다름 아니라, 바로 아래에서 논하는 바이지만, 유통에 필요한 화폐량이라는 한도를 넘어 지폐를 증발(增發)하지 않으면 안 되는 사정, 곧 자본주의의 전반적·전면적 위기가 바로 태환을 정지하지 않을 수 없는 이유이기 때문입니다.

3) 인플레이션과 그 본질

다시, 지폐유통의 특유의 법칙

화폐의 기능과 관련하여 우리는, 일정 기간에 상품이 유통하고 만기가 된 모든 지불이 이루어지기 위해서 필요한 화폐의 량, 즉 유통필요화폐량 혹은 유통필요금량에 대해서 고찰한 바 있습니다. 그러면서 그때 확인했던 것은, 화폐의 유통속도가 불변이라고 가정했을 때, 천박한 화폐수량설이 주장하는 것처럼 화폐의 량이 증대하면 물가가 오르고, 화폐의 량이 감소되면 물가가 내리는 것이 아니라, 거꾸로 물가가 오르고 내림에 따라서 유통화폐의 량이 증감한다는 것이었습니다.

그리고 이때 축장화폐가 바로 증감하는 화폐가 유출되기도 하고, 다시 되돌아오기도 하는 화폐의 저수지 역할을 한다는 것도 확인했습니다. 즉, 유통되어야 할 상품의 량이 증가하거나 그 가격이 일반적으로 상승하여 유통에 필요한 화폐량이 증대하는 경우에는 축장화폐로서 은행의 지하실이나 자본가의 금고 속에 부동(不動)의 상태에 있는 화폐가 유통에 필요한 화폐량이 증대한 만큼 유통에 들어가고, 상품 가격이 일반적으로 하락하여 유통필요화폐량이 감소되면, 그 감소량만큼이 축장화폐로 되는 것입니다.

한편, 화폐의 기능을 공부하면서 우리는 또한 유통수단으로서의 화폐의 기능은 그 상징물, 즉 지폐에 의해서 대체될 수 있다는 것을 보았습니다. 즉, 화폐로서의 금이 아니라 그 상징물이 **금을 대리하여** 상품의 유통수단으로서, 그리고 지불수단으로서 유통할 수 있는 것입니다.

그리하여 1파운드라든가 5파운드 등의 화폐명이 인쇄되어 있는 지폐가 국가에 의해서 외부로부터 유통과정에 투입되는데, 이들 지폐가 현실적으로 같은 이름의 금량을 대신하여 유통하는 한, 그 운동에는 단지 화폐유통 자체의 법칙들이 반영될 뿐입니다.13) 다시 말하면, 화폐 자체, 즉 금 자체가 유통하는 것과 하등의 차이가 없습니다.

지폐유통의 특유의 법칙은 단지 금에 대한 지폐의 대표관계에서 생길 수 있을 뿐입니다. 그리고 이 법칙은 간단히 말하면 이것, 즉 지폐의 발행은, 지폐에 의해서 상징적으로 표현되는 금(또는 은)이 현실적으로 유통하지 않으면 안 되는 량으로 제한되어야 한다는 것입니다.14) 이렇게 지폐액이 유통필요금량만큼만 유통과정에 투입되면, 예컨대, 1파운드의 액면의 지폐는 1파

---

13) ≪자본론≫, 제1권, *MEW*, Bd. 23, S. 141-142. (채만수 역, 제1권, 제1분책, pp. 212-213.)

14) 같은 곳.

운드의 금화를 대신하여, 그리고 5파운드의 지폐는 5파운드의 금화를 대신하여, 그러한 가치로서 유통하게 됩니다.

그러나 지폐가 그 한도, 즉 유통에 필요한 화폐량을 넘어서 유통에 투입된다면, 그 지폐액은 유통에 필요한 화폐량, 즉 그만큼의 금량만을 대리하고, 표현할 수 있을 뿐입니다.

예를 들어, 가격의 척도, 즉 가격의 도량표준이 '금 1g=1원'이고, 오늘 하루 동안에 필요한 유통필요화폐량은 금 100kg, 즉 100,000원이라고 합시다. 이때 만일 100,000원의 지폐가 발행되어 있다면, 지폐 1원은 금 1g의 가치로서 유통하게 됩니다. 90,000원의 지폐가 발행되어 있다면, 지폐 1원은 역시 금 1g의 가치로서 유통하고, 나머지 10,000원은 금화나 그에 해당하는 태환은행권이 유통할 것입니다.

그런데 만일 200,000원의 지폐가 발행되어 있다면, 이제 지폐 1원은 금 1g의 가치로서가 아니라 금 0.5g의 가치로서 유통하게 됩니다. 왜냐하면, 이 200,000원의 지폐는 "상품세계의 내부에서는 다만 그 내재적인 법칙들[15]에 의해서 규정된 금량만을, 그리하여 또한 오로지 대리할 수 있는 금량만을 표시"[16]하여, 100kg의 금만을 대표하기 때문입니다.

이렇게 200,000원의 지폐가 100kg의 금만을 대표하게 되면, 지폐 1원은 이제 당연히 금 1g 대신에 금 0.5g의 가치로서 유통하게 되어, 그 "결과는 마치 가격의 척도로서의 금의 기능이 변화된 것과 같은 것"[17]으로 되어, 어떤 상품의 가치가 금 10g이라면, 예전에는 그 가격이 10원이었던 것이 이제는 20원으로 되어, 명목상으로만 상승하게 됩니다.

다시 한 가지. 방금 우리는 유통필요화폐량이 금 100kg, 즉 100,000원인데, 200,000원의 지폐가 발행되는 경우를 상정(想定)했습니다. 그런데 만일 100,000원의 지폐가 발행되는 경우에는 어떻게 될까요?

방금 확인한 것처럼, 지폐의 발행은, 그것에 의해서 상징적으로 표현되는 금(또는 은)이 현실적으로 유통하지 않으면 안 되는 량으로 제한되어야 한

---

15) "그 내재적인 법칙들"은 '상품유통의 법칙들'을 가리키고, 실제로 영어판에는 그렇게 표현되어 있습니다.

16) ≪자본론≫, 제1권, *MEW*, Bd. 23, S. 142. (채만수 역, 제1권, 제1분책, pp. 213-214.)

17) 같은 곳.

다는 것이 **지폐유통의 특유의 법칙**입니다.

그런데 유통에 필요한 화폐량은 당연히, 언제나 일정한 것이 아니라, 이른바 시황(市況)에 따라서 끊임없이 변동합니다. 그리하여, 어느 시점, 예컨대, 우리가 가정한 것과 같이 그 유통필요화폐량이 금 100kg, 즉 100,000원인 시점에서 100,000원의 지폐가 발행되는 경우, 시황의 변화로 유통필요화폐량이 감소한다면, 지폐의 가치는 그에 비례하여 감소할 수밖에 없습니다.

그리하여 맑스는, 이 **지폐유통의 특유의 법칙**을 다시 다음과 같이 상세히 설명합니다.

> 그런데 유통영역이 흡수할 수 있는 금량은 사실은 어떤 일정한 평균수준의 상하로 끊임없이 변동한다. 그럼에도 불구하고 어떤 주어진 나라에서 유통하는 매개물의 량은, 경험적으로 확인되는 어떤 일정한 최소한 이하로는 결코 내려가지 않는다. 이 최소량이 끊임없이 그 구성부분들을 교체한다고 하는 것, 다시 말해서, 그것이 끊임없이 다른 금조각들로 구성된다고 하는 것은 물론 이 최소량의 크기나 유통영역 안에서의 이 최소량의 회전에 아무런 변화도 초래하지 않는다. 따라서 이 최소량은 종이로 만든 상징들(Papiersymbole)에 의해서 대체될 수 있다. 그에 반해서, 오늘 만일 모든 유통수로(流通水路)들이 그 화폐 흡수능력의 최대한까지 지폐로 채워져 버린다면, 상품유통의 변동의 결과로 내일은 그 유통수로들이 범람할 수도 있다. 모든 한도가 없어지게 된다. 그러나 지폐가 만일 그 한도를, 즉 유통할 수 있을 같은 명칭의 금주화의 량을 초과하면, 전반적인 신용붕괴의 위험을 도외시하면, 지폐는 상품세계의 내부에서는 다만 그 내재적인 법칙들에 의해서 규정된 금량만을, 그리하여 또한 오로지 대리할 수 있는 금량만을 표시한다.18)

그리하여, 지폐가 감가(減價)되지 않기 위한 조건으로서 **지폐유통의 특유의 법칙**이 명하는 지폐 발행의 최대한으로서의 "**지폐에 의해서 상징적으로 표현되는 금(또는 은)이 현실적으로 유통하지 않으면 안 되는 량**"이란 현실적으로는 "경험적으로 확인되는 어떤 일정한 최소한 이하"의 량을 가리키는 것입니다.

---

18) ≪자본론≫, 제1권, *MEW*, Bd. 23, S. 141-142. (채만수 역, 제1권, 제1분책, pp. 212-213.)

가격의 도량표준의 사실상의 변경과 물가의 명목적 상승

인플레이션의 본질은 바로, 지폐가 유통필요화폐량을 넘어 발행되어, 지폐의 발행은 그것에 의해 상징적으로 표현되는 금이 현실적으로 유통하지 않으면 안 되는 량에 한정되어야 한다는 지폐유통의 특유의 법칙이 관철되어 그 지폐가 감가되면서 물가가 명목적으로 상승하는 데에 있습니다.

다시 말하면, '금 1g＝1원'이라는 가격의 도량표준이, 법률에 의해서가 아니라, 지폐의 과다발행에 의해서 '사실상', 예컨대 '금 0.5g＝1원'처럼 변경되어, 상품의 가격이 명목상으로 등귀하는 현상, 그것이 바로 인플레이션인 것입니다.

다시 말하자면, 인플레이션이란, 지폐가 유통에 필요한 화폐량 이상으로 증발되어 감가됨으로써, 그 감가율의 역수(逆數)만큼 물가가 명목상으로 등귀하는 현상인 것입니다.

그리고, 인플레이션을 이렇게 물가, 즉 제 상품가격의 명목적 상승이라고 규정하는 이유는, 거기에는 금량의 증대가 수반되지 않기 때문입니다.

물가의 명목상의 상승은 물론 인플레이션 말고도 있을 수 있습니다. 예컨대 '금 1g＝1원'이었던 가격의 척도, 즉 도량표준을 법률에 의해서 '금 0.5g＝1원'이라는 식으로 변경하는 경우가 그것입니다.

그런데 가격의 도량표준이 이렇게 법률에 의해서 변경되는 경우와, 지폐의 증발에 의해서 그것이 사실상 변경되는 경우는 물가 상승의 형태와 과정이 판이하게 다릅니다.

가격의 도량표준이 법률에 의해서 변경되는 경우에는 물가, 즉 제 상품의 가격은 일시에 그 도량표준이 변경된 비율만큼 오르거나 내립니다. 이는 마치 우리 사회에서 '화폐개혁'이라고 부르는 '디노미네이션'(denomination)이 일어났을 경우의 물가의 움직임과 꼭 마찬가지입니다.

예컨대, 1961년 5월에 군사쿠데타를 통해 권력을 장악한 박정희·김종필 일당은, 물론 자금의 소재를 파악하여 정치자금의 흐름을 자신들의 지배 하에 두기 위한 것이었지만,[19] 인플레이션을 잡는다는 미명 하에 1962년 6월

---

[19] 당시 '통화개혁'의 목적은 바로 이승만 정권 등 구(舊) 정권의 세력들과 유착되어 있던 이권 및 자금의 윤곽과 소재를 파악하여 그 낡은 유착관계를 절단하고, 새로운 권력으로 등장한 자신들과 새로운 유착관계를 급속히 만들어 내는 것, 그리하여 구 정치세력의 경제적·물질적 기반을 파괴하고 자신들의 그것을 형성하는 것이었

에 전격적으로 10 : 1로, 그러니까 이전에 10환이었던 것은 1원으로, 100환이었던 것은 10원으로, 등등으로, 소위 '화폐개혁'을 단행합니다.

이렇게 되자 물가는 어떤 변화를 보였겠습니까? 두말할 나위도 없이, 바로 그 순간에 전국의 물가는 이전에 10환이었던 것은 1원으로, 100환이었던 것은 10원으로, 등등으로 변경되었습니다.

가격의 도량표준이 법률에 의해서 변경되는 경우, 물가는 바로 그렇게 변동합니다. (실제로 디노미네이션, 혹은 소위 '화폐개혁'은 가격의 도량표준의 법률적 변경의 한 형태입니다.)

그러나 **가격의 도량표준이**, 법률에 의해서가 아니라, **사실상 변경되는 경우, 즉 인플레이션의 경우**에는 물가 상승의 형태나 과정은 그와 판이하게 다릅니다. 이 경우에는 물가는 과잉의 지폐가 투입되는 지점에서부터 시차를 두고 마치 호수에 돌멩이를 던졌을 때 물결이 퍼져나가듯이 파상적으로 퍼져나갑니다.

그런데 과잉의 지폐가 투입되는 지점은 어디입니까?

그곳은 국가가 어떤 이유에서든 대량으로 각종 물품을 구매하고, 이런저런 토목·건설 공사들을 발주하는, 혹은 이런저럼 '구제금융'을 퍼붓는, 재벌을 위시한 독점자본입니다. 그 때문에 각종 관급(官給) 공사비를 포함하여 독점자본의 상품 가격들이 가장 먼저 등귀하고, 복잡하게 얽혀 있는 산업과 산업 간, 그리고 자본과 자본 간의 산업연관을 따라서 가격의 등귀가 파상적으로 퍼져나가게 됩니다.

고, 그 목적은 훌륭히 달성되었습니다. 물론 그러한 과격하고도 '혁명적인' 조치를 취하지 않더라도, 이권은 자신들에게 오고, 자신들을 중심으로 이른바 '정경유착'이 형성되도록 되어 있었습니다. 다만, 그들의 권력이 안정적인 기반 위에 서기만 한다면 말입니다. 그런데 바로 이 점이 반드시 확실했던 것이 아니었기 때문에 이를 위해서도 그들에게는 그러한 강압적 조치가 필요했던 것입니다. 박정희·김종필 도당은 쿠데타와 동시에 이른바 '혁명공약'이라는 것을 발표하고, 그것을 초등학생들에게까지 외우도록 강요했는데, 그 가운데 주요한 일절의 하나가 "구악을 일소하고…" 운운하는 것이었습니다. 아직 초등학생이었던 저도 처음에는, 무슨 좋은 것인 줄 알고, 열심히 외우고 뽐냈습니다. 정말 창피하게도 말입니다. 그런데 아무튼 그것은 바로 구 권력과의 이권·유착관계를 일소하고, 그 유착관계를 자신들을 중심으로 새롭게 형성시키겠다는 의지의 표현이었습니다. 그래서 곧바로 시정(市井)에는 "구악을 일소하고 신악(新惡)을, 그것도 더 크고 엄청나게 저지른다"는 빈정거림이 생겼습니다. 실제로도 그랬으니까 말입니다.

인플레이션의 경우는 이렇게 시차를 두고 상품의 가격이 올라가게 되는데, 가장 나중에 상승하는 게 무엇인지 아십니까?
　그것은 노동자들의 임금입니다. 게다가, 누구보다도 여러분이 경험을 통해 잘 아시는 바와 같이, 이 마지막의 상승마저도 적잖은 경우 여러 희생을 수반하는 노동자들의 '투쟁'을 통해서야 겨우 이루어지지 않습니까?

물가상승률 0% 혹은 '-%'의 인플레이션

　지금까지 말씀드린 것처럼, 인플레이션은 태환정지 하에서의 명목상의 물가 상승입니다. 그 태환정지가, 예컨대, 현 국가독점자본주의에서처럼 국가의 법률적 조치에 의한 것이든, 아니면 법률상으로는 태환제일지라도 지폐의 남발로 사실상 태환이 정지된 것이든, 그것은 상관이 없습니다.
　사실상의 태환정지가 어떤 상황을 가리키는지는 약간의 설명이 필요하겠군요. 법률상으로는 금태환제가 실시되고 있고, 심지어 금화본위제가 시행되고 있다고 하더라도, 가령, 만일 유통에 필요한 금량이 100kg이고, 가격의 척도로는 100,000원인데, 예컨대, 200,000원의 지폐가 발행되어 있는 경우가 그것입니다.
　이제는 익히 아시는 바와 같이, 지폐는 국가가 강제통용력을 부여하여 일방적으로 유통에 투입하는 지권(地券)으로서 태환은행권과는 본질적으로 다릅니다. 아무튼, 그러한 불환의 지폐와 태환은행권 그리고 금화가 함께 '화폐'로서, 다른 말로 통화로서 유통하고 있고, 사람들은 저마다 그 세 종류의 통화들을 소지하고 있다고 가정해 봅시다. 그러한 상황에서 무언가 상품을 구매하기 위해서든, 기한이 된 채무를 변제하기 위해서든 지불을 해야 할 상황에 처했을 때, 사람들은 어느 것을 우선적으로 지불하겠습니까? 여러분이라면?
　금화? 태환은행권? — 분명 아니겠지요? 분명 누구나 다 불환지폐를 먼저 지불할 것입니다. 더구나 우리가 가정한 것처럼 지폐가 엄청나게 증발되어 있는 경우에는 더욱 그렇습니다. "악화(惡貨)가 양화(良貨)를 구축(驅逐)한다"고 했던가요? 아무튼 그렇게 지폐가 남발되면, 금화나 태환은행권은 당연히 자취를 감추고, 태환성이 없는 지폐만이 유통의 수로(水路)를 채우고 넘치게 됩니다. 즉, 사실상의 태환정지 상태가 되고, 필연적으로 인플레이션이 발생합니다.

태환이 정지되면 이렇게 필연적으로 인플레이션이 발생하게 되는데, 연간 물가상승률이 0% 혹은 '-%'인 인플레이션에 대해서 들어본 적이 있으신가요? 아니, 그러한 인플레이션을 상상이라도 해본 적이 있으신가요?

어? 이 사람 간 모양이네? 미친 모양이네? — 여러분 지금 그렇게 생각하고 있지요?

그러나 여러분이 어떻게 생각하든, 물가상승률이 0%인 경우는 물론이요, 심지어 마이너스(-)인 경우에도, 다는 아니지만, 많은 경우 인플레이션입니다. 근래처럼 과학기술혁명이 비약적으로 전개되고 있는 상황에서는 더욱 그렇습니다.

왜 그런가?

그 이유를 알기 위해서는 상품의 가격이란 무엇인가를 다시 상기해야 합니다. 상품의 가격은 상품의 가치를 화폐인 금의 일정량으로 표현한 것이고, 따라서 어떤 상품을 생산하는 데에 사회적으로 필요한 노동시간과 같은 크기의 노동시간에 생산할 수 있는 금의 양으로 그 상품의 가치를 표현한 것입니다. 그리하여 국가에 의해서 화폐로서의 금의 일정량에 입혀진 달러라든가, 파운드라든가, 유로, 위안, 엔, 원 등등과 같은 '국민적 제복', 즉 화폐명을 벗겨놓고 보면, 상품 A의 가격은 'x량의 상품 A=y량의 금'이라는 식으로 표현됩니다.

그래서 우리는 간단하게 'x량의 상품 A=y량의 금'으로써 얘기를 계속할 수 있는데, 상품 A의 가격인 이 금량(金量)은, 수요-공급의 변화에 따른 시장가격의 변동을 도외시하면, 즉 평균적으로 어떻게 해서 변동합니까? 혹은 상품의 가격은 근본적으로 어떻게 해서 변동합니까?

익히 알고 있는 것처럼, 그것은 상품 A를 생산하는 데에서의 노동생산력의 변화와 금을 생산하는 데에서의 노동생산력의 변화 사이의 차이에 의해서 변동하지 않습니까? 그리하여, 상품 A의 생산부문과 금의 생산부문에서 노동생산성이 같은 방향으로 동일한 비율로 변동하게 되면, 상품 A도 금도 그 절대적 가치 크기는 같은 비율로 변동하지만, 상품 A는 여전히 같은 량의 금으로 표현되고, 따라서 그 가격에는 어떤 변화도 일어나지 않습니다. 그러나 상품 A의 생산부문에서의 노동생산력의 발전이 금 생산에서의 노동생산력의 발전보다 속도가 느리다면, 동일한 노동시간에 상품 A의 생산량보다 금의 생산량이 많을 것이고, 상품 A의 가치는 그만큼 더 많은 금량으로 표시되게 됩니다. 즉, 상품 A의 가격이 상승합니다. 이는 이미 우리가 공부한 대로입니다.

그러면, 현실적으로 화폐가 아닌 다른 상품들을 생산하는 데에서의 노동생산력의 발전 속도와 화폐인 금을 생산하는 데에서의 노동생산력의 발전 속도는 어느 쪽이 더 빠를까요? 화폐가 아닌 상품들을 생산하는 데에서의 노동생산성의 발전 속도가 더 빠를까요? 아니면, 화폐인 금을 생산하는 데에서의 그것이 더 빠를까요?

물론 반드시 언제나 그러한 것은 아니겠지만, 필시 대개는 전자(前者), 즉 화폐가 아닌 상품들을 생산하는 데에서의 노동생산력 발전이 후자, 즉 금을 생산하는 데에서의 그것보다 더 빠를 것입니다.

물론, 경제사에서 통칭 '가격혁명의 시대'라고 하는 16세기나 19세기 중반처럼, 아메리카 대륙이나 호주 같은 곳에서, 조금 과장하자면, 곡괭이질만 해도 다량의 금이 쏟아져 나온다던 양질의 노천금광들이 발견·발굴되어 금을 생산하는 쪽의 노동생산성 증대 속도가 더 빨랐던 시대도 역사에는 있었습니다. 그리고 그런 조건 하에서는 당연히 물가가 오릅니다. 노동생산력 발전에서의 그러한 속도 차이 때문에 상품들의 가치가 더 많은 금량으로 표현되기 때문입니다.

그러나 그러한 시대에는 물가가 상승하지만, 그 상승은 이렇게 금량의 증가를 수반한 상승, 즉 물가의 실질적인 상승이기 때문에 결코 인플레이션이 아닙니다.

하지만, 금을 생산하는 노동생산력이 그렇게 다른 상품들을 생산하는 데에서의 그것보다 빠르게 증대하는 것은 예외적인 경우이고, 대개는 화폐가 아닌 상품들을 생산하는 노동생산력이 보다 빨리 발전하는 것이 통상적입니다. 그리고 바로 그 때문에, 금태환제 하에서라면 물가는 당연히 <u>경향적·추세적으로</u> 하락하게 됩니다.[20]

---

[20] 상품의 가격과 노동생산력의 관계가 그러하기 때문에, 평균적·일반적인 인플레이션율보다 노동생산력의 증대율이 월등하게 높은 산업부문의 생산물들은 인플레이션이 만연한 중에도 가격이 내리는 경향이 있습니다. 과학기술혁명을 선도하고 있는 컴퓨터

그런데 이렇게 금 생산에서의 노동생산력의 증대보다 다른 상품들을 생산하는 데에서의 노동생산력이 빨리, 그것도 사실은 월등히 빨리 증대하고 있는 것이 현실임에도 불구하고 물가가 내려가기는커녕 거꾸로 경향적·추세적으로 오른다?

다름 아니라, 바로 우리가 사실상 늘상 경험하고 있는 바인데, 그것은 금 태환이 정지된 상황에서만 일어나는 물가의 움직임으로서, 분명 '악성' 인플레이션입니다.[21]

왜 그런가?

금 생산과 다른 상품들의 생산에서의 노동생산력의 발전 속도가 위와 같은 상황에서는 물가가 내리지 않고 제자리걸음을 하는 것 자체, 즉 물가상승률이 0%인 상태, 그리고 물가가 하락하더라도 금과 여타 상품들 간의 노동생산력의 증대 속도 차이로 가격이 내려야 할 만큼 내리지 않는 상태가, 외관상으로는 아니지만, 실은 지폐의 감가에 의한 '인플레이션 그 자체'이기 때문이고, 그런데 도리어 물가가 오르고 있으니까 그렇습니다.

실제로도 이와 관련한 흥미로운 통계가 있습니다.

1920년대 미국은 보통 '금본위제'라고 부르던 시대, 정확히 말하면, '금 1온스 = 20.67달러'라는 법정(法定) 달러가치대로 달러에 대한 금의 태환이 보장되던 시대였는데, 이때 1926년 및 1927년의 도매물가지수의 평균을 100이라고 하면, 1933년 3월 말의 그것은 60에 불과했습니다. 물론 1929년 10월 말에 대공황이 폭발하여 물가가 급락한 탓도 있지만, 공황이 폭발하기 전에도 도매물가지수는 꾸준히 내리고 있었습니다. 대공황 직전 호황의 막바지 국면에서조차 말입니다.

그런데 그렇게 하락하던 도매물가지수가 1933년 4월 1일에 금 태환을 정

생산부문 등이 그러해서, 예컨대, 통칭 PC니 노트북이니 하고 부르는 개인용 컴퓨터의 성능과 가격을, 지금의 그것들과 가령 30 내지 40년 전의 그것들을 비교하면, 아마 놀라지 않을 수 없을 것입니다. 필시 독점가격, 즉 독점이윤을 누리고 있는 상품들일 텐데도 말입니다. 여러 '가전제품'들도 마찬가지 아닙니까?

21) 물가의 '경향적·추세적 상승'을 강조하는 이유는, 태환제 하에서든, 태환이 정지된 조건 하에서든, 즉 인플레이션이 아니더라도, 산업순환상의 국면이 변동함에 따라서 물가는 단기간의 등락을 거듭하기 때문입니다. 전형적으로 그것은 호황 말기에 급등하고, 공황기에 폭락합니다.

지하자마자 오르기 시작합니다. 1933년이나 1934년이면 대공황이 여전히 맹위를 떨치고 있을 때인데도 말입니다.

다름 아니라, '공황구제'를 위해서, 즉 지불불능으로 도산해가는 대자본들을 구제하기 위해서 달러의 태환을 정지하고, 불환은행권 달러를 엄청나게 남발하기 시작했기 때문입니다. 그리하여 당시 미국의 도매물가지수의 동향을 그림으로 그려보면, 1933년 3월 및 4월을 저점(底點)으로 V자 곡선을 그리며 올라갑니다.

아무튼 이렇게 볼 때, 1970년대의 급격한 '스태그플레이션', 즉 불황과 함께 진행된 고율의 인플레이션에 대한 대응으로서의 통화주의적 긴축정책의 효과로 1980년대 중반 물가상승률이 대체로 0%에 머물던 자본주의 선진국들은, 엄밀히 말하면, 인플레이션을 겪고 있던 것이었습니다. 구태여 과학기술혁명 운운하거나 통계 운운하지 않더라도, 금 생산에서보다 다른 상품들의 생산에서의 노동생산력 발전이 월등했을 것임은 불문가지이기 때문입니다. 물가상승률이 '±0%대'라며, 경기진작(景氣振作)을 위해 그것을 2% 수준까지 끌어올려야 한다며 '양적완화'니 뭐니 하며 돈을, 즉 불환지폐를 마구 살포하던, 2010년대 발달한 자본주의 국가들에서의 상황도 물론 마찬가지였습니다. 즉, 아무도 인플레이션이라고 규정하지도 인식하지도 않았지만, 사실은 인플레이션을 겪고 있었습니다.

그리고 1980년대 중반에 이른바 '한 자리수'의 물가상승률을 보이던 한국은 사실은 악성 인플레이션을 겪고 있었습니다. 그런데도 전두환 정권과 그 나팔수들은, '한 자리수의 물가상승' 운운하면서, "인플레를 잡았다"고 허풍을 떨었습니다. 물론, 그 이전에는 그야말로 '초악성' 인플레이션이 지배했기 때문에, 그러한 허풍이 많은 사람들의 마음에 다가가긴 했지만 말입니다.

인플레이션에는 상한이 없다

방금 '초악성' 인플레이션이라고 했지만, 인플레이션과 관련해서는 지폐 혹은 불환은행권의 가치가 가히 상상도 할 수 없을 정도로 폭락하며 물가가 정말 상상도 할 수 없을 정도로 폭등하는 경우도 있습니다.

금량으로 평가한 어느 국가의 통화가치가 불과 31개월도 안 되는 사이, 즉 2년 반여 사이에 650억 분의 1 이하로 폭락했다면, 혹은 불과 6개월도 안 되는 사이에 56,187,290분의 1 이하로 폭락했다면, 믿을 수 있겠습니까?

상상도 할 수 없을 정도이지만, 실제로 있었던 일입니다. 1921년 5월 1일부터 1923년 11월 20일까지 불과 30개월 20일 사이에, 그리고 1923년 6월부터 11월 20일까지 불과 6개월도 안 되는 사이에 독일에서 그랬습니다.

당시 독일은 1차대전의 패전으로 심각한 정치적 위기와 경제적 곤궁·혼란에 빠져 있었는데, 혁명에 실패하고 베르사이유 조약(1919)에 의거해 1921년 4월에 1,320억 골트마르크(Goldmark,[22] 약 320억 달러)의 전쟁배상금을 강요받게 되자 인민의 곤궁과 혼란이 극심해졌는데, 인민대중을 수탈하여 배상금을 조달하려고 태환을 정지하고 은행권을 남발함으로써 상상도 할 수 없었던 초인플레이션이 발생했던 것입니다.

아래의 2개의 표는 $1에 대한 당시의 독일 마르크화의 환률입니다. 당시 미국은 금 1온스 당 $20.67, 즉 $1=1/20.67온스의 금의 비율로 금태환을 실시하고 있었기 때문에 다음 표들로부터 당시 마르크의 인플레이션률이 얼마나 심각했던가를 알 수 있을 것입니다.

매월 1일의 1달러의 시세 (단위: 마르크)

	1921년	1922년
1월		186.75
2월		204.—
3월		230.—
4월		298.—
5월	65.12	283.—
6월	63.37	272.—
7월	75.—	402.—
8월	81.—	644.—
9월	85.50	1,300.—
10월	124.50	1,815.—
11월	181.50	4,550.—
12월	190.—	7,650.—

---

[22] 1골트마르크(Goldmark)는 순금 358.42219mg.

1923년 매월의 1달러의 시세 (단위: 마르크)

1월 1일	7,260.—	10월 1일	242,000,000.—
2월 1일	41,500.—	10월 10일	2,975,000,000.—
3월 1일	22,800.—	10월 19일	12,000,000,000.—
4월 1일	21,800.—	10월 31일	72,500,000,000.—
5월 1일	31,700.—	11월 1일	130,000,000,000.—
6월 1일	74,750.—	11월 10일	630,000,000,000.—
7월 1일	160,000.—	11월 20일	4,200,000,000,000.—
8월 1일	1,100.000.—	11월 30일	4,200,000,000,000.—
9월 1일	9,700,000.—		

[출처] Richard Gaettens, *Geschichte der Inflation: Vom Altertum bis zur Gegenwart*, München: Battenberg, 1982, pp. 255, 261.

마르크화의 이러한 엄청난 감가, 즉 인플레이션은 물론 마르크 지폐(은행권)의 엄청난 증발에 의한 것이었습니다. 아래 표는 마르크의 유통량입니다.

매 월말의 마르크 은행권의 유통량 (단위: 100만 마르크)

1921년 5월	71,838	1923년 5월	8,563,749
12월	113,639	6월	17,291,061
1922년 1월	115,375	7월	43,594,737
12월	1,280,094	8월	663,200,050
1923년 1월	1,984,496	9월	28,228,815,494
2월	3,512,787	10월	2,496,822,909,039
3월	5,517,919	11월	400,267,640,301.854
4월	6,545,984	12월	496,507,424,771,974

[출처] 위와 같은 곳.

1921년 5월 말 현재의 마르크화의 유통량은 718억3천8백만 마르크인데, 1923년 12월 말 현재의 그것은 <u>496,507,424,771,974,000,000</u>마르크입니다. 구태여 읽자면, <u>4해 9,650경 7,424조 7,719억 7,400만</u> 마르크일 것입니다. 여러분이나 저나 경(京)이니 해(垓)니 하는 숫자를 실제로 접해보는 것은 아마 처음일 것입니다.

당시 독일의 인플레이션이 어느 정도였던가를 우편요금의 동향을 통해

보는 것도 '흥미로울' 것입니다. 다음 표를 보십시오.

20g 이하 편지의 국내 우편요금 (단위: 마르크)

년월일	요금	년월일	요금
1918. 10. 01.	0.15	1923. 09. 01.	75,000.00
1919. 10. 01.	0.20	09. 20.	250,000.00
1921. 04. 01.	0.60	10. 01.	2,000,000.00
07. 01.	6.00	10. 10.	5,000,000.00
11. 15.	25.00	11. 01.	100,000,000.00
1923. 01. 15.	50.00	11. 05.	1,000,000,000.00
03. 01.	100.00	11. 12.	10.000,000,000.00
07. 01.	300.00	11. 20.	20,000,000,000.00
08. 01.	1,000.00	11. 26.	80,000,000,000.00
08. 24.	20,000.00	12. 01.	100,000,000,000.00

[출처] https://unterrichten.zum.de/wiki/Krisenjahr_1923/Hyperinflation

1923년 1월 1일에는 25마르크였던 우편요금이 같은 해 12월 1일에는 겨우 1,000억 마르크라니! — 과연 믿을 수 있겠습니까?

액면가 100조 마르크의 독일 중앙은행권
(1924년에 100뤤텐마르크로 교체)

500억 마르크 우표

그런데 그것은 엄연한 현실이었습니다.

그리고 사태가 이 지경에 이르러, 독일 정부는 1923년 12월 1일에, 태환 정지 후 통칭 파피어마르크(Papiermark), 즉 종이마르크로 불리던 기존의 은행권을 새로운 은행권 뤤텐마르크(Rentenmark)로 교체합니다. 교체 비율 이래야 역시 기껏(!) 10,000,000,000마르크, 즉 100억 마르크를 0.01뤤텐마르크로! 즉, '1조 : 1'로!

그리하여, 1천억 마르크였던 우편요금은 0.10뤤트마르크가 됩니다.[23]

아무튼 현대자본주의의 경제적·정치적 위기의 표현인 인플레이션은 이렇게 이론적으로도 현실적으로도 상한(上限)이 없습니다.

4) 인플레이션: 왜 일으키고, 누가 부담하는가

지금까지는 우리는 인플레이션을, 유통에 필요한 화폐량, 즉 유통에 필요한 금량을 넘어 국가가 지폐를 유통에 투입함으로써 지폐유통의 특유의 법칙이 관철되어 그 지폐들이 감가되고, 그에 따라 상품들의 가격, 즉 물가가 명목적으로 등귀하는 현상으로 설명해왔습니다. 그리고 이것이야말로, 애초 선구적인 부르주아 경제학자들에 의해서 창시되었으나 마침내 자본의 이윤은 착취된 노동임을 폭로하기에 이른 노동가치론을 계급적 이해관계 때문에 버리고 비과학(非科學), 사이비 과학으로 전락한 근대 부르주아 경제학으로서는 도저히 설명할 길이 없는, 인플레이션의 상품·화폐론적 본질입니다.

인플레이션의 화폐론적인 본질이 그러하기 때문에 인플레이션을 일으키는 행위 주체는 국가, 즉 부르주아 국가입니다. 지폐를 발행·투입하는 주체, 따라서 그 통화량을, 부르주아 경제학의 용어로, '관리'하는 주체는 부르주아 국가 그것이기 때문입니다.

그렇다면, 도대체 왜 부르주아 국가는 인플레이션을 일으키는 것이고, 그 부담은 누가 지는 것인가?

방금 본 것과 같이 외부에서 강요된 전쟁 배상금을 마련하기 위해서라든지, 전쟁비용을 조달하기 위해서라든지, 전쟁에 대비하거나 그것을 준비하

---

23) https://unterrichten.zum.de/wiki/Krisenjahr_1923/Hyperinflation.

기 위해 거대한 규모의 군대, 상비군을 유지하기 위한 비용을 조달하기 위해서라든지, 거대한 규모의 관료집단을 유지하기 위해서라든지, 항만・공항・철도・도로・댐 건설이나 대규모 간척사업 등, 한마디로, 소위 '국책사업'을 수행하기 위해서라든지, 최근 코로나-19 역병 정국에서의 소위 '재난 지원금'처럼 특수한 정세에서 자영업 계층의 대거 몰락을 방지하기 위해서라든가, 사민주의적인 이런저런 소위 '사회복지'를 위해서라든지, 공황기에 지불불능에 빠진 독점자본들을 구제하기 위해서라든지 등등등 — 부르주아 국가가 인플레이션을 일으켜야 할, 혹은 일으키지 않으면 안 되는 직접적・구체적 사유는 다종다양합니다.

그런데 이 다종다양성을 관통하는 하나의 근본적 사유가 있지요. 시장과 원료를 둘러싼 독점자본 집단 간의 투쟁, 즉 자본주의 특히 제국주의 시대에 더욱 일상적으로 그리고 자칫 파멸적으로 되는 국가 간 전쟁 때문이든, 제국주의 시대에 전면화되고 극한적으로 격화・심화된 자본주의 체제의 모순 때문이든, 기타 이런저런 사유에 의한 계급투쟁, 즉 내전과 그 가능성 때문이든, 다름 아니라, 국가가 지폐를 발행하여, 예컨대, 위에 열거한 사업들을 수행하지 않으면, 즉 인플레이션을 일으키지 않으면, 그 국가의 '안녕'(!)이 위태로워질 수 있다는 사실이지요. 그렇게 되면, 또 어떻게 됩니까?

국가란 무엇입니까? 이제는 익히 아시는 것처럼, 지배계급, 현시대에 구체적으로는 독점자본, 그리고 널리는 자본 일반의 지배도구이지 않습니까? 따라서 그 지배기구의 '안녕'(!)이 위태로워지면, 직접적으로는 독점자본의 지배와 착취, 일반적으로는 자본 일반의 지배와 착취의 유지가 위태로워지는 거지요. 이것이 바로 부르주아 국가가 인플레이션을 일으키지 않으면 안 되는 이유이지요.

결국 국가는 특수하게는 독점자본의 이익을 위해서, 일반적으로는 자본 일반의 이익을 위해서 인플레이션을 일으키지 않으면 안 되는 것이지요.

그런데, '생각이 많은 분'(?)은 이 대목에서 고개가 갸웃거려질지도 모르겠습니다. — "아니? 지난 번의 '재난지원금' 같은 것도, 또 '사회복지'를 위한 지출들도 자본, 특히 독점자본의 이익을 위한 것이라고?" 하는 생각이 들면서 말입니다.

지난, 천하의 OOO・천하의 OO(!) 박정희의 딸 박근혜 정권 때였지요?

어떤 정무직 고위 관리가, '국민'이라는 표현을 쓰긴 했습니다만, 실제로는 인민대중을 개·돼지에 비유하여 작은 소란이 일었던 일 말입니다.

아무튼 개·돼지도 먹여 키워야 잡아먹을 수 있는 것 아닙니까? (아차, 노동자계급에 전쟁을 선포한 대통령 윤석열의 배후의 일부일 게 뻔한 건희 령부인께서 얼마 전에, 뜻만 전하자면, '개고기 먹는 문화를 근절하겠다' 운운하셨는데, 큰 실수를 저질렀습니다만,) 아무튼 그렇게 먹여 키워야 잡아먹을 수 있기 때문에, 그 짐승들도 병이 나면 치료를 해주고, 전염병이 돌 양이면 예방주사를 놓는 등 예방조치를 취하는 것 아닙니까?

부르주아 국가가, 독점자본이 이런저런 '사회보장' 지출을 하는 것도, 우선은 바로 그러한 이유 때문입니다. 노동자·인민을 살려두어야 그들의 잉여노동을 착취하든 말든 할 터이니까 말입니다.

그런데 사실은 그뿐이 아닙니다.

개나 돼지, 나아가 소, 말 등등의 기타 가축이나 가금(家禽)은 굶어 죽고, 병들어 죽더라도, 자기들을 굶어 죽게끔 하고 병들어 죽게끔 하는 세상을 뒤집어엎겠다고, 그리하여 새 세상을 만들겠다고 저항하고 나서지 않습니다. 그러할 줄을 모릅니다.

그러나 인간은 전혀 다르지 않습니까?

고립된 개인이 예외적으로가 아니라 사회적·집단적으로 그러한 처지에 처하고, 처하게 되면, 자신들을 그 지경으로 만드는 사회체제를 뒤집어엎고 새로운 사회, 새로운 세상을 건설하려고 나서니까요. 게다가, 비록 중간에 실패하고 말았지만,24) 10월 러시아 사회주의 대혁명 이후에는 그러한 경험, 실적도 풍부하고요.

근시안적인 극우논객들, 극우언론, 극우정치인들이야 앙앙불락하지만, 사정이 그러하니 부르주아 국가로서는 어쩔 수 없이 노동자·인민을 먹여 키

---

24) "모든 증거에 기초해 다다른 기본적 결론은, 근본적으로 실패한 것은, 사회주의가 아니라, 사회주의의 문제들을 자본주의적 도식들로 해결하려는 시도였습니다."(Dimitris Koutsoumbas(그리스 공산당 총서기)의 Proto Thema 신문과의 인터뷰 기사, "그리스 공산당은 반인민적 정부에 참가하지 않을 것이다라고 당서기 Koutsoumbas가 말하다 (The KKE will not take part in anti-popular government, says Party Secretary Koutsoumbas)", http://www.idcommunism.com/2023/04/the-kke-will-not-take-part-in-anti-popular-government-says-party-secretary-koutsoumbas.html).

우며 관리할 수밖에요!

여기에서 참고로 한 가지를 지적하자면, 누구라고 호명은 않겠습니다만, 우리 노동운동의 저명한 지도자들 중에는 중남미, 그러니까 라틴아메리카 여러 국가에서의 소위 '핑크 타이드', 즉 대표적으로 브라질의 룰라 정권 등등 좌파 포퓰리스트 정당들의 집권이나 그리스나 스페인 등 일부 남부 유럽 국가들에서의 유사한 정치적 동향을 긍정적으로 평가하며 환영하는 사람들이 꽤 있습니다. 그러나 그들이 내세우는 '반미', '반제' 슬로건이나 기타 인민주의적 슬로건이 어떻든, 그리고 그들의 주관적 지향이 어떻든, 그들은 그 정치노선·사회의식의 비과학성 때문에 실제로는 노동자·인민의 혁명적 전진을 가로막는 반동적 소부르주아 정치세력들일 뿐입니다. 즉, 그들의 주관에 상관없이 노동자·인민을 자본의 임금노예, 착취와 수탈의 대상으로 묶어놓고 있는 정치세력일 뿐인 것입니다. 그들의 의도가 노동자·인민대중을 착취로부터 해방시키겠다는 것이더라도 그렇습니다. 바로, '지옥으로 가는 길은 선의(善意)로 포장되어 있다' 그거지요.

그리하여 그들이 실제로는 어떤 정치적 역할을 하는가는, 예컨대, 저 유명한 브라질 노동자당의 룰라 정권이나 그리스 SYRIZA(급진좌파연합)의 치프라스 정권 등등의, 그리고 좀 복잡하긴 하지만 뻬네수엘라 연합사회당의 차베스와 그의 후계자 마두로 정권의 그간의 정치적 실천·실적과 정책들을 분석·평가해보면 금새 알 수 있습니다. 룰라 정권은 종미(從美)까지는 아니었지만, 사실상 친미·신자유주의적이었고, 시리자의 치프라스 정권은 아예 내놓고 친미, 종(從)EU·NATO 정권이었으니까요. 그리고 '21세기 사회주의'를 내세우는 뻬네수엘라의 연합사회당 정권은 차베스 시절의 극빈·문맹 퇴치라는 상당한 긍정적 실적에도 불구하고, 그 이후, 미제의 고립·봉쇄라는 적대 정책의 탓이 크긴 하지만, 다시 노동자·인민대중이 극심한 빈곤과 특히 엄청난 인플레이션에 시달리고 있을 뿐 아니라,[25] 공산당 탄압으로 노동자계급의 국제적 지탄을 받고 있으니 말입니다.

그건 그렇고, 다시 우리의 주제로 돌아오면, 다시 또 하나 고개를 갸웃거리게 하는 문제가 있을 것입니다. ― "인플레이션은 독점자본, 나아가 자본

---

[25] 그에 비해서 쏘련은 제국주의에 의한 반혁명 '간섭전쟁'과 봉쇄·고립·적대를 극복하면서 '20세기 사회주의' 경제와 사회를 훌륭히 건설하지 않았던가요?

일반의 이익을 위한 것이라면, 왜 다른 한편에서 독점자본의 국가, 자본의 국가는 그 인플레이션과 싸우는가?" 하고 말입니다.

과유불급(過猶不及)이란 말 아시지요? 지나치면 미치지 못한 것과 같다! 바로 그것입니다.

특히 2008년 세계적 공황 이후 지난 10여 년간 부침을 거듭하면서도 사실상 장기간의 불황이 계속되자 저들이 '경기진작을 위해 2%의 인플레이션을!'을 외쳤지만, 전반적 위기의 현 자본주의 경제체제는 고율의 인플레이션을 강제하기 일쑤이고, 고율의 인플레이션은 정치적·사회적 소요·위기를 유발하면서 다시 그것이 부르주아 지배체제의 '안녕'을 위협하게 되기 때문입니다.

왜 그런가?

어느 경우에도, 즉 소위 '사회보장'을 위한 지출에 의한 인플레이션까지도 사실은 노동자·인민대중이 그 비용을 부담하는 것이기 때문입니다.

여러분도 다 짐작하고 아시고 있으며, 부르주아 이데올로그들조차도 진실을 완전히는 숨기지 못하고, 이렇게 저렇게 그 진실의 일단을 고백하고 있는 것이긴 하지만, 확실히 하기 위해서 말씀드리겠습니다.

누차 말씀드리는 것이지만, 인플레이션은 물가의 명목적 상승입니다. 그런데 그것이 명목적이든, 실질적이든 물가가 오르면 노동자·인민대중의 생활은 어떻게 됩니까?

물가가 오르는 데에 비례하여 소득이, 노동자들의 경우 실질임금이 감소하지 않습니까? 그리하여, 특히 인플레이션의 경우, 앞에서 말씀드린 것처럼, 과잉의 지폐가 투입되는, 제반 공사비 등을 포함하여 독점자본의 상품에서부터 그 가격 상승이 파상적으로 퍼져나가기 때문에, 그 상품(=노동력)의 가격, 즉 임금이 가장 뒤늦게야, 그것도 대개는 힘든 투쟁을 통해서 오르는 노동자들은 물론, 영세한 자영업자들의 경우도 무차별적으로 그 희생자가 되는 것입니다. 독점자본을 위시한 대자본에 의한, 인플레이션을 통한 노동자·인민대중의 무차별적 수탈이 전개되는 것이지요.

그리하여 고율의 인플레이션이 진행되게 되면, 우선 그만큼 실질임금을 삭감당하여 생존에 위협을 느끼는 노동자들이 투쟁에 나서고, 그러다 보면 그 투쟁이 자칫 혁명적 투쟁으로 발전할 뿐 아니라, 무차별한 희생으로 몰락의 위기로 몰리는 영세·중소 자영업자들 또한 반체제적 저항에 나서게 되는 것이지요.

바로 그 때문에 부르주아 국가는 인플레이션이 고율화하면, 그것과 싸우지 않을 수 없게 되지요. 한편에서는 독점자본의 이익을 위해서 인플레이션을 일으켜야 하지만, 다른 한편에서는 역시 독점자본의 이익을 위해 그것과 싸우지 않을 수 없는 것입니다. 인플레이션을 일으키지 않으면 안 되는 독점 부르주아의 국가의 인플레이션 유발 수단인 불환통화제를 '관리통화제'라고 부르는 부르주아 경제비과학의 용어를 빌려 말하자면, 인플레이션을 '관리'하지 않을 수 없는 것이지요.

5) 인플레이션 관련 여담

흥미 있는 '인플레이션'의 어원

참고로 '인플레이션'이라는 말의 어원을 한번 들여다봅시다.

우리 스스로와 관련해 요즘엔 오히려 오만하다고까지 할 우월감이 팽배해 있는 분위기이지만, 얼마 전까지만 해도 "엽전은 어쩔 수 없어", "조선놈은 어쩔 수 없어" 하는 식의 자기비하가 많았습니다. '민족성'이 어떻느니, '국민성'이 어떻느니 하는 등의 얘기도 모두 같은 류입니다.

친일·친미·친서구 체질의 사대주의적 지식인들이 이 땅의 지식인 사회의 주류를 이루었던 탓이 큽니다. 그래서 그런 소리를 입에 담는 자들, 특히 그런 지식인들은 대개 '강아지들'이라고 생각하면, 그다지 틀림이 없습니다.

사실 사람의 사고나 행동은 조선 사람이나, 미국 사람이나, 일본 사람이나 다 비슷비슷합니다. 사람의 사고나 행동양식은 사회적 조건과 사회적 관계에 따라서 역사적으로 형성되고 변화하는 것이지, 고착된 '민족성'이니 '국민성'이니 하는 것이 따로 있는 것이 아니기 때문입니다. 예컨대, 지금 한국 사람들의 일반적인 사고나 행동양식을, 한편에서는 지금의 일본이나 유럽, 미국 사람들의 그것과 비교하고, 다른 한편에서는 100년이나 200년 전에 살던 우리 조선 사람들 자신의 그것과 비교하면, 어느 쪽의 차이가 더 크겠습니까? 모르면 모를까, 후자 쪽이 훨씬 더 클 것입니다.

또한, 예컨대, 지금 유럽 사람들의 일반적인 사고나 행동양식을, 한편에서는 지금의 한국 사람들의 그것과 비교하고, 다른 한편에서는 200년이나 300년 전의 유럽 사람들 자신의 그것과 비교하면, 어느 쪽의 차이가 더 크겠습니까? 이 역시 모르면 모를까, 후자 쪽이 훨씬 더 클 것입니다.

그러니까, '민족'이나 '국민'의 차이가 아니라 시대의 차이, 보다 정확히 말하자면, 지배적 생산양식이 다름에 따른 사회·경제적 삶의 조건의 차이가 사회구성원들의 일반적 사고나 행동양식의 차이를 규정하는 것입니다.

왜 이런 얘기를 이렇게 장황하게 하는가?

모두가 아다시피, 얼마 전까지 우리 사회에서는 가끔 '소에게 물을 먹여서' 도살하는 것이 문제로 되곤 했는데, 그때마다 상당히 많은 사람들이 똑똑한 체하면서, "쯧쯧쯧, 민족성은 (혹은, 엽전은) 어쩔 수 없어! 어쩌면 그렇게 ..." 운운하곤 했기 때문입니다.

그런데 '인플레이션'이란 말이 사실은 '문명국가들'이라는 서양에서 그 사회에서 벌어지던 어떤 행동에 빗대어 생긴 말입니다.

인플레이션(inflation)이라는 단어는, 여러분이 다 아는 것처럼, 인플레이트(inflate)라는 동사, 그러니까 "무언가를 억지로 불어넣어서 부풀린다"는 동사의 명사형인데, 그 말이 본래 어디서 온 줄 아십니까?

다름 아니라, '엽전'이 소를 잡을 때 억지로 물을 먹여서 근대(무게)를 부풀리던 것처럼, 서양의 '문명인들'은 억지로 물을 먹여서 양(羊)을 잡았던 것입니다. 역시 근대를 늘리기 위해서 말입니다.

다시 말하면, 인플레이션이라는 말은 본래 이렇게 서양의 문명(文明)한 악덕 상인들이 '억지로 물을 먹여서 양을 잡은 데'에서, 그리하여 그 근대, 즉 무게를 부풀린 데에서 온 것입니다.

참으로 흥미 있고 적절한 어원이지 않습니까?

"쯧쯧쯧, 민족성은 (혹은, 엽전은) 어쩔 수 없어! 어쩌면 그렇게 ..."가 아니라, "쯧쯧쯧, 자본주의는 (혹은, 돈 앞에서는) 어쩔 수 없어! 어쩌면 그렇게 ..."인 것입니다.

소위 '디플레이션'에 관하여

지금까지 설명한 대로, 인플레이션은, 유통필요화폐량을 넘는 지폐, 혹은 지폐화된 은행권이 발행됨으로써 지폐유통의 특유의 법칙이 관철되어 지폐가 감가하면서 명목상으로 물가가 상승하는 현상입니다.

그런데 세상에는 '반봉건제'나 '반프롤레타리아트'라는 개념으로부터 '반자본제'라는 생산관계, 그러한 경제제도를 반사해내는 천재들을 닮은 많은 천재들이 있습니다. 그리하여 이른바 디플레이션(deflation)을, 곧바로 인플레이션의 반대 개념으로 이해하면서, 유통필요화폐량 이하로의 지폐의 수축과 그에 따른 지폐 가치의 상승에 의한 물가의 전반적인 하락이라고 설명하는 천재들이 있습니다.

몇 년 전 일본의 이른바 '디플레이션'을 언론이 떠들어대자 노동운동권의 이 모 '경제전문가'도 그것을 바로 그렇게 천재적으로 해설했습니다.

그러나 이른바 디플레이션은 그러한 화폐·통화상의 요인으로 의한 물가의 하락이 결코 아닙니다. 그것은 **본래** 심각한 경제위기 및 침체기의 전반적 수요 부족으로 인한 상품 가격의 전반적 하락이며, 자본의 가치파괴의 한 현상입니다. 그런데, 인플레이션을 한편에서는 지폐의 남발에 의한 물가상승이라고 하면서도 동시에 다른 한편에서는 물가상승 일반과 동일시하는 '천재적인' 부르주아 경제학자들이, 경제위기 및 침체기의 그러한 현상을 인플레이션의 반대현상으로 이해하여, 디플레이션이라고 불렀던 것입니다.26)

한편, 구체적인 실증적인 자료가 없기 때문에 단언하기는 어렵습니다만, 지난 수년 동안 지속되었다는 일본의 소위 '디플레이션'은 사실은 디플레이션이라기보다는 연성(軟性) 인플레이션이었을 가능성이 더 높다고 저는 생각합니다. (역시, 구제 불능일 정도로 미쳤지요?)

왜 그런가?

과학기술혁명이 비약적으로 진행되고 있는 현대 자본주의에서 특히 제조업의 노동생산력의 증대는 가히 혁명적이라고 할 수 있습니다. 과거에 비하면 극소수라고 할 수 있는 농민이 과거 어느 때보다도 많은 농산물을 생산하

---

26) 다시 강조하지만, 앞에서 상품의 가치를 설명하면서 얘기한 것처럼, 상품의 가치를, 따라서 화폐의 가치도 그것들을 생산하기 위해서 사회적으로 필요한 노동시간의 크기에 의해서 설명하는 과학적인 '노동가치론'의 입장에 서게 되면, 자본의 이윤이란 노동자들이 생산하는 잉여가치, 즉 착취된 노동이란 것이 곧바로 폭로되게 되기 때문에, 근대 부르주아 경제학, 실은 경제비과학은 노동가치론의 과학성, 진실성을 부인하며 그것을 버리게 되었고, 그 때문에 상품의 가치도, 가격도, 따라서 인플레이션이나 디플레이션도 그것들을 과학적으로 이해할 능력을 상실해버렸습니다.

는 농업도, 그리고 그만큼까지는 아니겠지만 어업·수산업도 사실상 마찬가지고요. '고용 없는 성장'이니, '무인생산'이니 하는 말들이 과히 허풍만은 아닌 시대인 것입니다. 게다가 일본은 전반적인 노동생산력이 그렇게 혁명적으로 발전하고 있는 가장 전형적인 국가의 하나입니다.

그러나 금 생산과 같은 채굴산업에서 노동생산력의 증대가 그렇게 혁명적이라는 얘기는 아직 어디에서도 들리지 않습니다.

그렇다면, 그리고 인플레이션이 없다면, 현저하게 하락하는 것이 물가의 정당한 동향일 것입니다. 그런데, 지난 수년 동안의 일본의 '디플레이션'이란 것은 연간 물가의 불과 '-1%' 내외의 하락 경향을 가리키는 것이었습니다. 이는, 과학기술혁명과 그에 따른 **노동생산력의 증대에 의한 상품 가격의 하락을 완전히는 반영하지 않은 물가 동향이고, 따라서 인플레이션의 한 형태**라고 볼 상당한 이유가 있는 물가 동향이라고 생각하는 것입니다.

아울러, 그렇게 완만한 물가의 하락 경향을 '디플레이션'이라고 규정하는 데에는, 물가란 원래 상승하는 경향을 갖는 것이 정상적이라는 그릇된 사고를 정당화하고 보편화하려는 의도도 숨겨져 있다고 할 수 있을 것입니다. 그러나, 앞에서도 누차 말씀드렸지만, 인플레이션이 없다면, 물가란 경향적으로 하락하는 것이 오히려 일반적인 동향이고, 실제의 역사도 그랬습니다.

5. 무가치물의 가격: 토지가격 등

우리는 위에서 상품의 가격은 그 가치의 화폐적 현상형태, 즉 상품의 가치를 일정량의 금, 실제적으로는 일정액의 화폐명으로 표현한 것이라고 했습니다. 이는 가격의 실체는 가치라는 뜻입니다.

가치가 없는 토지의 가격

그렇다면 그 자체 노동생산물이 아닌 토지의 가격은 무엇일까?

이러한 문제가 제기되는 이유는, 아시는 바와 같이, 가치란 인간의 노동이 응결된 것, 상품에 대상화 혹은 물질화된 노동인데, 토지는 인간의 노동생산물이 아니어서 가치를 가질 리 없기 때문입니다. 그런데도 토지는 어엿이 가격을 가지고 있고, 그 가격에 의해서 상품으로서 매매되고 있는바, 그렇다면 토지가격은 무엇인가 하는 문제가 특별히 제기될 수밖에 없는 것입니다.

사실은 토지가격만이 아닙니다. 예를 들어, 한때 부르주아 언론에 의해서 꽤 흥미롭게 거론되었던 소위 '브랜드 가치'라는 것도 마찬가지입니다. 삼성전자라는 브랜드의 가치가 얼마니, 마이크로소프트(MS)라는 브랜드의 가치가 얼마니, 도요타라는 브랜드의 가치가 얼마니, 운운하면서 적게는 수십억 달러에서 수백억 달러까지를 들먹였지 않습니까? 그런데 이는, 그들이 '브랜드 가치'라고 불렀지만, 사실은 '브랜드 가격'입니다. 그리고 이 브랜드라는 것도 노동생산물이 아니기 때문에 가치를 가질 리 없는데, 그토록 비싼 '가격'이 운위되고 있으니, 이 역시 그 정체가 무엇이고, 그 가격은 어떻게 결정— 이 경우 사실은 '추정'이지만—되는가 하는 문제가 제기되는 것입니다.

≪자본론≫에서 맑스는, 앞에서 본 바와 같이, "가격과 가치크기 간의 량적 불일치의 가능성, 즉 가치크기로부터의 가격의 괴리의 가능성은 … 가격형태 그 자체 속에 있"으며, "이것은 결코 이 형태의 결함이 아니며, 오히려 역으로 이 형태를, 규칙이 단지 맹목적으로 작용하는 무규칙성의 평균법칙으로서만 자기를 관철할 수 있는 생산양식에 적합한 형태로 만든다."고 말한 후, 이렇게 계속합니다.

> 하지만 가격형태는, 단지 가치크기와 가격 간의, 다시 말하면, 가치크기와 그 자신의 화폐표현 간의 량적 불일치의 가능성을 허용할 뿐 아니라, 하나의 질적인 모순을, 즉 화폐는 단지 상품들의 가치형태일 뿐임에도 불구하고 무릇 가격이 가치표현임을 그만두게 되는 모순을 내포할 수도 있다. 그 자체로서는 결코 상품이 아닌 것들, 예컨대, 양심이나 명예 등등은 그 소유자가 화폐를 받고 팔 수 있고, 그리하여 그 가격을 통해서 상품형태를 취할 수 있다. 그리하여 어떤 것은, 어떤 가치도 갖지 않고도, 형식적으로 가격을 가질 수 있다. 여기에서는 가격표현은 수학상의 어떤 크기들처럼 상상적인 것이 된다. 다른 한편에서는, 예컨대, 거기에는 어떤 인간노동도 대상화되어 있지 않기 때문에 어떤 가치도 갖지 않는 미경지(未耕地)의 가격처럼, 상상적인 가격형태는 어떤 현실적인 가치관계나 그로부터 파생된 관계를 은폐할 수도 있다.27)

---

27) ≪자본론≫, 제1권, *MEW*, Bd. 23, S. 117. (채만수 역, 제1권, 제1분책, p. 174.)

바로 우리가 지금 다루고 있는 문제 그것입니다. 다만, 이렇게 노동생산물이 아니고, 그리하여 가치가 없는 상품의 가격은 그 정체가 뭐고, 어떻게 결정되는가에 대한 것은 조금 후에 고찰하기로 하고, 이러한 문제들과 관련하여 우선 우리 사회에서 말 깨나 한다는 사람들의 주장들, 특히 진보적인 것으로 호가 난 '이론' 혹은 주장들부터 들여다보기로 합시다.

이른바 토지공개념과 그 강화: 독점자본의 토지소유 집중정책

대표적으로 토지가격에 대한, 경실련(경제정의실천시민연합) 류의 엉터리 속류이론이 그것입니다. 물론, 경실련뿐 아니라, 참여연대나 토지정의시민연대 등등의 이른바 시민운동단체들은 물론이고, 노동운동권 일부에서도 그러한 주장들을 내세우고 있지만, 한국의 대중운동에서 이를 가장 선구적으로, 그리고 사실상 가장 강력하게 주장해온 것이 경실련이기 때문에 그들과 그들의 주장을 중심으로 얘기하겠습니다.

경실련은 1989년에 이른바 '경제정의'니 '경제민주화'니 하는 기치를 내걸고 출범해서 곧바로 한국의 대표적인 '시민운동단체'가 되었는데, 그들의 주장・이론은 비과학적일 뿐 아니라 부정직하기까지 합니다. 그리고 반동적입니다. 그리하여 그들이 내세우는 주의・주장은, 그들이 내세우는 '서민'의 이익에 부합하는 것들이 아니라, 산업 부르주아지를 중심으로 한 자본, 특히 독점자본의 이익에 봉사하는 것들입니다.

그 단체가 출범했던 당시는 한국 자본주의가 막 새로운 경제공황에 빠져들던 시기였고, 1988년 그러니까 호황의 막바지부터 투기가 급증한 결과 부동산 가격이 폭등, 도시의 '서민들'이 주거비 때문에 고통을 당하고 있던 때였습니다. 그러한 상황을 이용하여 이른바 '토지공개념'을 확대・강화할 것을 강력히 선전・선동함으로써 그들은 일약 '시민운동'의 주도권을 거머쥐었습니다. 이른바 '토지공개념'의 확대・강화가 부동산 가격을 안정시켜 서민의 주거비 고통을 경감시킬 것 같은 허위의 주장이, 부르주아 언론의 지원으로, 대중적 공감대를 형성하는 데에 성공했던 것이지요.

1990년도에 영등포의 한 국회의원 보궐선거에서는 이른바 '민중후보'라는 사람까지도 천둥벌거숭이처럼 '토지공개념 강화'를 민중의 공약이랍시고 들고 나왔습니다. '토지공개념'을 확대・강화하는 것은 민중의 이익에 복무하는 것이란 허위의식이 당시 그만큼 광범하게 퍼져 있었던 것입니다.

그러나 이른바 '토지공개념의 확대·강화' 여부는, 전통적인, 그러니까 비자본가적 토지소유와, 산업 부르주아지를 중심으로 한 자본 혹은 자본가적 토지소유 간의 투쟁이자, 그들 자본의 이익에 봉사하는 주장 혹은 조치·정책이었으며, 따라서 그것은 노동자·민중의 이익과는 무관한 것입니다.

그러나 그것은 간접적으로는 반노동자적·반민중적인 것입니다. 왜냐하면, 저들의 이른바 토지공개념이란, 토지소유의 집중을 억제·완화하는 것이 아니라, 거꾸로 그것을 촉진하는 것이고, 더욱이 재벌을 위시한 독점자본에 의한 그 집중을 촉진하는 것이어서, 그것이 강화되면 될수록 부르주아들, 특히 독점자본의 힘이 증대되기 때문입니다.

저들의 이른바 '토지공개념' 확대·강화의 주요 정책수단은 특정한 형태의 토지소유에 대하여 중과세(重課稅)함으로써, 그 소유자로 하여금 토지소유를 포기하도록, 즉 그 토지를 매도하도록 하는 것입니다.

여기에서 우리는 물어야 합니다.

우선, 그것이 어떤 것이든, 어떤 상품에 과세하고, 중과세함으로써 그 가격을 낮춘다고 하는 것은 과연 타당한 주장인가?

결코 타당하지 않습니다. 어떤 상품에 부과되는 세금은 적어도 그 세금액만큼 그 상품의 가격을 인위적으로 끌어 올릴 뿐 결코 그 가격을 끌어 내리지 않는 것이기 때문입니다.

그러면 저들은, 그리고 국가는 왜 소위 '토지공개념'을 확대·강화하여 중과세를 하는가?

이에 대한 대답은, 그렇게 해서 소유가 포기되는 토지들은 결국 누구의 소유로 되는가 하는 것과 직결되어 있습니다. 그 토지들은 과연 노동자·민중의 소유가 되는가? 아니면, 하다못해 국가나 공공단체의 소유가 되는가?

결코 아닙니다. 그것들은 누군가 그러한 토지를 매집(買集)할 만한 재력을 가지고 있고, 그것을 매집하여도 이른바 토지공개념 관련법에 의한 중과세의 대상이 되지 않는 사람의 소유가 됩니다. 그가 누구이겠습니까?

다름 아니라, 자본이고, 그중에서도 특히 재벌을 위시한 독점자본입니다. 우선, 그 토지들을 매집할 만한 자금을 가지고 있는 것이 그들입니다. 그리고 '토지공개념' 관련법에 의해서 중과세의 대상이 되는 '과대 보유 토지'는,

소유토지의 절대 면적 크기에 의해서 결정되는 것이 아니라, 그 토지의 소유 형태 혹은 이용 방법에 의해서 결정되기 때문입니다. 즉, 비자본가적 토지소유는 중과세의 대상이 되지만, 자본 특히 독점자본이 소유한 토지는 '업무용'이라는 이유로, 많은 경우 오히려 세금감면 등 특혜의 대상이 되기는 해도 중과세의 대상이 되지는 않기 때문입니다. '과다 보유' 혹은 '업무용' 여부의 기본 기준이, 토지소유에 따른 직접세인 재산세 외에, 그 토지를 어떻게 '근대적'으로, 그러니까 자본가적으로 이용하여 얼마만큼의 세금을 내느냐이기 때문이고, 따라서 대개는 부가가치세가 기준이 되기 때문입니다.

예컨대, 삼성그룹이나 롯데그룹의 경우 각각 수십만 평, 아니 수백만 평씩의 토지를 소유하고, 그것을 골프장이나 '용인 자연농원(에버랜드)', '롯데월드' 같은 위락시설로 이용하고 있습니다. 그러나 그들 토지는 '근대적으로', 즉 자본가적으로 이용되고 있고, 그러한 영업에 따르는 세금을 내고 있을 것이기 때문에, 그들의 토지소유는 그것이 아무리 광대할지라도 절대로 '토지과다보유'라든가, 기타 어떠한 명칭의 '토지공개념', 그 관련 법률의 제재 대상도 되지 않습니다.

그에 비해서, 시대에 뒤떨어진 전통적인 토지소유자가, 예컨대, 500평이나 1,000평의 토지를 가지고 있으면서, 봉건적 무능력 때문에 그것을 '근대적으로' 이용하지 못해, 영업과 관련한 일정 기준 이상의 세금을 내지 못하고 있다면, 그러한 토지소유는 곧바로 '토지공개념' 관련 법률의 제재 대상이 되어 중과세 처분을 받게 됩니다. 토지를 '근대적으로' 이용하는 근대 부르주아, 특히 독점자본에게 그것을 매각하지 않을 수 없도록 압력을 받는 것입니다.

그리하여 '토지공개념'을 확대・강화한다고 하는 것은 결국 근대 부르주아, 특히 재벌을 위시한 독점자본의 이익을 옹호하는 것이고, 그들에 의한 토지소유의 집중을 강화하는 것입니다.

그런데 그러한 성격의 '토지공개념의 확대・강화'를 경실련 등은 마치 노동자・민중 등 '서민'의 이익을 위한 것인 양 훌륭하게 포장해서 선전・선동했던 것이고, 선의이지만 아는 바가 없는, 노동자・민중운동 진영의 천둥벌거숭이들이 이에 부화뇌동했던 것입니다.

한편, 경실련을 위시한 시민운동단체들은, 이렇게 엉터리일 뿐만 아니라,

정말 위선적이기도 합니다. 왜냐하면, 상황이 바뀌자 자신들의 손으로 바로 그 '토지공개념'을, 말하자면, 해체했기 때문입니다.

이른바 '토지공개념'을 확대·강화해야 한다고 방방 뜰 당시 경실련의 대표적인 이데올로그 가운데 하나는 성균관대의 김태동 '경제학' 교수님이었습니다. 그런데 바로 그 김태동 교수님께서 김대중 정권에 들어가 무슨 일을 했습니까?

1997년 말에 폭발한 저 속칭 'IMF 사태', 즉 거대한 외환위기 사태를 위시한, 한국 자본주의에 유례가 없었던 심각한 공황으로 부동산 가격이 폭락하고 경제 전반이 극심한 침체에 빠지자, 이번에는 부동산 경기를 부양하여, 즉 투기적 부동산 거래를 조장하여 경기 일반을 자극할 양으로, 누구보다도 자신이 그 '강화'를 주장했던 '토지공개념'을, 대통령 경제수석·정책기획수석 비서관이라는 직책에 있으면서 자신의 손으로 해체시켜서 껍데기만 남겨 놓지 않았습니까?

경실련을 위시한 '토지공개념'의 수호자들은 물론 하나같이 그러한 조치에 짐짓 눈감고 침묵으로 일관했고요. 그러니, 위선적이라고 평가하지 않을 수 없는 것입니다.28)

주택문제

국가의 정책이 재벌을 위시한 독점자본의 이해를 중심으로 움직인다고 하는 것, 그리하여 이른바 토지공개념 역시 독점자본의 수중으로의 토지소유의 집중을 촉진하는 정책이라는 점은 지금까지 얘기한 대로지만, 주택문제라고 해서 예외가 아닙니다.

"토지나 공장, 사무용 건물 등이라면 모를까 설마 주택까지도 (독점)자본

---

28) 자본주의적 생산이 위기에 처한 가운데 경기부양을 위해 김태동 씨 등이 소위 토지공개념을 약화·해체시킨 행동은, 순진한 사람들에게는, 즉 그것을 확대·강화하자는 저들의 주장을, 저들이 내세우는 대로, 노동자·민중의 주거문제를 해결하기 위한 것으로 받아들였던 사람들에게는 앞뒤 모순된 것으로 보일 수 있지만, 사실은 일관된 목적을 추구하기 위한 것입니다. 왜냐하면, 저들이 부동산 투기와 싸우는 것은, 그 부동산 투기를 "자본주의의 암"으로, "기업가의 창조적 정신을 무력화하여 결국 자본주의를 파괴하는"(김태동, "땅값 폭등의 원인과 대책", 경제정의실천시민연합 편, ≪경제정의≫, 창간호, 1990년 6월, p. 57.) 것으로 이해하기 때문이어서, 자본주의를 위해서 필요하다면, 부동산 투기를 조장하는 것도 저들에게는 하등 이상할 게 없기 때문입니다.

의 이해, 그들 수중으로의 소유 집중을 추구하는 것일까" 하는 의문이 생길 것입니다. 거기에 대해서는 지난 2005년 여름의 이른바 '8·31대책'과 관련한 정부 당국의 발언이 생생히 증언해줄 것입니다.

'8·31대책'이란, 심대했던 공황·침체로부터 경기가 다시 호황 국면으로 전환되어 소위 '강남' 지역을 중심으로 토지·주택에 대한 투기붐이 새롭게 일어나면서 부동산 가격이 급등하자 노무현 정권이 "헌법개정보다도 더 그 수정이 어려운 정책"이라며 내놓은 '부동산 투기 억제정책'입니다. "헌법개정보다 더 수정이 어려운 정책" 운운은, 부동산과 관련한 정부 정책의 일관성 결여가 투기와 부동산 가격 급등의 원인이라는 극히 비경제학적인 진단·여론을 의식한 발언이었습니다. 그런데 아무튼 그러한 '8·31대책' 이후에도 일부 지역의 주택 전세가가 상승하자 그 타당성 여부를 둘러싸고 설왕설래했는데, 그 와중에서 재정경제부 차관이 무심코 천기(天機)의 일단을 누설하게 된 것입니다. 들어봅시다.

  기자 질문: 8·31대책 이후 전셋값이 오르고 있는데 대책은 있나.
  박병원 재정경제부 제1차관 답변: 8·31대책 발표 시기가 이사철이었고 대책에 따른 주택가격 하락으로 주택가격 움직임을 좀 더 지켜보다 주택을 매입하려는 사람들이 있는 등 여러 요인으로 전셋값이 상승하고 있다. 그러나 일부 지역의 중대형 중심으로 진행되고 있다. 필요하다면 전셋값 상승에 대한 대책을 마련하겠다. 매물로 나온 주택을 임대사업자가 구입해 임대주택으로 활용하는 방안을 고려할 수 있다. 임대사업자에 대한 세제혜택 등은 결정된 것이 없다.
  질문: 임대사업자를 통한 전셋값 상승 대책이 임대사업 세제혜택을 축소한 세제개편 방향과 다르지 않나.
  답변: 투기와 부동산 임대사업을 구분하기 어려운 측면이 있다. 5주택 이상을 보유한 임대사업자는 제도적인 변화가 없다. 2-4주택을 갖고 있는 임대사업자는 본격적인 사업자로 보기 어려워 특례를 철회한 것이다. 집을 임대해 살려면 누군가는 집을 빌려줘야 하기 때문에 <u>기업적인 임대사업자는 본격적으로 키울 필요가 있다</u>.[29] (강조는 인용자.)

---

29) 이상, "박병원 재경부 제1차관 일문일답", ≪연합뉴스≫, 2005. 9. 22.

정부를 대표하여 재정경제부 차관이 확인하고 있는 것은, '8·31대책' 때문에 "매물로 나온 주택을 임대사업자가 구입해 임대주택으로 활용"하도록 하겠다는 것, 그리고 "5주택 이상을 보유한" "기업적인 임대사업자"에 대한 세제상의 혜택은 계속될 뿐만 아니라 "본격적으로" 육성하겠다는 것입니다. 결국 대자본 수중으로의 주택 소유의 집중을 추진해왔고, 앞으로도 그러한 정책을 강화하겠다는 것입니다.

2005년 9월 22일의 재정경제부 차관의 기자회견은 '8·31대책'의 그러한 친자본적 성격과 그러한 정책 의지를 명확히 하고 있음에도 불구하고, 독점자본 소유의 언론은 물론이요, '서민'을 내세우며 '경제정의' 운운하는 어느 시민운동단체 하나도 이를 비판하고 나선 자들이 없습니다.

저들은 토지나 주택의 소유 집중이 마치 개인적·지주적 집중인 것처럼 선전하면서 '토지공개념 확대·강화'를 선동하지만, 작금의 토지나 기타 부동산의 집적·집중의 핵심적 주체는 재벌을 위시한 독점자본입니다. 삼성이나 롯데 등을 비롯한 재벌·독점자본이 이런저런 명목으로 전국에 걸쳐서 가지고 있는 어마어마한 규모의 토지·주택·공장·건물, 기타의 부동산들이 그것입니다. 그런데도 '경제정의'를 말하는 시민단체들은, 독점자본에 의한 토지 등의 소유 집중을 문제 삼는 대신에, 오히려 그 집중을 강화하는 정책들을 요구하고 있는 것입니다.

참고로 말하자면, '토지공개념 확대·강화' 소동에서도 알 수 있는 것처럼, 주택문제에 관한 노동자들의 사고는 소부르주아적인 시민운동단체의 선전에 의해서 깊이 침윤되어 있습니다. 아직 완전히는 자본주의화 되지 못한 전통적 관념과, 또 현실적으로 겪는 '집 없는 설움', 그 고통 때문이겠지만, 많은 사람들이 '노동자들의 자기 주택 소유'는 당연히 노동운동의 목표의 하나여야 한다고 믿습니다. 그러나 이는, 잔인하게 들릴지 모르지만, 소부르주아적 영향 때문입니다. 자본주의적 생산이 지배하는 사회에서 노동자들의 주택소유는 사실은 노예화의 길입니다.

엥엘스의 얘기를 들어봅시다.

> 노동자가 자신의 주택을 사야 한다는 모든 사고(思考)는 이 또한 ... [소부르주아적인: 인용자] 프루동의 반동적인 근본 사상에 기초해 있다.

돌푸스(M. Dollfus)와 그 일당은 자신의 공장 노동자들에게 소주택들을 연부(年賦)로 팖으로써 노동자들 사이의 혁명적 정신을 질식시킴과 동시에 … 노동자들을 그들이 일하는 공장에 묶어두려고 하였다.

노동자들은 이들 주택을 획득하기 위해서 무거운 저당채무를 짊어지지 않으면 안 되고, 그리하여 그들은 이제 더욱더 고용주들의 노예가 되어 버린다. 그들은 자기의 주택에 묶여서 … 고용주의 말이라면 어떤 노동조건이든 감내하지 않으면 안 되는 것이다.30)

마치 오늘날 '노동자 사택'에 입주해 살면서 행여나 거기에서 쫓겨날까봐 전전긍긍 노예적 삶을 살고 있는 일부 대기업 노동자들을 두고 하는 말처럼 들리지 않습니까?

주택 소유와 관련한 기존의 사고, 즉 소부르주아적 사고를 극복하는 것은 고통일지 모릅니다. 그러나 정말 혁명적 노동자계급의 관점에서 이 문제를 어떻게 보아야 옳은지를 알고 싶다면, 모름지기 엥엘스의 이 "주택문제에 대하여"를 학습해야 할 것입니다.

지대의 자본화

그건 그렇고, 노동생산물이 아니기 때문에 가치가 없는 토지의 가격의 정체는 무엇이며, 그것은 어떻게 결정되는가 하는 우리의 문제로 돌아오면, '토지가격'에 관한 경실련 류의 경제학적 인식도 가히 가관입니다.

1990년에 경실련이 펴낸 ≪경제정의≫라는 잡지 창간호에 보면, 바로 예의 그 김태동 '경제학' 교수님께서 토지문제에 대해서 글을 쓰고 있습니다. 그런데 그 글에서 말하기를, **토지가격도 다른 상품의 가격과 '마찬가지로' 수요-공급 관계에 의해서 결정된다**는 것입니다.31) 그 사람은 '근대경제학자'로서 "상품의 가격은 수요-공급 관계에 의해서 결정된다"는 천박한 이론밖에는 아는 게 없는 것입니다. 게다가 그는, "부동산 투기는 정부의 의지만 있으면 하루만에도 잡을 수 있고, 의지가 없으면 10년이 가도 못 잡는다"32)고

---

30) 이상, F. 엥엘스, "주택문제에 대하여", *MEW*, Bd. 18, S. 225, 226.
31) 김태동, 앞의 글, p. 51 참조.

말합니다. 아무리 부르주아 경제비과학이지만 명색이 경제학 교수인데, 투기라는 것이 어떤 조건과 이유에서 발생하는가에 대한 경제학적 이해란 도무지 존재하지 않는 것입니다.

아무튼 그에 의하면, 토지가격의 본질·실체는 다른 상품 가격의 그것과 같은 것입니다.

그러나 우리는 상품의 가격은 그 가치의 화폐적 표현이고, 따라서 그 상품을 생산하기 위해서 투여된 노동시간에 의해서 결정된다는 것을 알고 있습니다.

그런데, 김태동 교수 등이 말하는 것처럼, 정말 토지가격과 기타 상품의 가격이 본질상 같은 것이라면, 토지 역시 인간의 노동생산물이어야 할 것입니다. 사실이 그렇습니까?

토지는 본래 자연적으로 존재하고 있는 것으로서 결코 인간의 노동생산물이 아닙니다. 그리고 바로 그 때문에 토지가격이 다른 상품 가격과 본질상 같다고 하는 저들의 주장은 말도 안 되는 헛소리일 뿐입니다. 인간의 노동생산물인 상품의 가격과 토지의 가격은 본질상 다른 것이고, 따라서 그 결정원리도 전적으로 다릅니다.

그러면 토지가격이란 무엇이고, 그것은 어떻게 결정되는가?

지대, 즉 토지의 임대료는 토지소유의 실현, 즉 토지를 소유함으로써 그 소유자에게 생기는 소득입니다.[33] 그리고 토지가격이란 토지소유의 실현으로서의 이 지대가 자본화된 것, 혹은 '자본화된 지대'이고, 따라서 그것은 지대의 크기와 일반이자율과의 관계에서 결정되고 변동합니다.

"토지가격도 다른 상품의 가격과 마찬가지로 수요-공급 관계에 의해서 결정된다"는 엉터리 소리만 시끄럽게 들리는 사회라서, "이게 도대체 무슨 소리인가" 하고, 의아한 생각이 들지도 모르겠군요.

농민도 자본가적 생산자도 아닌 토지소유자들이 많지요? '지주'라고 불리는 사람들이 그들인데, 그들은 어떤 경제적 목적 때문에 토지를 소유합니까? 바로 거기에서 얻는 소득 때문이지 않습니까? 토지에서 얻는 이 소득은 보

---

32) 같은 글, p. 57.

33) "지대의 원천은 토지"라고 말하는 경제학자님들이 많기 때문에 덧붙여 말씀드리지만, "지대의 원천은 토지"가 결코 아닙니다. "지대의 원천은 토지의 <u>소유</u>"입니다.

통 토지 임대료라고 하는데, 농지를 소작 주고 받는 소작료도 그러한 임대료의 다른 이름입니다. 이 토지의 임대료를 경제학에서는 지대(地代)라고 번역합니다.

그리고 토지가격을 '지대의 자본화', 혹은 '자본화된 지대'라고 할 때, 그것은 어떤 토지를 소유함으로써 생기는 년간(年間) 지대를 그 사회의 일반이자율로 나눈 값이고, 그것이 그 토지의 가격이 됩니다. 예를 들어, 어떤 사람이 자신이 소유하고 있는 어떤 토지를 빌려주고 매년 1천만 원의 임대료, 즉 지대를 받는다고 합시다. 그리고 우리 사회의 일반이자율은 연 5%라고 가정해 봅시다. 그러면 그 토지의 가격은 '1천만 원÷0.05＝2억 원'입니다.

왜 그런가?

2억 원을 가진 사람이 그 돈으로 토지를 구매하여 소유하는 대신에 이자놀이를 하면, 년간 얼마의 이자를 받겠습니까? 년간 이자율이 5%이니까 '2억 원×0.05＝1천만 원'의 이자 수입이 생깁니다. 즉, 그 2억 원으로 1년에 1천만 원의 임대료, 즉 지대가 들어오는 토지를 소유하든, 이자놀이를 하든 그 경제적 효과, 즉 수입은 똑같습니다. 바로 그러한 경제적 이유 때문에 토지가격은 지대를 일반이자율로 나눈 값에 결정되는 것입니다.

그런데, 여기서 그 이유를 설명할 여유는 없지만, 자본주의가 발달하면 발달할수록 지대는 증대하는 경향이 있고, 일반이자율은 하락하는 경향이 있습니다. 바로 그렇기 때문에 자본주의가 발달하면 할수록 토지가격은 비싸지는 경향이 있습니다.

아무튼 우리는 여기서 대강 이렇게 일반화할 수 있을 것입니다.

"노동생산물이 아닌 것이 상품화될 때, 그 상품의 가격은 그것을 소유함으로써 발생하는 소득을 일반이자율로 나눈 값으로 결정된다"고 말입니다.

바로 그 때문에 위에서 잠깐 언급했던 소위 '브랜드 가치', 즉 '브랜드 가격'도 독점자본이 그 브랜드를 소유함으로써 발생하는 연간 독점이윤을 일반이자율로 나눈 값이라고 할 수 있습니다.[34]

다음과 같은 현상도 있습니다.

---

[34] 이른바 '브랜드 가치' 혹은 '브랜드 가격'에 대한 보다 상세한 논의는, 강성윤, "이른바 '브랜드 가치'에 대한 맑스주의적 이해", ≪연세대학원신문≫ 제134호, 2004. 12. 6. 참조.

"돈이면 귀신도 부린다"는 말이 있을 정도로 자본주의 사회란 돈이라면 못할 짓이 없는 사회이기 때문에 드물지 않게 '인신매매'가 이루어지는데, 젊은 여자는 대개 유흥가에 접대부로 팔아넘기고, 젊은 남자는 새우잡이 배에 팔아넘긴다고 하지 않습니까? 그때 예쁘고 애교 있는 여자는 그 접객업소에 많은 돈을 벌어줄 테니까 '값이 비싸고', 그 반대는 '싸다'. 또한, 건장하고 힘이 센 남자는 새우를 많이 잡을 테니까 '값이 비싸고', 그 반대는 역시 '싸다'. ─ 이런 현상 말입니다.

비정하지만, 사실상 모든 자본주의 사회에서의 현실입니다.

다시 토지·주택 가격에 대하여

경실련 등 '진보적인' 시민운동단체들과 언론 등이 주도하여 연출한 소위 '토지공개념' 소동, 그 광대극은 1988년 호황 말기, 즉 번영기의 토지·주택 가격의 폭등이 그 계기였음은 앞에서 말씀드린 대로입니다.

그런데 발달한 자본주의 경제에서는 '중위(中位)의 호황─번영─공황─침체─다시 중위의 호황'으로 이어지는 '산업순환'이 대략 10년을 주기로 반복됩니다. 그리고 그 때문에, 예컨대, 저 '토지공개념' 소동 같은 광대극도 대략 같은 주기로 반복됩니다.

문재인 정권의 중·후반기였던 대략 2018년부터도 서울을 비롯한 대도시의 주택가격이 폭등하고 그에 따라 전세가격이 폭등하자 희대의 광대극이 벌어집니다. 그리고 이때에도 당연히 '토지·주택 문제'에 대한 천하의 '경제 전문가들'이 각광을 받지요.

그 '전문가들' 중에서도 가장 각광을 받은 것은 아마 당시 '국민의 힘' 소속의 윤희숙 국회의원일 것입니다. 정치적 성향이 사실상 동일하기 때문에 그의 발언, 발언 의도를 한 치도 왜곡할 이유가 없는 ≪조선일보≫의 보도를 통해서, 윤 의원님의 천하 제일의 발언을 들어봅시다.

> 국민의힘 윤희숙 의원은 "국회를 모두 세종으로 이전하고, 여의도 부지는 아파트를 짓자"고 3일 주장했다.
> 윤 의원은 이날 KBS 라디오 …에 출연해 …
> … "(부동산) 시장 혼란의 원인은 공급이 안정적으로 이뤄질 것이라는 믿음이 없기 때문"이라며 "정부 정책이라는 것이 수급이 괴리되어 있다는

걸 인정하지 않고 계속 대책을 대책으로 땜빵하고 있기 때문에 국민들이 어찌할 바를 모르고 있는 것"이라고 진단했다.

윤 의원은 "도심에 주택수요가 있는데, 서울은 아시다시피 포화 상태"라며 "재개발, 재건축은 도심에 주택을 공급하는 주요한 채널이다. 이걸 막아서는 안 되는 것이고, 장기적으로는 노후한 또는 사용되지 않는 공공의 땅을 열심히 찾아야 한다"고 했다.

그러면서 "여의도 국회가 10만평인데, 공원과 아파트가 결합된 좋은 아파트 단지로 만들겠다는 계획 같은 게 굉장히 필요하다"며 "(국회 부지를) 서울 주택수급 괴리를 해결하기 위한 정부의 적극적인 계획으로 활용하는 게 필요하다고 본다"고 했다.

윤 의원은 "공급 위주라는 말이 굉장히 진부하게 들릴 수도 있겠지만 그게 시장의 덕목"이라며 "그것을 피하고는 (부동산 시장을) 정상화시키는 게 굉장히 어렵다"(운운.)35)

여의도의 국회의사당을 세종시로 옮기고, 그 10만 평에 아파트를 지어 서울의 주택가격 문제를 해결하자는 주장입니다. 물론 윤 의원님만이 아닙니다. 역시 '국민의 힘' 소속의 이혜훈 전 의원님은 한술 더 뜹니다. 이렇게;

국민의힘 윤희숙 의원과 이혜훈 전 의원이 서울 아파트 공급 대책과 관련해 국회의사당 부지와 올림픽대로를 각각 꺼내들었다.
이들은 모두 한국개발연구원(KDI) 출신이다. …
이혜훈 전 의원은 CBS 라디오에서 "올림픽대로 위에 덮개를 설치해 정원을 만들면, 한강 변을 따라 쭉 있는 재건축 단지 안에 있는 정원 부지는 쓸 필요가 없어진다"며 "그 부지에 젊은 부부 전용 아파트를 만들면 된다"고 제안했다.36)

어떻습니까? 가히 천재적인 발상 아닙니까?

그런데, 이런 천재적인 '경제 전문가', 경략가가 물론 '국민의 힘'에만 있을 리 만무합니다. 서울의 주택가격이 폭등하기 시작한 2018년부터 이미 문

---

35) 오경묵 기자, "윤희숙 '국회는 세종으로, 여의도 10만평은 아파트로'", ≪조선일보≫ (인터넷 판), 2020. 12. 03. (<https://www.chosun.com/politics/politics_general/2020/12/03/YQEAK5Z36FH5PMM7WHSTTEINY4/>)

36) 이동환 기자, "아파트공급대책…윤희숙 '국회 옮기고' 이혜훈 '강변로 덮고'", ≪연합뉴스≫, 2020. 12. 03. (<https://www.yna.co.kr/view/AKR20201203080800001>).

재인 정부도, "서울시 가락동 옛 서울구치소와 개포동 재건마을 등" 운운하며 서울과 그 주변에 대대적인 주택 공급 계획을 발표했는가 하면,37) 2022년 초 대통령 선거 국면에서는 당시 '더불어 민주당'의 이재명 대통령 후보께서도 저들 '국민의 힘' 인사들을 능가하는 서울의 주택문제 해결안을 제시합니다. 보도를 봅시다.

    이재명 더불어민주당 대선 후보가 전국에 311만호에 달하는 대규모 부동산을 공급하겠다는 계획을 발표했다.
    이 후보는 23일 경기도 의왕 포일 어울림센터에서 "무주택자에게는 내 집 마련의 꿈을 실현해 드리고, 유주택자들도 쉽게 더 나은 주택으로 옮겨 갈 수 있도록 주거사다리를 확실히 만들겠다"며 전국 311만호 주택 공급을 핵심으로 하는 부동산 공약을 발표했다. 이 후보의 이날 공약은 정부가 발표한 206만호가량의 공급 계획에 105만호를 추가한 것이다.
    특히 최대 관심사인 서울 지역의 경우, 이 후보는 정부의 계획보다 48만호를 늘린 107만호의 주택을 공급하겠다는 계획을 밝혔다. 구체적으로 살펴보면 △김포공항 주변지역(8만호) △용산공원 일부 부지 및 주변 반환부지(10만호) △태릉·홍릉·창동 등 국공유지(2만호) △1호선 지하화(8만호) 등이 제시됐다. 또 재개발·재건축 및 리모델링 규제 완화(10만호), 노후 영구임대단지 재건축(10만호) 등 택지 재정비를 통한 공급량도 기존 계획분(21만호) 외에 20만호를 추가로 공급한다는 계획이다. …
    … **이 후보는 이날** 공약 발표에 앞서 제일 먼저 **집값 폭등**에 대해 "**부인할 수 없는 정책 실패**"라며 "**더불어민주당의 일원이자 대통령 후보로서 또다시 고개 숙여 사과드린다. 변명하지 않고 무한책임을 지겠다**"고 **재차 사과하기도 했다**.38) (강조는, 인용자.)

어떻습니까?
역시 천재적인 발상일 뿐 아니라, 당시 집권 여당의 대통령 후보로서, 집

---

37) 전성필 기자, "분당·일산보다 서울 가까운 신도시 4-5곳 만든다 … '필요시 그린벨트 직접 해제할 수도'", ≪조선일보≫(인터넷판), 2018. 09. 21. (<https://biz.chosun.com/site/data/html_dir/2018/09/21/2018092101339.html>)

38) 심우삼 기자, "이재명 "311만호 공급"…정부발표 200만 받고 '100만 더' 공약", ≪한겨레≫(인터넷 판), 2022. 01. 23. (<https://www.hani.co.kr/arti/politics/politics_general/1028390.html>)

값 폭등은 "부인할 수 없는 정책 실패"라며 "더불어민주당의 일원이자 대통령 후보로서 또 다시 고개 숙여 사과"하면서 "변명하지 않고 무한책임을 지겠다"고 다짐하는 모습이 감동적이지 않습니까?

그런데, 이재명 후보가, "부인할 수 없는 정책 실패"라며 사과하고, "변명하지 않고 무한책임을 지겠다"고 다짐한 것은, 이 후보에게는 미안한 얘기일 수 있지만, 전적으로 그의 본심만은 아니었을 수도 있습니다. 왜냐하면, 서울 등 대도시의 집값 폭등이 "문재인 정부의 정책 실패 때문"이며, "집값 안정을 위해 '공급 확대'가 필요"하다는 것은 당시, 경제 전문가들, 그런 전문 논객들이 조성한 비등한 여론이었기 때문입니다. 예컨대, 이렇게;

> 한국경제학회 조사에서 경제학자의 76%가 수도권 집값 급등이 정부의 부동산 정책 실패 탓이라고 응답했다. 전 정권 탓, 과잉 유동성 탓, 다주택자 탓을 하는 정부의 '남 탓'이 틀렸다는 것이다. 경제학자의 78%는 집값 안정을 위해 '공급 확대'가 필요하다고 했고, 정부·여당이 과속 날림으로 통과시킨 임대차보호법에 대해선 72%가 "세입자 부담을 상승시킬 것"이라고 답했다.[39]

여기에서 우리는, "수도권 집값"을 "급등"시킨, 문재인 정부의 정책 실패가 얼마나 어마어마하게 위력적인 그것이었는가를 결코 놓쳐서는 안 됩니다. 왜냐하면, "美 금리인상에도 주택시장 돈 몰려 / 독일선 1년 만에 22% 오르기도 /곳곳에서 '부동산 거품론' 잇따라 / 스웨덴·중국·캐나다선 규제 나서"[40] 운운하는 보도나, "전 세계 주요국의 부동산 가격이 2008년 글로벌 금융위기 직전 수준을 넘어서 역대 최고 수준을 기록했다. 국제통화기금(IMF)이 최근 발표한 '세계 주택시장 동향' 통계에 따르면, 지난해 4분기

---

[39] [사설] "경제학자 76% '집값 급등은 정부 탓', 실패 인정해야 잘못 고친다", ≪조선일보≫, 2020. 09. 01. (<https://www.chosun.com/opinion/editorial/2020/08/31/L6GAFIDDONHLTJUYZUV75KSK54/>)

[40] 장상진 기자, "5000조원 풀린데다 경기 회복 ... 지구촌 집값 전고점 뚫었다", ≪조선일보≫(인터넷판) 2018. 01. 20. (<http://news.chosun.com/site/data/html_dir/2018/01/20/2018012000198.html>)

'글로벌 실질 주택가격 지수'가 160.1로 집계돼 자료가 확보된 2000년 이후 최고를 기록했다. 이는 전 세계 주택가격이 최고점을 찍었던 금융위기 직전인 지난 2008년 1분기의 159.0보다 높다."41) 운운하는 보도 등에서도 알 수 있는 것처럼, 당시 집값, 부동산 가격의 폭등은 세계적인 현상이었기 때문입니다. 즉, 문재인 정부의 정책 실패가 전세계 주요 대도시들의 주택 가격을 폭등시켰기 때문입니다.

그런데, 서울을 비롯 수도권의 폭등하는 주택가격을 안정시키기 위해서, 국회의사당을 이전하고 그 자리에 아파트를 지어야 한다는 등등의 천재적 주장들이 아둔한 제가 보기에는 저들의 무지의 과시일 뿐입니다. 그리고 특히 집값폭등이 문재인 정부의 정책 실패 탓이라는 "76%" "경제학자"님들의 주장은, 위 보도들을 본 여러분도 동의하시겠지만, 정신과 의사의 치료를 받아야 할 백치증세임에 분명합니다.

'집값' 혹은 '주택가격' 혹은 '아파트 값'이 폭등했다고 표현하지만, 폭등한 것은 사실은 그 집, 주택, 아파트라는 건축물의 가격이 아닙니다. 폭등한 것은 그것들이 서 있는 토지의 가격입니다. 그리고 앞에서 본 것처럼 토지가격은 그 토지의 지대가 자본화된 것이기 때문에 그 지대가 폭등한 것을 의미합니다. 그리고 이 폭등 자체는 앞에서 언급한 산업순환의 국면, 즉 호황 말기에 일어나는 주기적 현상이지만, 그러한 현상은 대도시일수록 심대하게 일어납니다. 이는, 여기에서는 자세히 설명할 여유가 없는 도시의 '건축지 지대'의 문제인데, 주기적으로 반복되는 이 폭등이 언제나 그리고 어느 나라에서나 대도시에서 일어난다는 사실 자체가, 그리고 동일한 사양의 주택이라도 대도시일수록 그 가격이 비싸다는 사실이 그것을 증명합니다.

사안이 이럴진대, 예컨대, 서울의 주택가격이 폭등하지 않도록 대대적인 량의 아파트를 공급해야 한다는 저 천재들의 주장이나, 동일한 발상으로 소위 신도시 건설 등을 해온 역대 정부들의 정책은 주택가격에 어떤 영향을 미치는 것이겠습니까?

이미 답이 나와 있지요? — 서울의 주택가격을 더욱 올라가게끔 하는 것

---

41) 박은하 기자, "전 세계에서 치솟는 집값 … IMF '주택가격 역대 최고'", 《경향신문》 (인터넷판), 2018. 09. 10. <http://biz.khan.co.kr/khan_art_view.html?artid=201809101933001&code=920100>)

이고, 주기적으로 더욱더 폭등하게 하는 것이라고요!

6. 이삭줍기─독점가격 및 '정보상품'의 가격에 대하여

이상에서 상품의 가격과 그 변동에 대해서 설명을 드렸는데, 이제 여기에서는 누락된 문제에 대해서 간단히 말씀드리겠습니다.

독점가격에 대해서입니다.

누차 말씀드리는 것이지만, 상품의 가격은 그 가치의 화폐적 현상형태이고, 자본주의적 생산이 지배적인 사회에서는 경쟁에 의해서 이윤이 평균화됨으로써 생산가격이 성립되고, 시장가격은 이 생산가격을 중심으로 상하로 진동합니다.

그런데 어떤 상품은 전적으로든 부분적으로든 경쟁을 배제합니다. 피카소의 그림과 같은 독창적인 예술품이나, 고려청자, 이조백자 등과 같은 골동품이 전형적이지만, 특정한 지형과 지질, 기후조건에서만 생산되는 뛰어난 품질의 포도주 같은 것들도 그러합니다.

이러한 상품의 가격은 결코 그 가치에도, 생산가격에도 의존하지 않고, 오직 구매자의 구매욕과 지불능력에만 의존하는데, 이를 본래의 독점가격이라고 합니다.[42]

자본주의적 생산이 발전하면 자본과 생산의 집적·집중이 발생하며, 그에 따라 경쟁을 배제하고 시장을 지배하는, 그리하여 평균이윤을 훨씬 넘는 이윤, 즉 독점이윤을 취하는 독점자본이 등장하게 됩니다. 이렇게 하여 독점이윤을 취하는 가격이 독점가격인데, 자세한 것은 뒤에서 설명하도록 하겠습니다.

여기에서 간단히 논하고자 하는 것은 이른바 정보재, 혹은 정보상품의 가격입니다.

예컨대, 마이크로소프트사의 '윈도우'나 오피스 프로그램 같은 것들은, 비록 그것을 개발하는 데는 많은 비용과 노동시간이 필요하지만, 그것을 재생

---

[42] 《자본론》, 제3권, *MEW*, Bd. 25, S. 772.

산하는 데는 거의 아무런 노동시간도 필요하지 않습니다. 복사가 곧 그 재생산이니까요. 따라서 그 가치는 사실상 0에 가깝습니다. 그런데도 그 '가격'은 수백 달러, 수십만 원에 이르고, 일부 써버 운영 프로그램의 경우는 수백만 원, 혹은 심지어 수천만 원에 이르기도 합니다. 이것도 명백히 일종의 독점가격입니다. 그것도, 앞에서도 얘기했던 것처럼, 지적재산권이라는 국가의 폭력이 보장하는 극히 작위적인 독점에 기초한 작위적인 독점가격입니다.

그런데, 강남훈 교수, 박성수 교수, 이채언 교수, 류동민 교수 등 여러 논자는 정보상품의 가격과 이윤은 주로 지대라고 주장합니다.43) 하지만 이는 지대라는 것이 토지소유의 실현으로서, 토지소유자의 소득을 표현하는 개념이라는 사실조차 모르는 데서 나오는 주장, 아니 '경제학의 혁명'(!)일 뿐입니다.44) (참고로, 정보재의 가치·가격을 논하면서 조원희 교수는 노동자들의 임금의 차이조차 차액지대이며, "독점지대로 초과이윤을 잘 설명할 수 있는 예는 정보재보다는 코카콜라의 여러 성분의 칵테일 기술이다"라고까지 규정합니다. 경제학의 혁명을 그렇게까지 철저하게 수행하고 있습니다!45))

나아가, 강남훈 교수, 조원희 교수, 류동민 교수, 이채언 교수 등등은 정보재의 단위는 카피가 아니라 버전이니, 그 버전의 개발비가 이른바 '평균원리'에 따라 카피에 분산되는 것이니 하고 있는데, 이 역시 경제학의 혁명이기는 마찬가지입니다. 왜냐하면, 버전의 개발비가 각 카피의 가격에 '평균원리' 등에 따라서 분산된다는 그들의 주장을 받아들인다 하더라도, 그러한 '분산' 혹은 카피의 가격이 시장기구에 의해서 이루어지는 것이 아니라 소위 '지적재산권'과 그것을 뒷받침하는 국가의 폭력, 즉 시장외적 강제에 의한 것인데도 불구하고, 저들은 마치 그것이 시장외적인 강제에 의하지 않은 것인 것처럼, 혹은 그 시장외적 강제가 아무런 이론적 문제를 제기하지 않는 듯이 논하고 있기 때문입니다.

---

43) 강남훈 외, ≪정보재 가치논쟁≫, 한신대학교 출판부, 2007 등 참조.
44) 채만수, "정보재 가치논쟁과 경제학의 혁명", ≪정세와 노동≫ 제36호, 2008. 6. 참조.
45) 조원희, "사소한 문제, 큰 소동…", pp. 247, 251.

제5강 자본과 잉여가치, 이윤

1. 자본

1) 상품유통과 자본의 유통

우리는 이 강좌를 시작하면서 제1강에서, 자본주의를 단순히 시장경제와 동일시하는 것은 '자본주의적 상품생산·상품유통'과 '상품생산·상품유통 일반'의 차이를 무시해버리는 그릇된 주장이라고 말했습니다. 실제로 이윤을 목적으로 상품을 생산하여 그것을 유통시키는 경우, 즉 자본주의적 상품생산·상품유통과, 사회적 분업이 주어져 있는 조건이기 때문에 다만 타인이 생산하는 사용가치를 획득하기 위해서 자신의 노동생산물을 상품으로 생산하여 유통시키는 경우, 즉 단순한 상품생산·상품유통의 경우는 많은 본질적인 차이를 가지고 있습니다.

단순한 상품유통

간단한 가치형태, 예컨대 '양복 1벌=쌀 5말'에서, 거듭 확인한 것처럼, 양복 1벌은 자신의 가치를 쌀 5말로서 표현하고 있고, 이때 쌀 5말은 양복 1벌의 등가형태, 혹은 등가물입니다. 그리하여 이 두 상품이 서로 교환된다면, 그것은 '양복 1벌―쌀 5말'이란 표식(表式)으로 표시되고, 이 표식은 양복 1벌과 쌀 5말이 등가(等價)로 교환된다는 것을 보여줍니다. 상품교환이 발달하여 상품의 가치형태가 화폐형태로, 따라서 그 가격형태로 표현되면, 이제 양복의 가치는, '양복 1벌=쌀 5말'이라는 단순하고 우연적인 가치형태 대신에, 예컨대 '양복 1벌=20만 원'이라는 식으로 표현될 것입니다. 양복의 생산자가 자신의 상품을 20만 원에 판매한다면, 그것은 '양복 1벌—20만 원'으로 표시될 것이고, 이는 양복의 생산자가 양복 1벌을 양도하고 20만 원을 수령한 것을 의미합니다.

그런데, 양복의 생산자가 수전노, 즉 화폐 축장자가 아닌 한, 그는 화폐 20만 원을 최종적으로 소지하기 위해서 양복을 판매한 게 아닐 것이고, 무언가 자기에게 필요한 사용가치이지만 자신이 생산하지 못하고 타인이 생산하는 물건들을 획득하기 위해서였을 것입니다. 그리하여 그는 이제 자신과 가족 누군가를 위해서, 예컨대, 구두 3켤레를 살 것입니다. 그러면 이제 그의 구매는 '20만 원—구두 3켤레'로 표시됩니다.

이러한 단순한 상품유통을 일반적으로 표현하기 위해서, 상품을 'W', 화폐를 'G', 유통을 '—'로 표시하면, 그것은 이제 W—G—W'라는 공식으로 표현되고, 이때 W와 W'의 가치 크기 혹은 가격은 당연히 동일합니다. 다시 말하면, 유통 W—G—W'는 상품소유자 A가, 유통의 제1단계에서는 화폐소유자 B에게 자신의 상품 W를 팔고(W—G: 상품의 화폐로의 전화), 제2단계에서는 그 돈으로 다른 상품소유자 C로부터 그의 상품 W'를 구매하는(G—W': 화폐의 상품으로의 재전화) 것을 가리킵니다. 그리고 단순한 상품의 유통이 W—G—W'로 표시되는 이유는, 상품생산자 A가 자신의 상품 W를 유통에 투입하여 화폐 G를 획득하는 것은 화폐 그 자체가 목적이기 때문이 아니고, 자신의 사용가치인, 그러나 사회적 분업으로 자신이 생산하지 않는 다른 상품 W'를 획득하기 위한 것이기 때문입니다. 즉, **단순상품생산자는 구매하기 위해서 판매합니다.**

이렇게 단순한 상품생산과 그 유통의 경우에는 유통, 즉 교환의 목적이 다른 사용가치의 획득이기 때문에 유통 W—G—W'는 그러한 목적이 충분히 달성되고 있음을 보여주고 있습니다.

자본의 유통과 그 모순

이에 비해서 자본의 유통은 그 형태도 목적도 단순한 상품유통과는 확연히 달라서, G—W—G' 라는 공식으로 표현됩니다.

이 자본의 일반적 공식 G—W—G'는 우선, 유통의 제1단계(G—W)에서는 화폐가 상품으로 전화되고, 그 제2단계(W—G')에서는 상품이 화폐로 재전화되고 있음을 보여줍니다. 따라서 이는, 자본가는 판매하기 위해서 구매한다는 것을 보여주고 있습니다. 그리고 상품의 생산자가, 구매하기 위해서 판매하는 대신에, 판매하기 위해서 구매할 때, 그는 단순한 상품생산자에서 자본가로 전화되고, 화폐는 자본으로 전화된다는 것을 알 수 있습니다.

한편, 공식에서 명확한 것처럼, 자본의 유통은 G, 즉 화폐로 시작해서, G′, 즉 다시 화폐로 일단락됩니다. 그런데 만일 G=G′라면, 즉, 최초에 유통에 투입한 화폐의 량과 나중에 회수하는 화폐의 량이 동일한 량이라면, 이 유통은 전혀 무의미한 것으로 됩니다. 왜냐하면, G나 G′, 즉 최초의 화폐나 나중의 화폐나 모두 질적으로 무차별한 가치의 화신인 일정량의 화폐인데, 그 량까지 동일하기 때문입니다.

쉽게 예를 들자면 이렇습니다. 화폐 1만 원을 투입하여 무언가의 상품, 예컨대, 책 1권을 수중에 넣었다면, 그것은 의미가 있습니다. 왜냐하면, 화폐 1만 원과, 그것과 교환된 책 1권은 가치의 량에서는 동일하지만, 서로 다른 사용가치이기 때문입니다. 그러나 만일 화폐 1만 원을 투입하여 다시 화폐 1만 원을 수중에 넣었다면, 이는 전적으로 무의미할 수밖에 없습니다. 왜냐하면, 투입한 화폐 1만 원과 나중에 획득한 화폐 1만 원은 질적으로도, 량적으로도 전혀 동일한 것들이기 때문입니다.

따라서 자본의 유통 G—W—G′가 의미를 갖는 것은 G′가 G보다 많은 량의 화폐, 즉 G′=G+Δg (Δg는 G의 증가분)인 경우뿐입니다. 따라서 자본의 일반적 공식 G—W—G′는 "어떤 가치액[G]이 보다 더 큰 가치액[G′]을 유통으로부터 끌어내기 위해서 유통에 투입된다"[1]는 것을 보여주고 있습니다.

이러한 유통형식은 상인자본의 그것에 전형적으로 나타납니다. 상인은 자신의 화폐 G로 상품 W를 사서(G—W), 그것을 다시 더 많은 값(G′=G+Δg)에 판매(W—G′)하여, 이윤 Δg를 취하기 때문입니다.

그런데 여기에 이러한 문제가 제기됩니다.

즉, 그렇다면 자본은 '부등가교환'을 통해서, 그러니까 싸게 사서 비싸게 팖으로써 이윤을 취하는 것인가 하는 문제 말입니다.

방금 보았듯이, 상인자본의 유통만을 보면, 그러한 것처럼 보입니다. 그리

---

1) ≪자본론≫, 제3권, *MEW*, Bd. 25, S. 51.

고 실제로 이윤의 원천을 설명하는 초기의 이론들에서는 자본의 이윤이 그러한 매매차익, 혹은 양도이익인 것처럼 인식되었고, 따라서 당시의 무역정책도 그러한 인식에 기초해 있었습니다. 과학적인 경제학으로서의 고전파 경제학이 확립되기 전, 특히 애덤 스미쓰(Adam Smith, 1723-1790)의 ≪국부론≫(1776)이 출판되기 전의 이론과 정책, 그리고 그러한 인식과 정책에 기초한 무역관행이 그것인데, 그것은 후에 **중상주의**(重商主義, mercantilism)라고 불리게 되었습니다. 여러 중상주의적 학자와 저술가들이 있지만, 그 가운데 아마 시민혁명 시대의 계몽철학자, 존 록(John Locke, 1632-1704)은 모두 잘 아실 것이고, 경제학에 관심이 있는 분은 윌리엄 페티(William Petty, 1623-1687)라는 이름도 들어본 적이 있을 것입니다.

이들 **중상주의적 이론의 특징**은 그것이 유통과정에 대한 분석을 중심으로 형성되어 있고, 이윤, 즉 부(富)의 원천을 상품의 매매차익, 혹은 같은 말이지만 양도이윤에서 찾는다는 점입니다.

그런데 이렇게 부의 원천을 양도이윤에서 찾게 되면, 국가적 혹은 국민적 차원에서의 부의 증대는 대외무역에서의 흑자의 증대와 같게 됩니다. 말하자면, 중상주의란 약탈무역과 이 무역에서의 부등가교환이 영국, 네덜란드, 스페인, 포르투갈 등, 초기 제국주의 국가와 그 왕후장상, 상인들의 부의 원천이었던 사정을 반영하는 것이었습니다.

그러나 양도이윤, 즉 부등가교환에 의해서 이윤의 원천을 설명하는 이러한 중상주의적 이론은, 상품유통이 정상적으로 이루어지는 상태에서는 모든 상품소유자, 모든 자본이 주관적으로야 똑같이 싸게 사서, 비싸게 팔려고 하지만, 실제로는 그렇게 될 수 없다는 것을 간과한 오류입니다.

그렇게 모두가 싸게 사서, 비싸게 팔 수 없는 이유는 이렇습니다. 한편에서는 모든 상품판매자가 실제로 자신의 상품을 가치보다 비싸게 팔려고 하고, 다른 한편에서는 모든 상품구매자가 실제로 상품의 가치보다 싸게 사려고 한다면, 실제로는 상품의 매매가 이루어지지 않을 것입니다. 모두가 가치보다 비싸게 팔려고 하니까 가치보다 싸게 살 곳이 없을 것이고, 모두가 가치보다 싸게 사려고 하니까 가치보다 비싸게 팔 곳이 없을 것이기 때문입니다. 싸게 사서, 비싸게 팔겠다는 각자의 주관적 욕망과 상관없이, 결국 객관적·사회적으로 이루어지는 것은 등가교환이고, 따라서 이윤은 유통과정에서 발생할 수 없는 것입니다.

그런데, 가치로서의 등가교환을 인정하면서도, 유통과 상업이 가치를 부가한다는 주장도 있습니다. 즉, 상품은 그 판매자의 수중에서보다 그 구매자, 즉 소비자의 수중에서 가치가 더 크고, 바로 그 때문에 그 구매자는 화폐를 지불하고 그것을 구매한다는 것입니다. 그러나 이러한 주장은 맑스가 비판하고 있는 것처럼,[2] **사용가치와 가치 혹은 교환가치를 혼동**하는 데서 나오는 것입니다. 유통을 통해서 구매자, 즉 소비자의 수중에서 더 커진 것, 혹은, 보다 정확하게 말하면, 보다 커졌다고 생각하고 느끼는 것은 가치가 아니라, 이른바 효용, 즉 사용가치인 것인데, 사실 이 효용, 혹은 사용가치란 주관적인 것이어서, 엄밀하게는 그 크기를 논하는 것 자체가 터무니없는 짓입니다. 그것은, 어떤 객관적 기준도 없고, 사람마다 그 크기를 느끼는 것이 모두 다를 것이기 때문입니다.

이상에서, 결국 상품의 교환은 등가교환이고, 따라서 이윤은 유통과정에서 발생하는 것이 아니라는 것을 설명했습니다.

하지만, 그럼에도 불구하고 여러분은 의문을 가질 것입니다. 누가 뭐라고 해도 상인들은 실제로 싸게 사서 비싸게 팔고, 거기에서 발생하는 차액이 결국 상인들의 이윤, 상인자본의 이윤이 아닌가 하는 의문 말입니다.

네, 겉모양만을 보면, 상업이윤은 그렇게 유통과정에서 발생하는 것처럼 보입니다. 그러나 실제로는 그 이윤도, 곧 설명하겠지만, 생산과정에서 발생한 것이고, 그렇게 생산과정에서 이미 발생한 이윤의 일부를 분여받는 것일 뿐입니다. 그것이 유통과정에서 발생하는 것처럼 보이는 것은, 말 그대로, 단지 그렇게 보일 뿐입니다(이에 대해서는 이번 강의의 마지막 부분에서 좀 더 상세히 설명하겠습니다).

아무튼 이렇게 유통과정에서는 상품의 가치변화가 일어나지 않고, 등가로 교환될 뿐이라면, 자본의 유통 공식, 즉 G—W—G'는 분명 모순을 안고 있습니다. 한편에서는 유통은 등가로 이루어진다고 하면서도, 다른 한편에서는 그 유통의 결과가 G<G', 혹은 G'=G+Δg라고 말하고 있으니까 말입니다.

도대체 이 모순이 왜 가능한가? 혹은 자본의 이윤을 이루는 Δg는 어디에

---

[2] ≪자본론≫, 제1권, *MEW*, Bd. 23, S. 173-174. (채만수 역, 제1권, 제2분책, pp. 264-266.)

서 유래하는 것인가? 이것이 바로 중요한 문제입니다.

2) 화폐의 자본으로의 전화

자본의 유통을 나타내는 공식, G—W—G'가 상품의 등가교환에 기초하고 있는데, 동시에 G < G'라는 모순을 내포하고 있다면, 이는 공식 G—W—G'에는 무언가가 생략되어 있다고밖에는 생각할 수 없습니다.

실제로 그렇습니다. 이 공식에는 자본의 유통과정만이 표현되어 있을 뿐, 그 유통의 총과정에 매개되어 있는 자본의 생산과정은 생략되어 있습니다.

화폐의 자본으로의 전화

상품의 생산과 유통을 자본이게끔 하는 전형적인 자본인 산업자본의 유통·순환과정을 보면, 다음과 같습니다.

$$G-W \begin{matrix} Pm \\ < \\ A \end{matrix} \cdots P \cdots W'(W+\Delta w) - G'(G+\Delta g) \cdot G-W \begin{matrix} Pm \\ < \\ A \end{matrix} \cdots P \cdots$$

※ Pm은 생산수단, A는 노동력, P는 생산과정, … 는 유통의 중단

이는 전형적인 자본인 산업자본의 유통공식으로서, 이 식이 표현하고 있는 바는 이렇습니다.

우선, 제1단계(G—W)에서 화폐 G의 소지자, 즉 자본가는 시장에 나아가 상품 W를 구매합니다. 그런데 그가 구매하는 상품 W는 생산수단 Pm과 그 생산수단을 사용하여 생산을 할 노동력 A로 구성되어 있습니다.

다음 단계(P)에서는 유통이 중단되고 생산과정 P가 진행됩니다. 그리고 이 생산과정 P의 결과물로서 새로운 상품 W'가 생산되는데, 이 새로운 상품 W'의 가치는, 애초의 상품 W의 가치, 즉 그 생산을 위해서 소비된 생산수단 Pm 및 노동력 A의 가치보다 큽니다. 그 증가분이 Δw로 표현되어 있고, 바로 이 증가분만큼 **생산과정에서 이윤이 생산된 것**입니다.

그 다음 단계(W'—G')에서는 이제 상품 W'를 소지한 자본가가 그것을 시

장에 가지고 나가 그 가치의 크기대로 판매[W'(W+⊿w)—G'(G+⊿g)]합니다. 판매를 통해서 회수된 화폐액은 이제 당연히 G'=G+⊿g여서, 애초에 투입한 화폐액 G보다 ⊿g만큼 크고, 이로써 자본주의적 생산의 목적인 **이윤이 유통과정에서 실현, 즉 화폐화되었습니다.**

그 다음에는 물론, 외적 요인에 의해서 자본의 이러한 유통이 제약되고 불가능하게 되지 않는 한, 자본가는 이러한 순환을 끝없이 반복합니다.

위 식을 통해서 이제 **이윤은 유통과정에서가 아니라 생산과정에서 발생하고, 생산과정에서의 가치의 증식을 통해서 발생한다**고 하는 것이 명백해졌습니다. (유통과정에서 발생하는 것처럼 보였던 상인자본의 이윤은 사실은 생산과정에서 생산된 이윤을 최종적으로 실현하는 과정을 상인자본이 담당함으로써 생산된 이윤 ⊿w=⊿g의 일부를 분여받은 것입니다.) 그리고 이윤은 이렇게 생산과정에서 발생하는 것이기 때문에, 물론 같은 얘기입니다만, 화폐는 그것이 생산수단 Pm과 노동력 A로 구성되는 생산자본으로 전화(轉化)되고, 그것이 생산과정에서 서로 결합하여 잉여가치, 즉 이윤을 생산함으로써만, 자신을 증식시키는 가치물, 즉 자본으로 전화되는 것입니다.

그리고 자본의 이러한 자기증식은, 자본이 노동력을 구매하여 그것을 생산과정에서 노동하게끔 함으로써만 가능하기 때문에, 자본은 '자본-임노동 관계' 그 자체이기도 합니다.

또한 노동자는, 한편에서는 노동과정, 즉 생산과정을 통해서 가치와 사용가치로서의 상품을 생산하지만, 그는 동시에 **자본-임노동이라는 자본관계 그 자체도 재생산합니다.** 다시 말하면, 생산과정에서 생산된 생산물은 자본가가 전유(專有)하고, 노동자는 여전히 무산(無産)의 노동자, 즉 자신의 노동을 실현할 생산수단을 소유하지 못하여 노동력을 팔아야 하는 노동자로 남기 때문에 **자본-임노동이라는 자본관계 그 자체도 재생산합니다.** 따라서 자본주의적 노동과정, 자본주의적 생산과정은, 가치와 사용가치로서의 상품의 생산과정이면서 동시에 가치의 증식과정이고, 자본-임노동이라는 자본관계의 재생산과정이기도 한 것입니다.

그리하여 "노동력은, 오직 그것이 생산수단을 자본으로서 유지하고, 그 자신의 가치를 자본으로서 재생산하며, 부불노동에서 추가자본의 한 원천을 제공하는 한에서만, 판매될 수 있다"[3)]고 맑스는 말하고 있습니다.

불변자본과 가변자본

그러면 자본은 어떻게 하여 생산과정에서 그 가치를 증대시킬 수 있는가?

그것을 알기 위해서는 우선 화폐자본이 생산자본으로 전화되었을 때, 어떤 성분으로 나뉘어 구성되는가를 볼 필요가 있습니다.

그것은 당연히 생산의 양대 요인인 생산수단과 노동자로 나뉘어 구성됩니다. 그 자본이 당연히 생산수단과 노동자로 나뉘어 구성된다고 얘기하는 이유는, 어떠한 사회에서든, 즉 그것이 원시공산사회든, 노예제나 봉건제 사회든, 자본제 사회든, 아니면 사회주의 사회든, 노동자와 생산수단은 언제나 생산의 요인이고, 무릇 생산은 이 양대 요인의 결합에 의해서만 이루어지는 것이기 때문입니다. 어떤 사회의 성격은 그 안에서 이 양대 요인이 결합되는 방식에 의해서 구별되는 것입니다. 이를 맑스는 이렇게 쓰고 있습니다.

> 생산의 사회적 형태가 무엇이든, 노동자와 생산수단은 언제나 생산의 요인들이다. 그러나 노동자도 생산수단도, 서로 분리된 상태에서는 단지 가능성에서만 그러할 뿐이다. 무릇 생산되기 위해서는 그것들이 결합되지 않으면 안 된다. 이 결합이 실행되는 방식과 양식(Art und Weise)이 사회구조의 다양한 경제적 시대를 구별한다.4)

자본제적 생산에서도 자본이 상품을 생산하기 위해서는 생산수단과 노동자라고 하는 생산의 양대 요인이 결합되지 않으면 안 되기 때문에, 자본은 먼저 시장에 가서 생산수단 Pm과 노동력 A를 구매합니다. 노예제 사회가 아니기 때문에 물론 노동자를 구매하는 것은 아니고, 노동력, 즉 노동하는 능력을 구매하는 것인데, 이 노동하는 능력은 바로 노동자로부터 분리할 수 없는 노동자의 능력이기 때문에, 그 능력을 구매함으로써 생산수단과 노동자의 결합이 이루어질 수 있게 됩니다.

구매된 생산수단 Pm은 생산과정에서 생산적으로 소비되는데, 그 가치는 증발(蒸發)해 사라지는 것이 아니라 새로운 상품 W'에 이전됩니다. 그러나, 생산수단은 가치를 증대시키는 요인이 아니며, 생산과정에서 소모된 가치가

---

3) 《자본론》, 제1권, *MEW*, Bd. 23, S. 647. (채만수 역, 제1권, 제4분책, p. 1020.)
4) 《자본론》, 제2권, *MEW*, Bd. 24, S. 42. (채만수 역, 제2권, 제1분책, p. 66.)

그 생산과정에서 생산되는 상품에 이전될 뿐입니다. 따라서, **생산수단의 구매에 투하된 자본은 '불변자본'**(c)입니다.

자본가나 부르주아 경제학자 등이 들으면, 이렇게 항의할지도 모릅니다. ──"그래, 당신들 말대로 노동가치론을 인정한다고 하자. 그렇더라도 어떻게 해서 생산수단은 생산과정에서 가치를 증식시키지 않는다고 단정할 수 있단 말이냐?!" 하고 말입니다.

여기에서 우리는, 앞에서 우리가 상품의 가치는, 따라서 사실은 그 가격도 오로지 그 생산에 사회적으로 필요한 **노동시간**에 의해서만 규정되며, 노동가치론에 기초한 이러한 설명만이 과학적이라는 것을 확인했음을 상기할 필요가 있습니다. 물론, 자본가의 소유로서 생산과정에 투입되어 있는 생산수단들의 가치도 그것들을 생산하는 데에 사회적으로 필요한 노동시간에 의해서 규정됩니다. 그러나 그 생산수단들의 가치들은 그것들이 생산과정에서 생산수단으로서 기능하기 이전인 그것들 자체가 생산되는 과정에서 생산되는 것이지, 그것들이 생산수단으로서 기능하는 과정에서 생산되거나 증대되는 것이 절코 아닙니다.

제2강에서 확인했던 것처럼, 결국 가치란 대상화, 혹은 물질화된, 혹은 응결된 인간노동이고, 그 크기는 바로 그 인간노동의 량이어서 노동시간의 길이에 의해서 규정되는 것이기 때문에, 단지 노동의 수단일 뿐인 생산수단은 그 자체가 가치를 생산하거나 증대시키지 않는 것입니다.

이렇게 가치란 결국 물질화된 인간노동이라는 것을 다시 확인한 바탕 위에서 저들의 항의를 다시 보면, "노동가치론을 인정한다고 하더라도, 왜 생산수단은 생산과정에서 가치를 증식시키지 않느냐"는 항의는 사실은 자신이 무슨 얘기를 하고 있는지도 모르는, 그저 시끄러운 소리에 불과하다는 것을 알 수 있습니다. 왜냐하면, 노동가치론에 의하면 현실적인 노동의 지출, 즉 살아 있는 노동자의 생산적 활동만이 가치를 형성·증식할 수 있는 것이어서, 노동가치론을 인정한다면, "생산수단은 왜 가치를 증식시키지 않느냐"는 따위의 항변은 성립할 수 없기 때문입니다. 다시 말하지만, 생산수단이 생산적으로 소비되어 새로운 상품에 그 가치를 이전하는 것은 말 그대로 새로운 상품에 그 가치를 이전할 뿐이지, 생산수단 그 자체는 과거의 노동, 죽은 노동이어서 새롭게 지출되는 노동이 아니기 때문입니다.

그리고 생산적으로 소비되는 생산수단, 즉 불변자본이 그 가치를 새로운 상품에 이전하는 것도, 사실은, 생산과정에서 새롭게 지출되는 노동에 의한 것, 즉 지출되는 노동의 유용적 성격에 의한 것이지, 생산수단 그 자체의 작용에 의한 것도 아닙니다. 생산과정에서 새롭게 지출되는 노동이나 기타 생산수단을 유지·보수하는 산 노동이 없다면, 생산수단은 새로운 상품에 그 가치를 이전하기는커녕 그저 녹슬고 삭아서 그 사용가치도 그 가치도 무용하게 마멸되어 갈 뿐입니다.

우리는 앞에서, 자본주의의 발전과 함께 노동자계급과 자본가계급 간의 대립과 투쟁 역시 발전하고 있는 한편에서, 노동가치론이 착취된 노동으로서의 이윤의 정체를 폭로하자 이에 위협을 느낀 부르주아 경제학자들이 착취된 노동으로서의 이윤의 정체를 은폐하기 위해서 노동가치론을 방기하고 한계효용론 등의 새로운 가치론을 전개했으나 모두 실패하고, 결국엔 무내용하고 현상론적인 중구난방의 '가격론'만으로 전락할 수밖에 없었다는 것도 보았습니다. "생산수단은 왜 가치를 증식시키지 않느냐"는 저들의 부질없는 항변도 노동가치론을 방기한 것과 같은 의도에서, 즉 착취된 노동으로서의 이윤의 정체를 은폐하기 위해서 내지르는 헛소리인 것입니다.

두 유명 교수님의 말씀들

그런데 시끄러운 헛소리일 뿐인 저런 주장들은 무교양한 자본가들이나 부르주아 경제학자들에게서만 나오는 게 아닙니다. 이 사회에서 '저명한 마르크스주의자'로 통하고, 또 그렇게 자부하는 적지 않은 수의 교수님들이나 노동운동의 지도적 이데올로그들에게서도 그러한 헛소리가 요란하게 나옵니다. 하기야 그러한 사람들이 '진보적 지식인'이니, '진보적 학자'니, '진보적 교수'니 하는 높은 성가(聲價)를 누리고 있는 것은, 우리 사회에 한정된 현상이 아니라, 독점자본의 이데올로기가 무소불위로 지배하는 이 시대의 사실상 세계적 현상이지만 말입니다. 모름지기 경계하지 않으면 안 되는데, 여기에서는 두 분의 유명 교수님을 특히 예로 들어 봅시다.

먼저, 이진경(본명은 박태호) 교수님인데, 제2강에서도 언급했던 것처럼, 천재적인 그는, "기계적 잉여가치" 운운하면서, 생산수단으로서의 기계는 물론 심지어 "자연도 가치를 창조한다"고 주장합니다. 이렇게 되면 생산수단도 당연히 생산과정에서 가치를 증대시켜 이윤을 생산하는 것으로 됩니다. 그러나 이는, 앞에서도 말한 것처럼, 단지 가치란 생산수단의 사적소유 때문에 독립적으로 수행되는 **인간노동**이 사회화되는 형태, 교환・분배되는 형태라는 사실, 즉 가치란 사회적으로 규정되는 것이란 사실에 대한 무지를 드러내는 것일 뿐입니다.

다음엔, 문제의 발언을 할 당시에는 (이제는 해체된) 영남노동운동연구소의 부소장이었고 후에 소장까지 지낸 임영일 교수님의 주장도 흥미롭습니다. 그는 1998년 8월에 "공황기 한국노동운동의 과제"라는 글에서, "이제 자본은 더 이상 더 많은 노동력의 동원이 곧 더 큰 가치생산으로 이어지지 않는 새로운 생산방식을 계발[원문대로!]"했고, "'고용을 수반하지 않는 성장'이 가능하다는 사실을 발견했고 이를 받아들일 것을 노동에게 강요하고" 있으며, 또 "자본에 대한 '노동의 양보'를 강제할 수 있는 공세적 무기를 사용하고" 있다며, 그렇기 때문에 이제 "고전적인 교과서적인 인식에 기초"한, "그저 그 충정은 이해할 수 있지만" 시대착오적인 투쟁을 그만둘 것과, "산별교섭체제에 기반한 사회적 노사관계로의 전환"을 전제로 "사민주의 혹은 수정자본주의의 계급타협의 틀" 속에서 "케인즈주의적 노선", 혹은 그들이 강조하는 '노사동반자관계'를 추구할 것을 단호하면서도 간곡히 촉구합니다.5)

그의 주장을 대략 요약하자면, 결국, '과학기술혁명의 성과로 더 많은 노동력을 고용하지 않고도 더 많은 가치를 생산할 수 있기 때문에 자본은 이제 더 이상 노동자들에게 양보하지 않으며, 따라서 이제 노동자들은 전투적인 투쟁노선을 청산하고, 자본의 비위를 맞추면서 그들의 적선을 구걸해야 한다'는 것입니다.

그러나 가치 생산과 관련해서 말하자면, 과학기술혁명에 의한 생산의 자동화는, 그것이 발달하면 할수록, 그렇게 자동화된 생산수단 그것이 가치를 생산하기는커녕 오히려 생산과정에서 살아 있는 인간노동을 배제함으로써

---

5) 임영일, "공황기의 한국 노동운동의 과제", 영남노동운동연구소, 《연대와 실천》 1998년 8월호, pp. 6-7; 임 교수의 주장에 대한 보다 자세한 비판은, 채만수, "'고용 없는 성장'의 기회주의와 경제공황", 《대학생신문》, 제87호, 1998. 9. 29.-10. 5. (한국노동이론정책연구소 편, 《현장에서 미래를》, 제37호, 1998년 10월, pp. 165-167에 재록) 참조.

거꾸로 갈수록 상품을 무가치하게 생산하게 합니다. 따라서 그 자동화 생산수단이 노동자 없이 이윤을 생산하지 않는다는 것은 두말할 나위도 없는 사실입니다.

특수한 상품으로서의 노동력과 가변자본

사실, 자본이 이윤을 생산하는 비밀은 노동력이라는 특수한 상품에 있습니다.

생산수단에 비해서 노동력은 그 사용이 곧 가치를 창출하는 노동입니다. 따라서 만일 자본가가 자신이 고용한 노동자로 하여금 자신이 그 노동자의 노동력에 지불한 가격, 즉 노동력의 재생산비로서의 임금을 생산하는 데에 필요한 노동시간 곧 '필요노동' 시간보다 더 많은 시간을 노동하게 한다면, 그는 그만큼 더 큰 가치를 획득하게 됩니다. 그리하여, 생산수단의 구매에 투하한 자본에 비해서, **자본 중에서 노동력을 구매하기 위해서 투하된 부분, 즉 임금으로 지출되는 부분은 '가변자본'**(v)입니다. 노동자는 자신이 받는 임금에 해당하는 가치를 생산하기 위해서 필요한 노동시간을 넘어 노동함으로써, 그에 의해 생산되는 상품의 가치는 '생산수단(Pm)의 가치 + 노동력(A)의 가치', 즉 '$c + v$'를 넘어 '$c + v + m$'의 크기가 되기 때문입니다. 노동력의 가격인 임금의 가치를 생산하기 위해 필요한 노동시간, 즉 노동력을 재생산하기 위해서 필요한 노동시간을 넘어 수행하는 이 노동이 '잉여노동'이고, 그 노동이 응결된 가치가 '잉여가치(m)'로서, 그만큼의 이윤이 발생하여 자본이 증대되는 것입니다.

자본주의적 생산에서는, 이는 단지 가정이나 가능성이 아니라, 실제로 자본은 그렇게 필요노동시간을 넘어 장시간 노동을 시킴으로써 자본의 가치를 증대시키고, 그리하여 잉여가치, 곧 이윤을 생산, 착취하는 것입니다. 예컨대, 자본이 노동자에게 지불하는 임금, 즉 노동력의 가치·가격은 4노동시간의 노동량에 해당하는데, 노동자로 하여금 10시간을 노동하게 하면, 자본은 6노동시간만큼의 가치를 증대시키게 되고, 바로 이 6노동시간분의 가치를 잉여가치·이윤으로서 착취하는 것입니다.

즉, 노동력의 구매에 투하되는 자본은 '가변자본'(v)인 것입니다.

고정자본과 유동자본

참고로 말하자면, 부르주아 경제학에는, 그리고 당연히 자본가들의 머리 속에는 고정자본과 유동자본이라는 개념의 구분만 있을 뿐, 방금 우리가 고찰한 불변자본과 가변자본이라는 개념이나 구분은 존재하지 않습니다. 이유는 짐작할 수 있을 것입니다. 다름 아니라, 불변자본과 가변자본이라는 개념과 그 구분은, 위에서 본 것처럼, 곧바로 착취된 잉여노동으로서의 이윤의 정체·본질을 폭로하게 되는 지름길이기 때문입니다.

고정자본과 유동자본의 구분은 생산수단이 그 가치를 새로운 생산물에 이전하는 방식의 차이에 따른 것입니다.

자본의 구성부분 가운데 상품의 소재가 되는 원료 및 연료 등의 보조재료 같은 생산수단들, 그리고 노동력은 생산과정에서 그 가치를 한꺼번에 새로운 상품에 이전해 버리는 유동자본입니다.

그에 비해서 기계나 공장건물과 같은 생산설비나 공구와 같이 그 가치를 여러 생산물에 순차로 나누어 이전하는 생산수단, 즉 본래적인 노동수단은 고정자본입니다.

이 고정자본과 유동자본의 구분은, 자본의 회전 및 그에 따른 이윤율의 문제와 관련되어 있어서, 자본가들에게는 중요한 의의를 가지고 있지만, 여기에서는 더 이상 자세히 다루지는 않겠습니다.

2. 잉여가치의 생산

계급사회의 지배계급은 피지배계급의 노동생산물을 착취하여 생활하고, 부를 축적해갑니다. 그런데 착취가 예외적, 일회적이 아니라 사회적 규모로서 계속적으로 이루어지기 위해서는 피착취자들이 계속해서 생존할 수 있고, 재생산될 수 있어야 합니다. 따라서 피지배계급인 직접생산자들의 노동생산물 가운데 그 직접생산자들이 그 생활을 유지하고도, 즉 노동력을 재생산하고도 남는 잉여생산물의 존재야말로 계급사회가 존재하고 존속할 수 있는 절대적인 조건입니다. 그리고 이는 당연히 그러한 잉여생산물이 발생할 만큼 노동생산력이 발전하는 것을 전제로 합니다.

무계급 공동체로서의 원시공산사회로부터 노예제 혹은 봉건제 사회로의 이행, 즉 계급사회로의 인류사회의 분열도 물론 노동생산력의 발전으로 대량의 잉여생산물이 발생한 것을 계기로 하고 있습니다. 지배계급의 부와 그 호화로운 생활이 이렇게 피지배계급으로부터 착취하는 잉여생산물에 기초하고 있다는 사실은 당연히 계급사회로서의 자본주의 사회에서도 마찬가지입니다.

이 잉여생산물의 착취가 전(前)자본주의 사회에서는 그 자체로서 비교적 명확히 드러났습니다. 노예제 사회에서는 두말할 나위도 없고, 신분적 예속에 기반한 경제외적 강제를 통해서 잉여노동이 공물(供物)이나 부역(賦役) 등의 형태로 착취되었던 봉건제 사회에서도 그 공물이나 부역의 강제가 착취임은 누구의 눈에나 비교적 명확히 드러났던 것입니다. 중세에 빈발했던 농민 반란들이 그 증거입니다. 중세 교회의 십일조 같은 기만적 착취는 자연과 사회에 대한 대중의 무지에 의해서 은폐되기도 했지만, 그것 역시 가혹해질수록 착취로서의 그 정체를 드러내지 않을 수 없었습니다.

그런데 자본주의 사회에서는 피착취자인 노동자가 신분적 예속을 벗어난 '자유로운 노동자'로서 존재합니다. 그러면서, 본질적으로는 자본가와 노동자 사이의 노동자의 노동력의 매매인 고용-피고용이라는 계약관계에 의해서 자본가의 사업장에서 노동을 합니다. 그리하여 잉여가치의 생산과 그 착취는 노동력 상품의 매매라는 거래관계 속에 은폐되어 있습니다. 그 때문에 자본주의적 생산양식에서는 잉여노동이 어떻게 생산되고, 착취되는가 하는 것은 자본주의적 생산과정을 과학적으로 분석함으로써만 명확해집니다.

1) 가치의 증식과정으로서의 자본의 생산과정
   － 필요노동과 잉여노동, 잉여가치

자본의 생산과정은 사용가치를 생산하는 노동과정이면서 동시에 자본의 가치를 증식(增殖)시키는 과정입니다.

노동과정과 가치증식과정

시장에서 노동력과 생산수단들, 즉 노동대상들과 노동수단들을 구매한 자본가는 자신이 구매한 노동력, 즉 노동자들로 하여금 그 생산수단들로 상품을 생산하도록 함으로써 생산과정을 개시합니다. 그런데 그 생산물이 상품이기 위해서는, 누차 얘기하는 바이지만, 무엇보다도 우선 무언가 인간의 필요·욕망을 충족시키는 유용한 물건이지 않으면 안 되고, 그러한 한에서 그 생산물들은 사용가치들입니다. 그리고 그 생산과정이 이렇게 사용가치들을 생산하는 과정인 한, 그것은 성격상 그 사용가치들을 생산하는 생산관계, 사회형태가 어떻든 관계없이 어떤 사회에서나 수행되고 또 수행되어야 할 과정, 즉 자연과 인간 사이의 물질대사를 매개하는 노동과정입니다.

그리고 그 과정에서 생산되는 것은 특정한 형태의 사용가치들, 예컨대, 양복이라든가, 책상이라든가 컴퓨터라든가 등등의 특정한 형태의 유용물들입니다. 그리고 이러한 특정한 형태의 사용가치들을 생산하기 위해서는 그 노동이 당연히 그 각각의 사용가치를 생산하기 위해 적합한 형태로, 즉 특정한 사용가치를 만들기 위한 목적에 걸맞는 구체적이고 유용한 형태로 지출되지 않으면 안 됩니다.

노동과정은 이렇게 양복이라든가, 책상이라든가, 컴퓨터 등등 특정한 사용가치를 만들기 위해서 그 목적에 걸맞는 특정한 형태로 노동이 지출되는 과정이기 때문에, 그것은 합목적적인 과정, 즉 특정한 목적을 지향하는 과정이고, 동시에 그 목적을 실현하기 위해서 노동대상들과 노동수단에 내재한 법칙들을 지배하면서 이루어지는 합법칙적인 과정입니다.

그리고 노동과정이 이렇게 합목적적인 과정이고 합법칙적인 과정이라는 것은, 그 과정 속에서 발휘되는 기능이 기술로 발전하고, 그 기술이 다시 과학적으로 고도화되면서 노동의 생산력을 증대시키게 된다는 것을 의미합니다. 노동생산력이 증대되면, 투입되는 동일한 량의 노동이 이전보다 더 많은 량의 사용가치를 생산한다는 것은 이미 알고 계신 대로고요.

노동생산력이 발전하면 이렇게 투입되는 동일한 량의 노동이 더 많은 사용가치를 생산하기 때문에 이는 각별한 역사적 그리고 사회적 의의를 가지고 있습니다.

우선 추상적으로 말하면, 그것은 인간이 살아가는 데에 필요한 생활수단들을 보다 적은 시간 동안 노동하여 획득하는 것이기 때문에 인간이 자연적 제약으로부터 그만큼 자유로워지는 것을 의미하고, 또한 인간의 생활이 그만큼 풍요로워지는 것을 의미합니다. 이는 추상적으로만 그러한 것이 아니라, 인류 역사의 장구(長久)한 본원적 단계였던 원시공산사회였든, 앞으로 인류가 열어갈 공산사회이든, 인간에 의한 인간의 착취가 없는 무계급사회에서는 현실적이고 구체적인 진실입니다. 그리고 계급사회 내에서도 소농민이나 수공업자 같은 독립적이고 자립적인 소생산자들에게도 그들의 독립성과 자립성에 비례하여 필시 그렇게, 즉 노동해야 하는 시간이 짧아지면서도 생활은 풍족해지는 것으로 작용하겠지요?

그러나 계급사회, 특히 시장이 고도로 발전하고 그에 따라 착취가 한도 끝도 없이 강화되는 자본주의 사회에서는 계급에 따라 그 효과가 판이하게 나타납니다.

우선 지주계급을 포함한 착취계급들, 특히 자본가계급에게는, 자신들 간의 경쟁에 의해서 그리고 특히 발달한 자본주의적 생산에 필연적인 주기적인 공황에 의해서 몰락하는 자본가들을 차치하면, 부(富)의 증대, 자본의 축적의 증대로 나타납니다.

반면에 노동자계급에게는 전혀 다른 효과를 가집니다. 특히 오늘날과 같이 과학기술혁명이 비약적으로 전개되면서 생산과 재생산과정 일반이 자동화, 사실상 무인화되고 있는 조건에서는 노동생산력의 그러한 고도의 발전은 갈수록 많은 노동자들을 실업과, 사실상 반(半)실업으로서의 비정규직·불완전고용의 처지로 내몰면서 그들의 생존을 위협합니다. ― 이는 물론 결국엔 자본주의 체제를 폐지하게 하는 주요한 역사적 동인이지만 말입니다. 아무튼 이들 문제에 대해서는 뒤에서 보다 더 자세히 말씀드리겠습니다.

아무튼 이렇게 자본주의적 노동과정이라는 것은 노동력의 구매자인 자본가의 입장에서는 자신이 구매한 노동력을 사용하여 상품을 생산하는 과정이고, 노동력의 판매자인 노동자의 입장에서는, 자신의 노동을 실현할 생산수단들을 갖지 못하고 노동능력만을 가진 무산자로서의 잠재적인 노동자가 생산수단과 결합되어 현실적인 노동자로서 기능하는 과정입니다.

그런데 자본주의적 생산과정이 역사상의 다른 생산과정들과 본질적으로 다른 점은, 자본주의적 생산과정 그것은 노동과정일 뿐 아니라 동시에 **가치증식과정**이라는 점입니다.

우선, 자본주의뿐 아니라 상품경제 일반, 그러니까 생산수단이 사적으로 소유되어 있고, 따라서 사회적 분업이 자연발생적으로 이루어지고 있어서 노동의 생산물이 상품으로 등장하는 사회에서는, 그 상품을 생산하는 노동과정은 동시에 가치를 생산하는 과정, 즉 **가치형성과정**입니다.

이는 상품이란 것이 사용가치와 가치의 통일물이라는 사실에서, 혹은 상품이란, 다름 아니라, 생산수단이 사적으로 소유되어 있는 조건 하에서 사회적 분업의 담당자들의 노동이 사회적인 노동으로 되어 서로 교환되기 위해 그들의 노동생산물이 취하는 형태이며, 그 가치는 그 상품들이 서로 교환되는 량적 비율을 결정하는, 그 상품들을 생산하는 데에 사회적으로 필요한 노동량이라는 사실에서 자명합니다.

그런데 자본주의적 상품생산과정은 단순한 가치형성과정에 그치지 않고, 가치를 증식하는 과정입니다. **가치증식과정**이란, 노동과정과 가치형성과정으로서의 생산과정이 시작될 때 투입된 가치의 량에 비해서 보다 큰 가치가 만들어지는 과정이란 뜻입니다.

그리고 자본주의적 상품생산과정이 이렇게 가치의 증식과정이 되는 것은 생산수단에 대한 단순한 사적소유만이 아니라 그 자본주의적 사적소유를 전제하고 있습니다. 바로, 생산수단이 자본가에게 배타적·독점적으로 소유되어 있어, 직접생산자인 노동자는 이 생산수단의 소유로부터 배제된 무산자로서 존재하는 것을 전제로 하고 있는 것이지요.

생산수단이 이렇게 자본주의적으로 소유되어 있는 곳에서는 무산자인 노동자는 생산수단을 소유한 자본가에게 고용되어야만, 즉 자신의 노동력을 팔아야만 생산수단과 결합되어 노동하며 살 수 있습니다. 누차 얘기해온 것처럼, 노동력이 시장에 상품으로 등장하는 것이지요. 그리고 자본가는 시장에서 생산에 필요한 생산수단과 더불어 이 노동력을 구매하여 사용, 즉 노동을 시키게 됩니다.

자본가가 만일 노동력을, 예컨대, 시장에서 시쳇말로 일당(日當)이라고 부르는 하루치의 가치·가격을 지불하고 구매했다면, 그는 당연히 그 노동력을 하루 동안 사용할 권리를 가집니다. 여기에서 노동력의 하루 가치·가격이란, 바로 그 노동력의 소유자인 노동자의 하루 임금으로서, 그 노동자가 자신의 노동력을 유지·재생산하기 위해서 필요한 생활자료, 생존수단의 가치·가격과 같은 량의 가치·가격입니다.

그런데, 노동자가 자신의 노동력을 유지하기 위해서, 즉 그 노동력을 재생산하기 위해서 필요한 생활자료, 생존수단의 가치·가격과 같은 크기인 이 노동력의 하루 가치·가격, 즉 임금 그것은 이 노동력이 하루 동안에 생산할 수 있는 가치, 자본가의 입장에서는 노동자를 하루 사용하여 생산할 수 있는 가치보다 훨씬 작습니다.

바로 이 때문에 노동력을 구매한 자본가가 자신의 권리에 의해서 그 노동력을 하루 동안 사용하게 되면, 즉 그 노동력을 자신의 신체의 기능으로 가지고 있는 노동자로 하여금 하루 동안 노동하게 하면, 그 노동자는 자신이 지불받은 임금보다 훨씬 많은 가치를 생산하게 됩니다. 즉 그만큼 가치를 증식하게 됩니다. 그리하여 자본가의 지휘·통제 하에서 노동자가 하루에 생산하는 생산물의 가치는, 그 상품의 생산을 위해서 생산적으로 소비되어 그 가치를 새로운 상품에 이전한 생산수단의 가치에 이 하루 동안에 노동자가 새롭게 생산한 가치를 더한 크기가 되는데, 이는 당연히 그렇게 '생산적으로 소비되어 가치를 이전한 생산수단의 가치 + 임금'보다 훨씬 크고, 바로 그만큼 가치를 증식한 것입니다.

노동일

여기에서 잠깐 노동일(勞動日)이라든가 노동주(勞動週) 같은, 우리 사회에서는 생소한 단어에 대해서 얘기를 해두고 싶습니다. 우리 사회에서는 대체로 '하루 노동시간', '주당(週當) 총노동시간' 등으로 표현하고 있습니다만, 선발 자본주의 사회에서처럼 우리 사회에서도 도입, 사용하여 정착시켜야 할 개념들이라고 생각하기 때문입니다.

세계 노동운동사가 주요하게 노동시간의 단축을 위한 투쟁으로 점철되어 있다는 것, 그리고 노동절인 메이데이 역시 1일 8시간 노동제를 확립하기 위한 투쟁에서 유래했다는 사실은 우리 모두가 알고 있는 대로입니다. 뿐만 아니라, 우리 자신도 장시간 노동을 반대하여 투쟁해왔고, 그 결과 많은 성과를 거두어왔습니다. 물론, 이미 1930년대에도 일부 선진 자본주의 국가에서는 주당 30시간, 혹은 33시간 노동제가 실시된 적이 있고, 오늘날에도 서유럽 여러 국가나 기업에서는 주당 32시간 혹은 35시간 노동제가 실시되고 있기도 합니다만, 우리가 주5일제라고 부르는 주당 40시간 노동제마저도 우리

사회에서는 아직 극히 부분적으로만, 그리고 많은 경우 사실은 기만적으로6) 실시되고 있어서 많은 투쟁이 전개되고 있고 또 필요하지만 말입니다.

그런데, 제가 방금 '1일 8시간 노동제'라든가, '주당 40시간 노동제'와 같은 표현을 썼습니다만, 여러 선발 자본주의 사회에서는, 예컨대, 이웃 일본에서도, 그렇게 표현하기보다는 대개 '8시간 노동일', '40시간 노동주'와 같은 표현을 사용하고 있고, 저는 그러한 표현을 우리 사회에도 도입, 정착시킬 필요가 있다고 주장하는 것입니다.

이유는 이렇습니다.

방금 앞에서 말씀드린 것처럼, 자본주의적 시장경제에서는 자본가가 노동력의 하루 가격, 즉 하루 임금을 주고 그 노동력을 구매하면, 그는 그 '하루' 동안 노동력을 사용할, 즉 하루 동안 그 노동자를 일 시킬 권리를 가집니다. 그런데 여기에서 그렇게 노동을 시킬 '하루'라는 것이 과연 얼마만큼의 기간이냐 하는 문제가 발생합니다. 자연의 물리적인 하루야 24시간이지만, 우선 인간으로서의 노동자의 생리적 조건과 필요 때문에 24시간 노동을 시킬 수는 없기 때문인 데에다가, 가능한 한 최대한 장시간 노동을 시키려는 자본가 측과, 노동은 체력 곧 생명력의 소모이고, 더구나 타인의 지휘·통제를 받는 자본주의적 노동 곧 소외된 노동은 인간으로서 타고 난 자질을 발전시킬 시간에 대한 제약이기 때문에 가능한 한 짧은 시간만을 노동하려는 노동자 측의 대립이 어쩔 수 없기 때문입니다.

그런데 이러한 문제의식에서, "노동력을 구매한 자본가가 노동을 시킬 권리를 갖는 '하루'"라는 관념을, 따라서 "노동력을 판매한 노동자가 노동해야 할 의무를 지는 '하루'라는 관념을 군더더기 없이 표현하는 개념이, 다름 아니라, 바로 '노동일'이고, 마찬가지로 "노동력을 구매한 자본가가 노동을 시킬 권리를 갖는 '1주일'", 따라서 "노동력을 판매한 노동자가 노동해야 할 의무를 지는 '1주일'"을 표현하는 개념이 바로 '노동주'입니다.

따라서 '8시간 노동일'이 표준노동일로 확립되어 있다면, 그 사회에서 하루 임금을 지불하고 노동력을 구매한 자본가가 노동력을 사용할 권리를 갖

---

6) '주5일제'가 시행되고 있는 대공장들에서 '잔업'이 광범하게 이루어지고 있는 현실, 즉 상대적으로 '고임금'이라는 대공장들에서조차 그러한 잔업이 널리 이루어지고 있는 현실을 상기하기 바랍니다. 왜 그런가는 다음 강의 '임금'에서 말씀드리겠습니다.

는 '하루'란 8시간이고, 그것이 바로 그 8시간 노동일입니다. 노동주도 물론 마찬가지입니다.

우리 사회에서는 많은 경우 임금을 '월급'으로 지불하는 것이 관행으로 되어 있는데, 이는 노동력을 '월' 단위로 매매한다는 것을 의미하기 때문에 '노동월'이라는 개념도 가능하고, 또 필요하다고 생각할 수 있을 것입니다. 물론 그러한 개념은 가능하고 또한 구태여 그것을 부정할 필요야 없을 것입니다. 하지만, 또한 그것은 그다지 필요하지도 않습니다. 왜냐하면, 노동일과 노동주가 주어지면, '노동월'은 그 자체로서 저절로 결정되어버리기 때문입니다. 실제로, 노동일을 둘러싼 투쟁과 노동주의 길이를 둘러싼 투쟁은 벌어지지만, '노동월'의 길이를 둘러싼 투쟁이 벌어지고 있다거나 벌어졌다는 얘기를 저로서는 들은 바가 없습니다.

말이 나온 김에, 그러면 노동일과 노동주의 길이는 어떻게 결정되는가?

그거야 경험을 통해서도 자명합니다.——그 길이를 둘러싼 노동자계급과 자본가계급 간의 투쟁의 힘의 균형점에서 결정된다는 사실 말입니다. 자본가계급의 힘이 절대적으로 우세할 때에는 산업혁명 초기의 영국에서처럼 15시간, 16시간의 노동일이 일반화되는 데 반해서, 노동자계급의 투쟁이 강력해짐에 따라서 그것이 단축되고, '단체협약'과 근로기준법 등의 규정을 통해서 표준노동일로서 제도화되는 것입니다. 실제로 우리 사회에서도, 물론 현재도 장시간 노동을 강요당하고는 있습니다만, 노동자계급의 투쟁력이 약했던, 1987년 노동자 대투쟁 이전에는 현재보다도 훨씬 더 장시간 노동을 강요받고 있었지 않습니까?

필요노동시간과 잉여노동시간

다시 자본주의적 생산과정에서의 가치증식의 문제로 오면, 자본이 가치를 증식하는 것은 결국은 임금, 즉 노동력의 가치와 같은 량의 가치를 생산하는 데 필요한 노동시간을 넘어 노동일을 연장함으로써입니다. 따라서 노동자의 노동시간은, 노동력의 가치와 동일한 가치량을 생산하는 데에 필요한 노동시간과, 그것을 넘어서 연장된 노동시간으로 나누어집니다.

이때 노동력의 가치와 동일한 량의 가치를 생산하는 데 필요한 노동시간은 곧 노동력의 재생산에 필요한 노동시간이고, 따라서 그 시간에 수행되는 노동은 곧 노동력을 재생산하기 위한 필요노동입니다. 그에 비해서 이 필요노동시간을 넘어 연장되는 노동시간은 잉여노동시간(剩餘勞動時間)이고, 이 시간에 수행되는 노동은 잉여노동이며, 이 잉여노동이 응결된 가치가 바로 자본에 의해 착취되는 잉여가치입니다. 그리하여, 잉여노동시간에 수행되는 잉여노동이 응결된 잉여가치만큼 자본은 가치를 증식하는 것인데, 이 잉여노동은, 자본에 의해서 그 대가(代價)가 노동자에게 지불되지 않고 착취되는 부분이기 때문에, 동시에 부불노동(不拂勞動)7)입니다.

그리고 이 잉여가치의 생산, 그것도 최대한의 크기의 잉여가치의 생산과 그 실현이야말로 자본주의적 생산과 경영의 동기이자 목적입니다. 맑스가 ≪자본론≫에서, "잉여가치의 생산 즉 화식(貨殖, Plusmacherei)이 이 생산양식의 절대적 법칙"8)이라고 말하고 있는 것도 바로 그 때문입니다.

생산물 가치의 구성

노동자는 생산과정에서 자신의 노동력의 가치, 즉 임금에 해당하는 가치와 잉여가치를 새롭게 생산합니다. 노동자가 생산과정에서 자신의 노동력의 가치, 즉 임금에 해당하는 가치도 '새롭게' 생산하는 이유는, 생산과정에서 소모된 가치를 새로운 생산물 즉 상품에 그대로 이전하는 생산수단 즉 불변자본에 반해서 노동력을 구매하면서 임금에 투하된 자본의 가치는 그 가치를 상품에 그렇게 이전하는 것이 아니라 노동자에 의해서 그 생활수단의 가치로 소비되어 버리고, 노동자는 자신의 노동시간의 일부에, 즉 필요노동시간에 그 임금의 가치만큼을 보충, 혹은 같은 말이지만 보상(補償)하기 때문입니다. 아무튼 이렇게 노동자가 그 노동을 통해서 새롭게 생산한 가치 부분

---

7) 참고로, '부불노동'이라고 표기하는 것이 일종의 '관행'(?)이며, 발음하고 듣기에도 훨씬 부드럽다고 생각하는데, 최근에, 예컨대, 김수행 교수 번역의 ≪자본론≫ 등에서는 이를 '불불노동'이라고 표기하고 있어서, 우리 연구소의 ≪자본론≫ 쎄미나의 뒤풀이에서 이것이 화제가 된 적이 있습니다. 그 자리에서는, 우리 어문에서 '不'은 예컨대, '不當'(부당)이나 '不正'(부정)처럼, 'ㄷ'이나 'ㅈ' 앞에서만 '부'로 발음하고, 기타의 경우에는 '불'로 발음하는 것을 염두에 두고 '불불노동'이라고 표기한 것 같지만, "'不拂勞動'은 '부지불노동'(不支拂勞動)의 약어(略語)이기 때문에 오히려 '부불노동'이라고 발음하고 표기하는 것이 타당하다"는 명쾌한(?) 결론과 합의에 도달했습니다.

8) ≪자본론≫, 제1권, MEW, Bd. 23, S. 647. (채만수 역, 제1권, 제4분책, p. 1020.)

을, 대개는 부가가치라고 부르고, 노동자계급의 과학적 경제학인 맑스주의 경제학에서는 가치생산물이라고 부릅니다.

여기에서 생산과정에서 생산되는 상품의 가치구성을 보면, 그것은 '생산을 위해 소비된 생산수단의 가치 + 가치생산물'이고, 가치생산물은 '임금 + 잉여가치'이기 때문에 그것은 다시 'c+v+m'(c: 이전된 생산수단 즉 불변자본의 가치, v: 임금 즉 가변자본, m: 잉여가치)으로 표현할 수 있습니다.

이를 그림으로 표시하면, 이렇게 됩니다.

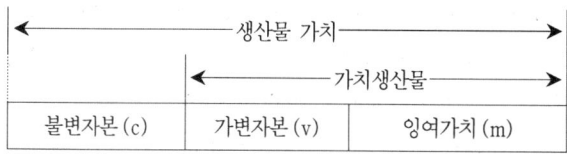

어떤 사회가 일정 기간에 생산하는 생산물의 총가치도 당연히 마찬가지 방식으로, 즉 c+v+m으로 표현할 수 있고, 이때 v+m은 역시 그 기간에 생산된 총가치생산물을 표현합니다. 그 때문에 한 사회의 재생산이 축소되지 않고 최소한 단순재생산이라도 반복하기 위해서는, 그 사회가 개인적으로 소비할 수 있는 총가치의 한계는 바로 이 총가치생산물의 크기를 넘지 않아야 합니다. 만일 그 한계를 넘어서 소비해버린다면, 다음 기(期)에는 그 전에 비해서 적은 가치의 생산수단밖에 생산에 투하할 수 없고, 따라서 사회적 생산은 그만큼 축소될 수밖에 없을 것이기 때문입니다.

물론 재생산을 위해서는 생산수단 c만이 아니라 가변자본 v도 투하되지 않으면 안 되지만, 이 가변자본 v는 임금으로서 노동력의 재생산을 위하여 노동자계급에 의해서 소비되는 부분입니다.

2) 절대적 잉여가치의 생산
— 노동시간의 절대적 연장과 잉여가치의 증대

잉여가치의 생산, 즉 자본의 가치증식은 필요노동시간을 넘어 노동일을 연장함으로써 이루어지는 것이기 때문에, 노동일을 연장하면 연장할수록 잉여가치가 증대할 것임은 두말할 나위도 없습니다. 이렇게 노동일을 연장함으로써 잉여가치를 생산하는 것을 절대적 잉여가치의 생산이라고 부릅니다.

그리고 이 절대적 잉여가치의 생산은 **자본주의적 생산을 관통하는 잉여가치 생산의 기본적인 형태**입니다. 왜냐하면, 잉여가치는 언제나 주어져 있는 생산력의 수준에서 필요노동시간을 넘어 생산되는 것이기 때문이고, 또한 이른바 잔업이나 OT(overtime, 초과노동)에서 볼 수 있는 것처럼 **임금률을 할증해서라도 노동시간을 연장하여 잉여가치를 증대시키는 것은 자본에 있어서 부단한 충동**이기 때문입니다.

절대적 잉여가치의 생산은 역사적으로 자본주의적 생산양식의 성립 초기에 특히 중요한 역할을 했습니다. 왜냐하면, 자본주의는 산업혁명으로부터 시작되었다는, 오늘날 일반적으로 퍼져 있는 통속적 생각과는 달리 자본주의적 생산양식은 산업혁명보다 훨씬 앞서 확립되었고, 그 때문에 그것이 처음 확립되어 산업혁명에 이르기까지는, 기계제 대공장의 생산이 아니라, 수공업에 기초한 생산에 의할 수밖에 없었는데, 그러한 낮은 생산력 위에서는 잉여가치의 생산의 증대는 기본적으로 노동시간을 절대적으로 연장함으로써만 이루어질 수 있었기 때문입니다.

노동의 형식적 포섭과 절대적 잉여가치 생산의 한계

실제로 자본주의적 생산의 초기 형태인 매뉴팩춰(manufacture)는 다수의 수공업 장인들을 하나의 자본의 지배 하에 모아놓은 공장제수공업이었습니다. 기존에 존재하는 노동자와 노동과정을 그대로 자본의 지배 하에 옮겨놓음으로써 자본주의적 생산체제를 확립했던 것입니다. 말하자면, **자본에 의한 노동의 형식적 포섭 혹은 종속**이지요.

그런데 절대적 잉여가치의 생산은 여러 한계를 가지고 있습니다. 우선, 하루는 24시간에 불과하기 때문에 그 자체도 한계일 뿐 아니라, 그 가운데 노동력의 재생산을 위해서 노동자 자신에게 필요한 적어도 최소한의 시간에 의해서도 그 한계는 더욱 좁아질 수밖에 없습니다. 게다가, 노동일의 과도한 연장은 노동자들의 여러 형태의 저항·투쟁을 불러올 뿐 아니라, 산업혁명이 이루어지면서 19세기 초반에 영국에서 그랬던 것처럼, 노동자계급 전반의 건강을 심각하게 훼손시키면서 노동력의 공급 일반을 위협하게 됩니다.

그리하여 노동일은 일정시간 이내로 제한되지 않을 수 없게 됩니다. 그런데 자본에게는 노동시간을 절대적으로 연장하지 않고도 잉여가치의 생산을 증대시키는 다른 방법이 있습니다.

3) 상대적 잉여가치의 생산
— 노동생산력의 증대와 잉여가치의 증대

노동일을 어느 한계 이상으로 연장할 수 없더라도, 노동일 가운데 필요노동시간, 즉 노동력의 가치를 재생산하기 위한 시간을 단축하면 잉여가치의 생산을 증대시킬 수 있습니다. 이렇게 되면, 주어진 노동일 가운데서 필요노동시간이 단축되는 만큼 잉여노동시간이 증대하게 되고, 그만큼 잉여가치가 증대되기 때문입니다. 이렇게 필요노동시간을 단축함으로써, 즉 노동력의 가치, 노동자의 임금을 삭감함으로써 잉여가치의 생산을 증대시키는 것을 상대적 잉여가치의 생산이라고 합니다. 절대적 노동시간에 대해서, 그리고 필요노동시간에 대해서 잉여노동시간이 상대적으로 증대함으로써 생산되는 잉여가치이기 때문입니다.

상대적 잉여가치 생산의 조건

우선, 잉여가치·이윤을 증대시키는 일이라면 어떤 짓이든 못할 짓이 없는 것이 자본이고 자본가이기 때문에 자본이 그 우월한 힘을 이용하여 노동자의 임금을 그 가치 이하로 지불함으로써 잉여가치를 증대시키는 경우를 생각할 수 있습니다. 현실적으로도 그러한 경우는 비일비재하지 않습니까?

그러나 이는 비정상적인 것이어서, 노동력의 정상적인 재생산을 불가능하게 할뿐더러, 바로 그 때문에 노동자들의 여러 형태의 저항과 투쟁을 불러일으키게 되고, 중장기적으로 그리고 사회적 규모에서 보면 임금은 노동력의 재생산비로 환원되게 됩니다. 그러니, 노동력의 정상적 재생산을 전제하는 우리의 논의에서는 이러한 비정상적 경우는 제외합시다.

노동일을 연장하지 않고도, 그리고 노동력의 재생산을 보장하면서도 상대적 잉여가치의 생산이 가능하기 위해서는 노동력의 재생산에 필요한 생활수단들의 생산부문, 필수 생활수단들의 생산부문에서 노동생산력이 증대하여 그 생활수단들의 생산에 보다 작은 노동시간이 필요하게 되지 않으면 안 됩니다. 필요노동시간이란 결국은 노동자가 그 노동력을 재생산하기 위해서 필요한, 즉 노동자와 그 가족이 주어진 일정한 사회적·문화적 조건 하에서 생존을 유지하기 위해서 필요한 생활수단들을 생산하는 데 사회적으로 필요한 노동시간이기 때문입니다. 필수 생활수단들의 생산부문에서 그렇게 노동생산력이 증대하면, 이제 당연히 노동력의 재생산에 필요한 량의 생활수단들을 생산하는 데에 필요한 노동시간이 단축되고, 그만큼 그 생활수단들의 가치·가격이 저하되어 임금이 저하됩니다. 그리고 바로 그만큼 잉여노동시간이 증대하고, 따라서 잉여가치의 생산이 증대하게 됩니다. 말하자면, **노동자들의 생활수단 생산부문에서의 노동생산력의 증대야말로 필요노동시간이 단축되는 조건이며, 따라서 상대적 잉여가치 생산의 조건인 것입니다.**

다만, 자본가들은 이러한 정황, 즉 노동자계급의 생활수단의 가치를 축소시키면 그만큼 잉여가치가 증대된다는 정황을 인식하고 의식하여, 그것을 위해서 목적의식적으로 노력함으로써 그 같은 결과를 얻어내는 것이 아닙니다. 자본가들이란, 자신들이 생산·판매하는 상품의 물적 구조와 성질에 대해서라면 모를까, 그리고 자본가 자신들 간의 경쟁에 따른 이윤 획득의 증감에 대해서라면 모를까, 잉여가치의 착취와 관련한 그러한 정황을 파악하고 이해할 만큼 그렇게 이성적이고 분석적인 사람들이 아닙니다. 뿐만 아니라, 그러한 분석과 이해는 착취되는 부불노동으로서의 잉여가치 곧 이윤의 정체를 폭로하는 것이기 때문에, 자본가의 이론적 대변인들인 부르주아 경제학자들은 그러한 분석과 이해 자체를 거부합니다. 부르주아 경제학에 잉여가치에 관한 논의가 사실상 전혀 없는 것도 바로 그 때문입니다.

자본에 의한 노동의 실질적 포섭

그러면 자본은 자신들이 전혀 의식하지도, 인식하지도 모르는 일을 어떻게 해서 성취해내는가?

그것은 자본주의적 생산 자체의 속성, 특히 자본주의적 생산 자체가 각 개별자본에 강제하는 경쟁전(競爭戰)과 그 때문에 발생하는 노동생산력의 발전 때문에 가능하게 됩니다.

실은, 자본이 노동을 형식적으로 포섭하여, 즉 다수의 수공업 장인(丈人)

들을 한 곳에 모아 공장제수공업 생산을 확립하게 되면, 바로 거기에서 상대적 잉여가치의 생산을 위한 조건이 자연발생적으로 등장하여 발전하게 됩니다. 자본이 수공업 장인들을 한 곳에 모아 생산을 개시하면, 이제 거기에서 노동과 생산의 방식에, 과거의 개별적·고립적으로 분산된 생산에서와는 다른 하나의 질적인 변화가 일어나고, 그 변화로 인하여, 자본의 대변자들에 의해서는 이른바 자본의 생산력으로 치부되는, 노동생산력의 증대가 발생하기 때문입니다. 그리고 이렇게 되면 **자본에 의한 노동의 실질적인 포섭** 혹은 **실질적 종속**이 발생, 발전하게 됩니다.

상대적 잉여가치 생산의 방법

(1) 단순협업

자본이 다수의 노동자를 하나의 공장 속에 모아놓고 노동을 시키게 되면, 이제는 노동이 개별적·고립적으로 이루어지는 대신에 공동으로 이루어지게 되고, 이러한 협업 자체가 노동생산력을 증대시키게 됩니다. 협업에 의해 증대되는 이러한 노동생산력은 바로 결합노동의 생산력인데. 이 결합노동의 생산력은 노동자 개개인의 노동생산력의 단순한 합(合)보다 크고, 결합노동의 이 증대한 생산성은, 그 협업이 자본에 의해서 조직되었기 때문에, 이제 이른바 '자본의 생산성'으로서 나타납니다.

이 협업에 의한 결합노동의 생산성 증대를 누구나 가끔 경험하는 예를 통해서 알기 쉽게 설명하자면 이렇습니다.

수십 개 혹은 수백 개의 벽돌을 여러 사람이 일정한 거리를 옮겨야 하는 경우를 생각해 봅시다. 이 경우 일손이 10명이라면, 여러분 같으면 어떻게 옮기겠습니까? 모르면 모를까 10명이 사람마다 각각 그 벽돌들을 들고 그 거리를 오가는 대신에 필시 10명이 일렬로 서서 그 벽돌들을 이 사람 손에서 저 사람 손으로 전달할 것입니다. 왜? 다름 아니라, 그렇게 협업하는 것이 훨씬 능률적이기 때문입니다. 즉 노동생산성이 높기 때문입니다.

바로 그렇게 여러 사람이 한 곳에 모여 일을 하게 되면, 자연발생적으로 협업이 발생하게 되고, 그만큼 생산성이 증대되게 되는데, 자본주의적 생산이 이루어지는 공장에서는 바로 그 증대된 생산성이 자본의 것으로 되는 것입니다. 그리하여 이제 **노동은 자본에 형식적으로뿐만 아니라 실질적으로도**

자본에 포섭·종속되게 되는 것입니다.

(2) 분업에 기초한 협업

단순협업에 대해서 말씀드렸지만, 아직 수공업적으로 생산이 이루어지던 자본주의적 생산의 초기에, 즉 매뉴팩춰에서 노동생산력을 크게 증대시킨 것은, 여러분 모두가 알고 있는 것처럼, 분업에 기초한 협업이었습니다. 애덤 스미쓰가 그의 《국부론》(1776)에서 소개하고 있는, 분업에 의한 못의 제조, 즉 어떤 노동자는 철사를 일정 길이로 절단만 하고, 어떤 노동자는 머리만 만들고, 어떤 노동자는 뾰족하게 갈기만 하면서 못을 만드는 예는 유명하지 않습니까?

(3) 기계제 대공업

방금 앞에서, 자본이 여러 노동자를 하나의 공장에 모아놓고 노동을 하게 하면 협업에 의한 노동생산력의 증대가 자연적으로 발생한다고 했습니다만, 자본주의적 생산이 발전함에 따라서 이제 자본은 이러한 노동생산력의 증대를 목적의식적으로 추구하게 됩니다.

무엇보다도 자본과 자본 간의 경쟁전(競爭戰)이 자본가들로 하여금 노동생산력의 증대를 추구하지 않을 수 없도록 강제합니다.

자본주의적 생산과 관련하여 '자유시장경제', 즉 '자유로운 시장경제'라는 이데올로기가 팽배합니다. 그러나 자본주의적 시장경제는, 형식적·법률적으로는 몰라도, 경제적으로 결코 자유롭지 않습니다. 자유롭기는커녕, 그것은 절대적인 강제입니다. 어느 생산자도 경쟁에서 자유로울 수 없고, 경쟁에서의 패배는 곧 파멸을 의미하기 때문입니다.[9]

그리하여 목적의식적으로 노동생산력의 증대를 추구하게 되면서 이루어진, 생산기술의 역사적 격변이 산업혁명이었고, 그 결과 자본주의적 생산은 이제 기계제 대공업의 형태로 이루어지게 됩니다.

---

[9] 나중에 독점자본(주의)을 논하는 곳에서 보다 상세히 다루겠지만, 일반적으로 경쟁을 배제하고 제한한다고 얘기되는 독점자본조차 사실은 경쟁이라는 강제 속에서 운동하고 있습니다.

산업혁명, 기계제 대공업과 노동자계급

산업혁명을 통한 기계제 대공업으로의 자본주의적 생산방식의 혁명적 이행은 노동자계급의 생활과 존재조건에도 혁명적 변화를 가져옵니다.

우선, 기계제 대공업에 의한 노동생산력의 혁명적 증대는 바로 자본의 생산력의 증대로서 나타나기 때문에 자본에 의한 노동의 장악, 그 실질적 포섭과 종속이 절대적으로 심화되게 됩니다. 그 결과 당연히 노동조건은 전반적으로 악화되어, 숙련노동과 남성 노동의 대대적인 배제, 여성 노동과 아동노동, 장시간 노동, 불완전 고용 등이 팽배하게 됩니다.

기계제 대공업에 의한 노동생산력의 비약적 증대 자체가 생산과정에서 살아 있는 노동, 즉 노동력을 배제하는 것인데다가, 산업혁명은 공장 노동력의 구성 자체를 숙련노동자에서 비숙련노동자로 대체시킴으로써 이러한 노동조건의 악화가 급격히 나타났습니다.

애초 자본주의적 생산의 초기, 즉 매뉴팩쳐 단계에서는 생산이 수공업적으로 이루어지기 때문에 공장의 노동력은, 매뉴팩쳐적 분업에 따라 비록 그 기능과 숙련이 일면화되고 또 그렇게 일면화된 것이긴 하지만, 아무튼 숙련노동자일 수밖에 없었습니다. 이러한 조건 속에서는 생산은 바로 이들 노동자의 기능과 기술, 숙련에 의존하지 않을 수 없고, 그 때문에 그들 노동자의 임금은 '고임금'[10]이었을 뿐만 아니라, 자본은, 시쳇말로, 그들 기술자의 곤조[根性]를 건드리지 않도록 눈치도 보고 '비위'도 맞추어야 하는 등, 노동자들을 장악하는 데에 일정한 한계가 있을 수밖에 없었습니다. 즉, 자본은 노동자들을 형식적으로 포섭하고 있는 데에, 혹은 형식적으로만 종속시키고 있는 데 불과했던 것이지요.

그런데 산업혁명은 이들 고임금의 숙련노동자들을 공장에서 몰아내고, 그 자리를 비숙련의 그들의 자식들과 아내로 채울 수 있게 하였습니다.[11] 노동

---

[10] 고용되는 것은 오직 숙련 기술자인 남성 가장이었기 때문에, 그들의 임금은 나머지 가족의 생계를 보장하기에 충분한 금액이지 않으면 안 되었습니다.

[11] "영국에서는 파업은 언제나 새로운 기계들을 발명하고 사용하게끔 했다. 기계들은, 말하자면, 숙련을 요하는 노동의 반란을 진압하기 위해서 자본가들이 사용한 무기였다고 할 수 있을 것이다. 근대 산업의 가장 뛰어난 발명품인 자동뮬방적기(self-acting mule)는 반항적인 방적공들을 일터에서(aus dem Felde) 몰아냈다."(K. 맑스, ≪철학의 빈곤(*Das Elend der Philosophie*)≫, *MEW*, Bd. 4, S. 176.)

조건은 당연히 크게 악화되었습니다. 산업혁명, 즉 기계와 더불어 "공장 전체에 대한, 그리하여 자본가에 대한 노동자의 속수무책의 종속이 완성"12)된 것입니다.

가장으로서의 숙련노동자들은 이제 실업자가 되어 아내와 자식들이 장시간·저임금 노동으로 벌어오는 수입에 의존하지 않을 수 없는 처지로 전락했습니다. 바로 자식들과 아내를 공장에 팔아먹고 사는, 맑스의 표현을 빌면, '노예상인'으로 전락한 것입니다.13)

그러니, 가장으로서의 그들의 체면이나 꼴이 어떻게 되었겠습니까?

여기에서 그들의 반격이 시작됩니다. 다름 아니라 자신들을 공장에서 내몬 원인인 기계를 파괴하는 운동이 그것입니다. 역사는 이 처절한 기계파괴 운동을 러다이트 운동(Luddite movement)이라고 기록하고 있는데, 이는 당연히 **패배할 수밖에 없는** 운동이었습니다.

왜 그런가?

역사의 발전법칙에 반하는 운동이었기 때문입니다.

이 강좌를 시작하면서, "필연 속에 자유 있다"고 했던 말, 자유는 법칙을 거슬러서는 있을 수 없고, 그 법칙을 파악하여 그것을 합목적적으로 지배하는 데 있다고 했던 말을 상기하시기 바랍니다. 나아가, 인류가 장시간 노동에서 해방되어 자신의 타고난 자질을 맘껏 발전시킬 수 있는 자유의 왕국으로 들어가기 위한 절대적인 물질적 전제조건은 고도의 노동생산력이며,14) 바로 이러한 조건을 충족시키기 위해 생산력을 고도로 발전시키는 것이 바

---

12) ≪자본론≫, 제1권, *MEW*, Bd. 23, S. 445. (채만수 역, 제1권, 제3분책, p. 693.)

13) "기계장치(Maschinerie)는 마찬가지로 자본관계의 형식적인 매개, 즉 노동자와 자본가 사이의 계약을 근본적으로 변혁한다. 상품교환이라는 토대 위에서는, 자본가와 노동자가 자유로운 인격으로서, 한 쪽은 화폐 및 생산수단의 소유자이고, 다른 쪽은 노동력의 소유자인 자립적인 상품소유자들로서 서로 상대한다고 하는 것이 제1의 전제였다. 그러나 이제 자본은 아동들 미성년자들을 구입한다. 노동자는 이전에는 형식상 자유로운 인격으로서 자신이 임의로 처분할 수 있는 자기 자신의 노동력을 판매했다. 그는 이제 아내와 자식을 판다. 그는 노예상인이 된다."(≪자본론≫, 제1권, *MEW*, Bd. 23, S. 417-418. 채만수 역, 제1권, 제3분책, pp. 649-650.)

14) 바로 이 때문에, 예컨대, 차문석 교수가 2001년 '사이버 노동대학'의 강의에서, 20세기사회주의, 특히 쏘련을 비판한답시고, 생산력 증대를 위한 그 피나는 노력을 "생산력주의" 운운한 것은, '사회주의 전공자'라는 그가 사실은 사회주의에 대해서는 가나다도 모르는 독점자본의 반공 이데올로그에 불과함을 고백한 것입니다.

로 자본주의의 역사적 역할·임무라는 사실도 상기하시기 바랍니다.15)

'생산성 증대운동'(?)

그러나, 그렇다고 해서 일부 부패한 어용 노조간부들이 그러한 것처럼, 그리고 일부 '진보적 지식인들'이 선동하는 것처럼, 노동자나 노동조합이 이른바 '생산성 증대운동'을 벌여서는 안 됩니다.

앞에서 본 것처럼, 노동생산력의 증대는 그것을 저지할 수도 없고, 또 '신러다이트 운동'이라고나 해야 할 운동으로 그것을 저지해서도 안 됩니다. 그러나 동시에 자본주의 하에서 노동자들이 '생산성 증대운동'을 벌여서도 안 되는 것입니다.

왜 그런가?

자본주의적 생산에서는 생산성의 증대는, 그것이 노동자계급에게 초래하는 악영향에 대항한 투쟁에서 노동자들이 승리하지 못하는 한, 반드시 노동력 배제, 즉 요즘 말로 하면 '정리해고'와 저임금화 등, 노동조건의 악화로서 나타나기 때문입니다. 그리고 노동조합이 '생산성 증대운동'을 벌인다고 하는 것은, 노동조합이 이러한 노동조건의 악화를 저지하기 위해 투쟁하는 대신에 자본의 이해를 반영하여 이를 조장하고 촉진하는 것을 의미하기 때문입니다.

물론, 생산성의 증대가 **당장은** 노동조건의 저하로 나타나지 않을 수도 있습니다. 어떤 기업의 생산성 증대가 그 기업으로 하여금 대량의 특별잉여가치·초과이윤을 획득하게 하고, 나아가 높은 경쟁력을 갖게 하여 시장의 점유율이 크게 확대되어간다면, 그러한 한에서 그 기업의 노동자들에게는 노동조건의 저하가 일어나지 않을 수 있고, 또 심지어는 노동자들의 저항을 무력화시키고, 그들의 노예적 협력을 유도해내기 위해서 임금이나 기타 노동조건이 일시적으로 상승될 수조차 있습니다.

개별 기업적 차원에서 그러한 상황이 전개된 대표적인 예가 20세기 초의 포드자동차였다면, 국민적 차원에서 대체로 그러한 상황이 전개된 것이 이

---

15) "사회적 노동생산력의 발전은 자본의 역사적 임무이자 정당성이다. 실로 이에 의해서 자본은 무의식중에 보다 고도의 생산형태의 물질적 조건들을 창출하는 것이다."(《자본론》, 제3권, *MEW*, Bd. 25, S. 269.)

른바 '종신고용'을 자랑하던 1960년대 이래 1980년대에 걸친 일본경제였을 것입니다. 그리고 최근에는 국내에서도 대표적으로 삼성전자나 현대자동차, 현대중공업 등등을 중심으로 한 일부 독점자본에서 그러한 경향이 두드러지게 나타나고 있습니다. 아예 '무노조'에 안주하며 배부른 노예의 안락함을 즐기고 있는 일부 삼성 계열 노동자들은 물론이고, 다른 대기업 공장들에서도 어떤 경우에는 노골적인, 그리고 어떤 경우에는 은근한 형태의 노동조합의 어용화, 조합간부들의 관료화를 수반하면서 말입니다.

그러나 자본주의적 생산에 필연적이고 주기적으로 닥치는 경제공황은 물론이고, 자본주의적 경쟁 자체가 그들의 안락함을 장기간 허용하지 않습니다. 더구나 지금은 과학기술혁명이 그야말로 비약적인 속도로 진행되고 있는 중이어서, 어떤 독점자본도 장기간 절대적인 우위를 점할 수 없습니다.

1920년대 이후 생산력의 절대적 우위를 자랑하던 미국경제의 '산업공동화' 운운하는 추락은 물론이고, 1990년대 이후의 일본의 경제상황, 그 안에서의 노동자계급의 상태가 이를 생생히 증명하고 있지 않습니까? 일본 자본주의에서는 '종신고용' 운운하던 망상이 사라진 지 이미 오래일 뿐 아니라, '가로시', 즉 노동자들의 빈번한 과로사(過勞死)가 익숙한 사회문제로 되어 있습니다. 그리고 혹시 일본을 방문할 기회가 있거든, 예컨대, 도쿄 한복판의 유명한 우에노 공원(上野公園)에라도 한번 올라가 보십시오. 서로 눈길이 부딪치는 게 민망하여 눈을 돌리려고 해도 마땅히 돌릴 곳이 없을 만큼 노숙자들이 많습니다. 그리고 그것이 바로 자본주의 세계경제에서 최고의 경쟁력을 자랑하는 일본의 상황입니다. 두말할 나위 없이, 독점자본이 베푸는 떡고물에 만족하면서 자본의 경쟁력 이데올로기에 포섭되어, 노동운동이 부패, 어용화되면서 노동자계급이 무력화되었기 때문입니다.16)

---

16) 2008년 6월 8일, 구조조정에 의해 직장을 잃게 되었다고 오해한 한 젊은 비정규직 노동자가 절망에 빠진 나머지 도쿄의 한 복판 아키하바라 대로상에서 7명을 죽이고 10명에게 중경상을 입히는 무차별 살인극을 벌였을 때, 한 사회비평가는 이렇게 썼습니다. ─"사건 소식을 들었을 때 … 나는 실은 그다지 놀라지 않았다. 비슷한 사건이 요즘 잇따랐다. 올해만 해도 1월에는 도쿄 시나가와에서 남자 고등학생이 행인 다섯 명에게 칼부림을 한 사건이 있었다. 3월에는 이바라키현에서 24살 남자가 한 사람을 죽이고 7명에게 부상을 입혔다." "그[아키하바라 사건의 범인]는 범행을 결행하기까지 휴대전화 사이트에 범행을 예고하는 많은 글을 남겼다. … 그 중 가장 내 시선을 끈 것은 '고교를 졸업한 뒤 8년간, 연전연패'라는 글 한 줄이다. 고이즈미 정권하의 신자유주

한국의 노동자계급, 특히 대공장 노동자들이 필히 타산지석으로 삼지 않으면 안 될 것입니다.

지나가면서 얘기하자면, 그러면 자본이 도입하는 첨단 자동화 설비 등, 생산력 증대에 대해서 노동자들은 어떻게 대응해야 하는가?

지난하고 또 임시변통적이지만, 자본주의적 생산이 이루어지는 것을 전제로 한다면, 적어도 논리적으로는 하나의 방책밖에 없습니다. 노동시간, 즉 노동일·노동주를 대폭적으로 축소시키는 것뿐입니다. 노동일·노동주를 축소하기 위한 노력은 불가피 자본 및 국가와의 투쟁으로 나타날 수밖에 없을 것입니다. 그리고 그 투쟁과정에서 노동자계급은 길을 발견할 것입니다.

특별잉여가치·초과이윤

자본주의적 시장경제에서는 경쟁전에서의 패배는 자주 파멸을 의미하고, 따라서 자본은 끝없이 노동생산력의 증대를 추구하지 않을 수 없습니다. 더구나 동일한 산업부문에서 다른 자본보다 우월한 노동생산력을 보유한 자본은 특별잉여가치, 즉 초과이윤을 획득하게 되고, 그리하여 이 특별잉여가치·초과이윤에 대한 열망 또한 자본으로 하여금 노동생산력 증대를 추구하게 하는 추동력입니다.

상대적으로 높은 생산력이 특별잉여가치, 따라서 초과이윤을 가져오는 이

정책 결과 일본은 극단적인 격차(양극화)사회가 돼 방대한 수의 프리터(Free Arbeiter의 줄임말)를 양산해 왔다. '프리터'라는 건 안정된 취직이 불가능한 젊은이들을, 마치 그들 자신이 그렇게 살고 싶어서 비정규직을 택한 듯이 일컫는 일본 특유의 화법이다. 신자유주의 경쟁사회의 생존경쟁에서 이겨 상승하는 자는 '가치구미'(승리조), 몰락하는 자는 '마케구미'(패배조)이고 '마케구미'가 된 것은 당사자의 '자기책임'이므로 동정하거나 구원의 손길을 내밀 필요가 없다는 것이다. 이 팽대한 비정규직 젊은이들은 해고 불안과 격차사회에 대한 막연한 분노를 품지만 그 불안이나 분노를 서로 나눌 또래를 만날 수도 없어 자신한테 '마케구미'의 낙인을 찍을 수밖에 없도록 길들여지고 있다. 그 중에서 방향성을 잃은 폭력을 폭발시키는 자가 나타나는 것은 오히려 당연하다 할 것이다. 아키하바라 사건에서 내가 받은 인상은 '일본 사회도 올 데까지 왔구나' 하는 것이다. 이런 종류의 사건은 앞으로도 계속 이어질 것임이 분명하다." "한국에서는 미국산 쇠고기 문제로 촉발된 시민의 촛불시위가 이명박 정권을 궁지로 몰아가고 있다. 고립된 채 자폭하는 일본 젊은이들에 비하면 한국 젊은이들이 훨씬 더 희망에 차 있는 듯 보인다. 하지만 한국 사회가 신자유주의의 길로 돌진해 가는 한 아키하바라 사건의 교훈은 한국 사람들에게도 남의 일이 아니게 될 것이다."(서경식, "일본 문제만은 아닌 '묻지마 살인'", 《한겨레》, 2008. 6. 21.)

유는, 상품의 시장가치는 그 부문에 지배적인 수준의 생산력 혹은 평균적 생산력에 기초한 노동시간에 의해서 결정되기 때문입니다. 그리하여 이 지배적인 생산력보다 우월한 노동생산력을 가진 자본은 보다 짧은 노동시간에, 즉 보다 적은 노동으로 상품을 생산하는데도 그 상품이 지배적인, 평균적인 생산력을 가진 자본에 의해서 생산되는 상품의 가격으로 판매되기 때문에 그만큼의 초과이윤, 특별잉여가치를 획득하는 것입니다.

참고로, 년 전에 상용의 범용 쏘프트웨어로서의 '정보재', 혹은 '정보상품'의 가치를 논하면서, 조원희·조복현 교수17)나 강남훈 교수18) 등은 이들 정보상품 일반의 가치·가격에는 특별잉여가치가 포함되어 있다는 논지를 편 바 있습니다.

이는 명백히 특별잉여가치에 대한 이해의 부족을 드러내는 것입니다. 왜냐하면, 방금 말씀드린 것처럼, 특별잉여가치란 <u>한 산업부문 내에서</u> 지배적인 혹은 평균적인 생산력보다 높은 생산력을 가진 자본이 획득하는, 그 상품의 개별적 가치와 시장가치의 차이어서, 이는 사실 <u>그 산업부문 내의</u> 상대적으로 생산력이 낮은 자본들이 생산한 잉여가치의 일부를 생산력이 높은 자본이 취득하는 것이며, 이 때문에, 예컨대, 정보상품 혹은 쏘프트웨어라는 한 산업부문의 상품 일반의 가치에 특별잉여가치가 포함되어 있을 수는 없기 때문입니다.

노동강도의 증대와 상대적 잉여가치의 생산

한편, 노동강도의 증대를 통해서도 자본은 상대적 잉여가치를 생산합니다. 예컨대, 어떤 공장에서 지난해에는 하루 8시간 노동으로 어떤 사용가치를 8개 생산했고, 그 가운데 4개의 가치가 노동자의 임금을 보상하는 가치에 해당되었다고 합시다. 그러면, 필요노동시간은 4시간이고, 잉여가치는 나머지 4개의 사용가치의 가치, 즉 4시간의 가치가 됩니다.

그런데 이 공장에서 금년에는 노동강도가 1.5배 강화되어 하루 8시간 노

---

17) 조원희·조복현, "디지털네트워크 경제의 가격형성과 축적동학", 한국사회경제학회 편, ≪정치경제학의 새로운 방법론 모색≫(≪사회경제평론≫ 제18호), 풀빛, 2002, p. 149.

18) 강남훈, ≪정보혁명의 정치경제학≫, 문화과학사, 2002, pp. 111, 113.

동에 12개의 사용가치를 생산한다고 합시다. 그리고 다른 사정에 변화가 없다면, 노동자의 임금을 보상하는 상품은 여전히 4개인데, 이는 이제 4시간 대신에 약 2시간 40분에 생산되게 됩니다. 즉, 약 1시간 20분만큼 필요노동시간이 축소되고, 그만큼 잉여노동시간이 증대하여 상대적 잉여가치가 생산되게 되는 것입니다. 노동강도가 강화된 만큼, 혹은 일정한 노동시간을 넘으면 노동력은 더 가속도적으로 소모되기 때문에 더 과하게 노동자들은 골병이 들게 되고요.

4) 잉여가치율, 혹은 착취율

누차 얘기하는 것처럼, 상품의 가치는 노동자들의 노동이 응결된 것입니다. 그 때문에 가치생산물($v+m$) 가운데서 임금에 대한 잉여가치의 비율(m/v)은 노동자가 자신이 행한 노동을 얼마만큼 착취당하고 있는가를 보여주는 비율입니다. 잉여가치율이라고 불리는 이 비율은 그리하여 동시에 착취율이기도 합니다.

우리는 이 잉여가치율, 혹은 착취율을, 형식적으로는, 부르주아 노동경제학이나 통계가 제시하는 소위 '노동분배율'에서 계산할 수 있습니다. 그들이 말하는 노동분배율은 정의상 '부가가치 중에서 임금이 차지하는 비율', 즉 $v/(v+m)$이기 때문에, 이 노동분배율을 d라고 하면, 잉여가치율은 $(1-d)/d$가 되는 것입니다. 예컨대, 노동분배율이 40%라면, $(1-0.4)/0.4=1.5$로서, 잉여가치율은 150%가 되는 것입니다.

그러나 이렇게 부르주아 통계가 제시하는 노동분배율로부터 계산되는 잉여가치율은 **사실은 형식적인 것에 불과합니다**. 아니, 사실은 자본에 의한 노동의 착취의 규모, 정도를 은폐하기 위한 통계조작에 불과합니다. 왜냐하면, 현대자본주의의 주요 기업형태는 주식회사인데, 이 주식회사의 부기에서는, 그리고 부르주아 국가의 세무행정에서도, 예컨대, 이재용이나 정몽구 등등과 같은 재벌 회장님들이나 은행장들이, 그리고 전무니, 상무니, 이사니 등등의 명칭을 달고 있는 그들의 대리인들이 매달 회사나 은행으로부터 가져가는 수천만 원, 수억, 수십억의 '봉급'도 모두 임금으로 처리되어, 소위 '노동분배율'을 높이는 데에 커다란 기여를 하고 있기 때문입니다.

말하자면, 부르주아 노동경제학이나 통계의 '노동분배율'은 결코 가치생산물, 즉 '부가가치' 중에서 노동자계급의 몫으로 되는 비율을 정확히 표현하는 대신에 오히려 그것을 왜곡하고, 그 실상을 은폐하고 있습니다. 그리하여 소위 노동분배율은 크게 과대평가되고, 따라서 잉여가치율, 즉 착취율은 그만큼 과소평가되게 됩니다.19)

게다가 이른바 '**통계적 여과과정**'이란 것도 있습니다.

'통계적 여과과정'?

1989년이었던가 1990년의 일입니다. 당시 부동산 가격의 폭등으로 사회 분위기가 한창 흉흉하던 때에, 이문옥이라는 감사원 감사관이 재벌의 부동산 소유 실태를 폭로하는 바람에 대통령이던 노태우가 노발대발한 적이 있지 않습니까? 그때 노태우가 노발대발하면서 내뱉었다는 말씀이 다름 아니라 "국가 고위 공무원이 어떻게 '통계적 여과과정'도 거치지 않은 자료를 유출시킬 수 있는가" 하는 것이었습니다. 즉, 어떻게 '조작도 하지 않은 통계'를 밖으로 유출시킬 수 있느냐는 것이었습니다.

---

19) 예컨대, 다음 기사를 봅시다. — "지난해 '억대 연봉'을 받는 직장인이 132만명에 육박했다. 직장인의 세전 평균 연봉은 4200만원을 넘겼다. / 국세청은 20일 '2023년 4분기 국세통계'에서 '지난해 근로소득 연말정산 신고 인원은 2053만명으로 2000만명을 넘겼다'며 '연말정산을 신고한 근로자의 1인당 평균 총급여액은 4213만원으로 전년의 4024만원보다 189만원(4.7%) 올랐다'고 밝혔다. / 총급여액이 1억원을 초과하는 억대 연봉자는 131만7000명이었다. 전년의 112만3000명보다 17.3% 늘었다. 상위 10% 근로자의 1인당 평균 총급여액은 1억3506만원으로 집계됐다. 사업소득, 이자소득 등으로 종합소득세를 신고한 사람은 지난해 1028만명으로, 전년의 934만명보다 10.1% 늘었다."("지난해 직장인 '억대 연봉' 132만명, 평균 연봉은 4213만원', ≪조선일보≫, 2023. 12. 21.)

일단 이 기사의 숫자들 혹은 통계가 '진실'이라고 가정하고, 그에 근거하여 '하위 90% 근로자'의 평균 연봉을 개산(槪算)해보면, 3180만4500원(월 평균 265만원 남짓)이 채 못됩니다. '하위 90% 근로자'의 평균 연봉(및 평균 월급)이 그렇습니다. 그러니, 하위 50%, 하위 20% ... 등등의 평균 연봉은 과연 얼마나 되겠습니까?

또한, "총급여액이 1억원을 초과하는 억대 연봉자는 131만7000명"인데, "상위 10% 근로자", 즉 (1억원 이하의 연봉자 73만6천명을 포함한) 205만3천명의 "1인당 평균 총급여액은 1억3506만원"이니, 상위 1%, 즉 20만5천300명의 혹은 상위 2%, 즉 41만600명의 "1인당 평균 총급여액"은 가히 얼마나 되겠습니까?

아무튼 저들 '상위' 몇 퍼센트의 엄청나다고밖에 할 수 없는 '평균 연봉'이 노동분배율을 높이는 데에, 그러니까 노동자들 전체의 '평균 연봉'을 높이는 데에 역시 엄청나게 기여하고 있습니다. 참으로 얼마나 고마운 일입니까?

대통령 각하께서 그렇게 노발대발하시는 바람에 이문옥 씨는 천기를 누설한 죄로 감옥으로 갈 수밖에 없었습니다.

저들이 발표하는 소위 노동분배율이란 것도 필시 그런 여과과정을 거친 것 아니겠습니까?[20]

3. 이윤

1) 잉여가치의 이윤으로의 전화

이상에서는 주로 자본의 생산현장, 즉 그 생산과정을 중심으로 고찰을 했습니다. 그러나 생산된 상품은, 따라서 그 가치도 그 속에 포함되어 있는 잉여가치도 유통과정에서 가치의 사회적인 화신(化身)인 화폐로 실현되지 않으면 안 되고, 그렇게 해서 회수된 화폐는 다시 생산자본으로 투하되지 않으면 안 됩니다. 생산과정의 산물인 상품은 시장에서 판매되어 그 가격이 회수되지 않으면 안 되고, 그렇게 회수되어 다시 생산과정을 시작하곤 하는, '화폐자본→생산자본→상품자본→화폐자본→생산자본…'의 순환운동을 계속하지 않으면 안 되는 것입니다.

이 과정은 물론 자본이 단순히 그 형태만을 바꾸는 단순한 변태(變態) 과

---

[20] 국가가 제시하는 통계가 얼마나 믿을 수 없는 것인가에 대해서는 사실상 가장 극우적이고 국가주의적인 ≪조선일보≫조차 이렇게 지적하고 있을 정도입니다. ─ "역대 정권들이 권력을 잡을 때마다 이것만은 꼭 고쳐야 한다며 들춰대는 단골 메뉴가 국가통계 개선 방안이었다. … 통계청이 외부 전문가에게 맡겨 2006년부터 지난해까지 858종의 국가승인통계 가운데 515종에 대해 정기품질진단을 했더니 1,213건의 개선과제가 나왔다. '산업기술 인력 수급동향 조사', '전염병 발생 보고', '생산자 물가지수'를 비롯해 거의 대부분의 통계가 개선할 필요가 있다는 지적을 받았다는 사실은 충격적이다. … 국민들은 일자리가 없다고 아우성인데 정부가 발표하는 실업률은 3-4%대다. 수치상으로만 보면 OECD(경제협력개발기구) 회원국 평균 실업률의 절반도 안 되는 '완전 고용' 상태다. 취업준비생이나 구직단념자 등을 실업자에 포함하지 않는 등 기준 자체에 문제가 있기 때문이다. 사실상 실업률은 3-4배에 달한다는 것이 경제학자들의 주장이다. … 통계에 대한 인식의 전환, 획기적인 투자 없이 '중요하다'고 말로만 떠들어대는 것은 '내 입맛에 맞는 통계만 가져오라'는 것이나 다름없다."(조정훈 논설위원, "못 믿을 통계, 못 믿을 정책", ≪조선일보≫ 2010. 9. 10.)

정이 결코 아닙니다. 그것은 반복적으로 그 가치를 증식하는 과정, 즉 반복적인 G → G′(=G+⊿g)의 과정이며, 그 증가분 ⊿g는 생산과정에서 특수한 상품으로서의 노동력을 필요노동시간을 넘어 사용한 결과인 잉여가치(m)가 상품의 판매를 통해서 이윤으로서 실현된 것입니다. 그리고 이 이윤, 그것의 취득이야말로 자본주의적 생산과 경영의 목적입니다.

이윤이란 이렇게 생산과정에서 생산된 잉여가치가 가치의 사회적 화신, 그 타당한 형태인 화폐로서 실현된 현상형태, 즉 **잉여가치의 현상형태**에 불과합니다.

그러나 물론 자본가나 부르주아 경제학자들에게는 이윤은 결코 잉여가치의 현상형태로 생각되거나 받아들여지지 않습니다. 그들에게 이윤은 그저 생산을 위해 투하한 자본의 증식분일 뿐입니다.

우리가 이미 확인한 것처럼, 상품의 가치구성은 W=c+v+m이고, 잉여가치 m은 가변자본인 임금 v를 지불받는 노동자들의 부불노동에 의해 생산되는 것이지만, 자본가들에겐 이 잉여가치 m은 단지 자신들이 투하한 c+v의 과실(果實), 즉 증식분으로만 인식되고, 불변자본(c)과 가변자본(v)의 차이는 그들에게선 사라져버리는 것입니다.

그리하여 이제 c+v는 비용가격—k로 표시합시다—이 되고, 잉여가치는 이윤—p로 표시합시다—이 됩니다. 그리고 상품의 가치 W=c+v+m은 그 가격 W=k+p가 됩니다.

이윤률

그런데 자본에게 있어서는 이윤의 절대적 크기도 물론 중요하지만, 그보다 더 중요한 것은 투하자본에 대한 이윤의 비율인 이윤률입니다. 그리하여 이윤률을 p′라고 표시하면, 그것은 일단

$$p' = \frac{p}{k} = \frac{m}{c+v}$$ 이 됩니다.

이렇게 해서 표시되는 이윤률은, 해당 상품의 생산에 직접 소비된 불변자본(c) 및 가변자본(v)에 대한 잉여가치, 즉 이윤의 비율입니다.

그런데 자본가들에게는, 한편에서는 이렇게 어떤 상품의 생산에 직접적으로 소비된 비용가격에 대한 이윤의 비율도 문제가 되지만, 그들이 더 중시하는 것은 투하 총자본에 대한 이윤의 비율입니다. 즉, 공장 건물이나 기계장치 등처럼 생산과정에서 새로운 상품에 그 가치를 부분적으로밖에는 이전하지 않지만, 자본이 그 생산과정을 진행하기 위해서 없어서는 안 되는 고정자본의 가격을 포함한 총불변자본—C라고 표시합시다—에 가변자본을 합한 총투하자본 C+v=K에 대한 이윤의 비율이 문제인 것입니다.

따라서 이제 이윤률은

$$p' = \frac{p}{K} = \frac{m}{C+v}$$ 이 됩니다.

한편, 이윤률은 일반적으로 1년을 단위로, 즉 1년에 투하된 총자본에 대한 총이윤으로 계산됩니다. 그리고 이 총이윤은 가변자본을 포함한 유동자본의 1년간의 회전수에 달려 있는데, 위 식에서 잉여가치 m, 혹은 이윤 p는 그 1회전에서 생산·획득되는 잉여가치·이윤이기 때문에, 그 1년간의 회전수를 n이라고 하면, 한 해의 년간이윤률은 이제

$$p' = \frac{pn}{K} = \frac{mn}{C+v}$$ 이 됩니다.

이윤률과 잉여가치, 잉여가치율의 관계

우리는 자칫 잉여가치가 증대하고, 잉여가치율이 높아지면, 이윤률도 역시 높아질 것이라고 생각하기 쉽습니다.

그러나 반드시 그러한 것은 아닙니다.

이를 위의 식을 이용하여 설명하자면 이렇습니다. 우선, 지금 잉여가치율의 증감에 의한 이윤률의 증감도 문제가 되니까 이를 위 식 속에 표현하기 위해서 잉여가치율을 m'라 하면, m'=m/v이고, 따라서 m=m'v이기 때문에, 위 식은

$$p' = \frac{mn}{C+v} = \frac{m'nv}{C+v} \text{ 가 됩니다.}$$

이 식이 보여주는 것은, 이윤률 p'는 잉여가치 m, 가변자본을 포함한 유동자본의 회전수 n, 잉여가치율 m', 그리고 가변자본 v의 증감에 정비례하지만, 투하 총자본의 크기 C+v, 특히 총불변자본의 증감에는 반비례한다는 것입니다.

따라서 이는, 잉여가치나 잉여가치율이 증대하면 이윤률은 상승하겠지만, 만일 잉여가치나 잉여가치율의 증대가 불변자본의 증대와 동시에 일어나고, 불변자본의 증대율이 잉여가치나 잉여가치율의 증대율보다 클 때에는 잉여가치나 잉여가치율의 증대에도 불구하고 이윤률은 하락할 것이라는 것을 보여주고 있습니다. 즉, 잉여가치율의 상승과 이윤률의 하락이 동행할 수도 있는 것입니다.

2) 자본의 경쟁과 일반이윤률, 생산가격, 시장가격

이제까지 우리는 각각의 자본가적 상품생산자, 혹은 각 산업부문의 자본가는 그 각각이 생산한 잉여가치를 이윤으로서 취득한다고 가정했습니다.

그러나 산업부문마다 생산의 조건이 다르기 때문에 동일한 크기의 자본을 투하하더라도 각 산업부문에서 생산되는 잉여가치의 량은 다를 수밖에 없고, 따라서 산업부문별 개별적 이윤률은 다를 수밖에 없습니다. 그런데 자본의 목적은 이윤이고, 그것도 최대한의 목적입니다.

따라서 자본은 당연히 이윤률이 낮은 부문에서 이윤률이 높은 부문으로 이동하게 됩니다. 이렇게 되면, 이윤률이 낮았던 부문에서는 공급이 축소되면서 상품의 가격이 상승하여 이윤률이 높아지게 되고, 이윤률이 높았던 부문은 공급이 증대하면서 상품의 가격이 하락하여 이윤률이 내려가게 됩니다. 이렇게 더 높은 이윤률을 취하려는 자본의 경쟁은 그 결과로, 그리고 사실은 장기적 평균으로서는 각 산업부문의 이윤률을 동일하게 만듭니다.

이렇게 평균화된 이윤률을 평균이윤률, 혹은 일반이윤률이라고 부르고, 그 평균이윤률에 의한 이윤을 평균이윤, 그리고 비용가격(c+v)에 이 평균이윤을 더한 가격을 생산가격이라고 부릅니다.

그런데 사실은 이 평균이윤률, 평균이윤, 생산가격이란 물론 논리적·수학적으로 도출될 뿐인 개념입니다.

예컨대, 어떤 한 나라에 투하되어 있는 총자본의 가치에 대한, 1년간에 생산되어 실현된 총잉여가치, 즉 총이윤의 비율을 계산하면, 그 사회에서의 그 기간의 평균이윤률을 도출할 수 있을 것이고, 그리하여 평균이윤도 생산가격도 계산이 가능할 것입니다.

그러나 사적소유에 기초한 자본주의적 생산의 본질적 특징 중의 하나는 그 사회적 무정부성입니다. 그리하여 생산되어 실현되는 년간 총잉여가치, 총이윤이 얼마만큼인지도, 투자되고 투자되어 있는 자본의 총액, 총가치가 얼마만큼인지도 사실은 알 길이 없습니다. 웬만큼이라도 발달한 자본주의 국가라면, 물론 그 국가는 국가적 규모로 이른바 '국민경제 통계'라는 걸 작성하고, '경제학자들', 특히 이른바 '거시경제학자들'께서는 그걸 절대시하면서 이런저런 말씀을 지껄여댑니다. 그러나 저 '국민경제 통계'라는 것을 진실로서 전제하며 절대시하는 것은 사실은 현실을 외면하는 것입니다. 그 '통계'의 절대적 부분이, 다름 아니라, 자본가들 자신의 이런저런 보고에 기초할 수밖에 없는데, 그 보고의 태반이 사실은 진실이 아니기 때문입니다. 왜냐? 그들 보고는 바로 그것들을 보고하는 자본가들 자신이 납부해야 하는 각종 세금의 규모와 직결되어 있기 때문입니다. ― 평균이윤률, 평균이윤, 생산가격이란 논리적·수학적으로 도출되는 개념일 뿐인 것입니다.

그럼에도 불구하고 이 평균이윤률과 생산가격은 자본주의적 재생산과정에서 규정적인 역할을 하고 있습니다. 보다 큰 이윤, 보다 높은 이윤률을 위한 자본 간의 경쟁과 그에 따른 부문 간 자본의 이동에 따른 각 산업부문의 그때그때의 현실적인 이윤률, 즉 시장이윤률은 바로 이 평균이윤률을 중심으로 하여 끊임없이 상하로 진동하고 있고, 시장에서의 실제 상품가격인 시장가격도 바로 이 생산가격을 중심으로 끊임없이 상하로 진동하기 때문입니다. 즉, 자본주의적 재생산과정에서는 어떤 부문의 상품의 시장가격이 평균이윤률에 의해서 규정되는 생산가격보다 낮을 때에는 시장가격이 그 생산가격보다 높은 부문, 즉 이윤률이 평균이윤률보다 높은 부문으로 자본이 유출되어 공급이 축소됨으로써 그 부문 상품의 가격과 이윤률이 상승하게 되고,

거꾸로 시장가격이 생산가격보다 높은 부문에는 자본이 유입되어 상품의 가격과 이윤율이 하락하는 운동이 끊임없이 반복되는 것입니다.21)

3) 이윤율의 경향적 저하법칙

앞에서 우리는 자본의 이윤율은 잉여가치, 가변자본을 포함한 유동자본의 회전수, 잉여가치율, 그리고 가변자본의 증감에 정비례하고, 투하 총자본의 크기, 특히 불변자본의 증감에 반비례한다는 것을 보았습니다. 여기에서 잉여가치율이나 유동자본의 회전수가 동일하다고 가정하면, 자본의 이윤율은 결국 가변자본과 불변자본 간의 비례적 구성에 의해서 규정된다는 것을 알 수 있습니다.

자본의 유기적 구성

우리는 경제적인 사회구성, 혹은 생산양식이 어떻든지 간에 생산수단과 노동자는 생산의 양대 요인이라는 것, 그리고 자본의 생산과정은 노동과정임과 동시에 가치증식과정이라는 것을 보았습니다.

여기에서 자본의 생산과정을 노동과정이라는 관점에서 보면, 이 과정은 생산이 이루어지는 시기의 기술적 성격과 수준, 즉 노동생산력에 의해서 규정되는 일정량의 생산수단과 그것을 운전하고 변형·변질시키는 일정량의 노동자의 결합에 의해서 이루어진다는 것은 당연합니다. 바로 이 일정량의 생산수단과 그것을 작동하고 변형·변질시키는 일정량의 노동자의 비례적 구성, 노동력의 량에 대한 생산수단의 량의 구성 비율은 **자본의 기술적 구성**입니다.

이 자본의 기술적 구성은 노동생산력에 의해서 규정되는 것이기 때문에, 노동생산력이 높으면 높을수록 그 구성은 그 도(度), 즉 비율이 높아집니다. 노동생산성이 높으면 높을수록, 한 사람의 노동자가 더 많은 량의 사용가치, 즉 상품을 생산할 것이고, 따라서 그에 의해서 생산적으로 소비되는 생산수

---

21) 생산가격과 시장가격에 대한 보다 자세한 내용은, 제4강의 '3. 생산가격과 시장가격'을 참조하십시오.

단의 량도 그만큼 증대할 것이기 때문입니다.

한편, 자본의 생산과정을 가치증식과정이라는 관점에서 보면, 자본주의적 생산과정에서의 생산수단은 일정량의 불변자본으로서 나타나고, 그 생산수단을 가동하여 생산하기 위해서 고용하는 노동력은 일정량의 가변자본으로서 나타납니다. 그리하여 가치증식과정이라는 관점에서는 자본은 일정량의 불변자본과 일정량의 가변자본으로 구성되고, 이 양자 간의 비례적 구성, 즉 가변자본의 량에 대한 불변자본의 량의 구성 비율 C/v는 **자본의 가치구성**입니다.

자본의 이 가치구성은 당연히 그 기술적 구성과 유기적으로 결합되어 있지만, 그렇다고 해서 그 기술적 구성의 변화에 따라서만 변하는 것은 아닙니다. 왜냐하면, 자본의 기술적 구성에 아무런 변화가 없더라도 그 생산요소, 특히 생산수단의 가격에 변화가 발생하면, 그에 따라 자본의 가치구성이 변화할 것이기 때문입니다.

아무튼 자본의 생산과정을 있는 그대로, 즉 노동과정과 가치증식과정의 통일로 파악하려면, 자본의 구성 역시 당연히 그 기술적 구성과 가치구성을 통일적으로 파악하지 않으면 안 될 것입니다. 그리하여 **자본의 기술적 구성을 반영한 자본의 가치구성을 자본의 유기적 구성**이라고 합니다. 그리고 이 <u>자본의 유기적 구성</u>은, 어디까지나 '(자본의 기술적 구성을 반영한) <u>자본의 가치구성</u>'이기 때문에 그 량적 비율은 역시 C/v로 표현될 수밖에 없습니다.

자본의 유기적 구성의 고도화와 이윤률의 경향적 저하법칙

자본주의적 생산의 발전, 즉 자본의 축적과정은 필연적으로 **자본의 유기적 구성의 고도화**를 수반하면서 진행됩니다. 왜냐하면, 자본의 축적과정은 생산방법의 끊임없는 변혁과 그에 따른 노동생산력의 발전을 수반하면서 진행되는바, 이러한 생산방법의 변혁과 노동생산력의 증대는 보다 더 거대하고 보다 더 고가의 기계, 기타 생산설비의 부단한 도입을 통해서 이루어지는 것이고, 그 결과가 다시 생산과정에서 노동력을 배제하여 가변자본을 축소시키면서, 동시에 또 원료, 보조재료 등의 생산수단의 소비는 증대시키기 때문입니다.

이러한 자본의 유기적 구성의 고도화는 당연히 자본의 이윤률을 저하시키게 되는데, 그것은 우리가 위에서 보았던 자본의 이윤율 공식에서도 알 수 있습니다.

자본의 유기적 구성도 C/v를 O라고 하면, 이윤율

$$p' = \frac{m}{C+v} \text{은 다시 } p' = \frac{m'}{O+1} \text{로 표시될 수 있습니다.}$$

바로 이 식은, 이윤율은 자본의 유기적 구성도 O에, 물론 위 식의 분모가 O 대신에 O+1이어서 정확히는 아니지만, 경향적으로 반비례한다는 것을 보여주고 있습니다.

그런데 자본의 축적과정은 바로 자본의 유기적 구성의 **고도화**를 필연적으로 수반하기 때문에, 그 과정은 동시에 이윤율이 경향적으로 하락하는 과정이기도 합니다. 이렇게 자본주의적 생산이 발전함에 따라서 자본의 이윤율이 경향적으로 하락하는 것을 **이윤율의 경향적 저하법칙**이라고 합니다.

하지만, 앞에서 잉여가치의 증대나 잉여가치율의 상승이 반드시 이윤율의 상승을 가져오는 것은 아니었던 것처럼, 여기에서 이윤율의 하락이 반드시 이윤의 량적 감소를 의미하는 것은 아닙니다.

오히려 이윤율이 감소하면서도 이윤의 량은 증대할 수 있습니다. 왜냐하면, 자본의 유기적 구성의 고도화로 인한 이윤율의 저하는, 반드시 가변자본의 절대적 감소에 의한 것이 아니라, 불변자본에 비한 그것의 상대적 감소에 의한 것이기 때문이고, 잉여가치율의 상승을 수반하기 때문입니다. 잉여가치율이 일정한 경우를 예로 들자면, 자본의 유기적 구성이 고도화되더라도 그것이 동시에 가변자본의 증대를 수반하는 경우라면, 이윤의 절대량은 증대하게 됩니다.

숫자를 예로 들어서 설명해봅시다.

시점 A에서 충용되는 총자본 120의 구성이 불변자본 C=100, 가변자본 v=20이며, 잉여가치율이 100%여서 잉여가치, 즉 이윤이 20이라고 하면, 자본의 유기적 구성도 C/v는 500%이고, 이윤율 m/(C+v)은 약 16.7%입니다. 그런데, 재생산이 반복되고 자본이 축적되어 시점 B에서는 충용되는 총자본이 240이고, 그 구성이 C=210, v=30이며, 잉여가치율은 역시 100%

로 변함이 없다면, 잉여가치, 곧 이윤은 30이 됩니다. 즉 시점 A에서보다 시점 B에서는 잉여가치, 즉 이윤이 10만큼 증가했습니다. 그러나 이 시점 B에서는 자본의 유기적 구성이 C/v=700%로 고도화되었고, 그에 따라 자본의 이윤률 m/(C+v)도 12.5%로 하락했습니다. 이윤률의 하락과 이윤량의 증대가 동시에 일어난 것입니다.

이 예를 표로서 보면, 이렇습니다.

	자본의 구성	이윤(증감)	자본의 유기적 구성도(C/v)	이윤률
시점 A	100C+20v=120	20	500%	약 16.7%
시점 B	210C+30v=240	30(+10)	700%	12.5%

※ 잉여가치율은 모두 100%

이윤률의 저하에 반대로 작용하는 요인들

이것이 자본의 축적과정에 수반하는 자본의 유기적 구성의 고도화에 따른 이윤률의 경향적 저하법칙인데, 자본의 축적과정은 이윤률의 저하를 저지하고 완화하는 요인들도 동시에 창출합니다. 이들 요인은, 이윤률의 저하법칙을 결코 폐지하지 못하지만, 그 이윤률의 저하를 '완만하고 경향적인' 것으로 만듭니다.

맑스는 《자본론》 제3권에서, 이 이윤률의 저하에 반대로 작용하는 요인들로서 다음의 6가지를 들고 있습니다.[22]

(1) 노동의 착취도의 강화: 절대적 및 상대적 잉여가치의 생산에 의한 잉여가치율의 상승 즉 착취도의 강화는, 동일한 가변자본의 투하로 더 많은 잉여가치를 생산하거나, 주어진 노동시간에 생산하는 가치 가운데 더 많은 부분을 잉여가치, 즉 이윤으로 생산하기 때문에, 대개는 이윤률을 상승시키거나 그 저하를 완화하는 요인으로서 작용합니다. 그러나 착취도의 강화가, 예컨대, 한 사람의 노동자로 하여금 보다 대량의 기계를 지켜보게 하는 방식이나, 투하자본 가운데 보다 적은 부분을 가변자본으로 투하하는 방식에 의한

---

22) 《자본론》, 제3권, *MEW*, Bd. 25, S. 242-250.

것일 경우, 착취도의 강화는 동시에 이윤률의 저하를 수반할 수 있습니다.

(2) 노동력 가치 이하로의 임금의 삭감: 노동력 가치 이하로의 임금의 삭감은 비정상적인 것입니다. 따라서 맑스는 이를 "자본의 일반적 분석과는 관계가 없는" "단지 경험적인 사실"일 뿐이라면서도, 동시에 "이것도 이윤률의 저하 경향을 저지하는 가장 중요한 요인의 하나"라고 지적하고 있습니다.

(3) 불변자본 요소들의 저렴화: 자본의 유기적 구성을 고도화시키는 노동생산성의 증대는 동시에 불변자본 요소들의 가치를 저락시키고, 따라서 불변자본의 가격을 저하시킴으로써 자본의 유기적 구성의 고도화와 그에 따른 이윤률의 저하를 완화하는 역할을 합니다.

(4) 상대적 과잉인구: 실업과 반실업 즉 불완전고용을 포함하는 상대적 과잉인구의 생산은 노동생산력의 발전과 불가분의 관계에 있고, 또 노동생산력의 발전에 의해서 촉진됩니다. 노동생산력의 발전은, 시장의 확대 속도가 그 생산력의 발전 속도에 미치지 못할 때 생산과정에서 노동력을 배제하게 하기 때문입니다. 그런데 노동생산력이 발전하여 상대적 과잉인구가 대량으로 존재하게 되면, 한편에서는 노동자들의 임금이 저하하고, 한편에서는 자동화·기계화에 대한 노동자들의 저항이 유발되면서, 자본의 기술적 구성도가 사회적 평균 이하인 여러 부문이 존재하게 됩니다. 그리고 또 저임금 노동에 기초한 사치소비재 생산부문 같은 것도 등장합니다. 그리고 이들 부분에서는 그 저임금 때문에 잉여가치율도 높고, 또 투하총자본 가운데 가변자본의 비율도 높기 때문에 잉여가치량도 비상하게 많이 생산됩니다. 따라서 그 사회의 일반이윤률의 저하를 완화하고, 때로 마비시키게 됩니다.

(5) 대외무역: 무역은 그것이 불변자본 요소들의 가격을 싸게 만들고, 또 노동자들의 생활필수품의 가격을 싸게 만드는 한에서 이윤률을 높이는데, 무역은 생산규모의 확장을 가능하게 하기 때문에 일반적으로 그렇게 작용합니다. 다만, 이 무역이 자본주의적 생산양식을 발전시켜 불변자본에 대한 가변자본의 량을 감소시키는 경우에는, 즉 자본의 유기적 구성의 고도화를 유발하는 경우에는, 이 무역은 이윤률을 저하시키는 것으로 작용합니다.

(6) 주식자본의 증가: 이윤률 저하에 반대로 작용하는 요인으로서 맑스는, 당시의 철도와 같은 대주식자본의 증가를 들고 있습니다. 그 이유는 이들 주식자본은 단지 이자 낳는 자본으로 계산되고 충용될 뿐이어서 낮은 이윤률을 올리면서도 이윤률의 평균화에는 참가하지 않기 때문이라고 합니다.

그러면서 그는, 주식자본이 투하되는 이들 기업이야말로 실로 그 불변자본이 가변자본에 비해서 크기 때문에, 즉 자본의 유기적 구성도가 높기 때문에, 만일 이들 자본이 평균이윤률에 참가한다면, 평균이윤률은 내려갈 것이라고 말하고 있습니다.

따라서, 주식자본이야말로 자본의 일반적인 존재형태인 오늘날에는 주식자본의 증가는 오히려 이윤률의 저하 요인이 아닐까 생각됩니다.

이윤률의 경향적 저하법칙의 소결

누구나 잘 알고 있는 것처럼, 최대의 이윤과 그것을 위한 이윤률의 최대화는 자본주의적 생산의 목적입니다. 그런데 착취를 강화시켜 이윤을 최대화하려는 노동생산력의 증대가 객관적으로는 이윤률의 경향적 저하법칙으로 되어 나타난다고 하는 사실은 자본주의적 생산의 중대한 내적 모순입니다.

그리고 이 모순은, 그 이윤률의 저하를 이윤량의 증대로 보상하려는 충동을 자극하여, 한편에서는 자본의 집적·집중을 촉진하는가 하면, 다른 한편에서는 상품의 과잉생산을 촉발하고, 또 다른 한편에서는 대중의 소비를 크게 제약하고, 경쟁에 취약한 자본의 이윤률을 극도로 제약함으로써, 주기적인 공황으로 폭발하게 됩니다.

4) 이윤의 여러 분지형태(分肢形態)

노동자에 의해서 상품의 생산과정에서 생산되어 착취되는 이윤의 일부는 다시 자본의 추가분을 형성합니다. 이렇게 이윤의 일부가 자본으로 전화됨으로써 자본의 확대재생산이 이루어지는 것입니다. 그리고 자본의 이윤 가운데 나머지 부분은 여러 지배계급의 소득으로 분열됩니다.

이자

첫째로는 이자 낳는 자본, 혹은 대부자본, 즉 금리생활자에게 지불되는 이자입니다. 이 이자는 대부자본의 사용료이면서, 말하자면, 그 대부자본의 가격인데, 경제학적으로 고찰이 되어야 하는 것은 그 이자율이 어떻게 결정되는가 하는 것입니다.

혹시, 이자는 이윤의 일부이기 때문에 그 이자율은 이윤률에 의해서 규정된다고 생각할지도 모릅니다. 그러나 이자율은, 이윤률에 의해서 규정되지 않고, 대부자본의 수요-공급 관계에 의해서 규정됩니다. 대부자본의 공급은 많은데 그에 대한 수요가 부족한 경우 이자율은 내려가고, 거꾸로 공급은 부족한데 수요가 많은 경우 그것은 올라가는 것입니다.

극적인 예로서, 지난 1997년 말의 외환·금융위기 때의 상황을 상기해보십시오. 당시는 격심한 경제위기로 일반적인 이윤률이 극히 낮았을 뿐 아니라 수많은 자본이 이윤 대신에 적자를 내고 있었지만, 아니 바로 그렇게 이윤률이 극히 낮고 적자를 내고 있었는데도 대부자본에 대한 수요가 폭증했기 때문에 이자율이 폭등했던 것 아닙니까? 마찬가지로 그 후 호황기에는 이윤률은 회복·상승하였으나, 폭등한 이자율을 낮추기 위해서 국가가 자금을 살포한 데다가 대부자본에 대한 수요는 대폭 줄었기 때문에 이자율은 한국자본주의 사상 최저 수준으로 하락했습니다.

그런데 지금 든 예는 우리 사회에서 보통 제도금융권이라고 부르는 은행의 이자율입니다. 그러나 이 은행의 대부자본에 대한 수요는 부동산 담보 등 일정한 조건에 의해서 제한되어 있기 때문에 이 사회에서의 대부자본에 대한 수요 일반과는 다릅니다. 그리하여 당시 제도금융권의 이자율이 사상 최하를 기록할 때, 이 제도금융권에서 배제된 수요가 몰리는 사채(私債) 시장에서의 이자율은 사상 최고인 수백 퍼센트를 기록하고 있었다는 것도 모두 아실 것입니다.

기업자 이득

이상에서는 대체로 자본가가 자신의 자본으로 기업을 하는 것으로 간주했습니다. 그러나 대개의 자본가들은 타인의 자본을 빌려서 사업을 합니다.

그리하여 어떤 기업가가 타인의 자본을 빌려서 기업을 할 경우, 그가 노동자로부터 착취하는 잉여가치, 즉 이윤은 우선 그 타인에 대한 이자와 기업가 자신의 몫으로 분열됩니다. 이윤 가운데 바로 이 차입자본가의 몫으로 되는 부분이 바로 기업자 이득입니다. 이 기업자 이득은 물론 확대재생산, 즉 축적을 위해 자본으로 재전화되는 부분과 그 자본가와 그 가족의 생활비가 되는 소득으로 분열될 것입니다.

한국에서는 과거 고율의 인플레이션이 진행되었던 시기에 국가가 막대한, 그러나 동시에 한정된 은행의 대부자본을 극히 낮은 이자율로 특정인들에게 배정해왔고, 그리하여 사실 오늘날 한국의 재벌들은 바로 그러한 특혜 융자를 이용한 기업자 이득을 통해서 부를 축적해왔으며, 또 오늘날도 그렇게 축적하고 있습니다.

상업이윤

앞에서도 말한 것처럼, 이윤은, 자본의 유통과정에서 이른바 양도이윤으로서 발생하는 것이 아니라, 생산과정에서 잉여가치로서 생산됩니다. 그러나 그 잉여가치는 상품가치의 일부를 이루고 있기 때문에, 상품이 유통·판매되지 않으면 그 잉여가치가 실현되지 않을 뿐 아니라, 상품의 재생산과정도 개시할 수 없게 됩니다.

그런데 일반적으로 상품은, 그에 대한 수요가 대기하고 있어서 생산되자마자 판매되는 것이 아니고, 일정 기간 유통과정 속에 머물게 됩니다. 당연히 그만큼 자본은 유통과정 속에 묶여 있고, 그 회전은 늦어집니다. 뿐만 아니라 상품의 판매를 위해서는 또 그 판매를 위한 시설이나 판매 노동 등이 필요하고, 이러한 것 또한 비용을 요구하는 것입니다.

상인자본은 바로 자본의 재생산과정에서의 이 유통기능을 담당하고, 따라서 그 이윤은 생산과정에서 생산된 이윤 가운데, 자본의 재생산과정의 필수적인 일부인 이 유통기능을 담당하는 대가로 그의 몫으로 되는 부분입니다. 말하자면, 산업자본이 상인자본에게 상품을 매도하는 가격은, 그 상품 속에 포함되어 있는 이윤 전체를 포함한 그 상품의 완전한 가격이 아니라 상인자본의 이윤을 공제한 가격이고, 상인은 그 상품을 그 완전한 가격으로 판매하여 자신의 이윤을 실현하는 것입니다.

상인자본의 이윤률도 그 사회의 일반이윤률에 의해서 규정됩니다. 즉, 상인자본의 이윤의 크기는 평균이윤률과 그 자본의 크기에 따라서 결정됩니다. 이는 당연한 것이, 상인자본도 역시 상인자본 상호 간뿐 아니라 산업자본과도 경쟁 관계에 있어서 언제나 이윤률이 낮은 곳에서 높은 곳으로 이동하기 때문입니다.

지대

지대란 토지소유의 실현이어서 토지소유자의 소득을 가리키는 범주라는 것은 이미 여러 차례 말한 대로입니다.

농업이 대표적이지만, 상업이나 공업에서도 그것이 토지소유를 조건으로 하고, 특히 특정한 위치나 풍요도 등 토지의 특정한 속성과 결부되어 있는 경우에는 그 토지의 이용자로 하여금 평균이윤률을 넘는 초과이윤을 획득하게 합니다.

농업에서 토지의 비옥도를 예로 들면, 어떤 사회에서 식량으로서의 쌀에 대한 수요가, 예컨대, 100만 톤이라고 할 때, 이 100만 톤의 쌀은 비옥도가 똑같은 토지에서 생산될 수가 없고, 일부는 비옥도가 아주 높은 곳에서, 일부는 그보다는 조금 낮은 곳에서 생산되어, 100만 톤이 생산되기까지는 몇 단계나 비옥도가 낮은 토지까지도 경작되어야 할 것입니다. 그리고 수요가 100만 톤이기 때문에 이 쌀의 가격은 가장 열등한 토지에서의 생산가격, 즉 그 최열등지(最劣等地)에서의 '비용가격＋평균이윤'이라는 수준에서 결정되지 않으면 안 됩니다. 그렇지 않으면, 이 최열등지는 경작되지 않을 것이고, 따라서 쌀은 부족하여 그 가격까지 상승할 테니까 말입니다.

아무튼 이렇게 되면, 이 최열등지보다 비옥도가 높은 곳에서 생산되는 쌀은 그 개별적 생산가격, 즉 그 비용가격에 평균이윤을 더한 가격보다 높은 가격에 팔리게 되고, 그만큼 초과이윤이 발생하게 됩니다.

그런데 이 초과이윤은 그 토지를 임차, 노동자를 고용하여 경작한 농업자본가의 몫으로 되는 것이 아니라 토지소유자에게 귀속되고, 이것이 바로 자본주의에서의 지대입니다.

토지의 비옥도나 위치의 차이에 의해서 발생하는 이러한 지대를 차액지대(差額地代)라고 합니다. 그런데 사적 토지소유자는 최열등지라고 해서 농업자본가 등으로 하여금 무상으로 경작을 하게 하지는 않습니다. 토지가 사유화되어 있는 자본주의 사회에서는 최열등지라도 일정 액의 임대료, 즉 지대를 지불해야만 경작을 할 수 있는 것이지요. 토지의 사유 때문에 이렇게 최열등지에서 발생하는 지대를 절대지대라고 합니다. 이 절대지대는 물론 지대 일반을 상승시키고, 곡물의 가격은 이제 '최열등지에서의 생산가격＋절대지대'가 됩니다.

한편, 어떤 토지에서, 예컨대, 예외적인 품질의 포도주가 생산되어 높은 독점가격에 판매된다면, 그 독점이윤 가운데 평균이윤율을 넘는 부분 역시 토지소유자의 몫, 즉 지대로 전화됩니다. 이러한 지대는 독점지대입니다.

4. 자본의 축적

인간이 살아가기 위해서는 소비를 멈출 수가 없습니다. 그 때문에 어떠한 사회에서나, 즉 그 사회의 형태가 어떻든지 간에 생산, 즉 생산과정을 중단할 수 없고, 그 생산과정은 부단히 지속되고 반복되지 않으면 안 됩니다. 따라서 생산과정은, 그것을 생산의 흐름이라는 관점에서 보면, 동시에 재생산 과정입니다.

1) 단순재생산

우선, 우리는 앞에서 상품의 가치를 분석하면서 생산물의 가치는 그 생산물을 생산하기 위해서 소비된 생산수단의 가치(c)와 통칭 부가가치라고 말하는 가치생산물로 이루어져 있고, 이 가치생산물은 자본주의적 생산에서는 가변자본(v)의 가치와 잉여가치(m)를 구성한다는 것을 알았습니다. 이는 일정 기간의 한 사회 전체의 노동생산물에 관해서도 해당되는데, 이때 그 사회가 개인적으로 소비할 수 있는 최대한계는 가치생산물(v+m)이라고 얘기했습니다.

이렇게 일정 기간에 한 사회가 개인적으로 소비할 수 있는 최대한계가 그 기간에 생산하는 가치생산물에 의해서 규정되는 이유는, 물론 노동생산물의 가치에 변화가 없다고 가정할 때인데, 최소한 동일한 크기의 불변자본이 재투자되어야 최소한 동일한 크기의 재생산, 즉 단순재생산이 이루어질 수 있기 때문입니다. 이는 물론 개별자본의 입장에서도 마찬가지입니다. 혹은, 자본주의적 생산이 아닌 소생산, 즉 직접생산자 자신이 생산수단의 소유자인 경우에도 물론 마찬가지입니다.

노파심에서 하는 얘기이지만, 혹시 '가변자본 부분도 보존되고 재생산되어야 하는 것 아닌가' 하는 의문이 들지도 모릅니다. 그러나 노동자들의 개인적 소비과정 자체가 노동력의 재생산과정이기 때문에 단순재생산을 위해서 가변자본 부분이 물질적 형태로 보존될 필요는 전혀 없습니다. 물론, 잠재적인 가변자본으로서의, 임금지불을 위한 화폐자본은 자본가의 수중으로 다시 회수되지 않으면 안 되는데, 노동자의 개인적 소비는 자본가로부터의 물질적 생활수단의 구매를 전제하기 때문에, 과정이 정상적으로 진행된다면, 임금으로서 지불한 화폐는 언제나 다시 자본가의 수중으로 되돌아오도록 되어 있습니다. 소비수단을 생산하는 자본가의 경우는 사실상 직접적으로, 생산수단을 생산하는 자본가의 경우는 소비수단을 생산하는 자본가를 거쳐 간접적으로 말입니다.

생산수단 생산부문을 부문 I, 소비수단 생산부분을 부문 II, 잉여가치율을 100%라고 하고, 이를 간단한 식으로 예시하면 이렇습니다.

I $2,000c + 500v + 500m = 3,000$
II $1,000c + 250v + 250m = 1,500$

위 식은 **단순재생산표식**이라고 불리는데, 이 경우, 생산물의 총가치는 $4,500 (= 3,000\text{I} + 1,500\text{II})$이고, 투하된 생산수단 즉 불변자본의 가치는 $2,000\text{Ic} + 1,000\text{IIc} = 3,000$, 가치생산물$(v+m)$은 $(500\text{Iv} + 500\text{Im}) + (250\text{IIv} + 250\text{IIm}) = 1,500$입니다. 따라서 다음 기(期)의 생산에서 최소한 단순재생산이 이루어지기 위해서는 개인적 소비는 1,500에 머물러야 합니다.

그런데 위 식을 보면, 부문 I의 생산물 3,000은, 그 가치생산물 즉 '500v+500m'조차도 모두 개인적 소비가 불가능한 생산수단이라는 물적(物的) 형태를 취하고 있습니다. 그 때문에 이렇게 됩니다.

우선 부문 II의 노동자들과 자본가들은 그 소득 250v와 250m을 자기 부문의 생산물에서 개인적으로 소비하고, 따라서 노동자들은 임금으로 받은 250v로 부문 II의 자본가들로부터 250 크기의 소비수단을 구매합니다. 즉, 부문 II의 자본가들은 생산물 250을 자기 부문의 노동자들에게 판매하고, 그 판매를 통해서, 임금으로 지불했던 화폐 250v를 회수합니다. 이는 물론 차기의 생산을 위한 화폐자본의 일부가 됩니다.

부문 II의 자본가들은 생산물 가치 1,500 중에서 250은 자기 부문의 노동자들에게 판매하였고, 250은 스스로의 개인적인 소비에 충당했습니다. 이제 이들의 수중에는 1,000의 소비수단이 있습니다.

그런데 부문 I의 노동자들과 자본가들의 입장에서 보면, 부문 I의 생산물은 개인적 소비에 들어갈 수 없는 생산수단이기 때문에 개인적 소비를 위해서는 부문 II의 자본가들로부터 소비수단을 사지 않으면 안 됩니다. 따라서 부문 I의 노동자들은 자신들의 소득 500v를 부문 II의 자본가들에게 지불하고 500의 소비수단을 구매합니다.

이제 부문 II의 자본가들의 수중에는 500의 소비수단과 750(=250IIv+500Iv)의 화폐자본이 있습니다. 부문 II의 자본가들은 다음 기의 생산을 위해서 다시 생산수단을 구비해야 하므로, 부문 I의 노동자들로부터 받은 500의 화폐자본으로는 부문 I의 자본가들로부터 500의 생산수단을 구매합니다.

이렇게 되면, 부문 I의 자본가들의 수중에는 2,500의 생산수단과 다시 회수된 가변자본(화폐자본) 500이 있습니다. 여기에서 2,000의 생산수단은 부문 I에 재투하되어야 하기 때문에 여기에서 논의할 이유가 없습니다. 그리하여 문제는 자본가들 자신의 개인적 소비에 충당되어야 할 500의 생산물인데, 이는 두 가지의 처리 방법이 있습니다.

첫 번째는, 좀 치사하게(?) 보일지 모르지만, 방금 회수한, 노동자의 임금으로 지불해야 할 500의 화폐를 변통(變通)하는 방법입니다. 즉, 그 500의 화폐로 자신들의 소비수단을 부문 II의 자본가들로부터 구매합니다. 그러면 부문 I의 자본가들은 이제, 자신들의 부문에서 재투자되어야 할 2,000의 생산수단을 제외하면, 500의 생산수단을 가지고 있는데, — 한편, 부문 II의 자본가들은 이제 500의 생산수단과 500의 화폐를 가지고 있고, 다음 기의 생산을 위해서는 이 500의 화폐로 부문 I의 자본가들로부터 500의 생산수단을 구매해야 합니다. 이렇게 해서 문제가 해결되었습니다.

이제 부문 I의 자본가들은 다시 2,000의 생산수단을 그 물적인 형태로, 그리고 500의 가변자본을 화폐로 가지게 되었고, 부문 II의 자본가들 역시 다시 1,000의 생산수단을 그 물적인 형태로, 그리고 250의 가변자본을 화폐로 가지게 된 것입니다.

두 번째의 방법은, 부문 I의 자본가들이 자신들의 금고에서 화폐 500을 꺼내서 부문 II의 자본가들로부터 소비수단을 구매하는 것입니다. 그러면, 부문 II의 자본가들은 이제, 자신들의 부문의 노동자들로부터 회수된 250의 화폐 외에, 500의 생산수단과 500의 화폐를 가지고 있고, 다음 기의 생산을 위해서는 이 500의 화폐로 부문 I의 자본가들로부터 500의 생산수단을 구매해야 합니다. 이렇게 되면, 부문 I의 자본가들이 자신들의 금고에서 꺼냈던 500의 화폐는 다시 부문 I의 자본가들의 금고로 들어가게 되고, 마찬가지로 모든 문제가 해결되었습니다.

참고로, 위의 식과 과정을 보고 알 수 있는 것은, 단순재생산이 이루어지기 위한 조건은 단순히 사회적 소비의 합계가 총가치생산물의 크기에 머물러야 한다는 것에 머물지 않고, 부문 I의 가치생산물의 크기와 부문 II의 생산수단 가치의 크기가 같아야 한다는 것, 여기에 제시된 식의 예에서는 $500Iv+500Im=1,000IIc$라는 것입니다.

그런데 여기에서 재생산을 고찰하면서 우리는 한 가지 중대한 사실을 주목해야 합니다. 다름 아니라 자본의 원천 혹은 정체에 관한 것입니다.

자본가들은 자본은 자신들의 근면, 절욕의 산물이라고 생각하고 그렇게 주장합니다. 그러나 우선 축적된 자본에 이르면, 그러한 주장은 곧 설득력을 잃습니다. 그 자본 가운데 적어도 축적된 부분만큼은 잉여노동이 자본으로 전화된 부분이기 때문입니다.

그런데, 축적 이전의 원본(元本)을 이루었던 부분은 어떨까요?

간단히 위의 부문 I의 자본을, 그것이 하나의 자본이라고 가정하고, 예로 들어 봅시다. 이 자본의 원본은 2,000c와 500v, 즉 2,500입니다. 이 2,500은 자본가 본인이 노동하여 마련한 것이라고 합시다. 즉, 자본가 자신의 근면과 절욕의 산물이라고 합시다.

그런데 제1기의 생산에서 자본가는 500의 가치를 개인적으로 소비합니다. 500의 잉여가치를 소비하지만, 이는 500의 잉여가치가 자본으로 되고 원본 가운데 500을 소비하는 것과 조금도 다름이 없습니다. 과정이 이런 식으로 진행되기 때문에 불과 5기의 생산과정, 혹은 5년이 지나면, 자본가는 자신의 원본 2,500을 다 먹어버리고, 잉여가치 2,500만이 존재하게 됩니다. 즉, 그의 자본은 이제 노동자들로부터 무상으로 취득한, 즉 착취한 2,500의 잉여가치로 이루어져 있습니다.

"따라서 모든 축적을 전적으로 도외시하더라도, 생산과정의 단순한 연속, 즉 단순재생산은, 길든 짧든 어떤 기간 후에는 모든 자본을 필연적으로 축적된 자본, 즉 자본화된 잉여가치로 전화시킨다. 자본은 그것이 생산과정에 들어왔을 때에는 그 사용자(Anwender)가 개인적으로 일하여 번 재산이었다고 하더라도, 조만간에 그것은 등가 없이 취득한 가치, 즉, 타인의 부불노동이, 화폐형태로든 다른 형태로든, 물질화된 것이 된다."23)

참고로 한마디만 더 하자면, 위의 단순재생산표식에서 보자면, 생산적으로 소비되는 생산수단은 부문 I에서 생산수단이라는 물적 형태로 생산되고, 개인적 소비의 한계를 이루는 가치생산물에 해당되는 부분은 부문 II에서 소비수단의 형태로 생산되기 때문에, 즉 부문 I의 생산물은 그 물적 형태 자체가 개인적 소비에 들어갈 수 없는 생산수단의 형태로 생산되기 때문에, "최소한 단순재생산을 위해서는 개인적 소비가 가치생산물의 크기를 넘어서는 안 된다"는 말은 군더더기가 아닌가 하는 생각이 들지도 모릅니다. 그러나 많은 노동생산물은 사실은 그 자체가 생산수단이 될 수도 있고, 개인적인 소비수단이 될 수도 있다는 사실을 상기하기 바랍니다. 예컨대, 곡물은 식량으로서는 소비수단이고, 종자로서는 생산수단입니다.

2) 잉여가치의 자본으로의 전화, 혹은 자본의 축적

그런데, 자본주의적 생산의 현실적인 과정은, 단순히 재생산과정일 뿐 아니라, 확대재생산과정입니다. 자본은 그 축적충동 때문에, 그리고 더 현실적으로는 끊임없이 축적하지 않으면 경쟁에서 도태되기 때문에 그 생산을 확대해 갑니다. 통칭 성장이라고 하는 것이 그것입니다.

성장, 즉 확대재생산의 재원은 물론 이윤, 즉 잉여가치입니다. 자본가들이 노동자들로부터 취득하는 잉여가치, 즉 부불노동을 전부 개인적인 소비에 충당하지 않고 그 일부를 자본으로 전화시킴으로써 확대재생산, 즉 성장이 이루어지는 것입니다.

한편, 성장 즉 확대재생산은 단순한 가치의 축적, 화폐의 축적과 다릅니

---

23) 《자본론》, 제1권, *MEW*, Bd. 23, S. 595. (채만수 역, 제1권, 제4분책, pp. 929-930.)

다. 따라서 확대재생산이 현실적으로 이루어지기 위해서는 개별 자본가가 자신이 취득한 잉여가치 즉 이윤을 전부 개인적으로 소비하지 않는다고 하는 것만으로는 부족하고, 확대재생산이 현실적으로 이루어지기 위한 물질적 조건으로서의 추가적 생산수단을 시장에서 발견할 수 있어야 하고, 또 그 생산수단을 가동할 노동력을 추가적으로 발견할 수 있어야 합니다.

그런데 자본주의적 생산에서는 추가적인 노동력은 언제나 발견될 뿐만 아니라, 상당히 많은 경우에는 노동생산력을 증대시키거나 노동강도를 강화하거나, 혹은 기존의 취업 노동자들의 노동시간을 연장함으로써 추가적 노동력 없이 더 많은 자본을 가동할 수 있기도 합니다. 추가적 노동력이 언제나 발견되는 것은 자본주의적 생산 및 그 재생산 자체가, 조금 뒤에서 다시 언급하겠지만, 과잉인구, 산업예비군을 끊임없이 양산하기 때문입니다.

물론, '노동력 부족'이라는 자본가들의 불평이 시끄럽게 들릴 때도 자주 있습니다만, 그것은 말 그대로 노동력이 부족하거나 자본의 성장, 즉 확대재생산을 위해서 필요한 추가적 노동력을 발견할 수 없어서가 결코 아닙니다. 그들이 그렇게 시끄럽게 떠들 때에도 자본주의 노동시장에는 언제나 실업 및 반실업자가, 즉 과잉인구·산업예비군이 넘쳐나고 있습니다. 그들이 그렇게 시끄럽게 떠드는 것은 더 많은 실업 및 반실업자, 즉 더 많은 과잉인구·산업예비군을 원하기 때문입니다. 다름 아니라, 더 낮은 임금을 원하기 때문일 뿐입니다.

아무튼 확대재생산을 위한 추가적 노동력은 문제가 되지 않습니다. 현실적으로 문제가 되는 것은 단지 더 많은 생산수단, 즉 추가적 불변자본입니다. 그리하여 확대재생산, 즉 자본의 현실적인 축적이 이루어지기 위해서는, 예컨대, 다음과 같은 관계가 필요합니다.

I $4{,}000c + 1{,}000v + 1{,}000m = 6{,}000$

II $1{,}500c + 750v + 750m = 3{,}000$

이는 **확대재생산표식**(이 자체로서는 정확하게는, **확대재생산을 위한 출발표식**)이라고 하는데, 보다시피, 생산물 가치의 크기는 $9{,}000(=6{,}000\text{I}+3{,}000\text{II})$이고, 가치생산물의 크기는 $3{,}500(=1{,}000\text{Iv}+1{,}000\text{Im}+750\text{IIv}+$

750IIm)입니다.

단순재생산이 이루어지기 위해서는 I(v+m)=IIc여야 한다는 것을 기억할 것입니다. 그런데 이 확대재생산표식에서는 I(v+m)=1,000v+1,000m=2,000이고, IIc=1,500이기 때문에 I(v+m)>IIc입니다. 그리고 바로 이것, 즉 부문 I의 가치생산물이 부문 II의 불변자본보다 커야 한다는 것이 확대재생산이 이루어지기 위한 조건입니다.

위 출발표식에서 보면, 부문 I의 노동자들은 1,000v의 소득을 얻고 있습니다. 그들은 이로써 당연히 부문 II의 자본가들로부터 1,000의 소비수단을 구매합니다. 그리고 부문 II의 자본가들은 그 화폐로써 부문 I로부터 1,000Iv에 해당하는 생산수단을 구매합니다. 이제 부문 II의 자본가들의 수중에 부문 I에 판매할 수 있는 소비수단은 500(1,500IIc-1,000Iv)밖에 남아 있지 않습니다. 그 때문에 부문 I의 자본가들은 잉여가치 1,000m 중에서 500만을 개인적 소비에 충당하고, 나머지 500은, 지금 당장은 생산에 어떤 기술적 변화도 없다고 가정하고 있기 때문에, 본래의 불변자본 대 가변자본의 구성비율인 4:1의 비율로 자본으로 전화시킵니다. 즉 축적합니다.

그런데 부문 I의 축적분 500 가운데 400은 부문 I에 투하되기 때문에 문제가 없으나 100은 임금의 지불을 위해서 화폐로서 실현해야 합니다. 즉, 판매해야 합니다. 그것을 구매하는 자는 부문 II의 자본가들입니다. 즉, 부문 II의 자본가들은 확대재생산을 위하여, 그러나 획득할 수 있는 생산수단의 양이 100이기 때문에, 잉여가치 750 가운데 600만을 개인적으로 소비하고 150은 축적을 위한 재원으로 돌리는 것입니다. 추가 생산수단이 100일 때, 역시 생산조건에 변화가 없다고 가정하고 있기 때문에 같은 비율로 50의 추가적인 가변자본이 필요하기 때문입니다.

그리하여 다음 기의 생산은 다음과 같이 이루어집니다.

I   4,400c+1,100v+1,100m=6,600
II 1,600c+ 800v+ 800m=3,200

총생산물가치는 이제 9,800으로 전기(前期)에 비해서 800의 확대재생산, 축적이 이루어지는 것입니다.

그리고, (1,100Iv+1,100Im)>1,600IIc이기 때문에, 다음에도 물론 같은 방식으로 확대재생산, 즉 자본의 축적, 혹은 성장이 진행됩니다.

그런데 지금까지 우리는 문제를 간단히 하기 위해서 확대재생산 혹은 축적이 동일한 생산조건 속에서, 즉 노동생산력의 변화 없이 진행된다고 가정했습니다. 그러나 현실적으로는 자본가 간의 끊임없는 경쟁 때문에 확대재생산 혹은 자본의 축적은 노동생산력의 때로는 비약적인, 때로는 완만한 증대를 수반하면서 진행됩니다.

그리고 자본주의적 생산에서 노동생산성을 증대시키는 가장 보편적이고 가장 중요한 수단과 방법은 노동수단의 혁신, 즉 생산수단의 효율화·자동화입니다. 그런데 이러한 생산수단의 효율화·자동화를 통한 노동생산력의 증대는, 한편에서는 불변자본의 거대화로 나타나고, 다른 한편에서는 가변자본의 상대적인 감소로 나타납니다. 즉, 확대재생산 혹은 자본의 축적은 가변자본에 대한 불변자본의 거대화, 즉 자본의 유기적 구성의 고도화를 수반하면서 진행됩니다.

자본의 이러한 유기적 구성의 고도화는, 앞에서도 본 것처럼, 자본의 이윤율을 경향적으로 저하시킵니다. 그리고 자본은 또 이 이윤율의 저하를 이윤량의 증대를 통해서 보상하려고 하기 때문에 이런 과정은 더욱 심화되게 되고, 결국은 그 모순이, 나중에 보는 것처럼, 공황으로 폭발하게 됩니다.

한편, 자본가들과 그들의 이데올로그들은 성장, 즉 자본의 축적 혹은 확대재생산과 노동생산성의 증대야말로 실업과 빈곤을 해소하고 노동자계급의 생활상태를 개선하는 길인 것처럼 떠들어대고, 그에 따라 많은 노동자들도 그렇게 믿고 있습니다. 그러나 실제로는 전혀 그렇지 않습니다.

노동생산력의 증대는 자본에 대한 노동자의 종속을 심화시키고, 또 자본이 그 잉여가치를 증대시키는 주요한 방법, 즉 노동자들의 임금을 삭감하는 주요한 방법이라는 것은 이미 앞에서 말한 대로입니다. 게다가 자본의 축적, 즉 성장과 함께 진행되는 노동생산성의 증대는 자본의 구성부분 중에서 그 가변부분, 즉 가변자본을 희생으로 하여 그 불변부분, 즉 불변자본을 증대시키면서 진행됩니다. 그런데 "노동에 대한 수요는, 총자본의 크기에 의해서가 아니라, 그 가변적 구성부분의 크기에 의해서 규정되기 때문에, 그 수요는,

... 총자본의 증대에 비례하여 증대하는 것이 아니라, 총자본이 증대함에 따라 누진적으로 저락(低落)"합니다. 즉, "그 수요는 총자본의 크기에 비해서 상대적으로 저락하고, 총자본의 크기가 증대함에 따라서 가속적이고 누진적으로 저락"합니다. "총자본이 증대함에 따라서 사실 그 가변적 구성부분, 혹은 이 총자본에 합체되는 노동력 역시 증대하긴 하지만, 그러나 언제나 끊임없이 감소되는 비율로 증대"할 뿐인 것입니다.24)

이러한 과정의 진행은 상대적 과잉인구 혹은 산업예비군의 누진적 생산이라는 자본주의적 생산양식에 고유한 인구법칙으로서 나타나는바, 맑스의 서술을 그대로 인용하자면 이렇습니다.

> 축적이 주어진 기술적 기초 위에서 생산의 단순한 확대로서만 작용하는 중간휴지기(中間休止期)는 단축된다. 일정한 크기의 추가 노동자수를 흡수하기 위해서, 혹은 심지어 구자본의 끊임없는 형태변화 때문에, 이미 기능하고 있는 노동자수를 취업시키기 위해서조차 총자본의, 누진적으로 증대하는 가속도적 축적이 필요한 것만이 아니다. 이 증대하는 축적 및 집중 자체가 또 그것대로 자본의 구성의 새로운 변화의 한 원천, 즉 자본의 불변적 구성부분에 비한 그 가변적 구성부분의 재차 가속적인 감소의 한 원천으로 급변한다. 총자본의 증대와 더불어 가속화되고 또한 총자본 자체의 증대보다 더욱 급속히 가속화되는, 그 가변적 구성부분의 이러한 상대적 감소는, 다른 한편에서는 거꾸로, 가변자본의 증대보다, 즉 노동자인구의 고용수단들의 증대보다 언제나 더 급속한 노동자인구의 절대적 증대처럼 보인다. 자본주의적 축적이 오히려, 그리고 더욱이 이 축적의 활력과 규모에 비례하여, 끊임없이 상대적인, 즉 자본의 평균적인 증식욕구에 대하여 여분(餘分)인, 그리하여 과잉의 혹은 추가적인 노동자인구를 생산하는 것이다.
>
> 사회적 총자본을 고찰하면, 그 축적 운동이 때로는 주기적인 변화를 불러일으키고, 때로는 그 운동의 계기들이 상이한 생산영역들에 동시에 확산된다. 몇몇 영역들에서는 자본의 구성의 변화가, 단순한 집중의 결과로, 자본의 절대적 크기의 증대 없이 일어난다. 다른 영역들에서는 자본의 절대적 증대가 그 가변적 구성부분의, 즉 그 자본에 의해 흡수되는 노동력의 절대적 감소와 결부되어 있다. 다른 영역들에서는 자본이 때로는 그 주어진 기술적 기초 위에서 계속 증대하며 그 증대에 비례하여 추가적 노동력을 흡인하고, 때로는 유기적 변동이 일어나 그 가변적 구성부분이 수축한다.

---

24) 이상, 같은 책, S. 658. (채만수 역, 같은 책, p. 1039.)

모든 영역들에서 가변적 자본부분의 증대는, 그리고 따라서 고용되는 노동 자수의 증대는 언제나 격렬한 동요들 및 일시적인 과잉인구의 생산— 이 과잉인구의 생산이 이미 고용된 노동자들의 축출(Repulsion)이라는 비교적 눈에 띄는 형태를 취하든, 또는 통상적(通常的)인 배출구들로 추가적 노동자인구를 흡수하는 것이 곤란하다는, 비교적 눈에 띄지 않는, 그러나 그 효과는 그에 못지않은 형태를 취하든 —과 결부되어 있다. 이미 기능하고 있는 사회적 자본의 크기 및 그 증가 정도에 따라, 생산규모가 확대되고 가동되는 노동자들의 수가 확대됨에 따라, 그들의 노동생산력이 발전함에 따라, 부의 모든 원천의 흐름이 보다 더 넓어지고 보다 더 가득 참에 따라, 자본에 의해 노동자들이 흡인·축출되는 규모도 확대되고, 자본의 유기적 구성과 그 기술적 형태가 변동하는 속도가 증가하며, 때로는 동시에 때로는 교대로 이 변동이 엄습하는 생산영역들의 범위가 팽창한다. 그리하여 노동자인구는, 그 자신에 의해 생산되는 자본이 축적됨에 따라, 자기 자신을 상대적으로 불필요하게 하는 수단들을 생산한다. 이것이야말로 자본주의적 생산양식에 특유한 인구법칙인바, 실제로 특수한 역사적 생산양식은 어느 것이나 그것의 특수한, 역사적으로 타당한 인구법칙을 가지고 있다. 추상적인 인구법칙이란 단지 동식물에게만, 그것도 인간이 역사적으로 개입하지 않는 한에서만, 존재하는 것이다.[25]

결국, 자본의 축적은 노동생산력의 증대를 수반하면서, 그리고 자본의 유기적 구성의 고도화를 수반하면서 이루어지는 것이고, 따라서 갈수록 거대한 규모의 상대적 과잉인구, 산업예비군을, 따라서 노동자계급의 빈곤을 생산하는 것입니다. 그리하여 맑스는 이렇게 말하고 있습니다. 자본의 축적, 확대재생산이 거듭됨에 따라 생기는,

> 한 쪽의 극(極)에서의 부의 축적은 동시에 그 대극(對極)에서의, 다시 말하면, 자기 자신의 생산물을 자본으로서 생산하는 계급[=노동자계급: 인용자]의 측에서의 빈곤·노동의 고통·노예상태·무지·난폭화 및 도덕적 타락의 축적이다.[26]

이는 다른 말로 하자면, 노동자계급의 절대적·상대적 빈곤화인바, 바

---

[25] 같은 책, S. 658-660. (채만수 역, 같은 책, pp. 1039-1042.)
[26] 같은 책, S. 675. (채만수 역, 같은 책, p. 1073.)

로 오늘날 말하는 양극화, 혹은 일본에서 말하는 격차사회가 그것입니다. 이른바 저개발국가에서는 자본주의 발전의 부족, 즉 낮은 생산력 때문에 노동자·인민이 고통을 당한다면, 자본주의가 발전하면 할수록 바로 자본주의의 발전으로 인해 빈곤과 노동의 고통, 노예상태, 무지, 난폭화, 도덕적 타락의 고통을 당하는 것입니다.

자본주의적 생산체제가 유지되면서도 이러한 부와 빈곤의 양극화를 다소 완화할 수 없는 것은 물론 결코 아닙니다. 노동자계급의 혁명적 진출과 투쟁은 이에 체제변혁의 위협을 느끼는 지배계급으로 하여금 이른바 사회보장제도를 실시하지 않을 수 없도록 강제하기 때문입니다. 실제로 러시아 혁명 후, 그리고 대공황 이후 제2차 대전기와 그 직후 서유럽 노동자계급의 혁명적 기운, 혁명적 투쟁이 사회민주주의적 사회보장을 강제했던 것처럼 말입니다. 1930년대 이후 쏘련을 위시한 20세기 사회주의 세계체제의 눈부신 발전이야말로 서유럽의 노동자계급에게는 그 혁명적 투쟁을 자극·고무했으며, 그리하여 자본가계급에게는 사회보장제도를 도입·확대하지 않을 수 없게끔 강제한 주요한 정치적 배경이었음을 잊어서는 안 될 것입니다.[27]

그러나 모두가 아는 것처럼, 서유럽 노동자들이 획득했던 높은 수준의 사회보장은, 1950년대 중반 이후 노동자계급이 그러한 사회보장체제에 안주하고, 게다가 20세기 마지막 10년을 남겨두고 쏘련을 위시한 20세기 사회주의 세계체제가 붕괴·해체되면서 빠른 속도로 해체되어 왔습니다. 그리고

---

[27] "뉴욕의 주식시장 붕괴로 촉발된 대공황은 전 유럽을 흔들었다. 1929년 총선에서 좌파와 노동당이 승리하고 영국과 소련의 외교관계가 회복되자 공산주의 소련에 대해 동정의 물결이 출렁였다. 당시 사람들이 말하던 '러시아의 실험'은 영국 노동자계급과 지식인층에게 최면술과 같은 영향을 미쳤다. / 1931년 6월 유럽의 위기는 급격하게 악화됐고 영국의 실업자는 약 266만 5,000명에 이르렀다. 사회의 중산층 및 상류층 대표들과 이념을 같이한 영국의 좌파 세력은 국가 상황에 대한 통제력을 잃었다. 정부는 광부와 실업자들이 전국적으로 조직한 굶주린 데모대에 대응할 방법을 몰랐다. 당시 이념적 성향이 강한 사회계층들은 소련의 제1차 경제계획이 성공적으로 완수돼 국가의 발전을 가속할 것이라고 생각했다. 그들은 수백만 명의 사람들을 빈궁의 늪으로 몰아넣은 오만한 자본주의의 당연한 적(敵)인 소련에서 새로운 사회가 창조되는 것을 보았다. 젊은 지식인들은 자국에서 폭동을 일으킬 핑계만을 기다리고 있었는데, 그들에게 소련의 모델은 말할 수 없이 유혹적인 것이었다."(유리 모딘(Yuri Ivanovitch Modine) 저, 조성우 역, ≪나의 케임브리지 동지들: KGB 공작관의 회고록≫(1994), 한울, 2013, p. 61.)

그것을 해체하는 데에는 보수당이나 보수당 정권만이 아니라 영국의 노동당이나 프랑스의 사회당, 독일의 사민당 등 사민주의 정당들과 그 정권 역시 '개혁'이라는 이름으로 앞장서 왔습니다. 노동자계급의 정당·정치세력이 아니라 독점자본가계급 좌파의 정당·정치세력으로서의 그 역할을 충실히 수행한 것입니다.

이렇게 노동자계급이 조그만 떡고물에 만족하며 안주하고 타협적으로 되면, 결코 기존에 획득한 권리조차 방어할 수 없다는 교훈을 여기에서 얻지 않으면 안 될 것입니다.

제6강 임금

1. 노동력 재생산비로서의 임금

1) 임금은 '노동의 대가'?
  — '무노동·무임금'론의 논거로서의 "임금='노동의 대가'"론

임금 문제는 자본가와 노동자 간의 이해관계가 가장 직접적으로 충돌하는 지점입니다. 임금의 높낮이에 따라, 그리고 그 '인상' 여부를 둘러싸고 서로 간의 이해가 크게 엇갈리기 때문입니다.

그런데 임금이 무엇인가 하는 문제는 바로 자본의 이윤이 무엇인가, 혹은 그 원천이 무엇인가 하는 문제의 뒷면이며, 따라서 곧바로 자본의 이윤이 무엇인가 하는 문제이기도 합니다.

바로 그 때문에 경제학자들을 위시한 부르주아 이데올로그들은 임금의 본질을 은폐하거나 왜곡하기에 급급하고, 그리하여 임금의 본질이나 그 정당한 크기를 둘러싼 황당한 주장, 황당한 미신이 횡행합니다. 그리고 임금의 본질과 관련하여 그들이 유포하는 대표적인 허위 이데올로기 중의 하나가 바로 '임금은 노동의 대가'라는 주장입니다.

실제로 노동자들이 파업을 하면, 그때마다 파업 기간에 대한 임금 지급 문제가 노사 간의 쟁점으로 떠오르고, 그때마다 이른바 '무노동·무임금'이라는 주장이 귀에 딱지가 앉을 정도로 요란하지 않습니까? 바로 이 '무노동·무임금'론, 즉 '무노동'이니까 '무임금'이라는 주장이 '임금은 노동의 대가'라는 황당한 '사실'에 근거한 주장입니다. "임금은 노동의 대가인데, 노동이 제공되지 않았으니 그 대가로서의 임금도 줄 수 없다." — 바로 그런 말 아니겠습니까?

그런데 그렇게 '임금은 노동의 대가'이기 때문에 '무노동=무임금'이라고 주장하는 사람들에게는 이런 질문을 해야 할 것입니다.

"만일 임금이 정말로 노동의 대가라면, 자본의 이윤은 어디서 생기는가" 하는 질문 말입니다. 그리고 또, 사실은 같은 질문입니다만, "이윤이란 노동자들이 수행하는 노동 중에서 노동자들에게 그 대가가 지불되지 않은 노동이 아닌가" 하고 말입니다.

이미 본 것처럼, 상품의 가치는 그 상품의 생산을 위해서 생산적으로 소비된 생산수단, 즉 불변자본의 가치(c)와 가치생산물, 즉 이번의 생산을 위하여 새롭게 지출된 노동의 합으로 이루어져 있습니다. 그리고 우리 사회에서 통칭 부가가치라고 부르는 이 가치생산물의 크기는 노동자에게 임금으로 지불되는 자본, 즉 가변자본(v)의 가치크기, 혹은 노동자들이 그 가치크기를 생산하는 데에 필요한 노동시간에 지출하는 노동이 형성하는 가치와 그것을 훨씬 넘어서 수행하는 노동시간, 즉 잉여노동시간이 형성하는 가치, 즉 잉여가치(m)의 합, 즉 v+m으로 이루어져 있습니다. 그리고 이윤이란 이 잉여가치, 즉 지불되지 않은 노동, 혹은 자본에 의해서 착취된 노동의 다른 이름이자, 그 잉여가치가 현금화된 것에 불과합니다.

이렇게 이윤이란 노동자들이 수행하는 노동 가운데 지불되지 않는 노동, 착취되는 노동에 불과하다는 것을 아는 우리로서는, 위와 같은 질문들을 받으면 무어라 달리 대꾸할 말이 없을 것입니다.

그러나 부르주아 이데올로그들은 그렇게 만만하지도, 그렇게 진솔하지도 않습니다. 그런 질문에 말문이 막힐 사람들이었다면, 애초부터 '무노동·무임금' 따위의 억지는 쓰지도 않았을 것입니다.

이윤 및 임금에 대한 자본가들의 관점

그러면 저들은 자본의 이윤, 혹은 그 원천에 대해서 무어라 강변할까요?

19세기 영국의 유명한 경제학자 씨니어(Nassau William Senior, 1790-1864)는 "이자는 자본가의 절욕(節慾)의 대가"라고 했다지만, 설마 그를 따라서 "이윤은 자본가의 절욕의 대가"라고 주장할 만큼 순진한 자본가나 경제학자야 이제 없을 것입니다.

그 대신에 오늘날에는 그들은 대개 예컨대, "이윤(利潤)은 단순히 말해

수입에서 지출을 뺀 캐시 플로를 가리킨다"[1])는 식으로, 혹은 "자본의 투하로 생산된 생산물의 총매출액에서 임금·지대·원료대, 감가상각비 등 이자 이외의 총비용을 공제한 잔액이 자본이윤"[2])이라는 식으로 처리해버리거나, "이윤의 본질이 무엇인가에 대해서는 아직도 정설이 확립되어 있지 않다"면서 "그러나 대체적으로는 기업가의 활동이나 창의에 대한 보수라고 할 수 있고, 따라서 이윤은 기업가의 노동 또는 혁신기능 수행에 대한 임금이라고 할 수 있다"[3])는 식으로 대답합니다.

그러나 이윤이 "수입에서 지출을 뺀 캐시 플로"라거나 "총매출액에서 … 총비용을 공제한 잔액"이라는 식의 대답은 이윤을 단순히 회계 개념으로 규정한 것일 뿐이어서, 그 본질에 대해서도 그 경제학적 원천에 대해서도 아무 것도 말하고 있지 않다고 하는 것, 따라서 그것들을 은폐하고 있다고 하는 것은 너무나도 명백합니다. 그리고 이윤 그것을 "기업가의 활동이나 창의에 대한 보수"라거나 "기업가의 노동 또는 혁신기능 수행에 대한 임금"이라고 규정하는 것은, 그 역시 이윤 그것의 원천을 은폐하고 있을 뿐 아니라, 이윤 그것을 부당하게도 임금 개념 속에 해소시키고 있는 것입니다.

그러나 이윤은, 우리가 이미 알고 있는 것처럼, 착취된 노동입니다. 자본가들은, 착취당하는 노동자들의 저항을 억압하기 위하여 사회적으로 조직된 폭력 곧 국가의 비호 하에, 생산수단에 대한 사유에 기초하여 그것을 획득하는 것입니다. 다시 말하면, 생산수단의 사유, 그것이 자본가들이 이윤을 취득하는 근거입니다. 그리하여 그들은 대개 자신들의 이윤은 자신들이 소유하고 있는 기계나 자신들이 생산에 제공한 원료 등등, 한마디로 생산에 대한 '자본의 기여분'이라고 말합니다.

임금은 노동의 대가이고, 이윤은 자본의 기여분이라는 것이지요.

"이윤은 자본가의 절욕(節慾)의 대가"라는 대답보다는 한결 그럴듯하게 들립니다. 그러나 그들의 대답은 사실은 "이윤은 자본가의 절욕의 대가"라는 씨니어적 헛소리를 다른 표현으로 반복하고 있는 것에 불과합니다. 왜냐하

---

[1] http://ko.wikipedia.org/wiki/이윤

[2] http://my.dreamwiz.com/geophill/study/study3024.html. 이 글은 그 출처를 '야후백과'라고 밝히고 있음.

[3] 같은 곳.

면, 그들의 대답은 결국 기계나 원료 등등 자신들의 '자본'은 바로 자신들이 절욕하여 장만한 것이고, 이윤이란 바로 그렇게 해서 장만된 자본이 생산에 기여한 몫이라는 주장을 하고 있는 것에 불과하기 때문입니다.

상품의 가치·가격을 공부하면서 우리는 현대 부르주아 경제학자들은 노동가치론을 "시대에 뒤떨어진 것"으로, 따라서 쓸모없는 것으로 취급한다는 사실을 보았습니다. 그리고 그들의 그러한 태도는 사실은 이윤의 정체, 그 원천을 은폐하기 위한 것이라는 것도 우리는 알고 있습니다.

사실, 노동가치론에, 즉 살아 있는 인간의 노동만이 가치를 생산한다는 사실에 동의해야만, 아니 최소한 그것을 이해해야만, '무노동·무임금'이라는 주장이 헛소리라는 것을 이해할 수 있습니다.

그러나 자본가들은 물론 현대의 부르주아 경제학자들 역시, 이에 동의하기는커녕, 이를 이해할 수조차 없도록 훈련되어 있습니다. 그러니 그들은 정말 진심에서 이윤은 자본과 자본가가 생산에 기여한 몫이며, 임금은 노동의 대가라고, 따라서 '무노동=무임금'이어야 한다고 믿고 있고, 그렇게 주장하고 있는 것입니다. 그들이 완고할 수밖에 없고, 도무지 말이 통할 리 없는 것도 바로 그 때문입니다.

하기야, 앞에서 보았듯이, 이진경(박태호) 교수나 임영일 교수 등처럼, 자칭·타칭의 '노동가치론자들', 그러한 '마르크스주의자들'조차 기계도 가치를 생산하고, 심지어 자연도 가치를 생산한다고 목소리를 높이고 있는 세상입니다.4) 그러니 부르주아들과 그들의 이데올로그들이 "이윤은 자본이 생산에 기여한 몫"이라고 주장하는 것이야 사실 전혀 이상한 일이 아닙니다.

정의와 권리는 힘이 뒷받침되어야

더구나 최근에는 이윤의 원천·본질에 관한 이론적 혼란이 더욱 극심해지고 있습니다.

이른바 '정보화 사회'니 '지식기반 사회'니 '디지털 경제'니 하는 논의들이 유행하면서, 경제비과학으로서의 이른바 '주류경제학', 즉 부르주아 '근대경

---

4) 사실은 바로 그러한 엉터리 노동가치론자들, 엉터리 맑스주의자들이기 때문에 이 사회에서 그들의 목소리가 요란스럽게 들리는 것이지만 말입니다.

제학'에 대립하여 진지하게 경제학, 즉 맑스주의 경제학을 연구하고 추구한다는 경제학자들 사이에서조차 노동가치론을 '재검토'해야 한다는 소리가 요란하게 일고 있는 현실이니까 말입니다. 이미 지적한 이진경 교수의 이른바 '기계적 잉여가치론' 등도 바로 그렇게 노동가치론을 '재검토'한 결과이고, 그것을 '더욱 발전시킨 성과', 그리하여 '경제학의 혁명'임은 두말할 나위도 없습니다.

사실 이러한 논의가 대중에게 전달하는 메시지는, "이제 더 이상 노동만이 가치의 원천이 아니라 지식과 정보 등도, 그리고 기계나 자연도 가치의 원천"이라는 것입니다. 노동가치론을 '재검토'해야 한다고 주장하는 그들 논자들이 명시적으로 그것을 인정하든 아니하든 객관적으로는 그렇습니다.

그러나 그것이 이른바 '정보화 사회'든, '지식기반 사회'든, 혹은 '디지털 경제'든, 그것들을 근거로, 생산수단의 사적 소유에 기초한 상품경제 사회에서, 노동가치론을 재검토하겠다고 달려드는 것 자체가 사실은 그들이 노동가치론을 전혀 이해하지 못했음을, 따라서 경제과학의 기초에 극히 무지함을 드러내는 것일 따름입니다. 상품의 가치·가격의 원천이나 실체가 왜 노동이며, 그것이 왜 사회적 규정인가를 이해하지 못하고 있는 것입니다. 그들이 내세우는 자신들의 학문적 정체성이나 내심이 무엇이든, 당연히 노동가치론에 대한 실질적 부정이고, 그 부르주아적 부정(否定)으로 직행하는 통로입니다.

본래부터 그렇긴 합니다만, 소위 진보적이라는 지식인들의 세계의 이론적·이데올로기적 상황조차 이렇다 보니, '무노동·무임금'이라는 허위 이데올로기를 극복하고 문제를 해결하는 길은, 대화나 토론이 아니라, 결국 투쟁, 즉 힘밖에는 없습니다.

이는 실제로도 여러분들이 자주 경험하고 있는 그대로입니다. 이른바 '무노동·무임금'을 강고하게 주장하다가도 노동자들, 즉 노동조합 측의 투쟁이 강할 때에는 자본은 못이기는 척하고 파업기간 중의 임금을 지불하곤 하지 않습니까?

정의와 권리는 언제나 힘에 의해서 뒷받침되어야만 실현된다는 것을 실천이 증명해 주고 있는 것입니다.

2) 노동력 재생산비로서의 임금

다시 본래의 문제로 되돌아가서, 그러면 임금이란 무엇일까요?

그것은 다시 자본주의적 생산, 혹은 자본주의 사회란 무엇인가 하는 문제로 되돌아가야만 이해할 수 있습니다.

이미 제1강에서 공부한 것처럼, 자본주의적 생산관계에서는, 혹은 그러한 생산관계가 지배적인 사회, 즉 자본주의 사회에서는 노동하여 사용가치를 생산하는 노동자와 생산수단이 분리되어 있습니다. 노동과 생산의 객체적 조건인 생산수단들은 소수의 자본가들이 그것들을 사적(私的)으로, 즉 배타적·독점적으로 소유하고 있고, 그 때문에 대다수의 직접생산자들은 생산수단들을 가지고 있지 못한 것입니다. 즉, 생산수단으로부터 자유롭습니다. 그리하여 무산자로서의 노동자는 생산수단들을 사적으로 소유하고 있는 자본가에게 고용됨으로써만 노동, 즉 생산을 할 수 있고, 생활수단들을 획득할 수 있습니다. 다름 아니라, 생산수단들을 사유하고 있는 자본가와 무산자로서의 노동자가 고용-피고용 관계로 결합됨으로써 사회적 생산이 이루어지는 것입니다.

그런데, 자본주의 사회란 것이 이렇게 생산수단의 독점적·배타적 소유자로서의 자본가와 무산자로서의 임금노동자의 결합에 의해서 생산이 이루어지는 사회라면, 무산자로서의 임금노동자의 존재는 그 자체가 자본주의적 생산, 따라서 자본주의적 사회구성의 전제(前提)입니다. 임금노동자들의 존재, 그것도 그들이 끊임없이 집단적으로 존재하는 것, 즉 임금노동자계급이 끊임없이 재생산되는 것은 자본주의적 생산과 그 존속의 절대적 전제조건인 것입니다.

과학기술이 아무리 발전해도, 그것이 자본주의적 생산인 한 이는 마찬가지입니다. 앞에서 본 것처럼, 임영일 교수 같은 이들은, '과학기술혁명의 성과로 자본이 생산에 더 이상 더 많은 노동자를 요구하지 않게 되었다'며 이를 근거로 노동자들이 자본에 고분고분 협조적으로 되어야 한다고 설교하지만, 더 많은 노동자를 요구하든 더 적은 노동자를 요구하든, 노동자들이 끊임없이 집단적으로 존재해야 하고, 그리하여 끊임없이 재생산되어야 하는 것은 여전히 자본주의적 생산과 그 존속의 절대적 전제조건인 것입니다. 그리하여 그 생산이 자본주의적인 한 노동자들에 대한 착취는 계속될 뿐 아니라 강화되는 것이고, 그 때문에 노동자들은, 자본의 요구에 고분고분해야 하는 게 아니라, 단결과 투쟁을 더욱 강화해야 하는 것이고요.

예컨대, 화려한 혁명적 언사를 구사하면서 '사회주의자', '국제사회주의자'임을 자칭했고, 이 사회의 부르주아 정당들이 오직 인민대중을 기만하기 위해서 자주 개명(改名)하듯이, '다함께'니 '노동자연대'니 하며 이름을 바꾸어 온 일부 뜨로츠키주의자들이 종파주의적, 그리고 제2차 대전 후 영국에서의 그 시원(始原)을 고려하면, 필시 반공주의적 의도에서, 주요한 생산수단이 국유화·공유화되어 있었고, 따라서 자본-임금노동 관계가 존재하지 않았던 옛 쏘련 등 20세기 사회주의를 가리켜, "사회주의가 아니라 국가자본주의"라고 왜장치고 있다면, — '과학기술혁명의 성과로 자본은 더 이상 더 많은 노동자를 요구하지 않기 때문에 노동자들은 자본의 요구에 고분고분해야' 운운하는 자들은 노동자들을 자본의 저항할 줄 모르는 노예로 길들이기 위해서 그러한 요설(妖說)을 농하고 있는 것입니다.

과학기술혁명의 성과로 사회적 생산이 말 그대로 정말 무인(無人)으로 이루어진다면, 그러한 사회는 이미 더 이상 자본주의 사회일 수 없습니다. 생산이 무인으로 이루어져 노동자들이 고용되지 않게 되면, 즉 자본-임금노동 관계가 없어지면, 그러한 사회는 개념적으로도 이미 자본주의 사회일 수 없기 때문입니다.

물론 사회적 생산의 상당 부분은 이미 그야말로 무인으로, 즉 전자동화 씨스템에 의해서 이루어지고 있습니다. 그럼에도 불구하고 <u>자본주의적 생산, 자본주의 체제가 여전히 유지되고 있는 것은, 그 '무인생산'이 말 그대로 아직 '상당 부분'에 머물고 있기 때문입니다.</u>

그런데, 거듭되는 얘기지만, 자본과 자본의 경쟁은 전적으로 자동화된 '무인생산'을 더욱 더 확대·발전시키지 않을 수 없도록 강제하고 있습니다. 그리하여 그 '무인생산'이 크게 진척되어 어느 수준에 이르면, 노동자계급은 자본주의 체제를 폐지할 것입니다. 아니, 폐지하지 않으면 안 되도록 강제당할 것입니다. 왜냐? 누구나 다 아는 것처럼, 생산수단의 사적소유에 기초한 자본주의 체제에서는 자본에 고용되는 것이야말로 무산(無産)의, 즉 생산수단을 소유하지 못한 노동자들이 노동하며 살아갈 수 있는 조건, 그것도 절대적 조건이 아닙니까? 그런데 과학기술혁명에 의한 무인생산·자동화 씨스템의 고도의 발달은 바로 이 무산의 노동자들의 생존의 그 절대적 조건을 파괴하는 것이기 때문입니다. 그리하여 노동자들이 노동할 수 없고, 따라서 그 생활·생존을 유지할 수 없기 때문입니다.

아무튼 이렇게 무산자로서의 임금노동자계급의 존재는 자본주의적 생산의 절대적 조건인데, 그들은 애초에는 자본의 본원적 축적, 즉 직접생산자로부터의 생산수단의 수탈에 의해서 세상에 등장하게 되었습니다. 그리고 지금도 부분적으로는 그러한 본원적 축적의 과정, 즉 소생산자의 몰락에 의해서 보충·증대되고 있습니다.

하지만, 그러한 본원적 축적 혹은 독립 소생산자들의 파멸·분해에 의한 임금노동자의 공급에는 한계가 있고, 더구나 그 한계는 극히 좁은 것일 수밖에 없습니다. 그 때문에, 빈곤의 나락에 빠진 노동자들의 혁명적 저항을 별도로 하더라도, 자본주의적 생산이 존속되고, 확대되기 위해서는 임금노동자계급이 그 자체로부터 재생산되지 않으면 안 됩니다.

그러면, 노동자계급은 어떻게 해야 재생산될 수 있는 것일까요?

두말할 나위 없이, 그들이 먹고 입고 살아야 하고, 자식을 낳아서 기르고 가르쳐야 됩니다. 다시 말해, 노동자와 그 가족이 먹고 살아갈 수 있어야 되는 것입니다.

그렇습니다. 임금의 정체, 그 본질은 바로 여기에 있습니다.

임금이란 바로 이렇게 노동자와 그 가족이 먹고사는 비용입니다. 다른 말로 하면, 임금이란 노동자 가족의 생계비이고, 경제학적 용어로 말하자면, '노동력의 재생산비'인 것입니다. 특히, 자본주의적 생산은 현실적으로는 "누진적인 규모로 이루어지는 재생산" 과정, 즉 확대재생산 과정이기 때문에, "이미 고용되어 있는 노동자들의 착취가 외연적으로 혹은 내포적으로 증대되지 않는다면, 추가적인 노동력들이 채용되지 않으면 안"되기 때문에, "이 계급의 통상 임금은, 그들의 유지를 보증할뿐 아니라, 그들의 증식(增殖)도 보증하기에 충분"한 크기가 아니면 안 됩니다.[5]

---

5) ≪자본론≫, 제1권, *MEW*, Bd. 23, S. 607. (채만수 역, 제1권, 제4분책, pp. 948-949.)

노동자 임금과 노예의 재생산비

사실, 자유로운 임금노동자의 존재와 그 재생산이 자본주의적 생산의 절대적 조건인 것처럼, 노예의 존재와 그 재생산은 노예제가 존재・존속하기 위한 절대적 조건입니다. 따라서 자신의 노동에 대해서 아무런 보상, 아무런 대가도 받음이 없이 오로지 착취만 당하고 있는 것처럼 보이는 노예들의 경우에도[6] 사실은 그들의 노동생산물의 일부는 그들 노예 자신과 그들의 자식들의 재생산을 위해서 돌려받고 있는 것입니다.

그리고 이 점에서 보면, 그리고 특히 노예의 경우나 자본주의에서의 노동자의 경우나 그들이 수행하는 노동과정, 즉 생산과정이 노예주나 자본가, 그리고 그들의 대리인들에 의해서 지휘・통제되고, 그리하여 착취가 봉건제적 관계에서와 달리 경제내적(經濟內的)으로 이루어진다고 하는 점에서 보면, 자본제적 착취와 노예제적 착취는 동일하다고 할 수 있습니다(자본제에서의 노동자를 가리켜 임금'노예'라고 부르는 이유도 사실은 이 점에서의 동일성 때문입니다).

그런데 이러한 동일성에도 불구하고 착취와 관련한 양자의 차이는 절대적으로 다른 것처럼 나타납니다. 즉, 노예의 경우에는 자신들의 노동생산물을 전적으로 착취당하는 것처럼 나타나고, 임금노동자의 경우에는 자신들의 노동생산물 전체를, 혹은 생산과정에서 노동자들이 기여한 몫의 전부를 '노동의 대가'로서 되돌려 받는 것처럼 나타나는 것입니다.

노예의 경우 그렇게 모든 것을 착취당하는 것처럼 나타나는 이유는 물론, 노예제적 생산관계에서는 그들 노예는 전적으로 비인격적인, 즉 물적(物的)인 생산수단들과 동일하게 취급되고, 전혀 법률적인 소유의 주체로 나타나지 않기 때문입니다. 하지만 사실은 그들도 그들의 노동생산물 가운데 그들 자신의 재생산에 필요한 만큼의 량은 되돌려 받고 있다는 것은, 앞에서와 같은 극히 짧은 설명만으로도 누구나 쉽게 이해할 수 있습니다.

어려운 것은 자본제에서의 임금노동자들이 사실은 자신들의 '노동의 대

---

[6] 이렇게, 즉 노예들의 경우 그들의 노동에 대해서 아무런 보상도 받지 못하는 것처럼 보이는 것도 사실은 부르주아 이데올로그들의 은근한 선전, 즉 노예제에 비해서 자본제에서는 노동자들이 그 노동의 대가를 지불받는다는 허위의 관념을 노동자・인민대중에게 심기 위한 선전에 의한 것입니다.

가'를 다 돌려받지 못하고, 그들 자신의 재생산비를 제외한 부분은 착취당하고 있다는 사실을 이해하는 것인데, 이는 임금이 노동력의 가치·가격이고, 따라서 임금의 지불은 **노동력에 대한 등가의 지불**7)임에도 불구하고, <u>현상적으로는 마치 노동의 대가인 것처럼 나타나기 때문</u>입니다. 그리고 바로 이 점을 이해하기 위해서는 가치라는 것의 사회적 성격, 그리고 그것은 인간노동에 의해서만 창출된다는 사실, 필요노동과 잉여노동 등에 대한 과학적인 지식이 필요합니다.

자본제적 생산관계의 재생산

한편, 노동자가 그 노동력의 재생산비, 즉 생활비·생계비를 벌기 위해서 자신의 노동력을 자본가에게 판매한다는 것은 이제 노동력이 자본의 요소로 된다는 것을 의미합니다. 그리고 이렇게 노동력이 자본의 요소로 됨으로써 자본은 상품, 즉 가치를 가진 생산물을 창조할 수 있고, 그럼으로써 자본가는 다시 노동자를 고용할, 따라서 노동력을 구매할 자본 부분을 재생산하고 획득할 수 있게 됩니다. 말하자면, 노동자는 자본에 의해서 고용되어 생산과정에서 자본가를 위해서, 상품이나 잉여가치 곧 자본의 이윤만을 생산하는 것이 아니라, 자본가가 자신을 인적인 생산요소로서 재고용할 재원, 즉 차기(次期)의 가변자본도 함께 생산하는 것입니다.

그러므로 노동자가 자신의 노동력을 판매하여 자본의 요소로서 노동하는 과정은, 사실은, 자본가의 상품과 잉여가치 즉 이윤을 생산하는 과정일 뿐만 아니라, 자본 관계, 즉 자본주의적 생산관계 그 자체를 재생산하는 과정이기도 합니다.

맑스는 이를 누차 강조하고 있는데, 예컨대, 이렇게 쓰고 있습니다.

자본주의적 생산과정은 그것 자체의 과정을 통해서 노동력과 노동조건

---

7) 보도(≪한겨레≫, 2008. 6. 12)에 의하면, 강신준 교수는 ≪자본론≫(제1권)의 그의 번역·출간을 계기로 한 인터뷰에서, "가치를 창출하는 노동자가 왜 가난한가? 그것은 노동력 상품의 부등가교환 때문이며, 노동운동의 실천적 과제는 그것을 바로잡는 일이다"라거나, "노동자의 임금을 산업자본이 빼앗아 가고 산업자본의 이윤을 이자 형태로 금융자본이 또 빼앗아 간다"라고 말하고 있습니다. 그러나 이는 ≪자본론≫에서의 맑스의 견해, 따라서 과학적인 견해와는 전적으로 다른 것입니다.

들 간의 분리를 재생산한다. 이렇게 그 분리를 재생산함으로써 자본주의적 재생산과정은 노동자 착취의 조건들을 재생산하고 영구화한다. 자본주의적 재생산과정은 노동자로 하여금 살기 위해서는 끊임없이 노동력을 팔지 않을 수 없도록 강제하고, 자본가로 하여금 부유해지기 위해서 끊임없이 노동력을 살 수 있게 한다. 자본가와 노동자가 상품시장에서 구매자와 판매자로서 서로 대립하는 것은 더 이상 우연이 아니다. 노동자를 부단히 그의 노동력의 판매자로서 다시 상품시장에 내던지고, 그 자신의 생산물을 부단히 다른 사람의 구매수단으로 전화시키는 것은, 과정 그 자체의 필연적 행마(行馬, die Zwickmühle des Prozesses selbst)이다. ...
따라서 자본주의적 생산과정은, 그 맥락 속에서 고찰하면, 즉 재생산과정으로서는, 상품만을, 잉여가치만을 생산하는 것이 아니라, 자본관계 자체를, 즉 한쪽에는 자본가를, 다른 쪽에는 임금노동자를, 생산하고 재생산한다.8)

노동력의 부단한 매매는 따라서 한편에서는 노동력을 자본의 요소로서 영구화하고, 이에 의해서 자본은 상품, 즉 가치를 가진 사용물품들의 창조자로서 나타나며, 이에 의해서 다시 노동력을 구매하는 자본 부분이 노동력 자신의 생산물에 의해서 끊임없이 생산되고, 따라서 노동자는 자신이 지불받는 자본재원(資本財源)을 끊임없이 스스로 만들어낸다.9)

이렇게 자본주의적 생산은, 혹은 그렇게 자본에 의해서 고용된 노동자들은 자본주의적 생산관계를, 그 존속의 조건들을 끊임없이 재생산하는 것입니다. 그러나 그렇다고 해서, 위 인용문을 근거로, "봐라, '자본주의적 생산이 자본관계를 재생산하고, 영구화한다'고 말함으로써 맑스는 자본주의의 영구번영을 논하고 있는 것 아닌가" 하고 왜장쳐서는 안 됩니다. 맑스가 의미하는 바는 전혀 그것이 아니니까 말입니다.
자본주의적 생산과정은 동시에 자본주의적 생산관계의 재생산과정이라는 사실이 말해주는 것은, 다름 아니라, 임금이란 노동력의 재생산비일 뿐이지 그 이상이 아니라는 사실, 바로 그것입니다.

---

8) ≪자본론≫, 제1권, MEW, Bd. 23, S. 603-604. (채만수 역, 제1권, 제4분책, pp. 942-943.)
9) ≪자본론≫, 제2권, *MEW*, Bd. 24, S. 380-381.

3) 노동력의 재생산비를 규정하는 요인들

위에서 우리는 임금이란, 이른바 '노동의 대가'가 아니라, 노동력의 재생산비이며, 그 때문에 그 크기는 취업 노동자 자신뿐 아니라 그 가족을 부양하기에 충분한 크기가 아니면 안 된다고 말했습니다. 하지만 그렇게 말하는 것만으로는, 사실 그 "자신뿐 아니라 그 가족을 부양하기에 충분한" 크기라는 것이 구체적으로 얼마만한 크기이며, 그 크기는 도대체 어떤 요인들에 의해서 결정되는가 하는 것이 그 자체로서는 불분명합니다.

그러면, 노동력의 재생산비, 따라서 임금의 크기는 무엇에 의해서 결정되는지 보기로 합시다.

그와 관련하여 맑스는, 예컨대, 이렇게 얘기하고 있습니다.

> 노동력의 가치— 다시 말해서, 이 상품의 충분한 판매가격 —는 노동력의 재생산에 필요한 노동량에 의해서 규정되어 있고, 이 노동량 자체는 그런데 이 경우 노동자의 필요생활수단들을 생산하기 위해서 필요한, 따라서 그 생활을 유지하기 위해서 필요한 노동량에 의해서 규정되고 있기 때문에, 임금은 노동자가 그것에 의해서 생활하지 않으면 안 되는 소득이 된다.10)

노동력의 재생산비, 따라서 임금의 크기는 이렇게 노동자와 그 가족이 살아가는 데 필요한 생활수단들의 량과 그 가치, 곧 그 생활수단들의 가격에 의해서 결정됩니다.

그런데, 현실을 보면, 국가마다 노동자의 평균임금의 크기가 많이 다르고, 어떤 경우에는 현격하다고밖에 달리 말할 수 없을 만큼 크게 다릅니다. 그리하여 여기에서 다시 문제가 제기됩니다. 도대체 무엇이 국가 간의 이러한 임금의 격차를 초래하는 것인가 하는 문제 말입니다.

국가별 물가 수준의 차이

우선 생각할 수 있는 것은 동일한 생활수단에 대한 국가별 가격 차이를 들 수 있을 것입니다. 예컨대, 쌀이나 채소, 소·돼지고기 등과 같은 농축산

---

10) 《자본론》, 제2권, *MEW*, Bd. 24, S. 379-380.

물들은 그 대부분이 노동자와 그 가족의 필수생활수단들입니다. 그런데 년 전에 세계무역기구(WTO)의 협상에 의한 그것들의 수입 개방 문제를 둘러싸고 농민과 국가 간에 격렬한 대립·투쟁이 벌어지지 않았습니까? 여러 가지 생산조건의 차이로 국내의 생산비가, 한국에 수입을 강요하고 있는 국가들에서의 그것보다 월등히 높아서, 그것들의 자유로운 수입은 곧바로 농민 경제의 붕괴로 직결되기 때문이었지요. 이를 뒤집어 생각하면, 수입을 강요하는 국가들에서는 그들 농축산물의 가격이 한국에서보다 현격히 싸고, 따라서 그러한 생활수단들에 관한 한, 임금이 그만큼 적을 수 있다는 것을 의미합니다. 실제로도, 우리 사회에 널리 그 이름이 알려져 있는 나라들에서는, 아마 일본을 제외하면, 예컨대, 미국에서도, 서유럽에서도, 호주에서도, 그리고 중국에서도 이들 농축산물의 가격은 무척 싸고, 노동자들은 그만큼 적은 식료품비를 지출하고 있습니다.

그렇다고 해서 이들 국가의 노동자 평균임금이 반드시 한국의 그것보다 낮지는 않습니다. 위에 예를 든 국가들에서 노동자들의 평균임금은, 중국을 제외하고는, 모두 한국 노동자들의 평균임금보다, 적어도 공통의 통화로 환산한 그것은, 훨씬 비쌉니다.

그러면 무엇이 그러한 차이를 만들까요?

물론 농축산물 이외의 다른 생활수단들의 평균적 가격 수준의 차이도 원인일 수 있습니다. 그러나 그보다 훨씬 더 중요한 요인은 각국의 노동자들이 그 사회에서 살아가는 데에 평균적으로 필요한 생활수단의 종류와 량의 차이입니다.

사회적·문화적 요인들

그런데 여기에서, 예컨대, 만일 한국의 노동자들과 미국이나 일본, 서유럽 등지의 노동자들, 혹은 한국의 노동자들과 동남아 여러 나라의 노동자들 사이에 그 평균적인 필요생활수단의 종류와 량이 크게 다르다면, 그것은 어떤 원인, 어떤 이유에 의한 것일까요?

각 국민·민족 간의 인종적, 육체적, 생리적 차이 때문에?

그럴 리야 없습니다. 그러한 인종적, 육체적, 생리적 차이 때문에 각국의 노동자들 사이에 그 필요생활수단의 종류와 량에 커다란 차이가 나는 것이 결코 아닙니다. 그 차이는 주로 사회적이고 문화적인 요인들에 의해서 규정되고 있습니다.

사실은 구태여 외국을 거론할 필요도 없이 우리 사회에서의 역사적 경험만 봐도 그것을 금방 알 수 있습니다.

제가 어렸을 때인 1950년대나 1960년대에는, 예컨대, 초등학생들, 특히 농촌의 초등학생들은 사내아이의 경우 대부분 머리를 박박 깎고, 또 남녀를 불문하고 고무신을 신고, 가방 대신에 보자기에 책을 둘둘 말아서 허리춤이나 어깨에 동여매고 학교에 다녔습니다. 머리를 길러 관리하는 것보다는 박박 깎는 쪽이, 운동화나 구두보다는 고무신이, 그리고 가방보다는 보자기가 훨씬 값이 싸고 비용이 적게 들었기 때문입니다.

그러나 값이 싸고 비용이 적게 든다고 언제, 어디서나 그렇게 할 수 있는 것이 결코 아닙니다. 그러한 것들이 사회적·문화적으로 받아들여질 수 있어야만 그렇게 할 수 있는 것입니다. 실제로 1950년대나 1960년대에는, 예컨대, 두발의 경우에는 중·고등 남학생들이 모두 그 머리를 박박 깎도록 강요당하는 일제 군국주의 교육의 잔재 때문에, 그리고 고무신이나 보자기는 전쟁 후의 전반적인 가난 때문에, 당시의 사회적, 문화적 분위기 속에서는 그런 것들이 전혀 어색하지도 이상하지도 않고, 오히려 아주 정상적 혹은 일반적인 것이었기 때문에 그럴 수 있었습니다.

그러나 지금은 어떻습니까? 오늘날 우리 사회에서 아이들에게 그런 꼴로 학교에 다니라고 강요하면, 어떤 일이 벌어지겠습니까?

엄청난 스트레스에 못 견뎌 애들이 필시 가출하든지, 정신병원에 가는 사태가 날 것입니다. 아니, 심지어는 자살해버리는 애들까지 있을지 모릅니다. 오늘날에는 머리도 예쁘게 길러 다듬어야 하고, 운동화, 그것도 많은 경우, 설령 '짝퉁'일지라도, 값비싼 유명 브랜드의 운동화를 신어야 하고, 또 그런 가방을 메야 하는 것이 사회적으로 일반적인 문화로 되어 있기 때문에 머리를 박박 깎고, 혹은 고무신을 신거나 보자기에 책을 둘둘 말아서 학교에 다니는 일 따위는 상상도 할 수 없는 것입니다.

그 외에도 수많은 예를 들 수 있습니다. 예컨대, 예전에는, 그러니까 1950년대나 1960년대에는, 말하자면, 멋쟁이들이나 가죽 구두를 신고 다녔지 농민이나 노동자들은 대개 값싼 검정 고무신을 신고 다녔고, 기껏해야 흰 고무신을 신고 다녔습니다.

그런데 어떻습니까?

여러분도 지금 구두나 운동화 대신에 고무신을 신고 공장이나 회사에 다닐 수 있겠습니까?

아니 불과 30-40여 년 전인 1980년대까지만 해도 농촌에서는 물론 서울과 같은 대도시에서도 집에 전화를 놓고 사는 집이 드물었고, 그로부터 10여 년을 거슬러 올라가면 TV가 있는 집도 결코 많지 않았습니다. 1980년대 초 무렵에 엄청나게 비싼 값의 차량용으로 먼저 등장했다가 불과 10여 년 사이에 청소년 이상의 나이라면 사실상 누구나, 그리고 오늘날에는 대여섯 살만 돼도 누구나 소지하게 된 휴대전화나, 역시 이제는 일반적인 생활필수품으로 된 개인용 컴퓨터 등에 관해서는 더 말할 나위도 없습니다.

그 외에도, 이제는 사실상 거의 모든 사람이 많든 적든, 양질의 것이든 아니든, 매일 먹고 있는 고기 음식과 같은 식습관에서 기타 여가를 보내는 양식에 이르기까지 사실상 수도 없이 더 많은 예들을 들 수 있겠지만, 아무튼 지금 이 사회에서 그런 것들 없이 '유별나게' 살아갈 수 있겠는가 하고 묻는다면, 사실 대답은 뻔하지 않습니까?

누가 당장 뭐라고 대답하든, 지금 한국에서 그런 것들이 없이 산다는 것은 여간 강심장인 혹은 무신경한 사람이 아니고는 필시 불가능할 것입니다. 남들이 사는 대로 비슷한 방식으로 살아야 하고, 그렇지 못할 경우 주변·사회와의 소통 자체가 사실상 불가능해지고, 그리하여 살 수 없게 되는 것이 바로 사회이고, 그 문화이기 때문입니다.

그리하여 지금 우리의 주제인 임금이 그만큼 그것들을 조달할 수 있는 크기가 되어야 하는 것은 물론입니다.

그런데 이렇게 임금의 크기를 규정하는 사회적 요인 중에 중요한 것으로는 교육이나 의료 등의 제도도 들 수 있습니다. 교육이나 의료, 나아가 주거 등의 비용을 만일 국가가 책임지고 부담한다면, 임금의 크기는 그만큼 작아질 수 있을 것이고, 또 실제로도 작아집니다.

결국, 노동력의 재생산비, 따라서 임금의 크기는 그렇게, 즉 노동자와 그 가족의 육체적·생리적 필요에 의해서만이 아니라, 그들이 사는 사회의 사회적·문화적 요인에 의해서도 결정되는 것입니다.

그리고 각 국민 간 평균임금의 차이는 주로 바로 그러한 사회적·문화적 요인에 의한 생활수단들의 종류와 량의 차이에 의해서 크게 규정되고 있는 것입니다.

노동자의 주택소유와 임금

임금의 크기를 규정하는 요인과 관련, 노동자의 주택소유와 임금의 관계에 대해서도 간단히 얘기해야 되겠지요?

노동자가 주택을 소유하기 위해서는 무거운 저당채무를 지지 않으면 안 되고, 그리하여 그들은 더욱 더 고용주의 노예가 된다는 것, 따라서 노동자가 주택을 사야 한다는 모든 견해는 프루동의 소부르주아적·반동적 견해에 기초하고 있다는 것은, 앞에서 상품의 가격을 고찰하면서, 이미 말씀드린 대로입니다.

그런데, 노동자들이 만일 저당채무를 지지 않고 주택을 소유하게 되면, 월세 등 주택 임대료를 지불하는 것에 비해서 '무료로' 거주하는 것이 되기 때문에 그만큼 풍족하고 그만큼 안락해지지 않겠습니까?

예, 그럴듯한 생각입니다. 그러나 그럴듯한 생각일 뿐입니다. 왜냐하면, 노동자들이 주택을 소유하고, 그리하여 주택 임대료 등을 부담하지 않게 되면, 이는 결국 그들의 임금을 그만큼 절하시키는 것으로 귀결되기 때문입니다. 노동자들이 자신의 주택을 소유하게 되면, 주택의 임대료는 더 이상 노동력의 가치에 포함되지 않게 되고, 그리하여 그만큼 노동력의 가격, 혹은 그 노동력의 재생산에 필요한 가치가 줄어들게 되고, 그만큼 임금이 저락하게 되는 것입니다.

이는, 다른 측면에서 보면, 노동자들이 과거에는 주택의 소유자들에게 지불하던 임대료를 이제는 자신을 고용하는 자본가들에게 부불노동의 형태로 지불하게 되는 셈입니다.[11]

너무 추상적인 얘기라고요?

그렇다면, 현실에서 구체적으로 임금의 크기가 어떻게 해서 결정되는가를 보십시오. 자본, 즉 자본가들과 노동자들의 이런저런 형태의 투쟁을 통해서

---

[11] F. 엥엘스, "주택문제", *MEW*, Bd. 18, S. 240-241 참조.

결정되지 않습니까? 자본가들은 자신들이 취하는 이윤, 즉 잉여가치를 최대화하기 위해서, 그리고 노동자들은 자신과 자기 가족의 생활비, 즉 노동력의 재생산비를 확보하기 위해서 말입니다. 그런데, 노동력의 재생산비, 노동자 자신과 가족의 생활비가 줄어든다?

그러면 과연 그 투쟁이 어떻게 되겠습니까?

2. 임금의 여러 형태와 체계

1) 임금형태와 임금체계

임금과 관련된 기본적인 문제 중 다른 하나는 소위 '임금형태'입니다.

노동조합의 책임자나 정책 담당자들과 얘기를 나누다 보면, 많은 사람들이 이른바 '임금체계'의 문제로 고심하는 것을 보게 됩니다. 여러분들이 받는 월급 명세서에 있는 임금의 항목에 어떤 것이 추가 혹은 삭제되어야 하고, 각 항목은 전체 임금에서 어떤 조건에서 어떤 비중을 차지해야 하는가 하는 따위의 문제가 바로 그것입니다. 그런데 이 문제를 이해하고 그에 올바르게 대처하기 위해서는 먼저 임금이 지급되는 형태에 대해서부터 알아야 합니다.

노동력 재생산비의 경험적 탄력성

그런데 누차 얘기한 것처럼, 임금이란 노동력의 재생산비인데, 그 재생산비라는 것이, 예컨대, '일주일에 얼마가 아니면, 혹은 한 달에 얼마가 아니면 안 된다' 하는 식으로 고정돼 있는 것이 아닙니다. 일정한 사회적·문화적 조건 속에서는 '정상적으로는 얼마여야' 하지만, 그것을 중심으로 상하(上下) 일정한 탄력성이 있기 때문입니다.

노동자 측에서 보면, 임금의 크기는 일정한 평균적인 금액을 기준으로 그보다 약간은 많을 수도, 적을 수도 있다는 것입니다. 실제로도 같은 시대, 같은 사회에서 동일한 가족 구성을 가지고 있는 노동자 가족들의 생활비가 서로 상당한 차이를 보여줍니다. 실제로 어떤 사람, 어떤 가족은 상대적으로 좀 넉넉한 생활을 하는 데에 비해서, 어떤 사람이나 어떤 가족은 무척 힘든 생활을 하지만, 그렇다고 굶어 죽는 것은 아닌 것이 현실이지 않습니까?

한편, 자본의 입장에서는, 임금을 낮출수록 이윤이 커지고, 이윤률 역시 높아집니다. 물론 이것은 개별자본의 입장에서 그러한 것이고, 총자본의 입장에서는, 한편에서는 그에 따라 이윤의 량도 증대하고 이윤률도 높아지지만, 다른 한편에서는 이 임금의 저하가 과잉생산이라는, 자본주의 생산에 필연적인 모순을 더욱 심화시키는 한 요인이 되는 것이긴 하지만 말입니다.

제가 이렇게, 임금의 저하가 과잉생산이라는, 자본주의적 생산에 필연적인 모순을 더욱 심화시키는 한 요인이 된다고 얘기하면, 어떤 사람들, 특히 '이윤률의 경향적 저하 법칙'만이 공황의 유일한 원인이라고 떠드는 일부 얼치기 자칭 '마르크스주의자들'은, "봐라, 과소소비론이다!" 하고 쾌재를 부를지 모릅니다.

하지만, '이윤률의 경향적 저하 법칙'이 무매개적으로 공황을 일으키는 것이 아닐뿐더러, 공황이 폭발하기 직전에 나타나는 이윤률의 저하는 여러 요인에 의해서 올 수 있습니다. 그리하여 생산과 소비 간의 이러한 격차의 확대, 즉 한편의 과잉생산과 그 이면인 상대적 과소소비도 상품의 투매, 즉 자본의 가치 파괴를 통해서 이윤률의 저하를 불러오는 중요한 요인의 하나라는 사실을 잊지 말아야 할 것입니다. 다만, 이 문제는 나중에 공황, 즉 자본주의적 생산의 위기를 논할 때에 보다 더 자세히 논의하기로 합시다.

얘기가 잠깐 주제를 벗어났는데, 아무튼 그러니까, 임금은 임금대로 그 자체의 성격으로 인해서 그 크기에 일정한 탄력성이 있습니다. 이에 자본의 입장에서는 임금이 낮으면 낮을수록 그 이윤이 많아지고 이윤률이 높아지기 때문에 자본가들은 임금을 가능한 한 그 최저한까지 밀어붙이려고 합니다.

물론, 임금의 크기는 자본 측에서 일방적으로 결정할 수 있는 것이 아니고, 노동자와의, 그것도 노동자 집단과의 끊임없는 대립·투쟁·길항(拮抗) 관계 속에서 결정되는 것이기 때문에, 막무가내로 밀어붙일 수 있는 것은 아닙니다. 그래서 무언가 교묘하게 이데올로기적으로 '합리적임'을 가장하면서 밀어붙이지 않으면 안 되는데, 그래서 생겨나는 것이 여러 임금형태이고, '임금체계'입니다. 말하자면, 결국 여러 임금형태나 임금체계는 노동자들에게 지불하는 임금의 총액을 줄이면서 착취를 강화하기 위한, 자본가들의 고안물인 것입니다.

기본적인 임금형태에는 '시간임금'과 '개수임금'(個數賃金)이 있습니다. 그리고 현실적으로는 이 두 형태의 다양한 변형태(變形態)들과 혼합형태들이 존재합니다.

시간임금과 그 변형태

시간임금은 말 그대로 임금을 노동시간에 대해서 지불하는 형태입니다. 하루 8시간의 노동에 대해서 5만 원을 지불했으면, 이틀, 즉 16시간에 대해서는 10만 원을 지불하는 식입니다. 아마 정규직 노동자들에게는 기본적으로는 가장 익숙한 임금형태일 것입니다.

이 시간임금의 대표적인 변형태는 **연공급제**(年功給制)와 시간 할증제입니다. 임금을 시간제로 계산하는데, 근속 연수가 많은 노동자에게는 일정한 비율을 증액하는 제도나 법정 노동시간을 넘는 노동시간, 시쳇말로 잔업 혹은 O/T에 대해서 할증된 임금을 지불하는 제도가 그것입니다.

그런데, 여기에서 상기해야 할 것 하나.

예컨대, 하루 8시간의 노동일에 대해서 5만 원을 지불한다고 할 때, 5만 원이라는 하루 임금은 두말할 나위없이 8시간 동안에 그 노동자가 창출한 가치 전체를 지불받는 것이 결코 아닙니다. 그 5만 원은 그 노동자가 많아야 2시간이나 3시간 정도의 시간에 창출한 가치의 크기에 해당할 뿐인데, 그것이 8시간의 노동에 대한 것으로서 지불되는 것입니다. 이 경우 2시간 혹은 3시간의 노동이 노동자 자신과 그 가족의 재생산을 위한 필요노동이고, 나머지 6시간이나 5시간의 노동은 자본을 위한 잉여노동입니다.

이러한 사정은 심지어 장기간의 근속으로 그 임금이 상당히 증액되어 있는 경우에도, 또 법정시간 외의 노동에 대해서 지불하는 할증임금의 경우에도, 필요노동시간과 잉여노동시간 간의 비율에 약간의 변화만 있을 뿐, 마찬가지입니다.

개수임금과 그 변형태

시간임금에 대비되는 형태가 개수임금입니다. 일반적으로는 성과급, 실적급, 도급제 등등의 용어로 보다 더 알려져 있는 형태입니다.

노동의 생산물로서의 어떤 상품이 개수나 중량, 혹은 길이 등으로 계량(計量)되는 것일 때, 그 상품을 몇 개, 혹은 몇 킬로그램, 혹은 몇 미터를 만들었느냐에 따라서 임금을 지불하는 형태입니다. 예컨대, 어떤 상품 10개를 만드는 데 대해서 5만 원을 지불하고, 20개를 만드는 데는 10만 원을 지불하는 식의 임금형태가 그것입니다. 도급제에서 대표적으로 눈에 확연한 형태로 나타납니다.

그리고 이러한 개수임금의 대표적인 변형태는 량이 증가함에 따라서 개당 임금액을 증가시키는 지불방식입니다. 예컨대, 어떤 물건을 10개를 만들 때엔 5만 원을 지불하지만, 20개를 만들면 10만5천 원을 지불하고, 30개를 만들면 16만5천 원을 지불하는 식의 계산 말입니다.

이렇게 량의 증가에 따라 개당 임금액을 증가시키는 개수임금의 변형태는 주로 노동강도의 노동자 자신에 의한 자발적 강화를 유도하거나 노동자들 간의 경쟁을 격화시킴으로써 잉여가치의 량을 증대시키려는 것인데, 다른 한편으로는 생산량을 증대시킴에 따라서 개개의 상품을 생산하는 데 소비되는 생산수단의 량과 가치가 일정하기보다는 줄어드는 경향이 있다는 것 등에 기초하고 있는 것이기도 합니다. 그런데, 개수임금이 특히 노동자들 간의 경쟁을 격화시키는 경우, 그것은 자본이 착취하는 잉여가치의 량을 증대시킬 뿐 아니라, 다른 한편에서는 노동자들을 분열·대립시키기도 합니다.

개수임금은 사실은 시간임금의 다른 형태에 불과합니다. 그리하여 개수임금 또한, 시간임금과 마찬가지로, 예컨대, 어떤 상품 10개를 생산하는 대가로 임금을 5만 원 지불한다면, 그 5만 원은 그 상품 10개를 만드는 데 지출된 노동, 따라서 그 노동에 의해서 창출된 가치생산물의 크기와 같은 것이 아닙니다. 그것은, 예컨대, 기껏해야 3개나 4개를 만들 때 지출된 노동, 따라서 그 서너 개의 상품에 가치로 물질화된 노동만큼만 지불하는 것이고, 7개나 6개에 응결된 노동은 지불되지 않는 잉여노동입니다. 생산량이 증가함에 따라서 개수임금이 할증된다고 하더라도, 앞에서 시간임금과 관련하여 얘기한 것처럼, 이 역시 마찬가지입니다.

앞에서도 얘기했지만, 자본제적 생산에서는 임금은 이렇게 지출된 노동의 일부에 대해서만 지불받는데도 그 전체에 대해서 지불받는 것과 같은 외양, 즉 겉모습을 취합니다. 그리고 이에 비해서 노예제에서는, 노예와 그 가족 역시 재생산되어야 하는 것이기 때문에 그 노예의 노동시간 가운데 그 재생산에 필요한 부분이 노예와 그 가족에게 지불됨에도 불구하고 전혀 지불되지 않는 외양을 취합니다. 그만큼 자본주의적 착취는 은폐되어 있고, 따라서 자본주의 체제는 그만큼 이데올로기적으로 강고합니다.

임금 지불의 다양한 변형태와 임금체계

앞에서 시간임금이나 개수임금의 대표적·전형적 변형태에 대해서 간단히 언급했지만, 그것들의 변형태나 혼합형태는 무수한 형태로 존재합니다. 예를 들면, 최근 이른바 벤처기업이나 대기업에서 유행처럼 도입되고 있는 **연봉제** 그것도 **실적급제**의, 따라서 개수임금의 변형태입니다.

본래의 개수임금과 그 전형적 변형태가 그때그때 당장의 실적에 따라서 임금을 지불하는 데에 비해서, 연봉제의 경우에는 해당 노동자의 주로 경력·이력이나 과거 상당 기간의 실적 및 성가(聲價) 등을 기초로 평가하여 기대되는 그의 실적을 예상하고, 그에 따라 그의 년간 임금을 계약하고, 일정 기간이 지나면 그 간의 실적을 재평가하여 년간 임금을 재계약하는 것이 다를 뿐입니다.

그런데, 시간임금과 개수임금이라는 이 양자 간의 다양한 혼합형태는 전형적으로 이른바 '임금체계'에서 구현되고 있습니다. 그리하여 이른바 '임금체계론'이란 사실 임금의 그러한 혼합형태를 분석하는 이론입니다.

다만, 임금체계란 사실은 그 자체로서 한눈에 너무나 명확한 것이기 때문에 이론적으로 분석할 근거가 별로 없습니다. 임금체계 자체가 임금 총액을 축소시키면서 잉여노동을 증대시키기 위한 임금형태의 조합인 것처럼, 임금체계론이란 본질적으로 그 성격상 실은 시간임금과 개수임금을 어떻게 조합시켜야 임금의 총액을 절약하면서 잉여가치의 생산을 극대화할 것인가 하는, 자본 측의 노동경영학에 다름 아닙니다.

따라서 근래 노동운동을 연구한다는 일부 단체나 학자들이 노동자의 이름으로 '임금체계론'을 크게 부각시키면서, 마치 그것을 이래저래 조작함으로써 임금문제의 핵심을 풀 수 있다는 듯이 주장하는 것은, 그들의 주관적 의도야 무엇이든, 객관적으로는 자본의 이익에 봉사하는 것이고, 자본의 이데올로기에 놀아나는 것입니다. 이른바 '임금체계론'의 대표적 논자 가운데

한 사람인 (옛)영남노동운동연구소의 강신준 교수(동아대)가, 노동조합의 산별조직화를 주장하면서, 그 산별화의 주요한 목표를 이른바 '노사동반자 관계'에 두고 있는 것도 결코 우연이 아닌 것입니다.

매를 맞아 죽더라도 어느 매에 맞아 죽는지는 분명 알아야 합니다. 따라서 우리는 물론 각자 자기 회사와 공장의 임금체계를 정확히 파악하고, 분석할 수 있어야 합니다.

그러나 그렇다고 해서, 그것을 분석하여 그 각 항목을 이래저래 조정하면 어떤 도깨비 방망이라도 나올 것처럼 생각하고 주장한다면, 그것은 크게 잘못된 접근입니다.

임금체계와 관련해서는 노동자들에게는 오직 하나의 원칙만이 있을 수 있습니다.

법정 노동일, 즉 법정 노동시간에 가능한 한 많은 임금을 확보하여, 가능한 한 그 시간에 노동력의 재생산비, 전노협과 민주노총의 투쟁과정에서 확립된 말로 하자면 '생활임금'을 확보하는 것입니다. 그러기 위해서는 <u>임금체계상 기본급의 비율을 최대한 높이고, 가족 수당이나 기타 육아수당, 교육수당 등등 가족 구성의 변화에 따른 수당을 확보하는 것입니다.</u>

<u>**중요한 것은 성과급적 요소를 배제하는 것입니다.**</u> 실제로 이 성과급적 요소를 강화시켜 노동자들을 경쟁시키고 분열시켜서 무력화시킴으로써 잉여노동의 착취를 증대시키려는 것이 이른바 임금체계와 관련한 자본 측의 의도입니다. 따라서 이에 대항해서 그러한 성과급적 요소를 없애는 것, 그것이야말로 이른바 '임금체계'와 관련한 노동조합 측의 과제인 것입니다.

2) 생활임금 관련 생계비 임금 모델
- 이론생계비와 실행생계비

마치 '임금체계'야말로 임금문제의 핵심이라는 식으로 얘기하는 일부의 경제·사회학자들께서 노동자들을 위한 뭔가 획기적인 임금체계를 발견하기 위해서 불철주야 노고를 아끼시지 않는 것을 봅니다. 참으로 가상한 일이 아닐 수 없습니다.

전노협의 생계비 임금 모델

그러나 사실 한국의 노동자계급은 이미 훌륭한 임금체계 혹은 임금 모델을 가지고 있습니다. 일찍이 전노협 시절에 확립한 생계비 임금 모델이 바로 그것입니다.

노동자 가족이 인간답게 살아가는 데에 필요한 여러 생활수단의 량과 가격을 조사하여 그것으로써 임금액을 산정하는 것은, 자본-임노동 관계라는 자본주의적 생산관계를 주어진 것으로 전제할 때, 노동력의 재생산비라는 임금의 성격에 가장 잘 어울리는 임금 모델일 것입니다.

게다가 이 생계비 임금 모델에는 성과급적 요소는 물론 한 톨도 섞여 있지 않기 때문에, 그만큼 훌륭한 임금 모델입니다.

강신준 교수의 '생활급+노동급' 임금 모델

그런데, 이러한 생계비 임금 모델을 '일방적으로 노동자에게만 유리한 모델'이라며 영남노동운동연구소 시절 강신준 교수는 한때 '생활급+노동급'이라는 임금 모델을 제시한 바 있습니다. 그리고 그 후에도 그는 역시 이를 약간 변형시킨 형태로 나름의 임금 모델을 제시하고 있습니다.

그러나 강 교수의 이 '생활급+노동급'이라는 임금 모델은, 당시 제가 중국의 고사(古事)를 들어 "조사모삼(朝四暮三)도 결국 일곱"이라고 비판했던 것처럼,[12] 사실은 자본이 추구하는 '기본급+성과급' 모델을 다른 말로, 그것도 부정직하고 오해를 불러오는 말로 표현한 것에 다름 아닙니다.

"조사모삼도 결국 일곱"이라는 저의 비판은, '조삼모사'(朝三暮四)라는 중국 춘추시대 송나라의 고사를 원용한 것입니다. 이 조삼모사의 고사란, 다시다시피, 원숭이를 사랑해서 원숭이와 의사소통까지 가능했던 한 노인이 벌이가 시원찮아 원숭이들의 먹이인 도토리를 줄여야 할 형편에 처하여, 원숭이들에게 도토리를 "아침엔 3개, 저녁엔 4개를 주겠다"(조삼모사)고 하자 원숭이들이 화를 내므로, "그러면 아침엔 4개, 저녁엔 3개를 주겠다"(조사모삼)고 했더니 원숭이들이 좋아했다는 얘기 아닙니까?

---

12) 채만수, "조사모삼(朝四暮三)도 결국 일곱 — 강신준 교수의 '개량적 국면에서의 노동운동의 실천적 과제' 3부작을 비판한다", ≪현장에서 미래를≫, 제7호, 1996년 2월호, pp. 169-190, 특히 pp. 183-188을 참조.

어느 쪽이나 결국 일곱 개인데, "아침에 3개"와 "아침에 4개"라는 말에만 정신을 빼앗겨 '조사모삼'을 기뻐했다는, 아마 원숭이들의 단순하고 어리석음에 비유해서 일부 사람들의 어리석음을 비웃는 얘기였을 것입니다.

강 교수의 '생활급+노동급' 모델은 자본 측의 기존의 '기본급+성과급' 모델과 동일한 내용을 가지고 있습니다. 그런데도 '생활급'이라는 것이 마치 노동력의 정상적인 재생산비이고, '노동급'은 거기에 추가적인 무언가 여분의 소득인 것처럼 제시하고 있습니다. 많은 노동자들로 하여금 저 송나라의 원숭이들과 같은 어리석음을 범하도록 유도하려는 것이지요(―아니면, 강 교수 자신이 송나라의 원숭이적 지능밖에는 가지고 있지 못하시든지!).

실제로 이 '생활급+노동급'이라는 표현은, 방금 전에도 말씀드린 것처럼, 부정직하고 유해한 것입니다. 그것은 마치 '생활급'으로써 생활비, 그러니까 생계비를 확보하고, 연장근로라든가 기타의 추가적인 노동을 통해서는 그 생계비를 넘는 무언가 여분의 소득을 확보하는 것 같은 오해를 불러일으키도록, 그리하여 노동자들로 하여금 자칫 저 송나라의 원숭이와 같은 어리석음을 범하도록, 교묘히 조어(造語)되어 있기 때문입니다.

그러나 그렇게 기본적으로 노동력의 정상적인 재생산비를 보장하면서 거기에 추가적인 소득 옵션을 제공하는 임금제도는 없습니다. 그러한 임금제도는 자본의 입장에서 볼 때 자기 파괴적이기 때문입니다.

왜 그런가?

노동자들에게 그렇게 노동력의 재생산비를 넘는 '임금' 혹은 소득을 보장해주게 되면, 노동자 가계에 잉여금이 쌓여가게 되고, 그리하여 시간이 지나면 그들 노동자들 대부분이 임금노동을 그만두게 될 것이기 때문이고, 그러한 이치를 자본이 결코 모를 리 없기 때문입니다.

하물며 자본가 국가권력의, 때로는 파쑈적이기까지 한 강력한 비호로 자본가계급의 힘이 노동자계급을 압도하고 있는 것이 이 대한미국 사회인데, 정상적인 생계비를 넘는 그러한 '임금' 혹은 그러한 임금체계가 도대체 어떻게 가능하겠습니까?

그런데도 '생활급+노동급' 따위의 저러한 기만적인 임금체계를 제시하는 것은, 구제불능의 무지 때문이 아니면, 본래 임금형태 혹은 임금체계라는 것이 임금의 총액을 줄이면서 노동자들로부터 최대한의 잉여노동을 착출하기 위한 술수일 뿐이라는 것을 은폐하면서, 무언가 부정직한 목적을 달성하려는 의도를 숨기고 있기 때문일 것입니다.

이론생계비 모델과 실행생계비 모델

한편, 생계비 임금과 관련하여, 상당한 금액 차이가 나는 두 가지 모델이 제시되고 있습니다. 하나는 '이론생계비 모델'이라고 할 수 있는 것이고, 다른 하나는 '실행생계비 모델'이라고 할 수 있는 것이 그것들입니다.

이론생계비 모델이란, 일정한 사회적·문화적 조건 속에서 노동자들이 인간답게 살기 위해서 필요한 생활수단들의 종류와 량을 설정하고, 물가 수준과 인플레이션 등 그 동향을 반영하여 임금의 크기를 산정하는 모델입니다. 이 모델은 매우 규범적인데, 과거 전노협 시절에 확립된 생계비 모델이 바로 그런 것입니다.

이에 비해서 자본 측이나 자본의 이익을 위해서 봉사하는 일부 경제학자, 그리고 사회학자 등은 노동자 가족들이 현실적으로 지출하고 있는 생활비를 품목별로 조사하여 그 합계로써 이른바 '실행생계비'를 산출하고, 그에 근거해서 임금의 크기를 정하려고 합니다. 실증적이고 과학적인 연구에 기초한 생계비 모델이라는 간판을 내걸고 말입니다.

하지만, 현실적으로 노동자들은, '인간다운' 경제·문화·사회생활을 하고 있는 것이 아니라 저임금에 시달리고 있습니다. 그리고 바로 그 때문에, 그에 기초한 생계비란 역시 저임금일 수밖에 없습니다.

'객관적인 사회조사'를 빙자해서 노동자들에게 계속적으로 저임금을 강요하려는 그러한 음모를 우리 노동자들은 당연히 폭로하고 단호하게 저지해야 하겠습니다.

다시, 노동력 재생산비의 탄력성에 대하여

우리는 앞에서 노동력의 재생산비, 즉 임금의 탄력성에 대해서 얘기했지만, 만연한 저임금은 실제로 임금의 이 탄력성 때문에 가능한 것입니다.

추상적으로는 임금은 노동력의 재생산비라고 하지만, 보다 구체적으로 탄력성이 문제로 되면, 현실적으로는 '도대체 어떤 크기여야 그것이 노동력의 정상적인 재생산비인가' 하는 문제가 제기될 수밖에 없습니다. 그리고 그 크기를 규범적으로 제시하도록 설계된 것이 바로 위에서 말한 이론생계비 모델입니다.

경험적으로 알 수 있는 것처럼, 그 탄력성 때문에 임금이 그 규범적 크기, 즉 이론생계비에 미치지 못하더라도 노동자와 그 가족의 노동력이 재생산되지 못하는 것은 아닙니다. 그러나 여기에서 우리가 유념하여야 하는 것은, 노동력이 재생산된다고 하더라도, 그것이 어떤 상태로 재생산되는가 하는 것입니다.

꼭 농민이 아니더라도 알 수 있는 것처럼, 논밭에 재배하는 작물은 충분히 시비(施肥)하지 않는다고 해서 반드시 죽는 것은 아닙니다. 그러나 충분히 시비하지 않을 경우 그들 작물은 **영양부족으로 인해 위축된 형태**로 성장하게 됩니다.

노동력의 경우도 마찬가지입니다.

임금이 정당한 크기에 미치지 못한다고 해서 노동자와 그 가족이 당장에 굶어 죽는다든가 하는 사태가 일어나지는 않겠지만, **저임금은 그 노동력을, 나아가 그 가족을 육체적으로, 그리고 특히 정신적·문화적으로 위축된 형태로 재생산될 수밖에 없도록 만들게 됩니다.**13) 노동자들은 이 점을 필히 명심하지 않으면 안 됩니다.

3. 은폐된 임금형태들

오늘 임금문제에 대한 강의를 시작하면서 "임금을 둘러싼 황당한 미신이 적지 않다"고 했던 말 기억하실 것입니다.

실제로 그렇습니다.

---

13) "노동력 가치의 최후의 한계, 즉 최저한계를 이루는 것은, 매일 공급되지 않으면 노동력의 담지자(Träger), 즉 인간이 자신의 생활과정을 갱신할 수 없는 어떤 상품량의 가치, 따라서 육체적으로 필수불가결한 생활수단들의 가치이다. 만일 노동력의 가격이 이 최소까지 떨어진다면, 그것은 그 가치 이하로 떨어지는 것인바, 왜냐하면 노동력은 그렇게 되면 위축된 형태로밖에는 유지될 수도 발휘될 수도 없기 때문이다. 그러나 어느 상품이나 그 가치는 그 상품을 정상적인 품질로 공급하기 위해서 필요한 노동시간에 의해서 규정되는 것이다."(《자본론》, 제1권, *MEW*, Bd. 23, S. 187. 채만수 역, 제1권, 제2분책, p. 288.)

그리하여 심지어는 이런 것까지 있습니다. 어떤 것은 사실은 임금이 아닌 데도 많은 사람들이 그것을 임금이라고 생각한다든가, 혹은 사실은 임금인데도 임금이 아닌 것처럼 취급되는 것들 말입니다. 혹은, 임금으로 지불되긴 하지만, 자본주의의 전반적 위기에 대한 국가의 대응, 즉 국가독점자본주의의 정책 때문에 그것이 증발(蒸發)해버리는 경우도 사실은 숱합니다.

1) '회사가 부담한다'는 건강보험료

건강보험료를 한번 봅시다.

임금을 받는 여러분과 임금을 지불하는 회사가 필시 '반반씩' 지불하고 있을 것입니다. 이런 경우 여러분은, 회사가 여러분을 위해서 건강보험료의 절반을 부담하고 있다고 생각하기 쉽습니다. 실제로 법률도 그런 뜻으로 규정하고 있고, 따라서 회사는 은연중에 그렇게, 즉 노동자들이 그 임금에서 부담해야 할 것의 일부를 회사가 부담해주고 있기라도 하는 것처럼 생색을 내고 있을 것입니다.

그러나 노동자 본인이나 그 가족의 병원 치료비나 치료 약품비 등의 의료비는 노동력의 재생산에 절대적으로 필요불가결한 비용입니다. 그리고 건강보험은 이 의료비 지불을 위한 일종의 공제조합 같은 것입니다.

그 때문에, 그 공제조합을 유지하기 위한 비용은 그것을 형식상 노동자 자신들이 지불하든, 그들을 고용하고 있는 회사가 지불하든, 혹은, 문제의 의료보험비처럼, 그것을 형태상 일정 비율로 분담하여 지불하든, 그것은 모두가 노동력의 재생산을 위한 비용, 즉 임금의 일부를 이루는 것이고, 따라서 그것을 어떤 방식·어떤 형태로 지불하든 사실은 전액을 보험가입자, 즉 공제조합의 가입자로서의 노동자 여러분이 내는 것입니다.

실제로 의료보험료 가운데 소위 '회사 부담금'은, 사실은 회사가 여러분에게 지불해야 할 임금의 일부를 지불하지 않고 유보해두었다가 보험공단에 대신 지불하는 것에 불과합니다. 결국, 회사가 여러분을 대신해서 지불하는 건강보험료는, 형식적으로는 임금이 아닌 것처럼 보이지만, 실제로는 임금의 일부인 것입니다.

2) 근로소득세

이에 반해서 소위 근로소득세, 즉 노동자들의 소득인 임금에 부과되는 직접세는 전혀 다릅니다. 여러분들의 월급봉투를 보면, 국가가 매달 꼬박꼬박 '세금'을 떼어가고 있을 것입니다. 그 세금은 월급명세서에서뿐만 아니라 임금협상·임금협정에서도 '임금'으로 간주되고 있습니다.

하지만, 그것은 실제로는 노동력의 재생산을 위해서 지출되는 비용이 아닙니다. 따라서 그것이 아무리 월급, 즉 임금이라는 명목 하에 지불되더라도, 그것은 결코 임금이 아닙니다.

3) 노동자들의 주식소득
   — 이른바 '국민주', '우리사주' 등

그런데 위에서 예로 든 것들은 경제적으로도, 이데올로기적으로도 사실 그다지 중요하지 않은 하찮은 것들에 불과합니다. 은폐된 임금형태와 관련하여 가장 심각하게 문제가 되는 것은, 이른바 '국민주'니, '우리사주'니, 혹은 '종업원지주제' 등으로 불리는 제도 등을 통해서 노동자들의 일부가 '얻는' 소득, 이른바 주식소득의 정체와 효과가 무엇인가 하는 것입니다.

매매차익이든, 배당금이든 노동자들이 주식의 소유와 매매를 통해서 얻는 소득은 일반적으로 자본가들이 그것을 통해서 얻는 것과 같은 성격의 주식소득, 따라서 소위 자산소득으로 간주됩니다. 그리고 외형상·형태상으로는 물론 그렇게 보입니다.

그러나 태양이 지구의 주위를 도는 것처럼 보이더라도 진실은 그와 정반대이듯이, 예컨대, '우리사주' 등을 통해서 노동자들이 얻는 '주식소득'은 자본가들의 그것과 같은 것이 결코 아닙니다. 만일 그 형태·외형에만 홀려서 그렇게 믿고, 또 그렇게 주장한다면, 그것은 아주 순진한 것이며, 사실은 임금의 본질을 전혀 이해하지 못하고 있음을 드러내는 것일 뿐 아니라, 노동자 대중에게 허위 이데올로기를 주입함으로써 그들에 대한 지배를 강화하려는 자본가계급의 음모에 놀아나고 동참하는 것이기도 합니다.

노동자의 '주식소득'은 임금의 일부

'우리사주' 등의 소유와 매매를 통해서 얻는 '주식소득'은 본질적으로 임금의 위장된 형태에 불과합니다. 다음과 같은 발언에 주목해봅시다.

> 자본가가 노동자에게 지불하는 이자는 임금의 지불과 동일한 것이며, 따라서 자본가에게 있어서는 가변자본의 투하와 같다. 이러한 결론은 가치법칙의 기초 위에서, 그리고 노동력 가치의 개념을 고려하여 확립된다.14)

여기서 말하는 이자란 주식에 대한 배당금을 가리킵니다. 그리하여 자본의 입장에서 노동자들에게 주식 배당금을 지불하는 것은 임금을 지불하는 것과 같다는 것입니다.

여기에서 중요한 것은, 그러한 주식 배당금이 임금에 불과하다는 결론이 "가치법칙의 기초 위에서, 그리고 노동력 가치의 개념을 고려하여 확립된다"고 하는 점입니다. 다름 아니라, 노동자들의 이른바 주식소득 역시 사실은 그들의 노동력을 재생산하는 비용에 불과하다는 뜻입니다.

만일 노동자들의 주식소득이 노동력의 재생산비로서의 임금을 넘는 무언가 여분의 소득이라면, 그것은 노동자 가계에 잉여자금으로서 축적될 것입니다. 그리고 그 화폐의 축적이 어느 정도의 크기가 되면, 역시 거듭되는 얘기지만, 노동자들은 소외된 노동으로서의 임금노동을 그만두고 독립적인 자영업자가 될 것입니다.

그런데 노동자들의 이러한 자영업자로의 전업이 한 사회의 광범위한 현상·경향으로 된다면, 어떤 사태가 벌어지겠습니까?

노동력, 즉 임금노동자의 부족으로 임금은 당연히 폭등하게 되고, 그리하여 결국은 노동력 부족과 임금의 계속적인 상승에 의한 이윤의 소멸로 자본주의적 생산 자체가 사멸할 수밖에 없게 될 것입니다.

그런데도 일찍이 박정희 정권 때부터 총자본으로서의 국가가 법률을 제정해서까지 '우리사주제'니, '종업원 지주제'니, '국민주'니 하는 것들을 조장·장려하고 있습니다. 그리고 실제로도 적지 않은 수의 노동자들이 그러한 주식들을 소유하고 있습니다. 게다가, 자본 측의 이데올로그들은 물론이고

---

14) Laurence Harris, "On Interest, credit and capital", *Economy and Society*, Vol. 5 No. 2, May 1976, p. 145.

과거 민주노동당 등 일부 '진보진영'조차 사실상, 노동자들이 '우리사주' 등을 소유하면 노동력의 재생산비로서의 임금을 넘는 무언가 추가적 소득을 올릴 수 있다는 듯이 선전하면서, 그러한 주식소유를 권장해왔습니다. 말하자면, 노동문제에 대해서 발언하는 수많은 경제학자나 사회학자들, 그러한 부르주아 이데올로그들에 의해서만이 아니라, 여러 노동운동 단체에 의해서도, 그리고 많은 노동조합에 의해서도, 이른바 '국민주'니, '우리사주'니, '종업원 지주제'니 하는 것들이 노동자들의 이익에 봉사하는 진보적인 것으로 간주되고 있는 것입니다.

자, 그렇다면, 즉 '우리사주제'나 '종업원 지주제'를 지지하는 이들이 때로는 노골적으로 때로는 암암리에 선전하는 내용, 즉 노동자들의 그러한 주식소유가 노동력 재생산비 외의 여분의 소득을 올린다는 것이 만일 사실이라면, 법률의 뒷받침도 받고, 많은 경우 회사 측으로부터 대부까지 받아 노동자들이 상당히 광범위하게 주식을 소유하고 있는 조건 하에서 한국 자본주의에 어떤 사태가 벌어지겠습니까?

당연히, 우리가 앞에서 언급한 사태, 즉 노동력 부족과 임금의 앙등, 이윤의 소멸, 나아가 심하면 자본주의적 생산 자체의 사멸이라는 사태가 벌어질 것입니다.

그러나 실제로는 어떤가요?

'국민주'니 '우리사주'니 하는 것을 통해서 부자가 되었다는 노동자를 찾아볼 수도 없거니와, 노동력 부족에 의한 임금의 폭등이나, 하물며 자본주의의 사멸 같은 사태는 그림자도 나타나지 않고 있습니다.15)

---

15) 이른바 '국민주'나 '우리사주' 같은 것이 노동자들에게 노동력의 재생산비로서의 임금 외에 어떤 가외의 소득을 가져다 줄 것이라고 생각하는 사람들은, 맑스가 인용하고 있는 자본 측의 다음과 같은 말을 상기하면서, '국민주'나 '우리사주'를 권장하거나 못 이기는 척하고 노동조합에 '동의해 주는' 정부나 자본 측의 속내가 무엇인가를 가늠해 보는 것이 좋을 것입니다. ― "소유권이 충분히 보장되어 있는 곳에서는 화폐 없이 사는 것이 빈민 없이 사는 것보다 더 쉬울 것인데, 왜냐하면, [빈민이 없다면: 인용자] 누가 노동을 할 것인가? ... 그들"[빈민들]"은 굶어죽지 않도록 보호되어야 하는 것처럼, 그들은 저축할 만한 그 어떤 것도 받아서는 안 된다. ... 자신의 그날그날의 노동에 의해서 그날그날의 생계를 꾸려가는 사람들은 ... 그들의 욕구들(wants, Bedürfnisse) 외에는 그들로 하여금 일하게끔 하는 그 아무것도 없는바, 그 욕구들을 완화하는 것은 총명하지만, 그것들을 근절하는 것은 어리석은 짓이다. 따라서 노동하는 사람을 근면하게 할 수 있는 유일한 것은 적당량의 화폐[독일어 판에는 '적당한 임금': 역자]인바, 왜

도대체 어떻게 된 일일까요?

노동자 주식소유제는 노동자의 노예화·수탈 기구

단도직입적으로 말하자면, 노동자들의 주식소유가 노동자들에게 무언가 이익을 가져다 줄 것이라는 선전은 철저히 거짓말입니다. 그러한 노동자 주식소유제들은 철저하게 반노동자적인 제도들입니다.

이른바 '우리사주'라는 것에 대해서 봅시다. 우선 그것을 통해서 노동자들은 "우리도 회사의 주인"이라는 허위의식을 갖게 됩니다. 실제로 회사를 통제·관리하고, 그 단물을 빨아먹는 것은 경영자라고 불리는 소수의 대자본가들인데도 말입니다.

그런데 그러한 허위의식을 갖게 되면 어떻게 됩니까?

이제 자본가적 경쟁력 이데올로기의 신봉자가 되고, '우리 회사'가 잘 되도록, 경쟁력을 갖추도록, 최선을 다하게 될 것입니다. 노동시간의 연장, 노동강도의 강화, 임금 일부의 포기, 즉 저임금을 포함해서 말입니다. 당연히 노동조합은 무력해지고, 조합간부들은 심하면 주식시세판만 바라보면서 임금인상이나 기타 노동조건의 개선을 위한 투쟁 따위는 생각도 하지 않게 됩니다. 그러니 우리사주제가 얼마나 반노동자적입니까?

그런데 거기에 머물지 않습니다.

우리사주제나 '국민주' 등은 사실은 노동자들의 **가계준비금**까지를 잉여노동 착취를 위한 자본으로서 동원·전화시키고, 결국은 그것을 대자본이 수탈해가게끔 하는 기구입니다.

무슨 얘기인가?

기업들이 어음의 결제나 고정자본의 갱신 등을 위해서 지불준비금을 확보하듯이, 노동자 가정을 포함한 어느 가정이나, 애경사(哀慶事)라든가 자식들의 교육, 혹은 돌발적인 사고 등을 대비해서, 실제로 돈을 모아서든 아니면 빚을 낼 수 있는 수단을 강구해서든, **가계준비금**을 마련하게 됩니다.

냐하면 너무 적으면, 그의 기질에 따라서는, 그를 의기소침하게 하고 자포자기하도록 하는 것처럼, 너무 많으면 그를 불손하고 게으르게 할 것이기 때문이다."(B. de 맨더빌, ≪꿀벌 이야기≫, 제5판, 런던, 1728, 주석들, pp. 212-213; ≪자본론≫, 제1권, *MEW*, Bd. 23, S. 642-643[채만수 역, 제1권, 제4분책, p. 1013]에서 재인용).

그런데 종업원지주제니, 우리사주제니, 국민주제도니 하는 것들은 바로 이 가계준비금을 끌어내서 주식을 사도록 유도합니다. 이렇게 되면, 그 노동자들의 가계준비금은 자본으로 전화되는데, 그 자본에 대한 통제권은 물론 대주주들 곧 자본가들에게 있습니다. 즉, 우리사주제 등을 통해서 동원된 자금은 대자본가들의 수중에서 자본으로서, 즉 노동자 자신의 잉여노동을 착취하는 금원(金源)으로서 기능합니다. 이제 자본가들은 노동자들로부터 나온 자금으로 노동자들의 잉여노동을 착취하는 것입니다.

우리사주 등을 구매한 노동자들은 물론 그 주식이 자신들에게 임금 이외의 소득, 나아가 행운을 가져다줄지도 모른다는 꿈을 꿉니다. 특히 호황국면의 막바지에서 주가가 전반적으로 폭등하게 되면, 그러한 꿈이 현실이 될 것처럼 생각됩니다. 그러나 그것은 언제나 헛꿈입니다. 주가의 폭등은 호황국면의 마지막에서 과잉생산으로 자본의 이윤율이 전반적으로 낮아져 있다는 것을 보여주는 현상, 그리하여 투기가 극대화되고 있음을 보여주는 현상일 뿐이기 때문입니다.

이윽고 공황이 엄습합니다. 그리고 주식시장은 요동치고 폭락하면서 행운의 꿈이었던 주식은 사실상 휴지쪼가리로 전락합니다. 그리고 그것들을 휩쓸어가는 것은 당연히 대자본들이지요.

맑스는 이렇게 얘기했습니다.

> 소유는 여기에서는[자본주의적 생산이 발달한 사회에서는 ─ 인용자] 주식의 형태로 존재하기 때문에, 순전히 거래소에서의 투기의 결과로 그 소유가 운동하거나 이전되는데, <u>거기에서는 작은 고기들은 상어들에게 잡아먹히고 양(羊)들은 이리들에게 잡아먹힌다.</u>16) (강조는, 인용자.)

꽤 오래전 자료이긴 하지만, 사실상 동일한 양태로 대략 10년을 주기(週期)로 필연적으로 벌어지는 사태이므로, 다음과 같은 기사들을 봅시다.

> 최근 주가가 상승했지만 우리사주 조합원들은 지난해 11월 구제금융 신청 직전에 비해 여전히 손해를 보고 있는 것으로 나타났다. 또 일부 대기업 상장사는 대규모 유상증자를 하고 있어 우리사주 직원들의 손실을 가중시

---

16) 《자본론》, 제3권, *MEW*, Bd. 25, S. 456.

키고 있다. 22일 증권거래소가 우리사주를 보유한 465개 상장사를 대상으로 구제금융 신청 직전인 지난해 11월 20일부터 1년이 지난 20일 현재 주식평가액을 조사한 결과, 우리사주 조합원 1인당 평균 184만1천 원의 평가손을 입었다. 지난해 11월 20일 우리사주가 보유하고 있는 1억7천여만 주의 전체 평가액은 1조7,068억 원이었으나 지난 20일에는 1조4,231억 원으로 줄어 2,837억 원 상당의 평가손을 낸 것으로 집계됐다. 조사대상 가운데 평가익을 낸 회사는 모두 59개사에 불과한 반면 주가가 떨어진 회사는 406개나 됐다. 평가액이 가장 많이 줄어든 회사는 선진금속으로 1인당 평가손이 무려 3,300만 원이나 됐다. 이어 에스케이가스(1,749만 원), 경농(1,741만 원), 한솔화학(1,443만 원) 등도 손실이 컸다. 특히 에스케이를 뺀 4대그룹 계열사들은 이 달에만 2조 원대의 유상증자를 하거나 할 예정이어서 주식 공급물량이 급증해 전반적인 증시 활황 속에서도 주가 상승이 더뎌 우리사주들이 속을 태우고 있다. 그러나 외국인 선호주인 메디슨은 1인당 4,555만 원의 평가익을 내 눈길을 끌었다.17) 이어 부산도시가스(2,025만 원), 대덕전자(1,198만 원), 극동도시가스(1천만 원) 순으로 평가익을 보았다.18)

삼성자동차 빅딜로 15만 삼성맨들 중 상당수가 갖고 있는 삼성차 주식이 휴지조각으로 전락하게 됐다. 삼성차의 납입자본금은 8,054억 원, 그러나 지난해 6월말 기준 자기자본(자산에서 부채를 뺀 것)은 6,639억 원으로, 이미 1,400억 원의 자본금이 잠식됐다. 7개월이 지난 지금은 손실누적으로 자본금 전액이 잠식된 것으로 알려졌다. 대우가 삼성차를 인수하게 되면 순자산가치가 마이너스인 삼성차 주식은 전량 소각될 것이 뻔하다. 삼성 직원들의 삼성차 지분은 30.6%로, 금액으로는 2,464억 원어치다. 이 가운데 절반은 지난 95년 8월과 9월 두 차례에 걸쳐 30개 그룹 계열사들이 삼성차 주식을 사들인 뒤 사원들에게 100% 특별보너스 형식으로 무상으로 나눠준 것이다. 나머지 절반인 1,200억 원은 96년 말 삼성차 유상증자 때 임직원들의 주머니에서 실제로 나간 돈이다. 그룹에서는 15만 직원 가운데 삼성차 주식을 갖고 있는 사람이 10만 명을 넘을 것으로 추정하고 있어, 결국 직원 한 사람당 120만 원씩 손해를 보게 됐다. 이건희 삼성 회장이 갖고 있는 삼성차 주식은 0.13%, 10억 원어치 정도로 총수라는 점을 감

---

17) 촉망받던 이 메디슨도 이미 부도나 파산해버린 지 오래입니다. 그리고 그 후 종합주가지수나 코스닥지수가 바닥에 바닥을 기던 상황에서 다른 기업의 주가들도 어떻게 되었을지는 불문가지일 것입니다.

18) 《한겨레》, 1998. 11. 23.

안하면 많지 않은 편이다. 삼성차 주식은 한때 주당 1만원을 호가하며 회사 안에서도 활발히 사고 팔렸지만 요즘엔 거래가 뚝 끊기고 시세형성조차 안 되고 있다. 계열사의 한 과장은 "미리 주위 동료들에게 주식을 판 운 좋은 사람은 얼마 안 된다"고 말했다. 직원들 간에는 회사가 보상대책을 내놓아야 한다는 주장과 자기 판단 아래 산 주식을 회사보고 책임지라는 것은 무리라는 반론 등 의견이 분분한데, 그룹에서는 아직 공식적으로 아무런 말이 없다.[19]

어떻습니까?

더 이상의 다른 설명이 필요 없을 만큼 그 자체로서 명확하지 않습니까? '우리사주제'니, '종업원지주제'니 하는 말에 혹하여 주식을 샀던 노동자들이 사실상 모두 시쳇말로 '곡소리 난 것' 아닙니까?

참고로, 위 기사는 삼성자동차에 대해서만 말하고 있지만, 이미 1997년 여름에 부도가 난 기아자동차나 1999년에 부도가 난 대우자동차는 어떻습니까? '우리사주'를 소유하고 있던 노동자들이 이중삼중의 손해를 보고 엄청난 고통을 당하지 않았습니까?[20]

(1) 이른바 "PCS범대위"와 '국민기업'론

이제는 많이 잊혀진 일이지만, 1996년도는 당시 일반적으로 PCS라고 불리던 이동통신, 그러니까 휴대전화 사업자를 선정한 해였습니다. 그런데 그 사업자 선정을 둘러싸고 말이 많았습니다. 일부 노동운동단체들을 포함한 이른바 NGO(비정부단체)들도, 특히 참여연대와 같은 시민운동단체들을 중심으로, 이른바 'PCS범국민대책위원회'라는 것을 결성하여 목소리를 높였습니다. PCS 사업자 선정이 '재벌의 이권 나눠먹기'가 돼서는 안 된다고 주장

---

19) 《한겨레》, 1999. 2. 13.
20) 어항 속의 금붕어가 갈지(之) 자로 헤엄을 치는 것은, 기억력이 나빠서 "어? 이리 가려던 게 아니었지", "어? 이리 가려던 게 아니었지"를 반복하며 진로를 수정하기 때문이라는 우스갯소리가 있지 않습니까? 금붕어는 기억력은 나쁘지만 진로를 수정하려는 기특함은 있는 듯합니다. 그러나 '우리사주제'에 미친, 노동운동의 일부 지도자들은 기억력만 나쁜 게 아니라 진로를 수정하려는 일말의 의사도 없는 것 같습니다. 최근, 그러니까 2005년 하반기 이후에 '우리사주제'와 관련한 움직임을 제6강의 [보론 1]로 실었습니다. 참조하시기 바랍니다.

하면서 말입니다.

일부에서는 이른바 '대안 있는 운동'을 좋아하지 않습니까? 그런데 이때 '대안'이란 무엇을 말합니까? 누가 뭐라고 하든, 그것은 사실은 주어진 틀 안에서의 다른 선택, 그러니까 '기존 체제 안에서의 다른 선택'을 의미할 뿐입니다. '대안 있는 운동' 운운은 자본주의 체제의 합리화(?)를 지향하는 이른바 시민운동적 방식과 관념일 뿐인 것입니다. 그런데도, 일부 노동운동단체들마저, 이를 인식하지 못한 채, 아니 어쩌면 충분히 인식하면서도, 이른바 '대안 있는 운동'을 지향하고 있는 형편입니다.

아무튼 그런 사정으로 인해서, 즉 '대안 있는 운동'이라는, 말하자면, 책임의식이 발로하여 당시 'PCS범대위' 안팎에서 "재벌 나눠먹기가 아니면, 그러면 어떤 대안인가" 하는 문제가 제기되었던 모양입니다.

그 '대안'을 둘러싼 논쟁이 초래할지도 모르는 '투쟁전선'의 분열, 혹은 해이를 염두에 둔 듯, 'PCS범대위'가 조직 차원의 공식적 입장을 정하지는 않았으나, 당시 범대위에서 중심적 역할을 하던 사람들의 발언이나 신문 기고문 등을 보면, 그 사실상의 대안은 이른바 '국민기업'이었습니다. 재벌에게 PCS 사업권을 주는 대신에 '국민으로부터 광범위하게 주주를 공모'하고, 그렇게 해서 세워지는 '국민기업'으로 하여금 PCS 사업을 담당하게 하여야 한다는 것이었습니다.

'국민기업'론의 의미

'국민기업'이라!

얼마나 그럴 듯한 말입니까?

그런데 그 실질적인 내용도 그 이름만큼이나 근사하고 훌륭한 것일까요?

전혀 그렇지 않습니다.

이른바 '국민기업'론이 상정하는 '국민주주들'이란 필시 개인 개인으로는 소액을 투자하는, 광범위한 다수의 노동자·인민대중일 것입니다. 결국 노동자·인민대중으로부터 자금을 모아서 이동통신회사를 하나 만들어내자는 주장입니다.

그렇게 되면 그것이 노동자·인민대중에게 어떤 의미를 가지고, 어떤 식으로 귀결되는지에 대해서는 앞에서 말씀드린 대로입니다. 노동자 자신의 돈이 자신들을 착취하는 자본으로 되는 것이고, 노동자들은 전적으로 외적 조건에 의해서 좌우되는 회사의 경쟁력을 위해서 자신들의 권리를 희생시키게 되며, 종국에는 그들이 돈 대신에 쥐고 있던 주식이 휴지조각으로 되기 십상인 것입니다.

결국, 이른바 '국민기업'을 통해서 PCS 사업을 담당해가자는 주장은 사실은, "PCS 사업을 위해서 필요한 막대한 초기 투자는 재벌을 대신해서 노동자·인민대중이 담당하자"는 의미였고, "그리고 나서 어느 정도 자리를 잡고 나면, 그때 가서 재벌님들께 헌납하자" — 바로 그런 뜻이었습니다.

왜 그런가?

상정(想定)한 대로 광범위한 대중으로부터 자금을 모으기 위해선 그 기업형태는 '주식회사'일 것이고, 따라서 각각의 투자자가 투자하는 자본은 '주식'에 의해서 대표될 수밖에 없습니다. 그런데 그 주식은, 아무리 어떤 법률적 제한을 가한다고 하더라도, 양도성(讓渡性)을 그 본질적 특성의 하나로 하고 있습니다. 게다가 노동자·인민대중의 생활은, 언제나 곤궁할 뿐 아니라, 경제위기 즉 공황 국면에서는 위태로워지기까지 합니다.

그러니 어떻게 되겠습니까?

'투자자'인 노동자·인민대중은 머지않아, 특히 경제위기·공황 등으로, 그 경제적 곤궁함이 더욱 가중되면, 자신들이 가지고 있는 주식을 어쩔 수 없이 헐값에 매도하지 않을 수 없는 처지로 내몰릴 것입니다. 그때 그것을 사들이는 자들은 누구겠습니까? 주식시장의 소위 '큰손들', 특히 재벌을 위시한 대자본들이 바로 그들 아니겠습니까? 사태가 그렇게 전개되니, 그 이른바 '국민기업'은 그것이 기업으로서 자리 잡아가면서 결국은 재벌에게 헌납되는 것이 될 수밖에 다른 전망은 없는 것입니다. 재벌은 막대한 초기 투자의 부담 없이 그 사업을 하게 되는 것이고요.

이것이 바로 근사하게 들리지만 사실은 극히 반노동자적이고 반민중적인 이른바 '국민기업'론의 내용입니다.

(2) 자본의 본원적 축적 방식으로서의 '봐우처 방식'

이 소위 '국민기업'이란 것이 얼마나 반노동자적이며 반민중적인가는, 쏘련과 동유럽에서 20세기 사회주의 체제가 붕괴되고 난 후 이들 지역에서 진퇴를 거듭하면서 진행된 '자본의 본원적 축적' 과정을 봐도 알 수 있습니다.

자본주의화된다는 것은 직접생산자로부터 생산수단을 수탈하는 것, 즉 자본을 본원적으로 축적하는 것인데, 그 과정은 모공(毛孔)마다 선혈과 오물이 뚝뚝 듣는 잔인한 과정이어서 아래로부터의, 즉 노동자·농민으로부터의 광범한 저항에 부딪히게 되는 것이라고 했습니다.21) 실제로 그렇습니다. 그리고 바로 그 때문에, 즉 공장과 광산 등에 대해서 사회주의적인 공유권·소유권을 가지고 있던 노동자 대중의 수탈에 대한 광범한 저항 때문에, 지난 1990년대에 동유럽 국가들과 러시아는 여러 차례 정치적·경제적 위기를 겪었습니다.

아무튼 사회주의 체제를 해체하고 동유럽과 러시아를 다시 자본주의화시키기 위해서 신흥의 강도적 자본가들은 무엇을 어떻게 했습니까?

자본주의화를 위해서는 어떻게 해서든지 노동자들로부터 생산수단에 대한 소유권을 탈취해내서 그들을 무산의 임금노동자로 만들어야 하지 않겠습니까? 그래서 그들이 고안해 낸 방식이 무엇인지 아십니까?

다름 아니라 '봐우처(vouchers) 방식'이라고 하는 것인데, 대략 다음과 같은 것입니다.

우선, 20세기의 사회주의적 소유 방식이었던 국가적 소유나 협동조합적 소유는 비효율과 관료주의, 그리고 부패로 가득 찬 '오류'라고 낙인을 찍습니다. 우리 사회에서도 보수·우익뿐만 아니라 노동자·민중을 얘기하고, '노동자 국가'를 얘기하는 많은 '좌파 담론' 속에 팽배한 이른바 '국가사회주의의 오류'라는 낙인 말입니다.

그러한 낙인은 당연히 그들 생산수단을 사유화해야 한다는 캠페인으로 연결됩니다. 그러나, 그러한 캠페인에도 불구하고, 생산수단에 대한 사회주

---

21) "이토록 힘들었던 것이다(Tantae molis erat), 자본주의적 생산양식의 "영원한 자연법칙"을 낳는 것, 즉 노동자들과 노동수단들의 분리과정을 완성하는 것, 한 극(極)에서는 사회적 생산수단들과 생활수단을 자본으로 전화시키고, 그 반대의 극에서는 인민대중을 임금노동자로, 즉 자유로운 "노동빈민들", 근대사의 이 인위적 산물로 전화시키는 것은, 오지에(Augier)가 말하는 것처럼, 화폐가 "한쪽 볼에 태어날 때의 핏자국을 띠고 이 세상에 나온다"고 한다면, 자본은 머리에서 발가락까지 모든 털구멍에서 피와 오물을 뚝뚝 흘리면서 이 세상에 나오는 것이다."(《자본론》, 제1권, *MEW*, Bd. 23, S. 787-788. 채만수 역, 제1권, 제4분책, pp. 1260-1261.)

의에서의 국유나 협동조합적 소유는, 자본주의 사회에서의 국유와 달라서, 그리고 사회주의・공산주의 사회에서의 노동자・인민은 무소유권자라는 반공선전과는 달라서, 노동자・인민의 소유권을 그야말로 직접적으로는 부정할 수 없었습니다.

따라서 사유화에 따른 저항을 피하고 최소화하기 위해서는 그 생산수단을 일단은 노동자・인민에게 '사유화'시키지 않으면 안 되었습니다. 그리하여 모든 노동자・인민에게 이른바 봐우처라는 것을 나눠줍니다.

봐우처란 원래 '교환권'이란 뜻입니다. 그리고 이 경우에 그것은, 노동자를 위시한 인민 각자가 국유 혹은 협동조합적 소유의 생산수단에 대해서 일정한 소유권을 가지고 있다는 것을 확인해주는 증표이자, 그 생산수단들을 사유화할 때에 주식과 맞바꾸어주는 교환권입니다.

이렇게 되면 이제 '오류에 가득 찬' 20세기 사회주의의 국가적 소유와 협동조합적 소유를 해체할 준비가 갖추어지게 됩니다.

이제 '개혁 정권'이라고 불리는 저들 사회주의의 해체자들은 '효율과 발전, 그리고 자유를 위해서' 사유화할 기업의 명단을 공시하면서, 봐우처를 가진 노동자・인민에게 "자신이 주주(주인)가 되고자 하는 기업"을 신청하게 합니다. 그리고 그 기업의 주식과 노동자들이 소유하고 있는 봐우처를 교환해줍니다.

그렇게 되면, 어떠한 기업이 탄생되겠습니까?

과거에는 사회주의적으로 공유되어 있던 기업이 이제 자본주의적 주식회사로 전화됩니다. 과거에는 생산수단의 사회주의적 공동소유자였던 노동자・인민이 이제 자본주의적 기업으로서의 주식회사들의 주주가 되고요.

어떻습니까?

이렇게 해서 탄생한 기업들이야말로 광범한 노동자・인민대중이 그 주주인 '국민기업들'이 아니겠습니까? 그것도 그 주식이 철저하게 분산된 아주 이상적인 '국민기업들' 말입니다.

그런데 이것이 바로 러시아나 동유럽 국가들에서 속칭 '마피아'라고까지 불리는 강도적인 신흥 자본가계급이 실행한 자본의 본원적 축적 방식, 즉 직접생산자로부터 생산수단을 수탈한 주요한 방식이었습니다.

왜 그런가?

사회주의 정권이 붕괴됐다고 해서, 그리고 사회주의적인 국유와 협동조합적 소유에 대해서 '비효율'의 낙인을 찍었다고 해서, 노동자·인민에게 막무가내로 "당신들은 이제 공장과 광산에 대한 아무런 권한이 없다"고 선언할 수는 없었습니다. 만일 누가 순진하게도 그렇게 선언했다면, 그가 마주치게 된 것은 필시 노동자·인민의 피의 항쟁, 폭동뿐이었을 것입니다. 따라서 그러한 피의 항쟁, 폭동을 피하기 위한 속임수가 필요했습니다. 사회주의 시절에 노동자·인민이 국유 및 협동조합적 소유의 생산수단에 대해서 가지고 있던 소유권을 일단 인정해주면서도 그들의 손아귀에서 그것을 탈취하여 그들을 무산의 임금노동자로 만드는 속임수 말입니다.

그리고 그 속임수가 다름 아니라 '봐우처 방식'을 통해서 성립되는 저 훌륭한 '국민기업들'이었습니다.[22] 다름 아니라, 그러한 방식을 통해, 즉 주식의 절대적 속성인 양도성과 '자유' 주식시장, 그리고 무정부적 자본주의적 생산의 주기적 공황을 통해서 그들 생산수단에 대한 소유를 극소수의 수중에 집중시켜 간 것입니다. 노동자들은 과거에는 자신들이 사회주의적 통제권을 가지고 있던 공장 등에 대해서 이제 아무런 권리도 갖지 못하는 무산자로 전락해버렸습니다. 그것도 가파른 속도로 말입니다. 그러한 전락, 즉 주식 소유권의 상실은, 주식소유 그것의 속성 때문이 아니라, 자신들의 무능과 불운 때문이라는 자책, 자기 비하, 자기 모멸감과 함께 말입니다.

이제 노동자·인민대중의 폭동을 예방하고 억압하는 기구가 된 러시아나 동유럽의 국가들은 물론 가능한 한 노동자·인민대중의 폭동을 유발하지 않도록 그 사유화 정책을 면밀하게 속도조절했습니다.

(3) 노태우 정권의 '국민주'

그런데 이는 단지 러시아나 동유럽의 애기만은 아닙니다.

한국에서도 노태우 정권 시절인 1980년대 말, 아직 1989년 2/4분기 이후의 경제위기가 폭발하기 직전에 한국통신(지금의 KT) 주식이나 포항제철(지금의 POSCO),[23] 한국전력 등의 주식을 이른바 '국민주' 방식으로 대대

---

[22] 물론 구 쏘련이나 동유럽에서 그것을 '국민기업'이라고 불렀다는 애기는 듣지 못했습니다. '국민기업'이라는 개념이야말로 한국의 '진보적' 시민운동단체들, '진보적 지식인들'의 발명품이기 때문입니다.

적으로 매각했습니다. 이들 기업들을 이른바 '민영화', 즉 사유화하는 일환으로 말입니다. 당시는 호황의 말기였고, 그리하여 주가가 연일 급등하는 가운데 '나도 자본가'가 되고 싶었던, 혹은 적어도 주가 폭등의 덕을 조금이라도 보고 싶었던 수많은 쌜러리맨들, 즉 노동자들이 그 '국민주'를 샀습니다.

그런데 그 주식들은 그 후 어떻게 되었겠습니까?

1989년 2/4분기 이후의 경제위기 속에서 주가가 폭락했고, 노동자들의 생활은 상층 노동자들일지라도 압박을 받지 않을 수 없게 되었습니다. 따라서 그들 노동자들의 대부분은 소유 주식을 팔지 않을 수 없었고, 지금은 소수의 손아귀에 집중되어 있지 않습니까?

누구의 손아귀입니까?

두말할 나위도 없이, 독점자본의 한국적 형태인 재벌들의 손아귀입니다.

4) 인플레이션과 임금
— 국가독점자본주의 하 임금노동자들의 시지포스적 운명

많은 노동자들, 많은 노동조합이 매년 '임투', 그러니까 임금인상 투쟁을 벌여 임금을 인상시킵니다. 뿐만 아니라, 노동조합을 결성하지 못했거나 노동조합이 어용화되어 있어서 임투를 벌이지 못하는 사업장의 노동자들에게도 정부나 자본은 매년 어느 정도의 임금인상은 당연한 것으로 여기고, 또 실제로 그렇게 임금을 인상시키고 있습니다.

더구나 임금의 그러한 인상은, 예컨대, 초임(初賃) 대비 몇 퍼센트의 인상이 아니라, 언제나 인상 당시의 임금, 그러니까 지난해에 인상된 임금을 기준으로 몇 퍼센트인가가 인상되는 것이어서, 임금은 누진적으로 인상되고 있다고 할 수 있습니다.

그렇다면, 즉 그렇게 임금이 해마다 누진적으로 인상되고 있다면, 해가 바뀔수록 노동자들은 당연히 누진적으로 부유해질 것입니다.

그런데 노동자들의 현실은 어떻습니까?

---

23) 과거의 '한국통신'이나 '포항제철', '한국철도공사' 등등이 왜 KT니, POSCO니, Korail이니 등등으로, 즉 이 사회의 현대 진서(眞書)로 names(이름들)를 바꾸었겠습니까? 멋있게 들려서? 아닙니다. 외국인 투자자들의 편익을 위해서입니다.

임금인상 투쟁을 통해서든, 국가와 자본가들의 '휴머니즘'이나 '자비심' 덕분이든, 아무튼 이런저런 비율로, 그것도 누진적으로 임금을 인상해가고 있지만, 노동자들의 생활 형편은 여전히 곤궁한 것이 현실입니다.

도대체 무슨 조화일까요?

그리고, 국가와 자본가들은, 물론 가능한 한 인상률을 낮게 억누르기 위해서 온갖 이데올로기 조작을 자행하고, 또 경찰이나 검찰, 법원 등을 동원하여 억압을 가하긴 하지만, 아무튼 왜 매년 임금을 인상하는 것 자체는 당연시하는 것일까요?

그것은, 다름 아니라, 인플레이션 때문입니다.

현대 자본주의의 전면적인 위기가 국가독점자본주의를, 즉 자본의 재생산 과정에 대한 국가의 전면적 개입을 불가피하게 하고, 또한 화폐-통화제도상으로는 금태환의 정지를 불가피하게 하고 있다는 것, 그리고 그 때문에 이제 불환통화의 증발(增發)과 그 가치의 저락(低落)은 불가피해서 인플레이션, 즉 물가의 명목상의 상승이 항상화·체제내화 된다는 것은 앞에서 말씀드린 대로입니다.

그리고 시간이 지나면서 바로 이 인플레이션이 애써 인상해 놓은 임금을 애초의 크기로, 혹은 심지어 그 이하로 삭감해버립니다.

즉, 인플레이션은 '은폐된 형태로 임금을 삭감'하는 것이고, 바로 그러한 '은폐된 형태의 임금 삭감기구'입니다.

더구나 인플레이션은 모든 상품구매자들, 모든 생활수단의 구매자들에게 무차별적으로 작용을 미치기 때문에, 어떤 노동자도 인플레이션에 의한 이러한 임금의 삭감을 결코 피할 수 없습니다.

그리하여 노동자들은 매년 임금을 인상하고 있는 것처럼 보이지만, 실제로는 임금을 인상하고 있는 것이 아니라 1년 동안 인플레이션에 의해서 삭감된 임금을 원래의 크기로 회복시키고 있을 뿐이고, 어떤 경우에는 원래의 크기에도 못 미치는 수준으로 그것을 '회복'시키고 있을 뿐입니다. 그것도 많은 경우 지난한 투쟁으로 엄청난 희생을 치르면서 말입니다.

여러분들은 그리스의 시지포스(Sisyphus) 신화를 들어보셨을 것입니다. 저승의 신들을 기만하고 농락한 죄 때문에 사후(死後)에 신들의 보복으로 저승의 밑바닥에 떨어져 가파른 산꼭대기에 커다란 바위를 밀어 올려놓아야 하는 형벌을 받았는데, 이 바위가 산꼭대기에 이르기만 하면 다시 굴러떨어지는 바람에 그 고된 노동을 끊임없이 반복하지 않으면 안 되었다는 이야기 말입니다.

다름 아니라, 국가독점자본주의 하의 임금노동자들이야말로 바로 현대의 시지포스들입니다. 많은 희생을 감수하면서 애써 임금을 올려놓으면, 인플레이션이 어김없이 그것을 다시 삭감해버리는 바람에, 매년 같은 고통을 되풀이하지 않으면 안 되는 운명에 처해 있는 것이 국가독점자본주의 하의 노동자들이기 때문입니다. 다만, 현대의 시지포스들의 죄는, 존재하지도 않는 저승의 신들을 기만·농락한 것이 아니라, 임금노동자로 태어나 살아가는 것 자체입니다. 혹은 그 죄는 이미 낡아빠진 계급사회를 폐지하지 않고 살아가고 있는 역사적 직무유기 그것입니다.

따라서 이러한 시지포스적 운명의 청산, 그것은 당연히 임금제도의 폐지, 곧 자본주의적 생산양식, 계급사회의 폐지를 통해서만 가능합니다.

[제6강 보론 1]

월급쟁이에서 주인으로?
— 신판 노예제로서의 우리사주제에 대해서*

우리사주조합의 주식인수를 둘러싼 대립의 외관

10월 들어 갑자기 '우리사주제'를 둘러싼 노동과 자본 간의 갈등이 세인의 주목을 받고 있다. 지난 1997년 말 이래의 경제위기에서 대량의 '공적자금'의 투입으로 파산을 면하고 재생한 몇몇 대기업들의 매각, 즉 재사유화를 앞두고 대우건설, 대우조선해양, 엘지카드, 브릿지증권 등의 노동조합이 "우리사주조합 인수참여를 위한 공동대책위원회"(위원장 정창두 대우건설 노조위원장, 이하에서는 '우리사주공대위'로 약칭한다)를 구성, 주식인수 의지를 밝히고 있는 데 대해서, 산업은행이나 자산관리공사 등 정부 측이 기본적으로 거부 방침을 내보이면서, 긴장이 발생하고 있기 때문이다.

참고로, 대우건설 노조 등이 대거 우리사주조합을 통하여 기업 매각에 인수자로 참여하겠다고 나서는 다른 배경에는 증권거래법 및 근로자복지기본법의 개정으로 10월부터 이른바 '차입형 우리사주제'(ESOP)가 이들 상장대기업에까지 확대되었기 때문이다. 이들 기업의 우리사주조합이 이제 금융기관으로부터 자금을 차입하여 매각주식의 20%까지를 최대 20% 할인된 가격으로 인수할 수 있게 된 것이다.

산업은행이나 자산관리공사가 이들 기업의 우리사주조합에 주식매각을 꺼리는 것도, 표면적으로는 '매각일정 지연'이니, '회사경영에의 부정적 영향'이니, '지배구조 및 책임경영체제의 약화' 등등 여러 가지 구차한 이유를 내세우지만, 실제로는 바로 이 주식의 할인 매각 때문이다. 예컨대, "공적자

---

* 이 글은, 노동사회과학연구소 편, ≪정세와 노동≫, 제7호(2005년 11월)에 발표했던 것인데, 여기에 수정 없이 원래의 형태대로 싣습니다.

금이 투입된 기업의 매각은 국민 부담을 최소화하기 위해 적정가격 이하로 매각할 수 없는데 우리사주조합이 지분 인수에 참여하게 되면 자금 회수율이 낮아질 수밖에 없다" 운운하는 '자산관리공사 관계자'의 말("대우건설 등 5개사 노조 연대키로", ≪연합뉴스≫ 2005. 10. 19.)이 이를 뒷받침하고 있다.

아무튼 이렇게 되면, 일견 '우리사주공대위' 측의 입장을 지지하여 우리사주조합에의 주식 매각을 주장하는 쪽이 노동자들의 이해에 복무하는 진보이고, 그 반대 쪽이 독점자본의 이해에 봉사하는 수구·보수인 것 같은 대결구도로 보인다. 실제로도, ≪한겨레≫나, ≪오마이뉴스≫, ≪프레시안≫, ≪내일신문≫ 등등 자칭타칭 진보적 언론임을 주장하는 쪽이 기사나 칼럼, 혹은 사설까지를 동원하여 '우리사주제'를 찬양하면서 '우리사주공대위' 쪽을 거들고 있고, 조·중·동 등의 수구언론이 '특혜'니, '형평성'이니 하면서 딴죽을 걸고 있는 모양새로 나타나고 있다.

언론은 모두 친자본의 동기에서 움직이고 있다

조·중·동 등의 수구언론이 '우리사주공대위' 측의 지분 참여에 딴죽을 걸고 나서는 것은 물론, 적어도 주관적으로는, 친자본·반노동자적인 동기에서이다. 이에 대해서는 새삼 긴 설명이 필요 없을 것이다.

그러면, '우리사주공대위' 쪽을 거들고 있는 이른바 진보언론 쪽의 동기는 어떤가? '반자본적'이기까지는 않더라도 친노동자적인 동기에서 거들고 있는 것일까?

결코 그렇지 않다. 물론 주관적으로 **명확히야** '반노동자적'이지 않겠지만, 이들 언론도 분명 친자본적인 동기에서 '우리사주공대위' 쪽을 거들고 있다. 표면적으로도 그러한 친자본적인 동기를 결코 숨기지 않으면서 말이다.

그리고 이들 '진보언론'의 친자본적 동기는, 독점자본의 근시안적 관점을 사실상 그대로 여과 없이 반영하고 있는 수구언론의 그것보다 훨씬 더 교묘하고 치밀하다. 그리고 노동자계급에게는 그만큼 더 위험하다. 다름 아니라 '재벌 개혁'이라는 슬로건으로 제시되는 독점자본의 합리화, 그리고 이른바 '상생적 노사관계'의 확립, 즉 노동운동의 거세가 이들의 목적이기 때문이다

(그리고 이는 바로 총자본, 혹은 자본의 이성으로서의 국가가 '우리사주제'니 '종업원지주제'니 하는 것들을 입법·제도화하는 동기이기도 하다).

이들 '진보언론들'이 사실상 얼마나 (비록 미필적일지 모르지만) 반노동자적이고 친자본적인 동기에서 우리사주제를 찬양하면서, 근시안적인 자본에 대해서는 그것을 받아들이고 확대하도록, 그리고 노동자들에게는 그 쪽으로 달려 들어가도록 유도하고 있는가는, 예컨대 ≪한겨레≫의 "월급쟁이서 주인으로 … 노사상생 '선순환'"(www.hani.co.kr., 2005. 9. 20.)이라는 기사가 웅변으로 말해주고 있다. 이 기사는 주로 "우리사주조합 최대 지분 쌍용건설"이 "위기 넘기며 주가 2천원→9천 원대로" 뛴 우리사주제 최대(?)의 성공담을 최대의 찬사로써 소개하고 있는데, 거기에서 필시 시각의 균형을 취한답시고 이렇게 쓰고 있다.

> 그러나 지금까지 국내에서는 우리사주제도의 성공사례 못지않게 실패사례도 많다. 엘지카드와 하이닉스반도체 등 종업원들이 울며 겨자 먹기로 우리사주를 배정받아 주가폭락으로 큰 손실을 본 경우가 부지기수이다. 가장 큰 문제는 우리사주 취득자금이 대부분 종업원들의 호주머니에서 나온다는 점이다.

'노사상생'이니, '상생적 노사관계'니, "생산적 노사관계"니 하는 허깨비를 노골적으로 지향하는 자들이니, 일단 그 점은 차치하더라도, ≪한겨레≫는 지금 "우리사주제도의 … 실패사례 … 가 부지기수"임을 알면서도 노동자들에게 우리사주제를 선동하고 있는 것이다. 엘지카드와 하이닉스반도체 등의 '실패'의 원인이 마치 "종업원들이 울며 겨자먹기로 우리사주를 배정"받았기 때문인 것처럼 말하고, 문제가 우리사주의 취득자금인 듯이 말하면서 말이다. 결국 "울며 겨자먹기로"가 아니라 적극적·능동적으로 달려들면 실패하지 않을 것이며, 소위 '차입형 우리사주제'(ESOP)로 취득자금의 문제는 태반이 해결된 듯이 그렇게 말하고, 그렇게 선동하고 있는 것이다.

≪한겨레≫는 그렇게 "우리사주제도의 실패사례가 부지기수"임을 알면서도 쌍용건설이나 "포스코, 대한전선, 케이티엔지, 대우자동차판매 등 회사출연형 우리사주제도를 운영하고 있는 기업들의 공통점은 노사가 서로 신뢰하고 모범적인 지배구조를 갖추고 있다는 것"이라며, 성공담으로 소개한다. 물

론 여기에서 '노사가 서로 신뢰'하고 있다는 말은 노동자들이 노동자로서의 계급성을 거세당했음을 의미하는 것이고, 바로 자본의 관점을 대변하고 있는 것일 뿐이다.

그건 그렇다 치고, 그러면 ≪한겨레≫가 예시하는 경우들은 경제적으로라도 과연 정말, ≪한겨레≫가 그토록 상찬하는 것처럼, '성공한' 것일까?

결코 그렇지 않다. 다만, 아직 실패의 기회가 오지 않았고, 그리하여 실패가 유예되고 있을 뿐이다.

저 부지기수라는 실패사례는 언제 그렇게 실패했는가? 다름 아니라 주기적으로 닥치는 공황, 즉 경제위기의 시기에 그렇게 실패했다. 그리고 '성공 사례'로 소개되고 있는 저들의 경우는 아직 그 공황의 불의 시련을 통과하지 않았을 뿐이다.

어떤 교수의 애처롭고 간절한 호소

지난 10월 28일자 ≪내일신문≫에는 우리사주제를 둘러싼 최근의 갈등과 관련, 물정 모르는 근시안의 "유수의 국내언론과 평론가들"에게 보내는 수줍은, 그러나 참으로 애처롭고 간절한 호소문이 실려 있다. 다름 아니라 "기업사랑과 사람사랑, 그리고 ESOP"이라는 제목의, 유철규 교수(성공회대 사회과학부, 경제학)의 글인데, 이렇게 시작된다.

> 부산시에 이어 청주시, 대구시, 창원시 등 다수의 지방자치단체들이 '기업사랑조례'를 만들었다는 소식과 대우건설, 대우조선해양, LG카드 등을 필두로 몇몇 기업노조들이 지금 법제화과정에 있는 차입형 우리사주제도(ESOPs: employee stock ownership plans)를 회사에 도입하기 위해 공동대책위원회를 만들어 연대노력하기로 했다는 소식이 함께 들려오고 있다.

그러면서 그는 "유수의 국내언론과 평론가들"의 근시안을 다음과 같이 지적·한탄한다.

> 유수의 국내언론과 평론가들은 지자체들의 기업사랑조례가 반(反)기업

정서를 완화하고 기업인의 의욕을 북돋아 투자확대와 일자리 창출에도 도움이 될 것이므로 전국적으로 확산시켜야 할 일이라고 극찬하고 있다. 그런데 이상하게도 같은 언론의 옆 지면에는 차입형 우리사주제도를 통한 종업원 주식소유는 있을 수 없는 일이라고 평가절하하고 있다. 구조조정을 피하고 경영정상화의 과실을 따먹겠다는 얄팍한 술수이기 때문이라거나 채권단의 몫을 높이고 공적 자금을 최대한 많이 회수해야 한다는 이유를 들었다.

그러나 우리사주제 역시 '기업사랑조례'와 마찬가지로 결국 기업, 즉 자본을 위한 것임을 알고 있는 경제학 교수로서는 근시안적인 '이런 상반된 평가'가 답답하기 그지없다. 그리하여 말한다.

이런 상반된 평가가 왜 이상한 일이냐 하면 미국에서 종업원 주식 소유 제도를 법제화하기 위해 가장 애쓴 사람들은, 잠재적 기업가들이 끊임없이 키워지고 창업이 활발한 활력 넘치는 자본주의를 사랑하고 시장의 효율성을 믿는 사람들이기 때문이다. 기업소유가 광범하게 분산될수록 보다 많은 사람들이 자본주의를 잘 이해할 것이고, 자본소유자층이 두텁게 될수록 기업하려는 사람들의 층도 두터워질 것이라고 생각하는 것이다.

우리사주제도, 혹은 '종업원 주식 소유제도'가, 그것을 '좌파적 정책' 운운하는 사람들이 생각하는 것처럼 반자본주의적 정서를 가진 사람들에 의해서가 아니라 "활력 넘치는 자본주의를 사랑하고 시장의 효율성을 믿는 사람들"에 의해서 자본주의를 위해서 도입되었음을 설명하고 있다. 여기서 한 가지, 우리사주조합에 참여하는 노동자가 바로 그렇게 주식을 소유한다는 이유로 유 교수의 서술에서는 "자본소유자층"의 일부로 둔갑하고 있다는 점은 주목하고 넘어가자. 그리고 그의 얘기를 계속 들어보자.

제프 게이츠(Jeff Gates)는 한국에서도 많이 알려진 미국 ESOP의 주창자이다. 국제컨설팅회사인 게이츠 그룹을 설립했으며, 1980년대에 미국의 회의 상원 재무위원회에 소속되어 있으면서 ESOP법안의 제정에 많은 기여를 했다. 그가 걱정했던 것은 미국사회에서 소유가 집중되면서 점점 더 많은 사람들이 시장과 자본주의 경제시스템으로부터 소외를 느끼고 실제로 소외된다는 점이었다. 그렇게 되면 경제가 거대한 자본 소유자들끼리의 머니 게임장으로 되기 쉽고 시장의 활력은 떨어질 수밖에 없다. 소유의 집중에 대한 대중의 반감이 알게 모르게 커지면서, 그 속에 사는 사람들이 서로 편갈라 배타적이 되고 인간관계가 단절되고 황폐화되면서 결국 그들이 사는 사유재산 경제 자체도 같은 운명에 처하게 될 것이다.

우리사주제도가 반자본주의적 정서를 가진 사람들에 의해서가 아니라 "활력 넘치는 자본주의를 사랑하고 시장의 효율성을 믿는 사람들"에 의해서 자본주의를 위해서 도입되었다는 것을 제프 게이츠를 들어 설명하고 있는데, 여기서 의문이 있다.

"활력 넘치는 자본주의를 사랑하고 시장의 효율성을 믿는 사람들"이 왜 "미국사회에서 소유가 집중되면서 점점 더 많은 사람들이 시장과 자본주의 경제시스템으로부터 소외를 느끼고 실제로 소외된다는 점"을 걱정해야 했던가? 결국 "활력 넘치는 자본주의나 시장의 효율성"은 존재하지 않으며, 그에 대한 불신, 그렇게 불신할 수밖에 없는 "소유의 집중"과 모순의 격화가 ESOP을 도입하게 한 것 아닌가?

또한 그렇게 미국의 ESOP을 칭송하고 있지만, ESOP의 도입으로 미국은 과연 "소유의 집중"이나 "자본주의 경제시스템으로부터 소외"가 해소되고, "거대한 자본 소유자들끼리의 머니 게임장"이 아니게 되었으며, "시장의 활력"은 높아졌는가?

게다가, 소유가 집중되면, 즉 우리사주제가 보급되지 않으면, "소유의 집중에 대한 대중의 반감이 알게 모르게 커지면서, 그 속에 사는 사람들이 서로 편 갈라 배타적이 되고 인간관계가 단절되고 황폐화되면서 **결국 그들이 사는 사유재산 경제 자체도 같은 운명에 처하게 될 것**"이라니, 이는 무슨 말인가?

결국 자본주의적 생산체제에 대한 노동자계급의 도전, 항쟁이 그것을 타도할지도 모른다는 두려움을 노동자계급에게 선동이 되지도, 자본가계급을 자극하지도 않는 수줍은 방식으로 표현하고 있는 것 아닌가? 그와 "같은 운명에 처하게 될 것"이 다름 아니라 '자본주의'라는 말은 애써 피하면서 그렇게 표현하고 있는 것 아닌가?

그러면서 그는 "우리사주제도를 도입하겠다"고 나서는 노동자들의 성격을 "유수의 국내언론과 평론가들"에게, 즉 자본가들에게 이렇게 일깨워준다.

우리 사주제도를 도입하겠다고 나서는 노동자는 여전히 우리사회와 자기가 일하는 기업에 희망을 갖고 있는 사람들이다. 보기에 따라서는 사회의 안정과 기존 사유재산 질서를 지키려는 보수주의의 잠재적 우군이 될 수 있는 사람들이다. 그런데 우리 사회에서는 보수를 자처하면서도 팔 걷어붙이고 ESOP제도를 말리는 사람들이 많은 걸 보니, 뭐가 뭔지 잘 모르겠다.

"바로 우리 편이야, 이 바보들아!" 하는 안타까움이 절절히 배어 있는 표현이다. 그리고 "우리 사주제도를 도입하겠다고 나서는 노동자는 … [자본주의] 사회의 안정과 기존 사유재산 질서를 지키려는 보수주의의 잠재적 우군이 될 수 있는 사람들"인데, "우리 사회에서는 보수를 자처하면서도 팔 걷어붙이고 ESOP제도를 말리는 사람들이 많은 걸 보니, 뭐가 뭔지 잘 모르겠다"며, 자신이야말로 '진정한 보수주의자'임을 선언하고 있다. 참으로, 참으로 맞는 말이다!

물론 보수주의자라고 해서 눈물도 없는 것은 아니다. 아니, "사회의 안정과 기존 사유재산 질서를 지키려는 보수주의의 잠재적 우군"이니 하는 따위의, 그야말로 잠재적인 효력에 관한 이야기만으로는, 당장의 눈앞의 이해타산을 따지는 자본가들을 설득시키기 어렵다는 것을 아는 유 교수는, 우리사주제를 도입하고 확대하면 자본에게 당장 어떤 이득이 오는지를 다음과 같이 속삭여 천기를 누설한다.

> 필자가 보기에 오히려 더 안타까운 것은 주식 몇 주 소유하고 나서는 '주인의식'으로 무장해서 더 높은 노동강도, 더 긴 노동시간을 기꺼이 감수하게 될 노동자의 삶의 고통이다.

그러고 나서는 자신의 이러한 발언이 혹시라도 '노동자 편'이라는 자본의 오해를 살까봐, 그리고 당연히 "그래, 노예 되기를 자청하겠다는데, 불감청이언정 고소원(不敢請 固所願)"이라는 식으로 이렇게 말한다.

> 그래도 그것을 감수하겠다고 연대해서 기업을 사랑하는 사람들이니만큼 정부도 나서고, 시민단체도 나서고, 보수 언론도 나서고 해서 꼭 성공하도록 밀어 주는 것이 좋겠다.

바로 '우리사주공대위'가 하고 있는 일이 무엇인지를 잘 표현해주고 있다.

"기업사랑과 사람사랑, 그리고 ESOP"이라는 이 글은 노동자들의 가슴 속에 언제나 유철규 교수라는 이름과 함께할 것이다.

우리사주제 혹은 종업원지주제와 임금 등

"기업사랑과 사람사랑, 그리고 ESOP"이라는 글에서 유철규 교수는 우리사주제도를 도입하면 노동자들이 "자본소유자층"이 되는 듯이 말하고 있는 것, 그러한 허위의식을 보았다. 이렇게 되면, 그 주식에 대한 배당금으로든, 그것의 매매차익으로든, 노동자들에게 생기는 소득은 임금이 아니라 소위 '자산소득'이 되게 된다.

부르주아적 부기와 세법에서는 필경 그렇게 분류될 것이다. 그러나 실제로는 그것은, 내가 《노동자교양경제학》(제3판, pp. 123-129; [이번 판에서는 pp. 324-336])에서 소상히 설명한 것처럼, 단지 임금의 다른 형태, 혹은 은폐된 형태의 임금에 불과하다. 결국 임금, 즉 노동력의 재생산비의 일부가 '배당금'이나 '매매 차익'의 형태로 지불되는 것이지, 그 이외의 어떤 것도 아니다. 이는 '자본-임노동' 관계라는 자본주의적 생산양식의 본성, 즉 무산자로서의 임금노동자라는 존재형태에서 필연적으로 그렇게 결정되는 것이다. 그것이 만일 임금이 아니라면, 노동자는 더 이상 노동자가 아닐 것이며, 따라서 자본주의 역시 더 이상 자본주의가 아닐 것이다. 그러나 ESOP이 도입되어 있는 어떤 기업도 결코 자본주의적 기업이 아닌 것이 아니며, 그 노동자 역시 여전히 노동자다.

유철규 교수는 "주식 몇 주 소유하고 나서는 '주인의식'으로 무장해서 더 높은 노동강도, 더 긴 노동시간을 기꺼이 감수하게 될 노동자의 삶의 고통"이라고 쓰고 있지만, 보다 정확하게는 "더 낮은 임금"을 기꺼이 감수하게 된다는 점도 추가했어야 할 것이다.

사실 우리사주제 등 소위 종업원지주제는, 경제적으로만 말하면, 노동자들 자신의 임금의 일부로서의 '가계 준비금'을 자신을 지배하고 착취하는 자본으로 전화시키고, 결국에는 수탈하는 기구다. "애경사라든가, 자식의 교육, 혹은 돌발적인 사고 등을 대비해서 많은 노동자들이, 실제로 돈을 모아서든 아니면 빚을 내서든, 가계 준비금이란 걸 마련하게" 마련이고, "종업원 지주제니, 우리사주제니, 국민주 제도니 하는 것들은 바로 이 가계 준비금을 끌어내서 주식을 사게 하는 것"이다. 그리고, "주식시장의 요동과 경제공황 등을 통해서 이윽고 휴지쪼가리로 전락할지도 모를 '주식'이라는 종이쪽지 혹은 명의를 대가로", "그 자금에 대한 통제권과 그것을 수단으로 한 잉여노동 착취능력을 소수의 자본가에게 위임하는 것"이다. "그리고 또 실제로 주식시장이 요동치고, 공황 즉 경제위기가 닥칠 때마다 노동자 소유주식은 휴지조각으로 변하면서 노동자 가계에 커다란 손실을 끼치게"(≪노동자교양경제학≫, pp. 126-127; [이번 판에서는 pp. 327-330])된다.

그 예야말로 실로 부지기수이지만, 그리고 ≪한겨레≫가 이미 LG카드나 하이닉스반도체를 예로 들고 있는 것을 보았지만, '우리사주공대위'를 계기로 신문에 오르내린 한 가지 경우만 더 예로 들자면 이렇다.

현대건설 직원들은 1999년과 2000년에 걸쳐 우리사주를 대거 매입했다가 회사가 채권단의 관리를 받게 되고 2차례 감자(減資)를 하는 바람에 주가가 수십분의 1로 곤두박질쳐 큰 손해를 봤다.(≪동아일보≫, 2005. 10. 19.)

노동자의 노예화에 앞장서고 있는 민주노동당[1]

그러나 우리사주제의 최대의 해악은 그 정치적 측면에 있다.

유철규 교수가 "주식 몇 주 소유하고 나서는 '주인의식'으로 무장해서 더 높은 노동강도, 더 긴 노동시간을 기꺼이 감수하게 될 노동자의 삶의 고통"이라고 쓰고 있고, ≪한겨레≫ 등의 '진보언론'이 '상생적 노사관계'니, '생산적 노사관계'니 하고 쓰고 있지만, '우리사주'의 소유에서 오는 소득이 임금의 일부가 되는 것도 사실은 이러한, 노동자로서의 계급성, 투쟁성을 상실한 노예적인 삶을 감수하면서 이루어지는 것이다.

≪한겨레≫가 "우리사주제도는 이처럼 노사에게 상생의 기반을 만들어줄

---

[1] [제6판에의 주] 여기에서 언급되고 있는 여러 민주노동당원들, 그 주요 간부들 중의 상당수는 물론 이후 진보신당(2013년 7월에 '노동당'으로 간판을 바꾼)으로 이동합니다.

수 있다"며 대단히 성공적인 예로 소개하고 있는 쌍용건설과 대한전선을 보면 이렇다.

[쌍용건설의 경우]: 노사관계도 크게 달라졌다. 쌍용건설 노조는 워크아웃 졸업 이후 첫 임금협상을 지난 5월에 시작하면서 모든 결정권을 경영진에게 조건 없이 넘겼다. 상생의 노사관계를 구축하기 위한 결단이었다. (www.hani.co.kr, 05. 9. 20.)

[대한전선의 경우]: 대한전선 노동조합 위원장과 대표이사가 파격적인 거래를 했다. 노사상생의 거래는 지난달 31일 대한전선 안양공장에서 열린 '노사화합문화 정착 선포식'에서 전격 발표됐다. 임종욱 사장은 "외부 경영 환경의 급변으로 영업이익률이 떨어지고 있는 회사 처지를 고려해 노조가 자발적으로 5년 동안 임금협상의 전권을 회사에 넘겼다"면서 "이에 보답하는 뜻으로 전 직원들이 참여하는 종업원주식소유제도(ESOP:...)를 도입해서, 회사가 개인별 연봉의 50%에 해당하는 자금을 우리사주조합에 출연하겠다"고 밝혔다.

그렇다! 임금 등의 결정권을 조건 없이 자본 측에 넘겨주는 것, 노동조합의 철저한 무장해제, 그를 통한 노동자들의 정치적 노예화, 이것이 바로 우리사주제고, 그 목표인 '상생의 노사관계'다!

그런데 이러한 노동자들의 정치적 노예화에 발 벗고 나선 '노동자 정당'이 있다. 다름 아니라, 민주노동당이다.

예컨대, 민주노동당은 지난 8월 17일 "사고뭉치 재벌 경제, '우리사주' 활성화로 고쳐야"하는 논평을 "민주노동당 경제민주화운동본부장 이선근"의 이름으로 내고 있다. "10월부터 시행될 새 우리사주제는 우리 경제에 획기적인 플러스 효과를 낼 것으로 기대된다"면서.

뿐만이 아니다. 이세종 대우조선 매각대책위 위원장(011-557-6601, 055- 680-6601)과 송태경 민주노동당 정책실장, 매각대책위 자문위원 (011-396- 9030, 02-2077-0573)이 "담당 및 문의"처임을 밝히고 있는, 따라서 민주노동당 정책실이 깊이 개입하여 작성되었다고밖에는 믿을 수 없는, "전체 임직원 추가희생으로 회사 지키는 게 그렇게도 나쁜 일입니까? [대우조선 매각문제를 둘러싼 다섯 가지 주요 오해]"라는 문건은, 한 올의 수치심도 없이, 이렇게 말하고 있다.

> 대우조선 노동조합이 절실히 원하고 있는 것은 사원 주식소유제(새 우리사주제)를 통해 "현재의 전문경영인 체제와 **파트너쉽 노사관계**"의 바람직한 발전을 도모하는 동시에, 대우조선이 과거처럼 "재벌오너체제와 적대적 노사관계"로 회귀하는 것을 막자는 것일 뿐이며, 또한 우리사주조합은 경영이사와 전체사원들의[원문대로!] 참여하는 자치조직으로 노동조합이 경영에 참여할 방법은 없습니다(강조는 인용자).

"사원 주식소유제(새 우리사주제)를 통해" "파트너쉽 노사관계"의 바람직한 발전을 도모하는 동시에, 대우조선이 과거처럼 "적대적 노사관계"로 회귀하는 것을 막자는 것! ― 조·중·동 같은 수구·꽈쑈 언론에서나 들을 법한 이러한 발언, 이것이 진정 명색이 노동조합이, 명색이 '노동자계급의 정당'이 입 밖에 낼 수 있는 소리란 말인가!?

민주노동당 내에 '좌파'를 자처하고, '사회주의'를 얘기하고, '해방'을 얘기하는 사람은 많지만, 그 가운데 누구도 노동자들의 정치적 노예화에 앞장서고 있는 당과 당 간부의 이 따위 파렴치한 행보, 파렴치한 논평, 파렴치한 경제강령과 진지하게 투쟁했으며, 투쟁하고 있다는 얘기를 나는 듣지 못했다.

[제6강 보론 2]
노동시간, 임금, 이윤, 그리고 초과노동 할증률*

1. 정부의 '주5일제' 입법안

 지난해(2002) 하반기 민주노총의 주요한 사업이었던, 자본과 정부 측의 노동법 개악을 저지하는 투쟁. 그것은, 노동시간을 보다 더 단축하고 임금, 기타의 노동조건을 개선하는 데까지는 나아가지 못한 투쟁이었지만, 그리고 4월 초 발전산업 노동자들의 파업을 어이없이 접음으로써 조합원 대중이 받은 심적·정치적 타격을 보상하고 만회하기에는 턱없이 부족한 투쟁대열이었지만, 정부와 자본 측의 일방적 노동법 개악은 일단 유보시킨, 반쯤은 성공한 투쟁이었다고 평가할 수 있을 것이다.
 투쟁은 외형상 정부의 주5일제 입법안을 둘러싼 것이었는데, 자본 측의 의도는, 두말할 나위도 없이, 노동과 노동시장을 보다 더 '유연화'시켜, 즉 보다 더 많은 노동력을 유동화(遊動化)시켜 노동력을 헐값에 이용하려는 것이었고, 이에 반해, 노동 측의 요구는 자본의 그러한 공세에 저항하면서, 다른 한편에서는 임금 및 기타 노동조건의 후퇴 없이 법정 노동시간을 단축시키려는 것이었다. 따라서 투쟁의 한가운데에는 노동시간과 임금의 관계, 혹은 이를 둘러싼 노동과 자본 간의 이해의 대립이 자리하고 있다.
 이 투쟁에서 노동운동 측의 표준 지침이 된 것은 9월 9일에 민주노총이 발표한 "주5일 근무제 정부입법안에 대한 민주노총의 입장"이었을 것이다. 이 문건은 "세계 최장 노동시간국, 산재왕국이라는 불명예를 안고 있는 우리나라에서 노동시간 단축은 노동자와 국민의 삶의 질을 향상시키기 위한 최

---

* 이 글은 본래 한국노동이론정책연구소 간행, 월간 ≪현장에서 미래를≫, 2003년 1월호에 실렸던 것을 수정·보완한 것입니다. 본 강의에서 '연장노동에 대한 할증 임금' 문제를 다루고 있지 않기 때문에 여기에 '보론'으로 싣습니다.

소한의 조건"임을 확인하면서, "그러나 정부안은 ... 기존 노동조건을 후퇴시키는" 것을 "주요 골자로 하고 있어 노동시간 단축을 통한 삶의 질 향상이라는 주5일제 도입의 기본취지를 전면 부정하고 있다"고 평가하고 있다.

이 문건이 담고 있는 주요 문제의식들 특히, 정부안이 노동자들의 실제 노동시간을 단축하는 것을 목표로 하고 있기보다는 거꾸로 연·월차 휴가를 축소하고 이른바 '탄력적 근로시간제'를 확대하는 등, 실제 노동시간의 연장을 꾀하고 있다는 점, 그리고 '단계적 도입'이라는 명분 하에 "전체 노동자 1천3백6십만4천274명(2000년 기준 통계청 발표)의 58.6%에 달하는 7백9십7만5천292명의 30인 미만 업체 근무 노동자"(실제로는 그보다 훨씬 더 많은 노동자)를 사실상 주5일제 노동의 대상 밖으로 삼으려 하고 있다는 점, 등등, 이러한 문제의식들은 정부안의 진정한 노림수들을 강력히 성토하면서 나름의 대안을 제시하고 있는 점은 귀중하다.

민주노총이 요구하고 있는 것처럼, 주5일 근무제는 즉각 전 산업에 걸쳐서 전면적으로 실시되어야 한다. 그리고 법정노동시간이 44시간이고, 최대 노동시간이 주당 56시간을 넘지 못하도록 법제화되어 있는데도, 현대자동차 등 민주노총의 대규모 핵심 사업장들에서조차 주당 60시간 이상의 장시간 노동이 태연히 행해지고 있는 현실을 감안할 때, 법정 노동시간의 단축과 더불어 초과노동시간의 강력한 제한, 휴가를 보장하지 않는 사용주에 대한 처벌의 강화 등, 노동시간을 실질적으로 줄이기 위한 강제적 조치가 절실히 요구되고 있다.

그런데, 현대자동차 등 민주노총의 대규모 핵심 사업장들에서조차 주당 60시간 이상의 장시간 노동이 태연히 행해지고 있는 현실 앞에서, 민주노총의 지침이 "할증률 인상을 통해 초과노동 사용에 대한 유인(을) 축소"하고, "주휴 유급"(문제의 문건에는 '유급 주휴')을 "현행대로 유지"해야 한다고 주장하고 있는 것을 어떻게 보아야 할까? 그것은 과연 그 문건이 표방하고 있는 대로 장시간 노동을 억제하려는 수단일까? 아니면, '높은 할증률을 통해서나마 임금을 올려보려는 의도의 부정직한 표현'일까?

우리가 조금 솔직해진다면, 그것은 후자, 즉 조금이나마 임금을 올려보려는 의도의 부정직한 표현이지 않을까?

2. '초과노동 할증률'에 대한 민주노총의 입장

정부의 입법안은 "최초 4시간분의 초과노동에 대한 할증률을 25%로 낮추도록" 하고 있다. 그리고 이에 대해서 민주노총은 "이렇게 되면 사용자들의 초과노동사용에 대한 유인을 오히려 증대시켜 실노동시간은 전혀 줄어들지 않게 된다"며 "실노동시간을 줄이기 위해서는 오히려 초과노동에 대한 할증률을 높여 사용자들이 초과노동을 사용하고자 하는 유인을 없애야 한다"고 주장하고 있다. 그리고 정부와 자본 측이 할증률 인하의 근거로서 ILO 조약을 들고 있는 것도 근거가 없으며, "ILO의 25% 조항을 근거로 초과노동 할증률을 낮출 경우, 오히려 ILO 조약에 위배되는 것"이라고 주장하고 있다.

우선, ILO 조약과 관련해서 말하자면, 민주노총이 적절히 지적하고 있는 것처럼 정부나 자본 측의 주장은 전혀 근거가 없는 억지이다. 민주노총은 이렇게 지적하고 있다.

> 자본 측이 언급하고 있는 ILO 조약도 할증률 인하의 주장의 근거와는 아무 관계없다. 우선 ILO 조약은 25%를 지급해야 한다고 규정하고 있는 것이 아니라, '25% 이상' 지급해야 한다고 규정하고 있다(제1호, 제30호). 또한 ILO 조약 30호는 "본 조약에서 정한 어떠한 제한도 본 조약에서 정한 조건보다 짧은 최장노동시간 혹은 더 높은 초과임금률을 정한 법률, 명령 또는 규칙에서 정한 제한에 추가되어야 하며, 그 제한을 저하시키지 아니한다"라고 명시하고 있다. ILO의 25% 조항을 근거로 초과노동할증률을 낮출 경우, 오히려 ILO 조약에 위배되는 것이다. 따라서 ILO 기준을 근거로 초과임금 할증률을 낮추자는 주장은 터무니없다.

그러면, "실노동시간을 줄이기 위해서는 오히려 초과노동에 대한 할증률을 높여 사용자들이 초과노동을 사용하고자 하는 유인을 없애야 한다"는 민주노총의 주장은 어떨까?

이와 관련, 민주노총은 "자본 측은 할증률이 높아 노동자들이 초과노동을 선호하기 때문에 초과노동을 줄이기 위해서는 현행 50%로 되어 있는 초과노동 할증률을 25% 수준으로 낮춰야 한다고 주장"하고 있으나, 이러한 주장은 "전혀 이치에 맞지 않는다"며, 그 이유는 "초과노동의 주도권은 사용자에게" 있기 때문이라고 비판하고 있다. 민주노총의 논리·논거를 그대로 들어 보자.

> 초과노동시간을 줄이기 위해 초과노동 할증률을 인하해야 한다는 주장은 전혀 이치에 맞지 않는다. 엄연히 초과노동의 주도권은 사용자에게 있다. 사용자들이 생산물량이나 업무량에 따라 초과노동을 조절하고 있는 것이지, 노동자들이 초과노동을 할 것인지 안 할 것인지를 결정하지는 않는다. 자본단체인 대한상공회의소에서 사업체를 대상으로 한 설문조사에서도 초과노동이 발생하는 이유로 '일손 부족, 납기 촉박 등 불가피한 회사 사정 때문'이라고 응답한 업체가 63.3%로 가장 많았다. 반면에 '수당지급을 선호해 근로자가 연장근로를 자원'이라고 응답한 업체는 6.1%에 그쳤다(대한상공회의소, "근로시간, 휴일·휴가 실태조사", 2000. 8.). 이런 상황에서 초과노동 할증률을 인하하면 사용자들의 초과노동 선호도를 높여 초과노동이 더욱 늘어나게 된다. 이것은 노동시간 단축의 취지와는 다른 '거꾸로 가기'이다. 따라서 장시간 노동을 줄여 노동시간을 단축하려면 오히려 할증률을 늘여, 사용자가 초과노동을 시키지 못하도록 제한하는 것이 맞는 방향이다. 일본도 실노동시간을 단축하기 위해 주5일 근무제를 실시할 때 할증률을 인상한 바 있다.

우선, 자본 측이 초과노동 할증률의 인하를 꾀하면서 그 목적을 "초과노동을 줄이기 위해서"라고 주장하는 것은 잠자던 소도 "허허" 웃을, 너무나도 새빨간 거짓이고 위선이다. 그들이 할증률을 인하하려는 목적은 누가 보나 오직 하나. 다름 아니라, 헐값의 임금으로 장시간 노동을 시켜서 잉여가치, 즉 이윤을 증대시키려는 것이다.

하지만 그렇다고 해서, "엄연히 초과노동의 주도권은 사용자에게" 있기 때문에 "할증률을 인하하면 사용자들의 초과노동 선호도를 높여 초과노동이 더욱 늘어나게 된다"는, 그리하여 오히려 할증률을 높여 "사용자가 초과노동을 시키지 못하도록 제한하는 것이 맞다"는 민주노총의 논리·주장이 타당한 것은 아니다. 민주노총은 자신의 주장을 뒷받침하기 위한 논거로 대한상공회의소의 '실태조사' 결과나 '일본의 예'를 제시하고 있지만, 그럼에도 불구하고 그 주장이 타당한 것은 아니다.

민주노총의 주장대로 초과노동 혹은 연장노동의 '주도권'은 어디까지나 자본 측에 있다. 어떤 이유에서이든 노동자가 연장노동을 하고 싶다 하더라도 그에 대한 자본 측의 필요가 없다면, 연장노동은 이루어질 수 없기 때문이다. 또한, 연장노동에 대한 할증률을 인하할 경우, "사용자들의 초과노동 선호도가 더욱 늘어나게 되는" 것 또한 사실이다. 높은 할증률 하에서도 초과·연장노동을 선호하는데, 그 할증률이 낮아지면 그들의 선호도가 높아질 것이야 불문가지 아닌가?

그러나 그렇다고 해서, 할증률이 높아지면 연장노동이 줄어들고, 낮아지면 늘어나는 것은 아니다. 사용자의 주도권이 일방적으로 관철되는 것만은 아니기 때문이다.

우선, 민주노총이 필시 자신들의 논리·주장에 '객관적인 증거'를 부여하고자 인용했을, 대한상공회의소의 이른바 '실태조사'에 대해서 간단히 언급하자. 조사 대상의 의견, 태도를 묻는 '실태조사', 실은 '의식 실태조사'는, 주지하듯이, 오늘날 부르주아 사회학에서 널리 쓰이는 학문의 방법론이고, 부르주아 학자들에 의해서 '과학적·실증적·객관적인 방법론'으로서 널리 인정받고 있는 것이다. 하지만 그것은 그렇게 과학적이지도, 실증적이지도, 객관적이지도 않다. 다만 실증주의적일 뿐이다. 즉 그것은 주관적 관념론에 기초한 방법론일 뿐이다.

우리의 예를 보자. 거기에서 민주노총은 대한상공회의소의 실태조사 결과를 인용, "초과노동이 발생하는 이유로 '일손 부족, 납기 촉박 등 불가피한 회사 사정 때문'이라고 응답한 업체가 63.3%로 가장 많았"던 "반면에 '수당 지급을 선호해 근로자가 연장근로를 자원'이라고 응답한 업체는 6.1%에 그쳤다"고 말하고 있다. 마치 6.1%의 업체에서는 '수당지급을 선호해 근로자가 연장근로를 자원'해 연장노동이 이루어진 듯이, 그렇게 해서 연장노동이 이루어졌다는 것이 객관적 사실인 듯이 얘기하고 있다.

하지만, '수당지급을 선호해 근로자가 연장근로를 자원'한다고 한들, 어찌 그러한 '자원'만으로 연장근로가 이루어지겠는가? '일손 부족, 납기 촉박 등 불가피한 회사 사정'이 없다면 말이다. 초과노동이 발생하는 이유를 '일손 부족, 납기 촉박 등 불가피한 회사 사정 때문'이라고 응답한 경우든, '수당지급을 선호해 근로자가 연장근로를 자원'했기 때문이라고 응답한 경우든, 실제로 초과노동은 그 양자의 사정과 의사가 합치했기 때문에 발생한 것이다.

즉, 초과노동에 대한 자본 측의 필요와 연장근로수당에 대한 노동자 측의 필요가 맞아떨어진 경우이다. 그리하여, 노동자가 '일손 부족, 납기 촉박 등 불가피한 회사 사정 때문'이라고 답했다면, 그것은 다음의 두 가지 이유 중 하나의 경우일 것이다. 첫째는, 초과노동에 대한 그러한 회사의 필요가 있어야만 그것이 이루어진다는 명확한 인식이 있는 경우, 그리고 둘째는, 연장근로수당에 대한 필요가 크게 절박하지 않아서 연장근로에 '소극적으로 자원'한 경우가 그것이다. 그리고 '수당지급을 선호해 근로자가 연장근로를 자원'했기 때문이라고 응답했다면, 그것은 위와 반대의 경우일 것이다.

그런데도 위의 '실태조사' 결과는 마치 일방의 필요에 의해서 그것이 당연히 가능하기라도 한 것처럼 버젓이 제시되고 있다. 다름 아니라 '과학적 방법론'이라는 영광과 함께 말이다. 그것이 오늘날 부르주아 사회학의 정신이다! 그리고 민주노총이 이를 자신의 논거로 내세울 때, 민주노총은 "엄연히 초과노동의 주도권은 사용자에게 있다"는 자신의 주장을 '엄연히' 스스로 부인하는 자가당착을 범하고 있다. 적어도 6.1%만큼은 말이다.

3. 할증임금과 임금, 그리고 이윤

"일본도 실노동시간을 단축하기 위해 주5일 근무제를 실시할 때 할증률을 인상한 바 있다"고 한 데 대해서도 보자.

우선, 법정 노동일을 넘는 연장노동에 대한 임금의 할증과 관련, 노동 측이 그 할증을 요구하는 것은 두말할 나위 없이 당연하다. 그 연장노동은 자본 측의 필요와 요구에 의해서 이루어지는 것이고, 그만큼 노동력의 추가적 혹은 가속도적 소모를 초래하는 것이기 때문이다.

자본의 입장에서는 물론 헐값의 임금으로 장시간 노동을 시키기 위한 탐욕에서 법정노동일을 넘는 연장노동시간의 임금에 대한 할증률을 최대한 인하시키려고 할 것이다. 그것이 일반적인 경우일 것이다. 그런데, 연장노동에 대한 임금의 할증이라는 것이 전제로 주어졌을 때, 다른 한편에서, 때로는 그 할증률을 높이는 것 또한 자본 측이다. 노동시간을 제한하려는 노동자들의 운동에 대항하여 연장노동·초과노동을 유도하기 위해서이다. 그리고 노동자들의 단결의 힘이 강하면 강할수록, 연장노동을 유도하기 위해서 자본 측은 그 임금 할증률을 높이지 않을 수 없을 것이다.

그러니까, (일본의 노동입법사[勞動立法史]를 추적해보지는 않았지만,) 일본에서 주5일 근무제를 실시하면서 "할증률을 인상한 바 있다"면, 그것은 필시 "실노동시간을 단축하기 위해서"가 아니라 연장노동·초과노동을 유도하여 "실노동시간을 연장시키기 위해서"였을 것이다. 이 경우 '주5일 근무제의 실시'는 노동자계급의 압력에 밀려서 노동시간을 단축하기 위한 것이지만, '할증률의 인상'은 그렇게 '실노동시간을 연장시키기 위해서'인 것이다.

사실, "엄연히 초과노동의 주도권은 사용자에게" 있기 때문이라는 민주노총의 논리·주장은 너무나 일방적이다. 아니, 극도로 비주체적이고 차라리 노예와 같은, 전적으로 자기 의지가 없는 노동자를 전제하고 있다.

앞에서도 말했지만, 민주노총의 주장대로, "엄연히 초과노동의 주도권은 사용자에게 있다." 따라서 '일손 부족, 납기 촉박 등 불가피한 회사 사정'이 없다면, '수당지급을 선호해 근로자가 연장근로를 자원'하더라도 자본은 노동자에게 할증임금을 지불하면서까지 초과·연장노동을 시키지는 않는다. 그러한 의미에서 "주도권은 사용자에게 있다."

그러나, 자본 측의 자의(恣意)가 대체로 일방적으로 관철되는 비조직 사업장도 아닌, 강력한 노조를 가지고 있는 민주노총 소속의 대규모 사업장에서는 아무리 '일손 부족, 납기 촉박 등 불가피한 회사 사정'이 있다고 하더라도 '사용자의 주도권'이 일방적으로 관철되어 연장·초과노동이 이루어질 수 있는 것이 아니다. 그 주도권은 노동자들의 '수용과 동의'가 있음으로써 비로소, 따라서 노동조합의 명시적 혹은 암묵적인 수용과 동의가 있음으로써 비로소 현실적으로 관철될 수 있는 것이다. 이 점, 민주노총은 솔직해야 한다.

그런데도 민주노총은 마치 자본 측의 주도권이 일방적으로 관철되는 듯이 전제하면서 할증률과 노동시간 사이의 상관관계를 논하고 있다. 당연히 올바른 논의일 수 없고, 올바른 대응, 올바른 정책이 나올 수 없다.

올바른 대응, 정책을 내오기 위해서는 무엇보다도 노동자들이, 그리고 노동조합이 어떤 환상과 잘못된 사고에 기초해서 그러한 초과·연장노동을 수용하고 있는지를 밝혀야 한다. 자본 측은 왜 추가고용을 통해서 법정노동시간까지 노동시간을 줄이는 대신 임금의 할증에도 불구하고 연장노동을 선호하는지를 밝혀야 한다. 노동시간과 임금, 이윤, 그리고 연장근로시간에 대한 할증률은 어떤 관계에 있는지를 밝혀야 한다.

연장노동에 대한 현행 임금 할증률은, 주지하듯이, 50%이다. 그런데도 자본 측, 예컨대, 현대자동차는 이러한 할증임금을 지불하면서 노동자들을 주당 60시간을 훨씬 넘는 장시간 노동을 시키고 있다. 하루 법정 노동시간을 8시간이라고 할 때, 하루 12시간 이상, 그러니까 하루 4시간 이상의 연장노동을 시키고 있는 것이다.

이제 법정 노동시간의 노동에 대한 노동자 한 사람의 시간당 임금이 1만 원이라고 가정하자. 그리고 지금 현대자동차 등 일부 비상한 호황을 맞고 있는 기업들처럼 24시간 가동하고 있다고 가정하자.

그러면, 노동자들을 '2조 맞교대'를 시켜서 하루 12시간씩 노동을 시킬 때,[1] 노동자 한 사람당 하루 임금은 '8만 원+(4만 원×1.5)=14만 원'이다. 한 교대조의 인원이 1만 명이라고 하면, 이 공장의 노동자 총수는 2만 명이고 하루의 임금 총액은 '14만원×2만 명=28억 원'이다.

그런데 이 공장에서 노동자들에게 연장노동을 시키는 대신에 임금의 할증을 피하기 위해서 고용을 증대시켜 하루 8시간이라는 법정 노동시간만 일하게 한다고 가정하자. 이때, 역시 작업의 준비나 정리에 필요한 시간을 무시하면, 하루 8시간씩 24시간 가동에 필요한 교대조 수는 3개조가 되고, 한 조의 인원은 1만 명이므로 노동자 총인원은 3만 명이 된다. 그리고 하루 한 사람당 임금은 8만 원일 것이므로 이 공장의 하루 임금 총액은 '8만 원×3만 명=24억 원'이 된다.

공장을 24시간 가동시키는 경우, 공장주 혹은 자본 측이 고용노동자의 인원을 늘려서 8시간의 법정 노동시간만 일하게 할 것인가, 아니면 인원을 줄이고 연장노동을 시킬 것인가는 물론 단순히 임금액만으로 결정되는 것은 아닐 것이다. 그러나 그렇다 하더라도, 수지 타산을 가장 중시할 수밖에 없는 자본 측으로서는 고용 노동자의 인원과 관련해서 무엇보다도 그 고용에 따른 '지출'이라는 문제가 가장 중요한 문제일 수밖에 없을 것이다. 따라서

---

[1] 사실 '2조 맞교대'로 24시간 가동할 때, 작업 준비와 정리에 필요한 시간 때문에 각 근무조의 실제 노동시간은 하루 12시간을 훨씬 넘지만, 이는 무시하기로 하자.

공장의 24시간 가동을 전제할 때 자본 측은 결국은, 혹은 기본적으로 지불해야 하는 임금액의 크기 여하에 따라서 고용 인원을 결정한다고 보아 틀림이 없을 것이다.

방금 우리가 위에서 가정한 예는, 예컨대, 최근의 현대자동차에서 행해지고 있는 실제의 예와 유사하다.[2] 물론 현대자동차 자본 측은 고용 인원을 늘려 '3조 3교대'를 시켜 법정노동시간으로 노동자당 노동시간을 단축하는 대신에 50%라고 하는 '고율의' 할증임금을 지불하면서 '2조 맞교대'를 시키고 있다. 위의 예에서 든 계산을 모를 리 없을 터인데도 말이다.

왜?

이는 "임금이란 노동의 대가"라고 주장하는 자본이 사실은 "임금이란 무엇인가"라는 본질을, 즉 임금이란 노동력의 재생산비에 다름 아니라는 사실을 본능적으로 꿰뚫어보고 있기 때문이다. 즉, 위에서 예로 든 노동자 한 사람의 시간당 임금 1만 원과 한 교대조의 인원 1만 명을 전제할 때, 2만 명을 고용하여 하루 4시간씩의 연장노동을 시킬 경우 하루의 임금 총액은 '14만 원×2만 명=28억 원'이지만, 3만 명을 고용하여 하루 8시간의 법정 노동시간을 노동시킬 경우 하루 임금 총액은 '8만 원×3만 명=24억 원' 대신에 "결국은"(!) '14만 원×3만 명=42억 원'을 지불하지 않으면 안 된다는 것을 그들은 본능적으로 알고 있기 때문이다. 2만 명을 고용하여 50%의 할증임금을 지불하면서 '2조 맞교대'를 시킬 때보다 3만 명을 고용하여 '3조 3교대'를 시킬 때 무려 14억 원이라는 거액을 추가적으로 지불해야 한다는 것을, 그만큼 자신의 이윤이 줄어든다는 사실을 알고 있기 때문인 것이다.

실제로, "임금은 노동력의 재생산비"라는 사실을 그저 암기하고, 입 끝에 올리는 대신에, 그것이 의미하는 바를 안다면, 위와 같은 경우에 자본 측이 왜 24억 원 대신에 42억 원이나 그 언저리의 금액[3]을 지불해야 하는가를

---

[2] 물론 시간당 임금이나 노동자 총인원 등 구체적인 수치에서는 약간의 차이가 있지만, 지금 할증률 50%라는 조건 하에서 그 차이가 현대자동차 자본 측의 의사결정이나 이 문제의 해명에 어떤 차이를 가져오는 것은 아닐 것이다.

[3] 여기서 "그 언저리의 금액"이라고 말하는 것은, 물론 임금 혹은 노동력의 재생산비라는 것이 갖는 '탄력성' 때문이다. 즉, 노동력의 재생산비란, 주어진 사회적 조건 속에서 일정한 경향적 크기는 주어지지만, 절대적으로 '정확히 얼마가 아니면 안 된다'고는 되지 않는 것이기 때문이다.

곧 이해할 수 있다.

민주노총의 문건은 "초과노동에 대한 주도권은", "엄연히", "사용자에게 있다"고 말하고 있다. 맞다. "초과노동이 발생하는 이유"는 무엇보다도 '일손 부족, 납기 촉박 등 불가피한 회사 사정 때문'이다. 그런데 노동자 측에는 어떤 사정이 있기에 그 초과·연장노동을 수용하는 것일까? 저 대한상공회의소의 '실태조사'가 말하는 것처럼, '수당지급을 선호해 근로자가 연장근로를 자원'하기 때문이 아니라면, 민주노총의 문건이 넌지시 암시하고 있는 것처럼 단지 '사용자의 강요'에 못 이겨서일까?

실업이나 불완전고용 등 산업예비군, 즉 상대적 과잉인구의 문제가 심각한 조건에서 장시간 노동에 대한 사용자의 요구는 거부하기 어려운 강요로 작용할 수도 있을 것이다. 그러나 실제로 연장노동이 이루어지고 있는 작업장의 현실은 그러한 직접적인 강요에 못 이겨 연장노동이 이루어지고 있다기보다 노동자 측이 자본 측의 제의를 기꺼이 수용하고, 심지어 많은 경우에는 연장노동이 배정되는 것을 일종의 '특혜'(advantage)로까지 받아들이고 있는 것이 진실 아닐까? 그리하여 많은 사업장에서는 연장노동의 배정이 심지어 노동자들에 대한 은근한 통제수단으로까지 되어 있는 것이 현실 아닐까?[4]

도대체 왜 이러한 현실이 발생하는 것일까? 그것도 비조직 사업장이 아니라 현대자동차 등 강력한 노동조합을 가지고 있는 사업장에서조차 왜 이런 일이 발생하는 것일까?

그것은 다름 아니라 '저임금' 탓이다. 어떤 노동자가, 형식상은 마지못해서든 '자원'해서든, 초과·연장노동을 수용하는 것은, 다름 아니라 법정노동시간에 받는 임금으로는 생활이 안 되기 때문이다. 즉 법정노동시간에 받는 임금이 '노동력의 재생산비'에 못 미치기 때문에 연장·초과노동을 통해서 그 부족분을 보충하는 것이다.[5] 위에서 우리가 가정한 예에서는, 노동력의

---

[4] 실제로, 두산중공업의 노동자·노동조합 탄압을 폭로한 2003년 2월 12일의 기자회견을 다룬 신문기사는 이렇게 보도하고 있다. "두산중공업의 ... 노조원 관리명단에서는 노조원들을 온건에서 초강경으로 분류, ... 노조활동에 적극적인 노동자는 잔업, 특근, 진급차별과 함께 ... 불이익을 주는 방안도 기록돼 있다"("두산중, 노조원 조직적 감시", ≪한겨레≫ 2003. 2. 13.). 여기서 "잔업, 특근 ... 차별"이란 물론 그들에게 잔업이나 특근을 면제해주지 않는, 즉 잔업이나 특근을 강요하는 차별을 한다는 것이 아니라 그것들을 배정하지 않음으로써 '잔업수당'을 받을 기회를 박탈한다는 의미이다.

[5] "어떤 일정한 표준한계를 넘는 노동일의 연장에 따른 노동의 가격의 증대는, ... 이른바

재생산비가 하루 8만 원이 아니라 14만 원이기 때문에, 즉 8만 원으로는 가계를 꾸려갈 수 없고 14만 원이 있어야 하기 때문에 하루 12시간의 노동을 감내하고 있는 것이다.

노동력의 재생산비가 그렇게 하루 14만 원인데, 공장에서는 '3조, 3교대'로 8시간만 노동하게 하고 하루 임금 8만 원을 지불한다고 할 때 노동자들은 어떻게 할까?

우선, '씀씀이'를 줄이려고 할 것이다. 바로 노동력 재생산비의 '탄력성'의 문제이다. 그런데, 기회만 있으면 자본 측의 이데올로그들은 노동자들의 '과소비', 즉 '과대소비'를 경계하지만, 사실 자본 측의 힘의 우위가 관철되고 있는 자본주의 사회에서 노동자들의 '씀씀이'는 대개는 줄어들 대로 줄어들어 있어서 그 '탄력성'이란 것은 아주 미미한 것이다. 예컨대, 하루 생활비 14만 원을 8만 원으로 줄일 수 있을 만큼 그 탄력성이 엄청나게 큰 것이 절대 아니다. 그것은 아마 기껏해야 13만 원이나 12만 원으로 줄일 수 있을지 모른다.6) 그리고 이렇게 줄어든 재생산비는 노동력의 '위축된 재생산'을 초래할 수밖에 없다.

여기서 노동자들은 또 다른 길을 찾아 부족한 재생산비를 보충하려 할 것이다. 바로 제2, 제3의 직장, 직업을 찾는 것이다. '아르바이트'를 하고, 파트타임 노동을 하고, 아내는 파출부를 나가거나 집에서 '봉투'를 만들고, 저녁에 포장마차를 하고, 등등. 대도시에 거주하는 노동자 가족의 경우 초·중·고등학교에 다니는 자녀의 학원비 등 이른바 '사교육비'는 사실상 '노동력의 정상적인 재생산비'로 되어 있고, 비극적이지만, 적지 않은 주부들이 이를 벌기 위해서 심지어 '성매매'까지 하고 있다는 사실은 이미 공공연한 비밀이다.

그런데 다른 길은 없을까? 당연히 있다. 하루 8시간의 법정노동시간에, 혹은 주당 44시간 혹은 40시간, 혹은 30시간의 법정 노동시간에 '노동력의 부족하지 않은 재생산비'를 받는 것이다.

불가능할 것 같다고?

표준시간 동안의 노동의 가격이 낮기 때문에, 무릇 노동자가 충분한 임금을 받으려면, 어쩔 수 없이 보다 많이 지불되는 초과근무를 하지 않을 수 없는 형태로 이루어진다." (《자본론》, 제1권, *MEW*, Bd. 23, S. 569. 채만수 역, 제1권, 제4분책, p. 893.)

6) 자본 측이 '할증률의 인하'를 노리는 것은 바로 이 작은 탄력성 사이를 비집고 들어가려 하는 것이다.

그것은 오직 노동자 자신의 결단과 단결, 그리고 투쟁에 달려 있는 문제일 뿐이다. 말하자면 그러한 '생활임금'을 위한 물질적 조건은 이미 오래전부터, 아니 자본주의적 생산이 시작될 때부터 존재하고 있는 것이기 때문이다. 구태여 통계를 들 필요도 없이, 거대화하고 있는 독점자본, 자본의 과잉에서 볼 수 있는 것처럼, 자본이 착취하고 있는 잉여노동은 엄청난 비율, 엄청난 량이어서 노동자들이 '보다 높은 임금'을 받을 수 있는가 아닌가는 사실상 노동자들의 단결력, 투쟁력에만 달려 있는 것이기 때문이다.

지금 노동자들은 하루 12시간이라는 장시간의 초과·연장노동을 통해서 자신의 하루 재생산비 14만 원을 확보하고 있다. 그런데, '3조 3교대'나 '4조 3교대', '5조 4교대'로 연장노동의 길이 막히고, 다른 한편에서 강력한 노조를 가지고 있을 때, 부족한 재생산비를 보충하기 위해서 노동자들은 무슨 일을 하게 될까?

다름 아니라, 투쟁을 통해서 하루 8시간이나 6시간에 대해서 14만 원의 임금을 쟁취해내게 되는 것이다. 바로 그리하여 자본은 '8만 원×3만 명=24억 원' 대신에 '14만 원×3만 명=42억 원', 혹은 '14만 원×4만 명=56억 원'을 지불할 수밖에 없게 되는 것이다. 바로 노동력의 재생산비로서의 임금 결정의 이러한 성격이야말로 자본이, 50%라는 '고율'의 할증임금에도 불구하고, 초과·연장노동을 선호하는 이유이다.

그런데도 현실적으로는 현대자동차를 비롯해 오늘날 수많은 민주노총 소속 사업장에서 심지어 주당 60시간이 넘는 장시간 노동이 행해지고 있다. 민주노총은 이에 대해서 그 원인을 솔직하게 바라보고, 그것을 방지할 방안을 마련해야 한다. 그 장시간은 결코 사용자 측이 선호하기 때문이 아니다. 바로 저임금 때문이다.

노동자들은 지금 초과·연장노동이라는 장시간 노동을 통해서 자신의 재생산비를 보충하고 있음에도 불구하고, 연장노동은 '사용자측이 선호하기 때문에' 이루어지고 있는 것이고, 연장노동 수당은 마치 임금에 추가적인 어떤 잉여소득이라도 되는 것인 양하는 환상을 가지고 있다. 그 추가수당까지를 합해서 비로소 '생활임금', 즉 노동력의 재생산비로서의 정당한 임금이 되고 있는데도 말이다. 그리고 바로 그러한 환상 때문에 노동자들과 노동조합은, 지금의 저임금 현실에 비추어 응당 가져야 할 만큼의 임금인상에 대한 진지성, 전투성을 갖지 못하고 있는 것이다. 노동자들과 노동조합의 인식과 태도가 그러한 한, 저임금과 초과·연장노동은 사라지거나 의미 있게 줄어들 수 없다.

바로 이러한 이유 때문에 연장노동에 대한 법정 할증률을 올려서 초과·연장노동에 대한 '사용자 측의 선호'를 없애거나 줄이겠다는, 그리하여 결국 초과·연장노동을 없애거나 축소시켜 실노동시간을 단축하겠다는 민주노총의 발상은 전혀 비현실적인 탁상공론인 것이다.

순전히 산술적으로만 말한다면, 우리가 위에서 가정한 예에서 할증률을 225%까지 인상한다면 틀림없이 초과·연장노동이 사라질 것이라고 말할지 모르겠다. 그렇게 되면, 자본 측에서는 2교대하고 있는 두 사람의 노동자들에게 하루 42만 원을 지불하게 되어 3명에게 지불하는 것과 같은 임금액이 될 것이므로 '초과노동에 대한 선호'가 사라질 것이고,7) 노동자의 입장에서는 필요한 임금액 14만 원을 12시간의 노동 대신에 9시간 50분 남짓한 시간에 벌 수 있어서,8) 12시간의 장시간 노동은 안 할 것이기 때문이라고.

그러나 이러한 계산은 일종의 '독장사구구'일 뿐이어서 전혀 현실적인 것이 아니다. 할증률을 그토록 고율로 올린다는 것 자체가 비현실적인 것이지만,9) 여기서는 그것을 얘기하고자 하는 것이 아니다. 그것이 비현실적인 이유는, 노동자들, 그러니까 노동조합이 법정노동시간에 자신의 생활임금을 확보한다는 원칙을 관철해내지 못할 때, 할증률이 올라가는 만큼 노동자들의 시간당 임금은 줄어들어서 결국 12시간 노동으로 그 임금을 벌게 되기

---

7) 80,000원+{10,000원×(1+2.25)×4시간}×2명=420,000원.

8) 80,000원+{10,000원×(1+2.25)×1.85시간}=140,125원. 1.85시간은 1시간 51분.

9) 어떤 시점에서든 각 기업에는 주어진 시간당 임금이 존재한다. 따라서 그러한 조건에서 연장노동에 대한 할증률을, 예컨대, 50%에서 25%로 낮춘다면, 노동자들은 물론 중장기적으로 시간당 임금을 인상시킴으로써 그 부족분을 메우겠지만, 처음 당분간은 그 부족분만큼 손해를 당하면서 괴로움을 겪을 것이다. 마찬가지로, 할증률이 50%에서 100%로 올라간다면, 뒤에서 얘기하는 것처럼 자본은 결국 시간당 임금을 억눌러 낮추겠지만, 처음 당분간은 역시 보다 높은 할증임금을 주어야 하고, 그만큼 '일손 부족'이나 '고임금'의 지출에 시달려야 한다. 따라서 자본은, 낮은 임금을 향한 탐욕에 더해서, 이러한 이유 때문에도 할증률의 인상에 극력 반대하게 될 것인즉, 법정노동시간에 생활임금도 챙기지 못하는 노동자들의 힘으로 그러한 고율의 인상은 불가능하다. 또 법정노동시간에 생활임금을 확보할 능력이 있다면, 그러한 고율의 할증률은 필요하지도 않을 것이고.

때문이다.
　결국, 연장노동에 대한 할증률을 높여서 실노동시간을 단축하겠다는 탁상공론은 버려야 한다. 좀 심하게 얘기하면, 잠재적으로는 막강한 힘을 가지고 있으면서도 법정노동시간에 생활임금을 확보하기 위해서 그 힘을 행사할 준비, 각오가 되어 있지 않은 노동자·노동조합들에게는 거꾸로 할증률의 인하가 약일지도 모른다. 아니, 지금 대규모 민주노총 사업장들에게는 이것이 절실히 필요한 것인지 모르겠다. 할증률이 10%, 20% 등등이라면, 할증임금에 대해 환상을 갖기보다는, 그리하여 연장노동에 열중하기보다는 시간당 임금을 인상시키는 투쟁에 더 열중할지도 모를 일이기 때문이다.10)

4. 장시간노동·야간노동 금지법을 강제하자

　어느 자본주의 사회에서나 대동소이하지만, 한국 자본주의에서는 오늘날 많은 노동자들이 저임금·장시간 노동에 시달리고 있고, 그 다른 한편에서는 또한 수많은 노동자들이 실업 내지 반실업 상태를 강요당하고 있다. 혹은, 저임금·장시간 노동과 만연한 실업·반실업은 서로 짝을 이루어 한쪽이 다른 한쪽을 규정하면서 지속되고 있고, 오늘날 '비정규직의 광범한 확산'에서 보는 것처럼 악화되고 있다.
　자본주의적 생산을 전제할 때, 이러한 상태를 '개선'하는 길은 우선 무엇보다도 노동시간의 단축이다. 실제의 노동시간은 그대로 둔 채 법정노동시간만을 단축하고, 그리하여 그 단축을 연장 노동 수당을 늘리는 수단으로, 그리하여 '임금을 인상하는 수단'으로 삼는,11) 그러한 노동시간의 단축이 아니라 실제로 실노동시간 그 자체를 단축하는 것이어야 한다. 그리고 그렇게 실노동시간을 단축할 때에야 지금 갈수록 악화되고 있는 실업 및 반실업의 문제도 다소 완화될 수 있고, 임금의 실질적 인상도 가능해지는 것이다.

---

10) "10시간법의 통제를 받는 공장들에서는 임금[시간당 임금: 인용자]이 상승한 반면에, 매일 14시간 내지 15시간 노동하는 공장들에서는 임금이 하락했다."(《자본론》, 제1권, *MEW*, Bd. 23, S. 570. 채만수 역, 제1권, 제4분책, p. 894.)
11) 이는 물론, 앞에서 논한 것처럼, 환상일 뿐 임금 그 자체의 인상으로 되지 않는다.

이를 위해서 민주노총 등은, 할증률 인하 반대와 같은, 사실상 실질 노동시간 단축이나 시간당 임금의 인상을 (물론 소극적인 것이지만) 어렵게 하는 것에, 그리고 여기서 자세히 논하지 않았지만 '주휴 무급화 반대'와 같은 실질적인 의미가 없는 투쟁12)에 매달리는 대신에 '주5일 근무제'의 전면적 즉각적 실시를 위해서 투쟁해야 할 것이다.

그리고 노동조합이라는 사실적·직접적인 힘에 더하여 장시간 노동을 금지시키기 위한 어떤 제도적·법적 장치를 실질적으로 확보하고자 한다면, 법정노동시간을 넘는, 혹은 조금 너그럽다고 하더라도 법정노동시간보다 주당 12시간이 아니라, 예컨대, 길어도 하루 1시간 정도만을 허용하여, 주당 5시간을 넘는 장시간 노동을 엄하게 금지하는 법률의 제정과 그 실질적인 시행의 보증을 요구해야 할 것이다.13) 그리고 또한, 여성이나 아동 노동자들에게 뿐만 아니라, 모든 노동자들의 건강에 커다란 악영향을 미치는 야간노동을 금지하고, 버스 등 대중교통수단, 병원, 제철소 등과 같이 기술적 혹은 사회적인 이유 때문에 야간노동이 불가피한 경우 그 야간노동에 대해서는 높은 가중치를 부여하여, 예컨대, 4시간의 야간노동은 8시간의 주간노동으로 계산하게 하여, 야간노동의 부담을 최소화하는 등의 입법을 요구해야 할 것이다.

사실 이 모든 것은, 오늘날 한국 노동운동의 현실에서는, 민주노총, 그중

---

12) 예의 민주노총 문건은 "노동시간 단축 논의에서 비정규 노동자들이 가장 큰 피해를 받을 수 있는 지점은 바로 주휴 무급화"라며, "월급제 노동자의 경우 통상임금의 삭감 없이 주5일 근무제가 실시되면 주휴를 무급화하더라도 실질적인 불이익은 없으나, 월급제가 아닌 시급제, 일급제, 개수임금제(도급) 노동자의 경우 임금보전에 대한 원칙만을 명시할 경우 시간급 인상 또는 임률 조정이 되지 않을 가능성이 매우 높"아 "시급제, 일급제, 개수임금제(도급) 노동자의 경우 시급 인상 없이 주휴가 무급화되면 월 52시간급이 줄어들어 20.3%의 임금삭감이 일어나게 된다"고 주장하고 있다. 그러나 '시간급 인상'이나 '임률 조정' 등이 법률에 의해서 이루어질 수 있는 사항이 아닐 뿐더러, "시급제, 일급제, 개수임금제(도급) 노동자"의 경우 애초부터 '유급 주휴'란 존재하지 않는 것 아닌가?

13) 규정외 시간에 대한 할증임금은 노동자가 "저항하기에는 너무나도 강한 유혹이다." ([영국의] "공장감독관보고서", 1848년 4월 30일, p. 5[《자본론》, 제1권, *MEW*, Bd. 23, S. 569. 채만수 역, 제1권, 제4분책, p. 893에서 재인용]). "노동일의 법적 제한은 이러한 즐거움[할증임금을 받는 일: 인용자]도 끝내버린다."(《자본론》, 제1권, *MEW*, Bd. 23, S. 570. 채만수 역, 제1권, 제4분책, pp. 893-894.)

에서도 현대자동차 등을 포함한 대기업 노동자들만이 해결해낼 수 있는 잠재력을 가진 과제로 되어 있다. 그런데도 주당 60시간 이상의 장시간 노동을 감수하면서 '할증률 인하 반대'와 같은, 장시간 노동을 전제한 싸움에 열중할 때, 실질적인 노동시간의 단축이라는 목표는 공허한 구호로 전락할 수밖에 없다.

민주노총의 지도부, 정책 담당자들, 그리고 민주노총 소속 노동조합의 새로운 각오와 실천을 기대한다.

제7강 임금을 둘러싼 기타 쟁점들

1. 고임금론

　임금을 둘러싼 논쟁들 중에는 "한국 노동자들의 임금은 고임금"이라는 주장도 강하게 존재합니다.1)

　한국 노동자들의 임금, 적어도 정규직 노동자들의 임금은 고임금이라는 주장은, 무엇보다도, 이미 2005년 6월 말 현재 35만 5천 명에 이르고, 그 가운데 55%인 19만 6천 5백 명이 '불법체류자'인 이주노동자들, 그들의 형편없이 낮은 임금과 기타 노예와도 같은 노동조건에 의해서 입증되고 있는 것처럼 보입니다. 실제로 이들 이주노동자들에 대한 국가와 자본의 처우는, 아주 비인간적이고 잔인해서, 많은 경우 어떤 면에서는 "고대의 노예만도 못하다"는 것이 공공연한 비밀 아닙니까?

　여기서 우리는 당연히 다음과 같은 질문을 해 볼 수 있습니다.

　"만일 그들이 받는 임금이 자신들의 국가에서 받을 수 있는 임금보다 고임금이 아니라면, 그것도 현격한 차이의 고임금이 아니라면, 그들이 이국만리 이 땅에까지 와서 '불법체류자'의 신분으로 노예 같은 생활을 감수할 이유가 있을까" 하는 질문 말입니다.

　지금 이주노동자들과 관련해서 말하자면, 그들이 받는 임금은 한국 노동자들이 받는 평균임금의 70퍼센트 이하라는 저임금이지만, 노예와 같은 상황에도 불구한 그들의 광범한 존재 그 자체가 사실은 그러한 저임금조차 그들 이주노동자들의 고국에서의 임금에 비하면 '아주 고임금'이라는 것을 말

---

1) 제7판을 준비하고 있는 2023년 현재에 보면, 이 장의 여러 자료는 세월이 많이 흐른 것들이지만, 특히 인플레이션에 의한 숫자의 변화 등을 제외하면 아직도 생생히 시의성을 갖는 것들이기 때문에, 특별한 경우 외에는, 굳이 수정하지 않습니다.

해주고 있는 것입니다. 결국 '한국의 임금은 고임금'임을 말해주고 있는 것입니다.

실제로 이웃 중국의 도시 노동자 임금을 보면, 지역별로 격차가 크고, 또 최근 수년 사이에 많이 올랐다고는 하지만, 2005년 현재 어느 곳도 한국 돈으로 환산하여 월평균 20만 원을 넘지 않습니다. 그에 비해서 노동부가 발표한 한국 노동자의 월평균 임금은 2005년 8월 현재 232만 원을 넘고 있으니, 한국 노동자들의 임금은 고임금이라는 주장이 나오는 것도 이상할 게 없는 것처럼 보일 수도 있을 것입니다.

고·저 임금의 기준은 노동력의 재생산비여야

그러나 노동자들의 입장에서는 임의의 두 나라의 임금을 "20만 원 대(對) 232만 원" 하는 식으로 단순히 환율로 환산하여 형식적으로 비교하는 것은 의미가 없습니다. 그 나라들에서의 임금이 그곳의 노동자 가족의 인간다운 생활을 보장하기에 충분한가, 그렇지 않은가를 비교해야 의미가 있는 것이기 때문입니다.

그리하여 만일 "20만 원 대 232만 원"의 현격한 격차를 들이대면서 '고임금' 운운하는 사람이 있다면, 이렇게 물어야 합니다. "좋소, 그러면 당신과 당신 가족은 한국에서 월 20만 원으로 생활을 유지할 수 있소?, 아니, 50만 원으로는? 100만 원으로는?" 하는 식으로 말입니다.

중국의 도시 노동자의 월 임금이 20만 원 정도라면, 그 삶의 형편이 어떻든지 간에 중국의 도시 노동자 가족들이 그 임금으로 '어쨌든' 생활을 유지해가고 있다는 뜻입니다. 한국의 노동자들이 평균 월 232만 원으로 생활을 유지하고 있는 것처럼 말입니다. 그만큼 현재의 중국과 한국 사이에는, 일반적인 물가 수준의 차이, 사회·문화적 요인에 의한 생활수단의 종류·범위와 량의 차이, 그리고 특히 주거 및 교육·의료 등에서의 국가지원의 차이가 현격하고, 그 때문에 형식적인 임금의 격차가 큰 것입니다.

중요한 것은, 화폐액으로 표시되는 그러한 명목임금이 아니라, 실질임금이고, 특히 그것이 노동력을 정상적으로 재생산하기에 충분한 크기인가 아닌가 하는 문제입니다. 만일 중국에서는 그 명목임금이 20만 원이지만 한 가족의 생활비로서 충분하고, 한국의 그것은 232만 원이지만 충분하지 못해서 빚을 져야만 살 수 있다면, 우리는 이렇게 얘기해야 합니다. "중국의 임금은 정상적인데, 한국의 임금은 저임금이다"라고 말입니다.

저임금의 징표로서의 노동자의 가계부채

저는 중국의 사정에 대해서 자세히 모르기 때문에 그것이 정상적인 임금인지 아닌지 잘 모르고, 따라서 방금 '정상적인데' 하고 말한 것은 단지 가정일 뿐입니다. 하지만, 한국의 임금이 고임금은커녕 저임금이라는 것은, 결코 가정이 아니라, 사실이고 현실입니다.

예컨대, 2005년 11월 30일 한국은행이 발표한 '3/4분기 가계신용 동향'에 따르면, 같은 해 9월 말 현재 가구당 가계부채가 3천 257만 원이라고 합니다.2) 게다가 이른바 '신용불량자', 즉 은행이나 신용카드회사 등 금융기관에 대한 부채를 갚지 못해서 금융기관과의 신용거래도 불가능한 상태에 있는 사람들 또한 2005년 9월말 현재 366만 명에 달하고 있는 것으로 보도되고 있습니다.

이러한 '가구당 부채'나 '신용불량자' 사태란 무엇을 의미합니까?

이 엄청난 가계부채 등이 물론 다 노동자 가계의 빚은 아닐 것이지만, 대부분은 그들의 것일 것입니다. 그리고 이러한 사태는, 일부 부르주아 언론이 주장하는 것과 같은 노동자계급의 '과소비 풍조'를 증언하고 있는 것이 아니라, 바로 임금이 생활비에 그만큼 못 미친다고 하는 것, 그리고 그만큼 저임금이라는 것을 의미하는 것입니다.

그런데도, 예컨대, ≪동아일보≫는 1995년 5월 3일, 그 전 해인 1994년의 "가구당 부채가 평균 823만 원"임을 보도하면서, "과소비 풍조가 얼마나 심각한지를 새삼스레 일깨워 준다"며, 임금을 보다 더 가혹하게 억누르기 위한 부르주아적 위선과 음모를 드러내고 있습니다. 그러면서 자본과 그 나팔수들은 환율로 환산한 한국의 명목임금을 동남아 국가들이나 중국 등의 그것들과 형식적으로 비교한 바탕 위에서 '고임금' 운운하고 있는 것입니다. 실로 지독한 위선이요 기만입니다. 만일 그런 식으로 비교한다면, 이웃 일본

---

2) 2022년 12월 1일에 통계청이 발표한 "2022년 가계금융복지조사 결과"에 따르면, 2022년 3월 말 기준 가구당 평균 부채는 9,170만 원이랍니다. 2021년도 가구당 평균 소득은 6,414만 원이었다고 하고요. 여러분들의 그것들과 비교해보세요.

의 임금은 우리보다 몇 배나 더 높고, 실제로 그 때문에 일본에는 한국에서 간 불법체류 노동자들이 적지 않게 있습니다만,3) 그것을 근거로 일본 노동자의 임금이 한국의 그것보다 몇 배나 고임금이라고는 할 수 없을 것입니다.

다시 얘기하지만, "한국의 임금은 고임금"이라는 자본 측의 주장은 위선적·기만적인 것이고, 사실은 적지 않은 가계 부채가 증명하는 것처럼 아주 저임금입니다.

이른바 '사회원로들'의 위선·음모와 임금기금설의 망령

그런데 최근에는 자본 측의 '고임금' 공세가 노동자 평균임금에 대한 공세에서 민주노총의 주력을 이루는 대공장 정규직 노동자들에 대한 공세로 전환되어 있는 형국입니다. 비정규직이 대대적으로 확산되면서 그들의 저임금과 열악한 노동·고용조건에 대한 저항이 '자본과 그 이데올로그들'의 경각심을 자극한 탓입니다.

예를 들면, 2004년 6월 10일에는 '사회원로'로 자처하는 자들 142명이 모여 "대기업 정규직 노동자의 임금동결을 통한 비정규직 임금인상을 요구하고" 나섰습니다. "사회원로 '대기업 노동자 임금동결', '대신 비정규직 올려줘야...'" 운운하는 기사를 한번 봅시다.

> '비정규직 문제를 생각하는 시민의 모임'(비정규직 시민모임) 서경석(목사) 대표와 송월주 지구촌공생회 대표이사, 손봉호 한성대 이사장 등은 10일 기자회견을 열고 "기업의 국제경쟁력이 크게 약화된 상황에서 정규직화만을 요구하는 것은 오히려 기업의 해외이전만 가속화시킨다"며 "대기업 노조가 임금을 동결하고 비정규직 임금을 올려 임금격차를 줄이는 것이 근본적 대안"이라고 주장했다.
>
> 비정규직 시민모임은 자발적인 임금동결에 찬성하는 노동자를 모으는 한편, 민주노총에 비정규직 문제 해결방안을 찾기 위한 대화를 요구하기로 했다. 서 대표는 "우리의 요구는 '대기업 노조의 이기심'에 대한 도덕적 싸움"이라며 "이미 울산지역 등 교회를 중심으로 임금동결에 찬성하도록 독려하는 분위기가 조성되고 있고, 포스코 노조도 지난달 비정규직과의 차이

---

3) 일본 경제의 장기간의 정체와 그에 따른 물가·임금의 정체로 최근엔 상황이 많이 달라져 있습니다. 즉, 임금 격차가 많이 줄어들었고, 그에 따라 '한국에서 간 불법체류 노동자들'도 대부분 사라졌습니다.

를 줄이기 위해 임금동결에 합의했다"고 설명했다. 그는 "전면적 임금동결을 받아들일 수 없다면 노사협상에서 임금을 올린 뒤 인상분을 비정규직에게 돌리면 된다"고 덧붙였다.4)

이들의 공세는 물론 그 후에도 계속되었습니다. 그리하여 2005년에는 새해 벽두부터 "정치적 성향을 달리하는 사회 원로와 각계 대표들이 공동서명한 '2005 희망제안"을 발표하면서 "현재의 사회·경제적 상황을 놓고 위기의식을 같이하면서 사회통합을 위한 새로운 성장모델"을 제시했는데, 이번엔 "대기업 노동자 임금동결"과 같은 노골적인 표현 대신에 "사회 양극화 해소" 운운하였습니다. "선언문에는 변형윤 전 서울대 교수, 김태길 학술원 회장, 서영훈 신사회공동선 대표, 김수환 추기경, 강원용 목사, 강영훈 전 총리, 고건 전 총리, 이세중 변호사, 김재철 무역협회장, 박상증 참여연대 대표, 김성훈 경실련 대표, 김상원 전 대법관을 비롯한 종교·시민사회·학계·법조·재계·문화예술·언론 등의 각계 원로와 대표 165명이 서명"하셨는데, 그 면면을 보면, 이 사회의 권위와 정의의 수호자들이신 온갖 신사·숙녀분들이 사실상 모두 다 서명하시고 계십니다.5)

임금과 관련한 이들의 주장은 이렇게 요약될 수 있습니다. "대공장 정규직 노동자들이 너무나 고임금을 받기 때문에 비정규직은 저임금에 시달릴 수밖에 없다. 따라서 정규직 노동자들의 임금을 동결·삭감하여 비정규직 노동자들의 임금을 올려야 한다."

그들은 아마 비정규직 노동자들의 입장에서 참으로 감격스럽게 받아들여야 할 제안이라고 생각할지도 모르겠습니다.

그러나, 지금 비정규직의 임금이 참으로 열악하지만, 그나마의 임금조차 사실은 아직은 결정적으로 투쟁력을 상실하지 않은 일부 정규직 노동자들의 투쟁이 임금을 선도하고 있기 때문입니다. 저들 '사회원로'·'각계 대표'라는

---

4) ≪문화일보≫, 2004. 6. 10.
5) ≪한겨레≫ 2005년 1월 7일자의 "'민생 심각' 보수·진보 공감"이라는 기사(<https://www.hani.co.kr/arti/society/society_general/1364.html>)에 이들 거룩하고 자랑스러운 165명의 명단이 있습니다. 확인해보면, (사실은 새삼스러울 바 없을 터인데도) "어, 이 사람도?", "어, 이 단체도?" 하면서, 어쩌면 놀라기도 하고, 느끼는 바도 있을 것입니다. 새가슴이라서, 차마 여기에 그 명단을 다 옮기지는 못하겠습니다.

자들의 음흉하고 기만적인 속셈은 그리하여 이들 정규직 노동자들을 철저히 무력화시켜 임금 일반을 더욱 억누르려는 데 있다는 것을 모를 비정규직 노동자들은, 적어도 투쟁하는 노동자들 사이에는, 거의 없을 것입니다.

그렇더라도 이 한 마디는 덧붙여야 할 것 같습니다. 그토록 "정규직의 이기심"을 질타하면서 비정규직의 후원자로 나서고 있는 저들 '사회원로님들'이나 '각계 대표님들'께서, 예컨대, "삼성전자 등기이사 평균연봉이 58억 원으로 직원 평균의 119배"6) 운운하는 기사나 사실에는 **꿀 먹은** 벙어리라는 사실 말입니다. 그 방울방울 꿀이 얼마나 달았으면, 필시 내심 또 다른 방울들을 기대하시면서!

한편, 노동자들의 '고임금'을 개탄·질타하는 자들이 자신들의 수입(收入)이 관련되면 어떤 요설(妖舌)을 농하는가를 들어 봅시다. 맹견보다도 더 사나운 자본의 투사, 김영배 경총(경영자총연합회) 부회장은 말합니다.

> 최근 정부는 공기업 기관장의 기본 연봉을 차관급의 연봉 정도로 일괄 조정하는 보수체계 개편을 단행 중에 있다. ... 하지만 기관장 연봉을 대폭 삭감하는 것 ... 에 대해서는 이론이 없지 않다. 공기업 ... 기관장은 그 기업의 생존과 근로자의 생계를 책임지는 막중한 임무를 가진 최고경영자(CEO)이다. 제대로 된 공기업 혁신은 유능한 CEO 없이 이뤄지기 힘들다. 세계 유수의 기업들이 천문학적인 연봉을 주고 유능한 CEO 모셔오기에 혈안이 되어 있는 것도 바로 이 때문이다. 여건만 된다면 **능력 있는 CEO의 연봉은 많으면 많을수록 좋다.** CEO 시장에도 수요와 공급, 그 사람의 능력에 따라 적정한 시장 임금이 있고, 그에 맞춰 CEO의 연봉이 매겨지는 것이다. ... 가뜩이나 정부의 눈치를 봐야 하는 판에 **연봉까지 터무니없이 낮다면** 공기업 기관장을 지원할 우수한 인재는 많지 않을 것이다. ... CEO에 주는 연봉을 '아껴야 하는 비용'으로만 보는 좁은 시각으로는 공기업 혁신의 길은 더 요원해질 것이다. ... **엄청나게 상승한 노조원의 연봉**은 손도 못 댄 채 기관장의 연봉만 삭감하는 조치가 자칫 포퓰리즘적 대안으로 비춰질 수 있다는 점도 지적하고 싶다.7)

자기처럼 '유능한 CEO'에게는 "천문학적인 연봉"도 아끼지 말아야 한다

---

6) 한윤재, "삼성전자 등기이사 연봉 '58억원'", ≪연합통신≫, 2004. 8. 2.
7) 김영배, "공기업 기관장 임금삭감의 함정", ≪조선일보≫, 2008. 8. 30.

고 떠드는 꼴이 가히 목불인견(目不忍見) 바로 그것 아닙니까? 정권이 바뀔 때마다 "낙하산 인사"가 문제되는 것에서 알 수 있듯이 권력의 전리품을 나눠먹는 승냥이들이 공기업의 기관장·임원들입니다. 그런데 그들이 착복하는 억대의 수입에 대해서는 **"연봉까지 터무니없이 낮다면"** 운운하면서, 장시간 노동을 강요당하고 있는 노동자들의 저임금에 대해서는 **"엄청나게 상승한 노조원의 연봉"** 운운하며 '손을 대야' 한다고, 즉 삭감해야 한다고 떠들고 있으니, 그 대가리 속 구조를 어떻게 든 들여다보고 싶은 생각이 들 정도입니다.

그건 그렇고, 비정규직의 저임금이 정규직의 고임금 탓이라는 저들 신사·숙녀분들의 주장은, 그 학설의 '완성자'인 J. S. 밀(John Stuart Mill, 1806-1873) 스스로 그 파탄을 선언하지 않을 수 없었다는, 경제학설사상의 소위 **임금기금설**에 기초한 것이고, 임금기금설의 망령을 되살려내려는 헛된 망상일 뿐입니다.

임금기금설이란, 어떤 기간의 어떤 사회의 임금 총액, 예컨대, 2006년 한 해의 한국 사회의 임금 총액은 미리 정해져 있고, 따라서 1인당 평균임금도 미리 정해져 있다는 이론입니다. 그리하여 만일 임금기금설이 주장하는 것처럼 정말 그렇게 어떤 기간의 어떤 사회의 임금 총액이 미리 결정되어 있는 것이 사실이라면, 노동자계급 중의 어떤 일부 집단, 예컨대, 정규직 노동자들의 고임금은 당연히 다른 집단, 즉 비정규직 노동자들의 저임금으로 나타날 것입니다.

그러나, 어떤 기간, 예컨대, 2023년 한 해의 한국의 임금 총액은 결코 미리 정해져 있지 않고, 따라서 노동자계급 중의 어느 집단이 고임금을 받으면 다른 집단이 저임금을 받을 수밖에 없는 것이 결코 아닙니다. 2023년의 한국 노동자계급의 임금 총액이 얼마인가는, 따라서 노동자 1인당 평균임금이 얼마인가는 실제로는 한국의 노동자계급이 얼마나 강고한 결의와 단결력으로 임금인상 투쟁을 해내느냐에 달려 있을 뿐입니다. 뿐만 아니라, 강고한 투쟁에 의한 어느 집단의 임금인상은 간접이나마 다른 집단들의 임금을 인상하는 사회적 힘으로 작용하는 것이지, 그 반대가 결코 아닙니다.

2. 지불능력론

임금의 크기와 관련한 주장 중에 이른바 '지불능력론'이란 것도 있습니다.

회사가 아무리 노동자들에게 높은 임금을 주고 싶어도 능력이 없으면 불가능하다. 또 노동자들이 열심히 싸워서 아무리 높은 임금을 합의해도 현실적으로 회사가 그만큼 지불할 능력이 없으면 아무 소용이 없다. 그러니 회사의 현실적 지불능력을 고려해서 그에 맞게 임금을 책정해야 하고, 나아가 회사가 충분한 지불능력을 갖출 수 있도록 경영에 협조해야 한다, 대강 그런 얘기입니다.

필시 여러분들도 많이 들어본 얘기일 것입니다. 자본 측으로부터는 물론, 여러 '노동운동가들'로부터도 말입니다. 착취와 억압으로부터의 노동자계급의 해방이라는 관점에서 노동운동을 하는 것이 아니라, 이른바 '합리적인 노사관계', '건설적인 노사관계', 혹은 '노사동반자관계'나 이른바 '노사상생'이라는 입장에서 노동운동을 하는 사람들이 대개 그러한 주장을 합니다. 실제로도 우리는 그러한 '노동운동가들'을 숱하게 보는데, 그들의 목적은 국가나 노동운동 등의 힘을 빌어서 개별자본의 근시안적이고 무자비한 축적 충동에 일정한 제약을 가함으로써 이른바 '노사 평화'를 이루려는 것, 따라서 자본주의적 생산관계라는 착취·억압관계를 영속화시키려는 것입니다.

이렇게 그들의 목적은 자본주의적 착취·억압관계를 영속화시키려는 것이라고 하면, 그들 중에 많은 사람은 필시 모함이라며 화를 낼 것입니다.

그러나 그렇게 화를 낸다면, 그들은 '합리적인 노사관계'니, '건설적인 노사관계'니, '노사동반자관계'니 하는 자신들의 말이 무엇을 의미하고, 사회적으로 어떤 역할을 하는지를 모르는, 좀 모자란 사람들이든가, 아니면 짐짓 모른 체 은폐하는 사람들일 뿐입니다. 그래도 자신들은 노동자들의 참상에 눈을 감고 있지는 않다고 위안을 하면서 말입니다.

아무튼 임금과 관련한 지불능력론은 평소에 많이 듣는 이야기이고, 또 특히 중소기업의 사정과 관련해서 그런 얘기를 듣게 되면 대개는 고개를 끄덕끄덕하게 됩니다. "주고 싶어도 정말로 능력이 없어서 못 준다"는데, 여간 강심장이 아니고서는 고개를 끄덕이지 않을 재간이 없는 것입니다.

1) 노동자는 임금의 지불재원 이상을 선불한다

그러나 애덤 스미쓰는 1776년에, 그러니까 지금부터 250년쯤이나 전에 펴낸 ≪국부론≫ 속에서 이미 이렇게 쓰고 있습니다.

> 제조공업의 노동자는 자기 임금을 자기의 고용주로부터 선대(先貸) 받지만, 그러한 임금의 가치는 일반적으로 자기의 노동이 가해진 대상의 증대된 가치 속에 이윤과 함께 보존되기(reserved) 때문에, 실제로는 그 고용주에게는 아무런 비용도 들지 않는다.8)

무슨 소린지 좀 아리송하긴 하겠지만, 임금 지불은 "실제로는 그 고용주에게는 아무런 비용도 들지 않는다"는 뜻입니다.
이 문제와 관련, 맑스는 더욱 명확하고 더욱 정확하게 다음과 같이 얘기하고 있습니다.

> 노동자는, 그의 노동력이 작용하여 그 자체의 가치와 잉여가치를 상품들 속에 실현한 후에야 비로소 지불을 받는다. 따라서 그는, 당분간 우리가 자본가의 소비재원으로서만 간주하는 잉여가치와 마찬가지로 그 자신의 지불재원, 즉 가변자본도, 그것이 임금이라는 형태로 자신에게 환류하기 전에, 생산하였으며, 그는 오직 그것을 끊임없이 재생산하는 동안만 고용된다. 그리하여, 임금(Salair)을 생산물 자체의 한 부분(Anteil)으로 서술하는 ... 경제학자들의 공식이 생기는 것이다. 임금이라는 형태로 노동자에게 끊임없이 환류하는 것은, 노동자 자신에 의해서 끊임없이 재생산되는 생산물의 일부인 것이다. 자본가는 그 가치부분을 그에게 물론 화폐로 지불한다. 그러나 이 화폐는 단지 노동생산물이 전화된 형태일 뿐이다. 노동자가 생산수단의 일부를 상품으로 전화하는 동안에, 그의 이전의 생산물의 일부가 화폐로 재전화된다. 그의 오늘의, 혹은 차후 반년간의 노동에 대해 지불되는 것은 직전 주(週)의, 혹은 직전 반년간의 그의 노동[의 일부: 역자]이다.9)

노동자가 자본가로부터 받는 화폐는, 그가 자본가에게 자신의 노동력을

---

8) Adam Smith, *An Inquiry into the Nature and Causes of the Wealth of Nations*, Vol. 1, ed. by Edwin Cannan, M.A., 6th ed., London, 1950, p. 313.
9) ≪자본론≫, 제1권, *MEW*, Bd. 23, S. 592-593. (채만수 역, 제1권, 제4분책, p. 925.)

사용하도록 한 후에야, 노동력이 이미 노동생산물의 가치 속에 실현된 후에야 비로소 받는 것이다. ... 노동자에게 지불될 등가(等價)를, 노동력은 자본가가 그것을 노동자에게 화폐형태로 지불하기 전에 이미 상품형태로 공급했다. 그러므로 노동자는 스스로 지불재원(支拂財源)을 만들어내고, 자본가는 거기에서 그에게 지불하는 것이다.10)

이제 의미가 명확해졌습니다. 노동자가 자본가로부터 받는 임금은, 사실은 자본가의 생짜 자본으로부터 받는 것이 아니라, 노동자들이 노동을 통해서 먼저 그 재원, 즉 임금을 줄 돈들을 상품의 형태로 자본가에게 만들어 주고 나서, 그 재원으로부터 지불을 받는 것입니다.

실제로 노동자들은 임금을 선불로 받지 않습니다. 그 기간은 관행에 의한 것입니다만, 예컨대, 유럽이나 미국 같은 곳에서는 일주일 내내, 그리고 한국이나 일본 같은 곳에서는 한 달 내내 뼈 빠지게 일을 해주고, 그러고 나서야 주급(週給)이나 월급을 받습니다.

다시 말하면, 자본가는 임금을 후불하고, 노동자들은 그렇게 후불되는 임금의 재원을 미리 자본가에게 만들어주기 때문에, 더구나 임금으로 지불될 부분뿐만이 아니라 자본의 이윤 부분까지도 미리 만들어주는 것이기 때문에, "임금을 (많이) 주고 싶어도 줄 능력이 없어서 주지 못하는 것이니까 지불 능력에 따라서 임금을 받아야 한다"는 따위의 이른바 '지불능력론'은 설 자리가 없는 것입니다.

실제로 노동자들이 자신들이 받는 임금보다 더 큰 가치, 즉 더 많은 돈을 자본가들한테 벌어다 주지 않는다면, 자본가들은 도대체 무엇 때문에 노동자를 고용해서 '사업'을 하겠습니까? '사업'이 취미도 아니고 자선사업도 아닐 터인데 말입니다.

2) 현실적인 지불능력의 부족

이른바 '지불능력론'은 이렇게 아주 기만적인, 혹은 어리석은 이론입니다. 그런데도, 사실 다른 한편에서는 그렇게 녹록치가 않습니다.

---

10) 《자본론》, 제2권, *MEW*, Bd. 24, S. 380.

왜 그럴까요?

주위를 한번 둘러보십시오. 수많은 자본가들이, 중소자본이나 영세자본은 물론이고, 때로는 상당수의 대자본조차, 그리고 특히 경제위기 즉 공황의 시기에는 '재벌' 중의 일부조차도 부도가 나서 나자빠지지 않습니까? 엄청난 액수의 '체불임금'을 적체시키면서 말입니다. 개중에는 물론 이른바 '악덕자본가', 그러니까 계획적으로 돈을 빼돌려 부도를 내면서 임금을 떼어먹고, 노동자들을 맨손으로 길거리로 내모는 자본가들도 알게 모르게 꽤 있을 것입니다. 그러나 그러한 '악덕자본가'도 많겠지만, 또한 부도로 쓰러지는 자본가 중에도 "노동자들의 임금만은 정말 떼어먹고 싶지 않은데" 어쩔 수 없이 떼어먹게 되는 사람들도 많을 것입니다. 적어도 심정적으로는 그런 사람들이 꽤 많을 것입니다.

너무 안이한 생각이지 않느냐고 질책할지 모르겠습니다.

그러나 '악덕자본'이나 '악덕자본가'가 문제의 핵심이 아니라 자본 그 자체, 자본의 착취와 억압 그 자체가 문제라는 것을 아는 것이 중요합니다. 따라서 '악덕자본'이나 '악덕자본가' 등의 문제에 투쟁과 관심을 집중시키는 것은 사실 문제의 본질을 왜곡하고, 그 문제의 소재를 은폐하는 것입니다. 일부 '진보적인 경제학자'니, '진보적 사회학자'니 하는 자들이 입을 모아, (독점)자본의 폐지, 따라서 자본주의의 폐지가 아니라, 마치 이른바 '재벌문제'를 해결하는 것이 문제의 핵심인 양 주장하는 것처럼 말입니다.

나중에 자세히 얘기하겠지만, '재벌개혁'이니 '재벌해체'니 하는 것은 기본적으로 독점자본의 합리화·효율화의 문제여서 독점자본가계급의 프로젝트이지 노동자·인민대중의 프로젝트가 결코 아닙니다. 그런데도 저 '진보적' 시민운동가들, 시민운동단체들은 그것을 노동자·인민대중의 부담으로 해내려 하고 있고, 노동운동 내부에도 그런 사람들이 적지 않습니다.

얘기가 좀 샛길로 빠졌는데, 아무튼 그렇게 우리 주위에는 실제로 "임금을 줄래야 줄 돈이 없어서 못 주는" 자본가들도 숱하게 많습니다.

그리고 그렇다면, 우리가 뭔가 착각을 하고 있는 것은 아닐까요? 그리하여, "맞아, 역시 임금은 지불능력에 달렸어!" 하고, 마땅히 우리의 주장을 수정해야 하는 것이 아닐까요?

그러나, 이는 결코 조급하게 단정할 일이 아닙니다. 방금 본 것처럼, 적어도 논리적·이론적으로는 임금을 지불하는 데에 자본가에게는 '아무런 비용도 들지 않을' 뿐 아니라, 노동자들은 자본가에게 그 이상의 가치를 만들어 주기 때문입니다. 맑스는 물론이거니와, 부르주아 경제학자로서의 애덤 스미쓰 역시 그렇게 말하고 있는 것은 방금 본 대로입니다.

그러면 도대체 어떻게 된 것일까요?

무엇보다도, 자본 측에 왜 '임금을 줄 돈'이 없게 되는 것일까요?

우선 지적할 수 있는 것은, 자본가들이 임금 지불에 우선순위를 두지 않는다는 점입니다. 기계나 원료 등을 구입하는 데에는, 그리고 자신들의 유흥·생활비에는 아까워하지 않고 펑펑 돈을 쓰면서도 임금을 줄 때는 무척 아까워하며 왕왕 지불을 늦춥니다. 그러다 보면, 가동 자본 중에 임금으로 배정될 수 있는 부분이 자꾸만 적어지게 되고, 그리하여 경기가 나빠진다든가 하여 그것이 어떤 한계를 넘게 되면 체불로 되는 것입니다.

하지만, 이러한 사정은 현실적인 것이기는 하지만, 문제의 본질은 아닙니다. 실제로 '임금을 줄 돈이 없어지는 것' 자체가 여기에서의 문제이니까 말입니다.

지불능력 부족의 원인

'임금을 줄 돈'이 없어지는 첫 번째 이유는, 자본주의적 생산의 사회적 무정부성과 자본가 상호 간의 경쟁입니다.

주지하는 것처럼, 자본주의적 생산은 무정부적입니다. 사회 전체의 물적·인적 자원과 필요라는 관점에서 누군가, 혹은 어떤 기관이 부문별 총수요를 파악하고, 그에 따라서 사회의 총노동력과 노동시간, 그리고 자원을 배분하는 것이 아니라, 돈을 벌고자 하는 자본가 개개인이 자신의 주관적인 판단에 따라서 생산하고, 그것을 판매하기 위해서 서로 피나는 경쟁을 하는 생산체제인 것입니다. 그 때문에, 사회적인 자원과 노동력의 낭비는 차치하더라도, 어떤 자본은 성공적임에 비해서 어떤 자본은 반드시 실패하여 도태되게 됩니다. 그리고 자본주의가 독점자본주의화됨에 따라서 이러한 경향이 사라지기는커녕 더욱 강화되면서 수많은 영세·중소 자본들이 파산해 가게 됩니다. 바로 그 때문에 이 실패하여 도산하는 자본들, 혹은 경쟁전에서 열세인 자본들에게는 왕왕 '임금을 줄 돈이 없게 되는 것'입니다.

이러한 기업의 노동자들이 생산하는 상품의 가치는, 사회적으로 그 가치보다 훨씬 이하로 평가되기도 하고, 아예 파괴돼버리기도 합니다. 상품의 가치는 그것을 생산하기 위해서 '사회적으로 필요한 노동시간'에 의해서 결정되기 때문에, 예컨대, 어떤 기업의 생산시설이 기술적으로 뒤떨어져서 사회적 평균 노동시간보다 더 많은 시간이 걸린다면, 그 노동시간은 제대로 평가받지 못하는 것입니다. 혹시 부도라도 나면, 아예 방매되거나 폐기돼버립니다. 바로 이러한 사정들 때문에 '지불능력'이 없어지게 됩니다.

하지만, 이러한 경우에도 그들 기업이 생산하는 상품이 사회적 과잉생산에 의해서 폐기되는 대신에 수요를 발견하게 된다면, 그들 상품의 생산에 투하되는 노동시간도 그 상품 종류의 필요노동시간 결정에 산입되게 되고, 그들 상품에 응결된, 시장가치를 넘는 개별적 가치부분은 시장가치보다 작은 개별적 시장가치를 생산하는 자본에 의해서 특별잉여가치·초과이윤으로서 취득될 것입니다.

두 번째로, 보다 중요하고 본질적인 이유는 바로 금융 혹은 신용과 관련된 것입니다.

사실상 모든 자본은 자기 자본만을 가지고 사업을 하는 것이 아니라 엄청나게 돈을 꾸어다 하게 되고, 그것도 돈을 꾸어다 투기적으로 사업을 확장합니다. 사업의 이러한 투기적 확장은, 물론 기업을 경영하는 자본가들 개개인의 성향이나 '탐욕'에 의해서도 이루어지지만, 그보다는 시장에서의 경쟁전이 이를 강제합니다. 그리고 그렇게 되면, 자칫 고용한 노동자들로부터 그 기업이 착출하는 잉여가치보다도 훨씬 더 많은 돈이 이자로서 지불되는 경우도 드물지 않게 됩니다.

경제위기 즉 공황이 닥칠 때마다 이러한 사정이 실제로 절실하게 드러나지 않습니까? 수많은 기업들이 빚에 허덕이면서 '지불능력'이 없어 이른바 '부실기업'으로 전락해가고, 끝내는 파산도 하지 않습니까?

이렇게 이른바 '지불능력'에 문제가 생기게 되는 것은, 노동자들이 자신들을 고용하고 있는 자본가나 회사에 임금의 재원과 이윤을 만들어주지 않아서가 아니라, 자본가들 자신의 경영이 실패한 결과입니다. 언제 얼마를 들여서 어떤 설비를 하고, 어떤 원료나 중간재를 사서 어떤 물건을 얼마만큼 생산할 것인가, 언제 무엇을 하기 위해서 누구에게서 얼마의 이자율로 얼마를 빌릴 것인가—이러한 문제들이 그러한 경영의 영역에 속하는데, 이들 문제들에 대해서 노동자들은 아예 간여하고 결정할 권한도 없을 뿐만 아니라, 간여할 필요도 없습니다.

이른바 '노동자 경영참가'는 반노동자적

노동자는 경영에 "간여할 필요도 없다"는 말에 동의하기 어려울 것입니다. 특히 이른바 '노동자 경영참가'를 이상으로 삼고 있는 '노동운동가들'의 입장에서는 더더구나 동의하기 어려운 얘기일 것입니다.

그러나 '노동자 경영참가'란 무엇입니까?

자본주의적 경영이란 단지 생산과 유통의 흐름·진행을 조직하고 관리하는 것만이 아닙니다. 잉여노동의 착취야말로 그 경영의 본질적 부분을 이루는 것입니다. 바로 그 때문에 노동자나 노동조합이 자본주의적 '경영에 참가한다'는 것은 자기들 자신의 착취행위에 참가하는 자기모순을 의미합니다. 실제로 이른바 '경영참가'를 하게 되면, 노동조합은 자본에 대한 투쟁성을 상실하고, 자본 간의 경쟁전에 매달리게 됩니다. 이는, 다름 아니라, 자신의 잉여노동의 효율적인 착취에 매달리게 된다는 것을 의미합니다.

이른바 '노동자 경영참가'는 실제로 그러한 역할만을 합니다. 그리고 그 외의 역할, 그러니까 노자 간에 정말로 이해가 대립되는 부분에 대한 논의나 결정, 그리고 자본 및 자본가의 이해가 걸린 문제에 대한 논의나 결정에서는 철저히 배제됩니다.

얘기가 다시 샛길로 샜는데, 아무튼 지불능력이 문제가 되는 것은 이렇게 자본 혹은 자본가의 경영이 실패한 결과이기 때문에, 노동자들이 이를 고려하고, 거기에 임금을 맞출 아무런 이유가 없습니다.

만일 거기에 임금을 맞추려든다면, 어떻게 되겠습니까?

"임금 줄 돈이 없다"는 데에 임금을 맞추려다 보면, 굶어 죽기 십상 아니겠습니까?

지불능력 부족과 금융자본 및 독점자본의 비대화

그런데, 그토록 많은 자본과 회사가, 말하자면, 빚에 몰려서 쪼그라들어가고, 임금을 지불할 능력조차 없어져 갈 때, 노동자들로부터 착출된 잉여가치는 도대체 어디로 가는 것일까요?

금융자본가들의 수중으로 그 소유와 지배권이 집중되게 되고, 따라서 그들의 사회적·경제적·정치적 지배권이 더욱 비대해지게 됩니다. 그리고 금융자본으로의 지배권의 이러한 집중은, 이자 낳는 자본의 특성 때문에, 현재의 노동뿐 아니라 미래의 노동에 대한 지배권과 청구권도 그들 금융자본의 수중으로 집중·증대해 가는 것을 의미합니다.

그러나 영세·중소 자본가들에 의해서 착출된 잉여가치는 금융자본에 의해서만 흡입되는 게 아닙니다. 그것은 독점자본들, 즉 생산가격(=비용가격+평균이윤)을 넘는 독점가격을 설정할 능력을 가진 거대 산업자본 및 상업자본에 의해서 독점이윤으로서 거대하게 흡입됩니다. 2012년의 양대 선거, 즉 4월의 총선과 12월의 대선에서는 이른바 '경제민주화'라는 것이 주요 의제의 하나가 되었고, 2013년 봄에는 특히 '남양유업 사태'를 계기로 소위 '갑·을 관계'가, 즉 독점 대자본에 의한 그 하청 혹은 영세 대리점 등의 가혹한 수탈이 사회적 이슈가 되었습니다만,11) 이러한 것들은 단지 부르주아적 의미에서도 소위 '불공정한 거래'의 예들로서 독점자본이 흡취하는 거대 독점이윤의 그야말로 '빙산의 일각'일 뿐입니다. 독점자본주의라는 조건 하에서는 그야말로 '공정한' 시장경쟁 그 자체, 혹은 대통령이 되자마자, '무슨 배경'에서인지, 윤석열이 힘주어 내세우는 '자유' 시장경제 그 자체가 바로 독점자본이 거대한 독점이윤을 흡취하는 기구이고, 그 때문에 수많은 영세·중소 자본이 지불불능에 빠지는 기구 그것입니다.

지불능력 부족과의 투쟁

이른바 '지불능력론'과 관련하여 마지막으로 한 가지만 더 얘기하자면, 그러면 현실적으로 지불능력이 없거나 약한 기업들과 자본들에 고용되어 있는 노동자들은 무엇을 어떻게 해야 할 것인가?

열심히 일해서 자신을 고용하고 있는 자본과 회사가 '지불능력'을 갖출 수 있도록 노력해야 할 것입니다.

물론 농담입니다.

---

11) 그후에도 심심치 않게 터져 나오는 이른바 '체인점들'과 그 본사들 간의 '분쟁들'도 물론 그 예들에 속합니다.

그러나 결코 예사로 들어 넘겨도 좋은 농담만은 아닙니다. 실제로 많은 자본가와 자본 측의 이데올로그들이 정색을 하고 그걸 요구하고 있기 때문입니다. 그뿐이 아닙니다. 많은 노동조합의 간부들이, 그것도 민주노총 소속의 노동조합 간부들까지도 어떤 경우는 노골적으로, 어떤 경우는 표현만 다르지 사실상 그렇게 요구하고 있기 때문입니다. 그러니, 유감이지만, 농담이라고 넘길 수만은 없는 것입니다.

그래서 정색을 하고 얘기를 할 수밖에 없는데, 노동자들이 할 수 있는 일, 그리고 해야 할 일은 정당한 임금지불을 요구하며 투쟁하는 것밖에 없습니다. 그것도 개별적으로가 아니라 가능한 한 광범위하게 단결하여 가능한 한 강고하게 투쟁하는 길밖에 없습니다.

지불능력이 없다는데 싸움은 해서 무엇 하느냐?

싸움을 해야, 그리고 싸움을 하면, 임금이 나오기 때문입니다.

자본은, 한편에서는 서로 목숨을 건 경쟁전을 벌이지만, 다른 한편에서는 노동자계급에 대해서 공동의 전선을 펴고 있습니다. 노동자에 대한 억압은 공동의 이익으로 되고, 또 노동자의 도전은 자칫 공동의 위험으로 되기 때문입니다. 그리하여 노동자들이 단결하여 저들 자본과 사회가 위협을 느끼도록 투쟁을 하면, 저들은 자신들 공동의 안전을 위해서 어떤 방식으로든 자신들 내부의 조정을 거쳐서 필요한 재원을 염출해내게 됩니다. 은행과 같은 금융기관이 원금과 이자를 감면해준다거나, 구제금융을 준다거나, 경제위기 때처럼 이른바 '공적자금'을 투입한다든가 하는 방식으로 말입니다. 물론 저 소위 '공적자금'은 파산하는 대자본을 구제하기 위한 것이었지, 노동자들의 투쟁의 결과도 아니었고, 노동자들을 위한 것도 아니었지만, 말하자면 그렇다는 것입니다.

3. 임금상승이 물가상승 · 경제위기의 원인이라는 주장

1) **임금상승이 경제위기의 원인이라는 공세**

모두가 여러 차례 경험한 대로 자본주의 경제는 자주 어려움과 위기에 처합니다.

그런데 그때마다 정부와 자본, 그리고 그들의 나팔수인 언론이나 어용적 경제학자들은 경제위기의 주요한 책임의 하나가 노동자들에게 있다고 떠들어댑니다. 위기의 이런저런 원인들을 떠벌리고, 그것을 극복한다거나 예방한다고 소란을 피우지 않는 것은 아니지만, 그들이 특히 대중적으로 집요하게 선전하는 것은 바로 '경제위기 노동자 책임론' 그것입니다. "임금이 상승했기 때문에 물가가 상승하고, 물가가 상승했기 때문에 국제경쟁력이 하락하여 경제위기가 왔다"는 식의 주장 말입니다.

1987년 노동자 대투쟁과 '임금인상 → 경제위기 원인론'

한국 자본주의의 역사에서 그러한 주장이 본격적으로 무대에 등장한 것은, 오랜 억압을 뚫고 노동자 대투쟁이 폭발적으로 벌어지던 1987년 7월에서 9월에 걸쳐서였습니다.

당시는 한국 자본주의의 사실상 대대적인 경기상승기였지만, 노동자들의 폭발적인 진출과 그에 따른 임금의 '대폭적인' 상승이 자본가계급의 위기감을 자극하고, 또 실제로도 그들의 이윤을 상당 정도 압박했을 것이기 때문입니다. 그리고, 물론 애초에 "민주주의 국가입네" 하는 장식용이었지만, 아무튼 노동자의 단결권 등을 보장하는 노동조합법이 버젓이 존재하고 있어서, 적어도 노골적으로는 자본이 "우리는 노동자들의 단결권과 단체행동권을 인정할 수 없다"는 식의 명분을 내세워 노동자들의 투쟁을 억압할 수는 없었기 때문에, 그들은 '임금인상 → 경제위기 원인론'이라는 것을 요란하게 선전해 대면서, 노동자들의 대투쟁에 대한 자신들의 폭력적 탄압을 합리화하고, 대중을 이데올로기적으로 획득하려고 했던 것입니다.

당시 그들의 이데올로기 공세는 정말 대단했습니다.

신문이나 TV 등에서 연일 요란스럽게 떠들어대는 것은 물론이려니와, 직접적 자본가단체인 경총이나 국영 연구기관인 KDI(한국개발연구원) 등은 "임금인상이 경제성장에 미치는 영향"이니, "임금인상이 국제수지에 미치는 영향" 등등, 비슷비슷한 이름의 이른바 '긴급연구보고서' 등을 만들어 각 사회단체 등에 배포하면서 자신들의 주장을 이론적·실증적으로 '증명'하는 식이었습니다.

조금도 자료 가치가 없는 쓰레기들이라서 그중 하나도 지금 가지고 있지 않지만, 제 기억에 의존해서 말하자면, 예컨대, 임금이, 물론 명목임금을 말하는 것인데, 10%나 15% 올라가면 물가가 대폭 상승하여 국제경쟁력을 상실, 수출이 급격하게 줄고, 이에 따라 한국경제는 마이너스 성장을 하게 된다는 식의 주장이었습니다. 그들의 주장대로라면, 당시 대투쟁을 통해서 결과적으로 달성한 임금인상 수준이라면 한국경제는 그야말로 결딴나는 것이었습니다.

그런데 실제로 그렇게 당시 한국경제는 노동자들의 대투쟁과 그에 따른 대폭적인 임금인상으로 결딴났던가요? 결코 아니지 않습니까?

한국 자본주의는 오히려 그 해 4/4분기부터 1989년도 초에 걸쳐 이른바 '3저 호황'이라는, 그 역사상 아마 최대의 번영기를 구가했으니까 말입니다.

아무튼 우리의 주제로 돌아오면, 노동자 대투쟁 당시 자본은 그렇게 '임금인상→물가상승→국제경쟁력 하락→경제위기'라는 주장을 정말 요란한 목소리로 내세웠는데, 당시에는 이 주장이 그들의 목소리만큼 그렇게 큰 주목을 받지는 못했습니다.

왜 그랬을까요?

첫째는, 두말할 나위도 없이, 당시는 경제호황기여서, '경제위기'라는 주장이 대중에게 그다지 절실하게 들리지 않았기 때문입니다.

그리고 둘째로는, 당시 노동자들의 처지가 너무나도 열악해서 노동자들의 입장에서는 자본가들이나 정부의 주장에 귀를 기울일 여유도, 이유도 없었기 때문에, "그래, 언제는 안 그랬더냐? 니들 맘껏 떠들어라. 우리는 우리 길을 간다"는 식으로, 노동자들이 사생결단의 투쟁을 밀고 나갔기 때문입니다. 그리하여, 노동자들의 타오르는 투쟁 자체, 노동자들과 전투경찰 간의 공방 자체에 사회적 관심이 모이고 있었지, 어용 지식인들을 앞세운 자본의 선전에 관심이 모이지 않았던 것입니다.

1989년 공황기 자본의 공세

그런데 1989년도 2/4분기 이후에 들어서는 상황이 일변했습니다.

무엇보다도 한국 자본주의가, 국가와 자본 측 스스로 '총체적 위기'라고 규정할 만큼, 심각한 공황에 빠져들고 있었기 때문입니다. 이런 상황에서는 많은 사람이 위기의식을 느끼게 되고, 그리하여 노동자들의 권익투쟁에 대한 자본의 악선전이 일정하게 주목을 받을 수 있는 객관적 조건이 성숙되어 있었던 것입니다.

실제로 당시 정부와 자본, 그리고 언론은, 위기의 주요 원인의 하나를 노동자들의 '임금상승'에 돌리면서, 노동자들에 대한 대대적인 이데올로기 공세를 펼쳤습니다.

물론 이 외에도 당시의 '총체적 위기'의 원인에 대한, 그리고 당시 국면의 경제적 성격에 대한 여러 주장이 있었지만, 여기에서 그것들에 대해서 자세히 언급하는 것은 부적절하기 때문에 이 문제, 즉 "임금인상이 물가인상을 불러왔고, 그리하여 결국 경제위기를 불러왔다"는 주장에 대해서만 보기로 합시다.

2) 임금비율 비례 물가상승설 — 노동운동 진영의 '인기 있는' 대응

현대 국가(독점)자본주의 체제의 화폐-통화제도인 이른바 '관리통화제', 즉 전면적인 불환은행권제 하에서는 심각한 경제위기 상황에서도 물가가 오릅니다. 아시는 바처럼, 인플레이션이지요. 거기에다 호황 말기에는 이른바 '호황 등귀'라고나 해야 할, 호황 말기 특유의 물가상승과, 부동산 가격 등의 투기적 상승이 겹치게 됩니다.

1989년도 하반기 이후의 상황이 전형적으로 그러한 상황이었습니다. 그렇게 물가 일반과 특히 부동산 등의 가격이 폭등하는 속에서 경제위기가 닥쳐왔던 것입니다.

그러니 여러 사회계급·계층의 동향이 어떠했겠습니까?

경제위기와 시민운동의 동향

우선, 그 상황에서 이른바 '시민운동'의 선두주자로서 급부상하게 되는 경실련(경제정의실천연합)은, 전에도 말씀드린 것처럼, 왜 부동산 가격이 급등하는가 하는 데에 대한 무지와 사회의식의 계급적 한계 혹은 그 성격 때문에, 서민의 주거 안정을 위한 이른바 '토지공개념 강화' 캠페인이라는 코메디 소동을 벌이게 됩니다. 물론 적지 않은 수의 민중주의적 노동운동단체,

민중운동단체들도 그 무지 때문에 덩달아 함께 어릿광대춤을 추었습니다. 그리고 그것이 무엇을 위한 것인지도, 누구의 이익을 위한 것이지도 모르고, '재벌개혁' 투쟁, '재벌해체' 투쟁도 벌였고요.

이러한 요구들은 물론 자본의 총이성(總理性)으로서의 국가도, 적어도 부분적으로는, 받아들이고 또 받아들이고자 합니다. 이른바 '재벌개혁'이니 '재벌해체'니 하는 것까지 말입니다. 물론, 쉽사리 개혁되거나 해체되는 것은 아니지만 말입니다.

왜 받아들이고자 하는가?

이른바 토지공개념과 관련해서는, 지난번에 토지가격과 관련하여 이미 간단히 말씀드린 것처럼, 그 강화는 결국 자본의 이익으로 귀착되기 때문입니다. 그리고 이른바 '재벌개혁'이나 '재벌해체' 주장은, 개개 재벌의 입장에서 볼 때는 껄끄러운 점이 많은 것도 사실이지만, 사실 그 내용을 보자면, 거듭 말씀드리지만, 독점자본의 합리화·효율화를 요구하는 것이어서, 독점자본 일반의 이성인 국가의 입장에서는 독점자본의 이익을 위해서 추구하지 않으면 안 되는 것이기 때문입니다. 이들 문제는 나중에 보다 자세히 얘기하기로 합시다.

자본의 공세와 물가-임금 악순환론

아무튼 시민운동이나 민주주의적 노동운동이 그러한 '운동'을 벌이는 다른 한편에서, 자본 진영, 즉 국가나 자본 자체, 따라서 언론의 동향은 어땠습니까?

정말 집요하게 노동자에 대한 허위 이데올로기 공세를 펼쳤습니다. 노동자들의 쟁의와 임금인상이 경제위기의 주범이라고 말입니다. 그 논리는, 이미 말씀드린 대로, "임금이 오르니까 물가가 오르고, 그러니까 결국은 경제위기가 온다"는 허위선전, 모략선전입니다. 기회만 있으면 부르주아 이데올로그들이 거의 이구동성으로 주장하는 모략선전 말입니다.

혹 그들 중에 기회주의적인 사람들, 말하자면 어떤 이유에서든 노동자들이나 노동운동단체의 눈치를 보는 사람들은 기껏 한다는 소리가 양비론, 즉 물가와 임금의 악순환론이었습니다. "물가가 오르니까 임금을 안 올릴 수 없는데, 임금을 올리니까 이번에는 그것이 원인이 되어서 다시 물가가 오르고, 그리하여 다시 임금이 오르는 식의 악순환이 계속된다"는 주장 말입니다.

이러한 기회주의적 주장의 최근의 전형적인 예들을 '진보적 매체들'에서 몇 개만 들자면 이렇습니다. 먼저 ≪시사IN≫에서,

> "인플레이션은 경제에 해악을 주는 것으로 악명이 높습니다. 물가가 적당히 상승하는 것은 나쁜 일이 아닙니다. 경기가 좋아서 재화와 서비스에 대한 수요가 늘어날 때 물가가 상승하니까요. 적당한 물가상승은 경제의 활력을 보여주는 증표입니다. …
> 과도한 물가상승이 나쁜 것은 서민들의 생활을 힘들게 하기 때문입니다. 물가가 올라가는 것은 생활비 부담이 커진다는 의미입니다. 물가상승은 다른 말로 실질소득이 감소하는 일이기도 합니다. 동일한 월급으로 더 적게 살 수밖에 없으니까요. 물가상승에 맞춰서 월급이 올라가면 문제가 없습니다만, 이것도 간단치 않습니다. 물가가 오른다고 임금이 곧바로 상승하지는 않습니다. 그나마 물가상승을 임금에 반영할 수 있는 교섭력을 가진 노동조합에 속한 이들은 피해를 줄일 수 있지만, 비조직 노동자들은 그렇지 못합니다. 한국의 노조 조직률은 10%에도 미치지 못합니다. 인플레이션은 약자에게 더 잔인하다고 볼 수도 있겠습니다. <u>임금이 올라도 문제입니다. 기업 처지에서 임금은 매우 경직적인 비용입니다. 한번 올려주면 줄이기가 어렵기 때문입니다. 당연히 제품 가격을 올려서 마진을 보전하려고 할 겁니다. '물가상승→임금인상→물가상승'의 순환구조가 만들어지는데, 임금의 경직성을 감안하면 물가상승분을 임금인상으로 만회하기 힘든 경우가 대부분일 겁니다.</u> 극심한 인플레이션은 결국 민생고로 귀결될 가능성이 높습니다."[12] (밑줄은 인용자. 이하 동일.)

다음엔 ≪한겨레≫에서,

> "물가 변화에 민감하게 반응하는 통화정책도 걱정이다. 물가를 잡겠다고 이자율을 올리면 실물경제가 냉각돼 고용의 빙하기가 올 수 있다. '<u>임금과

---

[12] 김학균 신영증권 리서치센터장, "인플레이션 그것이 알고 싶다", (≪시사IN≫ 제772호, 2022. 7. 5. https://www.sisain.co.kr/news/articleView.html?idxno=47824). — 감히 한마디 여쭙자면, 임금이 올라가면 "당연히 제품 가격을 올려서 마진을 보전"할 힘이 자본가에게 있다면, 그들은 왜 그 힘을 임금이 오를 경우에만 사용하시는 걸까요? 아무 때고 그 힘을 발휘해서서 '마진'을 극대화하시지 않고 말입니다.

물가의 악순환적 상승'을 걱정하는 논리의 일부다. 게다가 지금 통화정책을 주도하는 사람들은 이런 악순환적 상황의 교과서적인 현실인 1970-80년대를 기억하고 있다. 그들은 복잡하고 현란한 숫자의 세계에서 결정을 내린다고 하겠지만, 기억의 힘을 무시하기 힘들다. '어떤 사람을 이해하려면, 그 사람이 스무살 때 무슨 일이 있었는지 알아야 한다.' 스무살에 프랑스 혁명을 경험했던 나폴레옹이 한 말이다."

"'임금과 물가의 악순환적 상승'이 실현되려면, 물가만큼 임금이 빨리 올라야 한다. 그런데 물가는 시장의 신속한 반응에 따라 올라가지만, 임금은 올리려면 노동자의 수고스러운 노력이 필요하다. 모든 것이 노동자의 협상력에 따라 달라진다. 미국과 유럽이 1970년대 인플레이션으로 애먹고 있을 때 노조 조직률은 역사상 최정점에 달했다. 대부분 40%를 훌쩍 넘었다. 하지만 현재 노조 조직률은 반 토막 난 상태다. 경제협력개발기구(OECD) 전체 평균이 15% 남짓이다. '악순환적' 상황을 만들기에는 노동자의 조직적 힘이 전체적으로 너무 허약하다."

"불투명한 것들 투성이라서 앞을 내다보는 일은 어렵지만, 임금 인상이 물가 대란으로 연결될 가능성은 작다. 인플레이션의 시대가 왔지만, 이는 임금 탓이 아니다."13)

마지막으로 ≪민중의 소리≫에서,

"폴 도너번 UBS 글로벌 웰스 매니지먼트 수석 이코노미스트는 이번 인플레이션의 주요 원인은 임금 상승이 아닌 기업들의 이윤 확대 때문이라고 주장했다. 견고한 소비 조건에서 기업이 비용 인상에 대해, 가격 인상이란 방식으로 대응한 셈이다. 만약 상품가격 상승의 상당 부분이 이윤의 상승으로 이어지고 있다면 인플레이션을 막기 위한 정책은 법인세 인하가 아니라 인상인 것이고 미국의 인플레이션 감축법은 이러한 맥락에 있다."14)

어떻습니까? 모두들 인플레이션에 시달리는 노동자들의 처지를 더없이

---

13) 이상헌 국제노동기구 고용정책국장, "인플레이션 시대의 노동과 노동의 가치", ≪한겨레≫, 2022. 5. 18. (<https://www.hani.co.kr/arti/opinion/column/1043250.html>)
14) 김준일 목원대 금융경제학과 교수, "[김준일의 대전환의 경제학] 2023년 세계경제 전망과 증세", ≪민중의 소리≫, 2023. 01. 09. (<https://vop.co.kr/A00001626128.html>)

안타까워하며, 최근에 전개되고 있는 인플레이션의 책임을 노동자들에게 돌리는 것에 반대하고 있지 않습니까?

그런데, "지옥으로 가는 길은 선의로 포장되어 있다"고 하지 않습니까? 저들이 설교하는 바는 결국은 무엇입니까?

"물가와 임금 간의 악순환을 끊기 위해서는 임금인상을 억제해야 한다!"
— 바로 그것 아니겠습니까? 임금이 오를 수밖에 없는 원인을 물가상승에서 찾는가 싶더니, 물가상승의 책임의 일단을 어느새 슬그머니 임금인상에 지우는, 그리하여 결국은 '임금이 과도하게(?) 오르면 그 때문에 물가가 오르는 악순환이 생기므로 임금인상은 억제되어야 한다'는 주장 아닙니까?

임금비율 비례 물가상승설

그런데 국가와 언론이 '물가상승 노동자 책임론'이라고나 해야 할 주장을 대대적으로 펼치고 나왔던 1989년은 이미 노동자계급이 1987년의 대투쟁을 겪고 난 후였습니다. 그리하여 자본 측의 이러한 공세를 노동자들 측도 다소곳이 당하고만 있을 리 없었습니다. "헛소리 말아라, 아무튼 지금의 임금 가지고는 못 살겠으니 임금을 인상하라"는 막무가내(?) 식의 저돌적인, 그러나 실제로는 현실을 가장 잘 반영한 투쟁에서부터 자본 측의 주장을 논리적으로 반격하려고 하는 노력까지 다양한 물리적·이론적 투쟁이 벌어질 수밖에 없었고, 또 실제로도 그렇게 벌어졌습니다.

그런데, 당시 노동자들 사이에서, 아니 노동운동에서 가장 인기 있는 반박 논리가 무엇이었는지 아십니까? 필시 '임금비율 비례 물가상승설'(賃金比率比例物價上昇說)이라고 할 수 있을 논리였습니다.

내용은 대략 이런 것입니다.

— 한국은행이나 경제기획원 등의 물가통계를 분석하면, 상품가격 중에서 임금이 차지하는 비율은 8%밖에 안 된다. 그러니까 임금을, 예컨대, 10% 올리면 상품가격 전체에 대해서는 8%에 대한 10%이기 때문에, 상품가격은 0.8%밖에 올라가지 않는다. 현실적으로는 임금을 그만큼 올리지 못하고 있지만, 설령 임금을 20% 올린다고 하더라도 역시 같은 이유로 물가는 1.6%밖에 올라가지 않는다. 그런데 지금 천정부지로 올라가는 물가상승의 책임

이 왜 노동자들에게 있으며, 물가상승의 원인이 왜 임금인상이란 말이냐? 제발 그런 헛소리하지 말아랏! —

정말 멋진 반론이고, 그래서 널리 인기를 누릴 만하지 않습니까? 실제로 그랬던 것처럼 말입니다.

그리고 그렇게 멋지고 인기를 누리는 반론이기 때문에, 그동안의 숱한 비판에도 불구하고 아직도 그러한 이론, 주장이 횡행하고 있습니다.

한 예를 봅시다. ≪한겨레≫의 한 논설은 이렇게 쓰고 있습니다.

> ... 생산비 중 인건비 비중은 9.6%(99년 상반기 기준)에 불과하기 때문에 임금상승률이 10%이더라도 사실상 생산비를 0.96% 높이는 일차적 효과를 가진다. 완전한 독점체제가 아니라면 생산비 증가는 그 일부만이 가격에 전가될 수 있을 뿐이다. 이런 사실들만으로도 지금까지의 임금상승률이 지나치다거나 고임금구조가 정착한다거나 임금 때문에 생산비가 큰 영향을 받아 물가가 오를 거라는 주장은 근거가 대단히 박약하다.15)

어떻습니까?

좀 더 세련되게 얘기하고 있지만, 그 내용은 전형적으로 그런 주장이지 않습니까?

그러나 이러한 주장은, 그것이 아무리 매력적으로 들리더라도, 전적으로 오류입니다. 극히 비과학적일 뿐만 아니라, 노동자들의 입장에서 보자면, 비주체적입니다.

결론부터 얘기하자면, 임금이 아무리 많이 올라가도 물가는 전혀 올라가지 않습니다.

왜 그럴까요?

3) 임금을 아무리 올려도 물가는 절대 오르지 않는다

상품의 가격이란 무엇입니까?

그것은 그 상품을 생산하기 위해서 사회적으로 필요한 노동시간, 즉 상품

---

15) 유철규, "고임금 경계론을 경계한다", ≪한겨레≫, 2000. 1. 26.

의 가치를 화폐로 표현한 것이며, 그것을 부정하는, 현대 부르주아 '주류경제학'의 '이론'이란 것이 얼마나 비과학적인 헛소리인가는 이제는 우리 모두가 다 알고 있는 대로입니다.

그런데, 임금을 올리면, 몇 퍼센트가 됐든, 하여간 물가, 혹은 상품의 생산비가 오른다? — 이는 도대체 무엇을 의미합니까?

그것은, 다름 아니라, 임금을 올리면, 그것이 원인이 되어 동일한 상품을 생산하는 데에 필요한 노동시간이 길어진다는 뜻 아닙니까? 길어진다는 그 시간의 비율이 8%나 9.6%든, 0.8%나 0.96%든, 아니면 0.0000…1%든 그것은 여기에서는 전혀 문제가 아닙니다. 문제는 노동시간이 길어지느냐, 아니냐 하는 것이기 때문입니다.

그런데 정말 임금을 올리면, 그 때문에 어떤 상품의 생산에 필요한 노동시간이 증대하는 일이 있을 수 있는 것입니까? 임금을 올리면, 공장의 컨베이어 벨트나 기타 기계들이 그만큼 천천히 돌아간답니까?

"임금이 오르면 물가가 오른다"고 왜장치는 저들조차도 그렇다고는 대답하지 못할 것입니다. 임금을 얼마만큼 올리든, 어떤 상품을 생산하는 데에 필요한 노동시간은 그와 상관없이 당시의 기술적 조건, 노동생산력에 의해서 결정되는 것이기 때문입니다.

예, 그리고 바로 그 때문에 임금을 아무리 많이 올리더라도 상품의 가격, 즉 물가는 조금도 오르지 않습니다!

그런데도 명색이 경제학자라는 자들이 "임금이 올라가면, 그것이 얼마가 되었든, 물가가 올라간다"고 주장하는 것은 뭘 의미하겠습니까?

단적으로, '부르주아 경제학자'로서의 자신의 무지와 계급적 한계를 폭로하는 것입니다.

저는 이 얘기, 즉 임금을 아무리 올려도 물가는 절대 올라가지 않는다는 것을 특히 강조하고 싶습니다.

왜 그런가?

다음과 같은 이유 때문입니다.

우선 많은 사람들 특히 부르주아 위선자들이나 소부르주아들은, 운동을 하는 사람들, 그러니까 농민운동을 하는 사람이든, 노동운동을 하는 사람이든, 아니면 학생운동을 하는 사람이든, 아무튼 저항적인 사회운동을 하는 사람들을 가리켜, 속된 말로, '굉장히 터프(tough)하고 억세다'고 말합니다. 그러나 실제로는 운동을 하는 사람들이야말로 이 세상에서 제일 순수하고 가슴이 순결한 사람들입니다.

저항적인 운동을 하면, 우리 사회에서 어떻게 됩니까?

회사나 학교에서 잘리기도 하고, 징계도 당하고, 고문도 당하고, 징역도 가고, 심하면 법을 통해서든 아니든 죽임을 당하기도 하는, 그런 개인적인 불이익을 당하기 일쑤지 않습니까? 그런데도 그런 개인적 불이익을 당한다는 것을 번연히 알면서도 '터프하고 억세게' 운동을 하는 것 아닙니까?

왜 그러겠습니까?

"나 혼자만 잘 살아서는 안 되겠다", "더불어 잘 살아야 되겠다" 하는 생각, 그러한 신념 때문이 아닙니까?

운동을 하는 사람들은 바로 그렇게 순수하고 순결하기 때문에 운동을 하는 것입니다.

그런데, 물가가 뛰어서 너나 나나 먹고살기가 힘드니까 임금을 올리라고 싸움을 하긴 하지만, 그것이 0.8%든, 아니면 하다못해 0.0000…1%든, 임금을 올리면, 그것이 원인이 되어 다시 물가가 오르는 악순환이 발생하며, 심하면 경제위기가 오고, 그리하여 많은 사람들이 고통을 당하게 된다면, 그것이 사실이라고 생각한다면, ― 이 순결한 사람들에게 또 어떤 생각이 들 수밖에 없겠습니까?

"아, 나도 물가상승에, 그리고 경제위기에 책임이 없는 것이 아니구나. 다만 책임이 적을 뿐이지." ― 이렇게 생각하지 않겠습니까? 만일 정말로 임금인상이 물가상승의 원인이라면, 논리적으로 정말 책임이 없는 것이 아니니까 말입니다.

그런데 그렇게 되면, 어떤 일이 벌어지겠습니까?

순결한 마음에 상처를 입게 되고, 임금인상 투쟁을 하면서도 사회적인 죄의식 때문에 무언가가 자꾸만 뒷덜미를 잡아당길 것입니다. 그렇게 되면 당연히 투쟁도 단호하게 이루어질 리 만무합니다.

만일 임금을 인상하면, 정말 그 때문에 물가가 올라가고, '임금인상 → 물가상승 → 임금인상 → 물가상승 …'이라는 악순환이 발생한다면, 임금인상 투쟁에 죄의식을 갖고, 그리하여 투쟁에 차질이 생기는 것만으로는 부족할 것입니다. 임금인상 투쟁을 포기해야 마땅할 것입니다. — 노골적으로든, 암묵적으로든, 저들이 요구하는 것이 바로 그것 아닙니까?

그런데 사실은, 앞에서 말씀드린 대로, 임금이 아무리 올라도 그것 때문에 물가가 오르는 일은 절대로 있을 수 없습니다. 절대로, 절대로요!

사실이 그러하니, 저들이 주입하는 허위의 사고, 잘못된 관념 때문에 근거 없는 죄의식을 갖는 고통을 당해서도 안 되고, 그 잘못된 사고·관념 때문에 노동자들의 권익이 손상되어서도 안 되는 것 아니겠습니까?

그래서 이렇게 강조하는 것입니다.

사실은, 1817년에 이미 리카도는 저 유명한 ≪경제학 및 과세(課稅)의 원리≫(*On the Principles of Political Economy and Taxation*)의 제1장 제1절을 다음과 같이 시작하고 있습니다.

> "한 상품의 가치, 즉 그 상품과 교환될 다른 어떤 량은 그 생산에 필요한 상대적 노동량에 달려 있는 것이며, 그 노동에 대해 지불되는 보수의 많고 적음에 달려 있지 않다."16)

다름 아니라, 임금이 아무리 오르더라도 그 때문에 상품의 가치가 커지는 것은 아니라는 것, 따라서 그 가격이 오르는 것은 결코 아니라는 것을 확언하고 있습니다.

4) 뱀에 다리를 그리다

이렇게, 노동자계급의 과학적인 경제학의 출발점인 노동가치론의 기본원리를 이해하고 그것을 망각하지 않는다면,' 임금의 인상이 물가상승의 원인이 될 수 없다는 것은 금방 알 수 있습니다. 그런데도 사람들이, 그것도 노동

---

16) "The value of a commodity, or the quantity of any other commodity for which it will exchange, depends on the relative quantity of labour which is necessary for its production, and not on the greater or less compensation which is paid for that labour." (David Ricardo, *On the Principles of Political Economy and Taxation*, Batoche Books, Kitchener, 2001, p. 8.) ;정윤형 역, ≪정치경제학 및 과세의 원리≫, 비봉출판사, 1991, p. 73.

운동의 지도적 위치에 있는 사람들조차 현실적으로 그것을 이해하는 일이 그다지 쉬운 일이 아닌가 봅니다.

1990년도에 있었던 일화(逸話) 하나를 소개하겠습니다.

1990년이면, 내내 말씀드린 것처럼 한국 자본주의가 한창 위기에 처해 있을 때였고, 자본과 노동 간에 임금인상의 효과에 대해 사회적 논쟁이 한창 벌어질 때입니다. 말하자면, 자본의 공세도 강했지만, 거기에 대한 노동 측의, 예(例)의 반론, 즉 '임금비율 비례 물가상승론'도 한창 인기를 얻고 있을 때였습니다.

그때 저는 뭘 했겠습니까? 예나 지금이나 "그것은 말도 안 되는 엉터리 반론"이라는, 몰인품한 비판을 열심히 해댔습니다.

그러자 노동운동 내부에서 그 인기 있던 이론에 대한 회의(懷疑)가 차츰 커졌습니다. 그리고 그해 가을이 되면, 그것을 재검토하지 않으면 안 될 만큼 내부의 회의가 커졌습니다. 그리하여, 9월 어느 날이라고 기억되는데, 당시 노운협(전국노동운동단체협의회)에서 이 문제를 두고 토론회를 가졌습니다.

당시 노운협은, 창립 초기만큼은 좀 못했지만, 아직 노동운동단체들의 전국협의회로서 정치적 위상이 매우 높을 때였습니다. 그런 단체에서 이 문제를 정식으로 토론에 부친 것입니다.

저는 그때 무슨 일인가 때문에 토론회에 참석하지 못했고, 사후에 노운협의 정책담당자에게서 토론의 내용과 경과를 전해 들었는데, 그의 얘기를 들으면서 무슨 생각을 했는지 아십니까?

"아하, 사족(蛇足)이란 것이 바로 이런 것이었구나" 하는 생각이었습니다.

사족에 대해서는 아실 것입니다.

옛날, 지금 중국의 어느 나라에서 화가들을 불러 모아 놓고는 뱀을 그리게 했는데, 한 재주 있는 화가가 아주 훌륭하게 뱀 한 마리를 다 그려놓고 주위를 둘러봤더니 다른 사람들은 아직도 그리고 있더랍니다. 그래서 뱀을 보다 더 훌륭하게 그리기 위해서 거기에 다리를 그려 넣었다는 얘기 말입니다.

그러니 어떻게 되었겠습니까?

이제는 뱀이 아니게 되고, 그 사람은 웃음거리가 되지 않았겠습니까?

이것이 사족, 즉 '뱀의 다리'라는 중국의 고사(古事)인데, 1990년 그 토론회가 꼭 그 짝이었다는 얘기입니다.

토론회에서는 먼저, "상품의 가격은 그 상품을 만들기 위해서 사회적으로 필요한 노동시간의 길이에 의해서 결정되기 때문에, 임금을 올려도 물가는 올라가지 않는다, ≪자본론≫에도 그렇게 쓰여 있다"는 것을 확인했답니다. 당연히 거기서 멈춰야 했고, 혹시 더 필요한 작업이 있었다면, 그것은 그 내용을 좀 더 구체화하고 대중화하는 것이어야 했을 것입니다.

그런데 '좋은 머리', 재주가 거기에서 멈추게 하지 않았던 것입니다. 옛 중국의 재주 좋은 화가는 손이 근질근질해서 못 참고 뱀에 다리를 그렸는데, 노운협의 토론자들은 입이 근질근질해서, "그러나 독점자본주의 시대에는..." 운운하고 나온 것입니다.

요약하면 이런 식이었답니다.

— 하지만 지금은 독점자본이 지배하는 독점자본주의 시대다. 독점자본이란 어떤 자본인가? 독점가격을 설정할 능력이 있는 자본, 그만큼 시장지배력이 강한 자본이다. 노동자들이 투쟁을 통해서 임금을 올리면, 독점자본은 바로 이 능력, 즉 독점가격을 설정할 수 있는 능력을 이용해서 그것을 상품가격에 전가하고, 심지어 그것을 기화로 임금인상률 이상의 비율로 상품가격을 올린다. 운운. —

드디어 문제가 해결되었습니다!
상품가격 중에 임금의 비율이 8%밖에 안 되고, 따라서 비례대로라면 물가가 0.8%밖에 올라가지 않아야 함에도 불구하고 물가는 그보다 훨씬 더 높이 올라가는 이유까지를 해명하는 문제 말입니다!
지금 제 말이 맞지요?
결코 아닙니다.
그런데, 왜 아닌가를 얘기하기 전에, 우리가 아까 앞에서 보았던 글, 즉 유철규 교수가 ≪한겨레≫에 쓴 "고임금 경계론을 경계한다"는 글에 대해서 다시 한번 더 얘기해봅시다. 앞에서 보았듯이, 거기에는 이렇게 쓰여 있습니다.

완전한 독점체제가 아니라면 생산비 증가는 그 일부만이 가격에 전가될 수 있을 뿐이다. 이런 사실들만으로도 ... 임금 때문에 생산비가 큰 영향을 받아 물가가 오를 거라는 주장은 근거가 대단히 박약하다.

대단히 그럴듯하게 들리는 소리입니다.
하지만 그 실질적인 내용의 타당성 여부는 잠시 제쳐두고, 위 글의 '형식논리'만 보더라도 어떤 문제가 있는지 아십니까?
첫 번째 문장은, 임금인상의 영향을 받아 생산비는 (크게) 증가하지만, "완전한 독점체제가 아니라면" 그 생산비 증가분이 모두 가격에 전가되지는 않는다는 얘깁니다. 그런데, 두 번째 문장으로 오면, 얘기가 달라집니다. 즉, 이제는 생산비 자체가 큰 영향을 받지 않는 것으로 되고, 그 때문에 "생산비가 큰 영향을 받아 물가가 오를 거라는 주장은 근거가 대단히 박약"한 것으로 되는 것입니다.
동일한 원인의 영향을 '받는댔다가, (별로) 안 받는댔다가'!
참으로 훌륭한 논리입니다!
아무튼, 1990년의 토론회는 독점문제를 거론하면서, "독점 때문에 임금인상률 이상으로 가격이 오르고 있다"고 말하고 있으며, 2000년의 유철규 교수, 혹은 ≪한겨레≫는 "완전 독점체제가 아니기 때문에, 임금 때문에 물가가 오를 거라는 주장은 근거가 대단히 박약하다"고 말하고 있습니다.
언뜻 들으면 두 얘기가 서로 다른 것 같습니다. 그러나 사실은 둘 다 같은 얘기입니다. 유철규 교수의 말을 뒤집어 보면, "완전한 독점체제"라면, 임금이 오르는 만큼 물가가 오른다는 얘기, 즉 유 교수 식으로 말하자면, 상품가격에서 임금 비중이 9.6%이기 때문에 임금이 10% 오르면 가격은 0.96% 오른다는 얘기이니까 말입니다.
다만, 유 교수의 주장에 대해서는 물론 자그마한 의문이 또 하나 있습니다. 그러한 '완전한 독점체제'라면, "자본은 왜, 1990년의 토론자들이 주장한 것처럼, 가격을 맘껏 올리지 않고 임금인상에 비례해서 0.96%만 올리는가" 하고 말입니다.
그리고 1990년의 토론회 결론에 대해서도 역시 자그마한 의문이 있습니다. "독점자본은 왜 아무 때나 무시로 맘대로 가격을 올리지 않고, 노동자들이 임금을 올려야만 가격을 올리는가" 하고 말입니다.
그렇지 않습니까?

독점이윤의 원천

자, 그럼 이제 정말 1990년 토론회의 결론이 왜 사족, 즉 잘못된 것인가를 말씀드려야겠군요.

1995년이라고 기억되는데, 11월 노동자대회가 열릴 즈음, 기억하시겠지만, 마침 전두환·노태우 등의 수천억 비자금이 한창 사회적인 분노를 사고 있었습니다. 이제는 고인이신, 전태일 열사의 어머님이시자 투쟁하는 한국 노동자들의 어머님이신 이소선 여사께서 노동자대회에서 뭐라고 연설하셨는지 기억하십니까?

"재벌들이 전·노한테 수천억을 갖다 줬다는데, 그 엄청난 돈이 어디서 나온 것인가" 하고 먼저 물으셨습니다. 그리고는 이렇게 말씀하셨습니다. ─ "땅에서 솟았습니까? 하늘에서 떨어졌습니까? 결국 노동자의 피땀 아닙니까?!" 하고 말입니다.

그렇습니다.

그것이 더러운 뇌물일지라도, 그 돈들은, 혹은 그 돈들이 대리하는 것은 가치물들이기 때문에 모두 노동의 성과물인데, 재벌들은 자신의 노동으로 가치를 창조하는 자들이 아니고 타인의 노동, 즉 노동자들의 노동을 착취하는 자들이기 때문에, 그들이 건넨 돈들은 모두가 노동자들의 피땀이었던 것입니다.

다시 우리의 주제로 돌아오면, 독점자본이 자신들의 시장지배력을 이용해서 독점가격을 설정한다는 것은 결국 평균이윤율보다 높은 독점이윤을 취한다는 뜻입니다. 그러면 이 독점이윤의 원천은 어디입니까?

이 독점이윤은 "하늘에서 떨어집니까? 땅에서 솟습니까?"

한 사회에서 일정한 기간에 생산한 총잉여가치를 그 사회의 총자본, 예컨대, A, B, C, D, E 라고 하는 5개의 자본이 경쟁을 통해서 나눌 때 평균이윤율이 성립하고, 그러면 각 자본은 이 평균이윤율에 의해서 각각의 크기에 비례해서 잉여가치를 나눠 갖게 됩니다.

그런데 이 평균이윤율이란 것은 현실적으로는 이윤율이 그것을 향해서 수렴하고 그것을 중심으로 진동하는 이윤율이어서, 개개의 자본이 언제나 반드시 그 율에 따라서 잉여가치의 분배에 참여하는 것은 아닙니다. 그리하여 시간이 흐르면서, 기술적 우월성, 즉 생산력상의 우월성에 의해서든, 아니면 어떤 고도의 사술(邪術)에 의해서든, 혹은 기타 어떤 이유에 의해서든, 평균이윤률 이상의 초과이윤을 취한 어떤 자본들은 거대하게 성장해서 독점자본이 되고, 그렇지 못한 자본들은 왜소해지거나 심지어는 '파산', 요즘 유행하는 말로 하면, '퇴출'되게 됩니다.

이제 5개의 자본 중에서 A와 B가 독점자본이 되었다고 합시다. 그러면 이들 독점자본은 그 시장지배력을 이용해서 자신들의 상품가격을 평균이윤률에 의한 생산가격 이상으로 끌어올릴 수 있는데, 이렇게 해서 성립하는 가격이 독점가격이고, 사회적 평균이윤률을 넘는 그 이윤이 독점이윤입니다.

그리고 지금 문제가 되는 것은 바로 이 독점이윤은 어디서 오는가 하는 것입니다.

1990년 토론회의 결론이나 2000년 《한겨레》에 실린 유철규 교수의 글은, 이 문제에 대해서 어떤 대답도 주지 않을 뿐만 아니라, 이에 대한 문제의식조차 아예 없습니다. 하늘에서 떨어지거나 땅에서 솟는다고는 당연히 전제하지 않을 터인데도 말입니다.

실제로, 독점이윤은 그렇게 하늘에서 떨어지는 것일 수도 없고, 땅에서 솟는 것일 수도 없습니다. 그리고 그 때문에, 그것은 결국 한 사회의 총자본이 착취한 총잉여가치가 자본 간에 불평등하게 분배되는 데서 오는 것이라고밖에는 설명할 길이 없고, 실제로도 그렇습니다. 독점자본으로서의 A와 B가 취하는 독점이윤은, 독점이 성립되어 있지 않다면 비독점자본으로서의 C, D, E와 함께 평균이윤률에 따라서 취했어야 할 잉여가치의 일부가 이제 구조적으로 A와 B의 몫으로 되는 데에 그 원천이 있는 것입니다. 말하자면, 독점이 성립하여 독점이윤이 발생하면, 비독점자본들이 나눠 갖는 잉여가치의 총량은 적어지게 되고, 그리하여 그들의 이윤률은 저하되게 되는 것입니다. 다름 아니라, 자본에 의한 자본의, 일종의 수탈입니다.

독점이윤이란 이렇게 독점자본이 그 시장지배력을 이용, 평균이윤률에 의한 생산가격보다 높게 그 가격을 설정함으로써 발생하는 것입니다. 그리하여 비독점자본인 C, D, E의 경우 평균이윤률 이하의 이윤밖에 취할 수 없게 되는데, 이렇게 되면 C, D, E가 생산·판매하는 상품들의 가격은 어떻게 되겠습니까? 그 이윤률이 평균이윤률 이하로 내려간 만큼 그 가격들도 당연히 그 생산가격 이하로 내려가지 않겠습니까?

그런데 1990년 토론회의 결론이나 유철규 교수 등은 바로 그 점을 모르거나 망각하고 있습니다. 그들이, 독점자본이 가격을 올리면 물가가 오른다고 말할 때 말입니다.

물가란 '여러 상품의 평균적 가격수준'을 의미합니다. 그런데 독점가격이 설정되어 독점자본의 상품가격이 올라가면, 비독점자본의 상품가격은, 방금 말씀드린 것처럼, 그만큼 내려갈 수밖에 없는데, 그렇게 되면 물가, 즉 '여러 상품의 평균적 가격수준'은 어떻게 되겠습니까? 당연히, 독점가격의 인상은 비독점 가격의 하락으로 상쇄되는 것이고, 따라서 독점가격의 인상 때문에 물가가 오를 수는 없는 것 아닙니까?

따라서, 1990년의 그 토론회에서 독점자본주의 운운하면서, "노동자들이 임금을 올리면 독점자본이 독점가격을 올리기 때문에 이제는 물가가 오른다"고 한 것은 명백히 잘못입니다. 그리고, 그 앞에서 "상품의 가격은 그 상품의 생산에 필요한 노동시간의 표현이고, 따라서 임금이 오른다고 해서 그 노동시간이 늘어나는 것은 아니기 때문에 물가가 오르는 것은 아니다"고 했던 말을 부정해버리는 뱀의 다리였던 것입니다.

결국 독점자본주의 시대에도 임금의 인상은 물가상승의 원인이 될 수 없는 것입니다.

앞으로 그런 엉터리 이론에 현혹되지 않기를 바랍니다.

5) 임금인상의 효과
— 자본의 유기적 구성의 차이에 따른 가격의 변화

지금까지는 "임금이 올라도 물가는 오르지 않는다"는 것을 강조해서 얘기해왔습니다. 그러나, 그렇다고 해서 임금이 올라도 상품가격에 아무런 변화도 생기지 않는다는 뜻은 결코 아닙니다.

방금 말씀드린, 독점가격과 비독점 가격의 문제 외에도, 분명 무언가 변화가 있고, 그리하여 만일 우리가 "임금이 오르더라도 물가는 오르지 않으니까 상품가격에는 아무런 변화도 없다"고 얘기한다면, 그것 또한 잘못입니다.

왜 그럴까요?

지금까지의 얘기는 총체적인 가격, 따라서 평균적인 가격의 운동에 대한 것이어서, 결코 개개 상품들의 가격 운동에 대한 것이 아니라서 그렇습니다.

물론 지금까지도 우리는, 임금 상승에 대한 대응으로 독점자본이 그들 상품의 가격을 인상하면, 그 사회의 총가격, 따라서 평균가격으로서의 물가는 변함이 없지만, 비독점 부문의 상품가격들은 하락한다고 함으로써, 임금인상에 따른 상품가격들의 변화에 대해서 은연중에 말씀드려왔습니다.

그런데 지금부터는 임금인상에 따른 상품가격들의 변화를 고찰하면서, 이미 말씀드린 독점과 그에 따른 변화의 문제는 논의에서 제외하고, 모든 자본은 경쟁적인 상태에 있으며, 임금도 모든 부문에 걸쳐서 동일한 비율로 오른다고 가정합시다. 그래야만, 임금의 상승이 상품들의 가격 변화에 미치는 기본적·본질적 영향을 이해할 수 있으니까요.

우선 논의의 편의를 위해서 자본의 유기적 구성도, 즉 가변자본에 대한 불변자본의 비율이 상이한 A, B, C 세 부문을 상정합시다. 그리고 각 부문에는 똑같이 100의 자본이 투하되어 있고, 또한 이윤률의 평균화가 작용하여 각 부문은 똑같이 그 투하자본에 대해서 20%의 이윤을 취한다고 가정합시다.

아래의 식이 그것을 표현하고 있습니다.

임금인상 전

A: $80c + 20v + 20p = 120$
B: $50c + 50v + 20p = 120$
C: $20c + 80v + 20p = 120$

사회적 총자본: 300, 총가변자본: 150, 총이윤: 60, 생산물 총가격: 360, 평균이윤률: 20%.

그런데 이 상태에서 노동자들의 임금이 모든 부문에서 10%씩 오른다면, 그런데 이에 따라 자본의 평균이윤률이 재조정되기 전이라면, 각 부문의 구성과 이윤·이윤률은 다음과 같을 것입니다.

임금이 전반적으로 10% 상승하고 이윤률이 평균화되지 않으면

A: $80c + 22v + 18p = 120$ (이윤률: 약 17.647%)
B: $50c + 55v + 15p = 120$ (이윤률: 약 14.286%)
C: $20c + 88v + 12p = 120$ (이윤률: 약 11.111%)

사회적 총자본: 315, 총가변자본: 165, 총이윤: 45, 생산물 총가격: 360,
평균이윤률: 약 14.2857%

우선 여기서 알 수 있는 것은, 임금이 올라가더라도 생산물의 총가치=총가격은 여전히 360인데, 자본 총액은 가변자본의 10% 증가분만큼 증대해서 315가 되고, 총잉여가치=총이윤은 가변자본의 증대분만큼 감소돼서 45로 된다는 것, 그리고 이에 따라 평균이윤률도 과거에는 20%였던 것이 이제는 약 14.2857%로 하락한다는 사실입니다. 한편, 모든 부분의 임금이 일률적으로 10% 오른다고 하면, 자본의 유기적 구성이 다름에 따라서 당연히 부문마다 임금이 상승하는 절대크기가 다릅니다.

그리하여, 위 식에서 자본의 구성도가 높은 A부문은 임금인상 전의 가변자본의 크기가 20v였기 때문에 10%가 상승하면 가변자본은 22v가 되고, 그에 따라서 이윤의 크기는 18p가 됩니다. 마찬가지로 가변자본이 50v였던 B부문은 가변자본 55v가 되고, 이윤의 크기는 15p가 되며, C부문의 경우에는 가변자본이 88v로 되고, 이윤의 크기는 12p로 됩니다.

이렇게 되면 A, B, C부문의 이윤률은 각각 약 17.647%, 14.286%, 그리고 11.111%로 불균등하게 됩니다.

이렇게 되면 어떤 일이 일어날까요?

이윤의 취득, 그것도 가능한 한 최대의 이윤 취득을 목적으로 하는 자본들이 가만히 있을까요? 그러니까, 여기에서는 특히 C부문의 자본들이, "그래, 너희는 17.647%, 14.286%라는 높은 이윤률을 즐겨라, 나는 11.111%라는 낮은 이윤률에 만족할 테니까. 성경에도 있지 않더냐? '욕심은 죄를 낳고, 죄는 사망을 낳는다'고 말이다." 하면서 유유자적하고만 있을까요?

결코 아니지 않습니까? 설령 내일 사망할지언정, 분명 더 큰 이윤을 위해서 악귀처럼 악착을 떨면서 뛰어갑니다. 이윤률이 높은 부문으로 말입니다.

그리하여 이윤률이 높은 곳으로 자본이 몰려들게 되면, 그 부문은 상품의 공급이 늘어나면서 시장가격이 하락하여 이윤률이 낮아지고, 이윤률이 낮았던 부문은 자본이 유출되었기 때문에 상품의 공급이 감소, 상품가격이 상승하면서 이윤률이 높아지게 됩니다. 이것이 바로 시장에서의 경쟁이요, 경쟁의 작용입니다.

그러한 움직임은 결국 다시 이윤율의 평균화를 불러오게 되고, 그렇게 되면 다음과 같이 됩니다.

임금 상승 후 이윤율이 평균화되므로

A: $80c + 22v + 14.5714p = 116.5714$
B: $50c + 55c + 15p = 120$
C: $20c + 88v + 15.4286p = 123.4286$
　사회적 총자본: 315, 총이윤: 45, 생산물 총가격: 360, 평균이윤율: 약 14.2857%

이제 이 수식들, 즉 이윤율이 평균화되었음을 보여주는 수식들이 새롭게 말하는 것은 다음과 같은 사실들입니다.

첫째, 자본의 구성도가 높은 부분, 우리의 경우 A부문의 가격은 내려가고, 자본의 구성도가 낮은 부분, C부문의 가격은 올라간다는 것.

둘째, 그럼에도 불구하고 A, B, C의 총생산물의 총가격은 여전히 360이라는 것.

셋째, 따라서 임금이 전반적으로 오르면, 자본의 구성도가 다름에 따라 상품의 가격은 변화하지만, 그 사회 속의 상품의 총가격, 따라서 평균가격, 따라서 또 물가는 변하지 않는다는 것.

결론적으로 말하면, 임금의 인상은, 그 사회 속의 상품가격의 총액이라는 면에서도, 평균적 가격수준이라는 면에서도, 물가를 상승시키지 않고, 그 때문에 '소비자들'에게도 아무런 영향을 끼치지 않습니다.

자, 이렇게 임금이 올라가도 물가는 전혀 올라가지 않는데, 자본은 왜 물가가 올라가고, 그리하여 경제위기가 온다고 난리를 칠까요?

주지하는 것처럼, 그리고 거듭거듭 반복되는 얘기지만, 자본이 생산을 하고 영업 활동을 하는 것은, (초등학교 사회 교과서에서, 속된 말로, 구라를 치고 있는 것처럼) 인간의 생활을 편리하고 윤택하게 하기 위해서가 아니라, 이윤을 취득하기 위한 것, 그것도 가능한 한 최고의 이윤율로 최대의 이윤을 취득하기 위한 것입니다. 그런데 임금이 오르면, 방금 확인한 것처럼, 이윤도 이윤율도 그만큼 축소되고 떨어지게 됩니다. 바로 그래서 자본은 그것을 참을 수가 없는 것입니다.

그러나 그렇다고 해서 "임금이 오르면 우리의 이윤이 줄어드니까 임금을 올려서는 안 된다." — 이렇게 주장할 수는 없는 노릇 아니겠습니까? 그렇게 주장하고 나서면, 노동자들의 입장에서는 거침없이, "그거야 댁네 사정이지요!" 하고 나올 터이니까 말입니다.

거기에서 자본은 자기들의 종복(從僕)인 경제학자 등 지식인들을 동원하여 기만적인 이데올로기 공세를 펴는 것입니다. 임금을 올리면 물가가 올라서 결국 모두의 손해일 뿐이라고 말입니다.

그리고는 그 기만적인 이데올로기를 앞세워 경찰도 동원하고, 검찰과 법원도 동원하고, 군대도 동원해 노동자들의 생존권 요구를 억압하는 것입니다. 결국 자신들의 이윤을 위해서! 그러나 그 자신들의 이익을 '공익'이니, '국익'이니 하고 내세우면서 말입니다.

하기야, 국가란 지배계급의 지배도구, 따라서 지배계급의 국가이기 때문에, '국익'이란 언제나 지배계급의 이익이긴 하지만!

4. 이른바 '생산성임금제'

1) 주장 자체

"임금이 오르면 물가가 오른다"는 엉터리 주장에 과학적 이론이라는 세련된 의상을 입히려는 시도 중에 이른바 '생산성임금제'라는 것이 있습니다. 국내외의 수많은 경제학자들, 이른바 노동경제학자들, 과거 경총은 물론 한국노총의 임금 관련 연구 프로젝트를 따먹던 경제학·사회학 교수님들이 주로 내세우는 것이 바로 이 생산성임금제론이고, 그리하여 마치 임금과 물가 간의 상호관계를 과학적으로 밝힌 이론인 양하는 지위를 부르주아 경제학에서 점하고 있는 '이론'입니다.

예컨대, 얼마 전까지 숭실대학교 '노사관계대학원'의 원장을 맡으셨고, 저 앞에서 말씀드렸던 "'2005년 희망제안' 서명자 명단"[17]에도 '학계(學界)'를 대표하시는 한 분으로 고명(高名)을 올리신 조우현 교수님께서, 지난 1992

---

17) <https://www.hani.co.kr/arti/society/society_general/1364.html>.

년도에 펴내신 두툼한 저서 ≪노사관계개혁론≫(창작과비평사) 속에서, 복잡한 수식을 동원하면서 심혈을 기울여 피력하고 계신 것도 바로 전형적인 '생산성임금제론'입니다. 참고로 이 책은 사실상 1987년의 노동자 대투쟁과 그에 따른 임금의 대폭적인 상승에 놀라서, 더 이상의 임금상승을 억제할 목적으로 저술된 것이었다고밖에는 볼 수 없습니다.

생산성임금제론의 폐해, 혹은 그 이데올로기적 영향력이 얼마나 심대한가 하는 것은, 예컨대, 민주노총 등에서도, 적어도 수년 전까지는, 임금 상승률을 발표할 때면, 거의 대부분의 경우에 그것을 '생산성 상승률'과 비교하고 있던 데에서도 알 수 있습니다. 독점자본과의 투쟁에서 최일선을 담당하고 있는 노동조합인 민주노총의 정책담당자들조차 독점자본의 기만적 허위 이데올로기로서의 생산성임금제론으로부터 자유롭지 못했음을 보여주고 있는 것이지요.

"임금의 상승률은 노동생산성의 상승률 내에 머물러야"?

그러면 이른바 '생산성임금제'란 무엇인가?

예의 조우현 교수에 의하면, "임금의 변화율 … 은 물가상승률 …과 물적 노동생산성 상승률 …의 합과 같아야 한다는 것"이고, "달리 표현하면 실질임금의 변화율이 물적 노동생산성의 변화율과 같아야 된다는 뜻"입니다.[18]

우선, '물적 노동생산성' 운운할 때 그는 이미 부르주아 경제학이 말하는 이른바 '부가가치생산성' 등을 전제함으로써 노동생산성의 개념을 부르주아적으로 왜곡하고 있지만, 아무튼 그들이 말하는 이 '물적 노동생산성'이란 노동자들의 과학적 경제학에서의 노동생산성과 사실상 같은 내용을 갖는 것이기 때문에 그대로 넘어가기로 합시다.

그렇게 보면, 이른바 생산성임금제론의 핵심적 주장은 "실질임금의 상승률은 노동생산성의 상승률과 같아야 한다"는 것이고, 이것이 실제의 대(對) 노동자 공세에서는, 여러분들이 아시는 대로, "(실질)임금의 인상률은 노동생산성의 상승률 이내에 머물러야 한다"는 것으로 됩니다.

생산성임금제를 주장하는 자들은 이 명제에 과학적이라는 외양(外樣)을

---

[18] 조우현, ≪노사관계개혁론≫, 창작과비평사, 1992, p. 290.

주기 위해서 수학식을 동원해 이를 '증명'하는데, 우리는 아래에서 그러한 주장이 얼마나 기만적이며, 무엇을 노리는 것인가를 폭로할 것입니다.

2) '생산성임금제'라는 주장이 진실하다면?

(1) 노동생산성과 임금

생산성임금제라는 주장이 얼마나 기만적인가를 알기 위해서는, 먼저 노동생산성과 임금의 관계를 알아야 합니다.

이 문제는 여러분들에게는 전혀 어려운 것이 아닙니다. 왜냐하면, 그것은 노동생산성과 상품가격 문제의 응용에 불과하기 때문입니다.

우리의 논의에서 인플레이션은 물론 '일단' 배제됩니다.

왜냐하면, 조우현 교수가 "임금의 변화율은 물가상승률과 물적 노동생산성 상승률의 합과 같아야 한다"고 말하는 데서도 알 수 있는 것처럼, 생산성임금제론 자체가 '명목임금의 상승률에서 물가 상승률을 공제'하면서 고정된 화폐가치를 전제하고 있기 때문입니다. 아니, 정확히 말하면, 그렇게 전제하는 것처럼 외양을 취하고 있기 때문입니다.

저들 생산성임금제론자들이 그렇게 물가상승률을 공제하는 것, 혹은 공제하는 듯한 외양을 취하는 것은 물론, 소위 '정당한 임금 상승률'의 문제를 논하면서 화폐가치, 정확하게는 지폐가치의 하락에 따른 물가등귀분을 공제하지 않는다면, 그건 누구의 눈에나 쉽게 '사기'라는 것이 드러나기 때문입니다. 생산성임금제론 자체가 보다 복잡하게 꾸며진 사기이긴 하지만 말입니다.

아무튼 이렇게 화폐의 가치가 고정되어 있다고 가정할 때, 노동생산성의 증대는 노동자들의 실질임금에 어떠한 영향을 미치는 것일까?

우리는 이미 노동생산성이 증대한다는 것은, 동일한 노동시간에 더 많은 사용가치, 그러니까 더 많은 생산물이 생산된다는 것을 의미하고, 따라서 단위 노동생산물의 가치, 그 가격은 노동생산성의 증대에 비례해서 감소한다는 것을 알고 있습니다.

어떤 임의의 생활필수품에 대해서 생각해보면, 그 물건을 생산하는 데에 지난 1년 동안 노동생산성이 10% 증대했다고 하면, 그 상품의 가격은 이제 1년 전 가격의 1.1분의 1이 됩니다. 지난해 가격에 비해서 약 10%가 저렴해지는 것입니다. 예를 들어, 어떤 상품의 가격이 1년 전에 10,000원이었다면 이제는 '10,000원 × 1/1.1 ≒ 9,090원'이 되는 것입니다. 노동생산성의 증대로 그 상품을 생산하는 데에 그만큼 노동시간이 적게 들기 때문입니다.

그렇다면 우리는 여기에서 다음과 같은 결론에 도달할 수 있습니다.

만일 임금의 화폐가치가 고정되어 있다면, 혹은 이른바 생산성임금제론이 표방하듯이 화폐가치가 고정되어 있는 것과 같은 효과를 얻기 위해 인플레이션을 공제, 인플레이션만큼은 임금의 실질적인 인상으로 계산하지 않는다면, 그 가치량이 동일한 화폐임금을 받더라도 노동자들의 실질임금은 노동생산성이 증대하는 만큼 증대한다는 결론 말입니다.

무슨 뜻이냐 하면, 1년 전에 어떤 노동자의 1개월 월급이 100만 원이었고, 그것이 쌀 10가마니 값이었다고 가정합시다. 그리고 그 100만 원은 100시간의 노동을 대표했다고 가정합시다.

화폐가치에 변화가 없다면, 100만 원은 금년에도 100시간의 노동을 대표합니다. 혹은 화폐가치에 변화가 있었더라도 거기에서 인플레이션을 공제하면 역시 그 새로운 금액은 100시간의 노동을 대표합니다. 그렇게 노동자의 화폐임금에는 변화가 없다고 가정합시다.

그런데, 지난 1년 동안에 쌀을 생산하는 데에서의 노동생산성이 10%가 증대했다면, 금년엔 100시간 노동하여 생산하는 쌀의 량은 당연히 11가마니가 됩니다. 그런데 금년에 생산되는 이 쌀 11가마니의 가격은 얼마겠습니까? 당연히 작년과 같은 100만 원입니다. 왜냐하면, 작년에 쌀 10가마니를 생산하는 데에 필요했던 노동시간이나 금년에 11가마니를 생산하는 데에 필요한 노동시간이 동일하고, 화폐가치에는 변화가 없기 때문입니다.

자, 그렇다면, 노동생산성이 증대하니까 임금에 어떤 변화가 생겼습니까?

두말할 나위도 없이, 동일한 화폐임금을 받더라도 실질임금은 노동생산성이 증대한 만큼 10%가 증대해 있습니다.

이것이 바로 임금과 노동생산성과의 진실한 관계입니다.

그리고 바로 그렇기 때문에, 다시 말하면, 노동생산성이 증대하고 화폐가치에 변화가 없다면, 혹은 이른바 생산성임금제론이 표방하는 것처럼 화폐가치의 저락분을 보상해준다면, 노동자들의 실질임금은 노동생산성이 증대한 만큼 저절로 증대하는 것이기 때문에, 이 경우 실질임금을 노동생산성이 증대한 만큼 올리기 위해서 다시 화폐임금을 올릴 필요도 없는 것입니다.

(2) 노동생산성 증대율만큼 임금을 올리면?

그런데 생산성임금제를 주장하는 분들은 고맙게도 거기에 다시 노동생산성이 증대한 만큼 임금을 올려주겠다고 합니다.

그들의 주장에 의하면, '임금의 변화율(상승률)=물가상승률+노동생산성 증가율'이고, 그들이 말하는 '임금의 변화율', 혹은 '임금의 상승률'이란 당연히 화폐임금의 상승률을 의미하는 것이니까 말입니다. (여기서 그들이 말하는 '물가상승률'이란, 정확히 말하면, '인플레이션률'입니다. 혹은 그래야만 의미를 가질 수 있습니다.)

그런데 이렇게 다시 화폐임금을 노동생산성의 증가율만큼 올리면, 노동자들의 실질임금에는 어떤 변화가 생길까요?

전적으로 설명과 이해를 위한 편의적인 숫자였지만, 앞에서 든 예로써 추적해보기로 합시다.

그 경우, 노동생산성의 증가율만큼 임금을 다시 인상시킨다면, 지난해의 임금은 100만 원, 그리고 지난 1년 동안 노동생산성의 증대율은 10%였으므로, 금년의 화폐임금은 1,000,000원 × 1.1 = 1,100,000원입니다. 물론 이 110만 원은 인플레이션을 공제한 고정가격으로 표현된 금액입니다. 즉, 금년에는 지난해의 화폐가치로 110만원을 받는 것입니다.

그러면 이 돈으로는 이제 쌀 몇 가마니를 살 수 있습니까? 금년에는 11가마니의 가격이 100만 원이므로 110만원으로는 12가마니하고도 1말을 더 살 수 있습니다. 이것이 금년의 실질임금입니다.

그렇더라도 금년에는 별다른 문제가 생기지 않을 것입니다. 본래 저임금이었기에 한 달에 쌀 10가마니로 생활했던 노동자 가족이 이제 좀 맛있고 영양가 있게 낫게 먹고, 좀 덜 춥고 덜 덥고 덜 흉하게 낫게 입고, 등등으로 12가마니 1말 정도는 소비할 수 있을 터이니까 말입니다.

우리는 지금 연간 노동생산성의 증대율을 10%라고 가정하고 있는데, 산업통상자원부와 한국생산성본부 등이 발표하는 노동생산성의 년간 증가율도, 매년 변화하고 있긴 하지만, 평균하면 대략 10% 정도일 것입니다. 따라서 우리가 노동생산성의 연간 증대율을 10%로 가정하는 것은 현실성을 가지고 있는데, 아무튼 이렇게 매년 노동생산성도 10%씩 증대하고, 인플레이션을 공제한 고정가격으로서의 화폐임금도 생산성임금제론자들이 허용하고 있는 범위인 10%씩 인상되고 있다고 가정합시다.

그런 식으로 실질임금이 증대하면, 예를 들어 4년 후가 되면 그 실질임금이 애초의 얼마나 되는지 아십니까?

불과 4년 후면, 물경(勿驚) 약 2.1435배나 됩니다! 우리가 가정하고 있는 대로 쌀로 환산하면, 애초에 10가마니였던 것이 이제 무려 21가마니하고도 거의 반 가마니나 되는 것입니다.

그렇다면, 애초에 매달 쌀 10가마니로도 생활했던 노동자 가족이 매달 21가마니가 넘는 쌀을 다 소비할 수 있겠습니까?

불가능한 일입니다. 아무리 흥청망청 많이 먹고 많이 소비한다고 하더라도, 그 소비량이 필시 13 혹은 14가마니 이상은 넘을 수는 없을 것이고, 따라서 나머지는 저축되게 될 것입니다. 그리고 당연히 시간이 지날수록 그 저축량은 해마다 달마다 늘어날 것이고, 그것도 누진적으로 증대해가게 됩니다.

떼부자가 되는 노동자들?

이와 같은 과정이 진행되면 어떻게 되는지를 상상하기 위해서, 시간이 지날수록 매년 그 노동자의 실질임금이 애초의 그것에 비해서 몇 배로 증가하고, 그 가족이 저축하게 되는 쌀의 량, 혹은 쌀로 표시된 가치, 혹은 돈의 량은 얼마나 되는지를 아래에 표로 작성해 보았습니다.

경과햇수	1년 후	2년 후	3년 후	4년 후	5년 후
임금배수(배)	1.21	1.4641	1.7715	2.1435	2.5937
매년저축량(가마니)	–	7.5	44.5	89.0	143.0
누적저축량(가마니)	–	7.5	52.0	141.0	284.0
경과햇수	6년 후	7년 후	8년 후	9년 후	10년 후
임금배수(배)	3.1384	3.7974	4.5949	5.5599	6.7274
매년저축량(가마니)	208.5	287.5	383.0	499.0	639.0
누적저축량(가마니)	492.5	780.0	1,163.0	1,662.0	2,301.0

애초에 매월 10가마니의 쌀에 해당하는 생활수단들로 생활하던 가족이었으나 생활의 풍족도를 최대한 늘려서 매월 14가마니에 해당하는 생활수단들을 소비한다고 가정하고, 매년의 저축량은 매월의 그것을 12로 곱해서 계산한 결과입니다.

생산성임금제를 주장하는 자들이 주장하는 대로 임금을 올리면, 위 표가 말하는 것처럼, 10년 후에는 각 노동자 가정마다 2,300가마니 이상의 쌀이 저축되게 됩니다. 모든 노동자들이 엄청난 부자가 되는 것입니다.

그러니 우리는 노동자들이 그렇게 부자가 되도록 임금을 인상해야 한다고, 신문과 방송을 통해서, 그리고 기회 있을 때마다 주장하는 분들, 즉 생산성임금제를 주장하는 분들께 우선 "정말 감사합니다" 하고 고마움을 표해야 할 것입니다.

그런데, 사실은 그보다 더 감사해야 할 사람들이 있습니다.

바로 자본가들입니다.

왜 그런가?

간혹 가다가 몇 해 예외는 있지만, 실제의 임금인상률은 대개 노동생산성의 증대율보다 높다는 것이 정부가 발표하는 통계이고, 경위야 어떻든 자본은 임금을 그렇게 올려줬다는 것이거든요. 바로 그 때문에, 자본가들이나 생산성임금제를 주장하는 분들께서, "이는 너무 과도한 임금인상이고, 그 때문에 경제위기가 온다"는 선전과 함께, 임금을 노동생산성의 증대율만큼만 인상해야 한다고 주장하는 것이거든요.

그렇게 좀 투덜거리기는 하지만, 아무튼 그렇게 노동생산성의 증대율 이상으로 임금을 많이 준 것은 자본가 나리들이니, 그들에게는 "정말, 정말 감사합니다" 하고 절을 해야 마땅할 것입니다.

말짱 황야(黃也)

그런데 무언가, 그것도 심히 이상합니다. 바꿔치기를 당했나?

그 동안 노동생산성의 증대율 이상으로 그렇게 많이 임금을 주었다는데, 노동자 가계에는 쌀 2,000가마니나 그에 해당하는 돈 대신에 빚만 쌓여 있는 것이 현실이니 말입니다.

이것이 바로 생산성임금제가 사기 혹은 속임수라는 생생한 증거입니다.

'생산성임금제'가 사기가 아니라면

여기에서, 생산성임금제라는 것이 사기 혹은 속임수가 아니라면, 사회적으로 어떤 일이 벌어질 것인가를 간단히 봅시다.

그것이 사기가 아니라면, 앞에서 본 것처럼, 노동자 가계에는 계속 돈이 쌓여갈 것입니다. 그것도 누적적으로 말입니다.

그런데, 그렇게 되면 자본주의의 운명은 어떻게 되겠습니까?

자본주의가 자본주의인 것은, 직접생산자인 노동자들이 생산수단을 소유하고 있지 못하여 그들의 노동력을 팔 수밖에 없기 때문입니다. 그런데 노동자 가계에 그렇게 누적적으로 돈이 쌓이면, 그들 노동자는 그렇게 누적된 돈으로 무얼 하겠습니까?

모두 다는 아니겠지만, 이제는 굉장히 많은 노동자들이 자신의 생산수단을 마련해서 자신이 생산의 경영 주체가 되지 않겠습니까? 그럴 만한 재력이 생겼으니까 말입니다.

그러면 자본주의 사회에는 어떤 일이 벌어지겠습니까?

먼저 노동력 부족이 생기면서 임금이 폭등할 것입니다.

그렇게 되면, 자본의 이윤이 압박 받는 것은 차치하더라도, 노동자들은 더욱 부자가 되고, 그리하여 더 많은 노동자가 더 이상 소외된 노동으로서의 임금노동을 그만두고, 생산수단을 구매해 자기 사업을 하게 될 것입니다. 하다못해 선반이나 밀링 한 대라도 사서 마찌꼬바라도 한다는 말입니다.

그런데 그런 과정이 몇 년, 아니 몇 달만 계속돼도 어떤 '사태'가 발생하겠습니까?

다름 아니라, 자본주의 자체가 폐지 혹은 소멸될 수밖에 없게 될 것입니다. 심각한 노동력의 부족 때문에 말입니다.

그런데 현실은 어떻습니까?

생산성임금제론이 사기나 속임수가 아니라면 뭔가 일어났어야 할 사태와는 정반대의 사태들이 벌어지고 있지 않습니까? 노동자들은 여전히 빈곤하고, 사회는 실업자와 비정규직이라는 불완전취업자로 넘쳐나고!

실제로, 자본가들, 자본가단체들, 그리고 그들의 주구적 이데올로그인 생산성임금제론자들이 노동자들로 하여금 누적적으로 부자가 되도록 하기 위해서, 그리하여 자본주의가 노동력 부족으로 자동 붕괴되라고 생산성임금제를 주장하는 것은 결코 아닐 것입니다.

그러니까 아까 성급하게 감사했던 것은 마땅히 철회하고, 눈을 부릅뜨고 그들의 노림을 찾아보아야 할 것입니다.

(3) '생산성임금제론'의 노림, 혹은 그 비밀

생산성임금제를 주장하는 자들이 표면상 얘기하는 것으로부터 귀결되어야 하는 것과는 정반대의 사태가 일어나고 있는 이유는 무엇일까요?

그것은 바로 정부와 자본가 단체들, 그리고 생산성임금제론자들이 한패가 되어, 무언가를 은폐·왜곡하고 있기 때문입니다.

바로, 인플레이션의 '률'(率)입니다.

저들 생산성임금제론에서는 외견상 물론 '물가상승률'을 공제하고, 그리하여 인플레이션을 보상하는 것으로 되어 있지만, 실제로는 결코 그렇지 않은 것입니다.

사실 인플레이션은, 앞에서 말씀드린 것처럼, 부르주아 경제학, 정확히 말해서 부르주아 경제비과학에서는 그 개념부터 왜곡되어 있습니다. 물론 그뿐만 아닙니다. 부르주아 통계는, 제5강에서 말씀드렸던 저 '통계적 여과과정' 등등 여러 왜곡과 조작을 통해서 그 실상을 은폐하고 있습니다.

그런데도 생산성임금제론은 그 은폐되고 왜곡된 인플레이션 통계를 마치 사실인 양 내세우면서, 그것에 근거해서 임금인상을 제한해야 한다고 주장합니다.

부르주아 사회에서 상황의 전모를 파악할 수 있는 통계의 이니셔티브는 부르주아 국가가 쥐고 있는데, 그것이 왜곡·조작되고 있기 때문에, 인플레이션의 전모도 우리로서는 파악하기 어렵습니다. 다만, 몇몇 단편적인 모습만을 우리는 볼 수 있을 뿐입니다.

예를 들면, 다음 표는 ≪한겨레≫신문이 1996년 7월 4일에 보도하고 있는 것인데, '정부 발표 전국 물가지수'와 남대문시장(주)가 조사·발표한 남대문시장 물가의 비교표입니다.

지수물가와 남대문시장 물가 비교(상승률, %)

품목	전국지수물가 (1995.6-96.6)	남대문시장물가 (1995.7-96 초)	품목	전국지수물가 (1995.6-96.6)	남대문시장물가 (1995.7-96 초)
갈치	21.6	46.6	마른멸치	42.6	200.0
배추	36.6	133.3	상추	62.6	200.0
마늘	-25.9	100.0	돼지고기	-9.9	-25.0
쌀	21.0	22.2	김	0.9	40.0
양파	65.2	73.9	두부	4.0	0.0
시금치	5.4	51.6			

정부나 자본가단체들이 제시하는 '통계'니 '지표'니 하는 것들이 얼마나 허구적인 것인가를 저 자료가 사실상 밝혀주고 있지 않습니까?

같은 보도에 의하면, 정부는 "정부의 물가지수는 서울을 비롯한 전국 32개 도시의 매달 평균물가를 나타내는 것이어서 어느 특정 시장과 시점의 물가와 막바로 비교할 수 없다"는 등의 반론을 폈다고 합니다. 하지만, 저 자료가 보여주는 엄청난 차이를 고려하면, 그것은 사실은 반론이 아니라 억지요 구차한 변명일 뿐이지 않습니까? 결국 정부의 통계라는 것이 현실, 즉 인플레이션의 실상을 엄청나게 은폐하고 있습니다.

그런데도, 생산성임금제론자들과 자본가단체들은 그러한 정부 통계가 진실인 양, 그것들을 기준으로 노동자들의 임금이 생산성 상승률에 비해서 과도하게 인상됐느니 어쩌니 하고 있습니다. (일부 노동조합들이나 노동운동 단체들 역시, 소위 생산성임금제 자체의 그러한 기만성을 폭로하는 대신에, 마찬가지로 그런 엉터리 자료들을 들먹이면서 임금이 '덜' 인상됐음을 증명하려는 헛된 노력을 하고 있고 말입니다.)

그러면, 정부나 자본가단체들, 그리고 생산성임금제론자들은 무엇을 위해서 그런 거짓 주장을 하겠습니까?

당연히, 노동자들의 임금을 저임금으로 묶어두기 위해서입니다.

그런데도 노동운동 진영까지 저들의 장단에 놀아나 임금 인상률과 생산성 증가율의 관계가 이렇느니 저렇느니 하는 것은 마땅히 당장 집어치워야 할 정말 어이없는 일입니다.

(4) '생산성임금제'는 그 전제인 '생산성 통계'부터 작성 불능

지금까지 우리는 이른바 '생산성임금제'를 비판하면서, 그 전제가 되는 생산성의 통계가 가능하다는 것을 전제하고 있었습니다.

그러나 사실은 그 전제 자체가 성립할 수 없는 것입니다. 즉, '생산성임금제'의 전제가 되는 일반적인 '생산성 증대율'이라는 통계 자체가 사실은 작성 불가능한 것입니다.

다시 생각해 봅시다. '생산성'이란 무엇입니까?

그것은 일정한 노동시간에 얼마만큼의 사용가치를 생산하는가 하는 개념이지 않습니까? 자동차를 조립하는 임의의 공장을 예로 들어 봅시다. 그 공장에서 지난해에는 100명의 노동자가 하루 8시간씩 노동하여 A라는 모델의 자동차를 월간 1,000대를 생산했는데, 금년에는 생산시설을 교체하고 작업방식도 바꾼 결과 100명의 노동자가 역시 하루 8시간씩 노동하여 A라는 동일한 모델의 자동차를 월간 2,000대씩 생산한다면, 생산성 증대율은 100%입니다.

"그러니까 '생산성 증대율'을 통계화할 수 있는 것 아니냐"?

아, 그래요?

그러면, 지난해에는 모델 A를 생산했는데, 금년엔 그 모델을 폐기하고 새로운 모델 B를 2,000대씩 생산한다고 가정해 봅시다. 그 경우 '생산성 증대율'은 얼마입니까?

이 경우 부르주아 통계나 경제학자들은 지난해 모델 A 1,000대의 가격과 금년 모델 B 2,000대의 가격을 비교함으로써 그 증대율을 '산출'합니다. 예컨대, 지난해의 모델 A의 대당 가격이 1천만 원이었고 대당 이른바 '부가가치', 즉 가치생산물이 5백만 원이었음에 비해서, 금년의 모델 B의 그것이 1천 1백만 원이고 '부가가치'가 550만 원이라면, 작년에는 매월 50억 원 어치의 '부가가치'를 생산했고, 금년에는 매월 110억 원 어치를 생산하고 있으므로 그 생산성 증대율은 110%라는 식입니다.

언뜻 보면, 그럴듯합니다. 그러나 사실은 이는 '생산성'의 개념 자체, 더 나아가 가치 개념 자체를 부정하는 얼토당토않은 수작입니다.

왜냐하면, 본래의 가치 개념 그리고 생산성 개념에 기초하면, 만일 지난해에 노동자 100명이 하루 8시간씩 노동하여 1개월에 생산한 '부가가치', 즉 가치생산물이 50억 원이었다면, 그들이 금년엔 모델 A 1,000대 대신에 모델 B를 2,000대 생산했더라도, 혹은 모델 A를 2,000대 생산했더라도, 그들이 생산한 '부가가치', 즉 가치생산물은 금년에도 50억 원일 뿐인데도 저들은 헛소리를 하고 있기 때문입니다. 그것이 금년에 50억 원 대신에 110억 원으로 표현되었다면, 그것은 필경 현대 국가독점자본주의 하의 불환은행권의 가치 저하에 따른 인플레이션이거나, 독점의 강화에 따른 독점가격의 상승, 혹은 그 양자를 표현하고 있을 뿐입니다. 동일한 노동시간은 동일한 크기의 가치를 생산하기 때문입니다.

이렇게 보면, 이 자동차 조립공장의 노동자들은 지난해에 비해서 **대략** 2배 정도의 사용가치를 생산하고 있지만, 가치의 경우는 동일한 량의 가치를 생산하고 있는 것입니다.

한편, 지금 우리에게 문제가 되고 있는 생산성, 즉 사용가치 생산의 증대라고 하는 측면을 다시 보면, 지난해에는 모델 A를 1,000대 생산했음에 비해서 금년에는 모델 B를 2,000대 생산하고 있습니다. 그리하여 생산성이 **대략** 2배 정도 증대했다고 할 수는 있지만, 그것은 어디까지나 그야말로 '**대략**' 일 뿐입니다.

왜 그럴까요?

모델 A와 모델 B는, '대략' 비슷한 사용가치이긴 하지만, 결코 '동일한' 사용가치가 아니고, 따라서 그것들은 엄밀하게는 서로 그 량을 비교하는 것이 불가능하기 때문입니다. 서로 다른 것들을 량적으로 비교하기 위해서는 그것들이 무언가 '동일한 단위로 환원되어야 한다'는, 당연하고 근본적이면서도 자주 망각되는 원칙을 상기하시기 바랍니다.

이렇게 하나의 자동차 조립공장에서도 그 생산 모델이 달라지면 생산성 증대에 관한 엄밀한 통계는 불가능합니다. 그런데 하물며 어떤 산업 전반, 더 나아가 한 국가의 전체 산업생산에 있어서의 생산성 통계가 어떻게 가능하겠습니까?19)

---

19) 누차 얘기하는 바이지만, 노동의 생산성 혹은 "생산력은 당연히 언제나 유용한, 구체적 노동의 생산력"(《자본론》, 제1권, *MEW*, Bd. 23, S. 60.; 채만수 역, 제1권, 제1분책, p. 82)이고, 투여되는 일정량의 노동이 어느 만큼의 사용가치를 생산하는가의 문제여서, "생산력이 아무리 변동하더라도 동일한 노동은 동일한 시간 동안에는 언제나 동

그런데도 저들의 '생산성임금제'란, 바로 그렇게 불가능한 통계를 전제로 왈가왈부하고 있는 것입니다. 무지와 탐욕이 저들의 무기지요.

일한 크기의 가치를 생산"(≪자본론≫, 제1권, *MEW*, Bd. 23, S. 61.; 채만수 역, 제1권, 제1분책, p. 82)하는 것입니다. 그리하여 노동의 생산력은 이렇게 사용가치의 량에만 관련하는 것이어서, 사용가치의 종류가 달라지면 그것들을 동일한 단위로 환산할 어떠한 방법도 없기 때문에, 어떤 산업 전반이나 국가 전체 산업생산에 있어서의 생산성 통계는 불가능합니다. 그런데도, "고전 마르크스주의자"임을 자처하며 목소리를 높이고 있는 저 '국제 사회주의자'(IS), 정성진 교수는 "노동생산성(=부가가치/종업원수)의 성장율"(정성진, ≪마르크스와 한국경제≫, 책갈피, 2005, p. 130)이라는 천박한 부르주아 경제비과학의 생산성 규정을 기초로, 즉 노동생산성에 대한 가장 기초적인 개념조차 가지지 못한 것조차 모른 채, 자신만이 옳은 맑스주의 공황론을 논한다고 도발적으로 떠들고 있습니다. 자칭 맑스주의자이지만, 역시 싸구려 뜨로츠키주의자에 불과함을 스스로 광고하고 있는 것 아니겠습니까?

노동자 교양경제학
경제학 원론에서 신자유주의 비판까지

노동대학총서 001

노동자 교양경제학 : 경제학 원론에서 신자유주의 비판까지(제7판)

지은이 : 채만수
펴낸이 : 채만수
펴낸곳 : 노사과연
주 소 : 서울시 영등포구 양평동3가 1-2, 2층 (우 07255)
　　　 (도로명: 서울시 영등포구 양산로 77, 2층)
전 화 : (02) 790-1917 / 팩스: (02) 790-1918
E-메일 : wissk@lodong.org
홈페이지 : http://www.lodong.org
신고번호 : 제2021-000036호 (2005. 04. 20.)

제1판 1쇄 : 2002년 2월 25일
제7판 1쇄 : 2025년 6월 10일
제7판 2쇄 : 2025년 7월 18일

ISBN : 978-89-93852-48-6　　03320

책값은 뒤표지에 있습니다.
인지는 저자와의 협의에 의해 생략합니다.
잘못된 책은 바꿔드립니다.

노동자 교양경제학

― 경제학 원론에서 신자유주의 비판까지 ―

제2분책

채 만 수

노사과연
노동사회과학연구소 부설

* 일러두기
 이 책의 표기는 한글 맞춤법(특히 '두음법칙'과 관련하여) 및 외래어 표기법(특히 경음[硬音]과 관련하여)을 반드시 따르지는 않았습니다.

목 차

제8강 공황 (1)　417
   1. 익숙하면서도 낯설었던 단어, 공황　417
   2. 공황의 원인에 관한 견해들 (1) ― 천박한 공황 원인론들　427
   3. 공황의 원인에 관한 견해들 (2) ― 여러 공황 필연성 이론들　460

제9강 공황 (2)　485
   4. 공황에 관한 맑스·엥엘스의 견해와 그 방법　485
   5. 공황의 주기　507
   6. 공황의 경제적·사회적 귀결　522
   [제8강·제9강 보론 1] 신용카드와 채무노예, 그리고 공황　541
   [제8강·제9강 보론 2] 한국자본주의와 공황　545

제10강 독점자본주의　563
   1. 자본주의의 단계적 발전　563
   2. 자본과 생산의 집적·집중　579
   3. 금융자본과 금융과두제　593
   4. 자본 수출　601
   5. 독점자본 및 열강에 의한 세계의 분할　610
   6. 제국주의의 부후, 기생성과 노동운동의 분열　616

제11강 국가독점자본주의　624
   1. 자본주의의 전반적 위기와 국가독점자본주의　624
   2. 독점자본주의와 사회적·경제적 위기의 심화　628
   3. 태환정지 하의 국제통화제도의 전개　639
   4. 국가독점자본주의의 모순과 그 파산　654
   5. 국가독점자본주의의 노동자 관리
      ― 이른바 사회보장제도 및 '사회적 합의주의'를 중심으로　662

제12강 신자유주의 (1)   666
  1. 신자유주의란 무엇인가   666
  2. 전반적 위기의 재격화와 신자유주의의 등장   676
  3. 신자유주의적 국가독점자본주의의 일반적 특징   683
  4. 신자유주의는 왜 '국가 배제'를 표방하는가   698

제13강 신자유주의 (2)   709
  5. 국·공유기업의 사유화   709
  6. 이른바 노동(시장)의 유연화   741

제14강 과학기술혁명과 계급사회의 종언   754
  1. 과학기술혁명의 배경과 특징   754
  2. 경쟁력 이데올로기   770
  3. 과학기술혁명의 사회적 귀결   777

찾아보기   793

제1분책 목차

제7판을 내면서　ix
제6판을 내면서　xii
제5판을 내면서　xiii
전면개정판을 내면서　xvi
제3판을 내면서　xviii
제2판을 내면서　xx
추천사　xxii
책을 내면서 (제1판 서문)　xxiv

제1강 자본주의란 무엇인가　3
　1. 왜 노동자 경제학을 학습해야 하는가　3
　2. 자본주의란 무엇인가　13
　3. 자본주의적 생산의 발생　23
　4. 자본주의 사회의 제 계급과 그 소득　43

**[제1강에 대한 보강] 한국에서 자본주의적 사회구성의 성립,
　　　　　　　　　 그리고 그 시기를 둘러싼 논쟁**　49
　1. 개설　49
　2. 한국에서 자본주의적 사회구성의 성립 시기를 둘러싼 제 쟁점　52
　3. 한국에서 자본주의적 사회구성의 성립 시기　76

제2강 상품과 그 가치　89
　1. 사적 소유와 상품생산　89
　2. 상품의 두 요소: 사용가치와 가치　95
　3. 상품 가치의 크기　105
　4. 모든 유용노동이 가치를 생산하는 것은 아니다　120
　5. 애덤 스미쓰의 역설?　123

제3강 화폐 127

    1. 상품으로서의 화폐 127
    2. 화폐의 성립 — 상품의 가치형태 혹은 교환가치의 발전 132
    3. 화폐의 기능 144

제4강 가격 175

    1. 상품의 가치와 가격 — 가격이란 가치의 화폐적 현상형태이다 175
    2. 상품가격의 변동 181
    3. 생산가격과 시장가격 186
    4. 인플레이션 190
    5. 무가치물의 가격 : 토지가격 등 220
    6. 이삭줍기 — 독점가격 및 '정보상품'의 가격에 대하여 236

제5강 자본과 잉여가치, 이윤 238

    1. 자본 238
    2. 잉여가치의 생산 250
    3. 이윤 273
    4. 자본의 축적 287

제6강 임금 299

    1. 노동력 재생산비로서의 임금 299
    2. 임금의 여러 형태와 체계 315
    3. 은폐된 임금형태들 324
    [제6강 보론 1] 월급쟁이에서 주인으로?
                   — 신판 노예제로서의 우리사주제에 대해서 341
    [제6강 보론 2] 노동시간, 임금, 이윤, 그리고 초과노동 할증률 352

제7강 임금을 둘러싼 기타 쟁점 368

    1. 고임금론 368
    2. 지불능력론 375
    3. 임금상승이 물가상승·경제위기의 원인이라는 주장 383
    4. 이른바 '생산성임금제' 404

노동자 교양경제학

― 경제학 원론에서 신자유주의 비판까지 ―

제8강 공황 (1)

1. 익숙하면서도 낯설었던 단어, 공황

자본주의적 생산양식의 주요한 특징의 하나, 혹은 그 역사적 역할은, 그것이 엄청난 속도로 노동생산력을 발전시키고, 따라서 사회적 생산을 엄청난 규모로 증대시킨다고 하는 점입니다. 노동생산력의 발전 속도와 사회적 생산의 규모 증대라는 면에서 역사상 이전의 그 어떠한 생산양식도 자본주의에 비교될 수 없습니다. 그러한 한에서 자본주의는 위대하고, 맑스가 누차 얘기하고 있듯이, 역사에서 자신을 변명할 근거를 갖는다고 할 수 있습니다. 맑스는, 예컨대, 이렇게 쓰고 있습니다.

> 자본가는 오직 인격화된 자본인 한에서만, 역사적 가치와 … 그 역사적 존재권리를 가지고 있다. 오직 그러한 한에서만 그 자신의 과도기적 필연성이 자본주의적 생산양식의 과도기적 필연성 속에 포함되는 것이다. 그러나 그러한 한에서는 또한, 사용가치와 향락이 아니라, 교환가치와 그 증대가 그를 몰아대는 동기이다. 가치증식의 광신자로서 그는 가차 없이 인류로 하여금 생산을 위한 생산을 하도록, 따라서 사회적 생산력을 발전시키도록 강제하며, 각 개인 모두의 완전하고 자유로운 발전이 그 기본원칙인 보다 고도의 사회형태의 유일한 현실적 기초가 될 수 있는 물질적 생산조건들을 창조하도록 강제한다.[1]

사회적 노동 생산력의 발전은 자본의 역사적 임무이자 권능(Aufgabe und Berechtigung)이다. 실로 이로써 자본은 무의식중에 보다 더 고도의

---

1) ≪자본론≫, 제1권, *MEW*, Bd. 23, S. 618. (채만수 역, 제1권, 제4분책, pp. 968-969.)

생산형태의 물질적 조건들을 창출한다.[2]

그런데 자본주의적 생산의 발전은 결코 순탄하게 진행되는 것이 아닙니다. 사회적·정치적 저항과 억압, 타락, 침략과 전쟁 등등은 차치하더라도, 자본주의적 생산의 적대적 그리고 무정부적 성격 때문에 자본주의적 생산양식은 그 자체가 주기적인 위기와 파국을 필연적으로 수반하면서 발전하고 있습니다.

이번 강의의 주제는 바로 이것, 즉 자본주의적 생산에 필연적이고 주기적인 위기, 곧 공황의 문제입니다.

'경제위기'와 '공황'은 같은 의미

공황이란 결코 우리에게 낯선 단어가 아닙니다. 특히 1930년대의 대공황이, 당시 아직 자본주의 사회가 아니었지만 일본 제국주의의 지배를 받던 우리 조선 사회를 포함해서, 사실상 전 세계에 말 그대로의 불후의 악명을 남겨놓았기 때문이지요.

그러나 익숙하다고 해서 그것이 반드시 정당하게 이해되어온 것은 아닙니다. 사실은 그것이 누구에게나 익숙했기 때문에, 그것을 현실을 반영하는 개념이 아니라 단지 역사의 한 국면을 서술하는 개념으로 만들어 그로부터 현실적 생명력을 제거하려는 노력이 대학의 경제학 강단을 위시한 교육과 부르주아 언론을 통해서 수십 년간 집요하게 벌어졌습니다. 그리고 그 결과로 불과 얼마 전까지도 '진보적'임을 자처하는 경제학 교수들조차 다름 아니라 바로 공황의 한가운데에서, "현 상황은 경제위기일 뿐 공황은 아니다"라고 주장하는 데까지 이르렀다고 할 수 있습니다.

우리 사회에서는 일반적으로, 특히 부르주아 경제학자나 사회학자들, 그리고 신문이나 방송의 기자·논설위원들을 위시한 언론인들 사이에 암묵적으로, '위기' 혹은 '경제위기'와 '공황'은 서로 다른 것을 지칭하는 개념으로 이해되고 있습니다. 예컨대, 지난 수년 동안 그들은, "경제위기다!", "경제위기다!"를 외치면서도, 그것이 '공황' 혹은 '경제공황'은 아니라고 얘기해 왔습니다. 그리하여 신문이나 방송의 논설·칼럼에서 우리는 가끔 이런 주장

---

[2] 《자본론》, 제3권, *MEW*, Bd. 25, S. 269.

을 만나게 됩니다. — 다름 아니라, "구조조정을 서두르지 않으면, 자칫 이 경제위기가 공황상태로 발전할지도 모른다" 운운하는 소리 말입니다.

이러한 어법, 특히 '공황'이라는 어휘를 이렇게 사용하는 것도 물론 전혀 근거가 없는 것은 아닙니다. 경제위기, 즉 공황기에는 엄청난 규모의 파산이나 금융상의 사건들이 돌발하면서 사회구성원 모두가 공포에 휩싸이고, 사회적 대혼란이 발생하는 일도 결코 드물지 않은데, 저들이 '공황'이라고 할 때는 바로 그러한 상황, 그러니까 패닉(panic) 상황을 염두에 두고 있는 것일 수도 있기 때문입니다.

하지만 '공황'이란 용어의 의미를 이렇게 극히 협소하게 한정하는 것은, 그 용어의 역사적인 용법, 혹은 본래적이고 전통적인 용법과 다른 것입니다.

예컨대, "자본주의적 생산은 필연적으로 주기적인 공황을 수반한다"라든가, '1930년대의 대공황'이라고 말할 때, '공황'의 의미는 그러한 특수한 상황만을 가리키는 것이 아닙니다. 이때 '(경제)공황'이란 용어는 명백히 '(경제)위기'와 동일한 의미로 쓰이고 있는 것입니다. 실제로, 두 용어는 본래 전적으로 같은 의미를 가지고 있습니다.

경제학은, 본래 자본주의적 생산의 구조와 운동법칙을 분석하여 밝히는 학문이기 때문에, 당연히 자본주의가 가장 먼저 가장 전형적으로 발전한 곳, 즉 서유럽, 특히 영국에서부터 발생하고 발전했습니다.

그리고 동아시아에서는 자본주의가 가장 먼저 발전한 일본의 학자들이 서양, 그것도 특히 영국의 고전파 경제학과, 그 전통 위에서 경제학을 비판적으로 완성하고 있는 맑스의 경제학을 수입하고 번역했습니다. 그때 그 초창기의 일본인 경제학자들이 영국의 경제학 문헌상의 'crisis', 혹은 독일어의 'Krise'를 '(경제)공황'이라고 번역했던 것입니다. 그런데 이 말들의 본래 의미가 '위기'이지 않습니까?

실제로 영어사전이나 독일어사전에서 이 단어들을 찾아보면, '위기'라고 풀이한 후에 '[經] 공황' 하는 식으로 쓰여 있는 것을 볼 수 있을 것입니다. 본래의 의미는 '위기'인데, 경제학에서는 '공황'이라고 한다는 뜻입니다.3)

---

3) 'crisis' 혹은 'Krise'를 이렇게 '공황'이라고 번역한 것은 물론 번역자의 순전한 자의가 아닙니다. 공황 국면에서의 그야말로 공황적 사회상도 반영하고, 또한 하나의 사상(事象)을 가능한 한 여러 어휘로 표현하곤 하는 영국이나 독일의 언어 습관도 반영하여,

문제는, 부르주아 경제학자들이나 사회학자들, 그리고 기자들이나 칼럼니스트들 등은 도대체 왜 이렇게 같은 의미를 갖는 두 단어를 구분하고, 그리하여 공황이란 어휘를 기피하거나 그 의미를 특수하고 예외적인 상황으로 왜소화시키는가 하는 점입니다.

첫째로는, 자본주의의 안위에 대한 애틋한 애정 때문입니다. 다름 아니라, 1930년대의 대공황을 겪으면서 "자본주의는 필시 공황으로 망한다"는 것이 널리 대중적 정서, 대중적 관념으로 각인되어버렸습니다. 즉, 공황이라는 말에는 그렇게 불길한 귀신이 붙어 버렸습니다. 그런데 다른 한편에서는 바로 그 불길한 공황 귀신이 주기적으로 반복해서 출몰하고 있기 때문에 자본주의 이데올로그들은 되도록 그 말을 피하고 싶고, 그 말에 특수하고 예외적인 의미를 부여하여 그 귀신은 결코 주기적, 특히 필연적으로 출몰하는 것이 아니라고 외치고 싶은 것입니다.

둘째로, 특히 우리 사회에서는 수십 년 동안 자행된, 비판적 사상과 학문에 대한 극악한 퐈쑈적 탄압으로 '공황'이라는 개념 그 자체, 그에 대한 과학적 인식 자체가 사실상 실종되어 버렸기 때문입니다. 사회과학에 대한 그러한 퐈쑈적 탄압이 자행되는 가운데 전혀 과학적이지 않은 부르주아 경제학,4) 정확히는 부르주아 경제비과학이 일방적으로 경제학으로 행세하고, 특히, 이제는 과거와 같은 자본주의가 아니어서 더 이상 공황 따위는 없다는, 케인즈주의적 '수정자본주의'니, '혼합경제'니 하는 천박한 인식과 담론이 소위 '진보적' 경제학자들까지를 지배하게 되었던 것입니다.

쉽게 믿기지 않겠지만, 실제로 그렇습니다.

정건화 등의 국가독점자본주의 영구번영론

대표적으로, 1989년 2/4분기에 폭발하여 대략 1992년 초까지 지속되었

그들 사회에서, 예컨대, 'crisis'와 'panic'을, 그리고 'Krise'와 'Panik'을 아울러 쓰는 것을 감안한 번역이었다고 할 수 있습니다.

4) "경제학이 부르주아적인 한, 즉 자본주의적 질서를 사회적 생산의 역사적으로 일시적인 발전단계로서 파악하는 대신에, 거꾸로 사회적 생산의 절대적이고 최종적인 모습으로 파악하는 한, 경제학이 과학일 수 있는 것은 다만, 계급투쟁이 아직 잠재적이든가, 혹은 단지 개별적인 현상으로서만 나타나고 있는 동안뿐이다."(《자본론》, 제1권 (제2판 후기), *MEW*, Bd. 23, S. 19-20. 채만수 역, 제1권, 제1분책, p. 23.)

던 공황과 관련한 논쟁에서 표출된 일부 '진보적 경제학자들'의 인식을 예로 들어 봅시다.

1987년 6월 항쟁 때나 특히 그해 7월에서 9월에 걸친 노동자 대투쟁기에, 앞에서도 간단히 언급했지만, 자본과 그 나팔수들은 이들 투쟁이 '경제에 미치는 치명적 악영향'에 대해서 대대적으로 떠들어댔는데, 사실 그 시기에 한국 자본주의는 이른바 '3저 호황'5)이라는 대호황을 구가하고 있었습니다.

그리하여 노동자들의 대투쟁이 이러저러하게 끝나고, 또 그해 말을 휩쓴 대통령 선거라는 정치적 열병도 지나가버리자, 이제 부르주아 경제 이데올로그들은 한국 경제의 번영과 확 트인 전망을 찬양하기에 바빴습니다. 1988년도에 그들의 머리를, 따라서 대중매체를 지배한 것은 "한국 경제가 이제 궤도에 올랐다(on the track)"는 것이었습니다. 한국 자본주의에게는 이제 궤도 혹은 탄탄대로를 달릴 일만 남았다는 것이었습니다.

그러나 부르주아지와 그 이데올로그들이 그렇게 장밋빛 환상에 빠져들 때면, 공황은 언제나 코앞에 다가와 있습니다. 왜냐하면, 그들이 그렇게 영구호황(永久好況)이라는 달콤한 환상에 빠지게 되는 것은 호황 국면이 상당 기간 지속되었기 때문이고, 그 결과 생산이 극대화되면서 경기가 더없이 활활 타오르고 있을 때, 즉 번망기(繁忙期)이기 때문입니다.

실제로, 1988년 하반기, 특히 그 말엽에 다가갈수록 증권시세와 부동산 가격의 폭등 등등, 심대한 공황이 임박했음을 알리는 징조가 뚜렷해졌습니다. 그런데, 대호황을 찬양하는 데에 정신이 팔린 부르주아 이데올로그들이

---

5) '저유가'와 '저달러', '저이자율'이라는 3가지 유리한 조건에 의해서 조성된 호황이라는 인식에서 붙여진 명칭. 이러한 인식 자체가 물론 공황이 주기성을 갖는 것처럼, 아니 바로 공황이 주기성을 갖고 있기 때문에 그에 이어지는 국면인 호황 역시 주기성을 갖는다는 사실에 대한 인식의 부재를 드러내는 것입니다. 또한 위 '3저' 중에 '저달러'는 특히 잘못된 인식의 표현이었습니다. 생각해보십시오. 당시 미국은 한국 자본주의에 있어서는 최대의 수출시장으로서 총수출의 약 25% 정도가 미국으로의 수출이었는데, 정말 달러 시세가 약세였다면, 대(對)미 수출기업의 채산성과 교역조건을 악화시키면서 오히려 수출에, 따라서 한국 경제의 경기상승에 악조건을 형성하지 않았겠습니까? 당시 말하던 '저달러'란 사실은, 1985년 9월의 이른바 '플라자 합의'에 의해 형성된 일본 '엔'화 시세의 급격한 강세와 그 강세기조를 가리키는 것이었습니다. 엔화의 급격한 강세로 국제시장, 특히 미국이나 유럽에서 일본제 상품의 가격이 급등하고, 그 때문에 그 상품들의 경쟁력이 타격을 받으면서 그 반사이익의 상당 부분을 한국의 자본이 누렸던 것입니다. 달러와 한국의 원화의 시세에서는 당시에도 여전히 '고달러'였습니다.

야 그렇다 치더라도, 소위 '진보적' 이론 진영, 혹은 노동운동 진영의 어느 누구 한 사람도 당시의 그러한 경제정세의 성격을 명확히 규정하고 나서지 않았습니다.

"한국 경제가 이제 궤도에 올랐다"는 부르주아적 선전에 역시 영혼을 팔고 있었기 때문일 것입니다.

그리하여 1989년 벽두에 어쩔 수 없이 여러 모로 부족하고 몰인품한 제가 나서지 않을 수 없었습니다. 당시의 증권시세와 부동산 가격의 대폭등을 '한국 경제가 지속적인 호황의 궤도에 오른' 증거로 내세우는 저들의 주장에 맞서, 그것들의 대폭등은 거대한 투기붐의 결과로서, 이는 과잉생산으로 자본의 이윤률이 극도로 낮아진 데서 연유하는 것이며, 따라서 한국 자본주의에 '공황이 임박'했음을 의미하는 것이라고 지적했던 것입니다.6) 그때나 지금이나 발달한 자본주의적 생산체제로서의 한국 경제가 '궤도에 올라 있는 것'은 확실하지만, 그 궤도는, 결코 저들이 주장하던 '지속적인 호황'의 그것이 아니라, 나락으로 질주하는 롤러코스터(roller coaster)의 그것이기 때문입니다.

당연히 바로 이어서 1989년 2/4분기부터 실제로 심대한 공황이 엄습했고, 이에 자본은 "총체적 위기"니, "산업구조조정"이니 하고 요란을 떨면서 노동자・농민 등 인민대중의 더욱 가혹한 희생을 요구했습니다.

그런데, 당시 제가 그렇게 공황이 임박했음을 얘기하고 그 후 이어진 "총체적 위기" 혹은 "산업구조조정" 국면의 성격을 공황으로 규정하자, 지금은 한신대학교의 경제학 교수로 계신, 당시 '진보' '한국사회과학연구소'의 정건화 등이 '진보적 정세・이론지' ≪동향과 전망≫에 그것을 '파국론'이라고 비난하면서, "현대자본주의의 축적위기는 국가의 개입으로 공황(Crisis)으로 전개되지 않는다"(정건화의 표현 그대로)라고 선언하고 나섰습니다.

말하자면, "현대 자본주의에는 위기는 있지만 국가의 효과적인 정책개입으로 더 이상 공황은 없다", "자본주의적 생산에 더 이상 파국은 없다"고 하

---

6) 참고로, 뒤늦게 1991년에 강모 교수가, "자본의 이윤률이 낮아지는 것은 공황에 의한 것, 즉 공황의 결과이지, 공황의 원인이 아니다"라는 '비판'을 제기해왔지만, 그의 그러한 빗나간 '비판'은 단지 그가 공황도, 투기도, 이윤률의 저하 원인도 전혀 이해하지 못하고 있었다는 것만을 드러낼 뿐입니다.

는, 싸구려 코메디, '국가독점자본주의 영구번영론'을 주장하고 나선 것입니다. 그리고는 당시의 정세 성격은 공황 국면이 아니라 "산업구조조정 국면일 뿐"이라는 것이었습니다.

물론 그러한 주장, '비판'은 정건화 혼자만이 아니었습니다. 당시 정건화와 '한국사회과학연구소'를 같이하던 '진보적 경제학자들', 구체적으로는 임휘철, 정태인(노무현 정권에서 청와대 비서관을 지내다 특정 자본 지원 압력 사건으로 그만두게 되는 인물) 같은 자들도 논전에 가세했습니다.

하지만, 당연한 일이지만, 상황은 그들의 원망(願望)을 배반해서 진행되었고, 나중에 그들은 "공황이 아니라 소공황" 운운하는 옹색한 변명, 또 하나의 저질 코메디를 늘어놓을 수밖에 없었습니다.

사회적 생산의 수축 국면으로서의 공황

그들이 그렇게 "위기는 있지만 더 이상 공황은 없다"라든가, '파국론' 운운할 때, 사실 그들은 자본주의적 산업순환에 대한 자신들의 철저한 무지를 드러내고 있었습니다. 그들은 공황을 자본주의적 산업순환 상에 주기적·필연적으로 나타나는 일정 국면으로 파악하는 대신에, 그것을, 말하자면, '정상적인 산업순환'의 한 국면과는 다른 국면, 산업순환의 일정 국면이 '정상적인 순환'으로부터 '파국적으로' 괴리된 국면 정도로 이해하고 있었던 것입니다.

공황이 산업순환상의 한 국면이라는 것조차 몰랐을 뿐만 아니라, 놀랍게도, 분명 경제위기가 곧 공황이란 사실조차 몰랐던 것입니다.

자본주의적 산업순환의 제 국면을 간단히 그리면, 다음과 같습니다.

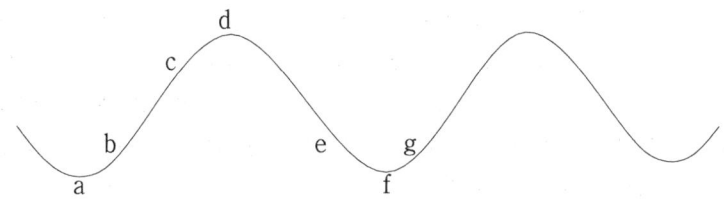

그런데 저들에게 이러한 순환곡선을 제시하면서, 이 곡선 상에서 '공황' 국면은 어디냐고 물으면, 그들은 필시 "경기순환이 이 곡선처럼 표현되는 한,

공황은 없다"고 대답했을 것입니다. 실제로 정건화 등이 "위기는 있지만, 더 이상 공황은 없다"며, '파국론' 운운했을 때, 그들은 지점 a나 f가 한없이 밑으로 떨어져 있어야 '파국'이고 '공황'인데, 현대 자본주의에서는 그렇게 한없이 떨어지도록 국가가 내버려두지 않는다는 것을 말하고자 했던 것입니다.

2007년 하반기부터 전개되기 시작했고, 월스트리트의 5대 투자은행의 하나였던 리먼브라더스(Lehman Brothers)의 2008년 9월 파산 사태를 계기로 부르주아 이데올로그들 역시 공황 혹은 대공황에 대한 인식에 많은 변화가 있긴 하지만, 부르주아 이데올로기, 부르주아 경제학이 위력적으로 지배하고 있는 이 사회에서는 아직도 많은 사람들이 그렇게, 즉 지점 a나 f가 한없이 밑으로 떨어져 있어야 '파국'이고 '공황'이라고 생각하기 쉬울 것입니다.

그러나 위 그림의 지점 a 혹은 지점 f의 국면, 혹은 좀 더 넓게는 e→f→g의 국면은 그것이 아무리 밑으로 떨어져 있어도, 공황이 아니라, '침체' 국면일 뿐입니다.

그러면 '공황' 혹은 '위기'는 어느 국면인가?

다름 아니라 d→e→f의 국면이 공황 혹은 위기, 파국입니다. 왜냐하면, 공황 혹은 위기 혹은 파국이란, 사회적 재생산의 급격한 중단이며, 과도하게 팽창한 생산이 경련을 일으키면서 축소·수축되는 국면이기 때문입니다. 산업순환이 지점 d에서 지점 e로 이행하는 이 생산의 축소·수축 과정은, 경제적으로뿐만 아니라, 사회적·정치적으로도 팽팽한 긴장과 대립을 불러일으키면서 자본주의적 생산체제의 위기, 즉 공황을 조성하게 됩니다. 왜냐하면, 이 **생산의 축소·수축**은, 종이 위의 도표가 하향곡선을 그리거나 통계 숫자가 줄어드는 것처럼 무감동하게 이루어지는 것이 아니라, 예컨대, 우리가 지난 1997년 말 이후 절절하게 겪은 것처럼, 그리고 2007년 후반기 이후 자본주의 세계경제 전체가 절절하게 겪었으며, 사실은 대략 10년을 주기로 절절히 겪고 있는 것처럼, 그 생산의 축소 혹은 수축은 **수많은 기업과 자본이 파산하거나 조업을 단축하고, 그에 따라 수많은 노동자들과 파산한 자본가들, 소부르주아들이 길거리로, 길거리로 내몰리면서** 전개되기 때문입니다.

공황이란 이렇게 호황기와 번망기를 통해서 확대되었던 생산이 수축되는 과정 그것이기 때문에, "현대 자본주의에는 산업순환 혹은 경기순환은 있지만, 공황은 없다"는 식의 부르주아적 관념은 사실은 기만적인 허위 이데올로기, 저질의 코메디일 뿐입니다.

참고로, 위 그림의 b→c 국면은 ≪자본론≫에서는 '중위(中位)의 호황'이라 불리는 국면으로서 경제가 힘차게 호황으로 내닫는 국면인데, 이북에서는 이를 아주 역동적으로 '활기증진기'(活氣增進期)라고 번역하는 것 같더군요. 그리고, c→d는 호황말기 국면으로서 일반적으로 '번망기'(繁忙期), 그러니까 번성하고 바쁜 때라고 불립니다. 부르주아들이 "이제 (장기호황의) 궤도에 올랐다"며, 영구번영의 환상에 빠지는 때도, 앞에서 말씀드린 것처럼, 바로 이 시기입니다. 그러나, 이 역시 아까도 말씀드렸듯이, 그 바로 코앞에 공황이 있습니다. 그것이 바로 자본주의적 생산의 운동법칙, 그 산업순환입니다.

아무튼 그리하여 근대 자본주의 경제는 대략 10년을 주기로 '중위의 호황(활기증진기) → 번망기 → 공황(위기) → 침체 → 중위의 호황 → …'의 순환을 거듭하는 것입니다.7) 물론 그 순환이 거듭될수록 더욱 거대하고 격렬한 그것으로 '성장'하면서, 그리하여 이윽고 종국적인 파국을 맞을 때까지.

'구조조정' 소동의 원인은 이윤률의 하락

1989년과 1990년, 공황 국면의 한 가운데에서 저들이 "공황이 아니라 산업구조조정 국면"이라고 강변했던 데에 대해서도, 그러한 인식이 과연 무엇을 반영하고 있었는가를 볼 필요가 있습니다.

실제로 1988년 후반기 이후가 되면 국가와 자본은 '산업구조조정' 운운하면서 소란을 피웁니다. 그리하여 저들 정건화 등은 직접적으로는 그 소란을 받아서, "산업구조조정 국면일 뿐이다" 운운했던 것입니다.

문제는, 그러면 자본은 어떤 조건에서, 왜, 대거 '구조조정'에 나서는가 하는 것입니다. 그것은 한 마디로 이윤률의 하락으로 심한 압박을 받기 때문에 그런 소동을 피우는 것입니다. 번망기, 즉 호황 말기가 될수록 생산이 과잉 확대되고, 그리하여 생산과 소비 간의 모순이 격화되어 가면서, 특히 생산력이 상대적으로 뒤떨어지는 생산수단과 노동조직을 가진 자본들은 그 이윤률이 심하게 하락하게 됩니다. 그리고 이 이윤률 하락을 견디다 못한 자본들이

---

7) "대공업의 가장 결정적인 부문들에 있어서는 이 생명순환주기(Lebenszyklus)는 지금 평균 10년이라고 추정할 수 있다."(≪자본론≫, 제2권, *MEW*, Bd. 24, S. 185.)

하나 둘 파산해가다가, 자본 상호 간의 산업연관과 신용의 연쇄 때문에 대대적인 파산으로 폭발하는 것, 그것이 바로 공황입니다.

바로 그 때문에 호황 말기가 되면, 이윤율의 하락을 벗어나고 상품의 경쟁력을 높이기 위해서 자본은 으레 '(산업)구조조정'이라는 부산을 떨기 시작하고, 공황기에 가장 격렬한 '구조조정'이 이루어지게 됩니다. 이미 19세기부터 그랬습니다.

1988년 하반기 이후 한국 자본주의의 동태는 전형적으로 그러한 이윤율 하락에 기인한 것이었습니다. 그리하여 한편에서는 투기붐이 일어 주가 및 부동산 가격이 폭등했고, 다른 한편에서는 '산업구조조정'이라는 이름으로, 석유와 가스에 밀려 이윤율의 심한 압박을 받던 석탄산업 등, 이른바 '사양산업'이 '정리', 즉 대대적으로 폐쇄되는가 하면, 봉제·신발·완구 등등 중소기업형의 산업들은 저임금을 찾아 대거 동남아시아로 그 생산기지를 옮기기 시작했습니다.

그러므로, 예컨대 1989년이 '산업구조조정 국면'인 것은 맞지만, 저들처럼 "공황이 아니라 (산업)구조조정 국면"이라고 주장하는 것은 맞지 않습니다. 1989년 2/4분기 이후는 바로 공황기였고, 바로 그 때문에 어느 때보다 활발히 (산업)구조조정이 이루어지던 시기였던 것입니다.

맑스는 자본의 회전과 관련하여 그 고정성분(고정자본)에 대해서 논하면서, "자본이 투하되는 시기는 아주 다양하다"고 말하면서도 동시에 "하지만, **공황은 언제나 대대적인 신규투자의 출발점을 이룬다**"[8]고 말하고 있습니다. 그리고 또한 그는, "경쟁전(競爭戰)은, 특히 결정적인 변혁의 경우, 낡은 노동수단들을 그것들의 자연적 수명이 끝나기 전에 새로운 것들로 교체하도록 강제한다"며, "**공장설비(Betriebsgerät)의 이러한 조기(早期) 갱신을 보다 더 거대한 사회적 규모로 강제하는 것은 주로 파국, 즉 공황이다**"[9]라고도 말하고 있습니다. 다름 아니라, 특히 공황기에 활발하게 이루어질 수밖에 없는 설비 갱신, 요즘 말로 하자면, '산업구조조정'을 지적하고 있는 것입니다.

---

8) 《자본론》, 제2권, *MEW*, Bd. 24, S. 186.
9) 《자본론》, 제2권, *MEW*, Bd. 24, S. 171. (채만수 역, 제2권, 제2분책, p. 261.)

2. 공황의 원인에 관한 견해들 (1)
── 천박한 공황 원인론들

자본주의적 생산의 위기, 즉 공황은 생산의 사회적 성격과 전유(專有)의 사적 성격이라는 자본주의적 생산의 기본모순의 폭발인데, 그 직접적 원인을 둘러싸고 여러 주장이 제출되어 있습니다.

우선 가장 천박한, 그러나 저간에 우리 사회에서 크게 목소리를 높이고 있던 주장들부터 들어봅시다.

1) 경제위기 노동자 책임론

어떤 사회의 "물질적 생산을 위한 수단들을 마음대로 할 수 있는 계급은 그와 동시에 정신적 생산을 위한 수단들을 마음대로 할 수 있기" 때문에 "지배계급의 사상은 어느 시대에나 지배적인 사상"입니다.[10] 그 때문에 그 어떤 공황 원인론보다도 가장 시끄러웠던 것은, 노동자계급에 대한 지배 독점자본가계급의 주요 이데올로기 공세로서의 '경제위기 노동자 책임론'이었습니다.

1996년과 97년은 경제위기 논쟁이 활발히 일어났던 시기입니다. 1996년 하반기로 접어들면서 정부와 자본 측이 경기 국면의 성격을 '경제위기'라고 규정하면서 노동자계급을 향한 공세를 강화했기 때문이었습니다.

하지만, 1997년 하반기, 특히 4/4분기에 외환・금융위기의 형태로 격렬한 공황이 폭발하기 전까지는, 국내총생산이 년율 6% 내지 7%로 성장하고 있었다는 저들 자신의 통계도 말해주고 있듯이, 명백히 활발한 호황기였고, 필시 생산이 과도하게 확대되던 시기였습니다. 그리하여 생산의 그러한 과도한 확대와 그에 따른 금융부담으로 자본에 따라서는 이윤률의 하락에 따른 고통을 겪고 있던 시기이기도 했을 것입니다.

또한 당시는 세계무역기구(WTO)가 성립되고, 게다가 한국은 경제협력개발기구(OECD)에 가입까지 하여 일찍이 경험한 적이 없었던 사실상의 전

---

10) K. 맑스, 《독일 이데올로기》, *MEW*, Bd. 3. S. 46.; "어느 시대에나 지배적 사상은 언제나 지배계급의 사상이었을 뿐이다."(맑스・엥엘스, 《공산당 선언》, *MEW*, Bd. 4. S. 480., 채만수 역, 《공산당 선언》, pp. 80-81.)

면적인 자유무역 시대를 맞고 있었고, 이 때문에 국내시장에서조차 기라성 같은 국제적 독점자본들과 사실상 같은 조건에서 경쟁하지 않으면 안 되게 된 재벌들, 즉 독점자본들의 위기의식이 크게 높아지던 시기였습니다. 때마침(?) 국제수지는 이미 수년째 적자를 기록하고 있었던 데다가 1995년에는 그 적자가 100억 달러를 넘었고, 1996년에는 200억 달러를 넘을 것으로 예상되던 때이기도 했습니다.

자본은 당연히 노동자계급에 대한 공세를 강화함으로써 이윤율의 하락을 극복하고, 나아가 장기적으로 노동자계급을 철저히 무력화시킴으로써 국제적으로 격화되는 경쟁전에 대비하고자 하였습니다. 그리하여 제기한 것이, 한편에서는 당시 대통령 김영삼이 1996년 5월에 발표한 이른바 '신노사관계 구상'과 그것을 구체화·제도화하기 위한 논의의 틀로서의 '노사관계개혁위원회'(통칭, 노개위)였고, 다른 한편에서는 '경제위기 노동자 책임론'이었습니다.

당시 노개위의 논의 결과는, 주지하듯이, 그 해 말 노동법의 날치기 개악으로 나타나면서 1996년 말에서 97년 초에 걸친 총파업의 직접적 계기가 되었습니다.

이른바 '신노사관계 구상'은 사실은 노동법 개악 구상이었고, 그 때문에 그 개악이 현실화될 때 노동자계급의 저항이 만만치 않으리라는 것은 충분히 예상되었습니다. '노사관계개혁위원회'란, 그리하여, 그 구상을 구체화하되, 그 과정에 조직노동자의 상층부를 끌어들임으로써 그에 대한 저항을 다소라도 무력화시키기 위해 고안된 장치였던 것입니다.

그리고 국가와 자본에게는 이 노개위 외에, 예상되는 노동자계급의 저항에 대비한, 그 저항을 무력화시킬 또 하나의 장치가 필요했습니다. '경제위기 노동자 책임론'이 바로 그것이었습니다.

그리하여 국가와 자본, 그리고 그들의 언론은 당시를, 그러니까 1996년 중반기부터를 경제위기('공황'이라는 말은 역시 애써 피했습니다.)로 규정하면서, 1987년 노동자 대투쟁기에 그랬던 것처럼, 그 원인과 책임이 노동자들의 고임금과 잦은 파업에 있다고 떠들어 댔습니다.

'진보적 지식인들'의 상황 인식

이러한 상황에서 진보적 지식인들이나 노동운동 진영의 대응은 마땅히, 우선 산업순환 국면상의 당시의 성격을 명확히 밝히는 것이어야 했고, 그리고 무엇보다도 경제위기, 곧 공황의 원인을 과학적으로 밝히는 것, 즉 공황은, 자본주의적 생산에 내재한 모순의 폭발인 것이지, 결코 노동자계급의 임금인상이나 파업에 그 원인이나 책임이 있는 것이 아님을 통렬히 폭로하는 것이어야 했습니다.

그러나 유감스럽게도 당시 대부분의 대응은 결코 그렇지 못했습니다.

경기 국면의 성격에 대해서는 정부와 자본 측의 주장, 즉 위기라는 주장을 무비판적으로 받아들인 바탕 위에서, 위기의 원인과 '책임' 논쟁을 벌인 것, 그것도 극히 비과학적이고 여러 경우 실로 코메디스러운 논쟁을 벌인 것이 당시의 주요 대응이었습니다.

당시 저는 감히, "연간 평균 경제성장률이 6% 내지 7%에 이르는 현 상황은 결코 경제위기 국면일 수 없다"는 의견을 제시했는데, 당시의 지배적 담론에 비추어보면 생뚱스럽기까지 했던 이러한 의견은 당연히(?) 수많은 '진보적' 경제학자들과 기타 논객들의 호된 비판을 불러왔습니다. 게다가 1997년 말에 저 악명 높은 'IMF 사태', 곧 격렬한 외환·금융위기가 폭발하자, "봐라! 경제위기가 아니라더니, 경제위기였지 않은가!" 하고 목소리를 높이는 사람조차 나타났습니다.

대표적으로 저 유명한 '마르크스주의 경제학자' 정성진 교수님께서는 2005년 말에 출간한 저서에서,[11] 제가 계간지 ≪이론≫ 1997년 여름호에 발표한 글로부터 다음과 같이 인용합니다.

> 우선 경제위기가 강조되고 있는 지난해 여름 이후 현재까지의 한국 경제의 상황은, 현대의 자본주의적 생산의 항상적·만성적 위기를 별도로 한다면, 그것을 특별히 경제위기로 규정할 만한 어떤 객관적 지표도 보여 주지 않고 있다. ... 그러면 1996년 이후 현 상황은 과연 '경제위기'인가? 결코 아니다. ... 현 시기의 '경제위기' 설은 객관적 사실과 부합하지 않는 자본의 허위 이데올로기이다.[12]

---

11) 정성진, ≪마르크스와 한국경제≫, 책갈피, 2005, pp. 193-194의 미주 26.

그러고는 이를 가리켜, "이제는 오류로 판명된 … 주장"13)이라고 규정하고 있습니다.

정성진 교수 자신이 책의 '머리말'에서 밝히는 바에 의하면, 정 교수의 이 글은 애초에 1998년 5월에 발표되었습니다.14) 따라서 그가 "이제는 오류로 판명된 …" 운운할 때, "이제"란, 1997년 4/4분기에 외환・금융위기의 형태로 경제위기가 폭발한 후를 가리킵니다.

그리하여 "이제는 오류로 판명된 … 주장"이라는 그의 논증은 무척 흥미롭습니다. 왜냐하면, 1996년 이후가 경제위기 국면이었다는 자신의 주장이 정당했고, 그렇지 않았다는 저의 주장이 오류였다는 것이 입증되었다는 근거 혹은 논거가, '경제위기' 논쟁이 벌어졌던 1996년 중반부터 1997년 전반기까지의, 즉 저 외환・금융위기가 폭발하기 전까지의 한국 경제의 상황 및 그것을 진단하는 이론을 둘러싼 논쟁의 결과가 아니라, 1997년 4/4분기에 폭발한 외환・금융위기이기 때문입니다.

그러나 생각해봅시다.

1997년 10-11월에 문제의 외환・금융위기가 폭발하기 전과 후 한국 사회의 경제적・사회적, 그리고 정치적 상황은 그야말로 극적으로 달랐습니다. 그리고, "현 시기가 경제위기 국면인가, 아닌가" 하는 논쟁이 벌어졌던 시기는, 1997년 4/4분기에 외환・금융위기가 폭발하기 훨씬 전인 1996년 중반에서 1997년 전반기였습니다.

그렇다면, 1997년 4/4분기에 폭발한 경제위기와 그에 의해 조성된 경제적・사회적 상황은 그 이전인 논쟁 시기, 그러니까 1996년 중반 이후 1997년 전반기까지가 경제위기 국면이었다는 것을 입증하는 근거가 되는 것입니까, 아니면 경제위기 국면이 아니었음을 입증하는 근거가 되는 것입니까?

미치지 않고서야, 다시 강조하지만, 미치지 않고서야, 참으로 극적으로 다

---

12) 채만수, "현시기 경제 상황의 성격과 노동조합 운동", ≪이론≫ 제17호(1997년 여름호), pp. 217, 227, 236.

13) 정성진, 같은 책, p. 176.

14) 그는 이 글에 대해 스스로, "지금도 인터넷상에서 많이 돌아다니고 있는 'IMF 위기' 이후 진보진영의 대표적 논쟁 문건의 하나"(같은 책, p. 10)라며 자부심을 표현하고 있습니다.

른 상황을 보면서 사후적으로라도, "아하, 그때는 위기 국면이 아니었구나" 하고 말해야 옳을 것입니다. 정말 미치지 않고서야, 전적으로 다른 두 상황을 보면서 그것들이 마치 동일한 것이기라도 한 것처럼, "봐라, 경제위기였지 않은가!"라고 떠들어댈 수는 없을 것입니다.

정성진 교수님은 유난히 아무런 유보 없이 부르주아 경제통계들을 들어 자신의 주장을 '입증'하기를 즐기시는, 자칭 "고전 마르크스주의" 경제학자, 혹은 자칭 "진정한 마르크스주의 전통의 수호자"15)이십니다. 그런데 그렇게 부르주아 경제통계들을 무비판적으로 들이대면서 자신의 주장을 '입증'하기를 즐기는 그가, "주류경제학자들은 물론 진보진영의 경제학자들조차 대부분 세계화와 'OECD 가입' 등으로 들떠 있던 1997년 당시 거의 유일하게 파국의 임박을 예측한 논문"이라는 글에서도, "1997년 'IMF 위기'의 원인을 둘러싸고 재연된 우리나라 진보진영 내부의 논쟁을 비판적으로 개관한 것으로서" "지금도 인터넷상에 많이 돌아다니고 있는 'IMF 위기' 이후 진보진영의 대표적 논쟁문건의 하나"16)로 1998년 5월에 발표했다는 글에서도, 유독 1996년이나 1997년의 산업생산이나 국내총생산 등의 증감에 관한 통계는 어느 것 하나 제시하지 않습니다. 왜 그럴까요? 흥미롭지 않습니까?

그러면서, "1996년 불황"17)이니, "1996년부터 본격화된 주기적 공황"18)이니 하고 왜장쳐대고 있습니다.

물론 그가 그렇게 왜장칠 때, 즉, 예컨대, "1996년부터 본격화된 주기적

---

15) 정성진, 같은 책, p. 11.
16) 이상, 같은 책, p. 10. 그러나 당시에는, "주류경제학자들은 물론 진보진영의 경제학자들조차 대부분 세계화와 'OECD 가입' 등으로 들떠 있던" 게 아니라, "주류경제학자들은 물론 진보진영의 경제학자들조차 대부분" 경제위기 상황이라고 우겨대고 있었습니다. 그리고 정 교수 스스로도, "1993-1995년 경기가 다시 과열됐지만, 이는 1995년 말 곧 종식됐으며, 1996년 들어 경기침체가 가속화되면서[이는 물론 사실이 아니라 정 교수 등의 환상에 불과하지만: 인용자] 한국 경제의 '총체적 위기'가 다시 운운되고 있다"(같은 책, p. 140)고 말씀하고 계신 것처럼, 그 역시 "당시 거의 유일하게 파국의 임박을 예측한" 것이 아니라 당시를 경제위기 상황이라고 떠들고 있었습니다. 그렇다면, "당시 거의 유일하게 파국의 임박을 예측"했다고 떠드는 것은 허위 포장도 너무 과한 허위 포장, 사기도 너무 지나친 사기가 아닌가요?
17) 같은 책, pp. 138, 139 등.
18) 같은 책, p. 179.

공황" 운운할 때, 그것이, 다름 아닌, 자기 자신의 다른 발언, 즉 자신이 "1997년 당시 거의 유일하게 **파국의 임박을 예측**"했다던 발언과 정면으로 충돌한다는 사실조차 인식하지 못한 채, 그는 그렇게 떠들어대고 있습니다.

아무튼 그렇게 자본 측의 지식인들이나 소위 '진보적 지식인들', 혹은 노동운동을 지원하는 지식인들 대부분이, 사실상 너나 할 것 없이, 당시의 산업순환상의 국면의 성격을 '경제위기'라고 규정하면서, 그 원인과 책임을 찾고 추궁하기에 바빴는데, 그 가운데 참으로 기발한, 그러나 따로따로 특별히 논할 가치 따위는 전혀 없는 몇 가지 설을 간단히 소개하자면 이렇습니다.

(1) 체감경기에 기초한 위기설 (한국은행장을 지낸, 박승 당시 중앙대학교 경제학 교수)

'지표경기', 즉 통계가 보여주는 여러 지표에 의하면 경제위기라고 할 수 없지만, 이른바 체감경기(體感景氣)에 의하면 경제위기임에 틀림없다는 주장. ─ 과학은 감각이다!

(2) 천천히 달리는 자전거 전복 위기설 (장상환 교수)

연률 6% 내지 7%의 비율로 성장하고 있기 때문에 다른 나라 같으면 경제위기가 아니지만, 한국 자본주의의 경우 고율성장 체질이라서, 빠른 속도로 달리던 자전거가 천천히 달리면 넘어지는 것처럼, 연률 6% 내외의 성장도 한국 자본주의의 경우에는 경제위기라는 주장. ─ 한국 자본주의는 빨리 달려야 하는 자전거다!

(3) 포스트 포드주의로의 이행지체설 (강신준 교수)

선진 자본주의 국가들의 경우 주요 산업부문이 모두 포스트 포드주의적 생산방식으로 생산방법을 바꾸었으나, 한국 경제의 경우 조선업 등 주요 산업부문이 아직도 포드주의적 생산방식을 탈피하지 못했기 때문에 경제위기에 처했다는 주장. ─ 한국에서는 대형 선박도 포드주의적으로 건조되고 있다!

어떻습니까? 참으로 더없이 과학적이고, 참으로 더없이 창발적(創發的)인 주장들 아닙니까?

박승 교수야 본래 내놓은 자본의 이데올로그, 자본의 대변자이니까 그렇다 칩시다. 그런데 유감스럽게도 이는, 명색이 노동자계급 운동을 지지·지원한다는 '진보적 교수들', '진보적 지식인들'조차 자본이 노동자계급을 공격하기 위해서 유포하고 있던 허위의 이데올로기를 장식하기 위해서 얼마나 치열하게 노력하고 있었던가를 보여주는 장면입니다. 혹은, 그들이 사실은 어떤 계급의 이익을 위해 봉사하고 있는가를, 혹은 적어도, 그들의 이론이 어떤 계급의 그것에 기초하고 있는가를 보여주고 있는 장면입니다.

1996년 하반기의 경제상황과 언론

당시 자본 측이, 그리고 그들을 좇아 '진보적 지식인들' 역시, 얼마나 자신들이 무슨 소리를 하고 있는지조차 모르면서 앞뒤도 안 맞는 '경제위기'를 떠들어대고 있었던가는, 예컨대, 다음과 같은 사실에서도 명백할 것입니다.

1996년 10월 1일자 각 신문과 TV, 라디오 등 대중매체는 전날인 9월 30일에 한국은행이 발표한 "가계 소비 동향 분석"을 인용하여, "전 소득계층으로 확산되고 있는 과소비 풍조"를, 즉 과대소비 풍조를 한탄하고 있습니다. 《동아일보》를 예로 들어 보자면, 이를 커다란 상자 기사로 다루면서, "과소비 ... '분수를 모른다'"는 제목 하에 "경기침체에도 불구하고, 과소비 현상이 전 소득계층으로 확산되고 있다"는 말로 기사를 시작하고 있습니다.

그리하여 당시 저는 이렇게 쓴 바 있습니다.

> 경기 침체에도 불구한 과소비 현상이라?! 자본주의 경제에서 '경제 위기' 혹은 '경제 침체'라는 규정과 '과소비' 혹은 '소비 확산'이란 규정은 공명할 수 있는 개념이 아니다. 적어도 한국 자본의 이데올로기와 그 대변자인 한국의 언론에서가 아니라면, 도저히 동일한 경기 국면을 규정하는 개념일 수 없는 것이다.[19]

또한 같은 해 10월 3일에 통계청이 발표한 "8월 중 산업 활동 동향"에 의하면, 그 전 해의 같은 기간에 비교한 7월의 산업 생산 증가율은 8.1%, 8월의 그것은 8.2%였습니다. 그리고 8월의 제조업 평균 가동률은 83.5%로서, 경제위기라는 규정을 받지 않았던 1995년도의 평균 82.4%보다 높습니다.

---

19) 채만수, "'경제위기'설과 '경제위기-노동자 책임'론", 《현장에서 미래를》 제15호, 1996년 11월, p. 20.

또한 같은 자료에 의하면, 8월의 실업률도 1.9%(소위 계절 조정치로는 2.0%)였습니다.[20]

그리하여 저는 역시 이렇게 썼습니다.

> 산업의 연 증가율이 8%를 넘고, 제조업 가동률이 비위기(非危機) 시기를 넘는 경제위기! 게다가 부르주아 경제학이 '완전 고용'이라고 주장하는 실업률 1.9%의 경제위기! ─ 참으로 한국 자본의 이데올로기와 그 대변자인 한국 언론의 무지(?) 혹은 뻔뻔스러움이 아니라면, 도저히 상상도 못할 경제위기 규정이다.[21]

그런데 이러한 통계와 자본 측의 이러한 뻔뻔스러운 주장이 난무하는 것을 보면서도, '진보적임'을 자부하는 경제학자들 역시 "경제위기다"라고 소리치고 있었고, 심지어 오늘날에 이르러서까지, 아까 본 정성진 교수의 예처럼, "봐라, 경제위기였지 않으냐!" 하고 소리치고 있는 것입니다.

1997/98년의 경제위기와 '국민들의 사치·방탕 원인론'

한편, 노동자들의 '고임금'과 나태(파업)가 경제위기의 원인이라는 주장은, 1997년 4/4분기에 경제위기가 외환·금융위기라는 형태로 폭발하자, 말하자면 '국민들의 사치·방탕 원인론'이라고 할 수 있는 형태로 그 모습을 바꾸어 나타났습니다. 성격상 가장 천박하면서도 가장 대중적 호소력을 가졌던 주장인데, "현재의 위기는 우리 국민이 분수를 모르고 흥청망청한 데 있기 때문에, 이제부터라도 '뼈를 깎는 고통으로' '허리띠를 졸라매어' 위기를 극복하자"는 것이 그 요지였습니다. 당시 독자들이 신문·방송을 통해서 거의 자나 깨나 들었던 내용입니다.

---

20) 물론 저는 여기에서 이들 통계치들이 그 자체로서, 즉 '절대적으로' 옳다든가, 사실 그 자체를 반영하고 있는 것이라고 주장하는 것이 결코 아닙니다. 특히 실업률 통계는, 여러 차례 강조해온 것처럼, 소위 "통계적 여과과정"을 거친 것, 즉 엄청나게 축소·은폐된 것임에 틀림없습니다. 그럼에도 불구하고 이 논의에서 이들 보도, 이들 통계치들을 들어 저들의 주장에 반론하는 것은 타당한데, 이는 그들 통계가 1995년의 그것이나 1996년 7월 혹은 8월의 그것이나 동일한 원칙, 동일한 기준에 의해서 작성된 그것일 것이기에 그 변화 추이를 보여주기 때문입니다.

21) 채만수, 같은 글, pp. 20-21.

이러한 주장에 의하면, 국민들의 "분수를 모르는 짓거리들"[22]에 위기의 원인이 있기 때문에, 그러한 원인을 제공한 '국민'(이 경우, 사실은 노동자계급)에게 '뼈를 깎는 고통'을 요구하는 것은 당연한 것으로 됩니다.

그러나, 말하자면 이른바 '과(대)소비'가 경제위기, 즉 공황의 원인이라는 이러한 주장은, 방금 본 것처럼, 이론적으로 터무니없을 뿐 아니라, 우리가 눈을 들어 조금만 넓게 보면 무언가 앞뒤가 맞지 않음을 금방 알 수 있습니다. 예를 들면, 이웃 일본의 경우도 당시, 형태는 다르지만, 거대 은행이나 증권회사들이 잇달아 도산하는 등, 엄청난 금융·경제위기를 겪고 있었는데, 일본 정부는 어떻게든 국민의 소비를 증대시키는 데에서 위기 극복의 길을 찾으려 안간힘을 쓰고 있었고, 그러한 사실이 국내에도 널리 보도되고도 있었습니다. 또한, 1930년대의 대공황기에 확립된 '위기 극복책', 혹은 '위기 완화·예방책'으로서의 케인즈주의는, 주지하는 것처럼, 이른바 '유효수요'를 확대하는 것을 그 핵심적 내용으로 하고 있고, 이는 중등 교육과정에서도 널리 교육되고 있는 사실입니다.

이렇게 본다면, 위기의 원인을 국민의 "분수를 모르는 짓거리들"로서의 과잉소비에서 찾았던 주장, 넓게는 '경제위기 노동자책임론'은 위기의 원인을 객관적으로 찾고 있었다기보다는, 노동자계급에 대한 독점자본의 착취를 강화하기 위한 목적론적인 논의라고 할 수 있습니다. 그러나 물론 그것은 동시에 자본주의적 생산과 소비 간의 모순을 더욱 격화시키는, 자기모순적인 논의일 뿐입니다.

실제로 1998년 이후 급격한 수요의 위축으로 산업생산이 더욱 위축되어 위기가 더욱 심화되어 가자, TV에 인상 좋고 입담 좋은 한 코메디언을 동원, "너무 허리를 졸라매는 것도 국가경제에 좋지 않다"며 소비 진작운동을 펼쳐 댔던 것을 기억하실 것입니다.

'경제위기 노동자 책임론'과 관련하여 마지막으로 간단히 언급하고 싶은

---

[22] "요즘 우리나라가 겪고 있는 일도 크게 보면 자만심에서 비롯한 자업자득이다. 집사치, 옷사치, 차사치, 외식사치, 해외여행사치 등 분수를 모르는 짓거리들이 이어졌다." (이봉수, "한국 꼴 난다", ≪한겨레≫, 1997. 11. 26. <https://www.hani.co.kr/arti/legacy/legacy_general/L116525.html>.) 이봉수 씨는 당시 ≪한겨레≫ 신문의 경제부장이었습니다.

것은 소위 '영국병'에 관한 것입니다.

뒤에서 신자유주의와 관련하여 다시 언급하겠지만, 영국의 마가렛 대처(Margaret Hilda Thatcher)는, 1979년부터 1990년까지 수상직을 역임하면서 극악한 노동자 탄압정책과 노골적인 독점자본 이익 위주의 정책을 일관함으로써, 주지하는 바와 같이, 자본의 이데올로그들에 의해서 '철(鐵)의 여상(女相)'으로 칭송받고 있는데, 그의 대표적인 공적의 하나로 꼽히는 것이 이른바 '영국병'의 치료입니다. 노동자들의 만연한 파업, 즉 이른바 '영국병'을 분쇄함으로써 영국을 경제위기로부터 구했다는 것입니다.

그런데, 그녀가 노동자들의 파업, 특히 1984년의 저 유명한 탄광노동자들의 파업을 잔인하게 분쇄하고 영국 노동자들의 투쟁을 무력화시킨 것은 사실이지만, 그렇다고 해서 그로써 그가 영국을 경제위기로부터 구한 것은 물론 결코 아닙니다. 노동자들의 만연한 파업이 영국을 경제위기로 몰아넣는 '영국병'이라는 독점자본의 선전 자체가 바로 허위의 '경제위기 노동자 책임론'일 뿐이어서 결코 진실이 아닐뿐더러, 노동자들의 투쟁을 무력화시켜 임금·고용 등의 노동조건들을 악화시킴으로써 경제위기, 즉 과잉생산 공황을 모면할 수는 결코 없기 때문입니다. 예컨대, 비근하게 영국은 2007년 하반기에 엄습한 대공황에 의해서 어느 나라보다도 심대한 타격을 받은 나라들 가운데 하나였고, 특히 2010년 봄에 재정위기가 폭발한 그리스를 위시한 남부 유럽 국가들에 못지않은 급격한 재정적자를 기록했는데, 재정적자의 이러한 급격한 증대는 물론 주로 국가독점자본주의적 공황구제 때문이었습니다. 즉, 저 철의 여상 대처의 노동자 파업 무력화가 결코 영국을 경제위기로부터 구체하지 못했다는 증거였습니다.

대처의 공적은 사실은, 이른바 '영국병'의 치유와 그를 통한 영국의 번영이 아니라, 신자유주의의 일반화, 그 중에서도 특히 노동자 대중의 빈곤의 심화입니다.

2) 경제위기 재벌 책임론

'경제위기 노동자 책임론'에 대한 범노동운동 진영의 인기 있는 대응은 '경제위기 재벌 책임론'이었습니다. 그런데 인기 높았던 이 '경제위기 재벌 책임론'을 저는 몰인품하게도 감히 '조건반사적 대응'이었다고 평가합니다. 자본 측의 '노동자 책임론'에 대한 되받아치기였지만, 전적으로 비과학적인 대응이고, 심지어 자해적(自害的)이기까지 한 대응이기 때문입니다.

1996년 당시 한국 경제가 '경제위기'였다는 자본 측의 주장을, 앞에서 본 것처럼, 그대로 수용한 '진보적 경제학자들'이나 그들의 이데올로기적 영향력 하에 있는 노동운동 활동가들의 '진보성'은, 그 위기의 원인을 재벌의 행태에서 찾은 데에 있었습니다. 참여연대 등 이른바 시민운동단체의 경제 이데올로그들인 '진보적' 경제학자들이나 민주노총 정책실의 일부 논자 등 노동운동 진영의 상당 부분이 주장했던 것, 그리고 그후에도 사실상 상당 기간 그들에 의해서 기회만 있으면 반복되었던 주장은, "경제위기의 책임은, 노동자들에게 있는 것이 아니라, 천민적인 재벌에 있다"는 것이었습니다. 다름 아니라, 자본과 정부 측의 이른바 '경제위기 노동자 책임론'과 투쟁하는 '경제위기 재벌 책임론'입니다.23)

경제위기의 책임은 재벌에 있다!
경제위기의 주범은 재벌이다!
경제위기의 주범, 재벌을 해체하라!

어떻습니까? 가슴이 다 후련하지 않습니까?

그러나 가슴이 후련한 것과, 경제위기의 원인이 정말 무엇인가는 전적으로 별개의 문제입니다. 이를 구별하지 못하고 가슴 후련한 것만 쫓다보면, 누군가 그걸 이용해서 은밀하게 자신들의 추악한 계급적 이익을 추구하게 됩니다.

독점자본 합리화·효율화론으로서의 재벌개혁론·재벌해체론

실제로 시민운동 단체들이나 '진보적' 경제학자들이 이른바 '경제위기 재벌 책임론'을 거론하면서 '재벌 개혁'이니, '재벌 해체'니 하는 것을 주장할

---

23) 앞에서 간단히 언급했던, 강신준 교수의 "포스트 포드주의로의 이행지체설" 또한 그 성격상 이 '경제위기 재벌 책임론'의 한 유형이라고 할 수 있을 것입니다.

때, 그들의 그러한 주장은 철저히 자본의 이익, 보다 구체적으로는 독점자본의 이익을 위한 것입니다. 저들의 '재벌 개혁론'이니, '재벌 해체론'이니 하는 것은 사실은 부정직한 '독점자본 합리화·효율화론'이기 때문입니다. 실제로, 영악하기 그지없는 저들 '진보적' 경제학자들, '진보적' 지식인들, 그 주창자들이, 자신들의 주장이 사실은 '독점자본 합리화·효율화론'임을 모를 리 있겠습니까? '노동자·민중을 위해서도 그것들이 합리화되고 효율화되어야 한다'는 선의의 포로, 허위의식의 포로일 수는 있지만 말입니다.

아무튼, 저들의 '재벌 개혁론' 혹은 '재벌 해체론'이란 그 성격상 독점자본 합리화론, 그 효율화론이기 때문에, 많은 노동자들이 멋모르고 그러한 주장에 후련함을 느끼며 그에 동조하면 할수록, 그것들은 독점자본의 이익과 헤게모니만을 강화시킬 뿐입니다.

이 천박한 자본주의 사회에서는 '재벌 개혁'이니 '재벌 해체'니 하는 주장들이 너무나도 진보적인 것으로 치부되고 있기 때문에, 그것들이 독점자본의 이익과 헤게모니만을 강화시킬 뿐이라는 얘기에 선뜻 동의하기 어려울 것입니다.

그러나 "재벌을 개혁하라"는 주장은 말할 것도 없고, 보다 과격하게(?) "재벌을 해체하라"는 주장도 그 구체적인 내용, 혹은 목표가 무엇입니까?

보다 자세한 내용은 뒤에서 독점자본을 공부할 때에 다시 하게 되겠지만, 그것은 결코 재벌을 해체하여 그것을 노동자·민중의 것으로 하자는 것도, 노동자·민중의 통제 하에 두자는 것도, 심지어 비록 부르주아 국가이지만 국가의 것으로 하자는 주장도 아닙니다. 그들의 주장은, 다름 아니라, '비효율적인' 재벌을 해체하여 '경쟁력 있는 대기업'으로 만들어야 한다는 것입니다. 결국 그러한 주장은, 독점자본을 보다 효율화시켜야 한다는 것으로서, 자본, 그것도 '대기업'이라는 말로 표현되는 독점자본의 이익을 위한 것이고, '국가경쟁력'이라는 자본의 이데올로기에 노동자·민중을 철저히 종속시키는 역할을 하고 있습니다.

한편, 저들이 재벌의 비효율성, 혹은 경쟁력 부족을 경제위기의 책임, 그러니까 그 원인으로 드는 것도, 우리가 조금만 주위를 돌아보면, 얼마나 근거 없는 것인지를 알 수 있습니다.

예를 들어, 바로 이웃 나라 일본을 한번 봅시다.

매년 연속 엄청난 무역흑자를 기록하고 있는 것에서도 알 수 있는 것처럼, 일본의 기업들, 일본의 독점자본들만큼 '효율적'이고, '경쟁력이 있는' 자본도 많지 않잖습니까? 실제로 '재벌 개혁'이니, '재벌 해체'니 하고 떠드는 자들 가운데 상당수는, "제2차 세계대전 후 일본 재벌의 해체" 운운하면서, 일본의 독점자본과 그 효율성, 그 경쟁력에 찬사를 보냅니다. 그런데 어떻습니까? 그 자본들의 그러한 효율성, 그러한 경쟁력에도 불구하고, 일본은 지난 1990년대 이래 내내 엄청난 경제위기와 경제침체를 겪고 있지 않습니까?

사실, 재벌의 어떤 행태나 효율성·경쟁력의 '부족'(?)에서 경제위기, 즉 공황의 원인을 찾는 것만큼 이론적으로 천박한 것도 없습니다. 그런데도 '진보적인' 경제학자들이라는 사람들, 그리고 그들의 이론적 영향력 하에 있는 많은 노동운동 활동가들이 '경제위기 재벌책임론'을 주장해왔고, 노동자 대중은 그에 매력을 느껴 왔습니다. 현재에도 그러한 주장이 과연 말끔히 청산되었는지는 가히 의문입니다.

우리가 '진보적'이라는 저들 소부르주아 경제학자들의 '독점자본 합리화론·효율화론'으로서의 '재벌 개혁론'이나 '재벌 해체론'에 휘둘리지 않기 위해서는 어떻게 해야 하겠습니까? 두말할 나위 없이, 자본주의적 경제위기, 공황의 진정한 원인이 무엇이며, 그것이 각 계급 계층의 이해에 미치는 영향은 무엇인가를 보다 진지하게 학습하지 않으면 안 됩니다.

3) 한국(동남아) 경제구조 결함론

한편, 애초에 '경제위기 노동자 책임론'에 대한 조건반사적 대응으로서 특히 1996년에 목소리를 높이며 등장한 '경제위기 재벌책임론'은, 1997년 7월 이후 동남아시아에서부터 폭발한 외환·금융위기가 그 해 4/4분기에 한국 자본주의까지를 휩쓸자, '한국(동남아) 경제구조 결함론'이라는 위기론으로 모습을 바꾸어 등장합니다. 그리고 이 논의는 이제 소부르주아적인 '진보적' 지식인들에 의해서뿐 아니라, 아니 그들보다는 오히려, 독점자본의 주류 이데올로그들, 제국주의자들에 의해서 주창됨으로써 범세계성을 띠게 됩니다.

그들의 논의는 위기의 성격을 기본적으로 일국적(한국적)인 것, 혹은 기껏해야 동아시아적인 것으로 규정하면서 그 원인을 이른바 '재벌체제'나 '관치금융', '비합리적인 정실(情實)' 등에서 찾고 있습니다. 물론 그들의 논의도 다양한 스펙트럼을 가지고 있지만, 사소한 차이를 사상하고 그들의 논의 구조를 요약하자면 대략 다음과 같습니다.

(1) 한국 혹은 동아시아 국가들의 경우 '국가주의적'(즉 국가의 강력하고 적극적인 개입을 통한) 경제개발 정책을 추구해 왔다.
(2) 이러한 '국가주의적' 경제개발은 이전에는 급속한 경제성장을 가능하게 했지만,
(3) 동시에 '관치금융'과 '재벌체제', 혹은 '정실자본주의'를 필연화시켰다.
(4) 세계시장 조건의 변화로 이제 한국적 혹은 동아시아적 경제모델은 '위기'의 원인으로 전화되었다.
(5) 그러므로 이제 새로운 정책과 구조조정을 통해서 그 경제운용의 원칙과 구조를 근본적으로 바꾸어야 한다.

이러한 주장은, 당시 상당히 광범한 대중적인 호소력을 가지고 있었을 뿐만 아니라, 노동(조합)운동의 상층지도부에조차 많은 추종자를 가지고 있었습니다. 민주노총의 일부 지도부가, 앞에서 말했듯이, '재벌해체'(?)니 '재벌개혁'이니 하는 것들에 매달려 있었던 것도, 물론 이 '한국(동남아) 경제구조 결함론'의 직접적 영향은 아니었지만, 기본적으로 동일한 사고의 표현이라고 할 수 있습니다.

하지만 이러한 주장은, 그것이 아무리 강한 대중적 호소력과 많은 추종자를 가지고 있다 하더라도, 전적으로 잘못된 것으로서, 그것은 대중이 위기의 진실한 원인과 본질을 이해하는 것을 방해하고, 따라서 위기에 대한 대중의 올바른 대응을 가로막고 있습니다.

무엇보다도, 그들 주장대로라면, '비(非)한국적인, 혹은 비동아시아적인 경제모델'(?)을 가진 국가들의 경제, 나아가 그 주장들이, 때로는 노골적으로 때로는 은근히, 우리가 추종해야 할 전범(典範)으로 제시하던, 그들 일부의 표현을 빌리면, '앵글로-쌕슨적인', 미국이나 영국 등의 경제는 위기로부터 자유로워야 할 것입니다. 그러나 자본주의 경제사는 그와는 정반대의 사실을 보여줍니다. 자본주의 역사상 최초의 공황은 1825년에 영국에서 발발하여 주기적으로 반복되어 왔고, 결국 제2차 세계대전으로 이어졌고 그것에

의해서야 '극복'되었던 저 악명높은 1930년대 대공황은 미국에서부터 폭발하지 않았던가요? 뿐만이 아닙니다. 1950년에 본격화되어 1953년까지 이 땅의 수백만 명을 도륙한 저 전쟁도 사실은, 제2차 대전을 거치면서 그 생산능력과 규모를 엄청나게 증대시켰던 미국에서 1940년대 말부터 발발한 '전후 공황'과 결코 무관치 않습니다.

물론 1997년도 말이나 1998년·1999년 당시 미국 경제는 '번영의 극'을 달리고 있었지만, 그러한 '번영의 극'이란 으레 위기, 즉 공황이 임박했음을 보여주는 것에 다름 아닙니다. 실제로 당시 미국의 이른바 '신경제'론자들은 "미국 경제에는 이제 산업순환 사이클이 사라지고 그 앞날은 장밋빛"이라는 식으로 주장했지만, 그러한 자기도취·백치증세는 일찍이 '대공황' 직전인 1928년 후반기나 1929년에도 크게 유행했었던 것입니다. 그리고 2001년을 계기로 미국 자본주의가 또 한 번의 공황, 소위 '닷컴(dot com) 공황'을 겪은 후로는 더 이상 '신경제' 따위의 주장은 들리지 않지 않습니까?

저들의 주장이 의미하는 바를 요약하면, 재벌을 해체(?)하고 '관치금융'을 지양하여 철저히 시장원리에 따른다면 위기는 없거나 예방·회피할 수 있다는 것으로 되는데, 이 역시 철저히 역사적 경험에 반하는 것입니다.

사실 당시에 '한국(동남아) 경제구조 결함론'을 선도한 것은 미국의 제국주의 이데올로그들로서, 이는 외환위기에 처하여 허우적거리고 있는 아시아 국가들, 그 중에서도 특히 자본주의적 경제가 성숙한 한국에 '구조개혁'이라는 이름으로 신자유주의적 금융·시장 개방을 더욱 강요하고, 그를 통해서 한국 경제에 대한 저들 제국주의의 지배력을, 따라서 한국의 노동자·인민대중에 대한 그들의 착취를 더욱 강화하기 위해서였습니다.

실제로 1997/98년의 그 위기를 계기로 한국 경제에 대한, 그리하여 한국의 노동자·인민대중에 대한 제국주의 독점자본의 지배와 착취가 급격히 확대·심화된 것은 우리 모두가 익히 알고 있는 대로 아닙니까? 물론 재벌로 통칭되는 독점자본의 지배는, '해체'되기는커녕, 더욱 강화되었고요. 다름 아니라, 독점자본에 의한 지배와 착취의 강화, 바로 그것이 신자유주의적 개혁의 목적이기 때문입니다.

그런데 이렇게 한국을 포함한 아시아 국가들이 극심한 외환·금융위기를 겪고 있던 당시에 극성을 떨었던, 탐욕에 가득 찬 제국주의 이데올로그들의 소위 '한국(아시아) 경제구조 결함론' 혹은 '아시아 정실자본주의론'의 망령이, 천박하기 그지없는 그러한 주장이 2010년에 그리스·이딸리아·스페인·포르투갈 등 남부 유럽 국가들에서 재정위기가 발발하자 이 땅에 다시 등장했습니다. 그것도 '진보적인' 담론으로서!

노무현 정권에서 대통령 정책실장을 역임했고, 그 후 ≪한겨레≫에 '이정우의 경제이야기'라는 고정 칼럼을 쓰고 있던, 그리고 2023년 2월부터는 역시 ≪한겨레≫에 "[길을 찾아서] 참여정부 천일야화"를 연재하여, 2003년 하반기부터 2004년 초에 걸쳐 '(노동)열사 정국'을 연출한 바 있는 신자유주의 노무현 정권을 새삼 미화하고 있는, 당시 경북대 이정우 교수의 주장이 그것인데, 그는 이렇게 주장합니다.

> 중요한 것은 그리스의 대통령도 인정한 광범위한 부패를 청산해야 한다. 그리스의 병원에서는 진료를 앞당기기 위해 의사에게 돈봉투를 건네는 관행이 있다. 이런 부패구조는 가족관계를 중시하고, 원칙보다 안면을 중시하는 남유럽 특유의 문화에서 비롯된 것인데, 금융위기는 이런 문화와도 관련이 있어 보인다.24)

자본주의적 경제위기, 그 금융위기, 그 재정위기가 자본주의적 생산에 내재하는 모순의 폭발이라는 의식이라고는 눈을 씻고 찾아볼래야 찾을 수 없는 이러한 시각은, 말하자면, '경제위기 남유럽 특유의 문화 원인론'이라고나 해야 할 것입니다. 그러나, 주지하는 것처럼, 경제위기 곧 공황, 금융위기는 발달한 자본주의 국가 모두가, 그 각각에 특유한 문화의 차이에 관계없이, 겪어왔고, 또 겪고 있습니다. 그리고 국가독점자본주의 체제의 파탄으로서의 그 재정위기는 그 성격상 모든 발달한 자본주의 국가의 내일의 모습이기도 합니다.

참고로, 주지하는 바이지만, 1990년대 말 동남아 국가들과 한국에서의, 그리고 2010년 남유럽 국가들에서의 금융위기는 외환위기와 더불어 발발하여 IMF의 '구제금융'을 받기에 이르렀기 때문에 그 파장이 더욱 컸던 것인데, 그 외환위기가 발발하는 직접적인 원인 혹은 계기는 당연히 만기가 도래

---

24) "[이정우의 경제이야기] 남유럽의 경제위기", ≪한겨레≫(www.hani.co.kr), 2010. 5. 9.

한 외환 표시 부채를 갚지 못하기 때문에 발생하는 것이지 않습니까?

그런데 한 국가에 외환위기를 유발할 만한 거액의 외국 자본을 빌리고, 운용하는 것은 그 나라의 노동자·인민대중이지요? 그러니 당연히 그 책임도 그들 노동자·인민대중이 져야 하는 것이고요. '금 모으기' 같은 것에 적극 호응함으로써!

4) 구조조정 해태론

한편, 위와 같은 주장이 보다 일반적인 형태를 취해서 나타난 것이, 그 역시 귀가 따갑게 들어오고 있는 것이지만, '구조조정 해태(懈怠)론'이라고나 불러야 할 만한 것입니다.

한국 경제를 포함, 어느 나라 경제나 그 외적 조건들인 세계시장은 끊임없이 변하고 있기 때문에 그에 맞추어 끊임없이 구조조정을 해야 하는데, 구조조정을 안 해서, 혹은 구조조정이 늦어서 위기가 발생한다는 주장입니다. "구조조정만이 살길이다", "구조조정을 서두르지 않으면 '제2의 IMF'(?)가 온다", "미국은 일찍이 1980년대에 구조조정을 마쳤기 때문에 지금 장기호황을 누리고 있지 않느냐, 그에 비해서 일본은 구조조정을 게을리했기 때문에 지금 장기·복합불황에 빠져 있다" 등등, 당시 수많은 경제학자, 경제학교수, 경제전문가, 경제관료, 경제전문기자라는 자들이 정색을 하고 내뱉고 있던 그러한 소리들이 모두 이에 속합니다.

그러나 당시 그들의 그러한 주장이 얼마나 터무니없는 헛소리였던가는, 그 불과 2·3년 후인 지난 2001년 이후 미국의 호황이 허물어지고 깊은 위기로 빠져 들어감으로써도 누구의 눈에나 명백해졌습니다. 그러한 헛소리를 지껄이던 자들이 자기비판이나 반성을 했다는 얘기를 들어보지 못한 것은 물론, 그들은 여전히 무언가 다른 헛소리를 계속 해대고 있지만 말입니다.

예컨대, 서울대학교 국제지역원 국제금융연구센터 주최로 지난 2002년 10월 4-5일에 국내외의 기라성 같은 경제학의 '석학들'이 모여 '한국 경제: 위기를 넘어서'라는 주제로 연 심포지움에서 당시 서울대 총장이셨고, 나중에 이명박 정권에서 속칭 '양파 총리'를 역임하시게 되는 정운찬 교수께서는, "예정보다 일찍 IMF 차관을 상환하고 1천억 달러가 넘는 외환준비금을 비축하는" 등 "한국 경제는 약간 안정을 회복했다"면서, 이렇게 말씀하십니다.

> 하지만 그 장래를 낙관하는 사람은 별로 없다. 왜 그럴까? 의혹은 부분적으로는 세계적인 경기침체(worldwide recession) 때문이지만, 근본적으로는 구조조정 프로그램의 결함 때문이다(fundamentally it is because of faults in the restructuring program).25)

그에게는 여전히 '경쟁', '효율성', '유연성', '구조조정' 등등이 문제인 것입니다. 그리하여 그는, 예컨대, "연이은 대량해고나 기업의 파산들"에도 불구하고 강도 높은 구조조정을 강행했어야 하는데, 1998년 말 이후 정부가 "고율의 실업과 하청업체들의 파산을 완화하기 위해서" 부양책을 도입함으로써 '개혁' 즉 구조조정 속도를 늦추었다고 비판하시고 계십니다.26)

오, 거룩한 황금신께 모름지기 인간희생을 바쳐 경배! 경배할지어다!

신자유주의적 구조조정론의 자가당착과 기만

신자유주의적 구조조정의 지체·불철저가 경제위기의 원인이라는 이러한 주장은, 한편에서는 무정부적 과잉생산 공황으로서의 공황의 원인과 본질에 대한, 부르주아 경제학계의 거물다운 무지의 고백이라면, 다른 한편에서는 1970년대 이래 다시 격화되어온 자본주의 세계경제의 전반적 위기, 그 항상적·만성적 위기에 대한 신자유주의자들의, 따라서 독점자본의 기만적 대응 논리에 불과합니다. 왜냐하면, "구조조정"이라는 구호 하에 그들은 국가개입을 배제한 시장경제 체제로의 이행과 이른바 '노동 유연화', 즉 노동자 해고의 자유를 주장하지만, 사실은 그러한 이행 혹은 구조조정 자체가 국가의 이니셔티브 즉 주도 없이는 불가능한 것이고, 또 실제로 그들은 국가의 그러한 주도적 역할을 요구하고 있기 때문입니다.

'관치금융', '규제완화' 운운하지만, 실제로는 그들 신자유주의자들이 주장하는 것처럼 독점자본과 그들의 공동기구인 국가는, 경제를 자유방임적으로 이른바 '자유로운 시장원리'에 맡겨두기는커녕, 철저히 파쇼적으로 경제

---

25) Un-Chan Chung, "The Korea Economy: Before and After the 1997 Crisis", 2002, p. 1.
26) 같은 글, p. 14 등.

과정에 개입합니다. 이는, 예컨대, 전형적 신자유주의 정권인 미국의 레이건(Ronald Reagan) 행정부에서 군사예산과 재정적자가 거대화해진 데서도 알 수 있습니다. 오래 전부터 신자유주의 미국에서는 감옥조차도 사적 이윤추구의 영역으로 되어가고 있고, 각급 감옥의 수감자 수는 2백만 명을 넘는 것으로 보고되고 있습니다.

그러나 아무튼 그러한 신자유주의적 기만과 개입이 주기적으로 엄습하는 경제위기, 즉 공황을 막지 못하는 것은 당연합니다. 거듭되는 얘기지만, 경제위기 곧 공황이란, 그것이 당장 어떠한 형태로 폭발하든, 발달한 자본주의적 생산에 내재한 모순의 주기적·필연적 폭발이어서 자본주의적 생산 체제 그 자체를 폐기하지 않고는 결코 막을 수 없는 것이기 때문입니다. 대량 해고나 저임금 등에 저항해 투쟁하는 노동자들에 대한 폭력적 억압을 통한 국가 주도의 이른바 구조조정이든 다른 무엇이든 국가(독점)자본주의를 특징짓는, 경제 과정에 대한 국가의 조직적인 개입은, 위기 즉 공황을 '예방'하고 그 파국적 전개를 완화하려는 독점자본의 헛된 몸부림일 뿐입니다. 아니, 그것은 독점자본의 과잉생산 능력을 온존시키고, 더욱 증대시킴으로써 공황을 더욱 항상적이고 파국적이게끔 할 뿐입니다.

한편, 지난 1997년 4/4분기에 폭발한 경제위기와 관련, 일부 논자들은 당시 위기를 단지 '외환위기', 혹은 '금융위기'로만 규정하면서, "펀더멘탈은 건강하다"고 주장했습니다. 그리고 2007년 후반기부터 폭발하여, 리먼브라더스의 파산에 의해 극적으로 격화된 이른바 '써브프라임 모기지'(subprime mortgage)의 부실화에 의한 공황에 대해서도 마찬가지였습니다. "생산 부면은 건강하다"는 주장이었고, 그 때문에 "일시적인 금융(외환)위기만 허리띠를 졸라매고 극복하면 된다"는 식의 주장이었는데, 이는 사실, 다른 한편에서는, '구조조정'을 주장하는 그들로서는 아주 자가당착적인 주장입니다. 그리고 금융(외환)위기란 생산에서의 위기의 반영·징후에 불과하다는 점을 상기하면, 이처럼 천박한 주장도 드물다고 할 수 있습니다.

참고로, 앞에서 잠깐 얘기했던, 1996년도 강신준 교수의 '포스트 포드주의적 생산방식으로의 이행 지체론'도 '구조조정 해태론'의 한 형태였다고 해야 할 것입니다.

5) 거품붕괴론

천박하다기보다는 오히려 무의미하면서도 그럴듯하게 들리는 주장 중에, '거품붕괴론', 혹은 '거품해소론'이란 것이 있습니다.

주지하듯이, 이 말은 직접적으로는 1980년대 말에서 1990년대 초에 걸쳐 일본에서의 주식이나 채권, 부동산 가격 등의 엄청난 폭등과 그에 따른 흥청망청,27) 그리고 그 후에 이어진 심각한 공황과 장기불황을 계기로 유행하게 되었습니다. 일본 경제에 엄청난 거품, 버블(bubble)이 생겼다가 그 거품이 꺼진 것이 경제위기의 원인이란 것입니다.

문재인 정부의 저 위력적인 부동산 정책 실패로 전 세계 주요 도시의 부동산 가격이 폭등했다가, 초극우 윤석열 정부로의 정권교체 덕분인지 2022년 중반기 이후 그들 부동산 가격이 폭락하자. 이 글을 다시 손보고 있는 2023년 현재에도 여기저기에서 다시 '거품붕괴'니 뭐니 하는 얘기들이 들리고 있습니다.

'거품붕괴', 혹은 '거품해소' — 그럴듯한 설명 아닙니까?

그런데 이 그럴듯한 설명의 문제는, 거기에는, 도대체 이 거품의 정체가 무엇이며, 그것이 왜 생기는 것이고, 왜 꺼지는 것인지, 도무지 아무런 설명이 없다는 것입니다. 그저 "거품이 생겼다가 꺼졌다"라는 사실의 기술(記述)뿐입니다. 그러니까 그럴듯하긴 하지만, 사실은 아무런 내용도 없는, 하나마나 한 소리일 뿐인 것입니다.

여기서 말하는 '거품'이란 물론 투기의 격화를 반영한 주식, 채권, 부동산 등의 가격이 그 '실제 가치', 저들의 표현을 사용하자면, '실제의 자산가치'를 넘어 폭등했다는 뜻입니다. 그런데, 그 '폭등'의 기준이 되는 '실제의 자산가치'가 무엇이며, 그것이 어떻게 결정되는 것인지에 대한 설명이 없는 것이야 으레 그러려니 하더라도, 사실 중요한 것은, 그러한 현상을 '거품'이라는 은유적 표현을 빌려 서술하는 것이 아니라, "왜 그러한 거품이 발생하는가", 사실은 "왜 투기가 극대화되는가"를 설명하는 것이 아니겠습니까?

그런데 그들에게서는, 요전의 폭등을 '문재인 정부의 부동산 정책 실패'

---

27) 일본 자본에 의한, 록펠러센터 등 미국의 거대 부동산의 매입을 상기하십시오.

때문이라고 성토한 것 외에는, 그 어떤 설명도 듣지 못했습니다.

투기붐의 원인과 결과

투기가 대대적으로 벌어지고 극대화되기 시작하는 것은 호황 말기이고, 그렇게 투기가 극대화되는 이유는 바로 호황 말기에 발생하는 이윤율의 저하, 바로 그것입니다.

이에 대해서 맑스는 이렇게 말합니다.

> 이윤율이 저하함에 따라서, 노동을 생산적으로 충용하기 위해서 개별 자본가의 수중에 필요한 자본의 최소한이 증대한다. 이 최소한은 노동의 착취 일반을 위해서도, 또 충용 노동시간이 상품의 생산에 필요한 노동시간이기 위해서도, 즉 충용 노동시간이 상품의 생산에 사회적으로 필요한 노동시간의 평균을 넘지 않기 위해서도 필요하다. 그리고 동시에 집적도 증대하는데, 왜냐하면, 일정한 한계를 넘으면 이윤율이 낮은 대자본이 이윤율이 높은 소자본보다 더 급속히 축적되기 때문이다. 이렇게 증대하는 집적은 그것대로 또한 어떤 일정한 높이에 달하면 이윤율의 새로운 저하를 야기한다. 분산된 소자본의 커다란 무리는 그로 인해서, 투기, 신용사기, 주식사기, 공황이라는 모험의 길로 내몰린다.[28]

대략 축약해서 말하자면, 이윤율이 저하함에 따라서 자본으로서 기능하기 위한 자본의 최소한이 증대하고, 그 때문에 이 최소한에 못 미치는 소자본들은 투기로 내몰린다는 얘기입니다. 그리고 그러한 투기가 극성을 부림에 따라 부풀어 오르는 주식이나 부동산 등의 가격이 '거품'을 형성하는 것입니다. 그리하여, 주식 가격이나 부동산 가격의 폭등이라는 '거품'이 이는 것은 바로 전반적인 이윤율이 저락되어 있다는 표현이며, 바로 그 때문에 그러한 '거품'이 일 때면 바로 공황과 그에 따른 신용·증시의 붕괴가 바로 코앞에 있는 것입니다.

즉, 그 후 물론 이윤율이 더 낮아지거나 낮아져 있는 상태가 지속되면서 공황이 발생합니다. 그리고 공황이 발생하면, 수많은 자본이 도산하면서 신용 연계(連繫)가 파괴되어 화폐기근이라는 사태가 발생하게 됩니다. 그리고

---

28) 《자본론》, 제3권, *MEW*, Bd. 25, S. 261.

그렇게 되면 이제는 투기시장에 있던 화폐가 대자본의 수중으로, 자본의 지불 준비금으로 급격히 빨려들어 가면서 그 거품이 꺼지는 것입니다.

왜 그런가?

그러한 상황이 다가오면, 대자본 역시 지불을 위한 준비금, 곧 어음을 막기 위한 준비금을 챙겨야 하고, 그러자면 '증시에서 굴리던 돈'을 '현금화', 즉 '뽑아야' 되는데, 그렇게 되면 증시는 '요동치게' 되고, 즉 기본적으로는 (급격히) 하락하면서도 등락을 거듭하게 되고, 거기에서 상어는 당연히 작은 물고기들을 잡아먹게 됩니다. 투기에 나섰던 무수히 많은 소자본들, 그러니까 '개미군단'의 계좌는 '깡통'이 되면서, 무산자로 무산자로 전락하는 것입니다.

맑스는 이렇게 말하고 있습니다.

> 소유는 여기에서는[자본주의적 생산이 발달한 사회에서는 ― 인용자] 주식의 형태로 존재하기 때문에, 순전히 거래소에서의 투기의 결과로 그 소유가 운동하거나 이전되는데, 거기에서는 작은 고기들은 상어들에게 잡아먹히고 양(羊)들은 이리들에게 잡아먹힌다. 주식제도 속에는 이미 사회적 생산수단이 개인적 소유로 나타나는 낡은 형태에 대한 대립이 존재한다. 그러나 주식이라는 형태로의 전화는 그 자체 아직 자본주의적 틀 속에 갇혀 있다. 그리하여 그것은, 사회적인 부(富)와 사적인 부라는, 부의 성격 사이의 대립을 극복하는 것이 아니라, 단지 이 대립을 새로운 모습으로 만들어 낼 뿐이다.29)

이제, 소액주주 운동이니, 우리사주제니, 종업원지주제니 하는 것을 주장하는 '진보적 인사들', 송태경30) 등 민주노동당의 일부 정책 담당자들이 누구의 이익을 위해서 일하는가가 명확해졌을 것입니다. 다름 아니라, 그들은 주식시장의 '상어들'이나 '이리들', 즉 독점자본을 위해서 일하는, 혹은 일했던 것입니다. '개미들'이란 그들에게 잡아먹히는 '작은 고기들' 혹은 '양(羊)

---

29) 《자본론》, 제3권, *MEW*, Bd. 25, S. 456.

30) 2010년 여름에 간단히나마 이 글을 재검토하면서 드리는 말씀이지만, 아직도 독자들에게 이 '송태경'이라는 이름이 의미가 있는지는 모르겠습니다. 그러나 1990년대 중엽부터 2000년대 초까지 그는, 물론 이 사회의 천박한 사회과학의 인식 때문에, 민주노동당 등 '맑스주의 이데올로기' 진영에서는 꽤나 중요한 인물이었습니다. 스스로 '자본론 전문 강사'를 자임했고요.

들'이었고요.

또한 인용문의 뒷부분은 주식회사 제도, 그러니까 이른바 '노동자 주식소유제' 등이 그 자체로서 자본주의적 생산의 모순, 그 적대성을 지양하는 것이 아니라는 것을 가르쳐 주고 있습니다. 무비판적으로 "노동자 기업소유" 운동을 벌였던, 저들 민주노동당의 일부 정책담당자들에게야 필시 우이독경(牛耳讀經)이겠지만!

한편, 거품 즉 투기붐이 결국 영세자본의 몰락으로 끝나는 것은 부동산의 경우에도 마찬가지입니다.

가장 타격을 받고 몰락하는 것은 과거에는 영세 주택건설업자들이었습니다. 투기붐이 불어 주택가격이 폭등하게 되면, 이들은 어떻게 해서든 조그만 대지를 마련한 후 그 대지와 앞으로 건축되게 될 주택을 담보로 빚을 내서 연립주택 등을 건설하게 되는데, 이들은 신뢰도가 낮아 그 주택들을 사전 분양하지 못하고, 주택이 완성된 후에야 분양할 수밖에 없습니다. 그런데 그것이 완성될 즈음엔 이미 공황이 폭발, 건설한 주택들을 분양하지 못한 채 비워둘 수밖에 없게 되면서 파산해가고, 그들 주택은 경매로 넘어가게 되었던 것입니다.

이것이 대략 2000년대 초까지의 한국에서의 투기적인 영세 주택건설업자들의 운명이었습니다.

그런데, 한국의 자본주의가 더욱 성숙하고, 그에 따라 한편에서는 경쟁이 더욱 치열해지고, 다른 한편에서는 수익성 있는 투자처를 찾지 못하는 화폐자본 — 사실은 가공자본 — 이 증대하면서, 최근 수년 사이에 상황이 많이 바뀌어 왔습니다. 2007년 하반기 이후 다시금 대공황이 전개되면서 공공연해진 문제, 소위 PF 곧 '프로젝트 퐈이낸씽'(project financing; PF)의 문제가 바로 그것인데, 이는, 다름 아니라, 영세한 자본들뿐 아니라 거대 금융독점자본들 또한 수익성 있는 투자처를 찾을 수 없어 '부동산 개발 수익'을 노린 투자, 즉 지대(地代)의 투기적 등귀를 노린 투자, 한 마디로 투기 그것에 매달려 왔다는 것을 의미합니다.

사실은 2007년 하반기 이후 대공황의 방아쇠가 된 미국의 이른바 '써브프라임 모기지'가 바로 그것이지만 말입니다.

2000년대 들어오면서 '문재인 정부의 부동산 정책 실패'로 대도시의 '주택' 가격이 폭등하면서, 여의도의 국회를 세종시로 보내고 거기에 아파트 단지를 조성하겠다는 '국민의 힘'당의 저 유명한 '경제 전문가' 윤희숙 의원 등은 물론이고, 특히 2021년말-2022년 초의 대선 국면에서는 여야 후보 진영이 경쟁적으로 대도시 특히 서울의 대대적인 아파트 공급을 공약한 사실은 앞의 제4강에서 '토지·주택가격'과 관련해서도 말씀드린 대로입니다. 그런데, 사실은 그러한 공약과 무관하게 전국 대도시마다 대대적인 아파트 건설 투기가 일었고, 아직 2023년 전반기인 지금 수만 혹은 수십만 호의 아파트가 이미 건설되어 분양을 기다리고 있거나, 건설 중에 있습니다.

이들 건설자본들, 그리고 그들에게 소위 PF한 금융자본들이 미구에 과연 어떤 운명을 맞을지, 그리고 그 여파가 한국 자본주의의 일반, 그리고 노동자·인민대중에게 어떤 영향을 미칠지 자못 궁금하지 않을 수 없습니다.

6) 생산력 정체론

한편, 경제공황의 원인을 생산력 발전의 정체에서 찾는 주장도 강하게 존재합니다.

주지하는 것처럼, 대표적으로, 소위 '혁신'(innovation) 혹은 '혁신 기업자'를 '경기순환' 혹은 '경제발전'의 주요 동인으로 보는 슘페터(Joseph A. Schumpeter, 1883-1950)의 이론은 강단에서 많이 선전되었습니다. 한때에는(물론 2007년 하반기 이후 전개된 대공황 속에서는 그조차 설 자리가 별로 없는 것으로 보이지만) '포스트 포드주의적 생산방식' 운운하는 소위 '조절이론', 혹은 '조정이론'이 과거에 슘페터가 누리던 영광을 대신하고 있지 않나 생각됩니다.

그런데, 슘페터주의가 되었든, 조절이론이 되었든, 생산력 발전의 정체가 경제위기의 원인이라는 저들의 주장은 사실은, 노동자들의 '과(대)소비가 원인'이라는 주장이 그렇듯이, 경제위기의 원인을 거의 정확히 사실과 반대로 설명하고 있습니다. 왜냐하면, 생산력의 정체가 아니라 발전한 생산력과 그에 조응하지 못하는 생산관계의 모순의 폭발, 즉 거대한 생산력과 그에 미치지 못하는 '과소소비', 대중의 소비능력 간의 모순의 폭발이야말로 공황이기 때문입니다. 실제로는, 예컨대, 1920년대의 포드주의적 생산방식의 확산과 같이, 거대 경제위기에는 거대한 생산력의 발전이 선행한다고 말할 수 있습니다.

2007년 하반기 이후 폭발한 후 이렇다 할 만한 호황을 보여주지 못한 채 작은 등락을 거듭하다가 2022년 하반기 이후 다시 심대하게 전개되고 있는 현재의 대공황은 물론 최근 40여 년 동안 참으로 비약적으로 전개되어온 '과학기술혁명'의 결과, 즉 그 비약적인 생산력과 자본주의적 생산관계의 모순, 그 충돌의 결과입니다.

7) 정책 실패론

앞에서도 여러 번 지적한 것처럼, 19세기 2/4분기 이후가 되면 자본가계급과 노동자계급 간의 계급투쟁이 본격화되고 격렬해지면서 부르주아 경제학은 그 과학성을 상실하고 자본주의적 생산의 변호론으로 전락합니다. 따라서 부르주아 경제학자들은 당연히 자본주의적 생산의 구조와 운동법칙을, 그 중에서도 특히 자본주의적 생산의 위기, 즉 공황의 원인을 과학적으로 인식할 능력을 상실합니다.

그런데 공황은 끊임없이 반복되고, 따라서 부르주아 경제학자들에게는, 그 이유·원인을 둘러대야 할 책임과 함께, 그 '대응책'을 강구해야 할 책임과 필요성이 끊임없이 새롭게 제기됩니다. 특히 1930년대 대공황과 같은 그 야말로 파국적인 사태와 관련해서는 더욱 그렇습니다. 그리고 아무리 타락한 부르주아 이데올로그들이지만, 공황 그것의 원인이 탐구되지 않고는, 임기응변적인 대증적(對症的) 조치는 가능할지 몰라도, 그에 대한 진정한 대응책이 제시될 수 없다는 것쯤은 알고 있습니다(사실은, 뒤에서 자본주의적 생산에서의 공황의 필연성과 관련하여 말씀드리는 것처럼, 공황 그것의 원인을 과학적으로 인식한다고 하더라도, 자본주의적 생산의 기초 위에서 그것을 저지하고 해결할 대응책은 없는 것이지만 말입니다).

그러나 자본주의적 생산을 비판적으로 탐구하려는 자세와 관점을 상실하고 그 변호론자로 전락한 그들 부르주아 경제학자들에게 공황의 원인을 과학적으로 인식할 수 있는 능력은 이미 없고, 따라서 중구난방의 헛소리·잠꼬대들만이 난무하게 됩니다. 그리고 특히 1930년대의 대공황의 원인과 관련하여 가장 널리 회자되는 헛소리가 바로 '정책 실패론'입니다. 다름 아니라, 1929년 가을에 공황이 발발했는데, 그에 대한 적절한 정책적 대응에 실패함으로써, 구체적으로는 "금본위제에 집착함으로써", 그 공황이 유례없는 대공황으로 발전했다는 주장이 그것입니다.

1930년대 대공황을 다룬 한 번역서31)의 역자의 말에서 예를 들자면, 이런 식입니다.

> 이 책은 1929-1933년의 세계대공황과 금융위기를 중심으로 서술되어 있다. …
> 지은이들은 국제경제정책, 특히 금본위제에 대한 집착이 공황을 심화시키고 회복을 지연시켰음을 강조한다. … 그럼에도 불구하고 기술진보와 생산성 향상이 이루어졌음을 강조함으로써 대공황은 자본주의 메커니즘에 내재된 필연적 소산이 아니라 예방 가능한 것이었다는 가설을 설득력 있게 제시한다. 또한 금본위제 고수와 긴축기조의 유지라는 정책실패의 부각은 …32)

역시 그 책의 저자들이 얼마나 특출한 세계적 석학(碩學? 石學?)들이신지, 혹은 부르주아 사회의 저 명문 대학들이 얼마나 고고한 학문의 전당인지, 역자의 말을 그대로 옮기자면, 이렇습니다.

> 이 책의 지은이들은 자세히 소개할 필요도 없다. 제목의 저자명 순서대로 각각 영국 옥스퍼드대학, 미국 MIT대학, 이탈리아 로마대학에서 20세기 초반 경제사 연구에 탁월한 업적을 남긴 원로교수들이다. … 저마다 나름대로 독특한 환경적, 사회적, 학문적 기후에서 최고봉이 된 사람들…33)

"저마다 나름대로 독특한 환경적, 사회적, 학문적 기후에서 최고봉이 된", "경제사 연구에 탁월한 업적을 남긴" 부르주아 "원로교수들" — 바로 부르주

---

31) Charles H. Feinstein, Peter Temin, Gianni Toniolo 저, 양동휴, 박복영, 김영완 역, ≪대공황 전후 유럽경제≫(*The European Economy between the Wars*), 동서문화사, 2000. [같은 저자들의 개정판의, 역시 같은 역자들의 번역서가 2008년에 ≪대공황 전후 세계경제≫(*The World Economy between the Wars*)라는 제목으로 출판되었다].
32) (옮긴이를 대표하여) 양동휴, "옮긴이의 글", 같은 책, pp. 276-277 [개정판: pp. 310-311].
33) 양동휴, 같은 글, p. 277 [개정판: p. 311].

아직 헛소리를 하기에 최적의 조건들과 자격을 갖춘 속물들입니다. 그리고 바로 그 때문에 그들은, "국제경제정책, 특히 금본위제에 대한 집착이 공황을 심화시키고 회복을 지연시켰[다]"며, "대공황은 자본주의 메커니즘에 내재된 필연적 소산이 아니라 예방 가능한 것이었다"는 상투적인 변호론을 지껄이고 있는 것입니다. 양동휴 교수 등이 "이 책이 … 당시 유럽경제사의 '결정적 입문서'로 자리 잡기를 바란다"34)며 그것을 번역·소개하는 것도 물론 유유상종이고요.

다 그만두고, 하나만 물어봅시다. ─ 그토록 "저마다 나름대로 독특한 환경적, 사회적, 학문적 기후에서 최고봉이 된" 사람들, "경제사 연구에 탁월한 업적을 남긴 … 교수들"께서 그토록 득시글거려오셨고, 그토록 득시글거리고 계신데, 공황은 도대체 왜 지금껏 그토록 끊임없이 반복되고 있는가?

8) 신자유주의적 규제완화 원인론
─ 영·미형, 혹은 앵글로-쌕슨형 자본주의 원인론

2007년 하반기에 새로운 공황이 엄습하고, 2008년 9월에는 그것이 리먼 브라더스(Lehman Brothers) 등 월가의 초거대 금융자본의 파산 등등으로까지 확대되자 천재적 경제학자들께서는 이제 '신자유주의적 규제완화 원인론' 혹은 '영·미형, 혹은 앵글로-쌕슨형 자본주의 원인론'을 들고 나와 목소리를 높였습니다. 물론 예전의 소위 '동아시아 경제구조 결함론' 따위는 깡그리 망각해버리고 말입니다.

이 '신자유주의적 규제완화 원인론' 혹은 '영·미형, 혹은 앵글로-쌕슨형 자본주의 원인론'이 종래의 '정책 실패론'과 다른 점이 있다면, 종래의 주장이 주로 이미 발생한 혹은 발생하고 있는 공황에 대한 '대응' 정책에 실패함으로써 그 공황이 '대공황'으로 발전했다는 식이었다면, 이번의 그것은 신자유주의적 규제완화, 특히 금융에 대한 규제완화와 '세계화'가 공황을 조장하여 격화시키고 세계화시켰다는 식입니다.

보다시피, 이 '신자유주의적 규제완화 원인론' 혹은 '영·미형, 혹은 앵글로-쌕슨형 자본주의 원인론'은 암암리에 '영·미식의 신자유주의적 규제완

---

34) 같은 글, p. 279[개정판: p. 313].

화'를 추진하지 않았다면 공황은 엄습하지 않았을 것이라는 주장을 내포하고 있습니다. 그리고 그것은 그 때문에 또한, 이미 발생한 공황에 대해서는 적절한 재정적·금융적 정책으로 대응하면서, '신자유주의적 규제완화'를 멈추고 금융에 대한 국가의 감독과 규제를 강화한다면, 그러한 감독·규제 장치를 확립한다면, 이번의 공황을 극복하는 데에서 나아가 이러한 공황의 재발도 미연에 방지할 수 있다는 주장 역시 암암리에 내포하고 있습니다. 아니, 암암리에 내포하고 있을 뿐 아니라, 많은 경우 명시적으로 그렇게 주장하고, 또 각국이 '금융 개혁법' 등의 이름을 가진 그러한 장치의 확립을 서두르고 있기도 합니다.

말하자면, 이 '신자유주의적 규제완화 원인론' 혹은 '영·미형, 혹은 앵글로-쌕슨형 자본주의 원인론'은 종래의 '정책 실패론'보다도 더욱 천박한 '정책 실패론'이고, 더욱 천박한 자본주의 변호론인 것입니다. 그리고 그런데도 극우 이데올로그들뿐이 아니라 자타가 공인하는 '진보적인 지식인들'도, "신자유주의의 종언"이니 "신자유주의의 종말"이니 운운하면서, 혹은 "레이건-대처주의의 종언"이니 그 "종말"이니 운운하면서, 그러한 천박한 헛소리로 목청을 높였습니다.

몇몇 대표적인 예들만을 들어봐도,35)

(1) 쏘련을 위시한 20세기 사회주의 세계체제가 붕괴·해체되자 "역사의 종언"이라는 헛소리로 크게 재미를 본 극우 이데올로그 후쿠야마(Francis Fukuyama)는 이렇게 말합니다.

> ... 범인은 미국적 모델 그 자체이다. 보다 작은 정부라는 슬로건 하에 미국정부(Washington)는 금융부문을 충분히 규제하는 데 실패했고 사회의 기타 부문에 엄청난 손해를 끼치도록 방치했다. ... 많은 해설자들이 월스트리트의 붕락(meltdown)은 레이건 시대의 종언을 보여준다고 지적해 왔다. 이 점에서 그들은, 설령 어찌어찌 해서 매케인(McCain)이 11월에 대통령에 당선된다고 하더라도, 의심의 여지없이 옳다. ... 레이건주의(혹은 영국적 형태로는, 대처주의)는 당시에는 옳았다. 1930년대 프랭크린 루즈벨트

---

35) 보다 자세한 논의와 비판은, 채만수, "새로운 대공황과 그 역사적 의의", ≪노동사회과학 제1호: 공황과 사회주의≫, 노사과연, 2008, pp. 13-43 참조.

의 뉴딜 이래 전 세계의 정부들은 갈수록 커져만 갔다. 1970년대에 이르면, 관료주의에 질식당한 거대한 복지국가와 경제는 극히 역기능적임이 입증되고 있었다. …36)

(2) 일찍이 1992년에 영국의 파운드화 등에 대한 그야말로 거대한 투기 공격으로 영국 정부를 사실상 굴복시킴으로써 일약 세계적인 명사가 된 "투자가이자 박애주의자인 조지 쏘로스"도 이렇게 얘기합니다.

> "하나의 근본적인 차원에서 세계화 및 탈규제화의 모델이 파열되었으며, 그 것이 바로 현재의 위기를 야기했다." "우리는 지금 그러한 이데올로기의 종언을 맞고 있다." 미래는 … "보다 덜 제멋대로이고, 보다 덜 공격적으로 투기할 것이며, 보다 덜 차입에 의존할 것이며, 신용을 보다 더 조일" 것이다.37)

(3) 독일의 금융 담당 장관 쉬타인브뤽(Steinbrück)은, "우리가 바로 지금 겪고 있는 것과 같은 여과되지 않은 자본주의는 그 탐욕 때문에 결국은 그 자신을 먹어치울 것"이라며, 그리고 심지어 "맑스를 언급하면서" "금융시장을 '교화'(civilize)시키자는 공식적 운동까지", 그러한 도덕운동까지 전개하기 시작했다고38) 합니다.

(4) 장정수 《한겨레》 편집인은, '진보적인' 언론인답게, "미국 월가의 몰락으로 1989년 소련과 동유럽의 사회주의 정권 붕괴 이후 세계를 지배해 온 신자유주의도 종말을 맞게 됐다"고 선언하면서, 미국만이 아니라 독일과 일본 역시 심각한 공황에 휘말려 있다는 사실을 아는지 모르는지 이렇게 얘기합니다.

> 미국 월가에서 촉발된 세계 금융위기의 소용돌이 속에서도 독일과 일본은 세계 최고 수준을 자랑하는 탄탄한 제조업 기반과 월가 위기를 가져온 투자은행이 아닌 상업은행 중심의 금융구조가 방파제 구실을 하고 있어 그

---

36) Francis Fukuyama, "The Fall of American, Inc.", *Newsweek*, Oct. 13, 2008.
37) Rana Foroohar, "A New Age of Global Capitalism Starts Now", *Newsweek*, Oct. 13, 2008.
38) Rana Foroohar, 같은 글.

타격을 덜 받고 있는 것으로 알려졌다. 이는 한국이 지향하는[원문대로: 인용자] 경제모델이 이미 파산한 미국의 금융자본주의가 아니라 독일과 일본의 내실 있는 경제체제라는 사실을 웅변한다.39)

아! 그의 '진보적인' 개그도 소개하지 않으면 안 되겠군요. 같은 글에서 그는 이렇게 쓰고 있습니다.

미국의 역대 정권 가운데 가장 극단적인 신자유주의 노선을 걸어온 부시 정권이 사회주의 정권을 방불케 할 만큼 가장 반신자유주의적이고 반시장적인 국가개입 정책을 선택한 것은 역사적 희극이다.

저 천박한 사회주의 개념! 저 천박한 반신자유주의 개념! 저 천박한 반시장 개념!

(5) 아래 인용문에서도 여실히 볼 수 있는 것처럼, '진보적인 학자'임을 자임하는 유종일 KDI 국제정책대학원 교수 역시 "서브 서브 서브프라임의 비밀"(9월 24일) 등등, ≪한겨레≫에 열심히 싣고 있는 이런저런 칼럼들에서 이렇게 말합니다.

위기의 씨앗은 눈앞의 고수익에 눈이 어두워진 금융기관들이 신용이 취약한 계층에게 높은 이자에 마구 돈을 빌려준 것이었다. … 금융의 기본은 신용이다. 신용은 사람에 대한 믿음이다. 믿음으로 사람을 살리고, 기업을 살리고, 경제를 돌아가게 하는 것이 금융의 본질이다. 금융공학은 이를 좀 더 효율적으로 할 수 있게 도와주는 도구에 불과하다. 고수익은 고위험을 수반한다는 진리는 아무리 복잡한 파생상품을 만들어내도 변하지 않는다. 금융공학의 기법으로 나쁜 일(자산부실화)이 일어날 확률을 줄일 수는 있어도 없앨 수는 없다. 확률이 줄어든 만큼 나쁜 일이 일어났을 때의 피해는 더 커지기 때문에 결국 위험이 줄어든 것은 아니다. 사람에 대한 믿음과 이를 기초로 한 관계야말로 사람을 변화시켜서 위험 자체를 줄여준다. 금융선진화도 좋지만 '돈 놓고 돈 먹기'식 금융이 아닌 사람을 살리고 산업을 살리는 금융을 생각할 때다. …

---

39) 장정수 편집인, "[장정수 칼럼] 미국 월가 파산의 교훈", ≪한겨레≫, 2008. 9. 21.

긴축과 고통분담이 필요하다. ... 얼마 전 진보적인 학자들이 모여 경제 난국을 타개하기 위한 정책대안을 논의하는 자리가 있었다. 발제를 맡은 나는 고심 끝에 금리인상이 필요하다는 결론을 내렸다. 시장금리는 이미 많이 오르고 있다. 정책금리도 인상해야 한다. ... 서구에서는 진보세력이 긴축과 금리인상을 주장하는 것은 금기시되는 일이다. 긴축으로 경기가 위축되면 노동자와 서민층이 가장 타격을 받기 때문이다. 또 금리가 인상되면 채무자로부터 자산가에게로 소득이 이전되는데, 통상 저소득층일수록 자산보다 채무가 많기 때문에 역진적인 재분배 효과를 초래한다. 일례로 구제금융 위기 때 강남 부자들이 고금리를 즐기며 "이대로 영원히!"를 외쳤다는 얘기도 있지 않았던가. 그래서 금리인상론을 어렵사리 꺼냈지만 의외로 토론회에 참여했던 거의 모든 학자들이 찬성했다. 긴축과 고통분담이 이 난국을 헤쳐 나갈 기본 방향이라는 데 의견을 같이했다.

"사람에 대한 믿음과 이를 기초로 한 관계야말로 사람을 변화시켜서 위험 자체를 줄여준다."! "금융선진화도 좋지만 '돈 놓고 돈 먹기'식 금융이 아닌 사람을 살리고 산업을 살리는 금융을 생각할 때다."! "거의 모든 학자들이 찬성했다"! "긴축과 고통분담이 이 난국을 헤쳐 나갈 기본 방향이라는 데 의견을 같이했다"! — 그렇습니다. 이것이 바로 오늘날 이 사회의 "진보적인 학자들", '진보적인 경제학자들'의 초상(肖像)입니다.

(6) 노무현 정권에서 청와대 정책실장을 역임한 또 하나의 '진보' 아이콘 이정우 경북대 교수도 이렇게 말합니다.

이번 위기는 금융에 대한 지나친 규제완화와 감독 부실에서 온 것이다. 자본시장이 효율적이라는 가설 하에 정부 개입을 반대해온 시장만능주의자들이 오래 동안 각종 규제를 완화해왔고, 미국 금융계는 무에서 유를 창조하는 금융공학이라는 현대판 연금술을 통해서 막대한 부를 쌓아왔으나 그 모든 신화가 사상누각이라는 게 백일하에 드러난 것이다. '시장만능'을 외치던 그 많은 경제학자들은 다 어디에 숨었나.
... 미국의 금융위기는 한국경제에 많은 시사점을 준다. 한국경제가 추종해온 것이 미국식 월가 자본주의 모델이고, 미국에서 경제학을 훈련받은 사람들이 학계, 정부, 재계, 언론계에 포진하여 날마다 '시장'을 외치고 있는 상황이 아닌가. 이명박 정부는 모든 전봇대를 뽑을 듯이 규제완화를 부르짖고 있고, 작은 정부, 감세를 내세워 멀쩡한 종합부동산세조차 없애려고

하고 있다. 부시의 경제철학과 쏙 빼닮은 이명박의 경제철학은 참으로 걱정스럽다. 미국 금융위기를 촉발한 것이 지나친 규제완화와 부동산 거품이었음을 모른단 말인가.40)

그런데, "멀쩡한 종합부동산세"를 빼놓고는, 자신이 참여하여 핵심적 역할을 했던 '참여정부'의 제반 경제정책, 예컨대, 한미 FTA나, 비정규직 확대 등을 노린 이른바 노동(시장) 유연화 정책 등이야말로 '월가 자본주의 모델', 즉 미국식 모델이 아니었으며, 자신 역시 "학계, 정부, 재계, 언론계에 포진"한 "미국에서 경제학을 훈련받은 사람들"의 하나 아니던가요?!

(7) "일반적으로 국민경제에 대한 적절한 정부 개입을 지지하는 입장"이라는 또 다른 '진보적인' 경제학자 우석훈41) 성공회대 외래교수는, "진짜 위기는 9월부터 시작이다", 혹은 "'금융 단독 위기'를 '실물 위기'로 키우는 MB 정부"(2008. 9. 2.) 등등 ≪프레시안≫에 게재하고 있는 일련의 '기사들'에서 조금은 아리송하고 수상한 어조로 이명박 정권을 향해 이렇게 훈계하고 있네요.

위기 대응이 바로 실력이다. 만기도래 채권의 특징 몇 가지를 보여주면서 "위기는 없다"고 항변하는 게 위기 극복이 아니라, 실제 한국 경제를 둘러싼 몇 가지 위험요소들에 대해 제대로 대응하는 것이 근거 없어 보이는 위기설을 극복하는 진짜 방법인 것 같다.
위기설을 극복하고 싶은가? ... 현 위기설의 출발점인 강만수부터 해임하라. 위기설의 절반은 사라질 것이다. 그리고 청와대 경제팀을 위기관리형으로 재편하라. 그리고 현재의 이념 경제 기조를 위기관리 기조로 바꾸기 바란다. 정말로 말로만 외치던 '시장 경제' 혹은 '작은 경제', 그 기조를 외환과 금리에 대해서 하기 바란다. 마지막으로 측근 인사를, "경제를 아는 사람"으로 바꾸기 바란다. 그 정도만 해도 9월 위기설은 넘어설 수 있을 것이다.

---

40) 이정우 경북대 교수(경제학)·전 청와대 정책실장, "[특별기고] 사상누각이 주는 교훈", ≪한겨레≫(인터넷 판), 2008. 09. 29. (<https://www.hani.co.kr/arti/economy/economy_general/312986.html>)
41) 우석훈 교수님께서는, 2022년 7월에는 윤석열 정부의 '국민통합위원회'에 합류했고, 그 이후 극우 ≪조선일보≫에도 정규적으로 글을 쓰고 있습니다.

그는 여러 글에서 기획재정부 장관(長官) "강만수부터 해임"하고 "경제를 아는 사람"으로 바꾸라고 권고합니다. 그러하면 "위기설의 절반은 사라질 것"이라고. 그런데 그는 말합니다. "나는 정치학자가 아니라서, 경제가 망하고 이명박 정부와 한나라당이 망하는 것보다는 국민경제가 건실하고 튼튼해 지는 것을 더욱 소망하기 때문이다"라고! ——"나는 정치학자가 아니라서" 운운하는 어이없는 논리에 대해서는 제쳐두고, 강만수를 대신할 장관 적임자는 혹시 …? 은밀히 야무진 꿈을 꾸었던 건 아닐까요?

그런데 그는, "'금융 단독 위기'를 '실물 위기'로 키우는 MB정부"라고도 나무랍니다. 그것이 시정잡배나, 그와 별 다를 바 없는 여의도의 정치모리배도 아닌 명색이 경제학을 논하는 학자님의 말씀이라니! — 참으로 장관(壯觀)이요, 장관(長官)감입니다!

9) 천박한 경제위기 원인론들의 공통점

저는 이러한 주장들을 주저 없이 '천박한' 것들이라고 부릅니다. 왜냐하면, 그것이 '노동자 책임론'이든, '재벌 책임론'이든, '구조조정 해태론'이든, 혹은 '거품붕괴론'이나 '생산력 정체론'이든, 아니면 그 무엇이든, 그것들은 모두 경제위기, 즉 공황은 자본주의적 생산에 고유한 모순의 폭발이라는 것, 따라서 근대의 발달한 자본주의적 생산에서는 공황은 주기적·필연적으로 폭발할 수밖에 없다는 것을 부정하든가, 아예 인식조차 못한 채 지껄여대는 헛소리들이기 때문입니다.

저들의 천박한 인식 속에서는 공황은 그저 우연적인 것이고, 누군가가 무엇인가를 잘못했기 때문에 발생하는 것입니다. 그리하여 그들은 '노동자 책임론'처럼 그 '잘못'의 책임을 노동자에게 돌린다든가, '재벌 책임론'처럼 재벌에게 돌린다든가, 혹은 부르주아 국가의 정책담당자들 등등에게 돌립니다. 그러면서, 이른바 구조조정이나 '재벌 개혁' 등을 통해서 그 잘못을 바로잡아, 공황의 발생을 예방하려고 하고, 예방할 수 있다고 생각하며 그렇게 주장합니다.

이들 천박한 위기론들을 관통하는 것은, 또한 공황의 원인을 '과소생산', 혹은 취약한 경쟁력에서 찾는 것입니다. 이는 사실은 '경쟁'에 내몰리는 개별자본의 의식을 반영하는 것이고, 경쟁에서의 우위를 위해 생산력 증대를 꾀하는 자본의 이해에 봉사하는 것입니다. 노동자계급의 이해를 대변하는 것 같은 '경제위기 재벌 책임론'도 결국은 그러한 경쟁력 이데올로기의 한 변형태일 뿐입니다.

이러한 주장이나 노력들은 물론 전적으로 자본주의적 생산의 성격과 모순, 그 운동법칙에 대한 무지의 표현입니다.

공황이란 자본주의적 생산에 의해서 급속히 발전되었고 발전되고 있는 생산력과 자본주의적 생산관계 간의 모순, 부조응의 폭발입니다. 그 때문에 저들이 아무리 구조조정을 하더라도, 아무리 재벌을 개혁하고 또 개혁하더라도, 아무리 노동자들을 잡도리하더라도, 사태는 그들의 바람이나 예상을 배반하면서 진행됩니다. 공황은 어김없이 폭발하는 것입니다.

3. 공황의 원인에 관한 견해들 (2)
—— 여러 공황 필연성 이론들

산업혁명 후 공황은 주기적으로 발발하고 있습니다. 이는, 두말할 나위 없이, 공황은, 위의 천박한 원인론들이 얘기하고 있는 것처럼 누군가에게 책임이 있는 어떤 잘못 때문에 우연적으로 발생하는 것이 아니라, 자본주의적 생산 그 자체의 성격과 운동법칙이 관철되는 결과이고, 자본주의적 생산에 내재하는 모순의 폭발임을 의미합니다.

따라서 공황의 원인을 논하는 이론은, 그 궁극적 혹은 전반적인 타당성 이전에, 그것이 그 원인을 자본주의적 생산의 성격과 모순, 그 운동법칙에서 찾는 것이어야만, 이론으로서의 최소한의 면모를 갖추는 것이라고 할 수 있습니다.

여기에서는 이러한 이론들 가운데 대표적인 몇 가지를 고찰해보기로 합시다.

1) 과잉생산론 대 과소소비론

공황의 원인에 관한 가장 유명한, 그러면서도 대립적인 두 이론은 이른바 과잉생산설과 과소소비설입니다.

여기에서 이 두 이론을 대립적인 것으로서 소개하기 위해서는, 약간의 설명이 먼저 필요합니다. 왜냐하면, 맑스도 말하고 있는 것처럼, 모든 현실적 공황의 "궁극적인 원인"은 거대한 생산과 제한된 소비 간의 모순이기42) 때문이고, 따라서 공황의 원인은 과잉생산과 과소소비의 양측면을 포함하는 것이기 때문입니다.

그리하여 맑스주의 공황론으로서의 과잉생산론은 상대적 과소소비론을 그 내부에 포함하고 있습니다. 그런데 그에 비해서 과소소비론은 왕왕 공황의 원인에 대한 이해의 부족 때문에 과소소비라는 일면만을 주목하면서, 과소소비론 그것을 '독자적인 이론'으로 내세웁니다.

사실, 여기에서 과잉생산론과 과소소비론이라는 두 이론을 대립적인 것으로서 소개하는 이유도 바로 그 '독자적 이론'으로서의 과소소비론이 공황의 궁극적 원인으로서의 과잉생산과 과소소비의 양 측면 가운데 일면만을 주목하고 있기 때문입니다.

과소소비론

노동자계급을 위시한 대중의 소비 부족, 그리고 자본의 축적을 위한 개인적 소비의 제한 때문에 발생한다는 자본가계급의 개인적 소비 부족을 경제공황의 직접적인 원인으로 규정하는 공황이론입니다.

앞에서 말씀드린 것처럼, 자본주의적 생산의 내적 모순의 폭발로서의 주기적 경제위기는 산업혁명 후인 1825년 이후에 등장합니다. 그 이전에도, 예컨대, 나폴레옹 전쟁의 종전(1815년)에 따른 1818-1819년의 경제위기 등이 있긴 했지만, 이는 어디까지나 과도기적인 것, 혹은 경제외적 충격에 의한 것이었습니다.

주기적 공황은 이렇게 산업혁명 이후의 현상이기 때문에, 애덤 스미쓰를 위시한 대부분의 고전파 경제이론에는 자본주의적 생산의 내적 모순의 폭발로서의 공황에 관한 과학적 이론이 있을 수 없었고, 쎄(Jean Baptiste Say, 1767-1832)나 맬더스(1766-1834), 씨스몽디(Jean Charles Léonard

---

42) "모든 현실적 공황의 궁극적 원인은 여전히 언제나, 마치 사회의 절대적 소비능력만이 그 한계를 이룬다는 듯이 생산력을 발전시키는 자본주의적 생산의 충동에 대비되는 대중의 빈곤과 소비제한이다." (《자본론》, 제3권, *MEW*, Bd. 25, S. 501.)

Sismonde de Sismondi, 1773-1842) 등 고전파 최후의 이론가들에 이르러서야 공황을 경험하고, 그 이론을 전개하기 시작했는데, 과소소비론은 이 초기의 이론에 뿌리를 둔 것으로서, 애초에는 씨스몽디나 맬더스에 의해서 주장되었습니다.43)

과소소비설 중에도 자본주의적 생산에 의한 대중의 빈곤과 그에 따른 소비 부족을 공황의 원인으로 보는, 특히 씨스몽디를 시조로 하는 그것은 자본주의적 생산체제에 대한 강력한 비판을 담고 있어서, 20세기의 저명한 맑스주의자들 가운데 여러 사람에 의해서도 형태를 바꾸면서 재생산되어 왔습니다. 널리 알려진 이들 중에는 우선 카우츠키(Karl Johann Kautsky, 1854-1938)나 부하린(N. I. Bukharin, 1888-1938) 등이 이에 속합니다. 그리고 자본주의는, 그 대중의 필연적인 소비 부족 때문에, 자본주의의 외부시장의 존재가 그 체제의 생존조건이라는 이론을 전개한 로자 룩셈부르크(Rosa Luxemburg, 1871-1919), 그리고 최근에는 얼마 전 세상을 떠난 스위지(Paul M. Sweezy, 1910-2004) 등도 이에 속합니다.

과소소비의 논리적 이면(裏面)은 과잉생산이기 때문에 이들의 논리도 물론 형식상으로는 과잉생산을 포함하고 있습니다. 하지만 이때에 의미하는 과잉생산은, 그야말로 과소소비의 결과로서의 상품의 과잉일 뿐, 발전한 자본주의적 생산에 내재한 충동의 발현, 즉 "생산의 규모와 이 규모를 끊임없이 확대하려는 욕망에 의해서 규정되는"44) 폭발적인 과잉생산 그 자체가 아닙니다.

그리고 더구나 공황은 발달한 자본주의적 생산에서 비로소 나타나는 현상임에 비해서 대중의 과소소비는 수천 년에 걸친 계급사회 일반에서의 현상이었습니다. 그 때문에 또 하나의 과소소비론자였던 뒤링(Karl Eugen Dühring, 1833-1921)을 비판하면서 엥엘스는 다음과 같이 쓰고 있습니다.

---

43) 생산물은 스스로 그 시장을 창출한다는 '판로이론'으로 유명한 쎄는, 나폴레옹 전쟁 후에 나타난 공황적 현상을 보면서 외부적 충격이나 교란에 의한 '부분공황'의 가능성은 인정했지만, 전반적인 공황의 가능성이나 그 필연성은 부인했고, 리카도(David Ricardo, 1772- 1823) 역시 쎄의 이러한 입장을 지지했습니다.

44) 《자본론》, 제2권, MEW, Bd. 24, S. 80. (채만수 역, 제2권, 제1분책, p. 123.)

   ... [대중의: 인용자] 과소소비는 수천 년 이래의 항상적인 역사적 현상이지만, 과잉생산의 결과 공황으로 돌발하는 판로의 전반적인 정체는 50년 이래에 비로소 보이게 된 것이라면, 이 새로운 충돌을 과잉생산이라고 하는 새로운 현상에 의해서 설명하지 않고 과소소비라고 하는 수천 년 된 현상에 의해서 설명하기 위해서는, 뒤링 씨의 속류경제학적인 피상성이 필요하다. 이는 마치 수학에서 하나는 불변량, 하나는 변화하는 량인 2개의 량의 비율의 변화를 변화하는 량이 변화한다고 하는 것에 의해서 설명하지 않고 불변량이 여전히 동일하다고 하는 것에 의해서 설명하는 것과 같다. 대중의 과소소비는 착취에 기초하는 모든 사회형태의, 따라서 또 자본주의적 사회형태의 하나의 필요조건이지만, 공황은 자본주의적 생산형태가 비로소 야기한다. 따라서 대중의 과소소비도 또한 공황의 한 전제조건이며, 공황에서 아주 오래전부터 인정되고 있는 어떤 역할을 놀지만, 그러나 그것은 오늘날 공황이 존재하는 것의 원인들에 관해서도, 또 이전에 공황이 존재하지 않았던 것의 원인들에 관해서도 아무것도 말해주지 않는다.45)

   더구나 공황의 직접적 원인을 대중의 소비 부족에서 찾는 이 과소소비론은, 공황 직전인 호황의 막바지에서는 취업노동자의 수가 증가하기 때문에 이른바 산업예비군, 즉 상대적 과잉인구가 감소할 뿐 아니라 그에 따라 임금도 상당히 상승, 노동자계급의 소비도 증대한다는 사실과도 부합되지 않습니다. 또한 시장에서의 소비 수요의 감소가 공황의 직접적인 원인으로 보이는 경우에도, 그것은 노동자계급이나 자본가계급의 개인적 소비의 축소에 의한 것이 아닙니다. 그것은 생산된 상품들이 시장의 상인들에게는 팔렸으니 사실은 개인적 혹은 생산적 소비자들에게 판매되지 않고 상인들의 수중에 머물러 있는 상태, 호황 말기에 광범하게 발생하는 상인들의, 속칭, 가수요가 일정한 한계에 도달하여 폭발하는 '소비'의 수축이고, 그 폭발로서의 공황, 즉 과잉생산 공황입니다.
   맑스는 이렇게 쓰고 있습니다.

   잉여가치의 생산 및 그와 더불어 자본가의 개인적 소비도 증대할 수 있고, 재생산과정 전체가 극히 번창한 상태에 있을 수 있으며, 그럼에도 불구

---

45) ≪반뒤링론≫(*Herrn Eugen Dührings Umwälzung der Wissenschaft*, 1878), *MEW*, Bd. 20, S. 266.

하고 상품의 많은 부분이 단지 외견상으로만 소비에 들어가 있을 뿐이며, 실제로는 판매되지 않고 중간상인들의 수중에 보관되어 있고, 따라서 사실상 아직 시장에 있을 수 있다. 이러한 상황에서 상품의 흐름이 줄을 잇고, 마침내는 이전의 흐름이 단지 외관상으로만 소비되었을 뿐이라는 것이 드러난다. 상품자본들이 시장에서 서로 자리를 다툰다. 후래자(後來者)들은, 판매하기 위해서, 그 가격 아래로 판매한다. 이전의 흐름들이 아직 유동화(flüssig, =현금화: 인용자)되지 않았는데도, 그것들에 대한 지불기한이 닥쳐온다. 그것들을 소유한 자들은 지불불능[=파산: 역자]을 선언하든지, 아니면 판매하기 위해서 어떤 가격에든 판매하지 않으면 안 된다. 이러한 판매는 수요의 현실적인 상태와는 절대적으로 아무런 관련이 없다. 그것은 오직 <u>지불을 위한 수요</u>와만, 즉 상품을 화폐로 전화하기 위한 절대적 필요성과만 관련이 있다. 그때에 공황이 돌발한다. 공황은, 소비적 수요, 즉 개인적 소비를 위한 수요의 직접적인 감소에서가 아니라, 자본 대(對) 자본의 교환, 즉 자본의 재생산과정의 감소에서 눈에 보이게 된다.46)

아무튼, 과잉생산에 의해서가 아니라 이렇게 소비의 부족이나 그 제한에서 공황의 원인을 발견하는 과소소비설은, 그 논자들의 주관적 의도와 상관없이 그 논리적 성격 자체 때문에, 자본주의적 생산에 대한 가혹한 비판의 이론에서, 극히 반동적인 '자본주의 구원론'의 이론적 단서로 되는 운명을 안고 있습니다. 다름 아니라, 이 이론에 의하면 공황의 원인은 소비의 부족, 그 제한이기 때문에, 어떤 수단과 방법을 써서든 그 소비를 증대시킬 수 있다면, 적어도 논리적으로는 공황을 예방·완화할 수 있는 것으로 되기 때문입니다.

실제로 1930년대 대공황기 뉴딜이나 퐈씨즘의, 그리고 그것들을 이론적으로 뒷받침한 케인즈주의의 기본적 사고방식이 바로 그것입니다.

그러나 과소소비설에서 발단하는 이러한 '유효수요' 창출에 의한 호황지지설(好況支持說) 혹은 공황예방설의 비현실성은 뉴딜도, 퐈씨즘도 자본주의를 대공황으로부터 구출하지 못했다는 사실에 의해서, 그리고 1970년대 이후 자본주의적 생산의 전면적 위기의 재격화에 의해서도 입증되고 있는 대로입니다.

---

46) ≪자본론≫, 제2권, *MEW*, Bd. 24, S. 81. (채만수 역, 제2권, 제1분책, pp. 124-125.)

과잉생산론

맑스 경제학의 전통적 공황이론은 기본적으로 과잉생산 공황론입니다.

그리고, 공황의 궁극적·기본적 원인을 대중의 소비 제한과 더불어, 산업혁명 이후 고도로 발달한 생산력에 기초한 과잉생산에서 찾는 이 **과잉생산공황론은 공황의 원인 및 '책임'과 관련한 부르주아지의 천박한 허위 이데올로기 공세와 투쟁하는 데에 있어서 중요한 실천적 의의를 가지고 있습니다.** 이미 앞에서 본 것처럼, 저들의 공격인 '경제위기 노동자 책임론'은 공황의 원인과 본질을, 과잉생산 및 적대적 생산관계에 의해서 규정되는 대중의 소비제한에서 찾는 대신에, 거꾸로 노동자들의 파업 등에 의한 '과소생산'(?)에서, 그리고 '고임금'이니 '과(대)소비'니 하는 '과잉소비'(?)에서 찾고 있기 때문입니다.

그런데 독점자본의 이러한 허위 이데올로기를 나팔 불어대는 대중매체의 위력은 참으로 강력하고, 그 때문에 수많은 대중은 물론 사실상 노동운동의 많은 활동가들조차 많은 경우 그러한 허위 이데올로기에 가위눌려 있기도 합니다. 당시의 정세를 '총체적 위기'로 규정하면서 그 위기가 마치 1987년 노동자 대투쟁과 그 결과로서의 임금의 '지나친' 인상 때문인 것처럼 몰아치던 1989-90년이나, '경제위기 노동자 책임론'이 대대적으로 선전되던 1997년도 말부터 1998/99년도가 그 대표적인 경우들입니다.47)

그러한 상황에서는 당연히 공황의 원인과 본질이 결코 파업 등에 의한 과소생산이나 고임금 등에 의한 과대소비가 아니라 과잉생산임을 강조하는 것이 무엇보다도 절실히 요구되었습니다.

1998년 종파주의자들의 왜곡·모략·날조

그럼에도 불구하고 당시 ≪읽을꺼리≫라는 문건을 내며 익명 뒤에 숨어서 할 말 못할 말을 멋대로 지껄여대던 일단의 인간쓰레기 같은 젊은 종파주

---

47) 일찍이 1979년 2/4분기부터 전개된 공황은 그해 8월의 YH 여성노동자 투쟁 → 10월의 부마항쟁과 독재자 박정희의 피살 → 전두환 일당에 의한 12·12 군사 쿠데타 → 80년 4월 사북 탄광노동자 투쟁 → 광주 민중항쟁과 학살로 이어졌는데, 박정희의 피살과 12·12 반동 쿠데타 후 언론은 이러한 일련의 정치적 격동의 원인을 공황으로 설명하는 대신에 거꾸로 79년 말 이후의 '불황', 경제위기를 박정희의 피살에 따른 '정치적 혼란' 탓으로 돌리면서, 전두환 일당의 억압체제 강화를 거들었습니다.

의자들과, 소위 '생산성임금제'를 비판하는 말미에서 얘기했던 것처럼, 노동생산성의 개념과 같은 기초지식조차 가지고 있지 못하면서도, 그것도 허위로 "주류경제학자들은 물론 진보진영 경제학자들조차 대부분 세계화와 'OECD 가입' 등으로 들떠 있던 1997년 당시 거의 유일하게 파국의 임박을 예측" 운운하는 중증의 자존망상증 환자인 '국제 사회주의자'(IS) 정성진 교수 같은 불치의 종파주의자 등은, 1997년도 말에서 1998년도 당시에 과잉생산 공황론의 관점에서 자본의 공세에 대응하는 것을 가리켜, "기회주의"니, "혁명적 공문구"니, "과소소비설"이니, "스탈린주의적 파국론"이니, "생디칼리즘"이니 하면서, 온갖 모략・악담을 퍼붓기에 바빴습니다.48)

정성진 교수의 "마르크스주의 공황론", 혹은 "마르크스주의 장기파동론"이라는 것이 얼마나 당구풍월 식의 저열하고 천박한 '이론'인지는 조금 후에 항을 바꾸어 밝히겠지만, 여기에 당시 저들이 얼마나 종파주의적 모략을 일삼고 있었는가를 보여주는 두 개의 예는 제시하고 싶습니다.

(1) 정성진 교수님은 "채만수, 김세균을 비롯한 한국노동이론정책연구소(이하, 한노정연)의 주요 논자들은 현재 위기는 자본축적 과정에서 필연적인 과잉투자・과잉생산의 결과, 생산과 소비의 모순이 격화된 데서 비롯한다고 주장한다"며, 저의 글에서 다음 부분을 인용합니다.49)

> 위기의 본질은 과잉생산공황이고, 따라서 그 원인도 세계시장에서의 과잉생산・과잉축적이다. ... 한국 경제의 위기의 직접적인 원인은 국제수지의 적자 누적과 몇몇 거대기업군(재벌)의 도산에 따른 금융기관의 부실채권 누증인데, 이 양쪽 모두 현 시기 자본주의 세계시장의 극대화된 생산과잉의 직접적인 결과이다.50)

---

48) 편집부, "위기의 이론, 이론의 위기 — IMF 사태와 한국자본주의를 보는 시각"(≪읽을꺼리≫ 제2호, 1998) 및 정성진, "경제위기 논쟁과 마르크스주의 공황론"(정성진, 앞의 책) 참조.

49) 정성진, 같은 책, p. 174.

50) 채만수, "현시기 외환/금융위기의 배경과 의의", 한국노동이론정책연구소・지식인연대, 정세토론회 자료집, ≪한국 경제의 현황과 노동운동의 대응방향≫, 1997. 12. 14, p. 13.

그러고 나서는, "한노정연이 주장하는 과잉생산론의 경우, 이윤률 문제보다는 생산과 소비의 모순을 강조하기 때문에 과소소비설의 입장을 채택하고 있는 듯하다"는 둥, "그런데 과소소비설은 마르크스의 공황론의 진수로 보기 힘들며, 마르크스 공황론의 역사에서 스탈린주의적 파국론으로 치우치는 등 중요한 문제점을 갖고 있다"는 둥의 종파주의에 광분하는 헛소리를 늘어놓은51) 후, 다음과 같이 설파하십니다.

> 과잉생산공황론은 그 과잉생산을 한국 자본주의의 과잉생산이 아니라 세계적 규모의 과잉생산으로 해석한다. 과잉생산은 한국 자본주의 자체의 과잉생산이 아니라 세계 자본주의의 과잉생산이라는 것이다. 그런데 이러한 주장은 한국자본주의 차원에서는 과잉생산은 존재하지 않는다는 주장을 암암리에 함축한다. 그러나 각국 공황과 분리된 세계공황이란 있을 수 없다. 세계적 규모의 과잉생산·과잉축적은 각국 자본주의에서 이뤄지는 과잉생산·과잉축적의 원인인 동시에 결과다. … 이 지점에서 과잉생산공황론은 현재 위기의 원인을 한국 경제 내부가 아니라 외부에서, 즉 세계시장에서 찾는 초국적 금융자본 책임론에 합류한다.52)

"과잉생산은 한국 자본주의 자체의 과잉생산이 아니라 세계 자본주의의 과잉생산이라는 것이다"라고 했으면서, 그 글을 받아 "그런데 이러한 주장은 한국자본주의 차원에서는 과잉생산은 존재하지 않는다는 주장을 **암암리에 함축한다**"는 서술이 어떻게 가능한지는 묻지 맙시다. 하지만, 자신이 검토·'비판'의 대상으로 삼고 있는 저의 글 어디에서 제가, "그 과잉생산을 **한국 자본주의의 과잉생산이 아니라** 세계적 규모의 과잉생산으로 해석"하고 있으며, "과잉생산은 **한국 자본주의 자체의 과잉생산이** 아니라 세계 자본주의의 과잉생산"이라고 말하고 있고, "한국자본주의 차원에서는 과잉생산은 존재하지 않는다는 주장을 암암리에 함축"하고 있는지 참으로 궁금할 따름입니다. 그리고 이런 종파주의적 모략·날조를 빼면 당시 제 글의 어느 부분·논조가 "초국적 금융자본 책임론에 합류"하는지 정말 궁금합니다.

그런데 참고로 말하자면, 이런 식의 모략·날조는, 사실은 애초 1998년

---

51) 정성진, 같은 책, p. 176.
52) 같은 곳.

봄에 또 다른 종파주의자인 남구현 교수로부터 시작되었고, 그것을 ≪읽을 꺼리≫와 정성진 교수가 이어받은 것입니다.

(2) 정성진 교수는 또한, "과잉생산공황론은 현 시기 진보진영의 과제를 노동자 대중의 생존권 사수투쟁이라고 올바르게 설정하고 있지만, 이를 [뜨로츠키주의의 상징의 하나로 되어 있는 바의 이른바: 인용자] **이행기강령**의 일부로 자리매김하지 못하고 있으며"53) 운운하며 노골적으로 종파주의를 드러냅니다. 그러고 난 후, "또 노동자 대중 투쟁에서 마르크스주의의 정치와의 결합의 문제를 중요시하지 않기 때문에, 이들의 정치는 생디칼리즘으로 경사될 수도 있다"54)면서, 저의 글에서 앞뒤의 문맥을 거두절미하고 다음과 같이 인용합니다.

> 자본주의적 경제위기는 과잉생산위기이다. 따라서 높은 임금을 획득해 냄으로써만, 어떤 의미와 방향에서든 '위기의 극복' 혹은 위기로부터의 탈출을 앞당길 수 있다.55)

이로써 "실제로 임금인상이 '위기 극복'의 길이라고 주장하는 … 채만수의 주장에서 생디칼리즘이 개량주의와 결합될 수 있음을 알 수 있다"56)는 것입니다. 종파주의에 미친 그의 눈에는 위의 발언이, '고임금・과소비 때문에 경제위기가 왔다'는 자본의 허위 이데올로기 공세에 공감하고, 그에 주눅이 들어 "공황 국면에 웬 파업이냐"고 떠들어대던 노조 간부들, 특히 심 모 당시 민주노총 금융노련 위원장을 겨냥한 것이었다는 것은 아예 보이지도 않는 모양입니다.

그런데 정성진 교수가 이렇게 "생디칼리즘" 운운할 때, 이는 다름 아니라 당시 문제의 심 모 위원장이 인터넷에 올린 글에서 "공황 국면에 웬 파업이냐"며 저에게 퍼부은 "스트라이키스트"니, "생디칼리스트"니 하는 모략을 그

---

53) 같은 책, p. 177.
54) 같은 책, pp. 177-178.
55) 채만수, "현시기 경제 상황의 성격과 노동조합 운동", ≪이론≫ 제17호, 1997, p. 250.
56) 정성진, 같은 책, p. 178.

대로 옮긴 것입니다. 정 교수 역시, '이행기 강령' 운운하는 종파주의적이고 기회주의적인 언사를 농하면서, 실제로는 "공황 국면에 웬 파업이냐"던 타락한 노조 간부와 한 패거리를 형성했던 것입니다.

자본과잉설과 상품과잉설

과잉생산 공황을 얘기하면, 곧바로 "과소소비설이다!"라며 눈에 쌍심지부터 켜고 덤비는 사람은 단지 정성진 교수만이 아닙니다. 그만큼 과잉생산 공황론은 편향과 이해 부족을 겪고 있다는 뜻이고, 사실 다른 한편에서는 반쏘주의적, 따라서 실천적으로 반공주의적인 수많은 '사회주의자들', 수많은 '공산주의자들', 수많은 '맑스주의자들'에 의해서 척결되어야 할 "스탈린주의의 전반적 위기론"으로 매도되고 있다는[57] 뜻이기도 합니다.

각설하고, 우선 과잉생산론에는 자본과잉설이라고 불리는 경향과 상품과잉설이라고 불리는 경향이 있습니다. **자본과잉설**은 다른 말로 **과잉축적설**이라고도 불리는데, 개략적으로 설명하자면, 자본이 지나치게 축적되어 더 이상 잉여가치를 생산할 수 없게 됨으로써 공황이 발생하게 된다는 주장입니다. 이에 비해서 **상품과잉설**은 **실현공황설**이라고도 불리는 것으로서, 대중이 소비할 수 있는 한계를 넘어 상품이 과잉생산됨으로써 공황이 발생한다는, 과소소비설적 경향의 주장입니다.

이 두 입장의 대립에 대해서 맑스는, 과소소비와 과잉생산, 혹은 상품과잉과 자본과잉을 동일한 상황의 양면으로 파악하여, 다음과 같이 말합니다.

> 자본은 분명 상품으로 이루어져 있고, 따라서 자본의 과잉생산은 상품의 과잉생산을 포함하고 있다. 따라서 상품의 과잉생산을 부정하는 동일한 경제학자들이 자본의 과잉생산을 인정한다는 것은 기묘한 현상이다.[58]

---

[57] "과잉생산공황론은 신식국독자론과 마찬가지로 스탈린주의의 전반적 위기론을 고수하고 있다. 이들에게는 만성적 위기, 구조적 위기, 순환적 위기라는 마르크스의 자본주의 위기론의 세 차원 중 두 번째 차원은 완전히 결여되어 있고, 첫 번째 차원은 '믿거나 말거나' 식의 스탈린주의 전반적 위기론으로 둔갑해 있다. ..."(정성진, 같은 책, p. 177.) "만성적 위기, 구조적 위기, 순환적 위기라는 마르크스의 자본주의 위기론의 세 차원"?!

[58] 《자본론》, 제3권, *MEW*, Bd. 25, S. 267.

그런데, 지난 1997년 말의 경제위기를 과잉생산 공황으로 규정했대서 이를 두고 '과소소비설' 운운하는 정성진 교수의 언행이야말로 얼마나 "기묘한 현상"입니까?

과잉생산의 의미

그런데 여기에서, 혹시나 있을 의문, 즉 '도처에 빈곤 투성인데, 과잉생산은 무슨 과잉생산?'이라는 의문에 먼저 간단히 답하고 갑시다.

예, 정당한 의문입니다. 우리 사회뿐 아니라 자본주의 사회에는 어느 사회에나 빈곤 투성이입니다. 그럼에도 불구하고, 공황은 과잉생산에 의해서 폭발합니다. 그럼 자본주의 사회, 자본주의적 생산에서의 '과잉생산'이란 도대체 무엇인가?

맑스는 이렇게 얘기합니다.

> 현존하는 인구에 비해서 너무 많은 생활수단들이 생산되는 것이 아니다. 그 반대다. 주민 대중을 적절히 그리고 인간답게 만족시키기에는 너무 적게 생산된다.
>
> 인구 중 노동능력이 있는 부분을 취업시키기에 너무 많은 생산수단들이 생산되는 것이 아니다. 그 반대다. 첫째로는, 인구 중 너무나 큰 부분이 현실적으로 노동할 수 없는 부분으로, 그 형편에 따라서 타인의 노동의 착취에 의존하든가, 아니면 단지 어떤 비참한 생산양식의 내부에서만 노동으로 통용될 수 있는 노동에 의존하는 부분으로 된다. 둘째로는, 노동능력 있는 인구 전체가 가장 생산적인 사정 하에서 노동하기에는, 따라서 노동시간 중에 충용되는 불변자본의 량과 능률에 의해서 그들의 절대적 노동시간이 단축될 수 있기에는 불충분하게 생산수단들이 생산된다.
>
> 그러나 노동자의 착취수단으로서 어떤 일정한 이윤률로 기능하게 하기에는 노동수단들과 생활수단들이 주기적으로 너무 많이 생산된다. 상품들 속에 포함되어 있는 가치와 그 속에 포함되어 있는 잉여가치를, 자본주의적 생산에 의해서 주어진 분배조건들 및 소비관계들 하에서 실현하여 새로운 자본으로 재전화시킬 수 있기에는, 즉 이 과정을 부단히 반복되는 폭발 없이 수행하기에는 상품들이 너무 많이 생산된다.
>
> 부가 너무 많이 생산되는 것이 아니다. 그러나 자본주의적·대립적인 형태에서는 주기적으로 부가 너무 많이 생산된다.[59]

바로 이것이 공황의 원인으로서의 '과잉생산'의 의미입니다.

다른 말로 하자면, 이렇게 상품의 과잉생산을 포함하는 "자본의 과잉생산이란, 자본으로서 기능할 수 있는, 즉, 어떤 소정의 착취도로 노동의 착취에 사용될 수 있는 생산수단들— 노동수단들 및 생활수단들 —의 과잉생산 이외의 그 어떤 것도 의미하지 않는바, 왜냐하면, 어떤 소정의 점 이하로의 이 착취율의 하락은 자본주의적 생산과정의 교란과 정체, 공황, 자본의 파괴를 불러일으키기 때문"60)입니다.

자본주의적 생산에서의 과잉생산이란 이렇게 "현존하는 인구에 비해서 너무 많은 생활수단들이 생산되는 것이 아니"라, "그 반대"로 "주민 대중을 적절히 그리고 인간답게 만족시키기에는 너무 적게 생산"되는 것이고, 단지 자본이 어떤 소정의 이윤률 이상으로 재생산과정을 계속 진행하기에는 너무나 많은 노동수단들 및 생활수단들이 주기적으로 생산될 뿐입니다. 그리고 그 때문에 "자본의 이러한 과잉생산이 어떤 보다 많은 혹은 보다 적은 크기의 과잉인구를 동반한다는 것은" 그리하여 대중의 대량 실업과 빈곤을 동반한다는 것은, "결코 모순이 아"닌 것입니다.61)

그리하여 자본주의적 생산에서 과잉생산의 문제는, 다름 아니라, 바로 그 자본주의적 생산의 모순의 문제, 그 적대의 문제라고 하는 점을 직시해야 합니다. 생산수단이 사유화되어 있지 않고, 따라서 생산수단과 생활수단이 **자본으로서 생산되지 않는** 생산양식에서라면, 과잉생산일 수 없고, 따라서 결코 생산의 교란이나 정체, 파국으로 되지 않을 생산이 자본주의적 생산양식이기 때문에 공황, 즉 파국으로서 폭발하기 때문입니다.

자본주의적 생산에서의 과잉생산은 이렇게 그것이 자본주의적 생산이기 때문이며, 다른 한편에서는, 방금 앞에서 본 것처럼, 그것은 주민・인구의 욕구・필요를 충족하고도 넘치는 '절대적 과잉생산'이 아니라 '상대적 과잉생산'일 뿐입니다.

그리하여 맑스는 이렇게 말합니다.

---

59) ≪자본론≫, 제3권, *MEW*, Bd. 25, S. 268.
60) ≪자본론≫, 제3권, *MEW*, Bd. 25, S. 266.
61) 같은 곳.

만일 과잉생산은 단지 상대적일 뿐이라고 한다면, 그것은 전적으로 정당하다. 하지만, 자본주의적 생산양식 전체가 실로 단지 하나의 상대적인 생산양식일 뿐이며, 그 제한들은 절대적이지 않지만, 이 생산양식에 대해서는, 그 기초 위에서는, 제한은 절대적이다.62)

그리고 나서, 맑스는 이렇게 묻습니다.

만약 그렇지 않다면, 인민대중에게는 부족한 그 동일한 상품에 대한 수요가 도대체 어떻게 없을 수 있겠는가?63)

그리고 나서, "그것은, 오로지 이 특수한 자본주의적 련관 속에서는, 과잉생산물이, 소유자를 위해서 그것이 자본으로 재전화되는 한에서만 소유자가 그것을 소비시킬 수 있는 형태를 취하기 때문"64)이라고 얘기하고 있습니다. 즉, 자본주의적 생산의 기초 위에서는, 인민 대중이 아무리 생활필수품의 부족에 시달리더라도, 상품이 일정한 이윤률로 판매되어 자본가에게 자본으로 재전화될 수 없는 한, 그 상품은 인민 대중이 그 생활필수품의 부족을 해결할 수 있도록 제공되지 않고 '과잉생산물'로 되어, 결국은 공황 즉 파국을 초래하는 것입니다.

2) 이윤 압박설, 혹은 노동력 애로설

넓은 의미의 과잉생산설 속에는 이윤 압박설, 혹은 노동력 애로설이라고 불리는 주장도 있습니다. 널리 알려진 것처럼, 리카도에 뿌리를 두고 있으면서 일본의 우노학파(宇野學派)에 의해서 대표되고 있는 주장인데, 이윤률의

---

62) 《자본론》, 제3권, *MEW*, Bd. 25, S. 267.
63) 같은 곳.
64) 같은 곳. 이 일절의 의미가 좀 난해하기 때문에 참고로 그것을 영어 번역판으로부터 번역하자면, 이렇습니다. — "이것이 가능한 것은, 오로지, 이 특수한 자본주의적 상호관계 속에서는 잉여생산물이, 그것이 그 소유자를 위해서 먼저 자본으로 재전화되지 않는 한, 그 소유자가 그것을 소비를 위해 제공할 수 없는 형태를 취하기 때문일 뿐이다."(*Capital, A Critique of Political Economy*, Vol. III, Book III, *The Process of Capitalist Production as a Whole*, Ed. by F. Engels, *Karl Mark-Frederick Engels Collected Works*, Vol. 36, Progress Publisher, Moscow, p. 257.)

하락을 공황의 원인으로 보면서도, 그 이윤률 하락의 주요 원인을 임금의 상승에서 찾는 이론입니다.

호황이 일정 기간 지속되고, 그리하여 생산이 확대되면, 상대적 과잉인구, 즉 산업예비군이 감소, 고갈되고, 그렇게 되면 노동자들의 임금이 상승하여 이윤률이 하락하기 때문에 공황이 발생한다는 이론이며, 바로 이 때문에 '이윤 압박설', 혹은 '노동력 애로설'이라고 불립니다.

이 이윤 압박설은 호황 말기에 자본의 이윤률이 하락하는 것을 공황의 원인으로 지적하고 있고, 또한 호황 말기에 임금의 상승이 자본의 이윤률을 하락시키는 것을 지적하는 점에서는 타당합니다. 그러나 임금의 상승을 이윤률 하락의, 따라서 공황의 '주요 원인', 혹은 나아가 '배타적 요인'으로 규정하는 데에 대해서는 반론이 있을 수밖에 없습니다. 호황 말기, 공황이 발발하기 전의 이윤률 하락은, 단지 임금의 상승에 의한 것만이 아니고, 오히려 자본 간의 경쟁, 특히 호황이 일정 기간 지속되면서 생산이 확대되는 데에 따른 특히 원자재 가격의 상승과 이후 과잉생산에 따른 생산물들의 경쟁적 투매(投賣)의 영향이 더 크기 때문입니다.

3) 불비례설

공황의 원인을 설명하는 또 다른 유력한 주장으로는 '불비례설'이라는 것이 있습니다.

사회적으로 재생산이 이루어지기 위해서는, 경제학에서 제1부문이라고 부르는 생산수단 생산부문들과, 제2부문이라고 부르는 소비수단 생산부문들 간에 일정한 비례관계가 존재해야 하는데, 자본주의적 재생산이 반복되다 보면, 양 부문 간에 존재해야 할 비례관계가 깨지면서 공황이 발생한다는 이론입니다.

실제로 재생산이 이루어지기 위해서는, 한편에서는 그를 위한 생산수단들, 즉 생산과정에서 생산적으로 소비되어야 할 기존의 생산물들이 있어야 하고, 다른 한편에서는 그 생산에 참여하는 노동자는 물론 자본가들의 생존을 위한 생활수단들이 존재해야 합니다. 그것도 그 재생산의 규모와 부문 간 구성에 맞는 일정한 비율로 말입니다.

따라서 이 이론은 사회적 재생산이 원만히 이루어지기 위한 부문 간의 균형조건을 문제 삼는다는 점에서 중요한 문제제기를 하고 있습니다.

하지만, 이 이론의 문제점은, 자본주의적 생산에서는 생산수단의 사적소유에 기초한 그 사회적 생산의 무정부성 때문에 실제로는 우연적으로만 유지되는 데에 불과한 부문 간의 균형 혹은 비례관계를 정상적 혹은 일상적인 것으로 전제하면서, 실제로는 정상적 혹은 일상적인 불균형 혹은 불비례를 우연적인 것으로 간주한다는 점입니다.

이 불비례설을 주장하는 학자들은 확대재생산표식을 들어, 재생산이 거듭될수록 제1부문과 제2부분 간의 불균형이 확대되는지를 논증하려고 듭니다. 그러나 이 이론을 주장하고 그것을 수학적으로 증명하려는 경제학자들이 이용하는 확대재생산표식은 사회적 재생산이 이루어지기 위해서 '존재해야 할' 물적 생산요소들 간의 관계를 극도로 추상적으로 표현한 것에 불과합니다.

그에 비해서, 현실적으로는 제1부문과 제2부문 사이에는 말할 것도 없고, 예컨대, 제1부문 내에서만도 그 성질과 기능 등을 달리하는 무수히 많은 생산수단들이 무정부적으로, 즉 그들 요소들 간에 끊임없이 우연적인 균형과 일상적인 불균형을 되풀이하면서 생산되고 있습니다. 제2부문 내에서도 물론 마찬가지이고요. 말하자면, 재생산표식 상의 '균형'은 재생산의 진행조건을 설명하기 위한 '가정'(假定)에 불과한 것입니다.

그런데도 이 불비례설은 그러한 사실을 외면한 채, 극히 추상적이고 '가정'에 불과한 재생산표식 상의 균형이 일상적이고 현실적인 것처럼 간주하는 오류를 범하고 있는 것입니다.

맑스는, 사회적으로 무정부적 생산이 지배하는 자본주의적 생산에서의 균형과 불균형, 혹은 비례와 불비례의 관계에 대해서 간단히 다음과 같이 얘기합니다.

> 만일 일반적인 과잉생산이 아니라 다양한 생산부문들 내부에서의 불균형이 발생할 뿐이라고 말한다면, 이는, 자본주의적 생산의 내부에서는 개별적 생산부문의 균형은 불균형으로부터의 부단한 과정으로서 나타난다고 하는 것 이상의 아무것도 의미하지 않는바, 왜냐하면, 여기에서는 총생산의 연관이 맹목적인 법칙으로서 생산당사자들에게 자신을 강요하는 것이지, 그들의 결합된 지성(知性)에 의해서 파악되고, 그 지성에 의해서 지배된 법칙으로써 생산과정을 그들의 공

동의 통제 하에 둔 것이 아니기 때문이다.65)

뿐만 아니라, 이 불비례론은, 그것이 가정하고 있는 생산부문 간의, 그리고 생산부문 내부의 균형·비례관계가 왜 깨지는지, 왜 그 균형의 붕괴가 주기적으로 일어나는지를 설명하지 못합니다. 불비례설의 대표적 논자인 뚜간-바라노프스끼(M. I. Tugan-Baranovskii, 1865-1919)가 화폐-신용관계에서 '대부자본부족설'로 이론화를 시도한 것으로 알려져 있지만, 성공적이었다는 평가는 보지 못했습니다.

4) 사회적 축적구조론 – '마르크스주의 장기파동론'?

이상에서 소개한 주장들이나 이론들 외에도 공황의 원인을 설명하려는 이론은 여러 가지가 있습니다. 자본의 유기적 구성의 고도화에 따른 이윤율의 경향적 저하법칙에서 바로 공황의 원인을 도출하려는 입장도 있고, 예컨대, 2001년에 미국 경제에 공황이 엄습하면서 더 이상 떠들 수 없게 된 이른바 '신경제론'과 같은, 이른바 사회적 축적체제론, 혹은 조절이론 등도 있습니다.

하지만, 여기에서는 이들 '이론'을 일일이 검토하는 것은 생략하기로 하고, 다만 정성진 교수님께서 "(고전적) 마르크스주의 공황론", 혹은 "마르크스주의 장기파동론"이라고 소개하고 있는 "사회적 축적구조론"에 대해서만 검토하기로 합시다.

'사회적 축적구조론'은 맑스주의 장기파동론?

앞에서 보았듯이, 정성진 교수는 자신을 포함한 뜨로츠키주의자들이야말로 "진정한 마르크스주의 전통의 수호자"임을 자임하면서, 자신들의 이른바 '사회적 축적구조론', 혹은 '장기파동론'을 "마르크스주의 장기파동론"이자 "마르크스주의 공황론"이라고 떠벌렸습니다.

결론부터 말하자면, 그러나 그것들은 맑스나 엥엘스의 공황이론과는 어떤

---

65) 《자본론》, 제3권, *MEW*, Bd. 25, S. 267.

공통성도 공유하지 않는, 저들 뜨로츠키주의자들만의 '마르크스주의 공황론'이고, '마르크스주의 장기파동론'일 뿐입니다. 맑스와 엥엘스는 결코 어디에서도 '장기파동'의 '장' 자도 얘기한 적이 없기 때문입니다.66)

그리하여 정 교수는, 부당하게도 "마르크스주의 공황론"이니, "마르크스주의 장기파동론"이니 하면서도, 맑스와 엥엘스로부터 어떤 논거도 가져올 수 없었습니다. 다만, 자신들의 개조(開祖) 뜨로츠키에게서, 그리고 뜨로츠키주의자이면서도 정 교수가 속한 소위 '국제 사회주의자'(IS) 그룹과는 사실상 적대적인 관계에 있는 '제4인터내셔날' 그룹의 만델(Ernest Mandel, 1923-1995)에게서 그것들을 가져올 수밖에 없습니다.

정 교수 자신에게서 들어봅시다.

> 나는 사회적 축적구조 학파처럼 마르크스의 노동가치론을 부정하지 않으면서도, 또 그들과 같은 개량주의 정치에 동의하지 않으면서도, 사회적 축적구조라는 개념을 사용할 수 있으며, 또 이 개념을 콘드라티에프의 장기순환 이론이 아니라 만델(Mandel, ...)의 마르크스주의적인 비대칭적 장기파동 이론과 결합시키는 것이 가능하다고 생각한다.67)

> 마르크스주의 장기파동론은 마르크스의 이윤률의 경향적 저하법칙과 콘드라티에프, 뜨로츠키의 장기파동 개념의 결합을 통해 구성할 수 있다.68)

앞에서 우리는, 정성진 교수께서 "주류경제학자들은 물론 [대부분의] 진보진영 경제학자들"과 함께 1996년과 1997년 상반기에 이미 당시의 정세를 '경제위기'라고 떠들고 있었으면서도, 동시에 전혀 그렇지 않았다는 듯이 천연덕스럽게 "주류경제학자들은 물론 진보진영 경제학자들조차 대부분 세계

---

66) 이들 두 사람의 맑스주의의 창시자들은, 서로 간의 왕복 서간들이나 노동자계급운동에 종사하는 다른 사람들에게 보낸 서한들까지를 포함하여, 자신들의 저작에서 공황에 대해서 무수히 언급하고 있습니다. 하지만, 그 가운데 만성적 공황에 대한 얘기는 있어도, 저작 전체의 어디에서도 '장기파동' 따위는 얘기하고 있지 않습니다. 그런데도 정성진 교수는 지금 콘드라티에프나 뜨로츠키, 슘페터, 만델 등이 노래하는 '장기파동' 따위의 싸구려 경기변동론에 맑스주의라는 의상(衣裳)을 입히려 하고 있습니다.
67) 정성진, 같은 책, p. 147.
68) 같은 책, p. 195.

화와 'OECD 가입' 등으로 들떠 있던 1997년 당시 거의 유일하게 파국의 임박을 예측한 논문"을 자신이 썼다고 주장하고 있는 것을 보았습니다.

마찬가지로 위 두 인용문을 비교하는 것만으로도 우리는 그가 아주 천연덕스레,69) "마르크스주의 공황론"으로서의 "사회적 축적구조론" 혹은 "마르크스주의 장기파동론"을 입론함에 있어서, 한편에서는 "사회적 축적 구조라는 ... 개념을 **콘드라티에프의 장기순환 이론이 아니라** 만델(Mandel, ...)의 마르크스주의적인 비대칭적 장기파동 이론과 결합"시킨다고 하면서, 동시에 다른 한편에서는 "마르크스주의 장기파동론은 마르크스의 이윤율의 경향적 저하법칙과 **콘드라티에프, 뜨로츠키의 장기파동 개념의 결합**을 통해 구성할 수 있다"고 말하고 있음을 볼 수 있습니다. 또한 마찬가지로, 위 인용문에서는 "나는 사회적 축적구조 학파처럼 마르크스의 노동가치론을 부정하지 않으면서도, 또 그들과 같은 개량주의 정치에 동의하지 않으면서도, 사회적 축적구조라는 개념을 사용할 수 있으며" 운운하면서, 동시에 "사회적 축적구조(social structure of accumulation)라는 개념은 그 창안자인 고든(D. M. Gorden)에 따르면" 운운하는, 조금 뒤의 인용문에서도 명백한 것처럼, 그는 다름 아니라 '사회적 축적구조 학파'의 개념을 고스란히 그대로 받아들이고 있음도 볼 수 있습니다. 그리고 참으로 귀신도 곡할 이러한 재주는 "그 개념을 특정 학파의 이론 구조 및 정치와 분리해 선택적으로 수용하고자 한다"는 편리한 선언으로 장식되어 있습니다.

결국, '노동가치론조차 부정하는', 부르주아적인 이른바 '사회적 축적구조 학파'의 이론과 부르주아적 경기순환론의 하나로 각광을 받고 있는 이른바 콘드라티에프 파동론, 그리고 뜨로츠키를 위시한 뜨로츠키주의자들의 소위 장기파동론을 결합·가공하여, 거기에 '맑스주의'라는 상표를 붙이고 있는 것이 그의 "마르크스주의 장기파동론"이자 "마르크스주의 공황론"인 것입니다. 그리고 그의 "진정한 마르크스주의 전통의 수호"인 것입니다.

---

69) 그의 이러한 행태를 '천연덕스럽다'고 하는 것만으로 과연 충분한지, 사실은 의문입니다. 제정신을 가지고 저럴 수 있을까 싶기도 하고, 얼마나 뻔뻔하면 저럴 수 있을까 싶기도 하기 때문입니다. 혹시 '정성진스럽다' 혹은 '정성진교수스럽다'는 새로운 조어가 필요하지 않을까 하는 생각이 들기도 합니다. 하지만, 아무튼 그는 이 대한미국의 '국립' 경상대학교의 '마르크스주의 연구소'를 사실상 설립, 주도해오신 어엿한, 아니 특출한 '마르크스주의자', 마르크스주의 경제학자'이십니다.

또한 그가, "마르크스주의 공황론은 자본주의의 위기를 만성적 위기와 구조적 위기[70] 이외에 몇 차례의 주기적 산업순환을 포함하는 장기파동의 중층결정 관계로 이해한다"[71]고 할 때, 이 역시, 전적으로 자의적이어서, 뜨로츠키주의의 싸구려 공황론에 불과할 뿐입니다.

정성진의 '사회적 축적구조론' 혹은 '장기파동론'의 특징

(1) 호·불황은 자본축적의 '외부적 환경'에 의해서 규정된다?

정성진 교수는 다음과 같이 얘기합니다.

> 사회적 축적구조(social structure of accumulation)라는 개념은 그 창안자인 고든(D. M. Gorden)에 따르면 "자본축적을 위한 개별 자본가의 선택의 가능성에 영향을 미치는 정치경제학적 환경" 혹은 자본축적에 "외부적인 환경"으로 정의하며, 이 환경이 안정적이고 우호적일 때 자본가는 생산적 투자를 늘리고 그 결과 호황이 도래한다. 즉 자본축적이 이뤄지는 제도적 환경이 사회적 축적구조이며, 이 사회적 축적구조가 순조롭게 기능할 동안은 호황이 지속되고 사회적 축적구조가 붕괴하면 불황이 발생한다. 사회적 축적구조의 성립과 붕괴에 대응하는 경기순환은 7-8년 주기의 통상적인 주기적 산업순환이 아니라 50-60년 주기의 이른바 '콘드라티에프 순환'으로 알려진 장기파동이다. … 나는 이와 같은 장기파동 및 사회적 축적구조 개념이 1960년대 이후 한국 자본주의 역사를 서술하는 개념으로 유용하다고 생각하며, 따라서 그 개념을 특정 학파의 이론 구조 및 정치와 분리해 선택적으로 수용하고자 한다.[72]

천하의 "진정한 마르크스주의 전통의 수호자", 정성진 교수님께서 여기에서 명확히 하시고 계신 것은, 자본주의적 생산의 호황과 불황은 자본주의적 생산 그 자체의 성격과 특징, 그리고 그 운동법칙에 의해서 규정되는 것이 아니라, "자본축적에 '외부적인 환경'", "자본축적이 이뤄지는 제도적 환경"

---

[70] 정성진 교수에게 있어서 '구조적 위기'는 일반적으로 쓰이는 의미, 즉 만성적 위기의 다른 표현이 아니라, "'사회적 축적구조'의 붕괴로 표현되는 구조적 위기"(정성진, 같은 책, p. 179)입니다.
[71] 같은 책, p. 179.
[72] 같은 책, pp. 125-26.

에 의해서 규정된다는 것(!)입니다.

그런데 정 교수는 동시에, "이윤률의 장기파동에 대응하는 것이 바로 '사회적 축적구조'의 붕괴로 표현되는 구조적 위기다"[73]라고도 말합니다. 그렇다면, 정성진 교수님의 "마르크스주의 공황론"에 의하면, 자본의 이윤률 또한 명백히 이른바 '사회적 축적구조', 즉 "자본축적에 '외부적인 환경'", 곧 자본주의적 생산의 외적 요인에 의해서 결정됩니다. 이것이 "이윤률"이니, "이윤률의 경향적 저하"니 하는 소리를 입에 달고 살면서 **진정한 마르크스주의 전통의 수호자**를 자임하는 천하의 '전통 마르크스주의' 경제학자, 정성진 교수님의 이윤론이기도 합니다.

이렇게 '자본축적의 외부적 환경'을 자본주의적 생산의 성격과 특징, 그리고 그 운동법칙에 의해서 설명하는 대신에 거꾸로 외부적 환경에 의해서 그 운동을 설명하려는, 이른바 '사회적 축적구조론' 혹은 '장기파동론'. 이러한 천박하기 그지없는 '이론'이, 다름 아니라, "마르크스주의 공황론", "마르크스주의 장기파동론"의 이름으로 주장되고 있습니다.

(2) 노동생산성에 대한 몰이해

그는 이렇게 자본주의적 생산의 외적 요인이 그 생산의 호·불황을 결정한다는, 참으로 천박하기 이를 데 없는 '마르크스주의 공황론'을 전개하고 있는 "진정한 마르크스주의 전통의 수호자"이기 때문에, 지적하는 것 자체가 민망한 노릇이지만, 아무튼 그가, 전에도 지적한 "노동생산성(=부가가치/종업원수)"[74]라는, 부르주아 경제학의 엉터리 노동생산성 개념과, 그에 기초한 '통계'를 토대로 예의 '마르크스주의 공황론'을 전개하는 것도 하등 이상할 게 없습니다.

결국 그는, 노동생산성이란 일정량의 노동이 얼마만큼의 사용가치를 생산하느냐의 문제라는 것도, 따라서 생산에 투여되는 노동의 량, 혹은 노동시간,

---

73) 같은 책, p. 179.

74) 같은 책, p. 130. '노동생산성(=부가가치/종업원수)'이면, 노동의 생산성은, 맑스가 말하는 유용적·구체적 노동의 생산성이 아니라, 추상적 노동의 생산성인 것이고, 노동생산성의 증대는, 더 많은 사용가치의 생산이 아니라, 더 많은 가치의 생산으로 됩니다. — 이것이 바로 저 "진정한 마르크스주의 전통의 수호자" 정성진 교수님의 노동생산성 개념입니다!

혹은 그가 부르주아 경제학자들을 따라 천박하게 말하는 '종업원수'가 동일하면, 노동생산성이 어떻든지 간에, 즉 얼마나 많거나 적은 사용가치를 생산하든, 언제나 동일한 량의 가치를 생산할 뿐이라는 것도 전혀 모르는 '마르크스 경제학자'입니다.

한편, 이렇게 노동생산성이 다름에 따라 얼마나 많거나 적은 사용가치를 생산하든, 그 증감을 비교하기 위해서는 물론 그것들이 동일한 단위로 환산될 수 있어야 합니다. 그 때문에 개개 상품종(商品種)의 생산에 있어서의 노동생산성의 증감은 그 자체로서 측정할 수 있고 통계화할 수 있지만, 여러 상품종의 생산에 있어서의 노동생산성의 전반적인 혹은 평균적인 증감률은 그것을 측정하거나 통계화하는 것 자체가 원리적으로 아예 불가능합니다.75) 여러 상품종의 전반적 혹은 평균적 생산의 증감을 경제학적으로 유의미하게 비교하기 위해서는 그것들을 가치·가격으로 환산해야 하는데, 이렇게 되면 이미 그것은 노동생산성의 증감의 비교가 아니게 되기 때문입니다.

그런데도 그는, 비과학(非科學)으로서의 부르주아 경제학의 이른바 '부가가치 노동생산성'이란 것을 들이대면서, 가소롭게도 자신 등이 "진정한 마르크스주의 전통의 수호자"라고 주장합니다. ― 거듭 강조하지만, 그는 이렇게 맑스주의 경제과학의 기본적·초보적 개념, 기본적 논리에조차 무지한, 바로 그러한 "진정한 마르크스주의 전통의 수호자"인 것입니다!

(3) 말 바꾸기를 통한 사기

한편, 맑스주의 경제과학의 기본적·초보적 개념, 기본적 논리에 이렇게 철저한 무지는 그를 용감하게 만듭니다. 다름 아니라, 부르주아 경제통계들을 비판적·선별적으로 다루는 대신에, 그러한 통계들이 어느 것이나 사실 자체를 반영하는 것인 양, 아무런 유보도, 아무런 비판적 언급도 없이 그것들을 인용하면서 자신의 주장을 즐겨 '입증'하시는 그런 용감성을 발휘하게 하는 것입니다. 그리하여 저 "마르크스주의 공황론"을 전개하시고 계신 글들에서도 교수님께서는 그들 통계를 제시하시면서 "마르크스의 이윤률의 경향적 저하법칙을 입증"76)하시기까지 합니다.

---

75) 예컨대, 5km와 6kg을 서로 합한다든가 평균화하는 것 등등은 원리적으로 불가능하다는 사실을 상기하십시오.

그런데 그러한 교수님께서 "1996년부터 본격화된 주기적 공황"[77] 운운하실 때에는 전혀 다른 태도를 취합니다. 다름 아니라, 그는 년간 GDP 성장률이 7%였다는 1996년의 통계를 유독 은폐합니다. 그러면서, 앞에서도 말씀드렸듯이, 1997년 4/4분기에 경제위기가 폭발하자, 그 이전의 상황이 경제위기임을 부정하던 주장을 가리켜, "이제는 오류로 판명된 주장"이라고 낙인을 찍습니다. 생산의 년간 확대율이 7%였다는 통계와 바로 그 해가 경제위기, 즉 공황의 시기였다는 주장이 결코 양립할 수 없다는 것은 깐에도 알았던 모양입니다.

다시 그런데, 그가 "1996년부터 본격화된 주기적 공황" 운운할 때와 자신만이 "1997년 당시 거의 유일하게 파국의 임박을 예측"[78]했다고 할 때, 이 두 발언이 의미하는 1996년도의, 그리고 1997년도 상반기의 한국 자본주의의 산업순환상의 성격은 전혀 다른 것입니다. 뒤의 발언에서는 1997년에도 아직 '파국', 즉 공황은 단지 "임박"한 것으로 "예측"되고 있음에 반해서, 앞의 발언에서는 말 그대로 "1996년부터" 이미 "주기적 공황"이 "본격화된" 것으로 파악되고 있기 때문입니다.

이렇게 1996년도와 1997년도 상반기라는 동일한 시기, 동일한 경제 상황을 가리켜, 한번은 "본격화된 주기적 공황"으로 규정하고, 다른 한번은 "파국"이 "임박"한 상황으로 규정하는 이 두 발언은, 미친 사람이 아니고서는, 먼젓번 발언에 대한 자기비판 없이 한 입에서 나올 수 있는 발언들이 아닙니다. 말 바꾸기를 통한 사기가 가예(家藝)인 분에게야 물론 다반사이겠지만 말입니다.

그리하여, 앞에서 본 것처럼, 그는, 그 가예를 발휘하여, 한편에서는 "1996년부터 본격화된 주기적 공황" 운운하면서도, 다른 한편에서는, 그 따위의 말은 입도 떼지 않았다는 듯이, 그리고 1996년이나 1997년 상반기에, 즉 공황이 폭발하기 전에 "경제위기다!", "경제위기다!"라고 떠드는 자본의

---

76) 정성진, 같은 책, p. 139. 그의 이러한 방법은 물론, 그가 사실은, 맑스주의자인 것이 아니라, 실증주의자, 즉 주관적 관념론자임에 불과하며, 부르주아지의 선전을 급진적인 좌익적 언어로 재포장하는 장사꾼에 불과하다는 것을 보여줍니다.

77) 같은 책, p. 179.

78) 같은 책, p. 10.

공세에 맞추어 자신들 모두가 어릿광대 춤을 추었던 사실을 은폐한 채, "주류경제학자들은 물론 진보진영 경제학자들조차 대부분 세계화와 'OECD 가입' 등으로 들떠 있었다"면서, 자신만이 "1997년 당시 거의 유일하게 파국의 임박을 예측"했다고 으스댑니다. 그렇게 사기를 칩니다.

그러면서, "과잉생산공황론자들은 실제로 외환금융위기가 폭발하기 직전까지 **한국 자본주의가 위기 국면으로 들어가고 있다**는 정부와 전경련 등의 주장을 부르주아 이데올로기 공세로 치부하면서 이들의 **경제위기론**은 경제위기 '설'에 지나지 않는다고 주장했다"79)는 또다시 제정신이 아닌 궤변, 천하의 요설(妖舌)과 괴변(怪辯)을 농합니다. 그렇게 낙인을 찍고 싶은, 종파주의적 충동에서였겠지요.

그러나 1996년 여름부터 "정부와 전경련 등의" 자본, 언론, 그리고 정 교수를 포함한 이른바 '진보적 지식인들'의 대부분이 합창·제창(齊唱)한 '경제위기론'은 "**한국 자본주의가 위기 국면으로 들어가고 있다**"는 주장이 아니었지 않습니까? 그것은, 정 교수 스스로 "**1990년대 이후 한국 자본주의가 장기불황 국면으로 돌입**"했다거나, "**1996년부터 본격화된 주기적 공황**" 운운하는 것처럼, **한국 자본주의가 당시 이미 위기 국면으로 들어가 있[었]**다는 경제위기설이 아니었습니까? 그런데도 그는 그 가예, 그 장기를 살려 말 바꾸기로 사기를 치고 있지 않습니까?

그런데도, 즉 이러한 사기와 요설에도 불구하고, 이 사회에는 종파주의에 미쳐 정 교수에 전혀 무비판적인, 아니 그에 맹종하는 자칭 "진정한 마르크스주의 전통의 수호자들", 뜨로츠키주의자들이 능히 기백 명은 서식하고 있는 것 같습니다.

(4) 이윤률 저하 경향에서 직접 공황 도출

정성진 교수의 "마르크스주의 공황론"의 또 하나의 특징은, 그가 한편에서는 "이윤률의 경향적 저하법칙"— 물론 순엉터리의 그것이지만 —에서 직접적으로 공황의 원인을 도출하려 한다는 점인데, 이에 대해서는 다음 제9강의 '공황과 이윤률'의 항에서 다루기로 합시다.

---

79) 같은 책, p. 193.

(5) 1987년의 대항쟁이 '장기불황'의 주요 계기?

더 얘기해봐야 부질없는 시간낭비, 지면낭비일 터이지만, 그 목소리가 워낙 커서 그냥 방치할 수도 없는 노릇이니, 정 교수가 예의 '사회적 축적구조론', 즉 '마르크스주의 장기파동론'으로 한국 자본주의의 과정과 행로를 어떻게 보고 있는가를 잠깐 봅시다.

그는, "1960년대 이래 [30년에 걸친: 인용자] 장기호황을 지탱해 온 한국의 사회적 축적구조는 1987년 6월 항쟁과 7·8·9월 노동자 대투쟁 이후 붕괴하고 있다"[80]며, "1990년대 이후 한국 자본주의가 장기불황 국면으로 돌입"했고, "1990년 전후하여 노태우 정권이 남발했던 '총체적 위기', '총체적 난국' 같은 표현"은 "1987년 이후 현재화되는 구조적 위기를 지배계급이 본능적으로 감지했음을 보여주는 것"[81]이라고 말하고 있습니다.

재미있는(?) 것은, 1990년 전후 노태우 정권의 '총체적 위기'니 '총체적 난국'이니 하던 시끄러운 소리만 증폭되어 들릴 뿐, 예컨대, '국가비상사태'나 '10월 유신'과 '8·3조치' 같은 것을 불러왔던 1970년대 초의 위기 상황이나, 1979년 2/4분기의 율산실업이나 원기업 등 이른바 '무서운 아이들'[82]의 도산사태로부터 시작되어 YH사태, 부마항쟁, 박정희 피살, 전두환·노태우 등에 의한 12·12 쿠데타, 사북항쟁, 광주항쟁과 학살 등등으로 이어지며 1980년대 초반까지 한국의 정치, 사회, 경제를 진동시켰던 대격변과 학살극, 그리고 이른바 '중화학공업 투자조정' 등등과 같은 것들은 정 교수님 같은 '전통 마르크스주의' 경제학자님에게는 전혀 보이지 않는 모양입니다. 이들 기간 역시 "30년 장기호황"[83], 혹은 "황금시대"[84]로 규정하고 계시니 말입니다.

"1960년대 이래 장기호황을 지탱해 온 한국의 사회적 축적구조는 1987년 6월 항쟁과 7·8·9월 노동자 대투쟁 이후 붕괴하고 있다"니, 얼마나 제

---

80) 같은 책, p. 144.
81) 같은 책, p. 137.
82) 1970년대 후반의 짧았지만 거대했던 호황기에 '신흥재벌'로 주목받으며 등장했던, 청년기업인들에 의한 기업집단들.
83) 정성진, 같은 책, 같은 곳.
84) 같은 책, p. 145.

멋대로입니까?

(6) 신자유주의적 억압과 구조조정의 정당화

마지막으로는, 정성진 교수의 주장의 최대의 해악은, 그가 즐기는 좌익적 언사에도 불구하고, 사실은 그의 '사회적 축적구조론', 혹은 '장기파동론'은 자본주의적 생산의 영구화 가능성이라는 환상으로 연결되고, 그러한 환상 위에서 오늘날의 신자유주의적 구조조정, 노동 관련 법률의 개악, 그리고 노동자계급에 대한 국가와 자본의 모든 억압을 정당화시켜준다는 점입니다.

그에 의하면, 이른바 사회적 축적구조, 즉 자본축적에 '외부적인 환경'이 "안정적이고 우호적일 때 자본가는 생산적 투자를 늘리고 그 결과 호황이 도래"하며, 이 "사회적 축적구조가 붕괴하면 불황이 발생"합니다.[85] 그렇다면, 국가와 자본이 이 사회적 축적구조, 즉 자본축적의 외부적인 환경만 '안정적이고 우호적으로 구축·유지하면' 호황은 당연히 지속되게 됩니다. — 이야말로 오늘날 신자유주의 국가와 독점자본의 주장과 정책, 그리고 노동자계급에 대한 억압을 그대로 대변하고 정당화하는 것 아닙니까?

"1996년부터 본격화된 주기적 공황" 운운하고 있는 것처럼, 실제로 그가 1996년과 1997년 전반기에, WTO 성립이나 OECD 가입, 그리고 계속되는 국제수지 적자 기조라는 조건 속에서, 말하자면, '우호적인 사회적 축적구조'를 구축하려는 자본의, '경제위기'라는 이데올로기 공세에 어릿광대춤을 추어댄 것도 결코 우연이 아닐 것입니다.

그러나 그가 즐겨 인용하는 —그러나 자신의 어릿광대춤을 정당화하기 위해서 그 해의 것만은 한사코 인용하지 않는— '통계'에서도 분명한 것은, 1996년엔 자본과 국가 스스로 년율 7%로 국내총생산이 증대하고 있었다고 기록하고 있고, 1997년의 그것도, 4/4분기에 폭발한 대위기에도 불구하고, 5%를 훨씬 상회했다는 것, 그리하여, 앞서 언급했던 것처럼, 부르주아 경제학자인 박승 교수조차 "지표경기로는 위기가 아니나, 체감경기에 의하면 위기"라는 옹색한 궤변을 농할 수밖에 없었다는 사실입니다.

---

85) 같은 책, p. 125.

제9강 공황 (2)

4. 공황에 관한 맑스·엥엘스의 견해와 그 방법

"맑스 경제학에서 공황론은 미완성이다"는 얘기를 자주 듣습니다.

맑스의 ≪자본론≫은 과연 그가 ≪경제학 비판을 위하여≫의 '서문'에서 밝힌 계획대로, 즉 "부르주아 경제체제를, 자본·토지소유·임노동; 국가·외국무역·세계시장이라는 순서에 따라서 고찰한다"[1]던 계획대로 연구하던 일부분인가, 아니면 계획을 수정하여 전체를 아우른 결과인가 하는, 아직 끝나지 않은 소위 '플랜 논쟁'도 있기 때문에, 게다가 ≪자본론≫조차 사실은 완성된 게 아니고, 맑스가 보다 더 오래 이 세상에 머물 수 있었다면 필시 보다 더 완전한 형태로 우리에게 주어졌을 것이기에, 그리고 무엇보다도 자본주의적 생산 자체가 발전함에 따라서 그에 관한 연구·분석 또한 발전해 가는 것이기 때문에, 저로서는 그러한 판단과 주장, 즉 "맑스의 공황론은 미완성"이라는 판단과 주장을 굳이 부정하고 싶지는 않습니다.

하지만, 저는 '맑스의 공황론'과 관련하여 우리에게 중요한 문제는, 맑스나 엥엘스에 의해서 주어진 그 공황론 자체의 완성도(完成度) 여부가 아니라, 우리가 맑스의 공황론을, 따라서 공황 그 자체를 파악하고 이해하는 방법과 능력이라고 생각합니다. "맑스의 공황론은 미완성" 운운하게 되는 것은, 물론 한편에서는 실제로 맑스가 그것 자체를 완성하지 못한(?) 채 세상을 떠났기 때문이지만, 다른 한편에서는 많은 부분 사실은 공황 그것을 이론적으로 파악하고 이해하는 방법 자체에 대한, 따라서 맑스의 방법 자체에 대한 이해의 부족에 있기도 하다고 생각되기 때문입니다. 실제로도 모름지기

---

[1] ≪경제학 비판≫(서문), *MEW*, Bd. 13, S. 7.

이 방법 자체를 이해하고, 나아가 몸에 익혀야만 자본주의의 발전에 따라 변용(變容)되고, 더욱 복잡해져가는 공황을 이해할 수 있을 것입니다.

아래에서는 그 방법에 대하여 간단히 말씀드리고 싶습니다.

1) 공황에 대한 맑스·엥엘스의 기본적 시각과 방법

앞서 우리는 자본주의적 생산 자체의 성격과 특징, 그 운동법칙에 의해서가 아니라 "사회적 축적구조"라는 그 외부적 환경을 통해 자본주의적 생산의 호·불황, 즉 그 산업순환과 공황을 파악하는, 한 "진정한 마르크스주의 전통의 수호자" 정성진 교수의 방법을 보았지만, 맑스나 엥엘스의 방법은 그와는 전혀 다릅니다. 아니, 정반대입니다.

맑스나 엥엘스의 방법은 철저하게 자본주의적 생산 그 자체의 성격과 특징, 그 모순적 운동법칙을 분석함으로써 공황의 본질과 원인, 그리고 그 경제적·사회적 의의와 영향을 파악합니다. 자본주의적 경제위기는 그 본질과 원인도, 그 주기성도 모두, 다름 아니라, 자본주의적 생산 그 자체의 성격과 특징, 그리고 그에 내재한 모순에 의해서 규정되는 것이고, 그 모순적 운동을 통해서 현재화(顯在化)되는 것이기 때문입니다.

자본주의적 생산의 무정부적 성격과 공황

생산의 사회적 성격과 전유·취득의 개인적·사적 성격, 그 구체적 표현 형태로서의 자본주의적 생산의 무정부성은 자본주의적 생산의 주요한 성격이자 모순, 특징입니다. 바로 그렇기 때문에 맑스와 엥엘스는 일찍부터 공황을 무엇보다도 자본주의적 생산의 그러한 성격과 특징에 의해서 규정되는 것이자 그 모순의 폭발로서 이해하고 파악합니다.

예컨대, 사실상 맑스주의 최초의 경제학 저술인 "국민경제학 비판 개요"(1844)에서 엥엘스는, 공황이 자본주의적 생산의 무정부성의 산물임을 간파하여, 공황은 "단지 관여자들의 무의식성에 기인하는 자연법칙"이며, "소비자들이 어느 만큼을 필요로 하는가를 생산자들이 알고, 생산을 조직하고, 그들 사이에 생산을 할당한다면, 경쟁의 동요와 그 공황으로의 경향은 있을 수 없을 것"이라고 말합니다. 그러면서, "그렇지만, 현재의 무의식적인,

무사상적인, 우연의 지배에 맡겨진 방식(Art)으로 생산을 계속해가는 한, 상업공황들은 여전히 존속한다"2)고 덧붙이는 것도 결코 잊지 않고 있습니다.

주지하는 바와 같이, 자본주의적 생산은 특히 산업혁명 이후 그 사회적 생산력을 급속히 거대하게 발전시키고 있는데, 생산력의 이 거대하고 급속한 발전은 생산수단들을 사적으로, 즉 독점적·배타적으로 소유하고 있기 때문에 불가피한, 자본가들 간의 무정부적 경쟁에 의해서 더욱 촉진됩니다. 그런데 생산수단이 사적으로 소유되어 있다는 것은, 다른 한편에서는 광범한 노동자·인민대중이 빈곤에 시달린다는 것을 의미합니다. 그리고 이러한 상황은 필연적·주기적으로 과잉생산 공황을 일으키지 않을 수 없습니다.

엥엘스는 자신의 후기 저작에서는, 예컨대, 다음과 같이 서술합니다.

> 어떻게 하여 근대적 기계장치의 극도로 높아진 개량 가능성이, 사회의 생산의 무정부성에 의해서, 개별 산업자본가에게 자신의 기계장치를 끊임없이 개량하고, 기계장치의 생산력을 끊임없이 높여야 하는 강제명령으로 바뀌는가를 우리는 이미 보았다. 자신의 생산영역을 확대할 수 있는 실제상의 단순한 가능성도 그에게는 바로 그러한 강제명령으로 바뀐다. 그것에 비하면 기체의 팽창력도 애들 장난에 불과한 대공업의 거대한 팽창력이 이제, 어떠한 저항도 조롱하는, 질적·량적 팽창욕(膨脹慾, Ausdehnungs-bedürfnis)3)으로서 우리의 목전에 나타난다. 저항은 대공업의 생산물들에 대한 소비, 판로, 시장에 의해서 형성된다. 그러나 시장의 팽창력은 무엇보다도, 외연적으로도 내포적으로도, 훨씬 미약한 힘으로 작용하는 전적으로 다른 법칙들에 의해서 지배된다. 시장의 팽창은 생산의 팽창과 보조를 맞출 수가 없다. **충돌은 불가피하고, 그 충돌은, 그것이 자본주의적 생산양식 그 자체를 폭파하지 않는 한, 결코 어떤 해결책도 창출할 수 없기 때문에, 주기적으로 된다. 자본주의적 생산은 하나의 새로운 '악순환'을 창출하는 것이다.**4) (강조는 인용자.)

"충돌은 불가피하고, 그 충돌은, 그것이 자본주의적 생산양식 그 자체를

---

2) F. 엥엘스, "국민경제학 비판 개요(Umrisse zu einer Kritik der Nationalökonomie)", *MEW*, Bd. 1, S. 515.
3) "Ausdehnungs*bedürfnis*"는, (질적으로도 량적으로도) "팽창해야 할 <u>필요</u>"라고도 번역할 수 있습니다.
4) ≪반뒤링론≫, *MEW*, Bd. 20, S. 256-257.

폭파하지 않는 한, 결코 어떤 해결도 창출할 수 없"다고 하는 데에 주목해야 할 것입니다. 예컨대, 케인즈주의 혁명 따위의 노래는 이제 제풀에 지쳐서 안 부르고 있지만, 그럼에도 불구하고 무언가의 정책을 통해서 공황을 예방·해결할 수 있다는 부르주아 이데올로그들의 선전이 여전히 대중을 지배하고 있기 때문입니다.

그러면 자본주의적 생산에 필연적인 이 주기적 공황의 현실적 해결책은 무엇일까요?

다시 엥엘스에게 들어봅시다.

> 이 새로운 악순환, 근대 공업의 이 끊임없이 새롭게 발생하는 모순을 지양하는(aufheben) 것은 이 또한 근대 공업의 자본주의적 성격을 지양함으로써만 가능하다. 자신의 생산력을 대규모의 단일한 계획에 따라서 조화롭게 서로 맞물리게 하는 사회만이, 공업 그 자체의 발전에 그리고 기타의 생산요소들의 유지 혹은 발전에 가장 적합한 방식으로 공업을 전국에 분산시키고 배치할 수 있다.[5]

결국, 주기적으로 반복되는 공황은, "근대 공업의 자본주의적 성격을 지양함으로써만", 즉 자본주의를 폐지함으로써만, 그리하여 "자신의 생산력을 대규모의 단일한 계획에 따라서 조화롭게 서로 맞물리게 하는 사회만이", 즉 계획경제의 사회주의·공산주의 사회만이 그것을 폐지할 수 있고, 이러한

---

[5] 같은 책, S. 276. 참고로, 여기에서의 주제는 아닙니다만, 자본주의가 발달한 나라들에서는, 예컨대, 한국처럼 극히 심각한가, 예컨대, 독일처럼 덜 심각한가 하는 정도의 차이는 있지만, 도시와 농촌의 분리·대립이 어느 나라에서나 심각한 사회문제로 되어 있습니다. 예컨대, 우리 사회에서, 천박하다는 말도 아까운 저들 부르주아 언론·정치가·논객 등등의 표현을 빌어 말하자면, "문재인 정권의 정책 실패로" 부동산 가격이 폭등한 것도, 그것이 다시 폭락하면서 "전세 사기"·"역전세"(?) 등의 문제가 터져나오는 것도, '농촌 소멸'·'지방 소멸'이 현실화되고 있는 것도, 나아가 생태·오염의 문제가 갈수록 심각해지는 것도 도시와 농촌의 분리·대립의 문제와 직결되어 있는 것 아닙니까? 그런데 지금부터 140년도 훨씬 더 전에 엥엘스는, 지금 인용한 문단에 이어서, 이렇게 쓰고 있습니다. — "도시와 농촌의 대립의 지양은 이에 따라 단지 가능할 뿐만이 아니다. 그것은 공업 생산 그 자체에 직접적으로 필수적인 것으로 되어 있고, 마찬가지로 농업 생산에, 그리고 나아가서는 공공 위생에도 필수적인 것으로 되어 있다. 오로지 도시와 농촌을 융합시킴으로써만 오늘날의 공기 오염, 물 오염 그리고 토양 오염을 제거할 수 있고, 오로지 그것을 통해서만, 오늘날 도시에서 쇠약해지고 있는 대중의 분뇨가, 질병을 일으키는 대신에, 식물을 재배하는 데에 사용되도록 할 수 있다."(같은 곳.)

사회만이 "공업 그 자체의 발전에 그리고 기타의 생산요소들의 유지 혹은 발전에 가장 적합한 방식으로 공업을 전국에 분산시키고 배치할 수 있다"고 확언하고 있습니다.

하지만, 쓰딸린과 레닌을 분리하고, 나아가 레닌과 맑스·엥엘스를 분리하는 것으로도 모자라, 요즈음엔 맑스와 엥엘스를 분리하려고 하는 사람들, 특히 서유럽에서 '마르크스주의'를 공부한 사람들 가운데 그러한 강단 맑스주의자들이 많아서,6) 그들은 이렇게 대꾸할지 모릅니다. ― "그것은 맑스가 아니라 엥엘스의 관점일 뿐"이라고 말입니다.

그러나 그들의 그러한 대꾸에 반해서, 이 공황과 자본주의적 생산, 그 무정부성과의 관계를 맑스는, 예컨대, 다음과 같이 표현하고 있습니다.

> ... 만일 협동조합이 자본주의 체제를 밀어낸다면, 만일 협동조합들의 연합체(Gesamtheit der Genossenschaften)가 하나의 공동계획에 따라 전국의 생산을 조정하고, 그리하여 그것을 자신의 지배(Leitung) 하에 두고, **자본주의적 생산의 숙명인 부단한 무정부 상태와 주기적인 경련들**[=공황들: 인용자]을 끝나게 한다면, ― 여러분, 그것이야말로 공산주의, '가능한' 공산주의가 아니고 무엇이겠는가!7) (강조는 인용자)

---

6) 예컨대, 맑스의 《경제학 비판 요강》의 한국어 번역자인 김호균 교수도 그러한 학자들 가운데 한 사람입니다. 제1강에서 이미 언급했었지만, 그는 소농(小農) 문제와 관련하여 맑스와 엥엘스를 철저히 '분리'하면서 맑스와 달리 엥엘스는 "논리적으로도 역사적으로도 타당성이 없다고 할 수 있"는 "역사적 오류", "중대한 오류를 범하고" 있다고 평가합니다(김호균, "맑스주의의 발전을 위한 시론", 《창작과 비평》 1992년 여름호, pp. 264-265). 그리고 "지난 세기[19세기를 가리킴: 인용자] 80년대에 들어 독일사민당에서는 농민문제를 둘러싸고 심한 대립양상"이 나타났는데, "이때 농민논쟁에서 엥엘스는 폴마르[Vollmar, 맑스주의 수정주의자: 인용자] 등에 의해 대변되던 [수정주의적·비맑스주의적: 인용자] 소농존속 → 소농보호 노선에 맞서 소농소멸 → 농민설득을 주장했는데 이 엥엘스의 입장이 훗날 '맑스·레닌주의'의 공식입장"(김호균, 같은 글, p. 264)으로 되었다고 말합니다. 즉, 그의 진한 반쏘주의, 즉 스스로 맑스주의자임을 자처하지만 객관적·실천적으로는 그 반대인 반공주의가 그의 눈을 그렇게 멀게 하고 있는데, 서유럽 유학파 '맑스주의자들'의 대부분이 사실 그런 식입니다. 참고로, 김호균 교수의 위 글에 대한 보다 상세한 비판은, 구광숙·채만수, "현대자본주의하 농업문제의 쟁점"(경제사회연구회 편, 《경제사회연구》, 제2권, 제1호, 1995년 1·2월, pp. 75-98)을 참조하십시오.

7) 《프랑스의 내전》, *MEW*, Bd. 17, S. 343.

> ... 과잉생산은 ... 자본주의 사회의 내부에서는 ... 하나의 무정부주의적 요소이다.
> [자본주의적 생산양식의 무정부성에서 기인하는: 인용자] 고정자본과 유동자본의 생산에서의 불균형은, 공황을 설명하기 위해 경제학자들이 애용하는 논거의 하나다.8)

사실, 맑스 자신이 공황을 "자본주의적 생산의 무정부성"이라는 표현과 함께 얘기하는 예는 그다지 많지 않습니다. 그러나 그것은, 맑스와 엥엘스를 분리하고자 하는 사람들이 혹시 추측할지도 모르는 것처럼, 공황이 자본주의적 생산의 무정부성에 의해서 규정된다는 것을, 따라서 공황이 자본주의적 생산의 기본적 모순인 생산의 사회적 성격과 전유의 사적 성격 간의 모순의 폭발이라는 것을, 맑스가 경시하기 때문이 결코 아닙니다. 오히려 그 반대입니다. 그가 그렇게 자본주의적 생산의 무정부성과 공황의 연관을 그다지 직접적으로 서술하지 않는 이유는, 오히려 그 연관을 너무나도 당연한 것으로 전제하고 있기 때문입니다.

실제로 그는, **자본주의적 생산체제가 생산수단의 사적소유에 기반한 무정부적 생산체제임을 언제나 전제하고 있을 뿐 아니라, 바로 그러한 무정부성 때문에 자본주의적 생산은 자연법칙으로서 관철된다고 파악하고 있습니다.**

다음과 같은 서술들을 보십시오.

> 다양한 사회적 노동부문들 사이에서의 상품생산자들과 그들의 생산수단들의 배분에서는 우연과 자의(恣意)가 다채로운 장난을 친다. 사실, 다양한 생산영역들은 끊임없이 균형을 취하려고 하는바, ... 그러나 균형을 취하려는 다양한 생산영역들의 이러한 끊임없는 경향은 이 균형의 끊임없는 파기(破棄)에 대한 반작용으로서만 작동할 뿐이다. 작업장 내의 분업에서는 선험적(先驗的)으로(a priori) 그리고 계획적으로 준수되는 규칙이 사회 내의 분업에서는 단지 내적(內的)인, 무언의, 시장가격들의 바로메터(Barometer)적 변동에서 감지되는, 상품생산자들의 무질서한 자의를 압도하는 자연필연성으로서 사후적으로(a posteriori) 작용할 뿐이다. ... 사회적 분업은 독립적인 상품생산자들을 서로 대립시키는데, 그들은 경쟁의 권위, 즉 그들 상호의 이해(利害)의 압박이 그들에게 가하는 강제 외에는 결코 어떤

---

8) ≪자본론≫, 제2권, *MEW*, Bd. 24, S. 465.

권위도 인정하지 않는바, 이는 마치 동물계(動物界)에서 모든 자에 대한 모든 자의 투쟁(bellum omnium contra omnes)이 모든 종(種)들의 생존조건들을 다소간에 유지하고 있는 것과 마찬가지다. …
 자본주의적 생산양식의 사회에서는 **사회적 분업의 무정부성**과 매뉴팩춰적 분업의 전제(專制)가 서로를 전제(前提)하고 있다.…9)

 노동력 지출의 이러한 불규칙성은 지루하고 단조로운 고역(苦役)의 권태에 대한 하나의 자연발생적인 거친 반응이긴 하지만, 그러나 그것은, 비할 수 없이 보다 더 높은 정도에 있어서는, **생산 자체의 무정부성에 기인**하는 것이고, 생산의 이 무정부성은 다시 자본에 의한 고삐 풀린 노동력의 착취를 전제하고 있다.10)

 자본주의적 생산양식은 어떤 개별적인 사업에서나 절약을 강제하지만, **그 무정부적인 경쟁체제는**, 지금은 없어서는 안 되는 기능들이지만, 그러나 그 자체로서는 불필요한 무수한 기능들 외에도, 사회적 생산수단들과 노동력의 극히 무한한 낭비를 초래하고 있다.11)

 자본주의적 생산의 내부에서는, 한편에서는 많은 수단이 낭비되고, 다른 한편에선 사업을 점차적으로 확장할 때에 이런 종류의 비합목적적인 측면 확장이 (부분적으로 노동력에게 유해하게) 이루어지는데, 왜냐하면 거기에서는 **아무것도 사회적 계획에 따라서 이루어지지 않고**, 모든 것이 개별 자본가가 행동할 때의 무한히 다른 사정이나 수단 등에 달려 있기 때문이다. 여기에서 생산력의 비상한 낭비가 생긴다.12)

 … 두 개의 성격, 즉 상품으로서의 생산물의 성격, 또는 자본주의적으로 생산된 상품으로서의 상품의 성격으로부터 가치규정 전체가, 또는 가치에 의한 총생산의 규제가 생긴다. 가치의 이 전적으로 특수한 형태에서는, 한편에서는 노동은 단지 사회적 노동으로서만 인정될 뿐이고, 다른 한편에서

---

9) ≪자본론≫, 제1권, *MEW*, Bd. 23, S. 376-377. (채만수 역, 제1권 제3분책, pp. 589-590.)
10) ≪자본론≫, 제1권, *MEW*, Bd. 23, S. 501-502. (채만수 역, 같은 책, pp. 781-782.)
11) ≪자본론≫, 제1권, *MEW*, Bd. 23, S. 552. (채만수 역, 같은 책, pp. 867-868.)
12) ≪자본론≫, 제2권, *MEW*, Bd. 24, S. 173. 참고로, 환경・생태문제를 고민하는 분들은 모름지기, 바로 앞의 인용문과 이 인용문의 관점을 주목해야 할 것입니다.

는 이 사회적 노동의 분배도, 그 생산물들의 상호보완, 즉 물질대사도, 사회적 추진장치로의 종속이나 삽입도, **자본가적 개별 생산자들의 우연적이고 서로 상쇄되는 활동들에 맡겨져 있다.** 자본가적 생산자들은 단지 서로 상품소유자로서만 상대할 뿐이고, 또 각자가 자신의 상품을 가능한 한 비싸게 팔려고 하기 … 때문에, 내적인 법칙은 단지 그들의 경쟁, 그들 상호 간의 압력을 매개로 해서만 관철되는 것이고, 이 경쟁이나 압력에 의해서 여러 편차가 상쇄되는 것이다. 여기에서는 가치법칙은, 단지 내적인 법칙으로서, 개별 당사자에 대해서는 맹목적인 자연법칙으로서만 작용할 뿐이고, 생산의 사회적 균형은 그 우연적 파동의 한가운데에서 관철되는 것이다.13)

… 단지 서로 상품소유자로서만 상대할 뿐인 **자본가들 자신 사이에서는 가장 완전한 무정부 상태가 지배하고 있고,** 그 내부에서는 생산의 사회적 연관은 단지 개인의 자의(恣意)에 대한 우세한 자연법칙으로서만 나타날 뿐이다14)

맑스와 엥엘스를 분리하려는 광범한 시도를 의식하여 과도할 정도로 많은 인용을 했습니다. 하지만, 우리는 이외에도 맑스의 저작에서, 자본주의적 생산을 계획경제로서의 사회주의 혹은 공산주의와 비교하는 것을 자주 보게 되는데, 맑스의 이러한 비교들 또한 공황이, 혹은 그것을 폭발시키는 주요한 원인 혹은 계기인 생산부문 간, 혹은 자본의 요소들 간의 불균형이, 그리고 나아가 과잉생산이, 바로 자본주의적 생산의 무정부성에서 기인한다는 것을 보여주기 위한 것입니다.

자본주의적 생산의 적대적 성격과 공황

주지하는 것처럼, 자본주의적 생산은 자본가계급과 노동자계급 간의 적대에 기초하고 있고, 공황의 원인 혹은 그 발현 형태로서의 과잉생산도 주요하게 바로 이 적대성에서 유래합니다.

실제로 맑스는 자본의 절대적 과잉생산을, 절대적 과잉생산 일반이 아니라, 역사적으로 상대적인 생산양식으로서의 자본주의적 생산양식에서만 절대적인 것으로서 파악합니다.15) 이는 바로 그 과잉생산이 자본주의적 생산

---

13) 《자본론》, 제3권, *MEW*, Bd. 25, S. 887.
14) 《자본론》, 제3권, *MEW*, Bd. 25, S. 888.

의 적대성에서 기인하는 과잉생산, 즉 적대적 계급대립에 기초한 자본주의가 아닌 사회라면 과잉생산일 수 없는 생산이 자본주의적 생산체제에서는 과잉생산으로 나타나기 때문입니다. 이미 지난번에 '과잉생산의 의미'를 밝히면서 얘기한 바이지만, 그는 "인민대중에게는 부족한 그 동일한 상품에 대한 수요가 도대체 어떻게 없을 수 있겠는가" 하고 묻고 있는데, 이는 바로 "만일 적대성에 기초한 자본주의적 생산양식에서가 아니라면, 어떻게 그러한 과잉생산이 있을 수 있겠는가" 하는 질문입니다.

공황이 자본주의적 생산의 적대성에서 유래한다는 맑스와 엥엘스의 사상은, 다른 어느 곳보다도, ≪공산당 선언≫(1848)에 일찍이 잘 표현되어 있습니다. 다름 아니라 거기에서는, 공황으로 점철된 "수십 년 이래 공업 및 상업의 역사는 단지 근대적 생산관계들에 대한, 즉 부르주아지와 그들의 지배의 **존립조건인 소유관계들에 대한 근대적 생산력들의 반역의 역사일 뿐이다**"16)라고 쓰고 있기 때문입니다.

이러한 자본주의적 생산의 적대성에서 기인하는 공황과 관련해, 맑스의 ≪자유무역 문제에 관한 연설≫의 미국판 서문으로서 1888년에 쓴 "보호관세와 자유무역"에서 엥엘스는 또한 이렇게도 말하고 있습니다.

> 사회는 두 개의 계급으로, 한편은 자본가, 다른 편은 임금노동자로, 한편은 세습적인 부(富), 다른 편은 세습적인 빈곤으로 분열한다. 공급은 수요를 초과하고, 시장은 끊임없이 증대하는 공업생산물을 흡수할 수 없다. 호황, 공급과잉, 공황, 패닉, 만성적 불황, 그리고 사업의 점차적인 회복이 끊임없이 반복하는 순환, 이 회복도 항구적인 개선의 전조가 아니라, 임박한 새로운 과잉생산과 공황의 전조이다. 한 마디로, 생산력이 너무나도 거대한 규모로 성장했기 때문에, 그것은, 이 생산력이 그 속에서 운용되고 있는 사회제도에 대해서, 견디기 어려운 질곡에 대해서처럼 반역하는 것이다. 유일하게 가능한 해결, 그것은 **사회혁명, 시대에 뒤떨어진 사회질서라는 질곡으로부터 사회적 생산력을 해방시키고, 실제의 생산자인 인민대중을 임금노예제도로부터 해방시키는 사회변혁이다**.17)

---

15) ≪자본론≫, 제3권, *MEW*, Bd. 25, S. 265-268.
16) *MEW*, Bd. 4, S. 467. (채만수 역, ≪공산당 선언≫, p. 57.)
17) *MEW*, Bd. 21, S. 362-363.

나아가, 우리는 앞에서 공황의 직접적 원인은 과잉생산이라고 하면, "과소소비설이다!" 하고 알레르기를 일으키는 "진정한 마르크스주의 전통의 수호자" 정성진 교수 같은 분들도 있지만, "모든 현실적 공황의 궁극적 원인은 의연히 언제나", 생산과 소비 간의 모순, 즉 "마치 사회의 절대적 소비능력만이 그 한계를 이룬다는 듯이 생산력을 발전시키는 자본주의적 생산의 충동에 대비되는 대중의 궁핍과 소비제한"18)이라는 사실을 확인한 바 있습니다.

적대적 생산관계로서의 자본주의적 생산관계가 노동자 대중에게 강요하는 빈곤과 소비제한, 그에 의한 공황을 맑스는 다음과 같이 보다 직접적으로 서술하기도 합니다.

> 자본주의적 생산에서의 모순: 상품의 구매자로서의 노동자는 시장을 위해 중요하다. 그러나 그들의 상품 — 노동력 — 의 판매자로서는 자본주의 사회는 그것을 최소한의 가격에 제한하는 경향을 가지고 있다. — 또 다른 모순: 자본주의적 생산이 그 모든 능력을 발휘하는 시대는 으레 과잉생산의 시대임이 입증된다. 왜냐하면 생산능력은, 그것에 의해서 단지 더 많은 가치가 생산될 뿐만 아니라 실현될 수 있도록은 결코 충용될 수 없기 때문이다. 상품의 판매, 즉 상품자본의, 따라서 또 잉여가치의 실현은, 그런데 사회의 소비 수요들(Bedürfnisse) 일반에 의해서 제한되어 있는 것이 아니라, 대다수가 가난하고 또 언제나 가난한 채로 있지 않으면 안 되는 사회의 소비 수요들에 의해서 제한되어 있다.19)

착출(搾出)할 수 있는 량의 잉여가치가 상품에 대상화되자마자 잉여가치는 생산되어 있다. 그러나 이 잉여가치의 생산으로는 자본주의적 생산과정의 제1막(第一幕), 즉 직접적 생산과정이 끝날 뿐이다. 자본은 이러저러한 부불노동을 흡수했다. 이윤률의 저하를 표현하는 과정의 발전과 함께 그렇게 생산되는 잉여가치의 량은 거대하게 팽창한다. 이제 과정의 제2막이 된다. 총상품량 즉 총생산물이, 불변 및 가변자본을 보상하는 부분뿐만 아니라 잉여가치를 표시하는 부분도, 팔리지 않으면 안 된다. 그것이 전혀 팔리지 않든가 단지 부분적으로만 혹은 단지 생산가격 이하로만 팔린다면, 노동자가 착취되어 있는 것은 사실이지만, 그 착취는 자본가에게는 착취로서 실현되지 않고, 그 착취는 착취된 잉여가치의 전적인 비실현 혹은 단지 부분적인 실현과 결합될 수 있고, 심지어 그 자본의 부분적 혹은 전체적인

---

18) 《자본론》, 제3권, *MEW*, Bd. 25, S. 501.
19) 《자본론》, 제2권, *MEW*, Bd. 24, S. 318, n. 32.

상실과도 결합될 수 있다. 직접적 착취의 조건과 그 실현의 조건은 결코 같지 않다. 그것들은 시간적 그리고 공간적으로뿐 아니라 개념적으로도 서로 같지 않다. 한쪽은 사회의 생산력에 의해서 제한될 뿐이지만, 다른 한쪽은 다양한 생산부문 간의 균형에 의해서 그리고 **사회의 소비력에 의해서 제한**되어 있다. **후자**[사회적 소비력: 인용자]는 그러나 절대적 생산력에 의해서도 절대적 소비력에 의해서도 규정되지 않고, **사회 대중의 소비를, 많든 적든, 협소한 한계 내부에서만 변동할 수 있는 최소한으로 축소하는 적대적 분배관계에 기초한 소비력에 의해서 규정**된다. 그것은 축적충동에 의해서, 즉 자본의 증대와 확대된 규모에서의 잉여가치의 생산을 향한 충동에 의해서 더 한층 제한되어 있다. 이것은, 생산방법 그 자체의 부단한 혁명, 그것과 언제나 결부되어 있는 기존 자본의 가치감소, 일반적인 경쟁전을 통해서, 그리고 단지 보존수단으로서 혹은 몰락의 위협 하에서 생산을 개량하고 그 규모를 확대하여야 할 필연성을 통해서 주어지는 자본주의적 생산에 있어서의 법칙이다. 시장은 그리하여 부단히 확장되지 않으면 안 되고, 그리하여 시장의 관련들도 그것을 규제하는 조건들도 더욱더 생산자들로부터 독립적인 자연법칙의 모습을 취하게 되고, 더욱더 통제할 수 없게 된다. 내적 모순은 생산의 외적 영역의 확대를 통해서 해소되려고 애쓴다. 그러나 **생산력이 발전하면 할수록 그 생산력은 소비관계가 입각하는 협소한 기초와 더욱더 모순되게 된다**. 자본의 과잉이 증대하는 인구의 과잉과 결부되어 있다는 것은 이렇게 모순에 가득한 기초 위에서는 결코 모순이 아니다. 왜냐하면, 양자를 함께 모으면, 생산되는 잉여가치의 양은 증대하겠지만, 그와 더불어 잉여가치가 생산되는 조건과 그것이 실현되는 조건 사이의 모순도 증대하기 때문이다.[20]

맑스와 엥엘스의 이와 같은 논의는, 그들의 공황론은 기본적·원칙적으로 과잉생산 공황론이면서도, 보다 구체적으로는 그것이 좁은 의미의 과잉생산론(자본과잉론)이나 과소소비론(상품과잉론)뿐 아니라, 이른바 불비례설도 그 속에 포함하고 있음을 보여주고 있습니다.

다른 말로 하자면, 맑스와 엥엘스의 공황론은, 추상적으로는 공황을 자본주의적 생산의 기본모순으로서의 생산의 사회적 성격, 즉 자본주의적 협업과 분업, 그리고 생산의 규모 및 조직의 거대화와, 취득의 사적 성격 간의 모순의 폭발로 파악하고, 자본주의적 생산의 공장 내부의 계획성과 사회적 무정부성의 모순의 폭발로 파악합니다. 하지만, 동시에 그것은 구체적·직접

---

20) 《자본론》, 제3권, *MEW*, Bd. 25, S. 254-255.

적으로는, 자본주의적 생산의 성격과 특성, 그리고 모순에 의해서 규정되는 여러 운동과 계기가 공황을 현실적으로 폭발시킨다고 파악하고 있습니다.

2) 공황의 가능성과 필연성

(1) 공황의 가능성

맑스와 엥엘스의 이러한 '추상으로부터 구체로'라는 방법은, 단지 논리적인 그것에 그치지 않고, 역사적인 분석으로도 나타납니다. 공황은 역사적으로 산업혁명 이후 고도로 발전한 생산력을 물질적 기초로 하여 현실적인 것으로 발현하지만, 이미 단순한 상품생산의 발전과 그에 따른 상품과 화폐의 유통 속에 그 가능성이 잠재해 있다고 파악한 것입니다.

상품의 변태, 혹은 화폐유통과 공황의 가능성

공황의 가능성은 우선 상품의 변태, 혹은 상품과 화폐의 유통 속에, 즉 사용가치로서의 상품과 가치의 사회적 화신으로서의 화폐로의 상품세계의 분열, 자본주의적 재생산이 진행되기 위해서는 사용가치로서의 상품이 가치의 화신으로서의 화폐로 그 모습을 바꾸지 않으면 안 된다는 사실 속에 내재해 있습니다.

물물교환이 이루어지는 사회에서는 한 사람의 노동생산물은 직접, 최종적 소비를 위해서 필요한 다른 사람의 노동생산물과 교환됩니다. 식으로 표시하면, W—W'이고,[21] 자신의 상품의 판매가 곧 자신에게 필요한 사용가치의 구매입니다.

그러나 발달한 상품유통에서는 이 과정을 화폐가 매개하게 됩니다. 식으로 표시하자면, W—G—W'인데, 이는 구체적으로는 판매 즉 W—G와 구매 즉 G—W'입니다. 즉, 발달한 상품유통에서는 판매와 구매가 시간적 · 공간적으로 분리될 수 있고, 분리되는 것입니다.

공황의 제1의 가능성은 바로 이 판매와 구매의 분리 속에 있습니다. 즉, 판매와 구매는 내적으로는 W—G—W'로서 통일되어 있는 과정이지만, 즉 자

---

[21] 앞에서 상품과 화폐의 유통을 공부했을 때처럼, 이하에서 W와 W'는 상품과 다른 상품을, G와 G'는 화폐와 증대된 화폐를 표시합니다.

신에게는 사용가치가 아닌 자신의 생산물을 판매한 생산자는 자신에게 필요한, 타인의 생산물을 구매하는 과정이지만, 외적으로는 W—G와 G—W′로 분리되어 있음으로 해서, 상품의 판매자는 각자의 사정과 필요에 따라서 G—W′, 즉 구매를 장기간 늦출 수 있습니다. 그리고 판매와 구매의 이러한 독립화가 어느 점까지 진행되면, 그 통일을 폭력적으로 관철하는 공황이 발생할 가능성이 있는 것입니다.

쉽게 얘기하자면 이렇습니다. 즉, 양복을 생산하는 A는 화폐소유자 B에게 양복을 팔고 화폐 20만 원을 수중에 넣었다고 합시다. 이제 A는 양복지 생산업자 C로부터는 양복지를, 그리고 구두 생산업자 D로부터는 구두를 사야 하는데, 아직 양복지의 재고가 남아 있고 구두도 다 닳지 않아서든, A가 양복지와 구두의 구매를 장기간 보류한다고 합시다. 그렇게 되면, C와 D는 장시간 자신들의 상품을 팔지 못하게 되고, 바로 그러한 사정 자체에 공황의 가능성이 내포되어 있다는 얘기입니다. A로부터 양복을 구매한 B가 소유했던 화폐도 무언가 생산물의 생산자로서의 B가 자신의 생산물을 판매하고 획득한 것일 것입니다. 만일 B가 양복의 구매를 늦췄다면, A 역시 양복을 판매하지 못하고, 따라서 C도 D도 양복지와 구두를 팔 수 없게 될 것이며, 거기에도 역시 공황의 가능성이 내포되어 있습니다.

상품의 변태, 혹은 상품과 화폐의 대립 자체에는 이렇게 공황의 가능성이 내포되어 있습니다. 다만, 맑스는 W—G, G—W′라는 상품유통의 형태는 "공황의 가능성을, 그러나 단지 그 가능성만을 내포하고 있다"고 말합니다. 그리고 물론 그는 바로 이어서, "이 가능성의 현실성으로의 발전은, 단순한 상품유통의 견지에서는 아직 전혀 존재하지 않는 관계들의 모든 범위를 필요로 한다"[22]고 덧붙이고 있습니다. 공황이 현실화하기 위해서는 자본주의적 생산관계와 생산력, 그리고 그에 수반한 신용관계·신용기구 등의 발전이 필요하다는 뜻입니다.

지불수단으로서의 화폐의 기능과 공황의 가능성

공황의 제2의 가능성은 지불수단으로서의 화폐의 기능 속에 내포되어 있

---

22) ≪자본론≫, 제1권, *MEW*, Bd. 23, S. 128. (채만수 역, 제1권, 제1분책, p. 192.)

는 "직접적인 모순" 속에 잠재해 있습니다.

당연한 얘기지만, 집중된 여러 지불들이 서로 상쇄되는 경우에는 화폐는 단지 관념적으로 계산화폐로서 또는 가치의 척도로서 기능할 뿐입니다. 그러나 지불이 현실적으로 이루어져야 하는 경우에는 화폐는 사회적 노동의 화신(化身), 교환가치의 절대적인 존재로서 나타나게 됩니다.

지불수단으로서의 화폐의 기능에 있어서의 이러한 모순은 공황 가운데 화폐공황이라고 불리는 순간에 폭발합니다.

그러나 이러한 화폐공황이 일어나는 것은 은행이나 어음교환소와 같은, 많은 지불의 연쇄와 결제를 위한 조직이 충분히 발전되어 있는 경우뿐입니다. 그 때문에 지불수단으로서의 화폐의 기능에는 공황의 가능성만이 잠재해 있는 것이고, 그것이 현실적인 화폐공황으로서 폭발하는 것은 자본주의적 생산과 신용기구의 고도의 발전이라는 조건이 충족되었을 때입니다.23)

화폐가 지불수단으로서 기능하는 경우, 사실 화폐는 그 이전 시기에 그것이 가치의 척도로서 기능했다고 하는 것을 전제로 하고 있습니다. 즉, 채권·채무관계가 발생할 때, 즉 지불관계가 성립할 때 화폐는 가치척도로서 기능하게 됩니다. 그리고 지불기일이 도래하게 되면, 그것은 지불수단으로서, 즉 가치를 실현하는 것으로서 기능하게 됩니다. 그런데, 지불관계가 성립할 때에 비해 지불기일이 도래할 때에 그 상품의 가격이 하락한다면, 그 상품의 판매를 통해 획득하는 화폐액으로서는 지불을 감당할 수 없게 됩니다. 또한, 상품의 가격이 하락하지 않더라도 지불기일이 당도할 때까지 그 상품을 판매하지 못하게 되면, 역시 지불을 할 수 없게 됩니다. 그리고 자본주의적 생산의 발달로, 따라서 신용기구의 발달로 여러 지불이 연쇄를 이루고 있는 곳에서는 이러한 지불의 불능은 곧 지불의 연쇄의 단절을 의미하게 됩니다.

그런데 이러한 지불의 연쇄가 일단 단절되면, 화폐는 돌연히 관념적인 계산화폐에서 현실적인 가치의 화신으로 일변합니다. 누군가가 부도가 나고 파산하여 지불을 받지 못하게 되면, 자본가들은 이제 자신의 어음을 결제하기 위해서는 무슨 짓을 해서든 지불수단을 확보해야 하는 것입니다. 그러나 이때에는 이미 모든 자본가들이 화폐를 구하여 이리 뛰고 저리 뛰기 때문에

---

23) 이상, 《자본론》, 제1권, *MEW*, Bd. 23, S. 151-152. (채만수 역, 같은 책, pp. 231-232.)

화폐를 구하기가 여간 힘들지 않게 되고, 파산자가 늘어납니다. 그럴수록, 지불수단에 대한 갈구는 더욱 강해집니다.24)

그리하여 이제 자본가는 손에 가진 것이 돈이 될 만한 것이면, 그것이 무엇이든, 상품이든, 주식이나 채권이든, 땅이나 집이든, 모두 헐값에라도 방매하지 않을 수 없게 됩니다. 이렇게 되면, 호황 말기에 부풀어 올랐던 거품, 즉 하늘 높은 줄 모르고 치솟던 주가나 부동산 가격뿐 아니라 일반적으로 등귀한 상품가격이 폭락하게 되면서, 소생산자들이나 주식시장의 이른바 '개미군단'은 대거 무산자로 전락하여 거리로, 자살로 내몰리게 됩니다.

(2) 공황의 필연성

발달한 자본주의에서는 공황은 필연적인 것이 됩니다.

이를, 엥엘스가 정리한 바에 따라 간단히 서술하면 이렇습니다.25)

중세 봉건사회로부터 자본주의 사회로의 혁명은, 우선 단순협업과 매뉴팩춰에 의해 공업을 변혁하여, 지금까지 분산되어 있던 생산수단들을 커다란 작업장들에 집적하고, 그럼으로써 개개인의 생산수단들이었던 것들이 사회적 생산수단들로 전화됩니다. 자본가가 나타나고, 자본가는 생산수단에 대한 소유자의 자격으로 생산물을 취득하여 그것을 상품화합니다. 그리하여 이렇게 생산은 사회적 행위로 되었지만, 교환 및 취득은 여전히 개인적인 행위이고, 그 때문에 <u>사회적 생산물을 개인인 자본가가 취득하는 근본모순</u>이 생깁니다. 그리고 거기에서 오늘날 사회의 모든 모순이 발생하는 것입니다. 대공업은 이들 모순을 명백히 드러냅니다.

A. 생산자는 생산수단들로부터 분리되어, 종신 임금노동이 노동자의 운명으로 되고, <u>프롤레타리아트와 부르주아지가 대립</u>하게 됩니다.

B. 상품생산을 지배하는 법칙들이 더욱 명백해지고 그 작용이 강화되며, 고삐 풀린 경쟁전이 벌어지면서, <u>개별적 공장 내부에서의 사회적 조직과 총생산에서의 사회적 무정부성이라는 모순</u>이 전개됩니다.

---

24) 공황이 일어날 때마다 이른바 '뱅크런(bank run)', 즉 대규모의 예금인출 소동들이 일어나고, 그에 따라 은행들이 파산하는 것을 상기하면 알 것입니다.

25) 아래의 논의는, 엥엘스, ≪공상에서 과학으로의 사회주의의 발전≫의 마지막 부분 (*MEW*, Bd. 19, S. 227-228)을 거의 그대로 옮긴 것입니다.

C. 한편에서는, 기계의 개량이 경쟁 때문에 각 개별적 공장에게 강제명령이 되는데, 이는 노동자의 해고의 부단한 증대, 즉 산업예비군의 증대와 같은 뜻입니다. 다른 한편에서는, 생산이 무제한 확장되는데, 이 역시 각 공장주에게는 경쟁의 강제법칙입니다. 이 양 측면에서, 생산력의 미증유의 발전, 수요에 대한 공급의 과잉, 과잉생산, 시장의 과충(過充), 10년 주기의 공황, 여기에는 생산수단과 생산물이 넘치는데, 저기에는 고용되지 않고 생활수단이 없는 노동자가 넘치는 악순환이 발생합니다.

그러나 자본주의적 생산형태는, 그 생산력들과 생산물들이 먼저 자본으로 전화되어 있지 않은 한, 생산력들도 작용하지 못하게 하고, 생산물들도 유통되지 못하게 하는데, 바로 그 생산력들과 생산물들의 과잉이 그것들의 자본으로의 전화를 저지하기 때문에, 생산과 사회적 복지라는 이 두 개의 지렛대는 서로 결합될 수 없습니다.

그 모순이, 생산양식이 교환형태에 반역한다는 자가당착(Widersinn)으로 고양된 것입니다. 부르주아지는 그들 자신의 사회적 생산력을 더 이상 관리해갈 능력이 없다는 것이 입증되었습니다.

D. 이렇게 되면 자본가들 자신이 생산력의 사회적 성격을 부분적으로 인정하지 않을 수 없게 됩니다. 그리하여 대규모의 생산조직과 교통·통신조직들이, 처음에는 주식회사에 의해서, 다음에는 트러스트에 의해서, 그리고 그 다음에는 국가에 의해서 취득됩니다. 부르주아지는 불필요한 계급임이 드러나고, 그들의 모든 사회적 기능은 이제 봉급을 받는 종업원들에 의해서 수행됩니다.

프롤레타리아 혁명과 모순의 해결

그러나 그 후의 사태의 진전이 웅변하고 있는 것처럼, 부르주아 국가에 의한 사회적 생산력의 이러한 관리는, 특히 1930년대 대공황을 계기로 자본주의적 생산이 전반적 위기에 처함으로써 불가피해진 국가독점자본주의 체제하에서의 그것처럼 보다 광범한 관리조차도, 자본주의적 생산에 내재한 이 모순, 그리고 자본주의적 생산이 발전하면 발전할수록 격화되는 이 모순을 결코 해결할 수 없다는 것이 명백해졌습니다.

이들 모순은 프롤레타리아 혁명에 의해서만 궁극적으로 해결될 수 있는 것입니다. 그리하여 엥엘스는 "**프롤레타리아 혁명, 모순들의 해결**"이라는 소제목 하에 이렇게 쓰고 있습니다.

> 프롤레타리아트가 공권력을 장악하고, 이 권력을 이용하여, 부르주아지의 손에서 벗어나는 사회적 생산수단들을 공공의 소유물로 전환한다. 이러한 행위에 의해서 프롤레타리아트는 생산수단들을, 그것이 이전에 가졌던 자본으로서의 특성으로부터 해방시키고, 생산수단들의 사회적 성격에, 자신을 관철할 완전한 자유를 부여한다. 사전에 정해진 계획에 따른 사회적 생산이 이제부터 가능해진다. 생산의 발전은 더 이상 서로 다른 사회계급들이 존재하는 것을 시대착오(Anachronismus)로 만들어버린다. 사회적 생산의 무정부성이 사라짐에 따라서 국가의 정치적 권위도 잠들어간다. 인간은 마침내 자기 자신이 사회화되는 방식의 주인이 되고, 그와 더불어 동시에 자연의 주인, 자기 자신의 주인이 된다 — 즉 자유로워진다.
>
> 이러한 세계해방의 사업을 수행하는 것이 근대 프롤레타리아트의 역사적 사명이다. 그 역사적 조건들을, 그리고 그와 더불어 그 본성 자체를 규명하는 것, 그리하여 행동해야 할 사명을 띤, 오늘날의 피억압 계급에게 그들 자신의 행동의 조건들과 본성을 의식하게 하는 것, 이것이 프롤레타리아 운동의 이론적 표현인 과학적 사회주의의 임무이다.26)

참고로, 사실 너무나 당연한 얘기이지만, 위 인용문에서도 명백한 것처럼, 자본주의적 생산과 사회주의적 혹은 공산주의적 생산의 본질적 차이의 하나는, 생산수단의 사적소유에 기초한 자본주의 사회에서는 그 생산이 사회적으로 무정부적으로 이루어짐에 비해서, 생산수단이 공적으로 소유되어 있는 사회주의 혹은 공산주의 사회에서는 그 사회적 생산이 사전의 계획에 따라서 이루어진다는 점입니다. 즉, <u>계획경제는 사회주의적 혹은 공산주의적 생산의 본질적 특성의 하나</u>입니다.

그런데도 오늘날 쏘련을 위시한 20세기 사회주의 체제에서의 계획경제를 마치 비사회주의적, 반사회주의적 '지령경제'라는 식으로 매도하는 자칭 사회주의자들, 자칭 공산주의자들, 자칭 코뮌주의자들이 많다는 사실도 상기해야 할 것입니다.

---

26) F. 엥엘스, 《공상에서 과학으로의 사회주의의 발전》, *MEW*, Bd. 19, S. 228.

3) 공황과 이윤률

앞에서 '과잉생산의 의미'를 밝히면서도 확인한 바이지만, 주기적인 과잉생산을 맑스는, "노동자의 착취수단으로서 어떤 일정한 이윤률로 기능하게 하기에는 노동수단들과 생활수단들이 주기적으로 너무 많이 생산된다"[27)]고 말하고 있습니다. 그만큼 자본주의적 생산에서 어느 일정 정도 이상의 이윤률은 중요한 것이며, 이윤률이 그 이하로 내려가면, "자본주의적 생산과정의 교란과 중단, 공황, 자본의 파괴를 야기하게"[28)] 됩니다. 이윤률은 그만큼 자본주의적 생산과정에서 규정적입니다.

바로 그 때문에 맑스는, ≪자본론≫ 제3권 가운데 자본의 유기적 구성의 고도화에 따른 "이윤률의 경향적 저하법칙"을 다루는 곳에서 '공황론'의 주요 내용을 전개하고 있습니다.

하지만, 그렇다고 해서, 자본의 유기적 구성의 고도화에 따라 저하되는 이윤률이 곧바로 무매개적으로 공황의 원인, 혹은 공황을 폭발시키는 계기가 된다고 생각한다면, 이는 오류입니다. 이윤률의 경향적 저하법칙은 장기간에 걸쳐서 작용하는 것이기 때문에, 그것이 곧바로 무매개적으로 공황의 원인, 혹은 공황을 폭발시키는 계기가 된다면, 논리적으로 공황은 10년 주기의 그것이 아니라, 소위 '장기파동론적'인 그것이 될 것입니다.

자본의 유기적 구성의 고도화에 따른 이윤률의 저하 경향에서 무매개적으로 공황의 발생을 이끌어내는 정성진 교수는, 앞에서도 본 것처럼, 실제로, "1990년대 초 이후 장기불황은 이미 '30년 장기호황' 기간에 진행되고 있던 이윤률의 저하 경향의 결과였으며, 그 저하 경향을 다시 격화시켰다"거나, "1980년대 이후 이윤률의 저하는 임금상승에 기인한 이윤압박이 아니라 자본의 유기적 구성 고도화에 기인한 것이었다"[29)]거나, "이윤률의 장기파동에 대응하는 것이 바로 '사회적 축적구조'의 붕괴로 표현되는 구조적 위기다"[30)] 운운합니다.

---

27) ≪자본론≫, 제3권, *MEW*, Bd. 25, S. 268.
28) ≪자본론≫, 제3권, *MEW*, Bd. 25, S. 266.
29) 정성진, 앞의 책, p. 180.
30) 같은 책, p. 179.

그러나 이는 이미 우리가 앞 장의 말미에서 정성진 교수의 소위 '사회적 축적구조론 – 마르크스주의 장기파동론'을 고찰하면서 명백히 한 것처럼 결코 사실이 아닙니다.

이윤율의 경향적 저하법칙이 주기적으로 엄습하는 공황과 아무런 관계가 없는 것은 물론 아닙니다. 왜냐하면, "총자본의 증식률, 즉 이윤율이 자본주의적 생산의 자극인 한 (자본의 증식이 자본주의적 생산의 유일한 목적이듯이), 이윤율의 저하는 새로운 독립자본의 형성을 느리게 하고, 따라서 자본주의적 생산에 위협적으로 나타나며, 그것은 과잉생산과 투기, 공황, 과잉인구를 수반한 과잉자본을 촉진할"31) 것이기 때문입니다.

이 이윤율의 경향적 저하가 과잉생산을, 따라서 공황을 불러일으키는 이유와 과정을 맑스는 보다 상세하게 다음과 같이 설명하고 있습니다.

> 축적과 결부된 [즉, 자본의 유기적 구성도의 고도화에 따른: 인용자] 이윤율의 저하는 필연적으로 경쟁전을 불러일으킨다. 이윤량의 증대를 통한 이윤율 저하의 보상(補償)은 단지 사회의 총자본에 대해서만, 그리고 충분히 준비된 대자본가들에게만 유효하다. 독립적으로 기능하는 새로운 추가자본은 그러한 보상조건을 전혀 발견할 수 없고, 그것을 스스로 우선 쟁취하지 않으면 안 되며, 그리하여 이윤율의 저하는 자본들의 경쟁전을 야기하고, 그 역(逆)이 아니다. 이 경쟁전은 당연히 임금의 일시적인 상승을 수반하고, 또한 이로부터 유래하는 일시적인 가일층의 이윤율 하락을 수반한다. 동일한 것은 상품의 과잉생산, 시장의 과충(過充)에도 나타난다. 욕망의 충족이 아니라 이윤의 생산이 자본의 목적이기 때문에, 또한 자본은 생산량을 생산규모에 적응시키는 방법에 의해서만 그 목적을 달성할 수 있는 것이지 그 역이 아니기 때문에, 자본주의적 기초 위에서 제한된 소비의 크기와, 끊임없이 이 내재적인 제한을 뛰어넘으려고 하는 생산 간에는 끊임없이 분열이 생기지 않을 수 없다.32)

다른 말로 하자면, 자본의 유기적 구성도의 고도화에 따른 이윤율의 저하는, 그렇게 해서 저하된 이윤율 자체가 무매개적으로 공황을 야기하는 것이 아니라, 이윤율의 저하를 이윤량의 증대를 통해서 벌충하려는 자본의 경쟁

---

31) ≪자본론≫, 제3권, *MEW*, Bd. 25, S. 251-252.
32) ≪자본론≫, 제3권, *MEW*, Bd. 25, S. 266-267.

전이 야기하는 과잉생산을 통해서, 그리고 또 이 경쟁전에 수반되는 임금의 일시적인 상승과 이로부터 유래하고 수반되는 이윤률의 가일층의 하락을 통해서 공황을 유발하는 것입니다.

그러므로 자본의 구성도의 고도화에 따른 이윤률의 저하와 공황 사이에는 경쟁전과 그로 인한 임금의 일시적인 상승, 그에 따른 이윤률의 가일층의 하락, 과잉생산 등이 매개되어 있는 것입니다.

4) 신용의 역할

우리는 앞에서 지불수단으로서의 화폐의 기능에는 공황의 가능성이 내재되어 있으며, 자본주의적 생산이 발전하고, 그리하여 지불을 집중시키고 연쇄적인 것으로 만드는 인공적인 제도, 즉 신용제도가 발전하면, 일정한 조건 하에서 그 가능성이 현실적인 화폐공황으로 되어 폭발한다는 사실을 보았습니다.

신용 및 신용제도는 또한 그 성격상 자본주의적 생산을 그 극한까지 감행하게 함으로써 공황을 촉진하고, 그것을 증폭시키며, "따라서 또 낡은 생산양식의 해체요소들을 촉진"합니다. 그리하여 예컨대, 발달한 자본주의를 지배하고 있는 주요한 신용제도의 하나인 주식회사 제도를 설명하면서 맑스는 이렇게 쓰고 있습니다.

> 신용제도가 과잉생산이나 상업에서의 과도한 투기의 주요한 지렛대로 나타난다면, 그것은 단지 그 성질상 탄력적인 재생산과정이 여기에서는 극한까지 강행되기 때문이다. 그리고 이렇게 강행되는 것은 사회적 자본의 커다란 부분이 그것의 소유자가 아닌 사람들에 의해서 충용되기 때문이다. 즉, 이 사람들은 소유자 자신이 기능하는 한 자기의 사적 자본의 한계를 세심하게 생각하면서 하는 것과는 전혀 다른 방식으로 사업에 열중하기 때문이다. … 신용제도는 생산력의 물질적 발전과 세계시장의 형성을 촉진하는데, 이것들을 새로운 생산형태의 물질적 기초로서 어느 정도의 높이에 달하기까지 만들어내는 것은 자본주의적 생산양식의 역사적 임무이다. 그와 동시에 신용은 이 모순의 폭력적 폭발, 즉 공황을 촉진하고, 따라서 또 낡은 생산양식의 해체요소들을 촉진한다.[33]

---

33) ≪자본론≫, 제3권, *MEW*, Bd. 25, S. 457.

한편, 은행과 그 신용은 타인의 자본과 타인의 소유, 따라서 타인의 노동에 대한 일정 범위 내에서의 절대적 지배권을 소수의 자본가에게 부여하는 것으로서,34) 이 역시 공황을 격화·증폭시키는 역할을 합니다. 그리하여 맑스는, "은행과 신용은 … 자본주의적 생산을 그 자신의 한계를 넘어 강행하게 하는 가장 강력한 수단이 되고, 또한 공황과 사기(詐欺)의 가장 유효한 매체의 하나가 된다"35)고 말하고 있습니다.

그런데 신용의 팽창과 수축은 공황의 원인이 아니라 그 징후일 뿐입니다. 맑스는 이렇게 얘기합니다.

> 경제학의 천박성은 무엇보다도 특히 그것이 산업순환의 시기변동(Wechsel-perioden)의 단순한 징조에 불과한, 신용의 팽창과 수축을 그 원인으로 간주하는 데에서 나타난다. 일단 일정한 운동에 내던져진 천체가 끊임없이 동일한 운동을 반복하는 것과 전적으로 마찬가지로, 사회적 생산도, 일단 번갈아 일어나는 저 팽창과 수축의 운동에 내던져지자마자 그 운동을 끊임없이 반복한다. 결과들이 다시 원인들이 되어, 자기 자신의 조건들을 끊임없이 재생산하는 전체 과정의 부침은 주기성의 형태를 띤다.36)

따라서, 예컨대, 신용의 극한의 팽창의 한 증표인 증권 시세의 폭등이나 붕락은 결코 공황의 원인이 아닙니다. 그 폭등은 공황이 임박했다는 징후일 뿐이고, 그 붕락은 공황이 엄습했다는 증표일 뿐인 것입니다. 이는, 시쳇말로 '거품'이라고 일컬어지는 부동산 가격의 폭등이나 그 '거품'의 파열 곧 그 가격의 폭락이, 공황의 원인이 아니라, 그것이 임박했다는 징후, 그리고 그것이 엄습했다는 증표인 것과 마찬가지입니다.

신용카드 등 소위 '소비자 신용'과 공황

참고로, 2000년대 초반의 이른바 '카드대란'으로 최근에는 신용카드의 남발과 그에 따른 이른바 '신용불량자'의 량산(量産)이, 즉 신용카드가 경제위기를 격화시키는 주요한 요인의 하나로서 경계의 대상으로 되어 있지만, 한

---

34) ≪자본론≫, 제3권, *MEW*, Bd. 25, S. 454-455.
35) ≪자본론≫, 제3권, *MEW*, Bd. 25, S. 620-621.
36) ≪자본론≫, 제1권, *MEW*, Bd. 23, S. 662. (채만수 역, 제1권, 제4분책, p. 1049.)

때는 신용카드는 소비를 증대시키는 수단, 과대소비를 조장하는 수단으로 간주되었습니다. 아니, 신용카드가 '신용불량자'를 량산하여 경제위기를 격화시키는 주요한 요인으로 되어 있는 지금에도 신용카드 그것은 소비를 증대시키는 수단이라는 사고는 여전히 팽배해 있습니다.

그러나 신용카드나 할부판매, 기타의 이른바 '소비자 금융' 혹은 '소비자 신용'이 소비를 증대시킨다는 생각은 미신에 불과합니다. 신용카드나 기타 '소비자 금융'은, 소비를 증대시키는 것이 아니라, 사실은 거꾸로 소비를 감소시키고, 그리하여 공황을 심화시키는 주요한 기구 중의 하나입니다.

왜냐하면, 각 개인의 소비의 최대 한도는 그들 개인의 소득의 크기, 임금의 크기와 같을 수밖에 없는데, 신용카드나 기타 할부판매 등의 소비자 금융은, 결코 그 소비의 한도로서의 소득, 즉 임금을 증대시키는 것이 아니라, 오히려 그것이 제공하는 신용에 대한 이자의 지불, 즉 소비를 수반하지 않는, 소득의 지출을 통해서 소비를 그만큼 축소시키기 때문입니다.

물론 신용카드 혹은 기타 수단에 의한 소비자 신용은 각 개인의 소비를 일시적으로 크게 증대시킬 수 있습니다. 그러나 소비가 그렇게 소득을 넘어 증대할 수 있는 것은 사실 극히 짧은 기간뿐입니다. 그러고 나서는 소비는 오히려 축소될 수밖에 없습니다. 여러분들도 아마 신용카드를 이용, 할부구매도 하고, '현금 서비스'나 기타 '대출'을 받을 것입니다. 그런데 그렇게 되면, 그 '신용'에 따른 이자를 지불해야 하고, 그것도 고리(高利), 즉 고율의 이자를 지불해야 하지 않습니까? 바로 그렇게 지불되는 이자액만큼 여러분의 소비 한도는 축소될 수밖에 없는 것입니다.

신용카드가 널리 보급되면 될수록, 그로 인한 이자의 지출도 당연히 그만큼 대규모가 됩니다. 그리하여 그것이 사회 전체적으로 초래하는 소비의 축소, 따라서 그러한 소비의 축소가 초래하는 공황의 심화가 여간 큰 것이 아니게 됩니다.

신용카드 등의 소비자 신용이 소비를 증대시킨다는 미신이 너무나도 강고하게 자리 잡고 있기 때문에, 그와 관련하여 이전에 발표했던 짧은 글 한 편을 '보론'으로 첨부해두겠습니다.

5. 공황의 주기

1) 불규칙 동요를 수반한 10년 순환

비판적인 학문과 사상에 대한 극악한 탄압이 장기간에 걸쳐서 가해지고, 천박한 부르주아 경제학이 전일적으로 지배한 결과, 우리 사회에서는 언필칭 '진보적인' 경제학자들 사이에서조차 "현상황은 경제위기일 뿐 공황은 아니다"라거나 "현대자본주의의 축적위기는 국가의 개입으로 공황으로 전개되지 않는다"는 따위의 '공황소멸론' 혹은 '국독자 영구번영론'이 팽배했다는 사실은 앞에서 얘기한 대로입니다.

그런데, 일본의 한 연구자는 일찍이 1960년대에 오히려 '공황 다발설'을 상대로 논쟁을 벌이고 있습니다. "제2차 세계대전 후 미국에서는 1948-1949년, 1953-1954년, 1957-1958년, 1960-1961년으로, 자주 공업생산의 저하가 발생하고" 있었기 때문에, "여기에서 전후(戰後) 공황은 다발화하기에 이르렀다고 하는, 바꾸어 말하면, 산업순환의 기간이 단축되었다고 하는 견해가 생겨났다"[37]며, 그러한 '공황 다발설'을 비판하고 있는 것입니다. 이 '공황 다발설'은 당시 쏘련의 경제학계에서도 유력했던 듯합니다.[38]

이러한 공황 다발설은 물론 《자본론》에서의 공황에 대한 이론적 분석에 대한 새로운 검토가 이루어지고, 또 실제로 미국에서의 고정자본의 갱신과 관련한 통계에 대한 엄밀한 분석이 이루어지면서 극복되게 됩니다.

《자본론》에 의하면, 공황의 주기는 '불규칙 동요를 수반한 10년 순환', 혹은, 같은 말이지만, '불규칙 동요에 의해 중단되면서 진행되는 10년 순환'입니다. 즉, 맑스는 자본주의적 생산을, "10년의 순환과, 그밖에 축적이 진행되면서 언제나 더욱더 급속히 서로 연이어 일어나는 불규칙한 진동들에 의해서 교차되는 그 순환의 주기적 국면들을 가진 근대 산업"[39]이라고 묘사하

---

[37] 小檜山政克, 《戰後經濟恐慌の性格》, 岩波書店, 1970, p. 11. 이 문장 끝에, "1960-1961년의 미국의 공업생산 저하는 월간지수에서는 나타나지만, 년간지수를 취하면 나타나지 않는다"는 각주가 붙어 있습니다.

[38] 같은 책, pp. 212-218 및 pp. 233-235 참조. "논문의 주제는 전후공황의 성격 내지 특수성이었는데, 논쟁이 전후공황의 주기의 문제에 다소 치우치는 경향이 있었음은 부정할 수 없다"(같은 책, p. 235).

고 있고, 또 "근대산업의 특징적인 생활과정"을 "보다 작은 동요들에 의해서 중단되면서 평균 정도의 활황과 다급한 생산(Produktion unter Hochdruck), 공황(Krise), 침체(Stagnation)의 시기들로 이루어지는 10년의 순환이라는 형태"40)라고도 말하고 있습니다.

자본주의가 발달했던 다른 나라들이 제2차 대전에 의한 엄청난 파괴 때문에 장기간의 '전후 호황'을 누리고 있던 때에, 미국에서는, 관찰자들이 '공황 다발설'을 얘기할 만큼, 그 산업생산의 저하가 빈발했던 것은 바로 그 대전을 통해서 미국 자본주의는 그 생산력을 엄청나게 발전·증대시켰기 때문이었습니다.

그런데, 제2차 대전 후 미국에서의 산업생산의 잦은 저하로 발생한 '공황 다발설'과 관련해서는, "근대산업의 특징적인 생활과정"은 '불규칙 동요에 의해 중단되면서 진행되는 10년 순환'이라는 사실을 상기하는 것이 중요했습니다. 왜냐하면, 산업생산의 돌연한 저하가 발생하여 얼핏 공황처럼 보이는 경우에도, 그것들이 모두 공황인 것이 아니라 어떤 것은 '불규칙한 동요', '보다 작은 동요'일 뿐이며, 대략 10년의 주기를 갖는 산업생산의 커다란 저하만이 공황이라는 의미이기 때문입니다.

그러면, 공황과 불규칙 동요를 가르는 10년이라는 주기는 무엇에 의해서 결정되고 있을까요?

공황의 주기를 결정하는 물질적 기초는 고정자본의 수명, 혹은 그 갱신주기입니다. 이에 대해서 맑스는 이렇게 쓰고 있습니다.

> 선대(先貸)된 자본가치는 … 여러 회전으로 이루어진 하나의 순환(ein Zyklus von Umschlägen)을, 주어진 예에서는, 예컨대, 10개의 년회전(年回轉)으로 이루어진 하나의 순환(ein Zyklus von zehn jährlichen Umschlägen)을 그리지 않으면 안 된다 — 더욱이 이 순환은 충용된 고정자본의 수명, 따라서 그 재생산기간 즉 회전기간에 의해서 규정되어 있다.41)

---

39) 《자본론》, 제1권, *MEW*, Bd. 23, S. 666. (채만수 역, 제1권, 제4분책, pp. 1057-1058.)
40) 《자본론》, 제1권, *MEW*, Bd. 23, S. 661. (채만수 역, 같은 책, p. 1048.)
41) 《자본론》, 제2권, *MEW*, Bd. 24, S. 185.

우리는 맑스가, "경쟁전(競爭戰)은, 특히 결정적인 변혁의 경우, 낡은 노동수단들을 그것들의 자연적 수명이 끝나기 전에 새로운 것들로 교체하도록 강제한다"며, "경영설비(Betriebsgerät)의 이러한 조기(早期) 갱신을 보다 더 거대한 사회적 규모로 강제하는 것은 주로 파국, 즉 공황이다"[1]라고 말했던 사실을 상기해야 할 것입니다. 그리고 나아가 다음과 같이 말했던 사실도 상기해야 합니다.

> 자본이 그 고정적 구성부분에 의해 묶여 있는, 다년간에 걸친 이 연속적 회전의 순환에 의해서 주기적 공황의 물질적 기초, 즉 사업이 부진, 중위의 활황, 과도한 번망, 공황이라고 하는 서로 잇따르는 시기들을 통과하는 주기적 공황의 물질적 기초가 생긴다. 자본이 투하되는 시기는 대단히 다르고, 산재되어 있다. 그럼에도 불구하고 공황은 언제나 거대한 새로운 투자의 출발점을 이룬다. 따라서 또 ― 사회 전체를 고찰하면 ― 많건 적건 그 다음의 회전순환을 위한 새로운 물질적 기초를 이룬다.[2]

다시 말하면, 공황의 물질적 기초는 고정자본의 순환에 의해서 형성되고, 공황기는 고정자본의 갱신이 활발하게 이루어지는 시기라는 뜻입니다.

물질적 마모와 도덕적 마모

'불규칙 동요를 수반한 10년 순환'이라는 공황의 주기는 물론 현대 자본주의에서도 그대로입니다.[3]

그런데 여기에서 한 가지 의문이 생길 수 있습니다.

고정자본의 소재도 많이 발달했고, 그 소재의 가공기술도 비약적으로 발달해서 고정자본의 기계적 정밀도도 무척 높아졌을 터인데, 고정자본의 평균적 수명이 아직도 10년이라고? ― 하는 의문 말입니다.

예, 당연한 의문입니다.

---

1) ≪자본론≫, 제2권, *MEW*, Bd. 24, S. 171. (채만수 역, 제2권, 제2분책, p. 261.)
2) ≪자본론≫, 제2권, *MEW*, Bd. 24, S. 185-186.
3) 우리가 위에서 인용한 고히야마 마사가츠(小檜山政克)의 저서 ― 본래 1967년 모스크바 대학에서의 박사 학위논문 ― ≪戰後經濟恐慌の性格≫에서의 주요한 성과의 일부도 바로 '공황 다발설'을 비판하고, '불규칙 동요를 수반한 10년 순환'이 관철되고 있다는 것을 이론적으로, 그리고 실증적인 사료분석을 통해서 입증한 것이었습니다.

그런데 여러분, 혹시 독일의 '디거당'이라고 들어보셨나요?

'디거당'? 필시 들어봤을 리가 없지요. 2010년이 채 되기 전이었을 겁니다. 1960년대에 독일에 광부로 갔다가 거기에 정착한 우리 교포들 몇몇이서 자신들은 '디거당원들'이고 당수는 아무개라던, 왕꾼대 익살이었으니까요. 그러면, '디거당'이 무슨 뜻인가? '디지털 거부당'이래요. 그 핵심 실천강령은, 휴대전화의 독일에서의 통칭인, '핸디(handy) 안 갖기'! — 평생 그런 거 없이도 잘 살았는데, 이제 와 새삼 그런 게 왜 필요하냐는 거지요.

그런데 지금도 과연 그 '디거당'이 존속하고 있을까요? 확인은 안 해봤지만, 그리고 퐈쑈의 억압, 헌법재판소의 해산판결이 있었을 리 만무하지만, 필시 자진 해산했을 것입니다. 어떤 형태든 사회생활을 하는 사람이면, 누구나 휴대전화 없이는 사실상 살 수 없는 것이 요즘의 세태(世態)니까요.

여기에서 왜 난데없는 '디거당'이며, 휴대전화인가?

방금 고정자본의 수명과 관련하여 제기된 의문이 놓치고 있는 점이 바로 세상살이의 그러한 측면이니까요.

우선 우리 자신을 돌아봅시다. 여러분 중에 '디거당원', 그러니까 휴대전화가 없는 분은 필시 없지요? 휴대전화가 없는 게 아닐 뿐 아니라, 아마 이미 전화기를 몇 번은 교체했을 것입니다. 그런데 여러분, 무언가의 사고로 액정이 깨져서라든가 하는 예외적인 경우가 없지 않겠지만, 사용하던 전화기가 물리적·물질적으로 마모되어서, 그래서 그야말로 '전화기'로서의 역할을 할 수 없게 되어 그것을 교체하셨나요? 혹은 일반적으로 사람들은 그러한 이유로 전화기를 교체하나요?

아니지 않습니까? 더 빠르고, 더 선명하고, 더 가볍고, 더 예쁘고, ... 등등 등의 이유로 교체하는 것 아닙니까? 그리고 또 세태가, 그러한 이유로 바꾸지 않을 수 없도록 강제하는 것 아닌가요? 말 그대로의 '전화기'로서의 기능은 아직 멀쩡하더라도 말입니다.

문제의 고정자본의 경우도 마찬가지입니다. 아니! 자본의 경우 그러한 강제는 자본의 생사를 결정할 만큼 절대적입니다.

기술적 측면만을 보자면, 19세기에 10년이었던 고정자본의 수명이 현재에도 10년일 리가 결코 없습니다. 하지만, 그렇게 보는 것은 말 그대로 기술적 측면만을, 그러니까 물질적 측면만을 보는 것입니다. 하지만, 자본주의적 생산에서는 고정자본의 수명은 결코 그러한 물질적 측면에 의해서만 결정되는 것이 아닙니다. 그 수명은 자본과 자본 간의 경쟁 때문에 발생하는 다른 이유·원인에 의해서도 결정되고, 자본주의가 발전할수록, 그리하여 그 생산기술이 발전하면 할수록 이 측면이 더욱더 결정적으로 중요해집니다.

어떤 기계 설비가 물질적으로는 멀쩡하더라도 다른 자본이 보다 더 성능·효율이 높은 새로운 기계 설비를 도입한다면, 기존의 기계 설비로써는 당연히 경쟁에 불리해지게 됩니다. 그리고 이 불리(不利)가 어느 도(度)를 넘게 되면, 그 기존의 기계 설비를 폐기하고, 보다더 고성능·고효율의 새로운 기계 설비로 대체하지 않을 수 없게 됩니다. 아까도 인용했지만, "경쟁전(競爭戰)은, 특히 결정적인 변혁의 경우, 낡은 노동수단들을 그것들의 자연적 수명이 끝나기 전에 새로운 것으로 교체하도록 강제"하는 것입니다.

이를, 경제과학에서는, 고정자본의 **도덕적 마모**, 혹은 '**무형의 마모**'에 의한 교체라고 하는데, 자본주의적 생산에서는, 그리고 특히 발달한 그것에서는 이 도덕적 혹은 무형의 마모에 의한 고정자본의 폐기·교체가 고정자본 교체의 커다란 비중을 점하고 있습니다.

그리고 현실적으로는 이 두 측면, 즉 그 물질적 측면과 그 도덕적 혹은 무형의 측면이 상호 작용하면서 고정자본의 수명은 지금도 10년으로 유지되고 있는 것입니다.

이에 관해서 맑스는 다음과 같이 명확히 기술하고 있습니다.

　… 자본주의적 생산양식이 발전함에 따라 충용된 고정자본의 가치크기(Wertumfang)와 수명이 발전하는 데에 비례하여, 산업의 생명과, 각각의 개별적 시설에서의 산업자본의 생명도 다년간의 것으로, 말하자면, 평균 10년의 것으로 발전한다. 한편에서는, 고정자본의 발달이 이 수명을 연장한다면, 다른 한편에서는, 자본주의적 생산양식의 발전과 더불어 마찬가지로 끊임없이 증가하는, 생산수단들의 끊임없는 변혁에 의해서 그 수명이 단축되는 것이다. 그리하여 그와 더불어 또한 생산수단들의 변화도, 그리고 그것들이 물리적으로 그 생명력을 소진해버리기 훨씬 전에, 도덕적인 마모 때문에 끊임없이 대체되어야 할 필요성도 증대한다. 대공업의 가장 결정적인 부문들에 관해서는 이 생명순환은 오늘날 평균 10년이라고 가정할 수 있다.[4]

앞에서 농담삼아 '디거당', 휴대전화를 예로 들었지만, 한 가지 예를 더 들어봅시다.

많지는 않겠지만 아직도 어떤 가정에서는 20-30년 이상 된, 어쩌면 심지어 40년 내지 50년이나 된 재봉틀을 사용하고 있을 것입니다.

이렇게 재봉틀을 오래 쓸 수 있는 것은, 믿거나 말거나, 세계 최초·최고의 재봉틀 메이커였던 "'싱가 미싱'(Singer machine)은 재봉틀을 너무 튼튼하게 만들어서 망했다"는 농담이 있을 만큼, 재봉틀이라는 것이 쉽게 고장 나거나 망가지는 기계가 아니기 때문입니다.

그러나 그토록 오랫동안 재봉틀이 사용되고 있고, 또 그렇게 사용될 수 있는 곳은, '경쟁'에 의해서 그 생사가 결정되지 않는 곳, 대개 가정뿐입니다. 재봉틀이 아무리 고장이 없고 튼튼하다 하더라도, 그것들이 자본에 의해서 생산수단으로서 사용될 때에는 사정이 전혀 달라집니다. 재봉틀이 생산수단으로 쓰이는 경우, 그 폐기·갱신 시기를 결정하는 것은 그 물질적 마모가 아니라 오히려 그 도덕적 마모, 즉 경쟁을 위한 그 기계의 효율, 곧 노동생산성이기 때문입니다.

그리하여, 생산수단을 만드는 자본 역시 끊임없이 보다 효율적인 생산수단을 개발해가지 않으면 안 됩니다. 바로 이런 이유 때문에, 지나가는 얘기입니다만, 정말 '싱가 미싱'이 재봉틀의 판매가 부진했기 때문에 파산했다면, 그것은 그 회사가 재봉틀을 너무 튼튼하게 만들었기 때문이 아니라 경쟁하는 다른 자본들에 비해서 보다 더 효율적이고 혁신적인 재봉틀을 만들어가는 데 실패했기 때문이라고 말하는 것이 진실에 가까울 것입니다.[5]

2) 공황의 만성화와 순환

이렇게 맑스가 제시하는 공황 혹은 자본주의적 산업순환의 주기는 대략 10년입니다. 그런데 맑스나 엥엘스는 때때로 '만성적 공황'이라는 개념을 사

---

[4] 《자본론》, 제2권, *MEW*, Bd. 24, S. 185.
[5] 경쟁은 이렇게 개별자본의 생사, 운명을 결정합니다. 그리고 그 때문에 자본가들은 경쟁력을 높이는 데에 목을 맬 뿐만 아니라, 기술혁신의 지체, 경쟁력 상승의 실패가 경제위기를 불러온다고 떠들어댑니다.

용하고, 특히 1880년대 이후, 그러니까 만년(晚年)의 엥엘스는 ≪자본론≫, 제1권 영어판(1886)의 "서문"이나, 제3권(1894)에의 보완적 주(注)를 위시한 여러 글과 서한 속에서 '공황의 만성화'를 강조하고 있습니다.

형식 논리적으로 보면, 당연히 이 '공황의 만성화'와 '10년 주기의 공황'이라는 주장은 서로 충돌합니다.

도대체 어떻게 된 것일까?

이 문제는 앞으로의 연구를 통해서 보다 명확히 구명되어야 하지 않나 생각합니다만, 저는 잠정적·가설적으로 이렇게 생각합니다. ─ 현대 자본주의에서는 기본적으로 위기, 즉 공황이 만성화되어 있고, 그것이 더욱 격화되어 가고 있으면서도, 다시 그 내부에서 10년 주기의 위기가 발생하고 있는 것이라고 말입니다. 위기의 바다에 파장이 10년 전후인 파도가 치고 있는 형국이라고 할까요?

'만성적 공황'에 대한 맑스·엥엘스의 초기 개념

맑스와 엥엘스는 애초에는 급성적 공황과 대비되는 개념으로서, 즉 과잉생산·과잉공급으로 시장이 상당히 장기간 정체상태에 있는 것을 지칭하기 위해서 '만성적 공황'이라는 개념을 사용하고 있습니다.

예컨대, 1855년 3월에 두 편의 평론에서 맑스가, "질병(疾病, Krankheit)은 이미 프레스톤(Preston)의 파업 때에 만성적인(chronisch) 형태로 나타났다"고 말한 후, "이윽고 공황은 그 성격을 만성적인 것에서 급성적인(akut) 것으로 바꾸었다"[6]고 말할 때가 그렇습니다.

---

[6] K. 맑스, "영국의 헌법", *MEW*, Bd. 11, S. 96-97. 프레스톤 파업은 1850년대 영국 최대의 파업으로서, 프레스톤 시와 그 근교의 면업(棉業) 노동자들이 10%의 임금인상을 내걸고 1853년 8월부터 1854년 5월까지 36주 동안 벌인 파업입니다. 그 지역 면업노동자 총 3만 명 가운데 2만5천 명이 참가했고, 다른 부문의 노동자들이 지원했는데, 파업이 벌어지자 자본가들은 곧바로 공장폐쇄로 맞섰다가 1854년 3월 대체인력을 투입, 공장을 재가동하고, 4월에 파업지도자들을 체포함으로써 파업이 끝났습니다. 다른 한편의 평론인 K. 맑스, "영국의 위기" 중에서 지금 우리의 문제와 관련된 부분을 초역(抄譯)하면 이렇습니다. ─ [러시아와의 크림 전쟁(1853년 10월-1856년 3월)에서의 4만 명에 이르는 영국군의 희생과 영국의 정치적 무능에 대해서 얘기한 후] "러시아보다도 훨씬 위험한, 싸워야 할 또 다른 적(敵)…이 있다. 그 적은, 지난 9월 이래 결코 오인할 수 없을 만큼, 엄혹하고 광범하며 격렬하게 엄습한 상공업 공황이다. 이 적

엥엘스의 다음과 같은 발언도 역시 같은 의미일 것입니다.

> 금융공황은 약간의 변동을 수반하면서, 그리고 서서히 예리해지면서 겨울 내내 만성적으로 질질 끌며 갈 듯합니다. 그렇게 되면 이 공황은 봄에는, 그것이 지금 바로 급격히 폭발하는 것보다 현저히 악성으로 될 것입니다. … 이러한 만성적인 침체가 오래 지속되면 지속될수록 보나빠르뜨 일당의 추행이 더욱더 드러날 것임에 틀림없고, 또 지금까지 그 자세한 내용을 알 도리가 없었던 노동자의 분노도 더욱더 커질 것입니다.7)

이러한 예를 통해서 알 수 있는 것처럼, 이 경우의 "만성적 공황"에서 공황의 의미는, 오늘날 일반적으로 쓰이는 그것보다는 훨씬 넓은 의미임을 알 수 있습니다. 오늘날 우리가 '(주기적) 공황'이라고 할 때 그것은 대체로 사회적 생산이 돌발적으로 교란·중단·수축되는, 위에서 말하는 '급성적 공황'을 의미하기 때문입니다.8)

'만성적 공황'에 대한 맑스·엥엘스의 후기 개념

그런데 이 '만성적 공황'은 후기에는 맑스에 의해서도, 엥엘스에 의해서도 전기와는 다른 의미로 쓰였다고 할 수 있습니다.

우선, 맑스는 지속 기간이 긴 공황을 가리켜 이 만성적 공황이라는 개념을 사용합니다.

예컨대, 맑스는 1878년 11월 15일의 편지에서, "경제학자에게 가장 흥미

의 무자비한 철권(鐵拳)은, 곡물법 폐지 이후에는 공급과잉의 시장은 있을 수 없다고 수년 동안 줄곧 설교해온 천박한 자유무역론자들의 입을 단번에 다물게 했다. 이제 공급과잉은 그 모든 결과들과 더불어 그리고 그 가장 첨예한 형태로 존재하고 있는데, 이러한 사실을 바라보면서, 불과 수개월 전에 공장주들은 결코 너무 많이 생산할 수 없다고 말했던 바로 그 경제학자들보다 더, 선견지명 없이 생산을 축소하지 않았다며 공장주들을 비난하는 사람은 없다. 오래 전부터 우리는, 이 질병이 만성적인 형태로 존재하고 있는 것에 주의를 기울여왔다. 이 질병은 물론 미국에서의 최근의 어려움들과 우리의 무역을 부진하게 했던 공황에 의해서 격화되었다. … 그리고 나서 공황은 만성적인 상태에서 급성적인 상태로 되었다."(*MEW*, Bd. 11, S. 101-102.)

7) F. 엥엘스, "맑스에게 보내는 편지"(1856.11.17), *MEW*, Bd. 29, S. 85-86.
8) 참고로, 통칭 '1930년대의 대공황'이라고 할 때, 이 '대공황'은 사실은 1929년 10월에 폭발하여 1933년 1/4분기까지 전개된, 문자 그대로의 공황과, 이후 제2차 세계대전 발발 직후까지 계속된 장기침체를 아울러 의미합니다.

있는 영역은 이제는 의심할 나위 없이 미합중국에, 그리고 무엇보다도 1873년(9월의 폭락 이래의)부터 1878년까지의 기간— 만성적 공황의 기간 —에 있습니다"9)라고 쓰고 있는데, 바로 이때 '만성적 공황'은 1873년부터 1878년까지 장기간 지속된 공황을 지칭하고 있습니다.

엥엘스도 1891년 3월 24일의 편지에서 다음과 같이 쓰고 있습니다.

> 호경기 때에는 노동에 대한 수요가 고용주들(Herren)로 하여금 싹싹하도록 강제하고, 불경기 때에는 그들은 이들 양보 모두를 다시 청산하기 위해서 노동의 과잉공급을 이용한다. 전체적으로는, 그러나, 노동자들의 조직이 성장함에 따라서, 일반적인 상태— 평균 —가 조금은 높아지도록, 즉 결코 어떤 공황도 노동자들을 계속해서 전번(前番) 공황의 **최저점**이었던 밑바닥 **아래로** 혹은 겨우 그 **위로** 끌어내릴 수는 없도록, 노동자들의 저항이 증대한다. 그러나 우리가 언젠가 5-6년에 걸친 길고, 만성적인 **일반적** 산업공황을 겪어야 한다면, 어떻게 될 것인지, 그것은 말하기 어렵습니다.10)

그리고 이때 엥엘스가 말하는, '만성적 … 공황'은 명백히, 맑스와 마찬가지로, 장기간 지속되는 공황을 지칭하고 있음을 알 수 있습니다.

자본주의적 생산의 발전과 '공황의 만성화'

그런데 다른 한편에서, 후기의 엥엘스는 '만성적 공황'이라는 개념에 훨씬 더 새롭고 적극적인 의미를 부여합니다.

엥엘스는 19세기 4/4분기에 자본주의적 생산이 도달한 고도의 노동생산력과 교통수단의 발달, 그리고 미국과 독일, 프랑스 등의 신흥 공업강국들의 등장에 따른 세계시장의 변화와 세계무역에서의 영국의 독점적 지위의 해소를 주목합니다. 그리고 이러한 변화가, 한편에서는 자본주의적 생산의 10년 순환이 아니라 공황의 만성화를 초래하고, 다른 한편에서는 파국적이고 거

---

9) K. 맑스, "니콜라이 F. 다니엘손에게 보내는 편지", *MEW*, Bd. 34, S. 359. 다니엘손(Nikolai Frantsevich Danielson, 1844-1918)은 ≪자본론≫의 러시아어 번역자입니다.
10) F. 엥엘스, "막스 오펜하임에게 보내는 편지", *MEW*, Bd. 38, S. 63-64. 막스 오펜하임(Max Oppenheim)은 맑스와 엥엘스가 신뢰했던 친구인 루드비히 쿠겔만(Ludwig Kugelmann, 1828-1902)의 부인인 게르트루트 쿠겔만(Gertrud Kugelmann, 1839년생)의 오빠입니다.

대한 세계대공황을 준비하고 있는 것으로 파악합니다.

실로 이러한 의미에서의 '만성적 공황' 혹은 '공황의 만성화'야말로, 그 후의 자본주의적 생산과 시장의 변화, 특히 최근 수십 년간의 과학기술혁명의 전개, 그리고 세계시장의 변화와 관련하여, 우리가 각별히 관심을 기울여야 할 대상이라고 할 수 있습니다.

1881년 여름에 엥엘스는 영국의 노동자 신문, ≪레이버 스탠다드≫(*Labour Standard*)의 '사설'에, 특히 19세기 후반기 자본주의적 산업의 핵심적 부분이었던 면업(棉業) 및 제철업의 경기와 관련하여, 이렇게 쓰고 있습니다.

> 우리는, 1874년 무렵 및 그 후의 수년의 짧은 번영 이후 면업과 제철업이 완전히 붕괴됐다는 것, 결국 공장들이 폐쇄되고, 용광로의 불이 꺼졌으며, 생산이 계속된 곳에서도 조업단축이 일반적이었다는 것을 알고 있다. 이런 류의 경제위기는 이전에도 있었다. 그것은 평균 10년마다 다시 와서, 새로운 번영기에 의해서 대체될 때까지 계속된다, 등등.
> 하지만, 현재의 불황기, 특히 면업과 제철업의 그것은 그것이 이미 현재 보통의 불황기보다도 수년 동안이나 오래 계속되고 있다는 특징을 보여주고 있다. 소생(蘇生)을 위한 많은 시도, 많은 분투(奮鬪)가 있었지만, 허사였다. 본래의 공황이 지나갔지만, 사업의 불황은 여전히 지속되고 있고, 시장은 여전히 모든 생산을 흡수할 능력이 없다.11)

여기에서 엥엘스가 주목하고 있는 것은, 공황 후 과거 같았으면 벌써 새로운 호황과 번영기가 도래했어야 할 시기인데도 시장의 과포화(過飽和) 상태와 불경기가 장기간 지속되고 있다는 점입니다. 산업순환 상에 이러한 변화가 발생한 원인과 그 결과를 그는 다음과 같이 지적합니다.

> 이렇게 된 원인은, 공업제품뿐만이 아니라 기계 자체를 생산하기 위해서도 기계를 사용하는 현재의 제도의 경우, 생산이 믿기 어려운 속도로 증대될 수 있다는 데에 있다. 공장주들이 그렇게 할 마음만 먹으면, 50%나 더 많은 상품을 생산하도록 면방적과 면직포, 면포의 표백과 날염용의 기계설비를 단 한번의 번영기 중에 어려움 없이 확충할 수도 있고, 선철과 각종 철제품의 총생산을 2배로 올릴 수도 있을 것이다. 실제로는 증가가 그러한

---

11) F. 엥엘스, "면화와 철", *MEW*, Bd. 19, S. 283–84.

크기에까지는 이르지 않았다. 그러나 아무튼 그것은 이전 호황기의 증대에 비해서 대단히 높았고, 그 결과는 — 만성적 과잉생산, 사업의 만성적 침체다. 공장주들은 적어도 상당 기간을 기다릴 수 있는 반면에, 노동자들은 그 속에서 해를 입지 않으면 안 되는바, 왜냐하면, 그들에게 있어서 그것은 만성적 빈곤과 빈민구제원으로 갈 부단한 위험을 의미하기 때문이다.

따라서 이야말로 무제한 경쟁이라는 멋진 제도의 성과이고, 콥덴, 브롸이트와 그 패거리들에 의해서 약속된 천년왕국의 실현이다!12)

엥엘스에 의하면, 만성적 공황, 즉 만성적 과잉생산과 만성적 불황의 원인은 기계에 의해서 기계를 생산할 수 있기까지에 이른, 노동생산력의 고도의 발전이며, 근본적으로는 자본주의적 생산양식이라는 '무제한 경쟁제도' 그 자체인 것입니다. 이러한 자본주의적 생산양식 속에서는 콥덴이나 브롸이트 일당과 같은 자유주의적 정치가들이 노동자 대중에게 낙원 같은 천년왕국을 약속하지만, 그 결과는 노동자들의 만성적 빈곤과 빈민구제원행, 지금으로 말하면, 노숙자로의 전락인 것입니다.

다음으로 엥엘스는, 신흥 공업강국들의 등장과 세계시장에서의 경쟁을 지적합니다. 그는, 예컨대, 안전상의 이유로 P. W. Rosher라는 가명으로, 니콜라이 F. 다니엘슨에게 보낸 편지에서 이렇게 쓰고 있습니다.

여기[영국 런던 — 인용자]에서는 산업공황이 호전되는 대신에 악화되고 있으며, 사람들은 영국의 산업독점이 끝나고 있다는 것을 더욱더 깨달아가고 있습니다. 그리고 미국과 프랑스, 독일이 세계시장에서 경쟁자로 등장해 있고, 높은 관세가 외국상품들을 다른 신흥 공업국들로부터 배제하고 있기 때문에, 이는 간단한 계산문제입니다. 하나의 거대한 독점 공업국가가 10년마다 공황을 일으켰다면, 그러한 나라 넷은 무엇을 일으키겠습니까? 대략 $^{10}/_{4}$년[2.5년 — 역자]마다 하나의 공황, 말하자면, 사실상 끝이 없는 공황이 될 것입니다. 우리에게는 바람직한 일일 수도 있습니다.13)

---

12) *MEW*, Bd. 19, S. 284. 당시 영국의 빈민구제원은 사실은 잔혹한 강제노역소였습니다. 콥덴(Richard Cobden, 1804-1865)과 브롸이트(John Bright, 1811-1889)는 모두 영국의 공장주이자, 자유주의적 정치가, 자유무역론자입니다.

13) F. 엥엘스, "니콜라이 F. 다니엘슨에게 보내는 편지"(1886. 2. 8.), *MEW*, Bd. 36, S. 438-439. (원문인 영어는, *MECW*, Vol. 47, p. 402.)

지금 우리의 상황과 비교하면, 당시의 고율관세와 보호무역 대신에 지금은 저율의 관세와 '자유무역'14)이, 그리고 '환율 전쟁'이 지배하고 있다는 점이 다를 것입니다. 그러나 당시는 세계시장에서 경쟁하는 공업국가가 넷에 불과했지만, 지금은 수십 개 국가가, 그리고 갈수록 더 많은 국가가 치열한 경쟁의 대열에 합류해 있고, 합류하고 있다는 점을 잊지 말아야 할 것입니다. 이 점과 관련하여, 특히 중국이나 인도 등이 자본주의 세계경제에 새로운 유망한 시장으로 등장하고 있는 최근의 정세와 관련하여, 엥엘스의 다음과 같은 글도 주의 깊게 음미해야 할 것입니다.

6개월여의 번영기가 끝나고 있다는 당신의 견해에 저는 전적으로 같이 합니다. 철도건설을 위해서 중국이 문호를 개방할지도 모른다고 하는 것, 그리고 그와 더불어 폐쇄적이고 독자적으로 존재하는, 농경과 수공업의 결합에 기초한 마지막 문명이 파괴될지도 모른다는 것이, 하지만 아직 사업 활성화의 유일한 기대를 —적어도 철강업에 대해서는 직접적으로 그리고 다른 것에 대해서는 간접적으로— 제공하고 있습니다. 그러나 그것을 놓쳐버리고(diskontieren) 우리가 어쩌면 다시 급성적 공황을 겪는 데에는 6개월이면 충분합니다. 영국의 세계시장 독점의 와해 외에도, 전신과 철도, 수에즈 운하와 기선에 의한 범선의 구축(驅逐) 등, 새로운 소통수단들 역시 10년 주기의 산업순환을 깨뜨리는 데에 나름의 기여를 했습니다. 그런데 중국까지 개방된다면, 단지 과잉생산의 최후의 안전밸브가 마멸되어 버릴 뿐 아니라, 중국인들의 거대한 국외이주가 일어나, 그것만으로도 온통 미국과 호주, 인도 등의 생산조건들에 혁명을 불러일으킬 것이며, 아마 유럽에까지도 영향을 미칠 것입니다 — 이곳의 상황이 아직 지속되고 있다면.15)

여기에서 우리는 다음의 세 가지 점을 각별히 주목해야 할 것입니다.

첫째로는, **10년 주기의 산업순환이 깨지고 공황이 만성화되었다고 기술**

---

14) '자유무역'은 사실은 독점(자본)의 논리로서, 19세기에는 주요 공산품 시장을 독점적으로 지배하고 있던 영국이 자유무역의 기수였고, 지금 역시 경쟁력에서 우위에 있는 독점자본들이 소위 FTA 등의 '자유무역'을 요구하고 있습니다. 다만, 주지하는 것처럼, 근래 특히 중국이, 전통적인 소비재들뿐 아니라 '첨단'의 생산수단들과 소비재들로도, 세계시장에 무서운 기세로 강자로 등장하자, 전통적인 제국주의 국가들과 갈등·대립이 심화되면서 저 '자유무역'도 여러모로 빛이 바래고 있습니다.

15) F. 엥엘스, "아우구스트 베벨에게 보내는 편지"(1886. 3. 18), *MEW*, Bd. 36, S. 464-465.

하고 있으면서도, 급성적 공황의 엄습을 인정하고 있다는 점입니다. 이러한 관점은 엥엘스가 1884년 1월에 베벨에게 보낸 편지에서도 볼 수 있습니다. "1870년 이래로 미국과 독일의 경쟁이 영국에 의한 세계시장 독점에 종지부를 찍고부터는 10년 주기는 깨어진 것처럼 보입니다"며, "1868년 이래로 생산이 완만히 증대하고 있지만, 주요한 부문들에는 불경기가 지배하고 있으며, 여기 영국에는 **번영기가 선행하지 않은 채**, 지금 미국과 여기에는 새로운 **공황이 임박**한 것처럼 보입니다"16)고 쓰고 있기 때문입니다.

둘째로는, 영국과 경쟁하는 미국이나 독일 등의 신흥 공업국의 등장 외에, 통신을 포함한 교통기관의 발달에 따른 진정한 세계시장의 출현입니다. 이 점에 관해서는, 엥엘스가 세상을 떠난 맑스를 대신하여 ≪자본론≫, 제3권을 편집·간행(1894)하면서 추가·보완한 각주에는, "교통기관의 거대한 확장— 대양기선과 철도, 전신, 수에즈 운하 —은 세계시장을 처음으로 현실적으로 만들어 냈다"고, 그리고 "이전에 공업을 독점했던 영국 곁에 일련의 서로 경쟁하는 국가들이 등장했다"17)고, 보다 명확히 표현되어 있습니다.

셋째로는, 새로운 시장, 과잉생산의 배출구로서의 중국의 개방을, 한편에서는 중국의 전통적인 문명의 파괴로서, 그리고 공황과 관련하여 특히 중요한 점이지만, 다른 한편에서는 "과잉생산의 최후의 안전밸브가 마멸되어 버리는 것"으로 파악하고 있다는 점입니다. 이러한 관점, 즉 **거대한 시장으로서의 중국의 개방을 "과잉생산의 최후의 안전밸브가 마멸되어 버리는 것"으로 파악하는 관점**은, 언뜻 보면, 모순적인 것으로 보일 것입니다. 그러나 **발달한 자본주의의 생산력의 급격한 팽창력을 상기한다면, 이야말로 대단히 중요한 관점입니다.** 예컨대, 새롭게 이른바 '사회주의적 시장경제'(?)를 추진하고 나선 후 지속되고 있는, 중국의 누적적 국제수지 흑자도 말하는 것처럼, 중국은 이미 세계시장의 과잉생산을 흡수하는 시장으로서보다는 그 과잉생산을 심화시키는 공급자로서, 그리고 원료 확보와 판로를 둘러싸고 기존 제국주의 국가들의 위협적 경쟁자로서 기능하고 있는 것이 현실입니다.

---

16) F. 엥엘스, "아우구스트 베벨에게 보내는 편지"(1886. 1. 18), *MEW*, Bd. 36, S. 87–88.
17) ≪자본론≫, 제3권, *MEW*, Bd. 25, S. 506, n. 8.

현대 자본주의의 순환과 공황의 만성화의 의의

19세기 마지막 4/4분기는 공황의 만성화가 이제 막 등장하여 숙성되던 초기입니다. 따라서 공황의 만성화에 대한 엥엘스의 관점과 분석에는 일정한 한계가 있을 수밖에 없고, 특히 만성적 공황, 혹은 만성적 불황이 10년 주기의 순환을 대체할 것으로 보았던 점은, 오랜 경험과 자료를 갖게 된 오늘날에 와서 보면, 대표적인 그러한 한계일 것입니다.

앞에서도, 현대 자본주의에서는 기본적으로 위기가 만성화되어 있고, 그것이 더욱 격화되어 가고 있으면서도, 다시 그 내부에서 10년 주기의 위기가 발생하고 있는 것이 아닌가 생각하며, 위기의 바다에 파장이 10년 전후인 파도가 치고 있는 형국이라고 해야 하지 않을까 하는, 저의 잠정적이고 가설적인 결론을 말씀드렸습니다만, 이는 자본주의적 생산, 나아가 **자본주의적 생산양식 자체의 전반적 위기가 성숙되어 있는 오늘날에도 10년 주기의 순환적 공황이 발생하고 있기 때문입니다.**

물론, 방금 위에서 본 것처럼, 엥엘스 역시 10년 주기의 산업순환이 깨지고 공황이 만성화되었다고 기술하면서도, 급성적 공황의 엄습을 인정하고 있었다는 점은 충분히 고려해야 할 것입니다.

한편, 짧은 경험에도 불구하고, 엥엘스는, 여러 공업국의 등장과 교통·통신기관의 발전에 의한 세계시장의 완성, 노동생산력의 급속한 팽창 등등, 공황의 만성화의 원인을 정확하게 지적합니다. 또한 **만성화의 원인으로 특히 노동생산력의 발전을 얼마나 중시했는가는**, ≪자본론≫, 제1권의 영어판(1886)에 붙인 엥엘스의 "서문" 중 다음 문장들이 여실히 보여줄 것입니다.

> 생산력은 기하급수적으로 증대하는 반면에, 시장의 확대는 기껏해야 산술급수적으로 진행된다. 1825년부터 1867년까지 끊임없이 재발했던 침체, 번영, 과잉생산, 그리고 공황이라고 하는 10년 주기의 순환은 실로 끝난 것 같지만, 이는 단지 우리를 영속적이고 만성적인 불황(depression)이라는 절망의 늪에 빠뜨리기 위해서일 뿐이다.[18]

---

18) ≪자본론≫, 제1권, Karl Marx, *Capital*, Vol. I, Progress Publishers, 1977, p. 17; ≪자본론≫, 제1권, *MEW*, Bd. 23, S. 39-40. (채만수 역, 제1권, 제1분책, p. 47.)

나아가, 엥엘스가 이 공황의 만성화의 의의를 얼마나 정확하고 예리하게 파악했는가를 보면, 정말 놀라움을 금할 수가 없습니다.

방금 인용한 글에서 보는 것처럼, 그는 이 공황의 만성화는 "우리를", 즉 노동자계급을 "절망의 늪에 빠뜨린다"(to land us in the slough of despond ...)고 말하고 있습니다. 그러면서, "겨울이 올 때마다 '실업자들을 어떻게 할 것인가' 하는 문제가 새롭게 제기되고 있지만, 실업자들의 수는 해마다 지속적으로 팽창하고 있는 반면에 그 문제에 답할 사람은 아무도 없"다19)고 말하고 있습니다. 그러고는 의미심장하게도 이렇게 이어 말합니다.

> 우리는 그들 실업자들이 인내심을 잃고 그들 자신의 운명을 그들 자신의 손에 거머쥘 순간을 거의 추정할 수 있다.

앞에서 본 것처럼, 우리는 엥엘스가, 니콜라이 F. 다니엘손에게 보내는 편지에서, "사실상 끝이 없는 공황이 될 것"이라고 쓴 후에, 그것이 "우리에게는 바람직한 일일 수도 있을 것"(Uns kann's recht sein)이라고 쓰고 있었다는 사실도 상기하시기 바랍니다.

"새로운 혁명은 새로운 공황의 결과로서만 가능하다. 그러나 혁명은 또한 공황이 확실한 것처럼 확실하다."20) — 이는 맑스와 엥엘스가 거듭거듭 강조하고 있는 말입니다.

맑스와 함께 경제공황과 사회혁명의 관계를 이렇게 파악하고 있는 엥엘스는, "공황이 급성적인 것에서 만성적인 것으로 되고, 그러나 그 강도를 잃지 않을 때, 도대체 어떻게 될 것인가"하는 질문을 던진 후, 참으로 정당하게도 이렇게 말하고 있습니다. —"우리는 이미 10년 주기 공황의 시대보다 구(舊)사회의 존립에 훨씬 위험한 시대에 들어갔다는 것 ... 만은 확실하다."21)

1884년에 베벨에게 쓴 편지에서 엥엘스가, 당시 영국에서 "돌연히" 터져

---

19) ≪자본론≫, 제1권, *Capital*, Vol. I, p. 17; *MEW*, Bd. 23, S. 40. (채만수 역, 같은 곳.)
20) K. 맑스, ≪1848년부터 1850년까지 프랑스에서의 계급투쟁≫, *MEW*, Bd. 7, S. 98; K. 맑스·F. 엥엘스, "평론, 1850년 5-10월", *MEW*, Bd. 7, S. 440. 엥엘스는 ≪1848년부터 1850년까지 프랑스에서의 계급투쟁≫의 1895년판에 붙인 "서문"(*MEW*, Bd. 22, S. 511)에서도 이 구절을 그대로 반복하면서 다시 확인하고 있습니다.
21) F. 엥엘스, "아우구스트 베벨에게 보내는 편지"(1886. 1. 20), *MEW*, Bd. 36, S. 427.

나오고 있던 사회주의 운동의 "비밀"도 이러한 공황의 만성화에 있다고[22] 본 점도 주목해야 할 것입니다. 그리고 무엇보다도 그가, "이전에는 10년마다 대기를 청소했던 뇌우(雷雨)를 이렇게 늦춤으로써 이 장기적으로 지속되는 만성적 대공황(Depression)은 지금까지 유례가 없는 위력과 범위의 파국(Krach)을 준비하고 있음에 틀림없다"[23]고 말하고 있는 점을 주목해야 할 것입니다.

혹시, "엥엘스가 그렇게 말한 지 100년도 더 지났지만, 자본주의는 아직 멀쩡하지 않느냐" 하고 생각하는 사람이 있다면, 그는 제1차 세계대전도, 1930년대의 대공황도, 줄잡아 5천만 명 이상의 인명을 도륙한 제2차 세계대전도 모두 망각한 사람일 것입니다.

2007년 하반기에 폭발하여 이렇다 할 번영기 없이 사실상 2023년 현재에도 전개되고 있는 대공황, 2010년에는 남부 유럽의 이른바 PIGS(뽀르뚜갈, 이딸리아, 그리스, 스페인) 국가들의 '재정위기'를 유발하고 2022년에는 우끄라이나 전쟁이라는 제국주의 전쟁을 유발한 대공황, 과거 그토록 '모든 것을 시장에!'를 외치던 독점자본과 그 국가들, 부르주아 이데올로그들로 하여금 거듭되는 공황의 두려움에 떨게 하고 있는 21세기 초의 이 대공황은 결국 어떻게 귀결될 것인가?[24] 심각히 숙고해봐야 할 것입니다.

6. 공황의 경제적·사회적 귀결

1) 자본의 재생산과정에서의 공황의 역할

자본주의적 생산에서의 경제위기, 즉 공황은 자본주의적 생산관계라는 틀 속에서, 혹은 바로 그 틀 때문에 필연적으로 그것도 주기적으로 발생하는 생

---

[22] F. 엥엘스, "아우구스트 베벨에게 보내는 편지"(1884. 1. 18), *MEW*, Bd. 36, S. 88.

[23] F. 엥엘스, "니콜라이 F. 다니엘손에게 보내는 편지"(1885. 11. 13), *MEW*, Bd. 36 S. 386.

[24] 채만수, "세기 초 대공황과 그 역사적 의의", ≪노동사회과학 제1호: 공황과 사회주의≫, 2008, pp. 50-51 참조.

산과 소비 간의 모순의 폭발입니다. 그것은, 비약적으로 증대하는 생산과 그에 조응할 수 없는 소비의 제약 때문에, 자본이 자신을 재생산하기 위해서 요구되는 일정 수준의 이윤율을 올리고 유지할 수 없기 때문에 발생합니다.

공황과 사회혁명의 주체적 조건

이러한 공황은, 우리가 공황이라고 번역하는 말의 원래 뜻 그대로, 자본주의적 생산의 위기(crisis, Krise) 바로 그것입니다. 더구나 이 위기는 당연히 경제적 위기에만 그치지 않고 널리 사회적·정치적 위기를 조성합니다.

최근 수십 년 동안 우리 사회에서의 비근한 예들을 들어보면, 1970년대 초의 공황이, 예컨대, 전태일 열사의 분신투쟁이나 당시의 '광주대단지'(현재의 성남시)에서의 빈민폭동 등으로 대표되는 여러 사회적·정치적 위기를 야기하면서 1972년의 '10월 유신'으로 귀결되었다든가, 1970년대 말의 공황이 YH산업 여성노동자 투쟁, 부마항쟁, 박정희의 피살, 사북 탄광노동자들의 투쟁 등등을 거쳐 광주항쟁·학살로 이어졌다든가 하는 것들이 바로 그것입니다.

또한 1997년 말 이후 다시 심각한 경제위기에 빠져 있던 당시의 사회 상황이나 그 정치적 상황도 결코 평온·평탄했던 것이 아니었지 않습니까? 끊임없는 투쟁과 위기의 연속이었고, 자유당-공화당-민정당-신한국당 등으로 이름을 바꾸면서 이합집산하면서도 그 핵심적 세력은 연속성을 유지하면서 권력을 독점해오던 '구여 세력', 한나라당 세력으로부터 '구야 세력', 열린우리당과 민주당 세력으로 정권이 바뀌는 결정적인 계기였지 않습니까?

사실, 공황기에 벌어지는 정치적·사회적 투쟁은 다름 아니라 바로 피착취·피억압 상태에 있으면서 그 생활상의 어려움이 더욱 가중되는 노동자·민중과 지배 독점자본 간의 투쟁입니다. 따라서 위기란 결국 자본, 혹은 독점자본의 지배의 위기입니다. 그리하여, 만일 노동자·민중이 정치적으로 조직되어 있고 훈련되어 있다면, 그러한 투쟁과 위기는 자본의 지배를 근본적으로 폐절하는 사회혁명으로 귀결될 것입니다.

하지만, 자본의 지배는 결코 녹록하지 않습니다.

그것은, 한편에서는 국가라고 하는 엄청난 폭력기구에 의해서 보증되고, 다른 한편에서는 노동자·민중의 자기 정체성, 계급의식의 형성을 가로막고 혼란시키는 문화적·이데올로기적 수단·기구들에 의해서 지탱되고 있으니까요. 게다가, 노동자·민중의 이데올로기적 혼란을 조성하는 데는, 자타가 공인하는 보수적 지식인들뿐 아니라, 사이비 '진보적 지식인들'도 물론 단단히 한몫을 합니다.

그리하여 자본주의적 생산의 위기가 사회혁명으로 귀결되는 것은, 맑스나 엥엘스가 "혁명은 공황이 확실한 것처럼 확실하다"고 말하고 있듯이, 중장기적이고 역사적인 관점에서 보면 물론 필연적이지만, 당장의 현실에서는 결코 쉬운 일이 아닙니다. 주기적으로, 필연적으로 발생하는 공황, 즉 위기에도 불구하고 대개의 경우 자본주의적 생산은 지속되게 되는 것입니다. 물론, 나중에 제11강에서 국가독점자본주의의 파탄과 관련하여 보다 자세히 말씀드리겠지만, 거듭되는 위기의 심화로 결국은 그 종말이 얼마 남지 않았습니다만!

자본의 가치파괴

여기에서 우리는, 그렇다면 경제공황, 혹은 경제위기는 자본주의적 생산이 지속되는 데에서, 혹은 그것이 지속되게 하는 데에서, 어떤 역할 혹은 기능을 하는가를 생각해 볼 필요가 있습니다.

그 역할 혹은 기능이란, 다름 아니라, 자본이 이윤율을 회복하여 그 축적과 재생산을 새롭게 전개할 수 있는 조건들을 창출하는 것입니다.

그런데 그러한 조건들은 어떻게 해서 창출되겠습니까?

다름 아니라, 바로 자본 자신을 파괴함으로써, 그리고 수많은 노동자들을 거리로 내몰고, 그리하여 임금을 삭감함으로써 그러한 조건들이 창출됩니다. 자본의 가치파괴에 대해서 우선 얘기하자면, 과잉축적되고 과잉생산된 자본을, 그 자신의 가치를 파괴하는 것입니다.

어떻게?

여기에서 재미있는(?) 코메디 하나를 먼저 소개하고 싶군요.

지난 1990년 전후에 당시의 상황을 전형적인 공황 국면으로 규정한 저와, "현대 자본주의에서는 국가의 개입으로 더 이상 공황은 없다"며, "공황이 아니라 산업구조조정 국면일 뿐"이라고 규정하고 나선, 그리고 나서 경제위기가 심각하게 전개되는 것이 명백해지자 나중에는 "공황이 아니라 소공황일 뿐"이라는 코메디를 서슴지 않은, 한사연(韓社硏)의 정건화·임휘철·정태인 등 사이에 격렬한 논쟁이 있었다는 사실은 이미 말씀드린 대로입니다.

그런데 그때 그들이 "공황이 아니다"라는 것을 '논증하기 위해서' 제시한 '사실' 혹은 항변 중의 하나가 무엇인지 아십니까?

기억에 의존해서 대략 얘기하자면, — "공황이라면 자본의 자기가치파괴가 일어날 터인데, 지금은 그런 가치파괴가 일어나고 있지 않지 않은가?!" 하는 것이었습니다.

수많은 중소자본은 물론 대자본의 상당수조차 부도를 내면서 도산해가고 있었고, 엄청난 재고의 누적으로 허덕이면서 "쎄일! 쎄일!", "가격 파괴!"를 외치면서 각종 상품을 투매(投賣)하고 있었고, 그들 말대로 '산업구조조정'이라는 이름으로 수많은 이른바 '사양산업'을 '정리'해 가고 있던, 바로 그러한 상황의 한복판에서 그렇게 외쳤던 것입니다. — "자본의 가치파괴는 일어나고 있지 않다!", "그러니 공황이 아니라 산업구조조정이요, 소공황일 뿐이다!"

그 어떤 뛰어난 코메디언도 이런 기상천외한 코메디는 할 수 없을 것입니다. 아무리 경제학에 문외한인 코메디언일지라도, 파괴 대상이 되는 '가치'라는 것이 그 자체의 어떤 고유한 형태를 가지고 있어서 '가치파괴'라는 것이, 예컨대, 전쟁에서의 교량(橋梁) 파괴처럼, 그 가치에 폭약을 설치하여 파괴한다든가, 몽둥이질·햄머질을 해서 파괴한다든가 하는 식으로는 생각하지 않을 터이니 말입니다.

이쯤 얘기하면, 여러분도 분명 금세 알아챘을 것입니다. 공황·경제위기 국면에서의 자본의 가치파괴란 무엇을 의미하고, 어떻게 이루어지는가를 말입니다.

수많은 자본이 부도를 내고 도산해서, 공장과 기타 생산시설이 멈추고, 폐기되고, 수많은 상품이 정상적인 가격 — 생산가격 — 이하로 투매되고, 창고에 쌓여서 후락(朽落)해가고, 하는 등등이 모두 자본의 자기가치파괴이고, 그 파괴란 바로 그런 형태로 벌어지는 것이니까 말입니다.

아무튼 이렇게 자본은 자신의 가치파괴를 통해서 과잉생산을 해소하고, 그리하여 바로 그 공황을 일으켰던 원인을 해소시킵니다. 과잉생산으로 치열한 경쟁전이 벌어지고 투매가 벌어지면서, 그리고 경쟁전으로 임금이 상승하면서 이윤률이 떨어졌는데, 이제 '가치파괴'로 과잉생산이 해소되고 경쟁이 완화된 만큼 상품의 투매도 멎게 되고, 이윤률도 회복되게 되며, 또한 수많은 노동자들이 길거리로 내던져져 임금이 폭락하면서 그 역시 이윤률을 끌어올리게 됩니다. 축적과 재생산을 새롭게 전개할 수 있는 조건들을 창출하는 것이지요.

공황은 이렇게 과잉자본・과잉생산을 파괴함으로써 그 자체로써 생산을 축소하고, 자본과 자본 간의 경쟁을 완화하여, 그리고 실업을 증대시켜 임금을 삭감함으로써 이윤률을 회복시키는 것입니다.

생산설비 및 생산방법의 갱신

그러나 이 측면만을 본다면, 아직 불충분합니다.

과잉생산에 의해서 이윤률이 하락하고, 경쟁이 더욱 격렬해지고, 그리하여 상품의 투매가 벌어지면서 이윤률이 더욱 하락하고 하는 식으로 사태가 전개되면, 자본은 새로운 기계, 새로운 생산수단을 도입하고, 새로운 생산방법을 도입하는 등, 경쟁력을 강화하고 그 이윤률의 저하를 극복하기 위한 온갖 수단을 강구합니다. 말하자면, (산업)구조조정을 서두르고 강행하는 것입니다.

개별자본의 입장에서는, 이렇게 노동생산성을 높이는 새로운 생산시설, 새로운 생산방법을 도입하게 되면, 그 자본은 자신의 생산물을 평균적인 시장가치, 즉 생산가격보다 작은 가치로 생산하게 되고, 따라서 특별잉여가치 곧 초과이윤을 획득하게 됩니다. 그 때문에 자본마다 그러한 초과이윤을 획득하기 위해서 설비 갱신에 미친 듯이 나서게 되고, 그리하여 "공황은 언제나 대대적인 신규투자의 출발점"[25])을 이루게 되며, 공황의 주기는 고정자본의 수명에 의해서 규정되는 것입니다.

그런데 바로 이러한 상황이, 그 계급적 특성 때문에 이론엔 무지하고 소리에만 능한 저들 소부르주아 지식인들의 눈에는 "공황이 아니라 산업구조조정 국면"으로 보였던 것입니다.

아무튼 공황기에는 이렇게 새로운 고정자본 설비와 새로운 생산방법의 도입이 광범위하게 이루어지면서, 자본은 새로운 축적과 재생산의 진행을

---

25) ≪자본론≫, 제2권, *MEW*, Bd. 24, S. 186.

위한 조건을 창출하는데, 사실 이는 대단히 모순적입니다. 왜냐하면, 이러한 새로운 기계·설비로의 고정자본의 갱신은, 다름 아니라, 자본의 유기적 구성을 고도화하는 것 바로 그것이기 때문입니다. 새로운 설비, 새로운 생산방법을 남보다 앞서 도입하는 기업이야 처음 상당 기간 특별잉여가치 즉 초과이윤을 획득하겠지만, 그러한 생산설비나 생산방법은 이윽고 일반화될 것이고, 결국 이윤률의 저하를 초래할 것이기 때문입니다.

착취의 강화

한편, 경제공황에 따른 수많은 공장의 도산과 폐쇄, 조업단축, 새로운 기계 및 새로운 생산방법의 도입은 상대적 과잉인구를 증대시킵니다. 실업자 수를 엄청나게 증대시킬 뿐 아니라, 노동자계급 중에 아직 취업하고 있는 부분도 많은 부분이 비정규직화, 일용직화 등등 불안정 고용상태로 전락하게 됩니다.

이러한 사태는 당연히, 노동력 시장에서의 노동자들 간의 경쟁을 격화시킬 뿐 아니라, 취업노동자들에게도 압력으로 작용해서 노동자들의 임금을 크게 저하시키고, 노동강도의 강화 등등 노동조건 일반을 크게 악화시키게 됩니다. 그리고 이러한 것들은 모두 자본의 착취를 강화하는 방향으로, 따라서 이윤률을 높이는 방향으로 작용하게 되고, 그리하여 자본이 새로운 조건에서 축적과 재생산을 하도록 작용합니다.

자본의 집적·집중의 고도화

그런데, 공황은 자본주의적 생산의 위기이지만, 앞에서 말씀드린 것처럼, 그것이 자본주의적 생산체제 그 자체를 폐절하는 것으로 귀결되지 않는 한, 그 위기의 압력은 결코 모든 자본에게 균등하게 미치는 것이 아닙니다.

"위기는 곧 기회다"라는 속된 말도 있지만, 정말로 어떤 자본들, 물론 대개는 유력한 대자본들이지만, 아무튼 어떤 자본들에게는, 공황은 자신의 경쟁상대를 파산시켜 시장에서 축출해버리거나, 자신의 것으로 흡수해버리는 호기이기도 합니다.

다시 말하면, 공황기에는 경쟁력과 '자금 동원력'[26)]이 약한 자본은 고전하고 패망해가지만, 경쟁력과 자금 동원력이 강한 자본은 평소보다도 더욱 급격하게 자신을 키워가게 됩니다. 다른 자본이 패망해감으로써 넓어진 시장을 자기 것으로 하고, 그리하여 생산과 판매를 증대시켜 더욱더 많은 량의 잉여가치를 새로운 자본으로 축적함으로써, 즉 자본의 집적(集積)을 통해서, 그리고 요즘 이른바 'M&A'라고 하는 방식, 그러니까 다른 기업을 인수·합병함으로써, 즉 자본의 집중(集中)을 통해서 거대해지는 것입니다.

이러한 사실은 공황 국면은 곧 독점자본이 광범하게 형성되고 강화되는 시기라는 뜻이기도 합니다.

자본주의는 20세기가 되면, 과거와는 그 구조와 경쟁의 양상이 판연히 다른 독점자본주의 단계로 이행하게 되는데, 실제로 그것은 바로 엥엘스가 '공황의 만성화'를 보았던, 19세기 마지막 4/4분기의 거듭된 공황을 거치면서 그렇게 이행했던 것입니다.

2) 공황이 노동자계급에 미치는 영향

경제위기, 즉 공황기에는 수많은 공장이 도산하여 폐쇄되고, 또 조업을 단축하면서, 완전실업을 비롯한 상대적 과잉인구가 엄청나게 증대된다는 것, 그리하여 임금을 비롯한 노동조건 전반이 심히 악화된다고 하는 것은 이미 말씀드린 대로입니다. 그리고 이는 실제로 우리 모두가 절절히 경험해오고 있는 바이기도 합니다. 따라서 이에 대해서는 여기에서 특별히 언급할 필요가 많지는 않다고 생각합니다.

다만 여기에서는 기왕 과잉인구 얘기가 나왔으므로, 경제공황과 직접적 관계는 없습니다만, 참고로 최근에 벌어지고 있는 '고령화'·'저출산' 소동에 대해서만 간단히 언급해두고 싶습니다.

상대적 과잉인구와 '고령화'·'저출산' 소동에 대해서

우리 사회만 하더라도 사실상 항상적으로 이미 기백만 명이 실업 내지 반실업상태에 있을 뿐만 아니라, 비약적으로 전개되고 있는 과학기술혁명, 곧

---

26) 이 '자금 동원력'이 신용에 의한 것이든, 사기에 의한 것이든, 혹은 국가 권력과의 유착에 의한 것이든, 그러한 것은 물론 아무런 차이도 없습니다.

빠른 속도로 진행되고 있는 생산 및 재생산과정의 자동화·'무인화'로 이 실업 및 반실업의 문제는 갈수록 악화될 수밖에 없습니다. 자본주의적 생산체제가 지속되는 한, 과잉인구의 문제는 한국에서도 세계적으로도 그렇게, 해결되기보다는, 악화될 수밖에 없습니다.

그런데도 몇 해 전부터 '고령화'·'저출산' 때문에 큰일이라는 식의 소동이 벌어지고 있습니다. 참으로 어처구니가 없는 위선과 기만·사기입니다.

부르주아지의 허위 선전, 허위 이데올로기의 첫 번째 지적(知的) 희생자는 부르주아지 자신이기 때문에, 이 소동은 물론 일부 부르주아나 부르주아 정치인 등에게는, '고령화'·'저출산'에 따른 노동력 인구의 감소와 그에 따른 임금의 폭등을 상상한 위기의식의 발로일 수 있습니다. 그러나 그러한 위기의식은 환상에 기초한 그것일 뿐입니다.

저들이 지금 벌이고 있는 '고령화'·'저출산' 소동은, 말하자면 역(逆)맬더스주의로서,[27] 사실은 냉정하게 계산된 부르주아지의 음모요, 사기·기만입니다. 그것은 소위 '국민연금' 등의 연금 납입액을 올리고 그 지급액을 삭감하여 임금 일반을 삭감하기 위한 공작·선전이고, 노동자들의 은퇴 연령을 높이기 위한 공작·선전입니다. 은퇴 연령의 상향화는 물론 고령 노동자를 헐값에 부려먹기 위한 또 다른 임금 삭감장치, 즉 소위 '임금 피크제'와 한 짝이 되어 도입되고 있고 말입니다.

여기에서 설명이 필요한 부분은 '연금'과 관련한 부분일 것입니다.

'개혁'이라는 이름으로 정부가 추진해온 대로 '연금' 납입액이 오르면, 그만큼 사실은 임금이 삭감된다는 것, 달리 말하면, 노동자들이 노동력의 재생산을 위해서, 즉 자신과 가족의 생활을 유지하기 위해서 현실적으로 지출할 수 있는 소득이 그만큼 감소된다는 것 자체는 누구나 쉽게 알 수 있습니다. 또한 '연금' 지급액의 삭감에 대해서는 물론 특별한 설명이 필요치 않습니다.

문제는, '고령화'·'저출산' 때문에 앞으로 '연금'의 납입자는 감소하는 반면에 '연금'의 수령자는 증가할 것이기 때문에, 지금부터 그에 대비하여 '연금' 납입액을 높이고, 그 지급액을 낮추지 않으면 안 된다는 식의, 저들의 주

---

[27] 주지하는 것처럼, 맬더스주의란 만연한 실업과 노동자계급의 빈곤 등을 자본주의적 생산의 특수성으로 설명하는 대신에, '식량 생산은 산술급수적으로 증대하는 반면, 인구는 기하급수적으로 증대하기 때문'이라고 자연주의적으로 설명하는 반동적 인구론입니다.

장의 기만성·사기성을 이해하는 것입니다.

저들의 주장은, 언뜻 들으면, 이론(異論)의 여지없는 지당한 말씀처럼 들립니다. 그러나 사실은 이는 오로지 '연금'의 납입액을 올리고, 그 지급액을 낮춰서 임금 일반을 삭감하기 위한, 그렇게 임금 수준 일반을 끌어내려 이윤율을 끌어올리기 위한, 그리고 형식상 일단 임금이라는 명목으로 지불되었지만 '연금' 납입액이라는 이름으로 다시 회수하는 '연금기금', 즉 화폐자본의 재원을 더욱 증대시키기 위한 음모요, 사기·기만에 불과합니다.

우선, 예컨대, 앞으로 30년이나 50년 후까지 자본주의적 생산양식이 유지된다면, '고령화'·'저출산'에도 불구하고, 그때에도 실업, 즉 상대적 과잉인구의 문제는 결코 해소되지 않습니다. 그것이 해소되기는커녕 더욱 악화되어 있을 수밖에 없고, 노동력 인구의 부족 따위의 사태는 결코 발생할 수가 없습니다. 그것이 바로, 주기적인 **공황과 기술혁신·자동화 등을 통해서 상대적 과잉인구를 양산하는 자본주의**의 인구법칙입니다. '저출산'으로 인한 '노동력의 부족'을 걱정하는 것 그 자체가 난센스인 것입니다.

또한 중요한 것은, 지금부터 '연금' 납입액을 높이고, 그 지급액을 낮추어 '연금기금'을 증대시킨다고 해서, 그것이 결코 연금 가입자들의 30년 혹은 50년 후의 장래를 위해서 물질적 **생활수단을 비축해가는 것은 아니라는** 사실입니다. 비축하고 증대시켜가는 것은 단지 '기금', 즉 독점자본이 지배하는 자금일 뿐입니다. 그런데 아무리 이 연금기금을 늘려도 그것이 곧 장래의 물질적 생활수단의 량을 늘리는 것은 아닙니다.

왜 그런가?

현재든, 30년이나 50년 후든, 일정 시점에서 일정 기간, 예컨대, 한 해의 어떤 사회의 물질적 생활수단의 량은 기본적으로 당시 그 사회가 보유하고 있는 산업생산능력에 달려 있습니다. 그런데 납입액의 인상과 지급액의 삭감을 통한 연금기금의 증대·비축은 결코 이 생산능력을 증대시키는 것이 아니기 때문입니다.

추상적으로만 본다면야 연금기금 비축의 증대는 생산능력의 확충으로 연결될 수 있습니다. 제반 생산수단, 생산설비를 구매하고 고용을 증대시킬 수 있는 화폐자본의 증대, 그 비축을 의미하기 때문입니다.

그러나 현실적인 조건들과의 관련 속에서 보면, 이러한 추상적 관점이 전적으로 비현실적임을 금세 알 수 있습니다. 한국을 포함해서 자본주의가 발달한 국가들이 현재 겪고 있는 고통은, 그것이 화폐자본이든 생산설비 등의 현실자본이든, 자본의 부족이 아니라 거꾸로 그 과잉, 과잉생산— 물론 자본주의적 과잉생산 —이기 때문입니다. 그 때문에 연금기금의 증대·비축은 결코 생산능력의 확대·확충으로 연결되지 않습니다.

한편, 어떤 시기 그 사회의 물질적 생활수단의 량은 부분적으로는 그 이전 시기로부터 넘겨받는 '비축분'에 의해서도 증감할 수 있음은 당연합니다. 그러나 이 비축분의 증대에는, 그들 생활수단의 물질로서의 성질 때문에도, 기술적·사회적 이유 때문에도, 극히 협소한 한계가 있습니다. 어떤 물건이든, 식품과 같은 부패·변질되기 쉬운 물건들은 물론이고 금속제나 목제 등의 내구재들까지도, 그 보관·비축에는 그 물질적 특성에 의해서 규정되는 일정한 기한이 있을 수밖에 없습니다. 보관·비축·관리 시설의 기술적 개선은 당연히 그 기한을 다소 연장할 수 있지만, 이 역시 그 자체에 한계가 있을 뿐 아니라, 일정한 규모와 기한을 넘으면 그 비용, 즉 그 보관·비축·관리를 위해 투여되어야 하는 노동의 량이 그것을 새롭게 생산하는 데에 필요한 그것을 훨씬 뛰어넘어 크게 비경제적으로 됩니다. 어떤 생산체제의 사회에서든 이 '비용의 (비)경제성'의 문제는 대단히 중요하고, 특히 자본주의적 생산체제는 그에 아주 민감합니다. 이런 이유들 때문에 그것들을 보다 많이 비축하려는 의사가 있다고 해도 그 증대에는 극히 협소한 한계가 있을 수밖에 없는 것입니다.

그런데 30년 후든, 50년 후든, 그때에 은퇴한 고령자에게 필요한 것은 결국은 물질적 생활수단입니다. 어떤 사람도 '기금' 그 자체, 그것이 은행권이나 국가지폐든, 금화나 은화든, 돈 그 자체를 우적우적 씹어 먹고 살 수는 없습니다. 미래의 고령자들은 그 시대의 젊은 세대가 생산하는 물질적 생활수단을 소비하면서 살아가는 것이고, 그때 그 물질적 생활수단의 량은 방금 확인한 것처럼 지금 우리가 '국민연금'을 얼마나 내는가, 연금기금 그것을 얼마나 비축하는가 하고는 사실상 아무런 관계가 없습니다.

또한 '연금기금'을 늘린다고 해서 다음 세대의 노동력 인구를 늘리는 것도 아닙니다. '저출산' 대책으로 정부나 지방자치단체 등이 '출산 장려금' 등을 준다고 하지만, 그리고 그러한 한에서는 고마운 일이지만, 그것은 결코 연금기금에서 지출되는 것이 아닙니다. 더구나, '저출산'의 근본 원인은, 당장의 출산비나 유아 양육비 등도 문제이지만, 사실은 자본주의적 생산이 노동자 계급에게 강요하는 빈곤이고, 장래의 삶에 대한 전망의 부재이기 때문에, 자본주의적 생산을 전제하고, 나아가 (독점)자본의 이익을 위해서 저들이 추진하고 있는 '연금개혁'은 사실은 '저출산'을 더욱 조장하는 것일 뿐입니다.

산업혁명 이후 기계제 공업생산이 이루어지면서부터는 이미 19세기부터, 엥엘스가 푸리에[28]를 인용하여 말하고 있는 것처럼,[29] **빈곤과 결핍의 원천은 과잉**, 물론 자본주의적 생산·분배양식에 의해서 규정되는 상대적 과잉생산이지, 결코 과소생산이 아닙니다. 게다가 빈곤과 결핍의 또 다른 원천으로서의 **상대적 과잉인구, 산업예비군은 자본주의적 생산이 필연적으로 낳는 현상이고, 필연적으로 그에 수반되는 현상입니다.** 30년 후든, 50년 후든, 저들이 '저출산'·'고령화'에 따른 노동력 부족과 피부양 인구의 증대를 '걱정'하는 그때까지도 만일 자본주의적 생산이 존속된다면, 그때도 역시 사정은 반드시 마찬가지일 뿐 아니라, 빈곤과 결핍의 원천으로서의 그러한 과잉생산과 과잉인구의 문제는 훨씬 더 격화되어 있을 수밖에 없습니다.

그럼에도 불구하고, 독점자본과 그들의 나팔수인 언론, 그리고 정치가들은, 소위 '꼴보수'라는 딱지가 붙은 자들이든, '개혁적·진보적'이라는 명판을 이마에 붙이고 행세하는 자들이든, 사실상 모두가 '기금 파탄'을 떠들면서 연금 납입액을 올리고 그 지급액을 낮추는 데에, 즉 노동자들의 임금을 삭감하는 데에 혈안이 되어 있습니다. 모름지기 비판하고, 경멸하고, 또 저항·투쟁해야 마땅할 것입니다.

태환정지·인플레이션과 임금삭감

그런데, 노동강도의 강화라든가, 노동시간의 연장이라든가, 기타 작업 안전을 위한 시설의 악화 등등, 노동조건 일반의 악화는 모두 경제적으로는 결국 임금의 저하라는 사실로 환원됩니다. 실제로 자본이 노동조건을 악화시

---

[28] 푸리에(François Marie Charles Fourier, 1772–1837)는 자본주의 사회의 부조리를 통렬하게 비판했던 프랑스의 공상적 사회주의자입니다.

[29] F. 엥엘스, 《공상에서 과학으로 사회주의의 발전》, *MEW*, Bd. 19, S. 219.

키는 것은, 그들이 말하는 '노동비용' 혹은 '노무비'를 절약하려는 것으로서, 경제적으로는 여러 형태의 임금의 저하와 그에 따른 이윤의 증대를 꾀하는 것입니다. 여러 노동조건의 악화가 원인이 되어 수많은 노동자들이 정신적·육체적 고통에 시달리고, 육체와 정신의 건강을 위협받고, 실제로 손상당하고, 목숨을 잃고 하는 사태들이 빈발하는데, 이 모두는 결국 여러 형태의 '노동비용' 혹은 '노무비', 그러니까 여러 형태의 임금을 깎아서 자본의 이윤을 늘리는 자본의 운동의 표현인 것입니다.

그래서 우리의 분석 대상도, 실업, 즉 산업예비군의 증대와 그에 따른 노동자·민중의 생존권의 파괴라는 점을 별도로 한다면, 순전히 경제적인 문제로서는 '임금'이라고 하는 량적인 문제로 되지 않을 수 없습니다. 여기에서는 공황에 따른 임금 하락의 몇 가지 메커니즘, 혹은 특징에 대해서만 간단히 얘기해 두고 싶습니다.

우선, 1997년 말의 대위기 이후 한국의 노동자들은 임금과 관련하여 이전에 일찍이 경험하지 못했던 사태들을 겪으면서 경악하고 분노했습니다. '임금이 깎인다'고 하는 사태였습니다.

거듭 말씀드린 것처럼, 한국 자본주의는 그 이전에도 여러 차례 경제위기 즉 공황이라는 사태를 겪었지만, 그들 공황을 겪으면서는 노동자들의 '임금이 깎이지는' 않았습니다. 대량의 임금체불이 발생해서 떼어먹히기는 했어도, **명목임금이 깎이는 사태는 경험하지 않았던 것입니다.**

과거엔 그랬는데, 1997년 말에 폭발한 대위기 속에서는 임금이, 즉 명목임금이 깎이고, 자본은 아예 공공연히 '임금을 깎자'고 덤벼들었으며, 여러 노조의 어용지도부들도 이에 호응하여, '상여금'을 반납하고 '자진해서' 임금을 삭감하고 나서는 사태까지 났던 것입니다.

이러한 사태들을 어떻게 이해해야 할까요?

무엇보다도 중요한 것은, **예전처럼 표면상 임금이 깎이지 않았든, 아니면 1997년 말의 위기 때처럼 임금이 깎였든, 그에 상관없이, 사실은 경제위기 때마다 노동자들은 임금을 대폭 삭감당해 왔다는 사실을 확인하는 것입니다.**

과거에 표면상 임금이 깎이지 않고, 심지어 경제위기 국면에서도 임금협약을 갱신하여 임금이 '인상'된 것처럼 보이던 시기에조차 임금은 역시 대폭 깎였던 것입니다. 임금이 깎이지 않고 심지어 인상된 것처럼 보였던 것은 단지 '명목임금'만이 그랬던 것이고, 실제로는 임금이 대폭 깎였습니다.

어떻게 해서 그러한 요술이 가능한가?

실은 그에 대해서는 이미 '임금'에 관해서 공부할 때, 특히 제7강에서 소위 '생산성 임금제'를 비판하면서 얘기한 바 있습니다. 다름 아니라, 겉으로는 임금을 유지하고, 심지어 인상하면서도, 실제로는 고율의 인플레이션이라는 수단을 통해서 그것을 삭감했던 것입니다.

그때 얘기했던 것처럼, 화폐란 본래 금이고, 그 금이 현실적인 법화(法貨), 그러니까 법률이 정한 통화로서 유통하고 있던 동안에는, 그리고 은행권이 진정한 화폐인 금으로 태환이 되던 시대에는, 인플레이션이란 것은 존재하지 않았고, 존재할 수도 없었습니다. 따라서 그러한 금 태환제 하에서는, 공황기에 명목임금이, 그것을 유지하거나 심지어 인상하면서도, 인플레이션을 통해서 실제로는 임금을 삭감하는 따위의 요술, 혹은 기만은 전혀 불가능했습니다.

실제로 1930년대 대공황 이전에는, 즉 그 대공황을 계기로 자본주의 국가들의 화폐-통화제도가 이른바 '관리통화제'라고 하는 불환제, 즉 태환정지 상태로 되기 전에는,30) 공황 직전의 번영기에 생산의 확대에 따른 산업예비군의 축소로 다소 상승했던 임금은 공황이 폭발하자마자 눈에 보이는 형태로 하락했습니다. 공황이 발발하기 전에는, 예컨대, 1주일에 10달러이던 임금이 공황이 발발하면, 실업이 증대하면서, 9달러, 8.5달러, 8달러 ... 하는 식으로 하락했던 것입니다. 당연히 그에 대한 노동자들의 저항·투쟁도 만만치 않았습니다.

그런데 1930년대 대공황을 거치면서 독점자본과 그들의 국가는 공황에 대한 대응의 일환으로, 즉 공황으로 도산해가는 독점자본을 국가가 나서서 구제하기 위한 '재원'을 마련하기 위한 수단의 일환으로, 그리고 나아가서는 현대 독점자본주의의 만성적인 과잉생산, 전반적 위기에 대응하기 위한 '재원'을 마련하기 위한 수단의 일환으로, 그 화폐-통화제도를 이른바 '관리통

---

30) 이 시기에도 물론 전쟁과 같은 비상시기에는 일시적으로 금태환을 중지하기도 했고, 그리하여 그때마다 태환중지된 은행권 혹은 국가지폐의 '가치'가 폭락하여, 즉 그것들이 대리하는 금량이 대폭 감소하여 오늘날의 (악성)인플레이션과 같은 물가의 명목적이고 전반적인 폭등이 일어나곤 했지만, 이는 어디까지나 말 그대로 비상시기에 나타나는 극히 예외적인 사태들이었습니다.

화폐'로 바꿉니다. 관리통화제란, 다름 아니라, 총자본으로서의 국가가 국가의 은행인 '중앙은행'으로 하여금, 태환을 위한 화폐 곧 금 준비 없이, 필요에 따라 임의로 은행권을, 즉 불환은행권을 발행할 수 있게 한 제도입니다. 물론 이 불환의 중앙은행권에는 강제통용력이 부여됩니다.

소위 관리통화제, 즉 국가독점자본주의 시대의 영구적인 태환정지제 하에서는 이제 불환통화의 남발과 그에 따른 물가의 상승, 실질임금의 삭감은 항상적인 것으로 됩니다. 게다가 공황이 엄습하면, 국가는, 기한이 된 각종 채무 즉 어음을 결제하지 못해 쓰러져가는 독점자본을 구제하기 위해서 불환은행권을 남발하게 되고, 그렇게 그것을 남발하면 남발하는 만큼, 그것이 대리하는 금량이 대폭 축소되면서, 즉 그 통화의 금 가치가 폭락하면서 물가가 폭등하고, 즉 고율의 인플레이션이 발생하고, 그만큼 노동자들의 임금은 저락해왔습니다.

이때도 물론 물가 폭등과 그에 따른 임금의 저하에 대한 노동자계급의 저항을 아주 피할 수는 없습니다. 하지만, 명목임금 즉 화폐임금의 직접적 저하에 따른 노동자들의 즉각적 저항은 상당 정도 피할 수 있으며, 더구나 노동자·인민대중 전체의 임금과 소득을 예외 없이 삭감하여 그것을 독점자본의 것으로 돌릴 수 있습니다.

그것이 바로, 한때는 '수정자본주의'라고도 불렀던, 케인즈주의적, 혹은 현대 사회민주주의적 국가독점자본주의의 주요 정책의 하나입니다.

신자유주의와 임금삭감

그러면, 여전히 '관리통화제' 하인데도 왜 지난 1997년 말 이후의 '외환·금융위기' 시에는 명목임금의 삭감이 나타났던 것일까요?

물론 그 가장 큰 원인은 당시의 경제위기의 심각성과 그 파괴력이 과거의 그것에 비해서 엄청났다는 사실에 있습니다. 실제로 지난 1997년 말에 폭발했던 세칭 'IMF 사태'의 심각성이나 격렬도(激烈度), 파괴력은 한국 자본주의 역사상 유래가 없는 것이었습니다.

그런데 이 점, 즉 위기의 심각성과 그 파괴력이 증폭되어 있었기 때문이기도 하지만, 당시 국가와 독점자본이 임금을 명목적으로까지 삭감하고 나선 데에는 국가독점자본주의의 주요 정책 변화가 그 밑바탕에 있었습니다.

1970년대를 거치면서 국가독점자본주의는, 말하자면, 그 후반기, 즉 새로운 단계에 접어들었습니다. 그리고 이 새로운 단계의 개시를 알린 것이 1970년대 말엽과 1980년대 초엽에 걸쳐 등장한 영국의 대처 정권이나 미국의 레이건 정권, 일본의 나카소네 정권 등이었습니다. 이들 정권은 모두 당시까지는 소수의 극우 학자들의 주장에 불과했던 이른바 '신보수주의적', 오늘날의 말로 하면, '신자유주의적' 정책들을 현실적인 정책으로 만든, 그리하여 신자유주의라는 극우 이데올로기가 국가독점자본주의의 지배적인 이데올로기로 되도록 촉진한, 공통의 특징을 가지고 있습니다.

　이 신보수주의 혹은 신자유주의를 이론적·이데올로기적으로 선도하면서 구체적 정책 대안들을 제시했던 것은 주로 '통화주의자들'이라고 알려진 '경제학자들'이었습니다. 이들 '통화주의자들'의 주의·주장이 신자유주의, 즉 후기 국가독점자본주의의 정책들을 기본적으로 지배하게 되는 것입니다. 그런데 이들은, 사실은, 화폐의 본질도, 그 화폐 및 기타 상품들의 가치의 변동과 그에 따른 상품 가격의 변동도, 본래의 화폐인 금과 그에 대한 지불약속, 즉 채무증서로서의 본래의 은행권 즉 태환은행권의 차이·관계도, 화폐와 그 상징 혹은 가치장표에 불과한 국가지폐 혹은 그 국가지폐의 국가독점자본주의적 형태인 불환의 중앙은행권의 차이도, 따라서 인플레이션의 본질도[31] 전혀 이해하지 못하는 '경제학자님들'입니다. 다만 물가 변동의 표면적 현상에만 사로잡혀 천박하기 그지없이 그저 "화폐의 수량이 많아지면 화폐의 가치가 떨어져서 물가가 오르고, 그 반대이면 반대"라고 주장하는 화폐수량설의 신봉자들입니다.

　이들 통화주의자들이 득세하게 된 것은, 무엇보다도 국가독점자본주의가 그 후기단계로 이행하게 된 것은, 1970년대에 이른바 스태그플레이션, 즉 고율의 인플레이션을 수반한 만성적 위기로 그 모습을 드러낸, 자본주의 체제의 전반적 위기의 재격화였습니다. 스태그플레이션은 (좁은 의미의) 케인즈주의적, 사민주의적 국가독점자본주의의 파탄을 드러내는 현상이었던 것인데, 나중에 신자유주의를 논하면서 보다 자세히 말씀드리겠지만, 저들 통

---

31) 이 모두는 우리가 앞에서, 즉 제2강 상품과 그 가치, 제3강 화폐, 제4강 가격에서 공부했던 것들입니다.

화주의자들, 혹은 신자유주의자들은 그 파탄, 스태그플레이션의 원인이 '케인즈주의적 팽창정책'에 있다고 파악했습니다. 그리하여, 그에 대한 반동으로 이른바 '긴축정책'을 강력히 주장하게 되고, 그것이 다른 정책 대안을 찾을 수 없었던 독점 부르주아지의 지지를 받게 되었던 것입니다. (참고로, '긴축정책'이라고 할 때, 그 '긴축'은 재정 지출의 '긴축'이며, 실제로 '긴축'되는 것은 주로 사민주의적 '복지 예산'입니다. 30년대 대공황과 제2차 대전을 거치면서 혁명적으로 진출하던 노동자계급을 회유, 체제 내로 포섭하기 위해서 도입했던 저 '사회복지제도'의 파괴가 신자유주의적 '긴축정책'의 주요 목표요 내용인 것입니다.)

익히 아시는 것처럼, 인플레이션이란 유통필요화폐량, 즉 유통에 필요한 금(金)량을 넘는 지폐(=불환은행권)의 증발(增發)로 인한 물가의 명목적 등귀입니다. 그 때문에 신자유주의자들의 이러한 긴축정책은, 당연히 경제위기 그 자체를 완화하거나 예방할 수 없었고, 또 부분적으로는 그것을 악화시키기도 했지만, 인플레이션 그것의 률(率)은 현저히 낮출 수 있었습니다. 물론, '관리통화제', 그러니까 인플레이션을 통한 노동자·민중의 광범위한 착취와, 그렇게 해서 착출된 재원을 독점자본의 이익과 위기로부터의 구제를 위해서 돌리는 것은, 현대 자본주의, 즉 국가독점자본주의의 본질적 특징이고, 또 그것은 만성적·항상적 위기 시대에 자본주의적 생산이 지탱되는 조건이기 때문에, 인플레이션은 여전히 진행되고 있지만 말입니다.

아무튼, 1997년 말의 경제위기 이후 예전과 다르게 명목임금의 삭감을 강요당했던 것은 바로 이러한 사정을 반영하는 것입니다. 한국 자본주의에도 신자유주의적 정책이 강력하게 전개되고 있다는 것을 반영하는 것입니다. 실제로, 쓰러져가는 독점자본을 구제하기 위해서 65조 원이 넘는 소위 '공적 자금'을 퍼부었던 1997-1999년의 외환·금융·경제위기 때에도, 과거의 공황구제 대책에 비하면, IMF의 강요에 의해서 상대적으로 '긴축정책'을 강화했고, 따라서 과거에 비해서 인플레이션이 약간은 약화되었습니다. 이것이 당시, 미친 듯이 애국주의·국가주의를 선동한 이데올로기 공세와 더불어, 노동자계급의 강력한 저항 없이 명목임금조차 삭감할 수 있었던 경제적 배경이었습니다.

공황과 노동자계급의 빈곤, 그리고 …

아무튼 자본주의적 경제위기, 공황은 이렇게 노동자들을 가일층 빈곤으로 빈곤으로 몰아넣습니다. 이제는 시간이 꽤 지난 얘기지만, 2007년 하반기부터 새로운 대공황이 전개되기 시작한 지 3년여가 지난 2010년 후반 재정위기에 시달리고 있는 남부 유럽의 국가들에서는 물론, 그렇지 않은 나라들에서도 노동자들의 광범한 실업과 빈곤에 관한 보고들이 자주 발견됩니다. 예컨대, 다음과 같은 보고들이 그것입니다.

> [미국에서는: 인용자] 대략 3,000만 명의 노동자들— 노동력 인구의 약 5분의 1 —이 완전실업상태 혹은 불완전 고용상태에 있거나 노동력으로부터 탈락되어 있다.32)

> 지금 미국의 공식 빈곤률은 15퍼센트로서, 4,400만 명 혹은 7명 당 1명이 공식적인 빈곤상태에 있다. 이러한 빈곤율과 수는 기록상 최대치이다. … 국세조사국(Census Bureau)의 자료는, 노동자계급 전체가 일자리와 연금, 의료보험, 주택의 상실로 깊이 타격을 받아왔음을 보여주고 있다.33)

그리하여, 한편에서는 그 빈곤 및 그것을 강요하는 자본과 국가에 대한, 한 마디로 자본주의적 생산체제 그것에 대한 노동자들의 투쟁과 저항이 격화되는가 하면, 다른 한편에서는 갈수록 더 많은 노동자들이, 오늘날 수많은 노숙자들로 대표되는 것처럼, 길거리에서 유리걸식하게 되기도 하고, 이러한 처지에 몰린 적지 않은 수의 노동자들이 절망과 자괴심에서 자살을 하기도 하는 것입니다.

그렇다면 우리는 자본주의적 경제위기의 원인으로서의 '과잉생산'에 대해서 다시 한번 생각해봐야 하지 않겠습니까?

"과연 '과잉생산'이란 무엇인가?" — 하고 말입니다.

물론 앞에서 이미 그 의미를 얘기한 바 있습니다. 자본이 그 축적과 재생산을 원만히 진행하기 위해서 필요한 일정 수준의 이윤률을 유지·확보하기

---

32) Fred Goldstein, "The capitalist crisis & how to fight it", <www.workers.org>, Sep 17, 2010.

33) Abayomi Azikiwe, "Gov't admits big jump in poverty", <www.workers.org>, Sep 22, 2010.

어려울 만큼 자본이 과잉축적되고, 상품생산이 과잉되는 것이라고 말입니다. 그리하여 결국 사회적 생산과 소비 사이의 모순이라고 말입니다.

여기서 다시 확인하고 싶은 것은, 그 '과잉'이란 것이 결코 노동자·민중이라고 하는 그 사회의 주요 구성원의 필요와 욕망을 충족시키고도 남는다는 의미의 과잉이 아니라는 점입니다. 이러한 의미의 과잉생산을 절대적 과잉생산이라고 한다면, 자본주의적 생산에서는 절대적 과잉생산은 절대로 있을 수 없는 일입니다. 자본주의적 생산에서는 오히려, 한편에서는 그 생산이 고도로 팽창하고 있지만, 다른 한편에서는 노동자·인민대중은 그들의 필요와 욕망을 충족할 수 없는 빈곤을 강요받기 때문에, (자본과 상품의) 과잉이 발생하고, 공황이 발생하는 것입니다. 그것도 주기적으로!

다시 말하자면, 자본주의적 생산에서의 과잉생산이란 생산의 사회적 성격과 생산물에 대한 사적 전유(專有) 사이의 모순에서 오는 순전히 상대적인 과잉생산인 것이고, 공황은 자본주의적 생산에 고유한 이 가장 기본적인 모순의 폭발인데, 이 공황은, 그리고 이 공황에 대한 독점자본과 그 국가의 대응은 다시 노동자계급의 빈곤을 더욱 심화시키는 것입니다.

그리하여 이 기본모순이 지양되지 않고는, 공황도, 따라서 노동자계급의 빈곤·노예상태도 결코 폐지될 수 없는 것입니다.

그리하여, 예컨대, 미국의 한 혁명적 이론가·활동가는 이렇게 쓰고 있습니다.

> [노동자계급의 운동과 투쟁의: 인용자] 궁극적인 목표는, 계급적 착취체제 하에서의 이 공황을 단지 완화시키는 것을 넘어서, 그 체제를 아예 폐지하는 것으로 나아가야 한다. 이는 노동자계급과 피억압계급을 위하여 [노동자계급이: 인용자] 경제와 생존수단들, 생산 및 분배 수단들을 통제하고, 이들 자원을 이윤이 아니라 인간적 필요를 위해서 사용하는 것을 의미한다. 한마디로 하자면, 사회주의를 위해 투쟁하는 것을 의미한다.
>
> 그리고 마지막으로 강조해두지 않으면 안 되는 것은, 사회주의를 위한, 그리고 자본주의를 폐절하기 위한 투쟁에는 맑스주의 이론과 그 혁명적 정신에 충만한 혁명적 노동자정당이 필요하다는 점이다.[34]

---

34) Fred Goldstein, 같은 글.

너무나도 당연한 노선입니다.

그런데도, 서유럽적 사민주의에 찌든 우리 사회의 '진보적 지식인들'은, "좋은 정책"이니, "대안"이니, "사회적 기업"이니, "기본소득"이니 하면서, 그 야말로 자본주의 체제 내 '대안의 포로'가 되어 노동자계급의 정신을 혼미하게 만들고, 그 투쟁 전선을 크게 교란하고 있습니다. 그리하여, 그들은, 자신들이 그것을 있는 그대로 인식하든 못하든, 물론 그렇게 독점자본의 이해에 봉사하고 있습니다.

[제8강・제9강 보론 1]*

신용카드와 채무노예, 그리고 공황

1980년대 중반 도쿄를 방문한 길에 당시 전두환 정권의 폭압 때문에 망명 아닌 망명 생활로 유학을 하던 한 친구를 만났다. 창고에서의 막노동으로 학비를 벌던 그에게 내가 국배(국제 beggar)라는 이름을 선사하자 그 역시 지지 않고 '국제 거지'라는 의미의 인배(international beggar)라는 호칭으로 답례했는데, 빈털터리 두 거지만 한껏 취하며 회포를 풀지 않을 수는 없었다.

긴자 뒷골목의 허름한 선술집에 들어갔는데, 그 집의 영업시간도 영업시간이려니와 도쿄의 높은 물가는 그곳에 우리가 오래 머무는 것을 허용하지 않았다. 해결은 생각도 못했던 곳에서 나왔다. 정종(청주) 자판기였는데, 동전 주머니를 잘랑잘랑 흔들어 보이면서 국배가 익살을 떨었다. "이게 바로 국가독점자본주의의 상징이야."

사실 국가독점자본주의라는 말이 가당치도 않게 쓰였지만, 당시 이미 선진 자본주의의 대도시에는 커피나 기타 음료는 물론 담배, 술, 그리고 지하철 승차권 등등 각종의 자동판매기가 광범위하게 보급되어, 동전과 동전주머니야말로 서민의 도시생활에 필수품임을 두고 한 말이었다. 오늘날이었다면 아마 그는 동전주머니 대신 신용카드를 흔들면서 익살을 떨었을 것이다. "이것이야말로 국가독점자본주의의 상징이야!" 하고 말이다.

실제로 그렇게 신용카드는 오늘날 발달한 자본주의 국가의 일상생활에 깊이 침투되어 있다. 한국만 하더라도, 신용카드사로부터의 '현금 서비스' 사용액만도 연간 300조 원에 달하고, 결제・지급 연체율이 10%를 넘어 금융공황의 "시한폭탄"으로 간주되고 있는 지경이니 말이다.

---

* 이 글은 《노동자의 힘》 제17호, 2002. 10. 21.에 발표된 것입니다.

신용카드가 처음 등장한 것은 1950년대 중반 미국에서였다. 그리고 70년대 중반이 되면 한국에도 상륙한다. 그리고 신용카드의 등장 및 보급과 함께 그에 얽힌 미신도 널리 보급되었다. '플라스틱 머니'니, 'e-머니' 혹은 '전자화폐'니 하는, 부르주아 경제학자들의 헛소리도 그러한 미신에 속하는데, 이들 미신에 대해서는 화폐·신용론 상의 다소 복잡한 논의가 필요하기 때문에 여기서 다루기에는 적합하지 않다.

신용카드에 얽힌 가장 대표적인 미신은 그것이 개인적·사회적 소비를 확대한다는 견해이다. 그리고 지불 불능이나 연체에 따른 사용정지 등의 제재 조치가 없는 한 일정 한도 내에서는 당장 현금이 없어도 "카드를 그어" 상품을 구입할 수 있다든가 '현금 서비스'를 받아 구입할 수 있다는 경험적 사실이 이 미신을 더욱 강고한 것으로 만든다.

그런데 이러한 미신의 치명적인 약점은 그 미신이 자신의 절대적 전제, 즉 "신용카드가 그 소지인 혹은 사용자의 소득을 증대시킨다"는 것을 결코 증명할 수 없다는 사실이다. 이는 당연하다. 신용카드가 그 소지인 등의 소득을 증대시키는 것이 절대 아니니까 말이다.

누구나 그러한 것처럼, 카드의 소지인이나 사용자들이 소비할 수 있는 가치 크기의 한도는, 카드를 긁는 당장은 아니더라도, 결국은 자신들의 소득, 즉 자본주의적 생산에 기초한 임금의 한도 이내이다. 그리고 "결국은"이라고 말했지만, 만일 카드의 소지인이 무언가 생활상의 필요 때문에 자신의 임금 크기를 넘어 카드를 긁어댔다면, 그 "결국"까지라는 것이 사실은 그 사용자가 자신의 임금으로 그 지불을 감당할 수 있는 그리 길지 않은 기간이다.

사정이 이렇기 때문에 신용카드가 소비를 확대한다는 믿음은 전혀 근거가 없는 것이다. 사실은 전적으로 그 반대이다. 신용카드는 그 소지인들의 임금, 즉 소득 자체를 줄이지는 않지만, 그 소득 가운데 그 카드 소지인들이 재화와 용역의 구매에 사용할 수 있는 부분, 즉 소비할 수 있는 소득의 한계를 줄임으로써 사회적 소비도 현저하게 축소시킨다. 생각해 보라. '현금 서비스'나 할부 구매에 따라 지불되는 고리대적인 이자는 물론이고 연간 카드 사용료도 그 카드의 소지인 혹은 사용자의 소득 중에서 "소비 없이" 금융자본에 지출이 강제되는 부분이다. 그만큼 노동자들의 소비는 축소될 수밖에 없고, 그 사회적인 총액은 거대한 양이다.

게다가 노동자들이 무언가 생활상의 필요 때문에, 즉 당장의 저임금을 보충하기 위해서 임금 한계를 넘어 카드를 긁는 순간 그는 사실상 독점자본의 채무노예로 전락하고 만다. 그렇게 해서 발생한 '신용'은 고리대적인 이자를 붙여서 갚지 않으면 안 되는 것이기 때문이다.

신용카드는 본질상 소비자 신용의 한 형태이다. 이 소비자 신용은 자본의 전반적인 과잉 시대에, 한편에서는 거대화한 화폐·금융자본의 수익성 있는 투자처로서, 다른 한편에서는 전반적으로 과잉생산되고 있는 재화 및 용역에 대한 수요를 자극하는 수단으로서 등장하였다. 그리하여 그 확산·보급도 대체로 자본의 과잉축적·과잉생산과 궤를 같이하고 있다고 할 수 있다.

신용카드 등 이러한 소비자 신용은 물론 그 도입 초기와 호황기간에는 상품의 판로를 넓히는 데에 기여하였다. 그러나 이는 다시 경쟁적으로 생산시설을 구축, 생산을 확대하게 하였고, 이내 임금에 기초한 수요의 고유한 한계와 모순되는 과잉생산을 격화시키는 원인으로 되었다. 소비자 신용이 가장 먼저 가장 광범하게 보급되었던 미국의 경우 이미 60년대 말 혹은 70년대 초가 그러한 전화의 시기였다. 끊임없이 팽창되어온 소비자 신용이 이때에 벌써 일시적이나마 재화와 용역에 대한 판로와 생산을 확대·자극하는 수단으로부터 그것들을 축소시키는 원인, 즉 공황의 원인 혹은 그것을 격화시키는 원인으로 전화되었던 것이다.

일찍이 1977년에 이루어진 한 분석을 보자. 독자는 아래 인용문 속의 '소비신용'을 '신용카드'로 고쳐 읽어 보면 좋을 것이다.

> 1974-1975년 공황을 다그쳐온 중요원인[의 하나는: 인용자] … 소비신용과 같은 외상판매로 독점자본가들이 근로자의 구매력을 여지없이 떨구어버린 데 있다.
> 노동계급을 독점자본의 새로운 채무노예로 전변시키는 소비신용은 최근년간에 이르러 미증유의 규모로 팽창하였다. 여기에서 가장 큰 자리를 차지한 것은 광범한 근로대중이 말려들어 가는 월부 및 연부신용이다[최근의 상황 같았으면 '월부 및 연부신용' 대신에 '신용카드'라고 썼을지도 모른다: 인용자].
> 오늘날 미국에서 월부 및 연부로 외상 판매된 신용의 총규모는 전후(戰後) 20배 이상이나 늘어났다. 소비신용의 이와 같은 방대한 팽창은 생산과 소비 간의 모순이 극도에 이른 제2차 세계대전 이후 자본주의의 새로운 현상이다.

소비신용은 마치도 주민들의 소비수요를 확대하여 악화된 재생산의 실현문제를 해결해주는 것 같이 보인다. 그러나 실제에 있어서 소비신용은 오히려 근로자들의 지불능력 있는 수요를 몇 배나 더 축소시켰다. 그것은 소비신용에 뒤따르는 채무와 높은 이자가 또다시 근로자들의 구매력을 떨어뜨리기 때문이다.

그 전형적 실례는 살림집값이다. 예컨대 2만 딸라 되는 집이 25년간 분할지불되는 년부로 판매될 때 구매자가 실제적으로 물게 되는 집값은 5%의 이자가 덧붙여 나감으로써 결국 3만5천 딸라 이상으로 불어난다. 이자율이 1%만 올라가도 구매자들은 3천6백 딸라를 더 부담하여야 하는 것이다. 그런데 1969-1970년 사이 미국에서 주택신용에 대한 이자율은 8.5%에까지 이르렀다. 이것은 년부로 사는 집값이 소비신용이 아니라 단번에 직접 사는 집값보다 2배 이상 더 불어난다는 것을 의미한다.

고리대자본을 능가하는 현대 독점자본은 소비신용을 통하여 사회의 모든 근로자들을 헤아날 수 없는 빚더미 속에 파묻어 버리고 있다.[1]

---

1) 김정기, 《현대제국주의의 전면적 위기》, 1977, 평양, pp. 37-38.

[제8강・제9강 보론 2]*

한국자본주의와 공황

1. 전(前) 자본주의 시대의 공황

　근대의 자본주의적 생산에서 주기적 공황은 필연・보편적이고 세계성을 띠고 있다. 한국자본주의도 상당한 역사를 가지고 있고, 그만큼 공황 혹은 경제위기 역시 이번이 처음이 아니다. 오히려 사실을 말하자면, 한국경제의 경우에는 그것이 아직 본격적으로 자본주의적 사회구성으로 이행하기도 전에 자본주의 세계공황의 엄혹한 영향을 받았다고 할 수 있다.
　한국이 19세기 말에서 20세기 초에 걸쳐서 본격화된 자본주의 주요 열강의 독점자본주의화, 즉 제국주의화에 따른 식민지 쟁탈전의 희생물이 되고, 제1차 제국주의 전쟁인 제1차 세계대전의 직접적・간접적 영향을 받았던 것도 당시 세계시장에서의 자본의 주기적 과잉생산, 즉 공황과 밀접한 연관이 있었다. 하지만 식민지화 및 제1차 대전에 의한 영향을 이렇게 공황과의 연관 속에서 파악하는 것은 여기서 논외로 하더라도, 1930년대의 대공황은 직접적으로 당시의 조선 민중의 삶을 옥죄고 파괴하는 것이었다.
　당시 조선을 지배하고 있던 일본제국주의는 1917년 9월에 금의 수출금지 (일본은행권의 사실상의 태환정지)를 단행하는 등 제1차 대전의 여파를 받지 않은 것은 아니었지만, 오히려 이 전쟁은 일본의 수출증대를 가져와 생산력을 급격히 증대시키고 자본을 거대하게 집적・집중시켰다. 일본경제사에

---

* 이 글은, 한국노동이론정책연구소 편, ≪경제위기와 노동운동≫(도서출판 현장에서 미래를, 1999)의 제2장으로 실려 있는 글입니다. 본문과 내용이 다소 중복되지만, 일종의 한국공황 약사(略史)로서 참고할 수 있도록 여기에 본래의 형태대로 재록합니다.

서는 이를 '대전경기'(人戰景氣)라고 부르는데, 이 '대전경기'가 끝나자 1920년 3월에는 이른바 '반동공황'(反動恐慌)이 닥쳤고, 게다가 1923년에는 관동대지진(關東大地震)이 일어나 일본 본토에서는 물론이고, '반도'인 조선 땅에서조차 사회적 긴장·대립이 격화되고 있었다. 그리고 1927년 봄에는 미증유의 금융공황이 일어나, 제1차 대전의 직접적 당사자들이었던 서유럽과 미국에서는 이른바 '상대적 안정기'라고 불리던 시절인 1920년대 중후반에 일본은 제1차 대전기 호황의 대가를 톡톡히 치르고 있었다.

우여곡절 끝에 1930년 1월에, 1917년 9월 태환정지 이전의 평가(平價)로, 일본 엔화의 태환재개(당시 일본의 논의 용어로는 '金解禁')를 단행하는데, 이때는 이미 1929년 10월에 뉴욕의 증시가 대폭락하여 세계대공황의 그림자가 짙게 드리우기 시작한 이후였다. 그리하여 1931년 5월의 오스트리아의 대은행인 '크레디트 안쉬타르트'의 파산, 7월의 독일의 대대적인 금융위기, 9월의 영국 파운드화의 태환정지 등의 소란 속에 일본은 대량의 금을 상실하게 되어, 마침내 이 해(1931년) 12월 13일에는 재차 태환정지를 단행하지 않을 수 없었다. 이후 일본 자본주의는 1930년대의 대공황에 본격적으로 휘말리게 되고, 이윽고 '만주사변', '중일전쟁', '대동아전쟁' 등 제2차 대전으로 치닫게 된다.

당시 조선은 일본의 식민지로서 도시의 공·상업이나 광산 등은 제국주의 자본에 의해 자본제적으로 경영되고 있었음에 비해서 직접생산자의 절대다수는 농민, 그것도 소작농민으로서 지주-소작관계에 편제(編制)되어 있었다. 말하자면, 경제의 식민지적 이중구조가 극대화되어 있었는데, 직접생산자들의 존재를 보면 지주-소작관계라는 '비자본주의적 관계'가 압도적이어서 전체적으로 볼 때는 어디까지나 전(前)자본주의적 사회, 보다 정확히는 반봉건적 사회였다.1) 따라서 당시의 조선경제는 그 자체로서는 전반적 과잉생산을 그 본질로 하는 근대적 경제위기 등이 발생할 내적 근거를 가지고

---

1) 지주-소작관계에 대해서는 그것이 자본주의적 생산관계이고 소작농민은 '사실상의 노동자'라는 설도 유력하게 존재하지만, 여기에서의 소작료 곧 지대는 분명히 잉여가치의 본원적 형태로서 봉건적 지대이다. 참고로, 생산수단이 직접적으로 직접생산자 자신에게 임대되는 생산관계는, 그 생산수단이 토지든 기타의 무엇이든, 모두 비자본제적 생산관계이다.

있지 않았다.

그러나 그 사회는 자본주의 시장에 의해서 포위・포섭된 사회였고, 특히 제국주의 자본의 직접적 지배 하에 있었기 때문에, 1930년대의 대공황은 그대로 조선의 민중에게도 전가되었는데, 이것이 한편에서는 1930년대 이래의 착취와 식민지적 퐈씨즘의 강화로 나타나고, 다른 한편에서는 30년대 후반 이후 일제 과잉자본의 유입에 의한 공업화의 가속화로 나타났다. 그리고 이 착취・퐈씨즘 강화 및 공업화는 특히 일본제국주의의 대륙침략정책과도 밀접한 관련을 가지고 있었다.

2. 세계적 차원의 공황과 한국경제의 위기

1) 공황과 전쟁

한국의 경제, 한국의 민중은 이렇게 자본주의적 사회구성으로 이행하기도 전에 자본주의 세계공황의 부담을 호되게 전가 받았는데, 그 중에도 특히 두 번에 걸친 전쟁은 가장 가혹한 것이었다. 제2차 세계 대전이 직접적으로 1930년대 대공황의 연장선상에 있는 그 산물이라는 것은 이제 상식으로 되어 있기 때문에 더 이상의 언급은 필요 없을 것이다.

그런데, 우리에겐 '6・25사변'으로 알려져 있고, 세계적으로는 'Korean War', 즉 '한국전쟁' 혹은 '조선전쟁'으로 알려진 1950년대 초의 처절했던 전쟁 역시 이중의 의미에서 자본주의 세계공황과 뗄 수 없는 관계를 가지고 있었다. 즉, 전쟁의 배경이 되었던 '동서냉전'은 우선 1930년대 대공황의 산물인 제2차 대전의 연속선상에 있었다. 그리고 전쟁의 주요 주체의 하나인 미국은 이 전쟁을 통해서, 1948년 말부터 고개를 들기 시작한 전후 반동공황을 극복할 수 있었다.

서유럽 국가들과 일본이 제2차 대전을 통해서 대대적으로 그 생산력을 파괴당한 데 비해서 미국은 이 기간에 그 생산력을 3배 이상이나 증대시키고 있었다. 이러한 생산력의 급증은 당연히 그 반동으로서의 공황을 예정하고 있던 것이었는데, 전쟁 직후에는 장기간의 전쟁에 의해서 억압되어 있던 민간수요의 폭발과 또 서유럽 등으로부터의 전후 복구수요로 상당 기간 호황을 지속시킬 수 있었다. 그러나 1948년 말 내지 1949년이 되자 과잉생산이 현재화되고 실업이 증대하면서 공황이 폭발하기 시작했다. '때마침' 이때에 한국전쟁이 터지고 미국 자본주의는 이중의 거대한 유효수요를 창출하면서 공황을 극복해갈 수 있었다. 하나는 직접적인 열전을 통한 거대한 군사수요를 통해서, 그리고 다른 하나는 이를 계기로 냉전을 강화하면서.

아무튼, 1950년 당시는 대한민국이 성립되어 '농지개혁'을 통해서 전자본주의적 생산관계를 청산하면서 가까스로 자본주의적 사회구성이 본격화되고 있던 시점이었고, 따라서 과잉생산 공황이 발발할 내적 조건은 아직 태무한 상황이었는데도, 한국의 민중은 이렇게 자본주의 세계공황의 부담을 가혹하게 떠맡고 있었다.

2) 4월 혁명의 경제적 배경: 전후 최초의 본격적 공황

1950년대의 한국경제는 고통에 찬 전환기에 있었다. 한편에서는 일제의 식민지 지배, 그 결정판으로서의 제2차 대전기의 공출·착취강화, 그리고 50년대의 전쟁의 유산으로 극한적으로 심화된 빈곤이 도시·농촌 할 것 없이 광범위하게 대중을 짓누르고 있었고, 다른 한편에서는 제2차 대전의 패전으로 이제는 본국으로 철수한 옛 일본인들의 생산시설이었던 '귀속재산' 및 미국 원조물자의 불하·배분을 지렛대로 새로운 지배계급으로서의 정상배적 자본가계급이 급속도로 형성되고 있었다. 도시·농촌 할 것 없는 사실상 전반적이었던 빈곤은 그 자체로서도 생산수단을 갖지 못한 무산자로서의 근대적 임금노동자의 원천이었는데, 정부는 또한 토지수득세 등 가혹한 고율의 현물세를 통해서, 그리고 미 잉여농산물을 재원으로 저곡가를 유지함으로써 농민층 분해를 촉진하고, 그를 통해서 산업예비군을 광범하게 확대시키고 있었다.

새로운 지배계급인 자본가계급이, 식민지 자본가들의 철수로 국유화된 '귀속재산'의 불하, 미국 원조물자의 직접적 배분 및 그 판매대금인 '대충자금'의 배정 등 국가·관료의 직접적 개입·주도하에 이루어지고 있었다는 사정은 당연히, 정치·관료들과 이권 사냥꾼들 간의 광범위한 범죄적 유착을 낳았고, 이는 지금까지도 한국자본주의의 주요한 성격의 하나를 이루고 있다. 특히 이승만 자유당 정권의 이러한 부정부패와 대중 억압·착취는 대중의 전반적 반발을 갈수록 강하게 불러일으키고 있었다. 그리하여, 이 시기 이승만 정권을 유지시킨 것은 무엇보다도 군 및 경찰이라는 직접적인 억압수단이었고, 거기에 이 빈곤이 과거의 유산이라는 인식, 그리고 전반적인 빈곤에 그나마 숨통이 되었던 미국의 경제·군사원조가 정권유지에 보조적으로 기여했다고 할 수 있다.

그런데 1950년대 말이 되자 이승만 정권의 이 지배구조에 주요한 파열이 생겼다. 전후 최초로 자본주의 세계경제를 본격적으로 엄습한 1958년 경제공황의 부담 때문에 정권의 후견자였던 미국이 원조를 대폭 삭감한 것이다. 이 공황은 물론 아직 심대한 것은 아니었지만, 예컨대, 한국전쟁을 계기로 급격하게 생산력을 다시 회복한 일본 자본주의에서는 그 주요 금융기관의 하나인 산요증권(三洋證券)이 파산할 정도로 자못 심각한 것이었다. 제2차 대전 이후 꾸준히 생산력을 증대시키고 자본을 집적·집중시켜온 미국 자본주의가 보다 심각한 타격을 받았음은 더 말할 나위도 없다.

미국의 원조의 삭감은 어려웠던 경제사정을 더욱 어렵게 만들었고, 따라서 이승만 정권에 대한 대중의 불만과 저항은 더욱더 격화되었다. 그리고 그럴수록 이승만 정권은 더욱더 억압적이고 이성을 잃어가 드디어는 파국을 자초하게 되었다. 바로 '3·15부정선거→4월 혁명'이다.

이렇게 보면 4월 혁명의 경제적 배경은 바로 전후 최초의 본격적 공황인데, 다만 이때도 아직 한국 자본주의는 그 자체로서 과잉생산의 물질적 토대를 가지고 있던 것은 아니었다. 오히려 한국 자본주의 자체는 전반적인 빈곤과 과소생산에 시달리고 있었다. 그런데, 자본주의 세계경제의 통일성, 따라서 그 위기의 세계성, 그리고 자본주의적 생산의 계급적 적대성 때문에 세계차원의 과잉생산 공황은 그 영향을 한국의 광범한 대중에게 미치게 되었고, 그 대중은 즉자적인 저항으로 4월 혁명이라는 불구의 혁명을 이루어 냈다.

3. 한국 자본주의의 독점자본주의화와 경제위기

1) 당당히 내실을 갖추고 위기를 맞다

4월 혁명은 한국 자본주의 발전에서 하나의 분수령이 되었다. 미처 실행에 옮겨지기도 전에 1961년 5월의 군사 쿠데타에 의해서 그 계획이 탈취되고 나중에 박정희 군사정권의 치적으로 둔갑하긴 하지만, 4월 혁명의 결과로 등장한 민주당 장면 정권은 국가 계획 주도의 자본주의적 공업화를 추구하게 된 것이다. 그리고 한국의 정치·경제에 직접적으로 영향을 미치고 있던 미국 독점자본의 입장에서도, 이제 막 전쟁으로부터 생산력을 복구한 일본의 독점자본의 입장에서도 한국의 자본주의화는 시장을 확대하고 심화시키기 위한 조건이었다.

게다가 당시는 식민지 지역 주민의 광범한 저항으로 식민지체제가 무너지면서 신생 독립국들이 대거 등장하고 있던 시기인데, 그 배후에 공산주의 쏘련 및 중국의 직접적 간접적 지원과 영향이 주요하게 자리 잡고 있었기 때문에 한국에 대한 이들의 영향을 차단하기 위해서라도 미국은 한국의 자본주의적 공업화를 지지하고 지원할 필요가 있었다.

4월 혁명 이후 급격히 신장하고 있던 민중의 권리의식과 정치조직들을 억압·일소하기 위해서 정권을 탈취한 박정희·김종필 등의 군사정권 역시, 쿠데타의 정당성도 강화할 겸 여러 필요에서, 장면 정권에서 절취(竊取)한 경제개발 계획에 기초해서 이른바 '조국 근대화' 작업이라는 이름의 자본주의적 공업화 정책을 본격적으로 추진하게 된다. 그 결과 도시와 신설 공업지대를 중심으로 근대적 공업이 급속하게 건설되게 되고, 농촌에서의 농민층 분해도 급격하게 진행되게 된다. 그리하여 1960년대 말이 되면 산업혁명기의 영국에서처럼 대도시 인구는 농촌에서 뿌리가 뽑힌 실업 빈민으로 급격히 증대하면서 고지대마다 판자촌이 형성되게 된다.

이 시기 공업화를 위한 주요 재원은 한일협정의 타결에 의한 '청구권 자금'과 그에 수반한 민간 및 공공차관 자금, 국제 금융 및 원조기관으로부터의 차관·원조 등이었는데, 인플레이션 및 저곡가 정책을 통한 국내의 강제 저축·수탈, 그리고 무엇보다도 월남 파병과 노동력 수출에 따른 공식적·비공식적 외화 수입도 중요한 역할을 하였다. 그리고 아직 미성숙 단계로서 본격화되진 못했지만 저임금·장시간 노동에 기초한 저가수출(social dumping)에 의한 외화획득도 이 시기 자본축적에서 중요한 역할을 담당하였다.

특히 생활필수품을 위시한 경공업과 그 시장의 급속한 발달은 종래에 상당히 강고하게 유지되어 오던 농촌의 가내수공업을 급격히 해체시켰는데, 이는 인플레이션·저곡가·현물세 정책 등과 어울려, 주로 자작형 소농의 해체였던 농민층 분해 및 그에 의한 대량의 저임금 노동력 창출의 주요한 동력이 되었다. 그리하여 1960년대 말에 이르면 농촌도 이제는, 농업과 가내수공업이 강고하게 결합되어 있던 과거의 반(半)자급자족적 경제가 아니라 자본주의적 시장연관 속에 유기적으로 포섭되게 되었다. 자본주의적 공업과 상업 그리고 금융업도 전국의 도시에 걸쳐서 고도로 발전하게 되었다. 말하자면, 자본주의적 경제공황이 주기적으로 발생하게 되는 자체의 생산력을 획득하였다고 할 수 있다.

물론 공업화 혹은 자본축적은 극히 불균등한 속도로 이루어졌다. 공업화의 기본 방향은 국가계획에 의해서 주도되었는데 그 계획이 특정 부문의 희생을 전제로 전략적으로 선택된 부문들에 자본과 노동력을 집중하는 방식으로 이루어졌기 때문에 국내의 산업간 연관은, 그 발전전략을 비판하는 사람들이 '이중구조'니 '분단구조'니 하고 규정할 정도로 극히 취약하였고, 이는 해외부문과의 연관에 의해서 보완되었다. 이러한 구조는 오늘날까지도 기본적으로 지속되어 오면서 많은 비판자들로부터 '종속적'·'예속적' 혹은 '신식민지적' 경제구조라는 비판을 불러오는 근거가 되고 있다. 그리고 이는 다른 한편에서는 한국 자본주의가 자본주의 세계시장의 변화에 민감하게 반응할 수밖에 없고, 또 그 변화에 의해서 민감한 영향을 받을 수밖에 없음을 의미한다.

그리하여 1960년대 말에 자본주의 세계경제가 다시 한번 공황을 맞고, 특히 50만 명 이상의 지상군을 월남에 파병하여 대대적인 전역(戰役)을 치르던 미국이 그 엄청난 소비전쟁에도 불구하고 1969-1970년에 자본주의 사상 초유의 '전시공황'에 빠지자 한국경제 또한 위기에 처하지 않을 수 없었다. 1970년이 되자 월남에 파견되었다 철수된 건설노동자들이 한진 그룹의 빌딩을 점거·농성하는 사건이 발생하고, 박 정권에 의해서 경기도 광주의

산비탈(지금의 성남시)에 쓰레기처럼 내던져졌던 수만 명의 빈민은 기아에 못 이겨, 역사에 '광주대단지 사건'으로 기록된 폭동을 일으킨다. 당시 '광주대단지'의 광경은 참으로 황막처절하였고, (당시 '수진리', '단대리' 등이 극한 빈곤과 폭동의 주무대였는데) "xx리에서는 산모가 너무나 배가 고파 눈이 뒤집힌 나머지 갓난아이를 삶아 먹었다더라"는 등등의, 출처도 사실도 확인될 수 없는 흉흉한 소문이 '대단지'를 배회했다.

'반공'·'멸공'과 더불어 '조국 근대화'니 '증산·수출·건설'이니 하는 것들이 당시의 지배 이데올로기였는데, 이에 의해 자본의 가혹한 착취의 희생물로 되어 있었던 노동자계급은 정치적·경제적·이데올로기적으로 아직 철저하게 자본의 노예·포로상태에 있었다. 노동자계급이 사회경제적으로 형성되고 성숙되지 못해서가 아니라 전쟁과 반공이데올로기에 기초한 탄압을 통해서 자주적인 노동운동이 질식되고 그 자리를 어용의 한국노총이 차고 앉아 자본의 방패 역할을 하고 있었기 때문이다.

그런데 거기에 1969-1970년의 공황은 작지만 커다란 역사적 의의를 갖는 파열구를 내게 했다. 1970년 11월의 평화시장 피복노동자 전태일의 분신투쟁과 그에 이은 노동자들의 투쟁이 그것이다. 이는 1970년대 '민주노조운동'의 시작이었다.

2) 위기의 격화와 독점자본주의화

1969-1970년의 공황은 정치·사회적 긴장과 대립을 격화시켰고, 박정희 정권은 1971년 4/4분기를 기점으로 잇따른 좌쇼입법과 억압의 강화, 그리고 좌쇼적 경제·사회정책의 강화로 이에 대처했다. 여러 비상조치법, 저임금·장시간 노동에 기초한 면세 가공수출 지역으로서의 수출자유지역의 창설·확대, 이를 뒷받침하기 위한 외국인 투자기업에서의 노동자 권리의 철저한 박탈을 목적으로 하는 특별입법 등이 그것인데, 1972년에는 기업의 부채를 면제·경감시켜주는 '8·3조치'를 취하고, 영구집권을 위한 '10월 유신'을 단행하게 된다.

이러한 강압적 좌쇼적 조치들을 취하지 않을 수 없었던 배경에는 1970년대 초의 공황이 세계시장에서의 과잉생산에 의해서 촉발되었지만, 특히 1960년대 중반 이후에 강화되기 시작하여 1970년대 초에는 이미 확고하게 구조화된 한국경제의 독점자본주의화에 의해서 그 모순이 더욱 첨예화되어 있었다는 사실이 자리 잡고 있었다. 사적·공적 금융 재원을 독점한 채 위기에 빠진 재벌체제, 중소기업의 극한적 이윤압박 등으로 그 모순이 폭발하고 있었는데, 여기에 특혜적 '8·3조치'는 한국적 독점자본으로서의 재벌체제를 위기로부터 구제하는 데 그 주요 목적이 있었다. 재벌체제가 더욱 강화되고 새롭게 발전하는 계기가 되었음은 물론이다.

정치적·현상적으로는 군사독재정권이 재벌 위에 군림하면서 무소불위의 횡포를 부리고 있었지만, 사실 그 군사정권은 본질적으로는 그 후견자인 제국주의 독점자본과 국내의 독점자본, 즉 재벌의 일반적 이익을 위해서 봉사하는 기구에 불과했다. 노동력을 포함한 제반의 사회경제적 자원의 친재벌적 분배정책을 통해서, 그리고 노동자계급 및 기타 (그것이 잠재적일지라도) 반자본적 사회운동에 대한 무자비한 폭력을 통해서 그것은 재벌의 이익, 내외 독점자본의 이익에 봉사하였다.

그런데 1970년대는 자본주의 세계경제의 커다란 전환기였다. 우선 1971년 8월의 닉슨 성명을 통한 달러와 금의 교환정지로 '달러 본위 고정환률제'로서의 '브레튼우즈 체제 = IMF 체제'가 붕괴되고 국제통화제도는 극도의 불안정 상태에 빠졌다. 금과의 고정적인 교환 비율을 상실한 달러는, 그 동안 사실상 미국 내에서는 꾸준히 진행되어 왔으나 국제적으로는 금과의 직접적 교환관계 때문에 그 발현이 상당 정도 억제되었던 고율의 인플레이션에 무방비하게 노출되었다. '스태그플레이션'이라는 신조어를 만들어내기에 이른, 공황·침체와 악성 인플레이션의 결합이 그것이다.

그 여파로 제국주의적 시장구조에 의해서 엄청난 불균등 교환을 강요받던 일부 저개발 자원보유·수출국의 반발이 거세졌다. 특히 중동의 산유국들은 석유산업을 국유화하고 국제카르텔(OPEC)을 결성하여 석유가격을 대폭 인상하는 것으로 제국주의적 부등가교환과 달러 인플레이션에 대항하였다. 이미 석유는 근대 산업의 지배적 에너지이자 주요 원재료로 되어 있었기 때문에 석유수출국기구(OPEC)의 이러한 석유가격 인상은 자본주의 국가 모두에게 엄청난 충격을 주었고, 그 결과 자본주의 세계는 다시 1974-1975

년의 대공황에 휩싸이게 된다. 한국 또한 그 위기로부터 자유롭지 못했음은 물론이다.

한국 자본주의는 당시 중공업화를 전략적으로 추진하고 있었는데, 그 재원조달을 위해 해외의 상업차관을 급격히 증대시키는 한편 1960년대에 전략적으로 발전시켰던 경공업부문을 더욱 강화하여 그 제품을 대량으로 저가 수출하였다. 이를 위해서는 물론 저임금·장시간 노동이 필수적이었고 이 때문에 퐈쑈적 억압을 더욱 강화하면서, 새롭게 출발한 자주적 민주노조운동, 반퐈쑈 학생·민주화운동과의 대립도 격화되어 갔다. 박 정권은 '유신헌법'이라는 퐈쑈헌법에 기초하여 이른바 대통령 긴급조치라는 살인적인 조치를 남발함으로써 스스로 묘혈을 파갔다.

그런데 한편에서는 높아진 석유 값을 재원으로 한 중동지역의 '건설 붐'이 일어나 값싼 노동력에 기초한 건설 진출로 한국자본주의에 새로운 활로가 열리고, 이를 계기로 1976년 후반부터 1979년 초반에 걸쳐 한국자본주의는 거대한 호황을 경험하게 된다. 극심한 경제위기로 정치·사회적 대립이 심화되자 헛된 꿈으로 대중을 기만하고자 대통령 박정희가 연두기자회견에 호로병 하나를 들고 나와 "이것이 포항 앞바다에서 발견된 유전에서 나온 석유"라고 사기를 치던 1976년 초만 해도 상상할 수도 없던 상황의 변화였다.

1970년대는, 1960년대 초에 김종필 등 군사쿠데타 세력의 정치자금 조성을 위한 조작으로, 아직 채 성숙도 하지 않은 주식시장에 거대한 '증권파동'이 있은 후 내내 죽어 있던 주식시장도 불이 붙어, 그야말로 "대망의 80년대"라는 박 정권의 사기적 구호가 현실감 있게 다가오던 시대이기도 하였다. 이 시기에 특히 재벌은 승승장구하여 이후 오늘날의 재벌체제의 기본구도가 사실상 확정되었다.

3) 대붕괴, 그리고 위대한 투쟁들과 비극

한국 자본주의에 있어 1970년대 후반의 몇 년간은 정말 위대한 시대였다. 자본주의 주요 선진국이 이른바 장기불황 혹은 '저성장의 시대'로 전환한 이 시기에 한국의 독점자본은 엄청난 속도와 규모로 축적을 달성하면서 당당히 '아시아의 네 마리 용'의 한 마리로 되었다. 한 쪽에 억압과 빈곤, 그리고 정치적 대립이 쌓여 갔지만 한국 자본주의의 번영과 호황은 여간해서 끝나지 않을 것 같은 분위기였다. 독점자본의 종합상사 수출영업사원들은 밤을 새워가며 요정에서, 룸싸롱에서 바이어들과 수출 상담을 하고, 본래적인 공장제 상품은 물론 엄청난 수의 젊은 여성들까지 수출했다. 요정의, 룸싸롱의, 그리고 이러저러한 젊은 여성들까지 밤 새워 외화벌이에 동원된 것이다.

그런데 1979년 2/4분기로 접어들면서 수상한 기미가 나타나기 시작했다. 번영을 상징하며 새롭게 떠오르는 재벌로 각광을 받던 율산 그룹이 4월에 부도가 난 것이다. 율산의 부도는 직접적이고도 엄청난 경제적 파장을 불러왔다. 한 기업의 부도가 이렇게 엄청난 파장을 불러 온 것은 당시 한국 수출의 상품구성, 시장구성, 그리고 수출방식과 관련이 있었다.

당시 박정희 정권은 수출을 증대하기 위해서 여러 무리(無理)와 비판에도 불구하고 재벌의 '종합상사' 제도를 적극 독려·지원했는데, 이들이 사실상 덤핑가격으로 수출하는 주요 상품은 대중적 수요가 많은 피복·잡화였고, 그 시장은 주로 미국과 서유럽에 집중되어 있었다. 정부는 은행을 통해서 종합상사의 수출에 대해서 년리 8% 정도의 저리자금을 사실상 무제한 지원하였는데, 당시 시장의 일반이자율은 25%를 훨씬 넘었다. 충무로나 신사동 등지의 사채시장에서의 중소기업 어음의 할인율은 대략 월리 3-4%였다. 차입일과 결제일 양쪽을 모두 기간에 산입하는 어음할인 관행을 고려하면, 년 이율이 40-60%임을 의미한다.

종합상사에 대한 수출지원 금리와 시장 이자율과의 이러한 엄청난 차이 때문에 재벌의 종합상사는 출혈수출·적자수출·덤핑수출을 마다하지 않았다. 다만, 그러한 출혈·적자·덤핑으로도 '진정한 바이어'를 찾기가 어려웠을 뿐이다. 그리하여 그들은 자기가 자기에게 수출했다. 재벌의 종합상사들은 서유럽과 미국의 주요 도시·항구에 '지사'를 설치하고, 그 해외의 지사들이 국내의 본사로부터 엄청난 량의 상품을 수입해 갔다. 그런데 그 지사들은 당연히 '결제자금'이 없었기 때문에 결제조건은 'D/A' 곧 수입자가 인수만 하면 대금 결제 없이 선하증권을 수입자에게 양도하는 방식(documents against acceptance)의 외상수출이었다. 지사는 물건을 현지에 실어다 놓고 싼값으로 팔아서 사후에 본사에 대금을 송금하는 구조였다.

한 동안은 아무런 문제가 없는 듯하였다. 국내에서는 높은 이자율 차이로

떼돈을 벌고 있었고, 지사에서는 설령 적자가 나더라도 대금 결제일 이전에 새로운 상품이 본국에서 밀려오니까 그것의 일부까지를 팔아 아무튼 송금하면 그만이었기 때문이다. 그런데 그러한 비정상적인 방식이 오래 지속될 수는 없었다. 미국과 서유럽의 시장에는 덤핑된 한국상품이 넘쳐났고, 그 때문에 가격의 적자폭은 갈수록 커질 수밖에 없었다. 그나마 엄청난 량의 상품은 팔리지 않고 현지의 창고마다 가득 차갔다. 그리고 그럴수록 현지에서의 악순환, 그 연장선상에서의 국내의 악순환이 심화되어 갔고, 드디어 뿌리가 얕은 신흥 재벌 율산에서부터 결정적 파열구가 났다.

파산한 회사의 상품은 상품이 아니다. 미국과 서유럽 주요 도시의 창고마다 엄청나게 쌓여 있던 율산의 재고는 이제 투매되지 않으면 안 되었고, 그 품목 및 품질에서 율산의 재고와 조금도 다르지 않은 다른 회사의 현지 재고도 물론 같은 운명에 처했다. 게다가 1979년 하반기에는 이른바 '제2차 오일쇼크'가 일어나 자본주의 세계시장의 상황을 더욱 악화시켰다. 그리하여, 제세니, 원기업이니, 기타 유명·무명의 신흥 재벌·대기업들이 우수수 쓰러져갔다. 1979년 하반기의 풍경이었다.

이러한 지경에 이르자 파산한 신흥 재벌·대기업뿐만 아니라 그들에게 하청으로 상품을 공급하던 중소기업들도 온전할 리 없었다. 1979년 여름부터는 급격히 공황이 폭발하고 'YH사태'라고 불리는 것과 같은 노동자들의 생존권 투쟁도 격화되기 시작했다. 물론 이에 대한 박 정권의 대응은 더욱 잔인해져서 '부마항쟁'을 초래하게 된다. 그리고 이렇게 극한적으로 격화되는 계급 대립에 대한 대응책을 둘러싼 지배집단 내부의 격렬한 불화의 결과로, 그리고 필시 기타 아직 밝혀지지 않은, 태평양 저편으로부터의 모종의 신호를 배경으로 그 해 10월 26일 저녁에 심복 김재규 중앙정보부장의 손에 의해 박정희가 피살되게 된다.

그리고 이후, 전두환·노태우 일당에 의한 군사쿠데타, 사북 탄광노동자들의 항쟁, 5월 항쟁, 광주항쟁과 대량학살 등 위대한 투쟁과 비극이 역사에 기록된다.

4) 1979년 공황의 특징

이 공황은, 당시는 아직 한국의 사회과학 수준이 극히 천박해서 그것을 이론적으로 인식하지 못했지만, 한국 자본주의의 위기가 독점자본의, 생산관계와 조응하지 못하도록 고도화된 생산력에 의한 과잉생산임을 명백히 보여주었다. 위에서 말한 것처럼, 당시 주요 수출 상품은 피복·잡화였기 때문에 이 부문의 과잉생산은 세계시장에서의 과잉생산임이 명백했는데, 건설 진출에 수반한 중동지역 등지로의 부분적인 수출 외에는 아직 수출시장에 진출하지 못한 중공업 부문에서의 거대한 과잉생산도 이때는 이미 명백해졌다.

말하자면, 경공업, 중공업 가릴 것 없이 거의 모든 산업부문에서 엄청난 과잉생산이 발생했던 것이다. 이는 물론 재벌, 즉 독점자본의 거대화와 밀접한 관련이 있었기 때문에 전두환 정권은 초기에, 한편에서는 파산위기에 처한 한라중공업(현재의 한국중공업*)을 국유화하고 다른 한편에서는 독점자본들 간의 중화학공업 투자를 강제로 조정하는 강권적 정책을 취하지 않을 수 없었다.

1979년 공황의 특징 가운데 하나는 한국 자본주의의 공황이 서유럽이나 일본·미국 등 선진 자본주의 국가의 그것에 한발 앞서 왔다는 점이다. 이 점은 아마 한국의 수출시장이 그들 지역에 집중되어 있었다는 사정, 한국의 수출상품 구성이 특별한 품질·기술상의 강점을 갖지 못한 것이라는 사정 등과 관련이 있다고 할 수 있다. 즉, 이들 선진 자본주의 국가에서 그들 자신의 생산이 아직 극대화되지 않은 상황에서는 가격상의 이점을 이용하여 상당한 시장을 확보할 수 있었으나 이윽고 그들 자신의 생산이 극대화되면서 경쟁이 치열해지자 경쟁력·시장을 잃고, 그들이 아직 호황의 정점에 있을 때 한발 앞서 공황에 빠졌다고 추정할 수 있다. 그리고 이러한 특징은 이후 1989년에도 되풀이되었고, 1997년 말의 위기 폭발에서도 부분적으로는 되풀이되었다.

또 하나의 특징은 공황 및 침체의 장기화이다. 1979년 하반기에 폭발한 공황과 관련하여 언제까지가 생산이 축소되던 위기 국면이고 언제부터가 축소된 규모에서 상대적인 균형을 찾는 침체기인지를 검증할 수 있을 만큼 신뢰할 수 있는 통계가 아직 없지만, 한국 자본주의는 아무튼 1985년 말까지는 호황국면으로 전환되지 못하고 있었다. 거의 6년에 걸쳐 공황과 침체가

---

* 이 강의 제7판의 주: 여기에서 '현재'란 1999년 당시를 의미하고, 그후 '두산중공업' 등의 이름을 가졌다가, 2023년 현재 이 회사의 이름은 '두산에너빌리티'.

지속된 것이다.

공황과 침체의 이러한 장기화는 물론 자본주의 세계시장의 최근의 한 경향이고 또한 세계시장 조건에 의해서 규정받는 것이긴 하지만, 한편에선 한국 자본주의 자체의 고도화된 생산력, 생산과 소비 간의 심화된 모순을 드러내는 것이기도 하다.

5) '3저 호황'과 그 붕괴

그런데 1986년부터는 한국 자본주의에 결정적으로 유리한 국면이 전개되기 시작했다. 국내적으로는 아시안 게임이 이 해에 열려서 그에 따른 특수(特需)가 조성되었다. 그리고 무엇보다도, 지나친 미 달러화의 강세와 그에 따른 미국 및 세계경제의 장기간의 불황, 특히 미-일간의 무역수지의 불균형 확대에 대응하기 위해서 선진자본주의 7개국(이른바 G7) 각료회의에서 1985년 9월에 합의를 본 '저달러-고엔 정책', 이른바 '플라자 합의'의 영향으로 국제금리가 일제히 하락하고, '엔고' 현상이 급격히 진행되었다. 때마침 산유국들을 위시한 주요 원자재 생산국들은 '저달러' 현상에 따른 구매력 감소를 벌충할 목적으로 석유생산을 위시한 원자재 생산을 경쟁적으로 확대시켰고, 그에 따라 국제시장의 원자재 가격도 대폭적으로 하락하였다.

이러한 사정들은 해외차관과 원자재 수입에 크게 의존하는 경제구조를 가지고 있고, 또 해외시장에서 섬유, 가전제품 등뿐만 아니라 이미 자동차, 조선 등 중공업 부문에서도 일본과 상당 정도 경쟁관계에 있었던 한국 자본주의에 결정적으로 유리한 조건으로 작용했다. 그리하여 국내의 생산과 수출이 급격히 확대되는 이른바 '3저 호황'을 맞게 되었고, 이러한 호황은 1988년의 서울 올림픽에 따른 특수도 작용하여 1988년 말 내지 1989년 초까지 지속되었다.

이 이른바 '3저 호황'은 1970년대 말의 호황에 못지않게 거대해서 1988년이 되면 모두가 한국경제의 '저력'에 내심 놀라게 된다. 경제 관료나 자본 측의 대중매체는 "한국경제는 이제 궤도(軌道)에 올랐다"는 말을 서슴없이 내뱉게 되었다. 그도 당연한 것이었다. 1988년이면, 1987년 7월에 시작되어 8-9월에 걸쳐서 최고조에 달했던 노동자 대투쟁이 대강 마무리되고, 노동자 대투쟁기에 자본이 그토록 염려하였던, '노동자 임금인상에 의한 성장 후퇴'가 발생하지 않았다는 것이 명백해진 시점이기 때문이다.

즉 자본의 관점에서는 '노동자들의 대대적인 파업투쟁과 그에 따른 실질임금의 상당한 상승'에도 불구하고 성장과 호황을 계속하던 '한국경제의 저력'이 내심 놀랍기도 하고, 그에 안도하기도 한 시점이었던 것이다. 그리하여 그들이 내린 결론이 바로 "한국경제는 이제 궤도(軌道)에 올랐다"는 것이었고, 따라서 앞으로 어떤 시련에도 한국경제는 흔들림 없이 성장을 계속할 것이라는 믿음이었다.

주지하는 것처럼, 1987년은 한국의 현대사에 정치사 및 사회사적으로 커다란 획을 긋는 해였다. 1979년 말에서 1980년대 초에 걸친 대격변 속에서 군대를 동원한 대량학살을 통해서, 그리고 재벌 및 그들 소유의 신문·방송 등 우리 사회의 극우적 세력과의 동맹을 통해서 권력을 잡은 전두환 정권은 출범 초기부터 끊임없는 도전에 시달려 왔고, 이에 대응하기 위해서 여러 사건의 조작을 통한 자기 내부 출혈도 감수하지 않을 수 없었는데, 1985년이 되면 전두환 일당의 군사정권을 뿌리로부터 뒤흔드는 정치적·사회적 변화가 발생하게 된다.

우선 하나는 김대중과 김영삼을 중심으로 한, 박정희 시대의 강성 야당세력이 신민당을 결성한 후 그 해의 총선에서 약진하여 제도권 내의 정치적 반대세력으로서의 지위를 확고히 한 것이고, 다른 하나는 한국 사회의 문제를 근본적으로 천착하고 그에 대결하고자 한 일부 선진적 지식인들 및 노동자들이 1980년대에 들어와서 특히 강화한 노력의 결실로서의 변혁적 노동운동의 조직적 등장이 그것이다.

관제 야당을 괴멸시키면서 새로운 정치적 강자로 등장한 신민당은 전두환 등의 장기집권을 저지하는 전술로서 '대통령 직선제' 투쟁을 전개하게 되는데, 이 운동이 광범위한 대중의 호응을 받으면서 제도정치세력으로서의 신민당의 정치적·조직적 역량이 급격히 강화되게 된다. 뿐만 아니라 '반퐈쑈 민주화 운동 세력'과 노동자·농민·도시빈민을 위시한 민중세력도 급격하게 그 정치적·조직적 힘을 증대시키게 되어 '민주통일민중운동연합'(민통련) 등으로 결집하게 되고, 이들 '재야 세력'과 제도권의 신민당 간에 협력 및 공동투쟁이 강화되는데, 때마침 1986년 말 1987년 초의 '박종철 고문치사사건'을 계기로 '민주회복 국민운동본부'(국본)라는 상당히 강고한 통일전선체로 발전하게 된다.

변혁적 노동운동의 조직적 등장은 1985년 가을의 '구로동맹파업'을 계기로 본격화한다. 이를 계기로 그 동안 지하에서 은밀하게 활동해오던 단체와 투사들이 속속 자신을 지상에 드러내면서 과거 같으면 상상도 하기 어려웠던 색깔 있는 정치신문을 공공연하게 발행하는 등, 노동운동은 치열한 이념, 이론 투쟁과 조직·선전 투쟁을 전개하면서 급격히 발전하고, 이후 1987년 노동자 대투쟁을 준비해가게 된다. 1980년대 중후반을 장식했던 이른바 '사회구성체 논쟁', 혹은 '사회성격 논쟁'은, 논쟁에 직접 참가했던 당사자들이 이를 의식했건 아니건, 사실은 이러한 노동자계급의 운동의 고양을 나타내는 한 형식이었다.

아무튼 이러한 민중적 분노와 열정, 그리고 투쟁은 '6월 항쟁'과 '7-9월 노동자 대투쟁', 그리고 연말의 대통령선거를 통해서 대대적으로 폭발하고, 전진하고, 다시 상당한 좌절을 겪게 되는데, 이러한 일련의 과정이 자본의 처지에서는 주관적 그리고 객관적으로 위기일 수밖에 없었다. 그리고 이 위기를 무사히(?) 넘긴 저력과 대견함이 1988년 이후 서슴없이 "한국 경제는 이제 궤도에 올랐다"고 선언하게 한 요인이기도 했다.

그러나 자본주의적 생산의 '궤도'는 결코 그들이 생각하는 것처럼 앞으로만 달리는 그러한 궤도가 아니다. 그리하여 그들의 도취감은 불과 1년 남짓을 넘길 수가 없었다. 1988년 말에서 1989년 초가 되자, 자본은 아직 도취감에서 깨어날 수는 없었지만, 경제 자체는 곳곳에서 파열구를 내기 시작했다. 생산이 극대화되어 자본의 이윤률이 극도로 낮아졌기 때문에 수많은 자본·자금이 일확천금을 찾아서 부동산 시장으로, 증권시장으로 미친 듯이 뛰어 다녔다. 증권과 특히 부동산 가격이 폭등하면서 사회적인 갈등이 심화되기 시작했다.

1989년 1/4분기가 지나면, 이제 자본은 극도로 낮아진 이윤률을 임금의 삭감을 통해서 보전할 양으로 '경제위기', '총체적 위기'를 선전하게 되고, 물가와 특히 부동산 가격의 폭등으로 생활에 타격을 받게 된 서민층은 부동산 문제에 대한 정부의 대책을 요구하면서 사회적 투쟁을 본격화하기 시작한다.

이제 노동자·민중 역량의 성장으로 과거와 같은 노골적 폭압이 불가능하기 때문에 이러한 분위기에서 자본주의적 생산의 효과적 방어를 위해서는 누군가 문제의 본질을 은폐하면서 대중의 분노를 어딘가로 분출시켜 감압(減壓)시키는 임무를 떠맡아야 한다. 그리하여 등장한 것이 '경제정의실천시민연합'(경실련)이다. 그들은 부동산 가격의 폭등과 그에 따른 노동자·민중의 생존권 파괴가 자본주의적 생산에 고유한 산업순환상의 특정 국면에서의 필연적 현상임을 은폐하고, 정부의 우연적인 정책의 실패인 것처럼 몰고 갔다. 그러면서 이른바 '토지공개념'의 확대를 요구했다. 그리고 그들의 이러한 선전전술이 대중적으로 성공하면서 그들은 시민단체로서의 확고한 지위를 확립하게 된다.

그러나 1997년 말에 새로운 경제위기가 폭발한 이후에 김대중 정권에 와서 그 공황에 대한 대응정책의 일환으로 1989-1990년에 '확대된' 이른바 '토지공개념'의 핵심적 내용이 거의 모두 제거되는데, 이 제거 작업 역시 1989-1990년 당시 경실련의 핵심 경제이론가·이데올로그로서 '토지공개념'의 확대를 열렬히 주장했던 장본인의 한 사람의 손에 의한 것이라는 점을 놓쳐서는 안 된다. 바로 김대중 정권 초기에 청와대 경제수석으로 있었던 김태동 교수가 그이다.

'경실련'의 핵심적 인사들이 주관적으로 그것을 인식하든 아니든, '경실련'의 이데올로기는 '반(反)봉건 산업자본'의 그것이고, 그리하여 '토지공개념'이란 것도 사실은 민중적 혹은 노동자적 이해를 반영한 것이 아니라, 전자본주의적 토지소유에 반대하여 산업자본의 이해를 대변한 것이었다. 그러나 그것은 전자본주의적 토지소유가 시대착오적인 만큼이나 시대착오적이다. 이미 시대는 산업자본주의 단계를 훨씬 지나 금융자본주의 단계, 그것도 그 마지막 국면에 있기 때문이다. 그 때문에 금융자본주의 단계의 공황 및 침체 국면에서의 심각하고 장기적인 '부동산' 등 자산가치의 이른바 '디플레', 즉 감가는 금융자본의 정치적 대표인 현대 국가로 하여금 '부동산 시장 부양 정책'을 동원하지 않을 수 없게 하고, 고급 국가 관료로 참여한 '경실련'의 핵심 이데올로그는 자신의 손으로 자신의 자식을 죽이지 않을 수 없었던 것이다.

아무튼 1989년 하반기 이후 호황의 붕괴, 공황은 부정할 수 없는 것으로 된다. 정부는 예컨대 증권시장의 붕락(崩落)을 방지하기 위해서 저 유명한 '12·12 조치', 즉 1989년 12월에 수조 원의 자금을 증권시장에 쏟아 붓는 조치까지 취하지만, 파국을 면할 수는 없었다. 이후 한국 자본주의는 사실상 장기적인 불황 국면에 들어가고, 1995년도에 일시 극히 짧은 호황이 있었지만, 대체로 1970년대 후반이나 1980년대 후반과 같은 불붙는 듯한 번영기는 다시 맞을 수가 없었다.

제10강 독점자본주의

1. 자본주의의 단계적 발전

독점자본주의 자체에 대해서 공부하기 전에, 자본주의적 생산은 어떤 단계를 거쳐 오늘에 이르렀는가를 간단히 보기로 합시다.

시대 구분의 방법

레닌은 1916년에 집필한 ≪제국주의론≫(정확히는, ≪제국주의, 자본주의의 최고단계≫)에서, 20세기의 자본주의를 '자본주의의 최고의 단계로서의 제국주의'로 규정하면서, 그 경제적 기초를 독점자본주의에서 찾습니다. 그가 규정하는 바에 의하면, 독점자본주의는 결국 자본주의의 '최후의 단계'인 셈입니다.

그런데, 근 40년에 걸쳐 가해진, 비판적 사상과 학문에 대한 극악한 파쑈적 탄압을 뚫고 우리 사회에 사회과학의 르네쌍스를 가져왔던 지난 세기 80년대에 간행된 여러 팜플렛들 중에는, 레닌이 독점자본주의를 자본주의의 '최후의 단계'로 규정한 것에 대해서 의문을 제기하는 것들이 상당수 있었습니다.

여기에서는 물론 현대자본주의를 독점자본주의나 국가독점자본주의로서 파악하는 것 자체를 거부하는 사람들, 즉 자본주의의 발전단계에 대한 맑스주의적 파악 자체를 부인하고 거부하는 (소)부르주아 경제·사회학자들은 문제로도 삼지 않습니다. 또한, '(국가)독점자본주의' 소리만 나와도 "쓰딸린주의다!"라며 적의를 보이는 일부 뜨로츠키주의자들[1])이나 기타 사이비 맑

---

[1]) 쏘련이 해체되기 전에는 우리 사회에서 그 목소리가 별로 들리지 않던 이들 뜨로츠키주의자들은, 쓰딸린을 위시한 쏘련의 공식적 지도부가 아니라, 뜨로츠키와 그를 추종하는 자신들이 레닌의 계승자라고 주장합니다. 그러면서도 그들의 눈에는, "전쟁은, 독

스주의자들도 문제로 삼지 않습니다. 여기에서 문제로 삼는 것은 맑스주의적 파악을 기본적으로 승인하는 사람들 사이에서 제기되었던 논쟁(?) 혹은 의문입니다.

제기된 논쟁의 내용인즉, 자본주의는 이미 '독점자본주의 단계'를 넘어서 '국가독점자본주의 단계'로 이행한 지 오래이기 때문에, 결국 레닌이 제국주의, 즉 독점자본주의를 자본주의의 '최고의 단계' 혹은 '최후의 단계'로 파악한 것은 오류가 아니겠느냐 하는 것이었습니다. 적극적으로 레닌에 호의적인 사람들은 혹시 '오류'라고 규정하는 대신에 '시대적 한계'가 아니었나 하고 생각할지도 모릅니다.

그런데, 지금과 달리 1980년대 후반 – 1990년대 초 당시는 많은 지식인들 사이에 혁명적 열정이 충만해 있던 시기였기 때문에, 당연히 이러한 의문에 대항하여 레닌을 옹호하려는 시도들이 있었습니다. 그리고 그 가운데 상당한 설득력(?)을 가지고 회자되던 것이, 말하자면, '국가독점자본주의 아단계론(亞段階論)'이랄 수도 있는 주장이었습니다. 국가독점자본주의는 자본주의 발전의 새로운 독자적 단계가 아니라 독점자본주의 단계 내의 아단계(亞段階)라는 논리입니다.

이는 물론 오류지만, 동시에 선의의 오류입니다. 그리고 그러한 오류는, 여러 사람에게 열의는 충만해 있었지만, 당시는 사회과학이 가까스로 막 부활하고 있던 참이어서, 참으로 극히 예외적인 학문적 이력을 가진 사람에게가 아니면, 사회과학에 대한 깊은 이해를 기대하는 것 자체가 무리일 수밖에

점자본주의의 국가독점자본주의로의 전화를 비상하게 촉진함으로써, 그럼으로써 사회주의를 향하여 인류를 비상히 전진시켜온바, 이것이야말로 역사의 변증법이다. / … 국가독점자본주의는 사회주의를 위한 가장 완벽한 물질적 준비이고, 사회주의의 문턱이며, 그것과 사회주의라고 불리는 단계 사이에는 어떤 중간 단계도 없는 역사라는 사다리의 단계"라는, 1917년 "임박한 파국, 그것과 어떻게 싸울 것인가"(≪レーニン全集≫ 제25권, 大月書店, 1972, p. 386.; *Lenin Collected Works*, Vol. 25, Moscow, p. 363.)에서의 국가독점자본주의에 대한 논의는 물론이요, 오늘날에는 우리 사회에서도 널리 읽히고 있는 ≪국가와 혁명≫(1918)의 제1판 서문의 모두(冒頭)에서도 레닌이, "제국주의 전쟁은 독점자본주의의 국가독점자본주의로의 전화과정을 엄청나게 촉진했고, 심화시켰다"(≪レーニン全集≫ 제25권, p. 413.; *Lenin Collected Works*, Vol. 25, p. 387.)고 말하고 있는 것은 전혀 보이지 않는 모양입니다. 누군가가 만일 전거를 밝히지 않고 이 인용문들을 제시한다면, 필자 "쓰딸린주의다!", "쓰딸린주의다!" 하고 왜장 치고도 남을 위인들이 저들입니다.

없는 시대였기 때문이었습니다. (그 후에는 물론 쏘련을 위시한 20세기 사회주의 세계체제의 해체·붕괴와 함께 밀려온, 사상적·정치적 대반동이 사회과학과 그에 대한 이해를 가로막고 있지만 말입니다.) 달리 말하자면, 당시는 지식인들과 활동가들 사이에서, 예컨대, 어떤 시기를 가리켜서, 혁명의 '전략적 단계'로 규정하는 것이 옳으냐, 아니면 '전술적 시기'로 규정하는 것이 옳으냐 하는 식의 열띤 논쟁이 벌어지던 시기였지만, 그리고 '유물변증법'이니, '역사적 유물론'이니 하는 것을 많이 얘기하면서도, 사실은 어려서부터 이 사회에서 배우고 몸에 익혀온 극히 비변증법적이고 극히 관념적인 언술방식(言述方式)과 사고방식에 의해서 그러한 논쟁이 수행되던 시대였기 때문이었습니다. 실제로 당시는 일부 지식인들·활동가들 사이에서는, 예컨대, '경제적 사회구성'이 옳으냐, '경제적 사회구성체'가 옳으냐 하는 식의, 참으로 소모적일 뿐인 논쟁도 진지하게 벌어지고, 그러한 논쟁이 단행본으로 출간되기까지 하던 시기이기도 했습니다.

우리는 먼저, 레닌이야말로 ≪제국주의론≫을 쓰기 이전에 이미 제1차 세계대전을 거치면서 국가독점자본주의에 대해서 누구보다도 잘 알고 있었다는 사실을 상기해야 할 것입니다. 아니, 사실은 '국가독점자본주의'라고 하는 용어 자체가 레닌에 의한 신조어(新造語)라는 사실을 상기해야 할 것입니다.

그리고 또, 레닌은 1897년에 발표한 ≪경제학적 낭만주의의 특징에 관하여: 씨스몽디와 우리 조국의 씨스몽디주의자들≫이라는 저작에서는, "기계제 공업은 자본주의적 생산의 단지 하나의 단계(즉, 최고의 단계)에 불과하다 ... 그것은 매뉴팩춰(manufacture)로부터 발생했다..."[2]라며, 기계제 공업을 또한 자본주의적 생산의 '최고의 단계', 즉 '최후의 단계'로 규정하고 있다는 사실도 상기해야 할 것입니다.

한편에서는 기계제 대공업을, 다른 한편에서는 독점자본주의 혹은 제국주의를 자본주의적 생산의 '최고의 단계', 따라서 '최후의 단계'로 규정하는, 레닌의 이러한 분류는 혹시 사고의 혼란, 논리의 혼란이 아닐까요?

아닙니다. 결코 어떤 사고의 혼란도, 논리적 혼란도 아닙니다! 그것이야

---

[2] V. I. 레닌, ≪경제학적 낭만주의의 특징에 관하여 : 씨스몽디와 우리 조국의 씨스몽디주의자들≫, ≪レーニン全集≫ 제2권, 大月書店, 1972, p. 173.; *Lenin Collected Works*, Vol. 2, p. 187.

밀로 정확히 논리적이고, 과학적인 분류입니다. 왜냐하면, 구분의 기준 혹은 구분지(區分肢)가 다를 수밖에 없는 것을 그렇게 다른 구분지에 의해서 구분하고 있기 때문입니다.

자본주의의 발전단계 혹은 그 발전의 계열을, 예컨대, '수공업에 기초한 매뉴팩춰 → 기계제 대공업 → 독점자본주의'라는 식으로 구분하면, 과연 논리적일까요? 아니지 않습니까?

'수공업에 기초한 생산이냐, 기계제 생산이냐'를 가르는 기준과, '비독점적·경쟁적 자본주의냐, 독점자본주의냐'를 가르는 기준은 엄연히 다르기 때문입니다. 그리하여, 한편에서는 기계제 대공업이 자본주의의 최고·최후의 단계가 되고, 다른 한편에서는 독점자본주의가 마찬가지로 최고·최후의 단계가 되는 것입니다. 그리고 또한 마찬가지로 '자유주의적·자유방임적 자본주의[3]냐, 국가자본주의냐' 하는 구분에서는 국가자본주의가 최고·최후의 단계가 됩니다.

지금은 독점자본주의 시대, 나아가 국가독점자본주의 시대이면서 동시에 기계제 공업의 시대입니다. 하지만, 매뉴팩춰에 비해서 기계제 대공업은 자본주의의 최고의 단계라는 규정은 여전히 유효하고 정당합니다. 마찬가지로, 지금은 국가자본주의 시대이면서 동시에 독점자본주의 시대이고, 따라서 국가독점자본주의 시대인 것이지만, 독점자본주의는 자본주의의 최고의 단계라는 규정은 역시 유효하고 정당합니다.[4] "지금은 이미 국가독점자본

---

3) 자유주의적·자유방임적 자본주의? 참고로 말하자면, "'국가규제 완화'·'시장 주도'를 외치는 현재의 '신자유주의'가 바로 케인즈주의적 국가자본주의를 넘어선 그러한, 그러나 새로운 자유주의적·자유방임적 자본주의가 아니겠는가" 하고 생각하는 분들이 있을지 모르겠습니다. 그러나 '신자유주의'의 자유주의는 기만일 뿐입니다. 이에 대해서는 마지막에 '신자유주의'를 논하면서 보다 자세히 언급할 것입니다.

4) 참고로, 우리 국내에도 널리 알려진 일본의 저명한 오우치 츠토무(大內力) 교수조차, "우리는 국가독점자본주의를 제국주의 내지 '고전적' 제국주의와는 다른 하나의 새로운 단계라고 하는 사고방식에는 즉각 찬성할 수 없다. ... 만일 우리가 자본주의의 단계 구분은 지도적인 역할을 수행하는 자본의 축적양식을 기준으로 하여 하는 것이 방법론상 정당하고, 또 그 이외에는 기준은 있을 수 없다는 것을 인정한다면, 국가독점자본주의가 그러한 엄밀한 의미에서는 자본주의의 한 단계 ㅡ중상주의, 자유주의, 제국주의에 대한 제4의 단계일 수 없다는 것은 자명하다. 생각컨대, 국가독점자본주의 하에서도 지배적 자본은 금융자본이고, 그러한 한에서 ... '경제적 토대'는 변화하고 있지 않기 때문이다."(大內力, ≪國家獨占資本主義≫, 東京大學出版會, 1978, pp. 115-116) 운

주의 시대이기 때문에, 기계제 대공업을 자본주의의 최고의 단계라고 규정한 것은 오류가 아닌가" 따위의 주장은 성립할 수 없다는 뜻입니다.

자본주의 세계사와 자본주의 한국사

선구적으로 자본주의가 발달한 사회에서는 어느 사회에서나, 공장제 수공업(즉, 매뉴팩춰)으로부터 기계제 대공업으로, 경쟁적 자본주의로부터 독점자본주의로, 그리고 자유주의적·자유방임적 자본주의로부터 국가자본주의로의 자본주의의 이행은 자본주의 발전의 정상적·필연적 경로입니다. 그리고 어떠한 경우에도 그 역(逆)의 이행, 거꾸로의 이행은 있을 수 없습니다.

그에 비해서 이른바 후발 자본주의, 구체적으로는 특히 1930년대 이후에 자본주의적 사회구성이 성립된 사회에서는, 경쟁적 자본주의에서 독점자본주의로의 이행은 물론 필연적인 경로이지만, 거기에는 공장제 수공업 자본주의도, 자유주의적·자유방임적 자본주의도 존재하지 않습니다.

따라서 자본주의 세계사, 혹은 자본주의 일반사는 대략 "'수공업적·자유주의적·경쟁적 자본주의' → '기계제 대공업·자유주의적·경쟁적 자본주의' → '기계제 대공업·자유주의적·독점자본주의' → '기계제 대공업·국가독점자본주의'"의 경로를 밟아 발전해 왔지만, 후발 자본주의로서의 한국에서의 자본주의의 역사는 "'기계제 대공업·경쟁적 국가자본주의' → '기계제 대공업·국가독점자본주의'"라는 경로를 밟았습니다.

왜 이러한 발전 경로상의 차이가 발생하는가는, 각 구분지에 따른 이행과 그 규정적 원인을 보면서 알아보도록 하겠습니다.

1) 수공업적 매뉴팩춰와 기계제 대공업

자본제적 생산이라고 하면, 오늘날 우리는 대개는 거대한 기계 시설이 윙윙거리거나 첨단 자동화 설비가 갖춰져 있는 대규모 공장을 연상합니다. 물론 오늘날의 상황에 비추어보면, 틀린 생각이 아닙니다. 그러나 자본주의적 생산이 처음부터 그렇게 기계제 생산이었던 것은 아닙니다.

운하는 것을 보면, 일본의 일부 맑스주의 학자들 사이에서도 레닌의 이러한 시대구분법은 충분히 이해되고 있지 않은 것 같습니다.

처음에는 그저 재래의 수공업적인 도구를 가진 숙련공들을 자본이 한 자리에 모아 놓는 것으로부터 출발했습니다. 말하자면, 애초에는 자본은 노동자들을 형식적으로만 포섭했던 것입니다. 그러나 이렇게 많은 수공업 장인(匠人)들을 하나의 작업장에 모아 놓고 그들에게 일정한 작업규율을 강제하는 것만으로도 새로운 형태의 협업과 분업이 발생하고, 도구들도 분화된 작업에 최적의 형태로 바뀌어 가고, 그에 따라 노동의 생산력이 증대하면서 상대적 잉여가치가 생산되게 되고, 그에 따라 노동에 대한 자본의 실질적인 포섭이 발생, 강화돼가게 됩니다.

아무튼, 이렇게 자본에 의해서 지휘·통제되는 수공업 장인들에 의해서 이루어지던 생산 형태를 '공장제 수공업', 혹은 매뉴팩춰(manufacture)라고 합니다.

그런데 이러한 매뉴팩춰적 조건 하에서는 생산은 여전히 노동자들의 숙련 기능에 의존해서 이루어지고 있었고, 숙련에의 이러한 의존은 자본에게 있어서 근본적인 제약이었습니다. 생산이 주로 노동자들의 숙련에 의존해서 이루어졌기 때문에, 시쳇말로 '기술자 곤조(根性)'라는 것도 있을 수밖에 없었고, 자본은 임금이나 기타 노동조건에서 이들 숙련공들의 비위를 맞추지 않으면 안 되었습니다. 당연히 그만큼 자본의 의지 곧 착취는 제약을 받았는데, 이러한 제약은 자본으로서는 참기 어려운 것입니다.

게다가, 경쟁자보다 적은 시간에 상품을 생산하게 되면, 그것은 그 자본에게 더 큰 판로와 특별잉여가치, 즉 초과이윤을 가져다줍니다.

그리하여 자본은 숙련공들에 의존하는 제약을 돌파하는 길, 경쟁자보다 적은 시간에 상품을 생산하는 길을 강구하게 됩니다. 바로 산업혁명입니다.

산업혁명! ― 역사는 그것을 찬양합니다.

그리고 그것은 그렇게 찬양받을 만한 충분한 근거가 있습니다. 그것은 인간의 노동생산력을 비약적으로 증대시켰고, 그리하여 인간이 이전에 비해서 극히 적은 노동시간으로 훨씬 풍부한 물질적 생활수단을 얻을 수 있도록 한 계기였으니까 말입니다. 실제로 산업혁명의 성과인 물질적 생산력의 비약적 발전은 어떤 반동을 통해서도 되돌릴 수 없는, 인류의 자산으로 되어 있지 않습니까?

하지만, 찬양받아 마땅한 이 산업혁명이 추진되게 되는 정황·조건이나 동기는 그토록 '찬양받을 만한 것'과는 거리가 먼 것이었습니다. 그것은, 자본주의적 생산 기술의 발전 일반이 그러한 것처럼, 전적으로 탐욕과 경쟁이라는 강제에 의해서 추진된 것이었기 때문입니다. 그것은 결코 '노동의 고통은 줄이되, 물질적 생활수단은 풍부하게 얻자'는 식의 고상한 동기에 의해서 추진된 것이 아닙니다. 그것은 단지 잉여노동, 잉여가치에 대한, 그것도 보다 더 큰 잉여가치에 대한 자본의 갈망과 탐욕에 의해서 촉발된 것이고, 잉여가치의 취득을 둘러싼 자본 간의 경쟁이라는 강제에 의해서 추진된 것입니다. 보다 고도의 생산방법을 통해서 값싸게 생산함으로써 경쟁자들을 물리치고 시장의 패권자가 되려는 탐욕에서 말입니다. 바로 그러한 이기적인 탐욕이 결국은 생산력의 증대라고 하는 '긍정적인' 결과를 가져오기 때문에 그러한 이기적인 탐욕은, 찬양받을 것일망정, 비난받을 것은 아니라는 부르주아적 윤리도 강하게 주장되기는 하지만 말입니다.

그러나 그러한 주장이 아무리 강하게 제기되더라도, 산업혁명 즉 생산의 기계화가 어떤 의도에서 추진되었고, 실제로 노동자계급에게 어떠한 영향을 미쳤는가를 알게 되면, 그러한 부르주아적 주장은 곧바로 무색해지고 맙니다. 산업혁명이란 생산현장에서 노동자들을, 그것도 고임금의 숙련노동자들을 대량으로 몰아내고, 그들을 무력화시키려는 의도에서 추진된 것이기 때문입니다. 실제로 산업혁명을 통해 기계화가 이루어지면 보다 적은 수의 노동자, 그것도 비숙련 노동자가 보다 많은 상품을 생산하게 되고, 그리하여 노동자들이, 특히 숙련노동자들이 대거 일자리에서 쫓겨나게 됩니다.[5]

물론 비자본주의적이었던, 그리하여 농업과 수공업이 미분리 상태에 있던 농촌사회가, 나아가 해외의 더 넓은 지역이 자본주의화되거나, 자본주의의 시장으로 편입됨에 따라서 상품생산은 증대했고, 그에 따라서 영국 등 당시의 선진 공업국에서는 더 많은 사람들이 공장에 노동자로 고용되었습니다. 하지만, 그들은 이미 과거와 같은 고임금의 숙련노동자가 아니라 저임금과

---

5) 제5강에서도 인용했지만, 다시 한번 더 인용하자면, — "영국에서는 파업은 언제나 새로운 기계들을 발명하고 사용하게끔 했다. 기계들은, 말하자면, 숙련을 요하는 노동의 반란을 진압하기 위해서 자본가들이 사용한 무기였다고 할 수 있을 것이다. 근대 산업의 가장 위대한 발명품인 자동뮬방적기(self-acting mule)는 반항적인 방적공들을 일터에서 몰아냈다."(K. 맑스, ≪철학의 빈곤(*Das Elend der Philosophie*)≫, *MEW*, Bd. 4, S. 176.)

장시간 노동이라는 열악한 노동조건에 시달리는 단순노동자였고, 특히 수많은 여성과 아동이 열악하기 그지없는 노동조건의 희생자로 되었습니다. 산업혁명 직후 얼마나 끔찍한 노동환경에서 얼마나 살인적인 장시간 노동이 이루어지고 있었는가는, 예컨대, ≪자본론≫, 제1권의 '노동일'의 장(章)을 일별하는 것으로도 충분히 알 수 있을 것입니다. 거기에서 맑스는 공장감독관들의 보고서를 인용하여 이를 통렬히 고발하고 있는데, 여섯·일곱 살 아동이 아침 6시부터 밤 9시까지 하루 15시간 노동을 하는 것은 예사였고, 어떤 경우에는 한밤중에 두세 시간만을 잠자고 30여 시간, 40시간까지 노동하는 경우조차도 있었습니다.

그 숙련 기술 때문에 이전에는 기본적으로 형식적으로만 자본에 종속되어 있던 노동자들이 이러한 일련의 과정을 통해서 이제는 철저히 실질적으로 자본에 종속되게 됩니다. 노동자들의 탈숙련화, 숙련노동자의 폐기·무력화가 이루어져, 과거에는 자신의 숙련에 자부심을 가지고 그 노련한 노동으로 가족을 부양하던 숙련노동자들은 이제 아무 데도 쓸모가 없는 잉여노동력으로 돼버리고, 이제 마누라와 자식을 공장에 노동력으로 팔아먹음으로써만 생계를 유지할 수 있는, 맑스의 표현을 빌면, '노예상인'으로 전락하게 된 것입니다.6)

당연히 숙련노동자들의 저항과 투쟁이 없을 수 없었는데, 역사에 유명한 저 러다이트(Luddites) 운동, 즉 기계파괴 운동이 그것이었습니다. 그러나 이 운동은 역사의 진전, 그 운동법칙을 거스르는 반동적인 운동이었기 때문에 결코 성공할 수 없었습니다. 이와 관련하여 맑스는 이렇게 얘기합니다.

> 노동자가, 기계장치와 그 자본주의적 이용을 구별하고, 그리하여 자신의 공격을 물질적 생산수단 그 자체로부터 그 사회적 이용형태로 바꾸는 것을

---

6) "기계장치는 마찬가지로 자본관계의 형식적인 매개, 즉 노동자와 자본가 사이의 계약을 근본적으로 변혁한다. 상품교환이라는 토대 위에서는, 자본가와 노동자가 자유로운 인격으로서, 즉 한 쪽은 화폐 및 생산수단의 소유자이고, 다른 쪽은 노동력의 소유자인 자립적인 상품소유자들로서 상대한다고 하는 것이 제1의 전제였다. 그러나 이제 자본은 아동들 혹은 미성년자들을 구입한다. 노동자는 이전에는 형식상 자유로운 인격으로서 자신이 임의로 처분할 수 있는 자기 자신의 노동력을 판매했다. 그는 이제 아내와 자식을 판다. 그는 노예상인이 된다."(K. 맑스, ≪자본론≫, 제1권, *MEW*, Bd. 23, S. 417-418. [채만수 역, 제1권, 제3분책, pp. 649-650.])

배우기까지는 시간과 경험이 필요했다.[7]

그런데, 산업혁명, 기계화를 통한 생산력의 비약적 증대, 상품생산의 거대한 팽창은, 그 사회적 생산의 무정부적 성격 때문에, 그리고 또한 그러한 생산의 팽창이 다른 한편에서는 대중의 빈곤화를 수반하면서 이루어진다는 적대적 성격 때문에 생산과 소비 간의 모순을 증대시켰습니다. 그리고, 생산력이 발전하면 발전할수록 그 모순이 격화되어, 이미 19세기 20년대(1820년대)가 되면, 그 모순은 드디어 폭력적으로 폭발하기 시작했습니다. 그것도 대략 10년을 기한으로 주기적으로 폭발했습니다. 바로, 앞에서 보았던, 경제위기, 즉 과잉생산 공황입니다.

한편, 앞에서 20세기, 특히 1930년대 이후에야 자본주의 사회가 된 후발 자본주의 사회에는 공장제 수공업에 기초한 자본주의 단계가 존재하지 않았다고 하였습니다. 그것은 너무도 당연합니다. 왜냐하면, 19세기 말이 되면, 사실상 이미 전 세계는 발달한 기계제 대공업 생산에 기초한 자본주의 세계 시장 속으로 편입되기 때문입니다. 그리하여, 경제적 사회구성이 아직 봉건제 혹은 반봉건제적인 사회 속에서 부차적으로 이루어지는 자본주의적 방식의 생산도 기계제 대공업 생산이 아니면 존립할 수 없게 됩니다. 그 때문에 이들 사회에는 당연히 공장제 수공업이나, 하물며 그에 기초한 자본제적 사회구성 따위는 존재할 수 없었던 것입니다.

2) 경쟁적 자본주의에서 독점자본주의로

지금까지 간단히 본 것처럼, 이렇게 매뉴팩쳐로부터 기계제 대공업으로의 이행은 자본주의적 생산의 주요한 발전단계를 이루고, 자본주의적 경제위기를 발생시키는 생산력 상의 근본적인 기초를 마련하게 됩니다.

그런데 20세기로 들어오면서 자본주의는 다시 한번 근본적인 구조 변화를 겪게 됩니다. 경쟁적 단계에서 독점적인 단계로의 이행이 그것입니다.

이전에는, 매뉴팩쳐 시대에는 물론 기계제 대공장의 시대로 이행한 이후

---

7) K. 맑스, ≪자본론≫, 제1권, *MEW*, Bd. 23, S. 454. (채만수 역, 제1권, 제3분책, p. 705.)

에도 각 산업부문에는 한 나라에만도 수십·수백 혹은 수천 개의 기업·자본이 있어서 그들은 시장에서 서로 경쟁했습니다. 부르주아 경제학자들이 찬양하는 이른바 '자유경쟁'이었습니다.

그런데 시장은 다원적인 적자생존의 법칙이 작용하는 곳입니다. 경쟁자들보다 보다 고도한 생산력을 가진 기업, 보다 책략에 뛰어난 자본은 점점 커가고, 그렇지 못한 기업·자본은 쇠락하고 망해 가는 것입니다. 자본은 보다 유리한 위치·조건을 선점하기 위해서, 몰락을 피하기 위해서, 혁신적 생산방법을 도입하여 노동생산력을 더욱 증대시켜갑니다. 한편에서는 획득한 잉여가치의 가능한 한 많은 부분을 자본으로 재전화시키고, 다른 한편에서는 빌릴 수 있는 자금을 최대한 빌려 생산규모를 확대하고, 또 서로 인수·합병을 거듭하게 됩니다. 잉여가치의 재자본화를 통한 자본의 거대화 즉 자본의 집적과, 인수·합병을 통한 자본의 거대화 즉 자본의 집중이 일어나는 것입니다. 그리하여 자유경쟁은 이제 그 반대물인 독점으로 전화됩니다.

공황 중에는, 호황기에는 멀쩡했던 많은 기업이 지불수단의 부족으로 파산의 위기에 처하고 또 실제로 파산해 쓰러져가기 때문에, 자본의 이러한 집중이 특히 대대적으로 일어나게 됩니다. 엥엘스가 '만성적 공황의 시대'로 파악했던 19세기 4/4분기는 바로 그러한 시대였습니다. 그리고 19세기 말 내지 20세기 초가 되면, 자본주의 선진국들에서는 이러한 자본의 집적과 집중이 거의 대부분의 주요 산업부문에서 진행되어, 이제 자유경쟁이 아니라 거대 자본들의 독점이 시장을 지배하게 됩니다. 특히 산업자본뿐만 아니라 은행자본의 집적·집중도 고도화되고, 그것과 거대 산업자본 간의 융합이 발생함으로써 거대 금융자본이 형성되게 됩니다.

물론 이 거대 금융자본들은 지배계급 중에서도 이제 한 줌도 안 되는 소수의 유력자들에 의해서 지배됩니다. 그 소수는 산업·금융계뿐 아니라 정치계와 관료집단, 그리고 그를 통해서 국가의 무력까지도 두루 지배하게 되는데, 이를 금융과두제(金融寡頭制)라고 합니다.

독점자본의 시장 지배가 일반화되는 독점자본주의 단계에 이르면, 자본과 노동, 그리고 자본과 자본 간의 대립·경쟁은 더욱 격화되고, 그에 따라 생산의 사회적 성격과 전유(專有)의 사적 성격 간의 모순이 격화되어 생산과 소비 간의 모순도 더욱 심화됩니다. 경제위기, 즉 공황도 당연히 더욱 증폭

됩니다. 그리고 그러면 그럴수록 자본 간의 경쟁·대립은 국내시장의 테두리를 넘어 세계시장에 대한 지배권을 둘러싸고 더욱 격렬하게 벌어지게 됩니다. 자본의 제국주의적·식민지주의적 팽창이 강화되는 것입니다.

한국 자본주의사에서의 자유경쟁 단계와 독점자본주의 단계

참고로, 지난 1990년대 초에 한 논자는 한국과 같이 제국주의 시대에, 즉 독점자본주의 시대에 식민지를 경험하면서 자본주의로 이행한 곳에서는 경쟁적인 자본주의 단계를 거치지 않고, 따라서 자본주의가 발생 혹은 이식되자마자 그것은 곧바로 독점자본주의 단계였다는 주장을 제기한 적이 있습니다. 그에 의하면, 제국주의는 곧 독점자본주의이고, 따라서 제국주의에 의해서 그 식민지에 수출되는 자본은 독점자본이기 때문에 그 독점자본에 의해서 개발되고 지배되는 식민지 자본주의는 독점자본주의라는 것입니다.

그럴듯하게 들립니다. 하지만, 그것은 사실이 아니라 소설입니다.

한국처럼 식민지 지배를 겪고, 그것이 계기가 되어 자본주의가 발달하는 곳에서도 자본주의는 경쟁적인 산업자본주의 단계를 거쳐서 독점자본주의로 이행합니다.

식민지 자본주의는 시초부터 독점자본주의라는 주장의 논거는 그것이 독점자본주의에서 본격화되는 자본의 수출을 '독점자본의 수출'이라고 하는 데에 있습니다. 그러나 이는 형식적 개념연상의 '천재'의 오류입니다. 독점자본주의 단계에서 본격화되는 자본의 수출은 결코 '독점자본의 수출'이 아니기 때문입니다. 독점자본주의 단계에서 본격화되는 자본의 수출은 '과잉자본 혹은 잉여자본의 수출'입니다.

뿐만 아니라, 그렇게 해서 수출되는 자본은, 물론 그 자본이 수입되는 식민지, 반식민지, 혹은 종속국의 자본주의 발전을 촉진하지만, 그 모든 자본이 반드시 자본주의적 생산방식으로만 투하되는 것도 아니라는 것은 일제의 조선 식민지 지배가 여실히 말해주고 있습니다.

일제 지배 시대에는 수많은 자본이 일본으로부터 수입되었습니다. 그 중에는 물론 미쓰이(三井) 같은 거대 독점자본이 군수공업을 위시한 독점적 기업을 건설·운영하기도 했지만, 다른 한편에서는 수많은 중소자본들이 조선으로 건너와 이런저런 사업을 했습니다. 그뿐 아니라, 수많은 자본은 조선에 건너와서는, 분명 자본주의적이지 않은 생산양식의 '농장', 즉 지주-소작 관계에 기초한, 식민지의 반봉건적 농업을 경영했습니다.

한국 자본주의도 이제는 분명 독점자본주의이고, 특히 1980년대 말 이후가 되면, 활발히 자본을 수출하고 있습니다. 그렇게 수출되는 자본 중에는 물론 삼성이나 LG, 현대, 그리고 소위 '글로벌 경영'을 내세우다가 쓰러져간 대우 그룹과 같은 재벌, 즉 거대 독점자본도 많이 있습니다. 하지만, 특히 동남아 등 자본주의적 발전이 지체된 지역에 수출되는 자본의 주류를 이루고 있는 것은 섬유, 봉제, 신발, 소형가전제품의 조립 등등, 중국으로부터의 저가 상품의 대량 유입과 국내 산업구조의 변화로 이윤율이 급락해 있던 과잉자본이었습니다.

한국 자본주의가 언제 독점적 단계로 이행했느냐 하는 정확한 이행의 시기는 앞으로 실증적인 연구를 통해서 확정적으로 밝혀야 할 과제입니다. 다만 지금 대략적으로만 말한다면, 지난 1960년대 말 혹은 1970년대 초 이전의 한국 자본주의는 분명 경쟁적 단계에 머물러 있었습니다. 물론 소수의 산업부문에서는 일찍부터 이미 재벌이라는 확고한 독점체가 형성되어 막강한 지배력을 발휘하고 있었지만, 그것은 어디까지나 소수의 예외적인 부문에 그쳤고, 아직 대부분의 부문에서는 특히 1960년대 후반까지는 수백, 수천의 자본이 서로 각축하고 있었습니다.

두어 가지 흥미 있는 예를 들어 보겠습니다.

예컨대, '콜라'하면, 코카콜라가 사실상 전체 시장을 지배하다시피 하고 있지 않습니까? 그런데 1950년대나 1960년대에는 어떠했는지 아십니까?

"코카콜라는 정말 세계적인 시장지배력을 갖고 있는데, 그 당시라고 지금과 많이 달랐겠는가?"—그렇게 생각하기 쉽습니다. 그러나 "전혀 아니올시다"입니다. 당시에는 코카콜라가 정식으로는 아직 한국에 상륙하지도 않았을 뿐더러, 전국의 어지간한 중소도시마다 한두 개의 콜라 공장들이 있었으니까 말입니다.

그거야 아직 코카콜라 자본이 상륙하기 전의 예외적인 상황이라고 생각할지도 모릅니다. 그러면 토종 상품인, 예컨대, 소주 산업은 어땠을까요?

요즘은 소주하면, 진로나 두산을 필두로 열 손가락 이내로 꼽을 수 있는 소수의 거대 자본이 전국의 시장을 분할·지배하고 있지 않습니까?

그런데 1960년대까지는 상황이 완전히 달랐습니다.

전국의 주요 중소도시는 물론이고, 읍 단위, 심지어 조금 규모가 큰 면 단위 지역에조차 독립적인 소주 공장들이 있어서 제각기 맛을 뽐내고 있었습니다. 그러던 것이 1970년대를 거치면서 소수의 거대 자본으로 집중된 것입니다.

아! "소주는 박정희 정권의 인위적이고 특권적인 주정(酒精) 배분 정책으로, 그러니까 예외적으로 그렇게 된 것이 아닌가?" 하는 이의가 있을지 모르겠군요.

그렇다면, 신발산업은? 섬유산업은? … 하다못해, 빙과(氷菓)산업 등은 어떻습니까?

모두 다 지금은 소수의 독점자본에 의해서 지배되고 있지만, 예전에는 결코 그렇지 않았습니다.

더구나, 위에서 우리가 코카콜라의 상륙이나 박정희 정권의 주정 배분 정책을 얘기하면서, 그들 산업부문은 그래서 예외가 아닌가 하는 의문을 제기했습니다만, 그러한 것들은 독점화 과정을 가속시킨 사건이나 조치들이었지, 그 이전에 자본을 분산시킨 사건이나 조치들이 아니지 않습니까?

따라서 그러한 예외성조차 한국 자본주의의 독점화를 가속화시킨 것일 뿐, 한국 자본주의가 비독점적인, 경쟁적인 단계를 거쳤다고 하는 것을 부정할 수 있는 주장의 근거는 될 수 없는 것입니다.

아무튼 그렇게 한국 자본주의도 경쟁적인 단계를 거쳤고, 그 속에서 경쟁의 필연적인 결과로 그 반대물인 독점이 발생·성숙하여 경쟁적 단계를 지양(止揚)하면서 독점적 단계로 이행한 것입니다.

3) 비국가자본주의적 단계와 국가자본주의 단계

앞에서 말씀드린 것처럼, 자본주의적 생산의 독점단계로의 이행은 자본주의적 생산의 적대성과 모순을 가일층 격화시키게 됩니다. 그리고 이렇게 격화된 모순은 당연히 근대 자본주의에 필연적인 주기적 공황을 격화시키는데, 주지하는 것처럼, 1930년대에 이르면 그 위기는 더 이상, "보이지 않는 손" 운운하며 시장에 방임할 수만은 없는 정도로까지 격화됩니다.

1929년 10월에 뉴욕에서부터 폭발한, 저 유명한 1930년대의 대공황이 그것입니다.

1930년대의 이 대공황은 참으로 자본주의적 생산의 존립 그 자체를 위협하는 심대한 것이었습니다. 더구나 당시 쏘련에서는 제국주의의 갖은 중상・비방과 적대・봉쇄에도 불구하고, 혁명과 내전・제국주의 간섭전쟁으로 인한 10여 년 동안의 혼란과 적대적 계급투쟁을 마무리해가면서 사회주의 계획경제를 착실히 건설해가고 있었고, 그 때문에라도 서방측 노동자계급은, 모두가 급격히 혁명적으로 되지는 않았지만, 갈수록 '불온'해져가고 있었습니다.

이렇게 되자, "본질상 자본가의 기관이고, 자본가의 국가이며, 관념상 총자본가인"[8] 국가가 전면에 나서지 않을 수 없게 됩니다. 이른바 자유방임(*laissez-faire*), 자유주의의 시대는 거(去)하고, "더 이상 근대적 생산력을 관리해갈 능력이 없다는 것이 [결정적으로—인용자] 폭로된"[9] 부르주아지를 대신하여, 이제 국가가 자본주의적 재생산의 진행을 책임지고, 그 과정에 전면적으로 개입하지 않으면 안 되는 시대가 된 것입니다.

실제로 1930년대 대공황 전의 자본주의는 기본적으로 자유방임적・자유주의적이었습니다.[10] 자본주의적 생산은 봉건사회의 태내에서 자연발생적으로 발생하여 봉건적 및 절대왕정의 억압과 투쟁하면서 자신을 세워왔기 때문에, 그것은, 적어도 자본의 활동에 관한 한, 본래 자유 지향적이었습니다. 이러한 자유주의와 그 무정부성은 자본주의적 생산의 모순을 격화시키

---

8) F. 엥엘스, ≪공상에서 과학으로 사회주의의 발전≫, *MEW*, Bd. 19, S. 222; ≪반뒤링론≫, *MEW*, Bd. 20, S. 260.

9) F. 엥엘스, 같은 책, *MEW*, Bd. 19, S. 221; ≪반뒤링론≫, *MEW*, Bd. 20, S. 259.

10) 물론, 앞에서도 간단히 언급했지만, 레닌이 지적한 것처럼 자본주의는 제1차 세계대전을 경과하면서 이미 그 전반적인 위기가 격화되어 급격히 국가독점자본주의로 이행합니다. 그러나, 맑스가 말하듯이, "수요와 공급은 상호에 조정된다"고 하는 시장에 대한 자본가들의 "신념" 혹은 "자본가들의 미신은 … 너무나도 지독한 것"(≪자본론≫, 제3권, *MEW*, Bd. 25, S. 130)이었기 때문에 전쟁이 끝나자, 그리고 특히 1920년대 중반에 이른바 '상대적 안정기'를 맞자 자본가계급은 그것을 다시 제도적으로 '자유주의적'인 것으로 돌려버리고 맙니다. 국가독점자본주의는 '전시국가독점자본주의'라는 예외적인 것으로 치부된 것입니다. 그러나 1930년대의 대공황은 바로 자본가들의 그러한 신념이, 다름 아니라, 미신에 불과함을 입증합니다.

는 주요 요인이었지만, 동시에 자본주의적 생산 그 자체의 주요한 성격이었던 것입니다.

그렇기 때문에, 물론, 그리고 특히 대부분의 후발 자본주의 국가에서는,11) 자국의 산업과 자본을 보호·육성하기 위해서 고율 관세의 설정 등 국경적 보호조치를 취하긴 했지만, 자본의 국내 활동 그것에 대해서는 기본적으로 자유방임적이었습니다.

그러나 1930년대 대공황이 발생하여 자본주의적 생산 그 자체의 명운이 문제가 되자 얘기가 크게 달라졌던 것입니다. 자본의 지배를 보증하는 기구로서의 국가가 이제는 더 이상 자본의 운동의 외부에 머물면서 그 운동에 대해서, 말하자면, 방관자적인 태도만을 취할 수는 없게 된 것입니다. 그리하여 이제 국가가 자본의 재생산과정에 적극적으로 개입하게 되는데, 이로써 자본주의는 과거의 비국가적·자유방임적 자본주의에서 국가자본주의로 이행하게 됩니다.

재생산과정에 대한 국가의 개입은, 뒤에서 보다 자세히 보겠지만, 크게 뉴딜형과 퐈씨즘형으로 나타났는데, 어느 것이나 국가가 철도, 전신, 전력 등 주요 기간산업을 직접 자신의 관리 하에 두고, 화폐·금융·재정적 수단을 무기로 대량의 '유효수요'를 창출함으로써 자본주의적 과잉생산을 해소하려는 정책을 쓴다는 공통점을 가지고 있습니다. 그리고 이러한 국가개입을 **사후적으로** 이론화한 것이 저 유명한 케인즈주의, 혹은 케인즈 혁명입니다.

중요한 것은, 경제적 재생산과정에 대한 자본주의 국가의 개입은, 다름 아니라, 자본주의적 생산의 명운이 달린, 더 이상 방임할 수 없는 자본주의의 전반적 위기에 대한 국가의 대응이라는 점입니다.

그러면 국가의 개입으로 자본주의는 과연 그 위기를 극복했고, 또 극복할 수 있는가?

오늘날에도 빈발하는 세계적인 경제위기, 국제금융·외환위기에서 알 수

---

11) 그렇다고 해서 영국 등, 말하자면, '선발' 자본주의 국가들의 경우에는 수출입에 대한 통제나 보호무역 조치가 없었다는 뜻이 아닙니다. 19세기 영국이 '자유무역'의 기치 하에 세계시장을 지배하다시피 했던 양모 섬유산업의 경우, 그 발전과정(특히 1721년에서 1860년까지)에서는 영국이야말로 가장 엄격한 보호무역 국가였습니다(Ha-Joon Chang, "Kicking Away the Ladder: Neoliberals Rewrite History", *Monthly Review*, Vol. 54 No. 8, Jan. 2003, p. 11 참조).

있는 것처럼, 그리고 무엇보다도 '신자유주의' 소동에서 알 수 있는 것처럼, 그것은 불가능합니다. 자본주의적 경제위기는 자본주의적 생산에 고유한 적대성의 표현이고, 그 기본모순의 폭발이기 때문에, 자본주의가 성숙하면 성숙할수록 그 위기는 경향적으로 증폭된 형태와 규모로 폭발하게 됩니다. 그 때문에 국가의 개입은, 어느 한계 내에서는 이들 모순의 격화를 다소 지연시킬 수 있고, 어느 면에서는 다소 완화시킬 수까지 있을지는 몰라도, 그 위기 자체를 극복하거나 막을 수는 결코 없는 것입니다.

국가독점자본주의와 국가자본주의

참고로, 자본주의의 전반적 위기는 독점자본의 지배에 의해 위기가 격화된 결과이기 때문에 자본주의 선진국에서 국가자본주의는 당연히 국가독점자본주의로서 나타났습니다.

그러나 이미 19세기 말이 되면 자본주의는 명실공히 세계체제가 되었고, 따라서 한 나라에서의 위기와 공황은 곧바로 세계시장으로 확산되었습니다. 실제로 한국과 같은 후발 자본주의 사회의 경우, 아직 경쟁적인 단계에서부터, 아니 실제로는 자본주의적 사회구성이 성립되기도 전인 1930년대부터 이미 자본주의 세계체제의 전반적 위기에 종속되어 있었습니다. 그 때문에, 과거 조선 그리고 한국의 자본주의는 그것이 아직 지배적인 생산양식으로 되기 전부터, 그리고 비독점적인 경쟁적 단계에서부터 강력한 좌쑈적·경제적 국가의 개입이야말로 그 존립과 성장의 절대적 조건이었고, 따라서 한국의 자본주의는 처음부터 국가자본주의였습니다.

더구나, 이러한 경우에는 국가 그리고 그 기관인 관료기구는 부르주아계급의 존재를 보증·육성하고 있지만, 아직 그들로부터는 소외되어 있었고, 그 상위에 있었기 때문에, 국가와 자본의 유착, 즉 재생산과정에 대한 국가의 개입과 보증은 어느 나라에서나 외관상 관료 우위의 타락한 형태, 곧 이른바 '천민자본주의'의 형태로 나타났습니다. 바로 그 때문에, 본질 대신에 외관을 보는 데만 익숙한 사람들은 그것을 '관료자본주의'라고 주장합니다.

아무튼 한국자본주의는, 위에서 말한 이유 때문에 그 비독점적·경쟁적 단계에서부터 국가의 강력하고 전면적인 개입을 통해서만 존속할 수 있었고 성장할 수 있었으며, 따라서 '비독점적·경쟁적 국가자본주의 → 국가독점자본주의'라는 이행과정을 겪었다고 할 수 있습니다.

2. 자본과 생산의 집적·집중

앞에서도 얘기했지만, 독점자본주의나 국가독점자본주의를 얘기하면, "쓰딸린주의다!", "쓰딸린주의다!" 하고 경기(驚氣)를 일으키는 사람들이 있습니다. "진정한 마르크스주의의 전통의 수호자"임을 자임하는 대부분의 뜨로츠키주의자들이 그렇고, 우리 사회에서는 예전에 민주노동당의 정책 부서에 똬리를 틀고 앉아서 '종업원 주식 소유제'니 '노동자 경영 참가'니 하는 독점 부르주아지 좌파의 독점자본 합리화 강령을 노동자계급의 프로젝트라며 선전했던 자칭 '≪자본론≫ 전문 강사', 송태경 같은 사람들이 그렇습니다.

전자, 즉 뜨로츠키주의자들은 레닌이 독점자본주의와 국가독점자본주의에 대해서 논한 것에 대해서 짐짓 외면하면서 그것을 '쓰딸린주의'라고 몰아 붙이는 데에 비해서, 후자는, 대략 말하자면, "자본주의의 발전단계는 '생산의 범주'에 의해서 구분되어야 하는데, 레닌은 '독점·비독점'이라는 '유통의 범주'로 자본주의의 발전단계를 구분하는 오류를 범했다"고 주장하는 점이 서로 다를 뿐입니다.

종파주의적 언설의 특징 중의 하나는 은폐와 억지입니다. 따라서 맑스주의 운동사상의 최대의 극악한 종파주의자들이자 "진정한 마르크스주의의 전통의 수호자"를 자임하는 뜨로츠키주의자들이, 레닌이야말로 자본주의의 독점자본주의적 발전단계와 국가독점자본주의를 누구보다도 명확히 강조했다는 사실을 은폐하면서, "쓰딸린주의" 운운하고, 국가독점자본주의에 대해서는, E. 만델의 예처럼, 구차하게 "후기자본주의" 운운하는 것은 조금도 이상할 게 없는 그들의 장기의 발휘입니다.

한편, "레닌은 '독점·비독점'이라는 '유통의 범주'로 자본주의의 발전단계를 구분하는 오류를 범했다"고 단언하시는 '≪자본론≫ 전문 강사님'의 주장에 대해서 한마디 하자면, 이는 결국 자신의 불성실과 무지, 그리고 사기적 기질을 왜장쳐 광고하는 것에 다름 아닙니다. 왜냐하면, 그의 주장은, 레닌이 저 유명한 ≪제국주의론≫의 본론을, "I. 생산의 집적과 독점체"라는 제목 하에, "공업의 거대한 성장과, 갈수록 커다란 기업들로의 놀랍도록 급속한 생산의 집중은 자본주의의 가장 특징적인 특색의 하나다"12)라는 문장으로 시작하고 있다는 것을 그가 구경조차 못했다는 것을 드러내는 것이기 때문입니다. 그러면서도 그는 자신이 레닌을, 그의 ≪제국주의론≫을 분명 읽었다는 듯이 떠들어대고 있기 때문입니다.

사실 이 ≪제국주의론≫은 1980년대 후반과 1990년대 초에 복수의 출판사에서 우리말 번역판을 출판했을 뿐 아니라, 실은 그것이 번역·출판되기 훨씬 이전인 이미 1950년대부터, 그러니까 똬쑈적 사상 탄압이 극성을 떠는 동안에도 운동의 핵심 활동가들 사이에서는 영문판이나 일본어판으로 은밀히 유통되고 있었습니다. 그런데도 불구하고, "레닌은 '독점·비독점'이라는 '유통의 범주'로 자본주의의 발전단계를 구분하는 오류를 범했다" 운운하니 어이없다고밖에는 달리 할 말이 없습니다.

1) 자본주의적 축적의 역사적 경향

아무튼, "진정한 마르크스주의 전통의 수호자"를 자처하는 자들도, '≪자본론≫ 전문 강사'를 자처하는 자도, "자본주의의 발전에서 독점자본주의 단계 따위는 없다"고 단언하고 있으니까, 맑스는 이에 대해서 어떻게 얘기하고 있는지 보기로 합시다.

아래의 아주 긴 인용문은 맑스가 ≪자본론≫, 제1권의 '제7편 자본의 축적과정, 제24장 이른바 본원적 축적, 제7절 자본주의적 축적의 역사적 경향'에서 서술하고 있는 내용입니다. 각주만 제외하고, 그대로 옮깁니다.

> 자본의 본원적 축적, 즉 자본의 역사적 발생이란 결국 무엇인가? 그것이 노예와 농노의 임금노동자로의 직접적인 전화(轉化), 따라서 단순한 형태변화가 아닌 이상, 그것은 단지 직접생산자의 수탈, 즉 자기 자신의 노동에 기초한 사적소유의 해체를 의미할 뿐이다.

---

12) V. I. 레닌, ≪제국주의론≫, ≪レーニン全集≫ 第22卷, 大月書店, 1972, p. 225.; *Lenin Collected Works*, Vol. 22, p. 196.; *Imperialism, The Highest Stage of Capitalism*, Peking: Foreign Language Press, 1970, p. 12. (www.marx2mao.com/Lenin/IMP16.html)

사회적·집단적 소유의 대립물로서의 사적소유는 오직 노동수단들과 노동의 외적 조건들이 사인(私人)들에게 속하는 경우에만 존재한다. 그러나 이들 사인이 노동자들인가, 혹은 비(非)노동자들인가에 따라서, 사적소유도 또한 다른 성격을 갖는다. 사적소유가 첫눈에 보여주는 무한한 색조차이는 단지 이 두 극단 사이에 있는 중간상태들을 반영하고 있을 뿐이다.

  자신의 생산수단들에 대한 노동자의 사적소유는 소경영의 토대이며, 소경영은 사회적 생산의, 그리고 노동자 자신의 자유로운 개성의 발전을 위한 하나의 필수적 조건이다. 물론 이 생산양식은 노예제나 농노제, 그리고 다른 예속적 관계들 내부에도 존재한다. 그러나 그것이 번영하고, 자신의 모든 기력을 발휘하고, 적합한 전형적 형태를 획득하는 것은 오직 노동자가 그 자신이 다루는 노동조건들의 자유로운 사적소유자인 경우, 즉 농민은 그가 경작하는 경작지의, 수공업자는 거장(巨匠)으로서 다루는 도구의 자유로운 사적소유자인 경우뿐이다.

  이 생산양식은 토지의, 그리고 기타 생산수단들의 분산을 전제한다. 그것은, 생산수단들의 집적을 배제하는 것과 마찬가지로, 협업, 동일한 생산과정 내부에서의 분업, 자연에 대한 사회적인 지배와 규제, 사회적 생산력의 자유로운 발전도 배제한다. 그것은 오직 생산의, 그리고 사회의 자연발생적인 협소한 한계들과만 양립할 수 있을 뿐이다. 이 생산양식을 영구화하려고 하는 것은, 뻬꾀르(C. Pecqueur)가 정당하게 말하고 있듯이, "전적으로 시시한 것을 선포하는(décréter la médiocrité en tout)" 것일 뿐이다. 어떤 일정한 고도에 도달하면, 그것은 그 자신을 폐기하는 물질적 수단들을 낳는다. 이 순간부터 사회의 태내에서는, 이 생산양식에 의해서 속박되어 있다고 느끼는 힘들과 정열들이 활기를 띤다. 그것은 폐기되지 않으면 안 되고, 그것은 폐기된다. 그 폐기, 즉 개인적이고 분산된 생산수단들의 사회적으로 집적된 생산수단으로의 전화, 따라서 다수자의 왜소한 소유의 소수자의 대량의 소유로의 전화, 따라서 광범한 인민대중으로부터의 토지와 생활수단들과 노동도구들의 수탈, 이 가공할 그리고 고통스러운 인민대중 수탈이 자본의 전사(前史)를 이루고 있다. 이 수탈은 일련의 폭력적인 방법들을 포괄하고 있는데, 우리는 다만 획기적인 것들만을 자본의 본원적 축적의 방법들로서 검토했다. 직접적 생산자들에 대한 수탈은 무자비하기 그지없는 야만행위(Vandalismus)와 더불어, 그리고 그지없이 비열하고, 그지없이 추잡하고, 그지없이 편협하고, 그지없이 악의적인 열정들의 충동 하에서 실행된다. 스스로 노동하여 획득한, 말하자면, 개별적·독립적으로 노동하는 개인과 그의 노동조건들의 합착(合着, Verwachsung)에 기초한 사적소유는, 타인의, 그러나 형식적으로는 자유로운 노동의 착취에 기초한 자본주의적 사적소유에 의해서 구축(驅逐)된다.

이러한 변화과정이 깊이와 넓이에서 옛 사회를 충분히 분해해버리자마자, 노동자들이 프롤레타리아로, 노동자들의 노동조건들이 자본으로 전화되자마자, 자본주의적 생산양식이 그 자신의 발로 서게 되자마자, 노동의 차후의(weiter) 사회화와 토지 및 기타 생산수단들의 사회적으로 이용되는, 따라서 공동적인 생산수단으로의 차후의 전화, 그리하여 사적소유자의 차후의 수탈은 새로운 형태를 취한다. 이제 수탈되어야 할 자는, 더 이상 자영 노동자가 아니라, 수많은 노동자들을 착취하는 자본가다.

이러한 수탈은 자본주의적 생산 그 자체의 내재적인 법칙들의 작용(Spiel)에 의해서, 자본의 집중에 의해서 수행된다. 언제나 한 자본가가 많은 자본가들을 때려죽인다. 이러한 집중, 즉 소수 자본가들에 의한 다수 자본가들의 수탈과 함께 나란히, 갈수록 증대하는 규모에서의 노동과정의 협업적 형태, 과학의 의식적인 기술적 적용, 토지의 계획적 이용, 공동으로만 사용할 수 있는 노동수단들로의 노동수단들의 전화, 결합된, 즉 사회적인 노동의 생산수단으로서의 그 사용에 의한 모든 생산수단들의 절약, 세계시장이라는 망(網) 속에서의 모든 국민의 뒤얽힘과 그에 따른 자본주의 체제의 국제적 성격이 발전한다. 이러한 변화과정의 모든 이점들을 가로채고 독점하는 대자본가들의 수가 끊임없이 감소해감에 따라서, 빈곤·억압·예속·타락·착취의 양이 증대하는데, 그러나 끊임없이 팽창하는, 그리고 자본주의적 생산과정이라는 기구 그 자체에 의해서 단련되고, 단결되고, 조직된 노동자계급의 저항도 또한 증대한다. 자본의 독점은, 그 독점과 더불어 그리고 그 독점 하에서 번영한 이 생산양식의 질곡으로 된다. 생산수단의 집중과 노동의 사회화는 그것들의 자본주의적 외피(外皮)와 양립할 수 없게 되는 어떤 지점에 도달한다. 그 외피는 폭파된다. 자본주의적 사적소유의 조종(弔鐘)이 울린다. 수탈자들(Expropriateurs)이 수탈된다.

자본주의적 생산양식으로부터 유래하는 자본주의적 취득양식, 따라서 자본주의적 사적소유는 자신의 노동에 기초한 개인적인 사적소유의 최초의 부정이다. 그러나 자본주의적 생산은 자연과정의 필연성에 의해서 자기 자신의 부정을 낳는다. 이것은 부정의 부정이다. 이 부정의 부정은 사적소유를 재건하진 않지만, 자본주의 시대의 성과에 기초하여, 즉 협업과, 토지 및 노동 자체에 의해서 생산된 생산수단들의 공유에 기초하여, 개인적 소유를 재건한다.

개인들의 자기 자신의 노동에 기초한 분산된 사적소유의 자본주의적 사적소유로의 전화는, 물론, 사실상 이미 사회적인 생산경영에 기초하고 있는 자본주의적 소유의 사회적 소유로의 전화보다 훨씬 더 지루하고, 힘들고,

어려운 과정이다. 그때는 소수 횡탈자(橫奪者)들에 의한 인민대중의 수탈이 문제였지만, 이제는 인민대중에 의한 소수 횡탈자들의 수탈이 문제인 것이다.13) (강조는, 인용자.)

본래의 표현도 어렵고, 또 번역도 매끄럽지 못해서 상당히 어렵게 느껴지겠지만, 주의 깊게 읽는다면 맑스가 말하고자 하는 바를 대략은 파악할 수 있을 것입니다.

지금의 우리의 주제와 직접적으로 관련이 있는 부분에 대해서만 말하자면, 그것은 자본의 본원적 축적, 즉 직접생산자들의 수탈을 통해서 자본주의적 생산이 확립되자마자 그것은 이제 "수많은 노동자들을 착취하는 자본가"를 수탈하게 되는데, "이러한 수탈은 자본주의적 생산 그 자체의 내재적 법칙들의 작용에 의해서, 자본의 집중에 의해서", 즉 자본의 독점에 의해서 이루어진다는 것입니다.

그리고 "이러한 변화과정의 모든 이점들을 독점하는 대자본가들의 수가 끊임없이 감소해감에 따라서, 빈곤·억압·예속·타락·착취의 량이 증대하는데, 그러나 끊임없이 팽창하는, 그리고 자본주의적 생산과정이라는 기구 그 자체에 의해서 단련되고, 단결되고, 조직된 노동자계급의 저항도 또한 증대"하여 "자본의 독점은, 그 독점과 더불어 그리고 그 독점 하에서 번영한 이 생산양식의 질곡으로 된다"는 것입니다.

그리고 또한 "생산수단의 집중과 노동의 사회화는", 즉 독점은 "그것들의 자본주의적 외피(外皮)와 양립할 수 없게 되는 어떤 지점에 도달"하여, "그 외피는 폭파된다"는 것, 그리하여 "자본주의적 사적소유의 조종(弔鐘)이 울린다"는 것입니다.

국판(菊版) 3면이 채 안 되는 길이의 글에서, 노동자들 자신의 노동에 기초한 소생산의 해체를 통한 자본주의적 소유·생산의 확립으로부터 해체에 이르는 과정을 참으로 극명하게 표현하고 있는데, 맑스는 여기에서 고도의 "생산수단의 집중과 노동의 사회화", 즉 독점자본주의의 성립은 자본주의적 생산관계의 해체의 전제임을 명백히 하고 있습니다.

---

13) ≪자본론≫, 제1권, *MEW*, Bd. 23, S. 789-791. (채만수 역, 제1권, 제4분책, pp. 1262-1267.)

맑스는 특히 이 모든 과정이 "자연과정의 필연성에 의해서", 즉 자연사적 필연성으로써 진행된다고 쓰고 있습니다.

독점대자본은 오늘날, 주지하는 것처럼, 주식회사라고 하는 소유·경영형태를 취하고 있습니다. 그런데 이 주식회사를 맑스는, "자본주의적 생산양식 자체 속에서의 자본주의적 생산양식의 폐지" 혹은 "자본주의 체제 자체의 기초 위에서의 자본주의적 사적 산업의 폐지"14)로서 파악하고, 또한 "자본주의적 생산의 최고의 발전의 결과"로서 "자본이 생산자들의 소유로, 하지만 개별 생산자들의 소유로서가 아니라, 결합된 생산자인 그들의 소유로서의 직접적 사회적 소유로 재전화되기 위한 필연적인 통과점", "지금까지는 자본소유와 결부되어 있는 재생산과정에서의 일체의 기능이 연합한 생산자들의 단순한 기능, 사회적 기능으로 전화되기 위한 통과점"15)으로서, 즉 사회주의적 소유와 경영으로의 이행점으로서 파악합니다.

그러면서 그는 놀랍게도, 주식회사적 소유와 경영이 아직 초기인 1860년대에, 그리하여 레닌의 표현에 의하면, "독점은 겨우 인지할 수 있을 정도의 맹아 단계에"16) 있던 시기에 쓴 글에서 주식회사 "그것은 일정한 부면에서는 독점을 성립시키고, 따라서 국가의 개입을 유발한다"17)며, 국가독점자본주의의 필연성을 얘기하고 있습니다.18)

여기에 엥엘스가 1894년에 ≪자본론≫, 제3권을 간행하면서 덧붙이고 있는 내용도 주목해야 할 것입니다. 다름 아니라 그는, "위에 말한 것을 맑스가 쓰고 나서, 주지하는 것처럼, 주식회사의 제곱 혹은 세제곱을 표현하는 새로운 경영형태가 발전해 왔다"고 말합니다. 그러면서 "요컨대, 오랫동안 찬미되어온 경쟁의 자유도 마침내 종말을 고하고, 스스로에게 그 공공연하고 추

---

14) ≪자본론≫, 제3권, *MEW*, Bd. 25, S. 454.
15) ≪자본론≫, 제3권, *MEW*, Bd. 25, S. 453.
16) V. I. 레닌, 같은 책, ≪レーニン全集≫, 第22卷, p. 232.; *Lenin Collected Works*, Vol. 22, p. 202.
17) ≪자본론≫, 제3권, *MEW*, Bd. 25, S. 454.
18) 나아가, 엥엘스는 그의 ≪공상에서 과학으로 사회주의의 발전≫(*MEW*, Bd. 19, S. 219 이하)에서, 따라서 또 ≪반뒤링론≫(*MEW*, Bd. 20, S. 258 이하)에서 경쟁의 독점으로의 이행과 국가자본주의로의 이행을 보다 상세히 논하고 있으므로, 참고하시기 바랍니다.

악한 파산을 고하지 않을 수 없"는데, "더욱이, 어느 나라에서나 일정 부문의 대산업가들이 생산의 조절을 위한 카르텔을 결성함으로써" 그렇다고 얘기하고, 또 "생산 규모가 그것을 허락하는 몇몇 생산부문에서는 이 사업부문의 총생산을 단일한 관리기관을 갖는 하나의 주식회사로 집중하기에 이르렀다"19)며, 독점자본주의 시대가 임박했음을 예고하고 있습니다.

현대자본주의를 '독점자본주의'나 '국가독점자본주의'로 규정하는 것은 "맑스-레닌주의가 아닌 쓰딸린주의에 불과하다"는 뜨로츠키주의자들의 주장이나, "자본주의의 발전단계는 '생산의 범주'에 의해서 구분되어야 하는데, 레닌은 '독점·비독점'이라는 '유통의 범주'로 자본주의의 발전단계를 구분하는 오류를 범했다"고 주장하는 우리의 '≪자본론≫ 전문강사'가 얼마나 어이없는 말씀들을 해대고 있는지, 이제는 충분히 밝혀졌을 것입니다.

2) 자유경쟁에서 독점으로의 전화

아무튼 현대자본주의의 첫 번째 특징은 자본과 생산이 거대하게 집적·집중되어 있고, 또 시장과 사회가 그렇게 거대화된 독점자본들에 의해서 지배되고 있다는 점입니다.

여기에서 자본의 집적이란, 잉여가치가 자본으로 재전화(再轉化)됨으로써, 즉 자본이 노동자를 착취하여 획득한 이윤의 커다란 부분이 다시 노동자들을 착취하기 위한 자본으로 전화됨으로써 그 자본이 거대해지는 것을 의미합니다. 그리고 자본의 집중이란, 오늘날 유행하는 말로 표현하자면, 소위 기업의 인수·합병(M&A)을 통해서 자본이 거대해지는 것을 의미합니다.

독점자본이란 그러한 과정, 즉 집적과 집중을 통해서 거대해진 자본이고, 그리하여, 이제는 고만고만한 크기와 힘을 가진 수많은 자본이 경쟁을 통해서 평균적으로 획득하는 이윤 대신에 경쟁을 제한·배제하면서, 평균이윤율 이상으로 이윤을 획득하는, 즉 독점이윤을 취하는 자본입니다.

중요한 점은 이러한 독점자본과 독점이 자유경쟁으로부터, 즉 자유경쟁의 필연적 결과로서 등장한다는 사실입니다.

---

19) ≪자본론≫, 제3권, *MEW*, Bd. 25, S. 453-454.

이 점에 대해서 레닌은 이렇게 쓰고 있습니다.

> 반세기 전, 맑스가 ≪자본론≫을 집필하고 있던 때에는, 자유경쟁은 압도적 다수의 경제학자들에게 '자연법칙'처럼 보였다. 맑스는 자본주의를 이론적으로 그리고 역사적으로 분석함으로써 자유경쟁은 생산의 집적을 낳고, 이 집적은 또 그 발전의 일정 단계에서 독점을 야기한다는 것을 논증했는데, 어용과학(official science)은 맑스의 이 저서를 묵살함으로써 매장시키려고 하였다. 하지만, 바야흐로 독점은 사실로 되었다 … 사실이 보여 주는 바에 의하면, 예컨대, 보호관세인가 자유무역인가 하는 점에서의 개별 자본주의 국가 간의 차이는 독점의 형태나 그 출현 시기에서의 비본질적인 차이를 야기하는 조건을 이룰 뿐, 생산의 집적에 의한 독점의 발생은 자본주의의 발전의 현 단계의 일반적이고 근본적인 한 법칙이다.
> 유럽에 관해서는 새로운 자본주의가 낡은 자본주의를 확고히 대체한 시기를 상당히 정확히 확정할 수 있다. 그것은 곧 20세기 초다.[20]

"맑스는 … 자유경쟁은 생산의 집적을 낳고, 또 … 독점을 야기한다는 것을 논증했다"고 레닌이 얘기할 때, 그는 위에서 인용한 '자본주의적 축적의 역사적 경향'에 관한 서술 외에, 맑스가 "경쟁은 언제나 다수의 소자본들가의 몰락으로 끝나는데, 그들의 자본은, 일부는 승리자의 수중으로 넘어가고, 일부는 멸망한다"면서, 자본의 집적과 집중과정에서 특히 경쟁과 신용이 지렛대로서 작용하는 것을 논하고 있는 부분[21]을 가리킵니다. 아무튼, 이러한 독점의 출현을 맑스는, 앞에서 본 것처럼, "자본주의적 생산 그 자체의 내재적 법칙의 작용"이며 "자연과정의 필연성", 즉 '자연사적 필연성'이라고 규정하고 있습니다.

자본이 거대하게 집적·집중되어 독점화된다고 하는 것은 결국 생산수단들이 집적·집중된다는 것이고, 따라서 또 노동력 역시 소수의 자본가들 밑에, 소수의 공장들로 집적·집중된다는 것을 의미하는데, 그것은 동시에 낡은 사회를 파괴하고 새로운 역사를 만들어 나갈 프롤레타리아트를 대규모로

---

20) V. I. 레닌, 같은 책, ≪レーニン全集≫, 第22卷, pp. 229-230.; *Lenin Collected Works*, Vol. 22, p. 200.

21) ≪자본론≫, 제1권, *MEW*, Bd. 23, S. 655-657. (채만수 역, 제1권, 제4분책, pp. 1034-1038.)

조직하고 단련시키는 것, 바로 새로운 사회를 위한 물질적·주체적 조건들을 형성·발전시키는 것을 의미합니다. 바로 그 때문에, 독점은 결국 자본주의적 생산의 최후를 의미하는 것입니다. 그것이 바로 자본주의적 생산양식과 그 담당자인 부르주아지의 역사적 역할이자 임무입니다.

3) 공황과 자본의 집적·집중

그런데 우리는, 자본주의가 이렇게 독점자본주의화하는 과정에서의 공황 즉 경제위기의 역할, 특히 자본의 집중과정에서의 공황의 역할을 주목할 필요가 있습니다.

우리도 이제 거듭된 경험을 통해서 익히 알고 있는 것처럼, 경제위기의 시기, 즉 공황기에는 수많은 자본이 지불불능으로 도산하고, 또 현실적으로 도산까지는 가지 않더라도 도산의 위협에 시달리게 됩니다. 그렇게 되면 그들은 도산을 면하기 위해서 몸부림치는데, 그 몸부림 중의 하나가, 자본과 그 언론이 변호론적으로 유행시키는 말로 하자면, 이른바 '시너지 효과'(통합효과)를 기대하면서 기업과 기업이 합병하는 것입니다.

공황 속에서 수많은 기업들이 도산하는 다른 한편에는 물론 그러한 도산 기업들을 합병이니 인수니 하는 이름으로 먹어 치울 준비가 되어 있는 상어들, 거대한 기업들이 존재하고 있습니다. 그리하여 경제위기, 공황이야말로 자본의 집중, 즉 인수·합병이 가장 활발히 이루어지는 시기가 됩니다.

20세기 초에 유럽이나 북미 등 발달한 자본주의 국가들에서 독점자본주의가 성립하는 것도 결코 우연이 아닙니다. 앞에서도 여러 번 말씀드린 것처럼, 엥엘스가 '공황의 만성화'를 지적했던 19세기 마지막 4/4분기에 거듭된 심각한 공황의 결과였던 것입니다. 레닌은 포겔쉬타인(Vogelstein)의 《자본주의적 공업의 금융조직과 독점형성》(1914)에서, 예컨대, 다음 구절을 인용합니다.

> 대변혁은 1873년의 대폭락과 함께, 혹은 보다 정확히 말하면, 그에 뒤이은 대불황(Depression), 즉 80년대 초의 거의 눈에 띄지 않을 정도의 중단과 1889년경의 매우 맹렬한, 그러나 단명(短命)한 '붐'이 있었을 뿐, 약 22년간의 유럽의 경제사를 형성하고 있는 대불황과 함께 시작되었다.[22]

그리고 레닌은 "독점의 역사"를 다음과 같이 총괄합니다. 즉,

  (1) 1860년대와 1870년대: 자유경쟁이 최고로 극한적으로 발달한 단계. 독점은 거의 눈에 띄지 않는 맹아에 불과하다. (2) 1873년의 공황 이후: 카르텔이 광범하게 발전한 시기지만, 그것은 아직 예외적이며, 결코 강고하지 못하고, 아직 과도적인 현상이다. (3) 19세기 말의 고양과 1900-1903년의 공황: 카르텔은 경제생활 전체의 기초의 하나가 된다. 자본주의는 제국주의로 전화했다.23)

레닌은 특히 "모든 종류의 공황은" "집적과 독점으로의 경향을 비상하게 강화한다"고 확인하면서,24) 야이델스(Jeidels)의 ≪독일 대은행의 공업, 특히 철강업에 대한 관계≫(1905)에서 다음 구절을 인용, 그 이유를 구체적으로 설명합니다.

  1900년의 공황 때에는, 주요 산업부문의 거대 기업들과 나란히, 오늘날의 개념에서 보면 시대에 뒤떨어진 조직을 가진 기업들, 즉 호경기의 파도를 타고 등장한 '순수한'"(즉, 결합되어 있지 않은)" 공장들(Werke)이 아직 많이 있었다. 가격의 하락, 즉 수요의 감퇴는 이들 '순수한' 공장들을 궁지에 몰아넣었는데, 결합된 거대 기업들은 이러한 궁지와는 전혀 관계가 없든가, 혹은 극히 단기간 그것이 문제로 되었을 뿐이었다. 그 결과 1900년의 공황은 1873년의 공황보다 엄청나게 거대한 공업의 집적을 초래했다.25)

한편, 이렇게 자유경쟁적인 산업자본주의로부터 독점자본주의로의 이행을 결정적인 것으로 만들었던, 19세기 마지막 4/4분기의 대공황은 공업부문에서만이 아니라 농업부문에서도 심각하게 일어났습니다. 당연히 농업과 식

---

22) V. I. 레닌, 같은 책, ≪レーニン全集≫, 第22卷, pp. 230-231.; *Lenin Werke*, Bd. 22, Berlin, 1981, S. 205.

23) ≪レーニン全集≫, 第22卷, p. 232.; *Lenin Werke*, Bd. 22, S. 206.

24) 레닌의 이러한 입장은 물론, 자본주의적 생산과 신용제도가 고도로 발전한 곳에서는 "성공도 실패도 … 그 결과는 동시에 자본의 집중으로 되고, 따라서 가장 거대한 규모의 수탈로 된다"(≪자본론≫, 제3권, *MEW*, Bd. 25, S. 455)고 하는, 맑스의 관점과 동일한 것입니다.

25) ≪レーニン全集≫, 第22卷, pp. 240-241.; *Lenin Werke*, Bd. 22, S. 213.

생활에 심대한 변화를 초래했습니다.

예를 들면, 우리가 식품점에 가면 만나는 통조림 등 수많은 종류의 가공식품, 우리가 보통 '서양식'이라고 생각하는 이 가공식품들도 그 대부분이 사실은 이 시기 공황의 산물입니다. 이 시기에는 공업 생산물은 물론, 농업이나 축산업 생산물에도 엄청난 과잉이 발생했습니다. 그러자 대자본은 헐값에 많은 식품을 저장했던 것인데, 혹은 그것들을 대량으로 저장하지 않으면 안 되었던 것인데, 그러한 대량의 저장을 위해서 개발된 것이 바로 오늘날 우리가 보는 것과 같은 식품 가공기술이었던 것입니다. 사실 이 시기 이전에는 서양의 쏘시지도 우리네 순대와 별반 다르지 않았습니다.

4) 독점인가 '독·과점'인가

이상에서 말씀드린 것처럼, 독점자본주의란 거대화한 소수의 독점자본이 사회적 생산의 주요 부분을, 따라서 사실상 사회 전체와 국가를 지배하는 자본주의를 말합니다.

그런데 그 '독점자본주의'라는 규정의 논리적 전제가 되는 '독점자본'에 대해서 부르주아 경제학 혹은 이른바 '근대경제학'으로부터 부정직한 이의가 제기되어 있습니다. '독점' 대신에 '독점'과 이른바 '과점'(寡占)을, 즉 '독·과점'을 얘기하는 것입니다.

이러한 어법은 사실은 '독점자본'과 그 지배체제로서의 독점자본주의를 부인하기 위해서, 다만 논쟁을 통해서 직접적·명시적으로가 아니라 표현을 바꿈으로써 감성적으로 그것을 부인하기 위해서, 고안된 것입니다.

현대 부르주아 경제학인 이른바 '근대경제학'에서 독점이란 어떤 산업부문에 '오로지 하나'의 거대 기업만이 남았다는 것을 말합니다. 그에 비해서 소수의 기업들이 그 산업부문을 지배하는 경우는 독점이 아니라 '과점'이라는 것입니다. 그들에 의하면, 예를 들면, 한국의 자동차 산업부문은 하나의 거대 자본 대신에 현대·기아, 한국지엠(구 GM대우), 쌍용, 르노코리아 등이 아직 공존하고 있기 때문에 이들 완성차 자본은 독점자본이 아니라 '과점자본'일 뿐이고, 시장은 독점상태가 아니라 '경쟁이 지배하는 과점상태'일 뿐이라는 것입니다.

이렇게 되면, 과점이 지배하는 체제는, 구태여 말을 만들자면, '과점자본주의'(?)일지는 몰라도, 독점자본주의는 아니게 됩니다. 독점자본주의의 실체가 부지불식간에 부인돼버리는 것이지요.

독점의 의미

언뜻 보면, 어떤 산업부문을 지배하는 자본이 하나든, 둘이나 서넛이든, 모두 독점이라고 규정하는 것보다는 이러한 독·과점이란 개념이 보다 더 합리적인 것처럼 보입니다.

하지만 이것은 문자를 문자 그대로만 해석하는 극히 관념적이고 산술적인 개념입니다.

경제학에서 전통적으로 '독점'이라고 할 때, 그것은, 물론 일정하게 산술적인 개념을 전제하고 있는 것이면서도, 결코 '오로지 하나의 기업'이 그 부문의 시장을 전부 다 지배하고 있다는 뜻이 아닙니다.[26] 독점이란 어떤 자본이 구조적으로 경쟁을 제한·배제하면서 여타의 자본들이 누리는 평균이윤율보다 높은 율의 이윤, 즉 독점이윤을 획득하는 상태를 말합니다.

따라서 어떤 자본이, 집적을 통해서든 집중, 즉 인수·합병(소위, M&A)을 통해서든, 거대해진 나머지 시장지배력이 높아진 결과 구조적으로 다른 자본이 올리는 평균이윤률보다 높은 률의 이윤, 즉 독점이윤을 획득하고 있다면, 그 거대화된 자본은, 그것이 하나든 둘이든, 혹은 그 이상이든, 모두 독점자본인 것입니다. 현대·기아, 한국지엠, 쌍용, 르노코리아 등이 모두 자동차 산업의 독점자본인 것과 마찬가지로 말입니다.

이렇게 구조적으로 독점이윤을 획득하고 있다는 점에서, '근대경제학'에서 말하는 이른바 '과점자본'은 '오로지 하나'인 자본으로서의 '독점자본'과 어떤 본질적인 차이도 없습니다. 이른바 '과점자본'은 시장에서의 그 운동과

---

26) 예컨대 애덤 스미쓰가, "**독점기업들은**, 시장을 끊임없이 상품부족 상태로 유지함으로써, 즉 유효수요에 대해서 결코 충분히 공급하지 않음으로써, 그들의 상품을 그 자연가격보다 훨씬 고가로 판매한다"(The monopolists, by keeping the market constantly under-stocked, by never fully supplying the effectual demand, sell their commodities much above the natural price...) 운운할 때, 바로 그러한 것처럼 말입니다. ≪국부론≫(*An Inquiry into the Nature and Causes of the Wealth of Nations*), Oxford: Clarendon Press, 1976, p. 78.

영향이라는 면에서 '독점자본'과 어떤 본질적인 차이도 없기 때문에, 그것을 독점자본과 구별하여 논할 아무런 경제학적 의의가 없는 것입니다. 그것들은, 그것들이 독점자본으로 규정될 때에만 경제학적 의의를 갖는 것입니다.

그런데도 부르주아 경제학으로서의 '근대경제학'은 '과점'을 구태여 '독점'으로부터 구별합니다. 그리고는 마치 '독점'의 경우에는 경쟁이 전면적·절대적으로 배제됨에 비해서 '과점'의 경우에는 '제한적이긴 하지만' 의연히 경쟁이 지배하고 있다는 듯이 얘기들을 합니다.

하지만, 독점 및 '과점'과 관련해서 경쟁의 문제를 그렇게 얘기하는 것은, 특히 독점의 경우에는 '경쟁이 전면적·절대적으로 배제된다'고 얘기하는 것은 잘못입니다.

물론 우리도 독점 혹은 독점자본을 논할 때, '경쟁의 배제'라는 문제를 제기합니다. 그러나 그것은, 어디까지나 상대적인 의미에서이지, '독·과점'을 얘기하는 '근대경제학자들'처럼 그 '전면적·절대적 배제'를 의미하는 것이 결코 아닙니다. 뒤에서 논하는 바이지만, 설령 어떤 산업부문에 그야말로 '오로지 단 하나'의 자본, 오로지 하나의 기업만이 존재한다고 하더라도, 그 자본이 경쟁을, 저들이 좋아하는 문자 그대로, '전면적·절대적으로 배제'할 수 있는 것은 결코 아니기 때문입니다.

독·과점 논리와 독점자본의 탐욕 은폐

그러면, 오늘날 부르주아 경제학은 왜, '독점'을 부인하면서, 굳이 '독·과점'이라는 주장을 내세울까요?

앞에서 지적했던 점, 즉 '독점자본'과 그 지배체제로서의 독점자본주의를 부인하기 위해서라는 점을 별도로 하면, 그것은, 다름 아니라, 독점자본의 탐욕을 은폐하기 위한 것이고, 또 실제로도 그 탐욕을 은폐하는 독점자본의 강력한 정치적·이데올로기적 무기로 작동하고 있습니다.

비근하게는, 신자유주의의 주요한 프로젝트의 하나인 국·공유기업의 이른바 '민영화',[27] 즉 사유화와 관련해서 그렇습니다. 통신·철도·전력·도

---

[27] '민영화'라는 이 용어 역시 국·공유기업의 사유화라는 진실을 은폐하기 위한 용어입니다. 국가나 자본의 언론이 사유화라고 말하는 대신에 집요하게 '민영화'라고 말하는 이유도 물론 바로 그 때문입니다.

시가스 등등을 '분할매각'하여 '비효율적인 공기업 독점 체제'를 해체, 경제적 효율과 서비스의 질을 높이겠다고 선전하면서, 독점자본들에 의한 공기업의 사유화를 강력히 추진·실행하고 있는 것 아닙니까?

이른바 '정보화 시대'의 총아인 통신산업의 경우는 이미 과거 국유기업이었던 한국통신의 '독점'이 사실상 완전히 해체되어 KT(한국통신)·SK·LG-유플러스 등등, '비독점적인 과점체제'(!)로 되었습니다. 그리고, 다들 아는 사실이지만, 그 결과 이들 자본은 연간 수천억, 어쩌면 수조의 이익을 거둬들이는 다른 한편에서, 그 업에 종사하는 노동자들은 정리해고, 비정규직, 장시간 노동, 저임금에 시달리고, 각 가정은 엄청나게 비싼 통신비로 허리가 휘어질 지경 아닙니까?

김대중 정권에 이어 노무현 정권도 '개혁'이라는 기치 하에 철도·전력·도시가스 등등, '독점적 공기업'을 '경쟁이 지배하는 과점적 사기업'으로 분할·매각하는 작업을 강력히 추진하고, 진행시켰습니다. 그리고 이는, 현재의 신자유주의가 최종적인 파탄에 이르지 않는 한, 어느 정권이 들어서더라도 역시 마찬가지일 것입니다.

여담입니다만, 우리는 공기업의 이러한 분할매각 과정에서의 이른바 '시민운동단체'들의 역할도 결코 간과해서는 안 됩니다. 왜냐하면, 이들 수많은 '시민운동단체들' 역시, '비효율적인 공기업의 독점'을 비판하면서, 그것들을 '분할매각'하는 '개혁'을 요구하니까 말입니다. 사실 '경실련'이나 '참여연대', '환경운동연합' 등등, 오늘날의 '시민운동단체들'이야말로 1987년의 '민주화 대투쟁'과 '노동자 대투쟁' 이후, 혹은 김영삼의 이른바 '문민정부' 이래, 변화된 정치적·사회적 조건을 반영하여 새롭게 등장한 관변단체 바로 그것들입니다. 그런데도, 노동자계급 운동 내부의 지도적 세력조차, 많은 비판에도 아랑곳하지 않고, 그들과의 '연대'에 열심이니, 참으로 딱한 노릇입니다.

아무튼, '공기업의 분할매각'은, 그에 따른 대량의 해고 등, 직접적으로 사활적 이해가 걸린 노동자계급이 그 음모를 효과적으로 저지하지 못한다면, 그것들은 갈수록 더 그렇게 '비독점적이고 과점적'인 체제로 분할·사유화될 것입니다.

3. 금융자본과 금융과두제

1) 독점자본주의와 금융 부문의 변화

자본주의가 독점자본주의 단계로 이행하면, 공업이나 농업과 같은 생산부문이나 그 생산물의 유통부문에만 변화가 발생하는 것이 아닙니다. 은행의 구조와 역할에도, 즉 '금융부문'에도 거대한 변화가 발생합니다.

은행이란 본래 지불을 중개하고, 사회에 흩어져 있는 유휴화폐를 긁어모아서 그것을 자본가들에게 대부함으로써 이윤을 낳는 자본으로 전화시키는 기구입니다.[28] 자본주의적 생산이 아직 자유경쟁의 단계에 있던 때에는 이러한 기능과 역할을 하는 은행들도 대개는 고만고만한 크기로 아주 다수 존재하면서 서로 경쟁하고 있었습니다.

그런데 자본주의적 생산이 발전함에 따라 집적과 집중이 진행되어 독점자본주의 시대가 되면, '금융부문'에도 역시 과거에는 상상할 수도 없었을 만큼 거대한 규모를 가진 소수의 독점적 은행들이 등장하게 됩니다. 그리고 이렇게 독점자본화한 은행자본은 대산업자본과 결합하여 중·소 기업들을 인수·합병하고, '자본 참여' 등을 통해서 그들 기업을 지배하게 됩니다.

거대 은행자본과 거대 산업자본 간의 유착·결합이 형성되는 것인데, 그러한 자본이 곧 '금융자본'입니다. 레닌이 말하고 있는 것처럼, "생산의 집적, 거기에서 성장하는 독점기업들, 은행과 산업과의 융합 혹은 유착 ― 이것이 금융자본의 발생사(發生史)고, 금융자본이란 개념의 내용"[29]인 것입니다.

그리고 은행자본과 산업자본의 이러한 융합 혹은 유착은 당연히 이들 은행과 가장 거대한 산업 및 상업 기업 간의 '인적 결합'을 포함하고, 또 그것을 발전시키는데, 레닌이 지적하는 것처럼, 이 "은행과 산업 간의 '인적 결합'

---

28) 우리 사회에서는 일반적으로, 법률에 의해서 상호(商號)에 '**은행'이라는 이름이 붙은 것만을 은행이라고 생각하는 경향이 있습니다. 그러나 경제(학)적 의미에서는, 그러한 '은행'은 물론이고, 소위 제2금융권이라고 하는 '**종합금융', '**투자금융' 등과 같은 것들도 은행이고, '서민금융'이라고 하는 '**상호금융'이니, '**신용금고'니 하는 것들도 모두 은행에 속합니다.

29) V. I. 레닌, 같은 책, ≪レーニン全集≫ 第22卷, p. 260.; Lenin Werke, Bd. 22, S. 230.

은 이들 은행이나 회사와 정부와의 '인적 결합'에 의해서 보완"30)됩니다.

　이 점이야말로 현대 부르주아 국가와 독점자본의 유착, 혹은 그 국가의 독점자본에의 종속을 눈에 보이는 형태로 보여주는 것으로서, 이는 오늘날 발달한 자본주의 국가에서 얼마나 많은 고급관리가 독점자본 기업의 중역으로 자리를 옮기고, 또 얼마나 많은 정부의 각료나 기타 고위관리가 독점자본의 중역 출신으로 채워지고 있는가, 그들 간에 얼마나 빈번한 사실상의 순환배치가 이루어지고 있는가를 보는 것만으로 충분히 알 수 있습니다.

　여기서 "얼마나 많은"이라는 표현을 썼습니다. 실제로 발달한 자본주의 국가에서는, 예컨대, 정부 각료의 대부분이 동시에 대자본가이거나 그들의 대리인이기 때문입니다.

　그러나, 다른 기준에서 보면, 그들은 물론 '불과 한 주먹밖에는 안 된다'는 표현이 적절할 만큼, 사회구성원 중의 소수에 불과합니다.

　실제로 오늘날의 한국 사회를 누가 움직이는가 한번 보십시오.

　불과 수백 명도 안 되는 소수의 사람들이 국가기관의 주요 자리를 차고앉아 있고, 주요 독점자본을 소유·지배하면서 이 사회를 좌지우지하고 있지 않습니까? 정부의 장·차관을 위시한 고위 관료 출신들은 재벌기업의 중역으로 가고, 재벌기업의 중역들이 또 장·차관으로 오는 등, 그들 간에 활발한 인사교류가 이루어지면서 말입니다.

　이러한 사실은 오늘날 자본주의 세계 전체를 보아도 역시 마찬가지입니다. 불과 수만 명, 아니 어쩌면 불과 수천 명의 대자본가와 그들의 대리인들이 모든 국가 및 국제기구의 주요한 자리를 차고앉아서 세계와 인류의 운명을 좌지우지하고 있으니까 말입니다.

　다름 아니라 바로 '금융과두제'(金融寡頭制)라고 하는 현상입니다.

2) 재벌 개혁? 재벌 해체?

　오늘날 많은 소위 '진보적' 인사들, '시민운동단체들'의 비판 대상으로 되어 있는 바의, 대자본·대기업에 대한 '족벌지배체제'로서의 '재벌체제'는 이

---

30) ≪レーニン全集≫ 第22卷, p. 254.: *Lenin Werke*, Bd. 22, S. 225.

러한 금융과두제의 한 형태, 한국적 형태입니다. 어쩌면 가장 천박한, 혹은 가장 '천민적인' 형태일 것입니다.

그러나 이른바 '재벌 개혁론자들' 혹은 '재벌 해체론자들'이 주장하는 것처럼, '족벌지배체제'를 해체하고, 소위 '소유와 경영을 분리'한다고 해서 금융과두제의 지배가 지양되는 것은 절대 아닙니다. 금융과두제는 현대자본주의의 구조, 현대자본주의의 기업구조와 절대 불가분하게 합체되어 있는 것이기 때문입니다.

'족벌체제 타도'의 기치를 들고 재벌의 개혁 혹은 해체를 외치는 자들의 주요 주장 가운데 하나는, 주지하는 바와 같이, 이른바 '소유와 경영의 분리'입니다. 하지만, 이러한 주장은 재벌체제 자체에서, 나아가서 주식회사라는 현대 대기업체제 자체에서 이미 소유와 경영이 분리되어 있다는 것에 무지한 주장, 아니 실은 그러한 사실을 짐짓 외면한 주장일 뿐입니다.

실제로 그렇습니다.

예컨대, 가장 대표적인 재벌인 삼성의 이씨 일가나 현대의 정씨 일가는 그들이 경영·지배하고 있는 기업의 주식의 불과 10퍼센트 남짓이나 될까 말까 한 주식만을 소유하고 있습니다. 더욱이 그들 기업의 자산의 일부인 엄청난 부채까지를 감안하면, 그들의 소유는 그들이 지배하고 있는 자본의 불과 몇 퍼센트, 기껏해야 3-4퍼센트도 될까 말까 할 것입니다. '소유와 경영의 분리'는 이렇게 이미 재벌체제에서 철저하게 이루어져 있는 것입니다.

그런데도 저들 재벌 '해체론자들'이나 '개혁론자들'은 마치 재벌체제에서 그 소유와 경영이 '부당하게' 일치되어 있기라도 하다는 듯이 규탄, 아니, 사실은 선전하고 있습니다.

그런데, 사실은 저들은, 다른 한편에서는, 주지하는 바와 같이, "불과 몇 퍼센트밖에 주식을 소유하지 않은 재벌 총수나 그 족벌이 부당하게 기업을 지배하고 있다"고 떠들어댑니다.

결국 저들은, **독점자본의 부정직한 효율화·합리화 방안**으로서의 '재벌체제의 개혁' 혹은 그 '해체'를 내세우면서, 그 방안으로서 '전문경영인체제'를 도입해야 한다고 주장할 때에는, 재벌체제에서는 마치 소유와 경영이 일치되어 있기라도 하다는 듯이, 그것을 분리해야 한다고 왜장치면서, 다른 한편에서는, 같은 입을 놀려, "불과 몇 퍼센트밖에 주식을 소유하지 않은 재벌 총수나 그 족벌이 부당하게 기업을 지배하고 있다"며, 소유와 경영의 '부당한' 분리를 규탄합니다.

의학적으로야 분명 제정신 멀쩡할 저들일 터인데, 저들의 저러한 '집단적이고 일관된 자가당착'은 어째서 벌어지는 것일까요?

다름 아니라, 저들은 황금신(黃金神, Mammon)의 숭배자들로서 저들이 주장하는 이른바 '재벌체제의 개혁' 혹은 그 '해체'란 실은 그 황금신의 계명(誡命)으로서의 **독점자본의 효율화·합리화** 방안이기 때문입니다. 대개는 그 계명에 정신이 팔려 자신들이 어떤 자가당착을 범하고 있는지도 모르기도 하거니와, 더러는, 자가당착을 깨닫더라도, 본심을 얘기했다가는 별로 환영받지 못할 게 뻔한 그 계명을 부정직한 요설로 꾸미기 바쁜 것이지요.

거대 독점기업과 그 집단, 독점자본을 극소 비율의 자본소유만으로 지배할 수 있다는 것은 현대 자본주의의 기업소유·지배 형태로서의 주식회사 제도의 본질적 특징의 하나로서, 무소불위의 금융과두제 지배의 비밀도 여기에 있습니다.

현대 자본주의의 지배적 기업 형태로서의 주식회사 제도의 이러한 본질적 측면에 비하면, '재벌 해체론자' 등이 주장하는 '족벌지배체제'나 '전문경영인체제'의 차이는 극히 비본질적이고 사소한 것입니다.

그런데도 오늘날 우리 사회에서는 이른바 '진보적 지식인들'이나 '시민운동단체들', 그리고 명색이 '진보정당들'이나 민주노총까지 나서서 '재벌개혁 투쟁' 혹은 '재벌해체 투쟁'의 일환으로 '소액주주 운동'이니, '국민주 운동'이니, '국민기업 운동'이니, '종업원 지주제'나 '우리사주제' '강화운동'이니 하는 것들을, 한 마디로 '경제민주화 운동'이라는 것을 벌이곤 합니다. 물론 부르주아 언론의 각광을 받으면서 말입니다.

물론, 그러한 이른바 '경제민주화 운동들'이 대자본이 소유·지배하고 있는 상업언론의 각광을 받는 것 또한 결코 우연이 아닙니다.

레닌의 얘기를 들어 봅시다.

> 실제 경험이 보여주는 바에 의하면, 한 주식회사를 지배하기 위해서는 주식의 40%를 소유하면 충분한바,[31] 왜냐하면, 분산되어 있는 소주주의

---

31) 앞에서 본 것처럼, 오늘날에는 훨씬 적은 비율의 주식 소유만으로도 충분합니다.

일정 부분은 사실상 주주총회에의 참가 등등의 어떤 가능성도 가지고 있지 않기 때문이다. 부르주아적 궤변이나 기회주의적인 '사회민주주의자들'이 거기에서 '자본의 민주화'나 소생산의 역할과 의의의 강화 등을 기대하고 있는 (혹은 기대한다고 칭하는) 주식 소유의 '**민주화**'란 것은 실은 **금융과두 지배의 위력을 강화하기 위한 수단의 하나이다**.32) (강조는 인용자.)

정확히 이렇게, 오늘날 이른바 시민운동단체들을 비롯하여 '개혁'을 부르짖는 자들이 말하는 '재벌개혁'이니, '재벌해체'니, '소액주주운동'이니, '종업원지주제'니 하는 것들은, '진보적인' 저들이 그것을 인식하고 있든 아니든, 사실은 독점자본의 지배를, 따라서 그것을 지배하는 금융과두의 지배를 강화하기 위한 한 수단인 것입니다. 게다가 애국주의적 경쟁력 이데올로기가 이러한 수단을 주요하게 매개하고 있지 않습니까?

저들의 소위 '경제민주화 운동'이 상업언론의 화려한 각광을 받는 것은 바로 그 때문입니다.

실토된 본심 그리고 '국민'

이른바 '전문경영인체제'라는 것이 사실은 잉여가치 착취를 강화하는 경영체제라는 점도 상기해야 할 것입니다.

예컨대, TV 토론 프로그램 등에도 드물지 않게 등장하던, 저명하고 강경한 재벌개혁론자의 한 사람이었던 고(故) 김기원 방송통신대 교수는, 참여연대 참여사회연구소에서 기획하고 김균・김대환 교수님께서 편찬한 ≪한국재벌개혁론≫에서, 이른바 '소유와 경영의 분리' 및 '전문경영인체제의 확립'과 관련, 이렇게 토로하고 있습니다.

> 전문경영인이란 개념에는 2개의 사용법이 있다. 소유권을 갖지 않고 경영능력만을 전문화한 salaried manager와 전문적인 경영능력을 갖고 있는 professional manager가 그것이다. 만약 후자의 용법에 따른다면 소유주 경영체제와 전문 경영인체제를 대립시키는 것 자체가 부정확한 문제설정인 셈이다. 소유주도 얼마든지 전문경영인이 될 수 있으며, "핵심은 경영능력이 있는 자가 경영을 담당하는 것"이라는 (...) 재벌체제 옹호론의 주장도 설득력을 갖는 것이다. 사실 재벌의 창업주는 분명히 professional manager이다.

---

32) ≪レーニン全集≫, 第22卷, p. 262.; *Lenin Werke*, Bd. 22, S. 231–232.

> 재벌 창업주는 정치권 로비능력이나 <u>노동자 억압능력까지 포함하여</u> 어쨌든 효율성면에서 남보다 우수했던 전문능력가임이 틀림없다. 소유와 경영의 분리가 좋다고 해서 이를 유능한 창업총수에게까지 적용하는 것은 무리이다.[33]

라고 말입니다. "노동자 억압능력까지 포함하여 어쨌든 효율성면에서 남보다 우수했던 전문능력가임이 틀림없다. 소유와 경영의 분리가 좋다고 해서 이를 유능한 창업총수에게까지 적용하는 것은 무리이다"! — 이 얼마나 소름끼치는, 그러나 솔직한 얘기입니까?

다름 아니라 '전문경영인체제의 확립' 등, 저들 이른바 재벌해체론자들이나 개혁론자들이 지향하는 바는, 다름 아니라, '경쟁력 있는 대기업', 그를 통한 '경쟁력의 강화', 즉 잉여가치 착취의 강화이고, 그 효율화임을 실토하고 있는 것입니다. 자본주의적 기업의 경영이란, 다름 아니라, 잉여가치의 착취 행위이기 때문에 이는 자명한 것입니다.

김기원 교수의 얘기를 좀 더 들어보면, 이렇습니다.

> 재벌개혁의 방향은 '재벌 죽이기'가 아니라 '재벌 거듭나게 하기'여야 한다. 이는 '재벌총수의 이익 ≠ 재벌기업의 이익 ≠ 국민경제의 이익'이라는 재벌체제의 모순을 해소하고 재벌을 '진정한 국민적 기업'으로 발전시킴을 뜻한다.[34] '진정한 국민적 기업'이란 이해관계자(stakeholder)의 이익이 골고루 존중되는 기업, 다시 말해서 기업 내적으로는 소유와 경영이 민주화되고 기업 외적으로는 여타 국민경제 부문과의 균형적 발전을 도모하는 기업을 말한다. ...
>
> ... 그리하여 우리에게는 유산으로 물려진 재벌체제의 장점을 살리면서 단점을 해소하는 방향, 즉 재벌체제의 지양(Aufheben)을 추구해야 할 것이다. 이는 우선 재벌체제가 선진적인 대기업체제로 변모되도록 하는 것이며 나아가 '진정한 국민적 기업'으로 접근시키는 것을 의미한다.[35]

---

33) 김기원, "재벌체제의 지양과 책임 전문경영체제의 구축", 참여연대 참여사회연구소 기획, 김대환·김균 공편, ≪한국재벌개혁론≫, 나남출판, 1999, p. 196.

34) 필자 김기원 교수는 여기에, "재벌의 국민적 기업화라는 언급은 ... 삼성비서실(...)도 필자와 뉘앙스는 같지 않지만 '국민기업으로서의 삼성'이라는 표현을 사용하고 있다."는 각주를 달고 있다. 그렇다. 삼성비서실과 이른바 재벌개혁론자들 혹은 그 해체론자들과의 차이는 실로 '뉘앙스'뿐이다!

35) 김기원, 같은 글, pp. 187-188.

재벌의 개혁·해체를 주장하는 이른바 '진보적' 지식인들이나 시민단체 등이 지향하는 바가 무엇인지 이로써 사실상 자명해졌지만, 노파심에서 저들이 말하는 '진정한 국민적 기업' 혹은 더 절실하게는 '국민'이 무엇인지 간단히 말씀드리겠습니다.

'국민'이 무엇인지 모르는 사람이 세상에 어디 있느냐고요?

예, 세상에 쌔고 쌘 것이 '국민'이 무엇인지 모르는 사람들입니다.

우선 국민이란, 어떤 나라의 국적을 가진 사람, 혹은 그런 사람들의 집단입니다. 이 책을 읽고 있는 여러분도, 예외적으로 외국인이 아닌 한, 모두 법률적으로 대한민국의 국민인 것이지요. 그러나 사실은 그뿐, 즉 법률적으로 국민일 뿐입니다. 위의 논의에서의 '국민'처럼, 우리가 일상생활에서 늘상 부딪치다시피 하는 '국민'의 의미는 전혀 다릅니다. 아니, 법률상의 국민이라는 용어는 사실은 우리가 늘상 부딪치다시피 하는 '국민'의 진정한 의미를 은폐하는 역할을 할 뿐입니다.

비근한 예로, 2023년 초 현재 이 나라 집권당의 명칭은 '국민의 힘'입니다. 그런데 여러분이 저들 집단의 힘입니까? 아니면, 저들 집단이 여러분의 힘입니까? 사실은 이도 저도 아니지 않습니까? 자본, 특히 재벌이 저들 집단의 힘이고, 저들 집단은 자본, 특히 재벌의 힘이지 않습니까? 게다가 저들은 자본, 특히 재벌을 위한, 노동자들의 억압자이지 않습니까?

'설마?'라고요?

역시 비근한 예로, 2022년 말에 '화물연대' 노동자들이 '안전운임제'의 지속과 확대를 요구하며 파업을 벌이자, '국민의 힘'의 윤석열 정권은 어떤 조치를 취했습니까? 2023년 봄에 '건폭'(건설 폭력배)이라고 몰아붙이면서 조직된 건설노동자들을 극악하게 탄압할 때, 그것은 어떤 '국민'을 위한 조치입니까? 2023년 새해를 맞으면서 "3대 개혁"을 추진할 것이며, 그중에서도 이른바 "노동개혁"을 최우선적, 중점적으로 추진하겠다고 나섰을 때 그 소위 '개혁'의 방향과 내용은 그야말로 '국민'의 절대다수를 점하는 노동자들, 노동자들의 이익을 위한 것입니까, 자본, 특히 재벌의 이익을 위한 것입니까? 말뿐이 아니라 실제로 정초부터 국가보안법 등을 내세워 민주노총 등을 압수·수색하며 노동자 단체, 지도자 등을 탄압하지 않습니까?

그에 반해서, '국민의 힘'의 대통령 윤석열은 뭐라고 떠들어댑니까? 예컨대, 2023년 1월 중순에 '아랍 에미레이트 연합'(UAE)를 거쳐 스위스의 다

보스 포럼(세계경제포럼, 즉 국제독점자본 포럼)에 참석하러 가면서, "기업의 영업사원", 즉 자본의 영업사원임을 거듭거듭 자임하지 않았습니까? 그리고 다녀와서 '순방 뒤 첫 국무회의를 주재'하면서도, "'저부터 대한민국 1호 영업사원으로 신발이 닳도록 뛰고 또 뛰겠다'고 거듭 강조"하면서, "국무회의에 참석한 장관 및 참모진에게도 '한 분 한 분 모두 다 이 나라의 영업사원이라는 각오로 뛰어 주시기를 부탁드린다'고 당부"36)하시지 않았습니까? ("대한민국 1호 영업사원"이라고 표현했지만, 노동자들이 기업을 하는 것이 아니니, 당연히 '대한민국 자본의 1호 영업사원'이라는 뜻이지요.)

바로 '국민의 힘'의 '국민'이 누구이고, '국민'에게 있다는 국가의 주권이 실제로는 누구에게 있으며, '국민'으로부터 나온다는 권력이 실제로는 누구에게서 나오는가를, 아니, 저들이 '국민', '국민'할 때 그 '국민'이란 것이 사실은 누구인가를 날것 그대로 보여주었고, 보여주고 있지 않습니까? 노동자·인민은 정치적으로도, 경제적으로도 그 '국민'이 아닌 것입니다.

대표적인 '재벌개혁론자' 중의 한 사람이랄 수 있는 김기원 교수가 위의 인용문에서, "'진정한 국민적 기업'이란 이해관계자(stakeholder)의 이익이 골고루 존중되는 기업, 다시 말해서 기업 내적으로는 소유와 경영이 민주화되고 기업 외적으로는 여타 국민경제 부문과의 균형적 발전을 도모하는 기업을 말한다" 운운할 때, 거기의 '국민' 중에도 역시 노동자들은 없습니다.

거듭되는 얘기지만, 자본주의 사회란 사회의 구성원들이, 한편에는 노동력밖에는 어떤 생산수단도 소유하고 있지 않은 무산자들, 그리하여 자신의 노동력을 판매하여 연명하는 광범한 인민대중, 즉 노동자계급과, 다른 한편에는 생산수단들을 사유, 즉 독점적·배타적으로 소유하고 무산의 노동자들을 고용, 그 잉여노동을 착취함으로써 거대한 부를 쌓아가는, 한 줌의 자본가계급으로 분열되어 있는 사회입니다. 국가도 당연히 그들 자본가계급의 것, 그들의 지배도구이고요.

그런데도 '재벌 개혁'이니 '재벌 해체'니 하고 떠드는 소위 '진보적' 지식인들을 포함하여 저들이 '국민'이 어떻고, '국민적' 무어가 어떻고 하고 떠드는

---

36) 김미나 기자, "윤 대통령, 장관·참모들에 '이 나라 영업사원이란 각오로 뛰길'", ≪한겨레≫(인터넷 판), 2023. 01. 25. (<https://www.hani.co.kr/arti/politics/politics_general/1076859.html>)

것은 실은 사회가 그렇게 적대적으로 분열되어 있다는 사실을 은폐하는 것이고, 그리하여 피착취 노동자·인민의 정치·사회의식을 오도하여 독점자본의 이익에 봉사하는 것입니다.

조금 앞의 각주에서도 지적한 바와 같이, 김 교수 스스로, "삼성비서실 (…)도 필자와 뉘앙스는 같지 않지만 '국민기업으로서의 삼성'이라는 표현을 사용하고 있다" 운운하고 있습니다. 다시 말하지만, 삼성비서실과 이른바 재벌개혁론자들 혹은 그 해체론자들과의 차이는 실로 '뉘앙스'뿐인 것입니다!

중요한 것은, 재벌 혹은 독점자본의 효율화·합리화가 아니라, 자본-임금노동 관계라는 착취체제, 인간에 의한 인간의 착취 자체를 폐절하는 것입니다!

4. 자본 수출

1) 자본 수출의 의미

레닌은 자본의 수출을 제국주의, 즉 독점자본주의를 특징짓는 5대 지표 중의 하나로 규정하고 있습니다. 자유경쟁이 지배하던 자본주의에서 국제교역은 상품의 수출이 전형적이었다면, 이제 독점자본주의 단계가 되면 자본의 수출도 전형적인 것으로 되는 것입니다. 발달한 자본주의 국가 자체 내에서의 산업 간의 극심한 불균형이나 대중의 광범한 빈곤에도 불구하고, 혹은 바로 그러한 불균형과 대중의 광범한 빈곤 때문에, 대규모의 '과잉자본'이 생기기 때문입니다.

누차 얘기하지만, 자본주의적 생산에서 '과잉'이란 주민 대중의 필요와 욕망을 충족시키고도 남는다는 의미의 과잉이 절대 아닙니다. 그리고 산업의 부문 간 불균등 발전을 지양하고도 남는다는 의미의 과잉도 역시 아닙니다. 그것은 자본이 재생산을 지속하고 축적하기 위해서 요구되는 일정한 률의 이윤을 획득할 수 없다는 의미에서의 과잉일 뿐입니다.

그리하여 자본주의 사회에서는 "발전의 불균등성도, 대중의 반(半)기아적 생존도 이 생산양식의 본질적이고 불가피한 조건이고 전제"인 것이며,

"자본주의가 자본주의로서 머무는 한, 자본의 과잉은 그 나라 대중의 생활수준을 끌어올리는 데 사용되지 않고, 국외로, 후진국들로 그것을 수출함으로써 이윤을 끌어올리는 데 쓰일" 것인바, "왜냐하면, 그 자본을 대중의 생활을 끌어올리는 데 사용하는 것은, 자본가들의 이윤의 감소를 의미하기 때문"입니다.37)

자본 수출과 관련하여 중요한 점의 하나는, "자본 수출의 필연성은 소수의 국가에서 자본주의가 '완숙하고', 자본에 있어서는 (...대중의 빈곤이라는 조건 하에서) '유리한' 투하 장소가 없다고 하는 것에 의해서 창출된다"38)고 하는 점입니다. 앞에서도 말했지만, 필요한 일정한 률의 이윤을 올릴 수 없는 '과잉자본'이 수출되는 것입니다. 그리고 그렇게 해서 수출되는 자본이 후진국들에서 올리는 높은 수익이 "세계의 대다수의 국민들(Nationen)과 국가들에 대한 제국주의적 억압과 착취의 기초, 소수 부유한 국가들의 자본주의적 기생성의 기초"39)인 것입니다.

자본 수출의 부대조건

자본 수출과 관련하여 한 가지 더 언급해야 할 것은, 그에 따르는 부대조건과 그 효과입니다.

통칭 'IMF 사태'라고 부르는 1997년 말의 외환위기 때에 우리는 그것을 아주 극적이고 가혹한 형태로 경험한 바 있습니다. 그 효과는 물론 현재도 그 위력을 발휘하고 있습니다. 다름 아니라, 외환위기를 기화로 국제 금융자본들은 국제통화기금(IMF)이라는 국제기구, 실은 '월스트리트'의 앞잡이를 앞세워 아주 고리(高利)를 강요했을 뿐만 아니라 '경제 주권의 상실'이라는 표현이 결코 과장이 아닐 만큼 가혹한 조건을 내세우고 강요했습니다. 그리고 그 연장선상에서 국제 금융자본, 다국적 자본은 은행을 포함한 한국의 주요 대자본의 상당 부분을 자신들의 것으로 만들었을 뿐 아니라 한국의 경제정책을 좌지우지하면서 경제에 대한 지배력을 대폭 강화했습니다.

---

37) V. I. 레닌, 앞의 책, ≪レーニン全集≫, 第22卷, p. 278.; *Lenin Werke*, Bd. 22, S. 245.

38) 같은 곳.

39) ≪レーニン全集≫, 第22卷, p. 279.; *Lenin Werke*, Bd. 22, S. 246.

물론 자본 수출에 따른 이토록 가혹한 부대조건의 강요는 예외적인 것입니다. 신자유주의가 강화되면서 차츰 일상적인 것으로 되어 가고는 있지만, 그래도 역시 예외적입니다.

하지만 자본 수출에는, 그렇게까지 가혹한 것은 아닐지라도, 대개의 경우 부대조건들이 따릅니다. "가장 일반적인 것은 차관의 일부를 채권국의 생산물, 특히 군수품, 선박 등의 구입을 위해서 지출하도록 규정하는" 것과 같은 경우가 그것이고, "그리하여 자본의 수출은 상품의 수출을 촉진하는 수단"이 됩니다.40)

그리고 형식적·명시적으로는 그러한 부대조건들이 없더라도, 자본이 수출될 때에 화폐는 계산화폐로서만 기능하고, 실제로는 현물, 특히 그 중에서도 생산수단의 형태로 수출되는 경우에는, 그 수입국은 재생산과정의 상당 부분이 그 수출국에 종속되게 되고, 그리하여 그 자본의 수출은 바로 상품의 수출을 촉진하는 수단이 됩니다.

이와 관련해서는, 식민지 지배와 그 착취에 대한 '보상'으로서의 이른바 '청구권 자금'이니 '원조'니 하는 특수한 형태를 취하고 있었지만, 아무튼 그러한 형태의 자본의 수출이 상품의 수출을 촉진한 극히 전형적인 경우가 사실은 한·일 간의 무역 관계입니다. 1960년대 중반에 미국의 강력한 종용에 따라 박정희 정권에 의해서 강행된 '한일 국교 정상화 회담'의 타결과, 그 결과 '청구권 자금'이니 '원조'니 하는 이름으로 들어온 일본의 대규모 자본과 생산수단들이, 강고한 대일(對日) 무역역조 구조뿐 아니라, 한국의 특히 공업 재생산과정의 대일 의존 구조를 고착시켰던 것입니다.41)

일반화해서 말하자면, 선진 자본주의 국가의 후진국들에 대한 차관뿐 아

---

40) ≪レーニン全集≫, 第22卷, p. 281.; *Lenin Werke*, Bd. 22, S. 248.

41) 주지하는 바와 같이, 2023년 3월에 윤석열 정부는 미쓰비시 중공업 등 일제 전범기업들이 사죄하고 책임져야 할 '강제동원 피해배상'을 국내의 기업들로부터 갹출한 기금으로 '대리보상'하겠다고 결정하여, 피해당사자들은 물론 사실상 전민중적인 항의와 저항을 불러일으켰는데, 윤석열 정부가 그렇게 결정한 배경에도 실은 '청구권 자금' 등에 의해서 강하게 형성된 한국의 공업 재생산과정의 대일 의존 구조가 자리잡고 있습니다. 2018년에 대법원이 전범기업들의 배상책임을 선고하자 이에 반발하여 일본이 소위 일부 '소부장'(소재·부품·장비)의 대한(對韓) 수출규제 조치를 취했는데, 이 조치의 해제야말로 재벌들을 위시한 대자본들의 과제였던바, 분명, 쉽게 상상할 수 있는 모종의 로비를 통해서 윤석열 정부를 움직였을 것입니다.

니라 이른바 무상의 '원조'도 상품 수출 등을 촉진시키고, 그리하여 차관이나 원조를 도입하는 국가의 경제적 재생산과정을 구조적으로 그 공여 국가에 예속시키는 강력한 수단으로 작용합니다. 다름 아니라, 이른바 무상의 '원조', '인도주의'라는 화려한 의상으로 치장되어 선전되는 그 원조는 자본 수출의 특수한 형태인 것입니다.

노동자들의 무력화를 요구하는 '투자환경' 조성

한편, 자본 수출은 그 수입국의 일정한 자본가 집단 및 정치적 집단과의 이해관계 속에서 이루어지고, 수출입국 간에 일정한 동맹체나 이해집단이 형성되게 됩니다. 박정희 정권이나 그 실권자들, 고위 관리들이 각종 차관의 도입권을 배정하거나 직접투자를 유치하면서 매번 엄청난 규모의 '정치자금', 즉 더러운 뇌물을 받았다고 하는 사실은 공공연한 비밀입니다. 예컨대, 수년 전 일본에서는, 1970년대 중반에 서울 지하철의 전동차량들을 도입하면서 중고 차량을 새 차량처럼 위장, 그 가격을 두 배 이상으로 조작해 차액을 챙겼다는 보도까지 있었을 정도입니다.

그런데 그러한 '비정상적'인 거래가 아니더라도, 예컨대, 해리 맥도프[42]는 1957년 현재 미국의 해외직접투자 기업의 자산소유 상태를 분석, 총자산 396억 달러 가운데 순자산은 229억 달러로서 58%에 불과하고, 42%에 이르는 166억 달러는 부채인데, 이 부채의 74.9%인 124억 달러는 현지 거주자들(local residents)에 의해서 소유되어 있다고 밝히고 있습니다. 그리하여 그는, "적절한 시기에 기업의 이윤으로부터 상환될 (장·단기의) 부채자본에 대해서 말하자면, 그것은 오히려 현지의 부자들에게 좋은 기회를 주게 되어 있다"고 말하고 있습니다. 게다가 자산 중에도 그 20.6%인 32억 달러는 현지 거주자들의 소유이니, 현지 거주자들의 지분은 훨씬 더 많은 셈이 됩니다.[43]

이렇게 이해관계가 얽히면, 자본의 수출자 측은 당연히 그 이해의 하위 동맹자인 수입자 측의 정부에게 이른바 '투자환경 조성'이라는 명목의, 잉여노

---

42) 해리 맥도프(Harry Magdoff, 1913-2006)는 제국주의 연구로 유명한, 미국의 ≪먼쓸리 리뷰≫(*Monthly Review*)의 편집자입니다.

43) Harry Magdoff, *Imperialism: From the Colonial Age to the Present*, Monthly Review Press, 1978, pp. 124-125.

동 착취를 위한 최대한의 호조건의 보장을 요구하게 되고, 수입국 정부 또한 이를 위해 발 벗고 나서게 됩니다. 그러한 '투자환경'에는 면세나 세금 감면, 공장 부지의 헐값 제공, 기타 여러 행정상의 편의를 포함하지만, 특히 중요한 내용은 쟁의권의 박탈·제한 등을 통한, 외국인 투자기업체에서 일하는 노동자들의 무력화입니다. 그러한 노동자의 무력화가 자본 수출의 주요한 부대조건이 되는 것입니다.

박정희 정부가 1970년에 '마산수출자유지역'을 지정·건설하면서 공표한 "외국인 투자기업체의 쟁의 등에 관한 특례법"은 그 대표적인 예일 것입니다. 한·일 양국 노동자들의 강한 반대와 연대투쟁을 불러일으켰던 2002년의 '한일투자협정'의 논의 내용에도 역시 노동자들의 무력화를 요구하는 일본 자본 측의 요구가 포함되어 있었습니다.

2) 자본 수출의 영향

일본의 '식민지 근대화 기여론' 소동

모두 잘 알다시피, 일본의 보수·우익들은 기회만 있으면 자신들의 과거 군국주의와 동아시아 침략사를 정당화하고, 미화하려고 합니다. 전쟁 범죄의 강박관념에서 벗어나려고 하는 무의식의 발로일 수도 있겠지만, 아주 의도적으로 새로운 군사적 팽창의 정치적·이데올로기적 지평을 열고, 자국의 경제·사회체제를 그 방향으로 더욱 다잡이해 가려는 의도에서입니다.

그러한 저들 일본 우익의 책동 중의 하나가, 여러분도 익히 여러 번 들어 보았을, '근대화 기여론'입니다. 즉, 자신들의 조선 침략과 식민지 경영이 조선의 '근대화'에 크게 기여했다는 주장입니다. 경제적·정치적·사회적으로 아주 뒤떨어져 있던 조선에 자신들이 식민지 경영을 통해서, 예컨대, 철도나 도로·항만 등도 건설하고, 대공업도 일으키고, 기타 근대적인 정치적·사회적 제도들도 도입·정비함으로써 조선을 '근대화'시켰다는 것입니다.

일본의 보수·우익의 이러한 주장에 한국의 언론이나 기타 정치권 등, 여론 형성층의 반응은 어떻습니까?

일본 우익의 그러한 주장을 사실상 그대로 반복하는, 서울대 이영훈 교수 등, 고(故) 안병직 교수의 영향을 받은 소수의 '뉴라이트 학자'(!) 집단을 제외하면, 대개가 그러한 발언을 '망언'으로 규정하면서, 규탄 일색이지 않습니까?

실제로 저들의 소위 '근대화 기여론'은 물론 자신들의 침략·약탈의 범죄를 은폐하고 나아가 미화하는, 그리고 그를 통해서 새로운 형태의 침략·팽창을 강화하려는 망언이고, 그리하여 규탄받아 마땅합니다.

그런데, 저들의 그러한 망언과 그에 대한 규탄 소동은 다른 측면에서도 생각해보아야 합니다.

우선, 그러한 망언이 되풀이될 때마다 역시 되풀이되는 한국 언론이나 정치권, 학계 등의 요란한 규탄의 소리에 대해서 생각해 봅시다.

그러면, 거기에는 '대부분' 불순한 동기가 숨겨져 있다는 것을 알 수 있습니다. 대부분의 경우 그러한 요란스러운 규탄은 사실은 무언가를 은폐하고자 하는 동기에서 나오는 것이고, 또 실제로도 그렇게 기능하고 있는 것입니다. 다름 아니라, 자신들이 오늘날 장악해서 누리고 있는 지위와 부, 그리고 지배권이 사실은 과거 식민지 시대의 친일에서부터 면면히 유래하고 있고, 일제로부터의 '해방' 이후에도 과거의 친일과 본질적으로 다르지 않은 친미에서 유래하고 있다는 사실을 은폐하고자 하는 것입니다. 그리고 그러한 소동은 실제로도 그렇게 작용하고 있습니다. 사실 이는, 어느 개인 개인의 지위나 특권 등에만 해당하는 것이 아니라, 우리 사회의 구조 자체, 혹은 그것이 굴러가는, 요즘 유행어로 하면, 패러다임 자체가 그렇게 형성돼 왔다는 것을 은폐하는 것입니다.

그런데 그러한 규탄 소동 속에 숨겨 있는 더 무서운 음모는, 그들이 자신들의 과거만을 은폐하는 것이 아니라는 사실입니다. 바로 오늘날 그들이 하고 있는 짓을 은폐하는 것이고, 오늘날 우리 사회가 어떻게 움직이고 있는가를 은폐하는 것입니다.

일본에서 그러한 '망언'을 하는 자들, 그 그룹들이 어떤 자들인지 아십니까? 그들과 우리 사회 각계의 이른바 '지도층', 특히 정치·경제·언론, 기타 문화 등을 장악하고 있는 자들과의 관계가 어떤 건지 아십니까?

저들 망언을 일삼는 자들이란, 다름 아니라, 일본 정계의 '지한파'(知韓派)니 '친한파'니 하는 자들로서, 우리 사회의 각계 '지도층'과 밀접한 이해관계를 가지고 있는 자들입니다. 그리고 저들이 심심하면 '망언'과 '망언 규탄' 소동을 벌이는 것은, 양국의 노동자계급의 계급의식과 국제주의 의식을 마비시키면서 그것을 국가주의·애국주의로 몰아가기 위한 것입니다. 그러한 의도와 목적에서 그러한 소동을 벌이는 것입니다. 그러니까 수시로 되풀이되는 것입니다.

자본 수출과 수입지의 자본주의 발전

그건 그렇다고 치고, 그러면 과연 일제의 식민지 지배는, 저들 일본의 보수·우익 인사들이 주장하는 것처럼 조선, 그러니까 지금의 한국의 '근대화'에 기여한 것일까요? 아니면, '망언'이라고 규탄하는 사람들의 주장처럼, 그렇지 않은 것일까요?

저는 감히, '망언'에 따라서, "기여했다"고 주장합니다.

도대체 '근대화'란 무엇입니까?

그것은 '자본주의화'에 다름 아니고, 나아가서 '자본주의화의 심화'에 다름 아닙니다. 이 '자본주의화' 혹은 '자본주의화의 심화'를, 그 어휘가 암시하는 계급적·착취적 성격을 거세하고 이데올로기적으로 미화해서 표현한 것이 바로 '근대화'인 것입니다.

그리하여, 예컨대, "박정희가 조국을 근대화시켰다"라고 주장하는 박정희 숭배자들 혹은 박정희교 신자들이 조금이라도 정직해지려면, "박정희가 (보다 더 급진적으로) 조국의 자본주의화를 심화시켰다"라고 말해야 하는 것입니다. 그러나 박정희나 일본이 이렇게 "자본주의화를 심화시켰다"거나 "자본주의화에 기여했다"고 하게 되면, 금세 그것은 "자본주의적 착취체제를 창출하고, 그것을 심화시켰다"로 되기 때문에, 저들은 부정직하게도 장밋빛의 '근대화'라는 말로 바꿔치기를 하는 것입니다.

자, 그렇다면, "일본의 식민지 지배는 조선의 자본주의화에 기여했다", 이렇게 말해도 '망언'이 되는 것입니까?

혹시 여러분들의 민족주의적 정서를 건드려서 듣기 거북할지는 모르지만, 그러나 그것은 사실입니다. 그리고 "박정희가 경부고속도로 등을 건설하는 등 조국을 근대화시켰다"는 주장이나, "일본이 식민지 지배를 통해서 경부선 철도를 건설하는 등 조선의 근대화에 기여했다"는 주장은, 모두 이 땅에 자본주의적 착취체제를 창출하고 심화시켰다는 면에서 본질적으로 같은 의미를 가지고 있는 것입니다.

사실은, 박정희가 경부고속도로를 건설한 것이 아니라, 거기에서 피땀을 착취당하고, 심지어 적지 않게 죽어가기까지 한 노동자들이 그것을 건설한 것처럼, 경부선 철도 역시 조선의 노동자·민중의 피땀으로 건설했다는 점에서도 같은 의미를 가지고 있고, 그 모두가 사실은 이 땅의 노동자·농민을 착취하기 위한 핵심적 기반시설이라는 데서도 같은 것입니다.

그러면, 일본 제국주의는 어떻게 '조선의 근대화'에, 그러니까 '조선의 자본주의화'에 기여할 수 있었을까요?

박정희가 경부고속도로 등을 건설하기 위해서는 일본 등지로부터의 원조·차관과 베트남 전쟁에 파견한 '국군'의 파괴·학살·피의 대가로서의 달러가, 그리고 독일에 '파견', 아니 수출한 광부들과 간호사들의 피땀의 대가로서의 달러가 필요했던 것처럼, 일제의 '조선 근대화'에도 당연히 자금이 필요했습니다. 그리고 일제는 '자본 수출'을 통해서 당시 조선의 자본주의화를 촉진시켰습니다.

이는 물론, 민족주의 역사가들이 말하는, "일본의 침략과 지배가 없더라도 조선은 충분히 근대화할 수 있었다"거나, "일제의 침략과 약탈이 없었다면, 조선은 자립적 근대화를 할 수 있었을 것이다"는 주장 등과는 문제의식이 다른 얘기입니다.

많은 연구 결과가 보여주는 것처럼, 특히 18세기 이후 조선에서는 급격하게 구체제로서의 봉건제가 불안정·붕괴 과정에 들어가 있었고, 생산력의 발전으로 여러 부문에서 자본주의적 생산의 맹아도 등장하고 있었기 때문에, 논리적으로만 보면, '일제의 침략이 없었더라도' 자본주의화 할 수 있었고, 또 그 침략이 없었더라면 '자립적으로' 자본주의화 할 수 있었다는 주장이 성립할 수 있을 것입니다. 그러나 그것은 어디까지나 이미 절대적으로 현실적일 수 없는 역사의 가정일 뿐이고, 역사적 현실은 아닙니다. 역사적 현실은 '일제의 자본 수출이 조선의 자본주의화에 커다란 영향을 미쳤고, 그 발전을 비상히 촉진시켰다'는 것입니다. 물론 이것이 당시의 조선의 사회구성을 자본주의적인 것으로 바꿨다는 의미는 결코 아니지만 말입니다.44)

---

44) 일제 하 조선의 사회구성의 성격과 관련해서는 "제1강에 대한 보강"을 참조하시기 바랍니다.

아무튼, 독점자본주의 혹은 제국주의의 자본 수출은 그 자본 수입국에서의 자본주의의 발전에 영향을 미치고, 그것을 촉진시킵니다. 그것을 레닌은 이렇게 명확히 얘기하고 있습니다.

> 자본의 수출은 그것이 흘러 들어가는 국가들에서 자본주의의 발전에 영향을 미치고 그 발전을 현저히 촉진한다. 그리하여 이 자본의 수출이 그 수출국에서의 발전을 어느 정도 정체시키게 된다면, 이는 단지 전 세계에서의 자본주의의 발전을 가일층 확대하고 심화시키는 대가로서만 일어날 수 있는 것이다.[45]

제국주의가 이렇게 자본 수출을 통해서 식민지나 종속국의 자본주의 발전을 촉진하는 것은, 물론, 식민지의 '발전에 기여'하기 위해서가 아니라, 그러한 자본의 수출과 그것을 통한 식민지·종속국의 자본주의화가 그들에게 자신들의 국내에서는 취할 수 없는 초과이윤을 보장하기 때문입니다.

그런데 레닌은 위 인용문에서, "자본의 수출이 그 수출국에서의 발전을 어느 정도 정체시키게" 될 수도 있다는 점에 대해서 언급하고 있습니다.

자본주의의 발전이란 다름 아닌 '확대재생산'을 의미하는데, 이를 위해서는 당연히 자본이 추가적으로 투하되어야 합니다. 그런데 그 확대재생산에 투하될 수도 있는 자본이 그렇게 투하되는 대신에 해외로 수출되니까 자본 수출국의 경제는 발전하는 대신에 '정체'될 수가 있는 뜻입니다.

하지만, 우리가 이미 알고 있는 것처럼, 자본주의적 생산은 더 많은 자본이 재생산에 투하된다고 해서 반드시 언제나 그 발전, 즉 확대재생산이 보증되는 것은 아닙니다. 과잉생산 공황이 악화되니까 말입니다. 따라서 자본의 수출은 반드시 그 수출국에서의 발전에 정체를 가져오는 것만은 아닙니다. 레닌이 "자본의 수출이 그 수출국에서의 발전을 어느 정도 정체시키게 된다면"이라는 식으로, 유보적으로 표현하는 것도 바로 그 때문일 것입니다.

---

45) V. I. 레닌, 같은 책, ≪レーニン全集≫, 第22卷, p. 280.; *Lenin Werke*, Bd. 22, S. 247.

5. 독점자본 및 열강에 의한 세계의 분할

독점자본은 당연히 우선 자신의 국내시장을 장악하고 서로 분할합니다. 그러나 여기에 그치지 않습니다. 세계시장과 세계 그 자체가 독점자본 및 카르텔 등의 독점자본 단체, 그리고 제국주의 열강에 의해서 장악되고, 분할되게 됩니다. 그들은 노골적인 혹은 은밀한 협약을 통해서, 그리고 때로는 전쟁과 침략 등 무력을 사용하여 세계시장과 세계를 분할하고, 그리하여 경쟁을 배제하면서 특권적인 이권을 취합니다. 레닌은 《제국주의론》에서, 예컨대, 19세기 말에서 20세기 초의 가장 전형적인 산업이었던 전기산업에서의 미국의 GE와 독일의 AEG 간의 세계시장의 분할을 위시하여, 석유 카르텔에 의한 세계시장의 분할 등에 관해서 생생한 자료를 제공하고 있습니다.

독점자본과 제국주의 열강에 의한 세계 및 세계시장 분할의 동기와 목적은 상품의 판매시장과 근대 대공업에 필요한 원료의 안정적 확보입니다.

우선, 앞에서 엥엘스를 인용하여 얘기했던 것처럼, 근대 자본주의에서는 생산력과 생산은 기하급수적으로 팽창하는 데 비해서 시장은 기껏해야 산술급수적으로밖에는 증대하지 않습니다. 따라서 독점자본 간에, 그리고 제국주의 열강 간에 시장의 확보를 위한 투쟁이 치열하게 벌어질 수밖에 없고, 그 결과 전 세계가 그들 독점자본 및 제국주의의 독점적·반독점적 세력권으로 분할되고 재분할되는 것입니다.

양질의 원료를 안정적으로 확보하는 것도 제국주의적 세계 분할의 주요한 목적과 동기입니다. 특히 20세기 이후 현대 산업의 절대적 에너지원으로 되어 있는 석유의 확보를 위한 세계의 분할과 재분할, 그를 둘러싼 여러 형태의 투쟁과 전쟁이 특히 중동지역을 중심으로 끊임없이 반복되고 있다고 하는 사실은 우리 모두가 익히 알고 있는 대로입니다.

그리고 당연히 석유 외에도 여러 원료자원들을 둘러싸고 제국주의 열강 간에, 그리고 독점자본 간에 이런저런 형태의 투쟁이 끊임없이 벌어지고 있습니다.

자본주의의 불균등 발전과 재분할

독점자본과 제국주의 열강에 의한 세계 및 세계시장의 재분할은, 자본주의의 불균등 발전에 따른, 독점자본 간 그리고 제국주의 열강 간의 역관계(力關係)의 변화를 반영하여 끝없이 되풀이됩니다. 그 재분할이 가장 전형적인 형태로 나타난 것은 1930년대의 악명 높은 블록경제였고, 그 재분할을 위한 투쟁이 가장 폭력적으로 나타난 것이 바로 제1차 및 제2차 세계대전이었습니다.

언뜻 보면, 제2차 세계대전을 끝으로 세계의 재분할은 기본적으로 완료된 것처럼 보입니다.

실제로 제2차 대전 후에는, 적어도 겉으로 볼 때에는, 그리고 적어도 쏘련을 위시한 20세기 사회주의 세계체제가 해체·붕괴되기 전에는, 제국주의 열강 간에 과거와 같은 재분할 전쟁은 없었습니다.

그런데, 이는, 우선 제국주의 열강의 상호 관계와 관련하여 이야기하자면, 누구나 다 아는 바와 같이, 제2차 대전과 패전을 통해서 서유럽 국가들이나 일본, 그리고 그 독점자본들이 결정적으로 심대한 타격을 받은 반면에, 미국과 그 독점자본들, 특히 그 군수독점자본들은 그야말로 적수가 없을 정도로 승승장구했기 때문입니다. 그리하여 제2차 대전 후에는 패전한 독일·이딸리아나 일본의 독점자본들은 독점적 시장으로서의 식민지를 잃고 자기 나라와 가까운 이웃 나라의 시장에, 그리고 서유럽 전승국들의 경우에도 자신들의 잔존 식민지 시장을 중심으로 한, 상대적으로 조그마한 시장에 만족할 수밖에 없었던 것입니다. 그들이 과거에 차지했던 여타 지역의 광범한 시장은, '관세 및 무역에 관한 일반협정(GATT)'에 의거해서 접근할 수는 있었지만, 기본적으로는 물론 미국 독점자본들의 차지가 되었습니다.

제2차 대전 후 세계시장의 이러한 재분할 구조를 제도적으로 보장한 것이, 국제통화·금융의 면에서는 바로 '브레튼우즈 체제', 즉 IMF-IBRD 체제였고, 무역의 면에서는 '관세 및 무역에 관한 일반협정', 즉 GATT 체제였습니다. 이 두 기구·체제는, ―미국 역시 상대적인 강자에 불과한 현실을 반영했던 1930년대까지의 국제통화·금융체제 및 무역구조와는 현저히 다른―, 미국 중심의 기구였고, 미국 중심의 체제였습니다.

그러나, 이미 익히 아는 바와 같이, 자본주의, 특히 독점자본주의를 관철하는 특징적 법칙의 하나는 그 불균등 발전의 법칙입니다. 그리하여 1950년대를 지나 1960년대에 이르면, 벌써 서유럽과 일본이 전후복구를 마치고 세계시장에 새로운 강자로 등장하면서 다시 지각변동이 일어나게 됩니다. 그 대표적 표현이 일찍이 1950년대 말부터 발생하여 1960년대를 관통한 이른바 '골드러시'(gold-rush), 즉 미국의 달러가 대리하는 금가치의 안정성에 대한 불신에서 기인한, 취리히나 런던 등 국제 자유금시장에서의 금매입 쇄도와 이에 따라 불가피해진, 1970년대 초 브레튼우즈 체제의 붕괴, 즉 구(舊) IMF 체제의 붕괴였습니다.

나아가, 위와 같은 제국주의 열강 간의 힘의 절대적 불균형 외에, 구 식민지·반식민지 인민의 민족해방투쟁의 고양과 그에 따른 이들 지역의 정치적 독립 역시 제2차 대전 후 독점자본에 의한 세계 재분할 투쟁을 억제했습니다. 식민지·반식민지 인민의 민족해방투쟁과 이들 지역의 정치적 독립은 물론 '신흥 독립국'을 누구, 즉 어느 제국주의 국가의 신식민지로 편입할 것인가를 둘러싸고 제국주의 열강 간의 이런저런 형태의 암투가 벌어졌고, 그 암투가 때로는 그들 신흥국가에서의 내전의 형태를 띠기도 했지만, 제국주의 열강 간의 전쟁으로까지 비화하지는 않았습니다.

그리고 제2차 대전 후 이렇게 (신)식민지·세계시장 재분할을 위한 제국주의 열강 간의 전쟁을 억제한 주요한 힘의 하나로 작용한 것은 특히 쏘련을 중심으로 한 사회주의 세계체제의 성립과 발전이었습니다.

그러나 바야흐로 20세기 사회주의 세계체제가 붕괴된 지금, 발칸반도에서의 전쟁들이나 미 제국주의와 그 동맹 NATO 등의 아프가니스탄·이라크·리비아 침략 등에서 보는 것처럼, 그리고 2022년 2월에 발발한 우끄라이나에서의 전쟁처럼, 제국주의 열강에 의한 세계의 재분할은 다시 새로운 모습으로 활기를 띠어가고 있습니다.

'신자유주의'와 함께 불어닥친 '세계화' 소동도 그러한 세계 재분할의 한 형태, 한 표현입니다. 이 '세계화'는 오늘날 자본주의적 독점이 어느 정도까지 성장했으며, 또한 자본가단체들 혹은 독점자본 사이에 시장의 확대 혹은 새로운 재분할을 위해서 얼마나 치열한 투쟁이 끊임없이 전개되고 있는가를 보여주는 사태인 것입니다.

최근의 세계 재분할 전쟁들

부르주아 언론이나 학자들의 요설(妖舌)은 자본주의가 근본적으로 변화했고, 따라서 19세기 말이나 20세기 초에 전형적으로 전개되었던 제국주의의 침략·약탈 등은 이미 역사일 뿐인 과거지사(過去之事)인 것처럼 설교합니다. 그리고 현실에서 불가피하게 만나게 되는 제국주의적 정책이나 행태 등은 임의로 취사(取捨) 가능한 것이거나, 아니면 특정 권력이나 특정 자본가의 자의적이고 돌출적인 행태쯤으로 간주합니다.

그러나 그러한 주장들이 얼마나 천박한 궤변에 불과한가에 대해서 레닌은 이렇게 말합니다.

> 자본가들이 세계를 분할하는 것은, 그들의 특별한 악의 때문이 아니라, 집적이 도달한 단계가, 이윤을 획득하기 위해서는 이 길을 걷도록 그들을 강제하기 때문이다. 그때 분할은 "자본에 따라서", "힘에 따라서" 수행되는데,46) 상품생산과 자본주의 체제에서는 그 이외의 분할 방법이 있을 수 없기 때문이다. 그런데 이 힘도 또한 경제적 정치적 발전에 따라서 변화한다. 벌어지고 있는 일들을 이해하기 위해서는 힘의 변화에 의해서 어떤 문제가 결정되는가를 알지 않으면 안 된다. 그런데 이들 변화가 '순전히' 경제적인 성격의 것인가, 아니면 경제外적(예컨대, 군사적)인 본성의 것인가는 부차적인 문제여서, 자본주의의 최근의 시대에 관한 근본적인 견해를 조금도 바꿀 수 있는 것이 아니다. 자본가단체들 사이의 투쟁과 협정의 **내용**의 문제를 (오늘은 평화적이고, 내일은 비평화적이며, 모레에는 다시 비평화적인) 그 투쟁과 협정의 형태의 문제로 바꾸는 것은, 궤변가로 전락하는 것이다.47)

이러한 재분할이 어떻게 일어나는가의 한 예를, 미 제국주의의 제1차 이라크 침략을 통해서 봅시다.

지난 1991년, '이라크의 쿠웨이트 침공'을 빌미로, 미국을 비롯한 이른바 '다국적군'이 이라크를 포격하고 나섰을 때, 여러분의 대부분이 필시 당혹감을 느꼈을 것입니다. 미국 등이 이라크를 그토록 무차별하게 폭격해댄 것은 명백히 그 지역의 석유자원에 대한 이권을 노린 '제국주의적 침공'임이 분명하지만, "이라크는 왜 '쿠웨이트 침공'이라는 빌미를 주었는가" 하는 문제에

---

46) 참고로, "그때 분할은 '자본에 따라서', '힘에 따라서' 수행되는데"가 영어판(*V. I. Lenin Collected Works*, Vol. 22, p. 253)에는, "그리고 그들은 세계를 '자본에 비례하여', '힘에 비례하여' 분할하는데"로 되어 있다.

47) ≪レーニン全集≫, 第22卷, pp. 292-293.; *Lenin Werke*, Bd. 22, S. 257-258.

대한 '수긍할 만한' 대답을 찾기 어려웠기 때문입니다. 실제로, 텔레비전, 신문, 방송 등등 자본의 모든 언론기관들은, 미국의 이라크 침공을 가리켜, "독재자 후쎄인의 쿠웨이트 침략에 대한 응징"이라는 식의 선전 공세를 대대적으로 펼쳤고, 이에 여러분들은 "분명 배후에 뭔가가 있긴 있을 텐데?" 하면서도, 그것이 도대체 무엇인지를 몰라 꽤나 당혹스럽지 않았습니까? 어떤 부르주아 언론도 그에 대한 답은 들려주지 않았으니까 말입니다.

그 답은 20세기 제국주의의 침략사, 바로 중동 석유자원의 재분할사 속에 숨어 있습니다.

쿠웨이트가 정상적이고 정당한 주권국가인데, 이라크가 그 주권국가를 침공했다면? — 현재의 국제법상의 규범에 비추어, 이라크 공격을 응징이라고 강변하는 미국에 대해서 크게 반론이 있기 어려울 것입니다.

그러나 상황은 좀 복잡합니다.

제1차 세계대전 때까지 이라크를 포함한 중동지역은 오스만-투르크 제국의 영토였고, 제1차 대전에서 이 나라는 독일과의 동맹국이었습니다. 그리하여, 제1차 대전에서의 오스만 제국과 독일의 패전이 지평에 오르자, 전리품의 분할을 둘러싼 은밀한 경쟁과 음모, 거래가 당시의 연합국들 사이에서 벌어졌습니다.

그 결과의 하나가 1916년에 영국과 프랑스, 그리고 제정(帝政) 러시아 3국 사이에 전후 중동지역의 재분할을 둘러싸고 비밀리에 맺어진 싸이크스-피코 조약(Sykes-Picot Treaty)이었습니다. 이 조약의 존재와 내용은 러시아 10월 혁명 후 레닌 정부에 의해서 폭로되었는데, 아무튼 이 조약에 따라서 이라크 지역은 영국의 권리로 돌아갑니다.

그리고 영국은 예의 '분할·지배전략'에 따라서 이 지역을 다시 분할합니다. 그리고 쿠웨이트는 바로 그 분할통치 전략에 따라 1921년에 영국이 이라크로부터 인위적으로 분리시켜 만든, 말하자면, 극히 작위적인 국가입니다. 더구나 이 분리에 의해서 이라크는 해양으로의 통로가 거의 막혀 있다시피 한, 내륙 국가와 별반 다름없는 상태로 되어 버렸습니다.

제2차 대전 후 이 지역은 전적으로 미국의 영향권 하에 들어가게 되는데, 대전 전에도 후에도 **이라크는 퐈이잘(Faisal) 왕**이라고 하는, **제국주의의 괴뢰정권에 의해서 통치되었고, 자기 땅에서 나는 석유에 대해서는 단 1%의**

권리도 없었습니다. 단 1%의 권리도! 결코 과장이 아닙니다.

  1958년까지 이라크 석유에 대한 소유권은 영국과 프랑스, 네덜란드, 미국에 각각 23.75%씩, 그리고 나머지 5%는 제국주의 열강 간의 이러한 분할 합의를 이끌어내는 데에 결정적인 역할을 한, 'Mr. 5퍼센트'라는 별명을 갖게 된 칼로스테 굴벤키안(Calouste Gulbenkian)이라는 인물에게 속해 있었습니다.48)

  이에 이라크 민중이 일어났습니다. 그리고 1970년대 초까지 석유자원을 국유화하게 됩니다.

  이렇게 이라크가 1958년의 민족주의적 민주주의 혁명 이후 반제국주의적 노선을 걸어온 데 비해서, 쿠웨이트는 이라크의 그러한 민족주의적 민주주의 혁명을 위협하는 제국주의의 거점으로 기능해 왔습니다. 바로 이러한 맥락 속에서 이라크가 쿠웨이트에 대한 영유권을 주장하고, 그 병합을 기도했던 것입니다.

  1991년 미국의 이라크 침공 당시 극히 사대주의적이고 악의적인 우리 사회의 언론은, 그것이 마치 악마와 같은 독재자 후쎄인을 응징하고자 하는 '정의의 전쟁'이라는 식의 선전을 퍼부었습니다. 그러나 그들이 뭐라고 선전하든, 미국 등의 공습과 봉쇄, 그리고 침략은 명백히 중동의 석유 자원에 대한 지배권을 강화하려는 제국주의적 침략과 간섭일 뿐입니다.

  이는 사실 세계의 분할을 유지하고, 재분할하고, 그 식민지·반식민지 등을 확대하려는 제국주의의 본질이 오늘날에도 여전히 관통하고 있음을 보여주는 예입니다.

  또한, 이는 비단 이라크 사태뿐만 아니라 미국에 의한 그라나다나 파나마 침공, 코소보 사태 등 발칸반도에서의 분쟁과 전쟁, 소말리아 및 중앙 아프리카 지역에서의 복잡한 분쟁·'내전', 그리고 아프가니스탄이나 리비아 침공 등등의 동인이기도 합니다. 지금 2023년 현재에도 우끄라이나 전쟁은 물론이요 그 외에도 세계 도처에서 벌어지고 있는 복잡하고 잔인한 국제적·내전적 분쟁의 배후에는 그러한 제국주의 열강 간의 세계 재분할의 야욕·책동이 있는 것입니다.

---

48) Richard Becker, "Skulduggery since the 1920s: U.S. Corporations and Iraqi Oil", *Workers World newspaper*, 2002. 10. 31.

그리하여, 제국주의 및 독점자본에 의한 세계시장과 세계의 영토적 분할은 결코 영속적인 것도 안정적인 것도 아니며, 결코 그러할 수도 없습니다. 왜냐하면, 자본주의는 독점자본주의 단계에서 더욱 불균등하게 발전하는 것이어서 제국주의 열강 간 그리고 독점자본 간의 힘의 우열이 언제나 변하고 있기 때문이고, 따라서 열강과 독점자본은 언제나 세계의 재분할을 위한 투쟁을 멈추지 않기 때문입니다. 우끄라이나 전쟁을 계기로 새삼 화제가 되고 있는 '일극 체제에서 다극 체제로'의 국제질서의 변화도 바로 그러한 자본주의, 제국주의의 불균등 발전과 그에 따른, 세계시장과 세계의 영토의 끊임없는 재분할의 생생한 예증입니다.

이 모든 것들이 우리에게 말해주는 것은, 제국주의 즉 (독점)자본주의를 폐절해야만 각 민족 간의 평등과 국제평화가 있을 수 있다는 사실입니다.

6. 제국주의의 부후, 기생성과 노동운동의 분열

1) 제국주의의 부후, 기생성

독점과 금융과두 지배, 그리고 소수 제국주의 열강에 의한 세계의 분할과 지배는 제국주의에 고유한 기생성과 부후화(腐朽化), 정체의 경향을 낳고 강화하게 됩니다. 그것은 제국주의의 경제적 기초가 독점이기 때문입니다.

독점자본주의 시대에도 물론 경쟁은 결코 지양될 수 없고, 그 때문에 독점자본이라고 해서 기술의 개발이나 혁신 등을 게을리할 수 없을 뿐 아니라 오히려 더욱 의도적·계획적으로 추구합니다. 그 때문에, 전반적인 과잉생산과 그에 따른 경쟁의 격화, 그리고 그에 의해서 자극되고 있는 과학기술혁명의 비약적 전개를 주목하며, 독점자본주의의 정체 경향을 부인하는 학설들이 많이 주장되고 있습니다. 그리고, 그러한 주장이 많은 진실을 담고 있는 것도 사실입니다.

하지만, 그렇다고 독점자본주의의 부후화, 정체 경향이나 그 가능성을 부인할 수는 결코 없습니다. 무엇보다도 우선 독점자본주의에서의 높은 독점이윤과, 특히 이른바 '진입장벽'은, 그리고 그 특수한 형태로서, 현대 제국주의의 령수(領袖)랄 수 있는 미제국주의가 자신의 동맹국들, 그리고 UN과 같은 국제기구들까지 동원하여 자신의 적대국들에게 남발하는, 국제교역상의 이른바 '제재'(sanctions)는 기술적 진보와 그 확산을 인위적으로 저지하기 때문입니다. 또한 전반적인 과잉생산과 화폐자본의 과잉축적으로 무언가 순전히 소모적인, 그리하여 반생태주의적인 부문들을 계속 확장하지 않으면 안 되기 때문입니다.

에너지산업과 군수산업

기술의 진보가 산업부문마다 극히 불균등한 속도로 진행되고 있는데, 그러한 불균등성이 독점과 깊이 관련되어 있다는 사실을 주목해야 합니다.

문제의 부후화 혹은 정체 경향의 대표적인 예의 하나로 에너지산업을 들 수 있습니다. 주지하는 것처럼, 석유나 핵발전을 중심으로 한 에너지산업은 고도로 독점화되어 있는 부문입니다. 그런데 이 부문에서는 핵발전의 문제점은 물론, 대량의 화석연료 사용으로 인한 환경·생태계의 문제나 화석연료 자체의 '고갈' 가능성 등이 끊임없이 문제되고 있지만, 다른 산업부문들에서와는 달리, 이들 문제를 돌파할 획기적인 기술적 진보는 아직 이루어지고 있지 않습니다. 그리고 가까운 장래에 그러한 진보가 이루어질 전망도 현재로서는 그다지 보이지 않고 있습니다. (하지만, 환경·생태 문제와 관련한 압력도 여간 강한 게 아니므로, 기대는 해봅시다.)

에너지산업에서의 기술 발전의 이러한 정체는, 물론 그 산업에 고유한 기술적 특성에 의해서도 규정되는 것이겠지만, 독점자본에 의한 그 산업부문의 전반적 지배와 밀접히 연관되어 있다고 할 수 있습니다. 말하자면, 엄청난 독점이윤을 즐기고 있는 것이지요.

그러나 이 에너지 산업은 독점자본주의의 부후화 및 기생성을 드러내는 가장 대표적인 예는 아닙니다. 가장 대표적인 예는, 누가 뭐래도, 군수산업이기 때문입니다. 그리고 이 군수산업이야말로 현대자본주의의 전반적인 과잉생산을 상징적으로 대표하고, 또한 그 결과로 발전·성장하고 있는 산업이기도 합니다.

이 부문에서는 어느 산업부문에 못지않게 기술의 발전과 혁신이 이루어지고 있고, 또 산업부문 자체가 성장하고 있습니다. 그러나 그 기술 발전이나 성장은 단지 제국주의·독점자본주의의 기생성을 대표할 뿐입니다. 그것은 순전한 파괴와 살상(殺傷)을 위한 산업, 전쟁을 위한 산업으로서 오늘날 독점자본의 주요한 존재형태의 하나로 되어 있기 때문입니다.

이 독점자본은 제1차 세계대전 이후 급속히 발전하였고, 특히 1930년대의 대공황과 제2차 세계대전 이후 이른바 '군산복합체'는 자본주의적 생산의 주요한 구성 부분으로 되었습니다. 이는, 말할 것도 없이, 자본주의적 생산의 모순에 따른 과잉생산이 극도로 격화되어 대공황으로 폭발하고, 그에 따라 독점자본 간, 그리고 제국주의 열강 간의 대립이 극도로 격화되었기 때문입니다. 그리고 러시아 10월 사회주의 대혁명 이후 노동과 자본 간의 계급투쟁이 세계적인 차원·규모로 격화되고, 제2차 대전 이후에는 그 계급투쟁이 이른바 '냉전'으로 발전했기 때문입니다.

우리는 제2차 대전 이후 미국 등 제국주의에 의해서 주도된 '냉전'에 대해서 특히 주목해야 합니다.

일반적으로 그것은 단지 '미-쏘 간의 대립', 혹은 '미국과 쏘련을 각각 그 중심으로 하는 진영 간의 대립'이라는 국제정치상의 대립으로만 알려져 있습니다. 그러나 냉전 그것은, 사회주의 '진영'과 제국주의 '진영' 간의 대립이었을 뿐 아니라, 더 중요하게는 자본주의 국가 내부에서의 노동자계급에 대한 전면적인 공격이었습니다. 노동자계급의 혁명적 저항과 투쟁을 억압하고 무력화시키는 수단이자 과정이었던 것입니다. 사회주의 진영과 제국주의 진영 간의 대립은 사실은 노동자계급과 독점자본가계급 간의 대립·투쟁이 지리적으로 외화된 것이었습니다.

그런데 아무튼 이렇게 거대하게 성장했고 그렇게 성장하고 있는 군수산업은 자본주의적 생산의 틀 내에서 거대하게 발전한, 그리하여 자본주의적 생산관계와 조응하지 않게 된 생산력을 파괴하고, 그것을 아주 비생산적·소모적으로 소진시키는 역할을 하고 있습니다. 그것도 철저하게 국가의 재정에 기생하면서 말입니다.

오늘날의 자본주의적 생산에서 그것이 얼마나 주요한 비중을 차지하고 있는가는 각국의 재정·예산구조에서 알 수 있을 것입니다. 뒤에서도 얘기하겠지만, 예컨대, 부시 행정부가 제안한 2003 회계년도의 예산의 총규모는 2조1,630억 달러고, 이 가운데 공무원의 급여 등 경상경비를 제외한 '재량예산'(discretionary budget)은 약 7,670억 달러인데, 그 가운데 '공식적인' 군사예산이 약 3,970억 달러로서 재량예산의 53%를 차지하고 있습니다!

기생계층의 비대화

한편, 독점자본주의와 금융과두제의 지배, 그리고 금융자본의 팽창은 여러 형태의 '금리생활자'라는, 노동능력자들이면서 생산으로부터 유리된 기생계층을 대량으로 낳습니다. 대표적으로, 전국의 주요 도시마다 산재한 증권회사의 영업객장들을 한번 들여다보십시오.

그러면 주식과 채권 가격의 등락에 일희일비하는 무수한 '투자가들', 보다 정확하게는, 투기꾼들을 발견하게 될 것입니다. 그런데 '객장'에서 볼 수 있는 이들은 사실은 전체 투자자들 혹은 투기꾼들의 극히 일부에 불과합니다. 주지하는 것처럼, 그들 대부분은 집안의 컴퓨터 앞에 앉아 '거래'를 하니까요. 아무튼, 주식 붐이 불고, 그리하여 주식 가격이 폭등할 때에는, 이 자그마한 나라에서 주식계좌 수가 1천만 개가 넘는다지 않습니까?

물론 증권회사의 영업객장들이나 컴퓨터 앞에서 일희일비하는 투자가들 혹은 투기꾼들의 절대다수는 사실 '금리생활자'라고 이름 붙이기에도 민망한, 그리하여 '개미들'로 불리는 존재에 불과합니다. 그들은, 돈을 벌고 가능하면 일확천금하고자 하는 원망(願望)과 상관없이, 실제로는 오로지 자신들이 가진 소액의 화폐를 철저히 빨려서 '깡통'이 되기 위해서 거기에 등장한 사람들에 불과합니다. 정말 꾼들, 혹은 '금융과두'라는 말에 어울리는 거물들은 사시사철 항온·항습 장치가 되어 있는, 뉴욕이나 런던, 프랑크푸르트, 도쿄, 상하이 등등의, 그리고 서울의 화려한 사무실에서 온갖 음모와 작전으로 저들 '개미'의, 그야말로 피 같은 돈을 빨아들이고 있습니다.49) 그리고 이러한 수탈은 일국적(一國的)인 규모와 차원에서는 물론, 그 한계를 훨씬 넘어 국제적·세계적인 규모로 이루어지고 있습니다. 이른바 '세계화'의 주요한 내용의 하나입니다.

---

49) 그렇다고 해서 저들 거물 투기꾼들이 언제나 승승장구한다는 뜻은 절대 아닙니다. 발달한 자본주의적 생산에서 주기적 공황은 필연적이고, 그때마다 저들 거물들의 일부도 심대한 타격을 받습니다. 2008년의 저 유명한 '리먼 브라더스' 파산 사태도 그 극적인 예였었지요.

독점자본주의의 부후성, 기생성을 보여주는 또 다른 예는 독버섯처럼 번성하고 있는 향락산업입니다. 이에 대해서는 새삼 언급이 필요 없을 것이지만, 한 마디만 보탠다면, 한국 자본주의 역사에서 이러한 호화 향락산업이 크게 번성하는 계기는, 다름 아니라, 1970년대 중반 이후 이른바 '종합상사'들, 그러니까 독점자본의 소위 '수출 드라이브' 등 팽창정책의 본격화였습니다. 오늘날에는 대도시뿐만 아니라 지방 소도시나 심지어 농촌 지역에까지도 휘황찬란한 술집들이나 '러브호텔'들이 수도 없이 들어서 있습니다. 모두 독점자본주의의 부후성과 기생성을 드러내는 사회적 병리 현상입니다.

2) 노동운동의 기생성과 분열

독점자본주의 혹은 금융자본의 이러한 기생성은 노동자계급 운동에도 엄청난 영향을 미치고 있습니다. 소수 독점자본이 올리고 있는 막대한 독점이윤, 특히 세계적 규모의 독점자본들이 거둬들이고 있는 막대한 량의 독점이윤의 일부가 노동자계급의 상층부를 매수하는 데에 사용되기 때문입니다.

이들에 의해서 매수된 노동자계급의 상층부는, 노동운동 내에 교묘하게 독점자본의 이데올로기를 주입하고 기회주의·타협주의를 강화하면서, 노동자계급 운동을 분열시키고 거세시켜 갑니다. 오늘날 미국이나 서유럽, 그리고 일본 등등 제국주의 국가들에서 노동운동이 혁명성을 상실하고 사실상 무기력해진 데에는 바로 제국주의와 그 독점자본의 거대한 독점이윤이라는 물질적 기초, 그리하여 그 독점이윤의 일부를 동원한 노동자계급 상층의 매수와 그에 따른 노동운동의 지도부의 사민주의로의 타락이라는 사실이 놓여 있습니다.

지금 서유럽의 사회민주주의나 사민주 정당들은 더 이상 19세기 후반과 20세기 초에 노동자계급 운동을 대표하고 이끌었던 사민주의나 그 정당들이 아닙니다. 그것은 '노동자들을 역사적·이데올로기적 포로로 잡고 있는' 독점 부르주아 좌파의 정당·정권으로 타락한 지 오래입니다. 경제 이론적으로도 그것은 부르주아적으로 타락해서, 예컨대, 과학으로서의 맑스주의 경제학 대신에, 사이비 과학 혹은 비(非)과학으로서의 부르주아 경제학인 케인즈주의 등을, 그리고 1990년대 이후에는 심지어 '제3의 길'이니, '새로운 중도'니 운운하면서 신자유주의적인 이론들을 신봉하고 있습니다.

그런데, 사실이 이러함에도 불구하고, 이 나라·사회에서는 아직도 사민주의와 사민주의 정당이 마치 노동자계급의 사상과 정치조직인 것 같은 담론, 아니 주장이 횡행하고 있습니다. 예컨대, 지난 1990년대 후반에 영국과 프랑스, 독일 등에서 노동당이니, 사회당이니, 사민당이니 하는 정당들이 집권을 하게 되자, ≪한겨레≫ 등 언필칭 진보적인 언론매체들은 누구보다도 앞장을 서서 "좌파 유럽"이니 하는 요란을 떨었습니다. 그리고 그 사상적 바탕이 사민주의인, 예컨대, 중남미에서의 좌파 포퓰리즘 정당들의 대거 득세·집권을 둘러싸고도 '제1차 핑크 타이드'(Pink Tide)니, '제2차 핑크 타이드'니 운운하며 환성을 지르기도 합니다.

그러나 서유럽의 사민주의나 사민당이, 그리고 중남미의 '좌파' 정당들이 과연 노동자계급의 것인지 아닌지는, 소망적인 주관적 관점 대신에 사실에 입각해서 판단해야 합니다.

우선, 저들 서유럽 사민주의 정당들 혹은 정권들이 펼쳐온 사회·경제 정책들은 모두 기본적으로 노동(시장)의 유연화나 공기업의 사유화를 위시한 신자유주의적 정책들입니다. 그러한 신자유주의를 그들은 '제3의 길'이니, '신노동당'(New Labour)이니, '새로운 중도'(neue Mitte)니 하는 이름으로 치장하면서 공공연히 강행하고 있습니다. 나아가 그들의 국제 정책은, 이라크, 코소보, 보스니아, 아프카니스탄, 리비아 등에 대한 폭격과 침략, 그리고 우끄라이나 전쟁에서 보듯이 미 제국주의의 충실한 동반자이자 경쟁자의 그것입니다.

중남미의 이른바 '핑크 타이드'에 대해서는, 한때 '21세기의 사회주의'를 자임하고 또 그렇게 각광을 받았던 뻬네수엘라의 궤적, 특히 그 오늘날의 상황이나, '중남미 좌파의 대부'라는 브라질의 룰라 정권의 궤적을 돌아보는 것으로 충분할 것입니다. 2023년에 다시 집권한, '중남미 좌파의 대부'라는 브라질 노동당 룰라의 제1기 정권의 행적은 신자유주의의 그야말로 자발적인 수용, 그것 아니었습니까?

현대 사민주의와 관련한 진실이 이러함에도 불구하고, 즉 현대 사민주의란 노동자계급을 정치적·이데올로기적 포로로 잡고 있는 독점자본 좌파의 악질적인 이데올로기이자 정치적 실천임에도 불구하고, 오늘날 한국에서

"노동자계급의 정치세력화"라는 깃발 아래 사민주의가 때로는 공공연히, 그리고 때로는 부정직하고 은밀하게 선전·추진되고 있는 데에 대해서 심히 우려를 금할 수가 없습니다. "노동자계급의 정치세력화"라는 깃발 아래의 체제 내의 선거정당화, 그리고 그들에 의해서 추진되는 각종의 '사회개혁' 정책 혹은 프로그램은 그것이 노동자계급적인 것으로 포장되어 있으면 있을수록 그만큼 더 반노동자적이고 위험합니다.

예컨대, 저들은, 앞에서도 얘기한, 재벌의 개혁 혹은 해체, 종업원 지주제, 노동자 경영참가 등등을 그리고 소위 정치개혁을 마치 노동자계급이 추구해야 할 과제인 것처럼 떠들어댑니다. 그러나 그것들이 과연 누구의 이익으로 귀결되는지를 현실에 입각해서 냉정히 판단해보십시오. 말들은 모두 그럴듯하고 번지르르하지만, 사실은 모두 자본의, 그것도 독점자본의 이익으로, 그들의 착취를 효율화·합리화하고, 그들의 지배를 영구화하는 데로 귀결되고 있는 것들입니다.

오늘날 한국에서 왜, 누가 그러한 주장과 운동의 선두에 서 있는가를 생각해보십시오. 그러한 주장과 운동은, 다름 아니라, 독점자본주의로서의 한국 자본주의의 성숙을 표현하고 있고, 독점이윤의 일부가 소위 '진보적 지식인들', '진보적 언론'을 포함한 노동(조합)운동의 일부 상층부를 매수하는 데에 쓰이고 있다는 현실을 표현하고 있습니다. 특히 노동자 정치운동의 상층부에 사민주의적·기회주의적 노선과 작풍이 광범하게, 그것도 "노동자계급의 정치세력화"의 깃발을 들고, 확산되어 있고, 또한 확산되고 있는 것은 결코 우연이 아닙니다.

저들의 그럴듯한 선전 중의 하나는, 노동자계급이 위력적으로 정치세력화하기 위해서는 대중적이지 못한 전위정당 대신에 대중적인 소위 '진보정당' 노선을 추구해야 한다는 것입니다. '진보적인 한계'에서는, 훗날 김대중 정부에서 대통령 정책기획위원장을 역임하기도 한, 고려대학교의 최장집 교수가 선구적으로 그러한 주장을 했습니다.

그러나 노동자계급의 규율 있는 전위정당 대신에 대중적인 '진보정당'? ― 그것은 전위정당의 상(像)을 왜곡·중상하여 바로 노동자계급 운동을 합법주의적 부르주아 선거정당의 틀 속에 가두어 거세시키려는 사회민주주의자들의 음모와 선동에 불과합니다. 전위정당이, 저들이 주장하는 것처럼,

대중적이지 못하다면, 그것은 무기력할 수밖에 없을 터이고 그 어떤 정치적·대중적 위력도 없을 터인데, 퐈쑈적 국가권력은 무엇 때문에 그것을 그토록 금지하려고, 파괴하려고 하겠습니까?

마지막으로 한 가지. 독점자본주의 단계에서 이렇게 독점자본에 의한 노동자계급 상층부의 매수가 이루어진다고 해서 반드시 노동자계급 운동이 무력화되고 체제내화되는 것은 아닙니다. 그러한 매수로 인해 노동자계급과 그 운동이 분열하는 것은 필연적이지만, 전체로서의 노동자계급 운동이 무력화되는가 어떤가는 노동자계급의 구체적인 상황과 특히 그 정치적 실천에 달려 있습니다. 독점자본은, 한편에서는 노동자계급의 상층부를 매수하지만, 다른 한편에서는, 이윤 즉 잉여가치에 대한 끝없는 탐욕 때문에, 동시에 노동자계급 대중의 광범한 빈곤과 굴종, 노동의 강화를 더한층 강요하기 때문입니다. 바로 잉여가치에 대한 저들의 이 탐욕 때문에 노동자계급은 자본과의 투쟁을 끊임없이 벌일 수밖에 없게 되는 것입니다.

그리하여, 물론 쉬운 일은 아니지만, 노동자계급 운동이 대중투쟁 노선을 견지하고, 그러한 가운데 확고한 계급적·전투적·변혁적 정치조직이 성장한다면, 상황은 지금 서유럽이나 미국, 일본 등과는 전혀 다르게 전개될 수 있는 것입니다.

제11강 국가독점자본주의

1. 자본주의의 전반적 위기와 국가독점자본주의

이미 본 것처럼, 자본주의적 생산양식이 확립되자마자 사적소유자에 대한 가일층의 수탈은 새로운 형태를 취하게 되어, 이제 자신의 생산수단을 가지고 스스로 노동하는 자영의 노동자, 즉 소생산자가 아니라 많은 노동자를 착취하는 자본가들 자신이 수탈의 대상으로 됩니다. 맑스의 표현을 빌리면, "한 자본가가 많은 자본가를 때려죽"이는 것입니다. 바로 자본의 집중인데, "이러한 집중, 즉 소수 자본가들에 의한 다수 자본가들의 수탈과 함께 나란히, 갈수록 증대하는 규모에서의 노동과정의 협업적 형태, 과학의 의식적인 기술적 적용, 토지의 계획적 이용, 공동으로만 사용할 수 있는 노동수단들로의 노동수단들의 전화, 결합된, 즉 사회적인 노동의 생산수단으로서 그 사용에 의한 모든 생산수단들의 절약, 세계시장이라는 망(網) 속에서의 모든 국민의 뒤얽힘과 그에 따른 자본주의 체제의 국제적 성격이 발전"하게 됩니다.

그리고 "이러한 변화과정의 모든 이점들을 가로채고 독점하는 대자본가들의 수가 끊임없이 감소함에 따라서, 빈곤·억압·예속·타락·착취의 량이 증대하는데, 그러나 끊임없이 팽창하는, 그리고 자본주의적 생산과정이라는 기구 그 자체에 의해서 단련되고, 단결되고, 조직된 노동자계급의 저항도 또한 증대"하게 되고, "자본의 독점은, 그 독점과 더불어 그리고 그 독점 하에서 번영한 이 생산양식의 질곡으로" 되어, "생산수단의 집중과 노동의 사회화는 그것들의 자본주의적 외피(外皮)와 양립할 수 없게 되는 어떤 지점에 도달"하게 됩니다.1)

---

1) 이상, ≪자본론≫, 제1권, *MEW*, Bd. 23, S. 790-791. (채만수 역, 제1권, 제4분책, pp. 1265-1266.)

"자본주의적 생산양식 그 자체의 내재적 법칙들의 작용(Spiel)"2)에 의해 조장되는 자본주의적 생산의 이러한 전면적인 위기는, 20세기에 들어오자마자 실제로 제1차 세계대전과 대공황, 그리고 제2차 세계대전이라는 형태로 자신의 모습을 드러냈습니다. 그리고 이러한 상황의 전개는 필연적으로 노동자계급의 저항에 대한 부르주아 국가의 억압과 회유 전략의 강화, 그리고 경제적 재생산과정에 대한 국가의 전면적 개입, 혹은 국가의 경제적 역할의 강화를 불러왔습니다. 바로, 국가독점자본주의로의 이행입니다. 그리하여 역사적으로 자본주의는 제1차 세계대전을 거치면서 국가독점자본주의로 전화했는데,3) 전후 1920년대 중반의 이른바 '상대적 안정기'에 잠시 다시 자유주의적인 제도가 의식적으로 추구되고 그리하여 잠시 후퇴하지만, 1930년대의 대공황을 계기로 국가독점자본주의는 전면적으로, 그리고 불가역적(不可逆的)으로 전개되었습니다.

사실 국가독점자본주의는 '자본주의적 생산의 전반적 위기'의 전개에 대응한 독점부르주아지의 대응인데, 애초에는 고전적 혹은 케인즈주의적 형태로 전개되다가 1970년대에 시작된 전반적 위기의 재격화를 계기로 신자유주의적 형태로 전개되고 있습니다.4)

---

2) 같은 곳.
3) 부르주아적 시각에서도 제1차 세계대전은 자본주의의 구조변화의 주요한 계기여서, 예컨대, 다음과 같이 서술되고 있습니다. ―"1차대전은 19세기와 20세기의 진정한 분수령이 되었다. ... 19세기 말은 금본위제를 바탕으로 하는 국제지불체계가 상대적으로 제 구실을 하던 시기였다. ... 뿐만 아니라 유럽에서 신대륙으로 노동과 자본이 대규모로 이동한 것에서 알 수 있듯이 생산요소는 국제적으로 거의 완전히 자유롭게 이동하였다. 이것이 19세기의 국제경제질서였다. [그러나 ― 인용자] 전쟁 자체가 하나의 중요한 경제적 혁명이었다. 1914년 이전 평시 경제에서는 국가의 역할은 극히 제한되어 있었다. 정부는 국방, 외교, 국내치안을 제공하였으며, 경우에 따라 초등교육을 무상으로 공급하는 정도였다. 정부는 철도에 보조금을 주고 도로를 건설하였다. 전체 재정 수입과 지출은 전쟁이 시작되기 직전까지도 GDP의 15%를 넘는 경우가 거의 없었다."(Charles H. Feinstein, Peter Temin, Gianni Toniolo 저, 양동휴・박복영・김영완 역, ≪대공황 전후 유럽경제≫[*The European Economy Between the Wars*], 동서문화사, 2000, pp. 39-40. [개정판: ≪대공황 전후 세계경제≫(*The World Economy between the Wars*), 2008, p. 45.])
4) 뒤에서 보는 것처럼, 신자유주의 역시 사실은 케인즈주의의 한 형태, 그 극우적・군사적 형태에 불과하고, 특히 2007년 하반기에 폭발한 새로운 대공황을 계기로 케인즈주의와 신자유주의 간의 일종의 '종합'이 진행되고 있는 중입니다.

전반적 위기와 전반적 위기론

앞에서도 언급했지만, 자본주의 체제의 전반적 위기에 대해서는 그것을 쓰딸린주의적 시각이라며 강하게 부인하는 견해가 있습니다.5) 그리고 쏘련을 위시한 20세기 사회주의 세계체제가 해체된 이후에는 물론 그러한 견해가 더욱 발언권을 강화해서, 요즈음엔 사실 '전반적 위기'를 언급하는 것조차 어지간한 용기가 없이는(?) 쉽지 않은 분위기로까지 되어 있는 느낌입니다.

물론, 자본주의 체제의 전반적 위기를, 기본적으로 러시아 혁명 후의 사회주의 체제와 자본주의 체제 간의 대립이나 제2차 대전을 계기로 한 사회주의 세계체제의 성립과 전개를 중심으로 설명하는, 이른바 진영 테제적인 전반적 위기론, 기왕의 사회주의 진영과 또 사회주의를 지향하는 세계 노동자계급의 자긍심과 긍지를 표현해왔던 그 진영 테제적인 전반적 위기론은, 쏘련을 위시한 20세기 사회주의 세계체제의 붕괴로 이미 그 설득력을 잃은 것이 사실입니다.

그러나 자본주의 체제의 전반적 위기의 존재 그 자체와 그에 대한 어떤 견해의 타당성 문제는 당연히 별개의 문제입니다. 따라서 전반적 위기 그것에 대한 기존의 어떤 견해·설명이 오류로 판명되었다고 해서, 그것이 곧바로 전반적 위기 그 자체의 존재를 부정하는 논거가 될 수는 없습니다.

무엇보다도 경제적 재생산과정에 대한 국가의 전면적 개입, 국가의 광범한 경제적 역할, 즉 국가독점자본주의 그 자체가 전반적 위기의 존재를 입증하고 있습니다. 신자유주의는 경제적 재생산과정에 대한 국가개입의 배제와 그 과정에서의 국가 역할의 배제를 주장하지만, 뒤에서 보게 되는 것처럼, 이는 허위 이데올로기일 뿐이고, 사실은 국가의 개입과 역할은 어느 때보다도 더욱 강화되고 있습니다.

자본주의체제의 전반적 위기란, 거대 독점자본과 금융과두제의 지배에까지 이른 자본주의적 생산의 모순이 전면적으로 심화 혹은 격화되고, 그에 따라 정치적·사회적 위기 역시 더없이 격화됨으로써, 국가가 더 이상 자신의

---

5) 지난번 강의에서 대부분의 뜨로츠키주의자들이 '독점자본주의'나 '국가독점자본주의'라는 말만 나와도 "쓰딸린주의다!"라고 외치며 경기(驚氣)를 한다는 얘기를 했지만, 그들이 그러한 태도를 보이는 것도 사실은, 쏘련에서 학계뿐 아니라 사회 일반의 정설로 되어 있던 바로 이 '전반적 위기'라는 개념에 대한 거부감 때문입니다.

역할을 이른바 자유주의 시대의 그것, 즉 기본적으로 경제적 재생산과정의 외부에 머물며 범죄와 외부의 침략으로부터 그것의 안전을 보증한다고 하는 역할에 한정할 수 없게 된 상황을 가리킵니다.

자본주의 체제의 정치적·경제적 위기가 극도로 격화된 나머지 "자본주의 사회의 공식적인 대표자인 국가가 생산의 지휘를 인수하지 않으면 안 되는"6) 상황이 바로 자본주의 체제의 전반적 위기인 것입니다.

따라서 자본주의 체제의 전반적 위기는 어디까지나 생산의 사회적 성격과 전유·취득의 사적 성격이라는 자본주의적 생산의 기본모순, 그 주요한 표현인 사회적 생산의 무정부성에서, 따라서 자본주의적 생산의 위기로서의 공황을 파악하는 이론적 방법의 연장선에서 파악되어야 할 것이고, 특히 노동생산력의 비약적 증대와 그에 따른 공황의 격화, 만성화를 주목해야 할 것입니다.

그리고 레닌도 "전쟁은 독점자본주의의 국가독점자본주의로의 전화를 비상히 촉진시켰다(extraordinarily expedite)"7)거나 "제국주의 전쟁은 독점자본주의의 국가독점자본주의로의 전화과정을 엄청나게 촉진했고 심화시켰다(immensely accelerate and intensify)"8)고 말하고 있는 것처럼, 제국주의 전쟁이나 사회주의 진영의 성립 등은, 독점자본주의의 국가독점자본주의로의 전화의 필연성의 근거라기보다는, 그것을 촉진하고 격화시키는 요인 및 계기로 파악되어야 할 것입니다.

실제로, 노동자계급과 자본가계급 간의 모순, 제국주의와 식민지 인민 간의 모순, 제국주의 상호 간의 모순, 그리고 제국주의와 사회주의 간의 모순이라는 이른바 '전반적 위기 시대의 4대 모순'은 전반적 위기 시대의 주요 모순을 구조적으로 분석한 것으로서, 사실은 모두 자본주의적 생산의 기본모순의 현상형태들이며, 또한 제국주의와 식민지 인민 간의 모순이나 제국주

---

6) F. 엥엘스, ≪공상에서 과학으로 사회주의의 발전≫, *MEW*, Bd. 19, S. 221.; ≪반뒤링론≫, *MEW*, Bd. 20, S. 259.

7) V. I. 레닌, "임박한 파국, 그것과 어떻게 싸울 것인가", ≪レーニン全集≫ 제25권, 大月書店, 1972, p. 386.; *Lenin Collected Works*, Vol. 25, Moscow, p. 363.

8) V. I. 레닌, ≪국가와 혁명≫, ≪レーニン全集≫ 제25권, 大月書店, 1972, p. 413.; *Lenin Collected Works*, Vol. 25, p. 387.

의 상호 간의 모순, 그리고 제국주의와 사회주의 간의 모순은 노동자계급과 자본가계급 간의 모순이 국제적으로 외화(外化)된 형태들입니다.

2. 독점자본주의와 사회적·경제적 위기의 심화

자본주의적 생산의 발전은 자본의 집적을 수반하면서, 즉 이윤으로서 착취된 잉여가치의 자본으로의 재전화를 수반하면서 진행되고, 이는 자본의 유기적 구성도를 높이면서, 즉 자본의 가변적 성분인 임금으로 지불되는 자본액이 불변적 성분인 생산수단의 가치 및 가격에 비해서 갈수록 작아지면서 진행됩니다. 그리고 자본주의적 생산의 발전은, 누차 얘기한 것처럼, 또한 거대한 자본의 집중을 수반하면서 진행됩니다. "경쟁은 언제나 다수의 소자본가들의 몰락으로 끝나는데, 그들의 자본은 일부는 승리자의 수중으로 넘어가고, 일부는 멸망"[9]하는바, 자본주의적 생산이 발전하면서 형성되는 신용제도는 자본의 이러한 집적과 집중의 과정을 그 극한까지 밀어붙이게 됩니다.

그리고 이러한 과정이, 한편에서는 자본주의적 생산의 팽창력을 극도로 증대시킴으로써 생산과 소비 사이의 모순을 격화시키고, 다른 한편에서는 상대적 과잉인구, 산업예비군을, 따라서 빈곤과 무지, 질병, 억압을, 또한 따라서 노동자계급의 사회적·정치적 저항을 누진적으로 생산하면서, 마침내 자본주의 체제 자체의 전면적 위기를 낳게 되는 것입니다.

그런데 독점자본주의로의 자본주의의 전화는 생산 및 경쟁 구조에서의 중대한 변화를 의미하고, 따라서 독점은 자본주의의 전반적 위기를 초래하는 주요한 기구입니다.

1) 독점가격, 독점이윤

바로 앞의 강의에서도 말씀드렸지만, 독점이윤 혹은 독점가격에 대해서 간단히 다시 얘기해봅시다.

---

[9] ≪자본론≫, 제1권, MEW, Bd. 23, S. 655. (채만수 역, 제1권 제4분책, p. 1034.)

'독점가격'이라고 하면, 우리는 무엇보다도 무언가 '부당하게 비싼 가격'을 연상합니다.

네, 그렇습니다. 독점가격은 부당하게 비싼 가격입니다. 그런데 문제는 "어떤 기준에 의해서" 부당하게 비싼 가격인가 하는 것입니다.

이와 관련해서, "독점기업이 아니라 비독점자본, 그러니까 중소기업이 동일한 상품을 만들었더라면, 형성되었을 가격에 비해 비싼 가격"이라고 생각하는 사람들이 꽤 많은 것 같습니다. 그러나 이는 커다란 오해입니다. 왜냐하면, 어떤 상품들의 경우는 자본주의가 독점자본주의 단계에까지 발전하지 않았더라면, 그들 상품의 개발에 필요한 거대한 자금의 조달이 불가능했기 때문에 그들 상품은 시장에 등장하지조차 않았을 것이기 때문이고, 기술적으로는 중소의 자본이 개발·생산할 수 있는 상품들의 경우라도 중소기업은 그 규모와 그에 따른 생산기술의 제약 때문에 거대 독점자본에 비해서 노동생산력이 현저하게 낮아서 동일한 상품을 생산하는 데에 훨씬 더 많은 노동시간을 필요로 할 것이기 때문입니다.

설정 자체가 무리한 것이긴 하지만, 문제를 이해하기 위해서 이런 예를 들어 봅시다.

2023년 초 현재 현대·기아나 한국지엠, 르노코리아 등은, 예컨대, 배기량 1,600cc 정도의 소형 승용차를 1대당 대략 2천만 원 정도에 팔고 있습니다.

그러나, 그들 완성차 업체들이 올리고 있는 엄청난 이익이나, 때때로 갖은 명목으로 기한부 할인판매를 하는 사실 등등으로 미루어, 사실상 항상적으로 광고·선전에 엄청난 돈을 쏟아붓고 있는 사실 등등에 비추어, 그리고 무엇보다도 국내시장에서보다 훨씬 값싼 가격에 수출하고 있는 사실에 비추어, 1대당 2천만 원이라는 가격은 사실 '부당하게 비싼' 독점가격임에 틀림없다고 추정할 수 있을 것입니다.

그런데, 어떤 중소기업, 즉 어떤 비독점자본이 현대·기아나 한국지엠 등이 만들고 있는 것과 같은 급의 소형차를 생산한다고 가정해봅시다. '경쟁'이라고 하는 문제를 고려하지 않는다면, 가장 순수한 의미에서의 기술적으로야 중소기업이라고 해서 그만한 자동차를 만들지 못할 이유도 없을 터이니까 말입니다.

아무튼 그렇게 중소기업이 소형 승용차를 만든다면, 광고·선전 등 판매에 영향을 미치는 기타 요인, 기타 비용은 별도로 하더라도, 그 중소기업은 그 소형 승용차를 현대나 기아, 한국지엠 등의 '독점가격'보다 낮은 가격에 판매하는 것이 가능할까요?

낮은 가격에는 고사하고, 동일한 가격에도 필경 불가능할 것입니다.

비독점자본으로서의 중소기업은, 고도로 자동화된 고가의 장대(莊大)한 설비 등 노동생산성이 높은 생산수단을 갖추는 것이 불가능하기 때문에, 설령 기술적으로 그러한 소형 승용차를 생산할 수 있다 하더라도 그 생산에는 현대나 기아, 한국지엠 등 독점 대기업보다 훨씬 많은 노동력과 노동시간이 필요할 것이기 때문입니다.

그렇다면, '부당하게 비싼 가격'으로서의 독점가격이란 무슨 의미일까요?

독점가격이란, 다름 아니라, 거대 자본이 그 시장지배력을 이용하여 평균이윤률을 넘는 이윤, 즉 독점이윤을 취하는 가격입니다. 이를 맑스는 "**상품의 생산가격에 의해서도, 상품의 가치에 의해서도 규정되지 않고, 구매자의 욕망과 지불능력에 의해서 규정되는**"10) 가격이라고 정의하고 있습니다. 아무튼 그것은 시장에서의 경쟁을 통해서 형성되는 가격이 아니라 독점자본이 작위적으로 설정하는 관리가격입니다.11)

---

10) ≪자본론≫, 제3권, *MEW*, Bd. 25, S. 772.

11) "독점부문에서의 소수 거대 독점자본은 그 부문의 독점적 시장구조(높은 집중도와 높은 진입장벽, 나아가서는 강한 제품차별)를 기초로 부문 내의 경쟁 및 부문 외로부터의 진입경쟁을 제한하여 가격을 끌어올리고, 장기적인 이윤의 최대화를 꾀한다. 그리고 여기에서 독점자본에 의하여 실현되는 가격과 이윤률은, 경쟁이 일절 제한되지 않았을 경우에 성립할 수준― '생산가격', '평균이윤률' ―을 넘는 것이다. 이렇게 소수 거대 독점자본이 경쟁을 제한함으로써, 경쟁이 전면적으로 지배하는 경우에 성립할 '생산가격' 이상의 높이로 설정되는 가격이야말로 '독점가격'이고, 그에 의해서 경쟁이 전면적으로 지배하는 경우에 실현될 '평균이윤'을 넘어 획득되는 초과이윤이야말로 실로 '독점이윤'이다."(北原勇 지음, 김재훈 옮김, ≪독점자본주의론≫, 사계절, 1984, p. 138. [원문: 北原勇(기타하라 이사무), ≪獨占資本主義の理論≫, 有斐閣, 1977, p. 127.])

참고로, 독점가격에는 본래적 의미에서의 독점자본에 의해서 설정·관리되는 그것 외에 다른 것들도 있습니다. 전통적으로는 특수한 토질과 기후를 가진 한정된 토지에서 생산되는 특수한 품질의 포도주의 가격이 유명한데, 오늘날 특히 눈에 띄는 것은 이른바 '명품'들의 가격입니다. 가죽으로 만들어진 어떤 '명품 가방'을 예로 들자면, 무수한 '짝퉁'들이 만들어져 유통할 만큼, 그것을 생산하는 데에 아무런 기술적 애로도 사실상 없고, 또 그 생산비도 불과 수만 원, 혹은 기껏해야 기십만 원밖에 안 될 가방이 수백만 원, 혹은 심지어 수천만 원에 판매된다고 하지 않습니까? 그러한 '명품'가격들 역시, 다

독점이윤은, 저 앞에서 임금과 물가, 즉 상품가격들과의 관계를 설명하면서도 말했지만, 다른 자본의 이윤이 그러한 것과 마찬가지로, 사회의 총이윤 혹은 총잉여가치의 일부입니다.12) 독점자본이, 따라서 독점가격이 존재하지 않는다면, 한 사회의 일반이윤율, 즉 평균이윤율은 투하된 총자본에 대한 총잉여가치의 비율과 같을 것이고, 경쟁의 결과 자본은 그러한 이윤율로 그 사회의 총잉여가치를 서로 분배할 것입니다. 그런데 독점이 성립되어 평균이윤율을 넘는 독점가격이 설정되게 되면, 그 사회의 일반이윤율은 그만큼 압박을 받아 내려갈 수밖에 없게 되고, 그에 따라서 경쟁에 따른 집중, 즉 약체자본(弱體資本)의 도산이나 경영상의 압박과 독점자본에 의한 그 인수·합병은 더욱 가속화될 수밖에 없게 됩니다.

2) 독점자본과 경쟁, 그 경쟁의 특수성

우리는 일반적으로 "독점은 경쟁의 대립물이고, 독점자본은 경쟁을 배제한다"고 말합니다. 당연히 맞는 말입니다.

그러나 독점자본이라고 해서 경쟁을 전적으로 배제할 수 있는 것은 아닙니다. '경쟁을 배제한다'라는 사실 자체가 사실은 경쟁을 전제하고 있는 것입니다. 따라서 독점자본은, 엄밀히 말하면, 경쟁을 배제하는 것이 아니라 경쟁을 제한하는 것이고, 또 경쟁의 양태를 달리하는 것입니다. 그리고 이러한 경쟁의 제한 혹은 그 양태의 변화는 독점자본의 존재·존속 조건도 규정하고 있습니다.13)

름 아니라, 전형적으로, "**상품의 생산가격에 의해서도, 상품의 가치에 의해서도 규정되지 않고, 구매자의**" 허영, 즉 "**욕망과 지불능력에 의해서 규정되는**" 가격, 즉 **독점가격**입니다.

12) "독점자본이 상호 협조에 의해서 경쟁을 제한하고 가격을 끌어올렸다고 하더라도, 그 가격의 인상이라고 하는 행위 자체가 가치를 창출한다든지 증대시킨다든지 하는 것이 아님은 말할 나위도 없다. 따라서 독점이윤의 원천은 기본적으로는 사회 총노동이 창출하는 가치생산물(V+M) 속에밖에는 없고, 독점이윤이 이 V+M의 분배변화에 의해서만 획득되는 것, 바꾸어 말하면 그것은 (만일 독점이 존재하지 않는다면) 사회의 다른 성원의 소유로 돌아갈 가치가 독점가격에 의한 상품교환을 통해서 독점자본의 손으로 이전=수탈된 것에 다름 아닌 것, 이러한 것들은 오히려 자명하다"(北原勇, 같은 책, pp. 138-139[원문: p. 128]).

앞에서 '독·과점'이라는 용어의 무개념성에 대해서 보았고, 부르주아 '근대경제학'이 '과점'이라고 규정하는 것 자체가 사실은 우리가 지금 논하고 있는 독점에 다름 아니라는 사실을 확인했습니다. 실제로, 독점이라고 하지만, 어떤 산업부문에서건 '오로지 하나의 자본', '오로지 하나의 기업'만이 지배하는 경우는 사실상 거의 없습니다. 독점이 아무리 강화되어 있는 부문에서도 독점자본은, 구태여 말하자면, '과점자본'의 상태로 존재합니다. 심지어 국가가 법률과 그에 기초한 강제력에 의해서 문자 그대로의 독점을 보장하는 '전매사업'의 경우조차, 그 국가경제는 자본주의 세계경제를 구성하는 한 단위에 불과하고 각 국가경제·국민경제는 서로 교통한다는 사정 때문에, 문자 그대로의 독점 상태는 유지되지 못하는 것입니다.

아무튼 그렇게 어떤 산업부문에서든 독점자본은 복수로 존재하고 있고, 바로 그 때문에라도 사실은 불가피하게 그 독점자본들 간에 경쟁이 벌어지고 있습니다. 어떤 산업부문 내부에서의 독점자본들 간의 이러한 경쟁을 경제학은 '**부문 내 경쟁**'이라고 부릅니다.

그런데, 비독점자본도 물론 마찬가지이지만, 독점자본은 동일 부문 내의 자본들과만 경쟁을 하는 것이 아닙니다. 독점자본은 또한 다른 부문의 독점자본과는 물론, 아직 독점자본의 반열에는 오르지 못했지만 독점자본으로 성장해오는 대자본과도 경쟁하지 않으면 안 됩니다. 다른 자본이 자신의 부문에 진입해서 가격을 경쟁하고 공급과잉을 일으키는 것을 저지해야 하기 때문입니다. 독점자본의 이러한 타 부문과의 경쟁을 경제학은 독점자본의 '**부문 간 경쟁**'이라고 부르고, 타 부문 (독점)자본의 진입을 저지하는 제 수단과 조건을 '**진입장벽**'이라고 부릅니다.

이렇게 독점자본은 부문 내 경쟁과 부문 간 경쟁 속에서 생활하고 있는데, 독점자본의 이러한 경쟁에는 비독점자본의 그것과는 다른 특이성이 존재합니다.

---

13) "힘의 집중이 중대한 정도로 등장했다고 해서 그것이 곧 경쟁의 종언을 의미하는 것은 아니다. 그것은 경쟁이 새로운 수준으로 고양되었음을 의미한다. 경쟁자들 간의 생산 및 가격, 판매정책에 관한 잠정적 조정이 이전보다 더욱 가능해지고, 경쟁적으로 대응했을 때 어떤 결과를 낳을 것인가를 합리적으로 예측하면서 사업 결정을 내릴 수 있게 된다"(Harry Magdoff, *Imperialism: From the Colonial Age to the Present*, Monthly Review Press, 1978, p. 131).

우선, 독점자본은 상호 경쟁을 하면서도 부문 내 독점자본 간의, 때로는 명시적인, 때로는 암묵적인 협정·담합을 통해서, 즉 명시적인 혹은 암묵적인 카르텔을 통해서 가격 경쟁을 지양·제한하고 '비가격 경쟁'을 벌입니다.[14] 잦은 모델 교체에서 전형적으로 나타나는 소위 '제품 차별화'나 치열한 광고·선전전, 그리고 경품 끼워 팔기 등이 바로 그것입니다. 특수하게는 '기한부 할인판매'도 그 범주에 듭니다.

독점자본이, 상호 치열한 경쟁을 벌이면서도, 가격 경쟁을 최대한 배제하고 비가격 경쟁을 벌이는 이유는 물론 그들의 독점가격과 독점이윤을 유지하려는 목적 때문입니다. 그러나 '비가격 경쟁'이라고는 하지만, 시장점유율을 유지·확대하려고 하는 독점자본 간의 경쟁은, 사실상 그 어느 것이나 독점자본에 추가적인 비용을 요구하는 것들이어서, 그들의 이윤률에 악영향을 미칩니다. 그리고 특히 전반적이고 항상적인 과잉생산으로 독점자본 간의 경쟁이 갈수록 치열해지고 있는 오늘날에는 더욱 그렇습니다.

그런데, 다른 한편에서, 독점가격은 부문 내 독점기업들이 그것을 임의의 높이로 설정하고 담합한다고 해서 유지될 수 있는 것은 아닙니다. 맑스가 규정하고 있는 것처럼, 독점가격이란 "상품의 생산가격에 의해서도, 상품의 가치에 의해서도 규정되지 않고, 구매자의 욕망과 지불능력에 의해서 규정되는" 가격이지만, 만일 그 독점가격이, 예컨대, 특수한 토질과 기후를 가진 한정된 토지에서 생산되는 특수한 품질의 포도주의 가격처럼 특수한 자연조건과 관련된 그것이 아니라면, 혹은 최근의 동향과 관련해서 말하자면, 특허나 마이크로소프트사의 윈도우즈 프로그램 등등의 소위 '지적 재산권'처럼 국가라는 폭력이 그 독점을 절대적으로 보장하는 경우가 아니라면, 또 혹은 비쌀수록 그 부를 과시하는 특정한 '명품 브랜드'에 대한 허영을 노린 경우가 아니라면, 다른 부문의 (독점)자본과도 경쟁하지 않을 수 없기 때문입니다.

---

14) 어떤 사람들은 카르텔 등을 통한 가격 담합은 '독과점 금지법' 등이 시행되기 이전의 '옛날 일'로 생각합니다. 그러나 그런 사람들은, 예컨대, "공정거래위원회가 연초부터 정유, 설탕, 석유화학 담합과 현대차 부당내부거래 등을 줄줄이 적발해낸 데 이어 현재 조사가 진행 중인 대형 사건들의 처리도 속도를 낼 방침이어서 연말까지 대규모 과징금 '폭탄'이 터질 것으로 전망된다."(연합뉴스, "공정위 대형사건 줄줄이 터진다", ≪조선일보≫, 2007. 10. 6.) 등등과 같은, 빈번히 적발되고 있는 '담합'의 사례들에 대해서 짐짓 눈을 감고 있는 것에 불과합니다.

만일 어떤 부문의 독점이윤률이, 타 부문의 (독점)자본이 이 부문에 진입하면서 지불해야 하는, 말하자면, '진입 비용'을 보상하고도 남을 만큼의 고율이라면, 당연히 타 부문의 자본이 진입하여 공급을 증대시킴으로써 시장가격을 하락시키게 되고, 그렇게 되면 독점가격도 카르텔도 유지될 수 없게 될 것입니다. 따라서 독점자본은 이러한 부문 간 경쟁의 결과로 그 독점가격을 어떤 일정한 높이 이하로 제한하게 됩니다. 즉, 어떤 산업부문에 특유한 기술적 노하우나 특허, '지적 재산권', 원자재의 독점 등 이외에, 일정 수준을 넘지 않는 독점가격 혹은 독점이윤률 자체가 '진입장벽'이 되는 것입니다. 그리고 참고로, 이른바 '진입장벽'에는 방금 열거한 것들 외에도 '유통망의 독점'도 들 수 있을 것입니다.

그밖에, 그렇게 해서 타 부문 자본의 진입을 저지한다고 하더라도, 만일 독점자본이 경쟁적으로 공급을 증대시켜 시장에 상품이 범람하게 된다면, 이 역시 시장가격을 하락시키게 되고, 결국은 독점가격도 카르텔도 유지될 수 없게 될 것입니다. 따라서 독점자본은 시장의 수요가 상대적으로 고정되어 있든가 축소되고 있는 시기에는 그 조업과 생산, 즉 공급을 제한함으로써 독점가격과 카르텔을 유지하게 됩니다.

이상이 대략 독점자본의 경쟁의 특수성입니다.

3) 독점자본과 과잉설비·과잉생산
― 독점자본의 투자행동의 특수성과 공황의 심화·형태변화

그런데 독점자본의 이러한 특이한 경쟁은 독점자본에게 과잉설비의 보유라는 부담을 요구합니다.

우선, 수요가 축소되고 있거나 축소되어 있는 시기는 말할 것도 없거니와 그것이 상대적으로 고정되어 있는 시기에도 독점자본은 예기치 않은 수요의 증대에 대비해 과잉설비를 보유하게 됩니다. 그래야만 수요가 증대하는 데에 민첩하게 대응하여 시장 점유율을 유지·확대할 수 있기 때문입니다.

뿐만 아니라, 독점자본은 부문 간 경쟁의 필요에 의해서도 항상 일정량 이상의 과잉설비를 보유하게 됩니다. 만일 어떤 부문의 독점자본이 일정량 이상의 과잉설비를 보유하고 있지 않다면, 수요 증대를 예상하여 타 부문의 자

본이 진입할 것이기 때문입니다. 일정량의 과잉설비 그것도 부문 간 경쟁에 필수적인 '진입장벽'인 것입니다.

이 과잉설비는 말할 것도 없이 과잉생산의 한 형태로서 독점자본의 이윤율을 압박하는 주요한 원인의 하나입니다.

수요가 상대적으로 안정적인 시기에 과잉설비를 안고 있다는 사실은 독점자본의 축적 행동에도 주요한 제약·변화를 야기합니다. 즉, 수요가 안정적인 시기에 과잉설비를 안고 있고 또 생산·공급을 일정량 이하로 조절해야 한다고 하는 조건은, 독점자본이 고율의 독점이윤률을 통해서 획득하는 거대한 량의 이윤을 생산자본으로 전화시키지 못하고, 화폐자본의 형태로 보유하고 있어야 한다는 것을 의미합니다.

이는 자본이 잉여가치를 낳는 자본으로서의 기능을 멈춘 채 정체해 있어야 한다는 것을 의미하고, 분명 '최대한의 이윤 추구'라는 자본의 요구·본능과 모순되는 것입니다.

이에 독점자본은 크게 두 갈래의 돌파구를 찾습니다. 하나는 금융자본화·투기자본화이고, 다른 하나는 수요가 확대되거나 그 확대가 예상되는 시기에 벌이는 설비의 경쟁적인 갱신·확장입니다.

여기에서 금융자본화 혹은 투기자본화에 대한 논의는 생략하기로 합시다.

그리고 경쟁적인 설비의 갱신·확장에 대해서만 얘기하자면, 여러분은 그 예를 수시로 목격하고 있습니다. 1997년 말에 폭발한 대공황을 준비했던 1993년에서 1995년까지의 시기를 예로 들자면, 당시 자동차, 철강, 석유화학, 전자 등등 거의 모든 독점적 산업부문들에서 설비의 갱신과 특히 그 확장이 경쟁적으로 벌어졌습니다. 다름 아니라, 당시는 1989년에서 1992년에 걸친 공황과 침체국면을 벗어나 수요가 확대되던 시기였고, 또 독점자본이 향후 수요의 대폭적인 증대를 전망하고 있던 시기였던 것입니다.

물론 당시, 특히 그 후기에는 과잉투자·과잉설비에 대한 우려와 경계의 목소리도 적지 않았습니다. 그러나 독점자본은 그 설비확장 경쟁을 멈추지 않았습니다. 설비의 갱신뿐만 아니라 확장 그 자체가 언제나 보다 효율적인 설비, 즉 한층 더 생산력이 높아 한층 더 경쟁적인 설비를 장치하는 것이어서, 경쟁자가 그러한 설비를 도입하는데 혼자만 두 손 놓고 있을 수는 없는 노릇이었기 때문입니다. 자신에게 현실적으로 재앙이 닥칠 때까지는 재앙은 언제나 경쟁자의 것이지 자신의 것은 아닌 것이고, 그것이, 다름 아니라, 바로 자본주의적 생산의 적대적 경쟁이고 무정부성인 것입니다.

조금 전에 했던 얘기를 잊지 않고 있는 분에게는 한 가지 의문이 들지 모르겠습니다.

"독점자본은 이미 수요의 확대에 대비하여 과잉설비를 보유하고 있지 않았었느냐?" 하는 의문 말입니다. 그리고 "그런데 왜 또 다시 설비의 확장 경쟁을 벌이느냐?"는 의문 말입니다.

그러나, 독점자본은 독점가격을 통해서 거대한 량의 이윤을 획득하고 있고, 이 거대한 량의 이윤은 다시 잉여가치를 생산하는 자본으로 전화되지 않으면 안 됩니다. 만일 이미 이윤으로 실현되어 거대하게 축적되어 있는 화폐가 설비투자의 갱신과 확장을 통해서 생산자본으로 재전화되지 못한다면, 그것은 더 이상 자본이 아니게 됩니다. 게다가 한 독점자본이 설비의 갱신·확장을 시작하면, 방금 말씀드린 것처럼, 경쟁적인 관계에 있는 다른 독점자본들도 마찬가지로 설비의 갱신·확장에 나서지 않을 수 없는 것이 경쟁의 강제입니다.

지난 1993년 이래 경쟁적으로 설비확장에 나섰던 한국의 독점자본은 그 대부분이 지난 1997년 4/4분기에 외환·금융위기로 폭발한 경제위기 시에 혹독한 시련을 겪었습니다. 그럼에도 불구하고 경쟁이라는 강제는 많은 부문에서 대략 2004년 이후 다시 그들을 설비확장에 나서도록 몰아댔고, 특히 자동차와 전자부문 등에서 대대적인 확장이 이루어졌습니다. 그리고 2007년 하반기에 폭발한, 세계적 규모의 새로운 대공황은 당연히 그들을 다시 타격했습니다.

경기의 부침이 주기적으로 반복되면서 사실상 동일한 양태가 반복되는 것입니다.

4) 독점자본주의에서의 공황의 특수성과 국가독점자본주의

수요의 확대기, 혹은 그 확대가 예상되는 시기에 벌이는 독점자본의 설비 갱신·확장 경쟁은 그 규모의 면에서 사실 엄청난 것입니다.

그 규모가 그렇게 엄청날 수밖에 없는 것은, 우선 경쟁의 특성상 현대 자본주의에서 경쟁적인 생산성을 갖는 기본 설비 단위가 거대해져 있기 때문입니다.

자동차 산업을 예로 들자면, 연간 수천 대, 혹은 수만 대를 증산할 수 있는 설비의 증설이라는 것을 상상할 수 있겠습니까? 물론, 경쟁을 도외시하고 순수하게 기술적인 측면만 본다면, 수만 대 혹은 수천 대가 아니라 수백 대를 증산할 수 있는 설비의 증설도 가능할 것입니다. 그러나 현실은 결코 경쟁을 도외시할 수 없고, 따라서 경쟁이 문제로 되면, 그러한 소량의 생산설비라는 것은 절대로 있을 수 없습니다. 그러한 소량의 설비로는 결코 경쟁력을 갖출 수 없기 때문입니다. 혹은, 경쟁력을 갖춘 소량의 설비는 존재하지도 않기 때문입니다. 최소한 연간 수십만 대의 생산능력이라는 것이 기본적인 시설 단위로 되어 있는 것이 현실입니다.

비근한 예로, 누구나 아는 일이지만, 삼성 그룹은 지난 1990년대 중반에 새롭게 자동차 산업에 진입하면서 연간 대략 20만 대 정도를 생산할 수 있는 규모의 설비투자를 했고, 그 역시 지난 1997년 4/4분기의 경제위기를 불러오고 증폭시키는 주요한 계기·요인의 하나로 작용했습니다. 그런데 수천 대 혹은 수만 대가 아니라 20만 대를 생산할 수 있는 규모의 설비를 강행한 것은 결코 신중하지 못했기 때문도, 대중없는 욕심 때문도 아니었습니다. 한국의 독점자본 그룹들 중에는 누가 보기에도 가장 뿌리도 깊고 가장 냉철한 것이 삼성입니다. 그러한 삼성이, 조심스럽게(?) 연간 몇백 대나 몇천 대, 혹은 몇만 대 생산능력의 설비를 갖추는 대신에, 그렇게 20만 대의 생산능력을 갖춘 설비투자를 해야만 했던 것은, 필시 그러한 규모의 설비여야만 기술적으로 경쟁력을 갖출 수 있다고 판단했기 때문일 것입니다. 아마 실제로도 경쟁력을 갖추기 위한 최소 규모의 투자는 아니었을지 몰라도, 그에 버금가는 투자를 한 것이 아마 그렇게 거대한 투자였을 것입니다.

또한, 독점자본은 독점가격을 통해서 거대한 량의 이윤을 획득하고 있다는 사실, 그리고 그 엄청난 이윤이 그냥 화폐자본의 형태로 정체해 있어서는 더 이상 자본이 아니게 되기 때문에 그 대부분이 자본으로 전화되지 않으면 안 된다는 사실 자체도 독점자본으로 하여금 엄청난 규모로 설비의 갱신·확장 경쟁을 하게끔 합니다.

그런데, 설비확장 경쟁을 엄청나게 만드는 것은 그뿐만이 아닙니다. 현대

자본주의의 거대한 금융·신용 기구 역시 그것을 실로 엄청나게 증폭시키게 됩니다.

아무튼 이렇게 독점자본은 이래저래 엄청난 과잉설비를 보유하고, 시간이 지날수록 그 과잉설비는 더욱 증대되게 되는데, 이는 자본주의적 생산의 순환에, 따라서 경제위기 즉 공황에 새로운 특수성을 야기합니다. 무엇보다도 과잉생산이 극히 거대해지고, 즉 자본주의적 생산의 모순이 극히 심화되고, 이에 따라 위기가 극히 격화되는 것입니다.

또한 대부분의 독점자본은, 물론 전부는 아니지만, 그 막강한 자금력으로 공황 국면에서도 파산하지도, 그 생산설비를 폐기하지도 않고 꿋꿋이 살아 남습니다. 이는, 한편에서는 사회적 생산이 확대 — 번영 — 축소 — 정체 — 확대…의 순환을 반복하면서도 모순과 위기를 만성적·항상적인 것으로 전화시킨다는 것을 의미하고, 다른 한편에서는 순환이 반복할수록 위기가 엄청나게 증폭된 규모로 폭발할 수밖에 없다는 것을 의미합니다.

게다가 독점자본은 공황 및 침체기에 상품의 가격을 내리는 대신에 독점가격을 유지한 채 생산·공급을 축소하기 때문에, 노동자계급은 물론이요 비독점자본 및 소생산자들을 포함한 여타의 계급·계층이 광범위하게 경제위기의 부담을 전가받게 됩니다. 당연히 그들과 독점자본 사이의 모순과 대립이 심화되면서, 위기는 경제적 영역을 넘어 사회적·정치적 위기로 확대되게 됩니다.

이렇게 해서 독점자본주의가 성숙함에 따라 위기는 자본주의적 생산의 존립 자체를 현실적으로 위협하는 '전반적인 위기' 혹은, 같은 말이지만, '전면적인 위기'로 됩니다. 그 전형적인 형태가 바로 1930년대의 대공황이었고, 실제로는 그 이후 내내 지속되고 있습니다.

바로 이 때문에, 이전에는 이른바 '야경국가'로서, 즉 자본주의적 재생산과정의 외부에 머물면서 범죄와 혁명, 그리고 외국의 침입으로부터 사유재산과 자본주의적 생산관계를 지키던 국가, 즉 자본주의적 생산의 보증인으로서 기능하던 국가가 이제 자본주의적 생산의 구제자·담당자로서 나서게 됩니다. 다름 아니라, 이제 국가가 자본주의적 재생산과정 자체에 전면적으로 개입하는 '국가독점자본주의'가 바로 그것입니다.

주지하는 것처럼, 이 국가독점자본주의는 대공황기에 '뉴딜'이나 나치즘

등으로, 그리고 그보다 훨씬 이전부터 전시경제로서 실천되기 시작했고, 저 유명한 케인즈(J. M. Keynes) 등에 의해서 이른바 '승수이론' 혹은 '유효수요이론' 등으로 이론화되었습니다.

사이비 과학, 비과학이면서도 극도로 '정치(精緻)한' 부르주아 '근대경제학'에 관한 한, 저는 사실상 문외한에 가깝기 때문에 경제학상의 이른바 '케인즈 혁명'에 대해서 길고 깊게 얘기할 처지는 못 됩니다. 하지만, 제가 파악하는 바대로 얘기하자면, 이들 이론의 핵심의 하나는 그들이 자유주의적 고전 경제학자들과 달리 자본주의적 과잉생산과 그로 인한 위기 즉 공황을, 계급적 한계 때문에 물론 필연성으로까지는 결코 아니지만, 그 가능성을 자본주의적 생산에 내재하는 모순으로서 인정하고 있다는 점입니다. 부르주아 경제학자들에게는 좀 엉뚱하게 들릴지 모르겠지만, 이 점이야말로 케인즈 등에 의한 '부르주아 경제학의 혁명'이라면 혁명이라 할 수 있을 것입니다.

아무튼 그들의 이론은, 그리고 그들의 이론에 기초한 현대자본주의 국가의 정책들, 즉 국가독점자본주의의 정책들은, 이렇게 자본주의적 생산의 내재적 모순, 그 위기의 '가능성'을 인정한 위에서, 어떻게 하면 재정지출, 재정투융자를 통한 '유효수요'의 창출에 의해서 생산과 소비 간의 모순을 완화하고, 불황 혹은 경제위기를 예방·완화하며, 경제성장을 달성하여, 실업을 축소시키고 '국민소득'을 증대시킬 것인가 하는 것을 그 내용으로 하고 있습니다. 저들의 '승수이론'이란, 다름 아니라, 바로 방아쇠가 되는 재정투융자가 어떻게 그와 같은 정책효과를 증폭된 형태로 유발하는가를 수학적으로 '증명'하려는 것입니다.

그리고 '관리통화제'라는 이름의, 국가독점자본주의의 불환은행권 제도는 그러한 재정투융자를 위한, 혹은 '유효수요' 창출을 위한, 그리고 또 지불수단 부족으로 공황 시에 파산해가는 독점자본을, 지불수단을 제공하여, 구제하기 위한, 가장 기본적인 재정 '차입' 수단입니다.

3. 태환정지 하의 국제통화제도의 전개

사회기반산업을 위시한 기업을 인수·운영하기 위해서도, 이른바 유효수요를 창출하기 위해서 군수품 등을 구매하기 위해서도, 파산에 직면한 독점자본을 구제하기 위해서 지불수단을 공급하기 위해서도, 국가는 막대한 자금을 필요로 합니다. 그리고 이 자금은 물론 궁극적으로는 인민으로부터 거두는 세금, 즉 국가재정에 의해서, 결국 노동자계급으로부터 착출(搾出)하는 잉여가치의 일부로써 충당됩니다.

자본주의적 생산의 전반적 위기와 태환정지

그런데, 국가독점자본주의적 정책들은 국가의 지출을 엄청나게 팽창시키고, 이렇게 팽창된 재정은 많은 경우 해당 년도의 세금만으로는 충당될 수 없게 됩니다. 따라서 국가는, 명분상으로는 '미래의 세입을 담보'로, 국채(國債)를 발행하게 되는데, 이 국채를 인수하는 것은 대개 그 나라의 중앙은행입니다. 중앙은행이 은행권을 발행하여 그 국채를 인수하는 것입니다. 그런데 태환제 하에서는 발권은행은 자신이 발행한 은행권에 대해서 태환의 책임을 지기 때문에, 즉 소지자가 요구하면 그 은행권과 교환으로, 금본위제의 경우, 금을 지불해야 하는 책임을 지기 때문에, 은행권의 발행 한도는 일정 비율의 금준비(金準備)에 의해서 제한되지 않을 수 없고, 따라서 중앙은행이 인수할 수 있는 국채의 규모 또한 그에 의해서 아주 협소한 범위 안에 제한되게 됩니다.

하지만 이렇게 되면, 자본주의 체제의 전반적 위기에 대한 국가의 대응 역시 그렇게 협소한 한계에 제한되어, 그 실효를 기대할 수 없게 됩니다. 여기에서 국가는 금준비에 구속받지 않는 새로운 화폐-통화제도가 필요하게 되고, 그것이 전면적인 불환은행권제로서의 이른바 '관리통화제'입니다.

관리통화제로 되면, 이제 발권은행은 그가 발행하는 은행권에 대해서 어떠한 금준비도 필요치 않은 특수한 은행이 되고, 그 은행권은, 금과 태환되는 신용화폐이기 때문에 유통 및 지불수단으로 기능하는 것이 아니라, 전통적인 국가지폐처럼 국가가 그것에 부여하는 강제통용력 때문에 유통하게 됩니다. 형식적 명칭은 여전히 은행권이지만, 실질적으로는 국가지폐화된 은행권인 것입니다. 그리고 그 발행의 주체 역시 형식적으로는 여전히 은행이지만, 실질적으로는 이제 그것은 국가기관화된 중앙은행입니다.

한국의 경우 국가의 은행으로서의 중앙은행은 한국은행이고, 그 한국은행이 불환의 한국은행권을 발행하고 있다는 사실은 모두가 다 아시는 대로입니다.

그런데 여러분, 한국은행의 자본금이 얼마나 되는지 아십니까?

추측하기도 어려울 만큼 어마어마한 금액일 거라고요? 아닙니다.

답은, 령(0)입니다! 놀랍지 않습니까? 은행의 은행이라는 중앙은행에 자본금이 전혀 없다니 말입니다. 일본의 천황에게는 성(姓)이 없는데도 대부분의 사람들이 막연히 그도 당연히 성을 가졌을 것이라고 생각하는 것처럼, 한국은행은 '무자본 특수법인', '무자본 특수은행'인데도 대부분의 사람들과 함께 여러분도 아마 막연히 그 자본금이 엄청난 규모일 거라고 생각했을 것입니다. 아무튼 한국은행에는 실제로 자본금이 전혀 없고, 이는 바로 중앙은행이 아무런 금준비를 할 필요 없이 그 은행권을 발행할 수 있는 이른바 관리통화제에서만 가능한 일입니다.

1) 브레튼우즈 체제 혹은 구 IMF체제

자본주의 체제의 전반적 위기가 극적인 높이에까지 달했던 1930년대의 대공황과 제2차 세계대전은 자본주의 국가 상호 간의 국제통화제도나 무역관계에도 치명적인 타격을 가합니다. 국제통화제도에 관해서 보면, 이미 말씀드린 것처럼, 1930년부터 각국은 앞을 다투어 금의 태환과 수출입을 중지했고, 1936년 프랑스·벨기에 등 이른바 '금블록'(gold bloc)을 마지막으로 사람들이 대개 '금본위제'라고 부르는 것, 즉 금태환제는 영원히 자취를 감추게 됩니다.

이른바 '관리통화제'라고 불리는 전면적인 불환제의 시대에 들어간 것입니다. 그리고 각국은 피도 눈물도, 그리고 눈곱만큼의 염치도 없는 시장 각축전을 벌이게 되는데, 그 양대(兩大) 무기는 각국의 자국 통화가치의 경쟁적 절하와 보호무역 조치였습니다.

보호무역 조치는, 주로 수입 금지나 수량 제한, 고율의 수입관세 부과 등등의 조치들이기 때문에, 자국과 자기 식민지의 시장을 자국의 자본들로 하여금 독점하도록 하기 위한 것, 그리하여 자국 산업의 성장을 가속하기 위한 것임이 그 자체로서 명확합니다.

각국의 자국 통화가치의 절하는 외국환으로 표시되는 자국 상품들의 가격을 싸게 만듦으로써 세계시장에서의 자국 상품들의 경쟁력을 높이고, 그리하여 수출을 증대하고, 세계시장의 점유율을 높이려는 조치입니다. 순전히 이해만을 위한, 허구적인 숫자들을 예로 들어 설명하자면, 어느 시점에서 원화와 달러화의 가치비율, 즉 환율이 '$1=₩1,000'이라고 합시다. 이 경우 어떤 상품의 가격이 ₩10,000이라면, 달러로 표시되는 가격, 즉 그 수출 가격은 $10입니다. 그런데, 다른 사정엔 아무런 변화가 없는데, 국가가 원화를 10% 평가절하하여 이제 환율이 '$1=₩1,100'이 되었다고 하면, 원화로 표시되는 가격엔 변함이 없는 그 상품, 즉 ₩10,000짜리 상품의 달러로 표시되는 가격, 즉 그 수출 가격은 얼마가 됩니까? $9.10가 채 못되지 않습니까? 그리하여 그것을 $9.10에 수출하면, 세계시장에서의 가격 경쟁력은 그만큼 높아지고, 그리하여 그만큼 더 많이 수출하게 되지 않겠습니까? 바로 이 때문에 각국은 경쟁적으로, 즉 악순환적으로 자국 통화의 평가절하를 단행하곤 했던 것입니다.

1930년대 대공황이라는 상황 속에서 각국은 이렇게 통화의 평가절하와 보호무역 조치라는 양대 무기를 휘둘러댔고, 그 과정에서 이전의 국제통화제도나 무역 규범은 당연히 철저히 깨져버렸습니다. 그리고 그 귀결점이 바로 제2차 세계대전이었습니다.

전면적인 태환정지, 즉 전면적인 불환통화제라는 조건 하의 세계시장에서 상품의 교역과 자본의 거래가 원만히 이루어지기 위해서는 국가 간의 공통의 거래통화가 있어야 하고, 또한 특히 각국 통화의 평가(平價), 즉 상호 비교가치도 안정적이어야 합니다.

그리하여 제2차 대전의 종전을 앞두고 승리가 확실해진 연합국 측을 중심으로 새로운 국제통화제도를 구축하기 위해서 미국 뉴햄프셔 주의 브레튼우즈(Bretton Woods)에 모였던 것이 연합국통화금융회의였고, 그 결실로서 1944년 7월 22일에 맺은 최종의결서가 바로 국제통화기금, 즉 IMF와 오늘날 널리 세계은행(World Bank)으로 불리는 국제부흥개발은행, 즉 IBRD를 탄생시킨, 통칭 '브레튼우즈 협정'이었습니다.

전후 국제통화체제를 새롭게 구축하는 데서 공식적으로 가장 중점이 두어졌던 것은, 이른바 관리통화제라고 불리는 전면적 불환제, 혹은 태환정지

하에서 각국 통화 간의 안정적인 상대적 가치를 확보하는 것이었습니다.

이를 위한 기본적 전제는 각국의 통화 가치가 어떤 공통의 척도에 의해서 평가되고, 그 평가를 유지하는 것입니다. 움직일 수 없는 현실로서 그 공통의 척도는 세계화폐로서의 금일 수밖에 없는데, 이 금을 어떻게 도량표준화할 것인가, 그리고 어떤 수단 혹은 기구를 통해서 각국 통화의 평가를 유지할 것인가를 둘러싸고 '노대국'(老大國) 영국과 새로운 패권자 미국 간에 힘겨루기가 벌어졌습니다. 과거의 우월적 지위는 언감생심 주장하지 못하더라도 어떻게 해서든 미국에 절대적 권한을 부여하지는 않음으로써 소극적이나마 과거의 영향력을 최대한 지키려는 영국 측의 이른바 '케인즈 안'(저 유명한 J. M. 케인즈가 영국의 이해를 반영하여 입안한 '국제청산동맹안')과, 자본주의 세계체제 내의 새롭게 형성된 역(力)관계, 그러니까 미국의 압도적인 힘을 반영하는 미국 측의 '화이트 안'('연합국국제안정기금안')이 대립했던 것입니다.

여기서 대립했던 두 안의 내용과 차이에 대해서는 구체적으로 언급할 여유가 없습니다만, 언제나 그렇듯이 특히 국제관계에서는 힘이 곧 정의(正義)이기 때문에, 말할 나위도 없이 미국 측의 이해를 반영한 '화이트 안'이 약간의 자구 수정을 거쳐서 관철되게 되었습니다. 협상 과정에서 미국 측이 영국에 30억 달러든가 하는 전후 복구자금을 융자하는 조건으로 그렇게 타결되었습니다.

IMF와 케인즈, 그리고 마샬플랜

잠시 여담을 하자면, 영국과 미국 간의 대립이 이렇게, 즉 미국이 전후 복구자금 30억 달러를 '융자'하는 조건으로 타결된 것을 보면, 이는 한편에서는 당시 영국의 사정이 얼마나 절박했던가를 보여주는 것이지만, 다른 한편에서는 경제학의 발상지이자 부르주아 경제학상의 '케인즈 혁명'을 낳았다는 영국 측이, 혹은 더욱 절실하게는 영국 측 협상 대표로 참여했던 바로 그 '경제학의 혁명아' J. M. 케인즈 자신이 얼마나 근시안적이었나를 보여주는 것입니다.

왜냐하면, 불과 수년 후에 이른바 '마샬 플랜'(정식 명칭은 '유럽부흥계획' [European Recovery Program]) 등을 통해서 명백해지는 것처럼, 다름 아닌 미국 자신의 절실한 필요 때문에 영국을 포함한 유럽의 전후 복구자금은 '융자'가 아니라 '무상원조'로 제공될 것이었기 때문입니다.

"미국 자신의 절실한 필요"?

예, 그렇습니다. 바로 미국의 엄청난 과잉생산과 그에 따른 경제위기입니다. 그리고 유럽의 도처에서 터져 나오던 사회주의 혁명운동을 저지하기 위한 필요도 있었던 것이고요.

참고로, 케인즈는 자신의 근시안을 끝내 깨닫지 못했을 수도 있습니다. 그는 '마샬 플랜'이 제기되기 전인 1946년에 세상을 떠났으니까 말입니다.

IMF 역시 그가 세상을 떠난 후인 1947년에 업무를 개시했습니다.

다만, 여기서 자세히 얘기할 수는 없지만, 연합국통화금융회의에서의 논쟁과 관련, 케인즈는 다른 의미에서도 조롱을 받을 수 있을 것입니다.

주지하는 것처럼, 케인즈의 화폐론은 기본적으로 '화폐 국정설'이고, 그 핵심 중의 하나, 아니, 오히려 그 전제(前提)는 지극히 부정직하게 표현된 '금폐화론'(金廢貨論), 즉 "금은 (더 이상) 화폐가 아니다"라는 주장입니다.15)

---

15) "희대의 명저"(신태환, "역자후기 (2)", J. M. 케인즈 저, 신태환·이석륜 공역, ≪화폐론≫, [하권], 1992, 비봉출판사, p. 395.)라는 ≪고용·이자 및 화폐의 일반이론≫(*The General Theory of Employment, Interest and Money*)에도, 이 "일반이론(...)과 함께 1930년대 경제학계에 있어 논쟁의 중심문제가 되었(고)"(신태환, 같은 글, 같은 곳), "기존의 화폐이론들을 두루 검토하고 나서 ... 두 권을 세상에 내놓(아)"(같은 곳), "역자가 알고 있는 한, 화폐론의 저서 중에서 가장 특출한 것"(신태환, "역자후기 (1)", 같은 책, p. 394.)이라는 ≪화폐론≫(*A Treatise on Money*)의 어디에도, 엄청난 요설(饒舌)만 난무할 뿐, 사실, 화폐 자체에 대한 정리된 정의(定義)는 보이지 않습니다. 구태여 들춰보자면, "제1편 화폐의 본질(Book I The Nature of Money), 제1장 화폐의 분류, 1. 화폐와 계산화폐"라는 표제 아래, "계산화폐(money of account), 즉 ..."으로 시작되는, ≪화폐론≫의 처음 두어 페이지에서 화폐 자체를 다음과 같이 설명하고 있다고 볼 수 있을 것입니다. 천하의 석학님들이신 신태환·이석륜 두 분 교수님의 석학님다운 번역을 참고하면서, 대략 초역(抄譯)·인용하자면, 다음과 같습니다.

— 계산화폐, 즉 채무와 가격과 일반적 구매력이 **표현되는** 그것은 화폐이론의 제1차적 개념이다. / 계산화폐는, 이연(移延) 지불 계약(contracts for deterred payment)인 채무들, 그리고 판매 혹은 구매 계약의 제의(提議)들인 가격표들과 더불어 나타난다. 그러한 채무들과 가격표들은 ... 오직 계산화폐에 의해서만 표현될 수 있다. / 화폐 자체, 즉 그것을 인도(引渡)함으로써 채무 계약들과 가격 계약들이 **이행되고**, 그것의 형태 속에 다량의 일반적 구매력이 **보유되는** 그것은, <u>계산화폐와의 관계에서 그 성격이 유래하는바, 왜냐하면 채무도 가격도 먼저 계산화폐로 표현되어 있지 않으면 안 되기 때문이다.</u> 즉석에서 단지 편리한 교환수단으로 이용되는 무언가(something)는, 그

상품과 화폐를 고찰할 때 이미 보았던 것처럼, 그것은 물론 '경제학의 혁명'다운 말도 안 되는 주장입니다. 하지만, 그것이 말이 되든 안 되든, 적어도 자세만이라도 학자다운 학자였다면, 케인즈로서는 최소한 자신의 주장에 일관하든지, 아니면 자기비판을 했어야 할 것입니다. 그런데 이 논쟁에서 케인즈는 이도 저도 아니었습니다. 그리고 그가 제출한 이른바 '케인즈 안'이란 것은, 자신의 화폐론과는 정반대로, "(세계)화폐=금"이라는 전제 위에 서 있었습니다.

또한 참고로 '마샬플랜'에 대해서 말하자면, 그것은, 방금 말씀드린 것처럼, 이중의 목적으로 실시되었습니다.

하나는, 미국의 전후 반동공황의 원인인, 엄청난 과잉생산을 해소하기 위

것이 일반적 구매력을 대표할 수 있는 한에서, 화폐로 되어 갈지도 모른다. 그러나 만일 그뿐이라면, 우리는 가까스로 물물교환의 단계를 벗어났음에 틀림없다. 용어의 완전한 의미에서의 진정한 화폐(money proper in the full sense of the term)는 오로지 계산화폐와 관련해서만 존재할 수 있다. / 아마 우리는 화폐와 계산화폐의 차이를, 계산화폐는 기술(記述) 혹은 호칭(呼稱)이고, 화폐는 그 기술에 합치하는 사물이라고 말함으로써 설명할 수 있을지 모른다. 그런데 동일한 사물이 언제나 동일한 기술에 합치한다면, 그 구별은 어떤 실리도 없을 것이다. 그런데, 기술은 여전히 동일한데, 그 사물이 변할 수 있다면, 그 구별은 고도로 중요할 수 있다. … 때가 오면, … [무엇이 화폐인가를-인용자] 선언하는 것은 국가(State)이다. / … 인도(引渡)를 강제할 뿐 아니라, 계산화폐로 체결된 계약의 합법적 혹은 관습적 이행으로서 인도되지 않으면 안 되는 것이 무엇인지까지를 결정하는 것이 국가 즉 지역사회(State or community)라고 하는 것은 화폐 계약 특유의 성격이다. 국가는, 그리하여, 무엇보다도 우선, 계약상의 명칭 혹은 기술에 합치하는 사물의 지급을 강제하는 법의 권위로서 나타난다. 그러나 국가는, 게다가, 그것이 어떤 사물의 그 명칭에 합치하는가를 결정하고 선언할 권리와, 때때로 그 선언을 변경할 권리를 주장할 때, … 이중으로 나타난다. 이 권리는 모든 근대 국가에 의해서 주장되고 있고, 적어도 약 4천 년 동안 그렇게 주장되어 왔다. 크나프(Knapp)의 표권주의(表劵主義, chartalism)— 화폐는 특유하게 국가의 창조물이라는 학설 — 가 완전히 실현되는 것은 화폐의 발전이 이 단계에 도달했을 때이다. / … 그리고 현행 계산화폐에 어떤 사물이 화폐로서 합치해야 하는가를 선언할 권리를 국가가 주장했을 때 … 표권주의적 화폐, 즉 국가화폐의 시대가 도래했다. 오늘날 문명화된 모든 화폐는, 반론의 여지없이, 표권주의적이다." (굵은 글자의 강조는 케인즈, 밑줄은 인용자.) (J. M. Keynes, A Treatise on Money, Cambridge University Press, 1930, pp. 3-4.)

케인즈가 말하는, "오늘날 문명화된 모든 화폐"로서의 "표권주의적 화폐, 즉 국가화폐"는, 명백히, 불환은행권을 포함한, 국가에 의해 강제통용력이 부여된 지권(紙劵)통화, 혹은 지권(紙劵)화폐, 즉 지폐이다. 현대 부르주아 경제학의 기린아의 관점에서는 그것이 "문명화된 화폐"이고 "용어의 완전한 의미에서의 진정한 화폐(money proper in the full sense of the term)"인 것이다! — 천세·만세에 걸쳐 길이 칭송받으소서!

해서였습니다. 주지하는 것처럼, 제2차 세계대전을 거치면서 대부분의 국가들은 생산시설을 엄청나게 파괴당한 데에 비해서, 미국의 경우는 그것을 엄청나게 증대시켰습니다. 제2차 대전을 거치면서 미국이 그 생산능력을 3배나 증대시켰다고 하는 글도 읽은 적이 있는데, 어쩌면 그 이상이었을 수도 있을 것입니다.[16] 미국은 당연히 그 상품의 시장을 발견할 수가 없었습니다. 서유럽이나 일본, 기타 국가들의 경우 전후복구를 위해서 미국으로부터의 생산수단과 식량 등 소비수단의 수입이 절실히 요구되었지만, 보유 화폐(금)는 이미 전쟁비용으로 고갈되어 있었고, 다른 어떤 지불수단도 가지고 있지 못했기 때문입니다.

여기에서 미국, 즉 미국의 독점자본은 결단했습니다. 스스로의 힘으로 시장을 창출하기로. 그것이 바로 마샬플랜을 위시한 대외무상원조입니다.

마샬플랜 등 미국의 이 무상원조는 대단히 계급적인 것이었습니다.

그 이유는, 우선 그것은 이들 원조의 또 하나의 목적인 서유럽과 동아시아에서의 사회주의 혁명을 봉쇄하기 위해서 제공되었기 때문이고, 또 다른 면에서는 그것이 노동자계급을 위시한 미국 인민의 세금으로 미국 독점자본의 시장을 창출했기 때문입니다. 즉, 마샬원조 등 미국의 대외원조는 결국 그 대부분을 미국의 인민이 세금으로 감당해야 하는 자금을 무상으로 서유럽 국가들과 동아시아 국가들에게 제공하고, 그 자금으로 그들 국가가 미국 독점자본의 상품을 구매하도록 하는 구조였습니다. 원조가 현물로 제공되는 경우도, 그 현물이 인민이 부담하는 세금으로 구매되는 것이었기 때문에, 물론 마찬가지였습니다.

브레튼우즈 체제의 특징

아무튼, 그렇게 우여곡절을 겪은 끝에 IMF 체제가 탄생했는데, 그것은 "가맹 각국의 통화의 평가(平價)는 공통의 척도인 금, 또는 1944년 7월 1일

---

[16] 물론, 개별적 산업·품목이 아니라 국민경제 전체의 생산능력의 증대를 계량화하는 것은 실제로는 불가능합니다. 여러 산업과 품목을 아우른 생산의 증감을 표시할 수 있는 유일한 방법은 가격으로 환산한 매년의 국민총생산액인데, 이는, 연간생산물의 총가치·총가격의 증감은 보여주지만, 원리적으로 총사용가치의 증감, 즉 소위 말하는 물량의 증감은 보여줄 수 없기 때문입니다.

현재의 무게와 순도를 갖는 미국의 달러로 표시한다(The par value of the currency of each member shall be expressed in terms of gold as a common denominator or in terms of the United States dollar of the weight and fineness in effect on July 1, 1944.)"(협정 제4조 1항)고 규정하고 있었고, 각국은 그러한 평가를 IMF에 등록하고 그 가치를 평가의 상하 1% 이내에 유지하는 의무를 지도록 되어 있었습니다. 이때 "1944년 7월 1일 현재의 무게와 순도를 갖는 미국의 달러"란 1934년 1월의 '금준비법'(The Gold Reserve Act of 1934)에 의한, '금 1온스=35달러'의 가치, 즉 '1달러=1/35온스의 금'의 가치를 갖는 달러를 의미합니다.

'협정'은 각국이 자신의 통화가치를 '금 또는 미국의 달러'에 대해서 평가한다고 규정하고 있었지만, 현실적으로는 대외무역거래가 달러 표시로 이루어지고 있었고, 또한 각국의 대외 지불준비금도 금과 더불어 미국의 달러가 높은 비중을 차지하고 있었기 때문에 각국은 자신들의 통화가치를 달러화와의 관계에서 평가하고 있었고, 그 통화가 대표하는 금량은 '1달러=1/35온스의 금'이라는 달러화의 가치를 통해서 간접적으로만 표현되고 있었습니다.

실제로 브레튼우즈 체제, 즉 IMF 체제의 핵심적 특징은 금과 달러의 동일시(同一視), 즉 사실상 "달러=금"이라는 규정에 있었습니다. 달러와 금의 이러한 동일성은 당연히 달러의 가치가 금에 의해서 현실적으로 뒷받침될 때에만, 달러의 금태환이 보장될 때에만 가능합니다. 그리고 그것은 미국이 '1달러=1/35온스의 금'의 비율로, 외국의 정부와 그 통화당국에 대해서 달러와 금의 교환을 보장함으로써 제한적으로 뒷받침되었습니다.[17]

미국이 제한적이나마 이렇게 금과 달러의 교환을 보장할 수 있었던 것은, 특히 1930년대에 유럽의 정세불안으로 '눈사태'라고 표현될 수 있을 정도로

---

[17] 외국 정부 및 그 통화당국에 대한 미국의 이러한 '금—달러 교환' 보장을 근거로 IMF 체제 하의 각국의 통화제도를 '금환본위제'로 규정하는 견해가 상당히 광범위하게 존재합니다. 그러나 이는 잘못된 견해입니다. 왜냐하면, 미국이 외국 정부와 그 통화당국에 대해서 금과 달러의 교환을 보증하고 있었지만, 달러화는 역시 불환통화였기 때문입니다. 실제로 1934년 금준비법에 의해서 미국 내 거주자들의 경우 금의 사적소유와 수출입이 금지되어 있었고, 이 때문에 미국 국내에서는 인플레이션이 꾸준히 진행되었습니다. 예컨대, 미국의 소비자물가지수는 1957-1959년의 평균지수를 100으로 환산했을 때, 1934년의 46.6에서 꾸준히 상승, 1965년에는 109.9가 되고 있습니다.(三宅義夫, ≪金—現代の經濟におけるその役割—≫, 岩波書店, 1968, p. 134의 '표 9' 참조).

대량의 금이 미국으로 유입되었기 때문입니다. 1933년부터 1941년 말까지 9년 동안의 금의 유입액은 실로 159억8백만 달러라는 거액에 달했고, 이는 1966년 말 현재 미국의 금보유고보다도 훨씬 컸습니다. "이러한 금유입은 유럽의 정세불안 때문에 미국으로의 자본도피가 대규모로 발생한 것이 첫 번째 원인이지만, 미국 상품의 수출초과도 이에 박차를 가했다"고 합니다. 아무튼, 미국의 금보유고는 1941년 말 현재 227억3천7백만 달러에 달했고, 당시 전세계 통화당국의 추정 총금보유고 300억 달러의 7할을 훨씬 넘는 금이 미국의 수중에 집중되어 있었던 것입니다.18)

참고로, 미국의 금 보유고는 1949년의 244억 달러를 정점으로 이후 꾸준히 감소, 대통령 닉슨이 "금-달러 교환 정지"를 선언하는 1971년에는 102억 달러가 됩니다.

2) 브레튼우즈 체제(IMF체제)의 붕괴

제2차 세계대전 후의 미국은 이렇게 그 국민통화 달러가 금과 동일시될 만큼 독보적이고 절대적인 존재였습니다. 그러니, 그 독점자본이 얼마나 막강한 존재였겠는가는 가히 짐작할 수 있을 것입니다. 그리하여 이제 독점자본 및 독점자본 단체에 의한 세계의 분할이란 기본적으로 미국의 그것들에 의한 분할을 의미했습니다.

달러 부족과 서유럽 및 일본 등의 대미 종속

그러나 자본주의 세계경제에서의 미국의 이러한 절대적 우위는 그 자체에 심각한 모순을 내포한 것이었습니다.

우선, 앞에서도 본 것처럼, 미국을 제외한 여타 자본주의 국가들은 국제 구매수단·지불수단인 금(또는 달러)을 가지고 있지 못했기 때문에 미국은 엄청나게 증대된 생산력에 걸맞은 시장을 발견할 수 없었습니다. 그 때문에 미국은 '무상원조' 등의 형태로, 나아가서는 한국전쟁이나 월남(Vietnam)전쟁 등을 통해서, 달러를 살포하는 방법을 통해서, 즉 '자신의 자금을 풀어서,

---

18) 이상, 三宅義夫, 같은 책, pp. 151-153의 본문 및 '표 14'와 '표 15' 참조. 금의 유입액과 보유고는 '1달러=1/35온스의 금'으로 환산한 그것입니다.

자신의 시장을 창출'19)하지 않으면 안 되었습니다. 당시 자본주의 세계시장에서의 이러한 구매수단·지불수단의 부족을 경제사는 '달러 부족의 시대'라고 기록하고 있는데, 이는 동시에 미국의 독점자본의 '시장의 부족'을 의미했고, 따라서 그들 독점자본은 이 판로의 부족을 '무상원조'나 전쟁 등을 통한 달러의 살포를 통해서 해결했던 것입니다.

'무상원조'나 전쟁 등을 통한 이러한 달러 살포는, 우선, 미 제국주의와 그 독점자본에게 장·단기에 걸친 두 가지의 경제상의, 그리고 국제정치상의 긍정적 효과를 가지고 있었습니다.

하나는, 기대했던 대로, 서유럽 및 일본 등 동아시아 국가들로부터 '유효수요'를 창출하여 과잉생산의 압력을 크게 해소할 수 있었습니다. 더구나 이들 원조는 주요하게 국제적으로 쏘련에 대항한 대규모의 군비확장을 목적으로 하고 있었기 때문에 중화학공업, 특히 제2차 대전을 통해서 비약적으로 거대해진 군수산업에 커다란 판로를 열어주었을 뿐 아니라 그들을 더욱 확대시키는 계기가 되었습니다. 미국 경제의 주요 체질, 주요 구성부분의 하나인 '군산복합체'(軍産複合體)가 형성·성장해갔던 것입니다.

다른 하나는, 미 제국주의의 세계지배의 구조적 공고화였습니다. 미국의 반공적 무상원조20)를 받은 서유럽 국가들과 일본 등은 우선 당장은 사회주의 혁명의 위협으로부터 자신들을 구할 수 있었지만, 국제정치적·군사적으로 미국에 구조적으로 종속된다는 대가를 치르지 않을 수 없었습니다. 그들은 북대서양조약기구(NATO)나 동남아시아조약기구(SEATO) 등과 같은 집단방위조약이나 상호방위조약을 통해서 미국의 대(對)쏘 군사전략에 포섭되었고, 미군의 항구적 주둔을 허용하지 않을 수 없었습니다. 이들 국가의 국제정치상의, 그리고 군사상의 대미 종속은, 주지하는 것처럼, 오늘날에도 강고하게 지속되고 있습니다.

---

19) 물론, 앞에서도 말씀드란 것처럼, 자금을 부담하는 것은 노동자계급을 위시한 미국의 인민이었고, 상품을 파는 것은 독점자본이었습니다.

20) 미국의 대외 원조 프로그램은 실제로 1947년 이후 고조된 그리스 및 터키의 '적색혁명'을 억압하기 위한 프로그램으로부터 시작되어, 서유럽으로부터 한국 및 일본에 이르기까지 쏘련을 봉쇄하고, 이들 국가의 좌익 세력을 매수·억압하는 것이 주요 목표의 하나였습니다.

달러 살포를 통한 시장 창출의 모순

그러나 무상원조나 전쟁 등을 통한 달러 살포의 긍정적 효과는 경제적인 측면에서는 극히 모순적인 것으로 나타났습니다.

한편에서는, 유효수요 창출을 통한 과잉생산의 해소라는 효과가 기대했던 대로 나타났더라도, 그것은 극히 단기적인 것이었습니다. 과잉생산의 해소는 사실은 그 성격상 판로를 창출하여 생산을, 따라서 과잉생산을 독려하는 것이어서, 불과 10여 년이 지나자 그 모순이 폭발했던 것입니다.

다른 한편에서는, 무상원조 등을 통한 달러 살포는 동시에 미국의 독점자본들이 원조를 받는 국가로 진출하는 것을 용이하게 하였고, 그리하여 이른바 다국적기업의 시대가 전개되는 계기가 되었지만, 이 또한 미국의 경제, 그 독점자본에게는 또 하나의 굴레로 나타났습니다.

사실 미국 자본의 대외진출 역시 달러 살포의 하나의 형태로 작용했는데, 이런저런 달러 살포는 서유럽과 일본의 생산력을 급속히 복구·증대시켰습니다. 특히 일본의 경우, 미국이 한국전쟁을 치르면서 막대한 금액의 군수물자를 이웃 일본에서 조달했기 때문에, 일본은 제2차 대전의 참화로부터 그 경제를 급속히 재건하는 계기를 만났습니다.

아무튼 미국의 이러저러한 형태의 달러 살포로 1950년대 말이 되면, 자본주의 세계경제는 커다란 구조변화를 겪게 되고, 국제통화제도는 그 변화의 회오리 속에 휩싸이게 됩니다.

우선 1958년 말이 되면, 영국의 파운드화를 위시하여 서유럽 주요 통화의 '교환성 회복'이 단행되게 됩니다. 통화의 교환성 회복이란 무역 및 외환의 자유화를 의미하는데, 이는 애초 IMF-GATT 체제의 목표요 이상(理想)이었지만, 전후 서유럽 국가들 및 일본 등 주요 자본주의 국가들의 금 및 외화준비 부족으로 유보되어 있던 조치였습니다.

서유럽 국가들이 그 통화의 교환성 회복조치, 즉 무역 및 외환의 자유화 조치를 취할 수 있었던 것은, 물론 그들이 이제 국제수지의 누적적 흑자를 통해서 그러한 조치를 취하기에 충분한 금 및 외화준비를 갖추고 있었다는 것을 의미합니다. 실제로, 미국이 살포한 달러를 재원으로 삼아 "서유럽 대륙 국가들은 고성장을 통해 국제경쟁력을 강화했기 때문에, 대미 무역수지 적자는 의연히 계속되고 있었지만, 저개발국과의 무역에 의해서 미국이 살포한 달러를 흡수하기에 이르러 … 국제수지의 균형을 달성할 수 있게" 되었던 것입니다. 예컨대, "1953년 말에는 아직 130억 달러 정도였던 서유럽 전체의 금·외화준비도 1958년 말에는 210억 달러를 초과"했습니다.[21] 이는 이미 1958년 말 현재 미국의 금보유고 205억8천만 달러를 상회하는 금액이었습니다.

아무튼 상황이 이렇게 발전하자 국제통화제도의 대격변이 예상되면서, 국제 금시장 및 외국환시장에 태풍이 몰아치기 시작했습니다. 달러 부족의 시대에는 달러에 대한 신뢰도에 어떤 흔들림도 없었지만, 이제 달러 과잉의 시대로 되었고, 더구나 그 달러 과잉이 더욱 격화될 수밖에 없는 구조가 고착화되어 있었기 때문입니다.

'골드러시'와 IMF체제의 붕괴

우선, 미국은, 1957년 한 해 5억7천8백만 달러의 흑자를 제외하고는, 1950년의 약 35억 달러를 시발로 1959년에 이르기까지 매년 국제수지의 적자가 누적돼서, 이 기간에만도 그 누적액이 173억 달러에 이르렀는데, 국제수지의 이러한 적자 기조가 개선될 전망은 사실상 전무했습니다. 이들 적자는 모두 당시까지는 아직 흑자 기조를 유지하고 있던 무역수지의 흑자에도 불구한 것, 즉 미 제국주의의 군사적·정치적 해외 경영을 위한 막대한 재정지출과 자본의 수출에 의한 것이었는데, 재정지출과 자본의 수출에 의한 적자 기조가 역전될 전망이 없었던 데다가, 이제 서유럽 국가들과 일본 등이 국제 상품시장에서 미국의 강력한 경쟁자로 등장, 무역수지마저 적자로 전환될 것으로 전망되었기 때문입니다.

태풍은 먼저 런던 및 취리히의 자유금시장에서 불었습니다. 본래는 불합리한 표현이지만,[22] 전면적인 불환은행권제인 관리통화제 하에서는 현상적으로 그렇게 나타나기 때문에, 예컨대 '금 1온스=$35.-'의 $35를 '금 1온스의 가격'이라고 하는 식으로, 편의상 '금 가격' 혹은 '금의 가격' 등으로 부르기로 하면, 이들 자유금시장에서의 '금의 가격'이 온스당 35달러를 넘어,

---

21) 木下悅二, ≪現代資本主義の世界體制≫, 岩波書店, 1981, p. 25.
22) 금과 은은 그 자체가 화폐이기 때문에 '가치의 화폐적 현상형태', 즉 '화폐로 표현한 가치'로서의 가격을 갖지 않는다는 사실을 상기하시기 바랍니다.

예컨대, '금 1온스=$36.-' 식으로 상승하기 시작했던 것입니다. '금 1온스=$36.-'가 되면, 이는 당연히 1달러의 가치가 1/35온스의 금 대신에 1/36온스의 금으로 저락한 것을 의미합니다.

이렇게 되자 달러에 대한 신뢰는 더욱 추락하게 되어, 미국 정부가 언제 달러화의 가치를 평가절하할지 모른다고 생각한 투기꾼들의 '달러 투매=금 매입'은 더욱 세를 얻을 수밖에 없었고, 각국의 통화당국도, 미국의 눈치를 보아가면서이지만, '금-달러 교환'을 요구했습니다. 그리하여 1958년에만도 22억 9천만 달러가 넘는 금이 미국으로부터 유출되었고, 이러한 사태 전개는 당연히 상황을 더욱 악화시켜갔습니다.

그리하여 1960년대에 들어오면 '골드러시'(gold-rush)라고 하는 사태, 즉 런던이나 취리히의 자유금시장 및 주요 외환시장에서의 달러 투매와 금의 투기적 매입이라는 사태들이 발생했고, 이러한 사태를 거치면서 IMF체제가 무너져 갔습니다. 그리하여 1971년이 되면 '1달러=1/35온스의 금'이라는 고정된 달러 가치에 기초한 IMF체제, 즉 '브레튼우즈 체제' 혹은 구 IMF체제는 종언을 고하게 됩니다.

1960년 5월에 런던에서 골드러시가 발생하여 '금 가격'이 폭등하고 마침내 영국의 금시장 및 외환시장이 잠정폐쇄되는 사태에까지 이르자 미국은 그 보유금을 시장에 방출함으로써 '금의 가격'을 '1달러=1/35온스의 금'이라는 '공정가격' 수준으로 안정시키고, 이후 영국, 프랑스, 서독, 이탈리아, 스위스, 벨기에, 네덜란드, 룩셈부르크 등 서유럽 국가들과 '런던 금풀'(London gold-pool)을 결성, 온스 당 '금 가격'을 35달러 20센트 이하로 유지하는 정책을 지속했지만, 그러한 정책들은, 미봉책일 수는 있을지언정, 문제의 해결책일 수 없었기 때문입니다.

사실, 서유럽 국가들은, 마지못해 '런던 금풀'이라는 미봉책에 참여하긴 했지만, 내심 앙앙불락하면서 미국과의 갈등이 깊어 가고 있던 데다가, 1962년에 미국이 시작한 월남전을 둘러싸고 미국과 그들 서유럽 국가들 간의 불화가 더욱 깊어갔습니다. 그러다가 1968년 미국의 월남전 확대에 반대한 프랑스의 금-달러 교환 요구, 금풀의 탈퇴로 그것이 붕괴되자 미국과 서유럽은 자유금시장의 달러화 가치 안정정책을 포기하지 않을 수 없었습니다. 그리하여, '금의 시장가격'은 시장에서 형성되는 대로 방치하면서 '금의 공정가격', 즉 미국이 외국 통화당국의 금 교환 요구에 응하는 '금의 가격'만을 '금 1온스=$35.-'로 유지하는 이른바 '금의 이중가격제' 시대로 들어갑니다.

이러한 조치는 당연히 미국으로부터의 금의 유출을 부채질할 수밖에 없었고, 그 결과 미국의 대외 단기채무가 그 금보유고를 훨씬 상회하기에 이르러 미국은 1971년 8월 15일에 '금-달러 교환'의 정지를 선언하게 됩니다(아래 표의 '미국의 국제수지, 금준비, 대외유동채무' 참조). 외국의 통화당국에 한정해서이긴 하지만, '금1온스=$35.-'의 비율로 달러와 금의 교환을 보증하겠다며 불환통화 달러를 세계에 맘껏 살포해놓고는, "내 배 째라!" 하고 나온 것이지요.

미국의 국제수지, 금준비, 대외유동채무(단위: 억 달러)

연도	국제수지	금준비	대외유동채무	연도	국제수지	금준비	대외유동채무
1948	8	242	77	1960	△39	178	210
1949	1	244	76	1961	△24	169	229
1950	△35	227	86	1962	△22	160	241
1951	0	227	93	1963	△27	155	263
1952	△12	232	105	1964	△28	154	290
1953	△22	220	116	1965	△13	137	291
1954	△15	217	129	1966	△14	132	298
1955	△12	217	136	1967	△36	121	333
1956	△10	219	149	1968	△16	109	338
1957	6	228	151	1969	△61	119	417
1958	△34	205	162	1970	△30	111	433
1959	△38	195	194	1971	△220	102	642

출처: 荒木信義, 《變貌する國際通貨制度》, 教育社, 1979, p. 29.

그러나 수천 기, 수만 기의 핵무기로 무장한 세계 최강 군사대국의 배를 째겠다고 나설 나라는 어디에도 없었습니다.

1971년 8월 15일 미국의 대통령 닉슨의 "특별성명"을 통한 '금-달러 교환' 정지로 '브레튼우즈 체제', 즉 구(舊) IMF체제는 사실상 붕괴되었지만, 그

후 국제적으로 고정환율제를 유지하려는 몸부림으로 달러 가치를 절하하고 통화 상호 간 변동폭을 확대하는 스미소니언 합의(1971년 12월)가 이루어집니다. 그러나 이도 불가능하여, 1973년 3월 주요 통화가 전면적인 변동환율제로 이행함으로써 구 IMF체제는 최종적으로 종언을 고합니다.

그리고 자본주의 세계경제는 1970년대에 연거푸 '석유파동'을 겪고, 온스당 35달러이던 '금 가격'이 600달러, 800달러를 넘나드는 시대, 자본주의 체제의 전반적 위기가 재격화되는 시대를 맞게 됩니다. (그리고 2020년대인 오늘날에는 2,000달러를 넘나들고 있습니다.) '카지노 자본주의'라는 말도 있지만, 국제 금융시장은 환시세와 금리가 어지럽게 오르내리는 투기장으로서의 성격이 더욱 심화되었고, 이에 따라 이른바 헷지(hedge) 거래라는, 리스크 방어를 위한 양다리 걸치기 식의 여러 거래수법들이 등장합니다. 하지만, 이러한 수법들은 당연히, 리스크를 소멸시키는 것이 아니라 기껏해야 그것을 타인에게 전가시키는 기술일 뿐이고, 전체적으로 본다면 실제로는 투기와 리스크를 더욱 증폭시키는 방법들에 불과하다는 것은 누구의 눈에나 명백할 것입니다.

4. 국가독점자본주의의 모순과 그 파산

이상에서는 달러 살포를 통한 미 독점자본의 이른바 '유효수요' 창출 정책이 어떤 모순을 안고 있었으며, 그것이 어떻게 달러 중심의 구 IMF체제를 붕괴시켰는가를 간단히 보았습니다. 하지만, 재정·금융정책을 주요 정책수단으로 하는 국가독점자본주의의 '유효수요' 창출 정책, 공황구제, 위기 타개책은, 그 위기를 극복·타개·예방하는 것이 아니라, 도리어 그것을 해결할 수 없이 증폭시키는 모순을 내포하고 있습니다. 실제로 국가독점자본주의의 이론이나 정책은 역사적으로 한번도 그 유효성을 현실적으로 증명하지 못했습니다. 무엇보다도, 저 유명한 '뉴딜'이나 나치즘을 통해서도 1930년대의 대공황은 결코 극복되지 못했다는 사실이 이를 증명합니다.

'극복'이라고 표현하는 것은 사실 심각한 어폐일 수 있지만, 그럼에도 굳이 말한다면, 1930년대의 대공황을 극복하게 한 것은, '뉴딜'이나 나치즘 등 국가독점자본주의의 '정상적인'(?), 혹은 일반적인 정책수단들이 아니라, 제2차 대전이라고 하는, 인류 역사에 전무후무한 대규모의 파괴·살육이었습니다. 물론 전쟁 혹은 전시경제라고 하는 것 역시 국가독점자본주의의 한 형태, 그 비상한 형태이지만 말입니다.

여기에서 '뉴딜'과 관련한 흥미 있는 얘기를 하나 하고 넘어갑시다.

그동안 언론도 교육도 적어도 대중적 담론에서는, 주지하는 바처럼, 1930년대 미국의 대공황은 루즈벨트의 '뉴딜'에 의해서 극복되었다는 식으로 선전해 왔습니다. 그런데, 2008년 9월에 통칭 '리먼 부라더스 사태'가 발발하자, 즉, 전 세계에 그 지사·지점들이 그물망처럼 촘촘하고, 150년이 넘는 역사를 가진, 월가의 4대 금융회사 중 하나인 '리먼 부라더스'가 파산하자, 부르주아 세계는 온통 새로운 '대공황'에 대한 공포에 휩싸이지 않았습니까? 당연히 "각국 정부가 저마다 경기 부양을 위한 대책 마련에 고심하고 … 각국 정책 입안자들 사이에선 1930년대 대공황 당시 미국 정부가 실시한 뉴딜(New Deal) 정책이 많이 회자되고"23) 있었습니다.

그런데, 바로 그러한 상황에서 극우 중의 극우인 《조선일보》가, 그것도 그 '논설실장'이 '뉴딜'과 관련한 진실을 실토하고 나섰습니다. 이렇게;

"우리는 뉴딜에 대한 환상을 버려야 한다. 루즈벨트 대통령의 뉴딜이 경제 정책의 성공작이었다는 환상부터가 문제다."

"… 10년이 넘는 경기침체에서 미국을 살려낸 1등 공신은 뉴딜보다는 전쟁(2차 대전)이었다는 게 다수 경제학자들의 평가다. 전쟁 덕에 제조업이 대호황을 누리는 계기를 잡았었다."24)

또 다른 '전문가'님께서도 극우 《조선일보》에 이렇게 쓰고 있습니다.

"뉴딜정책은 프랭클린 루스벨트(Roosevelt)가 대통령으로 당선된 1933년부터 제2차 세계대전이 발발한 시점까지 실시된 일련의 정책을 지칭한

---

23) 장용성, 연세대 언더우드 특훈 교수(美로체스터대 교수), "뉴딜정책, 절반은 실패였다", 《조선일보》, 2009. 04. 04.
24) 송희영, 조선일보 논설실장, "[송희영 칼럼] 루스벨트의 뉴딜, 이명박의 뉴딜", 《조선일보》, 2009. 01. 17.

다. 1937년에 2차 경제위기가 다시 찾아왔다는 점에서 대공황의 궁극적 극복은 뉴딜정책이 아니라 2차 대전 발발 때문이라는 주장도 있다."25)

1930년대의 대공황은 그렇게 제2차 대전이라고 하는 엄청난 파괴와 살육을 통해서 '극복'되었다는 얘기지요.

여기에서 궁금하실 겁니다. '뉴딜'에 의한 대공황의 극복이라는 신화는 자본주의 체제의 자기 치유 능력에 대한 선전일 텐데, ≪조선일보≫는 왜 저렇게 고백하고 나섰을까 하고 말입니다.

물론 저들은 결코 솔직한 표현으로는 얘기하지 않지만, 우리는 그 행간을 읽을 수는 있습니다. 예컨대, 이렇게 얘기하고 있으니까요.

> "경제 살리기로서 뉴딜에 대한 미국 경제학계의 학점은 매우 짠 편이다. 그중에서도 돈줄을 풀었다가 돌연 조이는 식으로 통화정책을 엉망진창 운영한 것이 가장 큰 실책이었다는 비판이다.
> 이런 실패를 심층 연구했던 버냉키 연방준비제도 이사회(FRB) 의장은 이번에 줄곧 금리를 내리고 돈줄을 풀어왔다. ... 오바마 정권도 루스벨트의 잘못을 되풀이하지 않으려고 각오한 것처럼 보인다.
> 다만 대형 토목공사로 실업자들에게 일자리를 제공한 것, 빈민층에 배식권(푸드 스탬프)을 뿌린 것, 노동권을 넓게 보장한 것 등은 경제 회생 효과보다는 정치적 효과가 더 컸다는 분석이다."26)

결국, '뉴딜'에 포함되어 있던, "실업자들에게 일자리를 제공한 것, 빈민층에 배식권(푸드 스탬프)을 뿌린 것, 노동권을 넓게 보장한 것 등"을 "경제 회생 효과보다는 정치적 효과"를 위한 것으로 규정하면서 그러한 것들에 반대한 것입니다. "경제 살리기", 즉 자본 살리기는 "버냉키 연방준비제도 이사회(FRB) 의장"처럼 "줄곧 금리를 내리고 돈줄을 풀어" 가면 되는 것이니까!

다시 우리의 주제로 돌아오면, 아무튼 그렇게 수천만의 인명을 도륙하고 회생한 자본주의 경제는, 전후 짧은 기간의 혼란, 즉 전시경제로부터 비전시 경제로의 조정기간을 거친 후, 대략 1960년대 말엽 내지 1970년대 초까지,

---

25) 장용성, 같은 글.
26) 송희영, 같은 글.

저들 부르주아 이데올로그들 스스로 자본주의의 '황금시대'라고 규정하는 이른바 '장기호황'27)을 즐깁니다. 그리고 저들 부르주아 이데올로그들은 자본주의적 생산의 이러한 상대적인 안정기를 이른바 '수정자본주의체제' 혹은 '혼합경제체제'라는 이름으로 찬양했습니다. '사회주의의 부분적 장점'인 국가에 의한 계획과 개입의 원리를 수용하고 사회보장제도를 확충하여 과거의 자유주의적·자유방임적 자본주의를 다소 수정했고, 그 덕분에 "더 이상 공황은 없다"는 것입니다. 그리하여 대공황을 극복하고 '장기호황'을 있게 한 공(功)은, 제2차 대전의 파괴와 살육이 아니라, '케인즈 혁명'이라는 부르주아적 지혜에 돌려졌습니다.

그런데 저들이 '수정자본주의체제' 혹은 '혼합경제체제'라고 찬양하던 그 체제는, 당시의 그 상대적 안정성이 어디에서 유래하든 상관없이, '수정자본주의체제'였을지는 몰라도, '혼합경제체제'는 결코 아니었습니다.

단적으로, 저들의 '국가에 의한 계획과 개입'이나 '사회보장제도 혹은 '그 확충'은, 사회주의와는 전혀 무관한 것들일 뿐 아니라, 그 역(逆)이기 때문입니다.

사회주의적 생산에서의 계획은 자본주의적 생산의 사회적 무정부성을 부정·폐절한 것이고, 그 전제는 주요한 생산수단들의 사회적 소유, 즉 노동자·인민에 의한 공유입니다. 그에 반해서 국가독점자본주의, 소위 '수정자본주의'에서의 이른바 '계획'은 주요한 생산수단들의 사적소유, 즉 소수 독점자본에 의한 배타적·독점적 소유를 유지·강화하기 위한 것입니다. 그런데, 주요 생산수단들의 사적소유를 그렇게 유지·강화하는 조건 속에서 사회적 생산의 무정부성이 도대체 어떻게 부정·폐절될 수 있겠습니까?

또한 '사회보장제도' 혹은 '그 확충'? — 사회주의적 생산·경제체제는 그 자체가 그 발전의 낮은 단계에서부터 모든 사회구성원들의 인간다운 삶의 조건을 보장하기 때문에 '사회보장제도' 따위는 문제로도 되지 않습니다.

사실, '국가의 계획 및 개입', 혹은 사회보장제도의 도입·확충은 위기에 처한 자본주의적 생산에는 언제나 있을 수 있는 것이고 또 그래 왔습니다.

---

27) '장기호황'이라고 하지만 이 기간에도 물론 '불규칙 동요를 수반한 10년 주기의 공황'이 사라진 것은 아니었습니다. 다만 그 규모와 격렬함의 정도가 다소 축소되고 약화되어 파국적이지 않았을 뿐입니다.

그뿐만이 아닙니다. 국가란 그것이 딛고 서 있는 사회체제, 즉 계급사회에서 그 착취·억압체제를 외적으로 보장하는 기구이기 때문에, 일정한 상황 속에서의 그러한 '국가의 계획 및 개입', 사회보장제도의 도입·확충은 당연히 봉건제나 노예제 사회에서도 있었습니다. 대표적으로 국가에 의한 대규모 치수사업이나, 예컨대, 조선조 시대 환곡(還穀)과 같은 구휼제도(救恤制度)를 상기해보십시오. 국가의 본질과 그 기능을 고려할 때, 자본주의 체제가 위기에 처했을 때에 자본주의 국가가 그것들을 도입하고 확충하는 것은, 지극히 자본주의적인 것이지, 어떤 사회주의적 의미도 없는 것입니다.

그리하여 저들 자본주의 국가에 의한 '계획 및 개입'의 도입, 그리고 사회보장제도의 확충은 결코 그 사회의 노동자·인민을 위한 것이 아닙니다. 그것은 자본주의적 생산체제의 위기를 모면해보려는 것, 노동자·민중을 체제내에 포섭하려는 것, 그리하여 독점자본의 이익을 극대화하고, 그 지배체제를 영구화하려는 것입니다. 그리고 그것은 그러한 국가의 '계획과 개입', 국가에 의한 사회보장제도의 확충이 없이는, 더구나 항상적인 체제로서의 그 개입이 없이는, (독점)자본주의체제 그 자체가 더 이상 존속할 수 없다는 객관적 조건, 객관적 상황을 반영하고 있는 것입니다. ― 다름 아니라, 국가독점자본주의 바로 그것 자체입니다.

부르주아 국가에 의한 자원의 '배분' 및 생산의 '계획'과 재생산과정에의 개입, 사회보장제도의 확충, 공황 구제, 기타 위기 타개책들은 물론 일정한 조건과 한계 내에서는 자본주의적 생산, 그 생산체제의 위기, 즉 공황을, 그 파괴적 영향을 다소 완화시킬 수 있습니다. 하지만, 저들이 말하는 '장기호황' 혹은 '황금시대'에조차 케인즈주의적 국가독점자본주의의 '약점'은 부르주아 경제학자들 자신에 의해서 지적되었습니다. 다름 아니라, 재정지출의 확대를 통해서 경기를 부양시키면, 인플레이션이 발생하고, 인플레이션을 억제·수습하는 정책을 쓰게 되면 경제가 침체한다는 약점 그것 말입니다.

그러나 케인즈주의적이든, 소위 신자유주의적이든, 국가독점자본주의의 '약점', 사실은 자기모순은 결코 그것만이 아닙니다.

자본주의적 경제위기, 즉 공황의 원인과 본질이 과잉생산임을 애써 인정하지 않으려 하는 부르주아 이데올로그들이야 이 역시 인정하고 싶지 않을 것이고, 많은 경우 사실은 스스로가 스스로에게 속아, 즉 자기기만의 결과

바보로서의 전문가들이 된 나머지 그것을 인식할 능력조차 잃어버렸겠지만, 국가에 의한 경기(景氣)의 부양, 특히 공황 국면에서의 공황구제, 즉 파산의 위기에 처한 독점자본들의 구제는 과잉생산 공황에 의한 자본주의 체제의 종국적 파국을 잠시 뒤로 연기할 뿐, 공황의 원인인 과잉생산을 해소하기는 커녕 도리어 그것을 격화시킬 뿐입니다. 아니 그렇겠습니까? 자본주의적 생산의 운동법칙이, 자본주의 체제 그것이 파산을 선고한 과잉자본, 과잉 생산 시설들을 그 선고에 거슬러 온존·증대시키는 것이 바로 국가에 의한 개입, 공황구제인데 말입니다.

1930년대 이후의 자본주의, 특히 제2차 대전과 그 이후의 자본주의는 자본주의적 생산, 자본주의 체제 그것의 종국적 파국을 이렇게 국가독점자본주의적 개입을 통해서, 때로는 비전시적(非戰時的) 개입과 같은 '온화한' 개입을 통해서, 때로는 제2차 대전이나 그 후에 빈발하고 있는 제국주의 침략전쟁과 같은 폭력적 개입을 통해서, 그 생명을 유지해오고, 그 모순을 격화시켜 왔습니다.

그리고 특히 2007년 말에 폭발하여 2008년에 '리먼 부라더스 사태'로 증폭되고, 그 연속선상에서 2010년 봄부터는 남부 유럽에서 그리스를 위시한 부르주아 국가들의 재정위기로까지 폭발했던 공황은, 지금 돌아보면 성급한 판단, 따라서 판단의 오류였지만, '마침내 국가독점자본주의가 파국, 따라서 자본주의적 생산, 자본주의 체제 그 자체가 종국적 파국을 맞고 있는 것 아닌가'[28] 하는 생각까지 들게 할 정도로 심각했습니다. 부르주아적 시각으로도 독점자본의 구제자로서의 국가, 따라서 (독점)자본주의의 구제자로서의 국가 자신이 구제받지 않으면 안 되는 처지로 전락[29]해가고 있었고, 그리하여 국가가 이제 더 이상 독점자본의 파산, 따라서 자본주의적 생산의 파산에 대한 구제자로서 기능할 수 없게 된 것이 아닌가 생각되었던 것입니다.

통칭 G7이니 뭐니 하는 주요 제국주의 국가들이 아직 그 지경에까지는 이르지 않아 당시의 위기를 넘겼지만, 그렇다고 해서 그것이, 국가독점자본주

---

28) 채만수, "유럽의 재정위기, 그 의미", ≪정세와 노동≫ 제58호, 2010년 6월, p. 21; 채만수, "유럽의 재정위기와 국가독점자본주의의 파탄", ≪정세와 노동≫ 제60호, 2010년 9월, p. 205.

29) "Financial Markets: Rescuing the rescuers", <www.economist.com>, May 27, 2010.

의가, 따라서 자본주의가 종국적 파산를 향해 달려가고 있지 않다는 것을 의미하는 것은 결코 아닙니다. 앞에서 말한 것처럼, 국가독점자본주의는 과잉생산을 증폭시킬 수밖에 없고, 따라서 그것은 저들의 의도와는 반대로 자본주의 체제의 종국적 파탄을 재촉할 수밖에 없습니다. ― 지옥으로 가는 길은 선의로 포장되어 있다!

사실, 1970년대가 되면, 국가독점자본주의의 '약점'이 급기야 이른바 '스태그플레이션'(stagflation)으로, 그러니까 공황 혹은 침체와 악성 인플레이션이 지속적으로 동행하는 사태로 폭발하면서 케인즈주의는 마침내 '파탄'을 선고받게 됩니다. '신자유주의'를 고찰하는 다음 강의에서 명확히 하는 것처럼, 그러나 그 파탄 선고는 사실은 극히 기만적인 것이어서, 케인즈주의적인, 따라서 국가독점자본주의적인 정책수단들은 신자유주의라는 이름 하에 극우적인 형태로 여전히 동원되고 있지만, 아무튼 케인즈주의는 그렇게 파산을 선고받았습니다. 저들 부르주아 이데올로그들, 정책 담당자들은 자신들이 더 이상 케인즈주의자가 아니라고 믿는 거지요.

아무튼 그러나 케인즈주의 혹은 국가독점자본주의의 본질적 모순은 결코 그 경기 부양책이 유발하는 인플레이션 따위에 있는 것이 아닙니다. 국가독점자본주의에 체제내화되어 있는 인플레이션은, 결코 그것을 무시하거나 가볍게 보아 넘길 수 있는 모순은 아니지만, 그렇다고 해서 그것이 국가독점자본주의의 본질적·근본적인 모순인 것은 결코 아닙니다. 인플레이션이나 스태그플레이션은 오히려 국가독점자본주의의 보다 본질적이고 근본적인 모순이 발현하는 형태의 하나입니다.

앞에서 간단히 언급했지만, 그 본질적·근본적인 모순은 국가독점자본주의가, 혹은 그 유효수요 창출 정책이 결코 생산과 소비 간의 모순이라는 자본주의적 생산의 모순을 결코 지양할 수도, 완화할 수도 없다는 사실입니다.

사실, 자본의 생리·본능을 상기하면, 그 모순은 당연합니다.

공황구제를 통해서 과잉의 생산시설을 온존시키는 것은 차치하더라도, 국가가 과잉생산, 즉 상대적 과소소비를 해소·완화시키겠다고 재정적 수단들을 동원하여 이른바 유효수요를 창출하고 나설 때, 상품을 공급하는 자본의 대응행동은 과연 무엇이겠습니까?

"그래, 내 상품을 재고 없이 다 팔았으니 그걸로 대만족이다!" ― 이런 것이겠습니까? 아니면, 국가가 거대하게 '유효수요'를 보장하기 때문에 더욱더 증폭된 규모로 생산을 증대시키는 것이겠습니까?

'최대 이윤'을 추구하는 자본의 생리·본능은 당연히 더욱더 증폭된 규모의 생산으로 대응하는 것일 수밖에 없습니다. 무엇보다도 경쟁의 압력 혹은 강제! — 즉, 재고를 처리한, 혹은 그것을 염두에 둔 다른 자본들이 생산을 확대하는데, 그것을 방관만 한다. 그것은 바로 시장을 잃고 망하는 길이기 때문에 서로 경쟁적으로 생산을 확대합니다.

더구나 국가재정에 의한 유효수요의 창출은 독점자본에게 고율의 이윤을 보장하기 때문에 생산의 확대를 위한 동기도, 그 물질적 기초도 더욱 강화될 수밖에 없습니다. 그리하여 유효수요 창출을 위한 재정지출도 갈수록 더 증폭된 규모로 이루어지지 않으면 안 됩니다.

국가독점자본주의의 전개 과정은 실제로 그러했습니다.

그리하여, 과잉생산은 불규칙한 조수간만(潮水干滿)의 운동을 반복하면서도 항상적으로 존재했고, 갈수록 증폭되어 갔습니다. 세계경제에서 유이(唯二)한 예외는 제1차 및 제2차 세계대전 중이었을 뿐입니다. 다름 아니라, 제1차 및 제2차 세계대전 중에는 대규모 파괴에 의해 생산이 극적으로 축소되었고, 그리하여 그 파괴와 생산 축소의 속도가 그 파괴를 위한, 그리고 그 파괴에 의한 '유효수요'의 증대 속도 보다 훨씬 빨랐기 때문이었습니다.

남북 아메리카 국가들의 경우, 제1차 대전에서도, 제2차 대전에서도 파괴의 피해를 입지 않았고, 특히 미국의 경우에는 서유럽이나 동아시아, 북부 유럽 등에서의 그 거대한 파괴를 뒷받침하기 위해서 생산을 급격히 증대시켰지만, 저 파괴의 속도는 그 증대 속도보다 훨씬 빨랐던 것입니다.

국가독점자본주의 하에서 항상적으로 과잉생산이 존재했으며 또 그것이 증폭되고 있었다는 사실은, 제2차 대전의 후과(後果)가, 차츰 약해지면서도, 아직 그 힘을 발휘하고 있던 1960년대 말엽까지의 '장기호황' 혹은 '황금시대'에조차 진실입니다. 그리고 그 모순이 마침내 1970년대에 '스태그플레이션'으로 폭발했으며, 오늘날 역시 빈번한 경제위기, 외환·금융위기로 자신을 증명하고 있습니다. (국가독점)자본주의의 최후를 향해서 줄달음질치고 있는 것입니다.

지난 1980년대 말에서 1990년대 초의 경제위기 논쟁에서, "더 이상 공황은 없다"며 철 지난 "국가독점자본주의 영구번영론"을 노래하던 정건화 교수 등 '진보적 지식인들'이 그 가락을 멈춘 지도 물론 이미 오래입니다. 비록 아무런 자기비판도 없는 채이긴 하지만 말입니다.

5. 국가독점자본주의의 노동자 관리
― 이른바 사회보장제도 및 '사회적 합의주의'를 중심으로

한편, 한때는, 그러니까 지난 세기 말―금세기 초에는 많은 '진보적 지식인들'이 북유럽을 위시한 서유럽의 소위 '사회보장제도' 혹은 '사회복지제도'를 찬양하며, 이른바 '사회적 합의주의'를 설교했습니다. '사회적 합의주의'에 대한 설교야 수많은 비판·비난 끝에 이제는 거의 들리지 않지만, 소위 '사회보장제도' 혹은 '사회복지제도'에 대한 음양(陰陽)의 찬양 혹은 동경(憧憬)은 아직도 여전하지 않습니까? 이 사회에서는 이승만 → 박정희 → 전두환 등으로 이어지는 역대 퐈쑈정권들의 노동자계급에 대한 일방적인 폭압만 보아온 그들이기 때문에, 그리고 수많은 사람들이 이른바 '사회보장제도의 사각지대'에 놓여 있는 현실을 감안하면, 그들의 그러한 시각을 이해 못할 바는 물론 아닙니다.

그러나 그것들을 맹목적으로 찬양하기 전에 우리는 그러한 사회복지제도가 어떠한 조건과 배경에서 어떠한 이유로 확립·발전되었고, 이후 어떤 도정을 밟아왔으며, 지금은 어떠한 상황에 있는지, 그리고 어떠한 방향으로 발전해가고 있는지 등등을 고찰해보지 않으면 안 될 것입니다. 그러한 것들을 고려하지 않는 찬양일변도는, 몰역사적인 관점을 드러내는 것으로서, 역사에서 교훈을 얻는 대신에, 부르주아지의 선전의 노예가 될 뿐이고, 정세와 그 동향을 오판할 뿐일 것이기 때문입니다.

이미 제1강의 말미에서도 말씀드렸지만, 사회보장제도는 이중의 의의, 즉, 한편에서는 노동자계급의 투쟁의 성과물이자, 다른 한편에서는 '자본-임금노동'이라는 착취관계를 안정화·영속화시키려는 자본의 대응이라는 이중의 모순된 의의를 가지고 있습니다. 그 때문에 노동자들은, 사회보장의 유지·확대·강화를 위해 투쟁할 때에도, 언제나 그 의의와 한계를 명확히 인

식하면서, 그것을 총전략노선상의 제한적 전술로 배치하지 않으면 안 되는 것입니다.

자본주의 국가가 체계적인 사회보장제도를 최초로 도입한 것은 19세기 말엽 독일의 비스마르크 정권에 의해서였습니다. 그런데 철혈재상(鐵血宰相)이라고 불리는 냉혈한(冷血漢) 비스마르크가 그렇게 사회보장제도를 도입한 것은, 다름 아니라, 당시 고조되어 가던 노동자계급의 혁명투쟁으로부터 부르주아지를 구제하기 위해서, 즉 노동자 대중을 체제 내로 포섭하기 위해서였습니다. 비스마르크 정권에 의한 사회보장제도의 도입은, 다른 한편에서는 '사회주의 탄압법'으로 노동자계급의 선진적 분자들에 피의 억압을 가하면서 이루어진, 노동자 대중에 대한 유화책이었던 것입니다.

그리고 사회보장제도가 오늘날과 같은 규모와 형태로 확립된 것은 1930년대의 대공황과 제2차 대전을 거치면서였는데, 이는, 대공황과 거듭된 제국주의 전쟁의 엄청난 참화 때문에 노동자계급이 불온해지고, 사회주의 쏘련의 발전을 보면서 사회주의 혁명을 위한 운동이 광범하고 치열하게 전개되었기 때문이었습니다.

결국, 사회보장제도의 확립·확충이나 '사회적 합의주의', 혹은 독일의 저 유명한 '노사공동결정제도'30) 등은, 모두 노동자계급을 매수하고 회유하여 자본주의적 생산체제의 안정을 꾀하려는 자본의 어쩔 수 없는 선택·양보였습니다. 말하자면, 사회보장제도란 자본주의의 전면적 위기에 대한 독점자본의 대응의 하나이고, 특히 노동자계급이 정치적으로 불온해지고 혁명적으

---

30) "공동결정법(Mitbestimmungsgesetz)"과 "3분의1참여법(Drittelbeteiligungsgesetz)"에 규정된 '공동결정제도'는, 1) 피고용자의 수가 2,000명을 초과하는 회사에 해당하고, 2) 동수의, 주주들이 선출하는 대표자들과 노동자들이 선출하는 대표자들로 구성하되, 3) 노동자들의 대표자 중 2 내지 3명은 노동조합원이어야 하고, 4) <u>위원장은 제1차 투표에서 3분의 2 이상의 동의로 선출하되, 1차 투표에서 당선자가 없을 경우 주주측 대표자들이 위원장을 선출하고</u>, 노동자측 대표자들은 자신들의 대리인을 선출하며, 5) <u>의사결정 과정에서 찬반 동수일 경우, 위원장이 2표 행사하는 것으로 되어 있고</u>, 6) 피고용인이 500명에서 2,000명일 경우, 노동자측 대표는 위원회 정원의 3분의 1로 하고, 7) 피고용인이 500명 미만일 경우에는, 노동자 참여가 없습니다. — 어떻습니까? 천하 없는 경우에도 노동자측 대표가 '공동결정위원회'의 위원장을 맡고, 그리하여 노동자측과 자본측의 의견이, 따라서 그 이해관계가 대립되는 어떤 경우에도 노동자측의 의사가 관철되도록 되어 있는, 천하에 다시 없는 훌륭한 제도지요? 본받아야 할 참으로 훌륭한 제도!

로 되어가던 데에 대한 대응이었습니다.

그런데 지금 서유럽 등 선진자본주의 국가들에서 그 사회보장제도와 '사회적 합의주의'는 어떤 상태에 있고, 어디를 향해서 나아가고 있습니까?

사회보장제도 그것은, 보수당 일색의 미국이나 일본에서는 물론, '신노동당'이니, '제3의 길'이니, '새로운 중도'니 하는 깃발을 내건 '노동자계급정당', 아니 실체는 독점자본가계급의 좌파정당인 사민주의 정당들에 의해서 영국에서도, 프랑스에서도, 독일에서도, 그리고 북유럽 국가들에서도 '개혁'이라는 미명 하에 축소되고, 파괴되어 왔습니다. 그리고 지금도 그러한 과정이 더욱더 가속도적으로 진행되고 있습니다.

다름 아니라, 이들 국가의 노동자계급이 사회보장제도에 안주하여, 파업투쟁의 전투성도, 노동자계급으로서의 정치적 정체성도 대부분 상실해버렸기[31] 때문이고, 특히 쏘련의 해체와 더불어 20세기 사회주의 세계체제가 붕괴되자 그러한 경향이 더욱 강화되었기[32] 때문입니다. 결국 자본주의적 사회보장제도 등은 노동자계급의 상층부, 노동조합의 관료들을 회유·매수하고, 노동자계급을 무력화시키는 기구에 불과했던 것인데, 미국과 서유럽 등의 노동자계급은 덧없는 사회보장제도와 노동자계급의 영구적인 임금노

---

[31] 다른 신문도 아닌 극우 《조선일보》조차 미국의 금권정치를 다음과 같이 보도·비판하고 있습니다. — "민주당의 벼락 오바마(Obama) 대선 후보나 공화당의 존 매케인(McCain) 대선 후보는 모두 유세에서 '로비로부터 자유로운 정치' '(기업들의) 특수 이익을 인정하지 않는 정치'를 하겠다고 약속했다. 그러나 각각 25일과 다음달 1일부터 열리는 민주·공화당 전당대회의 실상은 이런 공약과는 거리가 멀다. 거액 기부자들이 대접받는, 큰 손들의 돈 잔치가 되고 있다"(최우석 워싱턴 특파원, "금권 판치는 미 대선 전당대회", 《조선일보》 2008. 08. 25). 그런데 기사는 바로 그 독점자본의 '돈 잔치'에 미국의 '산별 노조들'도 한 몫 끼고 있음을 다음과 같이 보도하고 있습니다. — "**산별 노조들도 거액의 기부금을 민주당에 내놓았다. 호텔 등 서비스노조(IBEW), 교육노조(AFT), 공무원노조(AFSCME)는 각각 50만 달러를 민주당 전당대회에 기부했다.**"

[32] "서유럽 자본주의 국가들이 실업 보험이나 의료, 연금들 같은 일정한 혜택들을 노동계급에게 양보했던 것은 오로지 쏘련과 공산주의 중국에서의 근로인민에 대한 혜택들이라는 예(例) 때문이었다. 쏘련과 20세기의 장려(壯麗)한 공산주의 운동이 붕괴돼버린 지금, 이들 개혁은 모든 자본주의 국가에서 제거되고 있다. / 세계 근로인민의 미래는 세계적인 공산주의 운동을 새롭게 건설하는 데에 달려 있다."(Grover Furr, 미국 몽클레어 주립대학교 교수, "Message for Nikos Mottas' book on Stalin and Anti-communism", <http://www.idcommunism.com/2023/01/grover-furr-message-for-nikos-mottas-book-on-stalin-and-anticommunism.html>).

예화를 맞바꾸었던 것입니다.

　실은, 사민주의를 위한 투쟁이나 운동, 자본주의 체제 내에서의 사회보장의 확립·확충을 위한 투쟁이나 운동이 아니라, 착취와 억압의 체제로서의 자본주의 체제 자체를 지양하려는 투쟁과 운동이 그나마의 사회보장제도라도 가능하게 했던 것임을 상기해야 할 것입니다.

제12강 신자유주의 (1)

1. 신자유주의란 무엇인가

1) 전반적 위기의 재격화와 신자유주의

신자유주의. 지난 1990년대 초까지만 해도 전혀 들을 수조차 없었거나 아주 낯설었던 말입니다. 그러던 것이 어느새 이제는 우리에게 익숙한 단어, 아니 차라리 너무나 진부한 단어가 되어 버렸는데, 그렇다고 해서 많은 사람들이 그 개념을 올바르게 파악하고 있다고는 결코 말할 수 없습니다.

신자유주의가 무엇인가에 관해서는 물론 여러 견해가 있습니다. 하지만 여기서 그것들에 관해서 일일이 검토하는 것은, 지면도, 시간도 허락하지 않거니와, 또 크게 도움이 되는 것도 아니라고 생각합니다.

따라서 여기에선 그들 견해들에 대한 자세한 얘기는 생략하기로 합시다.

'TINA!'인가, 'TATA!'인가

다만, 신자유주의를 임의로 선택 가능한 여러 정책들 가운데 어떤 특정한 조류의 정책들로 간주하는, 일부 '진보적' 주장들에 대해서는 비판의 입장을 명확히 할 필요가 있습니다.

이러한 주장들 역시 구체적으로는 여러 형태로 나타나는데, 그 가운데, 한때 유행했던 하나를 예로 들면, 이런 것입니다.

"TINA가 아니라 TATA다!"

무슨 얘기인가?

조금은 옛 얘기인데, 우선, 오늘날 부르주아 언론, 부르주아 이데올로그들이 이른바 '영국병'[1]을 고친 '철(鐵)의 여상(女相)'으로 칭송하는 마가렛 대처(Margaret Hilda Thatcher)가 1970년대 말에 수상으로 집권합니다. 그리고 집권하자마자, 당시에는 아직 '신보수주의'라고 불리던, 오늘날의 말하자면 신자유주의적 개혁을 몰아붙이는데, 그 신자유주의적 개혁에 대한 노동자들의 저항과 투쟁을 억누르면서 내세웠던 대표적인 주장이, 다름 아니라, TINA! ― "(이 길, 즉 신자유주의적 개혁밖에) 다른 대안은 없다!(There is no alternative!)"였습니다. 이 "There is no alternative!"의 머리글자들을 딴 것이 바로 TINA입니다.

즉, TINA란, "신자유주의 외에 다른 대안은 없다!"는 뜻이지요.

그런데 지난 1990년대 중반 이후 신자유주의에 대한 저항과 투쟁이 세계 곳곳에서 광범하게 벌어지면서 TATA라는 주장·구호가 등장합니다.

TATA! ― 다름 아니라, "(신자유주의 외에도) 수천 개의 대안이 있다!(There are thousands of alternatives!)"는 것입니다.

TATA!

"신자유주의 말고도 수많은 대안이 있다!"

"그러니, 반노동자적·반인민적인 신자유주의 정책을 멈춰라!"

아주 훌륭한 주장입니다.

그러나 이러한 주장은 독점자본과 그 정권들의 신자유주의 드라이브를 맞받아치는 훌륭한(?) 선동일지는 몰라도 결코 진실은 아닙니다. 그리고 진실이 아닌 데에는 결코 전망이 없습니다.

신자유주의를 임의로 선택 가능한 여러 '대안들'이나 정책들 가운데 하나라고 생각하는 것은 아주 몰역사적이고, 관념적입니다. 그것은 결코 여러 대안들 중에서 선택된 것이 아니라, 대처가 말하고 있는 것처럼, 독점자본과 그 체제, 그 정권에게는 그 길밖에는 없는 필연적인 것이기 때문입니다. 그야말로 말 그대로 "TINA!"이고, 따라서 결코 "TATA!"일 수 없는 것입니다.

왜 그런가?

---

1) 인터넷의 ≪위키백과≫를 보니까, "영국병(英國病, 영어: British disease)은 보수주의자들이나 시사평론가들이 1970년대 경제침체를 겪은 영국을 비하하는 데 쓰인 용어로, 또한 유럽의 환자로도 묘사했다. <u>영국의 복지가 1960년대와 1970년대의 영국 경제 침체기의 원인이 되었다는 의미에서 쓰는 용어</u>"(강조는 인용자)라고 되어 있네요. 그러니, "영국병을 고쳤다"가 무슨 의미인지는 그야말로 불문가지지요?!

전반적 위기의 재격화와 신자유주의

신자유주의란 1970년대 이후 필연적으로 재격화된 자본주의 체제의 전반적 위기에 대한 독점자본의 대응이며, 자본주의 체제의 전반적 위기가 재격화된 시기의 (국가독점)자본주의이기 때문입니다. 따라서 신자유주의란 국가독점자본주의의 후기형태로서, 마가렛 대처가 말한 것처럼, TINA! 즉, 필연적인 것입니다!

국가독점자본주의라는 개념이 그렇듯이, 신자유주의라는 개념 역시 이렇게 자본주의 체제의 전반적 위기를, 보다 정확히 말하자면, 그 재격화를 전제로 하고 있습니다. 그런데 이 '전반적 위기'라는 개념에 대해서는 자칭 '국제사회주의자들'(International Socialists, 약칭 IS)에서 '다함께'로, 그리고 지금은 자칭 '노동자연대'로 이름을 바꾸어온2) 일부 뜨로츠키주의자들을 위시한 여러 사람들이 그것을 '쓰딸린주의적 용어'라며 기각하고 있다는 것, 하지만 이 '전반적 위기'는 바로 '국가독점자본주의'의 문제이며, 누군가가 종파주의적 동기에서 그것을 기각하거나 승인하는 문제와 관계없이 객관적으로 엄존하고 있다는 것은 이미 말씀드린 대로입니다.

여기에서 자칭 '국제사회주의자들' 혹은 지금은 '노동자연대'에 대해서 다시 잠깐 언급해두자면, 그들은, 평소엔 자신들이야말로 가장 혁명적이라는 듯이 혁명적 공문구를 농(弄)하지만, 역사적으로는 가장 극악한 반쏘주의자들, 따라서 가장 극악한 반공주의자들이었고, 지금도 그렇습니다. 그리고 그들이 지난 2004년의 이른바 '(노무현) 탄핵정국'에서 절실하게 우리에게 보여준 것도, 다름 아니라, 그들 식의 혁명, 즉 신자유주의 정권의 안정화를 지향하는 "탄핵 반대!"·"탄핵 무효!"였습니다. 여러 노동자들이 죽음으로 노무현 정권의 신자유주의에 항거함으로써 '열사 정국'으로 규정되던 때이기도 했는데, 그들은 한나라당이나 민주당 등에 의한 '대통령 탄핵'을 어이없게도, 1917년 제정 러시아군의 총사령관 '코르닐로프의 반란'에 견주면서, 당시 한국노동이론정책연구소의 남구현·이해영·최형익 교수 등이 그랬던 것처럼, **신자유주의 노무현 정권의 안정화**를 꾀했던 것입니다.

그들이 필시 '상대적으로 개혁적'·'상대적으로 민주적'이라고 주장하고

---

2) 그런데, 이들은 왜 이렇게 이름을 계속 바꿀까요? 대한미국의 양대 지배정당들이 계속 이름을 바꾸는 것은 분명 대중을 기만하기 위해서인데, 이들은?

싶어 할 (김대중이나) 노무현 등의 정권, 한 마디로 '민주당' 정권 역시, 그들이 '코로닐로프'로 비유했던, 한나라당의 김영삼 정권이나 노태우 정권 등과 별다른 차이가 없는, 미제국주의와 독점자본의 이해에 봉사하는 정권, 반노동자적·반인민적 정권이라는 사실, 따라서 부르주아 정치세력들에 대한 노동자·민중의 태도는, 군사독재 타도, 노골적 퐈쑈 타도가 당면의 과제였던 1987년 이전의 그것과는 근본적으로 달라야 한다는 사실 따위는 그들에게는 중요치 않은 것입니다.3)

바로 그러한 군상(群像)이니, '자본주의의 전반적 위기'·'국가독점자본주의'라는 규정을 기각하고도 1930년대 대공황 이후의 자본주의를 분석하고 설명할 수 있다고 주장할 수 있고, 그러한 인식에 기초하여 자본주의를 극복하고 혁명을 전망할 수 있다고 주장할 수 있는 것입니다. 하기야, 주요 생산수단에 대한 사적 소유도, 따라서 임금노동이나 시장도 기본적으로 존재하지 않았던 옛 쏘련을 가리켜서 '국가가 단일한 자본가였던 국가자본주의'였으며, 따라서 적대적인 타도대상이었다고 주장하는, 그렇게 장한 '사회주의자들'이시니, 그대로 살다가 가시라고 내버려 둘 수밖에는 없는 노릇이지만 말입니다.4)

아무튼, 자본주의 체제의 '전반적 위기' 혹은 '전면적 위기'란 자본주의적

---

3) 역사적으로 주어진 구체적 정세 속에서 노동자계급이 자유주의적 부르주아지나 소부르주아적 민주주의자들에 대해서 어떤 정치적 태도를 취해야 할 것인가에 대해서는 채만수, "(소)부르주아 민주주의와 노동자계급 운동의 독자성: '민중탄핵' 논쟁의 재검토, 그리고 확인해야 할 전술원칙"(채만수, ≪피억압의 정치학(하)≫, 노사과연, 2008)의 특히 pp. 40-48 참조.

4) 쏘련 사회의 성격이 '국가자본주의'라는 저들의 주장은 과학적 분석의 결과가 아니라 종파주의적 구호이자 신앙일 따름입니다. 예컨대, 당시 국내의 대표적인 '국제사회주의자'의 한 사람, 그 이론가의 한 사람이었던 정성진 교수는 자신들의 교부(敎父)인 캘리니코스(Alex Callinicos)나 크리스 하먼(Chris Harman)의 주장을 소개하면서 이렇게 쓰고 있습니다. — "'국제사회주의' 경향의 '국가자본주의론'을 마르크스가 ≪자본≫에서 제시한 자본주의의 운동법칙으로 논증해보라는 만델(Ernest Mandel)의 집요한 추궁에 대해 캘리니코스도 하먼도 제대로 답변한 것 같지 않다."(정성진, "해설"[알렉스 캘리니코스의 "파산한 이론을 은폐할 수 없는 수사학: 에르네스트 만델에 대한 답변"(1992)의 '해설'], ≪이론≫, 1993년 봄, p. 293.) 그리고 이렇게 쏘련이 국가자본주의 사회였음을 논증하지 못했음을 증언하면서도, 그는 '국제사회주의자교'의 충실한 사제(司祭)답게, 그럼에도 불구하고, "만델-캘리니코스 논쟁에서" 자신은 "기본적으로 캘리니코스의 입장을 지지하는 편"(같은 곳)이라고 덧붙이고 있습니다.

생산관계와 그 안에서 발전한 생산력 간의 모순이 너무나도 심대해진 나머지 과잉생산이 항상적이고 거대하게 발생하면서 자본주의적 생산체제 그 자체의 존립을 위협하는 상황을 가리킵니다. 그 전형적이고 격화된 형태가 바로 1930년대의 대공황이었는데, 제2차 대전이라는 미증유의 파괴와 살육에 힘입은, 전후 1960년대까지의 '장기호황'을 마감하고 지금 그것은 1970년대 이후 다시 격화되어 있습니다. 신자유주의는 1970년대 이후 바로 그러한 조건 속에서 등장했고 강화돼 가고 있는 것입니다.

2) 1930년대 대공황과 세계대전, 그리고 케인즈주의

자본주의적 생산의 발전은, 그에 고유한 모순 때문에, 필연적으로 갈수록 격화되는 공황을 수반하고 독점을 유발하며, 그것은 다시 전반적 위기와 국가독점자본주의를 유발한다고 하는 것은 이미 누차 말씀드린 대로입니다.

실제로 1910년대의 제1차 세계대전은 독점자본주의인 제국주의 열강 간의 세계의 재분할을 둘러싼 항쟁이 격화된 결과 발발한 대참사로서, 급격히 자본주의체제의 전반적 위기를 조성하면서 독점자본주의의 국가독점자본주의로의 이행을 촉진하는 계기였습니다.

이후 1920년대의 '상대적 안정기'에 자본주의는 잠시 과거 자유주의적 관행으로 되돌아갔지만, 이 기간에는 이른바 포드주의적 생산방식이 주요 산업부문에서 일반화되는 등 노동생산력이 급격히 증대했고, 독점자본이 보다 거대화되어 그 지배가 강화되는 등, 전반적 위기의 여러 조건이 성숙했습니다.5) 그리고 1929년의 대폭락 이후 그 전반적 위기는 대공황이라는 형태로 그 모습을 드러냈습니다.

이에 체제의 보증자인 국가가 자본주의적 생산체제를 구제하기 위해서 전면적이고 계획적으로 경제적 재생산과정에 개입하는 국가독점자본주의

---

5) "전간기(戰間期) 동안 대대적인 기술혁신이 있었고 — 그 가운데 몇 가지는 전쟁의 자극을 받아 이루어진 것이다 — 다른 한편 더 많은 사람이 교육혜택을 받고 대학진학률이 높아지면서 인적자본이 축적되었다."(Charles H. Feinstein, Peter Temin, Gianni Toniolo 저, 양동휴 등 역, ≪대공황 전후 유럽경제≫, 동서문화사, 2000, p. 31. [2008년의 개정판(≪대공황 전후 세계경제≫)에서는 표현이 수정된 동일한 내용을 p. 36에서 찾을 수 있습니다.])

체제가 성립되었던바, 그 정치적으로 자유주의적인 형태가 대표적으로 미국의 이른바 '뉴딜형'(型)이었고, 그 퐈쑈적 형태가 대표적으로 독일의 '나치형'이었습니다. 그리고 자본주의적 재생산과정에 대한 국가의 이러한 전면적·계획적 개입을 이론화한 것이 저 유명한 '케인즈주의 경제학', 혹은 이른바 '케인즈 혁명'이었습니다.

좀 부연해서 설명하자면, 이렇습니다.

고전파적·자유주의적 자본주의관

1930년대의 대공황 이전에는 애덤 스미쓰의 이른바 '보이지 않는 손'으로 상징되는 고전파적·자유주의적 자본주의관이 지배하고 있었습니다. '보이지 않는 손'이란, 다름 아니라, 시장과 시장에서의 경쟁을 가리키는 것인데, 이러한 고전파적·자유주의적 자본주의관을 거칠게 요약하자면, 자본주의란 인간과 그 사회의 본성에 가장 잘 어울리는 경제체제이기 때문에 국가가 외부에서 경제적 재생산과정에 개입하는 대신에 그냥 보이지 않는 손, 즉 시장에 맡겨두면 만사가 저절로 잘 되어간다는 것입니다.6)

이러한 자본주의관은 애초에는 발생 초기 비독점적·경쟁적 자본주의의 진취적 성격을 반영한 것이었습니다. 봉건 권력 및 절대왕정의 억압과 개입에 대한 자본가계급의 저항 그리고 자본주의적 생산력의 해방을 대표했던 사상과 관점이었던 것입니다.

이러한 자본주의관은 물론 19세기 20년대부터는 이미 발전한 자본주의적 생산의 현실을 반영하지 못하는 낡은 관점이 되어버렸고, 이는 1825년 이후 주기적으로 폭발하는 과잉생산 공황에 의해서 판명되었습니다.

하지만, 부르주아지와 부르주아 이데올로그들은 자본주의 체제를 폐지하려는 노동자계급의 혁명운동에 대항하여 자본주의 체제를 '자연적 질서'로서 옹호하려는 이데올로기적 동기 때문에, 그리고 기업경영에 대한 간섭에 적대적인 사적소유자들의 배타성 때문에 좀처럼 그러한 낡은 관점을 청산할 수도, 거듭되는 위기에 대하여 어떤 조직적인 대응책을 내놓을 수도 없었습

---

6) 이러한 관점을 공유하고 있는 것이 애덤 스미쓰나 리카도 등으로 대표되는 고전파 경제학의 특징이기 때문에 이를 고전파적 관점이라고 부릅니다.

니다. 제1차 대전기의 전시 국가독점자본주의가 전후에 다시 자유주의적 관행으로 후퇴했던 것도 바로 이러한 이데올로기기적 동기와 사적소유자들의 배타성이 작용했기 때문이었습니다.

케인즈주의의 특징과 그 반노동자·반인민적 성격

그러다가 1930년대의 대공황을 계기로 그들의 관점에도, 현실에 대한 실천적 대응에도 일대 변화가 발생했습니다. 다름 아니라, 절체절명의 대위기에 처한 자본주의를 구하기 위해서 국가가 나섰던 것입니다. 그리하여 케인즈 경제학에 이르러 이제 부르주아 경제학에서도 자본주의적 생산에는 '생산과 소비 사이의 모순', 그 구체적 표현으로서의 과잉생산이라는 고유한 내적 모순이 '있을 수 있다'는 것이 인정되고, 이 모순을 완화·치유·예방하기 위하여 국가가 재정 및 금융적 수단을 동원, '유효수요'를 창출하는 등 재생산과정에 개입해야 한다고 이론화되었던 것입니다.

케인즈 및 케인즈주의자들의 자본주의관은 이 점에서 '보이지 않는 손'을 주장하는 고전파 경제학과 구별되고, 따라서 '케인즈 혁명'이라는 월계관이 씌워졌습니다. 하지만, 그렇다고 그들이 자본주의적 생산에서의 과잉생산을 '필연적'인 것으로서 인식한 것은 결코 아닙니다. 그들은 이를 단지 가능성으로서만 인식할 뿐, 자본주의적 생산의 위기의 필연성을 부인하고 있고, 오히려 바로 그 점에 그 이론의 특징이 있습니다. 바로 이렇게 그 필연성을 부인하고 있기 때문에, 그들은 정부가 유효수요를 창출함으로써 그 가능성이 현실화되는 것을 저지할 수 있다고 생각하고 주장하는 것입니다.

이 점에서 주기적인 과잉생산 공황을 자본주의적 생산에 필연적인 것으로 파악하는 맑스주의와 케인즈주의 간의 근본적인 차이가 있습니다.

그럼에도 불구하고, 케인즈 경제학이, 고전파 경제학과 달리 생산과 소비 간의 자본주의적 생산의 내적 모순을 인정했다고 부당하게 확대·강조하면서 케인즈주의로써 맑스주의를 슬그머니 바꿔치기하거나 개찬(改竄)하는 경우가 많고, 서유럽의 사민주의처럼 일부에서는 그러한 작업이 조직적·목적의식적으로 이루어져 왔습니다.

옛 쏘련의 맑스-레닌연구소의 한 연구원이 말하고 있는 것처럼, 이에는 물론 일정한 정치적·사회적인 의도가 있습니다. "이미 맑스 사상의 보급을 막을 수 없다면, 그것을 오히려 '케인즈화'하고, 자본주의에 무해(無害)한 것으로 만들려고 시도"하는 것이고, "여기에 부르주아 경제학자나 개량주의적 경제학자가 이러한 종류의 노력을 하는 진정한 의미가 있는"7) 것입니다.

실로 케인즈 및 케인즈주의 경제학의 성격은 맑스주의의 그것과는 정반대입니다. 다름 아니라, 증대하고 있던 맑스-레닌주의 사상의 영향력을 차단・배제하고, 전반적 위기로부터 자본주의적 생산을 구제하기 위한 것이 그 목적이기 때문입니다.

뿐만 아니라, "케인즈 자신이 맑스에 대한 자신의 태도를 밝힌 적은 극히 드물었지만, 언제나 맑스와 그의 경제이론에 극단적으로 적대적인 태도를 보여" 주었습니다. 그것도 맑스주의 경제학에 대한 당구풍월식의 지식밖에는 가지고 있지 못하면서 그렇게 극단적으로 적대했습니다. 예컨대, "1935년 1월 1일에 영국의 유명한 극작가이고 페비안협회의 지도자인 버나드 쇼 (George Bernard Shaw, 1856-1950)에게 보낸 편지 속에서 케인즈는 맑스의 저작에 대한 연구는 거의 진척되지 못했음을 고백"8)함으로써 사실상 맑스의 ≪자본론≫은 읽지도 못했고 맑스의 경제이론에 대해서는 그저 주워들은 풍월 정도의 지식밖에 갖추고 있지 못함을 스스로 고백하고 있는데, 그럼에도 불구하고 그는 ≪자본론≫을 "시대에 뒤떨어진 경제학 교과서"9)라고 공언하는가 하면, 쇼에 보낸 그 편지에서 자신은 세계 경제학에 혁명을 일으킬 책을 쓰고 있다면서 "맑스주의의 리카도주의적 기초를 때려 부수는"10) 것이 이 장래의 혁명의 한 요소라고 언급, 맑스와 맑스주의에 대한 적대를, 그리고 맑스 경제학과 리카도 경제학 간의 관계에 대한 무지를 자랑스럽게 드러내고 있습니다.

맑스와 맑스주의에 대한 그의 이러한 적대적 태도는 물론 노동자・민중

---

7) エリ・エル・ミシケーヴィッチ, "マルクス經濟學にたいする現代的批判家の無力", ヴィゴツキ 編・岡田進 譯, ≪『資本論』をめぐる思想鬪爭史≫, 河出書房新社, 1971, pp. 307-308.

8) エリ・エル・ミシケーヴィッチ. 같은 글, p. 302.

9) J. M. Keynes, *Essays in Persuasion*, London, 1931, p. 300(エリ・エル・ミシケーヴィッチ, 같은 글, p. 302에서 재인용).

10) R. F. Harrod, *The Life of John Maynard Keynes*, London, 1951, p. 462(エリ・エル・ミシケーヴィッチ, 같은 글, p. 302에서 재인용).

을 제물로 삼아 자본가들과 자본주의를 파멸로부터 구제하려는 그의 열정에서 나오는 것입니다. 그리하여, 통화의 불환화를 통한 화폐・통화・재정정책이 그의 핵심적 방책(方策)인데, 이는, 파산하는 독점자본의 구제책이면서, 동시에 인플레이션을 통해 노동자계급과 농민 등 소생산자들을, 즉 인민대중 일반을 착취하는 주요한 방법이기도 합니다.

3) 케인즈주의(뉴딜형・나치형)는 자본주의를 구했는가

그러나, 거듭거듭 얘기하는 바이지만, 1930년대의 대공황으로부터 자본주의적 생산과 그 체제를 구제한 것은, 부르주아 이데올로그들의 싸구려 선전과는 달리, 결코 케인즈주의나, 그것이 정책으로 구체화된 형태로서의 뉴딜이나 나치즘이 아니었습니다. 이는, 예컨대, 대공황기의 미국의 실업률을 통해서도 알 수 있습니다.

루즈벨트(Franklin Roosevelt) 정권의 뉴딜이 시작된 것은 1933년 4월이었지만, 아래 표에서처럼, 미국의 실업률은 제2차 세계대전이 본격화될 때까지 극히 고율인 채였고, 1930년에서 1939년까지 10년 동안의 평균 실업률은 약 18.9%였습니다. 지난 1998년에 실업률이 8%를 약간 넘겼을 때, 우리 사회의 분위기가 얼마나 위기적이었던가를 상기해볼 필요가 있을 것입니다.

대공황기 미국의 실업률

연도	실업률, %	연도	실업률, %	연도	실업률, %
1929	3.2	1934	21.7	1939	17.2
1930	8.7	1935	20.0	1940	14.6
1931	15.9	1936	16.7	1941	9.9
1932	23.6	1937	14.3	1942	4.7
1933	24.9	1938	19.0	1943	1.9

출처: https://www.thebalancemoney.com/unemployment-rate-by-year-3305506#citation-6

그토록 높았던 실업률이 1941년부터 급격히 떨어져 1942년도에는 4%대로 떨어지고, 1944년에는 1.2%로까지 내려갑니다. 제2차 대전이 본격화되기 전까지는 극히 고율을 유지하던 실업률이 대전이 본격화되면서 이렇게 극적으로 떨어졌다고 하는 것은 무엇을 의미하겠습니까?

그것은, 당연히, 대공황으로부터 자본주의를 구제한 것은, 다름 아니라, 인류 역사상 유례가 없는 대량의 살육과 파괴, 즉 제2차 세계대전이었음을 의미할 뿐입니다. 실제로 제2차 대전은, 당시의 주요한 공업생산기지들 가운데 북아메리카를 제외한 사실상 모든 지역을 파괴해버림으로써 과잉생산의 압력을 일거에 해소시켜 버렸을 뿐 아니라, 전후 상당 기간의 복구수요(復舊需要)를 위한 조건을 창출해냈습니다. 또한 5천만 명 가량의 인명을 도륙했을 뿐 아니라, 각국이 경쟁적으로 상비군(常備軍)을 엄청나게 증대시킴으로써 장래 상당 기간의 실업문제까지도 일거에 해결해버렸습니다.[11]

그리하여, 제2차 대전 후 짧은 기간의 혼란 후에 대략 1960년대 후반까지, 수많은 위기와 동요를 수반하면서, 지속된 이른바 '장기호황'도 물론 2차 대전의 바로 그 대량 파괴와 살육에 힘입었던 것이었습니다.

하지만, 제국주의나 독점자본은, 그들이 아무리 후안무치하다고 하더라도, "대공황으로부터 우리를 구한 것은 대량의 학살과 파괴, 곧 제2차 대전이었다!", "지금의 대호황도 역시 제2차 대전의 덕택이다!" 하고 왜장칠 수는 없는 노릇이었습니다. 그리하여 무언가 다른 설명과 자기기만이 필요했던 것인데, 그것이 바로 '케인즈 혁명'이었고, 그에 기초한 '수정자본주의'니, 혹은 '혼합경제체제'니 하는 관념과 주장이었습니다. 그리고 1960년대 후반까지, 그러니까 소위 '장기호황'이 지속되던 동안은 그러한 주장과 관념, 그리고 그에 기초한 제반의 정책은 크게 도전받지 않았습니다.

물론, 되는 소리든 되지 않는 소리든 백가쟁명하는 것이 이데올로기 경연장인지라 그러한 조류에 어떤 도전도 없을 수는 없었습니다. 그리하여 전체주의라는 이름으로 나치즘과 쏘련 등의 사회주의조차 구별할 줄 모르는, 아

---

[11] 참고로, 전후(戰後)의 세계적인 호황 속에서도, 전쟁을 통해서 엄청나게 생산력을 증대시킨 미국 자본주의에는 1949년에 '짧은' 공황이 닥쳐서, 같은 자료에 의한 것이지만, 년간 국민총생산(GDP) 성장률이 -0.6%를 기록하고, 실업률은 6.6%로 상승합니다. 그리고 '한국전쟁'이 발발하자 년간 GDP 성장률은 1950년엔 8.7%, 1951년엔 8.0%, 1952년엔 4.1%, 1953년엔 4.7%로 되고, 실업률은 1950년엔 4.3%, 1951년엔 3.1%, 1952년엔 2.7%, 1953년엔 4.5%로 되었다가, 1953년에 전쟁이 끝나자 1954년엔 년간 GDP 성장률이 -0.6%, 실업률이 5.0%로 됩니다. 의미심장하게도!

니 구별하려 하지 않는, 오이겐(Walter Eucken), 미제스(Ludwig Edler von Mises), 하이에크(Friedrich August von Hayek) 등의 청맹과니들, 그 선구적 신자유주의자들의 시비가 있었지만, 그러한 시비는 당시 그저 다소 흥미 있는 에피소드 정도로 받아들여졌습니다. 그들의 주장 가운데 부르주아 학계와 언론에 의해서 주목을 받고 선전된 점이라고는, 바로 그들의 청맹, 즉 그들이 나치와 사회주의를 '전체주의'라는 이름으로 동일시했던 점뿐이었습니다.

2. 전반적 위기의 재격화와 신자유주의의 등장

1) 케인즈주의의 모순과 전반적 위기의 재격화

아무튼 케인즈주의적 국가독점자본주의는, 일반적으로 상상하는 것처럼, 과잉생산이라는 자본주의에 고유한 모순을 완화하고 예방하는 대신에, 그것을 더욱 심화시키고 격화시킬 수밖에 없습니다. 그도 그럴 것이, 독점자본을 위한 국가의 재정·금융적 수단을 통한 거대한 '유효수요'의 창출은, 독점자본의 축적욕·확장욕과 그 동기를 더욱 자극할 뿐 아니라, 그러한 축적·확장을 위한 현실적인 물질적 수단을 제공하기 때문입니다.

실제로도 케인즈주의의 기본노선의 한 축은 성장과 팽창의 정책이고, 다른 한 축은 공황구제, 즉 국가가 동원할 수 있는 재정 및 금융상의 재원을 수단으로 이용, 파산해가는 독점자본을 구제하는 것입니다. 생산의 정체와 수축, 즉 공황을 예방해야 한다는 강박관념에 쫓기는 케인즈주의로서는 성장과 팽창정책, 그리고 공황구제 외에 다른 기본노선이 있을 수도 없는 것입니다.

성장과 팽창을 위해서는 당연히 상품에 대한 수요, 시장이 있어야 합니다. 그런데 1930년대의 대공황 및 제2차 대전을 거치면서 정치적으로 불온해진 노동자계급을 다시 자본주의 체제에 정치적·이데올로기적으로 포섭하기 위해서는 사회보장제도가 대폭 확충·강화되어야 했고, 그 때문에 노동자계급의 소득도, 그 소비능력도 과거에 비해서 대폭 증대되었습니다. 즉, 불온해진 노동자계급을 다시 정치적으로 포섭하기 위한 케인즈주의적 사회보장의 확충·강화가 자본주의적 생산의 성장·팽창을 위한 시장, '유효수요'를 제공했고, 그러한 한에서 케인즈주의는 아무튼 성공적으로 기능했습니다.

그렇지만 그것은 어디까지나 노동자계급을 노동자계급이라는 위치에 붙박아 두는 한계 내에서의 증대이기 때문에, 즉 그 계급적 성격, 그 적대성을 간직한 채였기 때문에 그 '유효수요'는 바로 그것에 자극받아 급팽창하는 생산을 따라잡기에는 역시 족탈불급입니다. 이것이 바로 국가독점자본주의적 성장·팽창정책의 근본적인 모순이고, 이 모순은 국가독점자본주의적 생산이 발전할수록 격화될 수밖에 없습니다.

군산복합체, 그리고 냉전

다른 한편에서 독점자본과 그 국가는 그 과잉 생산력의 압력을 **순전한 소비만을 위한 생산**을 증대시킴으로써 완화시키려고 합니다. 바로 전쟁, 군수산업, 군산복합체입니다. 한국전쟁이나 베트남 전쟁과 같은 이른바 '열전'도 물론 때로는 불사하지만, 자칫 반체제운동, 혁명운동으로 비약할지도 모르는 반전운동과 그에서 오는 정치적·사회적 부담 때문에 주로 평상시의 '냉전'을 격화시키게 됩니다.

냉전은, 국가독점자본주의가 그 경제적 목적뿐 아니라 정치적·이데올로기적 목적을 추구하고 달성하는 데에도 더없이 좋은 수단입니다.

첫째로, 그것은 독점자본이 장악하고 있는 모든 교육·선전·선동수단들을 총동원하여 사회주의 국가와 그 지도자들을 '호전적 침략세력'으로 악마화하고, 그들의 '위협'에 대한 경각심을 고취함으로써 노동자·인민대중을 반공전선으로 엮어 세우는 주요한 수단이었습니다. 저들의 반공 이데올로기 공세는 참으로 전방위적이고, 어떤 것은 극히 노골적·직선적인가 하면, 어떤 것은 극히 교묘하고 세련된 방식으로 퍼부어져서, 1960년대가 되면 이미 대부분 자본주의 국가의 노동자 전위정당은 지지 대중의 대부분을 상실하고 무력해져 갔을 뿐 아니라, 또 대부분의 '노동자 전위정당들' 자체가 반쏘·탈쏘의 이른바 '자주적 노선'을 추구하게 됩니다.

저들 제국주의의 대(對)쏘 냉전은 동시에 그들이 벌이는 대(對)노동자계급투쟁이었고, '깃발'을 분간 못한 '전위정당들'이나 활동가들 역시 쏘련의 '관료주의'·'전체주의'·'패권주의'·'쓰딸린주의' 등등을 운운하는, 한 마디로 냉전 이데올로기의 제물이 된 것입니다. 뜨로츠키주의자들과 같은 극단적인 반쏘 종파주의자들이나 소위 포스트 무슨무슨주의라는 소부르주아 이데올로그들이 '진보'라는 이름으로 군생할 수 있었던 것도 물론 그들이 이러한 냉전 이데올로기와 공생했기 때문입니다.

둘째로, 냉전은 쏘련을 위시한 사회주의의 국가들, 사회주의 건설을 위해서 물적·인적 자원을 동원·배분하기에도 아직 힘에 벅찬 이들 국가로 하여금 그 한정된 자원과 생산력을 군수공업이라고 하는 비생산적인 곳에, 그것도 대량으로 낭비하지 않을 수 없도록 강제하는, 따라서 또 이들 국가에서의 사회주의 건설을 억제·방해하고, 그 사회주의적 정치·경제 노선을 굴절시키는 수단이었습니다.

수많은 스파이를 고용한 직접적인 전복·파괴공작, 파괴활동이12) 쏘련 내부에 미친 긴장·영향 등과 더불어, 이러한 냉전이야말로 쏘련을 위시한 20세기 사회주의 세계체제를 붕괴시킨 주요 원인 중의 하나일 것입니다.

셋째로, 냉전은 바로 군수산업을 한없이 확대할 수 있는 정치적 명분을 제공하면서, 상당 기간은 바로 과잉생산의 압력을 완화시키는 주요한 감압(減壓) 밸브 역할을 해왔습니다.

그러나 냉전을 위한, 그리고 냉전을 통한 군수산업이라고 해서 전적으로 대중의 저항의 대상 밖에 머물 수는 없는 것입니다. 핵무장의 강화에 대한 대중의 경각심과 저항이 증대하고, 특히 노동자계급과 소생산자계급 하층의 빈곤을 외면한 자원의 낭비, 군수산업의 거대화에 따른 인플레이션의 앙등(昂騰) 등에 대한 대중의 저항이 발전하기 때문입니다.

그리고 바로 전쟁의 위험에 대한 대중의 경각심과 저항, 그리고 인플레이션의 앙등에 대한 대중의 정치적·경제적 저항 때문에 군수산업도, 그것이 일정 정도 이상으로 팽창하면, 과잉생산의 압력을 감압시키는 효과적인 역할을 할 수 없게 되고, 그렇게 되면 이제 도리어 그렇게 비대해진 군수산업 자체가 다시 과잉생산의 압력을 가중시키는 요인이 될 수밖에 없습니다.

---

12) "쏘련 및 동유럽에서 사회주의 국가들이 붕괴된 후에야 비로소 '냉전' 기간 중에 미국 정부만도 수만 명의 스파이를 고용하여 스파이 활동과 기타 대(對)쏘 파괴활동에 연간 150억 달러나 쓰고 있었다는 것이 밝혀졌다."(바만 아자드 저, 채만수 역, ≪영웅적 투쟁 쓰라린 패배≫(*Heroic Struggle! Bitter Defeat*, 2000), 노사과연, 2009 (제3판), p. 122.)

국가독점자본주의의 공황구제와 과잉생산

한편, 국가에 의한 공황구제, 즉 재정·금융상의 지원을 통한, 독점자본의 파산으로부터의 구제는 자본주의 국민경제의 당장의 파국은 모면하게 하지만, 이 역시 독점자본에 의한 과잉생산과 과잉설비의 보유를 더욱 격화시키는 주요 요인입니다.

주지하는 것처럼, 공황은 자본의 자기가치 파괴를 통해서, 즉 과잉설비와 과잉상품을 폐기함으로써 과잉생산을 해소하고 자본의 이윤률을 상승시켜 새로운 산업순환을 시작하게 하는 기구입니다. 그런데 독점자본주의가 되면, 공황이 닥쳐도 막강한 자금력을 가진 대개의 독점자본은 단지 조업을 단축할 뿐 과잉생산설비·과잉생산능력을 그대로 보존하는 데다가, 이제 국가가 파산하는 독점자본조차 구제하여 온존시킴으로써, 공황이 과잉생산을 해소시키는 계기가 되기는커녕, 공황을 거듭할수록 그 과잉생산능력과 설비가 증대하게 됩니다. 당연히 독점적 경쟁이 격화되게 되고, 위기는 만성화·항상화하게 됩니다.

스태그플레이션

기업이 부도를 내며 파산하는 가장 직접적인 원인은 지불수단의 부족입니다. 상환기일이 닥친 채무, 즉 빚을 갚을 돈이 없어 파산하는 것이지요. 그 때문에 국가가 독점자본을 파산으로부터 구제하는 방법도, 예컨대, 지난 1997-1998년의 외환·금융위기 때에 70조 원에 가까운 돈을 투입했던 것처럼 소위 '공적자금'을 투입하는 방식이든, 특혜·특별융자를 제공하는 방식이든, 특혜적 가격에 그 기업의 상품을 대량으로 구매하는 방식이든, 모두가 아무튼 지불수단을 공급하는 방식입니다.

그런데 이러한 지불수단의 공급은 대부분 중앙은행의 발권력, 즉 중앙은행에 의한 불환은행권의 증발(增發)에 의존하게 되고, 따라서 악성 인플레이션의 원인이 됩니다.

그리고 사실은 공황구제를 위해 필요한 자금만을 중앙은행의 발권력에 의존하는 것이 아닙니다. 현대자본주의 국가들은, 자본의 이런저런 형태의 조세저항 때문에, 이른바 '사회보장'을 위한 지출도, 독점자본에의 상품이나 토목·건설사업의 발주 등도 그 많은 부분을 중앙은행의 발권력에 의존하게 됩니다. 이는 대부분 자본주의 국가의 재정이 적자재정으로 구조화되어 있는 데에서도 알 수 있습니다.

뿐만 아니라, 국가나 지방자치단체가 직접적·간접적으로 소유·운영하는 공기업들도 그 대부분을 그 공공성의 요구 때문에 적자로 운영하지 않을 수 없고, 이 역시 재정적자, 불환은행권의 남발을 가중시키는 주요 요인을 이루고 있습니다.

이렇게 되면, 즉 한편에서는 군수(軍需) 수요를 포함한 '유효수요' 창출을 통한 성장·팽창정책이 일정 기간이 지나면서 한계에 달하여 도리어 과잉생산을 격화시키게 되고, 다른 한편에서는 유효수요 창출과 공황구제를 위한 불환은행권의 증발이 인플레이션을 유발하여, 그것을 악성으로 숙성시키게 되면, 이제 공황 및 침체와 인플레이션이 서로 결합하게 되는 사태, 즉 스태그플레이션(stagflation)이라고 하는 사태가 됩니다.

2) 1970년대의 스태그플레이션과 신자유주의의 등장

실제로 자본주의 세계경제에는 이미 '장기호황'이라던 1960년대 중반부터 그러한 사태를 맞게 됐고, 1970년대가 되면 그러한 사태가 걷잡을 수 없이 격화되게 됩니다.

국제적으로는 이미 1960년대가 되면, '달러 과잉'과 그에 따른 '골드러시'라는 사태가 발생하면서 구 IMF체제(브레튼우즈 체제)가 위기에 처하고, 1971년 8월에는 드디어 그것이 붕괴됐다는 것은 이미 말씀드린 대로입니다. '달러 과잉'·'골드러시'는 다름 아니라 국가독점자본주의적 국제통화체제로서의 IMF체제 하에서의 과잉생산과 인플레이션의 한 표현 형태였던 것입니다. '달러 과잉'·'골드러시'란, 한편에서는, 미 제국주의가 세계 도처에 군부대를 두고 세계를 '경영'하고 이런저런 침략전쟁을 수행하면서 달러를 살포하는 데에다가, 이미 1950년대 말엽부터 서유럽 국가들과 일본이 세계시장에 다시 미국의 경쟁상대로 등장함으로써 시장이 과충(過充)되게 되었고, 그 때문에 미국이 달러화를 계속 살포하지 않을 수 없었던 반면에, 다른 한편에선 더 이상 미국이 그 독점자본의 상품 판매를 통해서 그 달러들을 흡수할 수 없게 되어 발생한 것이기 때문입니다.

자본주의 국가들은 국내적으로도 1960년대 중반이 되면, 인플레이션과 고율 실업이 문제되기 시작했고, 1970년대 초의 공황과 연이은 석유파동, 그리고 그에 따른 1974-1975년과 1979-1982년의 공황을 거치면서, 이른바 '스태그플레이션'이 만성적이며 심각한 위기로 등장하게 됩니다.

스태그플레이션이란, 거듭 말씀드리지만, 공황과 침체 그리고 그에 따른 고율 실업과 지폐 남발로 인한 악성 인플레이션이 결합한 상태이고, 그러한 상태에 놀란 부르주아 경제학자들이 stagnation(침체)이라는 단어와 inflation이란 단어를 합성하여 만들어낸 신조어입니다.

미국의 경우를 예로 들면, 아래 표에서 보는 것처럼, 미국의 도매물가는 대공황 때문에 달러화의 금태환을 정지한 1933년 3월의 지수 60을 최저점으로 하여 이후 대공황기에도, 그리고 그 이후에도 꾸준히 상승합니다.13)

사실 부르주아 국가가 금태환을 정지한 것 자체가 공황, 기타의 심각한 위기를 맞아서 금준비의 한계를 넘어 불환통화를 증발하기 위한 것입니다. 그 때문에 금태환을 정지하게 되면, 불환은행권의 증발과 그에 따른 인플레이션은 체제내화되게 되고, 즉 자본주의 체제와 떼려야 뗄 수 없게 되고, 따라서 공황과 침체기의 스태그플레이션 현상 역시 당연한 것으로 됩니다.14) 실

---

13) 이미 제4강에서 인플레이션에 대하여 설명하면서 말씀드린 것처럼, 금태환제 하에서 미국의 도매물가지수는 꾸준히 하락했습니다. 1926년(지수 100) 이후 1933년 3월(지수 60)까지는, 물론 1929년 10월에 폭발한 대공황과 그에 따른 디플레이션 때문에 그 하락의 속도가 더욱 빨랐지만, 그 대공황이 폭발하기 전에도 물가는, 공황이 폭발하기 직전의 대호황에도 불구하고, 경향적으로 하락하고 있었습니다. 그리고 은행권의 금태환이 정지되자 이후 불환은행권의 증발을 반영하여 꾸준히 상승한 것입니다. 따라서 여기에서 인플레이션 혹은 스태그플레이션이라고 할 때, 그것은 금태환이 정지된 후인 1933년 4월 이후의 물가 동향을 가리킵니다.

14) "...지권(紙券, Papierzettel)이 유일한 유통수단을 이루고 있는 경우, 지권의 수량 증감에 수반하는 상품가격의 등락은, 유통하는 금의 량은 상품의 가격에 의해서 규정되고, 유통하는 가치장표의 량은 그것이 유통에서 대리하는 금주화의 량에 의해서 규정된다고 하는 법칙이 외부로부터 기계적으로 깨지는 경우 유통과정에 의해서 강제로 실현되는 이 법칙의 관철에 다름 아니다. 그러므로 다른 한편에서는 어떤 임의의 수량의 지권도 유통과정에 의해서 흡수되고, 말하자면 소화된다. 왜냐하면 가치장표는 그것이 어떠한 금명의(金名義)를 가지고 유통에 들어오든 유통의 내부에서는 그 대신에 유통할 수 있는 금량의 장표까지 압축되기 때문이다."(맑스, ≪경제학 비판≫, *MEW*, Bd. 13, S. 100.)

"가치장표의 유통에서는 현실의 화폐유통의 모든 법칙이 거꾸로 전도되어 나타난다.

제로도, 스태그플레이션은 이미 1930년대의 대공황기 시절부터의 현상이었음을 1930년대 미국의 물가 동향이 명확히 보여주고 있습니다.

미국의 도매물가지수(1926년 = 100)

연 월	지수	연 월	지수	연 월	지수
1931. 11	70	1933. 3	60	1934. 7	75
12	69	4	60	8	76
1932. 1	67	5	63	9	78
2	66	6	65	10	77
3	66	7	69	11	77
4	66	8	70	12	77
5	64	9	71	1935. 1	79
6	64	10	71	2	80
7	65	11	71	3	79
8	65	12	71	4	80
9	65	1934. 1	72	5	80
10	64	2	74	6	80
11	64	3	74	7	79
12	63	4	73	8	81
1933. 1	61	5	74	9	81
2	60	6	75	10	81

출처: 三宅義夫, 《金―現代の經濟におけるその役割》, 岩波書店, 1968, p. 128.

그러나 1970년대에 이르기까지 부르주아지는 이미 미신이 돼버린 지 오래인, "호황기엔 물가 상승, 공황과 침체기엔 물가 하락"이라는, '금본위제 시대', 그러니까 금화가 유통하고 은행권이 금과 태환되던 시대의 낡은 관념에 사로잡혀 있었습니다.15) 그 때문에 1970년대의 심각한 스태그플레이션

금은 가치를 가지기 때문에 유통하지만, 지권은 유통하기 때문에 가치를 갖는다. 상품의 교환가치가 주어져 있다면, 유통하는 금의 량은 그것 자신의 가치에 의해서 결정되지만, 지권의 가치는 유통하는 그 량에 의해서 결정된다. 유통하는 금의 량은 상품가격의 등락에 따라서 증감하지만, 상품가격은 유통하는 지권의 량의 변동에 따라서 등락하는 것처럼 보인다. 상품유통은 단지 일정 량의 금주화를 흡수할 수 있을 뿐이고, 따라서 유통하는 화폐의 번갈은 수축팽창이 필연적인 법칙으로서 나타나지만, 지권은 아무리 증가하더라도 유통에 들어가는 것처럼 보인다."(같은 곳.)

15) 아니, 사실은 화폐유통의 법칙이나 지폐유통의 특수법칙을 인식·인정조차 못하는 현대 부르주아 경제학의 비과학성·반과학성 때문에 인플레이션을 수반하는 공황 혹

은 부르주아 국가의 정책 담당자들은 물론이고 대부분의 부르주아 경제학자들을 경악시켰고, 여기에서 '케인즈주의'에 대한 회의(懷疑)와 도전이 득세하게 됩니다.

바로 이러한 상황에서 '반(反)케인즈주의'를 외치며, 케인즈주의에 가려졌던 그늘로부터 보무당당하게 등장한 것이 바로, 저속한 화폐수량설의 신봉자들인 '통화주의자들'을 위시한 신자유주의자들이었습니다.

- 보라! 자본주의는 자유시장에 의해서 자연스럽게 규율되는 것인데, 케인즈주의적 국가개입이 경제를 망친 것 아닌가?!
- 국가개입을 배제하고, 규제를 완화하라!
- 경제적 재생산에 대한 국가개입을 배제하고, 국·공유기업을 사유화(민영화)하라!
- 노동조합이야말로 시장의 자유경쟁을 가로막는 독점체다!!! 노동조합을 파괴하라!

대략 이런 것들이 저들의 주된 신조·주장이었고, 지금도 그렇습니다.

3. 신자유주의적 국가독점자본주의의 일반적 특징

그러나 저들의 주장은 대부분 기만적인 것입니다. 무엇보다도 "자본주의는 자유시장에 의해서 자연스럽게 규율되는 것이기 때문에 경제적 재생산과정에 대한 케인즈주의적 국가개입은 배제되어야 한다"는 신자유주의자들의 주장은 기만에 가득 찬 것이자 저들의 미망(迷妄)입니다.16)

저들이 진정으로 그렇게 믿고, 또 그렇게 실천하려 한다면, 저들은 무엇보

은 침체라는 현실에 짐짓 눈감고 싶어 했습니다.

16) "자본주의라는 경제체제를 언제나 불안정하고 위기를 내포한 체제로 보면서 실업과 고정자본의 불완전한 이용에 그 특징이 있다고 하는 케인즈 학파와 달리, 통화주의자들은 이 체제가 내적으로 안정적인 체제이며 끊임없이 균형상태에 있고, 생산자원, 기술, 도달된 노동생산성에 의해서 규정된 고용수준을 향해 접근한다고 거짓말을 하고 있다."(이. 녜루셴꼬, "통화주의자들의 인플레이션론", 예브게니 바르가, 외 8인 저, 채만수 역, ≪현대 부르주아 경제학 비판≫, 노사과연, 2012, pp. 289-290.)

다도 먼저 이른바 '관리통화제'부터 폐지하고, '금태환제'로 복귀해야 할 것입니다. 관리통화제라는 이름의 불환통화제야말로, 지금까지 우리가 본 것처럼, 현대자본주의 국가가 경제적 재생산과정에 개입하는 전형적이고도 기본적인 지렛대 중의 하나이기 때문입니다.

그러나 저들은 결코 그렇게 관리통화제를 폐지하고 금태환제로 복귀할 의사가 추호도 없을 뿐만 아니라, 사실은 그렇게 하고자 하더라도 그렇게 할 수도 없습니다.

왜 그런가?

관리통화제, 즉 은행권의 불환화(不換化)야말로 1930년대에 대공황이라는 전면적 위기에 대응하기 위해서 고안된, 대공황의 필연적 산물이어서, 현대자본주의의 전면적 위기가 그야말로 전면적으로 해소되지 않는 한, 따라서 자본주의적 생산의 위기가 지속되는 한, 그것은 결코 폐지될 수 없는 것이기 때문입니다.

실제로 현대자본주의 국가들은 관리통화제에 의해서, 즉 은행권의 국가지폐화에 의해서 가능해진 불환통화의 대대적인 증발을 통해서 이른바 '유효수요'를 창출하고 있고, 또한 파산해가고 있는 독점자본을 구제하고 있습니다. 즉, 관리통화제라는, 금준비에 당장은 구애받지 않는 구매・지불수단의 창출기구가 있기 때문에 그것을 통해서 위기에 대응할 수 있는 것입니다. 이러한 개입은 물론, 앞에서 본 것처럼, 다른 한편에서는 위기를 항상화시키고 만성화시키는 것이며, 결국에는 최종적인 파국을 향해서 위기를 심화시키고 격화시켜가는 과정입니다. 하지만, 그럼에도 불구하고, 그러한 개입을 통해서 당장의 위기가 최종적인 파국으로 폭발하는 것은 당분간 막고 있습니다.

신자유주의자들 중에는 물론 '금본위제로의 복귀'를 주장하는, 말하자면 돈키호테 같은 사람도 간혹 있긴 합니다. 예를 들면, 1996년도의 미국 대통령선거 때에 공화당의 내부 경선에 나섰던 자 중에 뷰캐넌(Pat Buchanan)이라는 인물이 있었습니다. 그는 나중에 공화당이 너무나 덜 우익적이라고 투덜대며 탈당한, 못 말리는 초극우 정치인인데, 아무튼 그때 경선에서 '금본위제로의 복귀'를 주장해서 세간의 화제, 아니 웃음거리가 된 적이 있습니다.

그러면 저들 신자유주의자들이 말하는 '국가개입의 배제', 혹은 '반케인즈주의'란 무엇을 의미할까요?

그것을 알기 위해서는 케인즈주의적 국가개입이 어떤 방식으로 이른바 '유효수요'를 창출해 왔는가를 볼 필요가 있습니다.

1) 케인즈주의적 국가개입의 좌·우 두 경향

단적으로 말하자면, 1930년대 이후 케인즈주의적인 국가는 크게 두 방향에서의 '유효수요'를 창출해 왔습니다.

하나는, 통칭 **사회보장**이라고 하는 성격의 것입니다. 뉴딜에서 전형적으로 나타난 것처럼, 실업대책을 겸해서 각종의 공공사업을 확대한다든가, 교육·의료·주택 및 기타 부문에서 주민들의 일정 수준 이상의 생활을 보장하는 사회보장제도를 확충·강화함으로써 직접·간접적으로 독점자본의 상품에 대한 수요를 창출·확대하는 것이 그것입니다.

다른 하나는, **군사적 수요를 창출·확대**하는 것입니다. 전통적인 전쟁은 말할 것도 없고, 평화 시에도 끊임없이 냉전·긴장을 고조시킴으로써 군사비를 증대시키고, 그를 통하여 팽대한 군수산업과 기타 관련 산업의 수요를 창출·확대하는 것이 그것입니다.

모든 부르주아 정파의 경제·재정정책과 국가예산에는, 그것이 극우파의 것이든, 아니면 이른바 좌파 곧 사민주의자들의 것이든, 어느 쪽의 것이나 모두 사회보장과 그것을 뒷받침하는 예산, 그리고 막대한 규모의 군수예산이 포함되어 있습니다. 팽창하는 생산에 대응하여 시장을 확대하지 않으면 안 된다는 경제적 이유와 더불어, 이미 더없이 비대해져 있고 언제라도 자본주의적 생산체제 그 자체를 전복시킬 수 있는 잠재력을 지닌 노동자계급을 체제 내에 묶어두어야 할 필요성 때문에, 현대자본주의는 그러한 양 방향의 예산·재정지출을 통한 '유효수요'의 창출·확대를 통해서만 존립할 수 있기 때문입니다.

그런데, 여기에서 저는 부르주아 정치세력에서의 '좌파'와 '우파'를 싸잡아 양파 모두 그 정책과 예산에는 사회보장과 군사적 수요를 위한 그것들이 포함되어 있다고 했지만, 그렇다고 해서 부르주아 정파들에 대한 좌·우의 규정이 전혀 근거가 없는 것은 아닙니다. 양파 공히 사회보장과 군사적 수요를 위한 정책과 예산들을 공유하고 있지만, 양파 간에는 어느 쪽을 보다 중시하느냐, 혹은 사회보장과 노동자계급에 대한 정치적 배려라고 하는 문제를 어느 쪽이 보다 덜 경시하느냐 하는 경향상의 차이가 존재하기 때문입니다. 다시 말하면, 양파의 정책과 예산이 모두 군사적 수요와 사회보장제도를 통한 수요의 창출·확대를 포괄하지만, "어느 쪽을 중시하는가"에 따라서, 혹은 보다 정확하게 말하자면, "사회보장이나 노동자계급에 대한 배려를 어느 쪽이 보다 덜 경시하는가"에 따라서, 혹은 "군사적 수요 쪽을 어느 쪽이 보다 더 중시하는가"에 따라서 그 좌와 우가 구분되고 있는 것입니다. 좌파든 우파든 모두 군사적 수요를 중시하고 사회보장을 경시한다는 점에서는 공통적이지만, 그 정도에 경중(輕重)이 있다는 얘기입니다. 그래서 **군사적 수요 쪽을 보다 더 중시하는 쪽이 우파를, 그리고 사회보장과 노동자계급에 대한 배려를 보다 덜 경시하는 쪽이 좌파를 형성하는 것입니다.**

이러한 구분을 케인즈주의와 관련해서 말하자면, 필시 '**케인즈주의 우파**'와 '**케인즈주의 좌파**'로 될 것입니다. 그리고 제2차 대전 후 서유럽의 정치에서 이 대결은 보수주의 정당 대 사민주의 정당이라는 구도로 되었습니다.

이 양파 간의 그 이념적·실천적 차이는 물론 그다지 크지 않습니다. 그런데 이 양파 간의 정치적 수사(修辭)의 차이는 꽤 큽니다. 별것이 아닌 차이를 대단한 차이인 양 포장하여 대중에게 강매하고, 그렇게 하여 권력을 획득하지 않으면 안 되는 것이 부르주아 민주주의의 주요한 특징의 하나이기 때문입니다.

2) '제3의 길', 혹은 '새로운 중도'

그런데 현대 사민주의로 대표되는 케인즈주의 좌파는 지난 1990년대 후반부터 '제3의 길'(the 3rd way)이니, '새로운 중도'(neue Mitte)니 하는 깃발을 들고 나왔고, 우리 사회에서도 특히 김대중 정권 초기에, 김대중 정권에서 대통령자문정책기획위원과 정신문화연구원장, 대통령자문정책기획위원회 위원장 등을 역임하게 되는, 석학 서울대 한상진 교수(사회학) 등에 의해서 떠들썩하게 소개되어, 일부 '진보적 지식인들' 속의 한때 지적 유행이 되기도 했습니다. 또한 2006년이 되면, 언론에 의해 '뉴레프트'로 불리는 일군의 '진보적 지식인들'이 '좋은 정책 포럼' 운운하는 단체를 결성하고 나오면서 다시 '제3의 길'을 기치로 내걸기도 했습니다.

그런데, 그들이 말하는 '제3의 길', 혹은 '새로운 중도'란 무엇일까요?

그들은 주장합니다. — 역사적으로 실패했고, 그 결점과 한계가 분명한, 좌로는 사회주의, 우로는 자본주의를 넘어 '제3의 길', 혹은 '새로운 중도'의 길을 추구하는 것이라고! 혹은, "사회주의의 경직성과 자본주의의 불평등을 극복하려는 새로운 이념"이라고!

그런데 그들이 말하는 '좌측'의 '사회주의'란 게 무엇인지 아십니까?

"좌로는 사회주의, 우로는 보수주의 혹은 자유주의를 넘어 …" 하는 식으로 운운할 때, 그것은 물론 쏘련을 위시한, 실패한(?) 20세기 사회주의를 대중이 연상하도록 간교하게 고안한 선동입니다. 그런데, 그들이 실제로 20세기 사회주의를 지칭하면서 '좌와 우를 넘는 제3의 길'이나 '새로운 중도'를 얘기하게 되면, 그들은 그 동안에 자신들이 취해왔던 사민주의보다도 훨씬 더 좌측으로 움직이지 않으면 안 되게 됩니다. 그러나 이는 그들이 '제3의 길'이니, '새로운 중도'를 운운하며 지향하는 방향과는 정반대의 방향입니다. 그리하여 그들이 말하는 '좌측'의 '사회주의'란 그 내용과 실천에서, 다름 아니라, 그간 자신들이 걸어왔던 사민주의의 길, 즉 독점자본 좌파의 길을 의미합니다. 결국, '제3의 길'이니, '새로운 중도'니 하는 것은, 실천적으로는 노골적으로, 그러나 정치적 언사(言辭)에서는 기만적으로 신자유주의를 추구해가고 있는 사민주의자들의 깃발일 뿐입니다.

제 말이 믿기지 않거든, 대표적으로 영국 노동당의 블레어(Tony C. L. Blair) 정권이나 독일 사민당의 쉬뢰더(Gerhard Schröder) 정권 등이, '제3의 길'이니, '새로운 중도'니, '개혁'이니 하는 깃발 하에, 어떤 정책들을 펼쳤던가를 보면 될 것입니다. 혹은, 시간이 남아 주체하기 어려운 사람이라면, 김대중 정권 초기에 한상진 교수 등이 번역하여 출간한, '제3의 길'의 이론적 대표자 안서니 기든스(Anthony Giddens)의 ≪제3의 길≫(생각의나무, 1998)이라는 쓰레기더미를 뒤적여보면 될 것입니다. 거기에는, 자신들이 "혁신"(renewal)이라는 명분 하에 멀리하려는 '사회주의'란 것이 무엇인지를 명문으로 밝히고 있으니까 말입니다.

그런데, '제3의 길'이란 것이 이렇게 신자유주의를 추구하는 사민주의자들의 정말 기만적 깃발임에도 불구하고, 그리고 그러한 것임이 명백해진 지

이미 오래임에도 불구하고, 2006년의 지방자치제 선거와 2007년의 대통령 선거를 겨냥한 또 하나의 정치적 사기극이요 바람잡이였겠지만, 당시 일부 '개혁적 정치인'과 '진보적 지식인', '진보적 시민단체'라는 자들은 새삼스럽게 '한국식 제3의 길' 운운하고 나섰습니다. 그들이 그러고 나선 것도 우습거니와, 언론은 이들을 가리켜 '뉴레프트'라고 규정하는가 하면, 또 어떤 분들은 정색을 하고, 예컨대, "우리 경제는 양극화보다는 성장잠재력 훼손이 더 큰 문제이며, 경제정책 방향에 있어 참여정부가 내면적으로 추구하고 있는 것으로 알려진 '좌우(左右)를 아우르는 제3의 길'에 대한 미련을 버려야 할 것"17)(명지대 조동근 교수) 운운하며, 코메디 아닌 코메디도 벌였습니다.

이래저래 재미있는 세상입니다.

3) 신자유주의와 국가개입 방식의 변화

아무튼, 과잉생산이 항상적·일반적으로 되어 있고, 따라서 위기로 가득 차 있는 이상, 국가가 경제적 재생산과정에 전면적·대량적으로 개입하지 않고는, 따라서 국가가 정책적으로 대량의 '유효수요'를 창출하지 않고는 자본주의적 생산은 그 존립이 불가능합니다.

바로 그렇기 때문에 지난 1970년대 말부터 신자유주의를 깃발로 내세우는 정권들이 등장한 후 수십 년이 지났지만, 그리고 그동안 이른바 '반케인즈주의'니, 혹은 '국가(개입)의 배제'니 하는 깃발을 요란하게 흔들어 왔지만, 실제로는 어느 나라 어느 정권도, 자신들이 내세우는 주장과는 반대로, 케인즈주의적으로 개입하지 않는 곳이 하나도 없습니다. 전면적 위기, 그것도 다시 격화되고 있는 전면적 위기 때문에 자본주의체제 자체의 존립을 포기(?)하지 않는 한, 자신들이 내세우는 주장처럼 개입하지 않는다는 것은 절대 불가능하기 때문입니다.

그럼에도 불구하고, 저들 신자유주의자들은 '반케인즈주의'와 '국가 배제'를 내세워 왔는데, 그것은 다름 아니라 케인즈주의의 우파적 방향을 강화하겠다는 것, 다른 말로 하면, '군사 케인즈주의'를 강화하겠다는 뜻입니다. 그

---

17) 이수곤 기자, "참여정부 정치과잉·이념편향이 저성장·양극화 불렀다".
www.heraldbiz.com/site/data/html_dir/2006/02/16/200602160081.asp.

리고 당연히 사회보장제도를 축소·파괴하겠다는 것이기도 합니다.

우리는 저들의 그러한 의도가 실제로 어떻게 현실화되어 왔는가 하는 예들을, 발달한 자본주의 국가들, 특히 서유럽 여러 국가들의 예산이나 정책들에서도 당연히 볼 수 있지만, 여기에서는 다만 전형적인 신자유주의 정권들인 미국의 레이건 정부나 그 이후의 정권들의 행적에서 간단히 확인해보기로 합시다.

신자유주의 미국의 국가예산 구조

미국정부의 재정은, 클린턴 정권 후기인 1990년대 말기에서 2000년에 걸친 대호황과 그에 따른 세수(稅收)의 증대로 아주 잠깐 흑자예산으로 전환되었던 것을 제외하면, 만성적인 적자를 기록하고 있습니다.18) 그리하여 연간 수천억 달러를 기록하는 무역수지 적자를 핵심으로 하는 거대한 '국제수지 적자'와 역시 연간 수천억 달러를 기록하는 거대한 '재정적자'를 가리키는 "쌍둥이 적자"라는 말이 미국경제의 상징처럼 되어 있습니다.

그런데 연간 수천억 달러라는 재정적자가 미국경제의 특질로 된 것은 언제부터일까요?

바로 전형적인 신자유주의 정권, 레이건 정권 때부터입니다. '작은 정부'라는 자신들의 구호와는 정반대로, 레이건 정권 8년 동안에 미국의 연방정부 예산이 엄청나게 팽창했던 것입니다. 만일 그 정권이 스스로 표방하는 것과 같은 '반케인즈주의적'이었으며, 경제적 재생산과정에 대한 국가의 개입을 배제 내지 축소하는 '작은 정부'였다면, 그 국가예산도 당연히 축소되었어야 마땅할 것입니다. 그러나 레이건 정부의 행적은 그와는 정반대의 사실을 보여주었습니다.

그리고 그 팽창 내역은 바로 신자유주의가 무엇인지를 그대로 보여주고 있습니다. 다름 아니라, 군사비의 엄청난 팽창이 예산 팽창과 재정적자 팽창

---

18) 2023년에 들어서면서 미 연방정부의 누적 부채액이, 의회가 정한 3조4천억 달러(약 4경2천조 원)에 달해서, 미 정부가 6월 초에는 디폴트, 즉 만기가 되는 국채 등을 상환하지 못할 처지에 빠질 것임에도 불구하고, 하원의 다수 의석을 점한 야당인 공화당이 5월 말까지 부채한도 증액을 거부함으로써 2023년엔 5월 말까지 '미국의 디폴트' 문제가 전 세계적인 관심사였음은 보도들을 통해 모두 아실 것입니다. 그런데 재정적자의 누적에 따른 이러한 '미국의 디폴트' 우려는 사실은 거의 매년 되풀이되고 있습니다.

의 주요 내용이었기 때문입니다. 아래 표는 신자유주의 레이건 정권 하에서 재정 및 군사지출이 얼마나 증대했는가를 보여주고 있습니다.

레이건 정권하에서의 미국의 재정·군사지출(단위: 억 달러)

회계년도	예산수입	예산지출(A)	방위지출(B)	B/A(%)	예산수지	국채비용	B/GNP(%)
1980	5,171	5,909	1,340	22.7	−738	525	4.91
1981	5,993	6,782	1,575	23.2	−789	687	5.16
1982	6,178	7,457	1,853	24.9	−1,279	850	5.86
1983	6,006	8,083	2,099	26.0	−2,077	898	6.17
1984	6,665	8,518	2,274	26.7	−1,853	1,111	6.03
1985	7,341	9,463	2,527	26.7	−2,122	1,294	6.34
1986	7,691	9,898	2,734	27.6	−2,207	1,360	6.49
(1987)	8,424	10,156	2,822	27.8	−1,732	1,375	5.28
(1988)	9,166	10,243	2,976	29.1	−1,077	1,390	6.18

주: 1987−1988 회계연도는 '예산안'에 의함.
출처: 秋田弘, ≪經濟軍事化と多國籍企業≫, 新日本出版社, 1988, p. 21.[19]

위 표에서 보는 것처럼, 레이건이 집권할 당시인 1980 회계연도(1979년 10월 1일−1980년 9월 30일)의 미 연방정부의 연간 재정적자는 738억 달러 정도였습니다. 그런데 그것이, 예컨대, 1986 회계연도(1985년 10월 1일 −1986년 9월 30일)에는 2,207억 달러로 급팽창합니다. 그리고 그 내용도, 1980 회계연도에는 군사비(물론 공식적인 '군사비') 지출이 1,340억 달러로 총예산지출의 22.7%, 국민총생산(GNP)의 4.91%였던 것이, 1986 회계연도에는 1980 회계연도의 2배가 넘는 2,734억 달러로 총예산지출의 27.6%, 국민총생산의 6.49%에 이릅니다. 재정적자뿐 아니라 재정규모 자체가 급격히 증대하고, 그 중에서도 군사비 지출이 특히 급증했던 것입니다.

"1986년도의 적자 2,207억 달러가 1988년도에는 1,077억 달러로 … '개선'되어" 있는데, "이는 재정균형법[소위 Gramm-Rudman Act, 1985년]이 적자의 상한을 법적으로 억제하고 있었기 때문"입니다. 그런데, 그 '개선'의 내용

---

[19] 이 표의 원래 출처는 "アメリカ經濟の軍事化―その實態"라는 제목으로 월간 ≪經濟≫ 1987년 7월호(新日本出版社)에 게재되었던 글입니다.

을 보면, "수입에서는 개인소득세가 12.6%, 국민의 소비생활에 직접 관련이 있는 관세가 15% 증가하고, 지출에서는 방위비가 8.9%, 그를 위한 연구개발비(주로 'SDI' 관련)가 26.7% 증가한 반면에, 주택 관련 융자는 43.2%, 교육·고용대책 예산은 7.2%, 사회보장예산은 2.0%, 농업 관련 예산은 16.3%, 지역개발 예산은 23.6%, 재정원조 예산은 76.6%가 줄어들고, 지출총액에서 점하는 군사비의 비중은 86년도의 27.6%에서 88년도에는 29.1%로 팽창하고"[20] 있습니다.

특히 2001년 9·11 테러사건을 계기로 미국의 부시 정부가 '미사일 방어망'(MD)이니, '테러와의 전쟁'이니 하는 소동을 피우고, 아프가니스탄 및 이라크에 대한 침략전쟁을 벌이면서 군사예산을 대폭 증액시켰는데, 사실은 그 이전에 레이건 행정부 역시 당시 "별들의 전쟁"으로 널리 회자되었던 '전략방위계획'(SDI)이니, '쏘련의 위협'이니 하는 소동을 피우면서 군사비를 대폭 증대시켰습니다.[21] 특히 주목해야 할 것은, ≪워싱턴포스트≫(1987. 4. 23.)에 의하면, "<u>1945년 이후 미국에서는 6만 발의 핵탄두가 생산되었는데, 그 가운데 레이건 정권 하인 1981년에서 1987년에 걸쳐 1만 1,000발이 생산되었고, 당시 하루에 5발의 비율로 생산이 진행되고</u>"[22] 있었다는 사실입니다.

신자유주의 레이건 정권에 의한 이러한 군사비의 증대는, 수만 명의 항공관제사 파업의, 무력을 동원한 파괴와 영구 해고로 대표되는, 노동자계급에 대한 공격을 수반하면서 벌어진 일이었습니다.

그렇다면, 신자유주의 레이건 정권에서 예산, 특히 군사예산이 그토록 팽창했다는 것은 무엇을 의미하는가?

그것은, 다름 아니라, 신자유주의란, 경제적 재생산과정에 대한 국가개입의 배제를 의미하는 것이 아니라, 국가개입의 방향의 전환, 특히 군사적 수요의 증대를 의미합니다.

실제로 미국의 군사예산은 매년 증가일로에 있습니다. 그리하여 미국의

---

20) 이상, 秋田弘, ≪經濟軍事化と多國籍企業≫, 新日本出版社, 1988, p. 22.
21) 참고로 말씀드리면, 레이건 정부 하의 재정적자의 증대와 관련, 제4판까지는 잘못된 숫자들이 제시되었습니다.
22) 秋田弘, 같은 책, p. 24.

조지 부시 행정부가 2006년 2월에 의회에 제출한 2007회계연도(2006년 10월 1일-2007년 9월 30일)의 예산안을 보면, 총 규모 2조 7,700억 달러 중에 "국방성 기본예산"(Department of Defense's base budget)은 4,393억 달러인데, 이는 2006년 예산에 비해서는 7%, 2001년 예산에 비해서는 무려 48%가 증가한 금액입니다. 그리고 이 외에 "아프가니스탄 및 이라크에서의 테러와의 전쟁을 지원하기 위한 연속경비"로서 500억 달러, 그리고 "소형 핵무기, 미사일 방어력 강화, 지휘·통제의 개선 등 새로운 3대 전력을 계속 개발·개량하기 위해서" 1억 7,330만 달러를 추가로 요구하고 있습니다.23) 이는 물론 '공식적인' 군사예산이고, 다른 명목 하에 숨겨진 군사예산은 당연히 상상하기도 어려운 규모일 것입니다.

아무튼 이러한 미국의 신자유주의적 예산은, 예컨대, 2003 회계연도의 그것에 관한 것입니다만, "부시, 2조 1,300억 달러 규모 내년 예산안 의회 제출 ― 복지분야 깎고 국방비 늘려 논란 ― 저소득층 지원·고용안정 예산 등 삭감 ... 국방비는 14.5% 껑충"24) 식으로 보도되고 있습니다.25)

그리하여 이러한 '신자유주의의 국가개입'을 김성구 교수는 이렇게 표현하고 있습니다.

> 선진 자본주의 국가들에서도 지난 20년 동안의 신자유주의 정책은 결코 그 이데올로기 선전대로 시장의 원리에 따라 관철된 것은 결코 아니며 국가의 경제개입은 결코 감소하지 않았다. 탈조절과 시장 경쟁이라는 이데올로기 선전 아래에서 국가독점자본주의적 실천은 단지 그 개입의 방향과 내용을 변화시켰을 뿐이다. 그것은 케인즈주의적·개혁주의적 국가독점자본주의로부터 신자유주의적·반동적 국가독점자본주의로 전환한 것에 지나

---

23) 이상, www.whitehouse.gov/omb/budget/fy2007/defense.html 참조. 미 국방성은 이러한 방대한 군사예산을 합리화하기 위한 첫 번째 치적(治績)으로 "이라크 및 아프가니스탄에서 거의 5천만 명의 인민을 해방시켰다"는 것을 내세웠습니다. 참으로, 참으로 비극적인 코메디입니다.

24) ≪한겨레≫, 2002. 2. 6.

25) 여러 보도에 의하면, 2023년 3월 9일에 조 바이든 미 행정부가 발표한 2024회계연도(2023년 10월 1일 - 2024년 9월 30일) 예산안의 규모는 총 9조 9,000억 달러(약 9,100조 원)이고, 그 가운데 '국방예산', 즉 공식적인 군사예산은 8,420억 달러(약 1,100조 원)입니다.

지 않는다. 국가는 시장주의라는 이름으로 노동시장의 유연화와 노동조합의 권리에 대한 공격, 사회정책의 해체를 목표로 하여 반노동자적, 친콘체른적 경제정책으로 전환했다. 또한 첨단, 군수산업 등에 대한 국가의 지지체계를 일층 강화했으며, 대외정책에서도 콘체른의 이해를 보다 강력하게 추구했다.[26]

신자유주의는 이렇게, 결코 경제적 재생산과정에의 국가개입을 배제한 것이 아니라, 그 개입의 방향과 내용을 전환한 것, 즉 그 방향을 반노동자적·친독점자본적으로 전환한 것일 뿐입니다.

신자유주의와 '지적재산권'

신자유주의자들의 '시장 중심', '국가개입 배제'라는 주장이 얼마나 기만적인가를 드러내는 상징적인 예 가운데 하나로는 이른바 '지적재산권'의 문제가 있습니다. 주지하는 것처럼, 마이크로소프트 등의 쏘프트웨어나 정보·통신 관련 대자본들, 그리고 제약회사 등 이른바 '바이오 테크' 관련 대자본들뿐 아니라 대형 출판사 등 전통적인 대자본들도, '지적재산권'을 내세우면서, 국가가 그것을 보장할 것을 요구하는데, 이야말로 '국가개입을 배제'하고 모든 것을 "자유시장에 맡기자"는 자신들의 주장과 정면으로 충돌하는 요구입니다.

이 '지적재산권'의 문제는 비약적으로 전개되고 있는 과학기술혁명의 성과가 자본주의적 생산관계와는 절대로 조응할 수 없다는 것을 보여주는 예의 하나인바, 그것이 왜 자본주의적 생산의 현 단계에서 새삼 중요한 문제로 등장하는지, 그리고 그것이 어떻게 자본주의적 생산과 모순되는지 등에 관해서 뒤에서 간단히 언급하겠습니다.

---

26) 김성구, "김대중 정권의 신자유주의 구조조정 비판", ≪1998 지식인 리포트, 한국 좌파의 목소리≫, 민음사, 1998, p. 160. 지금까지 반복해서 얘기한 것처럼, 신자유주의 역시 어쩔 수 없이 케인즈주의 혹은 국가독점자본주의의 한 조류이고 그 극우적 형태일 뿐이라고 보기 때문에, "케인즈주의적·개혁주의적 국가독점자본주의로부터 신자유주의적·반동적 국가독점자본주의로 전환한 것에 지나지 않는다"는 표현에 엄밀하게는 동의하기 어렵지만, 그럼에도 불구하고 김 교수가 말하고자 하는 내용에 대해서는 동의합니다.

4) 노사정위원회 혹은 경제사회노동위원회

그런데, 지나가는 길에 얘기하자면, 대부분의 신자유주의자들이 이렇게 '국가의 배제'라는 기만적인 언사를 농하는 데에 비해서, "지금은 [위기에 처한 자본주의 경제를—인용자] 시장에 맡길 때가 아니라 [국가가 나서서—인용자] 시장 자체를 만들어야 한다"는 식으로 솔직하게 주장하고 나서는 신자유주의자들도 없지 않습니다.

예컨대, '진보적인 경제학자'로 꽤나 성가가 높아 '개혁'을 내세운 노무현 정권에서 청와대 비서관을 지내다가 서해안 고속도로 상의 거대한 휴게소이기도 한 행담도 개발과 관련한 부당한 특혜적 금융지원 사건에 휘말려 그만두게 된, 그리고 한미FTA에 반대하여 특히 유명해지고 '진보신당'의 주요 이데올로그로 활약한 바 있는 고(故) 정태인 박사님(1960-2022. 10. 21.) 같은 분이 그러한 경우입니다. 다만, 그는 자신이 '부르주아적 프로젝트'에 헌신하고 있음을 감추지 않으면서, 한편에서 정부를 향해서는 신자유주의적 내용의 정책을 요구하고, 노동자들을 향해서는 '노사정위원회'(2018. 5. 28. 이후 '경제사회노동위원회', 약칭: '경사노위')에 참가할 것을 촉구하는 등 신자유주의적 정책을 수용할 것을 요구하면서도, 다른 한편으로는 '시장주의자들'을 비판합니다. 자신이 신자유주의자임을 자각하지 못하는 자기 정체성의 혼란을 보여주고 있는 것이지요.27)

아무튼, 이제는 고인이 된, 그러한 정 박사를 가리켜 저는 그의 생전에 이렇게 쏘아붙인 적이 있습니다.

> 주지하듯이, 대부분의 신자유주의자들이 기만적으로 표방하는 바의, '국가개입을 배제한 시장'은 항상적 만성적 위기로 가득 찬 현대 자본주의에서는 불가능하다. 그 때문에 신자유주의란 국가라는, 사회로부터 소외된 독점자본의 특수한 공적 폭력을, 시장을 매개로 보다 직접적으로 그리고 보다

---

27) 정태인, "IMF 관리체제 반년 점검, IMF 체제와 한국경제의 개혁", 한국노동사회연구소, 《노동사회》, 1998년 6월호 참조. 나아가, 세계은행(IBRD)의 부총재직에 있으면서, IBRD와 쌍생아인 IMF의 정책을 비판하고 나섬으로써 일약 세계적인 스타가 되었고, 대통령 노무현의 경제고문이 되었던 조셉 스티글리츠(Joseph Stiglitz)라는 미국의 경제학자도 역시 비슷하게 자기 정체성에 혼란을 겪는, 그러나 솔직한 신자유주의자입니다.

밀접히 독점자본의 이해에 종속시키려는, 70년대 이후 새로운 전반적 위기 시대의 국가독점자본주의에 불과하다. 이를 대부분의 신자유주의자들이 '국가배제'라는 기만적 언사로 표현함에 비해서, 정 박사는 의외로 솔직 담백하게 "지금은 (국가가) 시장 자체를 만들어야 한다"고 주장하고 있다. 지금 김대중 정권과 IMF가 강력하게 실행하고 있는 전형적인 신자유주의적인 '시장 만들기'를 그는 뒤늦게 '만들어야 한다'고 말하고 있다.28)

한편, 방금 언급한 정태인 박사는 물론, 그러한 정 박사의 글을 싣고 있는 '한국노동사회연구소'(한노사연)는, 주지하는 것처럼, 이른바 '사회적 조합주의'니 '사회적 합의주의'니 운운하면서, 민주노총이 '노사정위원회'에 참가할 것을 적극적으로 권유·주장했습니다.

그리고 한노사연의 주요 간부들 역시 '노사정위원회'의 위원장(장관급)을 위시한 주요 직책을 담당해왔던바, 오늘날에는 경제사회노동위원회(경사노위)로 개명(改名)한 그 노사정위원회란 무엇이며, 그 목적이, 따라서 그것에의 참가를 권유하는 자들의 목적이 도대체 무엇인가를 짚고 넘어가지 않으면 안 될 것입니다.

추호의 오해도 없도록, 저들 자신의 입으로 얘기하게끔 합시다.

한노사연의 기관지인 월간 ≪노동사회≫ 제52호, 그러니까 2001년 3월호를 보면, "노동운동은 발상을 전환해야 한다"라는 제목 하에, 김대중 정권 초기에 '대통령자문정책기획위원회 위원장'을 지냈던 최장집 교수님과의 인터뷰를 싣고 있습니다. 거기에서 최 교수님께서는, 호가 난 '좌파 교수'답게도, 다음과 같이 솔직담백하게 말씀하시고 계십니다.

노사정위원회는 김대중 정부가 신자유주의 정책을 시행하면서 노동의 동의를 구하려 만든, 제도적 개선을 위한 고안물이라 할 수 있어요. 노동시장 유연화 등 노동자에게 직접적인 불이익을 초래하는 문제들을 노동의 동의를 얻어 관철시켜 사회적 저항을 피하기 위해 만든 장치입니다. 물론 다른 측면도 있습니다. 신자유주의를 관철시키는 도구로 기능하는 한편, 노동이 중요한 정책결정에 참여하는 제도적 장치이기도 했습니다만, 후자의 성

---

28) 채만수, "경제위기와 경제위기론의 몇 가지 쟁점에 대해서 — 정태인 박사의 무지와 악의로 '엮어진 논리'에 대한 비판을 중심으로", ≪현장에서 미래를≫ 제34호, 1998년 7월, p. 158.

격이 제대로 기능하지 못했습니다. (강조는 인용자.)

자, 이제 저들이 무슨 말, 무슨 짓을 하고 있는지 더 이상 얘기할 필요가 없을 것입니다.

노사정위원회란 바로 "노동시장 유연화 등 노동자에게 직접적인 불이익을 초래하는 문제들을 노동의 동의를 얻어 관철시켜 사회적 저항을 피하기 위해 만든 장치"[29]라고 정확히, 참으로 정확히 실토하고 있으니까 말입니다!

하지만, 한 가지만은 덧붙이지 않으면 안 됩니다.

최장집 교수님의 말씀 중에는, 노사정위원회가 한편에서는 "노동이" 그러니까 '노동조합의 대표가' "(국가의) 중요한 정책결정에 참여하는 제도적 장치이기도" 한데, 그 측면이 제대로 기능하지 못했다는 대목이 있습니다. 이 말은 노사정위원회가 "노동자에게 직접적인 불이익을 초래하는 문제들을 노동의 동의를 얻어 관철시켜 사회적 저항을 피하기 위해 만든 장치"라는 것과는 사뭇 다른 의미로 들릴 것입니다.

그것이 바로 함정입니다.

왜냐하면, 다름 아니라 자본은 '노동자로 하여금 중요한 정책결정에 참여하게 함으로써' 사실은 바로 '노동자에게 직접적인 불이익을 초래하는 문제들을 노동의 동의를 얻어 관철시키는 것'이기 때문입니다.

여기에서 다룰 주제는 아니지만, 사민주의에 영향을 받은 일부 활동가들이나 '진보적 지식인들'이 주장하는, 노동자 혹은 노동조합의 이른바 '경영참여'라는 것도 사실은, 예컨대, 앞에서 보았던 독일의 '공동결정제도'처럼, 물론 노사정위 혹은 경사노위와 동일한 성격의 제도, 즉 '노동자에게 직접적인 불이익을 초래하는 문제들을 노동의 동의를 얻어 관철시키는' 제도입니다.

아무튼, 노사정위원회가, 따라서 경사노위가, "노동이 중요한 정책결정에 참여하는 제도적 장치이기도 하다"는 말을 뒤집어 생각해 보십시오. 그 말

---

[29] 처음에는 민주노총·건설노조에 집중하던 폭압을 드디어, 경사노위에 참여하던 한국노총에까지 가하여 경사노위 그것을 파탄내버린 것은 물론이요, 그 전에, 한때는 노동운동의 전투적 지도자였으나 쏘련 해체 후 극악한 반노동자적 극우 정치인으로 변신한 김문수를 경사노위 위원장에 임명하여 노동자들로부터 진한 비판을 자초한 대통령 윤석열의 경우, 그의 그러한 움직임은 분명 황금신(Mammon)의 조화라고 추측만 할 뿐 자세한 내막을 아직은 알 길이 없지만, 그 정치적 감각과 능력이 노개위의 김영삼이나 노사정위의 김대중 등에 비해 얼마나 탁월한가는 익히 알 수 있을 것입니다.

은, 다름 아니라, 바로 노동자들은 기본적으로 그리고 제도적으로 '국가의 정책결정에서 배제되어 있다'는 말입니다. 그것이 바로 저들이 금과옥조처럼 내세우는 '자유민주주의'입니다. 그리하여 한국적 신자유주의의 주요 제도적 표현인 노사정위원회 혹은 오늘날의 경제사회노동위원회는, 노동자들이 마치 국가의 주요 정책결정에 참여하는 것과 같은, 나아가 그에 주요하게 자신들의 의사를 반영시키고 있는 것과 같은 외관을 부여함으로써, 그 자유민주주의의 '민주성'을 더욱 높이려는 제도인 것입니다.

하기야 그나마도 자본의 입장에서는, 1970년 전태일 열사의 분신 이후 꾸준한 투쟁을 통해서, 그리고 특히 1987년의 대투쟁을 거치면서 노동자들의 의식도, 조직력도, 투쟁력도 상당히 높아져 있어서, 자본과 그 국가가 자신들의 의사·정책들을 관철시키자면, 마지못해 취하지 않을 수 없는 귀찮은 제도·절차이긴 하지만 말입니다.

한편, 노사정위원회 혹은 경제사회노동위원회는 다른 명칭으로도 존재합니다. 예컨대, '최저임금위원회'도 그 한 예로서, 2024년 현재 민주일반노조 부산본부장인, 우리 연구소의 천연옥 부산지회 운영위원은 이렇게 지적하고 있습니다.

> 최저임금위원회는 대표적인 노사정위원회이다. 노동자위원 9명(한국노총 5, 민주노총 4), 사용자위원 9명, 공익위원 9명으로 구성된 최저임금위원회는 사용자위원의 동결 혹은 최저 인상, 노동자위원의 대폭 인상, 공익위원의 심사구간 제시 등으로 막판에 민주노총은 기울어진 운동장을 비판하며 퇴장하고 공익위원이 제시한 심사구간안에서 한국노총안과 사용자안이 표결에 부쳐지고 공익위원이 손들어 주는 방향으로 결정된다. 결국 최저임금위원회는 노사 대립으로 공익위원이 결정권을 가지는데, 공익위원은 정부가 임명한다. 즉 정부의 의도에 의해 결정된다. 그래서 최저임금위원회를 해체하지 않는다면 공익위원의 선정을 정부에 맡겨서는 안 된다.30)

최저임금위원회도 이렇게, 노동자 대표들을 참여시켜, 저임금 유지라는 자본의 이해를 관철시키는 노사정위원회 혹은 경제사회노동위원회의 한 형

---

30) 천연옥, "최저임금 투쟁에 대하여", ≪정세와 노동≫, 제203호, 2024년 7·8월 합본호, p. 78.

태인 것입니다.

4. 신자유주의는 왜 '국가 배제'를 표방하는가

1) 신자유주의의 긴축정책, 긴축예산

그러면 신자유주의자들은 왜 '반케인즈주의', 혹은 '국가(개입)의 배제'를 표방하는가?

여기에는 우선 그들 이데올로그들의, 따라서 부르주아지 일반의 이론적 무지와 독점자본의 탐욕・음모가 함께 얽혀 있습니다.

여러 차례 얘기한 것처럼, 신자유주의자들이 발언권을 강화하면서 지배계급의 대표적 이데올로그로 등장한 데에는 1970년대 이후 전면적 위기의 재격화라는 배경 혹은 조건이 있었습니다. 그런데 그 재격화된 전면적 위기는 당시에 '스태그플레이션'이라는 형태를 띠고 있었습니다.

바로 그것입니다. 신자유주의자들이 발호하는 배경에는 항상적・전면적인 과잉생산, 이윤률의 전반적 저하와 그에 따른 위기라는 문제, 그리고 그에 결합한 인플레이션의 문제가 존재하고 있고, 나아가 부르주아 이데올로그들의 이론적 무지, 아니, 이론적으로 무지하지 않을 수 없는 계급적 처지가 존재하고 있는 것입니다.

우선, 경제학자들을 포함한 부르주아 이데올로그들에게는 '스태그플레이션', 보다 정확히 말하자면, 자본주의적 생산의 위기・침체와 결합한 인플레이션을 이해할 수 있는 지적 능력도, 그것을 과학적으로 이해하려는 어떤 지적 자세도 없습니다. 사실 누군가가 그러한 능력과 자세를 갖추고 있다면, 그는 더 이상 부르주아 경제학자, 부르주아 이데올로그로 머물러 있을 수 없을 것입니다.

과학적 방법론과 투철한 비판정신으로 무장된 노동자계급의 맑스주의 사회과학만이 경제위기도, 스태그플레이션도 과학적으로 이해할 수 있게끔 합니다. 그런데 이 맑스주의 사회과학은, 자본주의라는 것이 역사적으로 일시적・경과적(經過的)인 경제사회 체제라는 사실뿐 아니라, 그 역사적 사명 역시 이미 끝났다는 것, 따라서 그것은 지양되어야 할 뿐 아니라 지양될 수밖에 없다는 것도 동시에 명확히 밝혀 줍니다. 나아가 자본주의적 생산과 그 착취의 비밀, 따라서 이윤은 물론 이자·지대 등 이윤의 여러 파생형태들의 본질도, 그것이 노동자들로부터 착취하는 잉여노동, 잉여가치임을 명확히 밝힙니다. 그리고 이러한 진실들은 모두 자본주의 사회의 피착취·피지배 계급인 노동자계급으로 하여금 목적의식적으로 자본주의의 폐지에 나서도록 자극하고, 격려·고무하게 됩니다.31)

따라서 부르주아지와 그 이데올로그들은 본능적으로 그리고 목적의식적으로 이러한 맑스주의 사회과학에 적대적일 수밖에 없게 되는바, 맑스주의에 대한 그러한 적대성을 감추지 않고 드러내는 자들이 보수주의자 혹은 자유민주주의자임을 자임하는 정치세력과 그 이데올로그들입니다. 그리고 그들 이데올로그의 좌파가 1930년대 대공황을 계기로 1970년대 중엽까지 부르주아 국가의 경제·사회정책과 강단을 지배해온 케인즈주의자들이고, 그 우파가 전반적 위기의 재격화를 계기로 득세하여 지금은 부르주아 국가의 정책과 강단을 쥐락펴락하고 있는 신자유주의자들입니다.32)

통화주의자들의 화폐국정설적 화폐수량설

'통화주의자들'을 위시한 초기 신자유주의자들의 '반케인즈주의'와 '국가

---

31) "경제학이 부르주아적인 한, 즉 자본주의적 질서를 사회적 생산의 역사적으로 일시적인 발전단계로서 파악하는 대신에, 거꾸로 사회적 생산의 절대적이고 최종적인 모습으로 파악하는 한, 경제학이 과학일 수 있는 것은 다만, 계급투쟁이 아직 잠재적이든가, 혹은 단지 개별적인 현상으로서만 나타나고 있는 동안뿐이다. / ... 영국의 고전파 경제학은 계급투쟁이 발전하지 않은 시대의 것이다."(맑스, ≪자본론≫, 제1권, 제2판 "서문". *MEW*, Bd. 23, S. 19-20. 채만수 역, 제1권, 제1분책, p. 23.)

32) 한편, 그 적대성을 은폐하면서 노동자계급을 독점자본의 이데올로기 및 그 이해에 포섭해가는 것이 현대 사민주의 정치세력과 그들의 이데올로그들인 서유럽의 자칭 맑스주의자나 기타 여러 형태의 '진보적 지식인들'입니다. 사실 현대 사민주의 정당이나 정권이 독점자본가계급 좌파의 정당이며 정권이라는 것, 그리고 대개 '포스트xx주의'를 내세우고 있는 '진보적 지식인들'이 독점자본의 이해에 복무하는 소부르주아 지식인들이라고 하는 데 대해서는 이제 그다지 긴 설명이 필요 없을 것입니다. 문제는 서유럽 맑스주의와 그 세례를 받은 우리 사회의 '마르크스주의 사회과학자들'이고, 따라서 그들에 대한 전반적 분석과 비판은 반드시 필요한 작업이지만, 여기에서 그것을 행할 여유는 없습니다.

(개입)의 배제'라는 기만적인 주의·주장은 바로 부르주아 이데올로그로서의 그들의 그러한 지적 백치 상태 때문에 가능한, 대중 기만일 뿐 아니라, 사실은 자기기만이기도 합니다. 그리고 부르주아 사회에서 강제되는 대중의 광범한 무지가, 그러한 무지한 주장이 득세하도록 일조했습니다.

초기 신자유주의의 대표자들인 통화주의자들은 재격화된 전반적 위기의 발현 형태인 스태그플레이션을 우선 화폐수량설적 입장에서 접근합니다.

우리는 앞에서 화폐란, 국가가 결정하는 것이 결코 아니라, 상품유통의 필연적 산물이자 노동생산물로서의 상품이며, 구체적·역사적으로는 금이라는 사실을 확인했습니다.

익히 아시는 사실들이지만 다시 말씀드리자면, 이때 어떤 상품의 가격이란 결국 그 상품의 가치, 즉 그것을 생산하는 데에 사회적으로 필요한 노동시간을 같은 가치 크기를 가진 금량(金量), 즉 그 생산에 같은 길이의 노동시간이 필요한, 화폐 상품으로서의 금의 일정량으로써 표현한 것입니다. 그리하여 금 생산에서의 노동생산력이 일정하다면, 즉 금의 가치가 일정하다면, 상품의 가격은 그 생산에서의 노동생산력의 발전에 반비례하여 변동합니다. 어떤 상품의 생산에서의 노동생산력이 과거 어떤 시점에서의 그것에 비해서 100%, 즉 2배로 상승했다면, 그리하여 당시에는 일정 시간에 그것을, 예컨대, 100개 생산했는데 이제는 같은 시간에 200개를 생산한다면, 그리고 물론 그것들을 생산하기 위해 소비되는 생산수단들의 가치에도 같은 변화가 있다면, 이제 그 상품의 가격은 과거 그 시점에 비해서 절반으로 하락합니다. 그리고 일정 기간, 예컨대, 오늘 하루 어떤 사회에서 상품을 유통시키기 위해서 필요한 화폐량, 즉 금량은, 한편에서는 유통되어야 할 상품들의 총가격의 크기에 비례해서 그것이 커지면, 즉 가격이 일반적으로 상승하거나 유통되어야 할 상품의 총량이 증대하면, 증대하고, 그 반대이면 감소합니다. 그리고 그것은, 다른 한편에서는 화폐의 평균적 회전속도, 즉 화폐가 그 기간, 즉 오늘 하루에 평균 몇 번 회전하는가에 반비례하여, 회전속도가 증대하면, 그 화폐의 량이 감소하고, 그 속도가 감소하면, 그 량이 증대합니다. 예컨대, 화폐가 하루에 평균 1번 회전할 경우 50,000원어치의 상품을 유통시키는 데에 50,000원이 필요하지만, 그 속도 혹은 회전수가 10번이면, 5,000원으로 충분한 것도 바로 그러한 이치 때문입니다.

사실 이는 이미 제3강에서 학습한 '유통에 필요한 화폐량' 혹은, 같은 말이지만, '유통에 필요한 금량'의 문제로서, 이때 인플레이션이란, 화폐인 금을 대신하는 상징으로서의 국가지폐, 혹은 그 현대적 형태인 불환은행권이 유통에 필요한 금량 이상으로 유통에 투입됨으로써, 즉 증발(增發)됨으로써 그 지폐 혹은 은행권의 각 조각 혹은 각 단위가 대리하는 금량(金量)이 감소하여, 즉 지폐 혹은 불환은행권이 감가(減價)되어 그 감가의 역(逆)의 비율로 물가가 명목적으로 오르는 현상이라는 것도 명확히 했습니다.

그리고, 이른바 관리통화제라는 이름의 불환은행권제는 바로 불환은행권의 그러한 증발을 위한 국가독점자본주의의 화폐-통화제도라는 사실도 확인했습니다.

그런데 부르주아 이데올로그로서의 통화주의자들은 이러한 사실들을 이해할 능력도 의사도 전혀 없는 자들입니다. 그들은, 경제학의 천동설(天動說)에 다름 아닌 화폐국정설과 화폐수량설을 신봉하는 자들로서, 상품의 가격은 단지 교환되어야 할 상품의 량과 화폐의 량 사이의 비율에 의해서 결정된다면서, 인플레이션을 억제 혹은 제어하려면 "국가로 하여금 '화폐'를 증발하게 하는" 케인즈주의적인 유효수요 창출정책, 즉 경기부양책을 지양하고, 경제를 시장에 맡겨두어야 한다고 주장합니다.

그들은 현대의 국가독점자본주의 국가가 증발하는 것이 화폐 그 자체가 아니라 그 화폐의 대리물일 뿐이라는 것을 이해하지도 못할 뿐 아니라, 이해하려고도 안 합니다.

그러하니, 이른바 관리통화제라는 것이 전반적 위기에 대응하기 위한 국가독점자본주의 국가의 기구라는 것도, 그리하여 '금태환제'를 폐지하고 '관리통화제'를 유지하는 것 자체가 경제적 재생산과정에 대한 국가의 적극적이고 전면적인 개입을 의미한다는 것도 이해하지 못하는 것이지요. ─사실 많은 경우엔, 짐짓 이해하지 않으려 하는 것이고, 짐짓 침묵하는 것이지만 말입니다.

아무튼 이들 신자유주의자들은, 그러한 화폐국정설적·화폐수량설적 신념에서, 혹은 그러한 '이론'을 빙자하여 기본적으로 전쟁을 위한 비용이나 군사적 수요의 증대를 제외한 케인즈주의적 유효수요 창출정책, 즉 경기부양정책에 반대하면서, 이른바 '긴축정책', '긴축예산'을 '스태그플레이션'이라는 형태로 나타나고 있는 경제위기에 대한 주요한 대응으로 제안합니다.

신자유주의적 '긴축'의 내용

이 경우 중요한 것은, 그 '긴축'의 내용, 즉 저들은 그 '긴축'을 통해 과연 무엇을 노리는가 하는 것입니다. 왜냐하면, 전쟁을 위한 비용이나 군사적 수요를 위한 지출은 저들의 긴축의 대상이 결코 아니라는 것은 누누이 말씀드린 대로이려니와, 사실은 독점자본에 대한 공황구제 역시, 공황이 발발할 때마다 독점자본들의 파산을 막기 위해서 정부가 소위 '공적자금'을 엄청나게 퍼붓는 데서도 알 수 있는 것처럼, 그 대상이 아니기 때문입니다.33)

그렇다면, 저들이 주장하는 이른바 '긴축정책', 혹은 '긴축예산'이란 도대체 무엇을 긴축하겠다는 뜻일까요?

다름 아니라, 케인즈주의 좌파적 정책, 따라서 독점자본가계급의 좌파적 정책, 즉 노동자계급을 다독이기 위한 사회보장 예산이나 그 지출, 그리고 중소·영세 자본들과 소생산자들을 파산의 위기로부터 구제하기 위한 '경기부양'에 필요한 예산이나 그 지출이 그 대상입니다. 즉, 그것들을 '긴축'하는 것, 감축하는 것이 저들 신자유주의자들의 '긴축정책'의 목표인 것입니다.

노동자계급이나 기타 비독점자본을 위한 재정지출의 감축은 물론 독점자본 자신에게도 적지 않은 영향을 미칩니다. 우선, 이러한 '긴축'으로 인한 노동자들의 소득과 지출의 감소, 그리고 중소·영세 자본들이나 소생산자들의 파산과 그에 따른 수요의 감소 등이 독점자본의 상품에 대한 시장을 축소시키기 때문입니다.

긴축의 이러한 효과는 당연히, 적어도 단기적으로는, 경제위기의 다소의 격화를 불러오기도 합니다. 그러나 이러한 단기적인 위기의 격화는 물론 일부 지배적인 독점자본들에게는 더없이 좋은 '성장', 즉 축적의 조건이기도 합니다. 우선, 경제위기와 그 격화로 인한 실업 즉 과잉인구의 급격한 증대와 그에 따른 임금 기타 노동조건의 저락은 그들 독점자본의 이윤률을 상승

---

33) 예컨대, 소위 써브프라임 모기지(비우량주택대출)의 부실화로 2006년 하반기부터 폭발하기 시작한 격렬한 금융위기로 거대 금융자본들이 파산해가자 그들을 구제하기 위해 당시 미국의 중앙은행인 연방준비제도 이사장이던 벤 버냉키(Ben S. Bernanke)는 '량적 완화'니, '헬리콥터로 돈을 뿌려댄다'느니 하는 말들까지 유행시키면서 엄청난 '공적자금', 즉 구제금융을 퍼부어댔지 않습니까?

시키기 때문에 그렇습니다. 나아가 그들 지배적인 독점자본에게는, 파산의 위기에 시달리는 자본들뿐 아니라 국가가 '공적자금'을 투입하여 회생시키는 자본들을 인수・합병할 기회가 증대하는 것이 그렇습니다.

그러나 일부 독점자본의 이러한 횡재도 물론 중장기적으로는 자본주의적 생산의 모순을 더욱 격화시켜 위기를 항상화・만성화시키는 것이라는 것, 따라서 사적소유에 기초한 자본주의라는 관점에서 보면, 덧없는 남가일몽일 뿐이며, 사회주의라는 관점에서 보면, 그것으로의 이행과 그 발전의 물질적 기반을 준비하는 역사적 과정이라는 점도 잊어서는 안 될 것입니다.

한국에서의 초기 신자유주의

노동자계급과 중소・영세 자본들, 소생산자들의 가혹한 희생을 강요하는 저들 신자유주의자들의 '긴축정책'은 일정한 조건 하에서는 정치적 격변을 불러오기도 하는데, 그 아주 흥미 있는 역사적인 사례가 우리에게 있습니다.

많은 사람들은 '한국에서의 신자유주의' 하면, 기껏해야 1980년대 말쯤으로 그 시기(始期)가 소급하는 것으로 알고 있습니다. 1987년 노동자 대투쟁 이후 변화된 노자관계에 대응하기 위해서 재벌들이 '신경영전략'이니, '신인사제도'니 하는 것들을 경쟁적으로 도입하면서부터라고 생각하는 것입니다.

하지만 놀랍게도(?) 한국에서의 신자유주의는 그보다 10년쯤은 더 역사가 깊습니다. 다름 아니라, 1979년이 신자유주의가 한국에 그 모습을 드러낸 첫해였기 때문입니다. 그것도 엄청난 정치적 파장과 격변을 야기하면서!

1970년대 마지막 4/4분기에, 대략 1976년경부터 1978년 말 혹은 1979년 초까지 짧은 기간이지만, 한국 경제는 정말 엄청난 호황을 구가했습니다.

그런데 자본주의에서 그러한 엄청난 호황의 뒤에는 무엇이 따릅니까?

반드시 그에 상응하는 엄청난 위기, 즉 공황이 뒤따릅니다.

그리하여, 앞에서도 얘기한 것처럼, 1979년 2/4분기가 시작되자마자, 당시 '무서운 아이들'이라는 유행어를 낳을 만큼 무섭게 성장하던 제세산업이나 신흥재벌 율산실업이 파산하는 등, 역시 엄청난 위기가 닥쳐왔습니다. 그해 여름에는 'YH산업'의 여성노동자들이, '밀린 임금을 지불하고 위장폐업을 철회, 고용을 보장하라'고 요구하며, 상당히 강성이었던 야당의 당사를 점거하여 농성하자 경찰이 무자비한 무력 진압에 나서서 사상자가 발생하는 사태도 발생합니다.

그에 따라 당연히 정치적 위기도 심화돼 갈 수밖에 없었습니다.

예전 같았으면 당연히 커다란 경기부양책으로 대응했을 것입니다. 그런데 사실상 년율 30% 이상을 기록하던 만성적인 악성 인플레이션에, 따라서 악성 스태그플레이션에 시달리고 있었기 때문에 그것과 싸우지 않을 수 없던 당시 신현확 부총리의 경제팀은 신자유주의, 아니 당시의 용어로는 '신보수주의'에 정신을 빼앗기고 있었기 때문에 그렇게 대응하지 않았습니다. 때마침 당시는 영국의 저 유명한 '철(鐵)의 여상(女相)' 마가렛 대처가 극악한 반노동자적·'신보수주의적' 정책으로 한창 악명을 떨칠 때이기도 했습니다. 그리하여 신현확 경제팀은 바로 통화주의자들, 그러니까 신자유주의자들의 가르침에 따라서 '긴축정책'으로 의연(毅然)히(?) 대응했습니다. 자신에게 맡겨진 역사적 임무를 다하기 위해서 말입니다.

역사적 임무?

다름 아니라 박정희와 그 정권의 종말을 앞당기는 임무 말입니다.

신현확 경제팀의 그 신자유주의적 긴축정책이야말로 경제위기를 더욱 촉진·격화시켜 부마항쟁이 터져 나올 수밖에 없도록 재촉한, 그리하여 그에 대한 강·온 대응을 둘러싼 권력 내부의 갈등·대립으로 박정희가 피살되고, 박정희 등의 '유신체제'가 마침내 막을 내릴 수밖에 없도록 재촉한, 아주 주요한 요인 중의 하나였던 것입니다.

그러한 긴축정책이 불러온 파장은 결국 1980년 4월의 사북 광부항쟁과 5월의 광주 민중항쟁, 전두환·노태우 등 이른바 '신군부' 세력에 의한 대량학살로 이어졌던바, 이에 대해서는 새삼 더 이상의 설명이 필요 없을 것입니다.

2) 사회보장의 축소

저들 신자유주의자들이 '국가개입의 배제'를 주장하는 주요한 목적의 하나는, 다름 아니라, 사회보장제도를 축소 혹은 파괴하기 위한 것입니다.

우선, 이른바 사회보장제도는, 이전에도 말했던 것처럼, 이중의 성격을 가진 것이기 때문에, 그것을 절대화해서는 안 됩니다.

다시 말하자면, 그 하나는, 최소한의 인간적인 생활을 확보하기 위해서 노동자계급이 투쟁을 통해 획득한 것으로서의 성격입니다. 그러한 한에서 사회보장제도는 긍정적인 의의를 가지고 있습니다.

그런데 다른 하나는, (독점)자본의 체제 유지 정책으로서의 성격입니다. 즉, 사회보장제도는 한편에서는 자본주의적 착취와 그 체제에 대한 노동자계급의 저항을 무마·완화하기 위한, 혹은 노동자들의 투쟁을 거세시키고 무력화하기 위한 자본의 정책적 장치로서의 성격도 갖는다는 뜻입니다.

노동자계급의 전투성·변혁성과 사회보장제도

이 두 성격은 당연히 서로 불가분하게 결합되어 있습니다. 노동자계급의 투쟁이 없다면, 독점자본의 체제 유지 정책으로서의 사회보장제도도 고안될 리 없었을 터이니까 말입니다. 실제로 사회보장제도가 처음으로 도입된 것도 노동자계급의 혁명적 운동이 활발히 전개되던 지난 19세기 말엽의 독일에서였고, 선진자본주의 국가들에 오늘날과 같은 사회보장제도가 확립된 것도, 누차 말하는 것이지만, 러시아 혁명 후, 특히 지난 1930년대 대공황과 제2차 대전을 거치면서 사회혁명을 위한 노동자들의 운동·투쟁이 활성화되던 시기였습니다.[34]

이렇게 보면, 오늘날 신자유주의 국가가 사회보장제도를 축소·파괴하고 있는 것, 혹은 더욱더 그렇게 파괴하려고 대드는 것은, 그만큼 그동안 사회보장제도가 발전한 나라들에서의 노동운동이 거세되어 왔고, 그리하여, 적어도 독점자본의 눈으로 볼 때, 노동자계급이 이제 혁명을 잉태할 수 없는 불임의 계급으로 되었다는 것을 의미하는 것이기도 합니다. (독점자본의 그러한 판단은 물론 근시안적인 것이지만 말입니다.)

실제로, 최근 수십 년 동안 서유럽이나 미국, 일본 등 선진국에서 노동(조합)운동은 노동자계급 운동으로서의 정치성·혁명성을 크게 거세당해 온 것이 사실입니다. 그리고 그러한 추이의 한가운데에는 사회보장제도를 통해

---

[34] 부르주아 이데올로그조차 이렇게 얘기합니다. — "[제1차 대전 후: 인용자] 독일에서는 사회민주주의적 정부가 수많은 사회 개혁을 단행했는데, 그것은 분명 정부의 정치적 신념에서 비롯된 것이었지만 노동계급의 혁명운동 지지를 약화시키기 위한 것이기도 했다. 광산과 제철소가 '사회화'되었고, 노조는 완전히 인정되었으며 8시간 노동제가 도입되었다."(Charles H. Feinstein, Peter Temin, Gianni Toniolo 저, 양동휴 등 역, ≪대공황 전후 유럽경제≫, 동서문화사, 2000, pp. 49-50.[개정판: pp. 57-58.])

서 노동자계급을 거세시키고 체제내화시켜간 사민주의가 자리 잡고 있습니다. 즉 거기에는, 예컨대, 영국의 노동당, 프랑스의 사회당, 독일의 사민당 등등과 같은, 노동자계급의 정당으로 위장한 독점자본가계급의 정치부대들과 그들의 의식적 혹은 무의식적인 이데올로그로서의 소위 '진보적 지식인들'이 자리 잡고 있습니다.

선진자본주의 국가들에서 사회보장제도가 광범하게 확립되는 1930년대에서 1940년대까지와, 그것이 축소·파괴되어온 지금을 가르는 주요한 차이는 바로 이 점, 즉 노동자계급의 정치성과 혁명성, 투쟁력의 차이입니다.

실제로 1930년대나 1940년대 당시에도 사민주의와 그 정당들은 이미 철저히 독점자본의 정치노선, 그 정당으로 되어 있었습니다. 하지만, 당시에는 노동자 대중의 전투성·변혁성이 아직 거세되지 않고 있었고, 대공황과 제2차 세계대전의 참혹함이, 그리고 쏘련의 발전이 그것을 더욱 자극하고 있었기 때문에 독점자본의 국가들이, 혹은 독점자본의 사민주의 정당들이 대(對) 노동자계급 유화정책으로서의 사회보장제도를 확립·강화하지 않을 수 없었습니다.

그에 비해서, 사회보장제도에 대한 신자유주의적 공격이 격화되고 있는 1970년대 말 이후의 오늘날에는 선진자본주의 국가들의 노동자계급이 초례청의 닭처럼 다소곳해 있다는 차이가 있습니다.

자본의 신자유주의적 공격이 격화됨에 따라, 서유럽 국가들에서도 미국에서도 1990년대 중엽 이후 노동자계급이 부분적으로, 그리고 아주 서서히 그 전투성을 회복해가는 모습도 보이긴 하지만, 1980년대 말-1990년대 초에 발생한 20세기 사회주의 세계체제 해체의 후과로 그 이념성·혁명성은 아직도 해체된 채 바닥을 기고 있다고 할 수 있을 것입니다.

사회보장제도와 임금, 이윤률

그건 그렇다 치고, 저들 신자유주의자들이 사회보장제도를 축소 혹은 파괴하려고 드는 주요한 이유는 무엇일까요?

그것은, 재정 지출을 줄여 스태그플레이션이라는, 침체 속의 인플레이션을 다소라도 진정시키려는 의도도 물론 있지만, 기본적으로는 노동자들의 평균적 혹은 전반적 임금 수준을 끌어내리기 위해서입니다. 앞의 강의들에서도 누누이 얘기한 것처럼, 임금이 오르면, 물가가 오르는 것이 아니라, 자본의 이윤률이 낮아집니다. 그런데, 노동력의 재생산비로서의 임금은, 노동자 및 그 가족의 생물학적·생리적 필요에 의해서만 그 크기가 결정되는 것이 아니라, 사회적·문화적인 조건과 필요에 의해서도 결정되는 것이지 않습니까? 다들 가죽구두나 운동화를 신고 사는데, 혼자서 짚신이나 검정 고무신을 신고 살 수는 없는 노릇인 것처럼 말입니다.

바로 그 때문에, 즉 임금은 사회적·문화적 조건과 필요에 의해서도 주요하게 그 크기가 좌우되기 때문에, 사회보장제도가 강화되면 될수록 그 사회의 평균적인 임금 수준은 높아지게 됩니다. 그리고 그렇게 임금 수준이 높아지면 높아질수록, 그만큼 자본의 이윤률은 낮아집니다. 그 때문에 자본으로서는 당연히 가능한 한 사회보장제도를 축소·폐지하고 싶은 유혹·충동을 받을 수밖에 없습니다. 더구나 1970년대 이후 자본은 만성적이고 전면적인 위기에 처해 있고, 따라서 그러한 유혹과 충동은 더욱 강렬한 것으로 되지 않을 수 없습니다.

그런데 노동자계급의 운동은 그 전투성·변혁성을 잃고 체제 내에 안주하고 있다? 더구나 쏘련을 위시한 20세기 사회주의 세계체제의 해체로 노동자계급 운동이 그 이념적·정치적 전망조차 상실한 채 방황하고 있다? 바로 그러한 상황이니, 자본이 사회보장제도에 대한 신자유주의적인 파괴 공작에 나서는 것은 어쩌면 당연한 일이 아니겠습니까?

실제로 오늘날, 항상적·만성적 과잉생산으로 인해 이윤률을 압박받고 있는 독점자본과 그 국가는 '개혁'이라는 이름 하에 노동자계급에 대한 전면적인 공격, 그들을 포섭하기 위해서 도입했던 사회보장제도에 대한 전면적인 공격을 감행하고 있습니다. 노후 연금을 위한 노동자들의 출연금의 인상, 연금 지급액의 삭감과 지급 연령의 상향조정,[35] 의료 및 교육에 대한 국가 지원금의 축소 등등, 사회보장제도 자체에 대한 공격·파괴를 강화하고 있을 뿐만 아니라, '규제완화'라는 구실 하에 독점자본의 전횡과 노동자계급에 대한 무단공격을 제도화하고 있기도 합니다.

---

35) 이와 관련해서는, 2022년 대통령 선거 국면에서 '진보' 정의당의 심상정 후보가 선창하고, 일부 '진보적인' 시민운동단체들·노동운동단체들이 거들고 나선 '(국민)연금 개혁' 주장도 마땅히 상기해야 할 것입니다!

사실 오늘날 신자유주의에 의해서 추진되는 이른바 '노동의 유연화', 혹은 '노동시장의 유연화' 또한, 크게 보면, 그렇게 노동자들의 고용을 위협함으로써 임금 일반을 낮추고, 그리하여 이윤률을 높이려는 독점자본의 사회보장제도 파괴의 한 형태, 한 부분입니다.

노동자계급에 대한 이러한 공격은 물론 당장은 노동자계급의 전반적 임금 수준, 따라서 그 생활 수준을 저하시킴으로써 독점자본의 이윤률을 다소라도 상승시킬 것입니다. 그러나 그것은 결국, 경제적으로는 노동자 대중의 빈곤을 심화시켜 생산과 소비 간의 모순, 과잉생산을 더욱 격화시킬 수밖에 없고,36) 그 때문에 무엇보다도 정치적·사회적으로는 프롤레타리아트의 고통을 격화시킴으로써 그들로 하여금 다시 사회변혁 투쟁에 나서지 않을 수 없도록 강제할 수밖에 없습니다.

결국 독점자본은 스스로, 자신을 매장할 사람들을 량산(量産), 단련시키고 있는 것입니다.

---

36) "과소소비론이다!" "과소소비론이다!"라는 아우성이 들리는 것 같네요!

제13강 신자유주의 (2)

5. 국·공유기업의 사유화

　주지하는 바와 같이, '공기업의 민영화', 보다 정확히 말하자면, 국유 및 공유기업의 사유화는, 오늘날 한국을 포함하여, 자본주의 국가들의 주요한 정책으로 되어 있습니다. 그리고 당연히 그에 반대하는 노동자·민중의 투쟁도 곳곳에서 벌어지고 있습니다.
　그런데, 이전부터 자본주의 체제였던 나라들에서의 국·공유기업의 사유화와, '체제전환국'이라고 불리고 있는 나라들, 즉 옛 쏘련 지역이나 동유럽 국가들에서의 그것 사이에는 공통점과 심대한 역사적 차이점이 있습니다. 그 차이는, 형태상으로는 똑같이 국·공유기업이더라도, 자본주의 체제에서의 그것들과 사회주의 체제에서의 그것들은 그 소유주체 및 그 계급적 성격이 애초부터 본질적으로 다른 데에서 연유합니다.
　우리는 '체제전환국들'에서의 사유화에 대해서 먼저 보기로 합시다.

1) '체제전환국'에서의 국·공유기업의 사유화
　　 ─ 자본의 본원적 축적으로서의 사유화

　이전부터 자본주의 체제였던 나라들에서도, 소위 체제전환국들에서도 국·공유기업의 사유화는 모두 신자유주의적 교리와 동기에 의해서 추진되고 있다는 공통점을 가지고 있습니다.
　그런데 자본주의 체제에서의 국가는, 주지하는 바와 같이, 실제로는 지배계급, 즉 자본가계급의 국가, 그 지배도구이고, 따라서 그 국유 혹은 공유도 그 말들이 선전적·기만적으로 표방하는 바와는 달리 실제로는 지배계급의 소유입니다. 그 때문에 자본주의 국가들에서의 국·공유기업의 사유화는 그들 기업에 대한 노동자계급이나 기타 인민의 소유권과는 아무런 관계가 없는, 단지 지배계급 내부의 소유권의 변동일 뿐입니다.

그에 반해서, 사회주의 국가들에서의 기업의 실질적 소유자는 노동자·인민이었기 때문에, 체제전환국들에서의 국유기업들의 사유화는 자본의 본원적 축적의 한 형태, 즉 직접생산자들로부터의 생산수단의 수탈과 그 수탈을 통한 자본-임금노동 관계의 재창출의 한 형태이고, 따라서 자본주의적 생산관계로의 반동적 복귀라는 역사적 의의를 가지고 있습니다.

이른바 체제전환국들에서의 사유화는 그렇게 자본의 본원적 축적, 즉 직접생산자들인 노동자·인민으로부터의 생산수단의 수탈이기 때문에, 그 동안 동유럽과 옛 쏘련 지역에서 벌어져온 국유기업의 사유화는 노동자·인민의 저항을 최대한 회피하기 위해서 극히 기만적인 방식으로 이루어져 왔습니다. 다름 아니라, '**바우처(vouchers) 방식**'이라는 것이 그것입니다.

생산수단에 대한 주요한 사회적 소유형태로서의 국유

전에도 말씀드렸지만, 자칭 '국제사회주의자'인 일단의 뜨로츠끼주의자들이나, 국내에서는 조정환을 위시한 갈무리 출판사 그룹으로 대표되는, '자율적 맑스주의자'임을 자처하는 일군의 무정부주의자들은, 쏘련과 동유럽을 비롯한 20세기 사회주의 체제에서의 생산수단에 대한 주요한 소유형태가 '국유'였던 점을 들어, 이들 국가와 사회를 국가자본주의[1]라고 강변합니다. 혹은, 어떤 이들은 같은 이유로, 본래의 사회주의와는 다른 일종의 변형태 혹은 일탈형태로서의 '국가사회주의'라고도 합니다.

그러나 이러한 주장들은 사회주의 체제에서의 생산수단에 대한 주요한 소유형태가 국유이고, 국유일 수밖에 없다는 사실에 대한 자신들의 무지를 드러내는 것일 뿐입니다.

---

1) 이들이 말하는 '국가자본주의'란 '사회적 생산수단들을 국가가 독점적으로 소유하고 있는, 그리하여 국가라는 단 하나의 자본가가 존재하는 자본주의'라는 망상(妄想), 순전히 쏘련을 비롯한 20세기의 현실 사회주의를 헐뜯기 위한 망상이어서, NEP(신경제정책) 시기 러시아(쏘련)에서의, '사회주의 국가 통제 하의 자본주의적 경제제도(уклад, uklad)'로서의 국가자본주의와는 전혀 다른 것입니다.

사회주의 사회에는 물론, 예컨대, 쏘련의 콜호즈(колхоз, 협동농장)처럼 생산수단에 대한 협동조합적 소유가 존재하고, 또 심지어 노동자나 농민들에게 개인적 취향이나 필요에 따른 채소를 기르거나 가금(家禽)·가축을 사육하도록 주어지는 작은 채마밭처럼 사적·개인적 소유조차 존재할 수 있고, 또 현실적으로도 존재했습니다. 그러나 이러한 것들은 어디까지나 주요한 소유형태가 아니라 부차적, 그리고 보완적 소유형태이고, 특히 현대 산업의 핵심축인 제조업에서는 더욱 그렇습니다.

다만, 형태상 동일한 국유라고 하더라도, 그 국가의 성격이 부르주아지와 반혁명적 분자에 대한 프롤레타리아트의 억압적 지배기구로부터, 즉 프롤레타리아 독재로부터, 사회주의가 발전·성숙함에 따라 사회의 단순한 행정·조정기구로 바뀌어 감에 따라서, 즉, 본래적 의미의 "국가로서의 국가가 존재하지 않게 됨"[2])에 따라서 국유의 성격도 "지배계급으로 조직된 프롤레타리아트"의 소유로부터 전인민의 소유로 그 성격이 바뀔 수밖에 없습니다.

그러나 사회주의의 발전단계가 어떠하든, 따라서 국가나 국유의 성격이 어떠하든, 국유는 생산수단에 대한 사회주의적 소유의 주요 형태일 수밖에 없고, 이러한 사상은 과학적 사회주의의 창시자들에 의해서 일찍이 ≪공산당 선언≫ 이전부터 표명되어 왔습니다. 예컨대, 엥엘스는 1847년에 쓴 "공산주의의 근본법칙"에서 "일단 사적소유에 대한 최초의 근본적인 공격이 가해지면, 프롤레타리아트는 한층 더 전진하고, 모든 **자본**, 모든 **농업**, 모든 **공업**, 모든 **운송**, 모든 **교환을 국가의 수중에 집중**한다는 것을 보지 않을 수 없을 것"[3])이라고 쓰고 있습니다.

그리고 ≪공산당 선언≫에는, 예컨대, 이렇게 쓰여 있습니다.

> 노동자 혁명의 제1보는 프롤레타리아트를 지배계급으로 고양시키는 것, 즉 민주주의를 쟁취하는 것이다.
> 프롤레타리아트는 그 정치적 지배를 이용하여, 부르주아지로부터 점차로 모든 자본을 탈취하고, 모든 생산수단들을 국가의 수중에, 즉 지배계급으로 조직된 프롤레타리아트의 수중에 집중하며, 생산력들의 량을 가능한

---

2) F. 엥엘스, "아우구스트 베벨에게 보내는 편지"(1875. 3. 18/28.), *MEW*, Bd. 19, S. 7.
3) F. 엥엘스, "공산주의의 근본법칙", *MEW*, Bd. 4, S. 374.

한 급속히 증대시킬 것이다.4) (강조는 인용자.)

이렇게 모든 생산수단의 국유화는 물론 맑스와 엥엘스가 평생 변함없이 견지한, 사회주의의 기본적 소유형태였습니다. 바로 그 때문에, 예컨대, 영국 노동운동사상 '피의 일요일'로 기록되어 있는 1887년 11월 13일 런던 트라팔가 광장에서의 시위로 연행되어 금고형을 받았다가 석방된 로버트 커닝검-그라함(Robert Cunninghame-Graham, 1852-1936)과 존 번스(John Burns, 1858-1943)의 환영대회에서, 자신은 "'절대적으로 그리고 전면적으로' 칼 맑스의 기반 위에 선다고 공언한 [영국의 국회의원—인용자] 커닝검-그라함이" "모든 생산수단의 국유화를 ... 다시 선언한" 것을 두고, 엥엘스는 "그러므로 우리는 영국 의회에도 대표를 가지고 있는 것입니다"5)라면서 크게 기뻐했던 것입니다.

봐우처 방식에 의한 사유화

국유는 이렇게 생산수단에 대한 가장 기본적인 사회주의적 소유형태이기 때문에, 1990년도를 전후하여 발생한 거대한 반혁명, 20세기 사회주의 세계 체제의 붕괴·해체는 바로 생산수단에 대한 이 국유를 폐지하는 것, 그리하여 그것을 사유화하는 것을 그 핵심적인 경제적·사회적 내용으로 하는 것이었습니다.

자본주의로의 반혁명을 추진한 자들은, 국유를 폐지하기 위해서, 우선 국·공유기업은 비효율적이라는 모략적 이데올로기 선전을 강화, 인민의 머릿속에 이를 쑤셔 넣고자 했습니다. 그러나 국·공유기업은 비효율적이라는 선전이 대중을 사로잡는다고 하더라도, 사회주의적인 국유기업을 무단히 사유화한다면 노동자·인민이 이를 지켜보고만 있을 리 만무하지 않습니까? 사회주의적 국유기업은, 다름 아니라, 바로 노동자·인민 자신의 기업이었

---

4) K. 맑스·F. 엥엘스, ≪공산당 선언≫, *MEW*, Bd. 4, S. 481. (채만수 역, ≪공산당 선언≫, 노사과연, 2022, p. 82.)

5) F. 엥엘스, "라우라 라파르그(Laura Lafargue in Le Perreux)에게 보낸 편지"(1888. 2. 25), *MEW*, Bd. 37, S. 33. 그리고, 같은 해 2월 23일자로 "페르디난트 도멜라 니우웬후이스(Ferdinand Domela Nieuwenhuis in Den Haag)에게 보낸 편지"(*MEW*, Bd. 37, S. 31)에도 의미상 같은 내용이 있습니다.

으니까요!

 그리하여 이 국유기업들을 사유화하기 위해서는, 옛 사회주의 시절의 국유는 곧 전(全)인민적 소유였다는 것, 즉 모든 인민이 국유기업에 대해서 일정한 소유권을 가지고 있었다는 것을 인정한 위에서, 노동자·인민의 저항 없이 혹은 그들의 저항을 최소화하면서 그 소유권을 박탈할 수 있는 무언가의 방법을 모색하지 않으면 안 되었습니다.

 그리고, 그리하여 고안된 것이 곧 봐우처 방식에 의한 사유화입니다.

 봐우처(voucher)란, 사전적(辭典的) 의미로서는 교환권인데, 이 경우에는 장래 사유화되는 기업의 일정량의 주식과 교환이 보장된, 국유기업에 대한 소유권 증명서였습니다.

 즉, <u>봐우처 방식에 의한 사유화</u>란, 이렇게 구 사회주의 국가의 노동자·인민에게 주식과 교환될 소유권 증명서를 배부한 후 사유화할 기업의 명단을 제시, 과거 사회주의 국가의 인민으로서 가지고 있던 국유기업에 대한 일정한 소유권에 대신하여 주주가 되고 싶은 기업을 신청하게 함으로써 그 봐우처를 희망하는 사유화기업의 주식과 맞바꾸어 주는 방식의 사유화입니다.

 이렇게 되면 일단 형식적인 사유화는 이루어지게 됩니다. 그리고 이렇게 해서 사유화된 기업은 우리 사회와 노동운동 내의 일부가 주장하는 이른바 '국민기업'의 가장 이상적 형태일 것입니다. 사회주의 사회의 인민으로서의 소유권은 대체로 동등했을 것이므로 수많은 주주들의 소유 규모도 고만고만 할 것이니 얼마나 이상적인 형태의 '국민기업'입니까?

 그러나 이렇게, <u>일부 '진보적' 돈키호테들의 주장에 의하면, '이상적인 국민기업'이라고 밖에는 할 수 없을 이 형태가 바로 광범한 인민대중으로부터 생산수단에 대한 소유권을 박탈하는 수단, 즉 자본의 본원적 축적방식</u>이었습니다. 과거 사회주의적 국유기업, 즉 전인민의 기업이었던 기업이 봐우처 방식을 통해서 주식회사로서의 이른바 '국민기업', 한국의 '진보적' 돈키호테들의 용어입니다만 아무튼 '국민기업'으로 되고, 그리하여 봐우처가 일단 주식으로 바뀌면, <u>그 주식은 그 고유의 양도성 때문에 조만간 소수의 수중으로 집중되게 됩니다. 절대다수의 사람들은 당연히 생산수단에 대한 소유권을 상실한 무산(無産)의 노동자로 되지 않을 수 없고요.</u>

 이렇게 해서 사회주의적 국유기업의 실질적인 사유화가 완성되게 됩니다.

극소수의 자는 이제 타인의 노동을 착취하고, 그에 기초하여 자본을 축적해 가는 자본가로 되고, 절대다수의 인민은 무산자로서의 임금노동자로 전락, 자본의 본원적 축적이 이루어지는 것입니다.

옛 사회주의권이었던 체제전환국들에서 이렇게 바우처 방식에 의해서 이루어진 국유기업 사유화의 본질과 특징은 명실상부한 전인민적 소유, 혹은 프롤레타리아트의 소유를 폐지하고, 그 소유를 소수의 신흥 자본가들의 수중에 집중시켰으며, 절대다수의 노동자·인민을 무산자로서의 임금노동자로 전락시킨 데 있습니다.

바로 이것이, 형식적으로는 전 국민적 소유이지만 실질적으로는 독점자본가계급의 국가의 소유, 따라서 독점자본가계급의 소유였던, 자본주의 국가에서의 국·공유기업을 특정 독점자본의 소유로 만드는 사유화와 본질적으로 다른 점입니다.6)

2) 신자유주의적 국·공유기업 사유화의 배경

한편, 지금 당장 우리에게 문제가 되고 있는 국·공유기업의 사유화는 철저히 신자유주의적인 동기에서, 철저히 대중 기만을 수반하면서 추진·진행되고 있습니다.

국·공유기업의 비효율성(?)

신자유주의자들은 국·공유기업들은 '사실상 주인이 없기 때문에 비효율적'이며, 따라서 '주인을 찾아줌으로써', 즉 사유화시킴으로써 그 기업을 효율적으로 만들어야 한다고 주장합니다. 그러나 이러한 주장은 논리적으로도, 그리고 역사적 경험에 비추어 보더라도 철저히 기만적입니다.

우선, 국·공유기업을 가리켜 "주인이 없다"고 하는 주장 속에서 우리는

---

6) 이 책의 초기 구판(舊版)들에서는 본래의 자본주의 국가에서의 사유화와 '체제전환국'에서의 그것을 비교하면서, "국·공유 기업의 사유화는 어느 것이나 전인민의 소유권을 특정인들의 사유로 한다는 점에서 공통적"(제1판, p. 284; 제2판, p. 374; 제3판, p. 384)이라고 서술하였으나, 이는 자본주의적 국·공유기업의 성격을 **너무나 형식적으로만** 파악한 것이었기 때문에 바로잡습니다.

사적소유만을 절대화하려는 부르주아지들의 은밀한 이데올로기 조작을 볼 수 있습니다. 국·공유기업이라고 해서 결코 주인이 없는 것이 아닙니다. 국가와 지방자치기구 등이 엄연히 그 주인이고, 따라서 '적어도 형식적으로는' 국민과 지역의 주민이 주인인 것이기 때문입니다. 비록 그 기업들이 실질적으로는 독점자본의 것이고, 그들의 이익에 봉사한다고 하더라도 말입니다.

그런데 여기서 가장 기만적인 것은 "국·공유기업은 비효율적이기 때문에 그것들을 사유화시켜야 한다"는 주장입니다.

제2차 대전 후 서유럽의 여러 나라에서는 신속한 전후(戰後) 복구를 위해서 많은 대기업들, 특히 사회기반산업 부문들을 국유화시켰습니다. 저들의 주장처럼 만일 국·공유기업이 원리상 비효율적이라면, 당시 서유럽 국가들은 신속한 전후 복구를 위해서 비효율적인 방법을 택한 것이 됩니다. 과연 타당한 이야기입니까?

뿐만 아니라, 국·공유기업들은 결코 자연적으로 우연히 '발생'한 것이 아닙니다. 그것들은 특정한 조건과 사정 하에서 어떤 목표를 달성하는 최선의 방책으로서 창설되었거나, 국·공유화된 것들입니다. 저들의 주장대로 국·공유기업이란 것이 그렇게 비효율적인 것이라면, 그것들은 아예 창설되지도, 국유화되지도 않았을 것입니다. 어떤 목표를 달성하기 위해서 '비효율적'인 방책을 선택할 이유는 없을 것이니까 말입니다.

또한, 공황이 엄습할 때마다 수많은 사기업들이 쓰러져가고, 국가는 이렇게 쓰러져가는 사기업들 가운데 독점자본을, 특혜적 융자를 통해서든, 국유화를 통해서든, 구제합니다. 이렇게 공황이 엄습할 때마다 수많은 사기업이 파산해가고, 국가가 그것을 구제해야 한다는 사실도, 사실은 공기업이 아니라 사기업이야말로 비효율적임을 입증하는 것 아닙니까?

국·공유기업의 '적자경영'은 공공성 원리에 충실한 결과

저들은 국·공유기업이 '비효율적'이라는 증거로 상당수 국·공유기업의 '적자경영'을 내세웁니다. 예를 들면, "한국의 철도를 보라. 계속 적자를 기록하고 있지 않은가? 국영기업으로 사실상 주인이 없어 비효율적이라서 그렇다. 그러니 '민영화'해야 한다!" — 뭐, 이런 식 말입니다. (참고로, 새삼스러운 얘기지만, '민영화'란 용어 역시 국·공유기업 '사유화'의 본질을 호도하기 위해서 고안된 기만적 용어입니다.)

　아무튼 이렇게 여러 국・공유기업의 '적자경영', 더구나 그 '만성적 적자경영'을 지적하면서 그 '비효율'을 문제 삼으면, 자칫 여러분은 그에 대해 어떻게 대응해야 할지 난감함을 느낄지도 모르겠습니다.

　그러나 국・공유기업의 '적자경영'은 결코 그 '비효율'의 증거나 지표가 아닙니다. 조금 뒤에서 국・공유기업의 역할 및 기능과 관련하여 다시 설명하겠지만, 국・공유기업의 '적자경영'은, 그것이 그 경영과 관련하여, 인민 그리고 그 기업에 종사하는 노동자들의 무권리 상태를 강요한 관료주의의 폐해와 그 부정부패에 의한 것이 아닌 한, 그것은 오히려 그 국・공유기업이, 저들의 거짓 주장과는 정반대로, 바로 그 설립 목적에 충실하게 공공성의 원리에 따라서 '효율적'으로 경영되고 있다는 증거입니다. 사회기반시설을 위시한 본래의 공기업은, 기업 자체의 수익성을 위해서 창립되는 것이 아니라, 공공성을 위해서 창립되는 것이기 때문입니다.

　그리고 만일 어떤 공기업의 적자가 공공성 때문이 아니고 관료주의의 폐해와 그 부정부패에 의한 것이라면, 그 해결은 당연히 그 공기업을 사유화하는 것이 아니라 그 공기업, 그 경영책임자에 대한 인민과 주민, 그리고 그 기업에 종사하는 노동자들의 감시와 통제를 강화하고, 관료주의를 척결하는 것이어야 마땅할 것입니다.

국・공유기업 사유화의 배경

　오늘날 독점자본과 그 국가가 국・공유기업을 사유화하는 것은 결코 그들 기업이 비효율적이거나 적자경영을 하고 있기 때문이 아닙니다. 그것은 오히려 거꾸로 그 기업이 매우 효율적이고 또한 수익성이 있기 때문이거나, 수익성의 전망이 있기 때문입니다.[7]

---

7) 수익성이 있는 국・공유기업이어야 사유화하는 것이지 수익성이 없는 기업은 사유화 할 수 없다는, 독점자본 측의 솔직한 발언 하나를 여기에 소개해봅시다. ― "삼일회계법인은 25일 한국종합전시장(코엑스)에서 교통개발연구원 주최로 열린 '공항운영체계의 개선방향에 관한 공청회'에서 '내년 3월 개항하는 인천국제공항과 김포공항을 비롯한 17개 공항을 모두 민영화하는 데는 국고유상증자분과 공항시설료 인상분 등 모두 3조1500억원이 소요될 것으로 보인다'고 밝혔다. / 삼일회계법인은 이날 내놓은 용역결과 최종보고서 초안에서 '<u>국내 17개 공항의 재무구조나 수익성 등을 검토한 결과, 현</u>

독점자본과 그 국가가 국·공유기업을 사유화하고 있고, 그러한 사유화를 추진하는 것은, 독점자본의 경우 거대한 독점이윤으로 화폐자본은 거대하게 축적되어 있는데, 전반적이고 만성적·항상적인 과잉생산 때문에 기존의 투자분야, 활동분야에서는 '수익성' 있는 투자처를 찾기 어렵기 때문입니다. 독점자본에게는 화폐자본이 넘쳐나지만, 그 화폐자본들을 잉여가치를 착취하는 현실적 자본으로 전화시킬 데가 없는데, 그들 독점자본에 종속되어 있는 국가가, 어떤 배경과 경위에서든, 수익성 있는 기업을 소유·운영하고 있는 상황은 독점자본으로서는 그냥 좌시할 수 없는 상황인 것입니다.

그리하여 수익성 있는 공기업, 혹은 어떤 방식으로든 수익성을 창출할 수 있는 공기업을 독점자본의 새로운 투자처로서 사유화하는 것인데, 거기에 주요한 장애가 있습니다. 사유화에 대한 인민대중과 노동자들의 저항이 바로 그것입니다.8)

상황에서는 <u>운영체계를 어떻게 바꾸든 민영화가 불가능하다</u>'며 '<u>민영화를 위해선 유상증자를 포함한 정부 차원의 지원과 수익 증대 방안이 마련돼야 한다</u>'고 주장했다."(강조는 인용자.) (여현호 기자, "'수익구조 취약 ... 현상태론 불가능'", ≪한겨레≫, 2000. 07. 26.) 즉, **"민영화를 위해선 ... 수익 증대 방안이 마련돼야 한다"**!

8) 뒤에서 보다 상세한 자료를 보게 되겠지만, 예컨대, 개항 후 막대한 '영업이익을 달성'하고 있는 인천국제공항을 사유화시키려는 의도를 공항공사의 노조위원장은 다음과 같이 폭로·규탄하고 있습니다. ─ "정부는 2008년 8월 11일, 공공기관선진화추진계획의 일환으로 '국제 경쟁력 확보를 위해 외국 전문공항운영기업과 전략적 제휴(15%)를 맺는 것을 포함해 인천국제공항공사의 49% 지분을 민간부문에 매각할 것'이라고 공식 발표했다. 인천국제공항공사는 정부의 정책에 따라 매킨지라는 외국 컨설팅업체에 30억 원이란 거금을 들여 인천공항 민영화 용역을 완료했고, 올 2월 기업공개(IPO)를 위해 삼성증권·대우증권·대신증권으로 구성된 매각 주관사를 선정했다. 지난 3월에는 한나라당 박상은 의원의 대표 발의로 인천공항 민영화를 위해 '인천국제공항공사법'과 '항공법'에 대한 법률 개정안이 국회에 상정됐다. ... 인천공항 민영화에 대한 정부의 핵심 논리는 해외 공항전문기업과 전략적 제휴를 통해 국제 경쟁력을 확보하고 허브화 기능을 높이며 민간자본의 유입으로 조직의 효율성을 더 높이겠다는 것이다. 하지만 우리는 정부가 내세운 이런 모든 이유를 도무지 납득할 수가 없다. 인천공항공사는 전 공항운영 인력의 88%가 이미 아웃소싱 되어 있다. 개항 후 현재까지 연평균 11%의 매출 성장과 연평균 18%의 영업이익을 이뤄내며 급성장 중에 있다. 2009년에는 약 4400억 원의 영업이익을 달성했다. 2009년 회계결산 기준으로 인천국제공항공사의 직원 1인당 영업이익은 약 5억1000만 원으로 이는 삼성전자 약 7500만 원, 현대자동차 약 4000만 원, 포스코 약 1억9000만 원 등 우리나라가 낳은 세계적 기업들과 비교해 보아도 손색이 없다. '비효율'이란 말은 인천공항과 거리가 멀다."(강용규 인천국제공항공사노동조합위원장, "인천공항 민영화 정책은 철회해야", ≪한겨레≫, 2010. 9. 16.)

여기에서 그 저항을 누그러뜨리고 돌파하기 위해서 '공기업=비효율적'이라는 거짓 낙인을 찍어대는 것입니다. (독점)자본의 탐욕을 충족시키기 위한 이러한 허위 이데올로기 공세, 모략 이데올로기 공세는 본래의 자본주의 국가들에서의 사유화를 위해서도, 이른바 '체제전환 국가들'에서의 사유화를 위해서도 집요하게 가해지고 있습니다. 그렇다고 해서, 인민대중과 노동자계급의 저항을 전적으로 억누를 수는 없는 것이지만 말입니다.

3) 자본주의적 국·공유기업의 의의와 기능

오늘날 독점자본과 그 국가에 의해서 강행되고 있는 국·공유기업의 사유화를 보다 깊이 이해하기 위해서는 자본주의 국가에서 국·공유기업이 발생하는 배경과 그 기능을 알아야 합니다.

가장 전형적인 국·공유기업은 보통 사회기반시설, 혹은 사회기반산업이라고 부르는 것들입니다. 예를 들면, 철도청이라든가, 도로공사, 한국전력, 그리고 이미 사유화된 한국통신 같은 기업들이 그것입니다. 이외에도 부산이나 인천, 기타의 항만이나 공항 등을 국가가 인민의 세금을 재원과 담보로 해서 건설하고 유지하되, 그 자금이 들고나는 것을 독립적인 회계로 처리하면서, 이를 위해 그 건설·유지기관을 독립 법인화해서 기업형태로 존속시킨다면, 그러한 것들이 바로 국·공유기업이 됩니다.

그런데 이렇게 생각해 봅시다.

현대 그룹의 창업자인 정주영이 세상을 떠나자 서울대학교 경영대학에서 '정주영학'을 강의로 개설하겠다고 설치고 나서서 세상의 조소(嘲笑)를 산 적이 있습니다. 이는 무엇을 의미합니까? 우선, 정주영이나 이병철 같이 거대 기업, 거대 독점자본군(群)을 일으켜 세운 사람들이 오늘날 대학에서까

이렇게 "약 4400억 원의 영업이익", 그리고 갈수록 증대하는 "영업이익", 바로 그것을 독점자본의 것으로 하려는 것이 인천공항공사를 사유화하려는 목적인 것입니다. 그리고 참고로, 인천공항공사가 "전 공항운영 인력의 88%[를] ... 이미 아웃소싱"하며 직접고용과 정규직을 최소화한 것도, "근로기준법 위반, 환경미화원 인권탄압에도 '세계 최고'"("최고 서비스 인천공항!! 근로기준법 위반, 환경미화원 인권탄압에도 '세계 최고'입니다", ≪메아리(중부지역일반노동조합 주간소식지)≫, 2010. 9. 13.)인 것도 모두 물론 애초부터 사유화를 염두에 두고 수익성을 최대화하기 위한 조치입니다.

지 '위인'으로서 숭앙되고 있다는 것, 언필칭 진리를 탐구하는 '지성의 전당'이라는 대학마저 자본주의 사회에서는 그렇게 철저히 속물화된다는 것을 의미합니다.9)

자, 그런데, 정주영이나 이병철 같은 위인들이 아무리 돈 버는 데에 귀신 빰치는 재주를 가졌다고 하더라도, 만일 이 땅에 철도와 도로, 전기, 통신, 항만, 공항 등등의 사회기반시설들이 갖추어져 있지 않다면, 그래도 그들이 저와 같은 거부(巨富)를 이룩할 수 있었겠습니까? 명백히 불가능합니다!

자본주의적 공기업은 사적 기업의 이익을 위한 것

바로 그 점입니다. 자본주의 사회에서 철도, 도로, 전기, 통신, 공항, 항만, 상·하수도 등과 같은 사회기반시설들은 바로 사적 자본의 영리활동, 축적활동을 위해서 건설되고, 존재하는 것입니다.

이들 기반시설 가운데 일부는 역사적이고 구체적인 조건의 여하에 따라서는 사적 자본에 의해서 창설되고 운영될 수도 있습니다. 예를 들면, 영국이나 미국 등 자본주의 선진국에서 철도나 통신 시설 등은 애초에는 사적 자본에 의해서 건설되기 시작했습니다. 보다 광범하고도 효율적인 철도망, 통신망 등이 필요하게 되면서 나중에 대부분 국유화되고, 그리하여 국고, 즉 주민의 세금을 재원과 담보로 하여 크게 확장되긴 했지만 말입니다.

아무튼 이러한 사회기반산업들이 국·공유기업의 형태로 창설·운영되

---

9) 현대 부르주아 학자들이라는 게 대개가 속물들이지만, '경영학'이란 성격상 자본의 착취기술학이라서 그런지 몰라도 경영학자들이야말로 특히 더 속물적인 것 같습니다. 2013년 봄엔 박정희의 딸 박근혜가 대통령이 되어 '창조경제' 운운하자 김병도 서울대 경영대학장님께서 기회를 놓치지 않고 "창조경영학과를 신설하겠다"며 나서시는 바람에 역시 유쾌한 조소를 사기도 했지 않습니까? 학생들의 재담 하나. — "그러면 기존의 경영학과는 진화경영학과란 말이냐?!"

학계 이야기는 아닙니다만, 2023년 5월 말에는 '국민(!)의힘' 소속의 김두겸 울산시장님께서, 시 재정 250억 원을 들여 연면적 약 4만m²의 야산에 20m 높이의 기단을 쌓고 그 위에 30-40m 높이의 이병철·정주영 흉상을 만들어 울산의 대표적인 관광지로 키우겠다고 발표하여 인민대중에게 더없는 즐거움을 주고 있는데, 건설노동자들을 '건폭'(건설폭력배)으로 몰아붙이고 노동자들의 집회와 시위는 폭력적으로 탄압하는 등, 노동자계급과는 잔혹한 전쟁을 벌이고, 재벌을 위시한 자본과는 각별히 따스함을 나누고 있는 윤석열 정부의 통치 기조와도 일맥상통하는 발상 아니겠습니까?

고 있다면, 그러한 국·공유기업은, 다름 아니라, 기본적으로 자본주의적 사적 기업의 연장선상에서 이들 사적 기업들이 잉여가치 착취활동과 축적을 원만히 수행할 수 있도록 하는 물질적 조건을 충족시키기 위해서 존재하는 것입니다. 그리고 바로 그 때문에, 즉 그들 국·공유기업은, 자신의 수익성 즉, 같은 말이지만, 자신의 증식과 축적을 위해서가 아니라, 사적 자본들의 수익성, 그 증식과 축적을 위해서 존재하고 있기 때문에, 그들 국·공유기업의 운영원리는 사적 기업들의 그것과는 판이하게 다르게 됩니다.

사적 기업들이 수익성의 원리에 입각해서 운영된다면, 이들 국·공유기업은 '공공성'의 원리에 입각해서 운영되는 것입니다.

공공성의 의미

공공성이란 기업 운영의 성과가 그 기업 자신의 것으로 귀속되는 대신에 사적 기업 일반의 이익으로 귀속되는 것을 의미합니다. 다시 말하면, 공기업, 즉 국·공유기업의 '공공성'은, 그 해당 기업이 영업이익을 내는 것이 아니라, 그것을 희생으로 사적 기업들의 이윤 창출·증대에 기여하는 것입니다. 따라서, 공기업이 적자를 내고 있다는 것은, 앞에서 말한 것처럼, 그것이 관료주의나 부정부패에 의한 것이 아니라 정상적인 운영의 결과인 한, 그 공기업이 공공성의 원리에 충실하다는 뜻이 됩니다. 국가가 어떤 공공사업을 기업화하지 않고 일방적으로 비용만을 지출하는 경우, 예컨대, 전적으로 국가나 지방자치단체의 재정에서 비용을 충당하면서 절대적으로 아무런 수익을 거두지 않는 일반국도나 지방도로 등의 경우, 그 공공성이 다른 어떤 경우보다도 높은 것도 바로 그 때문입니다.

철도를 예로 들자면, 지금 신자유주의자들은 철도가 국유화되어 있기 때문에 비효율적이고 많은 적자를 내고 있다며, 철도의 '민영화', 즉 사유화를 주장하면서, 주지하는 것처럼, 사실상 그 수순을 밟아가고 있습니다. 그 대표적 수순의 하나는 임금 지급액을 줄여 수익성을 높이려는 강도 높은 구조조정, 즉 인원 감축이고, 다른 하나는 철도청으로부터 '한국철도시설공단'과 '한국철도공사'로의 개편, 그리고 사실상 반(半)공영-반(半)민영의 SRT 노선이 그것입니다. 모두 철도 운영의 사유화를 위한 꼼수, 사전작업이지요.

그런데 철도시설공단이 시설의 사용료를 높게 책정하고, 철도공사가 철도의 여객과 화물의 운송료를 아주 높게 책정한다고 가정해 봅시다. 그렇게 되면, 필시 철도시설공단이나 철도공사 자신은 높은 수익을 올리겠지만, 사적 자본들에게는 커다란 부담으로 되면서 그만큼 자본축적에 애로로 작용할 것입니다. 그리고 그렇게 된다면, 철도가 그만큼 '공공성'의 원리에 입각해서 운영되지 못하는 것이 됩니다.

지금 철도가 '적자'를 내고 있는 것은 바로 그 공공성 때문입니다. 철도의 적자는 기존의 철도 건설 부채와 그에 대한 이자 지불 때문이 아니냐고 하실 분이 있을지 모르겠습니다. 맞습니다. 그러나 그 역시 마찬가지의 얘기입니다. 그도 역시, 산술적으로만 말하자면, 화물과 여객의 운임을 올려서, 즉 수익성을 높여서 상환해간다면, 능히 해결할 수 있는 문제일 터이니까 말입니다. 결국 철도가 적자를 기록하고 있는 것은 그 여객 및 화물 운임을 싸게 책정함으로써 철도 운영의 이익이 철도시설공단이나 철도공사 자신이 아니라 여러 사적 자본들에게 두루 돌아가도록 하고 있기 때문일 뿐입니다.

바로 철도의 '공공성'이라는 자기 목적에 충실한 결과로 '적자'를 기록하고 있는 것이며, 그 때문에, 예컨대, 국가나 지방자치단체가 일반국도나 지방도를 건설하고 유지·관리하는 비용은 당연한 것으로 여기면서도, 사실상 동일한 공공성 때문에 발생하는 철도의 '적자'를 '적자'라고 규정하는 것 자체가 사실은 어폐가 있는 것입니다. 이는, 지하철의 경우도 마찬가지이고, 수도, 전기, 가스, 통신, 기타 사회기반시설에 해당하는 공기업의 경우가 모두 마찬가지입니다. 그리하여, 예컨대, 오늘날 통신산업이 사유화되어 여러 통신 독점자본들이 떼돈을 버는 이면에서 수많은 노동자·민중의 가계가 고액의 통신비로 고통 받고 있는 현실을 직시하지 않으면 안 될 것입니다.

일반국도나 지방도의 건설과 유지·관리를 위한 비용이 아무런 조건 없이 국가나 지방자치단체의 재정에서 지출되는 것처럼, 사실 철도나 지하철 등 사회기반시설의 운영에서 발생하는 '적자'는 마땅히 국가의 재정에서 보전되어야 하는 것입니다. 그리고 실제로 신자유주의자들이 발호하기 전에는 그렇게 보전하는 것이 당연한 것으로 여겨졌습니다.

여기서 참고로, "값싼 화물운임이야 사적 자본의 이익으로 되겠지만, 여객 운임은 무슨 상관이 있는가" 하는 의문이 들지도 모르겠습니다.

그렇다면, '임금이란 무엇인지', 그리고 '임금과 이윤과의 관계는 무엇인지'를 다시 한번 상기해 보시기 바랍니다.

임금이란 노동력의 재생산비, 그러니까 노동자 가족의 생활비 아닙니까? 그런데, 철도나 지하철, 전기, 가스, 수도, 통신 등 이른바 '공공요금'이 비싸다면, 노동자 가족의 생활비는 그만큼 많이 들게 되고, 따라서 임금 또한 그만큼 올라가지 않으면 안 됩니다. 그리고 그렇게 되면, 그리고 다른 조건이 일정하다면, 그만큼 자본의 이윤이 줄어들게 됩니다.[10]

바로 그렇게 때문에 철도 등 공공요금, 즉 국·공유기업이 제공하는 상품 및 서비스의 가격이 싼 것은 결국 자본의 이익으로 되는 것입니다.

아무튼 이렇게 국·공유기업의 '적자'는, 그 비효율성의 표현이 아니라, 사실은 그들 국·공유기업이 그 설립 혹은 창설의 목적인 '공공의 이익을 위해서' 아주 충실하게 운영되고 있다는 뜻입니다.

4) 발생 배경·원인에 의한 공기업의 두 유형과 그 사유화

지금까지는 주로 사회기반산업에 해당하는 공기업을 중심으로 얘기했지만, 사실 공기업에는 그 발생 배경, 혹은 발생 원인에 따라서 크게 두 개의 유형이 존재합니다. 하나는 지금까지 언급해온 사회기반시설에 해당하는 것들이고, 다른 하나는 그 경제적·사회적 역할에서는 여타의 사적 기업들과 구별되지 않는 것들로서, 공황에 의한 파산으로부터 그것들을 구제하기 위하여 공기업화된 것들입니다.

(1) 사회기반시설의 국유화와 사유화

대부분의 자본주의 국가에서 철도나 도시 지하철, 전기, 통신, 수도, 수리사업 등 사회기반시설(소위 사회간접자본 혹은 SOC라고 불리는 것)에 해당하는 부분은 국가나 지방자치단체에 의해서, 즉 공기업의 형태로 운영됩니다. 이들 산업도 초기에는 많은 경우 사적 자본에 의해서 운영되었지만, 19세기 마지막 4/4분기와 20세기를 거치면서 대부분 국유화, 혹은 공영화되었습니다.

---

10) 물론 현실적으로는 노동자나 그 가계가 받는 모든 압력이 자본에 전가되는 대신에 그 일부는 노동자계급의 생활수준 일반을 압박하는 것으로 작용하게 될 것입니다.

이는 자본주의적 생산력이 거대하게 발전하고 독점자본화가 진행된 결과, "생산수단이나 교통통신수단이 주식회사의 지배로는 **현실적으로** 감당할 수 없을 정도로 성장하고, 따라서 국유화가 **경제적으로** 불가피해졌기" 때문이며, "공황이, 부르주아지에게는 더 이상 근대적 생산력을 관리할 능력이 없음을 폭로했기" 때문입니다.11) 실로, 이들 산업부문에서는 사적 자본으로서는 감당하기 어려울 정도로 거대한 자금이 소요되었지만, 그렇게 소요되는 자본에 비해서 그 수익성은 기대하기 어려웠기 때문에 국가가 이를 인수하지 않으면 안 되었던 것입니다.

　하지만, 자본주의는 무척 역동적이고 변화무쌍한 생산체제이자 사회체제입니다. 그리하여 산업구조 및 사회구조의 변화로 이전에는 전혀 혹은 거의 수익성이 없던 산업 혹은 기업이 굉장히 수익성이 높은 그것으로 바뀌는 경우가 허다합니다.

　예컨대, 통신산업 같은 경우 광범위한 지역에 전선망을 깔아야 하는 등 거대한 자금이 소요되지만, 자본 일반의 이익을 위해서는 정책적으로 그 이용료를 낮게 책정해야 한다는 공공의 필요 때문에 예전에는 좀처럼 수익을 내기 어려웠습니다. 그런데 근래 수십 년 사이에 과학기술이 비약적으로 발전함으로써 아주 낮은 비용으로 각종의 통신 서비스를 제공할 수 있게 되었을 뿐만 아니라, 통신에 대한 수요가 폭증하여 통신산업은 속된 말로 '황금알을 낳는 산업'으로 바뀌어 있지 않습니까?

　다른 한편에서 자본주의는, 지금 거대 독점자본이 지배하는 '독점자본주의'의 시대도 농숙(濃熟)할 대로 농숙해서 자본의 항상적인 과잉 시대에 있습니다. 거대하게 축적된 독점자본들이 수익성 있는 투자처를 찾지 못하고 세계 각지를 떠돌면서 미친 듯이 투기를 벌이고 있는 시대, 항상적이고 만성적인 과잉생산으로 전반적인 위기가 한층 더 심화되어 있는 그러한 시대인 것입니다.

　그런데 국가나 지방자치단체가 '황금알을 낳는 산업'을 쥐고 있다? 독점자본은 당연히 그 국・공유기업들을 자신의 것으로 하고 싶은 욕망을 불태우게 되고, 그리하여 자신들의 종복・종비(從僕・從婢)이자 나팔수인 대학

---

11) F. 엥엘스, ≪공상에서 과학으로 사회주의의 발전≫, *MEW*, Bd. 19, S. 221; ≪반뒤링론≫, *MEW*, Bd. 20, S. 259.

의 강단이나 언론, 문화계, 그리고 소위 씽크탱크라는 각종 연구단체들에 속한 지식인들을 동원, 그 탐욕을 충족시키기 위한 각종의 요설(妖舌)을 생산해냅니다. 국·공유기업의 '민영화', 즉 사유화를 요구하고 합리화하는 주장들을 생산하고 선전해대는 것입니다.

사유화 대상은 수익성 있는 공기업

여기에서 중요한 것 하나. ─ 독점자본과 신자유주의자들은 국·공유기업은 비효율적이며, 그 때문에 '민영화', 즉 사유화되어야 한다고 떠벌리지만, 실제로는 모든 국·공유기업이 사유화의 대상이 되는 것이 아닙니다. 오직 수익성이 있고, 수익성이 보장되는 공기업들만이 사유화되고, 사유화의 대상이 됩니다.

가장 전형적인 예가 바로 통신사업입니다. 방금 전에도 말씀드렸듯이, 과거에는 거액의 자금이 소요되면서도 전혀 혹은 거의 수익성이 보장되지 않던 통신사업이 이제는 속된 말로 '황금알을 낳는 사업'으로 바뀌어 있고, 바로 그 때문에 이것이 다른 어떤 사업보다도 우선적인 사유화의 대상이 되어 온 것입니다.

이렇게 수익성이 보장되는 사업이나 기업만이 사유화 대상으로 되는 것이 국·공유기업 사유화의 본 모습입니다.

그런데도, 공기업의 사유화를 비판·반대하는 소위 '진보적' 인사·언론 중에는 그 사유화를 비판·반대하면서, 수익성이라는 그 사유화의 진정한 배경·원인을 폭로하는 대신에, 저들 사유화론자들의 허위주장을 그대로 되뇌는 경우가 적지 않습니다. 2008년 8월 11일에 이명박 정부가 소위 "공기업 선진화 방안 1단계"라는 것을 발표하면서 인천공항공사를 "민영화 대상 공기업"에 포함시킨 것을 두고, '이는 대통령 이명박의 조카(대통령 이명박의 친형인 국회의원 이상득의 아들) 관련 회사의 이권을 위한 것이 아닌가' 하는 의혹을 제기한 기사 중의 다음과 같은 대목도 그 전형적인 예입니다.

> 인천공항공사가 민영화 대상 기업으로 선정된 배경은 여전히 의문투성이다. 보통 민영화는 수익이 낮음에도 과도한 인력으로 방만 경영을 해 경쟁력이 떨어지는 공기업들을 대상으로 한다. 하지만 인천공항공사는 △수

익성 △인력구조 △경쟁력 등을 놓고 봤을 때 민영화할 경우 오히려 경쟁력을 떨어뜨리게 될 것이라는 지적이 높다.12)

"민영화는 수익이 낮음에도 과도한 인력으로 방만 경영을 해 경쟁력이 떨어지는 공기업들을 대상으로 한다"? ― 공기업 사유화론자들의 기만적 주장을 그대로, 아니 어느 보수적 논객보다도 위력적으로 선전해주고 있지 않습니까? 그런데 이 기사는 다음과 같이 이어지고 있습니다.

> 수익성의 경우, 인천공항공사는 2004년부터 손익분기점을 넘어섰고 영업이익률이 47.4%에 이른다. 지난해는 매출 9,714억 원을 올려 영업이익이 4,606억 원, 당기순이익이 2,701억 원에 이르렀다. 인력구조를 따져보면 더욱 의아하다. 인천공항공사는 전체 인력의 87%에 이르는 6천여 명을 38개 기업에 아웃소싱하고 있다. 매출이 1조 원에 이르지만 직원은 지난해 말 기준 869명에 그친다. 경쟁력을 놓고 봐도, 인천공항공사는 국제공항협회 서비스 평가에서 3년 연속 세계 최우수 공항으로 선정됐다. 인천공항의 짭짤한 매력 때문에 한-미 자유무역협정(FTA) 협상 당시 미국 쪽은 인천공항공사 개방을 요구하기도 했다.

더욱이 같은 기사에 의하면, "인천공항공사는 지난해[2007년] 법인세 782억 원, 배당금 362억 원 등 모두 1,144억 원을 정부에 넘겨줬다"고 합니다. 바로 그렇습니다. 다름 아니라 "수익성"에서도 "인력구조를 따져(봐도)", 그리고 "경쟁력을 놓고 봐도" 바로 이러한 "짭짤한 매력 때문에", 이명박 정부도, "미국 쪽"도 그것을 탐내는 것이고, 그리하여 "선진화"니 "개방"이니 하는 기만적 언술로 그 사유화를 요구·추진하는 것입니다.13)

---

12) 정혁준 기자, "인천공항공사, 조카를 위해 준비했다?", ≪한겨레 21≫ 제724호, 2008. 8. 18.

13) 철도의 사유화를 반대하는 한 기자가, "징해요 징해, 국토부의 철도민영화 꼼수"라고 비명을 지르며 그 저지를 다짐할 만큼(노현웅 기자, "징해요 징해, 국토부의 철도민영화 꼼수", ≪한겨레≫, 2013. 6. 1.), 이명박 정부와 박근혜 정부가 '수서발 KTX 운행권(運行權)'을 사유화하기 위해서 온갖 꼼수를 다 쓰고 있는 것도 바로 KTX, 특히 서울-부산 간을 운행하는 KTX가 거대한 흑자를 기록하고 있기 때문입니다. 덧붙여 얘기하면, 수서발 고속철도는, 주지하는 바와 같이, 그 운영 주체가 2014년에 '반공반민(半公半民)'의 '수서고속철도(주)'로 설립되어 2015년에 'SR'로 개명된 후, 2016년 12월에 개통되어 경부고속철도와 호남선을 운행하고 있습니다.

그런데, 사유화의 이유, 그 민낯을 사실 그대로 까발려서, — "사적 자본들의 자본축적 활동에 필수적인 산업인데, 과거에는 수익성도 없었고 또 개별자본들이 그것을 감당하기에는 너무나 규모가 컸었기 때문에 인민의 세금을 재원과 담보로 삼아, 국·공유기업으로 창설·운영해 왔지만, 이제 수익성이 보장되고 개별자본들도 거대 독점자본으로 성장했으므로 그것들을 이제 우리 독점자본들에게 사유화시켜야 한다"고 말한다면, 인민대중은 어떤 반응을 보이겠습니까?

분명, "그래, 맞아, 맞아! 이제 큰 돈벌이가 되니까 재벌 등 독점자본들한테 넘겨줘야 돼! 아무렴, 축하할 일이야! 축하할 일!" 하고 쌍수를 들고 환영해 마지않겠지요?

농담이 지나쳤나요? 필경, "안 돼, 이 날도둑놈들아! 국민의 피땀으로 키운 국민의 재산을 왜 너희들이 털도 안 뽑고 날로 먹으려고 들어? 절대 안 돼, 절대 안 돼!" 하며, 두 눈에 불을 켜고 반대하고 나설 것입니다. 교수니, 박사니, 연구원이니, 논설위원이니, 사회원로니 하는 명패를 이마에 붙이고 가장 품위와 지성을 갖춘 척 거들먹거리는, 한줌도 안 되는, 독점자본의 이데올로그들과, 푼돈 공작자금에 노예근성이 골수에까지 든, 그들의 맹목적인 추종자들·지지자들을 제외하고는, 대부분의 인민대중이 분명 그렇게 떨쳐 일어날 것입니다.

바로 그 때문에 저들은 "국·공유기업은 효율성이 없다"는 등, 거짓 낙인을 찍으면서 사유화를 주장하는 것입니다.

참고로, 인천공항공사를 사유화시켰을 때 그 공공성은 어떤 영향을 받을 것인가를 봅시다. 위 ≪한겨레 21≫의 기사는 이렇게 말하고 있습니다.

> 민영화한 공항에서 공통적으로 드러나는 특징은 여객 이용료 등 서비스 비용이 큰 폭으로 오른다는 점이다. 민영화한 대표적인 공항은 오스트레일리아의 시드니 공항과 영국의 히드로 공항이다. 시드니 공항은 2002년, 히드로 공항은 2006년 민영화됐는데 여객 이용료를 각각 6-7배, 4-5배 올렸다. 게다가 서비스 질은 오히려 떨어진다. 히드로 공항은 민영화 이듬해인 2007년 영국의 항공 관련 컨설팅 기관 '스카이트랙스'(Skytrax)의 서비스 평가에서 45위에서 103위로 떨어졌다.

바로, 기업의 공공성과 수익성은 서로 반비례하고 있는 것입니다.

국가에 의한 독점자본의 수익성 보장

그런데 눈치 빠른 사람은 지금 뭔가 이상하다고 생각할 것입니다.— 예컨대, "철도를 보자. 계속 적자가 아닌가? 앞으로도 흑자가 날 가능성도 별로 없는 것 같고 … 그런데도 국가와 독점자본은 집요하게 그 '민영화'를 꾀하고 있지 않은가" 하고 말입니다.

네, 그렇습니다. 철도를 보면, 특급열차 KTX를 제외하면, 지금 적자 중이고, 앞으로도 흑자로 전환될 가능성도 별로 없어 보입니다.14) 그런데도 독점자본의 국가는 집요하게 '민영화', 즉 사유화를 추진하고 있습니다.

그렇다면, 얘기의 앞뒤가 맞지 않지 않은가?

언뜻 들으면 그렇게 들립니다. 하지만, 제가 "수익성이 있는 공기업만이"라고 표현하는 대신에 "수익성이 있고, 수익성이 보장되는 공기업만이" 사유화의 대상으로 된다고 말씀드렸던 것을 상기하시기 바랍니다.

현대 산업에서 철도는 가장 기본적이고 필수적인 사회기반시설 중의 하나입니다. 그런데 부르주아지가 그것을 사적으로 관리할 능력을 상실했기 때문에 국가가 그것을 떠맡아 운영하고 키워왔던 것인데, 이제는 그 소유권을 독점자본가들의 수중에 몰아주고, 철도는 필수적·공공적 사회기반시설이라는 명분을 들어, 국가가 재정지원을 통해서 운영상의 적자를 보전할 뿐 아니라 수익성 또한 보장하려는 것이 철도 등을 사유화하려는 국가와 독점자본의 계획·의도입니다. 독점자본의 입장에서는 "어떻게 가든, 서울만 가면 그만"인 것이니까요.

실제로, 철도노동자들을 위시한 대중의 광범한 저항과 반대로 현실화되지는 못했지만 기왕에 철도의 '민영화'를 추진하면서 제출되었던 관련 법안이나 그 시안들엔 모두, '공공성'을 이유로, 운영상 발생하는 적자에 대한 정부

---

14) 앞의 각주에서 지적하고 있는 것처럼, 특급열차인 KTX가 거대한 흑자를 기록하고 있어 이명박·박근혜 정부가 이 KTX 운행권을 사유화하려고 대들었고, 그 부분적 '성과'로 서울 강남의 수서역을 시발·종착역으로 하는 특급열차 SRT를 철도공사로부터 분리하여 '반공반민'으로 소유·운행하고 있으며, 철도 운행권의 사유화는 그 훨씬 이전부터 추진해왔고, 또한 정치적 상황만 허락한다면 언제라도 '적자를 내고 있는 철도 운행권 전체'의 사유화도 단행할 태세임을 상기하시기 바랍니다.

보조금에 관한 사항들, 정부가 그 적자를 보전하고 일정한 수익을 보장한다는 조항들이 노골적으로 들어 있습니다. 철도가 국유로 있는 동안은 바로 국유이기 때문에 적자를 낸다고 비난하다가도 사유화시킨 후에는 철도의 '공공성'을 들먹이면서 국가 보조금을 요구하고, 보장하는 것입니다. 그러한 방법으로 수익을 만들어 내고 보장하는 것입니다.

그 행태들이 너무나도 지나치다고 생각했던지, 공기업의 '민영화'를 강력히 주장하는 극우 ≪조선일보≫조차 2008년 9월 11일자의 "사설"에서 다음과 같이 개탄하고 있습니다.

> 민자(民資)로 지은 인천공항철도의 1단계 인천공항-김포공항 구간이 작년 3월 개통됐다. 김포공항-서울역의 2단계 구간은 2010년 개통된다. 인천공항철도는 당초 하루 이용객이 21만 명에 이를 것이라고 했지만 실제는 1만3000명밖에 안 됐다. 작년 수입도 71억 원에 그쳐 예상 수입 1151억 원의 10분의 1에도 못 미쳤다. 정부는 수입이 예상치의 90%를 밑돌면 차액을 보전해주기로 한 협약에 따라 민자사업자에게 955억 원을 지원했다. 2단계 구간 개통 후에도 한 해 2000억-3000억 원씩 적자를 메워줘야 할 형편이다. 급기야 정부가 인천공항철도 운영권을 민자사업자로부터 사들이는 방안을 추진 중이라고 한다. 매입 금액은 3조 원으로 예상된다.
>
> 2001년 개통된 인천공항고속도로도 하루 통행 차량이 6만-7만 대로, 예상치 12만 대의 절반에 불과하다. 2002-2006년 국민세금 4967억 원이 이 고속도로의 사업자 적자를 메워주는 데 쓰였다. 인천공항 하루 입·출국자가 8만5000명밖에 안 되는데 인천공항철도는 이용객을 21만 명, 공항고속도로는 이용차량을 12만 대로 계산해 정부와 사업자 간 '적자보전 협약'이 체결됐다. 1999년 민간투자법이 시행된 이래 천안-논산고속도로, 우면산터널, 미시령터널 등 곳곳의 민자 사업에서 이런 일이 벌어지고 있다.
>
> 민자사업자 입장에선 적자를 정부가 메워주기 때문에 예상 통행량을 최대한 부풀리려 하는 게 당연하다. 문제는 관련부처 공무원과 공공투자 분석 전문가들이 뻔히 보이는 뻥튀기 수요예측을 걸러내지 못한다는 점이다. 실력이 없는 것인지 업자 로비에 넘어가는 것인지 알 수가 없다.[15] 도로·

---

15) 다음과 같은 기사는, "관련부처 공무원과 공공투자 분석 전문가들이 뻔히 보이는 뻥튀기 수요예측을 걸러내지 못"하는 이유가 과연 "실력이 없는 것인지 업자 로비에 넘어가는 것인지" 둘 중 어느 쪽인지 짐작할 수 있게 해줄 것입니다. ― "지방자치단체와 산하 공기업의 각종 개발 사업 추진 과정에선 고위 간부들이 시공 업체에 특혜를 주는

철도 사업자, 관련 공무원, 교통관련 상임위 국회의원, 타당성 분석 전문가 사이 유착관계를 놓고 '도로 마피아'니 'SOC 마피아'니 하는 말까지 나온다. 불쌍한 국민들만 피 같은 세금으로 마피아나 다름없는 사람들의 주머니를 채워주고 있다.16)

순전히 형식적으로만 말하자면, 인천공항철도 등 위에서 지적되고 있는 시설들은 '공기업'이 '민영화'된 것은 아닙니다. 하지만, 주지하는 것처럼, 그 것들은 모두 신자유주의적인 '민영화' 노선에 따라서 '민자'로 건설된 것들입니다. 그 때문에 동일한 문제의식에서 바라볼 수 있는데, 이것들은 모두, 다름 아니라, 국가와 독점자본이 사유화된 사회기반산업의 엄청난 '수익성'을 어떻게 만들어내고 보장하는가 하는 가장 전형적인 실례(實例)들입니다. 실제의 적자, 즉 사업수입과 비용 간의 격차 및 그 비용에 대한, 그것이 얼마였든지 간에, '적절한'(?) 률의 수익을 보장하는 것에 그치지 않고, 극우 ≪조

대가로 뒷돈을 받아 챙기는 경우가 허다하다. 지자체와 민간 업체 간의 이 같은 비리 구조는 지방재정을 더욱 악화시키는 요인이 되고 있다. / 이정문 전 용인 시장은 민자(民資) 사업인 용인 경전철 건설 과정에서 ... 1만 달러를 받은 혐의로 지난 2월 징역 1년을 선고받았다. 승객 부족으로 애물단지가 된 용인 경전철 사업이 시장의 사복(私腹)을 채우는 데까지 이용된 것이다. / 또 용인도시공사 전 사장 최모(58)씨와 이사회 전 의장 강모(55)씨는 지난달 138만㎡ 규모의 덕성산업단지 조성 사업 과정에서 특정 업체가 우선협상대상자로 선정되도록 해주는 대가로 각각 3000만 원과 3300만 원을 받은 혐의로 구속 기소됐다. 용인도시공사의 부채는 5544억 원에 달한다. / 부산도시공사 2급 간부인 김모(55)씨는 지난 1월 750억 원대 부산 하수오니(하수 슬러지) 처리 시설 시공 업체 선정 과정에서 대우건설의 컨소시엄이 1순위가 될 수 있도록 설계평가를 유리하게 해주는 대가로 4000만 원을 받아 법정 구속됐다. 부산도시공사의 부채는 작년 말 2조 4708억원이다. 임성훈 나주시장은 지난 3월 민자로 산업단지를 개발하면서 나주시가 상환 책임을 지고 개발 자금 2500억 원을 대출받아 민간 업체에 넘겨주는 대가로 30억원의 저리 자금을 빌려 쓴 혐의로 불구속 기소됐다. / 전남개발공사의 사업단장과 개발팀장 등은 작년 말 4400억 원 규모의 해양 레저 관광단지 조성 사업 과정에서 시공사인 S건설로부터 골프와 술자리 등 350만 원대 향응을 받아 직위 해제됐다."("업체에 특혜 주고 뒷돈 ... 개발사업 비리로 재정난 가중", ≪조선일보≫, 2013. 6. 4.); 드러난 것, 드러나고 있는 것은 말 그대로 '빙산의 일각'이라는 사실도 물론 잊어서는 안 될 것입니다. 하기야, 위로는 대통령이나 장관, 국회의원이나 도지사 등으로부터 아래로는 지방자치단체 의원들까지 서로 못 해먹어 아우성치는 것도, '사회에, 혹은 국가와 민족에 봉사하겠다'는 선의의 소수 돈키호테들을 제외하면, 바로 그런 재미들을 노리고서이겠지만!

16) [사설] 민자(民資)사업으로 국민 등쳐온 'SOC 마피아'들", ≪조선일보≫, 2008. 9. 11.

선일보≫조차 개탄할 만큼 사실상 "최대한 부풀려진" '예상수입'을 보전해주고 있다는 점도 주목해야 할 것입니다.

≪한겨레≫도 이렇게 쓰고 있습니다.

> 서울 서초구 우면산 도로와 예술의 전당을 잇는 우면산 터널은 주변 도로가 극심한 정체에 시달리는 출퇴근 시간에도 절대로 차가 밀리지 않는다. 비싼 통행료 탓이다. 반면, 건설 단계에서 최소수입 보장을 약속한 서울시는 이 터널을 뚫는 데 참여한 민간자본에 매년 70-100억 원씩 보전해주고 있다. 서울시는 2033년까지 모두 3천억 원을 쏟아부어야 한다.
> 국토부도 사정은 다르지 않다. 인천공항 고속도로와 천안-논산 고속도로, 대구-부산 고속도로, 인천공항철도를 운영하는 민간자본의 운영 적자를 보전해주기 위해 올 한 해에만 3천억 원을 써야 한다. … 특히 4조 원 이상이 들어간 인천공항철도의 경우엔 … 개통된 지 1년 6개월이 지났지만 하루 이용객은 1만 6천 명 정도로, 애초 예상치인 22만 명의 7.3%에 불과하다. 윤두한 한나라당 의원은 "정부가 지난해 손실분 1090억 원을 혈세로 메워야 할 판"이라고 탄식했다. 지난해 기준으로 이런 민자사업은 전국적으로 146곳이 추진됐는데, 조금씩 사정은 다르지만 이 가운데 절반 정도가 이런 식으로 혈세를 낭비하고 있는 것으로 추정된다.
> 민자도로가 혈세를 빨아들이는 '블랙홀'로 악명을 떨치기 시작한 것은 1999년 4월 … "안정된 수입을 보장하라"는 건설업계의 요구를 정부가 수용하면서 '재앙'이 시작됐다. 당시 정부는 통행료 수입이 추정치보다 적을 때, 이의 80-90%까지 보전해준다는 '최소운영수입 보장제도'를 도입했다. 하지만 이 제도는 당장 실적을 내고 싶은 정부·자치단체, 대규모 토목공사로 돈을 벌고 싶은 건설사, 정부가 보장하는 안정적인 수입을 노린 민간자본을 모두 만족시켰다. 공사를 진행하고 싶은 이들은 통행량을 산출하는 데 필요한 '예상 인구', '향후 경제 상황' 등을 부풀렸다. … 피해는 고스란히 혈세를 내는 국민과 비싼 도로를 이용하는 운전자들에게로 돌아가는 것이다.17)

몇몇 예를 더 들어 봅시다.

민자(民資) 사업은 지방자치단체 재정 부실화의 큰 요인 중 하나다. 민

---

17) 석진환·송경화 기자, "'민자 도로' 통행량 예측 부풀린 뒤 세금으로 메워", ≪한겨레≫, 2008. 9. 20.; 참고로, 기사에서 "1999년 4월 … '안정된 수입을 보장하라'는 건설업계의 요구를 <u>정부가 수용하면서</u> '재앙'이 시작됐다"고 하는 그 정부는, 김대중 정부(국무총리는 김종필)였음도 지적해둬야겠군요.

자 사업으로 인해 지자체들이 갚아야 할 돈은 작년 말 기준으로 최소 26조 9893억원에 이른다. 지자체 직접 부채(27조 1252억 원)와 맞먹는 규모다. 2013년부터 2028년까지 16년간 지자체들이 갚아야 하는 빚은 매년 1조원을 훌쩍 넘는다. …

◇ 관람객 없는 공연장에 매년 82억 빚 갚아

지난 2010년 11월 문을 연 경주 예술의전당은 … 민간이 짓고 지자체가 임대해 사용하는 임대형 민간투자사업(BTL)으로 건립됐다. 삼성중공업 등 8개 기업이 723억여 원을 들여 지었고 경주시는 20년간 임대료와 운영비 명목으로 매년 82억 5000만원씩 총 1848억여 원을 갚기로 했다. 올해 경주시 예산(1조 920억 원) 중 임금·시설비 등 경상 경비를 제외한 가용 예산이 500억 원 정도인 점을 감안하면 엄청난 부담인 것이다. …

◇ 민자 터널은 '돈 먹는 하마'

2002-2005년 민자로 건설된 인천 문학·원적산·만월산 등 3개의 터널은 '돈 먹는 하마'로 불린다. 인천시는 수익형 민간투자사업(BTO)으로 터널을 만들 때 통행량이 목표치에 못 미치면 30년간 목표 수입액과 실제 수입액 간 차이의 90%를 메워주기로 했다. 그런데 작년 실제 통행량은 문학터널이 예상치의 62%, 원적산·만월산은 각각 31%와 37%에 그쳤다. 인천시는 그간 3개 터널 운영사에 매년 수백억 원씩을 물어줬고, 올해도 200여억 원을 줘야 한다. …

경기도도 지난 2008년 민자 사업으로 만든 일산대교로 골치를 앓고 있다. 2038년까지 실제 수입이 예상치의 76.6-88%보다 낮으면 차액을 보전해 주기로 했는데, 실제 수입이 예상치의 50-60% 수준에 머물고 있다. 경기도는 2009년 52억 4000만 원, 2010년 46억 2400만 원, 2011년 35억 9700만 원을 운영업체에 지급했다.[18]

대표적인 외국계 민자사업자인 맥쿼리한국인프라투융자(맥쿼리인프라)가 이르면 이달 말 서울 지하철 9호선 사업에서 철수할 것으로 보인다. 이는 서울시에서 민자사업자가 철수하는 첫 사례로, 그동안 최소운영수입보장제(MRG)에 따라 일정한 이윤을 보장해 준 탓에 시 재정에 부담이 컸다. …

앞서 맥쿼리 등은 지하철 9호선의 총공사비 3조5688억원 가운데 6631억원을 투자하는 데 불과했으나, 승객이 예상보다 적더라도 일정한 수익률을 보장해주는 최소운영수입보장 조건에 따라 서울시는 매년 수백억원을 맥쿼리 쪽에 건네줘야 했다. 이렇게 맥쿼리 등이 챙긴 돈은 2010년 131억

---

[18] 특별취재팀, "돈 안든다며 마구 민자사업 … 지자체, 년1조 '할부금' 내야", ≪조선일보≫, 2013. 6. 4.

원, 2011년 292억원, 2012년 384억원이다. 이 과정에서 맥쿼리 쪽은 지난해 4월 9호선 요금을 일방적으로 인상하려다 서울시와 갈등을 빚었고, 현재 법정 다툼까지 벌이고 있다.19)

말도 많고 탈도 많았던 지하철 9호선에서 맥쿼리가 완전히 손을 뗀다. 서울시와 9호선 보유지분 24.5%를 매각하고 후순위대출금을 전액 회수하기로 합의한 것. 이에 따라 맥쿼리는 총 284억원의 매매차익을 거두게 됐다.
서울시는 23일 서울시메트로9호선과 주주 변경 실시협약을 체결하고 사업 재구조화를 마무리했다. …
… 맥쿼리인프라… 주식매매차익은 284억원으로 투자금 대비 수익률이 69%를 웃돈다.20)

차파트너스자산운용은 2019년 6월 설립된 경영참여형 사모펀드 운용사다. … 이 회사의 설립자이자 최대 주주인 차종현 대표이사와 공동대표인 김주원 대표이사, 김석원 상무 등은 모두 맥쿼리인프라 출신이다. 맥쿼리인프라는 도로·철도의 민자사업에 투자해 투자금을 회수하고 그 과정에서 국민 부담을 가중시켜온 대표적인 외국 자본이다. 이명박 정부 시절인 2008년 12월 서울지하철 9호선 사업에 투자한 뒤 최소운영수입보장 조건에 따라 서울시로부터 매년 수백억원씩을 챙겼다. 2012년에는 기본요금을 1050원에서 1550원으로 인상하겠다고 기습 발표했다가 서울시와 갈등을 빚고 2013년 10월 사업에서 철수했다. 이때 주식 매매 차익으로만 284억원을 챙겨 '먹튀' 논란을 일으켰다.
맥쿼리 출신 경영진이 만든 차파트너스가 이번에는 준공영제로 인해 적자를 내도 지방자치단체의 재정 지원으로 적정 이윤을 보장받는 시내버스 사업에 뛰어들어 지하철 9호선 사태 때와 같이 공공교통 인프라 체계에 혼란을 일으키고 '먹튀'하는 것 아니냐는 우려가 제기되는 건 이런 까닭에서다.21)

이들 시설의 이용료가 얼마나 터무니없이 비싼가는 여기에서 새삼 언급할 필요가 없을 것입니다.

---

19) 정태우 기자, "'세금먹는 하마' 맥쿼리, 지하철 9호선 사업 손뗀다", ≪한겨레≫(인터넷 판), 2013. 08. 07. (<https://www.hani.co.kr/arti/society/society_general/598777.html>)

20) 김희정 기자, "지하철 9호선 판 맥쿼리, 얼마 벌었나 봤더니…", ≪머니투데이≫, 2013. 10. 23, <https://news.mt.co.kr/mtview.php?no=2013102316085830642>)

21) 이재훈 기자, "버스 삼킨 사모펀드, '지하철 9호선' 투자한 맥쿼리 출신들", ≪한겨레≫(인터넷 판), 2023. 06. 19. (<https://www.hani.co.kr/arti/society/society_general/1096480.html>)

전형적인 신자유주의 정권이었던 대처 정권이나 나카소네 정권 하에서 사유화된 영국의 철도나 일본의 철도도 역시 대표적인 실례일 것입니다. 특히 영국에서는 사유화 이후 운임은 많이 올랐으면서도 써비스는 형편없을 뿐만 아니라 거듭되는 철도 사고로 그것을 재국유화해야 한다는 여론이 높아지고 있습니다. 하지만, 노동자계급이 노동당이라는 가면(假面)의 독점자본 좌파의 정치적 포로가 되어 허우적대고 있는 상황에서 그것은 결코 쉽사리 실현될 수 있는 일이 아닙니다. 일본의 경우에도 2005년에 대형 철도 사고들이 있었지만, 그것들이 철도교통의 사유화·수익성 추구와 결부되어 있다는 인식이나, 철도의 재국유화를 요구하는 여론은 아직 거의 없는 것 같습니다. 노동자계급 운동의 무기력화와 국수주의·국가주의로 치닫고 있는 오늘날의 일본의 이데올로기적 상황을 반영하고 있는 것입니다.

독점자본의 사유화 논리에 대한 반증들

그런데, 국·공유기업의 사유화가 이렇게 수익성 있는 사업의 사유화라는 점은 거꾸로도 증명되고 있습니다. 사적 자본들의 축적활동을 지원하기 위해서 필요불가결하지만 그 수익성에 전망이 없는 사업들은 지금도 국·공유기업들로 창설되거나, 혹은, 아예 기업형태를 취하지 않고 그저 국가나 지방자치단체의 재정부담으로 그 사업을 운영하니까 말입니다.

그 극단적인 예가 아마 일반국도나 지방도로일 것입니다. 생각해 보십시오. 일반국도 혹은 지방도로와 철도 혹은 고속도로 사이에 그 기능상의 본질적 차이가 있습니까? — 전혀 없습니다.

그런데도, 철도에 대해서는 '국·공유기업의 효율성'이 어쩌고저쩌고, 적자가 어쩌고저쩌고하면서 사유화를 주장하지만, 일반국도나 지방도로에 대해서는 그런 말이 일절 없습니다. 국가나 지방자치단체가 그 재정부담으로 직접 그것들을 건설하고 유지·관리하는 것을 당연시합니다.

그리고, 방금 본 것처럼, 다른 한편에서는, 서울-인천공항 간 고속도로나 천안-논산 간 고속도로 등과 같이 부분적으로 민자, 즉 사적 자본들을 동원하여 고속도로를 건설하고, 국영의 한국도로공사가 건설한 도로에 비해서 엄청나게 비싼 통행료를 받고 있을 뿐 아니라, 국가는 이들 고속도로 회사에 일정한 수익성을 보장한다고, 즉 그 수익성이 일정 수준에 미치지 못하는 경우 국가재정에서 그것을 보전하겠다고 보증하고 있습니다.

그러면, 일반국도나 지방도로는 왜 아직도, 그리고 필시 앞으로도 그렇게 국가나 지방자치단체의 재정으로 건설하고, 무료로 이용하게 하는 것일까?

다름 아니라, 기존에 누구나 당연하게 무료로 이용하게 하던 것을, 즉 '공공성'이 극대화되어 있던 것을 사유화해서 수익성을 도입하겠다고 덤비면, 사회혁명 아니면 그에 준하는 사태가 발생할 것이기 때문이고, 그리하여 자본의 입장에서는 아예 수익성 운운조차 할 수 없기 때문일 뿐입니다. 저로서는 다른 이유는 도저히 생각할 수가 없습니다.

(2) 공황구제와 사유화

국·공유기업이 발생하는 두 번째 원인은 '공황구제'입니다. 경제공황이 발발하면, 주지하듯이 수많은 자본이 파산해가게 됩니다. 그런데 거대 독점자본의 파산을 방치하면, 그 개별 독점자본뿐 아니라, 자칫 자본주의 체제 그 자체가 파산하게 될지도 모르기 때문에 국가가 인민의 세금을 재원과 담보로 하여 그들 파산하는 독점자본에게 거대한 특혜적 구제금융을 제공하거나, 아예 국유화하여 구제하게 됩니다. 그것이 바로 공황구제입니다.

현대양행 → 한국중공업 → 두산중공업(두산에너빌리티)

지금은 사유화되어 '두산중공업'(2022년 3월 29일 이후 '두산에너빌리티')으로 되어 있는, 과거의 공기업 '한국중공업'을 아실 것입니다.

그 기업이 어떻게 해서 국영기업이 되었는지, 그 내력을 아십니까?

1970년대 후반, 그러니까 국제 원유가가 급등하여 이른바 '오일 달러'로 흥청대던 중동지역에 건설·토목사업을 중심으로 진출하여 '중동특수'라고 하는, 당시로서는 한국 자본주의가 역사상 최대의 호황을 구가하고 있던 시절에 경기도 군포에 '현대양행'이라는 공장이 있었습니다. 정주영 씨의 동생 중 한 사람인 정인영이라는 사람, 그러니까 지난 1997-1998년도 소위 'IMF 사태' 때에도 '한라중공업'과 '만도기계' 등으로 사고를 쳤던 바로 그 사람의 것이었는데, 이 '현대양행'은 그 당시 아마 한국에서는 처음으로 사우디아라비아에 '지잔(Jizan) 세멘트 공장'이라고 하는 대형 플랜트를 이른바 '턴키베이스'(turnkey base, 일괄수주방식)로 수출하는 등, 아주 잘 나가던 기업이었습니다.

　1970년대에 이미 그렇게 대형 플랜트를 수출하게 되었으니, 간이 부을 대로 부을 수밖에요. 대우의 김우중 씨 식으로 표현하자면, "세상은 넓고, 돈벌이가 될 것은 쌔고 쌨는데", 뒷받침해 줄 국내 기반, 그러니까 수출할 플랜트 등을 제작할 공장이 작은 것이 한이었을 것입니다. 그리하여 은행 등으로부터 정말 엄청난 돈을 끌어다가 창원에 거대한 공장을 지었습니다. 실로, "신용제도가 과잉생산이나 상업에서의 과도한 투기의 주요수단으로 나타나", "그 본성상 탄력적인 재생산과정이 극한까지 강행"[22]되게 되었던 것입니다.

　그런데, 이제는 우리 모두가 익히 알고 있듯이, 자본주의 경제라는 것은, 거대한 호황이 있으면, 그에 바로 잇달아 어느 날 갑자기 거대한 공황, 즉 위기가 오는 것 아닙니까? 거대 호황의 코앞엔 언제나 거대한 붕괴, 공황이 있는 것 아닙니까? 그래서 결국, 이전에도 얘기했지만, 1979년 2/4분기가 되면 위기가 닥치고, 그 후반기가 되면 그 공황이 심화되면서 엄청나게 많은 기업들이 파산합니다.

　그 와중에 그 잘 나가던 '현대양행'도 파산의 위기에 몰렸습니다. 그런데 문제는, 거기에 투자된 자금이 너무나 많아서 그걸 그냥 파산하게 놔두면 '현대양행'만이 아니라 한국 자본주의 자체가 돌이킬 수 없이 파산할지도 모른다는 것이었습니다. 그러니 국가가 인민의 세금을 재원과 담보로 삼아서 그것을 구제하는 길밖에는 다른 길이 없었습니다. 그렇게 해서 그 '현대양행 창원공장'이 국유화된 것이 다름 아닌 '한국중공업'이었습니다. 유감스럽게도 '비효율적'인 국유화가 단행된 것이지요.

　그리고 바로 그 '비효율성' 때문에 이후 '한국중공업'이 아주 거대한 수익을 내는 기업으로 변모하게 되자, 재벌들이 서로 그것을 자기 것으로 하기 위해서 이른바 '민영화', 즉 사유화 경쟁, 사실상 아귀다툼을 벌였는데, 누구와 어떤 뒷거래를 벌였는지는 모르나, 아무튼 2001년에 두산그룹의 차지가 되면서 '두산중공업'으로 이름까지 바뀐 것입니다.

공황구제와 부르주아 이데올로그들의 후안무치

---

[22] 《자본론》, 제3권, *MEW*, Bd. 25, S. 457.

그런데 '공황구제'에 의한 이러한 국유화와, 그에 뒤이은 사유화를 예외적일 것이라고 생각한다면, 그것은 오산(誤算)입니다.

비근하게는 소위 'IMF 사태' 이후, 그러니까 1997년 말에 발발했던 위기 이후를 생각해보십시오. 거대 은행들을 포함해서 얼마나 많은 대기업들이 '공적자금 투입'이라는 형태를 통해서 국유화되었던가를 말입니다. 그리고 또, 대표적으로 '제일은행'의 매각처럼, 국가가 엄청난 규모의 소위 '공적자금'을 투입하여 파산으로부터 구제한 기업을 인위적으로 그 수익성을 보장하면서 곧바로 다시 다른 독점자본에 사유화시킨 예도 허다했다는 사실도 기억해야 할 것입니다.

그런데 정말 교활하기도 합니다.

1997년 말의 외환·금융·경제위기를 거치면서 그토록 많은 기업이 '공황구제'를 통해 국유화되었는데도, 국·공유기업의 사유화를 주장하는 저들 이데올로그들 가운데 그 어느 하나도 "국·공유기업은 그 본성상 비효율적이므로 그들 기업을 국유화시켜서는 안 된다"며 반대하고 나서지 않았으니 말입니다.

그리고 정말 뻔뻔하기도 합니다.

그렇게 수많은 기업이 '공황구제'를 통해서 국유화되고 있을 때, 그에 대해서는 한 마디도 '국·공유기업의 비효율성'을 거론하지 않는 자들이, 다른 한편에선 통신, 전력, 철도, 가스 등등 알짜배기 국·공유기업에 대해서는 '비효율성' 운운하면서 그 '민영화', 즉 사유화를 주장하고, 추진하고 있으니 말입니다.23)

---

23) 공황구제나 이를 둘러싼 부르주아 이데올로그들의 교활함·뻔뻔함은 물론 한국에서만의 문제가 결코 아닙니다. 자본주의의 범세계적인 현상인 것입니다. 소위 '글로벌 스탠다드'라는 미국의 예를, 다름 아닌 극우의 발언을 통해, 들어봅시다. ― "1997년 말 외환위기 직후 국내 금융시스템이 흔들려 우리 금융당국이 개입할 때면, 으레 미국 월스트리트는 '시장의 원리'에 따라 사망해야 할 기업을 정부가 개입해 살려놔 '모럴 해저드'(moral hazard, 도덕적 해이)를 부추긴다고 비판하곤 했다. 지금 미국에서 똑같은 일이 일어나고 있다. 올해 들어서 미국 정부는 투자은행 베어스턴스가 파산 위기에 빠지자 300억 달러의 공적 자금을 투입했고, 불과 6개월 만에 패니메이와 프레디맥에 2000억 달러 규모의 구제금융 조치를 발표했다. 미 정책당국은 그때마다 '너무 중요하고 시장 전체에 미치는 영향력이 커서 어쩔 수 없다'고 해명했다. 이런 미국 구제금융의 역사는 오래됐다. 1960년대부터 21세기에 이르기까지, 미 정부는 주요 고비마다 개

≪동아일보≫ 황호택 논설위원의 경우

그중에서도, 기록하여 남기지 않으면 안 되는 가장 후안무치한 주장의 하나는, 2002년 2-3월에 발전산업의 사유화를 반대하여 발전산업노조가 처절한 파업투쟁을 벌이고 있을 때에 나온, ≪동아일보≫ 황호택 논설위원의 칼럼일 것입니다.

"강성 노동운동의 위기"라는 제목을 단 칼럼에서 그는, 노동자계급, 특히 조직노동자들에 대해 윤석열 검찰 정부가 집권 초부터 집요하게 과시하고 있는 진한 적대감 못지않은 적대감을 이미 2002년에 공공연히 드러내면서, 이렇게 쓰고 있습니다.

> 강한 노조가 활동하는 나라에서는 기업들이 신규 투자를 기피해 그만큼 일자리 창출 규모가 축소된다. 노동시장의 유연성이 큰 미국 영국의 경제가 상대적으로 잘 나간다. 해고에 대한 규제가 많은 유럽 국가들은 성장이 느리고 해고 비용이 많이 들어 기업들이 채용을 기피해 실업률이 높다.
> ▼시대흐름 왜 못 읽나▼
> 최근 파업을 벌인 국가기간산업 노조 쪽에서는 공공성이 강한 공기업을 민영화를 해서는 안 된다는 주장을 펴고 있지만 <u>공기업의 비효율을 제거해 국민의 세금부담을 줄이기 위해서는 민영화가 가장 확실한 수단이다. 선진국은 물론 구 사회주의 국가 그리고 국내의 실험을 통해서도 이미 결론이 났다.</u>
> <u>대표적인 공기업이었던 두산중공업(구 한국중공업)은 민영화 이후</u> 군

입해 기업들을 살렸다. 1960년대 닉슨 행정부는 록히드 항공과 펜 센트럴 철도에 대해 구제조치를 실시했고, 1970년대 카터 행정부는 어려움에 처한 크라이슬러를 살리기 위해 지역 의원들이 주축이 돼 구제방안을 마련하자 15억 달러 규모의 대출을 보증했다. 또 1980년대 말 저축대부업계가 △수년간의 고금리 △예금과 대출의 장단기 만기 불일치 △위험한 대출관행 등으로 연쇄 도산하자, 정리금융공사를 설립해 부실채권을 사들이는 구제조치를 실시했다. 이로 인해, 세금 1240억 달러가 투입됐다. 1998년에는 헤지펀드 롱텀캐피털매니지먼트(LTCM)가 러시아의 지급불능 사태 등으로 파산 위기에 처하자, 미 재무부가 월가 대형 금융회사들의 팔을 비틀어 35억 달러의 긴급자금을 조성해 위기를 넘겼다."(박종세 뉴욕 특파원, "美 구제금융의 어제와 오늘", ≪조선일보≫, 2008. 9. 9.)

"너무 중요하고 시장 전체에 미치는 영향력이 커서 어쩔 수 없다."! — 바로 '<u>파산하도록 내버려 두면, 자본주의 체제 자체가 파산하니 어쩔 수 없다!</u>'라는 뜻입니다!

장성이나 관료 출신 임원을 솎아내 70명에 달하던 임원이 38명으로 줄었다. 창업 이래 한번도 이익을 내지 못한 시멘트공장 건설, 철강교량 제작, 제철설비 부문을 폐쇄했다. 전체 인력의 15%인 1160명을 줄여 적자를 내던 기업이 민영화 1년 만에 250억원가량의 당기 순이익을 올렸다.
한국노총과 민주노총이 노조 확보 경쟁을 벌이는 과정에서 경제논리에 반하는 민영화 저지 투쟁을 과열시키고 있다. 국가기간 산업노조는 지금과 같은 민영화 저지 투쟁이 시대의 흐름과 경제현실에 맞는 운동 방식인지 자기 점검을 해봐야 할 것이다. 세계적으로 밀려오는 노동조합의 위기를 헤쳐나가려면 경제 현실에 대한 이해를 높여야 한다.24) (강조는 인용자.)

어떻습니까?
이 정도면, 참으로 파렴치를 극한, 그야말로 파렴치에 파렴치를 극한 말씀 아닙니까? 왜 그런가?
그가 '민영화'의 효율적·성공적 사례로 들고 있는 저 '두산중공업'은, 공기업 한국중공업 이전에, 사기업, 저들 식으로 표현하면, '민영기업' 현대양행이었고, 그것이 공기업이 된 것은 바로 그 '민영기업' 현대양행이 파산에 직면하여 그것을 파산으로부터 구제하기 위해서였으며, 그것이 '민영화', 즉 사유화되어 두산중공업이 된 것은 바로 그렇게 구제되어 수익성이 있는 기업으로 되었기 때문에 그렇습니다.
뿌리 깊은 거대 언론 ≪동아일보≫의 논설위원으로서 저간의 그러한 사정과 경과를 결코 모를 리 없을 터인데도, 오로지 발전노동자들의 파업을 매도하며 발전기업의 사유화를 옹호하려는 숭고한 열정에서 태연히 저렇게 주장하고 있기 때문에 그렇습니다.25)
2020년 이후 그 실태가 드러난 '민영기업' 두산중공업의 심각한 '부실'·

---

24) 황호택, "[오늘의 이슈][동아광장/황호택]강성 노동운동의 위기", ≪동아일보≫(인터넷 판), <https://www.donga.com/news/Economy/article/all/20020311/7795936/1>, 2002. 03. 11.

25) 허실 삼아 인터넷에 '황호택'을 검색해봤더니 경력이 화려하네요. — 동아일보사에서의 승승장구야 그렇다 치고, '2015년 2월 제20대 한국신문방송편집인협회 회장', '2015년-2016년 한국신문윤리위원회 이사', '2018년 2월 서울시립대학교 초빙교수', '2021년 3월- 카이스트 문술미래전략대학원 겸직교수', 등등등! — 이것이 바로 우리 사회, 아니 자본주의 사회이지요.

적자와 그에 따른 여러 사태의 추이는 그것대로 두고 지켜봅시다.

공기업 사유화는 횡령

국·공유기업의 사유화와 관련해서 또 한 가지 중요한 점은, 그 사유화란 것이 사실은 국·공유재산의 엄청난 횡령이라는 사실입니다. 수십 조 원을 들여 국유화해서 불과 기천 억 원에 '매각'한 제일은행의 경우는 물론 가장 극적인 예이지만, 사실은 모든 국·공유기업의 사유화 모두가 정도의 차이만 있을 뿐 그런 식으로 국·공유재산을 횡령하는 것입니다. 그 사유화 과정에 고급 관료 및 정치적 실력자들, 각종의 브로커와 로비스트들, 한 마디로 각종 점잖고 지체 높은 사기꾼들·범죄자들의 횡령, 배임, 뇌물, 사기, 특혜, 비리가 난무할 것임은, 그 대부분은 물론 드러나지 않겠지만, 사실 불문가지입니다.

예컨대, 2003년 2월 9일 두산중공업의 노조원인 배달호 씨의 분신 사건을 계기로, 두산중공업이 그동안 노조원들의 조합 활동과 관련한 개인별 성향을 일일이 분석하여 차별 대우를 하는 등 얼마나 불법적·악질적으로 노조 파괴공작을 벌였는가가 폭로된 것은 물론이고, 그 사유화 과정에도 엄청난 특혜 의혹이 있으며, 두산 재벌 측이 그동안 인수 자금의 상당 부분을 회수해 갔다는 사실까지 폭로되었습니다.

그러한 불법이 어찌 두산중공업에서만 저질러지는 일이겠습니까?

많은 자금이 필요한 시설·설비의 증설·관리·유지는 여전히 시설관리공단이, 즉 국가가 책임지고, 그 운영수익권만, 그것도 국가가 일정한 수익성을 보장하면서, 사유화시키겠다던 철도의 '민영화' 방안도 물론 또 다른 형태의 교활한 횡령 계획입니다.

하기야, 자본주의적 공기업은 본래부터 독점자본의, 독점자본에 의한, 독점자본을 위한 것이긴 하지만 말입니다.

5) 국·공유기업 사유화와 노동자계급

국·공유기업의 사유화는 국·공유재산의 횡령이라고 말했지만, 본래 그것은 형식상으로만 국민 일반의 것일 뿐, 실질적으로는 독점자본가계급의 것이고, 또 그들의 이해에 봉사하는 것입니다.

그러나, 그렇다 하더라도 국·공유기업의 사유화는 노동자계급이나 소생산자계급은 물론이요 중소자본가계급까지를 포함한 인민대중의 손해로 됩니다. 그들 공기업이 일단 사유화되게 되면, 이제 그것은, 공공성의 원리가 아니라, 철저히 수익성의 원리에 의해서 경영되기 때문입니다.

사회기반산업의 경우에는 그것들이 사유화되더라도 적자를 내면, 앞에서 본 것처럼, 국가나 지방자치단체가 그 적자를 보전해주고, 나아가 일정한 수익을 보장해줍니다. 그러나 그렇다고 하여 사유화된 기업이 수익성 원리를 무시한 채 경영할 수는 없습니다. 무엇보다도 한없이 잉여가치·이윤을 추구하는 자본의 생리 자체가 그렇고, '비효율'과 '적자경영'을 빌미로 내세워 공기업을 사유화시켰기 때문에 바로 그 빌미가 자신의 족쇄로 되기 때문입니다. 즉, 적자를 기록하여 정부의 보조금을 챙긴다고 하더라도, 대중에게 최소한의 설득력은 잃지 않을 한도 내로 그 적자를 줄여야 하기 때문입니다.

바로 이러한 이유들 때문에 공기업이 사유화되면, 그 기업은 자신이 공급하는 상품과 써비스의 가격을 인상하게 됩니다. 그리고 이렇게 인상되는 가격만큼, 노동자들뿐 아니라, 소생산자들이나 중소자본들의 부담도 증대하고, 그만큼 그들의 손해로 될 것임은 당연합니다. 바로 독점자본에 의한 소생산자 및 중소자본의 수탈입니다.

노동자의 경우에는, 추상적으로는 그 인상분만큼 노동자 가족의 생활비, 즉 노동력의 재생산비가 증대하기 때문에 그만큼 임금이 상승하여 자본의 부담으로 되는 것으로 됩니다.

그러나 여기에는 두 가지의 변수가 있습니다. 하나는, <u>노-자간의 역관계상 현실적으로는 증대하는 노동력 재생산비 전체가 다시 자본의 부담으로 되는 대신에 그 일부는 노동자계급의 생활수준 일반을 저하시키는 것으로 된다</u>는 점이고, 다른 하나는, 그렇게 해서 증대되는 노동력 재생산비가 다시 자본의 부담으로 된다고 하더라도, 그 부담은, 그 부담의 증대를 초래한 독점자본, 즉 사유화된 옛 공기업의 부담으로만 되는 것이 아니라, 자본 일반의 부담으로 된다는 점입니다. 즉, 이 점에서도 독점자본은 중소자본들을 수탈하는 것입니다.

그런데, 공기업의 사유화에 의해서 <u>가장 커다란 타격을 받는 것은</u> 뭐니 뭐니 해도 해당 기업의 노동자들입니다. 사유화의 목적이 다름 아니라 그 기업의 경영에서 오는 이윤을 취득하는 것이기 때문에, 사유화가 되면 그 기업은 최대한의 수익성 구조를 창출하기 위해서 고용인원을 '정리', 즉 대량해고하고, 노동강도를 높이고, 임금을 억제하며, 기타 여러 통제를 강화하기 때문입니다. 저들이 말하는 소위 '감량경영', '구조조정'이 그것입니다.

우리 사회에서도, 익히 아시는 대로이지만, 수년 전부터 공기업 구조조정 열풍이 불고 있습니다. 노동자들의 저항과 투쟁이 강해서 노골적으로 대량해고를 하는 경우는 그다지 많지 않지만, 이른바 '명예퇴직', '희망퇴직'을 통해서, 그리고 정년퇴임 등으로 자연 감소되는 부분을 충원하지 않는 방식 등을 통해서 인원을 감축하고, 부분적으로 인원을 충원하는 경우에도 외주(外注)나 비정규직을 동원하고 있는 것 등등이 그것입니다.

공기업의 사유화가 해당 기업의 노동자들에게 얼마만큼의 고용 문제를 야기하는가는, 신자유주의 대처 정권 하에서 1984년 8월과 11월에 정부 소유주식 50% 이상을 매각하는 것으로부터 시작하여 1993년 7월에 완전 사유화한 영국의 BT(British Telecom, 영국통신)가 전형적으로 보여주고 있습니다. 이 회사의 경우 1980년대 초반에는 그 종사자 수가 35만 명을 넘었습니다. 그런데 사유화를 앞두고 2년여에 걸쳐서 수익성 구조를 창출하기 위하여 2만6천 여 명을 해고했고, 사유화 이후 꾸준히 인원을 감축, 1990년대 말에는 그 인원이 9만 명 선까지 감소된 후, 2021년 3월 31일 현재 44개국에 102,037명(정규직 99,700명)의 인원을 고용하고 있습니다.[26]

35만 명 이상에서 102,037명으로! ― 상상하기도 어려운 급속한 인원 감축이지만, 이것이 바로 공기업의 사유화의 효과입니다.

6. 이른바 노동(시장)의 유연화

1) 극도의 노동자 억압체제로서의 신자유주의

---

[26] https://www.bt.com/bt-plc/assets/documents/investors/financial-reporting-and-news/annual-reports/2021/bt-annual-report.pdf, pp. 25, 34.

신자유주의자들은 너 나 할 것 없이 이른바 '글로벌라이제이션'(globalization), 그러니까 '세계화'니, '국제화'니, '지구화'니 하는 것들을 요란하게 떠들어댑니다. 그리고 이를 받아, 일부의 이데올로그들은 '국가약화론'이라고나 해야 할 주장을 펼치기도 합니다.

신자유주의 시대인 지금 세계적인 추세는, 경제적 재생산과정에 대한 국가의 개입을 배제 혹은 축소해가고 있는 것, 국가의 규제를 완화해가고 있는 것이고, 상품이나 자본의 이동에 대해서뿐 아니라 노동력의 이동에 대해서도 갈수록 국경적 장벽을 낮추어가고 있다는 것, 따라서 '글로벌라이제이션'이 되어갈수록 국가가 약화돼가고 있다는 것이 그 요지입니다.

거듭되는 얘기입니다만, 실제로 신자유주의자들은, "경제적 재생산과정에 국가가 개입해서는 안 된다"는 이데올로기를 유포하면서, 사회보장제도를 축소 혹은 해체시키고, 국·공유기업을 사유화시켜 가고 있습니다. '규제완화'라는 구호 하에, 노동자·민중의 투쟁의 또 하나의 성과물인, 독점자본의 전횡·횡포에 대한 제한적인 규제를 완화·해체해가고도 있습니다. 그리고 WTO(세계무역기구)나 IMF(국제통화기금) 같은 국제기구가 개개의 국민국가의 통상정책은 물론, 재정·금융정책이나 여타의 사회정책에도 개입하여 감 놔라 배 놔라 하고 있고, 실제로 거의 모든 방면에서 국경장벽이 낮아지거나 사라져가고 있으며, 양자간 혹은 다자간 자유무역협정(FTA)이 확산돼가면서 그러한 경향도 심화돼가고 있습니다.

이렇게 보면, 국가는 정말 약화돼가고 있거나, 혹은 심지어 소멸돼가고 있는 것처럼 보입니다.

그러나 그것은 중대한 착각입니다.

독점자본에 대한 국가의 규제의 약화 혹은 철폐, 사회보장에서의 국가의 후퇴, 상품 및 자본의 이동에 대한, 그리고 부분적으로는 노동력의 이동에 대한 국경적 제한과 통제의 완화 혹은 철폐, 등등 — 저들 국가약화론자들이 설파하는 내용의 대부분을 우리는 승인할 수 있습니다.

그러나 신자유주의 혹은 '글로벌라이제이션'과 더불어 국가가 약화되고 있다는 저들의 주장엔 절대로 동의할 수 없습니다.

왜 그런가?

신자유주의나 세계화와 더불어 국가가 약화되기는커녕 오히려 더욱 강화되고 있기 때문입니다.

국가란 도대체 무엇입니까?

그것은, 누차 얘기했습니다만, 지배계급의 이해의 조정기구이자, 지배의 도구이고, 특히 '계급지배의 도구'라는 측면이야말로 국가의 본질이 아닙니까? 그런데 신자유주의나 세계화가 심화되면서 국가가 약화되고 있다는 주장은 바로 국가의 이러한 본질을 망각했거나, 짐짓 부인하는 데서 나오는 것입니다.

국가를 이렇게 '계급지배의 도구'라고 규정하면, 곧바로 "사고가 편협하다"느니, "구태의연하다"느니 하는 딱지들이 따라옵니다. 어떤 자는, "극단적인 교조주의"이자 "고색창연한 테제"라고도 하더군요.[27] 그러나 잘못되고 '고색창연한' 것은 그렇게 딱지를 붙이는 바로 그 자 혹은 그들입니다.

생각해 보십시오. '반역'에 따른 참혹한 대가를 각오하지 않고는 누구도 선뜻 '반국가'를 얘기할 수 없을 만큼, '국가'는 지금 신성불가침의 존재로 되어 있습니다. 그러나 수십만 년, 아니 어쩌면 수백만 년으로까지도 거슬러 올라갈지 모를 장구한 인류사 속에서 국가가 등장한 지는 불과 수천 년, 기껏 길어야 6천여 년 전이라는 사실을 말입니다. 그리고 그 등장은 다름 아니라 인류사회의 계급적 분열과 함께라는 사실을 말입니다.

장구한 원시공산사회가 막을 내리고 노예제 혹은 농노제로, 따라서 착취하는 자와 착취당하는 자로 인류사회가 분열되면서, 착취자끼리의 이해관계를 조정하고, 피착취자들의 저항·반란을 억압하기 위해서 조직된 폭력으로 등장한 것, 그것이 바로 국가 아닙니까?[28]

---

27) 장석준, "이제 출발이다: 민주노동당 강령논쟁과 우리의 과제", ≪진보평론≫, 제4호, 2000년 여름호, pp. 207-208. (2023년 6월 현재 진보 ≪한겨레≫에 "장석준의 그래도 진보정치"라는 칼럼을 연재하고 있는 '진보 논객' 장석준은 한때 진보신당의 주요 이데올로그였습니다. 반북(反北)·사민주의를 노골화하고 있던 진보신당은 민주노동당보다는 훨씬 더 그의 신념에 어울리는 곳이었을 것입니다).

28) '사고가 편협하고 구태의연하며' '극단적으로 교조주의적인' 우리로서는, 국가에 관한 "고색창연한 테제"를 3개만 여기에 옮겨봅시다. — 1) "국가란, 피착취 계급들, 즉 농민들과 노동자들에 대한 유산계급들, 즉 지주들과 자본가들의 조직된 총폭력 (Gesamtmacht) 이외의 아무것도 아니다."(F. 엥엘스, "주택문제에 대하여", *MEW*, Bd. 18, S. 257-258.); 2) "국가는 계급대립의 **화해불가능성**의 산물이며 그 표현이다. 국가는 계급대립이 객관적으로 화해될 **수 없는** 곳에서, 그리고 그때에, 그러한 한에서 발

국가란 이렇게 지배계급의 이해의 조정기구이자 계급지배의 도구이기 때문에, 그것이 약화되고 폐지될 수 있는 것은 당연히 오직 계급이 폐지되어 실제로도 소멸된 사회에서일 뿐입니다.

신자유주의나 신자유주의적 세계화처럼 노동자·인민에 대한 독점자본의 착취가 강화되고, 따라서 계급대립이 격화될 수밖에 없는 조건과 상황 속에서는 국가는, 약화되기는커녕, 강화될 수밖에 없습니다. 그리고 실제로도 신자유주의는 극도로 강화된 노동자 억압체제입니다.

신자유주의와 지적재산권

좀 다른 얘기입니다만, 신자유주의가 심화됨에 따라 국가가 약화돼간다는 주장과 관련하여, 이른바 지적재산권의 문제에 대해서도 간단히 언급해봅시다. 이 지적재산권의 문제는, 신자유주의에서는 국가가 경제적 재생산과정에 개입하지 않는다는 선전이 얼마나 거짓이며, 국가가 약화돼간다는 주장이 얼마나 허구인가를 보여주는 좋은 예이기도 하기 때문입니다.

이른바 지적재산권의 대상으로 되어 있는 것들, 대표적으로, 예컨대, 마이크로소프트사의 윈도우즈나 오피스 등과 같은 범용 쏘프트웨어나 녹음된 음악, DVD에 녹화된 영화 같은 것들은, 그 생산물 자체의 성질이나 디지털 혁명을 수반한 '극소전자혁명'의 결과로, 그 자체로서는 더 이상 상품으로 될 수 없는 상황에 있습니다. 복제라고 표현하든, 다른 무엇이라고 표현하든, 그것들을 원본 그대로 재생산하는 데에는 사실상 어떤 노동시간도 필요하지 않고, 따라서 그것들은 가치를 갖지 않기 때문입니다.

그런데도 그것들은 '버젓이' 상품으로, 그것도 고가의 상품으로 판매되고 있습니다. 무엇에 의해서입니까? — 바로, 지적재산권을 보장하는 국가의 폭력에 의해서입니다.

생한다. 그리고 거꾸로, 국가의 존재는 계급대립이 화해불가능하다는 것을 증명하고 있다."(레닌, ≪국가와 혁명≫, *Lenin Werke*, Bd. 25, S. 398-399.); 3) "맑스에 의하면, 계급을 화해시킬 수 있다면, 국가는 발생하지도 않았을 것이고 존속할 수도 없을 것이다. … 맑스에 의하면, 국가는, 계급지배의 기관이고, 한 계급에 의한 다른 계급의 **억압**을 위한 기관이며, 계급의 충돌을 완화함으로써 이 억압을 합법화하고 강고한 것으로 만드는 '질서'를 창출하는 것이다."(레닌, 같은 책, S. 399.)

본래 자본주의적 시장원리에 따르면, 즉 자본주의적 사적소유 제도를 법제화하고 있는 근대 민법의 기본원칙에 따르면, 어떤 상품의 구매자, 따라서 그 소유자는 자신이 구매하여 소유한 물건은 그것을 구워 먹든 삶아 먹든 전적으로 그 소유자 맘대로입니다. 상품의 매매는 동시에, 그 상품의 모든 기능과 속성에 대한 이용권뿐만 아니라 처분권 등, 그에 수반하는 일체의 권리의 양도·양수를 의미하기 때문이고, 그것이 근대법적인, 즉 자본주의 법적인 소유권과 그 양수·양도의 내용입니다.

그런데, 요즈음 이른바 '지적재산권'이 주장되는 상품 혹은 물건의 경우는 전혀 다릅니다. 예를 들어, 여러분이 마이크로소프트사의 '윈도우즈'나 '오피스' 혹은 '워드'를 고가에 구매했다고 하더라도 여러분은 그에 대한 모든 소유·처분권을 갖는 것이 아닙니다. 만일 여러분이 친구나 기타 누구에게 그것을 '복사'해 주면, 아니 복사해 준 사실이 경찰이나 기타 그것을 적발하려고 눈이 벌갠 사람들에게 적발되면, 여러분은 범죄자가 되어 벌금을 물어야 하고, 운이 나쁘면(?) 감옥에 갈 수도 있습니다.

신자유주의가 경제에 대한 '국가개입의 배제'와 '시장 중심'을 떠들지만, 사실은 그 모두가 기만이라는 사실, 그리고 독점자본의 이해를 지키기 위해서 경찰, 즉 국가가 개입할 것을 요구하고, 또 국가는 그렇게 개입하고 있다는 사실, 한 마디로 국가가 꽈쑈화되고 있다는 사실을 웅변하는 것입니다.

이러한 상황에서 도대체 어떻게 '국가의 배제'를 얘기하고, '국가의 약화'를 얘기할 수 있단 말입니까? — 그런데도 저들 신자유주의자들은 그것을 마치 당연한 것처럼, 아니, 다름 아니라 바로 신자유주의의 특징인 것처럼 얘기합니다.

참고로, 이렇게 이른바 '지적재산권'이 자본주의적인 소유권 혹은 재산권과 다른 내용을 갖는 것은, 뒤에서 보다 자세히 언급하겠지만, 사실은 근래 <u>가속도적으로 발전해 온 과학기술혁명과 그 결과로서의 새로운 생산력이 자본주의적 생산관계와 근본적으로 충돌하고 있음을 의미합니다</u>. 주지하는 것처럼, 소유권이니 재산권이니 하는 것은 생산관계의 법률적인 표현에 불과합니다.[29] 그런데 과학기술혁명의 성과로서의 '지적재산'이 자본주의적 생산

---

[29] "자신들의 생활을 사회적으로 생산하면서 인간은, 일정한, 필연적인, 자신들의 의지로부터 독립적인 관계들에, 즉 자신들의 물질적 생산력들의 일정한 발전단계에 조응하

관계의 표현으로서의 자본주의적 소유관계와 조응하지 않게 된 것이고, 그 때문에 국가 권력이 '작위적으로' 이를 보장해야 할 필요가 생긴 것입니다.

신자유주의 국가의 잔혹한 노동자계급 탄압

신자유주의 국가가 얼마나 노동자계급에게 잔혹한 권력인지는, 소위 부르주아 민주주의의 양대 형태인 의원내각제와 대통령중심제를 대표한다는 양대 국가, 즉 영국과 미국의 전형적인 신자유주의 정권 하에서 벌어진 노동자 파업파괴가 웅변해주고 있습니다.

영국의 대처 정권은 영국의 최대 강성 노조인 전국탄광노조를 굴복시킴으로써 노동자계급을 무력화시킬 요량으로, 먼저 동조·연대 파업 등을 금지하는 등 노동법을 개악하고, 대량의 석탄과 석유을 비축하는 등 만반의 준비를 갖춘 후 1984년 3월 "전국의 174개 국영 탄광 중 채산성이 없는 20개 탄광을 폐쇄하고 2만 명의 광부를 해고하겠다"는 '석탄산업합리화계획'을 발표, 노동자들에게 파업을 강요합니다. 그리고 무려 363일 간에 걸친 파업을 경찰로 억압, 결국 파괴합니다. 이 파업에서의 패배야말로 영국의 노동운동이 무너지고 무기력해지는 결정적인 계기였는데, 바로 이것이야말로 세계의 독점자본이 대처를 '철(鐵)의 여상(女相)'이라며 칭송하는 이유입니다.

이후 영국에서는 영국통신(BT)를 비롯하여 전기, 통신, 석탄, 수도사업 등이 줄줄이 사유화되고, 구조조정이 이루어지면서, 1980년 현재 200만 명에 육박하던 공기업 노동자의 수가 불과 10년만인 1990년대 초에는 50만 명 이하로 감소합니다. 이후 누구도 영국을 가리켜 '복지국가'라고 부르지

는 생산관계들에 들어간다. 이들 생산관계의 총체가 사회의 경제적 구조, 즉 그 위에 어떤 법률적·정치적 상부구조가 우뚝 솟고, 그것에 일정한 사회적 의식형태들이 조응하는 바의 실제적 토대를 형성한다. 물질적 생활의 생산양식이 사회적, 정치적 그리고 정신적 생활과정 일반을 제약한다. 인간의 의식이 그들의 존재를 규정하는 것이 아니라, 거꾸로 그들의 사회적 존재가 그들의 의식을 규정하는 것이다. 사회의 물질적 생산력들은, 그 발전의 일정한 단계에서, 그것들이 그때까지 그 내부에서 운동해온 기존의 생산관계들과, 즉 단지 그 생산관계들의 법률적 표현일 뿐인 소유관계들과 모순에 빠진다. 이들 관계들은 생산력들의 발전형태들로부터 그것들의 질곡으로 급변한다. 그때에 사회혁명의 시대에 들어간다. 경제적 기초의 변화와 함께 거대한 상부구조 전체가 혹은 보다 서서히 혹은 보다 급격히 변혁되는 것이다." (K. 맑스, ≪경제학 비판을 위하여≫, MEW, Bd. 13, S. 8-9.)

않게 되는 상황으로 되는데, 1980년대 초 10%를 넘던 실업률이 5%대로 줄어들었다고 추켜세우지만, 비정규직·불완전고용과 그에 따른 생활상의 고통과 빈곤이 만연한 것이 신자유주의 하 영국 노동자계급의 상태입니다.

미국의 레이건 정부 역시 마찬가지입니다. 1981년에 항공관제사 노조원 13,000여 명이 임금인상과 노동시간 단축을 요구하며 파업에 들어가자 레이건 행정부는 '불법파업'이라며 48시간 이내 복귀를 명령합니다. 그리고 이에 응하지 않은 11,350명의 노조원을 영구해고시켰을 뿐 아니라 노조원들에게 수백만 달러의 손해배상청구소송까지 벌입니다. 이 역시 미국의 노동운동이 더욱 무기력해지는 결정적 계기가 되었는데, 아무튼 이런 식의 무자비한 파업파괴와 억압이 신자유주의 대(對) 노동정책의 근간입니다. 2005년 말 뉴욕 운수노동자들의 파업 때에도 국가와 독점자본이 어떻게 그 파업을 무력화시키고 파괴하는지를 생생히 보여주었습니다.

한국의 역대 신자유주의 정부들 역시 바로 대처 정권과 레이건 정권의 전례를 흉내내 왔고, 아니, 빨쳐 왔고, 특히 윤석열 검찰 정부는, 화물연대 파업 파괴나 건설노조 파업 파괴 등에서도 본 것처럼, 정권 출범 초부터 조직 노동자들과 그들의 투쟁에 극히 적대적·폭력적으로 결정적인 일전을 강요하고 있습니다. — 이에 정중히 응하지 않는다면, 물론 예의가 아니겠지요?

퐈쑈화하는 신자유주의 국가

이렇게 신자유주의 국가는, 약화되고 있는 것이 아니라, 퐈쑈화하고 있습니다. 세 가지 정도만 더 지적해 봅시다.

우선, 이 사회의 지배적 보수 이데올로그들은 말할 것도 없거니와 이른바 '진보적 지식인'이라는 사람들조차 대부분 미국을 가리켜서 '민주주의' 사회라고 칭송합니다. 만일 그것이, 백색 테러가 횡행하던 이승만 정권이나 박정희·김종필 등에 의한 군사쿠데타 이후 오랫동안 군사퐈쑈를 겪어온, 그리고 1987년의 6월 항쟁이나 노동자 대투쟁을 통해서도 그러한 퐈쑈의 전통을 말끔히는 청산하지 못한 대한미국과 비교해서, "상대적으로 보다 민주주의적이다"라는 의미라면, 그것은 타당할지도 모릅니다.

그러나 우리는 오늘날 미국은 세계에서 상대적으로도 그리고 절대적으로도 가장 많은 수인(囚人), 즉 감옥의 '죄수'를 두고 있는 나라라는 사실을 상기해야 합니다. 미국에서는 2007년 현재 231만9천 명 이상, 그러니까 성인 인구의 1% 이상이 감옥에 있었고, 이는 "세계의 어떤 나라의 수감자수보다도 많"은 수였습니다.30) 그리고 그 후에 어떤 의미 있는 변화가 있다는 보도는 보이지 않습니다.

이것은 무엇을 의미합니까?

미국이 민주주의 사회라는 사실이겠지요?

농담이 지나쳤나요? 예, 그것은, 다름 아니라, 미국이 비민주적인 사회라고 하는 것, 사실상 퐈쑈국가라는 것을 의미합니다.

미국은, 주지하는 것처럼, 신자유주의가 가장 맹위를 떨치고 있는 나라·사회입니다. 그 때문에 자본과 노동 간의 대립·투쟁이 격렬할 수밖에 없는데, 노동(조합)운동의 상층부가 대체로 독점자본에 매수되어 있기 때문에 노동자들의 저항과 투쟁은 많은 경우 굴절된 형태로 나타납니다. 그리고 그러한 굴절된 저항 형태의 하나가 바로 범죄입니다. 게다가 FBI를 위시한 경찰은 자본에 저항적이고 반역적인 활동가들을 '범죄자'로서 조작해냅니다. 그러한 연유로 해서 미국엔 그렇게 많은 감옥과 죄수들이 있고, 감옥조차 '사유화'되어 돈벌이의 원천으로 되어 있는 경우까지 꽤나 있는 것입니다.

이라크의 감옥에서, 관타나모의 수용소에서 이른바 '테러 용의자들'에게 가해진 고문 등 잔학행위들이 폭로된 것은 결코 우연이 아니고, 어쩌면 빙산의 일각일 것입니다. 2006년 2월 초순 호주의 한 TV 방송이 미군에 의한 그러한 잔학행위들을 폭로하고 나서자 미국 법무성의 대변인이란 자가 TV에 나와, 그 잔학행위들에 대해서 사죄하고, 잔학행위자들을 단죄하는 등 재발

---

30) "미국의 수감자 보고서는 ... 지난 해 미국의 ... 교도소 수감자수가 2백31만9천명을 넘어섰고 ... / 미국 인구의 네 배가 넘는 중국의 교도소 수감자 수가 1백50만 명으로 세계에서 두 번째이고 인구가 세계에서 두 번째로 많은 11억인 인도의 수감자수 31만 명, 러시아의 수감자수가 84만 명이라고 보고서는 비교하고 있습니다." ("[미국은 지금] '미국 성인 100명 중 한 명은 교도소 수감자' ... 수감률 세계 1위", https://www.voakorea.com/, 2008. 3. 13.)

이정애 기자의 "미국은 거대한 감옥?"(≪한겨레≫(인터넷판), 2008. 2. 29.)이라는 기사도 ≪뉴욕타임스≫ 등에 근거하여 같은 내용을 보도하고 있는데, 이 기사에서는 특히 "백인 성인(18 살 이상) 남성에선 수감자가 106명당 1명인 반면, 흑인은 15명당, 히스패닉(중남미계)은 36명당 1명으로 큰 차이를 보였다"고 지적하고 있습니다. 민주주의 국가일 뿐 아니라, 유색인종에게는 가히 인권 천국인 것이지요!

을 방지하겠다고 다짐하는 대신에, "그러한 장면은 방영되지 않았어야 했다"고 떠벌리는 게 오늘날 신자유주의 미국의 모습입니다. 바로 신자유주의의 심화에 따른 국가의 퐈쑈화입니다.

다음엔 일본의 예입니다. 오늘날 일본의 자위대가 그 작전 영역과 전투력을 지리적으로도, 전략·전술적으로도 확대·강화하고 있다는 사실은 모두가 알고 있는 대로입니다. 그런데 대개는 그것을 주로 국제적인 군사문제라는 측면에서만 주목을 합니다.

그러나 일본 군국주의의 부활과 강화는 단지 국제적인 문제에 머무는 것이 아닙니다. 그것은 사실은 일본 국내의 계급투쟁의 격화에 대비한 일본 독점자본의 대응책이라는 측면을 강하게 가지고 있습니다.

바로 일본에서도 신자유주의의 심화와 군국주의, 즉 퐈쑈의 강화는 같은 궤도를 달리고 있는 것입니다.

우리가 살고 있는 한국사회도 봅시다.

'정치인들' 중에서는 김대중 씨가, 어떤 의도와 목적에서였든지 간에, 군사퐈쑈에 대한 매우 강력하고 상대적으로 비타협적인 반대자·비판자 중의 한 사람이었다는 사실은 누구도 부인하기 어려울 것입니다. 그리고 그 때문에, 그에 대한 좌측으로부터의 많은 비판자·반대자들까지를 포함해서, 많은 사람들은 그가 집권하면 적어도 '정치적 자유권'이라는 면에서는 뭐가 달라져도 많이 달라질 것이라고 기대했을 것입니다.

그러나 현실은 그러한 기대를 철저히 배반했지 않습니까? 예컨대, 김대중 정권 5년 동안의 국가보안법 관련 구속자가 김영삼 정권이나, 군사퐈쑈의 연장이라던 노태우 정권의 그것을 능가했으니까 말입니다.

노무현 정권 때에는 국가보안법에 의한 구속·기소자 수는 상대적으로 적었지만, 여당 단독으로 국회의석의 과반수를 점한 조건에서도 국가보안법은 여전히 건재했습니다. 즉, '인권 변호사'로 명성을 떨치는 인물이 대통령을 했어도, '민주화'되거나 노동자계급의 정치적·시민권적 권리가 신장된 것이 결코 아니었습니다. 거꾸로 대통령 자신이 조직노동자들에 대한 적대를 감추지 않고 부추겼을 뿐 아니라, 국가보안법을 대신해서 집시법, 노동법, 폭력죄, 공무집행방해죄 등등으로 과거 국가보안법보다 더 많은 노동자들을 감옥에 집어넣었습니다.

나아가, 노무현 정권 전에는 통틀어 두 번인가밖에 발동하지 않았다던 '긴급조정권'을 2005년에는 한 해에만 두 번이나 발동하여 노동자들의 파업을 파괴했습니다. 그리고 지난 2022년 12월에 윤석열 정부가 화물연대 노동자들의 파업을 분쇄하는 데에 동원하여 그 위력을 과시한 '업무개시명령제'도 2004년에 노무현 정권이 주도하여 도입한 것입니다.

극우 박근혜・이명박 정권이나, 노무현 정권의 아류인 문재인 정권, 하물며 극우 중의 극우임을 과시하고 있는 윤석열 검찰 정부에 대해서는 언급 자체가 무의미할 것입니다.

아무튼 상황이 이렇게 전개되는 데에 대해서, "신자유주의 하에서 정리해고・비정규직화 등 이른바 '노동의 유연화' 정책이 본격화되고, 그에 따라 노동자계급의 고통과 빈곤이 증대하면서 그에 저항하는 노동자들의 투쟁이 빈발・격화되자, 자본 즉 국가가 그에 대해 파쇼적으로 대응하고 있다"고 설명하는 외에, 한 마디로 '신자유주의의 본격화와 그에 따른 국가의 파쇼화'라고 규정하는 외에, 다른 설명이나 규정이 가능하겠습니까?

2) 이른바 노동(시장)의 유연화

이제는 누구나 다 아는 사실이지만, 신자유주의의 주요 정책 가운데 하나에 이른바 '노동의 유연화', 혹은 '노동시장의 유연화'라는 것이 있습니다. 그것은, 자본에게 노동자들을 임의로 해고할 수 있으며, 또 시간제・계약제・파견제 등등 각종 비정규직의 형태로 노동자들을 값싸게 이용할 수 있는 법률적 권리를 주는 것, 그리고 실제로도 그렇게 이용할 수 있도록 사회적・경제적 조건을 조성할 뿐만이 아니라 국가가 경찰 등을 동원하여 그것을 보증하는 것입니다.

이러한 '노동(시장)의 유연화'는, 다름 아니라, 항상적인 과잉생산이라는 위기에 처한 독점자본이 노동자계급에게 가하는 전면적인 공세의 하나입니다. 대량의 실업과 불완전고용 등, 고용조건의 악화를 통해서 노동자들의 임금 수준 일반을 낮추고, 이를 통해서, 낮아진 이윤률을 회복시키려는 자본의 필요와 기획에서 나오고 있는 정책인 것입니다.

그리하여, 이는, 노동자계급이 "과거에 투쟁을 통해서 획득한 노동자 보호수단들을 국제시장에 의해 강제된 '유연성'에 의해 탈취해야 할 필요성"31)
의 표현으로서, 저 유명한 부르주아 경제학자 폴 크루그먼(Paul Krugman)
교수조차, "경제학자들이 '노동시장의 유연성'이라고 부르는 것은 상당한 수
준의 **잔인성을 완곡하게 표현한 것**(What economists call 'labor market
flexibility' is a euphemism for a certain amount of brutality)"32)이라고
말할 정도입니다. "그러나 그것은 우리가 누리고 있는 것과 같은 역동적인
경제를 유지하기 위해서 **지불하지 않으면 안 되는** 유감스러운 대가일 것이
다"(강조는 인용자)라며, 부르주아적 관점에서의 그 불가피성을 덧붙이는
것을 물론 결코 잊지 않고 있지만 말입니다.

현대자본주의의 국가는 말할 나위 없이 독점자본의 국가입니다. 그 때문
에 국가는 그러한 독점자본의 이해와 필요·기획을 대표하여 그것들을 제도
화하려고 나서게 됩니다. 그리고 독점자본의 그러한 이해와 필요·기획은
현 시기에는 신자유주의, 신자유주의적 제반 정책들로 나타나고 있습니다.

한국에서 그러한 신자유주의적 기획이 본격적으로 도입된 것은 김영삼
정권 시절입니다. 그리고 김대중 정권에 들어와 전면화됩니다.

주지하는 것처럼, 1996년 5월 어느 날, 당시 대통령 김영삼 씨가 뜬금없
이 '신노사관계 구상'이라는 것을 들고 나오더니, 그 연장선상에서 이른바
'노사관계개혁위원회'(노개위)를 조직합니다. 그리고 이 '노개위'에서의 논
의를 통해서 그 '신노사관계 구상'을 '정리해고제'나 '파견근로제', '변형시간
근로제' 등으로 구체화한 후, 그 해 말에 그것을 노동법에 반영함으로써 노
동자들의 총파업을 불러왔습니다.

그리하여 개악된 노동법 가운데 일부 내용의 시행이 총파업으로 유보되
었는데, 1998년 2월 하순에 김대중 정권이 들어서기 무섭게 이른바 '노사정
위원회'를 구성, 총파업으로 유보되었던 조항들을 온갖 회유와 협박을 통해
서 전면적으로 시행하게 됩니다. 기회만 있으면 '신노사문화의 정착'을 강조

---

31) Daniel Singer, "Europe's Crisis", *Monthly Review*, Vol. 46, No. 3, July-August 1994, p. 86.
32) Steve Lohr, "Though Upbeat on the Economy, People Still Fear for Their Jobs", www.nytimes.com, 1996. 12. 29.(<https://www.nytimes.com/1996/12/29/us/though-upbeat-on-the-economy-people-still-fear-for-their-jobs.html>)

하면서 말입니다. 말하자면, '신노사관계', '정리해고제', '파견근로제', '변형시간근로제', '신노사문화' — 이런 모든 것이 바로 저들이 추구·강행하고 있는 이른바 '노동의 유연화', 혹은 '노동시장의 유연화'인 것입니다. 한 마디로, '노동(시장)의 유연화'란 노동자들을 제물로 삼아 자본의 이윤을 증대시키려는 음모요 제도입니다.

김대중 씨는 집권 후 텔레비전으로 중계된, 첫 번째의 이른바 '국민과의 대화'에서, 기획에 따라 이렇게 노동자들을 제물(祭物)로 삼는 것을 가리켜 "80%의 국민을 살리기 위해서 20%는 버릴 수밖에 없는 것"이라고 노골적으로 표현했습니다. 그러나 실제로는 1%도 안 되는 독점자본가계급의 이익을 위해서 80%의 국민들에게 고통을 강요하고, 20%가 훨씬 넘는 사람들을 희생시키는 것입니다.

2003년 들어 '인권 변호사' 노무현 정권이 새롭게 집권했지만, 노무현 정권도 신자유주의적 정책을 폐기하거나 완화하기는커녕, 그것들을 더욱 심화·확대시켰습니다.

노무현 정권 전반기에 재정경제부 장관 겸 경제부총리를 지낸 김진표 씨 등이 '대통령직인수위원회' 시절에 보인 여러 언동은 말할 것도 없거니와, 2003년 1월 17일과 18일에는, 그러니까 대통령으로 취임도 하기 전부터 노무현 씨 자신이 '노동의 유연화'를 확대하겠다고 공언하기도 했습니다. 그리고 무엇보다도 2003년 2월 13일에는 민주노총을 방문한 자리에서 "신자유주의는 거부할 수 없는 시대의 대세이고, 요구"라고 선언했습니다. 노무현 정권에서 노동부 장관을 역임한 김대환 교수 등 이른바 '합리적(?) 민영화론자들'(!)이, 정권 초기의 정책틀을 마련한 '대통령직인수위'에서 핵심적 역할을 한 것도 물론 우연이 아닙니다.

노무현 정권은 비정규직 확대를 위해 법률을 개정하려고 혈안이 되었던 정권, 나아가서는 이른바 '노동(시장)의 유연성'을 전면적으로 확대·심화시키고, 그를 통해서 노동자계급운동 일반을 무력화시키기 위한 소위 '노사관계 로드맵'을 관철시키려고 그야말로 호시탐탐 기회를 노리던 정권입니다. 이것이 바로 민주노총의 이수호 지도부가, 민주노동당이, "진정한 마르크스주의 전통의 수호자" IS(현재는 '노동자연대')가, 대다수 '진보적 지식인들' 과 그들의 여러 단체들이, 그리고 남구현·이해영·최형익 등 '마르크스주의' 정치학 교수들이 "탄핵 무효!", "탄핵 반대!"를 외치며 옹호하고, 안정화를 꾀한 노무현 정권입니다.

그런데도 당시 민주노총의 지도부를 위시해서 노동운동의 상층 활동가의 상당 부분은 이른바 '사회적 합의주의' 운운하면서, 그리고 '노사정위원회'로의 복귀를 꾀하면서, '노동(시장)의 유연성'을 극대화하려는 노무현 정권과의 투쟁보다는 타협과 공생을 도모했습니다.

이들 민주노총 지도부나 일부 활동가들의 이러한 지향은 물론, 노동자계급적이기보다는 소부르주아 민족주의적·애국주의적인, 그들의 세계관에 의해서 기본적으로 규정되고 있었을 것입니다. 하지만, 이에는 옛 열린우리당의 국회의원 이목희나 노사정위원회의 김금수 위원장 등등, 노무현 정권에 복무한 과거 노동운동권 출신 여러 인사들의 집요한 회유·견인과 공작도 크게 작용했다고 보아야 할 것입니다.

'노동(시장)의 유연화'는 물론 전면적인 과잉생산의 시대, 따라서 전반적인 위기의 시대에 더욱 치열해지고 있는 자본 간의 경쟁에 의해서 추동되고 있습니다. 하지만, 다른 한편에서 그것은 최근 급격하게 진행되고 있는 '과학기술혁명', 특히 '극소전자혁명'이나 '디지털혁명' 등에 따른 생산의 자동화에 의해서 기술적으로 뒷받침되고 있습니다. 따라서 우리는 과학기술혁명에 대해서 이해하지 않으면 안 됩니다. 또한 과학기술혁명의 본질과 경향을 이해함으로써 우리는 새로운 사회, 즉 인간에 의한 인간의 착취와 지배·억압이 없는 '자유의 왕국'에 대한 현실적이고도 논리적인 전망을 획득할 수 있습니다.

제14강 과학기술혁명과 계급사회의 종언

1. 과학기술혁명의 배경과 특징

만성적인 과잉생산과 그에 따른 자본주의적 생산의 전면적 위기는 독점자본 간의 경쟁을 격화시키고 있고, 그에 따라서 최근 수십 년 동안 과학기술혁명이 비약적인 속도로 전개되고 있습니다. 새로운 투자처와 새로운 시장을 개척하려는 자본의 필사적 몸부림, 경쟁상대보다 저렴한 비용에 상품을 생산하여 초과이윤을 획득하고 시장의 점유율을 확대하려는 노력, 무엇보다도 그렇게 경쟁력을 높이기 위해서 생산 및 유통과정에서 노동력을 배제하여 재생산과정 일반을 자동화하려는 노력 등이 과학과 기술의 새로운 경지를 개척하고, 과거에는 공상 속에나 존재하던 새로운 상품, 새로운 기기를 만들어내면서, 재생산과정의 자동화를 가속하고 있는 것입니다.

과학기술혁명은 이른바 바이오(Bio)혁명, 혹은 생명과학혁명이라고 부르는 분야에서부터 신소재산업, 그리고 소위 극소전자(ME)혁명과 디지털혁명을 포함하는 이른바 정보통신(IT)혁명 등 다방면에 걸쳐 진행되고 있습니다. 실생활에서의 그 응용 및 이용도, 의료나 유락(遊樂) 등의 써비스 산업에서부터 제조업까지, 그리고 컴퓨터나 휴대전화와 같은 정보·통신기기는 물론 하다못해 부엌의 조리도구들까지 일상생활의 구석구석에까지 광범위하게, 사실상 모든 분야에 걸쳐 있습니다. 개인용 컴퓨터나 휴대전화와 같은 새로운 상품을 개발하고 그 시장을 창출했을 뿐 아니라 자동차, 세탁기, 냉장고, TV 등등과 같은 기존의 상품에도 과학기술혁명의 성과가 응용됨으로써 그 기능이 갱신되고, 새로운 기능이 추가되면서 사람들의 일상생활의 양태를 바꾸고 있습니다.

이렇게 광범위에 걸쳐서 전개되고 있는 과학기술혁명인 만큼 그것은 다양한 각도에서 그 의의와 성격, 영향 등이 고찰되어야 마땅할 것입니다.

하지만, 당연히 저에게는 그것을 간단하게라도 그렇게 모든 범위에 걸쳐서 고찰할 능력이 없습니다. 그리하여 제가 주목하는 바는 단지 그것이, 생산수단까지를 포함한 넓은 의미에서의 물질적 생활수단을 생산하고 재생산하는 과정에 미치는 충격입니다.

이를 주목하는 것은 물론 어떤 객관적인 이유 없이 그저 개인적인 취향에 따른 것이 아닙니다. 그것은 "무엇이 만들어지는가가 아니라, 어떻게, 어떤 노동수단들로 만들어지는가가 경제적 시대들을 구별"하는 것이고, "노동수단들은, 인간 노동력의 발전의 측정기(測定器)일 뿐 아니라, 그 안에서 노동이 이루어지는 사회관계들의 지표(指標)이기도" 하기 때문입니다.1)

재생산 과정의 전면적 자동화・'무인화'를 향한 과학기술혁명

최근 전개되고 있는 과학기술혁명의 특징 및 중요성은 무엇보다도 그것이 직접적 생산과정은 물론 유통과정까지를 포함한 재생산과정 전반의 자동화・'무인화'를 향해서 전진하고 있다는 점입니다.

우선 직접적 생산과정에서의 한 예를 봅시다.

> 현대차의 주력 차종 쏘나타와 그랜저가 생산되는 충남 아산공장.
> [2006년 11월] 2일 오후 아산공장의 분위기는 한마디로 한적했다. 널찍한 공장에 근로자의 모습을 찾는 게 쉽지 않았기 때문이다.
> '57초당 1대 꼴로 차량이 생산된다'는 현대차 관계자들의 사전 설명을 들은 터라 … 일련의 공장은 사람들로 북적거릴 것이라 생각했다.
> 하지만 사람들은 눈에 띄지 않았다. 시끄러운 기계 소리, 완성되지 않은 앙상한 차체가 이동하는 소리만이 공장 안을 가득 채웠다.
> 1만 평 규모의 프레스 공장에서는 전구를 갈아 끼우는 근로자 2명과 다른 근로자 2명 등 총 4명만이, 바로 옆에 위치한 1만 평 규모의 차체 공장에서는 불과 10여 명의 근로자만이 눈에 띌 뿐이었다.
> 그렇지만 공장은 제대로 돌아가고 있었다. 공장 내부 한 라인의 모니터가 보여준 가동률은 오후 4시 26분 현재 99.6%. …
> 실제로 프레스 공장은 … 330여 대의 로봇이 투입돼 96%의 자동화율을

---

1) 《자본론》, 제1권, *MEW*, Bd. 23, S. 194-195. (채만수 역, 제1권, 제2분책, p. 302.)

기록하고 있었고, 도장 공장에는 62대의 로봇이 쉴 새 없이 움직이며 70%의 자동화율을 유지하고 있었다.

차체 공장 내 ... 용접 공정의 경우에는 100% 자동화가 이뤄지고 있다 ....

또한 작업 특성상 대부분이 수작업으로 이뤄지는 의장 공장의 경우에도 30여 대의 로봇이 투입돼 앞좌석 투입, 스페어타이어 투입, 워셔액 주입 등의 작업 과정에서 근로자들을 돕고 있었다.

엔진공장을 제외한 이들 4개의 공장에 투입된 전체 로봇은 450대 가량. 특히 외국에서 수입된 것이 아니라 이곳 공장에서 가동되고 있는 로봇의 90% 이상은 현대중공업의 로봇사업부가 제작한 것이었다.

이밖에도 AGV(Auto Guided Vehicle), LGV(Laser Guided Vehicle) 등이 각각 철심 및 레이저를 통해 무인으로 이동하며 무거운 자재를 실어 나르고 있었으며, 각 차의 지붕에 붙어 있는 RFID(무선인식)는 다양한 옵션에 따라 만들어지는 차량들의 생산 흐름을 자동으로 확인할 수 있게 해줬다.2)

어떻습니까? 놀랍지 않습니까?

그러나 놀라기에는 아직 이릅니다. 과학기술혁명, 따라서 신기술에 의한 생산의 자동화·무인화는 비약적으로, 가히 무서운 속도로 발전하고 있는데, 위 자료는, 이 강의를 다시 손보고 있는 현시점(2023년 여름)에서 보면, 그 발전 속도에 비추어 가히 '태고적'이라고도 할 수 있는 2006년 11월의 것이니까 말입니다.

아무튼 이러한 자동화·무인화 과정은 애초에 제조업 공장에서부터 시작되어 일찍이 1970년대 초에는 공장자동화(FA)라고 불렸습니다. 그러던 것이 1970년대 후반이 되면 사무자동화(OA)가 빠르게 진행되고, 1980년대 이후에는 상업과 금융, 농업 부문으로까지 급속히 확대되면서 고도화되어가고 있습니다. 이러한 자동화가 어떻게 진행되어가고 있는지를, 역시 낡은 자료입니다만, 우선 2005년 4월에 독일의 하노버에서 열린 산업박람회에 다녀온 한 기자의 보고를 통해서 보기로 합시다.

"글로벌 기업이라면 유가가 배럴당 100달러를 돌파해도 끄떡없어야 합니다. 비결이요? 유럽의 글로벌 기업들은 '자동화(自動化)'로 살 길을 찾고 있습니다"(독일 지멘스 랄프 마이클 프랑케 사장).

---

2) "현대차 아산공장....사람이 보이지 않는다", ≪조선일보≫, 2006. 11. 3.

지난 11일 개막된 세계 최대 하노버 산업 박람회장. 70만 평 규모 전 세계 최대 산업박람회장에서 기업들은 '고유가와 급등하는 원자재가격, 치솟는 인건비' 등 3중고에서 기업이 어떻게 살아남느냐 하는 '생존'의 문제로 고민하고 있다. 박람회 주제도 '공장자동화를 통한 경쟁력 강화'다. 글로벌 기업들이 함께 고민하는 때문일까? 공장 자동화시장은 작년 최대 60억 달러(6조원) 시장으로 급성장 중이다. 실제 하노버 박람회장에서도 자동화는 각 방면에서 핫이슈였다.

제17관 폴크스바겐 전시장. 빨간 팔의 로봇 두 대가 부식(腐蝕)방지 코팅공정에 투입됐다. 이 공정은 사람이 작업하기에는 위험이 뒤따르지만, 고급 승용차 제작에 빠질 수 없는 과정이다. 빨간 팔의 위력은 컸다. "종전 100명이 투입됐던 이 공정에 이제는 단 5명만 투입하면 돼요. 나머지는 로봇이 완벽하게 해냅니다." 자동화 전문업체 아이젠만(Eisenmann)사 '헬무트 호흐' 프로젝트 매니저 얘기다.

자동화는 이제 '기업 주문맞춤형'으로 발전 중이다. 유럽의 생수제조 규정은 까다롭기로 유명하다. 독일 수드모(SUDMO)사는 스위스 식음료업체 '네슬레'의 높은 벽을 '9단계 일관생산공정'으로 넘어섰다. 원수(源水) 취수에서 필터링(걸러내기), 맛과 향을 위한 향·이산화탄소 첨가, 썩는 것을 막기 위한 공기 뽑기, 살균·세척 등이 컴퓨터로 물 흐르듯 처리된다. 강점은 역시 탁월한 생산성에 있다. "10명이 투입되던 1개 제조라인을 이제 단 3명으로 해결할 수 있습니다. 70%의 인력 절감효과지요"(빔 플레이지어 지역 세일즈 매니저). 소비 현장도 자동화에서 예외는 아니다. 미 록웰(Rockwell)사는 최신 '칵테일 자판기'를 선보였다. "60개의 칵테일 메뉴 중 하나를 골라 보세요." 메뉴판에서 '플로리다 셰이크'(Florida Shake)를 주문했다. 20초 후 붉은 색 플로리다 셰이크가 '탁'하고 떨어졌다. "600개의 칵테일 메뉴도 소화할 수 있습니다"(로랜드 리케 수석엔지니어).

'고유가 시대에서 자동화는 선택이 아니라 필수'라는 게 세계 최대 하노버산업박람회의 메시지였다.[3]

이러한 자동화가 보다 더 널리 확산될 경우 자본주의적 생산은 어떤 운명을 맞을 것인가에 대한 문제의식은 전혀 없는, 경쟁이라는 외적 강제에 쫓기는 개별자본의 시각을 대변하고 있는 재미있는 기사이지만, 자동차 조립공장에서부터, 생수 제조업체, 그리고 칵테일 판매업체에 이르기까지, 그러니

---

[3] 이광회 기자, "[르포] 독일 하노버 산업박람회, 100명이 하던 공정, 로봇+5명이 뚝딱", ≪조선일보≫, 2005. 4. 14.

까 제조업에서 유통업에 이르기까지 자동화가 어떻게 진행되고 있는가를 보여주고 있습니다. 특히 "일관생산공정"이란 것에, 즉 생산과정 전반의 자동화에 주목할 필요가 있습니다. 실제로 신소재의 개발을 통한 센서기술의 발전과 디지털혁명 및 극소전자혁명을 통한 계측제어기술의 발전에 기초하여 모든 공정을 일관하여 자동화해가고 있는 것이 최근 기술 발전의 특징적 경향이니까 말입니다.

그리고 위 기사가 보고하고 있는 '산업박람회'로부터 불과 15·6년쯤이 지난 2020년대 초가 되면, 우리는 도처의 산업현장에서 생산과 유통이 실제로 사실상 전면적으로 자동화·'무인화'되어 있는 것을 보게 됩니다.

예컨대, 이렇습니다.

> 12일 오전 충북 진천 한화솔루션 큐셀부문(한화큐셀) 공장. 300m 길이의 생산 라인에선 태양광 셀의 원재료인 실리콘 웨이퍼 수만 개가 쉴 새 없이 컨베이어 벨트를 따라 움직이고 있었다. …
> 공정 전 과정은 모두 자동으로 이뤄졌다. 로봇 팔이 컨베이어 벨트 위 웨이퍼들을 레이저로 검사해 두께·크기·파손 여부를 파악하고 불량 웨이퍼를 걸러냈다. 웨이퍼 표면에 회로를 새겨 셀로 만들고, 셀을 반으로 자른 후 156개를 모아 모듈을 만들고, 완성된 모듈의 품질을 검사하는 것까지 모두 로봇과 자동화 설비의 몫이었다. 머리 위로는 각종 부품을 나르는 기계들이 끊임없이 오갔다. 한화큐셀 관계자는 "웨이퍼 입고부터 모듈 출하까지 전 과정을 자동화해 하루에 200만 장의 셀을 생산한다"고 말했다.
> … 축구장 26개 규모인 19만㎡ 부지에 2개 동으로 이뤄졌다. … 진천 공장의 태양광 수출액은 올해 약 1조7000억원에서 내년에는 2조원을 훌쩍 넘어설 것으로 예상된다.4)

그리고 또 …

> 지난 9일(현지시간) 미국 테네시주 클락스빌의 LG전자 공장. 로봇 팔이 컨베이어 벨트에 놓인 네모난 금속판을 집어 둥글게 말더니 용접 기계 위에 놨다. 이어 전문 용접공이 작업한 수십만장의 사진을 학습한 '비전 카메

---

4) 이기우 기자, "축구장 26개 규모 태양광 모듈 공장, 전 공정이 자동 — 국내 최대 생산기지 '한화큐셀 진천공장' 가보니", ≪조선일보≫, 2022. 10. 14. (<https://www.chosun.com/economy/industry-company/2022/10/14/K5SF4E2SKRGVJO3CQUS2LCAVRU/>)

라'가 용접 부위를 촬영해 불량 여부를 살폈다. 순식간에 빨랫감을 넣는 세탁조가 완성됐고, 로봇들은 여기에 모터를 붙였다. 네모난 금속판이 모터가 달린 세탁조가 될 때까지 사람의 손은 전혀 닿지 않았다.

연면적 9만4000㎡ 규모의 테네시 공장은 2018년 말 준공됐다. 세 개의 생산라인에서 각각 드럼세탁기, 통돌이세탁기, 건조기를 제조한다. 연간 세탁기 120만대와 건조기 60만대를 생산할 수 있다. …

부품들은 LG전자 생산기술원에서 제작한 무인운반차(AGV) 166대와 공중 컨베이어 등에 실려 공장 1층과 2층을 쉴 새 없이 오갔다. 운반 경로는 공장 내 위치데이터를 기반으로 인공지능(AI)이 최단 이동거리를 찾는 '물류 동선 시뮬레이션'을 통해 실시간으로 결정됐다.

LG전자 관계자는 "기존에는 사람이 직접 하루에 6000번 이상 수행했던 부품을 나르는 작업을 이제는 AGV가 알아서 처리한다"고 말했다. 테네시 공장의 자동화율은 현재 63%로, 연말까지 70% 달성을 목표로 하고 있다. …

현재 테네시 공장의 직원 수는 900여명 정도다. 공장에서 만난 노동자 대부분은 세탁기 조작부에 있는 전선을 연결하거나 나사를 조이는 작업을 하고 있었다. 로봇이 수행하면 흠집 등이 발생할 수 있어 여전히 인간 숙련자가 맡고 있는 몇 안되는 작업들이다.[5]

여기에서 참고로, 위 기사는 LG전자 미국 테네시 공장에 관한 것이지만, LG전자의 이러한 고도의 자동화는 미국 공장에서만이 아닙니다. 기사는 이렇게 끝맺고 있습니다.

테네시 공장은 지난 13일 세계경제포럼의 '<u>등대 공장</u>'으로 선정됐다. <u>등대 공장은 첨단 기술을 적극 도입해 제조업의 미래를 이끄는 공장에게 주어지는 이름</u>이다. LG전자는 <u>작년 상반기에 선정된 경남 창원의 냉장고 공장</u>에 이어 두번째 등대 공장을 보유하게 됐다. (강조는 인용자.)

그런데, 공장들만이 자동화·'무인화'되는 게 아닙니다. 이런저런 여러 형태의 음식점들도 자동화·'무인화'되고 있습니다. 예컨대, 이렇습니다.

국내 치킨 프랜차이즈 BBQ는 이달 미국 뉴저지주 잉글우드에 배달·포

---

[5] 이재덕 기자, "사람 없이 로봇이 '척척', LG 세탁·건조기 북미 거점 테네시 공장", ≪경향신문≫(인터넷 판), 2023. 01. 15. (<https://m.khan.co.kr/economy/economy-general/article/202301151355001#c2b>)

장 특화 매장을 새로 연다. 주문을 받거나 음식을 건네주는 직원이 따로 없어 손님이 스마트폰 앱이나 키오스크(무인 주문기)로 주문한 뒤 음식은 보온 기능을 갖춘 푸드 라커(음식 보관함)에서 찾아가는 구조로. …

지난 2021년 미국 뉴욕에 처음 문을 연 만두 전문점 '브루클린 덤플링 숍'은 현재 모든 매장에 푸드 라커를 갖추고 있다. 주문 후 '음식을 찾아가라'는 문자가 도착하면 푸드 라커에서 찾아가는 방식이다. 차가운 음료가 놓인 보관함엔 파란불, 따뜻한 만두가 놓인 보관함엔 빨간 불이 들어온다. …

유명 패스트푸드점인 KFC와 버거킹, 스매시버거, 타코벨, 델타코 등도 비슷한 방식의 푸드 라커를 일부 매장에 선보였다. 국내에서도 롯데리아가 주문은 키오스크로 하고 전광판에 주문 번호가 뜨면 음식은 전용 보관함에서 찾아가는 스마트 특화 매장 'L7홍대점'을 재작년 말 열었다.

대면 접촉이 전혀 없는 드라이브스루(차에 탄 채로 주문한 음식을 받아가는 …) 매장도 등장하고 있다. 맥도널드가 … 텍사스주 포트워스에 문을 연 드라이브스루 매장에서는 스마트폰으로 주문한 후 차를 몰고 픽업대로 오면 주방과 연결된 자동 컨베이어 벨트에서 음식이 나온다. … 타코벨이 … 미니애폴리스에 연 매장 역시 드라이브스루 주문 전용으로 만들어졌다. … 주문 후 1층 픽업대에 차를 대면 음식이 수직 승강기를 타고 내려온다. …

우리나라도 음식점에서 사람 얼굴 보기가 점점 어려워지고 있다. 홀 직원이 따로 필요없는 포장·배달 전문 체인점, 무인 카페 등이 이미 동네마다 우후죽순 생기고 있고, 직원 대신 키오스크나 서빙 로봇을 쓰는 식당도 많아졌다. 주요 패스트푸드점의 키오스크 도입률은 높게는 95%에 이른다.[6]

그리고 유무선 통신을 통한 주문이 상품구매의 대세를 형성해가면서 갈수록 거대 기업화하고 있는 '물류 쎈터' 역시 "100% 자동화", 즉 100% 무인화되어 있다고도 보도되고 있습니다.[7]

이상에서는 제조업과 유통업만을 몇몇 예로 들었지만, 농축산업 역시 예외가 아닙니다. 예컨대, 1990년대에 이미 우리 사회에서도 다음과 같은 보

---

[6] 성유진 기자, "앱 주문 후 '푸드 라커'에서 찾아가면 끝 … 음식 건네주는 직원도 사라진다", 《조선일보》(인터넷 판), 2023. 02. 09. (<https://www.chosun.com/economy/mint/2023/02/09/D4RSYMEPFZHMBB32T4WJ2EZYUU/>)

[7] 이미지 기자, "CJ대한통운 이천 물류센터에 사람이 사라졌다 — '2월부터 100% 자동화' CJ대한통운 '크림 전담센터' 가보니", 《조선일보》(인터넷 판), 2023. 01. 17. (<https://www.chosun.com/economy/market_trend/2023/01/17/SSMNNAC3AZARJPNQTRA4HI2OWI/>)

고를 발견할 수 있습니다.

> 사육우가 1백 마리로 늘어난 지난 78년 목장을 경기 가평으로 옮겼다. 6만 평 규모지만, 풀을 심고 소를 다루는 일은 모두 컴퓨터로 자동화, 인부 2명으로 거뜬히 처리한다.8)

이러한 사실상 전면적인 자동화·무인화는 우리 주위에 갈수록 확산되고 있고, 이는 당연히 고용·실업 문제를 심각하게 만들고 있습니다.

비근한 예를 들자면, 모두 기억하시겠지만, 지난 1997년 말의 경제위기를 계기로 99년 말까지 총은행원의 3분의 1 이상이 이른바 '명예퇴직'이나 정리해고 등으로 감원되었습니다. 업무 전반의 컴퓨터화는 물론이요 요소요소에 설치되어 있는 수만 대의 무인현금·수표입출금기가 없었더라도 그러한 대량 감원이 과연 가능했겠습니까? 실제로, 2006년 1월 현재 전국에 설치되어 있던 은행(국민, 조흥, 우리, 하나, 기업, 외환, 신한, SC제일, 한국씨티)의 자동화기기 수는 ATM 24,289대, CD 9,838대로 총 34,127대였던 것으로 보도된 바 있습니다.9)

그런데 오늘날은 어떻습니까? 은행의 그러한 자동화기기들조차 엄청나게 사라졌고, 또한 사라지고 있지 않습니까? 다름 아니라, 컴퓨터의 광범한 보급은 물론, 이제 대여섯 살 어린이들로부터 노인들에 이르기까지 사실상 모든 사람들이 통칭 '스마트폰'으로 불리는 휴대전화들을 가지고 있고, 어지간한 은행 볼일은 그것으로 처리하기 때문에, 은행의 입장에서는 적지 않은 관리비가 드는 그 자동화기기들조차 구태여 유지할 필요가 없어진 것이지요. 그만큼 관리 인원, 노동자들도 필요 없게 되었고요.10)

뿐만 아니라, 누구나 버스, 기차, 지하철 등을 이용할 때, 여러 형태로 자동화되어 있는 요금징수 방법들을 경험할 것입니다. "옛날에는 차장들의 '오라이!' 소리 힘으로 달리던 뻐스가 요즘엔 교통카드 단말기의 '삐' '삐' 소리

---

8) 이명재 기자, "'창립60돌 서울우유' 55년 가업 잇는 '우유 3대'", 《동아일보》, 1997. 7. 11.

9) 박준규 기자, "자동화기기 이용, 어느 은행이 편한가", 《내일신문》, 2006. 1. 20.

10) "지난해 말 은행 점포 수는 5800곳으로 1년 전보다 5%, 10년 전보다 24% 줄었다." (이재연 기자, "은행, 대체 점포 없이 영업점 폐쇄 못한다", 《한겨레》, 2013. 4. 14. <https://www.hani.co.kr/arti/economy/finance/1087776.html>)

힘으로 달린다"는 농담도 있지 않습니까? 참으로 수만 명의 노동력을 배제하고 있고, 예컨대, 서울이나 부산을 위시한 대도시의 지하철들, 그리고 승차권 판매는 물론, 옛 개찰구들을 아예 개방해버린 철도역들은 모두 역무(驛務)의 사실상의 완전 무인화를 이미 실현한 것 아닙니까? 유료 고속도로의 '하이패스' 톨게이트(요금 수납소)도 그렇고요.11)

한편, 과학기술혁명에 의한 생산과 재생산과정 일반의 자동화・무인화에는 하나의 예외적인 분야가 있다고 생각되어 왔습니다. 정보기술 분야가 바로 그것으로, 과학기술혁명이 전개되면 될수록 이 분야에는 그만큼 더 연구자들이 필요하리라고 믿는 것이 당연하지 않겠습니까? 그러나 현실은 그렇게 전개되고 있지 않습니다. 다음 기사를 봅시다.

> 인공지능(AI)이 본격 도입되면, 사람들의 일자리를 위협할 것이란 우려가 정보기술(IT) 분야에서 이미 현실이 되고 있다.
> 미국 ≪시엔엔≫(CNN)은 4일 점점 많은 정보기술 기업들이 직원들을 정리해고하면서 그 이유로 인공지능의 도입을 꼽고 있다고 전했다. 캘리포니아 교육기술 기업 '체그'는 지난달 경영공시를 통해 "회사가 인공지능 전략에 대비해 …" 직원 4%를 해고했다고 밝혔다. 파일 저장・공유 서비스 기업 '드롭박스'도 4월 말 직원 16%를 해고하면서 인공지능을 이유로 꼽았다. 재취업 알선 회사 '챌린저, 그레이 앤드 크리스마스' 역시 5월 인공지능의 영향 등을 거론하며 정보기술 분야 직원 3900명을 해고했다.
> 대형 정보기술 기업의 사정도 다르지 않다. 아르빈드 크리슈나 아이비엠(IBM) 최고경영자(CEO)는 5월 ≪블룸버그≫ 통신과의 인터뷰에서 앞으로 몇년 사이에 인공지능으로 대체될 수 있다고 생각하는 일자리의 고용을 중지할 것으로 예상한다고 말했다. 이 말이 큰 파문을 부르자 보도된 발언이 앞뒤 맥락이 잘린 채 인용되었다며 "인공지능이 빼앗는 것보다 더 많은 일자리를 만들어낼 것"12)이라고 말했다. …
> 지난해 11월 생성형 인공지능인 챗지피티(GPT)의 등장이 몰고 온 대량 해고 사태는 코로나19 대유행이 끝난 뒤 디지털 서비스에 대한 수요 감소가 예측되는 불확실한 상황과 맞물려 진행되고 있다. 정보기술 기업의 일

---

11) 입으로는 '양극화 해소'니, '일자리 창출'이니 하고 떠들어대면서, 이렇게 공공부문에서조차 무인화, '구조조정'을 강행하는 것이 자본주의요, 자본주의 국가입니다.
12) 이 말은 물론 자신의 발언의 '파문'을 수습하려는 옹색한 헛소리일 뿐입니다.

자리 데이터를 추적하는 웹사이트 '레이오프스'(Layoffs.fyi) 자료에 따르면 올 들어 지금까지 정보기술 기업에서 해고된 이들은 이미 21만 2294명에 이른다. 불과 반년 사이에 지난해 한 해 동안 해고된 인원수(16만 4709명)를 넘어선 것이다.

이와 대조적으로 인공지능에 대한 투자 확대 계획은 앞다퉈 공개되고 있다. 마이크로소프트는 지난 1월 비용 절감을 위해 직원 1만명을 해고한다고 발표한 뒤 며칠 만에 챗지피티의 개발사인 '오픈에이아이'에 '몇십억 달러'짜리 대형 투자 계획을 공개했다. 페이스북과 인스타스램을 거느린 메타의 마크 저커버그 최고경영자도 지난 3월 임직원에게 보내는 편지에서 임직원 1만명을 해고한다는 소식과 함께 인공지능에 대한 투자 확대 계획을 함께 밝혔다.

… 실리콘밸리에서 한때 최고의 대우를 받던 소프트웨어 엔지니어는 이제 … 인공지능 전문가에게 밀리고 있다. 인공지능 개발에 선구적인 구실을 하고 있는 실리콘밸리가 이 기술이 도입된 뒤 기업의 인력 구성이 어떻게 변하는지에 대한 선구적인 사례까지 제공하고 있는 셈이다.13)

인공지능(AI)이 그것을 있게끔 한 정보기술자들을 급속히 대체하기 시작한 것입니다.

인간은 그 생존에 필요한 생활수단들을 자연으로부터 획득하지 않으면 안 되고, 이를 매개하는 것이 노동입니다.14) 그런데 노동은 고되고, 따라서 인간은 이 노동으로부터 해방되기를 원하지만, 자신의 몫과 그 이상의 노동을 타인에게 전가하며 호사를 누리는 소수의 착취자들을 별도로 하면, 노동은 인간에게 천형(天刑)과 같은 것으로 되어 있습니다.15) 물론 다른 한편에

---

13) 박병수 선임기자, "IT 일자리 치고들어오는 AI … 올들어 21만 명 해고 초래", ≪한겨레≫, 2023. 07. 06. 이 기사의 인터넷판(https://www.hani.co.kr/arti/international/globaleconomy/1098921.html?_ga=2.67815064.804340947.1688705046-1691456675.1661723965>) 제목은 "빅테크 · 실리콘밸리에 AI발 해고폭풍이 닥쳤다"입니다.

14) "노동은 우선 자연과 인간 사이의 과정, 즉 인간이 자기 자신의 행위에 의해서 자신과 자연 사이의 물질대사를 매개하고, 규제하며, 통제하는 과정이다. 인간은 자연소재 자체에 대해서 하나의 자연력으로서 상대한다. 인간은 자연소재를 자신의 삶을 위해서 사용할 수 있는 어떤 형태로 획득하기 위해서 자신의 육체에 속하는 자연력들인 팔과 다리, 머리와 손을 운동시킨다."(≪자본론≫, 제1권, 제1권, *MEW*, Bd. 23, S. 192.; 채만수 역, 제1권, 제2분책, p. 298.)

15) "사용가치의 형성자로서는, 즉 유용노동으로서는, 노동은 모든 사회형태들로부터 독

서는 오늘날의 인간 그 자체가 노동의 산물이기도 하지만 말입니다.16)

아무튼 노동은 이렇게 인간이 살아가면서 감수하지 않으면 안 되는 천형과 같은 것이기 때문에, 이 천형으로부터, 즉 자연에 의해서 강제되는 노동으로부터 벗어나는 것이야말로 인간이 진정으로 자유로워지는 것,17) 즉 인간이, 맑스의 표현을 빌리면, '필연의 왕국'에서 '자유의 왕국'으로 들어가는 것일 것입니다.

그러면, 인간이 그렇게 진정으로 자유로워질 수 있는 조건, 즉 필연의 왕국'에서 '자유의 왕국'으로 들어갈 수 있는 조건은 과연 무엇일까요?

그것은 당연히 첫째로는, '천형'으로서의 노동, 필연으로서의 노동을 하지 않더라도 그 생존에 필요한 물질적 생활수단들을 획득할 수 있을 만큼의 노동생산력의 발전입니다. 그리고 둘째로는, 그렇게 고도화된 노동생산력이 사회구성원 중 소수에 의해서 독점되어 그들만을 위해서 이용되지 않고, 그 사회구성원 전체의 것이 되어, 그 전체를 위해서 목적의식적으로 이용되어야 하는 것입니다.18)

립적인 인간의 존재조건, 즉 인간과 자연 사이의 물질대사(物質代謝, Stoffwechsel)를, 따라서 인간의 생활을 매개하기 위한 영원한 자연필연성이다."(≪자본론≫, 제1권, *MEW*, Bd. 23, S. 57.; 채만수 역, 제1권, 제1분책, p. 77.)

16) "인간은 이 운동에 의해서", 즉 노동에 의해서[인용자], "자신의 외부의 자연에 작용을 가하여 그것을 변화시키면서, 동시에 그는 자기 자신의 자연(Natur)을 변화시킨다. 그는 그 자신의 자연 속에 잠자고 있는 능력들을 발전시키고, 그들 힘의 운동을 통제한다."(≪자본론≫, 제1권, 제1절, *MEW*, Bd. 23, S. 192.; 채만수 역, 제1권, 제2분책, p. 298.). 열대의 우림에 살던 어떤 원숭이 무리가 인간이 되기까지 노동이 어떤 역할을 했는가에 대해서는, F. 엥엘스의 "원숭이의 인간화에서의 노동의 공헌(Anteil der Arbeit an der Menschwerdung des Affen)"(≪자연의 변증법≫, *MEW*, Bd. 20, S. 444-555.; 박기순 역, "원숭이의 인간화에서 노동이 한 역할", ≪칼 맑스・프리드리히 엥겔스 저작선집≫, 제5권, pp. 379-392.) 참조.

17) 어떤 종교가 그 '경전(經典)'에서 "선악과(善惡果)"가 어떻고, "인간의 원죄"가 어떻고 하는 황당무계한 얘기를 하는 것도 노동의 이 필연성을 얘기하는 것이고, 그 '천형'으로부터 벗어나고자 하는 대중의 원망(願望)을 반영하는 것이며, 그러한 원망을 가진 대중의 무지를 이용하여 한 무리의 사람들이 자신의 몫의 노동과 그 이상을 그들 대중에게 전가하는 것입니다.

18) "일정한 시간에, 따라서 일정한 잉여노동시간에 어느 만큼의 사용가치가 생산되는가는 노동의 생산성에 달려 있다. 사회의 현실적인 부와 그 재생산과정의 부단한 확장 가능성도 그리하여 잉여노동의 길이에 달려 있는 것이 아니라 그 생산성에 달려 있고, 또

자 그러면, 근래에 비약적으로 전개되고 있는 과학기술혁명은 생산 및 재생산과정 전반을 사실상 자동화·'무인화'하고 있는데, 이는 과연 무엇을 의미하겠습니까?

이는 당연히 인간이 천형으로서의, 자연이 강제하는 필연적 노동으로부터 해방되어 진정으로 자유로워질 수 있는, 즉 '필연의 왕국'으로부터 '자유의 왕국'으로 들어갈 수 있는 노동생산력을 획득하고 있다는 것, 혹은 어쩌면 이미 획득했다는 것, 그리하여 자유의 왕국의 물질적 조건을 획득하고 있고, 혹은 어쩌면 이미 획득했다는 것을 의미합니다.

그리하여, 만일 노동하여 자연으로부터 노동수단을 생산하는 노동자들이 토지를 위시한 제반 생산수단들을 소유하지 못했기 때문에 자신의 노동력을 판매해야만 노동할 수 있고, 호구(糊口)를 이을 수 있는 자본주의 사회가 아니라면, 그러한 생산수단들을 사회의 구성원들이 공동으로 소유하여 공동으로 노동하고, 그 성과를 공동으로 분배하는 사회라면, 과학기술혁명의 성과로서의 생산 및 재생산과정 전반의 이러한 자동화·무인화는 인류 누구에게나 거대한 축복일 것입니다.

그러나, 과학기술혁명에 의한 생산과 재생산과정 일반의 이러한 자동화·무인화가, 한없는 이윤의 획득과 축적이 그 목적인 자본주의 체제 내에서 전개되고 있기 때문에, 그것은, — 물론 보다 고도의 사회체제, 인간에 의한 인

한 그것이 행해지는 생산조건의 풍부함의 크기에 달려 있는 것이다. 실제로 자유의 왕국은 궁핍이나 외적 합목적성에 의해서 규정되어 있는 노동이 끝나는 곳에서 시작된다. 그것은 그리하여 당연히 본래의 물질적 생산 영역의 저편에 있는 것이다. 미개인이 자신의 욕망을 채우기 위해서, 자신의 생활을 유지하고 재생산하기 위해서 자연과 싸우지 않으면 안 되는 것처럼, 문명인도 그렇게 하지 않으면 안 되고, 또한 모든 사회형태 속에서 그리고 가능한 모든 생산양식 하에서 그렇게 하지 않으면 안 된다. 그 발달에 따라서 이 자연필연성의 왕국이 확대되는데, 왜냐하면 욕망이 확대되기 때문이다. 그러나 동시에 이 욕망을 충족시키는 생산력도 발전한다. 자유는 이러한 영역에서는 다음과 같은 곳에만 있을 뿐이다. 즉, 사회화된 인간, 결합된 생산자들이, 맹목적인 힘에 의해서 지배되는 것처럼 자신과 자연과의 물질대사에 의해서 지배되는 대신에, 이 물질대사를 합리적으로 규제하고 자신들의 공동적 통제 하에 둔다고 하는 것, 결국 최소한으로 힘을 소비하여, 자신들의 인간성에 가장 합당한 조건 하에서, 이 물질대사를 행하는 데에 있을 뿐이다. 그러나 이것은 역시 아직 필연의 왕국이다. 이 왕국의 저편에서 자기목적으로서 인정되는 인간의 힘의 발전이, 진정한 자유의 왕국이 시작되는데, 그것은 그러나 단지 저 필연의 왕국을 그 기초로 하여 그 위에서만 개화할 수 있다. 노동일의 단축이야말로 근본조건이다."(≪자본론≫, 제3권, *MEW*, Bd. 25, S. 828.)

간의 착취가 없는 사회, '자유의 왕국'을 준비하고는 있지만, ― 당장은 노동자・인민대중에게, 거대한 축복이 아니라, 고용・실업문제의 심각화라는 거대한 재앙으로 닥치고 있습니다. 그리하여, 예컨대, 2015년 10월 현재 농업부문을 제외한 고용자 수가 약 1억 4300만 명인 미국에서는 향후 20년 동안에 자동화로 인해 8000만 개의 일자리가 로봇으로 대체될 수도 있다거나,[19] "국내 1800만 명 일자리, 10년 내 인공지능・로봇에 위협"[20]이라거나, "10년 내 AI・로봇이 일자리 절반 대체"[21] 등의 예언까지 나온 지 오래입니다. 그리고 모두 오늘날 실제로 경험하고 있는 일이기도 하고요.

따라서 노동자계급으로서는 당연히, 이러한 상황의 전개가 갖는 역사적 의의를 탐구, 명확히 인식하고, 과학기술혁명의 진전이 이렇게 축복으로서가 아니라 거대한 재앙으로 닥쳐오는 상황을 <u>근본적으로 타개하는 길</u>을 모색하지 않으면 안 될 것입니다.

그리고 다른 한편에서는, 그것이 노동자계급에 가해오는 고통을, 비록 자본주의적 생산이라는 틀 속에서이지만, 최대한 경감해내는 방안들을 <u>정확히 노동자계급의 관점에 서서</u> 모색하지 않으면 안 될 것입니다.

그런데 현실에서는 일부 선진・조직 노동자들조차, 자본의 선전과 당장의 '안락함'에 제정신을 잃고, 노동자계급의 관점과 그 대의를 배신하는 노사협조주의에 빠지는 경우가 적지 않습니다.

현대・기아로 대표되고 있는 한국의 자동차 산업에서의 한 예를 봅시다.

---

19) 권성근 기자, "'미국에서 자동화로 8000만개의 일자리 로봇으로 대체될 수 있다' 영란은행 관계자", ≪뉴시스≫, 2015. 11. 13. <www.newsis.com/view/?id=NISX20151113_0010411701>. 위 기사의 그 '영란은행(Bank of England) 관계자'인 영란은행의 수석 이코노미스트 앤디 홀데인(Andy Haldane)은 예의 예언을 한, 영국노동조합회의(TUC)에서의 강연에서 향후 20년 동안에 영국에서는 총고용자 수의 거의 절반인 약 1천 500만 명이 로봇에 의해 대체될 수 있다고 말하고 있습니다. (Larry Elliott, "Robots threaten 15m UK jobs, says Bank of England's chief economist", *The Guardian*, 2015. 11. 12. <www.theguardian.com/business/2015/nov/12/robots-threaten-low-paid-jobs-says-bank-of-england-chief-economist>)

20) 권오성 기자, "국내 1800만명 일자리, 10년 내 인공지능・로봇에 위협", ≪한겨레≫(인터넷판), 2017. 1. 3. <www.hani.co.kr/arti/science/science_general/777109.html>. 참고로, 통계청의 "경제활동인구조사"는, 2018년 10월 현재 총취업자 수를 약 27백9만 명으로 추산하고 있다.

21) 김기홍 기자, "10년 내 AI・로봇이 일자리 절반 대체", ≪조선일보≫, 2017. 5. 16.

2008년 9월 29일에 극우 ≪조선일보≫는 "기아차 광주공장을 보라"는 기사22)를 내보내고 있는데, 거기에서는 우선, "10년 전만 해도 … 특수자동차 제조 전문 공장이던 광주공장은 이제 … 기아자동차의 수출 전략기지로 부상했[고] … 기아차의 주력 공장으로 우뚝 선 것"을 특필하면서, "광주공장을 이토록 변화시킨 '힘'은 … 강성 노조가 득세하는 다른 공장에 비해 효율성을 강조하는 사원들의 자발적인 분위기와 공장 합리화사업 같은 사측의 노력이 시너지(결합)효과를 낸 덕분"이라고 쓰고 있습니다. 그러면서 실제로 "기아자동차 노동조합 광주지회의 오태백 부지회장은 '조합원들 사이엔 광주지역 경제 30%를 맡고 있다는 책임감이 형성돼 있다'며 '단체행동을 할 때도 광주상공회의소 등 경제단체들의 눈치를 안 볼 수 없기 때문에 다른 공장들보다 노사 분규를 자제하는 편'이라고 말했다"고 전하고 있습니다.

노동조합이, 혹은 그 간부들이 얼마나 허위의식에 젖어 있고, 노사협조주의에 빠져 있는가를 말하고 있는 것입니다.

특히 걸작인 것은 노동조합의 이러한 노사협조주의에 "사측은 '자동화'와 '최신 설비'로 보답했다"는 것입니다. 그 내용을 그대로 옮기면 이렇습니다.

> 사측은 '자동화'와 '최신 설비'로 보답했다. 광주공장은 품질 개선을 위해 [물론 실제로는 비용 절감을 위해: 인용자] 100% 용접 자동화 차체라인을 갖추고, 친환경 및 도장(塗裝) 품질 향상을 위해 수성 도료를 적용한 도장라인과 작업자의 근골격계 질환 예방을 위한[아이구, 고맙기도 해라!: 인용자] 자동화 설비를 확대했다.
>
> 특히 광주 1공장의 자동화율은 전국 최고 수준이다. 전체 공정 중 차체 공정은 자동화율이 100%에 이르고 프레스 공정은 90%, 도장 공정은 64%에 이른다. 정영복 차체1부장은 "정밀성이 요구되는 검사만 작업자가 수작업을 진행하고 있다"며 "총 5400t 규모의 프레스 라인 중 적재, 이동 등 거의 모든 작업이 자동화돼 있다"고 설명했다.
>
> 차체 공정 라인에선 144대의 로봇이 각종 용접작업을 자동으로 해내고 있다. 현재는 쏘울, 카렌스 생산비율이 2대1 수준이지만 고객들의 주문에 따라 얼마든지 생산비율 조정이 가능하다. 김현석 조립 1부장은 "자동화를 통해 노동 강도가 줄어들고 이에 따라 피로도가 낮아져 생산효율성이 높아

---

22) 김현진 기자, "기아차 광주공장을 보라", ≪조선일보≫ 2008. 09. 29. (<https://biz.chosun.com/site/data/html_dir/2008/09/28/2008092800835.html>)

지고 있다"고 했다. 김제복 이사는 "신차 쏘울 수출이 본격적으로 시작되는 2009년에는 광주공장 최초로 40만대 이상을 생산할 수 있을 것으로 기대하고 있다"고 말했다.

자, "거의 모든 작업이 자동화돼" 있고 "정밀성이 요구되는 검사만 작업자가 수작업을 진행"하더라도, 그 자동화율만큼, 그리고 그에 따른 노동생산성의 증대율만큼 시장의 수요가 확대되고 있는 동안에는 그 효과가, "자동화를 통해", 신경계통의 피로증대를 도외시하면, "노동 강도가 줄어들고 이에 따라 피로도가 낮아져 생산효율성이 높아지고" 있는 것에 그친다고 합시다.

그런데, 미구에 공황이 엄습하여 수요가 급감하고 재고가 누적되는 상황이 돼도, 그 효과는 거기에 그칠까요? 그때에는, 노사협조주의적인 노동조합, 그 노동자들에게 "사측"은 과연 무엇으로 "보답"할까요?

저의 게으름과 불성실 때문에 기아자동차 광주공장에서의 그 후의 사태 전개를 추적하지 않았습니다만, 불문가지요 불견가지 아니겠습니까?

자동화와 노동 공유

과학기술혁명과 그에 따른 생산 및 재생산과정 일반의 자동화·무인화로 노동자계급에게 닥치는 고용·실업 문제의 격화에 대해서 자본주의적 생산을 전제한 위에서의 대응은, 산술적으로만 말하자면, 오직 하나의 길만이 있을 수 있습니다. 다름 아니라, 노동일, 즉 노동시간을 대폭 단축하여 일자리를 공유하는 길입니다.

췌언(贅言)에 불과하지만, 물론 임금이나 기타 노동조건의 후퇴 없는 일자리의 공유를 의미합니다.

일자리를 공유하되 그것이 임금이나 기타 노동조건의 후퇴 없는 일자리의 공유여야 한다고, 너무나 당연한 얘기를 굳이 덧붙이는 이유는, 국가와 독점자본 측에서 실제로 임금 및 노동조건의 대폭적인 후퇴를 수반한 '일자리 공유'를 강력히 추진·강행하고 있기 때문입니다. 다름 아니라, 노동시장의 유연화가 바로 그것입니다.

이미 수년 전부터, 저들 독점자본과 신자유주의자들은 노동시장의 유연화를 더욱 촉진하기 위해서, 특히 임의의 해고와 비정규직 사용에 대한 광범한 자유를 획득하기 위해서, "해고가 자유로워야 실업률이 떨어진다"는 듣기에도 기괴한 논리를 입에 붙이고 살고 있지 않습니까? 그리고 그 증거로서 노동시장의 유연화가 크게 진전되어 있는 영국이나 미국의 실업률을, 신자유주의적 '개혁'이 아직 그토록까지는 나아가지 않았던, 즉 저들의 표현으로는 '개혁되지 못한' 독일이나 프랑스 등 서유럽 대륙국가들의 그것들과 비교하기도 했습니다. 2007년에 새로운 대공황이 발발하기 전의 얘기입니다만, 실제로 당시 서유럽 대륙 국가들에서는 평균 실업률이 10%대였음에 비해서 영국이나 미국의 경우는 5% 내지 7%대에 머물고 있었는데, 이는 바로 당시 이미 영국이나 미국 등에서는 노동시장의 유연화에 의한 일종의 '노동 공유'가 이루어지고 있었기 때문이었습니다. 즉, 신자유주의적 노동시장의 유연화로 인한 비정규직의 광범한 확산으로 임금과 기타 노동조건이 대폭 후퇴하여 노동자들의 생활상의 불안정과 고통, 빈곤을 수반한 '노동의 공유'가 이루어지고 있었기 때문이었습니다.

노동의 공유는 당연히 자본이 강요하는 이러한 비정규직의 확산에 의한 그것이어서는 결코 안 됩니다. 노동의 공유는 노동자들이 단결하여 자본에 강제하는 그것, 즉 노동시간을 단축하되 임금이나 기타 노동조건은 개선할지언정 후퇴는 결코 없는 그것이어야 하는 것입니다.

그 경우 노동시간의 단축에 의한 노동의 공유가 고용에 미치는 효과를 산술적으로 예시하면 이렇습니다.

어떤 공장이 24시간 가동하여, (4조 3교대면 더욱 좋겠지만 계산의 편의상) 3조 3교대가 이루어지고 1조의 인원은 1,000명이라고 가정합시다. 이때, 교대에 소요되는 시간 등을 무시하면, 각 조의 하루 노동시간은 8시간이고, 그 공장의 총고용인원은 1,000×3=3,000명입니다. 만일 노동자들이 단결하여 투쟁함으로써 하루 노동시간을 6시간으로 단축했다고 합시다. 그러면 이 공장에서는 4교대가 이루어지고, 고용인원은 4,000명으로 증대합니다. 노동시간을 4시간으로 단축하면? 6교대가 이루어져야 하고, 고용인원은 6,000명으로 증대합니다.

꿈같은 '독장수구구'라고요?

예, 맞습니다. 지금처럼 노동자들의 단결력과 투쟁력이 약하고, 그렇게 단결하여 노동시간을 단축하고자 하는 의지조차 사실상 없는 조건에서는 분명

독장수구구입니다.

그러나 광범한 실업과 반실업, 게다가 퇴폐적인 유흥·서비스업이나 군수산업, 나아가 그 본성상 비생산적인 광고산업 등에서의 노동력의 엄청난 낭비를 감안하면, 인류가 현재 획득한 고도의 노동생산력만으로도, 하루 4시간이 아니라, 그보다도 훨씬 더 짧게 노동시간을 단축할 수 있는 기술적·물질적 조건이 이미 갖추어져 있다고 말할 수 있을 것입니다.

남은 문제는 오로지 노동자계급 자신의 의지와 단결, 그리고 투쟁, 오직 그것뿐입니다!

2. 경쟁력 이데올로기

과학기술의 발전으로, 이렇게 장시간 노동이나 실업으로부터의 해방뿐 아니라, 사실은 계급적 억압과 착취로부터의 해방을 위한 물질적 조건도 갖추어져 있는데도 지금 노동자계급은 전진하지 못하고 있습니다. 그리고 그렇게 전진하는 못하는 중요한 이유의 하나는 독점자본에 의한 이데올로기 지배인데, 그 가운데서도 자본이 주입하는 '경쟁력 이데올로기'가 특히 해악스럽게 작용하고 있습니다.

1996-1997년 총파업 때의 경험

신자유주의를 본격화한 김영삼 정부가 '노동시장 유연화'를 가속하기 위해서 노동법을 개악함으로써 1996년 말에서 97년 초에 걸쳐서 대대적으로 벌어졌던 총파업을 모두 생생히 기억할 것입니다.

그런데 그때에 우리 사회의 가장 선진적이고 전투적인 노동운동단체들의 선전유인물들을 진지하게 채운 내용이 무엇인지 기억하십니까?

대략 얘기하자면, "재벌은 부동산 투기나 하고, 재테크나 하면서 노동법 개악을 통해서 노동자를 초과착취하려고 하지 말고, '기술개발'·'기술혁신'에 투자하라!"는 식의 것이었습니다.

그리고 많은 사람들이, 그것을 읽으면서, 연신 "맞아! 맞아! 그 말이 맞아!" 하면서 머리를 끄덕이며, '부동산 투기나 하고, 재테크나 하는(?) 재벌'

에 분노했습니다.

참으로, 참으로 유감스러운 일입니다.

왜 그런가?

전적으로 잘못된 주장을 펼치고 있었고, 그 잘못된 주장에 머리를 끄덕이고 있었기 때문입니다. 그리고 우리 노동운동이 얼마나 자본의 이데올로기에 놀아나고 있는가를 여실히 보여주는 장면이기 때문입니다.

1996년에 김영삼 정권이 이른바 '신노사관계 구상'을 발표하고, 노동법의 개악을 통해서 그것을 구체화한 것은 재벌 등 한국의 독점자본이 기술의 개발이나 혁신에 게을렀고, 게으르고자 했기 때문이 결코 아닙니다. 오히려 그 정반대입니다.

1996년이라는 시점은 어떤 때였습니까?

당시는, 가트(GATT)의 '우루과이 라운드'가 타결되어 '세계무역기구'(WTO) 체제가 성립된 시기였고, 또한 한국이 '경제협력개발기구'(OECD)에 가입하여, 재벌을 포함한 한국의 자본이 더 이상 고율 관세나 기타 비관세장벽 등 국경적 보호무역의 테두리 속에 안주할 수 없음이 최종적으로 명확해진 시기였습니다. 뿐만 아니라 재벌 등 자본의 과잉생산도 도를 더해가던 시기였습니다. 자본의 입장에서는 국내시장을 유지하고 해외시장을 확대하기 위해서 경쟁력을 가일층 높이지 않으면 안 되는 그런 조건에 있었던 때였습니다.

그런데 자본이 그 경쟁력을 높이는 가장 핵심적인 방법은, 다름 아니라, '좋은 물건'을 '값싸게' 생산하는 것입니다.

그리고 경쟁은 결국엔 가격 경쟁으로 환원됩니다.

왜냐하면, '좋은 물건'이란 경쟁에서는 전제할 수밖에 없기 때문입니다. 경쟁에서는 '같은 품질의 물건'끼리 경쟁하는 것이어서, 같은 용도의 물건이더라도 이른바 '고급품'은 고급품의 시장에서 고급품끼리, '중급품'은 중급품 시장에서 중급품끼리, 그리고 '저급품'은 저급품 시장에서 저급품끼리 경쟁한다는 뜻입니다. 실제로 안 그렇습니까?

참고로, 학술원 회원이었던 고(故) 임원택 교수는, 그의 이른바 ≪제2자본론≫의 서문에서, "맑스는 ≪자본론≫을 위시한 경제학 저술에서 상품의 가치·가격 문제만 다뤘지, 품질 문제를 다루지 못한 오류를 범했다"는 요지의 발언을 합니다. 그리하여 자신은 맑스의 그러한 오류를 극복하기 위하여 ≪제2자본론≫을 저술한다는 것입니다.

그럴듯하게 들릴지 모르지만, 그러한 발언은 과학의 기본적 방법론에 대한 자신의 무지를 고백하는 것 이외의 아무것도 아닙니다. 그는 이른바 '품질'의 문제까지도 가치·가격이라는 량적 관계로 환원되는 것이며, 또 그렇게 환원해야만 경제학이 과학으로서 성립할 수 있다는 것을 이해하지 못하고 있었던 것입니다.

아무튼 이렇게 경쟁은 결국 '가격 경쟁'으로 환원되기 때문에 자본은 상품을 '값싸게' 생산해야만 경쟁에서 승리할 수 있고, 잉여가치를 이윤으로 실현할 수 있는데, 이는 당연히 노동의 생산성을 증대시켜서 보다 짧은 노동시간에 보다 많은 상품을, 다시 말하면, 보다 적은 수의 노동자로 보다 많은 상품을 생산함으로써만 가능합니다.

그런데 노동의 생산성은 노동방식이나 자연 조건 등 여러 요인에 의해서 좌우되지만, 무엇보다도 중요한 것은 발달한 생산수단입니다. 그리하여 자본은 어느 자본이나 노동의 생산력을 높이기 위해서 기술개발, 기술혁신에 혈안이 되는 것이고, 한국의 재벌이라고 해서 결코 예외가 아닙니다.

실제로, 1996년에 대통령 김영삼이 이른바 '신노사관계'를 구상한 것도, 노사관계개혁위원회를 통해 그것을 구체화하고, 노동법을 개악하여 그 '구상'을 제도화한 것도, 그리고 김대중 정권이나 노무현 정권이 '노동시장의 유연성'을 확대하려 혈안이 되었던 것도, 다름 아니라, 바로 그러한 이유로 기술개발, 기술혁신을 보다 더 가속화할 수밖에 없는 재벌 등 독점자본을 지원하기 위해서였던 것입니다. 정리해고제를 예로 들자면, 그것은 그러한 기술개발, 기술혁신의 결과 발생하게 될 대량의 잉여노동력을 합법적으로 잘라내기 위한 장치를 마련하기 위한 작업이었습니다.

그런데도 가장 선진적이고 전투적인, 그리고 노동자계급의 이해에 가장 충실하다는 노동운동단체들이 재벌들을 향해 '기술개발', '기술혁신'을 외쳤으니, 참으로 한심한 제 발등 찍기가 아닐 수 없습니다.

다름 아니라, 자본이 주입하는 '경쟁력 이데올로기'의 포로가 되어 문제의 성격과 본질을 직시할 수 없었기 때문에 벌어진 슬픈 희극입니다.[23)]

"자동화로 경쟁력 높아지면, 고용이 증가한다"는 말씀

그건 그렇고, 자동화가 고용·실업문제를 심각하게 만든다는 문제가 제기되자, "자동화로 경쟁력 높아지면, 고용이 증대된다"는 주장도 있습니다.

조금 앞에서 자동화·무인화 공장의 예로 든, "사람 없이 로봇이 '척척'" 엄청난 량의 세탁기·건조기를 생산한다는, 미국 테네시주 클락스빌의 LG 전자 공장에 관한 ≪경향신문≫의 기사를 기억하실 겁니다. 바로 그 기사에도 이렇게 쓰여 있습니다.

> 공장 자동화가 고도화될수록 일자리는 점차 사라지는 게 아닐까. 류재철 LG전자 H&A사업본부장(사장)은 이날 공장에서 열린 기자간담회에서 "자동화로 경쟁력이 높아지면 캐파(생산능력)를 늘리거나 생산라인을 추가하는 방식으로 고용을 늘릴 수 있다"며 "많은 물량이 이쪽(테네시)으로 넘어오면 사람이 더 필요할 수밖에 없다"고 말했다.

어때요? 그럴듯하게 들리지요? — 아마도 그렇게 들려서, 근래에 상대적으로 진보적인 매체로 평가받고 있고, 실제로도 "공장 자동화가 고도화될수록 일자리는 점차 사라지는 게 아닐까" 하는 문제까지 제기하고 있는 ≪경향신문≫의 기자도, 그 편집진도 사업본부장님(사장님)의 저 말씀에 아무런 다른 언급을 하지 않았을 것입니다.

그런데 정말 그렇습니까? 공장 자동화가 고도화될수록 정말 일자리가 증가하는 것입니까?

예, 그럴 수도 있습니다. 어떤 개별 기업, 개별 공장의 경우만을 보면, "자동화로 경쟁력이 높아지면", 물론 호황기에 한정된 일이긴 하지만, 아무튼 저 사업본부장님(사장님)의 말씀대로, "캐파(생산능력)를 늘리거나 생산라인을 추가하는 방식으로 고용을 늘릴 수 있"습니다. "사람이 더 필요할 수밖에 없"을 수 있습니다.

---

23) 그런데 이런 식의 슬픈 희극은 그 생명력이 참으로 강인해서, 윤석열 정부의 노동자계급에 대한 폭압에 맞서 개최된 2023년 5월 어느 날의 한 집회에서, 다른 사람도 아닌, 민주노총의 최고위급 간부 중의 한 사람인 모 인사가 비슷한 취지의 발언, 즉 자본의 생산력 증대를 촉구하는 발언을 했던 모양입니다. 그 집회에 참가했던 한 노동자가 분노하며 규탄하는 애기를 들었습니다.

그러나 과학기술혁명에 의한 자동화, 사실상 전면적인 무인화, 즉 노동자 축출은, 예컨대, ≪조선일보≫의 한 기사를 그대로 옮기면, 이미 다음과 같은 단계에 이르러 있습니다.

... 독일 남부 네카르줄름에 있는 아우디의 '뵐링어 호폐 스마트 공장'.
내부에 들어서자 공상과학(SF) 영화에서 보던 장면이 펼쳐졌다. 그동안 자동차 공장의 상징처럼 여겨졌던 유(U) 자형 컨베이어 벨트는 온데간데 없었다. 요란한 기계 용접 소리조차 들리지 않았다. 대신 약 4만㎡(축구장 6개 넓이)의 공장 안에서 높이 4m짜리 기계팔 모양의 로봇 10대가 바쁘게 움직였다. 이 로봇의 주 업무는 이 공장에서 생산되는 고성능 전기차 'e-트론 GT'를 만드는 것이다.
이날 2시간 동안 이 공장 전기차 생산 라인을 둘러보는 동안 만난 '사람'은 10여 명에 불과했다. 이들도 자동차에 부품을 붙이며 나사를 조이거나 용접을 하는 등 생산에 직접 관여하는 게 아니라 화면 등을 들여다보며 로봇이 일을 제대로 하는지 점검하는 게 주된 업무였다.
IT 기술이 전통 제조업 영역으로 대거 들어오면서 글로벌 완성차 업계에선 이런 스마트 공장 구축이 화두가 됐다. 특히 자동차 업체들이 내연기관을 쓰는 자동차 대신 전기차로 빠르게 전환하면서 사람 대신 생산 로봇을 앞세운 저비용·고효율의 최첨단 공장들이 곳곳에 들어서는 중이다.
전기차는 부품 수가 2만개 안팎으로 내연기관 차량의 60% 수준에 그치기 때문에 상대적으로 사람이 세밀하게 작업할 필요성이 적다. 비슷한 기능을 하는 여러 부품을 한 덩어리로 만든 모듈을 다른 곳에서 미리 만들고, 자동차 공장에서는 조립만 하는 '모듈화'가 빠르게 진행하는 점도 스마트 공장 확산에 영향을 주고 있다.
하지만 반대급부로 자동화가 발달할수록 세계 각국에서는 일자리 감소에 대한 불안감이 크다. 로봇만 주로 보였던 이날 뵐링어 호폐 공장의 영화 같은 모습이 '가까운 미래'가 될 수 있다는 뜻이다. 이미 완성차 업계에서는 "전기차만 생산하는 미래 자동차 공장은 사람이 아예 없는 무인 공장이 될 것"이란 얘기가 공공연하게 나온다.
이날 찾은 뵐링어 호폐 공장은 아우디의 네카르줄름 공장 산하에 있는 공장 중 한 곳이다. 세계 모든 아우디 공장 가운데 가장 선진화된 곳으로 꼽힌다. 네카르줄름 공장에서는 연간 전기차 약 1만2000대, 내연기관 차 약 10만8000대를 만든다. 직원 수는 1만4000명인데, 아우디에 따르면 이 중 전기차 생산라인은 직간접적으로 관여하는 사람까지 포함해도 수백 명

수준이다. 라인에 선 로봇 10대가 평균 12분에 1대씩 1년간 전기차 생산을 도맡는 셈이다. 아우디 관계자는 "전기차 생산에는 아주 적은 수만이 투입되고 있다"면서 "이 공장 자동화율은 90%에 달한다"고 했다.

이날 공장에선 사람의 일을 로봇이 어떻게 대신하는지 가까이서 볼 수 있었다. 이 공장에는 매일 40톤(t)짜리 트럭 700대가 모듈화된 부품을 가득 싣고 들어온다. 이 모듈 더미를 가져다 조립하는 것으로 로봇 10대의 하루가 시작된다.

차체 뼈대가 되는 프레임이나 자동차 문은 물론 모터나 배터리 등 핵심 부품도 로봇이 자동으로 가져다 제자리에 붙였다. 로봇 한 대가 철로 된 뼈대 부분에 알루미늄 패널을 대자 다른 로봇이 용접 도구를 꺼내 용접하는 등 사람이 2인 1조로 움직이는 것처럼 능숙하게 작동하는 모습도 볼 수 있었다. 로봇들이 조립한 부품들은 자율주행을 하는 무인 운반 로봇(AGV · Automatic Guided Vehicle)이 싣고 공장 곳곳으로 배달했다.

이 공장에서 전기차를 만드는 전체 공정을 16개로 나눈다면 사람 손이 직접 닿는 경우는 2개 공정 정도다. 페인트칠을 하기 전 표면을 매끄럽게 하는 과정이나, 최종 마무리 단계 확인 등이다. 사실상 모든 공정이 로봇의 손으로 진행돼 전기차가 만들어지는 셈이다. 공장장인 볼프강 샨츠씨는 "로봇 10대는 32개의 도구를 자유자재로 갈아 끼우며 24시간 일할 수 있고, 사람과 달리 교대 근무를 할 필요도 없어 생산 효율이 당연히 더 높다"고 했다. 아우디는 오는 2026년부터는 전기차만 출시한다. 이에 따라 2029년까지 글로벌 전체의 공장 17곳도 뵐링어 호페 같은 스마트 공장으로 전환할 계획이다.24)

어떻습니까? 경쟁력이 높아지면, 고용이 엄청나게 증대하겠지요?

그리하여 ≪조선일보≫는 같은 날 같은 지면에서, 한편에서는 "벤츠는 2020년부터 스마트공장 가동시켜"25)라며 또 다른 예를 소개하고, 다른 한편에서는 "한국, 세계 최고 로봇기술 가졌지만 ... 노조 반발에 속도 못내"26)

---

24) 이슬비 기자, "年 1만대 만드는 아우디 전기차 라인, 사람은 10여명뿐 — 사람 대신 로봇이 일한다, 獨 스마트공장 가보니…", ≪조선일보≫(인터넷판), 2023. 4. 25. (<www.chosun.com/economy/auto/2023/04/25/ JW4HISFAA5F4XHJCGBMLR7XBJQ/>)

25) 정한국 기자, "벤츠는 2020년부터 스마트공장 가동시켜 — 폴크스바겐도 첨단시스템 도입 / 생산량 늘어나며 구조조정 안해". (<https://www.chosun.com/economy/auto/2023/04/25/OFZXA5U3WVDRTADS6BYO5SB754/>)

26) 정한국 기자, "한국, 세계 최고 로봇기술 가졌지만... 노조 반발에 속도 못내 — 노조

하며, 제 복(福)을 제 발로 차고 있는 한국 노동자들을 안타까워하며, 나무라는 것을 잊지 않고 있습니다. 더없이 더없이 고맙게도!

더구나 고용문제·실업문제라는 것이 어디 개별 기업, 개별 공장만의 문제입니까?

설령 경쟁력 증대가 어떤 기업의 고용을 증대시킨다고 하더라도, 우물 안에 갇혀서 바깥세상을 보지 못하는 개구리처럼, 경쟁력 이데올로기에 갇혀서 오직 자기 공장, 자기 기업을 중심으로 생각하는 자본가의 시각, 사고방식이 아니라면, 고용문제·실업문제를 결코 "경쟁력이 증대하면 …" 운운하는 식으로 볼 수는 없을 것입니다. 고용문제·실업문제란 사회적 차원의 문제이기 때문입니다.

그리하여 한 기업, 한 공장의 차원을 넘어 사회적 차원에서 보면, 이 자본주의 사회에서는 자동화로 경쟁력이 높아져 "캐파(생산능력)를 늘리거나 생산라인을 추가하는 방식으로" 설령 "고용을 늘릴 수 있"다 하더라도 그것은, 바로 그 경쟁에서 우위를 점하는 자본들 혹은 기업들 뿐이지, 그 경쟁의 패배자·희생자인 다수의 기업이 결코 아닙니다. 그들 다수의 기업에서는, 경쟁에서 우위를 점하는 기업들에서 증대할지 모를 일자리의 수보다 훨씬 더 많은 수의 일자리가 사라지면서 고용·실업 문제가 격화되게 됩니다. 게다가 치열한 경쟁은 새로운 기술의 개발뿐 아니라 그 보급·확산도 강제하여, 보다 더 고도의 생산력을 체현한 새로운 기술이 등장할 때마다, 그리고 공황이 발발할 때마다 고용·실업 문제의 격화도 급속하게 진행됩니다.27)

'일감 줄어든다' 번번이 제동 / 기아, 소하리 공장 자동화 포기 / 현대차, 싱가포르에 첫 스마트공장". (<https://www.chosun.com/economy/auto/2023/04/25/KNYCZNAVNBFKLEORFRCIBJZZJU/>)

27) "노동수단들은 산업의 진보에 의해서 대부분 끊임없이 변혁된다. 그리하여 그것들은, 그 본래의 형태로 보전(補塡)되는 것이 아니라, 변혁된 형태로 보전된다. 한편에서는, 어떤 일정한 현물형태로 투하되어 있어 그 형태에서 어떤 일정한 평균수명을 지속해야 하는 대량의 고정자본은, 새로운 기계 등이 단지 점차적으로만 도입되는 하나의 원인으로 되며, 그리하여 개량된 노동수단들을 신속하고 전반적으로 도입하는 데에 대한 하나의 장애가 된다. 다른 한편에서, 경쟁전(競爭戰)은, 특히 결정적인 변혁의 경우, 낡은 노동수단들을 그것들의 자연적 수명이 끝나기 전에 새로운 것들로 교체하도록 강제한다. 공장설비(Betriebsgerät)의 이러한 조기(早期) 갱신을 보다 더 커다란 사회적 규모로 강제하는 것은 주로 파국, 즉 공황이다."(K. 맑스, 《자본론》, 제2권, *MEW*, Bd. 24, S. 171.; 채만수 역, 《자본론》, 제2권, 제2분책, p. 261.)

앞에서 거듭거듭 말씀드린 것처럼, 사실상 항상적인 과잉생산, 그에 따른 세계시장에서의 경쟁의 격화야말로 과학기술혁명을 오늘날과 같이 가속도적으로 전개시키는 배경·원인인데다가, 그러한 과학기술혁명의 성과로서 속속 등장하는 새로운 기술들은 엄청난 정도로 노동생산력을 증대시키고 있기 때문입니다. 즉, 갈수록 더 적은 수의 노동자가 갈수록 더 많은 사용가치, 즉 상품을 생산하게끔 하기 때문입니다.

그에 반해서, "시장의 팽창력은 무엇보다도, 외연적으로도 내포적으로도, 훨씬 미약한 힘으로 작용하는 전적으로 다른 법칙들에 의해서 지배"되어 "생산의 팽창과 보조를 맞출 수가 없"고, 그리하여 "충돌은 불가피"[28]한데도 말입니다.

3. 과학기술혁명의 사회적 귀결

앞의 '제13강 신자유주의(2)'에서 그 상당 부분을 각주로 달았었습니다만, 맑스는, 그의 《경제학 비판을 위하여》의 저 유명한 서문에서, 인류의 역사발전의 일반적 법칙을 다음과 같이 총괄하고 있습니다.

> 자신들의 생활을 사회적으로 생산하면서 인간은, 일정한, 필연적인, 자신들의 의지로부터 독립적인 관계들에, 즉 자신들의 물질적 생산력들의 일정한 발전단계에 조응하는 생산관계들에 들어간다. 이들 생산관계의 총체가 사회의 경제적 구조, 즉 그 위에 어떤 법률적·정치적 상부구조가 우뚝 솟고, 그것에 일정한 사회적 의식형태들이 조응하는 바의 실제적 토대를 형성한다. 물질적 생활의 생산양식이 사회적, 정치적 그리고 정신적 생활과정 일반을 제약한다. 인간의 의식이 그들의 존재를 규정하는 것이 아니라, 거꾸로 그들의 사회적 존재가 그들의 의식을 규정하는 것이다. 사회의 물질적 생산력들은, 그 발전의 일정한 단계에서, 그것들이 그때까지 그 내부에서 운동해온 기존의 생산관계들

---

[28] F. 엥엘스, 《반뒤링론》, *MEW*, Bd. 20, S. 257.; F. 엥엘스, 《공상에서 과학으로 사회주의의 발전》, *MEW*, Bd. 19, S. 218. 이에 이어서 엥엘스는, 명확하게도, 이렇게 얘기합니다. — "그 충돌은, 그것이 자본주의적 생산양식 그 자체를 폭파하지 않는 한, 결코 어떤 해결책도 창출할 수 없기 때문에, 주기적으로 된다. 자본주의적 생산은 하나의 새로운 '악순환'을 창출하는 것이다."(강조는 인용자.)

과, 즉 단지 그 생산관계들의 법률적 표현일 뿐인 소유관계들과 모순에 빠진다. 이들 관계들은 생산력들의 발전형태로부터 그것들의 질곡으로 급변한다. 그 때에 사회혁명의 시대에 들어간다. 경제적 기초의 변화와 함께 거대한 상부구조 전체가 혹은 보다 서서히 혹은 보다 급격히 변혁되는 것이다. 이러한 변혁들을 고찰하면서는, 경제적 생산조건들 속의 자연과학적으로 정확하게 파악해야 할, 물질적인 변혁과, 그 속에서 인간이 이 충돌을 의식하게 되어 그것을 끝까지 싸워 해결하는 바의, 법률적·정치적·종교적·예술적 혹은 철학적 형태들, 간단히 말해서, 이데올로기적 형태들을 언제나 구별하지 않으면 안 된다. 어떤 개인이 무엇인가를, 그가 그 자신을 무엇이라고 생각하는가에 따라서 판단하지 않는 것과 마찬가지로, 그러한 변혁의 시기를 그 시기의 의식으로부터 판단할 수 없는 것이며, 오히려 이 의식을 물질적 생활의 모순들로부터, 즉 사회적 생산력들과 생산관계들 사이에 현존하는 충돌로부터 설명하지 않으면 안 된다. 사회구성은 모든 생산력들이 그것에 충분할 만큼 발전해 있기 전에는 결코 몰락하지 않으며, 한층 더 고도한 새로운 생산관계들은, 그것들의 물질적 존재조건들이 낡은 사회 자체의 태내에서 부화되어 있기 전에는 결코 낡은 사회를 대체하지 않는다. 그리하여 인류는 언제나 자신이 해결할 수 있는 과제들만을 제기하는바, 왜냐하면, 보다 더 상세히 고찰해보면, 과제 그 자체가 그 해결의 물질적 조건들이 이미 존재하고 있거나 혹은 적어도 그것들이 생성 과정 중에 있는 경우에만 발생하기 때문이다. 개략적으로는 아시아적, 고대적, 봉건적 그리고 근대 부르주아적 생산양식들이 경제적 사회구성의 순차적인 시기들로 지칭될 수 있다. 부르주아적 생산관계들은 사회적 생산과정의 최후의 적대적 형태인데, 개인적 적대라는 의미에서가 아니라, 개인들의 사회적 생활조건들로부터 발생하는 적대라는 의미에서 적대적이며, 그러나 부르주아 사회 그 자체의 태내에서 발전하는 생산력들은 이 적대의 해결을 위한 물질적 조건들을 동시에 창출한다. 그리하여 이 사회구성으로써 인간사회의 전사(前史, Vorgeschichte)는 끝난다.29)

물질적 생산력과 그 발전이 인간의 역사와 그 변전(變轉)에서 노는 역할이 바로 이러합니다.

그리고 바로 이 때문에, 오늘날 전 세계적으로 노동자계급에게 고통과 빈곤, 실업을 강요하고 있는 신자유주의가, 더 근본적으로는 자본주의 자체가 역사적으로 어떻게 귀결될 것인가를 알기 위해서는, 지금 비약적으로 전개

---

29) K. 맑스, 《경제학 비판을 위하여》, *MEW*, Bd. 13, S. 8-9.

되고 있는 과학기술혁명이 사회적으로 어떻게 귀결될 것인가를 알지 않으면 안 됩니다. 신자유주의를 불가피하게 한, 자본주의적 생산의 전반적 위기의 재격화의 기초에 바로 이 과학기술혁명과 그로 인간 노동생산력의 비약적 발전이 있기 때문입니다.

자본이 축적될수록 격화되는 경쟁과 과학기술의 혁명적 발전, 과잉생산은 서로가 서로의 원인과 결과로 되는, 즉 서로가 서로를 규정하는 관계에 있습니다. 자본의 축적은 과잉생산과 그에 따른 경쟁의 격화를 낳고, 경쟁의 격화는 과학적 기술의 발전을 낳고, 과학기술의 발전에 따른 새로운 생산기술, 자동화는 과잉생산을 격화시켜 다시 경쟁을 격화시키는 식의 악순환이 이어지는 것입니다.

신자유주의 시대는, 바로 이러한 악순환 과정이 가히 극에 달해 있는 시대입니다.

실제로 20세기의 마지막 4분 세기 이래로 자본주의적 생산에서 전개되고 있는 것은 자본의 거대한 과잉축적과 그에 따른 과잉생산, 경쟁의 격화, 과학기술의 혁명적 발전입니다. 더구나 이 과학기술혁명 및 그 성과로서의 생산과 재생산과정 전반의 자동화는 문제의 악순환이 반복될수록 더욱더 비약적인 속도로 전개되고, 과잉생산과 시장 및 원료를 둘러싼 경쟁도 더욱더 격화돼가고 있습니다.

그리고 상황의 이러한 전개는 당연히 시장과 원료를 둘러싼 제국주의 열강 간의, 어떤 경우엔 은밀하고 어떤 경우엔 노골적인 대립과 투쟁을 낳고, 격화시킬 수밖에 없습니다.

무슨 일이 벌어질지 모르게 오늘날 갈수록 험악해져 가고 있는, 미국과 중국의 대립이 그 대표적 예이고, 특히 2022년 2월에 시작된 우끄라이나에서의 제국주의 전쟁도 그렇습니다.

과학기술혁명과 노동운동의 노선

오늘날 비약적으로 전개되고 있는 이 과학기술혁명의 핵심적 특징은, 앞에서도 거듭 말씀드린 것처럼, 가히 '무인생산'(無人生産), 생산의 무인화로 표현될 정도의 생산과 재생산과정 전반의 자동화, 즉 인간의 산 노동이 사실상 거의 필요 없는 생산 및 재생산과정의 완전자동화입니다.

사회적 생산수단들을 사적으로 소유하지 않고 노동자·인민이 공동으로 소유하는 사회라면, 과학과 기술의 발전에 의한 생산 및 재생산의 이러한 전면적 자동화는 노동자·인민에게 그지없는 축복일 것입니다.

그러나 사회적 생산수단들을 사적으로 소유하는 자본주의 체제 속에서의 생산의 이러한 자동화는, 역시 거듭거듭 강조한 것처럼, 지금 노동자들에게 '해고'와 '실업', 그에 따른 빈곤의 심화라는 재앙을 초래하고 있습니다.

그리하여, 이렇게 전개되고 있는 상황과 재앙에 노동자계급이 어떻게 대응해야 하는가가 지금 노동자계급 운동의 시급한 과제로 되어 있습니다.

이를 둘러싸고는, 주지하는 바와 같이, 국내에서도, 세계적으로도 크게 두 개의 노선이 대립하고 있는바, 그 하나는, 오늘날 이른바 '사회적 합의주의' 등으로 불리는 '계급타협적', 혹은 개량주의적인 노선, 즉 사민주의적 노선과, 다른 하나는 맑스-레닌주의의 역사·사회과학에 입각한 변혁 지향적·혁명적 노선입니다.

'계급타협적', 혹은 개량주의적인 노선, 즉 사민주의적 노선은 물론 독점자본과 그 선전·언론매체 등에 의한 대중기만과 특히 노동자계급 상층부의 매수에 의해서 육성되고 있습니다. 그러나 대립하는 두 노선을 가르는 근본적인 원인은, 역사의 발전법칙과 자본주의적 생산의 구조 및 운동법칙에 대한 이해(理解)의 차이, 그리고 보다 구체적으로는 현재 비약적으로 전개되고 있는 과학기술혁명의 역사적 의의가 과연 무엇인가에 대한 이해의 차이에 있습니다. 과학기술혁명, 생산과 재생산과정 전반의 자동화·무인화가 극한까지 몰고 가는 고도의 생산력과 자본주의적 생산관계의 모순·충돌에서 인간에 의한 인간의 착취가 없는 보다 고도의 새로운 사회로의 역사의 도약을, 즉 자본주의적 착취·억압 체제의 종말을 전망하는 사람들은 변혁 지향적 노선을 취하고 그 편에 서는 반면에, 갈수록 격화되고 있는 이 거대한 충돌의 한 가운데 있으면서도 그 변혁 가능성을 보지 못하는 청맹과니들은, 자본주의가 최종적 단계로서 "역사는 끝났다"고 외친, 미국의 저 악명 높은 제국주의 이데올로그 프랜씨스 후꾸야마(Francis Y. Fukuyama)처럼, 자본주의가 영원할 것으로 믿으면서 개량주의적·사민주의적 노선을 취하고 그 편에 서는 것이지요. 그 상층부가 은밀히 받아먹는 꿀맛은 물론 다디달고요!

노동자계급 내부의 이러한 노선의 분화·대립은, 결국, 올바른 노선은 역사의 발전법칙과 자본주의적 생산의 구조 및 발전법칙에 대한, 그리고 과학기술혁명의 사회적·역사적 의의에 대한 올바른 이해에 의해서 규정된다는 것을 의미합니다.

과학기술혁명과 자본주의적 생산관계

앞에 길게 인용한 ≪경제학 비판을 위하여≫ "서문"에서 맑스는, "사회의 물질적 생산력은, 그 발전의 일정한 단계에서, 그것들이 그때까지 그 내부에서 운동해온 기존의 생산관계들과, 즉 단지 그 생산관계들의 법률적 표현일 뿐인 소유관계들과 모순에 빠진다"며, "이들 관계들은 생산력들의 발전형태들로부터 그것들의 질곡으로 급변"하고, "그때에 사회혁명의 시대에 들어간다"고 말하고 있지 않습니까? 그리고 그에 덧붙여서, 이 사회혁명의 시대에는 "경제적 기초의 변화와 함께 거대한 상부구조 전체가 혹은 보다 서서히 혹은 보다 급격히 변혁된다"면서, "이러한 변혁들을 고찰하면서는, 자연과학적으로 정확하게 파악해야 할, 경제적 생산조건들 속의 물질적인 변혁과, 그 속에서 인간이 이 충돌을 의식하게 되어 그것을 끝까지 싸워 해결하는 바의 법률적·정치적·종교적·예술적 혹은 철학적 형태들, 간단히 말해서, 이데올로기적 형태들을 언제나 구별하지 않으면 안 된다"고도 말하고 있지 않습니까?

그렇습니다. 산업혁명 이후 자본주의적 생산에 위기, 즉 공황이 주기적으로 거듭되고 있다고 하는 것, 더구나 19세기 말 혹은 20세기 이후 과잉생산이 항상적·만성적으로 되면서 전반적 위기가 심화되고 있다는 것은 그 동안 자본주의적 생산관계 내부에서 발전한 생산력이 그 생산관계와 더 이상 양립할 수 없을 만큼 모순에 빠져 있다는 것을 의미합니다. 그리고 그 모순이 격화되어 제1차 대전과 1930년대의 대공황, 제2차 대전으로, 나아가 10월 사회주의 대혁명 등으로 결정적으로 폭발한 바 있다는 것은 이미 주지의 사실입니다.

그러면, 오늘날의 상황은 어떻습니까?

역시 주지하는 바이지만, 제2차 세계대전이라는 엄청난 파괴와 살육으로 조성된, 자본주의 역사상 최대의 황금기라는 전후 호황도 이미 1960년대 말이면 완전히 끝납니다. 그리고 1970년대부터는 전반적 위기가 재차 격화됩니다. 게다가, 사실상 자본과 자본 간의 격화된 경쟁에 의해서 촉발된 과학기술혁명은 갈수록 가속도적으로, 그리고 그 영역을 확대하면서 그 전반적 위기를 더욱 격화시키고 있습니다.

이는, 다름 아니라, 우리가 이미 일대 사회혁명의 시대에 들어가 있다는 것을 의미하는 것 아니면, 무엇이겠습니까?

그런데 문제는 부르주아지의 반동적 저항, 즉 자본의 국가의 거대한 반동적 저항입니다. 그리고 특히 전쟁, 즉 원료와 시장의 지배를 둘러싼 제국주의 국가들 간의 대립의 산물이자 사회혁명에 대한 저항의 한 극한적 형태이기도 한 전쟁입니다.

제1차・제2차 세계대전을 거치면서, 그리고 자본의 거대한 집적・집중과 과학기술혁명의 발전에 따른 거대한 과잉생산의 배출구로서의 군수산업의 발전 때문에, 제국주의는 가히 인류뿐만 아니라 이 지구상의 거의 모든 생명체를 절멸시키고도 남을 만큼의 파멸적인 무기체계로 무장을 하고 있지 않습니까? 게다가 가히 비약적으로 전개되고 있는 과학기술혁명은 그에 따른 원료와 시장을 둘러싼 제국주의 국가들 간의 대립을 날로 격화시켜가고 있지 않습니까? 대표적으로, 미제와 유럽연합을 한편으로 하고 러시아 등을 다른 한편으로 한 우끄라이나에서의 전쟁이나, 갈수록 격화되고 있는 미-중 대립처럼 말입니다.

이러한 사태는, 지금 이 시대는 **대사회혁명의 시대**이면서, 동시에 **대사회혁명이냐, 아니면 대파멸이냐**의 절체절명의 위기의 시대이기도 하다는 것을 의미합니다.

그런데 **대사회혁명이냐, 아니면 대파멸이냐**를 가르는 것은 사실상 전적으로 노동자계급의 정치적 독자성, 그 강고한 투쟁 여부에 달려 있습니다. 그리하여, 예컨대, 제1차 대전 당시 러시아의 볼쉐비끼처럼 전쟁을 내전으로 전화, 사회혁명을 성취하는 길을 가느냐, 아니면 독일 등 서유럽의 사민주의 정당들처럼 애국주의적・배외주의적 전쟁 협력의 길을 가느냐에 달려 있는 것입니다.

따라서 노동자계급은 노동자계급을 독점자본의 국가주의・애국주의에 종속시키려는 일체의 책략과 단호하게 투쟁해야 합니다. 특히 노동운동 내부의 그러한 계급타협노선과 강고한 투쟁을 벌이지 않으면 안 됩니다. 아래에서는 그러한 책략, 노동운동 내부의 그러한 책략의 한 예로서 과학기술혁명의 의의를 왜곡하며 그러한 계급타협노선을 추구하던, 과거 영남노동운동연구소 소장, 한국노동운동연구소 소장 등등 화려한 경력의 임영일 교수의 입장을 소개·비판하고자 합니다.

과학기술혁명과 상품의 가치

이미 제5강에서도 간단히 언급한 바 있습니다만, 임영일 교수는 과학기술혁명을 논거로 들면서, 이제 노동자들이 타협적이고 개량주의적인 길을 가야 한다고 주장합니다. 그는 이렇게 말합니다.

> 70년대 오일쇼크에서 시작된 장기불황의 국면을 거치면서 이 체제내화된(길들여진) 노동운동에 대한 자본의 공세는 자본이 개발한 계급투쟁의 새로운 무기를 통해 새로운 방식으로 구조화되기에 이른다. 이제 자본은 더 이상 더 많은 노동력의 동원이 곧 더 큰 가치생산으로 이어지지 않는 새로운 생산방식을 계발해간 것이다. 우리가 그동안 '신경영전략'이라고 이름 지었던 온갖 것들— 일본적 생산방식, 린 생산방식, 팀작업, JIT, 신노동문화, 신인사제도, 경영혁신 등등 —이 이 시기에 자본이 개발한 새로운 계급투쟁의 물질적 기초라면, 소위 '신자유주의'는 바로 그것의 이데올로기적 기초라 할 수 있다. 이제 자본은 불황이나 경제위기의 국면에서는 물론이고 호황의 국면에서도 노동에 대한 '자본의 양보'가 아니라 자본에 대한 '노동의 양보'를 강제할 수 있는 공세적 무기를 사용하고 있는 것이다. 자본은 이제 '고용을 수반하지 않는 성장'이 가능하다는 사실을 발견했고 이를 받아들일 것을 노동에게 강요하고 있는 것이다. 물론 여기에는 소위 '세계화'로 일컬어지는 세계 자본주의체제의 변화가 배경이 되고 있었다.30)

이렇게 임영일 교수는, "이제 자본은 더 이상 더 많은 노동력의 동원이 곧 더 큰 가치생산으로 이어지지 않는 새로운 생산방식을 계발[원문대로!]"했으며, "'고용을 수반하지 않는 성장'이 가능하다는 사실을 발견했고 이를 받아들일 것을 노동에게 강요하고" 있으며, 또 "자본에 대한 '노동의 양보'를 강제할 수 있는 공세적 무기를 사용하고" 있다며, 그렇기 때문에 이제 "고전적

---

30) 임영일, "공황기의 한국 노동운동의 과제", 영남노동운동연구소 편, ≪연대와 실천≫ 1998년 8월호, pp. 6-7.

인 교과서석인 인식에 기초"한, "그저 그 충정은 이해할 수 있지만" 시대착오적인 투쟁을 그만둘 것과, "산별교섭체제에 기반한 사회적 노사관계로의 전환"을 전제로 "사민주의 혹은 수정 자본주의의 계급타협의 틀" 속에서 "케인즈주의적 노선", 혹은 그들이 강조하는 '노사동반자관계'를 추구할 것을 단호하면서도 간곡하게 촉구합니다.31) 그의 주장을 대략 요약하자면, 결국, '과학기술혁명의 성과로 더 많은 노동력을 고용하지 않고도 더 많은 가치를 생산할 수 있기 때문에 자본은 이제 더 이상 노동자들에게 양보하지 않는바, 이제 한국의 노동운동도 과거의, 따라서 시대에 뒤떨어진 전투적인 노선을 청산하고, 타협적이고 개량주의적인 길, 사회민주주의적인 길을 가야 한다는 것, 이제 노동자들은 자본의 비위를 맞추면서 그들의 적선을 구걸해야 한다'는 것입니다. 그 논거·이유를, 위 인용문에서 보듯이, 과학기술혁명과 그에 의해서 개발된 "새로운 생산방식"에서 찾으면서 말입니다.

참으로 얼마나 놀랍도록 과학적인 논거·이유입니까?!

한 마디로 잘라서 말하면, 그의 주장은, 무엇보다도 경제학에 대한, 따라서 자본주의적 생산의 구조와 운동에 대한 자신의 철저한 무지를 고백하는 것 이외의 아무것도 아닙니다. 맑스가 거듭 강조하는 것처럼, 가치와 잉여가치의 '유일한 원천'은 "살아 있는 노동"인데, 만일 그의 주장처럼, "잉여가치, 따라서 가치 일반이 노동과는 전혀 다른 원천"을 갖는다면, "그와 함께 경제학의 모든 합리적 기초는 없어져 버릴 것"32)이기 때문입니다.

자신의 철저한 무지를 고백하는 것 이외의 아무것도 아니라는 저의 말을 너무 심하다고 생각할지도 모릅니다. 하지만, 그렇게 무지하지 않고서야, 어

---

31) 임영일, 같은 글, 같은 곳 참조.

32) "만일 90c + 10v의 비율로 구성되어 있는 자본이 같은 노동착취도 하에서, 10c + 90v로 구성되어 있는 자본과 같은 량의 잉여가치 즉 이윤을 창출한다면, 그러한 경우에는, 잉여가치, 그리고 따라서 가치 일반이 노동과는 전혀 다른 원천을 갖지 않으면 안 된다고 하는 것, 그리고 그와 함께 경제학의 모든 합리적 기초는 없어져 버릴 것이라는 것은, 아주 명백하다.(Wenn ein Kapital, das prozentig aus 90c + 10v besteht, bei gleichem Exploitationsgrad der Arbeit ebensoviel Mehrwert oder Profit erzeugte wie ein Kapital, das aus 10c + 90v besteht, dann wäre es sonnenklar, daß der Mehrwert und daher Wert überhaupt eine ganz andre Quelle haben müßte als die Arbeit und daß damit jede rationelle Grundlage der politischen Ökonomie wegfiele.)"(≪자본론≫, 제3권, *MEW*, Bd. 25, S. 158.)

떻게 "이제 더 이상 더 많은 노동력의 동원이 곧 더 큰 가치생산으로 이어지지 않는 새로운 생산방식" 운운할 수 있단 말입니까? 우리가 이미 익히 아는 것처럼, 상품의 가치 크기는 그 상품의 생산을 위해서 필요한 사회적 노동시간의 크기에 의해서 결정됩니다. 따라서 상품 가치의 크기는, 혹은 생산되는 가치의 크기는 그 상품의 생산에 필요한 노동시간의 크기에 다름 아닙니다. 그런데 어떻게 '더 이상 더 많은 노동력이 동원되지 않고도', 즉 '노동시간의 증가 없이도' '더 큰 가치를 생산할 수 있다'는 말입니까? 경제학의 기초조차 모르지 않고서야 도저히 내뱉을 수 없는 말입니다.33)

---

33) 하기야, 앞에서도 간단히 언급했지만, 이러한 무지는, 지난 1980년대 말엽부터 지금까지 끈질기게 "이것이 진정한 경제학이다!"라고 주장하고 있는 한 물신교(物神敎) 사제(司祭)에 의해서 맑스의 이름으로 이렇게 재생산되고 있습니다. 즉, 이 사제는 인간의 몸속에 존재하는 노동하는 능력, 즉 노동력이나 그 기능인 노동을 물신의 권능으로 인간으로부터 분리하여 (자동화된) 기계에 합체시킨 후, 혹은 그의 표현을 빌면 '노동을 기계화'한 후, 이렇게 주장합니다. ― "자동화란 노동을 노동자로부터 분리하려는 경향이 정신노동으로까지 확대된 것이다. 이로써 전통적인 관념에서 노동이나 '생산적 노동'이 수행하던 역할이 기계의 작동으로, 기계의 '노동력'의 사용으로 이전된다. 이제 노동은 노동자의 활동이라는 정의로부터 거의 전적으로 벗어나서 자본가의 손에 전적으로 장악되고 포섭된다. 이런 의미에서 자동화는 노동자들의 육체적인 활동능력뿐만 아니라 정신적인 활동능력을 기계화함으로써 노동과정에서 노동자 자신을 분리하며, '노동자 없는 노동'이라는 자본가의 이율배반적 욕망을 '의지 없는 노동자'를 통해 실현하는 것처럼 보인다. ... 요컨대 자동화란 탈노동화, 탈인간화 형태로 진행되는 활동능력 자체의 착취를 함축하며, 활동능력 자체를 가치화하는 것이다. 따라서 ... 육체적 및 정신적 활동능력 자체를 기계화함으로써 노동 없이도 활동 능력 자체를 착취하는 이러한 양상은 자본에 의해 노동이 기계적으로 포섭되는 과정이라고 말할 수 있을 것이다. 이를 맑스의 전례에 따라 자본에 의한 '노동의 기계적 포섭'이라고 명명 ... 그리고 ... 이처럼 노동의 기계적 포섭을 통해 자본이 새로이 착취하게 된 잉여가치를 '기계적 잉여가치'라고 명명..."(이진경, "노동의 기계적 포섭과 기계적 잉여가치 개념에 관하여", 맑스코뮤날레 조직위원회 편, ≪지구화 시대 맑스의 현재성≫ 제1권, 문화과학사, 2003, pp. 474-475).
 여기에서 그가 말하는 "맑스의 전례"란 물론 ,맑스의 전례 그것이 아니라, 단지 그가 '맑스의 전례'라고 믿고 주장하고 있을 뿐인 그의 '풍차'입니다. 돈키호테가 돌진했던 바로 그런 것 말입니다. 아무튼 그렇게 '기계적 잉여가치'가 착취되기 위해서는 '의지 없는 노동자', 즉 기계가 가치를 생산하지 않으면 안 됩니다. 따라서 그는 "'인간화된 기계'는 가치 내지 잉여가치를 생산한다"거나, "기계적 잉여가치는 ... 인간화된 기계가 생산한 잉여가치며, 인간의 능력을 기계화함으로써 착취할 수 있는 잉여가치"라며, "이를 잉여가치 생산의 기계화라고 할 수도 있을 것"(같은 글, pp. 484-485)이라고 주장합니다. 물신교의 사제답게 이 '진정한 경제학자'에게 있어서 노동력 내지 노동은 인간에게서 분리되어 '기계화'될 수 있는 것이고, 가치는 인간 간의 사회적 관계의 반영이

그는, "자본은 이제 '고용을 수반하지 않는 성장'이 가능하다는 사실을 발견했고 이를 받아들일 것을 노동에게 강요하고 있는 것"이라고도 말하고 있습니다. 그는 아마 "(더 이상의) 고용을 수반하지 않는 성장"과 "더 이상 더 많은 노동력을 동원하지 않는 더 큰 가치의 생산"34)이 같은 의미라고 생각하는 모양입니다.

그러나 그것은 개념상으로도, 실제로도 전혀 다른 것입니다.

예를 들어, 어떤 일정 기간에 100명의 노동자가 한 사람당 하루 8시간씩 노동하여 A라는 상품을 100개 생산했는데, 그 다음 같은 기간에는 새로운 생산방식을 도입한 결과 역시 100명의 노동자가 한 사람당 하루 8시간씩 노동하여 상품 A를 120개를 생산했다고 합시다. 임 교수라면, 아마 이러한, 혹은 이와 유사한 상황을 상정하고 "(더 이상의) 고용을 수반하지 않는 성장", 혹은 "더 이상 더 많은 노동력을 동원하지 않는 더 큰 가치의 생산" 운운했을

아니라 기계에 의해서도 생산될 수 있는 것입니다.

참고로, 이진경(박태호 교수)은 이렇게 자동화된 기계가 잉여가치 곧 가치를 생산하고 자본가는 이를 착취한다고 주장하고 있기 때문에, 착취니 잉여가치니 하는 맑스주의적 언설에도 불구하고, 그가 이른바 "노동의 기계적 포섭"이니 "기계적 잉여가치"니 하는 논의로써 증명하려고 하는 것은, '과학기술혁명 혹은 생산의 전면적인 자동화와 자본주의적 생산의 모순'이 아니라, '과학기술혁명 혹은 생산의 전면적인 자동화와 자본주의적 생산의 조화'이고 그 지속·발전 가능성입니다. 즉, 그가 맑스의 이름으로 설파하는 것은 자본주의적 생산의 영구번영론인 것입니다. 물론, 이제 착취당하는 것은 인간인 노동자가 아니라 '의지 없는 노동'자로서의 기계이기 때문에 노동자계급에 의한 사회혁명 따위는 더 이상 필요하지도 않고, 필연적이지도 않습니다.

한편, 이진경의 이 놀라운 사상과 이론은 결코 그에게 고유한 것, 독창적인 것이 아닙니다. 이는, "노동자의 지식이 일단 구조적 자본으로 포획되면, 노동자를 없앨 수 있다"거나, "산업자본주의에서는 노동자의 잉여노동이 징발되었으나 … 새로운 경제에서는 지식이 노동이고 생산수단"이니, "노동자 없는 노동"이니 하고 운운하는, 소위 '시카고 제3의 물결 연구집단'(Chicago Third Wave Study Group)의 제리 해리스(Jerry Harris, "From Das Capital to DOS Capital: A Look at Recent Theories of Value", *A Journal of Cybernetic Revolution, Sustainable Socialism & Radical Democracy*: Issue #3, September 1995, www.eff.org/pub/Publications/E-journals/CyRev/cyrev3.html)의 헛소리를 천재적으로 표절한 것일 뿐입니다.

34) 제2강에서 본 것처럼, "진정한 마르크스주의 전통의 수호자"를 자처하는 정성진 교수가 "노동생산성(=부가가치/종업원수)"(정성진, ≪마르크스와 한국경제≫, 책갈피, 2005, p. 130)라고 규정할 때, 그도 역시 "더 많은 노동력을 동원하지 않는 더 큰 가치의 생산"을 염두에 두고 있습니다.

것입니다.

그러나 우리가 함께 공부한 바에 의하면, 이 경우 "(더 이상의) 고용을 수반하지 않는 성장"은 얘기할 수 있을지 몰라도 결코 "더 이상 더 많은 노동력을 동원하지 않는 더 큰 가치의 생산"은 얘기할 수 없는 것입니다. 왜냐하면, 두 기간에 지출된 노동시간의 크기가 같기 때문에 그 노동에 의해서 생산된 가치의 크기, 즉 가치생산물의 크기도 당연히 같기 때문입니다.

두 생산기간의 결과의 차이는, 그 각 생산기간에 생산된 가치의 크기에 있는 것이 아니라, 사용가치로서의 상품의 수량에, 그리고 따라서 상품 단위당 가치의 크기에 있습니다. 생산적으로 소비되어 새로운 생산물에 그 가치가 이전되어 있는 생산수단 등 불변자본 부분을 별도로 한다면, 앞의 기간에 A 100개가 생산되었음에 비해서 뒤의 기간에는 A 120개가 생산되었고, 그 결과 나중에 생산된 A의 가치는 전에 생산된 그것의 120분의 100의 크기로 줄어든 것입니다.

과학기술혁명과 사회혁명

노동가치론의 이러한 원리에 입각하여 우리는 다음과 같은 질문을 해볼 필요가 있습니다.

상품은 그 가치의 크기에 따라서 교환되고 분배되는 것이라면, 지금 과학기술혁명은 가히 '무인생산'을 향해서 나아가고 있는데, 그렇게 무인으로 생산된 상품 혹은 생산물은 어떻게 분배되어야 하는가? — 사실은, 임 교수가 제기했어야 할 문제도, 경제학의 기초만 알았더라면, 바로 이것입니다.

대답은 간단합니다.

무인으로 생산된다면, 그것은 무가치하게 생산되는 것이기 때문에 당연히 무상으로 분배되어야 한다! — 바로 이것입니다.

그런데, 가치법칙에 따르면, 이렇게 "당연히 무상으로 분배되어야 할 것"이지만, 자본주의 사회에서는 그러한 무상분배는 결코 현실화될 수 없습니다. 생산수단의 사적 소유에 기초한 자본주의적 생산에서는, 그 생산물은 생산수단의 소유자인 자본가들에 의해서 전유(專有)되기 때문이고, 국가의 권력을 배경으로 그들은 그 무가치한 물건들을 '상품'으로서 높은 가격에 판매하기 때문입니다. 예컨대, 마이크로소프트사 등의 윈도우즈를 위시한 여러 쏘프트웨어들처럼 '사실상 무가치하게' 재생산되는 것들을 자본주의 국가가 이른바 '지적재산권'과 경찰, 법원 등의 폭력에 의해서 고가의 상품이 되도록 보증하고 있는 것처럼 말입니다.

바로 여기에 현대 자본주의의 고도로 발전한 생산력과 자본주의적 생산관계 간의 절대적인, 따라서 정치적·사회적으로 끝내 폭발할 수밖에 없는 모순이 있습니다. 무가치하게 생산되는 것을 상품화하여 고가로 판매한다는 것은 그만큼 대중을 수탈하는 것을 의미하고, 그만큼 대중에게 빈곤과 고통을 강요하는 것이기 때문입니다. 이러한 상황은 당연히 대중의 저항과 투쟁을 불러올 수밖에 없습니다.

나아가, 과학기술혁명의 전개와 자동화·무인화의 보급·확산은 바로 재생산과정에서의 갈수록 많은 노동력의 배제를 의미하고, 이 역시 노동자계급의 투쟁을 불러오지 않을 수 없습니다. 오늘날 세계 각지에서 실업과 빈곤, 비정규직화나 '노동시장의 유연화'에 반대하는 투쟁이 벌어지고 있고, 발전하고 있는 것처럼 말입니다.

이들 투쟁은 아직은 폭발적이지 않고, 또한 독점자본의 이데올로기 지배 때문에 정치적·이념적으로 방황하고 있습니다. 하지만, 그러한 투쟁들을 불러일으키고 있는 경제적·기술적 조건들은 그 본성상 조만간 그 투쟁들이 대혁명으로 폭발하도록 하지 않을 수 없습니다.

그러한 대폭발·대혁명이 가져오는 사회는 어떤 사회이겠습니까?

과학기술혁명의 성과에 힘입어 무인으로, 따라서 무가치하게 생산되는 생산물이 무상으로 분배되는 사회! — 바로 그런 사회입니다.

혹시, "'무인생산'이라고는 하지만, 일종의 은유일 뿐, 말 그대로 전적인 무인생산일 수는 없지 않으냐"며, "그러니 노동생산물이 무상으로 분배되는 세상은 결코 올 수 없는 것 아닌가" 하고 생각하실 사람이 있을지 모릅니다.

그러나 그렇게 생각한다면 그것은, 사물의 발전은 그것이 일정 정도의 양적인 발전을 성취하면 돌연 질적 변화를 초래한다는 것, 즉 변증법의 양질 전화의 법칙을 망각한 처사입니다. 물질적 생활수단의 생산을 말 그대로 완전 자동화하는 것은 물론 불가능하겠지만, 현재 전개되고 있는 자동화 추세가 조금만 더 진척되면, 그 소위 '말 그대로의 완전 자동화'에 근접하기 훨씬 이전에, 이 사회는 그 자동화가 가하는 실업·빈곤 등의 압력을 견디지 못하고 폭발하지 않을 수 없습니다. 어떤 사회혁명이나 모두 그러한 량질의 전화인 것입니다.

그런데, 정말 그런 사회가 올까 하고, 많은 사람들이 회의(懷疑)합니다. 특히 20세기 마지막 10년을 남겨두고 발생한, 동유럽과 쏘련의 20세기 사회주의 체제의 해체·붕괴를 보면서, 즉 역사의 대후퇴, 대반동을 보면서 그러한 회의는 더욱 짙어졌습니다.

우리 사회를 두고 말하자면, 1980년대의 그 많던 '투사들'과, 진보적·변혁적 이론·사상을 주장하던 지식인들의 상당수가 1990년대를 거치면서 자신들의 과거 운동과 사상·이론을 청산해 버렸습니다. 그러고는 어떤 자들은 노골적으로 부르주아 정치권으로, 어떤 자들은 '진보정당'이라는 간판의 부르주아 좌파 정당으로, 그러니까 현대 사민주의로, 그리고 어떤 자들은 이른바 시민운동으로, 혹은 어떤 자들은 '포스트모더니즘'이니, 뭐니 하는 소시민적 혼돈·몽매 속으로 전향해 갔습니다. 아예 극우 진영으로 넘어간 소수의 그야말로 scum 혹은 vermin들에 대해서야 말할 필요도 없고요.

그러나, 예컨대, 프랑스 대혁명 이후의 상황을 생각해 봅시다.

대혁명 이후의 거듭된 반동도 부르주아지의 도도한 전진을 가로막지 못했지 않습니까? 마찬가지로, 20세기 말의 대반동, 역사의 대후퇴 역시 결코 '역사의 종언'도 아니고, 프롤레타리아트의 역사적 전진을 가로막을 수 있는 것도 아닌 것입니다. 이는, 다른 무엇이 아니라 갈수록 격화되고 있는 자본주의 체제의 전반적 위기 자체가 입증하고 있습니다.

경쟁의 압력 때문에 자본이 가속도적으로 추동하고 있는 과학기술혁명은, 다름 아니라, 만인의 자유와 발전이 보장되는 새로운 사회를 위한 물질적 기초를 현실화하고 있습니다. 그 성과는, 최근의 빈번한 그리고 갈수록 그 도를 더해 가는 자본주의 세계경제의 위기가 시사하는 것처럼, 결코 생산수단의 사적소유에 기초한 자본주의적 생산과 조응할 수 없고, 따라서 그 필연적 귀결은 '생산수단의 사적소유에 기초한 계급사회의 종언'일 수밖에 없습니다. '자유의 왕국'이 현실적인 전망으로 떠오르고 있는 것입니다.

다만, 지금 해결해야 할 문제는 그것을 성취할 주체를 형성하는 것, 노동자계급운동의 정치적·이념적 발전과 단결·투쟁입니다.

다시 강조하기 위해서, 제가 지난 2018년 말에 썼던 글35)의 결론 부분을 어투만 바꾸어 여기에 다시 옮기는 것으로 이 강의를 마치겠습니다.

* * *

맑스는 ≪자본론≫에서, 산업혁명에 의한 기계의 도입이 취업자 수를, 상대적으로는 축소하지만, 절대적으로는 증대시킨다는 것을 인정하면서도, 동시에 다음과 같이 말하고 있습니다.

> 공장부문들의 비상한 확장은, 일정한 발전 정도에 달하면, 사용 노동자 수의 상대적인 감소뿐 아니라, 절대적인 감소와도 결합될 수 있다.36)

> <u>노동자의 절대수를 줄이는, 즉 국민 전체로 하여금 실제로 보다 적은 시간에 총생산을 수행할 수 있게 하는 생산력의 발전은 혁명을 불러일으킬 것인바, 왜냐하면, 그것은 인구의 다수를 용도폐기할(außer Kurs setzen) 것이기 때문이다.</u> 여기에 또, 자본주의적 생산의 독특한 한계가 나타나고, 또 자본주의적 생산이 결코 생산력의 발전이나 부의 생산을 위한 절대적인 형태가 아니라, 오히려 일정한 시점에서 그 발전과 충돌하게 된다는 것이 나타난다.37) (강조는 인용자.)

"노동자의 절대수를 줄이는 … 생산력의 발전은 혁명을 불러일으킬 것인바, 왜냐하면, 그것은 인구의 다수를 용도폐기할 것이기 때문이다"! ― 그렇습니다. "인공지능, 전 세계 인구의 절반을 실업자로 만들 것"38)이라는 전망이 널리 설득력을 얻을 만큼 고용을 파괴하고 있는 지금의 과학기술혁명이야말로 바로 그 생산력을 발전시킨 사회의 "혁명을 불러일으킬" 것입니다! 실제로 이미 오래전부터, 예컨대, 다음과 같은 견해가 개진되어 있었습니다.

---

35) "한국경제, 무엇이 문제인가 ― 혹은, 한국경제를 어떻게 볼 것인가", 사월혁명회 편, ≪사월혁명회보≫, 제130호(2018. 12.), pp. 32–41.; ≪정세와 노동≫, 제148호 (2019년 2월), pp. 147–161에 재록.

36) ≪자본론≫, 제1권, *MEW*, Bd. 23, S. 471. (채만수 역, 제1권, 제3분책, p. 736.)

37) ≪자본론≫, 제3권, *MEW*, Bd. 25, S. 274.

38) Alan Yuhas, "Artificial intelligence (AI): Would you bet against sex robots? AI 'could leave half of world unemployed'", *The Guardian*, 2017. 2. 13. (<www.thguardian.com/technology/2016/feb/13/artificial-intelligence-ai-unemployment-jobs-moshe-vardi>)

이제 오랜 기간, 호황기에조차 고용은 뚜렷이 회복되고 있지 않다. 단지 실직자들의 행렬이 무자비하게 길어지는 것을 잠시 저지할 뿐이다. 그러한 현상은 이제 더 이상 젊은이나 여성이나 블루칼라 노동자들에게 한정된 문제가 아니다. 그것은 중간계급을 포함해서 전 주민에게 영향을 미치고 있다.[39]

생산성의 증대가 축복인지 재앙인지를 말할 수 없다면, 그 사회는 무언가 근본적으로 잘못되어 있다.[40]

사실 오늘날 국내에서, 그리고 세계적으로 어지럽게 벌어지고 있는 정치적 혼란은 자본주의 사회가 이미 혁명의 시대에 접어들었다는 징후들에 다름 아닙니다. 다만, 20세기 후반 이래의, 특히 쏘련을 위시한 20세기 사회주의 세계체제의 해체 이후의 노동자계급 운동의 이데올로기적·정치적 혼란과 후퇴를 반영하여, 국내외에서 온갖 형태의 소부르주아 사회주의, 부르주아 사회주의가 활개를 치고, 심지어 극우세력까지 득세하는 난맥상이 연출되고 있을 뿐입니다. 그러나 부르주아 사회주의나 소부르주아 사회주의가 결코 대안일 수 없으며, 그것들은 단지 독점자본의 이익에 봉사하면서 노동자계급의 이데올로기적·정치적 혼란과 분열을 조장할 뿐이라는 것은, 서유럽의 사민주의 정권들이나 중남미의 소부르주아 사회주의, 즉 포퓰리즘 정권들이 이미 여실히 입증해 온 대로입니다.

맑스-레닌주의의 과학으로 무장된 노동자 정당, 그 정당에 의해서 인도되는 노동자계급만이 인류 역사의 새로운 지평을 열 수 있습니다. 10월 러시아 대혁명에서 시작되어 제2차 대전 후 20세기 사회주의 세계체제를 건설하기까지의 현실 사회주의의 전진적 역사뿐만이 아니라 수정주의의 대두·발흥에 의한 그 해체의 역사[41] 또한 이를 입증하고 있습니다.

따라서 현재의 난맥상을 지양하기 위해서는 노동자계급 속에서의, 노동자

---

39) Daniel Singer, "Europe's Crisis", *Monthly Review*, Vol. 46 No. 3, Jul.-Aug. 1994, p. 93.
40) Daniel Singer, 같은 글, p. 94.
41) 수정주의가 어떻게 20세기 사회주의를 붕괴·해체시켰는가에 대해서는, 권정기, "흐루쇼프 수정주의의 발생과 쏘련에서의 반혁명", ≪노동사회과학 제10호: 러시아 혁명: 인류의 도약≫, 노사과연, 2017, pp. 82-175를 참조.

국제주의의 재건·강화를 포함한, 맑스-레닌주의의 정치적·실천적·조직적 재건을 서둘러야 합니다. 특히, 일반적·만성적 과잉생산 공황의 중압에 의해서 폭발하여 수천만을 살육했던 두 차례에 걸친 세계대전을 상기하면, 그리고 핵병기 시대인 지금 다시금 그러한 대전을 허용한다면 그것은 곧 인류의 종말을 의미할 수밖에 없다는 사실을 고려하면, 맑스-레닌주의의 정치적·조직적 재건은 위기에 찬 이 시대의 가장 시급한 과제가 아닐 수 없습니다.

찾아보기

0-9

10월 유신　552
1930년대 대공황　655, 670
1979년 공황　556, 703
19세기 말의 대공황　588
20세기 사회주의　92, 297, 334
20세기 사회주의 체제의 해체　16, 29, 334
　20세기 사회주의의 해체와 자본의 본원적 축적　42
3저 호황　558
4월 혁명　548
5·16 군사 쿠데타　550
6월 항쟁　560
8·3조치　552

A-Z

ESOP(차입형 우리사주제)　341
GATT　611
Gramm-Rudman Act(재정균형법)　690
IMF 사태　174
IMF(-IBRD) 체제　611, 641
　IMF 체제의 붕괴　612, 648
NEF(신경제정책)　93
OECD(경제협력개발기구)　771
OPEC(석유수출국기구)　553
YH사태　556, 703

ㄱ

가격　98, 145, 175
　가격의 명목적 변동　190
　가격의 변동　181
　가격의 실질적 변동　190
　노동강도의 변화와 가격　185
　노동생산력(생산성)의 변화와 가격　183
　부르주아 경제학의 가격론　177
　수요-공급관계의 변화와 가격　181
가격의 도량표준　145, 191
가격형태　142, 238
가계부채　370
가계준비금　329
가변자본　186, 249
가치　95, 246, 247
　가치의 실체　99
　가치의 실체에 관한 헛소리들　106
　가치의 원천　303
　가치의 크기　129
　노동 생산력(생산성)과 상품의 가치　113
　모든 유용노동이 가치를 생산하는 것은 아니다　120
　인간노동의 응고물로서의 가치　130
가치증식과정　244, 251, 253, 255, 279
가치생산물　259
가치척도　144
가치파괴　524

가치표장　156
가치형성과정　254
가치형태　129, 132, 238
　가격형태　142
　단순한, 개별적인, 우연적인 가치형태　132
　등가형태　133, 134
　상대적 가치형태　133
　일반적 가치형태　139
　일반적 가치형태로부터 화폐형태로의 이행　140
　전체적인 또는 전개된 가치형태　137
강신준　321
강제통용력　640
강좌파　55
개량주의　780
개수임금　317
개혁적·진보적 지식인　532
거품 붕괴론　446
건강보험료　325
건설적인 노사관계　375
격차사회　297
결합노동의 생산성(생산력)　263
경기부양책　701
경영　381
경영참가　381
경영형 부농　50
경쟁　188, 268, 276, 379, 771
경쟁력 이데올로기　329, 770
경쟁전(競爭戰)과 노동생산력(생산성)의 발전　262, 264, 269
경제 민주화　45
경제구조 결함론　439, 440, 441
경제외적 강제　71, 251

경제위기(공황)　174, 383, 418, 459, 551
경제위기-노동자 책임론　427
경제위기-사치·방탕론　434
경제위기-재벌 책임론　436
경제적 결정론　9
경제적 사회구성　278
경제적 생산양식　24
경제정의실천시민연합(경실련)　561
경제학　6
　시민사회의 해부학으로서의 경제학　7
경제학의 방법　89
경제학적 변호론의 특징　17
계급관계　9
계급사회　28, 250, 340, 754
계급사회로의 분열과 그 지양의 조건　28
계급의식　29
계급환원론　9
계획경제　93
고대 자본주의　17
고령화·저출산 소동　528
고용 없는 성장　220, 248, 783
고임금론　368
　중국의 임금수준　369
고전파적·자유주의적 자본주의관　671
고정자본　250
곡물 가격　286
골드러시　166, 173, 651, 680
공공성　715, 720
공동체 사회(공산사회)　92
공장자동화(FA)　756
공적자금　702
공황　29, 268, 283, 294, 316, 383, 417, 418, 423, 485, 522, 572, 634, 636

공황과 노동자계급의 빈곤 538
공황과 사회혁명의 주체적 조건 523
공황과 이윤률 502
공황과 자본의 집적·집중 587
공황과 전쟁 547
공황구제 659, 715, 734
공황국면에서의 자본의 집적·집중 527
공황국면에서의 착취의 강화 527
공황에 대한 맑스·엥엘스의 기본적 시각과 방법 486
공황에 의한 자본의 가치파괴 524
공황의 가능성과 필연성 496
공황의 경제·사회적 귀결 522
공황의 만성화 512
공황의 원인 427, 460
공황의 주기 507
공황의 필연성 499
공황이 노동자 계급에 미치는 영향 528
과잉생산 공황 470
급성적 공황 513, 519
독점자본주의에서의 공황의 특수성 636
만성적 공황 513, 517
소비자 신용과 공황 505
신용의 역할 504
자본주의적 생산의 무정부적 성격과 공황 486
자본주의적 생산의 발전과 '공황의 만성화' 515
자본주의적 생산의 적대적 성격과 공황 492
지불수단으로서의 화폐의 기능과 공황의 가능성 497
현대자본주의의 순환과 공황의 만성화 520

화폐유통과 공황의 가능성 496
과로사(過勞死) 268
과소소비론 460
과잉생산 283, 470
  빈곤과 결핍의 원천으로서의 과잉 532
과잉생산론 460, 465
과잉인구 292
과잉자본 574
과학기술혁명 30, 219, 248, 304, 753, 779, 784
  계급사회의 종언 754
  노동운동의 노선 779
  자동화·무인화 755
과학기술혁명과 사회혁명 787
과학기술혁명과 상품의 가치 783
과학기술혁명과 자본주의의 종언 305
과학기술혁명의 사회적 귀결 777
과학적 사회주의 6
관리통화제 170, 534, 639, 641, 684, 701
광주 민중항쟁 556, 704
광주대단지 사건 552
교환가치 96, 132
구로동맹파업 560
구조조정 425, 741
구조조정 해태론 443
국·공유기업의 사유화 709
국·공유기업의 사유화와 노동자계급 739
국가 45, 742
  계급사회로의 분열과 국가의 발생 38
  국가의 본질과 기능, 역할 38
  지배계급의 억압기구로서의 국가 38
  지배계급의 지배도구 404
국가독점자본주의 45, 339, 563, 578, 579,

찾아보기 795

624, 636, 654, 660, 668
　전반적 위기와 국가독점자본주의 624
국가독점자본주의 공황구제 679
국가독점자본주의 영구번영론 420, 662
국가보안법 749
국가사회주의 710
국가약화론 742
국가자본주의 305, 575, 710
국가지폐 640
국민기업 332, 599, 713
국민기업론 332
국민연금 529
국민주 326, 337
국민통화 174
국유 711
국익 39, 404
국제사회주의자(IS) 305, 668
국제통화제도 165, 639, 650
국채 640
군산복합체 649, 677
군수산업 617
권리 302
귀속재산 548
근대 노예제 31
근대화 607
근로소득세 325, 326
금 130
금 블록 641
금·달러 교환 정지 170
금가격 191
금리생활자 283
금융 380
금융과두제(金融寡頭制) 572, 593, 619

금융자본 381, 572, 593
금융자본주의 561
금의 '시장가격' 166
금의 이중가격제 166, 653
금의 현송점 198
금준비 640
금지금본위제 194
금태환 정지 681
금태환제 193, 641, 684
금폐화론(金廢貨論) 167, 644
금풀(gold pool) 166, 652
금화본위제 193
금환본위제 194
기계적 잉여가치 107, 247, 303, 785
기계제 대공업 264, 565, 567
기생계층 619
기생지주제(寄生地主制) 52
기업가 이득 284
긴축정책 537, 698

ㄴ

나치즘 638, 654
냉전 618, 677
노동파 55
노동가치론 246, 303, 787
노동강도(노동의 밀도)117, 185
　노동강도의 증대와 상대적 잉여가치의 생산 270
노동경제학 272
노동과정 244, 251, 278
노동 공유 768
노동대상 18
노동력 21

노동력의 상품화　18
　　상품으로서의 노동력　249
　　노동력의 가치·가격　254
노동력 부족　292
노동력애로설　472
노동분배율　271
노동생산력(생산성)　5, 26, 29, 38, 180, 252,
　　264, 294, 479, 512, 572, 764
　　경쟁전과 노동생산력의 발전　262
　　노동생산력과 상품의 가치　113
　　노동생산력의 변화와 가격　183
　　노동생산력의 증대와 노동자계급　265
　　노동생산력과 노동생산성의 이동(異同)　114
　　노동생산력과 생산관계의 모순·충돌　26
　　노동생산성과 임금　406
　　노동생산성의 증대와 노동자계급　267
　　생산방법의 변혁과 그에 따른 노동생산력의
　　증대　279
노동수단　18
노동시간의 길이를 둘러싼 대립　256
노동시간의 단축　365
노동(시장)의 유연화　708, 741, 750
노동운동의 (기생성과) 분열　616, 620
노동운동의 노선　248
노동의 기계적 포섭　107, 785
노동의 도량표준　106
노동의 이중성　99
　　유용노동 혹은 구체적 노동　102
　　추상적 인간노동　104, 108
노동일　255
노동일의 단축을 위한 투쟁　260
노동일의 제한　261
노동자 경영참가　5, 381

노동자 대투쟁　257, 560
노동자 주식소유제　329
노동조합　329
노동주(勞動週)　255
노동지대　30
노사공동결정제도　663
노사관계개혁위원회(노개위)　751
노사동반자관계　248, 375, 784
노사상생　343, 375
노사정위원회　694, 751
노예　307
노예해방　33
노예무역　31
노예상인　266
노예의 안락　268
노예제　14, 251
노예제 및 봉건제와 자본제의 차이　33
농노　30
농노제　30, 49
농민적 분할지 소유　35, 85
농민층 분해　35, 548, 551
농민해방　35
농업자본가　286
농지개혁　35, 52
뉴딜　638, 654

ㄷ

다극 체제　616
다원적 모순론　8
단순상품경제　91
단순재생산　287
단순재생산표식　288
단순한 상품생산·상품유통　238

찾아보기　797

단순협업　263
달러 과잉　651, 680
달러 부족　648
달러 살포　650
달러와 금의 교환정지　553
대공업의 거대한 팽창력　487
대공황　47, 546, 654
대공황기 미국의 실업률　674
대부자본　283
대외무역　282
대처(Margaret Hilda Thatcher)　436, 746
대충자금　548
도시와 농촌의 대립　488
독·과점　589
독립 자영농　78
독점　583
독점가격　628, 630, 633
　독점가격과 평균이윤률　631
독점이윤　382, 628, 630
　독점이윤의 원천　398
독점자본　382, 398, 634
　독점자본과 과잉설비·과잉생산　634
　독점자본의 경쟁의 특수성　631
　독점자본의 투자행동의 특수성과 공황　634
독점자본의 좌파로서의 사민주의　687
독점자본의 폐지　378
독점자본의 합리화　378
독점자본의 합리화 방안으로서의 재벌개혁　595
독점자본주의　379, 552, 563, 571
　독점자본주의에서의 공황의 특수성　636
　독점자본주의와 사회·경제적 위기의 심화　628

독점지대　287
등가교환　241
등가형태　133, 134
디지털 경제　302
디지털혁명　753
디플레이션　218, 561
뜨로츠키주의　305, 563, 579, 677, 710

ㄹ

량질 전화　788
러다이트 운동(Luddite movement)　266
레이건(Ronald Reagan)　445
리카도(David Ricardo)　394

ㅁ

마샬플랜(유럽부흥계획)　643, 646
맑스-레닌주의　780, 791
매뉴팩춰(manufacture)　260, 265, 565, 568
맬더스주의　529
명목임금　369, 534
무노동=무임금론　299
무산자(無産者)　22, 254, 304
무상원조　648
무인생산　220, 305, 788
무정부주의자　710
무지가 유발하는 노동운동상의 과오　5
물질적 마모와 도덕적 마모　509
물질적 생산력　7
미-중 대립　779, 782
미국의 국가예산 구조　689
민간투자법　728
민족해방투쟁　612
민주노조운동　552

민주통일민중운동연합(민통련) 559
민주회복국민운동본부(국본) 560

ㅂ

봐우처(vouchers) 334
봐우처 방식 43, 334, 710, 712
박정희의 종말 704
박종철 고문치사사건 559
반(半)실업 253
반공 이데올로기 266
반동공황 546
반(半)봉건 52
반봉건 논쟁 53
반봉건제와 고율 소작료 66
반스탈린주의 26
반(半)자본제 57
반파쇼 민주화 운동 559
반(半)프롤레타리아트 58, 219
법칙 4
보관노동 123
보호무역 771
복본위제 149
본원적 생산수단 18
본원적 축적 580
봉건제 14, 30, 49, 251
봉건파 52
부동산 가격 272
부등가교환 241
부르주아 경제학 127, 177, 262
부르주아 경제학의 화폐론 128
부르주아 사회주의 791
부마항쟁 556, 704
부불노동 244, 258

부불노동·잉여노동·잉여가치 251
분배 45
   공정한 분배 46
   분배 민주화 45
분업에 기초한 협업 264
분할지 농민 41
불균등 발전의 법칙 616
불변자본 186, 245
불변자본 요소들의 저렴화 282
불변자본과 가변자본 274
불비례설 473
불완전고용 253, 265, 282
불환은행권 143, 162, 198, 535, 639
불환통화제 684
브레튼우즈 체제 611, 641, 646
브레튼우즈 체제(=IMF 체제) 붕괴 553
비스마르크(Otto von Bismarck) 663
비용가격 274
비정규직 253, 365, 371

ㅅ

사고방식의 변화와 노동생산력 13
사민주의 620, 706, 780
사민주의 정당 620, 664
사민주의적 사회보장 297
사북 광부항쟁 704
사용가치 95
사용가치와 가치의 혼동 242
사유(私有) 20
사유화('민영화') 336, 591
사유화의 배경 728
사적소유
   자본주의적 사적소유 254

자신의 노동에 기초한 사적소유　34
　　타인의 노동에 기초한 사적소유　34
사적소유와 상품생산　89
사채(私債)　284
사치소비재　282
사회구성체　24
사회구성체 논쟁　52, 560
사회기반산업의 국유화　715
사회기반산업의 국유화　719
사회보장　685
사회보장제도　5, 8, 45, 47, 297, 662, 704
　　착취관계의 안정화·영속화 수단으로서의
　　사회보장제도　48
　　사회보장제도와 임금, 이윤률　706
사회성격 논쟁　52
사회원로들　371
사회적 축적구조론　475
사회적 필요 노동시간　105, 110
사회적 합의주의　5, 8, 662, 753, 780
사회주의　16, 266, 305, 711
사회주의 대혁명　29
사회주의 세계체제　612
　　사회주의 세계체제 해체의 후과　706
　　사회주의 세계체제의 해체　707
사회주의적 소유　711
사회혁명　53, 781
산업공동화　268
산업예비군　292, 295
산업혁명　264, 568
　　산업혁명과 노동자계급　265
상대적 과잉인구　282, 295, 527, 528
상대적 안정기　670
상대적 잉여가치의 생산　261

상대적 잉여가치 생산의 방법　263
　　기계제 대공업　264
　　단순협업　263
　　분업에 기초한 협업　264
상부구조　7, 79
상생적 노사관계　343
상업노동자　122
상업이윤　44, 242, 285
상인자본　240, 285
상품　91, 95
상품과잉설　469
상품생산·상품유통 일반　16
상품으로서의 노동력　249
상품의 변태·유통　152
상품화폐설　128
새로운 중도　621, 686
생계비 임금 모델　321
생산　10
생산가격　186, 276, 286
생산과정　244
생산관계　6
생산력 정체론　450
생산력주의　101, 266
생산물 가치　255, 258, 300
생산방법의 변혁　279
생산성 증대운동　267
생산성 통계　414
생산성임금제　404
생산수단　18
생산수단의 국유화　712
생산수단의 사적 소유　94
생산수단의 수탈　335
생산양식　17, 278

생산양식들의 종차 17
생산의 사회적 성격과 전유·취득의 개인적·
　사적 성격 486
생산의 요인 245
생산의 전자동화 305
생산적 노동과 비생산적 노동 103, 122
생산적 노사관계 349
생태주의 101
생활임금 320
석유수출국기구(OPEC) 553
성과급 321
성장 291
세계 분할 610
세계무역기구(WTO) 771
세계은행(World Bank) 642
세계화 742
세계화폐 164
세금 45
소농 35
　소농의 몰락 35
소농 문제 489
소부르주아 사회주의 791
소생산 34
소작료 61
수정주의 791
수탈자의 수탈 582
숙련노동 265
숙련노동·복잡노동 119
스태그플레이션(stagflation) 553, 660, 679,
　700
시간임금 317
시민사회 7
시민운동단체들 592

시장가격 186, 276
시장경제 16
시장의 강제 264
시지포스(Sisyphus) 339
식민지 근대화론 605
신경제정책(NEF) 93
신노동당 621
신노사관계 구상 751, 771
신분적 예속 33
신식민지 612
신용 380, 447
신용카드 505, 541
신용화폐 162
신자유주의 436, 444, 660, 666
　국·공유기업 사유화의 배경　　714
　국가의 파쇼화 747
　신자유주의 국가의 노동자계급 탄압 746
　신자유주의적 '긴축'의 내용 702
　신자유주의적 국가독점자본주의의 일반적
　　특징 683
신자유주의와 임금삭감 535
신자유주의와 파쇼화 745
신자유주의적 국가개입 688
신좌파 8
실업 253, 528, 702
실업·반실업 282, 365
실적급제(성과급제) 319
실증주의 356
실질임금 369
실행생계비 320
실현공황설 469
십일조 251
쏘련 16, 93

국가자본주의라는 주장 669
쓰딸린주의 579

ㅇ
아동 노동 265
아시아적 생산양식 25
아일랜드의 소작농 58
약탈무역 241
양극화 297
양도이윤 241, 285
애국주의·배외주의 782
애덤 스미쓰(Adam Smith) 116
애덤 스미쓰의 역설 123
업무개시명령제 750
에너지산업 617
여성 노동 265
역사발전 5단계설 26
역사발전의 일반적 법칙 777
연공급제 317
연금개혁 529
연봉제 319
연합국통화금융회의 642
영국의 지주제도의 희화 78
예속농 30
오일 쇼크 556
완전무인화 762
외환 시세(환률) 195
외환·금융위기 284
우끄라이나 전쟁 779, 782
우리사주 326
우리사주제 330, 341, 346, 348
운송노동 123
원시공산(제)사회 14, 25, 251

원죄 764
위기의 시대 782
유동자본 250
유럽부흥계획(마샬플랜) 643
유신체제 704
유통과정 285
유통과정으로 연장된 생산과정 122
유통수단 152
유통필요화폐량 153, 161
은행 593
은행권 143
이데올로기 24
이라크 침략 613
이론생계비 320
이윤 43, 241, 273, 299, 300
이윤압박설 472
이윤률 188, 274, 277, 425, 702
　공황에 의한 이윤률의 회복 526
　이윤률과 이윤량 280
　이윤률과 잉여가치, 잉여가치율의 관계 275
　자본의 구성과 이윤률 278
　자본의 유기적 구성의 고도화와 이윤률의 경향적 저하법칙 279
이윤률 저하 경향에서 공황 도출 482
이윤률과 공황 502
이윤률의 경향적 저하 (법칙) 294, 278, 280, 316
이윤률의 저하에 반대로 작용하는 요인들 281
이윤률의 평균화 188, 276, 282
이윤의 분지형태(分肢形態) 283
이자 43, 283, 380

이자 낳는 자본 282, 283, 382
이자율 284
이주노동자 368
이진경(박태호) 57, 107, 247, 302, 785
인도 벵골 지방에서 '토지개혁' 78
인도의 토지소유문제 78
인류사회의 발전단계 14
인플레이션 158, 172, 181, 185, 190, 202,
    285, 532, 551, 660, 701
　　독일의 초악성인플레이션 209
일반이윤률 276, 285
일본의 노동운동 268
일본 경제(일본 자본주의) 268
임금 20, 43, 255, 299
　　고임금 256
　　국가독점자본주의하 임금노동자들 338
　　노동력 가치 이하로의 임금의 삭감 282
　　노동력 재생산비의 (경험적) 탄력성 315,
    323
　　노동력의 재생산비로서의 임금 304
　　노동력의 재생산비를 규정하는 요인들 310
　　노동생산성과 임금 406
　　노동자의 주택소유와 임금 314
　　사회보장제도와 임금, 이윤률 706
　　실행생계비 모델 323
　　연공급제 317
　　은폐된 임금형태들 324
　　이론생계비 모델 323
　　이윤 및 임금에 대한 자본가들의 관점 300
　　인플레이션과 임금 338
　　임금 지불의 다양한 변형태와 임금체계
    319
　　임금과 국가권력 322

임금비율 비례 물가상승설 386
저임금 256, 370
할증임금 317, 357
후불로서의 임금 376
임금기금설 371, 374
임금노동 17
임금노동자 19, 304
임금삭감 532
임금상승 383
임금체계 315
임금피크제 529
임금형태 315
임대료 61
임야조사사업 79
임영일 248, 304, 783
잉글랜드 은행의 태환 정지 172
잉여가치 380
　　이윤률과 잉여가치, 잉여가치율의 관계
    275
　　잉여가치의 생산 250
　　잉여가치의 실현 273
　　잉여가치의 이윤으로의 전화 273
잉여가치율(착취율) 186, 271
　　노동분배율과 잉여가치율 271
잉여가치의 자본으로의 전화 291
잉여가치의 현상형태로서의 이윤 274
잉여노동 186, 258
잉여노동시간 257, 261
잉여농산물 548
잉여생산물 250

ㅈ

자기앞수표 131

자동화 30, 248, 755, 785
자본과잉설 469
자본수출 601
자본수출의 부대조건 602
자본에 의한 노동의 실질적 포섭 262
자본에 의한 노동의 형식적 포섭 260
자본에 의한 자본의 수탈 399
자본의 구성 187, 278
  자본의 가치구성 187, 279
  자본의 기술적 구성 187, 278
  자본의 유기적 구성 187, 278, 401, 502
자본의 본원적 축적 39, 306, 335, 713
자본의 생산력(생산성) 263, 265
자본의 순환 273
자본의 유기적 구성의 고도화 294
자본의 유기적 구성의 고도화와 이윤률의 경향적 저하법칙 279
자본의 유통과 그 모순 239
자본의 일반적 공식 239
자본의 재생산과정 285
자본의 집적·집중 527
자본의 집중 631
자본의 축적 287, 291
자본의 축적과정 279
자본의 회전 285
자본제 14
자본제적 생산관계의 재생산 308
자본주의 11, 16, 17
  구 조선사회에서의 자본제적 생산방식의 발생 49
  역사적·경과적인 사회구성체로서의 자본주의 23
  자본주의적 생산의 발생 23

자본주의 사회의 제 계급과 그 소득 43
자본주의 한국사 567
자본주의의 불균등 발전 610
자본주의의 역사적 역할·임무 267
자본주의의 위력 13
자본주의의 전면적인 위기 339
자본주의의 폐지 378
자본주의적 국·공유기업의 의의와 기능 718
자본주의적 상품생산·상품유통 16, 238
자본주의적 생산과정 244
자본주의적 생산관계 11
자본주의적 생산양식에 고유한 인구법칙 295
자본주의적 생산의 목적 274, 283
자본주의적 생산의 무정부성 379, 486
자본주의적 생산의 무정부성과 생산수단과 노동력의 낭비 491
자본주의적 생산의 중대한 내적 모순 283
  자본주의적 생산의 중대한 내적 모순과 공황 283
자본주의적 축적의 역사적 경향 580
자본파 52
자연과 인간 간의 물질대사 10, 99
  자연과 인간 간의 물질대사의 매개로서의 노동 763
  자연과 인간 사이의 물질대사를 매개하는 행위로서의 노동 99
자연의 운동법칙 4
자유경쟁 585
자유로운 노동자 33, 251
자유민주주의 697, 699
자유방임적 자본주의 577
자유의 왕국 266, 753, 764, 789
자율적 맑스주의자 710

잔업 256, 260
장기불황 483
장기파동론 475
장시간 노동 257, 265
장시간노동·야간노동 365
재벌 272, 285
재벌 개혁(재벌 해체) 5, 378, 437, 594
재생산 308
재생 소작제 35, 55
재정균형법(Gramm-Rudman Act) 690
저개발국가의 빈곤 297
저곡가 정책 548
저임금 324, 370
전노협 321
전두환·노태우 556
전반적 위기 626, 640
   전반적 위기 시대의 4대 모순 627
전반적 위기론 469
전반적 위기의 재격화 666, 668, 676
전시공황 551
전위정당 622
전인민적 소유형식 713
전태일 398, 552
전형논쟁 188
절대왕정 576
절대적 잉여가치의 생산 259
절대적·상대적 빈곤화 296
절대지대 286
정규직 371
정보재(정보상품) 270
정보재의 가치·가격 44, 108, 110, 112, 236
정보화 사회 302
정성진 116, 429, 431, 466, 468, 475, 669, 786
정의와 권리는 힘이 뒷받침되어야 303
제3의 길 620, 664, 686
제국주의 29
제국주의 열강 간의 세계의 재분할 670
제국주의의 부후, 기생성 616
종신고용 268
종업원지주제 326, 330, 343, 348
종합상사 555
주5일제 256
주식 43
주식소득 326
주식의 양도성 334
주식자본 282
주식회사 334, 504, 584
주택문제 225
   노동자의 주택소유와 임금 314
주화 156
중국
   과잉생산의 진원지 519
   사회주의적 시장경제 519
중국의 임금수준 369
중상주의(重商主義, merchantilism) 241
중앙은행 640
증권 시세 505
지대 43, 286
   자본제적 지대와 봉건적 지대 61
지대의 자본화 228
지배계급의 소득 283
지배적 생산관계 75
지불능력론 375
지불수단 160, 572
지불준비금 329, 448

지식기반 사회 302
지적재산권 633, 693, 744, 788
지주-소작관계 35, 52, 53
   고율 소작료의 문제 64
   반봉건적 생산관계로서의 지주-소작관계 63
   인도의 자민다리(Samindari) 제도 78
지주경영 51
지폐 130, 143
지폐유통의 특유의 법칙 157, 158, 198
직접생산자로부터 생산수단의 수탈 39
진보적 지식인 247
진입장벽 632, 634
집단농장 93

ㅊ

차액지대 286
차입자본가 284
차입형 우리사주제(ESOP) 341
체불임금 378
체제전환국 709
초과노동 할증률 354
최장집 622, 695
최소운영수입제(MRG) 730
추상 90
축장화폐 159, 164, 199

ㅋ

카르텔 585
케인즈(John M. Keynes) 147
   케인즈(주의) 혁명 577, 639, 671
   케인즈와 그의 화폐론 643
   케인즈 학파 683

케인즈주의 248, 435, 620, 670, 784
   케인즈주의적 국가개입 685
   케인즈주의 우파와 케인즈주의 좌파 686
   케인즈주의의 모순 676
   케인즈주의의 반노동자·반인민적 성격 672
콜호즈(협동농장) 93, 711

ㅌ

탄력적 근로시간제 353
탄핵 반대 753
태환은행권 143, 163
태환재개 546
태환정지 193, 198, 532, 545, 639, 640
토지가격 220
토지개혁 35
토지공개념 222, 561
토지소유 286
토지조사사업 77
통계 272
통계적 여과과정(조작과정) 272
통화주의자 536, 683
투기붐 422, 447
투자환경 604
특별잉여가치·초과이윤 267, 269, 527
특혜융자 285, 728

ㅍ

파쇼화 745
평균이윤 276
평균이윤률 276, 285
평균이자율 44
포퓰리즘 791

표준노동일　256
프롤레타리아 독재　711
프롤레타리아 혁명　500
필연의 왕국　764
필요노동　258
필요노동시간　257

ㅎ

한계비용　177
한계생산비　177
한계효용설　178
한국에서 자본주의적 사회구성의 성립
　　1910년대 이행설　51, 77
　　1930년대 이행설　51, 79
　　농지개혁과 이행　84
　　자본주의적 사회구성의 성립 시기　52, 76
한국노동사회연구소　695
한국은행　640
한국은행권　131
한국의 초기 신자유주의　703
할증임금　352, 357
합리적인 노사관계　375
협동조합　489
협동조합적 소유　711
화폐　127, 239
　　가격의 도량표준　145
　　가치의 사회적 화신으로서의 화폐　273
　　그 본질 및 기원에 대한 부르주아 경제학의
　　　태도　127
　　루블　93
　　상품으로서의 화폐　127
　　주화　156
　　화폐의 성립　132

화폐공황　163, 498, 504
화폐국정설　128, 147, 699
　　케인즈의 화폐론　644
화폐기근　447
화폐명(貨幣名)　146, 191
화폐수량설　154, 699
화폐의 자본으로의 전화　243
화폐축장　159
화폐형태　140, 141, 238
　　일반적 가치형태로부터 화폐형태로의 이행　140
확대재생산과정　291
확대재생산표식　292
환률(외환시세)　195